LOCUS

LOCUS

LOCUS

LOCUS

from

vision

from 77 無敵

Team of Rivals

作者：Doris Kearns Goodwin

譯者：高育慈、許恬寧、陳文和、諶悠文、鍾玉玨

責任編輯：鄭凱達

美術編輯：蔡怡欣

校對：呂佳真

法律顧問：全理法律事務所董安丹律師

出版者：大塊文化出版股份有限公司

台北市105南京東路四段25號11樓

www.locuspublishing.com

讀者服務專線：0800-006689

TEL：(02) 87123898　FAX：(02) 87123897

郵撥帳號：18955675　戶名：大塊文化出版股份有限公司

總經銷：大和書報圖書股份有限公司

地址：新北市新莊區五工五路2號

TEL：(02) 89902588（代表號）　FAX：(02) 22901658

排版：天翼電腦排版印刷有限公司　製版：中原造像股份有限公司

初版一刷：2012年1月

初版十三刷：2024年5月

定價：新台幣599元

Printed in Taiwan

國家圖書館出版品預行編目資料

無敵／Doris Kearns Goodwin著；高育慈等譯. --
初版. -- 臺北市：大塊文化, 2012.01
面；　公分. --（from ； 77 ）
譯自：Team of rivals : the political genius of Abraham Lincoln

ISBN 978-986-213-309-5（平裝）

1. 林肯（Lincoln, Abraham, 1809-1865） 2. 元首
3. 傳記　4. 美國政府

785.28　　100024237

Team of Rivals
無敵

Doris Kearns Goodwin 著
高育慈、許恬寧、陳文和、諶悠文、鍾玉玨 譯

獻給李查・N・古德溫（Richard N. Goodwin）
我結縭三十年的丈夫

共和黨在此次提名初選的所作所為是非常不明智的表現，而且越來越離譜。他們跳過……政治耆老與能力出色的候選人，卻推舉了一個文法不好的四流演說家。

——一八六〇年五月十九日，《紐約前鋒報》（*New York Herald*）
評共和黨全國黨代表大會提名亞伯拉罕．林肯為共和黨總統候選人

咦！若古希臘擁有此人，會出現怎樣的戲劇三部曲、怎樣的史詩、怎樣的狂想曲歌頌他！那個高大古怪的軀體會以何等速度加入人神一體的國度！但是林肯，他的時代、他的殞逝——放諸各時代都偉大——卻完全屬於我們這個時代。

——華特．惠特曼（Walt Whitman）
〈亞伯拉罕．林肯之死〉（Death of Abraham Lincoln）作者，一八七九年

拿破崙、凱撒與華盛頓固然偉大，但和林肯相比，彷彿月光之於炙陽。他的榜樣堪稱萬世師表、永垂千古……他超越了他的國家，歷代所有總統加起來都比他遜色……作為一個偉人，他光照千秋。

——李奧．托爾斯泰（Leo Tolstoy）
《世界報》（*The World*），紐約，一九〇九年

目次

第二部　全民領袖

地圖與圖表

導讀　無敵於天下、無愧於千古的林肯

林博文

歷史的巧合，莫過於林肯（Abraham Lincoln）和達爾文（Charles R. Darwin）竟是同年同月同日生，他們都生於一八〇九年（清嘉慶十四年）二月十二日。

林肯生於新大陸肯塔基州（Kentucky）一個窮困之家，一家四口（林肯、雙親及姊姊）擠在小木屋裡，三餐難得溫飽。達爾文則生於英國中上階層的醫生世家，他的成長背景及個人遭遇和林肯截然不同，但他們卻在不同的領域中爲全人類點燃了耀眼的火炬，並照亮了後人前進的腳步。美國人因擁有黑奴解放者和國家統一擁護者林肯而感到光榮；英國人因出現創發人種起源論並改寫科學與宗教思維的達爾文而引以爲傲。這兩位偉大人物的不朽貢獻歷久而彌新，經百世而長青！

林肯於一八六五年四月十四日晚上在華盛頓福特戲院遭二十六歲的知名莎劇演員兼南方偏激分裂分子約翰・威爾克斯・布斯（John Wilkes Booth）狙擊殞命後，一百四十多年來，林肯已成爲世界人民心目中最光彩照人的政治家和人道主義者。有關林肯生平的著作已多達一萬六千多種，每年繼續有新作問世，其數量之多，僅次於耶穌和拿破崙（Napoléon Bonaparte）。

林肯頒布「解放宣言」（Emancipation Proclamation）以及領導國家度過四年慘烈內戰（南北雙方死亡人數超過七十萬人，比美國在一戰、二戰、韓戰、越戰和伊戰戰死總數還多），固然是他名垂千古並獲得美國人民尊崇的主因，然而，出身寒微的林肯，一生力爭上游、不屈不撓的奮鬥經歷，非但鼓舞了世世代代的美國人民，同時也是林肯雖居巍峨歷史殿堂，卻是最獲美國人民認同的一介平民總統。

林肯僅受過一年正式教育，二十歲學通英文文法，四十歲始學會幾何。他在惡劣的環境中努力向上，白天打工，晚上在一盞油燈下讀書進修，熟讀聖經、古典文學和莎士比亞（William Shakespeare）的作品。達爾文於一八五九年出版的《物種起源》（*On the Origin of Species*），林肯亦曾細加閱讀。最令史家讚嘆不已的是，林肯的英文寫作才華與造詣，非但傲視所有美國總統（包括最有學問並起草獨立宣言的第三任總統傑佛遜〔Thomas Jefferson〕），且在美國文學史上佔有一席之地。

林肯的「分裂之家」（House Divided）演說、兩次就職演講和蓋茨堡（Gettysburg，又譯蓋提斯堡）演說，已成爲西方政治與文學典範。一百四十多年來，風行於世界各地，一代又一代的知識分子都以能背誦蓋茨堡演說（包括中國前國家主席江澤民）爲榮。孫中山在建構三民主義時，亦以林肯所揭櫫的「民有、民治、民享」爲藍本。

年輕時做過許多不同粗活的林肯，受到一名律師的鼓勵，開始有系統地勤讀法律書籍，並考取了律師執照，亦爲從政生涯做好準備工作。林肯曾任伊利諾州八年州議員、聯邦衆議員兩年（一任）、兩度競選聯邦參議員失敗。不少史家認爲身高六呎四吋（約一百九十二公分）、名不見經傳的林肯，能夠成爲全美焦點人物的轉捩點，乃是他在一八六〇年二月二十七日於紐約市庫伯聯合學院（Cooper Union，或稱庫伯學會）發表長達兩小時的競選演講。紐約媒體競相報導這篇精彩而又有內容的演說，其中名句：「正義創造力量」（Right Makes Might），尤爲膾炙人口。林肯於一八五八年競選參議員時所發表的：「我相信一個政府不能永遠存在於一半奴役和一半自由的狀態」，更是震古鑠今的名言。

林肯嘗言，奴隸制度乃是「道德上、社會上和政治上的罪惡」。但林肯並不是一個廢奴論者（abolitionist），他主張漸進式的縮小蓄奴地區，甚至提議讓黑人自願移民到海地、巴拿馬或返回非洲。他堅決反對南方七州（後又加四州）脫離聯邦而自成聯盟，內戰乃於一八六一年四月十二日爆發。林肯於一八六一年三月四日就任總統，力邀共和黨（Republican Party）黨內政敵入閣，而組建所謂「政敵團隊」（team of rivals），其中包括做過聯邦參議員和紐約州長的威廉・蘇爾德（William H. Seward）出任國務卿、俄亥俄州長塞蒙・蔡斯（Salmon P. Chase）擔任財政部長、曾做過法官的密蘇里政壇大老愛德華・貝茲（Edward Bates）主管司法部、賓州的西蒙・卡麥隆（Simon Cameron）出任戰爭部長（Secretary of War，亦可譯爲國防部長或陸軍部長）、蒙哥馬利・布萊爾（Montgomery Blair）做郵政部長、基迪恩・威爾斯（Gideon Welles）擔任海軍部長。

林肯是個氣度恢宏、心胸寬厚的政治家，他完全清楚一八六〇年五月和他一起角逐共和黨總統候選人提名的其他候選人（蘇爾德、蔡斯、貝茲）都藐視他，從未把他看在眼裡，他們的政治閱歷亦比「草原律師」林肯豐富。林肯對提名並未抱厚望。但在芝加哥舉行的提名大會中，高潮迭起、緊張萬分，第一輪投票，蘇爾德以一百七十三又二分之一票領先，林肯得一百零二票居次，無人超過半數。第二輪投票，林肯幾乎和蘇爾德拉平，但仍無人奪魁。第三輪投票，林肯贏了，全場歡聲雷動，但失望的人亦不少。蘇爾德、蔡斯和貝茲尤其不平和不滿。林肯就任時，全國已充滿了戰爭氣氛，南方執意要和北方分道揚鑣，他們堅持要實行蓄奴政策。面臨國難當前的林肯，知道他必須網羅一批一流人才，大家貢獻心力，團結奮鬥，才能渡過難關。林肯放下了身段，誠懇地邀請蘇爾德等對手加入團隊，一起為國家打拚。

當今美國文化界不乏第一流的通俗史家和傳記作家，如曾獲普立茲獎的桃莉絲・基恩絲・古德溫（Doris Kearns Goodwin）、大衛・麥卡洛（David McCullough），以及做過《時代》（*Time*）週刊總編輯並寫過愛因斯坦（Albert Einstein）、富蘭克林（Benjamin Franklin）和蘋果電腦創辦人賈伯斯（Steve Jobs）傳的華特・艾薩克森（Walter Isaacson）都是佼佼者。一九四三年出生、哈佛博士、做過詹森（Lyndon Johnson）總統助理的古德溫，不但擅長寫作，口才亦好，常在各大電視台當名嘴，從歷史的角度評析時事，頗有見地。她的成名作是一九九五年推出的《非凡時代》（*No Ordinary Time*），這本書是講富蘭克林・羅斯福總統及其妻子伊蓮娜（Franklin and Eleanor Roosevelt）在二戰期間的治國表現，是一部上乘的通俗史著，使她獲得了普立茲歷史著作獎的殊榮。

保守派雜誌《旗幟週刊》（*The Weekly Standard*，又譯標竿或標準週刊）和其他刊物，於二〇〇二年揭露古德溫在一九八七年出版的《費茲傑羅家族與甘迺迪家族》（*The Fitzgeralds and the Kennedys*）涉嫌抄襲與剽竊他人著作。古德溫坦承在寫作過程中，她和助理不夠嚴謹和謹慎，而把別人作品的段落植入自己的著作裡，她不但賠錢道歉，電視台亦取消她的露面。這位能說會寫的通俗史家兼傳記作家有三年時間銷聲匿跡，名聲亦大受打擊。但她並不是一個容易被擊敗的人，她的丈夫李查・古德溫（Richard Goodwin，曾為甘迺迪總統和詹森總統撰寫講稿）不斷地為她打氣，她沉潛於圖書館和書房，終在二〇〇五年推出亮麗而又扎實的綜合性傳記：《無敵》。這部著作在史學界和書評界佳評如潮，被公認為美國當代首屈一指的內戰史權威、普林斯頓大學榮休講座教授詹姆士・麥佛森（James M. McPherson），在《紐約時報書評》（*The New York Times Book Review*）週刊上，盛讚此書寫得「典雅而又深刻」，而使得古德溫獲得平反，名聲再度顯揚。古德溫的這本《無敵》，即以林肯爲主角，蘇爾德、蔡斯、貝茲以及後來取代卡麥隆爲戰爭部長的史坦頓（Edwin M. Stanton）等四人爲主要配角，深入描述這批政敵在政治運作中如何互動，以及他們的矛盾、齟齬、牽制、扞格和妥協。

事實上，蘇爾德等人入閣之後，照樣看不起林肯，身爲首席內閣閣員的蘇爾德，在內戰初起時，還不斷扯林肯的後腿，經常提出反動而又不合情理的政策，林肯一再容忍。政敵所組成的團隊，不僅不是一帆風順，反倒是驚濤駭浪，險境迭起。蘇爾德和貝茲也是經過一段長時間後，始了解林肯的雍容大度，才認清林肯的膽識，蘇爾德成爲林肯最親密的政友之一，另一個就是戰爭部長史坦頓。史坦頓是個著名的大律師，他在法庭上根本不看同行人林肯一眼，甚至在背後罵林肯「鄉巴佬」（backwoods bumpkin）。但在首任戰爭部長卡麥隆胡搞之後，林肯決定砍掉他，而請史坦頓主持軍事。林肯果然識人識才，史坦頓每天工作十五小時，精明幹練，成爲美國歷史上最傑出的國防部長之一，他也和林肯建立了眞正的友誼。林肯死時，史坦頓在病榻旁說了一句傳誦至今的歷史名言：「他現在屬於千古了！」（Now he belongs to the ages!）

林肯在殫精勞神之際，還得處理內閣閣員之間的不和（如蔡斯與郵政部長布萊爾之鬥、蔡斯與蘇爾德之爭），並要耐心解決北軍總司令喬治・麥克萊倫（George B. McClellan）顢頇無能的大問題。麥克萊倫後來代表民主黨（Democratic Party）於一八六四年競選總統，遭林肯痛懲（選舉人票爲兩百一十二比二十一）。林肯的好友、《芝加哥論壇報》（*Chicago Tribune*）總編輯約瑟夫・梅迪爾（Joseph Medill）曾經問林肯，爲什麼挑選這批對手入閣？林肯說他的內閣需要「最堅強的人」。古德溫說，事實證明最堅強的人就是出身草原律師的林肯！

歐巴馬（Barack Obama）於二〇〇八年角逐美國總統，首先收編其民主黨黨內初選對手、德拉瓦州（Delaware）資深參議員拜登（Joe Biden）爲副總統候選人。當選後又邀其鍥而不捨的對手希拉蕊（Hillary Clinton）出任國務卿（蘇爾德的老職位），媒體皆把歐巴馬的手腕和當年林肯組織「政敵團隊」相提並論，而歐巴馬亦透露他正在閱讀古德溫這本書。歐巴馬說他最佩服林肯的不斷學習和充實自己，原來對軍事一竅不通的林肯，面對艱巨的內戰，每天認眞看戰情報告、研究戰況，而使他能夠充分掌握全局。歐巴馬上台伊始，即遭遇三〇年代大恐慌以來所僅見的經濟大衰退，但他顯然並未妥善處理經濟難題，在極右茶黨（Tea Party）和共和黨的杯葛下，政治「菜鳥」歐巴馬的表現讓許多支持他的人大感失望。而最令人痛心的是，他所組成的以賴瑞・桑默斯（Larry Summers，做過財政部長、哈佛校長）爲首的經濟團隊，其內鬥之激烈竟不亞於林肯的政敵團隊！歐巴馬似未從古德溫的著作裡汲取歷史教訓！

林肯的一生與悲劇相終始，妻子瑪麗・陶德（Mary Todd）情緒不穩定，四個兒子中三個早死，而林肯本人亦患有輕度憂鬱症（亦有人說他是同性戀）。然而，林肯在人格上的光明磊落、在氣度上的百川浩瀚、在識見上的高瞻遠矚，不僅深值當今全球政治領袖的心儀與鍾法；這些超卓的質素，更使林肯成爲一位無敵於天下的仁者、一個無愧於千古的偉人！

（本文作者爲中國時報專欄作家）

前言

一八七六年，知名演說家費德里克・道格拉斯（Frederick Douglass）在華盛頓特區，爲黑人感念林肯而興建的紀念碑舉行揭幕儀式。本身曾是黑奴的道格拉斯告訴群衆：「此時此地，我們無須長篇大論談論和褒貶這位偉人，也無須著墨他在這世上的崇高使命。已有太多人深耕這塊田地，鑽研和搜獵林肯的事蹟與傳奇，不留任何空間給我們。任何人都能講出一些亞伯拉罕・林肯的眞人眞事，不過沒有任何人能說出亞伯拉罕・林肯的新鮮事。」[1]

道格拉斯此言距離林肯之死不過十一年，他和林肯的年代過近，難以評價這位簡單又複雜、精明又坦率、溫文爾雅又有鋼鐵意志的領袖，在後世一代又一代美國人心目中的魅力。林肯出世後近兩百年期間，數不清的歷史學家和作家陸續發現新的文件，提出新的觀點，讓大家得以更深入了解這位美國第十六任總統。

爲刻畫亞伯拉罕・林肯的個性與職涯，我將他的生活軼事，並陳對照於一八六〇年和他一起角逐共和黨總統候選人資格的三位勁敵之來歷，這些傑出人士包括紐約州聯邦參議員威廉・蘇爾德（William H. Seward）、俄亥俄州州長塞蒙・P・蔡斯（Salmon P. Chase）、密蘇里州傑出資深政治家愛德華・貝茲（Edward Bates）。

將這四人的來歷並陳閱讀，始能掌握藍圖，了解這四位雄心萬丈、年輕有爲的十九世紀初北方男子發跡之途。這四人都主修法律，口才一流，不約而同地進入政壇，一致反對蓄奴。四人奮發向上的故事，鼓勵了之後數以千計的年輕人離開自己出生的小鎭，遠赴進步神速、充滿活力的外地追夢冒險。

正如全像攝影圖（hologram）係透過干擾不同光源的光束而成；同理，對照林肯同期人士的際遇與偉業，讓林肯這位總統的圖像更清晰更立體。林肯貧乏的童年、未受正規教育的背景、和同性友人的關係、複雜的婚姻、背負的雄心壯志，以及對死亡的想法，若能和其他三位同時代的人士並陳對照，剖析起來會更清晰更分明。

林肯成功出線獲得共和黨提名後，每一位來頭不小的勁敵都認爲，黨代表選錯人了。拉爾夫・華多・愛默生（Ralph Waldo Emerson）憶及，聽到「名氣差人一截的林肯」當選時，大家的第一反應是：「漠然而傷心地接受這個結果。在一個充滿焦慮的時代，要大家放膽信任一個僅在地方上享有聲望的人，似乎過於草率與倉促。」②

林肯彷彿不知打哪兒冒出來的泛泛之輩——在窮鄉僻壤的小鎮當律師，僅在衆議院擔任過一屆議員，任內表現平平；曾連續兩次角逐聯邦參議院失利。難怪和他同時代的人以及歷史學家將他這次意外獲得提名歸因於僥倖：一，他來自伊利諾州（當時黨代表大會剛好在該州舉行）；二，他在黨的立場屬於中間派。不過比較分析後發現，事實不盡然如此。對照於對手角逐失利的原因後，我們清楚看到，林肯贏得提名絕非運氣，而是他比對手來得多謀且多智。習於親自布局操盤的他，對提名之前的一切流程都精打細算，並展現強烈的企圖心、非凡的政治嗅覺，以及嚴酷考驗中錘鍊而成的高ＥＱ，讓不疑有他的對手措手不及。

入主白宮後，林肯做了一個破天荒之舉，決定延攬那些才華洋溢的競爭對手進入自己的政治大家庭（內閣），此舉足證林肯自信心之強，以及超乎他人想像的過人之處。蘇爾德出任國務卿、蔡斯出任財政部長、貝茲擔任司法部長。其餘的內閣要職分派給三位前民主黨人士，這三人的故事也在本書佔了一定的篇幅。其中基迪恩・威爾斯（Gideon Welles）出任海軍部長（林肯的海神）、蒙哥馬利・布萊爾（Montgomery Blair）出任郵政部長、愛德溫・史坦頓（Edwin M. Stanton）擔任作戰部長（林肯的戰神）。該政府的所有成員在知名度、學歷、公職經驗上都勝林肯一籌。原以爲他們擔任閣員，可能對林肯這位出自春田（Springfield）的草根律師構成威脅、讓他黯然失色，但事實不然。

亞伯拉罕・林肯很快就掌控了形勢，成了大家心服口服的掌舵者，領導歷來最異類的內閣，該內閣是名副其實的政敵團隊（team of rivals）。這些原本鄙視林肯的政治對手成了林肯的同仁，協助他一起帶領國家走過最黑暗的時期。蘇爾德率先跳出來，承認林肯能力一流，也很快意識到把總統職權架空根本是白費工夫。短短幾個月，蘇爾德成了林肯政府中與林肯最親密的好友與幕僚。貝茲一開始把林肯視爲心地善良但無能的領導人，最後改變初衷，認爲林肯是位無人能出其右的能幹總統，「幾近完人」。③愛德溫・史坦頓結識林肯之初，對林肯充滿鄙夷與不屑，最後對這位總指揮佩服得五體投地。林肯遇刺過世後，他悲痛逾恆，痛哭了數週之久。就連蔡斯——追求總統大位的壯志始終未酬，最後不得不承認林肯謀略過人，他自嘆不如。

本書著墨林肯的政治天分，從中看到他身上一系列罕見的特質，這些稟性讓他有能力與昔日的對手化敵爲友；有能力修補撕裂的感情（若放任傷痕不管，可能會惡化爲永遠無法化解的積怨）；有能力替失職的下屬扛責；有能力大方地和他人分享功績；有能力吃一虧長一智。他在第一時間便掌握到總統被賦予的權限；擁有他人望塵莫及的能力讓執政團隊正常運作而不致解體；能以過人意志捍衛總統的特權，並高明地掌握時機。他成功收服內閣團隊裡群雄崢嶸的局面，顯示眞正偉大的政治人物，擁有諸多與道德或正派畫上等號的特質——仁慈、感性、愛心、誠實、同理心等，這些特質同樣是從政的重要資產。

撰寫本書之前，我想以他其貌不揚的外貌、滿面的愁容（套用同輩人士的形容），推論林肯應該患有慢性憂鬱症。不過他年輕時兩段不幸的插曲（本書會著墨）顯示，他並未被憂鬱擊垮而動彈不得。反之，就連在內戰最動盪的時期，他也能臨危不亂、處變不驚、發揮高效率。

的確，林肯天性多愁（melancholy），很可能打出生就如此，不過多愁不等於消沉沮喪（depression），因爲多愁不是病，也找不到病根，而是一個人天性的一部分。數百年來，藝術家、作家紛紛承認，多愁是激發創意與成就的動力。

此外，林肯明白自己情緒起伏不定的毛病，這種高度自覺讓他找到建設性的辦法，可以將愁情以及壓力一分爲二。的確，和他的同仁相比，他顯然是裡面最心平氣和、不動如山的一位。他一次又一次以能說善道的天賦、與生俱來的幽默感，撫平同仁的焦慮，提振他們的士氣。團隊被積怨與較勁包圍而面臨瓦解之虞時，他拒絕被心胸狹窄的牢騷所激怒，不被嫉妒所擊敗，也不對雞毛蒜皮的事耿耿於懷。面臨日復一日讓人難以招架的壓力，林肯從未動搖他治國的信念。

經由比較與對照，也讓一些女性角色變得栩栩如生，讓我們一窺林肯的婚姻面貌。法蘭西絲・蘇爾德（Frances Seward）是個激進理想主義者，所作所爲代表丈夫的社會良心。貌美的凱特・蔡斯（Kate Chase）終其一生，都在爲實現父親的總統夢而全力以赴。一輩子犧牲奉獻的茱莉亞・貝茲（Julia Bates）營造了一個溫馨幸福的家庭，讓丈夫漸漸放棄在政壇爭名逐利的野心。瑪麗・林肯（Mary Lincoln）跟法蘭西絲・蘇爾德一樣，智慧過人；跟凱特・蔡斯一樣，對政治興致勃勃，這點和當時的淑女與賢妻形象格格不入。一群反對瑪麗的人士指出，若她是個賢妻良母，將家布置成安適靜謐的窩，也許林肯會心滿意足地待在春田。不過要林肯跟愛德華・貝茲一樣，甘於當個居家男人，這點跟我們熟悉的林肯（以及打一開始便驅策他勇往直前的壯志）完全抵觸。

將鏡頭擴及林肯的同仁及同仁的親友，受惠於這些人提供珍貴的主要資料，讓本書更顯精彩。這些資料至今未見於林肯的任何一本傳記。蘇爾德家族大約有近五百封信件，包括蘇爾德之女范妮（Fanny）從她十五歲至二十一歲去世前兩周寫的日記（約八百頁）。塞蒙・蔡斯留下多卷日記，記錄的歷史事件橫跨四十年之久。此外，他也寫了上千封私人信件。他的女兒凱特・蔡斯的日記至今依舊保存完整，對後世頗有啓迪，其中包括她丈夫威廉・史普拉格（William Sprague）寫給她的數十封家書。貝茲日記中一八四六年至一八五九年之間未公開的部分，相較於一八五九年之後公開的部分，爲後世提供了更詳盡了解林肯的史料。貝茲擔任國會議員期間，寫給妻子茱莉亞的信，讓人看到他喜怒不形於色的外表下掩藏的脈脈溫情。史坦頓充滿感情的家書，加上他妹妹未公開發表的回憶錄，揭露這位滿腔激情、幹勁十足、企圖心強烈的作戰部長，和總統之間因爲理想與信仰而緊緊聯繫在一起。蒙哥馬利・布萊爾的妹妹伊莉莎白・布萊爾・李（Elizabeth Blair Lee）與她丈夫塞米爾・菲利普斯・李上尉（Captain Samuel Phillips Lee）之間的書信往來，爲我們留下了一幅華盛頓在內戰時期日常生活的畫卷，值得珍藏。基迪恩・威爾斯的日記長期以來被公認是洞悉林肯政府運作的重要史料。

透過這些令人耳目一新的資料，外界對林肯不再侷限於及膝長大衣與高頂寬邊帽等耳熟能詳的裝扮。我們可以看到林肯深夜在蘇爾德家中休息，輕鬆地將修長的雙腿伸到壁爐前，天南地北聊起包括戰爭在內的諸多話題。我們聽到他講述自己偏好的話題時，攙揉了奇特而富感染力的幽默雙關語。看到他出席吵吵嚷嚷的內閣會議，討論有關解放黑奴與國家重建的話題。感受到他在電報局等待來自前線的戰況簡報時，緊握史坦頓的手因緊張而軟弱無力。憑著史料，我們可以跟著他一起進入前線，目睹他滿懷同情、善解人意地出現在士兵面前，讓士氣爲之一振。這些形形色色的軼事軼聞，襯托出林肯鮮明的特質。透過周邊同仁的鏡照作用，他變得栩栩如生，活靈活現。

林肯年輕時，曾擔心「榮譽榜」（field of glory）[4]已被建國的元老們霸佔，他這一代人除了謙虛守成之外，已難有作爲。不過一八五〇年代，歷史巨輪再度轉動。蓄奴問題導致情勢日益緊繃，國家面臨分裂的危機，反倒提供了林肯以及他的同仁一展長才的契機，成功拯救並改善由華盛頓（G. Washington）、傑佛遜（T. Jefferson）、亞當斯（J. Q. Adams）等人所締造的民主體制，也催生了林肯所謂「自由的新生」。[5]少了接二連三登場最後引爆南北戰爭的諸多事件，林肯充其量可能只是個好人，不太可能成爲公認的偉人。歷史給了他機會彰顯偉大；提供他舞台，形塑改造我們國家的命運。

三十多年來，身爲歷史學家的我，已爲林登・詹森（Lyndon Johnson）等我認識的領導人物寫過書，也採訪過甘迺迪（Kennedy）家族的密友，以及多位認識富蘭克林・羅斯福（Franklin Roosevelt）的人。羅斯福和林肯一樣，以自己的方式主導美國的社會與政治方向，是美國史上無人能取代的領導人。我與亞伯拉罕・林肯的題材打了十年的交道，不僅讀他本人親撰的文稿，也涉獵其他數百人對他的描述，追蹤他鴻志的軌跡，分析他性格的弱點與優點。他的童年過著青黃不接、捉襟見肘的匱乏生活，婚後孩子不幸夭折，加上整個國家被恐懼籠罩，他都一一迎戰克服。我發現，經歷了差不多兩個世紀，亞伯拉罕・林肯始終有股無人能及的魅力，不僅讓我們神往，也極具激勵人心的作用。

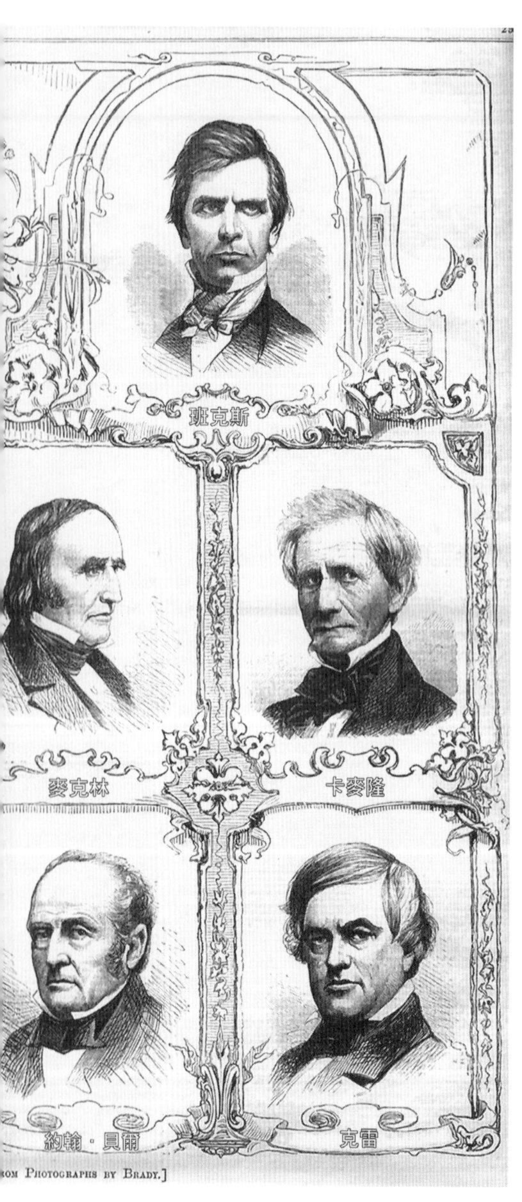

角逐共和黨總統候選人提名資格的主要候選人，芝加哥（布雷迪攝）。

第一部
競爭對手

HARPER'S WEEKLY.
貝茲
蘇爾德
費明頓
蔡斯
傅瑞蒙
林肯
華府
PROMINENT CANDIDATES FOR THE REPUBLICAN PRESIDENTIAL NOMINATION AT

華盛頓特區．

往士兵之家及銀泉鎮
M街
麻薩諸塞大道
L街
K街
紐約大道
I街
H街
麻薩諸塞大道
國會北街
蘇拉特夫人的旅館
第十二街
第十一街
第十街
第九街
第八街
第七街
第六街
第五街
第四街
第一街
G街
第三街
第二街
專利局
貝茲官邸
F街
郵政部
彼得森宅
福特戲院
司法醫院
紐澤西大道
蔡斯－史普拉格公館
E街
柯克伍德旅館
國家通訊報社
D街
B. & O. 火車站
星報社
賓夕法尼亞大道
路易斯安那大道
印地安納大道
C街
大都會飯店
國際飯店
中央市場
B. & O. 鐵路
B街
運河
四又二分之一街
第七街
美國國會
戰時醫院
史密森博物館、圖書館及演講廳
緬因大道
特區軍械庫
往海軍船廠
馬里蘭大道
運河
往碼頭（往維吉尼亞州渡輪）
往長橋
© 2005 Jeffrey L. Ward

・南北戰爭期間

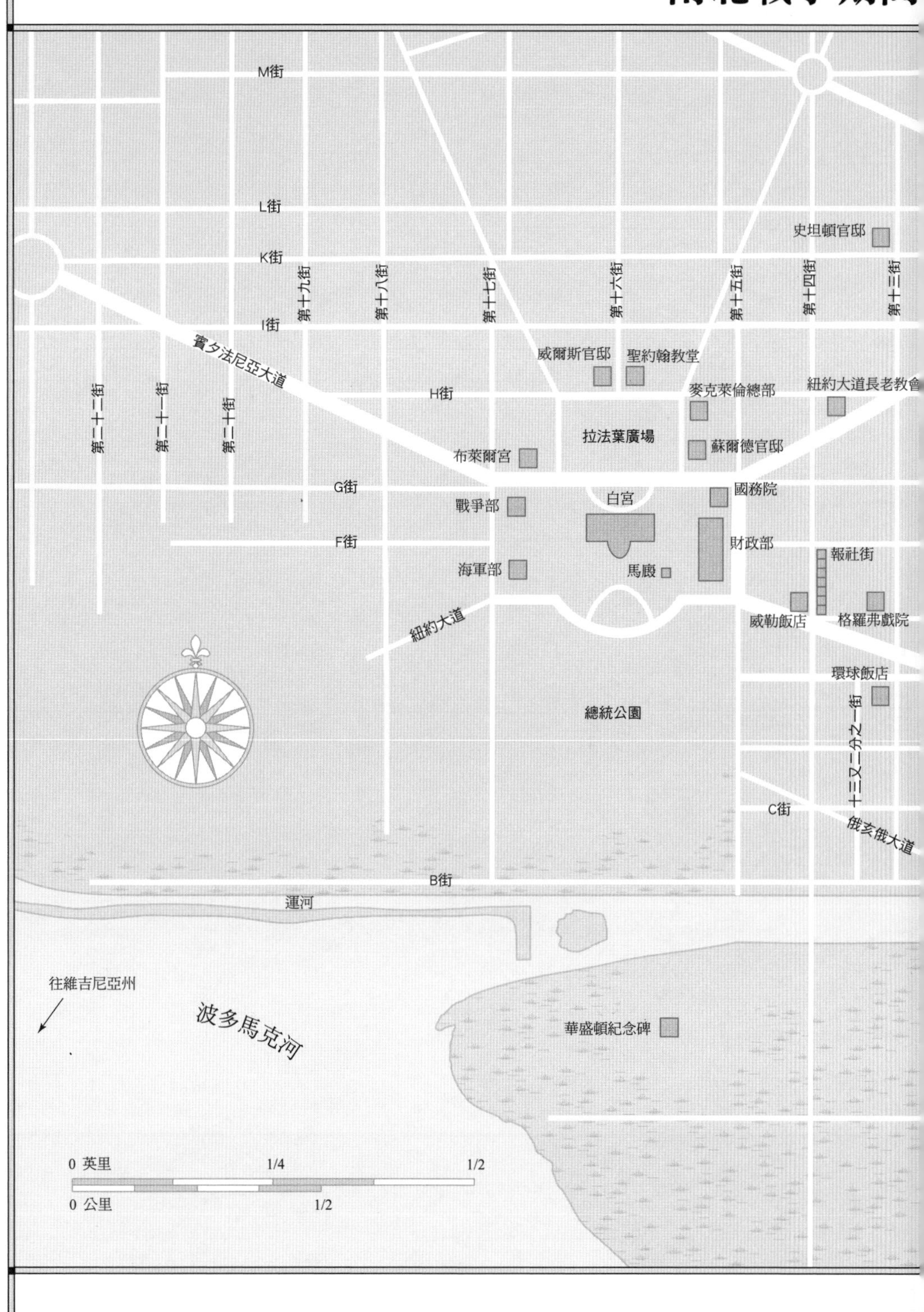

M街
L街
K街
I街
H街
G街
F街
B街
C街
第二十二街
第二十一街
第二十街
第十九街
第十八街
第十七街
第十六街
第十五街
第十四街
第十三街
十三又二分之一街
賓夕法尼亞大道
紐約大道
俄亥俄大道
史坦頓官邸
威爾斯官邸
聖約翰教堂
麥克萊倫總部
紐約大道長老教會
拉法葉廣場
蘇爾德官邸
布萊爾宮
白宮
國務院
戰爭部
財政部
報社街
海軍部
馬廄
威勒飯店
格羅弗戲院
環球飯店
總統公園
運河
往維吉尼亞州
波多馬克河
華盛頓紀念碑
0 英里
1/4
1/2
0 公里
1/2

1 等待結果揭曉的四名男子

一八六〇年五月十八日是共和黨正式提名總統候選人的日子。亞伯拉罕・林肯起了大早。①他爬上樓梯進入位於伊利諾州春田市民廣場西邊、裝潢陽春的律師事務所。同一時間，位於第四街擁有一百三十間房的契納理旅館（Chenery House）②正在供應早餐。位於北六街的城市雜貨店（City Grocery Store）擺出鮮奶油、麵粉、豬油和雞蛋販售。當天早報刊登了史密斯威克沙姆公司（Smith, Wickersham & Company）業主的談話，稱剛收到大批的春貨，包括絲、印花棉布、格子棉布、亞麻布，以及最新款式的襪子與手套。③

共和黨選擇在芝加哥召開全國黨代表大會，會場在專爲這次黨代表大會興建的「維格沃姆」（Wigwam）會議中心。雖然預計早上十點才會開箱唱票，④但天生耐性十足的林肯明顯露出「緊張、躁動、異常興奮」的表情。⑤一想到這天他可能有機會（雖然勝算不大）獲得共和黨提名，出馬角逐美國最高公職，他就無心工作。其實就算是其他普通日子，置身在林肯與合夥人威廉・荷登（William Herndon，年紀比林肯小）共用的凌亂辦公室⑥裡，想要心無旁騖地辦公並不容易。兩張辦公桌以T字形擺放在辦公室正中間，桌上文件、卷宗與書信堆積如山。房間一角有張過時的寫字桌，信件與文件多到從抽屜與文件分格櫃溢了出來。林肯要查閱某人的來信時，得從雜亂無章的紙堆裡翻箱倒櫃好半天，遍尋不著的話，只好往頭上老舊高圓帽的夾縫裡試試運氣，他經常將零散的信件或紙條塞在圓帽的內襯裡。

他心神不寧地下樓，穿過伊利諾州國會大廈（依都市土地規劃，國會大廈與馬路有段距離），以及和友人一起玩手球的空地，然後爬上一小段階梯，進入當地共和黨報紙《伊利諾州日報》（*Illinois State Journal*）的辦公室。編輯部⑦位於二樓，屋子中央有個大型燒炭壁爐，是大家聚會交換新聞與八卦之處。

他信步走到廣場北邊的電報收發室，檢查有無新的電文。表面上並無明顯跡象顯示，這天會是春田史上頗具意義或衆所期待的大日子。歷史記載鮮少提到，萬一林肯這位春田之子獲得提名，他的家鄉父老打算舉辦什麼慶祝活動或派對。五月十八日之前，伊利諾州黨代表在狄凱特（Decatur）舉行的大會上投票支持林肯，但大家普遍認爲，此舉是「禮貌性大於實質性」的政治運作。⑧儘管沒有具體的慶祝方案，但以黑馬之姿參選的林肯很清楚，鼎力支持他的親友團正在維格沃姆會場穿針引線，替他拉票。

位於亞當斯街的浸信會教堂，尖塔上的大鐘⑨似乎壞了，時針與分針動也不動。林肯得知他多年的好友詹姆士・康克林（James Conkling）⑩前一晚突然從黨代表大會返回春田，因此他趕緊前往康克林的辦公室。康克林辦公室位於查特頓（Chatterton's）珠寶店的樓上。到了康克林辦公室，林肯獲悉康克林大概再一個小時才會出現，因此他先回自己辦公室，心想等康克林到了再趕過來。

林肯黑髮蓬亂、黑黝的臉龐滿布皺紋、雙眼深凹，看起來比實際五十一歲的年齡蒼老。他在春田市，幾乎是無人不知，無人不曉。因他獨特的走路姿態，讓人覺得彷彿得給他那副修長枯瘦的身軀添些潤滑油才行。⑪他腳步沉重，拖泥帶水，雙手習慣垂懸在身體兩側或是交疊在背後。他的合夥人威廉・荷登說，林肯的步伐沒有活力。他每次舉步向前，都是一下子抬起整隻腳，隨後將腳用力蹬向地面，而不是先抬起腳尖，然後再腳跟著地。另一位親眼見過林肯走路的人說：「他的兩腿彷彿被膝蓋拖著走，走路就像累了一天的工人下班回家的模樣。」⑫

即便是他的支持者也不得不承認他「貌不出衆」。⑬記者郝勒斯・懷特（Horace White）寫道，林肯睡著的時候，「愁容滿面」，看上去彷彿「莎士比亞筆下憂鬱的賈克斯（Jacques）再生，只不過場景從亞登（Arden）森林換成了伊利諾州的首府」。⑭懷特發現，林肯開始說話的時候，「愁容立刻一掃而空，臉龐因爲勝利的微笑而發光。幾分鐘之前，看到的是愁眉深鎖，現在卻變了臉似的，充滿睿智、慈眉善目，彷彿是可推心置腹的好友。」⑮另外一位跟他同時代的人說，若覺得他的外貌古怪了些，那麼他令仰慕著著迷的應是「勝利者的風範、信手拈來的幽默感，以及與生俱來的善良與慈悲」。⑯他只消在場五分鐘，就會讓你「忘了他貌不出衆或笨手笨腳」。⑰

差不多有二十五年的時間，林肯一直以春田爲家。二十八歲那年，他來到這個新市鎮，以律師爲業。他的好友約書亞・史匹德（Joshua Speed）憶及：「林肯騎著一匹借來的馬進城，身上沒有任何值錢的家當，除了幾件塞在兩個馬鞍袋裡的衣服。」⑱春田發展神速，一八三九年成爲伊利諾州首府之後，進步更是日以千里。一八六〇年左右，春田居民近一萬人，⑲雖然商業區的設計與規劃希望容納越來越多的移民，但還是供不應求，多住了好幾千人。州議會已開始運作。市民廣場是州政府大樓所在地，以此爲中心向外輻射，蓋了十家旅館。附近還有各式各樣的沙龍與餐廳、七家報社、三家撞球店、數十家零售店、三家軍械彈藥庫和兩個火車站。⑳

愛德華茲大宅（Edwards mansion）位於春田一個山丘上，林肯曾在此追求當時的「鎮花」，㉑瑪麗・陶德（Mary Todd），並在此娶了她。瑪麗當初來此投靠已嫁給尼尼安・愛德華茲（Ninian Edwards）爲妻的姊姊伊莉莎白（Elizabeth）。尼尼安是伊利諾州前州長的兒子，身家闊綽。瑪麗在肯塔基州萊辛頓（Lexington）的一個顯赫家庭長大，接受的教育遠優於大多數同齡的女孩：她在一所貴族寄宿學校學習了四年的語言與文學，接著又花了兩年時間鑽研研究所學業。㉒據說林肯與瑪麗初次邂逅於一次熱鬧的派對上，林肯爲她活潑的舉止、聰明的臉蛋、明澈的藍眼睛、露出酒渦的笑靨所傾倒。據悉林肯對她說：「我想用最難看的舞姿跟你跳舞。」當天晚上，瑪麗笑著告訴她的表姊說：「他果真跳得很糟。」㉓林肯的孩子全在春田出生，其中一個亦夭折於此。㉔一八六〇年春天，瑪麗四十二歲，羅伯特（Robert）十六歲、威廉（William）九歲、湯馬斯（Thomas）七歲。次子愛德華（Edward）三歲過世。

照當時人們的說法，他們家只是間不起眼的「木造兩層樓房，寬敞的大廳貫穿屋子中央，兩側是客廳與起居室」。房子緊臨馬路，沒有花園，只有少數幾棵樹。㉕一位當時的人形容：「陳設簡單，但不寒酸，簡樸得剛剛好。」㉖中央大廳擺著「一張常見的小桌，桌面是大理石」，㉗桌上擺著插好的鮮花、鍍銀的冷水罐，以及家人的照片。沿著牆邊，放著幾張椅子與一張沙發。一位記者說：「一切似乎都在表明，這屋裡的男主人爲了人生而辛苦搏鬥，艱苦的人生經歷教會他享受屬於自己的一切成就，但他偏好堅固耐用的家具，而非浮誇的炫耀。」㉘

在春田的歲月，林肯結交了一群對他死心塌地、推心置腹的友人。這群人是他在州議會的同事，幫他助選拜票，角逐聯邦衆議院與參議院席次。而此時此刻，他們正在芝加哥的黨代表大會上，爲了他的大業運籌帷幄，並向他保證，一定「殫精竭慮」，㉙務必讓他贏得提名。這些死黨包括第八區巡迴法院法官大衛・戴維斯（David

Davis），他的「大腦袋與寬闊胸襟」[30]配他三百磅的體重剛剛好；伊利諾州共和黨中央委員會主席兼鐵路公司法律顧問諾曼・賈德（Norman Judd）；[31]來自布魯明頓（Bloomington）的執業律師李奧納德・史威特（Leonard Swett），他認爲自己「與林肯的交心程度[32]超過生命中任何一人」。此外還有史帝芬・羅根（Stephen Logan），他是林肯在一八四〇年代初期的法律搭檔，兩人合作了三年。

這些情誼多半是在「巡迴旅行」[33]時打下的基礎。每年春秋兩季，林肯會和他這群律師同仁撥出八週的時間在伊利諾州走透透。他們下榻於滿是灰塵的鄉下旅館和客棧，一起擠一房，有時還得共擠一床，圍著火度過漫長的夜晚。在人煙稀少的伊利諾州，律師收入微薄，律師們不得不結伴跟著巡迴法官在伊州四處奔波，經手數千個小案子，才能維持生計。同行的馬夫亨利・惠特尼（Henry Whitney）回憶說：四處巡迴奔波的律師團給各地行政中心的所在地，帶來了生機與活力。村民們聚集在法院前的台階上。庭訊結束，所有人都移師到當地的小客棧裡，通宵達旦，興高采烈地談天說地，飲酒作樂。

在這樣歡樂的氣氛裡，林肯始終是一個核心人物。[34]沒有人能像他那樣滔滔不絕，一個接著一個故事講個不停；而同樣的故事，換個人講，就是無法跟他一樣製造富於感染力的笑點。他那委婉曲折的故事打出了名號，成群的村民們[35]等候在他抵達的每一站，爭相聆聽這位說故事大王的精彩演出。他每到一處，都能贏得死忠的追隨者，這些人也是後來拱他出馬角逐公職的啦啦隊。[36]歷史學家羅伯特・威伯（Robert Wiebe）發現，林肯那些年的政治生涯「可以切分爲不同的階段，每個階段都有一群死黨，這些人因爲互信而團結在一起」。[37]沒有一個政治圈子比林肯在芝加哥結交的死黨更團結的了。

一八五八年，林肯投入伊利諾州聯邦參議員選戰，對抗實力堅強的民主黨領袖史帝芬・道格拉斯（Stephen Douglas），這場以小搏大的戲劇性選戰吸引了全國的目光。打完這漂亮的一役之後，林肯成爲總統候選人的可能性大增，不再被嗤爲痴人說夢。雖然道格拉斯最後以些微差距險勝，不過林肯以高明手腕，成功團結了伊利諾州共和黨（當時該黨仍在草創階段，未成氣候）裡各自爲政的成員，[38]包括前輝格黨員（Whig）、反蓄奴的民主黨員、本土文化保護主義者、外國人、激進分子、保守人士等。一八五〇年代中期，爲了阻止蓄奴制往其他州蔓延，共和黨人士在北方一個又一個州聚集。林肯自豪地宣稱：「**彼此陌生**、**互不協調**、甚至是**互相敵視**的分子，從四面八方匯聚在一起，團結一心並戰鬥到底。」㊴林肯在政壇發光的程度與他反蓄奴的力道成正比。蓄奴、廢奴是一觸即發的議題，競選期間，林肯與道格拉斯舉行了七次辯論，每場都是全國報紙刊載的要聞，顯示這位來自春田的草原律師，實力其實凌駕在道格拉斯這位未來最有可能贏得民主黨總統候選人資格的對手之上。

此外，在那個年代，演說技巧㊵攸關政治人物的成敗。當演說內容「從早到晚」㊶充斥耳邊時，林肯激盪人心的演說贏得民眾廣泛的敬仰。他們有的直接聽他演說，有的則從報紙閱讀他的講稿。林肯知名度漸開，演說邀約倍增。在共和黨召開芝加哥全國黨代表大會的前一年，林肯走訪了俄亥俄州、愛荷華州、印地安納州、威斯康辛州、肯塔基州、紐約、新英格蘭等地，和成千上萬的群眾面對面。一八六〇年二月二十七日在紐約庫伯聯合學院（Cooper Union），對著一千五百多名熱情群眾發表的演說，㊷將他生涯推上了高峰。《紐約論壇報》（*New York Tribune*）將那場演說譽爲「紐約市有史以來最開心也最具說服力的政治論述」。該演說旨在捍衛共和黨的主張，以及力陳將蓄奴範圍限制在已存在的地區裡。「人山人海的群眾對他報以雷動的歡聲與如潮的掌聲，久久不歇，熱烈氣氛在接近尾聲時達到高潮。除了他，從來沒有人能在第一次上台就讓紐約觀眾留下如此深刻的印象。」㊸

林肯在東岸的成功，讓家鄉支持者受到莫大的鼓舞。五月十日，在狄凱特熱鬧登場的州代表大會㊹上，共和黨員提名林肯爲總統候選人。兩片可能是林肯年輕時劈開的圍欄被隆重地扛進會場，搭配他的新頭銜「圍欄總統候選人」（Rail Candidate for President）。㊺隔了一週，頗有影響力的芝加哥《新聞與論壇報》（*Press and Tribune*）正式支持林肯參選，稱他溫和穩健的政治立場代表了大多數選民的想法，他應該「毫無障礙、毫不愧疚地」投入選戰。此外，該報稱他是一個「正直誠實」的人，代表「共和黨所有的基本教義」，是一個「不卑不亢的尊重南方權益者」。㊻

然而林肯清楚地知道，他是「政壇的新手」，在伊利諾州以外地區，他並非「絕大多數人的首選」。㊼他在全國性的從政經驗上，僅有兩次競選聯邦參議員失利、當過一屆聯邦眾議員，而卸任大約是十二年前的事了。反之，其他三位跟他一起爭取共和黨提名資格的候選人，都是共和黨圈內家喻戶曉的人物。威廉·亨利·蘇爾德前進華盛頓之前，曾當了十多年的紐約州參議員，以及兩任的紐約州州長。來自俄亥俄州的塞蒙·P·蔡斯也曾先後當選過參議員與州長，並在共和黨籌建過程中扮演要角。愛德華·貝茲是一位廣受敬重的資深政治家、密蘇里州憲（Missouri Constitution）制憲大會的代表、前國會議員，雖然已卸任，但是大家仍廣泛徵詢他對國事的意見。

林肯意識到，蘇爾德在一開始就佔了先機與優勢，緊隨其後的是蔡斯和貝茲。林肯的選戰策略是不得罪任何人。他心想，若黨代表們「被迫放棄他們的首選時，會轉而向我們靠攏」。㊽林肯在芝加哥的助選團以及被戴維斯法官動員到會場爲林肯而戰的黨代表們，對這一策略了然於胸。「我們正在努力，讓你成爲全國黨代表們的第二選擇，若你眞的無法成爲首選的話。」史考特郡代表內森·納普（Nathan Knapp）剛抵達芝加哥，就這麼告訴林肯。他勸林肯：「要有勇氣，不要對任何結果感到吃驚——但我告訴你，你的機會並不是最差……振作起來，面對任何結果。」㊾大會第二天，戴維斯親自傳了口信給林肯：「很有希望。」但他提醒林肯：「不要過於興奮。」㊿

戴維斯的規勸其實是多此一舉——林肯是務實主義者，完全明白競爭對手的名氣均在他之上，也知道眼前是一場硬仗。由於急著想知道最新情勢，他折回到康克林的辦公室，希望他的老朋友已經回來。這次他並沒有撲空。康克林娓娓道出他在現場的觀察時，林肯躺在窗戶旁一張老舊的靠背長沙發上，「他的頭枕在靠墊上，腳直直伸出去，超過椅面的長度」。康克林將他在維格沃姆現場待了兩天的所見所聞告訴林肯。他說，蘇爾德碰上了麻煩，他的敵人不僅來自別州，也來自他紐約的家鄉。康克林預言，若蘇爾德無法在首輪投票出線，林肯便可能獲得提名。

林肯的回答是：「他不敢有這種奢想，萬一蘇爾德先生在首輪投票落敗，依他之見，應該是俄亥俄州的蔡斯先生或密蘇里州的貝茲先生獲得提名。」康克林不同意這種看法，他列舉各種理由，解釋爲什麼這兩位參選人獲得提名也是困難重重。林肯以他的註冊商標——清楚的腦袋權衡局勢之後，察覺到他朋友所言有部分是實情。雖然如此，由於林肯這輩子嘗過太多失望的滋味，所以不敢讓自己抱太大希望，畢竟他看不出這對自己有什麼好處。「嗯，康克林，」他慢吞吞地說，頎長的身軀從長沙發椅上坐了起來，「我相信我還是得回辦公室繼續當律師。」51

＊＊＊

林肯賣力爲自己打氣，不被落選的可能性擊倒；威廉・亨利・蘇爾德卻表現得胸有成竹。他提前三天離開華盛頓，前往他在紐約州奧本（Auburn）的老家。這裡位於手指湖地區（The Finger Lakes Region），人口密度之高在北方聯盟裡數一數二。蘇爾德回鄉是爲了和一群親朋好友一起慶祝預料中的勝利。

蘇爾德年近六十，但精神奕奕，讓他看起來只有實際年齡的一半。在鄉下擁有二十間房的宅第裡，蘇爾德習慣早起，往往在早上六點第一道曙光斜斜照進他的臥室時便起床。[52]早起讓他有充分的時間在早餐鈴響前，前往他鍾愛的花園完成例行的晨操。蘇爾德宅第[53]佔地超過五英畝，四周被修整整齊的草坪、精心布置的花園與散步小徑所環繞。蜿蜒在散步小徑兩旁種有榆樹、山梨、常綠植物、果樹等。數十年前，蘇爾德曾親自監督種下每一棵樹，如今已開枝散葉，繁衍成數百棵之多。他曾花費數千小時，不厭其煩地幫正在開花的灌木施肥、剪枝。[54]蘇爾德以「一個愛花人」的心情，[55]每天看顧這些花草。他對園藝懷抱熱情，反觀林肯則對在春田家裡養花蒔草興趣缺缺。林肯小時候，在父親辛苦經營的農場裡長時間勞動，所以不覺得耕地翻土是件浪漫或好玩的事。

蘇爾德的兒子費德里克（Frederick）回憶道，當父親「進到餐廳，他會大聲告訴家人，風信子正在開花，藍色知更鳥已來報到，或者任何他在早上看到的一切變化」。早餐過後，他習慣回到書籍成堆的書房，享用幾個小時不受打擾的寶貴時光，因爲接下來他家門戶將大開，招待川流不息的賓客。他坐的椅子正是他在奧爾巴尼（Albany）州長辦公室用過的那張椅子。這椅子係爲他量身訂做，以便他一旦需要什麼，可以立即拿到手。他笑言，這椅子簡直「就是他全功能的辦公室」。椅子不僅配備了一個可以前後旋轉的寫字板，還有一個燭台、一個隱藏的抽屜，抽屜裡面放了他的墨水瓶、羽毛筆、珍愛的煙盒，以及每天抽上七八根雪茄留下的煙灰。費德里克回憶道：「他坐在椅子上寫東西的時候，習慣點燃一根雪茄，悠哉地抽它，而另一隻手則在紙上飛快地寫下東西。抽完一根雪茄之後，再點上一根新的。」[56]

投票結果揭曉的那天上午，一管大型加農砲被人從奧本的軍械庫推到公園。「砲手們各就各位，」當地的報紙報導。「火已點燃，彈藥已上膛，只待一個指令，就可以讓整個市與郡響應這個好消息。」[57]大家期待看到有史以來最壯觀的公共慶典。人群開始聚集到蘇爾德的家門前，隨著時間推移，人群越聚越多，將奧本所有主要幹道擠得水泄不通。這些興奮的群眾滿心期待一場盛大的慶典，紛紛走出戶外等著狂歡。當然氣候也是吸引大家往外跑的原因。奧本的冬天又冷又多雪，附近小市鎮，碰到大雪甚至變成孤島，一困就是好幾天。好不容易等到寒冬結束，熱鬧迎接春暖花開。[58]有人騎著馬，有人搭著馬車，從四面八方湧入，遠從西邊的塞尼卡瀑布（Seneca Falls）與滑鐵盧鎮（Waterloo）、東邊的斯卡尼阿特勒斯（Skaneateles）、北邊的威德斯波特（Weedsport）趕來。[59]當地的餐館已大量進貨，[60]橫幅標語已備妥，旗幟等著高掛天空，一些高級旅館的地下室也已備妥上百瓶香檳，等著客人開瓶暢飲。

奧本上下瀰漫歡慶氣氛，因爲這位活力充沛的參議員[61]備受當地民眾愛戴，不僅因爲他的政治勇氣、不容置疑的正直磊落、讓人刮目相看的智慧，更因爲他善良的本性與親切和藹的個性。蘇爾德是天生從政的料，他眞心誠意爲人民謀福祉，關心選民的家庭與生活上最瑣碎的細節，熱心幫助他們解決問題。作爲公眾人物，他有不尋常的韌性與豁達，讓他可以平常心幽默地接受各種批評。

即便是民主黨報紙《紐約前鋒報》（*New York Herald*）也不得不承認，若蘇爾德獲得共和黨提名，在奧本的一萬名居民中，投票反對蘇爾德的也許不會超過一百人。「他受到所有階層不分黨派的愛戴。」《紐約前鋒報》對他的觀察是：「所有的公益或慈善活動都受過他慷慨又體貼的協助……作爲地主，他善良又仁慈；作爲顧問，他坦率而可靠；作爲市民，他富於進取心與愛國熱誠；作爲眞理的鬥士，他不屈不撓、勇往直前。」[62]

蘇爾德習慣在家門口親迎朋友，然後帶著他們穿過樹木夾道的花園，來到白色的涼亭。儘管他站起來只有五呎六吋高（約一百七十一公分），體格瘦弱，所以年輕的亨利・亞當斯（Henry Adams）把他比作稻草人，不過讓亞當斯訝異的是，他很有氣勢與威嚴，有一種特別大氣與超凡的性格，是個「最耀眼的發光體」，[63]任何身材魁梧的人站在他旁邊都顯得渺小。大家被這位活力充沛、有著鷹勾鼻、濃眉大耳的人物所吸引。他的頭髮原本是鮮紅色，後來變淡成了稻草色。[64]林肯步履緩慢而沉重，但蘇爾德剛好相反，有著「青年學子的彈性與矯健」，一位記者形容他從花園走向屋子，再從屋子折返時，走路的姿態「銳不可擋、昂首闊步」。[65]

在蘇爾德富麗堂皇的宅第裡，每個房間都蘊含古意，擺著記錄昔日風光的紀念品。走廊上一張喜來登（Sheraton）風格的長書桌，曾是一七八九年第一屆制憲大會一位代表所有。客廳壁爐是年輕木匠楊百翰（Brigham Young，後來成爲摩門教會先知）的傑作。在會客室，有一幅大風景畫，畫的是波塔基瀑布（Portage Falls），畫家是湯馬斯・科爾（Thomas Cole），該畫是別人送給蘇爾德的禮物，感念他早年致力於增建與延伸紐約州的運河系統。牆上掛滿了藝術品和一家人的肖像畫，均出自知名畫家之手，包括湯姆斯・薩利（Thomas Sully）、契斯特・哈定（Chester Harding）、亨利・英曼（Henry Inman）等藝術家。即便是長在小徑旁或沿著花架攀爬的常春藤，也都大有來歷，這些常春藤原本栽植於沃特・史考特爵士（Sir Walter Scott）在蘇格蘭的老家，後來由華盛頓・歐文（Washington Irving）轉贈給蘇爾德。[66]

鑽研過去一週來自芝加哥的電報和新聞報導，蘇爾德有充分理由保持自信。共和黨和民主黨的報紙不約而同地報導：「即將揭曉的榮耀應頒給表現不凡的紐約州參議員蘇爾德，始符合公衆期待。和其他任何一個人相比，蘇爾德更有資格成爲共和黨的代表，他的領導才能與出色的公職表現，對共和黨的政綱與發展貢獻卓著。」[67]奧爾巴尼的民主黨報《阿特拉斯與阿格斯報》（*Atlas and Argus*）不得不承認：「新聞界沒有比我們更連篇累牘、更毫不留情地批評蘇爾德先生的政治觀……此人確實是天才，具有領導長才。」[68]

蘇爾德對於獲得提名胸有成竹，因此他在黨代表大會召開之前的那個週末，就開始動筆撰寫他將向參議院發表離職演說[69]的初稿。芝加哥大會一旦做出決定，他將辭去目前的參議員一職，向參院那些一起走過動盪的五〇年代的同仁們告別，回到奧本。他曾說過，他對奧本的熱愛和欣賞超過任何一個城市，他喜歡奧本勝過奧爾巴尼。在奧爾巴尼，他曾做過四年的州參議員，以輝格黨籍擔任過兩屆州長。他對奧本的眷戀勝過美國聯邦參議院。在華府的參院，他代表北方聯盟最主要的州，擔任聯邦參議員十二年之久。他喜歡奧本勝過他走過的四大洲任何一個城市。[70]

他聲稱，奧本是唯一可以讓他「以個人身分而非國會議員或公共人物的身分自由施展」的地方，一個唯一讓他「心滿意足活著，走過偶爾熱病突然發作的人生之後，可以心滿意足死去」[71]的地方。在一八六〇年代，奧本是一個繁榮的社區，有六所校舍、十三間教堂、七家銀行、十一家報社、一家毛織廠、一家蠟燭工廠、一所州立監獄、一間高級旅館，還有兩百多家商店。市民們住在奧瓦斯科湖（Owasco Lake）的北濱，距離羅徹斯特（Rochester）約七十八英里。居民對於規劃整齊，兩旁種了楓樹、榆樹、白楊、西克莫無花果的街道非常自豪。[72]

蘇爾德以紐約州斯克內塔迪（Schenectady）聯合學院（Union College）畢業生的身分來到奧本。他以最優秀的成績畢業，並完成律師的專業訓練，跟隨卡尤加郡（Cayuga County）的名人以利亞・米勒（Elijah Miller）法官從事律師業務。[73]在米勒法官的鄉間別墅裡，蘇爾德對米勒法官的女兒法蘭西絲・米勒（Frances Miller）展開追求，並娶了這位受過良好教育、聰明伶俐的女子。法蘭西絲身材高䠷苗條，面貌秀麗標致，有一雙黑色大眼，頸線優美。她熱情投身於女權和反蓄奴的運動，聰慧不輸蘇爾德。嫁給蘇爾德之後，在多風多雨的動盪生活中，她舉止沉著冷靜，是個富於奉獻精神的賢妻良母。[74]蘇爾德與法蘭西絲結婚之後，兩人一直住在這棟房子，五個孩子也在這裡出生。奧古斯塔（Augustus）畢業於西點軍校，還在軍中服役；費德里克一度任職於新聞界，目前是父親的私人祕書；小威爾（Will Junior）剛進入商界；范妮個性中規中矩，正要從女孩轉成女人，喜歡詩詞，博覽群書，每天寫日記，希望有朝一日能成爲作家。二女兒科妮莉亞（Cornelia）一八三七年夭折時只有四個月大。[75]

蘇爾德加入共和黨陣營的時間算晚，[76]因爲他捨不得退出心愛的輝格黨。他在國內享有高知名度與地位，所以一加入共和黨，自然而然成了這個新政黨的首席發言人。亨利・亞當斯寫道：「蘇爾德這位政壇老將足以煽動一頭乳牛，如果牠聽得懂人話的話。」[77]共和黨年輕的領導人卡爾・舒茲（Carl Schurz）回憶道，他和朋友把蘇爾德理想化了，把他視爲「反蓄奴運動的領袖，從他身上，我們聽見了吶喊聲，因爲有時候他骨子裡的靈魂會執意走在民意之前，而非馴服地跟在民意之後亦步亦趨。」

在那個年代，用口語直接溝通，然後在報紙上重複刊登，是政治領袖與民眾溝通的主要管道。蘇爾德可將「爭議性話題的所有面向簡化爲一個單純的句子或一個單字」，這能力讓他營造一種政治認同（political identity），一旦成形就定了型，無法更改，而且充滿危險。多年來，他喊出的響亮口號，包括制定比美國憲法「更高的法律」，依據該法，人民享有自由。此外，他斷言南北之間的衝突是「一場不可避免的戰爭」。正如年輕的舒茲所言，這些口號成了「鐫刻在我們旗幟的文字，我們戰士的口號」。[78]不過這些短語同樣警醒了共和黨內（尤其是美國西部）的溫和派。給蘇爾德打上激進分子戳記的，與其說是確有其事，不如說是因爲他說的話，因爲在一八六〇年，他在黨內頗具分量，實際的職位距離黨內的核心並不遠。

只要蘇爾德在參院發表重要演說，走道與旁聽席就擠得水泄不通。民衆聽得如痴如醉，不僅因爲他論述的功力，也因爲他活力洋溢的個性，以及他惹人注目與衆不同的裝束。蘇爾德看不上一八五〇年代流行的簡約風，偏愛馬褲和一種前短後長的雙排扣外套，手帕的尖端露於背心口袋之外。這副時髦瀟灑、躊躇滿志的模樣也是他演講的風格之一。此外，他會在講到一半時，刻意停頓，玩賞一下煙盒，然後用他那與黃色馬褲相配的超大黃絲綢手帕揩一下他的大鼻子。[79]這種高調誇大的作風加上名流的地位，讓他在這場提名之爭多了捨我其誰的架式。[80]

時光接近下午，蘇爾德之所以老神在在，是因爲他有把握自己奮鬥多年的目標即將成眞。他能夠平心靜氣的主要原因在於他知道，這次他在大會上的競選成敗，掌握於這個國家最有權有勢的政界大老梭羅・魏德（Thurlow Weed）手上。相貌英挺、一頭白髮的魏德獨霸紐約州政壇將近半世紀，是蘇爾德的密友與戰友。魏德的傳記作者格林登・范・多森（Glyndon Van Deusen）寫道：「人們也許會愛他、尊敬他，也許會恨他、藐視他，但是沒有一個對政治與政府感興趣的人會忽略他。」[81]多年以來，正是魏德力挺蘇爾德的競選活動，讓他每次的競選——紐約州參議員、紐約州州長、紐約州聯邦參議員——都成功。他「像母雞護小雞」[82]般步步爲營，一路爲蘇爾德的政治生涯護航。

他們兩人是天衣無縫的組合。[83]蘇爾德屬於思想派，理想性高、具有煽動群衆情緒的魅力；魏德屬於行動派，比較務實、擅長做事與打選戰。蘇爾德負責起草共和黨政綱，頭頭是道地宣揚各種大原則時，魏德則忙於建立政黨組織規章、分配資源、賞忠罰逆、製作選舉名冊、把選民帶往投票所、發揮並貫徹黨的影響力。兩人孟不離焦焦不離孟，大家乾脆把他們看成一體，「蘇爾德就是魏德，[84]魏德就是蘇爾德」。

梭羅・魏德當然清楚蘇爾德將在大會上面臨層出不窮的問題。許多黨代表覺得這位紐約人過於激進；還有一些代表看不起他，視他爲變色龍，爲了成就自己的野心，一天到晚改變立場的投機分子。再者，魏德控制的國會裡，出現了不滿貪腐的聲音，此外，蘇爾德是近十年來鋒頭最健的北方政治人物，難免招忌，[85]得罪許多同僚。儘管存在種種問題，不過蘇爾德表現若定，彷彿是共和黨黨員和黨籍政治人物的當然之選。

此外，魏德深信，對手缺乏樁腳鞏固實力，所以他斷言，蘇爾德最後會贏得勝利。[86]舉足輕重的紐約州代表團證實了魏德的盤算與分析。[87]五月十六日大會開幕當天，前輝格黨的主編（現為共和黨人）詹姆士・華森・韋伯（James Watson Webb）肯定地告訴蘇爾德，「沒有理由擔心，當選只是時間問題……我告訴你，根據我對整體時局的判斷，沒有、也不會有任何事情動搖我對最後結果的信心。」[88]次日，聯邦眾議員艾爾德里吉・史伯丁（Eldridge Spaulding）發電報給蘇爾德，寫道：「你的朋友堅定、信心十足地認為，幾輪投票之後，你將獲得提名。」[89]十八日早上，就在黨代表開始投票之前，紐約州代表團主席威廉・伊瓦茲（William Evarts）捎來了一個樂觀的消息：「好了，所有跡象顯示，你今天一定獲得提名。」[90]三十年來，激勵蘇爾德與魏德的美夢似乎近在咫尺。

＊＊＊

十八日上午，蘇爾德忙著送往迎來親友和支持者之際，俄亥俄州州長塞蒙・蔡斯以他慣有的獨來獨往風格，等待投票結果。根據史料記載，當天並無人造訪俄亥俄州哥倫布市（Columbus）國家街和第六街路口那座大宅。哥德式的官邸[91]宏偉壯闊，尖塔、塔樓、煙囪林立。這位相貌英挺的五十二歲鰥夫和兩個女兒住在裡面，一位是十九歲的凱特，另一位是凱特同父異母的十一歲妹妹奈蒂（Nettie）。

找不到任何報導指出，人群陸陸續續自發性地聚集到街頭。當然，人民還是預作了準備，若這位受人民愛戴的俄亥俄之子獲得提名（蔡斯也滿心期待自己能出線），要辦個盛大的慶祝活動並無問題。數個銅管樂隊已準備就緒，煙火已備妥，巨型加農砲也用板車拉到了州議會。一旦投票結果揭曉，希望成真，隆隆作響的砲聲將從這裡響徹全城。[92]在結果公布之前，哥倫布的居民似乎都在各忙各的，低調、克勤克儉的作風，和州長如出一轍。

蔡斯身高六英尺有餘（逾一百八十公分），寬肩、厚胸、高貴正派。[93]照卡爾・舒茲的評價與分析，這些特質讓蔡斯「完全符合選民心中理想的政治家模樣」。[94]根據一位記者的觀察，「他是我們見過的完人中比例最好的一個。他有顆頭型完美的大腦袋，有著大力士赫克力士的魁梧身軀。眼睛炯炯有神、充滿睿智，無人能及」。[95]當人們靠近林肯時，會覺得他的五官與表情比遠觀來得親切、有說服力；不過越是近距離審視蔡斯英俊的臉孔，越能清楚發現他右眼皮隱隱約約下垂，這讓他「彷彿變成了雙面人，彷彿注視著這世界的是兩個人，而非一個人」。[96]

蔡斯完全清楚他給人的第一印象極佳，所以穿著非常謹慎。[97]蘇爾德或林肯待客時會穿拖鞋，將襯衫下襬露在外面。但蔡斯完全不同，極少人看到蔡斯不穿背心，他也從不在他人面前戴眼鏡，儘管他近視得厲害，[98]所以經常在街上與朋友擦肩而過卻視而不見。

蔡斯是非常虔誠的教徒，做事一絲不苟，按表操課。[99]投票日當天，他應該跟平日一樣以如下的方式揭開序幕：將兩個女兒和家裡全部的人叫到身邊，一起虔誠地讀經。用罷早餐，他與長女凱特會移師到書房，閱讀並討論早報的內容，一起尋找全國選民對他的看法與評價，希望民眾對他的評價跟他對自己的評價一樣，都是高度肯定。兩人也仔細尋找有利於他獲得共和黨提名的種種跡象。

擔任州長期間，蔡斯一絲不苟地按表操課。每天早上在固定的時間出門，徒步走過三條街，進入州長辦公室，這是他一天中僅有的運動。他從不遲到，受不了遲到拖拉，認爲這等於是浪費了等候者的寶貴時光。晚上若沒有公務應酬，他會躲在自家書房，回信、鑽研法令典籍、背詩、學外語、練習說笑話，不過無論練得多賣力，他都不是說笑話的料。

只有在少數幾個晚上，[100]他才會稍稍放縱一下自己，和凱特玩雙陸棋或西洋棋。不過輕鬆之後，他一定回到收拾得整整齊齊的書桌前（桌子可摺疊與收納）。桌上一切東西「各司其位」，就連一支筆或一張紙都放得整整齊齊，有條不紊。他在案前一坐就是幾小時，專心寫著日記，直到靠街的每扇窗被夜色吞沒。他從二十歲開始寫日記，在日記裡記錄並反省各種想法與顧慮。當蠟燭即將燒盡，他會讀經爲一天畫下句點，一如一早捧著聖經，爲一天揭開序幕。

蘇爾德與法蘭西絲花了數十年裝潢布置奧本的家，大小家具似乎都被烙了印，代表人生不同的階段。不同於蘇爾德夫婦，蔡斯則以精美的地毯、刻有花紋的椅子、雅致的鏡子，以及達官顯要理應用來炫耀自己顯赫身分的各種奢華布帘織品，妝點自己富麗堂皇的大宅。[101]他這一輩子顛沛，不斷搬家，哥倫布的宅第是他渴望擁有的第一個家，不過一切布置都是爲了給人留下美好印象：據說連家裡的狗，都「經過精心打扮，狗模狗樣」。[102]

在一八六〇年，俄亥俄州首府哥倫布繁忙熱鬧，人口不到兩萬，生活優裕、熱情好客是當地人的特色。早期移民多半來自新英格蘭、賓夕法尼亞、維吉尼亞。[103]最近十多年，德國和愛爾蘭裔移民開始湧入，再者大約有一千名獲得自由身的黑人也搬來這裡，主要落腳於靠近愛爾蘭裔定居的長街區（Long Street district）。那是個穩定成長、持續繁榮的年代。市中心廣植林蔭大樹，街道整齊開闊。作家威廉‧狄恩‧豪威爾斯（William Dean Howells）回憶道，年輕美麗女子以裙箍撐起裙襬，輕搖款擺的模樣，宛若「絲製的氣球漫步在街上」。主幹道和國家街商店林立，形成時尚區。一八五七年一月，一棟差不多和美國國會大廈一樣宏偉的簇新州議會大廈[104]正式開張作業。議會大樓按照希臘文藝復興時期的風格建造，多立克式（Doric）廊柱巍峨聳立，區隔每一個入口，天花板是一個巨大的穹頂。議會大廈容納了州長辦公室與州議會議事廳，建築宏偉，被譽爲全美「最壯觀的州府大樓」。

蔡斯與蘇爾德個性迥異。蘇爾德經常上劇院，喜歡讀小說，覺得世上最愜意之事莫過於整夜打牌、抽上好的雪茄、喝瓶紅葡萄酒。但是蔡斯既不喝酒也不抽煙。[105]他認爲，上劇院、讀小說是浪費時間的愚蠢之舉，也對所有碰運氣的遊戲敬謝不敏，[106]認爲會對心靈產生不健康的刺激。他也不太喜歡像林肯那樣，跟朋友開開無傷大雅的玩笑，一位跟他同時代的人說道：「他講故事鮮少不弄巧成拙的。」[107]即便是了解他甚深的人（也許他鍾愛的凱特除外），也很少看到他開懷大笑。

凱特‧蔡斯容貌姣好，志向遠大，全部感情都傾注在父親身上，用以塡補父親空虛的心。她的父親莫名其妙地痛失三位妻子，三人都在年紀輕輕時不幸過世。凱特的生母在其五歲那年過世，蔡斯獨力撫養栽培出聰穎的女兒，無微不至地一路將她拉拔長大，全力以赴栽培她。凱特七歲那年，他將女兒送到紐約州格拉梅西公園（Gramercy Park）一所昂貴的寄宿學校，她在該校待了十年，學習拉丁語、法語、歷史和古典文學。另外也修教育、儀態、社交禮儀。[108]凱特十三歲的時候，蔡斯告訴她：「再過幾年，你得進入社交圈，偶爾我也會帶你參加其他的聚會，我希望你具備打入我們國內任何一個社交圈的資格，希望你能發光發熱，爲聚會增添光彩。基於這個理由，我首重你的學業進展、儀態培訓、品德和宗教養成教育。」[109]

凱特自寄宿學校畢業，回到哥倫布之後，表現落落大方，宛若俄亥俄州的第一夫人。父親的雄心與夢想成了支配她生活的主軸，她逐漸成爲父親不可或缺的[110]得力助手，協助處理他的書信、修改他的演講稿、檢討他的政治謀略、款待他的朋友與同事。其他同齡女孩忙著參加舞會和社交晚會之際，凱特則全力以赴推升父親的政治前途。她的傳記作者說：「她做了自己能力所及的一切，彌補父親生命中的缺憾，讓他不至於不耐孤寂而又再找另一個蔡斯夫人。」[111]蔡斯到學校演講或是參加政治辯論，凱特就坐在他身旁。她也負責主持父親的晚宴和招待會，儼然是他的代理夫人。

蔡斯對他可愛、不愛出鋒頭的小女兒[112]珍妮特（奈蒂）充滿溫情與關愛，但他對凱特的愛大量攙揉了自己對政治的野心與宏圖。他依照自己的藍圖按部就班栽培凱特。凱特說話穩重自然，遠比他從容不迫。現在他可以依靠她，協助自己穩紮穩打，走好前進的每一步，日復一日、年復一年，朝入主白宮的目標邁進。一八五五年他打了一場精彩的選戰，替共和黨拿下俄亥俄州的州長寶座，該州是全美數一數二的大州，也是共和黨首次在重要的州告捷。經過這一役，總統之夢在父女兩人看來已非遙不可及，兩人對這位置，念茲在茲、欲罷不能，甚至持續到美國內戰結束，仍不放棄。與其相比，蘇爾德的野心不遑多讓，不過蘇爾德面對形形色色的群眾，不管是販夫走卒，抑或是三教九流，態度遠比蔡斯輕鬆自在。此外，蘇爾德可以在下了班之後，立刻放下公事，享受生活，這點也遠勝蔡斯一籌。

蔡斯的表現雖然比蘇爾德多了一點傲慢或自以爲是，不過從另一個角度看，他也比蘇爾德更不屈不撓地奉行自己從政的原則，其中替黑人爭自由的訴求，他堅定不移地恪守了四分之一世紀。儘管長袖善舞的蘇爾德不管在哪個時代都有可能成爲成功的政治家，不過身處蓄奴等道德議題引起廣泛爭議的年代，蔡斯的爲人與能力更有發揮的空間。南北戰爭爆發前，有關蓄奴該不該存廢的辯論，蔡斯不斷從聖經引經據典，闡明蓄奴的是非對錯，力陳自己反蓄奴的立場。在蓄奴問題上，蔡斯實際上比蘇爾德更激進，[113]但他不會用一串串讓人印象深刻的名言警句修飾自己的演講，加上他的論點在全國並非眾所周知，所以對黨內的溫和派而言，他的殺傷力較小。

「也許有比蔡斯更能幹的政治人物，當然也有比他更討人喜歡的事業夥伴。」他的傳記作者亞伯特・哈特（Albert Hart）斷言：「但是沒有一個人像他那樣，為美國的政治理念貢獻如此之多。」[114] 威廉・蔣納普（William Gienapp）在研究共和黨建黨過程的論文中，也強調了這一點。蔡斯在反奴運動中發揮了他智高一等的領導力與組織能力，對此蔣納普道：「共和黨最終能夠成形與誕生，蔡斯的貢獻無人能及。」[115]

蔡斯強烈地認為，憑著自己歷來為黨的所作所為，**理所當然**應讓他登上總統寶座。他寫信給跟他一樣主張廢奴的多年老友加梅利爾・貝利（Gamaliel Bailey），信中聲稱：「不乏一群只會投票選我代表共和黨參選，否則幾乎不投票的代表。除此之外，尚有一大群人似乎希望我成為一八六〇年總統候選人。我並未努力拉票，就我所知，我周遭的好友，沒有一人幫我催票、刻意營造非我不投的感覺。一切似乎都是自動自發、水到渠成。」[116]

這位州長一廂情願、自以為是到什麼程度？力挺蘇爾德的支持者卡爾・舒茲提供了非常生動的描述。一八六〇年三月，舒茲到俄亥俄演講，受邀下榻於蔡斯住處。舒茲在回憶錄寫道：「我一早就到了，讓我大吃一驚的是，儘管抵達時間不甚恰當，但州長本人在門口親迎，帶我進入早餐室。」接著凱特走進來，向他問好，「她找了張椅子坐下來，舉止彷彿小鳥收翅棲息於枝枒般優雅輕盈……顧盼之間，流露女王般的架式，一舉一動風姿綽約、高雅自然。難怪她被譽為大美人，並且傷了許多人的心。」

交談間，「凱特小姐的表現既活潑又聰穎，沒多久話題便圍繞政治打轉。」蔡斯告訴舒茲：「他迫不及待出任美利堅合眾國的總統。」坦率的程度讓人訝異。蔡斯意識到舒茲可能是出席大會的黨代表，所以向他表達了自己想當選的意願。舒茲回憶道：「假如當時我用一種鼓勵的語氣回答他的問題，可能我會覺得好過些，因為在我看來，對方的萬丈雄心甚為合情合理，絕非好高騖遠。」然而他按捺不住道出了真話（事後深感懊惱），直言若黨代表願意提名「一位反蓄奴的前衛者」，他們會選擇蘇爾德而非蔡斯。

蔡斯很吃驚，「彷彿聽到了什麼出乎預料的事」，臉上浮現一絲悲傷。他很快恢復平靜，然後簡要地力陳為何大家應考慮選他而非蘇爾德，擔任反蓄奴運動的真正領導人。舒茲不為所動，不過他還是很有風度地聽完蔡斯的談話。舒茲心裡很清楚，自己從來沒碰過一位如此「熱中當總統」（presidential fever）的公職人員，熱中到「打心底相信他應該成爲總統，堅信不僅他需要爲國家這麼做，國家也需要他這麼做」的地步。[117]蔡斯希望，他這副堅定不移的自信能讓舒茲改變心意。次日，蔡斯將他和舒茲會面的情況告訴朋友羅伯特・荷西（Robert Hosea），表示和舒茲會晤的幾小時裡，舒茲對他獲勝的機會似乎改變了想法，所以「值得引薦他和我們的核心人物接觸」。[118]儘管蔡斯盡了最大努力，舒茲對蘇爾德依舊忠心耿耿。

黨代表大會召開前幾週，《俄亥俄州日報》（*Ohio State Journal*，哥倫布市的共和黨報）差不多每天都替蔡斯加油打氣，支持蔡斯當選。該報宣稱：「在這個國家裡，沒有人比他更有資格當選，比他更有能力勝任。」[119]他「在多年的從政生涯裡，持續爲自由這個普世價值貢獻己力」，因而「贏得人民的信任和愛戴，受歡迎的程度遠超過俄亥俄州的範圍」。[120]

蔡斯篤信自己的訴求與理想終將獲得勝利，所以拒絕投入一些爲勝選而不得不爲的實務。[121]實際上，他幾乎沒有任何競選活動。他不願安撫或拉攏多位在俄亥俄州的政敵，落得只能單槍匹馬，無法團結俄亥俄州的支持力量。爲了攻城掠地，他捨棄到處拜票，寧可待在自己的官邸裡，讓凱特陪在身邊，提筆寫信提醒支持者，自己才是總統的最佳人選。他只聽自己愛聽的話，漠視一切壞消息或不利的跡象。他相信「若人民最看重的願望與訴求能佔上風」，[122]他將贏得提名。

「現在時機已經成熟，」一位支持者道。「您將所向披靡，傲視群雄。」[123]大會召開前夕，他的心情一派輕鬆，充滿自信。「有理由保持信心。」[124]他告訴來自克利夫蘭的律師詹姆士・布里吉斯（James Briggs），他有把握，相信自己和凱特不久將成爲美國的總統和第一夫人。

＊＊＊

愛德華・貝茲法官[125]在位於葡萄山莊（Grape Hill）[126]的鄉間大宅等著大會傳來消息。他的住所離聖路易約四英里，妻子茱莉亞・寇爾特（Julia Coalter）陪伴在他身邊。茱莉亞三十七歲，身材健壯，頗具魅力，替丈夫生了十七個小孩，其中八個活到成年。他們和六個兒子、兩個女兒以及將近一打的孫兒孫女共住，過著三代同堂的家庭生活。這些孩子即使結婚有了自己的家庭，仍把葡萄山莊當成自己主要的家。⑫⑦

貝茲法官的生活井然有序，按部就班，作息圍繞著節氣、土地，以及深愛的家人打轉。他每天早上洗冷水澡，晚餐鈴聲響了才去吃晚飯。四月的第一週，他「用棉襪取代羊毛襪，以單排扣的緞質背心取代雙排扣的天鵝絨背心」。七月和八月，他關心馬鈴薯、甘藍菜、瓠瓜、甜菜、甜玉米的生長情形。在秋天，他收割葡萄。元旦這一天，貝茲一家遵照鄉下的古老習俗，女人一整天待在家裡招呼客人，男人則騎馬挨家挨戶拜訪朋友。⑫⑧

六十六歲的貝茲，是聖路易最受愛戴的老市民之一。一八一四年，他單槍匹馬來到聖路易，當時這裡是交易皮毛的小村莊，只有零星簡陋的小木屋，一間搖搖欲墜的教堂。四十年之後，聖路易的人口擴大到十六萬，公共基礎建設齊全，有數間教堂，公私立學校林立，不乏醫院，還有各式各樣的文化設施。⑫⑨聖路易一位歷史學家寫道，這座城市越來越繁榮，「出現了宏偉、華麗的私人豪宅，裡面圖書室、舞廳、溫室、歐洲繪畫、歐洲雕刻一應俱全」。

多年來，貝茲擔任過多項令人敬重的公職——密蘇里州第一屆制憲大會代表、密蘇里州議員、聯邦眾議員、聖路易地產法院法官等。不過他希冀在政壇更上一層樓的雄心逐漸式微，認為愛護妻子與回歸家庭才是人生首選。他卸下公職的二十年期間，不斷有人力邀他復出參選或擔任政府要職，但都被他婉謝。

肖像畫家阿爾班・賈斯伯・柯南特（Alban Jasper Conant）形容貝茲是「走在街上最奇特的趣人」。「他二十歲離開維吉尼亞州出生地之後，身上總是一襲貴格教派的服裝，無論花色或剪裁，數十年如一日，毫無變化。」⑬⓪他身高五呎七吋（約一百七十三公分），下顎堅毅，濃眉，毛髮濃密，直到去世，仍是一頭黑髮，鬍鬚則全部花白。⑬①林肯注意到貝茲黑髮與白鬍子之間的強烈反差，於是開玩笑地說，這是因為貝茲說得比想得多，用「下巴多於用大腦」⑬②的緣故。茱莉亞・貝茲的穿著打扮也十分樸素，「沒有受時下蓬裙或其他奢靡之風的影響，偏好貼身裙、范戴克（Van Dyck）式的三角形披肩、以及服貼的圓帽」。⑬③

「我是很有福氣的人！」貝茲在日記裡寫道。「有妻子和孩子庇佑，他們習慣自動自發，讓我過得更輕鬆自在，甚至連我個人小小的方便，他們也能事先猜到我要的是什麼，彷彿他們的幸福完全繫於我的幸福一樣。

喔，爲這樣一個家庭奔波辛苦，我樂在其中。和他們一起享受上帝慷慨賜予的福氣，是我之幸。」[134]他覺得投身法律工作，不僅收穫滿滿，也能刺激腦袋。他樂於在基督教長老教會擔任長老一職。在他看來，沒有什麼事比在自己珍愛的圖書室度過漫長的冬夜更令人開心。

蘇爾德有花不完的精力，不可能在自己的家庭裡找到足夠的宣泄管道；蔡斯鎮日爲壯志未酬而苦惱；但貝茲和他們兩人不同，他非常能享受當下，心滿意足稱自己是「非常戀家的居家男人」。[135]一八四七年，他一度成爲全國矚目的焦點。當時他在芝加哥的河港大會（River and Harbor Convention）發表了一場撼動人心的演講，[136]該集會旨在抗議波克總統（President Polk）否決輝格黨的提案，輝格黨主張聯邦應撥款改善內陸的河道與港口，尤以發展快速的西部最爲迫切。大會結束後，全國報紙將貝茲捧爲政壇的明日之星，不過貝茲不爲所動。因此，一八六〇年選舉日逼近時，[137]他覺得自己的想法和青年時期或剛步入成年時的想法沒什麼兩樣，政治野心彷彿過往雲煙，對他已是波瀾不興。

不過他錯了。芝加哥大會召開之前十三個月，在密蘇里州國會議員法蘭克・布萊爾（Frank Blair）主持的晚宴上，[138]以法蘭克的父親法蘭西斯・普萊斯頓・布萊爾（Francis Preston Blair）爲首的政治團體，力拱貝茲競選總統。老布萊爾六十六歲，在華府呼風喚雨了數十年，極具影響力。他當了大半輩子的民主黨人，在安德魯・傑克遜總統（Andrew Jackson）的第一任任期，從肯塔基州來到華府，出版發行民主黨的黨報《環球報》（*Globe*）。老布萊爾很快成爲傑克遜最信任的幕僚之一，也是赫赫有名的「白宮廚房內閣」（kitchen cabinet）成員之一。「布萊爾宮」（Blair House）經常舉行會議，地址就在白宮對面，是一棟磚瓦建造的宏偉官邸，當年布萊爾和妻子以及四個子女住在這裡（該建物至今仍叫布萊爾宮，不過已歸政府所有，是總統接待到訪國賓的處所）。孤單的傑克遜甫喪妻，因此布萊爾一家成了他排憂解悶的替代對象。布萊爾的三個兒子——詹姆士（James）、蒙哥馬利、小法蘭克，能自由進出白宮。而布萊爾的獨生女伊莉莎白則在白宮總統一家人活動的私人區域住了幾個月，傑克遜非常寵愛她，視她如己出。數十年後，傑克遜臨終之際，還請伊莉莎白到他田納西的寓所，將自己妻子的結婚戒指送給她——自他妻子過世後，傑克遜一直把這枚戒指串在自己懷錶的錶鍊上。

墨西哥戰爭結束後，老布萊爾與民主黨因爲蓄奴問題而決裂。儘管他生在南方、長在南方，而且本身家裡也蓄奴，但他力主蓄奴範圍不該再繼續向其他州擴張。他是第一位挺身而出呼籲籌組共和黨的重要政治人物之一。一八五五年，他在馬里蘭州銀泉（Silver Spring）的鄉村大宅裡辦了場耶誕晚宴，提議隔年夏天在費城舉行第一屆共和黨大會。

布萊爾的銀泉大宅位於哥倫比亞特區與馬里蘭州的交界，近幾年逐漸成爲政治人物與記者聚會的場所。宅第佔地數百英畝，四周被果園與小溪環繞，甚至還有一系列的岩洞。從宅第的「大門」（Big Gate）一路到主屋，有條馬車道先穿過松樹林和白楊林，繼而蜿蜒於兩排栗子樹之間，最後穿過一座樹枝搭蓋的小橋。往後數年，布萊爾的銀泉大宅成爲林肯最愛的休憩地之一。

布萊爾的班底包括兩個事業有成的兒子——蒙哥馬利與法蘭克；印地安納州國會議員斯凱勒・寇法克斯（Schuyler Colfax），他後來成爲尤里西斯・格蘭特總統（Ulysses Grant）的副手；查爾斯・吉布森（Charles Gibson），他是貝茲在密蘇里州相識最久的好友。蒙哥馬利・布萊爾身材高瘦，博覽群書，畢業於西點軍校，繼而攻讀法律，並搬到密蘇里。一八五〇年代，爲了和父母住得近些，他搬回華府，住在賓夕法尼亞大道家族名下的大宅。在華府，蒙帝・布萊爾（蒙哥馬利的暱稱）事業有成，當他出面幫黑奴卓雷德・史考特（Dred Scott）辯護，成功替他贖回自由身之後，一躍而成爲全國家喻戶曉的律師。

蒙帝的弟弟法蘭克魅力天成，甫當選聯邦國會議員，天生就是從政的料。他相貌英挺，有一頭紅褐色的頭髮，蓄著長鬍髭，高顴骨，灰色雙眸明亮有神。[139] 布萊爾家族將希望全寄託在他身上，希望他能實現家族的豪情壯志，有朝一日能當上總統。不過在一八六〇年，法蘭克年僅三十多歲，因此布萊爾家族轉而將注意力放在愛德華・貝茲身上。

布萊爾家族決定壓寶於備受敬重的貝茲。[140] 貝茲加入輝格黨陣營已久，曾經蓄過黑奴，後來解放了自家的奴隸，並加入「自由國土黨」（Free-Soiler）。這樣的背景是保守派心目中的理想人選，因爲他既不是北方激進的廢奴主義者，也不是南方支持蓄奴的狂熱分子。雖然貝茲並未正式加入共和黨，卻十分認同共和黨的核心理念：蓄奴制必須嚴限在已存在的州裡，阻止其擴大到其他州。

老布萊爾相信，貝茲既是西部人又是天生的和事佬，所以絕對有能力將保守的輝格黨員、反蓄奴的民主黨人、開明自由的本土主義者，團結在同一面旗幟之下，聯手對抗南方民主黨的蓄奴派。貝茲曾自政壇退隱數十年，讓他得以自一八五〇年代吵嚷不休的爭論中全身而退，這點對他反而有利。他的支持者認爲，光靠他一人，足以化解國家走上分裂或爆發內戰的危險，重新帶領國家邁向和平、進步、繁榮的康莊大道。

不出所料，貝茲一開始並不樂見自己的名字被列入總統候選人名單。一八五九年七月，他坦言：「我覺得，儘管我的身體健康，不好逸惡勞，也不優柔寡斷，但是我擔心把我的名字和政治掛鉤……共和黨絕大多數人認爲，蘇爾德一旦獲得提名，總統之戰鐵定受挫，他們希冀由我取而代之，認爲我可以廣泛贏得輝格黨人與美國人的支持……我必須努力抗拒這種誘惑，以免我的思想偏離正務與家務的平凡軌道。野心是一種激情，一旦蠢蠢欲動，容易讓人上當，拋棄自己的幸福和讓人敬重的名聲。」[141]

然而當一封封來信和一篇篇報紙社論前仆後繼鼓吹他參選，他的心開始動搖，坐上國家最高權位的欲望駕馭了他的本性。他這次被抬轎參選的公職是美國總統，而非他之前一度鄙視的「國會裡的一個席次，一個次要角色而已」。[142]在抬轎者力勸他之後六個月，法蘭克・布萊爾滿意地說：「狂熱狠狠咬了老貝茲一口」，並預測貝茲將「大膽放手一搏」。[143]

到了一八六〇年元旦左右，入主白宮的想法已在貝茲的日記裡佔了大半篇幅，至於月亮盈虧、花花草草的話題則成了過去式。「關於我加入總統提名戰一事，起初我只覺得不可思議，現在則已習慣，也慢慢覺得自己當選有望。」他在一八六〇年一月九日的日記寫道。「情況似乎對我非常有利，各階層的反對陣營將團結在我的麾翼之下：而那等同於當選……我可以打敗那個腐敗而危險的政黨（民主黨）嗎？誠然，若我能對國家有如斯貢獻，我會覺得自己沒有白活，並爲此倍感欣喜。」[144]

接下來幾週，他的生活逐漸被政治佔據。雖然他不喜歡正式晚宴，寧願跟家人和三五知己共進晚餐，但現在不同於以往，他花更多時間招待政壇的朋友、學者、報社編輯。儘管他仍會留意一下自己的花園，但他更全心全意鑽研與政治、經濟以及公共事務相關的期刊。他希望自己更聰慧，所以大量閱讀歐洲多位權大勢大君王的史料，飽讀跟治國相關的理論，希望自己擁有足堪擔任一國元首的能力。他參考湯馬斯・卡萊爾（Thomas Carlyle）的《偉人佛德里克》（*Frederick the Great*）以及亞當・斯密（Adam Smith）的《國富論》（*Wealth of Nations*）。以前晚上只保留給家人，現在則到處演講，或忙著和支持者通信。政治緊緊拴住了他，顛覆了他的生活。

貝茲贏得提名的先決條件是，蘇爾德無法在大會的第一輪投票中出線。[145]「我篤信自己排名第二，」貝茲在日記裡充滿信心地寫道。「我在西北部以及新英格蘭的幾個州排名第一；在紐約、賓州排名第二。」[146]當然會有一些零星的反對勢力，尤以熱血激情的共和黨人反彈最大，他們主張提名自己陣營的代表出任候選人；德裔美國人也對貝茲有意見，[147]想到四年前米勒德・費爾摩爾（Millard Fillmore）代表反移民的「美國黨」（American Party）出馬競選總統時，貝茲曾力挺他。不過隨著黨代表大會逼近，貝茲的支持者益發樂觀。

「沒有問題，」《紐約論壇報》預言道。「過去這三個月來，沒有人比貝茲更能爭取這些代表的票，這些代表屬意提名立場中立以及保守的前輩，認爲這才是明智之舉。」[148]代表們齊聚芝加哥之際，法蘭西斯・布萊爾預言，貝茲將在芝加哥勝出。[149]

儘管貝茲從未正式加入共和黨，但他明白許多共和黨人，包括「一些立場最溫和、愛國心最強」[150]的代表在內，都相信他若獲得提名，「可以微調共和黨的基調，但不至於悖離共和黨的精神」，因此他應可贏得「多數人的友誼與支持，尤其是南方蓄奴州的認可」。[151]看來他出線的機會頗大。他的從政路高低起伏之大不可思議：年輕的時候，意氣風發，急速向上竄升；繼而一路持平，沒有太大變化；然後走了好多年的下坡路。現在，他做好重新出發的準備，清楚看到一條直達巔峰的康莊大道。

* * *

一八六〇年五月十八日上午，貝茲的首要目標是阻止蘇爾德在首輪投票中獲勝。蔡斯同樣緊盯著這位領先的參選人，而蘇爾德則擔心蔡斯。貝茲確信黨代表會投票給他這位唯一的溫和派。不論是蘇爾德、蔡斯，還是貝茲，沒有人認眞看待林肯，把他視爲可敬的對手。

其他三位參選人並非完全不認識林肯這個人。一八六〇年之前，他以不同的方式和這三人分別產生了交集。蘇爾德十二年前在一次政治集會中認識了林肯，當天晚上兩人還共宿一房，蘇爾德鼓勵林肯，闡明並凸顯他在蓄奴問題上的溫和立場。林肯與貝茲也曾短暫打過交道。一八四七年，貝茲在河港大會上發表激勵人心的演講時，林肯就坐在聽眾席上。蔡斯曾在一八五八年到伊利諾州，爲林肯以及其他共和黨人助選，儘管兩人從未謀面。

一八六〇年五月十八日上午，亞伯拉罕・林肯緊張地在春田大街上踱步。實在讓人難以相信，這位在全國幾乎沒有什麼名氣，難與另外三位對手並駕齊驅，僅擔任過一屆聯邦衆議員，兩度競選聯邦參議院失利，沒有任何行政管理經驗的參選人，竟然可以險中求勝，但就是他將成爲十九世紀最重要的歷史偉人。

2 出人頭地的欲望

亞伯拉罕・林肯、威廉・亨利・蘇爾德、塞蒙・蔡斯、愛德華・貝茲等四人，都是美國動盪歲月中成長的一代，註定要超越十八世紀的父輩與先祖。貝茲是四人中年紀最長者，他出生的時候，喬治・華盛頓還在當總統。蘇爾德和蔡斯出生於傑佛遜總統當政時期。林肯則在詹姆士・麥迪遜（James Madison）總統上台前不久誕生。他們分別出生在相距千里的維吉尼亞州、紐約州、新罕布夏州和肯塔基州，然而社會和經濟背景對他們從政之路的影響卻頗爲相似。儘管他們的身分地位、才能與性情，南轅北轍、天差地別，但是這四位有志爭取共和黨提名的參選人都離家去過西部、主修法律、擔任過公職、曾是輝格黨員、能言善道口才一流，也都堅決反對蓄奴。

這是屬於年輕人的國家。二十八歲的林肯在春田青年會館（Young Men's Lyceum）演講時說：「我們和平佔據地球最美的一塊土地，這裡幅員遼闊、土壤富饒肥沃、氣候宜人。」建國先輩們建立的政治制度，「比過往歷史呈現的任何一種制度」都更擁護自由，①現在輪到我們子孫挺身捍衛並加以發揚。

美國獨立革命之後，人們逐漸體認到，阻礙成功的唯一障礙是教規與才幹高低。「因階級而賦予的特權或因階級而喪失的資格，皆成了過去式，人們掙脫了一度禁錮自己的桎梏與枷鎖時，」法國遊客艾利克西斯・德・托克維爾（Alexis de Tocqueville）讚道：「進步的種子自然而然走入每個人的心田，崛起的欲望在大家的內心洶湧澎湃，所有的人都想拋棄他們原有的社會地位，胸懷大志與雄心成了普世的心態。」②

法蘭西斯・特洛洛普（Frances Trollope）夫人也有同感。她在訪問美國時感慨地說：「每個人的兒子都可能和其他人的兒子平起平坐，不分高低貴賤。」③這樣的風氣激勵了成千上萬的年輕人④走出小鎮，離開父輩機會有限的世界。他們勇闖新天地，大膽嘗試跟父執輩不一樣的事業，成爲商人、製造業者、教師和律師。期間，誕生了數百個新的城鎮和都市，道路、橋梁、運河迅速擴張，現代市場經濟應運而生。路易斯安那購地案（Louisiana Purchase）讓美國領土一夕之間擴增了一倍，⑤又大又新的土地以及隨土地而來的龐大機會，開始吸引人民前往。

甫獲得自由的美國人穿越了橫亙於早期殖民地與蠻荒西部之間的阿帕拉契山脈。「美國人民一直不停地在移動，」作家史帝芬・文森・貝內（Stephen Vincent Benét）寫道：「還有未越過的溪流、未實踐的承諾／未開採的金屬。」⑥在南方，拓荒者穿過墨西哥灣沿岸諸州，往北向密西西比河挺進，連帶擴大了棉花田與蓄奴制的地盤。在北方，從新英格蘭和中大西洋地區出發往西移動的移民潮，在新的落腳處蓋了一塊塊零星的家庭式農場，並播下繁榮都市的種子。⑦

貝茲走得最遠。從他的家鄉維吉尼亞州出發，經肯塔基州、伊利諾州、印地安納州，一路跋涉了八百英里，抵達密蘇里州的年輕新興城市聖路易。蔡斯一路辛苦地從新罕布夏州抵達俄亥俄州的辛辛那提，辛辛那提係從獵物神出鬼沒的茂密原始森林開墾而出的新城市。蘇爾德離開紐約州東部的家，移居到該州西部的新興城市奧本。林肯從肯塔基到印地安納，然後再到伊利諾州，曾做過船工、商人、土地測量員、郵政局長，然後才習法，擔任律師。

「每個美國人一心渴望發達、致富，」⑧托克維爾寫道。這四個人以及其他數千人，沒有遠赴西部追尋淘金夢，而是在迅速變化的社會裡，找到實現理想、甚至垂名青史的位置。

＊＊＊

在幾位參選者中，威廉・亨利・蘇爾德的童年可謂天之驕子，備受恩寵。他天生樂觀熱情，不必飽嘗內心的不安與躁動，所以敢放手嘗試，力爭上游——不論是在學時爭取各種榮譽、和同學打牌、飽嘗美食佳釀，或是縱情山水。

大家習慣叫他亨利・蘇爾德。他生於一八〇一年五月十六日，⑨在家裡六個孩子中排行第四，在紐約州橘郡距離西點軍校二十五英里的佛羅里達村長大。他的父親塞謬爾・蘇爾德（Samuel Seward）⑩做過醫師、地方官、法官、商人、土地炒手、紐約州議員，一路累積了「相當可觀的財富」。他的母親瑪麗・詹寧斯・蘇爾德（Mary Jennings Seward）熱情、明理、善良，在村裡聲譽頗佳。

亨利充滿愛心，個性外向，有著一頭紅頭髮和一雙聰慧的藍眼睛。由於幾個兄弟中就屬他最傑出，所以上大學的機會就落在他頭上。他後來寫道：「當時上大學在每個家庭眼中，是無上的殊榮與特權，不過學費高不可攀，所以無法供應一個以上的兒子就讀。」誠如他所言，他「註定得到命運的垂青」，⑪所以九歲的時候就離家到格山村（Village of Goshen）一所預備中學念書，直到家鄉新建了一所高中，他才回到老家上學。⑫他回憶道，每天「早上五點開始念書，晚上九點結束」。當時校長對學業的要求非常嚴格。年輕的亨利，翻譯凱撒（Caesar）的文章結結巴巴，或者無法解讀維吉爾（Virgil）的詩句，因此被罰坐在地板上，「一手捧著古籍，一手捧著字典」。儘管有時課業壓力「超出（他）所能負荷」，他還是堅持不懈，因爲他知道父親永遠無法接受失敗。

獨自和書本奮戰數小時之後，他最喜歡冬天家裡訪客不絕的熱鬧夜晚。他回憶道：「當鄰居來家裡串門子，帶來蘋果、堅果、蘋果酒時，我就暫時擱下書本，盡情地聽他們交談，話題大抵不脫政治或宗教！」⑬蘇爾德很享受這些聚會與交談，點點滴滴在他心頭留下終生難忘的回憶並播下了種子。數年之後，他自己成了家，夜晚始終高朋滿座，暢飲美酒佳肴，滿室談笑風生。

和當地其他富裕家庭一樣，蘇爾德家也擁有奴隸。⑭當亨利還是個小孩，他泰半時間都待在黑奴活動的範圍，包括廚房還有廚房上面加蓋的閣樓。享受灶子暖烘烘的熱度、聞著鐵架上炭烤火雞散發的香味，身邊圍繞一群「侃侃而談」、「溫柔親切」的閣樓人。在大宅的另一頭，這些黑奴在父母的客廳裡「必恭必敬」，但是在這裡，他們提供了一個讓人放鬆的小憩環境。不過當亨利漸長，他發現這些黑奴朋友地位低下、生活和自己大相逕庭，讓他極難接受與適應。

他的父親在村裡是個例外。他允許黑奴和自己的孩子一起到附近的學校上課。當時亨利不明白，爲什麼「班上看不到其他黑人孩子」。讓他更煩心的是，他發現一位和自己同齡但屬於另一個家庭的小奴隸，會定期遭到鞭打。有次這男孩被打得不成人形，結果逃走了。蘇爾德回憶道：「他被抓了回來」，被迫「在脖子上戴了一條鐵圈，讓他飽受輕蔑和嘲弄」，直到他終於「找到打斷鐵圈的方法，永遠逃離了這裡」。蘇爾德表示，小時候這些讓人難過的故事，以及親睹黑人受到的苦難，促使他決心投入反蓄奴的陣營。⑮

青年時代的蘇爾德對於蓄奴制的不滿與反感與日俱增，而有此想法的人，並非只有他一人。獨立戰爭結束後數年，北方十一州的州議會通過了廢奴法。一些州嚴禁在本州領土內蓄養黑奴，一些州則將逐步解放黑奴，並頒布法令，規定某年某日之後出生的奴隸，成年之後將可獲自由身。⑯蘇爾德認識的那個小奴隸就屬於這個過渡期的世代。一八二七年左右，蓄奴制已在紐約州完全根除。⑰北方州議會廢除蓄奴制之際，種植棉花的南方州則認爲黑奴對其經濟與生活益發重要。

十五歲那年，蘇爾德被紐約州北部名校聯合學院錄取。⑱他生平頭一次見識並搭上沿著哈德遜河行駛的蒸汽船，讓他終生難忘。發明僅有十年的蒸汽船在他看來，可媲美「一座華麗的宮殿……動力的一大突破」。初到奧爾巴尼，第一眼就讓他驚豔——「如此巨大、如此輝煌、如此壯麗」。⑲蘇爾德一生對新科技和新發明始終保持敬畏之心，認爲有助於加速工業發展與國家擴張。

在聯合學院，蘇爾德開放可親的天性讓他結交了數十好友。他後來坦承道，剛進入學院時，「我私下裡非常渴望成爲……畢業生致詞代表」。⑳當他意識到跟他一起爭取這項殊榮的同學似乎只看重學業，完全與學校的社交生活脫節，他開始懷疑，這殊榮是否真的那麼有價值。不過他的雄心因爲聯合學院校長的一番話而再度被激發。該校長宣布，斐陶斐榮譽大學生聯誼會（Phi Beta Kappa Society）「決定在聯合學院成立第四分會」，㉑當時該聯誼會只有三個分會，分別設在哈佛大學、耶魯大學和達特茅斯學院。每年針對大三升大四的學生，進行入會資格審查，唯有頂尖的大學生才可獲此殊榮。蘇爾德意識到，若能成功加入聯誼會，他將與「所有知名的哲學家、學者和政治耆老」平起平坐。

他和室友約法三章。根據約定，兩人「凌晨三點起床、做飯、準備好飯菜、洗好碗盤，把從祈禱、誦經、用餐可以省下的時間，全部用於苦讀，兩人毫無保留也毫不間斷地相互幫助」。幾年之後，他維持一派的自在與自信。蘇爾德寫道：「我敢說，我們加入了一個了不起的聯誼會，過程順利，完全沒碰到致命的反對力量。」

蘇爾德意氣風發升上大四，受同學歡迎的程度不減，成爲畢業生致詞代表應不成問題，可惜高傲的個性讓他暫時脫離成功的軌道。由於父親提供的津貼少得可憐，他在斯克內塔迪多家商店賒了帳，多數是欠裁縫的帳，金額並不大，但他父親拒絕替他埋單。蘇爾德一氣之下，決定退學，出外找工作自食其力。事後他寫道：「我受不了信用蒙上污點，這讓人抬不起頭來。」他未知會父母，就和一個同學去了喬治亞州，在那裡找到一份不錯的教職。他父親發現之後，「懇求（他）回家」，對他恩威並施，一方面保證給蘇爾德更多的資助，一方面威脅他，將對他任教學校的董事「祭出最嚴厲的法條……若他們敢繼續收留這位欠債不還的罪犯」。

他父親的威脅堅定了蘇爾德留下來的決心，但他母親一封「心痛欲碎」[22]的來信，則讓蘇爾德乖乖回到紐約州。他趁夏天打工還清了所有債務，然後在秋天恢復在聯合學院的學籍。「一切如我所願，一帆風順。」一八二〇年一月，他在給一位朋友的信中寫道：「至今爲止，我認爲自己不比任何人差。」他再度踏上爭取畢業生致詞代表的征途，而且當選的機會頗大。他跟朋友說，若不能獲得這份殊榮，「他的靈魂將不屑坐在下面的觀眾席，聆聽他覺得實力在他之下，甚至他連注意都懶得注意的同學身上。」[23]他的目標成眞了，他以第一名的優異成績畢業，全班以及全校教職員毫無異議推舉他，擔任聯合學院一八二〇年六月畢業典禮的致詞代表。

蘇爾德從聯合學院高分畢業，平穩順利地進入法律界。當年要成爲律師，主要途徑係跟著知名執業律師，在其指導下「研讀法律」。所以畢業典禮一結束，蘇爾德就直接到格山村一家知名律師事務所，隨後又被約翰・安東（John Anthon）在紐約市的律師事務所「網羅爲實習律師」。約翰・安東撰寫的法律實務書廣爲人知。蘇爾德不僅有兩位聲名顯赫的恩師，而且還獲准進入「紐約論壇」（New York Forum），這是由懷抱大志的法律學生組成的社團，會舉行公開的模擬庭訊與起訴，藉此磨練菜鳥的專業技能。

獲得最高榮譽對蘇爾德似已成了家常便飯。不過起初，他對自己在法庭的論辯無法獲得響亮掌聲頗爲在意與苦惱。此外，他想成爲作家的信心也大受打擊。所幸有位和他一起在事務所實習、演說功力「總能吸引全場」的同事堅稱，問題不在蘇爾德的稿子寫不好，事實上，他的文采遠勝過自己，而是因爲蘇爾德喉嚨天生容易發炎導致嗓音沙啞，「無法自然地發出抑揚頓挫的語調」。爲了證明這點，蘇爾德的友人建議互換文稿，由蘇爾德念朋友的稿子，朋友念蘇爾德的稿子。蘇爾德憶道，他「盡了自己最大努力」念了朋友的稿子，「但是沒有任何

回響。接著由朋友上場念我寫的稿子，華盛頓大廳立刻響起如雷掌聲，連遠在紐約的百老匯都能聽到」。㉔

在紐約期間，蘇爾德和年輕的文面書生大衛・伯丹（David Berdan）成爲親密好友。㉕伯丹是晚蘇爾德一屆的學弟，蘇爾德相信他是「智冠群倫的天才」。㉖伯丹博覽群書，涉獵之廣超過蘇爾德認識的任何一個人，是古典學術領域非常傑出的學者。蘇爾德嘆道：「在歷史、修辭、詩詞、小說和歌曲等領域，他都能信手拈來，駕輕就熟。」伯丹和蘇爾德曾在同一間法律事務所擔任實習生，不過不久他便發現，自己的才華在於寫作而非當律師。

兩個年輕人一起上戲院看戲，閱讀詩詞，討論書籍，追求女人。蘇爾德相信伯丹終會成爲一位名作家，對他的才華和全力以赴的拚勁佩服不已。當時伯丹不過二十多歲，在歐洲旅遊期間，「突然感染肺出血」，所有大好前程和遠大理想瞬間瓦解。但他依然繼續在歐洲旅遊。肺結核惡化時，他訂票回美，「希望死在自己的故土」。船尚未抵達紐約，他已不敵病魔而過世，屍體進行了海葬。蘇爾德悲痛欲絕，後來他告訴妻子，他對伯丹的那種愛，「今後在這世上再也不會出現」。㉗

歷史學家E・安東尼・盧登多（E. Anthony Rotundo）指出，蘇爾德與伯丹，或者林肯與約書亞・史匹德，蔡斯與愛德溫・史坦頓，這種男性之間親密的依戀之情，是十九世紀美國「一種普遍的社會現象」。在殖民時代，生活以家庭爲重點、以社區爲中心、以男性爲主，不過新世紀揭開序幕之後，這種生活轉化爲以個人爲重心、以職業爲導向的狀態。蘇爾德和林肯這一代年輕人紛紛離開居住的小圈子和熟悉的生活環境，來到發展迅速但沒沒無名的城市，或是遙遠的地方去闖蕩事業。在人生地不熟的環境，他們常常感到寂寞。由於父母和兄弟姊妹不在身邊，他們轉而向同性友人尋求支持與慰藉，彼此毫無保留地分享想法和情感，以至於友誼攙雜了激情澎湃的浪漫成分。㉘

通過律師執照考試之後，蘇爾德開始向紐約州西部發展，希望找到一家理想的律師事務所，並以此爲起點開創他輝煌的事業。他在奧本找到了想要的東西。當時以利亞・米勒法官在業務繁忙的事務所幫他安插了一個位置，請他擔任初級合夥人（junior partnership）。㉙蘇爾德很快挑起大梁，負責事務所經手的大部分法律業務，並贏得了資深合夥人的信任和尊重。米勒法官五十二歲，妻子已過世，和兩個女兒拉莎特（Lazette）與法蘭西絲一起住在奧本最氣派的大宅裡。接下來事情的發展似乎順理成章。不到兩年，蘇爾德向米勒二十歲、美麗又感性的女兒法蘭西絲求婚，並成功抱得美人歸。讓米勒法官點頭㉚的唯一條件是——小兩口必須住在這棟大宅裡，和他、他的母親以及他未出嫁的妹妹一起住。

就這樣，在二十三歲那年，蘇爾德成了這棟鄉村豪宅的房客，並和法蘭西絲在這棟優雅的宅院裡攜手共度餘生。擁有令人羨慕的婚姻，前程似錦的事業，蘇爾德滿懷自信地昂首向前。在他漫漫的人生旅程裡，蘇爾德樂觀地擁抱未來，相信自己和同胞穩步向前，朝知識、成就、繁榮、道德的康莊大道前行。

＊＊＊

和始終豁達樂觀的蘇爾德相比，塞蒙・波特蘭・蔡斯的情緒起伏不定，對自己不凡的成就總是挑三揀四，對生命中各階段的缺憾總是耿耿於懷，對人生每一個轉折點他都會寫下自己的遺憾，感嘆自己錯失良機。

一八〇八年，蔡斯生於新罕布夏州科尼許（Cornish）綿延起伏的丘陵地帶，在家中十一個子女中排行第八。他的祖先居住在附近鄉間達三代之久，是當地的中流砥柱。㉛蔡斯猶記得「鄰人提起」他們家族時，老愛說「在那棟黃色房子裡出生的聰明腦袋，比新英格蘭其他任何一間房子都要多」。㉜他父親的三個兄弟進了達特茅斯學院，一個成了著名的律師，一個當上聯邦參議員，還有一個成了美國聖公會主教。

塞蒙的父親——伊薩馬・蔡斯（Ithamar Chase）是一位成功的農夫、性格沉穩的法官，也是新罕布夏州議會的議員。蔡斯回憶道，他是「一個好人」，㉝一個善良的父親，鍾愛自己年輕妻子珍妮特・羅斯頓（Janette Ralston）的深情丈夫。他對一大家子「從不口出怒言或暴戾之詞」。㉞蔡斯始終記得，有天他正在和朋友一起玩九柱戲（ninepins），結果被父親打斷，要他到田裡幫他幹活。蔡斯當下有些猶豫與不情願。「你不來幫幫爸爸嗎？」他所說的話就這麼多。「只消看我一眼……我滿腔的不情願立刻煙消雲散，乖乖地跟著他走了。他用溫言與慈目樹立權威。」㉟

像蘇爾德一樣，年輕的塞蒙既聰慧又早熟。所有小孩中，獨獨他被父親挑中，接受「比其他兄弟」更好的教育。他在一家人望子成龍的氛圍中發光茁壯。「我曾經……野心勃勃，想成爲班上的頭頭。」㊱他回憶道。他的姊姊阿比蓋兒（Abigail）在科尼許一所學校任教。暑假期間，姊姊逼他苦讀拉丁語法，㊲若學不好，她就讓他一個人待在後院，直到能順利讀完指定的段落爲止。㊳在主日學校裡，他十分賣力地背誦聖經裡的章節，用功程度班上同學無人能及。「曾經一口氣一字不漏地重複福音書全部章節」。㊴蔡斯渴望獲得肯定，會在大人面前吹噓自己喜歡研究古代史，還熟讀了莎士比亞的戲劇，因爲「這些書十分有趣」。㊵

蔡斯在寫作方面被認爲是「稀世神童」，但他在衆人面前朗誦詩文卻顯得不自在。相形之下，林肯小時候最喜歡說故事、講經文或背誦書本的段落，逗朋友與同學開心。而忸怩害羞的蔡斯害怕在同學面前說話，「低著頭，雙手不知所措」，「腦袋一片空白，不知自己該做什麼或怎麼做才好」。㊶他看上去跟自己想像的一樣笨頭笨腦。

蔡斯很小的時候，與生俱來的強烈正義感就顯露無遺，這個性燃起他反蓄奴的鬥志，也讓他在同輩中樹敵不少。蔡斯生於虔誠的聖公會家庭，謹守在安息日（禮拜天）休息的教規。某個禮拜天，他僅僅因爲「坐在乾燥的松枝上和幾個小男孩一起滑下山坡」而遭到斥責，自此就懂得自己「永遠不該再像那樣地犯規」。母親不准他和飆髒話的孩子在一起，他也乖乖照辦，而他自己對任何習慣口出穢語的人保持距離，覺得不可思議。㊷另一個難以磨滅的童年記憶讓他對於放浪形骸深惡痛絕。㊸他有次偶然在大街上發現一具醉漢的屍體，「面朝下」浸在池水中，「水深不及耳」，但是以他酩酊大醉的程度，這點水足以讓他淹死。教區牧師曾以「恣意妄爲的魔鬼」爲題布道，但是蔡斯認爲，「再怎麼精彩的布道，都敵不過親眼目睹醉漢死相來得震撼——他無助地死去，儘管當時只要他殘存著一點知覺或一點力氣，就足以讓他免於一死」。㊹

蔡斯七歲的時候，父親做了一筆高風險的生意。在一八一二年，因爲戰爭之故，歐洲進口至美國的玻璃完全停擺，亟需其他管道供應。伊薩馬・蔡斯嗅到了商機，於是將他在科尼許的財產全部變現，在基尼（Keene）開了一家玻璃工廠。他的妻子在那裡繼承了一些房產，包括一間有十四個房間的客棧。蔡斯全家搬進客棧其中一個單位，其餘部分則對外開放營業。像林肯這樣一個充滿好奇心、話說個沒完的孩子，可能會喜歡客棧鬧烘烘的氣氛，但沉默寡言的蔡斯從科尼許的鄉間大宅搬到這裡之後，感到格格不入。對他的父親而言，這次搬遷

可說是一場災難。隨著戰爭結束，美國調降進口貨物的關稅，進口玻璃充斥市場，蔡斯父親的玻璃廠關門倒閉，全家宣告破產。㊺

蔡斯一家元氣大傷一蹶不起。生意失敗讓他們在村裡抬不起頭來，最後連住的地方都保不住。伊薩馬・蔡斯五十三歲那年突然中風過世，㊻那年小蔡斯僅九歲。「父親苦撐了幾天，」蔡斯憶道：「他無法跟我們說話，我們靜靜地站在一旁低泣。不久一切宣告結束，我們沒了父親……家裡自此少了光與熱。」㊼

面對沉重的債務、少得可憐的資源，珍妮特・蔡斯被迫一肩挑起家務、教育、養活一大堆孩子的重擔。全家只好搬進廉價的出租公寓，縮衣節食，精打細算到「幾乎受不了」㊽的地步，才能讓全家最聰穎、最有前途的孩子塞蒙在當地的學校裡繼續就讀，實踐她對塞蒙「已故父親」㊾的承諾。家裡開始入不敷出時，她被迫將孩子分送到幾位親戚家中寄養。塞蒙被送到他叔叔——聖公會主教菲蘭德・蔡斯（Philander Chase）的家中，㊿接受他的監督。菲蘭德・蔡斯在剛建立不久的俄亥俄州一所名為沃辛頓（Worthington）的男校擔任校長。除了負責教育，菲蘭德還負責一塊相當大的教區，並擁有一座可以供應男校食物和乳製品的農場。年輕的蔡斯需要負責擠奶、趕牛、生火、搬運木頭，作為換取食宿與就學的條件。

一八一九年，蔡斯十二歲，開始了西行前往俄亥俄州的旅程。[51]首先，他乘馬車穿越佛蒙特與紐約兩州，隨後改搭蒸汽船，穿過伊利湖抵達克利夫蘭——一處傍湖而建的小村落，只有幾百位居民。塞蒙在這裡迷了路，動彈不得，直到一群前往沃辛頓的旅人路過這裡才幫他脫困。他在一群陌生人的陪伴下，時而徒步，時而騎馬，穿越一百多英里長的原始森林，這才抵達了叔父的家。

主教不怒而威，他才華橫溢、野心勃勃、工作勤奮。蔡斯發現，他的信仰「不是消極而是積極的，如果有什麼是他覺得勢在必行，他一定先盡人事，然後安心且開心地聽憑神的旨意」。篤定與自信讓他永遠精神奕奕，熱忱不減。蔡斯憶道：「他常常是嚴厲且苛求的。對我們這些男孩，他有時會專橫得像個暴君。」[52]在每天例行的禱告與課業學習上，若出現微不足道的小差池，都會受到可怕的鞭打和訓誡。

「整體而言，我對沃辛頓的回憶不算美好，」蔡斯在談到那段與專橫跋扈的叔父共處的日子時這麼說。「有幾次開心的踏青——幾件愉快的插曲——幾個不錯的同伴：不過令人不快的記憶佔了多數。我時常數著日子，巴望著能回家，或者到別的地方工作養活自己。」有件事讓蔡斯久久難以忘懷。有次因爲觸犯常規而受罰，被勒令在拂曉以前扛回一大捆木柴。他完成了任務，但忍不住對一個男同學發牢騷，抱怨叔父是「可惡的老暴君」，主教聽到這話，不許任何人和蔡斯交談，同時也不准他說話，直到他認錯道歉爲止。過了幾天，蔡斯終於屈服，收回那句話。「即便是現在，我都希望當年沒有那樣做。」蔡斯在數十年之後講述這段遭遇時說。[53]

主教被推舉爲辛辛那提學院校長時，蔡斯陪同叔父到了辛辛那提。當時他十三歲，被學院錄取就讀一年級。課程並不困難，所以男同學們有許多時間恣意「調皮搗蛋、嬉戲玩耍」。但塞蒙並不是其中一分子。「我很少，甚至根本不參加這些活動，」他回憶道：「我要回家打理家務，當我有空，我就把時間拿來讀書。」[54]即便是與蔡斯意氣相投的傳記作者羅伯特・華登（Robert Warden）都認爲，如果蔡斯能「少用功一點，多玩樂一點」，他的「生活可能會更快活些」。[55]早年的生活讓他養成嚴謹、自律的習慣。綜觀其一生，這些習慣讓蔡斯不易徹底地和他人打成一片。

蔡斯十五歲時，他的叔父遠赴英國，爲一所新的神學院募款。這所神學院就是後來的肯尼恩學院（Kenyon College）。蔡斯終於可以回到新罕布夏州基尼的家，和母親同住。他一方面計畫找個教職，一方面也準備申請達特茅斯學院。然而他的第一份工作只持續了數週。他在教書時，偏好叔父嚴厲的風格，而非父親春風化雨的那套，他以體罰管教學生，遭到憤怒的家長投訴，最後被學校解雇。[56]

蔡斯成功進入達特茅斯學院，入學後，他發現自己在俄亥俄州的學習儘管苦多於樂，卻爲自己奠定良好基礎，因此得以直接跳級念大三。在達特茅斯，[57]他第一次感到輕鬆自在。他在校成績優異，是「斐陶斐榮譽大學生聯誼會」的會員，也開始享受大學同窗之情。他與查爾斯・克利夫蘭（Charles Cleveland）以及漢米爾頓・史密斯（Hamilton Smith）兩位同學成爲終生的死黨。[58]前者聰明有智慧，後來成了傑出的教授，後者成了一名富商。

他畢業之後不久，爲自己揮霍多次良機自責不已。「我特別後悔自己花了那麼多時間閱讀小說和其他不具分量的作品。」他這麼告訴一位比他年輕的學生。「這些小說可以爲想像力略添光彩，但最終就像喝了讓人醉醺醺的醇酒一樣，弱化思想和行動力，以致喪失活力。」十多歲的蔡斯有著讓人稱羨的才氣，他接著說：「我的人生似已白白浪費了。」[59]當蘇爾德開心地猛啃狄更斯（C. Dickens）與史考特的作品時，蔡斯發現，在斯巴達式的受教環境裡，已無閱讀小說的空間。小說家愛德華・布爾沃—力頓（Edward Bulwer-Lytton）完成新作《龐貝的末日》（*The Last Days of Pompeii*）之後，蔡斯坦言：「該書作者毫無疑問是個奇才，但是他將上帝賦予的高貴才華濫用於最低俗、最齷齪的領域。」[60]

畢業數年之後，十九歲的蔡斯來到華府，並在那裡成功開辦了一所男校，[61]吸引了約翰・昆西・亞當斯政府裡諸多部長的兒子就讀。此外，參議員亨利・克雷（Henry Clay）也把兒子送到該校受教。不過蔡斯再次對自己的表現挑三揀四，覺得自己大材小用，才華未受到賞識與肯定。蔡斯告訴漢米爾頓，在華府，人的社會階級與地位分明。第一類是他嚮往以及努力追求的，成員包括政府高官；第二類則是他自我歸類的圈子，包括教師和醫師；第三類包括技工和工匠；當然還有更低的階級，由奴隸和勞工組成。他發現教書的問題出在，任何「能夠走出字母迷宮的醉漢、命運乖舛的無賴」，都可自詡爲教師，讓「教師的地位降格，徹底被人唾棄」。[62]在光彩絢爛的華府圈，蔡斯覺得自己只是一個低低在下的小人物，讓他痛苦萬分。蔡斯坦言：「我始終在想，是天意讓我成爲一種工具，藉我向所有想出人頭地的人證明，勿被命運侷限。」[63]

雖然蔡斯渴望出人頭地的種子始於父母自小澆灌，但是和菲蘭德・蔡斯一起生活的那些年，讓他更堅定這種志向。在一八二〇年代活力十足的美國社會裡，這類野心蠢蠢欲動，越燒越旺。歷史學家喬伊斯・艾波比（Joyce Appleby）寫道，來自歐洲的遊客「看到美國社會出現各種新鮮事，一切新象幾乎都是出於各種壯志與夢想。美國獨立革命之後，這些夢想在成千上萬民衆不斷升溫的想像裡得到釋放，他們多數是貧窮的年輕人。」[64]

蔡斯對自己的才氣與稟賦頗爲自負，努力尋找符合自己期望的職業。一八二五年，他寫信給一個哥哥，請他給自己一些求職上的意見。[65]蔡斯當時考慮習法，也許是受到司法部長威廉・沃特（William Wirt）[66]的影響與啓發。蔡斯是沃特兩個小孩的老師，因而認識了沃特。沃特的地位與影響力在華府數一數二，他同時也是受人敬重的律師、學富五車的學者。他曾在詹姆士・門羅（James Monroe）總統的政府裡擔任司法部長，後來約翰・昆西・亞當斯總統上台，他仍繼續留任。他替愛國人士派崔克・亨利（Patrick Henry；譯註：美國開國元勳之一，曾於維吉尼亞州發表著名的〈不自由毋寧死〉的演說）律師撰寫的傳記頗受歡迎，讓他在美國文學史上佔有小小一席之地。

沃特熱心、慷慨，歡迎[67]兒子的年輕老師加入自己的家庭聚會與圈子，邀請孤家寡人的蔡斯參加小型晚宴、私人舞會、以及華府大人物出席的盛大招待會。沃特的家庭聚會充滿了音樂與愉快熱絡的交談。為了保持超前領先，不被學生後浪推前浪，蔡斯努力苦讀，經常壓力重重，而這裡是唯一可讓他稍稍喘息之處。[68]三十多年之後，南北戰爭期間，蔡斯依舊清楚記得自己與沃特一家共度「快樂時光」的細節與片段。「所有女人當中，（伊莉莎白）沃特夫人罕有可匹敵的對手，」他回憶道。在他記憶中，最讓他刻骨銘心的是，某天傍晚，在花園裡，伊莉莎白．沃特站在他旁邊，「在爬滿野薔薇的花廊下，遙指……群星」。[69]

儘管沃特一家人熱心提攜後進，看重這位有才氣又有抱負的年輕人，希望成為他的良師，但這家人還是別有所指地道出——蔡斯大概也意識到了——橫隔在他們家與蔡斯之間的社會鴻溝。沃特有四個美麗的女兒，蔡斯想跟他們任何一位發展純友誼以上的關係都會被打回票。[70]在沃克家的客廳，蔡斯周遭盡是事業有成者或社會顯要，難怪他嚮往以律師為業。他的哥哥亞歷山大提醒他，各行各業中，當律師的準備工作最辛苦。想要成功，必須熟讀「遠古時代以降」、「數以千卷」的典籍，涵蓋理工、文科、古代史、當代史等。「總之，你必須成為博古通今的學者。」[71]儘管這種說法並未如實呈現當時大多數習法學生的實際情況，蔡斯還是將此話牢記在心，給自己訂下一絲不苟的學習時間表。他每天拂曉前就起床，開始吃力且繁重的學習。一如既往，不安加上野心，一再鞭策他奮發向上。「讓日與夜見證我的努力與勤勉，」[72]蔡斯在日記裡信誓旦旦地說：「學識與口碑終有一天可獲得……終有一天我會功成名就。」[73]

沃特允許塞蒙在他的辦公室閱讀法律書籍，並對他鼓勵有加。「你將成為一位優秀的作家，」他篤定地告訴蔡斯。「這點我可以跟你打包票——你領悟力高、有才氣、加上有衝勁，這些都是在律師這行出人頭地的必要條件。」[74]蔡斯受寵若驚地回信給沃特，「假若上帝助我，讓我的努力（發光發熱），我會以你為楷模。」[75]蔡斯在眾議院和參議院的旁聽席拚命做筆記，並加入華府的辯論社，精進演說技巧。他一面繼續履行當全職教師的職責，一面孜孜不倦地苦讀。這些都是他為了當律師而設計的準備工作。[76]蔡斯聽完優秀傑出的丹尼爾．韋伯斯特（Daniel Webster）在最高法院的演說後表示：「他的聲音深沉而洪亮、情感高貴而莊嚴。」他信誓旦旦地對自己說：「若勤奮努力可讓我達到他的境界，那麼我甘願日夜辛勞。」[77]

儘管蔡斯遇到了良機，也有讓人刮目相看的自律精神，但都無法讓他滿意。他往往嫌自己成就不夠，而非沉醉在進步的成就感裡。「我覺得自己沒分量，受人輕視。」一八二九年接近尾聲時，蔡斯在日記裡寫道：「我深信，造物主賜給我的智慧是暴殄天物了。我現在快滿二十二歲，但一事無成，迄今還停留在知識的入門階段……晚上的進度幾乎和白天差不多……對於是否能在這世上有所建樹，我幾乎絕望。」破產導致他父親早逝、家庭破碎，讓蔡斯一輩子恐懼失敗，而這根深柢固的恐懼感也對他勃勃的野心起了催化作用。即便他一再嫌自己成就普普，他仍告訴自己，只要他「再次痛下決心，全力以赴爭取功成名就」，[78]他應該會成功。

誠如蘇爾德等當年學士後習法學生的做法，蔡斯把三年的課程壓縮到兩年完成。一八二九年，二十二歲的蔡斯參加華府的律師特考，[79]主考官建議他「再學一年」再來參加考試。「拜託您了，」蔡斯懇求道：「我一切都安排好了，打算去西部地區從事法律業務。」主考法官對蔡斯這個人略有耳聞，也知道他和德高望重的威廉‧沃特有交情，於是高抬貴手，當場讓蔡斯宣誓取得律師資格。[80]蔡斯考前就決定離開人才濟濟的華府，轉往成長中的俄亥俄州，尋找發展的空間與機會。

「再過二十年，但願我的**第一**是在辛辛那提，而非巴爾的摩。」蔡斯大言不慚地向查爾斯‧克利夫蘭說：「一如我在中學與大學都是第一名……所以我不管在哪裡，都會力爭上游成爲第一。」[81]一八三〇年，辛辛那提欣欣向榮、蒸蒸日上，也是西部最大的城市之一。[82]俄亥俄建州大約不到二十年，建州之初，許多地區「還是一片原始森林」。[83]蔡斯明白，這個快速崛起的地區對他這個初出茅廬的年輕律師而言，充滿了機會與大好前程。但他也不禁想起自己初到華府時，感覺彷彿「是個陌生人和冒險家」。[84]

儘管蔡斯過去成績斐然，但內向害羞的個性讓他吃苦不少。他對自己輕微的言語缺陷[85]導致說話怪腔怪調這件事羞愧難當。「但願我能像信任你的其他才能那樣，對你的**能言善道**、**滔滔雄辯**也能有充分的信任。」威廉‧沃特提醒告誡他。「你說話的時候帶一點鼻音與喉音，發音拘謹、吃力、含糊……假若這些缺陷無法矯正，我連提都不會提——但事情並非如此，古希臘雄辯家狄摩西尼斯（Demosthenes）可資證明，所以我得點你一下，你得接受治療與矯正。」[86]除了對自己講話聲音覺得丟臉，塞蒙‧蔡斯對自己的名字也頗苦惱。他非常希望改掉這個聽起來像「**鮭魚諧音**、又拙又呆」的名字，換一個聽起來更優雅高貴的名字。「這個名字如何（史賓塞・德・契斯，或是史賓塞・佩恩・契斯）？」他向克利夫蘭請教：「或許你會笑我，但是我眞的沒騙你，這名字搞得我非常不方便。」[87]

蔡斯拚了命地想在這個新興城市快速成名，所以更加堅定打拚的決心。「我今天下了決心。」在辛辛那提安頓之後不久，他在日記裡寫道：「我將努力超越一切。」[88]蔡斯思索自己爲西部新生活訂定的目標時，寫道：「我完全清楚，我必須經歷一段漫長的考驗與試用期……攀上位於崇山峻嶺的名人殿堂之前，必須克服無數障礙，超越無數險阻。」最後隨努力而來的是「榮耀、器重與光環」。[89]

不過他的起步一帆風順。頭幾年，他很努力，執業的進帳足以養活自己。然後他開始接些豐厚進帳的業務，包括擔任各式各樣企業的法律代表，也擔任辛辛那提幾家大銀行的法律顧問。同時，他接受班傑明・富蘭克林（Banjamin Franklin）的指教，不斷自我提升，所以在辛辛那提開辦了一系列演講，同時加入禁酒協會，並投入一項大規模計畫，將四散在俄亥俄州各處的政令條例整理成三大冊，公開出版。他還嘗試寫詩，以及撰寫大量文章發表在各種雜誌上。爲了讓自己可以身兼多職，他常常一大早四點起床，偶爾允許自己在星期天工作，儘管他每次這麼做的時候，都會自責不已。[90]

蔡斯越是事業有成，信仰虔誠的一家人對他追求功名利祿的行爲越是不滿。「坦白說，我總是爲你擔心得發抖。」蔡斯二十四歲那一年，姊姊阿比蓋兒寫信對他說：「我發現你出人頭地的欲望非常強烈，而且對那種在生活中意義不大的事情過於沉迷。」[91]如果他的姊姊期盼一個溫馨的家庭能夠以愛融化他的野心，那麼她的這份期待將被殘酷的命運之神碾碎。蔡斯一生結過三次婚，但後來又失去了他們。

他的第一任妻子凱瑟琳・吉蒂・加尼斯（Catherine Kitty Garniss）是一位熱情、外向、有魅力的女人，他愛她如狂。結婚一年半之後，凱瑟琳一八三五年死於難產，[92]年僅二十三歲。她的死「太讓人無法招架，太不可預料」。蔡斯告訴他的朋友克利夫蘭說，自己差點成了廢人：「我想你要是能認識她就好了，」他寫道：「大凡認識她的人，無不喜歡她。她資質好，聰慧非凡……與她之間的夫妻緣被斬斷之後，我益發覺得孤獨。」[93]

他的悲痛攙雜著內疚，因爲吉蒂去世的時候，他正好在賓州出差，當時醫師向他保證，妻子會好，而他不疑有他。「唉，我怎麼這麼愚蠢和沒心沒肝啊？怎能在她生病時離開她？」蔡斯在日記裡吐露心情：「我後悔之至……怎麼一點點功名利祿就足以誘我拋下妻子。」[94]

蔡斯回到家時，發現自家前門掛著黑色花圈，這是代表「家有死者」的習俗。「在我們結婚的廳堂裡，在棺材裡，躺著我摯愛的妻子，」蔡斯寫道：「容顏未改——但是，唉，生活已變了模樣……除了塵土，一切都不留。」[95]在隨後的幾個月裡，蔡斯不斷自責，認為「如果當初我在家，關心她並照顧她，一切災難與悲劇就可避免」。[96]後來蔡斯得知醫師們幫妻子大量放血，[97]導致她喪失意識，過沒多久就嚥氣。蔡斯仔細研究醫學和產科方面的教科書，[98]深信若妻子得到不同的治療，她不見得會死。

最糟糕的是，蔡斯擔心吉蒂臨終前並未有堅定的信仰。妻子生前，他並未強迫她信仰上帝。「哦，要是我能多和她談談宗教的話題就好了。」他在日記裡嘆道：「若我不停地跟在她身邊，耐心誠心地說服她就好了……她可能在去世之前，成為追隨上帝的羔羊之一。但是我一拖再拖，而今她已不在人世。」[99]

年輕嬌妻過世，彷若陰影籠罩蔡斯日後每天的生活。他常產生幻覺，幻想自己到了「上帝的法庭」，在那兒見到了妻子，她一副「對他有所埋怨」的模樣，[100]指責一切都是他害的。這些畫面糾纏不放，讓他飽受折磨。罪惡感讓他再次全心投入宗教的懷抱，讓他決定「第二次回門」。[101]他再次痛下決心，絕不讓強烈的事業野心凌駕在宗教信仰之上。

他將所有的愛傾注於孩子身上。為了紀念死去的妻子，他替女兒取名為凱瑟琳，但凱瑟琳只活到五歲，便死於一八四〇年流行的傳染病猩紅熱，[102]讓他悲痛欲絕。他告訴查爾斯・克利夫蘭，痛失唯一的孩子是「人類已知經驗裡最無法承受的不幸之一」。他說，小凱瑟琳「讓許多快樂時光稍縱即逝……我滿心期待她長大，期待她羽翼漸豐，足以擔起照顧這個家的責任，身兼我的顧問和朋友」。他祈求朋友幫他禱告，因為他現在「無法用言語表達心中的悲涼」。[103]

後來，蔡斯再次墜入情網並締結良緣。年輕女子伊莉莎・安・史密斯（Eliza Ann Smith）是蔡斯第一任妻子的閨中密友。伊莉莎生下女兒凱特的時候年僅二十歲。[104]凱特這名字係紀念蔡斯第一任妻子與第一個女兒。往後數年，蔡斯在溫馨的婚姻中找到了幸福，然而幸福並未持續多久。第二個女兒出生，不幸早夭；繼而伊莉莎被診斷出罹患肺結核，二十五歲那年不敵病魔過世。「我覺得自己的心已碎。」伊莉莎入殮之後，蔡斯對克利夫蘭坦言：「我邊寫邊哭，止不住淚水……我沒了妻子，我的小凱特沒了母親，我們際遇淒涼。」⑩⑤

翌年，蔡斯娶了莎拉・貝爾・羅德洛（Sarah Belle Ludlow），她家境富裕，父親是辛辛那提社交界的紅人。貝爾生了兩個女兒，奈蒂與柔伊（Zoe），柔伊十二個月大時夭折。兩年之後，貝爾也隨她而去。⑩⑥儘管蔡斯當時只有四十四歲，但他抱定永不再婚。多年之後，他最愛的姊姊漢娜（Hannah）在餐桌上心臟病突發過世。蔡斯嘆道：「這世界充滿了苦，對我而言，尤其如此。自我二十五歲開始，死亡就不停地追著我……有時候，我覺得自己搞不好會放棄——甚至非放棄不可，但最後都能恢復元氣，再次振作往前衝刺。」⑩⑦

＊＊＊

像塞蒙・蔡斯一樣，愛德華・貝茲年輕時就離開東海岸，希望「到西部去，和這個國家一起成長」。⑩⑧他是十二個小孩中最小的一個，出生在貝爾蒙特（Belmont）大莊園，距離維吉尼亞州里奇蒙（Richmond）不遠。他的父親湯姆斯・佛雷明・貝茲（Thomas Fleming Bates）⑩⑨是擁有田產的鄉紳，在當地社區頗受敬重。老貝茲在英國受過教育，從事農業和商業買賣，擁有數十個黑奴。朋友圈裡，湯姆斯・傑佛遜總統和詹姆士・麥迪遜總統赫然在列。他的母親卡洛琳・伍德森・貝茲（Caroline Woodson Bates）擁有維吉尼亞州古老血統。

貝茲的老友查爾斯・吉布森回憶說，這些貴族化的南方人和「西歐的貴族一樣，是一群高高在上、與眾不同的階層」。⑪⓪他們以英國的莊園生活為楷模，熱愛家庭、友善好客、擁有土地、重視榮譽，這些抽象價值遠比家財萬貫或生意興隆來得重要。⑪①貝茲的孫子翁沃德・貝茲（Onward Bates）提及南北戰爭爆發前的那段日子時，以懷舊的筆觸寫道：內戰之後的生活永遠比不上戰前閒暇日子的「快樂生活」，那時「來到這裡任何一個莊園的訪客，必定受到白人與黑人的熱情歡迎與款待」。那時「黑奴和主人取同樣的名字，用同樣的東西，包括人品與態度也都如出一轍」。⑪②

獨立戰爭爆發之前，貝茲一家一直過著衣食無憂的生活。湯姆斯・貝茲是身體力行的貴格派教友，但是他不顧主和的教義與立場，決定拿起武器對抗英國人。他與全家人對於能夠加入華盛頓領導的「大陸軍」（Continental Army）感到自豪。他扛過的那把燧發槍傳給了後代，槍身刻了一行鍍銀的文字「湯姆斯・F・貝茲，參與獨立革命的輝格黨人，用此槍爲自由和獨立而戰。他的子孫保留這把槍，捍衛他爭取而來的東西。」[113]然而從軍讓他付出不菲的代價。返家之後，他被逐出貴格教會的禮拜堂，而且打仗期間，家裡的房產與田產讓他債台高築，一輩子都還不清。雖然他依然擁有不少田產，但要養活七個兒子和五個女兒，手頭非常拮据。

跟蘇爾德和蔡斯一樣，年輕的愛德華自小在學業上便展露天賦。古什蘭郡（Goochland County）沒有什麼學校，愛德華在父親教導下，學會了讀寫，八歲左右，已展現寫詩的才情。年僅十一歲，父親過世，一家人無法繼續住在貝爾蒙特。像蔡斯的母親一樣，愛德華的母親迫於拮据，只好將孩子送往各個親戚家寄養。在維吉尼亞州的諾森伯蘭（Northumberland），愛德華和哥哥佛雷明・貝茲（Fleming Bates）一起生活了兩年。隨後他搬到馬里蘭州的漢諾威（Hanover），和博學的堂兄班傑明・貝茲（Benjamin Bates）一起住。在堂兄的教導下，愛德華在數學、歷史、植物學、天文學方面打下扎實的基礎。不過他依然懷念一大群兄弟姊妹在一起互相打鬧、互相作伴的感覺。他也對貝爾蒙特的家念念不忘。十四歲左右，愛德華進入馬里蘭州夏洛特堂（Charlotte Hall）的私立學校，學習文學和古代典籍，爲考進普林斯頓大學預作準備。

愛德華從未進入普林斯頓。據說他因爲受傷，不得不終止在夏洛特堂的學業。回到貝爾蒙特之後，他入伍加入維吉尼亞州民兵，拿起父親那把燧發步槍，參加一八一二年戰爭。一八一四年，愛德華二十一歲，加入移民潮，移居到密蘇里領地（Missouri Territory）。當時大家受到阿帕拉契山脈以西地區潛藏的龐大機會吸引，加上路易斯安那購地案替密蘇里打開了門戶，所以吸引大批移民進駐。[114]接下來的三十年，[115]該區人口快速成長，速度是原有十三州的三倍。貝茲從維吉尼亞州的家鄉出發，獨自一人踏上艱辛的旅程，一路穿過肯塔基州、伊利諾州和印地安納州，來到密蘇里領地。「初生之犢不畏虎，對可能遇到的諸多危險沒有多想就出發了，」貝茲後來道：「西部當時發生許多遭印地安人殺戮的暴行。」

年輕的貝茲選擇那時西進是再剛好不過了。傑佛遜總統任命貝茲的哥哥佛德里克（Frederick）爲密蘇里領地的州務卿。當愛德華抵達聖路易時，距離密蘇里正式建州尚有七年。沿著河堤放眼望去，看不到一棟建築物或住家，只有幾艘破爛的獨木舟和平底船，在岸邊互相擦撞。當地約兩千五百名村民，多半居住在簡陋的小木屋或單層的木頭房子。他回憶道，當他沿著第三街走到市場時，「四周起了騷動：一個從聯邦州（States）來的陌生人！他受到老老少少的追隨與『盛情款待』，姑娘們就像他老家維吉尼亞州的女傭不斷打量他，把他當成麋鹿或水牛！」[116]

在哥哥的協助下，貝茲找到一份工作，跟隨傑出的魯佛斯・伊斯頓（Rufus Easton）律師學習法律。魯佛斯曾擔任領地的法官與國會代表。貝茲的傳記作者馬文・凱恩（Marvin Cain）寫道：「經歷數年動盪不安的生活後，他終於有了一份穩定的工作，讓他得以實現內心澎湃燃燒的雄心壯志。」[117]在哥哥佛德里克、律師伊斯頓、聖路易一群交情匪淺的同仁指點下，經過兩年學習，貝茲順利通過律師專業考試，隨即開門執業。在移民快速成長的準州，律師供不應求。

在聖路易，經濟繁榮，就業機會多，貝茲兄弟決定把家族裡其他人全都移居到這裡。[118]愛德華返回維吉尼亞州，變賣父親房產，將無法帶到密蘇里的黑奴悉數拍賣轉讓，護送母親和姊姊瑪格麗特踏上漫長的跨州之旅。「奴隸們賣了相當不錯的價格，」他向佛德里克誇口道：「一個年輕女子可賣五百三十七美元，一個五歲小男孩可賣二百九十美元！」[119]至於土地，他希望能賣到兩萬美元，好讓全家搬到西部後，過著「相當寬裕」的生活。[120]

愛德華的另一個哥哥塔爾頓（Tarleton）是傑佛遜總統的死忠支持者，有天與一位力主聯邦制的支持者（Federalist）決鬥而喪生。此事讓愛德華全家遷離維吉尼亞的計畫生變，一拖再拖。他在給佛德里克的信中寫道：「不好意思，我現在仍在古什蘭。」此時距離愛德華離開聖路易已近一年。他說：「這不是我的錯，而是我運氣很背，因爲我才是計畫延宕的最大受害者。」[121]最後他把女眷們安置在一輛馬車上，其他二十多個奴隸或騎馬或步行，緊隨在後。一行人動身西行，開始艱困的長途跋涉。貝茲的朋友事後回憶道：「在當時，西進無船可搭，也沒有像樣的道路。」[122]要穿越伊利諾州和印地安納州的荒地，嚮導不可少。由於前進速度十分緩慢，貝茲不免擔心，佛德里克可能覺得他是「懶惰蟲或浪費時間的傢伙」。[123]他解釋道，若同行的只有家人，[124]他抵達聖路易的時間可能只要「現在的十分之一，遇到的麻煩和各種開銷只要現在的四分之一——奴隸是我陷入窘境的最大問題」。[125]這段路程的確也有一些好處。他說：「和剛出發的時候相比，母親和姊姊現在更有活力、更健康愉快。她們熬過了又熱又乾、疲憊不堪的路程，讓人刮目相看。」貝茲向哥哥保證說：「這一路我一定讓你牽腸掛肚了，一旦抵達聖路易，我一定會加以補償，寬慰你的心情。」[126]

在聖路易安頓好之後，他再度投入法律業務。二十五歲的貝茲充分感謝哥哥的名氣與地位，讓他分沾了不少好處。在一封稍嫌肉麻的信中，他對佛德（Fred，佛德里克的暱稱）這位「朋友兼恩人」表達了由衷的感激之意，稱他非常清楚哥哥「做官的聲望」與「個人財富和影響力」，[127]顯著抬高了他的身分地位。他的哥哥還把他介紹給聖路易一些有頭有臉的大人物，[128]包括大名鼎鼎的探險家威廉・克拉克（William Clark），現任密蘇里領地的州長；《密蘇里詢問報》（*Missouri Enquirer*）編輯湯姆斯・哈特・班頓（Thomas Hart Benton）；以及領地議會的議長兼密蘇里建州的幕後推手大衛・巴頓（David Barton）。不久之後，他與大衛・巴頓的弟弟約書亞・巴頓建立了合夥人的關係。[129]兩位志同道合的年輕人合開了律師事務所，出任有錢有勢的商人以及地主的法律代表，替公司與自己賺了不少錢。

＊＊＊

亞伯拉罕・林肯面臨的險阻與障礙是其他共和黨參選人難以想像的。蘇爾德自小家境富裕；蔡斯和貝茲的童年也可謂衣食無虞，直到他們父親過世後才改觀。不過林肯和他們截然不同，出頭之路更漫長、更曲折，機會也更渺茫。

一八〇九年二月十二日，亞伯拉罕生於蓄奴制的肯塔基州，住家是一間簡陋的小木屋，位在一塊前不著村後不著店的農田上。他有一個姊姊莎拉，在他九歲時，因難產過世。還有一個弟弟也在幼年時夭折。父親湯馬斯一生沒學過讀寫，照林肯的說法，他「除了笨手笨腳地簽下自己的名字之外，不會寫更多的字」。[130]當湯馬斯還只是個六歲的小男孩時，親眼目睹[131]蕭尼人（Shawnee）殺了他父親。林肯事後回憶道，祖父驟逝，加上祖母身處「非常閉塞的環境」，讓父親成了一個「四處流浪打工的男孩」。成長期間，「幾乎沒受任何教育」。[132]和南西・漢克斯（Nancy Hanks）[133]結婚時，湯馬斯靠當木匠和打零工等苦力維生。南西安靜、聰明，家族淵源不詳。

亞伯拉罕出生後，數年之間，林肯一家人從這處髒兮兮的農場，搬到另一處髒兮兮的農場，足跡走過肯塔基、印地安納和伊利諾州。在每一處農場，湯馬斯只清出夠一家人使用的土地。由於缺乏野心，加上多出的收成因爲交通不便無法運往市場，湯馬斯一輩子深陷貧困。[134]

後來，林肯既未把他慘澹的童年說得充滿傳奇色彩，也沒有把往事包裝得催人淚下。一八六〇年，撰寫林肯競選日誌的作家約翰・洛克・斯克里普斯（John Locke Scripps）問及他早年生活的細節，林肯顯得欲言又止。「嗨，斯克里普斯，想從我早年生活中挖出什麼東西，可是一大蠢事。它可以濃縮成一句話……這句話你可以在格雷（Thomas Gray）的輓歌中找到：『窮人只有簡短的隻字片語。』」[135]

有關南西・漢克斯的記錄稀少且零星。林肯小時候的鄰居朋友納撒尼爾・格里斯比（Nathaniel Grigsby）說：「林肯一家人和所有認識她的人都知道，林肯太太是一位意志特別堅強的女性。她不論在哪方面都比丈夫強。她是一個很出色很棒的女人。」[136]南西的堂弟丹尼斯・漢克斯（Dennis Hanks）同時也是亞伯拉罕小時候的玩伴，他提到，林肯太太「念聖經給（亞伯）聽，教他識字和拼寫，也教他討人喜歡、對人心存愛心」。[137]別人都說她「是個充滿睿智的女人，這點毫無疑問」；[138]說她具有「不凡的悟性」；[139]「非常聰明」；「個性堅毅」。[140]

多年之後，林肯間接獲悉母親可能系出名門時，告訴友人威廉・荷登：「我的一切稟性，或者我希冀的那些品性，都來自我母親。上帝保佑她。」[141]

一八一八年初秋，亞伯拉罕九歲時，母親南西感染了一種叫做「牛奶病」（milk sickness）[142]的致命疾病。患者頭暈目眩、嘔吐、心律不整，然後陷入昏迷。疾病一開始擊垮了南西・林肯的舅舅和舅媽——湯姆斯・史派洛（Thomas Sparrow）與伊莉莎白・史派洛（Elizabeth Sparrow）。[143]兩人在一年前的冬天搬到印地安納州，和林肯一家人同住。史派洛夫婦將南西扶養長大，林肯小時候，他們彷若他的外公與外婆。病魔轉瞬間奪走了史派洛夫婦的性命。爾後，不到兩週，林肯的母親也病重。「我就要離開你了，亞伯拉罕，而且我不會再回來了。」據稱她在彌留之際這樣告訴年幼的兒子。[144]

那個年代，男人能活到四十五歲就算幸運了，死於難產的婦女更是不計其數，[145]沒父沒母的小孩非常普遍。

在四位參選人當中，唯有蘇爾德一人，成年後雙親仍健在。蔡斯八歲時喪父，貝茲十一歲喪父，他們和林肯一樣，人生都因爲喪親而受到影響。

喪親對每個人的影響程度取決於當事人的個性以及家庭環境。蔡斯喪父後，年幼的他被迫放棄溫馨安逸的家庭生活，取而代之的是頤指氣使的叔叔以及嚴厲管教的寄宿學校。這位叔叔完全根據孩子的表現決定是否恩准他們的要求，或是否對他們施捨一點關愛。蔡斯渴望得到肯定，渴望功成名就點綴，這種永不滿足現狀的心態是蔡斯個性上一大特色。卡爾・舒茲發現了這點，因此他這麼寫道，儘管蔡斯獲得了各項殊榮，但他永不滿足。「他一刻也不停地努力向上爬，追著虛幻、飄忽不定、跳著騙人舞步的夢想。」[146]

愛德華・貝茲十二口的大家庭，因爲父親過世而四分五裂。失去親人的痛，讓他一輩子都渴望以不同於父親的方式，保護自己的家庭，擔起一家的經濟。爲了妻子和八個小孩，他付出全副精力，即便放棄政治上的抱負也在所不惜。因爲他的幸福取決於能否帶給家庭快樂和安適。

雖然喪親對於這幾人的影響至關深遠，但林肯喪母對於本就脆弱的家庭而言，卻是毀滅性的打擊。[147]林肯母親過世後，父親從印地安納州搬到肯塔基州，並娶了一個新老婆，將兩個孩子拋棄在林肯所謂的「蠻荒之地」。[148]那裡「獵豹咆哮、黑熊獵食野豬、黑夜充滿了恐懼」。[149]湯馬斯外出時，由林肯十二歲的姊姊莎拉負責做飯，盡力照顧弟弟和媽媽的堂弟丹尼斯・漢克斯。[150]莎拉・林肯和弟弟很像，是個「反應敏捷的女子」、「笑起來很幽默」、[151]很容易和人打成一片。但是沒有大人守護照顧的日子，姊弟生活得十分辛苦。湯馬斯攜林肯的新繼母莎拉・布希・強斯頓（Sarah Bush Johnston）一起返家時，新繼母發現這幾個被遺棄的孩子過著野獸般的生活，「衣衫襤褸、骯髒不堪」。[152]只有抹上肥皂、洗了個澡、穿上新衣後，她才覺得他們「像個人樣」。[153]

不到十年，林肯再度承受喪親之痛，這次是姊姊莎拉死於難產。一位親戚回憶道，當林肯獲悉莎拉過世的噩耗時，「他一屁股坐在一塊原木上，以手掩面，淚水從他修長而瘦巴巴的指縫間滾落。路過的人滿懷同情地轉過身去，讓他一個人靜靜地傷心垂淚。」[154]他痛失兩個他深愛的女子。一位鄰居說：「從那時起，你可以說，他在這世上成了孤孤單單的一個人。」[155]

多年之後，一位名叫范妮・麥克洛夫（Fanny McCullough）的年輕女子在內戰中失去了父親，林肯寫信給她表示哀悼。他說：「獲悉您善良而勇敢的父親罹難，不勝悲痛；這對您年輕的心造成的傷痛，遠非這類在戰爭中常見的憾事所能比擬。我們身處在這個讓人傷心難過的世界，無人能幸免悲痛。對於年輕人而言，悲傷之後是刺骨的煎熬，因為喪親之痛讓人措手不及。不像年長者，學會了預期無常。」[156]

林肯小時候接二連三痛失親人，進一步強化他憂鬱的本性。此外，痛苦、失望對他是家常便飯，因此他對人性脆弱的一面充滿包容與諒解。相形之下，一派輕鬆樂觀的蘇爾德，不可能了解這種脆弱性。再者，不同於悶悶不樂、只會往壞處想的蔡斯，林肯有一種生命淬煉的幽默感，以及隨遇而安的豁達氣度，這些有助於減輕絕望，堅定其意志。

早在孩提時代，林肯就懷抱英雄之夢。他一開始就知道，他命中註定超越目不識丁的父親，擺脫一窮二白的童年生活。歷史學家道格拉斯・威爾森（Douglas Wilson）寫道：「不同於他周圍的人，他知道自己天賦與眾不同，潛力無窮。」[157]在同學眼中，林肯「絕對是出類拔萃」。林肯的傳記作家大衛・唐納德（David Donald）說：「他雖然只念了短短幾年書，但是自信十足，沒有一個人是他智力上的對手。」[158]他的童年玩伴納撒尼爾・格里斯比說：「他的腦袋和雄心遠勝過我們。他順理成章當上我們男孩的頭頭。我們玩樂時，他讀書，從頭到尾念他的書，因此他超越我們，成為我們的楷模和領袖。」[159]

若說林肯的自信始於生母的關愛與肯定，那麼後來這種自信之所以持續，得歸功於他的繼母。她對林肯視如己出。莎拉・布希・林肯很早就看出亞伯拉罕是「一個天資不凡的孩子」。[160]儘管她本人未上過學，但她盡全力鼓勵林肯念書、學習、成長。她說：「他的腦子和我的腦子——我腦袋的東西實在少得可憐，無法跟得上他，卻能步調一致。亞伯從不對我口出惡言或使臉色給我看。說實話，即便是穿著打扮，只要是我要他做的事，他從不拒絕。我這輩子從未罵過他。他對所有人、所有事都是一副好心腸，只要能力所及，他總是接濟別人，只要他可以，就會自動自發去做。」[161]年輕的林肯身材魁梧、力大無窮，這些都是新領地（frontier）高度重視的特質，也因此讓他更有自信。「他身體健壯、四肢發達。體質好，不論是跑、跳、扭打、舉重都是村裡的第一名。」一位朋友敘述道。[162]

和林肯角逐共和黨提名的各個參選人，不約而同都知道自己具備不凡的天資，不過林肯經歷更長的挫折與挑戰，才實現了自己的雄心抱負。他一路需要像赫克力士一樣，不斷自我突破。也許，他出眾的天資以及精彩的說故事功力，源於他對故事的興致與熱情。這股熱勁早在他六、七歲就顯露無遺，他喜歡聽大人們晚上坐在家裡的壁爐邊互相交換故事。[163]林肯二至七歲時，家住諾伯溪（Knob Creek）農莊，附近有一條古老的康伯蘭小徑（Cumberland Trail），[164]一路從路易斯維爾（Louisville）延伸到納許維爾（Nashville）。拓荒者的大篷車隊每天經過此地，往大西北前進。農夫、小販、傳教士等，每個人都有自己的故事。

夜復一夜，湯馬斯・林肯和訪客與鄰居們輪流交換故事，[165]而他年幼的兒子就坐在角落聽得出神。在這些社交場合裡，湯馬斯如魚得水、發光發熱。他是一個天生說故事的高手，敏捷風趣又擅長模仿，對於不凡的傳奇故事，記憶力出奇的好。這些稟性是他留給兒子最重要的資產。年輕的亞伯聚精會神地聽著這些取擷於日常生活的故事，將內容點滴銘刻在記憶中。[166]過了幾十年，林肯回憶往事時說，對他而言，當時最氣惱與煩心的事，莫過於無法理解聽到的所有故事。[167]

聽完大人們傍晚的閒聊，林肯會在夜裡「花不少的時間走來走去，琢磨推敲一些難懂的諺語到底是什麼意思」。無法入眠的時候，他會把那些對話重新整理一遍。他回憶道：「我把這些內容簡化，讓我認識的每個男孩都能理解。」[168]第二天，他會站在一處作爲即席演講台的樹木殘幹或圓木上，用其他小孩聽得懂的語言，重新演繹一遍故事，讓小聽眾們聽得津津有味。[169]聽眾聚精會神的反應讓他非常驕傲與開心。這種講故事的天分與演說技巧，成了他的看家本領，讓他的律師生涯或政治生涯如魚得水。林肯一輩子都喜歡將人生經驗包裝成精彩的故事，這種熱情至死不減。

在肯塔基與印地安納的鄉下，唯一的學校就是認捐學校（subscription schools），[170]家長須付學費才能讓小孩就讀。即使家長出得起這筆錢，他們的孩子也無法受到完善的教育。林肯憶道：「學校對教師沒有任何要求，不需要會『讀、寫、算』三個基本條件，如果一個懂拉丁文的人，因爲迷路剛好路過這裡，他就會被當成一個奇才。」[171]多年之後，林肯透露，當時只能從農稼中硬擠出「一點時間」上學，「總計在校學習時間不超過一年」。他嘆道，獲得律師專業執照之前，他從未「踏入學院或大學的校舍」。回首就學之路的確坎坷，逼得他不得不自學。[172]

書本成了他的學院、他的大學。書中文字讓他的腦袋充滿古代先賢的各種偉大思想。親友們回憶道，他為了找書讀，可以走遍整個村。只要「讓他的手碰到任何一本書」，他一定精讀。[173]當時擁有一本書「對中產階級以外的美國人而言，仍是高不可攀的奢侈品」。[174]獲得書籍的管道困難重重。林肯得到[175]詹姆士國王欽定版的聖經、約翰・班揚（John Bunyan）的《天路歷程》（*Pilgrim's Progress*）、《伊索寓言》（*Aesop's Fables*）、威廉・史考特（William Scott）的《雄辯術教程》（*Lessons in Elocution*）等書時，激動之情溢於言表。他手捧著《天路歷程》，「兩眼放光，白天茶飯不思，夜晚難以入眠」。[176]

林肯之後寫道，印刷術發明之初，「大多數人……還是完全沒意識到，他們的際遇、心智可以獲得改善」。印刷術問世之後，肩負的偉大使命就是徹底解放人心，「將人心從謬誤與低估中解放出來」。[177]當然，他也提到自己，提到書本如何讓一個小男孩蛻變轉型，讓他進入語言文字不可思議的神祕世界，讓他在新領地一間小木屋裡，發現一個無限可能的世界。他稱這這間小木屋「和地球上任何一個地方一樣毫無詩意」。[178]

愛蜜麗・狄更生（Emily Dickinson）曾寫道：「沒有一艘船，能像一本書，帶我們跨越千山萬水。」[179]年輕的林肯從來沒有離開過新開拓的邊疆地區，及長也從未出過國，但他還是跟著拜倫（L. Byron）的《恰爾德・哈洛德遊記》（*Childe Harold*）走遍西班牙、葡萄牙、中東和義大利。在羅伯特・伯恩斯（Robert Burns）的指點下，遊歷了愛丁堡。與莎士比亞一起跟隨著英國國王出征沙場。林肯努力鑽研文學之美、細究這個國家的歷史，儘管年紀輕輕，但已清楚自己的實力，並懷抱鴻鵠之志，志向之大，遠超出家人和鄰居們的期望。正是透過文學薰陶，他超越了周遭環境的框架。

他反覆閱讀聖經與《伊索寓言》，幾年之後，竟然可以對裡面的段落與劇情倒背如流。透過史考特的《雄辯術教程》一書，他開始接觸莎士比亞戲劇選集，因此早在到劇院看戲之前，便極仰慕這位戲劇大師的作品。他跟在地警官借到一卷《印地安納法令大全修訂版》（*Revised Statutes of Indiana*），裡面包括獨立宣言、美國憲法、一七八七年制定的西北條例（Northwest Ordinance），這些文件是林肯哲學和政治思維的基石。[180]

林肯每到一處[181]都隨身攜帶書本。當他的馬兒犁了一大塊田開始休息時，他便拿出書本，一頁頁翻看。無論何時，只要能在幹活時抽出空來，林肯就會躺下來，頭枕在樹幹，開始閱讀。儘管他能拿到的書不多，但這些書都是英語世界的經典作品。他反覆閱讀聖經與莎士比亞作品，久而久之對於韻律節奏與詩詞耳熟能詳，彷彿印刻在腦裡。及長，這些薰陶開花結果，讓亞伯拉罕・林肯成爲美國空前絕後的詩人總統。他以過人的體力與毅力，搜獵他必須牢記的思想和觀念。林肯的繼母回憶道：「當他不經意發現一段讓他感動的文字，就會把它們記下來，若找不到紙，就記在木板上。若這塊木板太黑，他會用繪圖刮刀把木頭刮一遍，然後繼續寫。」一旦他有了紙，會重新謄寫一遍，然後將每張紙妥善放入記事本裡，方便記憶。[182]林肯非常重視遣詞用字，絕對不會輕率隨便或輕重不分，不像蘇爾德。

能夠滿足林肯求知慾的書籍，得來頗費周章，其中有個插曲讓大家津津樂道。有次他向住在十六英里外的富農喬塞亞・克勞福德（Josiah Crawford），借了一本帕森・魏姆斯（Parson Weems）所寫的《喬治・華盛頓的一生》（*Life of George Washington*）。林肯一拿到這本描寫美國首任總統一生的知名史籍，便難掩興奮與激動。晚上帶著這本書到閣樓，點亮一支蠟燭，就著燭光閱讀；蠟燭燒完，接著點亮一盞山胡桃樹皮做成的油燈，只要他還清醒，就一直讀下去，欲罷不能。林肯把書本放在圓木湊合做成的架子上，方便他一早醒來，伸手可拿。有天晚上暴雨大作，書本嚴重污損，封皮和封底均已變形。林肯到了克勞福德家，解釋所發生的一切，並主動提議爲他幹活，抵償書本的損失。克勞福德算了一下，表示需要他下田摘整整兩天的玉米，林肯覺得這個賠償不公平，然而他還是立刻乖乖下田幹活，直到「玉米桿上不留一片玉米葉爲止」。[183]還完債之後，林肯接著寫了幾首詩和歌曲，諷刺「喬塞亞吹響號角」[184]——號角除了代表勝利，亦暗諷克勞福德的大鼻子。[185]克勞福德借了林肯一本書，然後狠敲他竹槓，在美國史上永遠被記下了不怎麼光彩的一筆。

思路清晰、好學不倦，加上毅力驚人，都是林肯與生俱來的天性。他對英語文學的美有一種鮮活的感悟力。他經常大聲朗誦，被語言的含義與鏗鏘的音韻——即音樂感和韻律所吸引。他在詩歌中發現了這種吸引力，並且終其一生都離不開了詩詞，常常能整段地倒背如流。他似乎特別喜歡那些提及生死由天、榮華稍縱即逝的詩歌。顯然，林肯這位純粹理性和講究邏輯的信徒也是一位浪漫主義者。林肯的三位競爭對手和他一樣，早年都喜愛閱讀，但沒有一個人像他，爲了拿到一本書或爲了掐出讀書的時間而如此辛苦。蘇爾德的父親受過正統教育，在家裡，蘇爾德只要伸手[186]就能從排列整齊的書架上拿到一本書。而他在本地就讀的兩所學校以及聯合學院，在歷史、邏輯、修辭、哲學、化學、語法、地理等領域都有豐富的藏書。同樣地，蔡斯在沃辛頓叔父開辦的男校以及達特茅斯學院裡，可自由進出圖書館。貝茲的成長之地書籍雖然不是唾手可得，但拜堂兄是個學者之賜，可以在堂兄家隨心所欲地閱讀大量藏書。

相形之下，三位競爭對手享有教育上的優勢，反觀林肯則得忍受各種坎坷，加上文化認知上的阻力，更拉大了兩個陣營之間的差距。林肯喜歡閱讀的傾向被父親知道後，立刻受到重重打壓。在肯塔基和印地安納的鄉下，屬於拓荒者的世界，體力勞動是生存的基本條件，鮮少人認爲心智鍛鍊有其必要，遑論合情合理。林肯求知若渴、嗜書如命，外人認爲他既怪異也遊手好閒。[187]他的朋友群無法理解他被閱讀激發的見解和情緒反應。他幾乎找不到知音分享他最看重也最駕輕就熟的心智活動。

林肯的繼母「刻意不去打擾他——讓他自由自在一直讀下去，直到他自己喊停爲止」。[188]可是他的父親需要人手幫忙砍樹、鏟掉樹木殘根、劈木頭蓋圍欄、犁田、除草、播種等耗體力的雜事。當他發現兒子在田裡讀書，或者更糟——把書中的劇情或某個段落說給工人們聽，導致他們無心勞動，此時林肯的父親會怒氣沖沖地上前阻止，要大家繼續回去幹活。[189]林肯努力求上進，看在父親眼裡頗爲光火，有時會撕破他的書，甚至祭出體罰。[190]

林肯與父親的關係越來越緊繃，尤其是當他父親決定提前結束林肯可以上學受教的最後機會，逼他打工賺錢時，兩人的關係更是緊張。[191]林肯在多位鄰居家打工，幫鄰居宰豬、挖井、整地，幫家庭還債。林肯這種「靠自己努力白手起家」的世代，[192]眼界與抱負均凌駕在父輩之上，兒子爲了一圓抱負而與父親勃谿的例子，在成千上萬的家庭中上演。

「渴望出人頭地」[193]的心態激勵了蘇爾德離開哈德遜河谷；將蔡斯帶往剛建州的俄亥俄；勉勵貝茲西進密蘇里領地；促使林肯從印地安納遷居到伊利諾州的新薩林（New Salem）。二十二歲那年，林肯將自己少得可憐的全部家當捆好紮好，扛在肩上，離鄉背井，負笈外地。[194]新薩林是新興的小鎮，[195]有二十五戶家庭、三家雜貨店、一家客棧、一家打鐵鋪、一家桶店、一家製革廠。爲了「維持生計」，[196]林肯幹過平底船的船夫、店員、零售商、郵政局長、土地測量員。但工作之餘，他仍很有紀律地自修，讓自己更上一層樓。晚上店鋪關門之後，他就將英語的各種語法學得滾瓜爛熟；走在街上時，他隨身攜帶莎士比亞的戲劇和詩集；進到郵局的辦公室，他貪婪地閱讀報紙；學習土地丈量技巧時，他就順帶鑽研幾何和三角。[197]二十五歲那年，林肯決定習法當律師。

當年年輕人習慣一邊攻讀法律，一邊跟著執業律師實習，林肯與眾不同。照他自己的說法，他可是「單打獨鬥」。[198]他跟朋友借閱法律書籍，一個人獨自學習摸索各種必備的知識和技能。他埋頭攻讀布雷克史東（W. Blackstone）的《法律評論》（*Commentaries*），書頁都被他摺了角，幾至翻爛。他鑽研齊帝（Chitty）的《訴訟》（*Pleadings*），研究分析各種思想的精髓。研讀格林列夫（Greenleaf）的《證據學》（*Evidence*）和史托里（J. Story）的《衡平法理學》（*Equity Jurisprudence*）。[199]長時間工作了一天，他會捧書展讀直到深夜。因爲非常清楚自己要什麼，故能支撐他鍥而不捨，持之以恆。

他的同事中，鮮少人了解或親身經歷攀向事業高峰時，一路得忍受的孤寂與險坡。蘇爾德和蔡斯在大學裡花了幾年學習歷史、古典語言和科學推理，得以輕鬆跨足法律領域。林肯沒有任何可以琢磨論述技巧的舞台；不像蘇爾德，能夠找到《法律實務》一書的知名作者當老師；不像蔡斯，在大名鼎鼎的威廉・沃特指導下攻讀法律；也不像貝茲，擁有像魯佛斯・伊斯頓這樣的人脈，佔盡優勢。

林肯有過人的專注力、過目不忘的記憶力、敏捷的推理能力、看穿眞相的洞悉力，這些長項彌補了他基礎不佳以及缺少良師指導的弱項。儘管未受正規教育學習自然科學與古典文學，但他每本書都一讀再讀，直到完全了解箇中內容爲止。一八五五年，他對一位尋求忠告的法律學生說：「拿起書本，閱讀它、咀嚼分析它。」他接著說，讀書是一個人做好，還是一群人一起做好？是在小鎮念書好？還是到大城市深造好？其實都無關緊要。「不管在哪裡，不管讀什麼書，你的領悟力其實都一樣……永遠記住，你對功成名就、出人頭地所下的決心，比任何其他東西都來得重要。」[200]

＊＊＊

長眠在這些雜草下面的

是安妮・拉特里奇（Anne Rutledge）[201]
亞伯拉罕・林肯生命中的摯愛
與之結連理，但未能廝守
只能天各一方
哦，共和，
願你從我胸上的土壤
綻放出花朵！

——艾德加・李・馬斯特斯：《匙形河詩選集》
（Edgar Lee Masters, *Spoon River Anthology*）

在新薩林，林肯將法律書籍帶到森林，四肢大張躺在一座「木材堆成的小丘」上閱讀。[202]每次出外透氣，身邊多半有安妮・拉特里奇同行。安妮的父親是拉特里奇客棧的老闆，林肯是客棧的常客，三不五時會下榻在此。

據我們所知，安妮・拉特里奇是林肯的初戀，也是他愛得最深的女子。她過世多年之後，林肯曾向老友艾薩克・寇道爾（Isaac Cogdal）透露了對她的濃情蜜意。寇道爾問林肯，有沒有陷入情網時，林肯答道：「的確有——千眞萬確……她甜美大方——會是一個可愛的賢妻……我打心底喜歡這個女子，直到現在還常常想到她。」[203]

至今找不到任何一封書信，記錄他們交往的點點滴滴，只能靠新薩林街坊鄰居以及其他朋友們的記憶加以拼湊。安比林肯小幾歲，「眼睛大而藍，臉部表情豐富」，有一頭赤褐色的秀髮[204]和美麗的臉龐。「她人見人愛」，[205]據說她聰穎，「敏捷、伶俐、有深度、善思考、聰明過人」。新薩林居民威廉・格林（William Greene）認爲「她是位值得林肯愛戀的女子」。[206]安和亞伯拉罕一開始只是朋友，後來才變成戀人。據朋友的說法，他們倆有共識，等安完成傑克森維爾女子學院（Female Academy at Jacksonville）的學業之後，兩人就會結爲連理。[207]

一八三五年夏天，安年僅二十二歲，當時新薩林遭遇伊利諾州有史以來最熱的酷暑，一種致命的熱病（可能是傷寒）肆虐全鎮。安和林肯的幾個朋友在這波疫情中不幸過世。[208]安去世之後，亞伯拉罕似乎「對啥事都漠不關心」。一位鄰居憶道：「他少言寡語，只是帶著槍，獨自一人在森林裡漫無目的地東遊西蕩。」[209]新薩林一位街坊、曾親如林肯母親的伊莉莎白・艾伯爾（Elizabeth Abell）說，她「從未看過一個人痛失自己伴侶時，比他更傷心」。[210]碰到陰霾的天氣，他更悲痛鬱悶，因為「雨雪會打到她的墳墓」，一想到這點，他就「心神不定」。認識林肯的人擔心他會「短暫性精神錯亂」，[211]除非他打起精神，重新振作，否則「理智將棄他而去」。[212]

林肯親口坦承，安去世之後，他有點「亂了套」。[213]他至今失去了三位和他關係最親密的女性——母親、姊姊、安。多年之後，他重訪童年在印地安納的家，並寫了一首哀傷消沉的詩。

我聽失去摯愛的倖存者說
死亡什麼也留不下
直到每一記聲響猶如喪鐘
每一處地方彷若墳墓[214]

伊莉莎白・艾伯爾說，林肯「並沒有發瘋」，[215]只是傷心過度。托爾斯泰（Leo Tolstoy）寫道：「唯有能夠熱烈給愛的人會承受巨痛；不過隨愛而來的巨痛反而有助於抵消他們的傷痛，讓他們痊癒。」[216]

若安離開人世時，林肯像蔡斯一樣住在大城市裡，他可能躲在緊閉的門後，讓外人看不到他的巨痛。然而在新薩林這麼一個小鎮，沒有一個地方可以讓他躲起來——也許只有吸引他的森林除外。安的過世讓林肯大有「曾經滄海」之感，他很難忘懷舊情，從另一個人身上尋求慰藉。新薩林的街坊和朋友塞繆爾・希爾（Samuel Hill）太太問他，是否相信來世，他的答案是否定的。「我想應該沒有。」他滿臉憂傷地說：「想到死亡是我們最後一站，可不是一件讓人開心的事。」[217]歷史學家羅伯特・布魯斯（Robert Bruce）發現，儘管林肯曾提及萬能的上帝或至高無上的力量，但在所有公開文件中，他沒有任何「相信來世」之類的談話——除了一封寫給父親、語焉不詳的信之外。[218]他臨終之時，腦海揮之不去生死有命、世俗功名終成空的想法。

不同於蔡斯與貝茲，林肯無法從基督信仰中關於天堂的論述裡找到慰藉。蔡斯坦言，他葬了第二任妻子伊萊莎・史密斯時，「心痛欲碎」，但他深信「世界並非一團漆黑，烏雲的邊緣是光明」。不同於蔡斯的第一任妻子吉蒂，伊萊莎去世時「篤信耶穌」。蔡斯因而想像她人到了天堂，等著他來團聚，兩人自此永久相伴。[219]

貝茲也跟蔡斯一樣，靠信仰尋求慰藉。他確信自己九歲的女兒艾德娃（Edwa）過世，是受上帝召喚「到一個更好的樂土、享受更大的幸福」。他說，孩子彌留之際，她「說話鎮定，絲毫不見驚惶失措。她不畏懼死亡，儘管她說自己不想死的唯一理由是更想和媽媽在一起」。[220]

蘇爾德和林肯一樣，懷疑來世再聚的說法。當他的妻子和他寵愛的二十一歲女兒范妮，在十六個月內相繼撒手人寰之時，他悲痛欲絕。「我應該感到欣喜，（范妮）從我身邊離開，和（她母親）聖潔的在天之靈團聚。」他告訴朋友：「但不幸的是，我沒那麼屬靈，無法靠這樣的想法獲得慰藉。」[221]

林肯像蘇爾德一樣，面對與摯愛天人永隔，卻不靠來世再聚首的想法撫慰自己的傷慟，因此大家應能理解，當安去世時，林肯的心情是多麼沉重與哀痛。然而他還是完成法律的學業，拿到律師執業證書，並受邀成為約翰・史都華（John Stuart）法律事務所的合夥人。林肯曾向約翰・史都華借閱法律書籍。

***

一八三七年四月，安・拉特里奇過世二十個月之後，林肯離開新薩林，搬到伊利諾州的春田，當時這裡的人口約一千五百人，他打算在這裡展開法律「實驗」。由於沒有地方棲身、沒有錢買家當，林肯信步來到城市廣場的一家雜貨店，詢問年輕的店家約書亞・史匹德，「買一套單人床組，包括床墊、毯子、床單、床罩、枕頭」要多少錢。史匹德算了一下價錢，總共是十七美元，林肯覺得「或許夠便宜」，儘管他手頭並沒有這麼多錢。他問史匹德，能否把帳賒到耶誕節，到時要是他的業務有起色的話，應能還清全額欠款。「若辦不到的話，」林肯愁眉苦臉補充道：「我不知道能否還得了你錢。」

史匹德仔細打量眼前這位窘態百出的高個子。他回憶當時的情景說：「我從沒見過比他更苦的臉了。」[222]儘管兩人素昧平生，但史匹德一年前曾聽過林肯的演說，[223]留下了深刻印象。數十年後，他依然能夠複述林肯演說的結語。史匹德跟林肯說：「爲了這麼一點小錢，你看來似乎坐立難安，我想到一個一石二鳥的點子，你既不用賒債，同時又有地方棲身。我樓上的房間挺大的，有張雙人床，你可以和我一起睡。」林肯沒料到史匹德會伸出援手，旋即衝上樓，把行囊放好，再興匆匆地下樓，完全換了一副表情。他笑逐顏開地大聲說：「哦，史匹德，我好感動！」[224]

史匹德比林肯小五歲，相貌英俊、藍眼睛，從小在優渥環境長大，住在豪華高雅的大宅，莊園農稼由七十多名黑奴負責打理。他在肯塔基州最好的學校就讀，並進入巴茲鎮（Bardstown）的聖約瑟夫學院（St. Joseph's College）深造。他大可待在家裡，過著輕鬆的日子，但他決定跟著同齡世代不安於現狀的潮流，到西部闖蕩。二十一歲那年，他來到春田，投資房地產，並在春田開了一家雜貨店。[225]

林肯與史匹德同住一屋[226]約四年，並睡在同一張雙人床。時間越久，兩人情誼越堅，他們每晚促膝閒聊，話題包括各自的希望和前途、兩人都愛的詩詞和政治觀，以及對女性的種種起伏心情。他們一起參加政治集會和討論會，一起參加舞會、派對，一起在鄉間騎馬馳騁。

林肯在孩提與青年時代，與世隔絕、獨來獨往是他的兩大標記。他發現約書亞・史匹德和他志同道合，是個可分享心事的朋友。他們性格相似，都是不斷奮發向上的有爲青年，都想在這世上出人頭地。林肯不再是毛頭小子，但也還不是事業有成的熟男。他和史匹德建立了一輩子頭一遭、同時也是一輩子最醇厚的友誼，進而走出多年的感情缺憾以及千山獨行的習慣。兩人坦率承認對彼此的依賴，並誓言要終身焦孟不離。熟悉林肯的人都說，史匹德是他「最親密的朋友」，[227]是他可以傾吐祕密的唯一對象。「你知道，我待你如友的心永遠不變。」林肯向史匹德保證：「我絕不會半途而止，我知道怎麼安排一切。」[228]

有人認爲，[229]林肯和史匹德可能有床笫之歡，然而他們之間過從甚密的關係，正如蘇爾德與伯丹、蔡斯與史坦頓之間的關係，是一個時代的印記。男性之間建立親密的同性之誼在當時不僅司空見慣，連公開表達對同伴的愛慕之情或熱情，也爲世人所容。同床共眠[230]未必能證明兩人有肉體之歡。在那個時代，擁有自己的房間是可望不可及的奢想，所以男性自小就和其他男的睡在一塊，及長，在學校、宿舍、爆滿的旅館，早已習慣打通鋪。史匹德雜貨店樓上的房間，㉛用途彷彿宿舍，除了林肯和史匹德之外，另外兩個年輕男子有時也會到此過夜。林肯會定期出差到伊利諾州第八巡迴法庭，和同區的辯護律師們同睡一張床。不過同睡對象不包括大衛・戴維斯法官，因爲他塊頭太大，容不下第二人和他同床共眠。㉜歷史學家唐納德・亞科馮（Donald Yacovone）曾針對一些廢奴派大老們之間赤裸裸的示愛和不渝的奉獻，寫了一篇研究，他說：「滿腦子專注於性」，反映更多的是後來社會的心態，「而不是十九世紀的社會」。㉝

要確切勾勒林肯與史匹德雙人關係的本質，其實有其困難，但兩人的友誼顯然是在林肯年輕、面臨人生重要關卡時，打下的基礎。當時林肯離鄉背井，到了一個新城市，爲出人頭地而奮鬥。在春田，他把佔據他大半生精力的雙生涯——法律與政治，發揮得淋漓盡致。他的成就——包括掙脫童年時飽受貧乏、喪親之痛的枷鎖，持續不懈的自學苦讀等，在在需要運氣，需要過人的膽識，以及博學多聞累積的聰明才智。

3 政治的誘惑

人類應該自主管理，也有能力自主管理，以此爲基石建立的唯一國度裡，自主管理主宰了人與人之間應對進退的各個層面，從最小的村落到一國的首都，大家莫不以此爲依歸。因此，在這個國家，政治自然而然該是人民強烈關注的對象，幾乎全民都參與的活動。

艾利克西斯・德・托克維爾在林肯首次當選伊利諾州議會議員那一年寫道：「踏上美國的土地，鮮少不發現自己被騷動包圍，大家七嘴八舌，喧嚷聲此起彼落，耳畔會同時響起一千種聲音，每一種聲音都在高談闊論社會需要什麼。周遭沒有一樣東西是靜止的：這廂，街坊鄰居們聚會討論是否該建個教堂；那廂，大家在商量該選誰出任代表；在更遠的另一頭，民代們急忙趕到城裡，討論選區該做哪些改善；在另一個地方，農民會把農事丟在一旁，跑去討論修路、建校之類的計畫。」

「市民們聚會的唯一目的就是表達他們不同意政府的做法。」托克維爾道。「插手管理自己的社區，發表對社區的意見，乃是美國人心中最重要的事，可以說也是他們最大的樂趣……美國人可能不知道如何和人攀談，但是他會討論；不會口語溝通，但是他會高談闊論。他對你說話的樣子，彷彿像對著一群人演講。」①

諾亞・韋伯斯特（Noah Webster）的《基礎拼字手冊》(*Elementary Spelling Book*)②是林肯那個世代相當普及的一本讀物，其中有一幅插圖，畫著一個男子站在木製圓桶上，對著一群聚精會神的聽衆們擺出英雄般的英姿，一面美國星條旗在他身後意氣風發隨風飄揚。海報上有隻老鷹的圖案，象徵演說者的勇氣和愛國精神。探討政治的吸引力時，拉爾夫・華多・愛默生曾問道：「若社會上最令人垂涎覬覦的東西，都放在成功演說家的跟前，讓成功演說家唾手可得的話，那麼我們這些野心勃勃的年輕人會對投身政治與法律充滿興趣，也就不足爲奇了。成功的演說家令聽衆五體投地，再響亮的名號在演說家面前都黯然失色。」③

對於十九世紀許多有著遠大抱負的年輕人而言，從政是保證出人頭地的競技場，因而吸引了密蘇里州的貝茲、紐約州北部的蘇爾德、伊利諾州的林肯，以及俄亥俄州的蔡斯競相投入。

＊＊＊

愛德華・貝茲是四位競爭對手中最年長的一位，在一八二〇年代密蘇里建州爭取加入聯邦之際，在政壇初試啼聲。密蘇里申請加入聯邦一案提交美國國會討論時，國會有了一番激辯，到底聯邦十三州立憲保護奴隸的條文，是否適用於密蘇里這些新領地？一位來自紐約州的反蓄奴議員提議在憲法增列一條修正案，要求密蘇里得先同意，所有的幼奴年滿二十一歲時，必須重獲自由身。包括愛德華・貝茲在內的「律師派」強烈反對增列蓄奴限制條款，作爲該州加入聯邦的代價。貝茲辯稱，爭取建州時，除了憲法所保障的「共和政體」④之外，任何額外的限制條件都屬違憲。

一部分北方人希望蓄奴制限縮在南方州，認爲時間一久，蓄奴制遲早會走入夕陽。他們擔心若讓新領地實施蓄奴制，蓄奴制會向西部滲透，從而影響整個國家的未來。對於投資奴工、仰賴奴工的南方人而言，北方反對密蘇里州以一個蓄奴州加入聯邦，無疑會嚴重威脅他們的生活方式。雙方僵持不下，當衝突日益升高時，南方的領導人宣布，不惜退出聯邦；不少北方人似乎寧願他們退出。傑佛遜總統當時寫道：「這問題非同小可，宛若夜晚的火警警報鈴，把我嚇醒，心想這等於是爲聯邦敲響了喪鐘。」⑤

參議院最後刪掉了反蓄奴的修正案，改而根據一八二〇年通過的密蘇里讓步協議（Missouri Compromise），⑥讓密蘇里以蓄奴州的地位加入聯邦。這一讓步協議由肯塔基州的參議員亨利・克雷提出，他因而被冠上「**偉大的調解人**」(Great Pacificator)⑦之名。讓步協議同時讓緬因州以自由州的地位加入聯邦。此外，路易斯安那購地新增的領地自此一分爲二，在北緯三十六度三十分以北，一律不准蓄奴，這條分界線（譯註：即爲密蘇里協議線）穿越密蘇里南部邊界線，因此密蘇里成了這條規定的唯一例外。

那年春天，貝茲成功地當選四十一位新出爐的密蘇里州州憲起草代表之一。儘管他比多數代表年輕，貝茲還是成了「州憲主要的起草人之一」。⑧到了州議會與州長選舉，「律師派」大獲全勝。大衛・巴頓與湯姆斯・班頓以密蘇里州第一屆聯邦參議員的身分進駐華府；愛德華・貝茲成爲首任州檢察長；他的搭檔約書亞・巴頓擔任該州首屆州務卿。兩年之後，貝茲在密蘇里州議會贏得一席；又過了兩年，佛德里克・貝茲當選州長。

律師派這個小核心並沒有團結太久，因爲巴頓與班頓這兩位參議員之間的關係越來越緊張。⑨巴頓的支持者主要是商人和地主，而班頓逐漸和傑克遜式民主（Jacksonian democracy）的信徒們（以農民爲主）站在同一陣線。一場悲劇性的決鬥讓兩人徹底決裂。貝茲的搭檔約書亞・巴頓在律師執業過程中，發現班頓的朋友和盟友——密蘇里土地測繪局長威廉・雷克托（William Rector）的辦公室有貪腐的不法行徑。雷克托向巴頓下戰帖，進行決鬥，最後巴頓落敗而死。貝茲因爲失去朋友而痛苦不已。他與大衛・巴頓兩人，將約書亞・巴頓指控雷克托涉案的文件公之於世，導致班頓和雷克托受到牽連。兩人要求美國司法部長兼蔡斯的導師和朋友威廉・沃特對此案進行調查。調查結果，認爲大多數控告成立，逼得門羅總統不得不將雷克托解職。這一事件終於落幕，但是巴頓和班頓之間的不和始終沒有改善。

巴頓的支持者，包括貝茲在內，最後都加入輝格黨的陣營中，而班頓則成了民主黨人。輝格黨贊成由政府出面主持國內建設，⑩讓這些公共基礎建設有利於帶動新興市場經濟的商業活動。他們提出的前瞻性主張包括保護性關稅、全國統一的金融體系等，藉此開發和強化國家的資源。民主黨人的權力奠基於南方的農業經濟，反對上述措施，改而和平民老百姓站在同一陣線，對抗銀行家、律師和商人。

儘管捲入密蘇里政治圈的漩渦之中，但是一八二三年發生的一件事改變了貝茲的命運，徹底轉移他的生活重心。他愛上了茱莉亞・寇爾特，並與之結為夫妻。自此，嬌妻與家人成為他人生唯一喜樂的泉源，政治雄心黯然失色。他的長子出生於一八二四年，取名約書亞・巴頓・貝茲，以茲紀念他那位遇害的合夥人。後來的二十五年，十六個孩子相繼出世。

貝茲一家的朋友約翰・達比（John Darby）回憶道，茱莉亞年輕的時候是一位「絕美的女性」。⑪她出生於南卡羅萊納一個高貴世家，⑫童年時全家搬到密蘇里定居。她的父親是一位富商，在土地投資上賺了大錢。她的一個妹夫後來成了南卡州的州長，另一個姊姊嫁給了密蘇里州首席法官，三妹嫁給漢彌爾頓・羅恩・甘伯（Hamilton Rowan Gamble），他是密蘇里最高法院法官，對史考特官司判決曾提出異議。雖然有這麼多權貴關係，但是茱莉亞對政治興趣缺缺，只是一心一意照顧家庭。不同於法蘭西絲・蘇爾德，茱莉亞的家書⑬對時下的話題絕口不提，通篇談的是孩子們的活動、飲食習慣、玩的遊戲、骨折等。達比認為，她的一生「都為了如何讓家人開心而著想」。⑭

茱莉亞將賢妻與慈母的角色扮演得十分稱職，讓大家讚不絕口。朋友們異口同聲認為，她為貝茲營造的家庭是天倫之樂的典範。從貝茲心滿意足的眼神裡，可以看出官場升遷的魅力與誘惑逐漸對他免疫。一八二六年，他結婚的第三年，貝茲成功當選聯邦州議員，⑮然而他必須離開家人，告別溫馨的圍爐夜話，在在沖淡了他勝選的喜悅。即便與茱莉亞短暫小別，對他而言也是一種痛苦。「我過去從未發現，要打起精神是如此之難。」這是有次茱莉亞需要外出幾天探望朋友時，貝茲對她的告白。「的確，從你一離開，我就覺得孤寂難耐。在法庭上，我可以表現稱職，一旦回到家，不論睡覺或吃飯，孑然一身讓自己倍感孤獨，以至於寢食難安。我提到這些，不是因為我喜歡這種感覺，而是這種感受對我來說相當新奇。過去我從未有過如此焦躁、充滿不滿、無以名狀的感覺，也不希望再次經受。」⑯

百般惆悵地告別懷孕的妻子和家中的幼子，貝茲獨自一人前往華府國會就任。⑰一路上從不同的客棧和下榻公寓寫信回家，在信中他透露自己的心情「愁腸百結、愁緒萬千」。⑱她的善良與可人有一股「魔力」，當「親愛的茱莉亞」不在身邊，他會「像一個陷入情網的學校男生」，朝思暮想。僅僅過了幾週，他就因情緒激動而潸然淚下。「小格局的浮誇野心！如果我能偉大到足以左右社稷大政的方向，那麼我爲理想所做的犧牲也許還有價值，但是僅僅在國會裡擔任一個不起眼的小議員，相較於我們一起生活的幸福感，代價實在令人不敢苟同。這一直是你的想法，而現在我覺得它是對的。」⑲

他的心情漸漸好轉。他習慣了華府舒適的公寓，把自己在國會的議席安排在大衛・克羅克特（David Crockett）、詹姆士・波克總統、亨利・克雷附近。⑳雖然貝茲很少外出參加各種聚會，喜歡把晚上的時間空出來讀書、給妻子寫信。但他告訴茱莉亞，有天下班，他花了一晚上和亨利・克雷在一起，感覺讓他激動不已。他寫道：「那個人越來越喜歡我，每次我見到他，和他之間有一種心電感應，似乎一個眼神彼此就能心領神會。我感到他舉手投足之間有一種勝利者的風采，任何和他打交道的對手，都覺得如沐春風，不以爲苦。」㉑

貝茲擔任議員期間，經手的議題包括西部土地的規劃與處置、國內建設、關稅問題。㉒在每一項議題上，班頓和巴頓這兩位參議員都針鋒相對。㉓班頓曾提出一項議案，要求聯邦政府以近乎免費的低價提供移民土地，他認爲，廉價的土地可以抑制少數人炒作賺錢、多數人賠錢虧本的投機行爲。巴頓反對，稱如此低廉的土地會打壓西部經濟。貝茲站在巴頓這一邊，對這個熱門提案投下反對票。

雙方陣營爲如何處置西部公共土地針鋒相對時，貝茲出版了一本公開抨擊班頓的小冊子，㉔讓這位「老金條先生」（Old Bullion）大爲光火，以至於長達近二十五年不和貝茲說話。貝茲告訴茱莉亞：「我的文章讓他的名聲與地位好似被火燒了一把。就像硝酸灑在鐵上，蝕痕難以磨平。」㉕除了與班頓公開爲敵之外，貝茲和其他同僚相處甚爲融洽。他天生熱情、平易近人的個性，贏得人們的尊重和喜愛。他覺得晚上開會特別開心，也特別興致高昂，儘管大家會「叫嚷、咳嗽、以杖敲地面、碰翻痰盂」，「鬧烘烘地一團亂」。㉖晚上，議員們桌上的燭光，還有圓拱屋頂天花板上懸掛的大型燭台吊燈，將國會大廈照得燈火通明，「呈現富麗堂皇的景象」。

然而這令人開心的短暫時光補償不了他對剛出生長女南西的思念之情。他感傷地嘆道：「至今我只知道**她是女孩**，我渴望知道**她現在怎樣了**？**長什麼模樣**？眼睛是黑色還是灰色？挺鼻子還是塌鼻子？大嘴還是小嘴？

最重要的是，她是否有一雙美腳？」因爲若女兒的腳長得不如媽媽美，她可能永遠也做不成「一位淑女」。

「哦！我眞想趕回去看你，將你攬入懷中，」他在信中對茱莉亞道。「就算只是短暫的瞬間也好。有時候，我幾乎將幻象當成眞相，畫面寫實逼眞，彷若看到你在我眼前出現。」㉗透過書信往返，貝茲夫婦拉近了距離，變得更如膠似漆。茱莉亞在一封信中坦言自己心情低落，他回信說：「哦，既然如此，我可以親吻面頰上滾落的淚珠，雙頰綻放的燦亮是我的陽光。」㉘

儘管想家，公職生涯對貝茲依舊頗具誘惑力。在朋友與支持著的慫恿下，貝茲同意競選連任。雖然他享有高人氣與聲望，但最後連任失利，㉙由傑克遜派獲得壓倒性勝利，班頓和民主黨人完全控制了密蘇里的政局。在即將卸任的倒數幾天，一向講話輕聲細語的貝茲在發言台上，和南卡州的議員喬治・麥杜菲（George McDuffie）展開激辯。㉚麥杜菲對他的人品冷嘲熱諷，貝茲衝動之下，向這位南卡議員下了決鬥的挑戰書。所幸麥杜菲拒絕應戰，並同意爲自己的不當言辭道歉。數年之後，貝茲的朋友查爾斯・吉布森在檢討南方人慣以決鬥這樣的「常規」（Code）解決問題時，表示自決鬥沒落之後，民衆粗言粗語的現象更嚴重。他說：「決鬥保留了尊嚴、正義和禮節，這些東西現在都已消失，這對各種職業、人民及政府都是一種巨大傷害。現在這一代會認爲我是野蠻人，但我認爲，那些爲保護法律和輿論而不幸犧牲的人，其實死得其所。因爲法律和輿論是共和體制賴以存續的基石。」㉛

三十六歲的貝茲打包好文件和書籍，踏上返鄉之途。他爲了讓茱莉亞寬心，表示敗選讓他如釋重負。他寫道，他愛他的朋友，「對大家一視同仁，並無輕重之別。但是說到幸福與快樂，唯有投向家人的懷抱。」他開心地向家人報告，沒有一天他不是努力「一切再切」自己的時間，以便爲家人的未來擬議各種計畫。首先，他得在專業上「保持在前段班」，才能賺足錢養家，讓家人過著小康生活，「享受衣食無虞、其樂融融的生活，這種日子是我們過去常常談到的，也是我們希望擁有的。」㉜

光陰似箭，不知不覺過了好幾年。貝茲在州議會擔任了兩屆議員，㉝被大家公認是「最能幹也最善辯的議員」。㉞儘管如此，他還是信守了當初對家人的承諾，在一八三五年，決定將全部精力投入於蒸蒸日上的律師業務，不再競選連任。㉟在他這輩子最風光的日子，他從天倫之樂獲得了極大滿足。

他的日記非常有趣，忠實記載了貝茲三十多年來走過的日子，也鮮活見證了他爲這個家所做的諸多奉獻。蔡斯的日記充滿內省，通篇在省思抱負、成就和權力；不過貝茲的日記側重於日常生活的點滴細節、小孩的誕生和離世、他花園裡植物的生長進度，以及在聖路易的種種社交活動。他發現，自己對歷史的興趣主要專注於國內法、道德、社會風俗等常人忽略的領域，而非討論戰爭或王朝的文獻。

孩子們生活中最瑣碎的細節讓他著迷之至。他的第十四個孩子班（Ben）出生時，他發現一個「令人好奇之事」，這孩子的肚子右側有一個胎記，樣子像青蛙。貝茲試著解開「這個上帝用來隱藏造化眞相的謎團」。他想到小孩出生之前幾週，妻子躺在床上看書，被一隻突然出現的青蛙嚇到了，當時「她側躺在左邊，右手擱在臀部上方，孩子身上的胎記剛好就出現在她右手擱置處」。[36]

他的日記在字裡行間反映他信服上帝的威力。貝茲的兒子朱利安（Julian）從小「口吃嚴重」，家人曾擔心「他這病無法根治」，結果有一天，他突然奇蹟般地開口暢所欲言，沒有任何結巴。貝茲寫道：「過去他被剝奪了這個人類主要的福分，現在失而復得。」爲了報恩，貝茲希望朱利安長大後能「有資格傳福音」，因爲他「從未看過一個年輕人像兒子這麼虔誠」。[37]可惜這個「奇蹟」無法持久，六個月後，朱利安又開始結巴。

偶爾，妻子離家走訪親友，貝茲就會長吁短嘆地說，這個家的「主婦和女王」[38]缺席了。他提醒自己，「不能對她心懷嫉妒」，[39]畢竟她一天到晚照顧一大家子，好不容易從沒完沒了的家務中短暫解脫。茱莉亞在三十二年中生了十七個孩子，幾乎這輩子可生育的年齡，沒有一天不挺著大肚子。貝茲盡興品嘗天倫之樂，因此每當一個孩子長大並離開家庭，都會讓他若有所失。一八五一年，他寫道：「今天，我兒子巴頓帶著他的家人——妻子和一個孩子——搬進了他的新家……他一八四九年三月結婚之後，就一直和我們住在一起，現在搬出去，對這個家而言，是一次嚴重的縮水。我們擔心，因爲孩子長得很快，不久也會爲了尋找自己的未來而離家各奔東西，到時候家裡將變得冷冷清清。」[40]

貝茲的日記還反映他對家鄉聖路易無法割捨的責任感。每年四月二十九日[41]，是他抵達聖路易的週年紀念日，他都會在日曆上做記號。多年過去，他見證了「這個城市的顯著改變，包括人口、交通、商業、藝文」，這些變化讓聖路易成爲大密西西比河谷的一顆明珠。貝茲預言，聖路易最後會成爲「整個美洲大陸舉足輕重的城市」。㊷他的日記驕傲地記錄了在街上初放華彩的第一盞煤氣燈，從聖路易發到東部城市的第一封電報，以及第一列開往密西西比以西的火車。㊸

貝茲一八四九年目睹一場大火將聖路易商業區燒成灰燼；同年，聖路易爆發霍亂疫情，㊹每天有上百人喪生，靈車早晚不停地輾過泥濘街道。他記錄道，僅短短一週，死亡人數就達上千之多。他的家人「非常健康」，㊺安然度過這次劫難。他相信，某種程度上，原因在於他們沒有接納坊間鄰里勸大家不要吃蔬果的說法。他對自己是醫療白痴，不懂疫情的肇因與療法，感到非常痛苦。「沒有兩個人的意見是一致的，沒有一個人在兩週內保持同一個想法。」㊻疫情加重時，不少家庭擔心被感染，棄城而逃。但是貝茲拒絕跟進。他有個朋友願出借自己在城外的莊園，讓貝茲一家人避難，但是貝茲對他說：「我是美國最老的居民之一，享有崇隆的聲望與地位，因此對人還有一些影響力。我把它當成是神聖的職責，不允許有任何妥協，堅守我的崗位，隨時準備承擔我該盡的責任……現在若抽身離開聖路易，我會覺得不光彩……這樣太不負責任。」㊼

除了寫他的家庭與家鄉，貝茲日記也記錄了一年四季的時序變遷，㊽花開花落，月圓月缺。每年番紅花第一次開花、榆樹第一次落種、橡樹第一次結穗、鬱金香第一次怒放，他都會當成大事慶祝。他把自己的花園形容得栩栩如生，讀者幾乎可聽到秋葉落地的沙沙聲，或是春夜裡「青蛙合唱的呱呱聲」。他以敏銳的眼睛觀察這些植物的顏色變化，巨細靡遺地記錄著變化與差異，從未感覺自己年復一年重複做同樣的事情。他是個知足的人。

然而他並未完全拋開對政治的興趣。開發西部的熱情與激情，讓他在一八四〇年代末期的河港大會上扮演了主角，抗議波克總統否決輝格黨提議的國內建設法案。據說那次集會是「南北戰爭爆發前，美國規模最大的一次集會」，㊾五千多名合格代表、龐大的觀眾，加上芝加哥一萬六千名居民，大家共襄盛舉，可以想見，所有旅館、公寓、私人寓所全部客滿。芝加哥到處人滿爲患，走投無路的訪客甚至跑到港口，尋找可以讓他們上船打地鋪的機會。

卸任和未來的州長、國會議員、參議員都到場，包括來自俄亥俄的湯姆・科溫（Tom Corwin），來自紐約的梭羅・魏德與《紐約論壇報》的主編霍利斯・格里利（Horace Greeley），來自印地安納的斯凱勒・寇法克斯（他被選爲大會的祕書）。紐約還有一位代表——民主黨人大衛・杜德利・菲爾德（David Dudley Field），[50]他將代表波克總統發言，反對聯邦撥款給各州，進行各州內部的建設與改善。格里利寫道，出席會議的還有「亞伯拉罕・林肯先生，一個高個子的伊利諾人，剛從該州唯一的輝格黨選區當選爲聯邦衆議員」。[51]這是林肯的名字首次出現在全國性的報紙上。

「見過（林肯）的人，都不會忘記他當時的長相。」多年之後，一位與會代表回憶道。「他個高、人瘦、行動笨手笨腳，身穿一件薄燕尾外套，搭配同樣質地的短背心，一條長度僅及腳踝的薄馬褲，一頂草帽，腳蹬一雙粗革短靴，腳套的是羊毛襪。」[52]

會議第一天，愛德華・貝茲雖被選爲大會主席，但是在衆多名聲顯赫的代表們面前亮相，讓他「受寵若驚」。貝茲在日記裡坦言道：「若有人事先提醒我，說我會被選爲大會主席，我會誠惶誠恐地推辭。」他擔心黨派涇渭分明的立場會讓這次大會不歡而散，那樣的話，他就要承擔失敗的罪責。[53]然而，貝茲主持大會的各個流程時，非常嫻熟且立場公正，加上能言善道，力陳聯邦政府應撥預算協助改善並開發各州內部的河道與水道系統，使他「一夕之間躍爲全國紅人」。[54]相形之下，林肯只讓一小圈的人留下印象。他以一貫睿智的風格，駁斥民主黨人菲爾德反對聯邦撥款改善各州內部建設的主張。[55]

在大會的尾聲，貝茲發表了閉幕演說，這次演說並無完整記錄。魏德坦言，之所以沒有完整記錄，是因爲貝茲一開口，記者們「就像其他聽衆一樣，過於專注，聚精會神到忘了新聞報導這回事」。[56]會議結束後，過了一週，霍利斯・格里利在《紐約論壇報》寫道：「現在寫的報導，不會有一篇可還它公道。」[57]貝茲用簡單易懂又極具說服力的語言闡述了國家局勢。他說，美國正處於「鬧分裂或無限繁榮」的危險十字路口，他呼籲全國各地「克制和妥協，因爲只有透過展現政治家風範的讓步，黑奴存廢和領地建州等問題才能解決，國家才能走向實際的繁榮」。[58]魏德寫道，貝茲演講時，「常被一次又一次的歡呼聲打斷；結束講話後，成千上萬聽衆的喝采聲在現場迴盪，久久不歇」。[59]聽衆的反應完全感染了貝茲，認爲這次演說可謂他人生「登峰造極之作」，過去「從不知道一席演講能夠引起如此巨大的回響」。

貝茲在日記裡寫道：「非常多的聽衆似乎被完全催眠——他們的身體、心思、感情完全聽我擺布，對我的每一個想法和觀點均有來電般的反應，又快又準。當我稍作停頓，立刻爆出響亮、漫長而自發性的山洪海嘯，表示他們深有同感，也大快人心，此情此景，我恐怕無法再次目睹。」

返家之後，貝茲坦言，他的虛榮心「受到吹捧」，他「性格中不可一世的一面迅速膨脹與激化，程度遠超過終生歸隱田園激化的程度」。這種經驗「於公，讓我享有各種讚美與殊榮，於私，讓我沾沾自喜，生命中沒有任何一個階段曾有過這種際遇……在芝加哥的那三天，讓我有機會表現，讓我有機會在全國打響知名度，成效比我在國會兩院多年勞心勞力打拚還來得高」。[60]

僅靠一次演講，貝茲就成了全國紅人，他的大名出現在全國各地的報紙上。大家認爲，一旦輝格黨重掌大權，他將是出任高官的熱門人選。魏德寫了一篇長文吹捧貝茲，並在文章結尾呼籲貝茲重返政壇。他說：「國家不能缺少這樣集廉潔、才幹、愛國心於一身的棟梁。」[61]

起初，貝茲對這類稱頌洋洋得意。不過幾週之後，他說服自己勿再留戀政治光環，他稱政壇上的成就只是「金玉其外」[62]的廉價品。他謝絕魏德請他重出江湖的呼籲，給他寫了一封心事重重的信。他開誠布公地告訴魏德，他曾胸懷「崇高的志向」，希望自己「以天下爲己任，人飢己飢，人溺己溺」。不過現在這些大志不復存在，他的「習性已經定型，只適合工作與家庭兩個領域」。因此，他無法接受「君王或百姓託付的公職」。他解釋道，他拒絕復出，是「自然而然的結果」，[63]因爲他得考慮自己的社會地位、家庭關係，以及對一大家子的責任感。

＊＊＊

蘇爾德是第二個進入公職的候選人。做了幾年沒有什麼成就的律師之後，他失去「爭名顯耀的野心與動力」。辭職的時候，他「非常快活，顯而易見（他）對這行的確興趣缺缺」。當律師時，他發現自己一有空就會仔細讀報或看雜誌，反倒是只有在需要出庭訴訟時，才會細看法律書籍。他說，他發現「政治在這個國家既重要又讓人著迷」。[64]

他和梭羅・魏德相識，可說是命運的安排。正是魏德一路扶持蘇爾德進入政壇，讓他在政壇上平步青雲。

蘇爾德當時和自己的父母、妻子法蘭西絲、老岳父一起赴尼加拉大瀑布旅遊，結果馬車半路拋錨，一車的乘客陷在沼澤地裡，動彈不得。此時，一個體格健壯、有著一雙深邃藍眼的男子挺身而出，協助一行人安全脫困。他主動自我介紹，說他叫梭羅・魏德，是羅契斯特市一家報紙的總編輯。[65]這份報紙「多半由他親手印製」。[66]那次邂逅讓兩人結成莫逆，也左右兩人今後的命運。

梭羅・魏德比蘇爾德年長四歲，他一眼就看出這位新朋友是受過教育的知青，屬於社會金字塔頂端階層。魏德本人出身貧寒，[67]父親常因欠債而鋃鐺入獄，全家被迫經常搬家。他八歲便在一家鐵匠鋪當學徒，雖然僅受過幾年的正規學校教育，但就靠這些基礎支撐，讓他自學成材。爲了借書，他曾步行數英里。[68]他喜歡歷史，經常就著爐子的火光拚命讀報。他是白手起家的典型，一旦知道自己前進之路碰到了阻礙，就自我砥礪，克服這些絆腳石。魏德篤信「政治人物看人，必須一眼就永遠記住對方」，[69]他擔心自己缺乏牢記人名與約定事項的本領，因此有意識地訓練自己的記憶力。他每天晚上花十五分鐘，告訴妻子凱瑟琳當天發生的每件事，他遇到的每個人，以及他說過的每一句話。這種記憶訓練頗具成效，魏德很快便因爲過目不忘的記憶力，而爲大家津津樂道。他天生精力充沛、聰慧機靈、爲人熱情。他當過印刷工、編輯、作家、出版者，不論做什麼都有聲有色，最後成爲一位極具影響力的政壇大老，人稱「獨裁者」。

在比自己年輕的蘇爾德身上，魏德嗅到他追求權力與大位的本性。此外。蘇爾德對政治痴迷的程度和自己也不相上下。那個年代，各政黨爭相崛起。有一派倡議國家應增建新的基礎設施——深鑿運河、蓋公路網、鋪鐵路等。魏德和蘇爾德受這些主張吸引。蘇爾德認爲，這些建設，加上一套全國性的金融系統與保護性關稅，有助於美國「強化基礎、增加人口、開發資源、擴大領土」。[70]這些主張後來被稱作「美國系的」（American system），而「美國系的」的擁護者最後與亨利・克雷所屬的輝格黨結爲同盟。

魏德的政治聲望在紐約迅速崛起。在蘇爾德協助下，他創辦了《奧爾巴尼晚報》（*Albany Evening Journal*），[71]並於一八三〇年三月首次出刊。這份頗有影響力的晚報逐漸成爲輝格黨的機關報，也是後來共和黨的喉舌，爲魏德打下強而有力的政治基礎，影響力之大，左右政壇論述近四十年。透過這份報紙，魏德爲蘇爾德創造了首次競選公職的機會。一八三〇年九月，蘇爾德從第七選區脫穎而出，[72]獲得提名角逐州參議員。同年十一月，在魏德全程策劃下，蘇爾德贏得一場歷史性的勝利，成功進入紐約州參議院，成爲歷來最年輕的議員，[73]當時他僅二十九歲。

奧爾巴尼的規模比蘇爾德初到時，差不多成長了一倍，但依然還是個小鎮，人口僅兩萬四千人。[74]奧爾巴尼是紐約州首府，最初是荷蘭人所建，富商們在市中心興建了一排富麗堂皇的磚瓦大宅。[75]蘇爾德搬到奧爾巴尼的前一年，這裡已破土興建了全國「第一條蒸汽火車鐵軌」。[76]這條十六英里長的鐵軌連接奧爾巴尼與斯克內塔迪，是「全國鐵路網的第一段」。

州議會由三十二位參議員與一百二十八位眾議員組成，多數人不是下榻在南市街的雄鷹客棧（Eagle Tavern），就是在州大街轉角附近的貝蒙旅館（Bemont's Hotel）。[77]這些人來人往的擁擠處所頗合從政者的意，但從政者的家屬可就不敢恭維，特別是對蘇爾德這樣有年幼孩子的家庭而言，更顯狹小。因此蘇爾德決定獨自出席這次爲期四個月的冬季會期。[78]

下榻貝蒙旅館之後，蘇爾德向法蘭西絲透露：「魏德幾乎都和我在一起，而我喜歡他性格中溫暖熱情的一面。」[79]他稱這位朋友是「這個時代最偉大的政治家之一……一位手持魔棒控制和指揮政黨的魔術家」。儘管魏德名氣響亮，兩人關係卻十分融洽，平起平坐。他發現魏德會「坐下來，將他一條長腿擱在我的煤箱上，我則交疊雙腿，兩人抽著雪茄，把煙吹向對方的臉。我們無所不談，但絕口不提政治」。[80]兩人都喜歡上劇院看戲，深愛查爾斯・狄更斯與沃特・史考特的小說。在國家大事上，他們志同道合，共同的理想維繫著兩人友誼終生不墜。[81]

在充滿俱樂部氣氛的寄宿公寓裡，讓善交際的蘇爾德如魚得水。同仁們一起吃飯，晚上彼此串門子，就著爐火聚會聊天。他告訴法蘭西絲說：「我的房間是一條大馬路。」[82]會議開議頭幾天，他和一位較年長的同仁——來自水牛城的議員亞伯特・豪勒・崔斯（Albert Haller Tracy）結成了好友。[83]崔斯已在聯邦國會擔任過三屆眾議員，一度還被拱爲副總統候選人的熱門人選。最近幾年，崔斯疾病纏身，元氣大傷，政治宏圖因而受到打壓，甚至「粉碎了他所有熱忱」。他發現，蘇爾德這位年輕人也許可以實現他一度珍視的夢想。法蘭西絲・蘇爾德在寫給姊姊拉莎特的信中說：「我相信亨利把他腦袋所思所想全都告訴了崔斯，[84]亨利和他彼此賞識的程度相當。」[85]

蘇爾德離開奧爾巴尼幾天之後，崔斯坦率地告訴他：「我對你相當依賴，這讓我這個大男人很沒面子，這是一種愚蠢的喜歡，不會帶來什麼好處。」崔斯稱，他和另外一個同仁的友誼，「合宜合情，恰恰填滿我的心。不過你的友誼卻讓我不堪負荷，會讓我像小女孩一樣焦躁不安，這種心情難以釋懷，也無法欣然承受。（自你離開後，）每一天，甚至每一個小時，我都像痴情女子眼巴巴盼望你回來。但是兩位堂堂參議員之間通信，竟然以此爲主題，這一切未免過於荒唐。自從離開奧爾巴尼之後，那些我一直朝思暮想的事，我會把其中四分之三埋在心裡隱而不言。」[86]

起初，面對崔斯對他的好感，蘇爾德不吝回應，表示他「喜出望外」，[87]因爲原來崔斯跟自己一樣，「均羞於承認自己有那種柔弱之氣」。[88]然而，崔斯這種強烈的感情漸漸讓兩人關係變調。有一次，蘇爾德未及時回覆崔斯的信，後者便寫了一封耍小脾氣的信，說：「我禁錮在狹小通道的感情勝過了你的感情。你的感情比較散漫——我眞是傻，幾乎毫無保留地傾我所有，而你卻是……三心二意。」[89]

崔斯對蘇爾德的熱情，加劇了他對梭羅・魏德的敵視。法蘭西絲到奧爾巴尼探視蘇爾德時，寫信告訴姊姊說：「崔斯來了之後，魏德從不到這兒看我們。我對此覺得很遺憾，但是我也無能爲力。」[90]蘇爾德陷入兩難，最後選擇了魏德而捨崔斯。儘管崔斯依舊和蘇爾德維持友好關係，但是內心卻因蘇爾德不斷靠近魏德而覺得憤懣不平。崔斯提醒蘇爾德：「愛啊——多麼殘忍的暴君，愛若是雙向道，能爲我們聖潔的情誼提供養分與連結。」[91]崔斯告誡蘇爾德，若愛變成單向道，兩人不可能維持往日珍貴的友誼。

崔斯的態度大幅轉彎，可能和蘇爾德日漸疏遠有關。他把這股得不到回報的愛，從亨利轉移到法蘭西絲身上，[92]後者同樣也覺得自己與丈夫漸行漸遠。兩人結婚十年，她依舊深愛丈夫，但她擔心，蘇爾德過於迷戀政治和世俗成就，以至於忽略對家庭的愛。她嘆道：「對蘇爾德的心失去了影響力，而我一度以爲這顆心完全屬於我。」她越來越害怕自己和丈夫之間變得「天差地別」。[93]

一八三二年，蘇爾德說服法蘭西絲陪他到奧爾巴尼參加一月至三月登場的立法會期。他們的住處位於貝蒙旅館的一樓，正好在崔斯和妻子哈莉亞特（Harriet）住處的樓下。兩對夫婦通常在傍晚或週末聚在一起，崔斯的妻子常得回水牛城老家，此時崔斯就會像個跟屁蟲，跟在亨利和法蘭西絲夫婦的後面，和他們一起散步、購物、一起帶著孩子出遊。[94]法蘭西絲對拉莎特道：「他是一個奇特的人。他鐵定是我認識的人當中，最博學的一位。」她大為驚嘆地說，和他談話，「讓我覺得他就像一本同義詞字典。他在描述差異微乎其微的概念時，幾乎不用同一個詞」。[95]

崔斯利用法蘭西絲渴望有人陪伴的心理，迂迴婉轉地打入她只和丈夫分享的私密感情世界。他很直率地向她傾訴自己與妻子之間的爭吵，並邀請她到自己的起居室朗讀詩歌、學習法文。他們就如何和疾病奮戰交換意見。法蘭西絲向拉莎特坦言：「現在他的話很具說服力，變色龍到底是藍、綠、還是黑？只要他說是什麼顏色，我都深信不疑。」[96]在接下來的一次久別後，法蘭西絲毫不難為情地承認，自己「非常高興見到他，因為我非常愛他」。[97]儘管沒有跡象顯示，法蘭西絲與崔斯有超友誼的肉體關係，但他們之間確有兒女私情，這並不見容於維多利亞時代的社會風俗，認為有傷風化。[98]

一八三三年夏天，蘇爾德暫別奧本的妻兒，陪父親遠赴歐洲，為期三個月。[99]年邁的父親需要有人在旁隨侍照料，這為蘇爾德提供了遠行的藉口。蘇爾德很珍惜這次的歐遊機會，希望領略異國的風光與文化。蘇爾德父子兩人遍遊英國、愛爾蘭、荷蘭、瑞士、義大利和法國。多年之後，蘇爾德憶道：「這次旅行充滿詩情畫意！」不過，他每到一處，心思都會飛回美國，也對自己祖國的未來充滿信心。

蘇爾德道：「直到親自造訪了老舊、壓抑、飽受苦難的歐洲之後，你才會對自己的政府心存感激。他這才意識到美國人民對全世界肩負重大責任，美國人有義務進行成功的社會實驗……藉此證明人類有能力自治。」他求知若渴地在圖書館翻閱美國報紙，以遺憾的心情發現報紙充斥「惡毒政治鬥爭」的報導。[100]

林肯、蔡斯、貝茲等三人尚無機會造訪舊世界，而蘇爾德在三十二歲的時候，就與歐洲國會議員打成一片，並應邀出席歐洲上流交際場所和各種觥籌交錯的晚宴。在法國，蘇爾德花了一個週末長假，拜會了美國獨立革命英雄拉法葉將軍（General Lafayette），並在他的陪同下，參觀了他的故鄉拉格蘭吉（La Grange）。[101]

蘇爾德離家期間，法蘭西絲與崔斯書信往來十分頻繁。有天米勒法官發現一封寫給法蘭西絲的信置於壁爐台上，由於是陌生人的筆跡，他當下要求拆開來看看。法蘭西絲向姊姊解釋道，她當時有點手足無措，「我把信交給他，他從容不迫地打開封緘，當時我直覺想跳起來，從他手中搶走這封信，而我也眞這麼做了，然後抱歉地跟他說，最好由我本人先看一下信。他顯得非常驚訝，覺得我不可理喻。」[102]

崔斯的來信倍增，篤信宗教的法蘭西絲開始認眞反思他們之間變調且危險的關係。亨利從歐洲回來後，法蘭西絲在他面前非常羞愧，她主動把信交給丈夫，[103]對丈夫說，若崔斯持續破壞他們平靜的婚姻生活，他應該站出來解決此事。起初，蘇爾德拒絕看這些信，不願意將非分可恥的想法加諸崔斯身上。接著又來了一封信，讓法蘭西絲淚崩，她覺得自己在崔斯和丈夫面前名譽掃地。蘇爾德決定和對方面對面解決問題。

然而當兩人在奧爾巴尼見面時，蘇爾德並未提出這個棘手的問題，接下來幾個月，也一直沒跟他攤牌，因爲他的注意力不斷被政治吸引。蘇爾德在紐約州參議院的四年裡，以雄辯的口才力主改革。他譴責因背債而繫獄，呼籲監獄應該男女分隔，並推動各項國內建設。他始終與立場正反雙方保持友好關係。魏德相信，現在該是把他的小兄弟推向更高位的時候。

一八三四年九月，在紐約尤地卡（Utica）舉行的大會上，魏德說服甫成立的輝格黨黨員們支持蘇爾德，稱他年輕又有活力，足以對時下人氣極旺的民主黨發動一場凌厲攻勢，贏得州長寶座。[104]蘇爾德意氣風發、神采奕奕，爲了爭取所有的支持力量，他不想甘冒與亞伯特・崔斯疏離的風險，畢竟後者頗有影響力，所以他對妻子的承諾可以先擱著。

信心滿滿的蘇爾德，鼎力支持輝格黨的政綱，承諾國家會因爲他而進步，一如他對自己的承諾，一定說到做到。魏德提醒他，這是一場難打的戰役，但天性樂觀的他，並未因此受到打擊。這次選戰，口號與歌曲盡出，熱鬧滾滾。競爭對手稱紅髮的蘇爾德年紀尚輕、稚氣未脫，難當重任。爲了反駁這種說法，輝格黨製作了一個歷史人物表，裡面全是年紀輕輕便已成就偉業的人物，包括查理曼大帝（Charlemagne）、拿破崙（B. Napoleon）、拉法葉、莫札特（W. A. Mozart）、牛頓（I. Newton），當然還有輝格黨領導人亨利・克雷。[105]一八三四年十一月，蘇爾德滿心期待勝利降臨，直到連續三天的計票工作結束。

這次敗選給一向自信滿滿的蘇爾德當頭棒喝。他開始重新檢討自己的生活、婚姻和未來。那年十二月，他得返回奧爾巴尼參加參議院最後一次會期，他整個人跟跛腳鴨沒兩樣，深陷一片愁雲慘霧，非常不像平常的他。蘇爾德夜不能眠，擔心自己強烈的政治野心讓他得遠離妻小好幾個月，擔心從政已危及自己的婚姻。[106]

在奧爾巴尼，蘇爾德給妻子寫了封情深意切的長信，他嘆道：「我的野心何其邪惡。」他現在才知道，野心讓他偏離了方向，「沒了思想、少了目標，也失去唯一一位全心全意愛我的人所付出的感情與默契」。他坦言，他以前覺得妻子的愛只是他生命中諸多熱愛的「一個插曲」，但是實際上，這才是他生命中「最可貴的」。他擔心，這樣的覺醒對於「再度贏得」妻子的愛情，爲時已晚。「我曾把你從我的心中驅逐出去，我對你過於冷漠、過於絕情，我的心中沒有爲你留下任何你理應找得到的東西，以至於你無法繼續留在我的心田。而那卑鄙的崔（崔斯）在我瘋狂失去理智時，竟趁虛而入對你大獻殷勤，對你甜言蜜語，這些是我（從未做過），而你那顆遭受冷落的心，被他的謊言騙走了一半……感謝上帝，我們兩人都脫離了這令人恐懼的險境……可愛的、受傷的、彷若天使的靈魂，請接受回歸理智和眞理的我，對你展現的敬意吧——請對我說，你理解我的感受，而你的感情並未粉碎。」[107]

由於無法立刻收到法蘭西絲的回信，蘇爾德輾轉難眠。一下子感到溼冷，一下子發熱亢奮。有生以來，第一次發現妻子可能不再愛他，讓他惴惴難安。「我越來越像個女人，整天提心吊膽。」他在第二封推心置腹的信中坦言。「請你用你的方式告訴我，我在你心裡一如既往，被你愛著、捧著，讓我再回到跟過去一樣的幸福。」[108]

蘇爾德終於盼到了他渴望已久的回信。「親愛的亨利，你責怪自己未免過於嚴苛。」法蘭西絲寫道。「當我多次爲自己年輕的夢想破滅而流下苦澀淚水的時候，也從不認爲你是壞人或惡人……當我強迫自己認清『愛是女人的全部，卻只是男人生命的小插曲』，我也沒有怪罪於你，而是自責我對感情索取太多，我覺得我的感情過於強烈。」[109]

蘇爾德在回信中保證，[110]現在除了回家，他什麼都不想，他渴望和家人一起分擔家務，在漫長冬季圍爐夜話，「爲你和我們的寶貝兒子而活」，[111]成爲「能分擔你所思、所憂、所感的另一半」。[112]有了法蘭西絲當後盾，蘇爾德承諾重新回鍋，成爲新教聖公會的信徒，會努力尋找接近上帝的路。他在結語道，他正在「心切地算著，眼前的這段日子距離那種憧憬的生活還有多久」。[113]

蘇爾德告別在奧爾巴尼四年來結識的諸多朋友時，他決定不要和崔斯當面對質攤牌。不過，就在他計畫離開的前一天，這位老友寫來一封奇怪的信，讓他立刻忍無可忍。這封信一開頭，平靜地回憶兩人相識初期的那段日子。當時崔斯對於「一種忠實而特殊的友情仍懷有美夢」。他寫道：「當我先你一步覺醒，發現其實這只是黃粱一夢、痴心妄想時，我受了多少苦……這點，你絕對沒有責任。你已盡你所能愛我……但是這種愛遠低於我希冀的。」他解釋道：「這種痛、這種失落，是我對你反覆無常、三不五時對你苛刻無情的藉口。」⑭

蘇爾德情緒激動地回了他一封信。他解釋說，崔斯完全誤解了兩人經歷的「疏離」一詞背後的眞正意義。他指責道：「你利用我們之間既有的關係，或有意或無心地做了一些你身爲正人君子不該做的事——要不是我最親愛的人的美德和堅貞，否則你的所作所爲」可能毀了他整個家。蘇爾德提到當初拒絕閱讀法蘭西絲交給他的那封信；而他看完了信後，結論是崔斯「不計後果想傷害我，但未能如願」。

蘇爾德寫道：「崔斯，從那以後，你喪失了一度在我心中舉足輕重的影響力……作爲一位才華橫溢和有爲有守的人，我對你依然心存敬重，但是你將永遠不再是我的密友，無法再分享我內心的祕密。分道揚鑣，我心平氣和、心如止水。」⑮即便在這樣一個沉重的時刻，蘇爾德依然保持了完美的政治家風度，不願完全斷絕後路。

若蘇爾德以爲，經歷了這次與法蘭西絲之間的感情波折之後，能心滿意足地享受家庭生活，不再涉足政壇，那他就大錯特錯了。⑯他一返回奧本，就跟一位朋友坦言：「遠離政治圈，享受任期之間的空檔，此時鮮少人會心情舒暢。」⑰幾天之後，蘇爾德寫信給魏德，向這位老友兼恩師懇求道，「隨時告知我政壇動態，拜託你，迄今我仍無法對我的專業完全進入狀況，我擔心你不再把我當成政治盟友，對我不聞不問」。⑱

一八三五年夏天，爲了擺脫枯燥乏味的律師業務，三十四歲的蘇爾德帶著全家赴南方旅遊。⑲他和法蘭西絲坐在馬車的後座，五歲的兒子費德和過去曾是奴隸的馬夫威廉・強森（William Johnson）坐在前座。大兒子格斯（Gus）和爺爺待在家裡。跟往常一樣，這次旅行讓蘇爾德非常興奮。他說：「出門旅行，一切煩惱、牽掛、顧慮全都拋諸腦後。」⑳三個月裡，一小隊人馬經過了賓州和維吉尼亞州，回程時在首都華府停留了一下。他們在寫給家裡的信中，大加褒揚一路上南方人的熱情和好客。㉑他們親眼見識到蓄奴的嚴重後果，這點大幅影響他們對南方的看法。

他們南遊的那個年代，北方社會這三十年來拜移民湧入、創業熱潮、工業生產之賜，顯得生機勃勃，城鎮繁榮興盛。歷史學家肯尼斯・史坦普（Kenneth Stampp）生動地描述了當時北方的樣貌，「男女在大街小巷川流不息，篤信『進步』，認爲成長、變化才是進步的同義詞；各種思想、思潮激烈交鋒激盪；到處都有人談論創業藍圖；各種團體與會社林立，意在徹底改革人類社會。」⑫

然而當蘇爾德一家人進入維吉尼亞，彷彿走進了自一八〇〇年以來就停滯不前的世界。⑬全家人乘坐的馬車蜿蜒穿過維吉尼亞州阿拉干尼山脈（Allegheny Mountains）時，亨利寫道：「沿路不再頻繁出現農舍、客棧和店家，不過崎嶇的道路引領我們……（經過）低矮的圓木小屋，那裡就是奴隸的住所。」⑭他們很少遇到其他旅客，卻發現「一塊荒廢乾裂的土地，上面凌亂蓋著一些破敗不堪的民舍」。⑮蘇爾德嘆道：「在這片讓人景仰、充滿歷史的古老大地上，蓄奴制的禍害多麼深重。在我走訪過的國家中，只有法國因爲花了四十年的精力打仗，人口因戰火驟減，因此沒落程度和維吉尼亞一樣嚴重。」⑯

蘇爾德看到的貧窮、邊緣化、停滯等現象，遍及當地人的生活與當地的景物。蓄奴制讓高比例的南方人深陷困境，終生無法脫貧往社會上層爬。人民難有受教育的機會，因此文盲比例居高不下。一小群莊園主人透過投資土地與黑奴致富，但南方經濟彷若死水，不足以帶動龐大的中產階級崛起。⑰

蘇爾德全神貫注於蓄奴制對政治與經濟的嚴重破壞，法蘭西絲則對沿途男女黑奴以及幼奴承受的困境，感觸頗深。她在給姊姊的信中寫道：「有人告訴我們，我們在這裡見到的蓄奴方式是最溫和的一種。」不過，「再怎麼僞裝，奴隸，你等乃是一群痛苦的牲口。」她忍不住一直想著「這個備受傷害的族群遭受的不公待遇」。⑱

有天法蘭西絲停下馬車，和一位又老又瞎的女奴交談。這個女奴當時在院子裡「轉動一部機器笨重的巨輪」。⑲女奴解釋道，她人老了，但還是得做這種粗活。她說：「我能做的只有這些，我太老了。」法蘭西絲問及她的家庭，她說，丈夫和孩子很久以前就被賣給不同的莊園，此後就再也沒有他們的消息。這人悲慘的際遇在法蘭西絲心裡留下難以磨滅的印記。她詳細記錄了這次交談的內容，並在回到奧本後，大聲念給親友聽。

幾天以後，蘇爾德一家在里奇蒙市郊的路邊遇見一群被繩索拴在一起的幼奴。亨利寫下了這悲慘的一幕。「十個年齡介於六至十二歲之間的小男孩，兩兩一組，全身赤裸，雙腕全被一根長繩捆在一起，後面跟著一個高瘦的白人漢子，此人手執長鞭，抽打這一群悲慘而瘦弱的孩子，把他們趕到馬槽去飲水，接著趕他們進去一間小屋，他們席地而眠，嗚咽呻吟地進入夢鄉。」⑬⓪孩子們那天從不同的莊園被買來，再到里奇蒙被轉賣。法蘭西絲走不下去了。她在日記裡寫道：她「對蓄奴制和南方厭惡之至。⑬①惡形惡狀的景象不斷在我眼前浮現，讓一切都變了調」。⑬②她懇求丈夫取消剩下的行程，他答應了。他們未繼續往南到里奇蒙，而是「掉轉馬車朝北返家」。⑬③幾十年來，南方貧窮、落後、黑奴悲慘的際遇，在蘇爾德腦海裡始終揮之不去，也對蓄奴制深惡痛絕。南行之旅，讓法蘭西絲湧起強烈的社會正義感。⑬④

＊＊＊

蘇爾德回到奧本之後，一份薪水優渥的工作機會向他招手。在紐約州西部擁有三十萬英畝地的「荷蘭土地公司」（Holland Land Company）正在找一位經理，負責區塊土地買賣、合約談判、與新住戶立約等事項。合約一簽就是好幾年，年薪五千美元，外加分紅。儘管接受這一職位意味著他有時得離開奧本的家，遠赴一百多英里之外的蕭托夸郡（Chautauqua County），但蘇爾德義無反顧，無一絲猶豫。⑬⑤

他向律師事務所請了假，在維斯菲爾德（Westfield）租了一間有五房的房子，告訴妻子說，那裡「比你想像的還要美」，希望暑假時，妻子和孩子能來看他。同時，他也邀請魏德十七歲的女兒哈莉亞特到奧本陪伴法蘭西絲，⑬⑥幫她照料兩個男孩和一八三六年八月出生的小女兒科妮莉亞。

蘇爾德發現，土地開發事業比當律師更具誘惑力。他聘雇的六位年輕職員，沒多久就取代了蘇爾德的家庭，成為他的重心。儘管蘇爾德每晚都會寫信給法蘭西絲，言之鑿鑿地保證他非常想念妻子和孩子們。蘇爾德不只一次提及他如何渴望當年夫妻兩人彼此靠在爐火邊，大聲讀書的日子。他剛看完史考特所寫的威佛利（Waverley）系列小說中的三本，心情非常愉快，但是「和莎士比亞的作品一樣，其中有多處讓人意猶未盡，若閱讀時，有個可交談的伴在旁邊，那麼這些作品會讓人更愛不釋手、更痛快淋漓」。⑬⑦他的孩子們眼巴巴地盼著他，有了他，家裡就充滿生氣與活力。五十多年之後，他的兒子費德「非常清楚地記得」，某個晚上，他的父親在家大聲朗讀史考特和伯恩斯的作品，費德覺得「那肯定是千載難逢的一次」，⑬⑧否則他不會記得這麼清楚。

在維斯菲爾德的生活頗爲愜意。只要蘇爾德在奧本的家人，一直健康快樂下去，沒有任何意外，那麼蘇爾德往往能義無反顧地全心投入在異地的事業。一八三七年一月，小女兒科妮莉亞感染天花過世，[139]這一變故打亂了他平靜的生活。他在家裡待了三週後，懇求被悲痛啃蝕的法蘭西絲和他一起到維斯菲爾德。法蘭西絲不願意離開兩個兒子，而且「覺得讓兩個孩子跟爺爺分開十分不妥」。[140]

回到維斯菲爾德之後，蘇爾德心焦地寫信給法蘭西絲，「想到你、你的避風港、你周遭的人，我的整個心就輕鬆無比，你是我幸福快樂的主要泉源。」不過現在，「我能想像你一個人呆坐、無精打采、意興闌珊、悶悶不樂；一想到此，心頭忍不住悲從中來。如果我能在你身邊，轉移你的注意力，鼓勵你積極參加各種活動，學習各種東西，或者想些開心的事，我也許可以救得了你，這不僅爲了你好，也是爲了孩子還有我自己好。」[141]法蘭西絲終於被說服了。次年夏天，她到了維斯菲爾德。[142]蘇爾德開心地寫了封信給魏德，讓他知道他所願已足。「嗯，我在這兒頭一次享受到夢想成眞的快樂。我大量閱讀，偶爾騎騎馬，多數時間沿著湖邊散步。妻子和孩子們也都健康，樂得一起參與。」他告訴魏德，唯一美中不足的是，「如果你能在這裡，我們就能一起優游林下，把西塞羅（Cicero）以及他那些哲人朋友，從塔斯庫勒姆（Tusculum）吸引到這裡。」[143]

這年夏天，法蘭西絲過得很開心，但她無法和丈夫一樣，心滿意足、了無遺憾。九月返回奧本後，她告訴哈莉亞特・魏德，她發現「維斯菲爾德是一個讓人心曠神怡的小村莊……但它畢竟不是我的家，所以你應該頗能了解我待在這裡更開心——這感受有點憂喜參半，回到這個房間，這個親愛的寶貝誕生和夭折的房間——端詳她的小衣服——對著那些想她愛她的人交談。」[144]

一八三七年秋天，經濟走下坡，蕭托夸郡也受到波及。「經濟恐慌」導致諸多災難——企業破產、失業率居高不下、銀行擠兌、房地產大幅貶值、貧窮落魄隨處可見。「我差不多絕望了。」蘇爾德在家書道。「我不得不辭退三位員工；他們和我親如家人，彷彿我的孩子，現在幾乎走投無路。」[145]

命運再一次以不可思議的方式對蘇爾德綻開笑顏。人民將這次經濟蕭條歸咎於民主黨，不過蘇爾德的輝格黨反因緊縮的經濟，政治前景一片光明。那年秋天的選舉，輝格黨以壓倒性勝利橫掃紐約。蘇爾德寫信給魏德：「耳畔一直嗡嗡響著『輝格黨大獲全勝』之類的聲音，害我幾乎沒有時間思考問題。」[146]在奧爾巴尼重新掌控大局的魏德興奮地回信給蘇爾德，「兩天來，我拚命想抽出時間和你聯絡，你總是有辦法一下讓我喜，一下讓我憂……這是一次重大勝利，一次來勢洶洶的革命。但願那容我們解放的天意，也能賜我們智慧，讓我們有能力把力量導引到健康的途徑。」[147]

接下來幾個月，蘇爾德和魏德並肩作戰，將輝格黨的民意基礎從原有的商人、企業家、富農等，擴大到其他階層。安德魯・傑克遜總統上台後，多數工人把票投給民主黨，魏德盼能說服這群選民改而支持輝格黨，因此籌資出版一份爲黨發聲的週刊。霍利斯・格里利出線擔任輝格黨黨報的總編輯。年紀輕輕的格里利體型瘦小、其貌不揚、衣服皺巴巴、近視。他曾在紐約一處閣樓，編了一本小雜誌，叫做《紐約客》(*The New Yorker*)。這份新黨報每週發行一次，一出刊便大獲成功，最後成了極有影響力的《紐約前鋒報》。[148]四分之一世紀以來，魏德、蘇爾德、格里利組成鐵三角，先是爲輝格黨，繼而爲共和黨打下穩固根基。多數時候，這三人情同手足，儘管對內經常吵架、意見不合，但對外總是團結一致。

一八三八年夏天，魏德認爲現在該是蘇爾德第二次競選紐約州長的時候了。[149]在當年九月召開的輝格黨大會上，這位「獨裁者」到處周旋，向一個又一個代表展開遊說，稱蘇爾德是最有可能獲得提名的候選人。爲了證明自己所言不假，他拿出一八三四年州長選舉的統計數字，告訴大家，儘管輝格黨在那次選舉中失利，但蘇爾德的選票超過其他所有輝格黨的候選人。魏德的魔力開始發威，一路被他提攜的蘇爾德在第四輪投票中獲得提名。[150]「嗯，蘇爾德，我們又一次面對『重重困難』，必須戰戰兢兢地幹，絲毫不得鬆懈。」[151]實際上，多數工作都是魏德在扛，因爲那個年代，候選人親自出馬拉抬聲勢並不妥。魏德表現稱職，計票結束後，三十七歲的蘇爾德以絕對優勢獲得提名。[152]

再次投入如火如荼的選戰，蘇爾德興奮難抑。「上帝保佑梭羅・魏德！」他歡呼道。「這次勝利我要歸功於他。」[153]然而初選結束後一週，蘇爾德的情緒開始低落。「我引頸期盼的位置讓人非常忐忑、恐懼。」他告訴他的導師：「我被自己不顧一切的莽撞嚇壞了，不知自己能否將私事處理得當。」當時法蘭西絲正懷著他們的第三個兒子威爾，一連幾週都在生病，而且對全家搬到奧爾巴尼感到緊張。他坦言，說自己「並不知道如何讓一家人全住在一起」，[154]也不知道能否在雄鷹客棧多租幾個房間。

魏德抵達奧本後，立刻掌控了局勢。他租了一棟大宅充當州長官邸，並雇了二十四小時當班的職員，然後勸法蘭西絲搬到奧爾巴尼，和丈夫住在一起。蘇爾德的兒子費德回憶道，那棟黃色的磚房「就各方面而言，都非常適合充作官邸」。它佔地四英畝，整棟房子包括一個大廳、一間舞廳、一間大餐廳，主屋兩側分別是圖書室與家人的臥房。蘇爾德認眞翻閱歷史和哲學書籍，著手撰寫即將向州議會發表的就職演說；魏德則忙著張羅葡萄酒與食物，挑選蘇爾德就職典禮該穿的全套服裝，[155]和數百名毛遂自薦的準官員見面，最後終於敲定州政府所有人事。蘇爾德認爲「（他的）職責是接收人事，而非敲定人事」。[156]

在前後任州長交接過程，蘇爾德講話有時會不經大腦，這點讓一向謹愼的魏德惱怒不已。「你的信告誡我要養成小心謹愼的習慣，這一點我不太做得來。」蘇爾德回信給魏德道。「我寫信喜歡直來直往，想到什麼就寫什麼。」[157]然而，蘇爾德對魏德還是言聽計從，欣賞魏德在謀略上過人的謹愼與豐富的經驗。他告訴魏德：「我沒想到獨裁者居然如此和藹可親。」[158]此話，毫無疑問引起他導師的共鳴。幾年之後，魏德在回憶錄裡寫道：「在政壇上，從來沒有兩個人如此合作無間，或如此了解彼此。沒有一方操控另外一方……不會一方總是發號施令，另外一方言聽計從。他們是朋友，是最優秀、最罕見、最高尚的那一種。」[159]

幾年後，蘇爾德透露了一則小故事：選舉結束後不久，蘇爾德在奧爾巴尼乘馬車時，和馬車夫有了一場精彩的對話。馬車夫最後問他是誰，蘇爾德答說他是紐約州長，馬車夫笑稱難以置信。蘇爾德說，那就到下一個客棧，向客棧老闆求證。找到客棧後，蘇爾德走進去問老闆：「我是不是紐約州長？」那人毫不猶豫地答道：「當然不是！」蘇爾德繼續追問：「那麼，究竟誰是州長呢？」「這還用問嗎，當然是梭羅・魏德！」那人答道。[160]

一八三九年元旦，年輕的州長發表就職演說，提出一個雄心勃勃的計畫：大幅增建公立學校（包括讓黑人上更好的學校），改善河道與鐵軌，爲精神病患建立更多的人道醫療機構，廢除因債入獄的規定。[161]他的施政重點力主靠自由勞工帶動經濟蒸蒸日上，普及公共教育，追求更新的技術，一切主張斷然拒絕重蹈他在一八三五年南行時的所見所聞，不想讓紐約出現南方那種經濟委靡、文化沒落的現象。

角逐州長那年，他向紐約州議會公開宣示：「我們這個民族註定要在這個大陸，打造出一個比以往都還要高標準的完美社會，並繼續前行，發揮足以改造世界的精神。」蘇爾德承諾，如果北方自由勞工的活力、獨創性、雄心抱負能夠「由睿智、大氣的政策支持」，那麼「在二十年之內，我們紐約州不會有任何不毛之地——商業優勢將傲視全球，新建的一百個城市將讓紐約盡現風華，彷若昔日的克里特島」。

蘇爾德希望輝格黨能吸引更多的選民，因此提出的多項施政，均針對民主黨鐵票部隊而設計，包括愛爾蘭裔和德裔天主教移民。他呼籲美國同胞，歡迎這些移民，「對他們在家鄉的不幸、離鄉背井到新世界的諸多不適應、對自由的全心擁護，給予滿腔同情。」他宣稱，對於這些新移民，美國沒有給予他們應有的公民福利，而他們正是北方得以擴大繁榮的動力引擎。[162]他特別提出改革學校制度。當時，許多學校推出反天主教的課程，嚇跑了很多天主教移民，不少人淪為文盲、窮困潦倒、鋌而走險的厄運。為了讓這些孩子不再流落街頭，蘇爾德希望提供他們成長就學的機會，主張將一部分公立學校的資金撥給教會學校，[163]讓孩子能接受教友的指導。

蘇爾德的教育改革主張引起本土主義派的新教徒激烈反彈。他們指責他密謀「推翻共和體制」，意圖回到政教不分的窠臼。各種傳單指控蘇爾德「與羅馬教皇沆瀣一氣」，企圖將新教徒子弟推向神父的魔爪。[164]最後，州議會通過一項妥協案，簡單地擴大了公立學校的制度。不過本土主義派並未原諒蘇爾德，這一派在後來幾十年，勢力不斷壯大，最後在蘇爾德一八六〇年爭取總統候選人提名資格時，成了他致命的絆腳石。

若說蘇爾德在教育和移民的一系列革新政策上，讓他成為紐約州影響廣泛、爭議不斷的人物，那麼他堅決反對「維吉尼亞案」（Virginia Case）蓄奴制的強硬立場，讓他在一八三〇年代末期至一八四〇年代初期，成了全國家喻戶曉的名人。一八三九年九月，有人發現一艘從維吉尼亞州諾福克（Norfolk）駛往紐約的船上，有一名逃亡的奴隸。根據美國憲法第二條第四款的規定，固定在某州服役或勞動的人，若逃到另外一州，必須歸還給原主人。因此這名黑奴被遣返，回到維吉尼亞的主人家。當維吉尼亞當局聲稱，三名自由人身分的黑人水手蓄意將該奴隸藏匿在船上，要求逮捕並引渡這三名黑人水手時，蘇爾德拒絕了該要求。[165]

蘇爾德回覆維吉尼亞州的聲明引起南方眾怒。他辯稱，這些水手被控的罪名是紐約州無法認同的：人不是財產，因此他們沒有犯任何罪。反之，「文明民族普世情感」認為，協助奴隸擺脫約束「不僅清白無辜，而且符合人道，值得褒揚」。[166]

圍繞三位水手命運的爭議一拖再拖、懸而未決，維吉尼亞州遂採取了一系列報復性措施重創紐約商業，另外也號召南方其他州通過決議，譴責蘇爾德和紐約州「干涉」他們歷史悠久的「內部制度」。北方親民主黨的刊物警告，蘇爾德的立場會連累紐約州與維吉尼亞州等蓄奴州獲利可觀的貿易往來。蘇爾德被貼上「執迷不悟的新英格蘭狂徒」標籤，⑯⑦但這反而更堅定他反蓄奴的決心。⑯⑧他策動各州由輝格黨掌控的議會，通過一系列反蓄奴的法案，讓黑人公民在面對南方執法當局追捕時，享有諸多權利保障，包括所有被逮的人得出庭讓陪審團裁奪，以及禁止紐約警方和監獄抓捕逃奴。

早在一八二〇年，傑佛遜總統就預見這類「擦槍走火的糾紛與插曲」⑯⑨會加大南北裂痕。儘管每年逃到北方的黑奴不多——估計每百萬人中只有一、兩百人脫逃，⑰⓪但是此問題仍加劇了雙方的宿怨。在北方，威廉・勞伊德・蓋里森（William Lloyd Garrison）發行的報紙《解放者》（*Liberator*）呼籲立即釋放黑奴，落實種族平等，譴責蓄奴慘無人道、惡貫滿盈，力挺所有能終結「撒旦帝國」⑰①的行動，「即便違憲也在所不惜」。⑰②這類淩厲的批判引起南方領導人同樣激烈的反擊。他們宣稱蓄奴制不僅必要，而且「絕對是百利而無一害」，⑰③不論對白人還是黑人都有莫大的好處。南北雙方的矛盾逐漸升溫時，許多北方人擔心再這麼反黑奴下去，恐造成聯邦分裂，因而紛紛轉向，成了反廢奴者，影響所及，西部與北部主張廢奴的印刷業者接二連三遭到攻擊。⑰④報社遭人縱火，總編輯遭威脅，對方放話若他們敢再倡議廢奴，小心性命不保。

一八四〇年，蘇爾德成功連任州長，但是支持度大幅縮水，⑰⑤追根究柢不外乎他力主成立教會學校，頑強對抗維吉尼亞州，加上人們對社會改革的熱情普遍降溫。霍利斯・格里利發表社論說，蘇爾德「日後將因為失去這三千張選票而倍感榮耀，畢竟他捍衛了理想與訴求。而這次少掉的票數，其意義與重要性大於他一生獲得的票數。」⑰⑥不過蘇爾德決定不再競選第三任。他對一位朋友解釋道：「現在，我所有的雄心與抱負無他，就是讓紐約州因為我而變得更好，讓我在歷史上留個好名聲。」⑰⑦

蘇爾德不惜冒著丟掉州長烏紗帽，與維吉尼亞州針鋒相對之際，魏德一直不離不棄，堅定地站在蘇爾德這一邊。魏德在州議會，針對各種批評提出辯護，在《奧爾巴尼晚報》發表社論，自始至終為蘇爾德加油打氣。一八四二年，蘇爾德在第二任任期即將結束之際，對魏德說：「我何德何能，值得你對我這樣的厚愛與交心？沒有你鼎力相助，我不可能爬到現今我行將告別的這個高位。沒有你，我怎麼可能在崗位上勉力而為……要不是我對你有十足的信心與信賴，此時此刻，哪能有這些愉快的回顧與點滴？哪知道未來人生會是怎樣的一番際遇？」[178]

回到奧本，蘇爾德重拾律師一職。經手的案件多半與專利權相關，進帳頗豐。他發現，自己力抗維吉尼亞一事，讓他受到北方反蓄奴人士的青睞。新成立的自由黨（Liberty Party）在物色一八四四年總統候選人時，黨員爭相走告他的大名。自由黨成立於一八四〇年，黨員因對兩大政黨未能挺身力抗蓄奴問題感到失望，乾脆自己建黨，該黨的首要目標就是廢除奴隸制。[179]儘管蘇爾德對於自己受到自由黨青睞感到受寵若驚，但他無意脫離輝格黨。

與此同時，他繼續擔任黑人公民的代言人。一八四六年三月，蘇爾德老家發生了一宗駭人聽聞的兇殺案。一個名叫威廉・費里曼（William Freeman）的二十三歲黑人，[180]因一次後來證明是冤案的誤判而繫獄五年。出獄後沒多久，費里曼跑到蘇爾德一個富農朋友家，這位朋友叫約翰・凡・內斯特（John Van Nest），費里曼到了他家後，手持兩把刀，殺害了凡・內斯特、他懷孕的妻子、他們的幼子和丈母娘。威廉・費里曼在幾小時後被捕，旋即俯首認罪。他表現得毫無悔意，並在開口說話時，不知節制地大笑。當地警官將他帶走時，勉強趕在一名盛怒的暴徒想對他動以私刑前，匆匆將他送進監獄。法蘭西絲・蘇爾德對丈夫說：「我信任上帝的仁慈，相信祂再也不會讓我目睹這種欲致人於死的強烈復仇心，因爲我剛剛看到他們押解的那個兇手從我們門前經過。所幸，法律勝利了，那個暴徒沒有得逞。」

法蘭西絲馬上看出整件事「不可思議」[181]的一面，而她的判斷正確無誤。調查顯示，費里曼的家族曾有精神病史，此外，費里曼在獄中曾多次遭鞭打，[182]致使眼睛失明以及精神錯亂。開庭時，沒有一位律師願意接手費里曼的案子，對於任何敢爲這位冷血殺手辯護的律師，奧本的市民們揚言暴力對付。當法官問：「有人肯爲這個人辯護嗎？」「擁擠的法院一片死寂」，就在這時，蘇爾德站起身來，滿腔激情地大聲道：「若法官大人允許，**我願意一直為這個囚犯辯護，直到他死去為止！**」[183]

蘇爾德的朋友和家人，包括梭羅・魏德、米勒法官，都對蘇爾德這一決定提出嚴厲批評。[184]在接踵而至的痛罵聲中，只有法蘭西絲驕傲地站在丈夫這一邊，[185]並肯定地告訴姊姊：「他會做對的事，不會對將錯就錯視而不見。」[186]她滿心自豪地對兒子格斯說：「在美國，鮮少有人爲了人道，犧牲如此之大——所得的回饋是問心無愧與心安理得。」[187]儘管家庭和孩子是法蘭西絲的全部，但是當蘇爾德爲黑人辯護招致報復性威脅，並波及全家人安危時，法蘭西絲從未退縮。當時法蘭西絲四十出頭歲，雖然體弱多病、身心緊張、形容憔悴，但是依舊貌美。多年來，在丈夫薰陶之下，她增學問、長見識。丈夫博覽群書的習性、銳意改革的精神、反蓄奴制的立場，在在影響了她。她公然和父親與鄰里鄉紳唱反調，每天安靜不作聲地坐在法庭，[188]爲丈夫提供莫大的力量。

蘇爾德花了幾週調查整個案情，親訪費里曼的家人，並傳喚五名醫師出庭作證，[189]證明被告精神狀態極端失常。在結辯時，他懇求陪審團不要受到被告膚色的影響。「他依然是你的兄弟，也是我的……擁抱他，把他當成一個人看待。」[190]蘇爾德繼續道：「我不是這個囚犯的律師……我是整個社會、整個人類的律師。在這裡，我親眼目睹大家將一個瘋子當成罪犯進行審判，我的震驚難以用筆墨形容。」[191]他認爲費里曼的行爲「超出任何**心智正常者**可理解的範圍」，[192]懇求陪審團網開一面，不要判他死刑。蘇爾德呼籲讓費里曼終生待在精神病收容所，他說：「從今以後，這類官司都會獲得不起訴處分，沒有一個**白人**男子或**白人**女子會遭遇類似的起訴，會面對同樣的劣勢。」[193]

毫無疑問，陪審團將做出他有罪的判決。蘇爾德在結辯的最後說道：「陪審團諸官，當我哪天壽終正寢，我的遺骸將跟你們、我的親人以及鄰里街坊一起埋在這裡長眠。極有可能，我們會被人不齒、被人忽略、被人唾棄！但是也許多年之後，等現在這股讓社會躁動不安的激情與澎湃冷卻之後，某個東逛西晃的陌生人、孤獨的旅人、印地安人、黑人，會在我們這些死者的墓上豎起簡陋的石碑，並刻上『此人忠實可信！』」的銘文。[194]過了一百多年，凡是到奧本福特丘公墓（Fort Hill Cemetery）拜謁蘇爾德陵寢的訪客都會發現，他墓碑上的銘文正是這幾個字。

蘇爾德爲費里曼辯護雖惹來家鄉父老非議，但也讓他名揚全國。他在法庭慷慨激昂的陳詞被幾十家報紙登載，並轉印成小冊子，傳閱得更廣。[195]塞蒙・蔡斯本人大力支持這宗黑人官司背後的訴求，他向支持廢奴的友人路易斯・泰潘（Louis Tappan）坦言，他尊敬蘇爾德，認爲他是「全國第一個名副其實的公僕，除了他，還有誰能爲那位可憐而不幸的費里曼出面辯護？就蘇爾德的地位與背景而言，他願意爲費里曼申冤，實是出於至高無上的悲憫心」。⑯

就這樣，在一八四〇年代中葉，蘇爾德重新將個人的生活重心搬回奧本，但他對未來依舊樂觀。他信守承諾，主張國家必須不斷改革向前，在全國建立了口碑與知名度。他堅信，當他力主改革的理念再度獲得公眾支持時，他將重返政壇。

＊＊＊

跟蘇爾德與貝茲一樣，亞伯拉罕・林肯年紀輕輕就對政治有高度興趣。二十三歲那年，他移居到伊利諾州新薩林僅短短六個月，就決定在聖加蒙郡（Sangamon County）競選州議員。⑰初來乍到，沒有家世背景，沒受過多少正規教育，他勝選的可能性看來是微乎其微。但林肯對自己信心十足，自認智識與見識高人一等，這些正是激勵他越挫越勇的動力。他一方面自負過人，一方面又有些忐忑，這樣的矛盾心情盡現於一八三二年三月發表的正式參選聲明。在聲明中，他宣布以輝格黨黨綱為主要政見，包括改善國內建設、普及公共教育、立法取締高利貸。他寫道：「據說每個人都有他獨到的野心與抱負。我的抱負是讓自己成為值得同胞尊重的人，並努力讓自己達到值得他們尊重的程度，除此之外，我沒有其他更偉大的志向。眼前仍有長路要走，才能成功實現這個抱負。」

林肯年紀輕輕就立下終生之志，並在接下來幾年，屢屢提及這個志向，那就是——證明自己的價值、讓人刮目相看、贏得同胞敬重與景仰。「我很年輕，對你們當中許多人而言還是一名無名小卒。我出生卑微，從事各種不怎麼高尚的粗工。我沒有富裕的家世或可攀親帶故的關係。我的命運完全交付在本郡的獨立投票人手上，如果選上的話，是承蒙大家看得起，為此我將以不懈的行動回報他們；如果這些善良的人憑智慧判斷，認為我在幕後比較適合，那麼我不會為此而氣惱，畢竟我太熟悉失望與挫敗的滋味了。」⑱然而同時他也明白告訴選民，這次出擊不會是他最後一次，只有失敗「五、六次」之後，他才會覺得羞愧難當，並「永遠放棄」。⑲

林肯因為投入黑鷹戰爭（Black Hawk War），對抗薩克族（Sac）和福克斯族（Fox）印地安人，不得不中斷競選活動。林肯入伍三個月，匆匆在投票日之前沒多久趕回家鄉。不出所料，開票結果揭曉，沒什麼名氣的林肯落選了。[200]儘管他沒能如願以償，但是讓他頗爲自豪的是，他在家鄉新薩林選區獲得了三百位投票人的二百七十七張選票。這得歸功於他在新薩林「到處與人爲友」。[201]讓人嘖嘖稱奇的超高支持率，不外乎來自他的好脾氣以及不凡的說故事本領，讓他成爲衆人的寵兒，這些人每晚聚在他寄住的雜貨店，談天說地，高談闊論。林肯後來道：「這是他在人民直接投票中，唯一慘遭滑鐵盧的一次。」[202]兩年之後，林肯再度競選公職，此時他的人脈已拓展至新薩林以外的地區，因而輕鬆贏得選舉，拿下在州議會四任任期的首勝。[203]加入新成立的共和黨之前，林肯對輝格黨始終是忠心不二——很像蘇爾德和貝茲，蔡斯也有過短暫的類似經歷。

林肯在州議員選舉拿下四連勝，拜票區域鎖定一處人煙稀少的邊區縣市，面積和羅德島差不多大。林肯的政治同盟羅伯特・威爾森（Robert Wilson）寫道，年輕的林肯「不管走到哪裡，都是人群包圍的焦點。他的故事……新奇而生動，不帶任何惡意」。儘管安靜不說話的時候，他的臉「喜怒不形於色」，但是只要一開口，立刻眉飛色舞，「眼角皺紋往外擴散，向下斜穿過他的鼻子，眼睛發亮。每次故事收場，都把大夥兒逗得開心大笑，每個人不論是心甘情願或心有未甘，都忍不住加入大笑的行列。」許多人發現，林肯開口講話，會突然變臉，顯得容光煥發，吸引許多人跟前跟後。

競選期間，候選人騎馬穿過「完全看不到人煙」的牧場，在鄉下小店和小村落裡發表演說。威爾森回憶道：「演講有時在午前開始，候選人輪番上陣，直到所有人都講完一輪爲止，通常會耗掉整個下午。」[204]爭高下的方式並不只限於發表政見。在春田西郊凱爾先生的店裡（Mr. Kyle's），一群民主黨人打賭。「『林肯，請看這裡，如果你能把這枚加農砲彈扔得比我們遠，我們就投你一票。』林肯選了一枚大砲彈，掂了掂重量，比畫了幾下，然後說：『好吧，小夥子們，若你們的要求只有這樣，那麼你們的票我贏定了！』」說完便扔出砲彈，距離比其他人足足多了四到六英尺。」[205]

一八三七年，林肯搬到春田後，陸續交了一些朋友和追隨者，這些人在他的政治生涯中扮演舉足輕重的角色。他白天忙於律師工作，晚上則和春田的年輕人混在一起，圍坐在史匹德店鋪裡的爐火旁，讀報、閒聊、辯論。史匹德回憶道：「大家到這裡，因爲他們知道一定可在這裡找到林肯。」他精彩的故事沒讓大家失望過。

「這裡彷彿聯誼社，」[206]史匹德說。輝格黨與民主黨人都喜歡聚在一起討論當天發生的大小事。「聯誼社」的成員中，有三位未來的美國參議員：史帝芬・道格拉斯，他後來成了林肯主要競爭對手之一；愛德華・貝克（Edward Baker），他在林肯的第一任總統就職演說時，擔任介紹人，也是美國內戰中第一批陣亡者；歐維爾・布朗寧（Orville Browning），他曾助林肯角逐總統候選人提名資格。

林肯在州議會八年期間，以行動證明自己是一位出類拔萃、靈活幹練的草根政治家。[207]他在選區內努力經營，爲本黨其他候選人拉票，爭取選民支持。蘇爾德可以把精力集中於左右政黨的政見與政綱，而把蒐集投票人名冊、帶選民到投票所等工作都交給魏德；林肯卻得事事親力親爲，從宏大願景乃至世俗雜事，無不自己來。他藉由經驗，掌握了每個政黨領導人經過多年磨練才懂的東西，包括如何配票、如何製作投票人名冊、如何動員選民等，亦即政黨如何做個務實的選舉機器。這些務實事項和政綱標榜的意識形態同樣重要。從政之初，林肯便親身參與競選的大小事，這也成爲林肯日後競選活動的一大特色。

一八四〇年，林肯的競選策略將黨這個組織機器分成三個指揮層。[208]郡級領導人「從每個選區的選舉人名冊中，另外製造一份投票人名冊」，這份名冊裡的每個人過去均投票支持輝格黨的候選人。第二層是選區領導人，他們負責依這份名冊「讓彼此住得很近的十人分爲一區」。然後每個小區的領導人得負責「面對面與小區的每個人接觸，取得他們口頭保證……一定會在投票日當天盡早去投票。」

同一年，林肯與包括約書亞・史匹德在內的四位輝格黨同志發行了一份傳單，希望拉抬威廉・亨利・哈里森（William Henry Harrison）作爲輝格黨總統人的聲勢。「我們的目的是將整個州組織起來，把每一個輝格黨人都帶到投票所。」爲實現這個目標，傳單簡要敘述了競選計畫，說明爲什麼每個郡必須劃分爲小選區，而每個小選區負責制定一份區內所有投票人的「完整名冊」，根據這些人以往的投票意向，指出哪些名字可能是輝格黨的鐵票，哪些人還在舉棋觀望。然後每個選區的委員會將「持續觀察這些舉棋不定的投票人，並不時讓最值得他們信賴的人找他們聊聊」。這些委員會將向州級中央委員會遞交每月的工作進度表，希望在選舉日之前，確實掌握每一郡每個投票人的投票意向。接著出動黨工動員這些投票人，把他們帶到投票所，投票支持輝格黨。他提出的競選計畫和當今政黨「催票」的做法一樣巨細靡遺，一樣健全。但是他也沒有忽略募款的重要性，他要求每個郡拿出「五十到一百美元」，訂閱一份「專門爲我們偉大志業而服務」的報紙。[209]

＊＊＊

林肯曾將他的政治主張比作「老太婆的舞蹈」，「又短又可愛」。他簡明扼要地提出三大主張：一家全國性銀行、一套保護性關稅、一組改善國內建設的機制。[210]在推動國家銀行或提高關稅方面，州議員無法有太多作爲，但是改善公路、河流、港口、鐵路等國內建設，多半屬於地方事務。包括蘇爾德和貝茲在內的多位輝格黨官員都提及要改建河道，但林肯不同，他曾在平底船上幹過活，這些船沿著密西西比河而下，將肉類和穀物運往紐奧爾良。林肯非常清楚漂浮在聖加蒙河上的垃圾和圓木，對往來船隻而言，是危險的殺手。他也難忘當年用平底船將兩位先生從河岸送到停泊在「河道中央」的蒸汽船，爲此拿到生平第一份薪水時的激動心情。他一天之內掙了二・五美元，讓他覺得世界「比想像的更大更美」，[211]讓他對未來充滿信心。

林肯切身知道農民一窮二白，只能勉強餬口，他曾從雇主那裡拿到極微薄的工資。少了可靠耐用的公路，根本無法將農產品送到市場，掙點收入貼補家計。陽春簡陋的道路、淤積嚴重的河道、無法四通八達的鐵道、學校不足等，這些不僅是林肯的重點政見，也是他曾經爲了爭取更大的自由空間，耗費畢生精力努力克服的重重障礙。這些基礎設施若能獲得「改善」，將讓成千上萬農村家庭擺脫林肯一家人曾深陷的清苦生活，帶動新興都市和城鎮走向繁榮。

歷史學家蓋伯・波里特（Gabor Boritt）的論點充滿說服力：林肯針對內部建設和經濟發展而提的諸多政見，充滿了力量、養分和影響力，這是因爲林肯應許人民一個承諾、一個理想的社會，在這樣的社會裡，「靠勞動掙錢的人應獲得完整、優渥、而且持續調漲的報酬，這樣才有機會改善生活」。[212]過了一陣子之後，林肯指出，經濟發展是一切的基礎，讓每一個美國人「在生活這場競賽裡，有個不受阻礙的起步，以及公平競爭的機會」。在林肯看來，民主到底是眞是假，最基本的測試就是看能否「改善人民的現狀，移除所有人民肩膀上的後天重擔，淨空讓偉大志業得以暢行的道路」。[213]眞正的民主應當是實力掛帥，讓出身卑微的人可以憑天賦與自律嶄露頭角，爬到實力所及的高位。

年輕的林肯告訴約書亞・史匹德，他的抱負是成爲「伊利諾州的狄威特・柯林頓（DeWitt Clinton）」。[214] 這位充滿拓荒精神的紐約州州長，曾說服州議會支持伊利運河（Erie Canal）計畫，不但爲紐約人創造各種機會，也讓他在自己的州裡垂名青史。在伊利諾州的議會裡，林肯也希望以一項雄心勃勃的建設計畫，爲自己留下類似的銘印。

擔任州議員期間，林肯針對蓄奴制首次公開發表聲明。在北方，廢奴主義逐漸抬頭。此外，蘇爾德等州長則以實際行動支持廢奴，拒絕完全遵守憲法中的逃奴條款。影響所及，不論南北，州議會不約而同通過各種決議，譴責廢奴主義，並再次肯定蓄奴是受憲法保障的合法權利。在保守的伊利諾州，許多移居至此的選民出生於南方，州議會自然而然順應了民意，以七十七對六票的懸殊比數，通過決議，「我們極不贊成廢奴社團成立」，保留「奴隸爲其財產的權利」，視此權利「神聖」不容剝奪。州議會還主張「聯邦政府不能違逆公民意見，在哥倫比亞特區廢除蓄奴制」。[215]

林肯是六個投反對票的議員之一。他與另外一位也投反對票的同仁聯合發表了抗議聲明，該聲明並沒有支持廢奴主義，因爲林肯當時（一如他之後的立場）認爲，憲法並未賦予聯邦國會可干涉蓄奴州行之多年的奴隸制的權利，但他反對伊利諾州民衆的主流意見，稱「蓄奴制建立在不公不義和糟糕的政策之上」。他並言明，在聯邦政府控制的聯邦州，如哥倫比亞特區，國會擁有廢除蓄奴制的憲法權，但他建議「國會最好別行使這樣的權利，除非上述地區的人民有此要求」。[216]

林肯始終相信：「如果蓄奴制不算錯誤的話，那麼世界便無任何錯誤可言。」他無時無刻「不做此想」。[217] 儘管他的出生地肯塔基州是蓄奴州，但父母均反對蓄奴，導致父母一再轉換宗教集會團體，最後搬到屬於自由州的印地安納州，「其中部分原因就是反對蓄奴制」。過了幾十年，林肯在一八六〇年總統選戰中所寫的簡短自傳中，將他在伊利諾州州議會的抗議聲明定義爲「明確闡明了本人在蓄奴制這問題上的立場；直至今日，這立場始終如一」。[218]

不過在從政的初期，林肯對蓄奴問題的關切程度不如蘇爾德或蔡斯，他認爲只要蓄奴制被限制在既存的範圍內，假以時日一定會走入歷史。㉑⑨不同於蔡斯，他並未對蓄奴者有職業上或個人心理上的反感，無論他的當事人的主張或立場爲何，他一律尊重與接納。在他以律師爲業的期間，林肯既爲奴隸主辯護，也爲逃奴辯護。㉒⓪儘管他不樂見逃奴被窮追不捨，但他曾站出來，公開批評緬因州州長像蘇爾德一樣，拒絕交出兩名曾協助一名逃奴逃離喬治亞州的被告。林肯認爲，憲法中要求歸還逃奴的條款不容觸犯。㉒①

一八三七年，伊利諾州經濟持續走下坡，拖累林肯想成爲伊利諾州狄威特・柯林頓的夢想。民意開始轉向，反對花大錢卻遲遲未見完工的各種建設工程。㉒②數月來，面對日益高漲的抨擊聲浪，林肯馬不停蹄地爲各項建設辯護，稱現在放棄運河整建計畫，彷彿「將一艘小船停在河中央，不進則退」。㉒③儘管大家對他的大聲疾呼充耳不聞，但他謹遵父親的古訓：「如果你做的這筆生意非常糟糕，那就把它抱得更緊。」㉒④林肯堅不放棄自己擁護的各項政策，看在外人眼裡，簡直是剛愎自用、泥古不化，而且自毀前程。一八四〇年，經濟衰退進入第四年，州議會鐵了心中斷建設。由於資金遲遲不到位，諸多建設與工程停擺，州立銀行遭清算。土地價值一落千丈，州政府遂立法禁止拓荒者移入該州定居。㉒⑤

林肯是力主大興建設與工程的主要推手，但這些計畫加重了州政府的財政負擔，讓他成爲衆矢之的。一八四〇年，他勉強拿下州議會第四勝，但是他是所有當選人中，得票率最低的一位，也是他參選以來，表現最糟的一次。林肯對自己以及力主進步改革的理念開始失去信心，所以決定這一任期結束後，將不再競選連任。㉒⑥

＊＊＊

林肯的政治抱負栽了跟頭，而他個人的生活也接二連三出現危機。雖然他爲人幽默風趣、聰明熱情、口才一流，但是在女人面前卻笨手笨腳、忸怩害羞。他的繼母說：「他並不是特別喜歡女孩子。」㉒⑦他瘦長的外型和魯莽不夠斯文的舉止，鮮能贏得女人芳心。一位友人憶道：「他會穿著一雙厚重的靴子，無預警地闖進舞會，扯開嗓門大喊：『哇，各位小夥子，這裡的女孩眞靚。』」㉒⑧當然，這絕非女士們想聽的恭維話。林肯的友人亨利・惠特尼講了一則趣事，他們一群人曾把林肯留在一個社交場合裡，讓他和幾位女子獨處，回來時發現他「哭喪著臉、手足無措，猶如一個害羞的鄉下小男孩。他時而把手放在身後，時而又放回胸前，彷彿要把手臂藏起來。他顯然不想讓人看到他的長腿，但怎麼做都徒勞無功」。229他結交的女性多半是年長而可靠的已婚婦女。

林肯和女人說話相當拘謹，寫信給女人也同樣放不開，覺得寫信「眞是讓我不解的差事」。230在史帝芬・文森・貝內的史詩《約翰・布朗的遺體》（*John Brown's Body*）中，林肯表達了他與女性交往困難重重。

……當水的精靈開始移動，
那是女人的精靈，我身處茫茫大海
文字非我所長，字義非我能解
唯有靠耐心充作地圖
可惜耐心無法時時取悅女性231

他的笨手笨腳，不代表他對女性冷感。他的搭檔威廉・荷登說：「林肯對女人有強烈難耐的激情，幾乎無法把手從她們身上拿開。」他接著補充說：「他靠名譽和自制……撲滅內心可怕的慾火。」232經常跟林肯一起出差巡迴的友人大衛・戴維斯也有同感。他說：「他靠良知讓自己遠離誘惑，這挽救了許多、許多女人。」233林肯婚前喜歡和年輕的女人交往，享受親密的關係，而且八九不離十會找妓女發洩性慾，這些妓女在新領地隨處可見。

安妮・拉特里奇過世一年後，林肯開始追求她的友人伊莉莎白・艾伯爾的妹妹瑪麗・歐文（Mary Owens），據說她面貌「姣好」，有一雙深藍色的眼睛，而且「相當活潑」。234她受過良好教育，出身肯塔基州一戶富裕家庭，特色是「健談、飽讀詩書」。235

林肯早在幾年前就已認識歐文小姐，當時她到新薩林探望姊姊，在新薩林待了一個月。安妮・拉特里奇過世後，伊莉莎白・艾伯爾告訴林肯，她覺得自己妹妹跟他很配，並提議到肯塔基州接妹妹過來。林肯對這提議「甚感雀躍」。就他記憶所及，瑪麗・歐文討人喜歡、聰明伶俐、易相處，雖然「體態偏胖」。

不過二十八歲的瑪麗・歐文返回伊利諾州後，外型上的改變讓林肯心神難安。林肯事後寫道，或許誇張了些，「她現在出現了，和福斯塔夫（Falstaff）倒是天生的一對」，「牙齒不全，長相飽經風霜」，有「三十五歲或四十歲之前」很難達到的塊頭。他徒勞地說服自己「頭腦比外貌更重要」，試著「想像她美麗動人，可惜要不是她身材過肥，否則說她美麗動人還眞是不假」。當林肯不得不履行娶她的承諾時，他想方設法「推遲那該死的一天」，最後礙於良心與名譽，不允許自己失信。[236]

林肯在一八三七年五月七日寫了封求婚信，很可能是他有生以來最無趣的一封信。「春田的生活枯燥乏味，恐怕你不會滿意。這裡，四輪馬車整天來來去去，但是你註定只能看而無緣搭乘。你可能過得一窮二白，連遮窮的東西都沒有，你能耐著性子承受這一切嗎？……對於我所說過的一切，我說到做到，倘若這是你希望的。我建議你最好別點頭。你不習慣吃苦，而吃苦的程度可能遠甚於你所能想像。永遠是你的——林肯。」[237]

不出所料，瑪麗・歐文回絕了他的求婚。之後，林肯給朋友歐維爾・布朗寧的妻子伊莉莎・布朗寧寫了封語氣幽默的自嘲信，坦承自己「羞愧到無地自容」，一想到「原本覺得除了她，其他任何人都比她有資格說不，沒想到她還眞的拒絕我，而且姿態從容優雅深得我心；總而言之，我覺得自己似乎對她有了一點愛意，這可是頭一遭」。他下定決心「抱獨身主義；因爲我可能永遠不會對任何蠢到接受我的人感到滿意」。[238]

儘管他聲稱要放棄婚姻，但一年半之後，三十一歲的林肯還是和活潑聰明的瑪麗・陶德訂了婚。瑪麗投靠姊姊伊莉莎白，而她寄住的愛德華茲大宅是春田社交聚會的中心，林肯是常客之一。在場的女孩們衣著時髦，陪著大夥吃喝，談天說地。[239]

許多親友認爲，瑪麗和亞伯在各方面似乎「格格不入」，[240]包括「身材、個性、感情」等。[241]瑪麗身材嬌小、圓潤，豐滿的胸部因爲緊身搭而更顯豐挺；林肯瘦高、鶴立雞群、蒼白憔悴。瑪麗開放、熱情、衝動，「喜怒皆形於色」，[242]而林肯卻自制過人，[243]這點連瑪麗也承認。瑪麗發現他「越是感受深切，越是不流露於外」。[244]瑪麗在社交場合如魚得水，「熱情好客」。[245]健談活潑的她，足以讓「主教忘了祈禱」。[246]林肯天生的好脾氣，讓他「走到哪裡都受歡迎」，春田一位婦女憶道：「他鮮少跳舞」，[247]比較喜歡坐在男人之間，輕鬆地用充滿趣味的故事逗大家開心。

儘管兩人性格迥異，但這對夫妻仍有許多共同點。林肯深受聰明的女人所吸引，而瑪麗天資聰穎，在校時曾拿過「最高分」，拿過多次「最高獎」。[248]她天生記憶力佳、思路敏捷、求知若渴。和林肯一樣，她喜歡誦詩讀書，可以背誦大段詩文，兩人也都喜歡蘇格蘭詩人羅伯特・伯恩斯。林肯去世四年後，瑪麗到了蘇格蘭伯恩斯的出生地，在伯恩斯愛人瑪麗的墳前，重溫自己珍愛的一首詩〈高地瑪麗〉（Highland Mary），嗟嘆逝去的愛。[249]

同時，瑪麗和林肯一樣也熱中政治。瑪麗出身政治世家，諸多的童年快樂記憶中，在萊辛頓優雅磚屋舉行的熱鬧晚宴是其一。[250]晚宴由父親羅伯特・陶德（Robert Todd）主持，他是輝格黨的忠實信徒，曾在肯塔基州參衆兩院做過議員。在大宅的晚宴中，林肯的偶像亨利・克雷是座上常客，其他賓客還包括國會議員、內閣官員、州長、外國政要等，瑪麗深受他們的高見與討論吸引。她的姊妹們憶道，影響所及，瑪麗成了「激進的小輝格黨員」，[251]深信她「註定會成爲未來的總統夫人」。[252]

毫無疑問，瑪麗把當初與克雷私下的互動告訴了林肯，例如有次她得意地騎著一匹小馬到這位政治耆老的府上拜訪。[253]同時，她和林肯一樣，都對當時政治鬥爭、政治角力有著濃厚的興趣。一八四〇年，她給密友的一封信寫道：「我想，和其他**輝格黨員**一樣，最近（威廉・亨利）哈里森的競選讓你欣喜不已，他的參選不僅點燃全國對這次選舉的高度關注，也攸關我們未來的繁榮——今年秋天，我已成爲一個有模有樣的**政治人物**，這是讓所有淑女退避三舍的身分，但是在當前**危機重重**的時刻，當大家全力以赴解決問題之際，誰能置身事外呢？」[254]林肯也全神關注這場標榜「**偉大訴求**」[255]、「老將」[256]出征的選戰。

除了熱愛詩歌和政治，瑪麗和亞伯拉罕均早年喪母。瑪麗年僅六歲時，三十一歲的母親伊莉莎・帕克・陶德（Eliza Parker Todd）在生第七個孩子時難產而死。伊莉莎去世並不像南西・漢克斯那樣，讓家庭陷入一團亂。陶德家的黑奴在女主人撒手人寰後，照樣煮三餐、照料孩子、砍柴、生火、駕馬車。林肯父親挑的第二任妻子，是林肯之幸，相形之下，瑪麗父親的再婚則讓她舊傷添新愁。她的繼母伊莉莎白・韓菲（Elizabeth Humphreys）有一雙冷若冰霜的藍眼睛，爲人苛刻，另外又生了九個孩子，她不掩自己對親生子女的偏愛，冷落陶德元配所生的小孩。[257]瑪麗及長回憶道，自繼母搬進來的那一刻，她的童年就變成「荒漠」。[258]她感嘆說，自此之後，她唯一眞正的家，就是十四歲那年被送往就讀的寄宿學校。[259]

少小離家，加上她家有精神病史，瑪麗有嚴重的偏頭痛，疼痛程度就像她一位朋友形容「情緒像四月天，一下子陽光普照、大笑不止，一下子又哭得梨花帶雨、傷心欲絕」。[260]她前一天還充滿感情、慷慨大方、樂觀向上；第二天就變得斤斤計較、委靡不振、易動肝火。套句朋友的話，她「要嘛高高上閣樓，要嘛一落千丈到地窖」。[261]而無論情緒好壞，她都需要別人關注，有時逆來順受的林肯，也未必能時時滿足她這個要求。

隨著兩人戀情加溫，原本吸引彼此的特質，逐漸變調爲衝突的導火線。瑪麗精力充沛，能在任何聚會上扮演指揮者的角色，林肯起初頗欣賞她這種能力，後來認定，這一作風顯示她會強人所難、咄咄逼人。瑪麗則認爲，林肯任勞任怨與客觀公正，其實是冷漠疏離與滿不在乎。一八四〇年底至四一年初，兩人快結婚前，關係有了裂痕。

還原古時紅男綠女內在的感情世界，本來就不是件容易的事，而瑪麗與亞伯拉罕之間並未留下情深意切的書信，所以問題更複雜，更難論斷。蘇爾德、蔡斯、貝茲透過日記、書信宣泄深藏內心的感情，但是林肯未留下任何一封談情說愛期間與瑪麗魚雁往返的隻字片語，只有幾封兩人婚後的信件。雖然林肯的競爭對手離開人世已一個半世紀，但他們的感情生活依然栩栩如生地攤在我們眼前，但若想了解林肯的戀愛史，難度卻非常高。因爲沒有檔案與文獻佐證，閒言閒語與想像臆測在所難免。

情海生波，始作俑者可能是瑪麗。[262]她的姊姊伊莉莎白和姊夫尼尼安・愛德華茲一致認爲，瑪麗和林肯結婚其實是委屈了，因而極力反對。伊莉莎警告瑪麗，她認爲「L先生和（她）很不配」。伊莉莎白夫婦認爲，瑪麗和亞伯拉罕在「個性、想法、教育、家世等方面差距太大，結成夫妻不會幸福」。[263]瑪麗還有幾個追求者，[264]包括一位富有的鰥夫愛德溫・韋伯（Edwin Webb）以及可望成爲民主黨明日之星的史帝芬・道格拉斯。瑪麗給朋友梅西・安・里佛林（Mercy Ann Levering）寫信道：「一個平易近人的律師又是**派催克・亨利**的孫子——**多麼光彩！**」儘管如此，瑪麗依然堅持道：「我不愛他，我的手不會伸向我不鍾情的人。」[265]既然有幾個條件不錯的男人供她選擇，瑪麗因而覺得，她需要時間認眞考慮與林肯這段不受家人祝福的婚約。

更可能的解釋是，林肯本人對婚姻心存疑慮，因此又想再一次抽身而退。[266]儘管他對瑪麗頗有好感，可是在實踐終生承諾之前，擔心自己對瑪麗的愛不夠深，無法廝守一輩子。約書亞・史匹德憶道：「一八四〇至四一年的冬天，林肯對「和（瑪麗）的訂婚悶悶不樂——並不完全滿意他的手伸向不鍾情的人」。史匹德選擇了瑪麗說過的同一句話，可見這樣的表達方式是當時男女走進缺乏浪漫情愫的婚姻時，常見的用語。史匹德回憶道：「（林肯）非常痛苦，沒有人比我更了解他——他對我完全敞開心扉。」[267]

最近有學者指出，林肯變心是因他移情別戀，愛上了到春田過冬的馬蒂達・愛德華茲（Matilda Edwards）。[268]馬蒂達是尼尼安・愛德華茲的姪女，瑪麗本人第一次和馬蒂達見面時坦承：「我從沒見過比她更可愛的女孩。」[269]歐維爾・布朗寧抽絲剝繭，將林肯「脫軌的心」歸因於他發現自己陷入兩難，「既已和陶德小姐訂婚，卻愛上愛德華茲小姐，自己這種劈腿行為，以及打破承諾的失信行為，將受到良心可怕的折磨」。[270]儘管沒有任何證據顯示，林肯曾向馬蒂達傾吐情意，[271]但是一位熟人的信提出了與布朗寧相似的觀點，這封信描述了當時錯綜複雜的糾葛。春田的居民珍・貝爾（Jane Bell）發現，儘管林肯和瑪麗已有婚約在身，但他「無法忍受身邊沒有愛德華茲小姐的陪伴」。他眼中的馬蒂達十全十美，找不到瑕疵，只要「他能力所及，絕不讓她的嬌顏改變分毫」。他的輕率行為，招致朋友們的抨擊。貝爾說這些朋友「認為他言行嚴重失當，行事輕率唐突，並將他們的感覺直接告訴了他，林肯聽了，對於各方施壓感到心煩意亂。」[272]

隨著迎娶瑪麗的日子一天天逼近，林肯的焦慮也越來越強，對馬蒂達的痴迷說不定只是想藉此轉移焦慮。伊莉莎白・愛德華茲指出，林肯對「自己是否有能力讓妻子幸福無憂」[273]感到憂心忡忡，也開始對婚姻制度有所質疑。他可能害怕結婚成家會讓他無法全心衝刺事業；可能要對一個過慣了榮華富貴生活的女人一生的幸福負責；可能無法徹夜苦讀，追求新知，精進法律和政治的戰術。

擔心婚姻可能阻礙事業的想法在當時相當普遍。十九世紀中葉，市場經濟剛剛崛起，開設法律事務所的成敗與否充滿不確定性，因此許多年輕律師遲遲不結婚，提高了婚齡。[274]哈佛大學法學教授約瑟夫・史托里有句常被人引用的名言，稱法律是「充滿嫉妒心的情婦，需求長期不斷的談情說愛」。[275]法律是如此，政治更是如此。對於力爭上游，希望在法律和政壇上有所建樹的林肯而言，婚姻等於是遠大抱負的絆腳石。

林肯寫了一封信給瑪麗，要求解除婚約。他請史匹德去送信，但被史匹德所拒。他告誡林肯應該親自和瑪麗談談，因為「一旦把話用白紙黑字寫下來，這些就會跟紀念碑一樣，不但跟著你一輩子，還流傳百世，對你相當不利」。林肯的確去找了瑪麗。據史匹德透露，林肯對她說，自己並不愛她。不過只要她一哭，林肯就六神無主。[276]「老實跟你說，史匹德，這事我實在不在行。我發現自己的眼淚沿著雙頰往下流，我把她擁在懷裡並吻了她。」[277]兩人暫時恢復了婚約，林肯被迫再一次和瑪麗進行毀婚談判。第二次對質讓他傷心欲絕[278]——因爲他傷了瑪麗的心，也因爲他長期以來「只要下定決心就堅持不懈……並以此自豪，認爲這是他唯一的，或可說至少是（他）性格中最大的優點」，[279]可惜這次被他毀了。

＊＊＊

這一年寒冬，對林肯而言，傷心事「不是單行，而是蜂擁而至」。[280]約書亞·史匹德宣布，再過幾個月將回肯塔基州路易斯維爾的老家，[281]因爲他的父親不久前過世，他覺得有必要回家陪伴傷心欲絕的母親。一八四一年一月一日，他將生活和經營七年之久的雜貨店賣了。史匹德的離開，意味著春田年輕人在此圍爐、討論政治的歡樂時光將畫上句點。[282]更讓林肯洩氣的是，史匹德的離開意味著他損失了一位可以敞開心扉、暢所欲言的知心朋友。「沒有你，我會很寂寞。」林肯對史匹德道。「這個世界籠罩著一片愁雲慘霧。如果我們沒有朋友，我們就沒有歡樂；如果我們有了朋友，又註定會失去他們，便會因失去他們而倍感痛苦。」[283]

他拙劣地解除與瑪麗的婚約，最好的朋友即將離開，再加上他希望自己爲伊利諾州增添光彩的建設計畫終究泡湯，連帶名聲也受到重創，種種打擊讓他好幾週走不出哀傷。他不再出席州議會，退出一度喜歡的社交生活，朋友們擔心他會自殺。[284]套用史匹德的話，「林肯發瘋了——得拿走他房裡的剃刀，把所有的餐刀和其他類似的危險物品都收走——以免發生不測。」[285]歐維爾·布朗寧回憶道，他「神智錯亂到不知自己在做什麼的地步」。[286]有一陣子，他說話前言不搭後語。詹姆士·康克林在給他的未婚妻梅西·安·里佛林的信中寫道：「可憐的林肯！他的樣子更消瘦憔悴了，似乎連講話的力氣都沒有，只能輕聲細語。他目前的狀況眞是讓人搖頭嘆息。」[287]

在林肯那個年代，這種綜合絕望、無精打采、有死亡和自殺傾向等症狀的疾病，被稱爲「慮病症」（hypochondriasis）或「憂鬱症」（vapours）。[288]人們認爲病因出在腹部，包括肝臟、膽囊和脾臟等被認爲支配情感的器官，因此可行的辦法是治療肝臟和消化系統。

一八四一年一月二十日，林肯向他的律師搭檔暨友人約翰・史都華坦承說：「過去幾天，憂鬱症作祟，讓我的表現一塌糊塗。」他不顧一切地爲安森・亨利醫師（Anson Henry）在郵局找了份差事，因爲醫師在春田若找不到工作便會離開。林肯跟史都華說，亨利醫師在這裡「對我是生是死至關重要」。[289]

三天之後，林肯又給史都華寫了封信。「我現在是活在世上最淒慘的人。若把我的感受平均分散給世上所有人，那麼地球上可能找不到一張笑臉。我不知病情是否會改善；我強烈預感自己不會好了。要我維持現在不上不下的情況，我受不了；要嘛讓我好起來，要嘛讓我死。在我看來就這兩條路。」[290]

林肯希望治療能緩解他的病情。他不僅向亨利醫師求診，也向當年西部最負盛名的醫學家——辛辛那提醫學院的丹尼爾・卓雷克（Daniel Drake）醫師求助。他寫信給卓雷克，詳細描述自己的病情，希望醫師給予一些意見。醫師技巧地回信道：「沒有親自看診」，無法爲林肯提供任何診斷。[291]

林肯情緒陷入最低潮時，史匹德始終不離不棄，替他打氣。在一次兩人終身難忘的交談中，史匹德警告林肯，若他不能恢復健康，極有可能會死。[292]林肯答道，死不足懼，但是「他尚未做出一番事業讓人記得他曾在這世上活過，也沒成就什麼偉業，讓他的名字可與這個時代、這個世代畫上等號，讓自己因造福同胞而留名青史，而這正是他活著的目的」。[293]

即便在絕望時刻，林肯仍不忘留名青史的初衷，並靠這初衷驅策自己勇往直前。與古希臘人一樣，林肯相信「一個人的價值，繫乎其他人——包括同代人與後世——對他的評價與看法」。[294]天國與來世等缺乏想像力的說法，無法讓林肯心服口服；他慰藉自己的方式，是得讓一部分的自己生生不息地活在他人的記憶裡。羅伯特・布魯斯發現，「難怪林肯將記憶視爲生命的精髓」。他本人「活得如此精彩，靠的就是熱中思考，樂於表達我思我見，並不吝於和他人交流思想」。[295]的確，在一首重遊兒時故居的詩作裡，林肯強調了記憶的重要性，稱記憶是「世界的中途／位居凡塵與天堂間」。[296]

靠著自己達觀的個性、信念和意志力，林肯逐漸擺脫憂鬱。他稍後告訴史匹德，在憂慮不安的時候，必須

「避免無所事事」，㉙7「讓自己忙碌、找朋友聊天」，藉此讓大腦「休息，避免胡思亂想，否則最甜美的想法也會被侵蝕得殘破不堪，終至苦澀與死亡」。㉙8他重拾律師業務，履行州議員的職責，恢復輝格黨代表的工作。一八四一年夏天，他花了一個月時間到肯塔基州探望史匹德，一解找不到人傾心交談、交不到知己之苦。翌年二月，他在春田一個禁酒協會發表了一篇口才便給的演說，不僅展現完全的自制力，也展現林肯遊刃有餘的領導才能：他對擁護戒酒的人士提出忠告，若他們繼續以「詛咒和怒罵的語調」對酒商和飲酒者口誅筆伐，只會一事無成。更好的辦法是遵循所謂「一滴蜂蜜比一加侖膽汁吸引更多蒼蠅」的古訓，以「犯錯者的態度對待犯錯的弟兄」。[299]

當代精神科醫師告訴我們，精神健康的人具備能力因應生活中免不了的壓力和不幸，亦即精神健康者，並非完全擺脫焦慮或沮喪，而是能以一種健康的方式應付這些痛苦。喬治・范倫特（George Vaillant）寫道：「有能力應付或調適的主要特色之一是，為未來的成長保留一條開放的坦途。」[300]當年亞伯拉罕・林肯的成長之路顯然非常寬闊。

就在他對戒酒協會發表演說的那個月，林肯告訴史匹德，他「慮病症已幾乎痊癒」，甚至「比前一年秋天的狀態更好」。[301]不過只要他仍摸不清自己的感情，就持續和瑪麗避不見面。兩人分離了好幾個月，期間，瑪麗對他思念甚深。在一封給友人的信中，瑪麗嘆道，因為連續數月沒有「在歡樂的場合裡」看到林肯，讓她「最近倍感孤單」。

她突發奇想地考慮投向李曼・川布爾（Lyman Trumbull）的懷抱——此人過去曾追過她的朋友梅西・安，現在是伊利諾的州務卿，隸屬民主黨。她告訴梅西・安說：「你拒絕他的求愛後，我有意接收他，因為他頗有才氣、相當可愛、有時也很關照我。」[302]不過實際上，只要林肯還可能娶她，她就不會和其他人認真發展關係。她的耐心得到了回報。兩人分離了將近十八個月之後，一八四二年夏天，經雙方的朋友努力牽線，促成了瑪麗和亞伯拉罕復合。[303]

這次復合，部分得歸功於林肯對史匹德的明智勸諫。史匹德在肯塔基認識了一位年輕女郎，和她發展出一段苦戀。林肯憑自己的預感，意識到這應該是「最難熬的苦戀」。他得知史匹德與范妮・韓寧（Fanny Henning）

訂婚後，被各種疑慮所苦惱，因此費盡心思讓老友相信，他的確愛上了范妮。他告訴史匹德，一切問題出在他對愛情充滿不切實際的期待。林肯以過來人的身分談到自己的切身感受，以熱切的語調說：「對你我兩人而言，我們夢想中的樂土，標準之高，遠超過塵世的所及範圍，這是我們最大的不幸。」[304]林肯沉吟道，所謂旁觀者清，若他對自己治絲益棼的戀情，能像分析史匹德戀情這般理智清明，他自己的問題也能「迎刃而解」。[305]

林肯向這位新婚燕爾的好友討教婚姻觀，希望消除他對婚姻的疑慮。他問：「『根據你的**心理感受與理智判斷**，婚後的你是否眞的幸福快樂？』任何人問你這個問題，你可能都會覺得唐突、忍無可忍；但是我除外，也知道你會原諒我。請盡快告訴我答案，因爲我迫不及待地想知道。」[306]得知自己的密友沒被婚姻的嚴酷考驗擊垮，而且還過得非常幸福後，[307]林肯鼓足勇氣與瑪麗重修舊好。

一八四二年十一月四日傍晚，在愛德華茲大宅的客廳裡，亞伯拉罕・林肯與瑪麗・陶德在一小群親友見證下，結爲夫妻。[308]一週後，林肯寫信給朋友道：「這裡一切照舊如常，除了我結婚之外。我也覺得自己會步入婚姻實在是奇事，難以解釋。」[309]婚後短短九個月零三天，羅伯特・陶德在林肯家誕生，時隔三年，次子愛德華出世。

＊＊＊

林肯情緒陷於低潮的那年冬天，鐵定讓他吃了不少苦，這苦被後人稱之爲「失能性憂鬱」（incapacitating depression）。傳記作家抓對了方向，直指林肯掉入憂鬱漩渦，不外乎是和瑪麗・陶德戀情告吹，以及好友約書亞・史匹德離開的雙重打擊之故。但是鮮少人注意到，多年來支撐他的政治夢想不敵輿論而崩盤，也是讓他大受打擊的肇因。安妮・拉特里奇一死，林肯萬念俱灰、頹靡消沉，但是這段人生插曲，因爲政治名聲受損、對未來失去希望等陰影籠罩，而顯得更難忍受。

林肯知道自己腦力過人，悟性極高，但他自小便擔心，這些特質會被埋沒，庸庸碌碌過一輩子。每每感到自己的壯志豪情與現實條件之間鴻溝過大、無法跨越時，他就會掉入痛苦的漩渦。林肯很少吐露內心感受，喜歡用自己崇拜的詩人格雷的詩作「輓歌」抒發胸臆。在林肯簡短的自傳中，常常引用裡面的詩句闡釋他對幼年貧困生活的心境。「世上多少花吐芳而無人知曉／空留芬芳在荒漠。」這首詩是悼念一位早逝的年輕村民，他多才多藝卻無從施展。「一位青年枕於大地的懷抱／一輩子與富貴、名聲無緣／知識並未輕賤他出身寒酸／憂鬱找上他，認作寵幸。」[310]林肯這一生始終在掙脫這樣的宿命，然而，一八四一年至四二年那個風波不斷的冬天，他一定覺得自己長期的努力與奮鬥根本開不了花也結不了果。

一些學者認爲，林肯患的是慢性憂鬱症。這種說法容易讓人混淆，原因在於「悲傷」（sadness）、「憂鬱」（melancholy）、和「沮喪」（depression）三個詞可以互用。林肯的確是個憂鬱的人。他的法律搭檔威廉・荷登說：「他走路時，憂鬱都可以從他身上滴下來。」[311]其他很多人對此也有同感。亨利・惠特尼憶道：「在林肯所有人格特質中，唯有既神祕又深沉的憂鬱最顯著、最突出、最根深柢固。[312]憂鬱的胎記打自娘胎裡就深深烙印在他身上。這是他的天性，一如他的腦子無法跟他切割或一分爲二。」[313]

有時，林肯的憂鬱讓他退縮到自己獨來獨往的沉思世界。小時候，他會遠離其他小孩，獨自看書。及長，他喜歡自己一個人解題——無論是歐幾里得（Euclid）的幾何題還是獨立宣言的意義。只有解決了問題和疑難時，他才會把自己單打獨鬥的結果說出來和別人分享。這也難怪別人會把他獨來獨往的習慣視爲有憂鬱症的證明。此外，林肯臉部的五官與輪廓就是一副愁眉苦臉的樣子。一位觀察家道：「他的臉是我見過最悲哀的一張臉。」[314]另外一個和林肯同時代的人士描述他的臉龐時，稱他「前額有些微的皺紋，但並非因爲煩惱，而是緊張、苦思留下的印記」。[315]

不同於沮喪，憂鬱找不到具體的理由與原因。[316]它是一種個性或氣質，可能來自遺傳。一個人的憂鬱症可能會好，像林肯那樣，但憂鬱是一個人的天性，無法抹去。林肯明白這個道理，他告訴約書亞的妹妹瑪麗：「有憂鬱傾向是一種不幸，而非缺陷。」[317]

當代小說家湯姆斯・品瓊（Thomas Pynchon）說過：「憂鬱是比沮喪來得更深刻、更複雜的疾病，表現在外的方式百百種，可能會是一種利他的行爲，就連所謂的幽默感也是一種。」[318]正如每一位與林肯接觸過的人所言，林肯非常逗趣滑稽。春田一位友人道：「當他第一次出現在我們面前，他的聰明機智和幽默讓大家樂開懷。」[319]

當林肯講述一些逗人發笑的故事時，亨利・惠特尼憶道：「他彷彿從憂鬱的洞穴裡探出頭來，回到人間，猶如剛睡醒的人，再次來到生活的眞實世界。」[320]史匹德認爲，林肯說故事的本事是「他賴以生存的關鍵——因爲多數像他這樣優秀的學生，無所事事的時候會喝酒，或者打牌、擲骰子——但他對這些毫無興趣——因此靠奇聞軼事放鬆。」[321]林肯本人也意識到幽默感是他性格中的一大特色，他開懷大笑，娓娓道來，以免獨自一人飲泣。[322]他把笑視爲「製造歡樂、無所不在的生命長青樹」。[323]他講故事的目的無他，就是「用嘴拂去悲傷」。[324]

當代精神科醫學認爲，幽默是治療憂鬱最周全也最健康的方式。喬治・范倫特寫道：「幽默就像希望，能讓一個人全神貫注，承受可怕到超乎負荷的東西。」[325]另一位觀察家補充道：「幽默是絕佳的一帖處方，可以抽掉東西裡面的氣，但不至於毀掉它；兼具教化與娛樂功能；可以把我們從自命不凡與虛張聲勢中拯救出來；爲走進死胡同的感情提供另外一個出口。」[326]

烙印在林肯天性上的憂鬱，有很大程度來自於他看到世上種種痛苦和不公不義時，非常能感同身受。他心腸極軟，曾經爲拯救一隻陷入泥潭的豬而停下腳步，回頭走了半英里路——不是因爲他喜歡豬。一位朋友憶道：「而是爲了消除良心上的不安。」[327]當他的同學將滾燙的煤放到烏龜背上，以折磨動物爲樂時，林肯跟他們說：「你們不該這樣。」[328]他拒絕狩獵動物，[329]但這種行爲不符合新領地的風俗民情。與瑪麗分手後，他寫信道，讓瑪麗傷心難過，這種「揮之不去的罪惡感」[330]讓他開心不起來。

林肯唯恐傷害他人，而這並非僅是出於同情心。他有異於常人的同理心——既是天賦也是天譴，老是設身處地爲他人著想、感受他人的情緒、理解他人的動機與渴望。哲學家亞當・斯密說到這種能力時說：「透過想像，我們將自己置於他人的位置……彷彿進入他的身體，在某種程度上變成了他。」斯密將這種能力視爲「我們對他人悲慘際遇生出同感的來源……透過想像，與受苦者交換位子，我們或逐漸產生跟他一樣的感受，或被他的感受所影響」。[331]在殘酷和不公不義現象比比皆是的世界，林肯氾濫的同理心難免讓他深陷痛苦。他的感受不僅敏銳，也發乎自然，毫不做作。林肯私人祕書的女兒海倫・尼可萊（Helen Nicolay）說：「他豐富的同情心、良知、以及義無反顧的正義感，讓他註定憂鬱。」

儘管同理心是造成林肯憂鬱的根本，但同理心也是他政治生涯的一大資產。尼可萊說：「他無人能及的政治判斷力，正是拜過人的同理心之賜……它讓林肯的預判與診斷百無一失，每次都精準猜到對手的下一步。」她說，有一次輝格黨召開幹部會議，林肯聽完同仁的發言後，扯下圍巾，起身道：「從各位討論的內容，我得出一個結論，民主黨人會這麼做……我應該這樣回應，如此一來他們穩輸不可。」他接著點出「未來幾天該採取的行動；一目了然，簡單明瞭，其他人都納悶，自己剛剛怎麼沒看出來」。㉜林肯憑直覺精準掌握他人心裡的感受與盤算，這功力自始至終彰顯在他的職涯裡。

＊＊＊

林肯擔心婚姻可能阻礙他的遠大抱負，這一點事後證明只是杞人憂天。他和瑪麗搬進位於第八街與傑克遜街附近的一棟舒適木屋，這裡離他的律師事務所不遠。婚後，他頭一回享受到小家庭給他的安全感和溫暖，同時讓他無後顧之憂地聚精會神讀書、學習、出差處理法律官司、培養政治實力等。儘管婚姻偶爾不順、颳起狂風暴雨，但畢竟提供林肯一個避風港，讓他可以隨心所欲、來去自如，並繼續自己一生的追求——成為一個有教養、有知識的人。

和丈夫相比，婚姻生活對瑪麗更辛苦、更難適應。㉝她從小在奴僕伺候的南方大宅中長大，從未煮過飯、擦過地板、砍過木柴、到井邊汲過水。她和姊姊同住在春田最豪華、最美麗的宅邸，從不須擔心金錢，也無須為該不該邀請朋友吃飯、參加晚宴而發愁。婚後，她有數不清的家務要打理，而林肯掙的錢幾乎不夠家中開銷。雖然林肯也幫忙做些家務，包括購物或洗碗等，㉞甚至在事務所生意最清淡的時候，也堅持讓瑪麗雇個女傭照顧小孩，但大部分的家務還是落在瑪麗肩上。

林肯政治強敵的太太們從沒體驗過如此「縮衣節食」的辛苦日子。茱莉亞．寇爾特嫁給愛德華．貝茲的時候，丈夫家至少有二十個奴隸負責照顧孩子、打掃屋子、種菜、燒飯、駕馬車等。㉟一八五〇年代，貝茲解放了家中的奴隸，幾個黑奴以自由人身分繼續留在家中，新聘的僕人則從聖路易的愛爾蘭移民和德裔移民中物色。法蘭西絲．蘇爾德從來不用獨挑家務重擔。㊱婚後，蘇爾德同意搬進她父親在奧本的宅邸時，連帶也繼承了大宅裡服務幾十年的忠實僕人。蘇爾德當上州長後，分配到一位經驗豐富的家僕；而在華府，他有一位二十四小時居家打理的僕人，負責安排與款待川流不息的賓客。法蘭西絲若偏頭痛發作時，可以上床休息，不用擔心家務沒人打理。

瑪麗婚後生活辛苦，不僅是因爲嫁的人比較窮，也因爲她和林肯都跟之前的原生家庭分道揚鑣，[337]和父母、親友斷了往來，因此生活方式更類似於後來出現的「核心家庭」，而非十九世紀相當普遍的大家庭模式。林肯出門遠行，[338]瑪麗就得獨自一人面對可怕的狂風暴雨，獨自擔心孩子的健康，獨自排解低潮的心情。瑪麗心高氣傲，不想讓春田的姊妹們知道自己婚後生活辛苦，畢竟她們曾反對她嫁給林肯，所以瑪麗自己咬牙苦撐，絕不喊累。

瑪麗單打獨鬥，法蘭西絲・蘇爾德、茱莉亞・貝茲則有親人扶持，兩者形成強烈對比。法蘭西絲不僅可依靠喪妻的父親，還可仰賴住在同一個屋簷下的三代女性——她最愛的姨媽科妮莉亞（Cornelia）、姊姊兼死黨拉莎特（有時她會住在法蘭西絲家好幾個月）、她心愛的女兒范妮。[339]同樣的，茱莉亞・貝茲也是子女繞膝，其中幾個子女婚後還繼續和她同住。此外，她的父母、兄弟姊妹、婆婆等都住在她家附近。[340]

若瑪麗因爲生活孤單無依而倍覺辛苦，那麼婚後四十個月內連生兩個兒子，則帶給她莫大的幸福與快樂。兩個兒子都非常活潑、聰明、受父母疼愛。瑪麗驕傲地稱讚林肯是「最善良、最溫柔，也最富愛心的丈夫與父親……無論我跟他要什麼東西，他總是跟我說——你知道自己要什麼——儘管拿錢去買。他從不問我那東西是否有買的必要。」[341]

整體而言，林肯是個好脾氣、寵孩子的父親，[342]定期帶兒子到外面散步，在家會和他們一起玩，工作時會把他們帶到辦公室。荷登認爲，林肯對孩子過於縱容，以至於小傢伙們在他面前「沒大沒小，騎到他頭上」，讓他「無力招架他們的胡攪蠻纏」。[343]林肯宣稱，應讓孩子在無拘無束的環境中長大。瑪麗回憶林肯說過的話：「我很高興，孩子自由、快樂，沒有被暴君父母管東管西。愛是把孩子和父母拴在一起的鎖鏈。」[344]

＊＊＊

伊利諾州終於走出經濟衰退，開始朝復甦之路邁進，重燃起林肯從政的希望與前途。婚後三個月，林肯給友人的信中寫道：「現在，萬一你聽到有人說林肯不想進軍國會，告訴他……他錯了。」[345]林肯的目標是第七國會選區——包括聖加蒙郡——那裡是輝格黨唯一佔上風的地區，其他都是民主黨的地盤。

林肯的第一個目標是贏得聖加蒙郡大會（Sangamon County Convention）的支持，該大會將指派參加國會選區提名大會的代表。這種大會制度剛被輝格黨採用，意在團結黨員，打贏選戰。林肯支持大會制度的設計，指出「團結就是力量」的眞理亙古不變，不管用什麼方式認識、說明、宣示這個道理，眞理就是眞理。他指出：「那位睿智勝過所有哲人的先人說過『鬧分裂的家站不起來』。」[346]當然，往後他同樣將這句出自《新約・馬可福音》的名言擴大應用於全國同胞，而非只是聖加蒙郡的輝格黨員。

林肯在聖加蒙郡的對手是愛德華・貝克。他是林肯的好友，林肯還以他的名字爲次子取名。儘管林肯的選戰打得有聲有色，但最終仍以些微票數落敗。林肯告訴史匹德：「我們上週號召本郡的輝格黨員開會，指定了參加選區大會的代表。貝克贏了我，並指示與會代表投票給他。」林肯本身也被指派爲與會代表，他可憐兮兮地跟史匹德說，我到時「註定」像一個男儐相，強顏歡笑地看著新郎迎娶自己鍾愛的「女郎」。[347]

儘管林肯不會在自己的郡裡和貝克唱反調，但林肯心裡依然抱有一絲希望，心想自己可能贏得另外一個郡的提名。他向住在附近梅納德郡（Menard County）的友人道，他在聖加蒙郡失利，部分原因可能和他與陶德／愛德華茲家族聯姻有關。「得知自己在這裡被列爲驕傲自大、有財有勢、擁有貴族淵源的候選人，若說這不是搞笑，也足以讓人驚訝。十二年前，貴郡年長的公民都知道，我是一個舉目無親、學歷低、一貧如洗、在平底船幹活的無名小子。」[348]

然而在培金（Pekin）召開的選區大會上，林肯和貝克都沒有贏得提名。出線的是另外一位年輕律師約翰・哈丁（John Hardin）。在這次大會上，林肯成功催生任期輪流換人做的決議案，由貝克出任下屆聯邦國會議員的候選人，希望這套設計能爲自己未來鋪路。[349]兩年後，貝克一如預期當選，但是當他任期快結束之際，哈丁卻想重返國會，不願讓位給林肯。

接下來的角力中，林肯多管齊下，絲毫不敢懈怠。[350]他設法阻止輝格黨的報刊雜誌支持哈丁，向朋友施壓，遊說中間派投票給他。他還請朋友將不支持他的名單列給他。他寫信給每一個在選區中有影響力的輝格黨員，[351]設計了在多郡走透透的「寧靜之旅」，並告誡朋友：「別提這檔事，也千萬別放鬆警戒、洩漏消息。」[352]

競選期間，林肯的立場始終沒變，稱哈丁與貝克已當過國會議員，現在應該輪到他。他寫信給一個支持者：「哈丁很有才華、精力充沛、慷慨大方、心胸豁達。之前我已跟你提過這個看法，現在也不會否認。你知道，我唯一的論點就是『輪流上台才是公平競賽』。」[353]他寫了一封長信給哈丁，提醒哈丁別忘了之前達成的協議，但堅稱，他「若實力懸殊，（不論是對黨所做的貢獻，抑或未來繼續爲黨效勞），根本不是你的對手，只因你已做了一輪這樣的事實，而讓我獲得提名，我全然鄙視這樣的想法。」[354]

哈丁完全被林肯的智謀折服，最後放棄角逐提名。林肯獲得了提名，隨後輕鬆進入國會，在國會殿堂，關於蓄奴制的辯論蓄勢待發，主宰美國未來十年的走向。

＊＊＊

和三個對手相比，塞蒙・蔡斯走了一條完全不同的道路。多年來，他和選舉政治保持清楚的界線。他曾對一位友人說：「我不是一個政治家。我對黨派鬥爭感到厭惡，看到兩黨爲達到目的而採用的種種手段。感到極爲失望。」[355]

一八三六年發生一連串事件，把蔡斯捲入了政治圈。當時俄亥俄州的廢奴人士詹姆士・G・伯尼（James G. Birney）[356]在辛辛那提出版了一份反對蓄奴的週報《慈善家》（*Philanthropist*）。報紙問世後，辛辛那提的富商、銀行家莫不感到震驚，他們多半與南方農莊有生意往來。俄亥俄州比鄰肯塔基州，繁榮的經濟全靠和這個蓄奴的鄰居進行貿易與買賣。伯尼加入廢奴陣營前，曾是肯塔基一位富有的奴隸主。《慈善家》發行後，一些白人社群的領導人，[357]其中不乏蔡斯的客戶，想方設法封殺伯尼的報紙，先以和平手段施壓，眼見無效便開始動武。

一八三六年七月某夜，一群有組織的暴徒闖進週報的印刷廠，搗毀印刷機，撕毀即將發行上架的成品。但伯尼拒絕投降，繼續出版。[358]兩週之後，暴徒們捲土重來，這回搗毀了整個辦公室，將桌椅等設施從二樓的窗戶扔出去，隨後在衆人的喝采聲中，推倒了印刷機。市長默許，警察刻意不到現場，就這樣，印刷機被拖著穿過大街，扔進河裡。印刷機沉入河裡後，群衆開始聲嘶力竭地大喊著要對伯尼採取行動，揚言給他塗上柏油、黏上羽毛。[359]

雖然蔡斯在廢奴問題上尚未公開表態，但他被暴徒的舉止所震撼。聽聞暴徒們將攻擊伯尼可能藏身的富蘭克林會館，便匆匆跑到旅館向他通風報信。暴徒蜂擁而至時，蔡斯交叉手臂，倚著門框，用身子堵住旅館的入口。蔡斯身高六呎二（約一百八十五公分），膀闊胸寬，下巴高抬，一副絕不妥協的架勢，成功擋下了暴民。衆人問他是誰，這位年輕的律師答道：「塞蒙・P・蔡斯。」一位暴民氣急敗壞地說：「你會爲此付出代價。」蔡斯回道：「隨時來找我，我奉陪到底。」[360]他的傳記作者寫道：「他說話的聲音以及指揮若定的表情，適時地控制住暴民的情緒。」[361]當時天色已晚，暴徒們陸續撤退。

這次戲劇性的對陣對蔡斯影響甚鉅。他儼然成爲反蓄奴陣營的英雄，並重新思考自己的前途。接下來幾年，蔡斯成爲反蓄奴活躍人士以及反蓄奴組織的重要保護人與領導人。歷史學家亞伯特・哈特認爲，「在那個年代」，投身反蓄奴運動的人士中，「沒有人比蔡斯有更強烈的道德觀，也沒有人比他展現更大的勇氣與決心」。[362]蔡斯是虔誠教徒，長期受支持解放與平等的宗教觀薰陶，會幡然覺醒投入反蓄奴陣營一點也不令人意外。然而隨著時間推移，蔡斯覺得越來越難將個人的抱負與擁護的理想一分爲二。步步爲營拉抬自己政治前途的種種作爲與決定，全是爲了理想而戰，因此這些作爲與決定全部名正言順、合情合理。他個人的輸贏被視爲自由的輸贏。歷史學家史帝芬・馬茲利許（Stephen Mazlish）認爲：「透過投身於道德行動主義（moral activism），蔡斯可以把追求個人前途的熱情和宗教信念相結合……『名氣的驕傲殿堂』可能屬於他，而他不想在追名求利時背負任何罪惡感。」[363]

一八三七年，蔡斯制伏追殺伯尼暴徒的第二年，他再次向這位主張廢奴的出版人伸出援手，出面爲一位淡膚色的年輕女奴馬蒂達（Matilda）辯護。當初，密蘇里一位農莊主人趁著出差，將馬蒂達帶到俄亥俄，這位莊主既是馬蒂達的主人，也是她的生父。在俄亥俄，馬蒂達在自由人聚會的聯誼社認識了幾位黑人男女，於是乞求父親放她自由，讓她擁有自由身。父親不答應，馬蒂達決定爲自己而戰，於是跑到辛辛那提的黑人社區尋求庇護，直到父親返回密蘇里。最後，她在伯尼的家找到一份工作，並一直隱身在此，直到被奴隸捕手發現爲止。奴隸捕手將此事告上法庭，根據一七九三年國會通過的「逃亡奴隸法」，從一個州逃到另一個州的奴隸，「應被遣返」，還給原來的主人。[364]

也許蔡斯當時可以策略性提出，既然馬蒂達被父親帶到俄亥俄州，可見她並不是從密蘇里逃出的奴隸。然而他決定從根本上挑戰該法在俄亥俄州的適用性。他認爲，只要馬蒂達一踏進自由的俄亥俄州，她就獲得了自由權。根據一七八七年頒布的「西北條例」，禁止將奴隸帶到遼闊的西北領地，範圍包括俄亥俄州、印地安納州、伊利諾州和密西根州。對許多反蓄奴的人士而言，包括亞伯拉罕・林肯在內，一七八七年的西北條例和獨立宣言一樣，是神聖的文獻，體現了開國元老欲將蓄奴制限縮在業已存在的地區，永不得向外擴張。

蔡斯辯稱：「這塊領地內的每一位移民，藉由移民行爲，都是西北條例的簽約人，永遠有資格享受諸多條款保障的福利。」他補充道，這些條款「是俄亥俄民衆與生俱來的權利。西北條例榮宗耀祖之處在於，將美國道地的自由精神，一如既往，融合在這塊土地上，與社會風氣息息相容……但凡（蓄奴制）存在的地方，其存在全憑實證法……在蓄奴州以外的地區，蓄奴制無權存在。」在俄亥俄這樣的地方，亦即「明文禁止蓄奴制」的地方，「主人無權奴役一個人」。[365]

一如預期，保守的法官判蔡斯敗訴。第二天，馬蒂達被迫遣返南方，再次恢復奴隸身分。然而蔡斯在法律上和思想上所提的各種主張，頗受各大廢奴團體的重視，並將這些主張印成小冊子，在全國各地散發。[366]

這本小冊子讓蔡斯立即獲得北方知識界的一片喝采。他以扎實的歷史和法律觀點爲後盾，開闢了一條與蓋里森派完全不同的廢奴路線。[367]蓋里森陣營排斥政治組織，漠視建國元老的主張，認爲憲法是「與死亡締結的契約，與地獄簽訂的協議」，[368]因爲憲法包容蓄奴制。蓋里森派呼籲進行一次道德式的十字軍東征，喚醒國家沉睡的良心。而蔡斯則走政治路線，寄望透過政治、政府、司法達到廢奴目標。

蔡斯認爲，競選公職的時間已然成熟。儘管他並不擅長政黨政治，但依然希望獲得輝格黨提名，讓他可以進入州參議院，可惜因爲廢奴的立場而落選。三年後，他捲土重來，爭取輝格黨提名參選辛辛那提市議會。儘管他成功當選市議員，但只任一期，改選時不幸失利。敗選最大原因是他對禁酒的立場，讓他失去不少選票。[369]

權衡政壇現實之後，蔡斯發現，自己既不可能成爲民主黨人，也無法加入輝格黨。他寫道，兩黨在「蓄奴這個關鍵問題上」[370]都不敢得罪南方。一八四一年，他加入羽翼未豐的自由黨，該黨的目標是建立扎實的民意基礎。一年前，詹姆士・伯尼獲得自由黨提名成爲總統候選人，但是除了廢奴陣營（他後來移居紐約，領導「美國反奴協會」〔American Anti-Slavery Society〕），鮮少人知道他，所以最後僅獲得七千張選票。

一八四〇年代，蔡斯努力將自由黨塑造爲溫和的中間派，希望爭取更廣泛的支持。[371]蔡斯與加梅利爾・貝利合作無間，後者接管了伯尼創辦的《慈善家》週刊，而且精明過人。兩人合作，說服俄亥俄州的自由黨通過決議，改弦易轍不再「干涉蓄奴州的蓄奴行爲」。[372]蔡斯與林肯、貝茲以及一群激進的輝格黨人士達成共識，保證集中火力在蓄奴制「未獲得憲法許可」[373]的地區，例如哥倫比亞特區、新領地、公海地區等。此外，蔡斯鼓勵輝格黨員向外借將，物色一位比激進派伯尼更能贏得選票的總統候選人。用蔡斯的話說，伯尼「當選公職幾乎無望」。

一八四二年，蔡斯寫了封信給俄亥俄州西儲（Western Reserve）支持廢奴的國會議員約書亞・吉丁斯（Joshua Giddings），信中建議，若約翰・昆西・亞當斯或威廉・亨利・蘇爾德「能夠接受提名，那麼輝格黨的分量將會大增」。他不知道其中哪一個會接受邀請，但是他將蘇爾德州長視爲「美國一流政治家之一」，而前總統亞當斯則是「貨眞價實的一流政治家」。[374]

儘管蔡斯與蘇爾德素昧平生，但仍主動提筆，與這位州長開始了知性的書信往來。兩人就第三黨的角色交換意見，你來我往。蘇爾德的立場是「只能有兩個永久政黨」。在他看來，民主黨在南方的根基深厚，可能是永遠支持蓄奴的政黨。輝格黨高舉反蓄奴的旗幟，「或多或少」將倚賴「公民意識能否提升，以及關注這問題的熱度」。蘇爾德坦承，由於輝格黨目前「對蓄奴問題過於溫吞」，他心灰意冷之餘，只能留在自己熱愛的政黨，寄望將來局勢能有所改善。「要拋棄一個我對之虧欠太多的政黨和朋友，而我也的確擁有他們對我的信任，離開不僅是一種罪孽，也愚不可及。」[375]

蔡斯對脫黨則有不同的看法。儘管最初他「喝的是輝格黨的奶水」，站在輝格黨的立場思考關稅、金融、政府角色等問題，但他的個性裡，找不到政黨忠誠度。[376]他從未體驗過蘇爾德看重的同志情誼，這是蘇爾德和同仁們在奧爾巴尼州議會漫長開議期間，同進同出結下的深厚友誼。對蔡斯而言，離開輝格黨投奔自由黨，並非大不了的決裂或切割，但在蘇爾德看來則剛好相反。[377]

蔡斯十分清楚，只要自由黨只有「一個政見」，永遠不可能吸引廣泛選民的支持。廢奴派可不希望看到自己的主張不進反退，蔡斯冒著與這些人反目的風險，帶領自由黨循序邁向大黨的地位。此舉反映出他堅守原則之際亦有務實的一面。他決定和實力更強的民主黨結盟，心想和輝格黨合作相比，有了民主黨支持，他在俄亥俄全州獲勝的機會更大，但是這個決定讓俄亥俄的舊識感到不安。[378]

爲了爭取民主黨大老的支持，蔡斯改變了他對關稅和金融制度的立場，[379]以便和民主黨立場一致，但他仍堅持，與蓄奴問題相比，兩黨的經濟政策沒那麼重要。當前既然兩個大黨都不會就蓄奴問題採取果決立場，所以他會繼續留在自由黨，出席大會、起草決議、物色候選人。

辛辛那提是自由市，[380]許多逃奴遂從肯塔基州越過俄亥俄河投奔到此，結果許多逃奴的官司便由辛辛那提的法庭受理。蔡斯自願爲許多這樣的官司辯護。他有力的發言與辯詞，很快爲他贏得「黑人的司法部長」美譽。[381]在一件轟動的官司中，蔡斯的委託人約翰・凡・贊特（John Van Zandt），是一位從肯塔基搬到俄亥俄，希望在自由州生活的農民，他也是哈莉耶・碧綺兒・史托（Harriet Beecher Stowe）所著《黑奴籲天錄》(*Uncle Tom's Cabin*)中，善心人士約翰・凡・川普（John Van Trompe）的原型。[382]

一八四二年四月某晚，凡・贊特從辛辛那提的市場走回北方二十英里以外的家，途中遇到一群從肯塔基州越過界河來到俄亥俄州的奴隸。蔡斯在替他辯護時說「可能出於同情」，這位農民「用自己的馬車將他們載往黎巴嫩（Lebanon）或春田」。途中，兩名奴隸捕手攔住馬車，抓到奴隸，隨即將他們遣返，爲此拿到了四百五十美元的賞金。

奴隸主人對凡・贊特提出告訴，理由是「收留並窩藏」奴隸，違反一七九三年頒布的「逃亡奴隸法」。蔡斯「非常願意」[383]做這位老農的辯護律師，若他的委託人一旦被定罪，將繳交罰金。蔡斯爲凡・贊特辯護的功力超越了馬蒂達官司，直截了當對「逃亡奴隸法」的合憲性提出質疑。他堅稱，該法未透過任何正當的法律程序，便剝奪了逃亡者的自由和生活。「根據憲法規定，」他斷言道：「所有美國居民，無一例外，都是自然人

——這種自然人可能不自由，可能被迫勞役……但依然是自然人。」因此擁有美國憲法和獨立宣言所保障的每一項權利。

「奴隸是什麼？」他問道。「奴隸是一種如同財產被他人合法擁有的人，這違反了自然人的天賦權利……奴隸逃脫了被貼上奴隸身分的那一州，自那一刻起，這人便不再是奴隸；並非他到了其他州後，該州的法律或法規賦予他自由，而是因爲他恢復自然人身分，擺脫規定他是奴隸的法律。」[384]蔡斯稱奴隸制是「州法的產物」，[385]而非全國性制度。他辯稱，一七八七年西北條例生效上路，在此之後冒出的奴隸州均違背了憲法的宗旨，也抵觸了建國元老的意願。

一如大多數觀察家所料，辛辛那提法院駁回了蔡斯的主張，判凡・贊特有罪。根據哈莉耶・碧綺兒・史托的說法，蔡斯離開法院時，一位辛辛那提的居民——同時也是一位法官——針對蔡斯公然廢奴的立場，提出了看法。他說：「剛離開的那位年輕人，今天自毀了前程。」[386]

凡・贊特一案非但沒有毀了蔡斯的前程，反而讓他的人氣扶搖直上。他將此案上訴到最高法院，力邀蘇爾德攜手擔任聯合辯護律師。[387]這個案子遲遲沒有進展，剛好給了兩人充分時間修改辯詞。蔡斯主攻憲法部分，蘇爾德則負責技術性問題。儘管南方人佔優勢的最高法院多半會維持下級法院的判決，但蔡斯根據憲法提出的辯詞，成了反蓄奴政黨的重要支柱。

蔡斯說，「可憐的凡・贊特」不可能從他遭遇的損失和傷害中恢復元氣。然而他相信，「即便我那可憐的老邁當事人可能成爲犧牲品，人性偉大的一面終將是贏家」。[388]這份長達一百〇八頁的上訴書被印成小冊子，[389]廣爲傳閱，蔡斯爲冊子引起的熱烈回響深感欣慰。反蓄奴活躍人士查爾斯・桑納（Charles Sumner）從麻薩諸塞州來信說：「以一七八七年的西北條例爲依據提出質疑，頗具新意。」很有可能「掀起一場政治運動」。[390]約翰・昆西・亞當斯總統的兒子查爾斯・法蘭西斯（Charles Francis）以及新罕布夏州參議員約翰・海爾（John Hale）均高度讚揚蔡斯。[391]不過蘇爾德的褒揚與肯定最令蔡斯得意。蘇爾德說，他滿心期待蔡斯「簡潔有力又讓人動容的滔滔雄辯」能長存，看在「自由帶給人類的福祉與（蔡斯）個人的名聲上」。[392]蔡斯告訴廢奴人士路易斯・泰潘說，這起官司讓他和蘇爾德得以在友誼和智識上進行交流，這點「讓他心滿意足，人生之樂莫此爲甚」。[393]

肯定蔡斯表現的並非僅限於政治家。爲了感謝蔡斯爲「受迫者辯護」，以及感念他「以精湛的口才大力擁護人權」，貝克街教堂的黑人牧師在教區發起了募捐。一八四五年五月六日，一大群黑人信徒出席了一場感人的典禮，蔡斯在典禮上獲贈一只雕刻精美的純銀水罐。[394] A・J・高登牧師（A. J. Gordon）代表「辛辛那提有色人種」將水罐贈給蔡斯，他告訴熱情的與會者說，「無論何時，被主人貪慾所壓榨的奴隸」，努力爲自由而戰時，會發現蔡斯是一位「堅定、熱心、全心奉獻的朋友」。他向蔡斯保證，他爲逃亡奴隸和黑色人種出面辯護的感人事蹟，將「銘刻在我們心中……與記憶共存」。高登牧師斷言，有朝一日，當蔡斯「接受召喚離開（他的）世俗勞動」，他將會被上帝親手引入天堂。上帝會說，「幹得好，你這善良而忠實的僕人，進來享用你主人的快樂吧。因爲這些事你既做在我這弟兄中，地位最低的一個身上，就是做在我身上了！」[395]

蔡斯深受典禮感動。他接受了水罐，將這禮物珍藏了一輩子。他誓言繼續爲自由而奮鬥，「直到有色人種和白人在法律面前人人平等」。蔡斯嘆道，在家鄉俄亥俄，名爲黑人法（Black Laws）的各項規定與條款，禁止自由黑人就讀公立學校，站上證人席，進入投票所。他認爲（這比蘇爾德提出的一個類似主張早了兩年），這種排黑做法明顯觸犯憲法。他激昂力陳：「眞正的民主絕不會追究人的膚色或誕生地，無論民主在何處遇見什麼人，一律認爲這是造物主創造的存在，享有不可剝奪的權利。」[396]

一些法令禁止黑人兒童進入公立學校就讀，同時卻要求他們的父母支付教育稅，他認爲，這些法令都應當受到譴責。更不公平的是，只要官司涉及白人，黑人便不得站上證人席。這種排黑行爲讓黑人容易受到白人「暴力和盛怒」的對待。這些白人認爲，只要他們認罪，便可躲過懲罰。蔡斯堅稱：「每部法典莫不漏洞百出、自私卑劣，根本無法執行，就算執行了，也會有強人所難和失之公平之憾。」他斷言：「人民可能將正義與法律一分爲二，將心裡的尺與法律的尺一分爲二，大有顚覆所有法律之勢……」

蔡斯總結道：「對我而言，我已準備好重申我的諾言——也大膽代表我同事發言——我們將勇往直前，毫不猶豫，絕不動搖，直到所有法令消除每一絲壓迫的痕跡：——直到太陽從最遙遠的東方地平線穿越穹蒼，降落於西山盡頭，墜入滔滔江海，完成它一日全部旅程，在我們幅員遼闊、輝煌絢爛的土地上，看不到一個奴隸的足跡。」一首感情豐富的讚美詩歌〈美利堅〉演唱完畢之後，全場報以熱烈掌聲，久久不息。演講在祝福儀式後畫下句點。

＊＊＊

不同於蘇爾德和林肯，蔡斯不太容易交到朋友。397一位同時代的記者發現，他對於「人情世故所知甚少」，398而在「對一個人瞭若指掌時，卻忽略整個人群」。399他在凝神沉思時，外人可以感受到他全神貫注、心無旁騖，這點讓他已夠嚴重的近視更加嚴重，結果讓他無法細查別人的反應。此外，他天性拘謹、恪守教規、滴酒不沾又缺乏幽默感，讓人對他敬而遠之。而他嚴肅的表情、過分講究的穿著，也讓他在社交場合中，難以讓人親近。

儘管蔡斯不那麼平易近人，也難以對他人死心塌地，但在一八四〇年代的十年期間，蔡斯確實和一個人結下患難之交。內戰期間，他與愛德溫・史坦頓一起在林肯的政府任職，發揮了舉足輕重的影響力。400史坦頓比蔡斯年輕六歲，來自俄亥俄州史都本維爾（Steubenville），是位才氣縱橫的律師，早年在民主黨非常活躍。他個子不高、身材結實，金屬框眼鏡後面是一雙濃眉大眼。史坦頓出生在致力廢奴的貴格派家庭。他曾講過一個故事，「幼年時，父親逼他立誓，與蓄奴不共戴天，就像漢尼拔父親要他立誓與羅馬人誓不兩立」。401

一八四〇年代初期，蔡斯與史坦頓在哥倫布市相識時，兩人都剛經歷了人生重大變故，死亡的陰影始終追著史坦頓和蔡斯。402一八四一至一八四六年期間，史坦頓失去了獨生女露西、年輕的妻子瑪麗和唯一的手足達爾文。同期間，蔡斯也面臨類似的慘痛遭遇。蔡斯在史坦頓身上找到了慰藉與友誼，假若他們在其他時刻相遇，這種惺惺相惜之感也許不會那麼強烈。

一八四六年夏天，史坦頓和蔡斯一連幾天都待在自己的辛辛那提寓所，兩人暢所欲言，無話不談。這次聚會讓史坦頓留下難以磨滅的印象。他寫信給蔡斯道：「去年夏天，你我相見甚歡。自此以後，在我腦海裡，無論在清醒時還是在睡夢中，時常浮現的生者，唯有你了。我不止一次夢見你。我敢說，我對你的敬意與感覺比起兩人之前面對面時，更加氾濫澎湃。」403

蔡斯與史坦頓之所以能夠成爲好友，絕非因爲同病相憐。一八四〇年代中期他們相識之初，兩人努力在風雲多變的政壇尋找立足點。當時，蔡斯選擇站在自由黨陣營，史坦頓儘管對這個新成立的政黨頗感興趣，但他對民主黨依然忠心耿耿。兩人透過促膝交談、書信往來，就自由黨的優勢與價值交換意見。蔡斯對自由黨的政綱與政見過於狹隘，顯得憂心忡忡，對此史坦頓引經據典地回應道，單一政見也能取得重大勝利，最經典的例子，就是「抗稅與代表權」（Taxation & Representation）這個引領美國獨立革命的口號。他寫道：「我主張黨內須統一口徑與理想；在友誼方面，我僅有你這個對象，我對你的愛強烈而眞誠。」[404]和蔡斯一樣，史坦頓批評民主黨時毫不留情面。民主黨在最近一次選舉中，州長候選人出面公開支持帶有歧視色彩的「黑人法」，讓他失望至極。

蔡斯試圖說服史坦頓參與凡・贊特官司的上訴案，不過被史坦頓謝絕，他擔心「在體力上和腦力上都不足以應付這個官司。去年夏天發生的事情使我心力交瘁，壓垮我的希望，現在生活缺乏目標，對一切意興闌珊，對未來好壞毫不在意」。[405]蔡斯顯然沒有回覆這封信。史坦頓在一八四七年一月的一封信中寫道：「許多星期過去了，但是我不再收到你的音訊。爲什麼會這樣？我每天從郵局失望而歸時，這樣的疑問都會湧上心頭。」[406]

到了春天，兩人又恢復通信。蔡斯把自己在凡・贊特官司的辯詞寄給他。「千眞萬確，我十分開心地稱呼你爲朋友。」史坦頓仔細讀完了長篇的文件之後，寫信給蔡斯說：「我很高興看到了其中涵蓋的智慧。」他不太願意在信中討論這個官司，希望蔡斯盡快和他見面，一起「聚個兩三天」。史坦頓最後道：「我想得到你的回音，並且最好立刻表態，求求你發發慈悲。」[407]

七月，兩人終於在辛辛那提見了面。但是這次會面過於短暫匆忙，史坦頓並不滿意，他內心一直渴望有知己相伴。返回史都本維爾途中，史坦頓向蔡斯說，這次會面雖然令人愉快，但他卻不滿足。之後幾個月，他們又見了幾次面，並在信裡開誠布公。收到蔡斯一封情深意切的信後，史坦頓熱切地回覆，這封信「讓我的心充滿歡樂，得到你的愛，並得知你珍視我的愛，我內心的滿足難以用筆墨形容」。蔡斯聽說史坦頓對一個女子放出「如磁石般的吸引力」，但史坦頓對此傳言冷處理。他坦率地說：「我倒期望事實是如此。愛人，以及被人愛，這是我幸福的必要條件……除了男女一般的性愛，我尚未遇到哪個人對我施展過一絲一毫的魅力。」

他和蔡斯的友情以及他對兩人相聚時光的點滴回憶，成了支撐他的重要養分。「親愛的朋友，請容我再次走進你的書房——你知道，我喜愛這書房更甚於客廳，就算它沒有生火——其實火正在那裡熊熊燃燒——讓我擁你入懷，說我愛你，並祝福你一路平安。」[408]

兩人的友誼不斷升溫之際，蔡斯勸史坦頓更積極地投入反蓄奴運動。他向仍保留民主黨籍的史坦頓承諾，若史坦頓競選州長的話，他將爲之搖旗助選。然而，當時史坦頓既要資助他哥哥的家庭，又要養活自己一家，難以承受經濟上的風險。「沒有聽到你的回音，我深感遺憾。」蔡斯懷著失望的心情寫道：「我親愛的朋友，我們活在這個世上，人生苦短，且讓我們以崇高的壯舉讓生命延伸。你天賦極佳，精力充沛，熱情洋溢，才華過人，能言善辯，而現在，一項偉大的志業正在向你發出召喚。」

史坦頓無法全心投入反蓄奴運動，導致他和蔡斯的關係蒙上陰影。在哥倫布市舉行的民主黨大會，將反蓄奴議題排在議程裡，但史坦頓並未出席。蔡斯嚴厲批評他，將個人利益置於政治責任之上。「爲什麼——爲什麼你不在這裡？」蔡斯嘆道：「若我事先知道你不願出席大會，我肯定不會離家。」[409]面對蔡斯的責難，史坦頓的回信充滿了受傷之情。他解釋道，他無法成行不僅僅是因爲私事，而是各種責任相互衝突所致。他坦言：「法律事務佔據了我全部時間與心思……這顯然不是我身爲男子漢所預想的境界——但是在現實生活中，一些人野營享受相聚同歡之際，某些人身爲哨兵，必須單槍匹馬巡邏。」[410]

史坦頓比蔡斯更珍視友誼，對他來說，友誼比政壇事件發展以及個人抱負都來得重要。史坦頓寫道：「公眾的肯定讓你心滿意足，但是對我而言，像你這樣的友誼才是無價之寶。」[411]他傷心地說：他「清楚自己肩負的各種社會責任，隨著年齡增長有增無減的壓力，家庭的變遷興衰，心性的好惡傾向，在在會讓男人之間炙熱的友誼冷卻」。[412]但他依然希望有朝一日能和蔡斯並肩作戰，一起爲廢奴而努力。

一八四七年接近尾聲之際，這四位爭取一八六〇年總統提名資格的男子，莫不積極而深入地走進國內政治、社會、經濟的風雲之中，當時的局勢將決定這個新興國家的命運。在反蓄奴制的呼聲日益高漲之下，他們每一個人都擁抱不同的立場。然而當蘇爾德、蔡斯和貝茲在全國名氣漸響之際，除了伊利諾州少數幾個人之外，鮮少人知道一位骨瘦如柴的年輕議員生平第一次來到國家首都。

4 「掠奪和征服」

一八四七年十二月，林肯帶一家人抵達華盛頓火車站，準備參加國會即將開議的新會期。車站是用木頭搭建而成，整個城市每天都在進步變化。①華盛頓紀念碑直到次年夏天才奠基。以鵝卵石鋪設的賓夕法尼亞大道是當時僅有的兩條路之一。國會大廈矗立在一座小山上，號稱「可將整個華盛頓、喬治城、亞歷山大（Alexandria）盡收眼底，也能飽覽馬里蘭州與維吉尼亞州層巒疊嶂的山丘」，②那座爲人熟知的穹窿圓頂尚未與主建物合體。林肯一位同事憶道，大多數屋子的後面「都有豬舍、牛棚、鵝圈，家禽家畜如貴族般昂首闊步，隨心所欲東逛西晃，或形單影隻或成群結隊，穿過大街越過田野」。③

儘管如此，和春田這個小城相比，擁有四萬居民④（包括數千名奴隸）的華府稱得上是大都市了，到處是讓林肯著迷的歷史性地標與紀念碑。名氣響亮的大人物在國會殿堂進進出出——約翰·昆西·亞當斯不眠不休爲廢奴而戰；丹尼爾·韋伯斯特以口才便給著稱，林肯相信，這位仁兄的名言禁得起時間考驗，將流傳後世；⑤約翰·卡洪（John Calhoun）是南方諸州公認的發言人，已開始串連準備造反。這些大老們左右了過去數十年歷史發展的軌跡，將在國會殿堂和另外一群後進交手，這些後進在即將登場的大戲裡扮演主角，他們分別是傑佛森·戴維斯（Jefferson Davis），他是未來南方邦聯的總統兼副總統；亞歷山大·史帝芬（Alexander Stephens）；史帝芬·道格拉斯，和林肯旗鼓相當的可敬對手；羅伯特·巴恩威爾·瑞特（Robert Barnwell Rhett），煽動叛亂的始作俑者。⑥

林肯一家人在史普利格（Spriggs）太太的出租公寓住了下來，地址就是今天國會圖書館的所在地。過沒多久，林肯便成了這棟公寓的紅人，他總是準備好故事或奇聞，逗衆人開心、說服他人、緩和紛爭。在出租公寓搭伙的年輕醫師塞繆爾・布塞（Samuel Busey）憶道，每次林肯準備講故事的時候，「他會放下刀叉，雙肘置於桌面，以手托頰，每次都以『這讓我想起』爲開場白，然後再繼續下去。所有人聚精會神等著接下來必定出現的滿堂喝采。」

閒暇之餘，林肯會和出租公寓的寓友們一起打保齡球。根據布塞醫師的說法，儘管林肯球技不佳，但他「玩得津津有味、興致勃勃」，「無論輸贏，脾氣還是一樣溫和，言談還是一樣幽默」。只要大家獲悉「他在保齡球館，那裡就會聚攏一群人，目睹林肯說逗的本事，而已知他有一肚子故事和笑話的人，都期待著再度捧腹」。沒有例外，他的妙語如珠，搭配逗趣親切的表情，總是讓周遭的人「笑逐顏開」。⑦

林肯開會或是在國會議場時，瑪麗大部分時間獨自待在出租公寓的單人房，陪著兩個孩子——五歲的羅伯特與兩歲的艾迪。他們兩個常常在走廊上吵吵鬧鬧，興奮地到處亂跑，讓其他房客對瑪麗頗有微辭。其他住在出租公寓的國會議員們，都沒有帶妻子或小孩同行，其實大多數國會議員都讓妻小留在家鄉，獨自一人到華府，所以瑪麗在這裡交不到女伴，只好一個人一天到晚陪著孩子。此外，當時的社會風氣也不允許她在沒有丈夫的陪伴下，參加社交聚會或舞會。而她的丈夫一天到晚都有事，無暇陪她社交。⑧過了幾個月，瑪麗和林肯協商，決定帶著孩子離開華盛頓。由於他們在春田的房子已租人，租約到林肯卸任爲止，所以瑪麗無法回家，只得帶著孩子回到她父親在肯塔基州萊辛頓的宅邸，這也是她和丈夫二十三年婚姻中，分居最久的一次。

＊＊＊

亞伯拉罕・林肯抵達華府之前十八個月，美國歷史有了重大轉彎。民主黨籍總統詹姆士・波克下令美國部隊，佔領美國與墨西哥之間一塊有爭議的土地。美墨兩國因爲邊界問題爭議不斷，所以幾十年來，兩國關係相當緊張。波克宣稱，墨西哥在美國的土地上向美軍開火，所以波克呼籲國會無須宣戰，但必須意識到國家已進入交戰狀態。⑨

與墨西哥之戰，點燃美國人同仇敵愾的愛國精神。他們把戰爭視爲「在遙遠而充滿異國情調的地方，進行的一次浪漫歷險」。⑩國會打算徵募五萬人入伍，但是短短幾週，就有三十萬名志願者報名。曾與林肯交手競爭的約翰・哈丁是伊利諾州「第一位搶先報到」的人。入伍後，他被推舉爲團長，並自願在布埃納維斯塔（Buena Vista）戰役中，像英雄般爲國捐軀。向國會請假參戰的議員愛德華・貝克組織了一個「鼓聲迴盪，笛聲悠揚」的軍樂團，引領他的部隊「穿過旗幟飄揚、萬衆歡呼的街道。垂淚相送的婦女群中，站著雄赳赳受上帝祝福的男士」。⑪

一開始，許多重要輝格黨員就對美墨戰爭是否合憲、是否合乎正義提出質疑。林肯說道：「實情是，美軍越過格蘭德河（Rio Grande），進入平靜的墨西哥村落，把當地居民趕出他們的家園以及等著收割的農地。」⑫不過林肯宣誓就任國會議員前，戰役已經落幕，美墨雙方簽訂和約，⑬條款對於戰勝的美方而言，佔盡優勢。在這時間點，林肯坦言，與其大聲質疑戰爭的正當性，不如保持沉默，這樣做會比較輕鬆容易些。不過民主黨人的所作所爲，「輝格黨不會保持沉默」。⑭當國會重新開議，輝格黨立刻提出動議，譴責政府對墨西哥發動侵略戰爭，繼而要求國會支持動議，「讓總統說明打這場戰爭的初衷，以及戰爭的正當性」。⑮

十二月十三日，林肯抵達華府不到兩週，便寫了封信給律師合夥人威廉・荷登說：「既然你們都這麼看重我，希望我出人頭地，我決定不辱衆望。」⑯九天之後，他提出一項動議，呼籲波克總統明白告訴衆議院，「在我們公民犧牲流血的那塊土地」到底是屬於墨西哥抑或美國。他向總統下戰帖，要求他拿出證據，證明「墨西哥不懷善意，是入侵我們國土的侵略者」。⑰

不出所料，總統並未對這位初出茅廬、沒沒無聞的衆議員做出回應。林肯急於出頭，卻只贏得了「追問開戰地點的林肯」（spotty Lincoln）⑱這樣戲謔的稱號。幾週之後，林肯和輝格黨同志投票支持麻薩諸塞州議員喬治・艾許蒙（George Ashmun）提出的動議，稱總統發動了一場「不必要也不合憲的戰爭」。

一八四八年一月十二日，林肯在一次重要演說中，爲他自己的動議以及艾許蒙的動議提出辯護。他宣稱，若總統能夠證明美墨戰爭的第一滴血是灑在美國的土地上，那麼他會很樂於改變自己的立場。若總統「不能或不願澄清」，那麼他會質疑整件事「自始至終是一大騙局」。林肯譴責總統將兩個國家都捲入了戰爭，希望藉此「將公衆視線專注於軍隊奪目的光環……專注於毒蛇的眼睛，專注於除惡的快感，目的就是爲了規避監督」。他接著把總統針對戰爭的諸多發言比作「一個發燒人夢囈時的瘋言瘋語」。也許他想到了小時候同伴將滾燙煤炭放在烏龜背上折磨牠的景象，林肯說，總統思緒混亂，笑容古怪，「就像一隻熱鍋上的螞蟻，四處亂竄，找不到一處能讓自己安心自在的地方」。[19]

這個第一擊顯得莽撞，少了林肯後來公開演說中讓人稱道的理智與講理，也違背他經常掛在嘴邊的理念：領袖應該努力改變輿論，但得留心輿論走向。他對波克的批評雖具說服力，但是時機不對，當時大部分民眾對於戰勝顯得志得意滿，所以林肯的批評發揮不了暮鼓晨鐘的效果。民主黨的《伊利諾州紀事報》（*Illinois State Register*）指責林肯「對波克總統發動攻擊，跟賣國賊沒兩樣」，稱林肯讓他的選區蒙羞，「今後」可能被視為「叛徒班尼狄克・阿諾」（Benedict Arnold），而且預言他只能做一任的議員。[20]林肯試圖為自己的立場辯護，宣稱，儘管自己對戰爭的動機提出質疑，但從未投票反對補給前線士兵。他說，全盤接受波克總統的立場，就是「允許總統侵略鄰國……**只要總統說**，他認為出兵有其必要」。[21]

就連林肯的好友荷登也擔心林肯的反戰姿態會毀了他的政治前途。「我覺得林肯會自毀前程。」荷登後來解釋說：「關於此事，我不斷寫信給他。」[22]他的擔心不無道理。後來事實也證明，林肯為出名而批評波克，惹惱了民主黨人，讓膽小懦弱的輝格黨員提心弔膽，[23]並且喪失伊利諾州選民的支持，因為該州力挺美墨戰爭。芝加哥知名政治家賈斯丁・巴特菲爾德（Justin Butterfield）被問及是否反對美墨戰爭時，他答道：「不，我過去反對過一次戰爭（一八一二年的戰爭），對我而言，一次就夠了。現在我對戰爭、瘟疫、飢荒，一律舉雙手贊成。」[24]接下來幾年，林肯頻頻寫信捍衛自己的立場。儘管林肯曾和輝格黨同仁達成非正式協議，承諾只做一屆議員，接下來換其他人做。不過就算他有意再次連任，成功的機會也因為積極反戰而迅速蒸發。後來輪到史帝芬・羅根披上輝格黨戰袍出征，結果落選，大家將他的失利歸咎於林肯。

對於時下流行的「天命論」（Manifest Destiny），蘇爾德比林肯了解得更透徹。他預言道：「我們美國人註定要以銳不可擋之姿，朝冰天雪地的北境挺進，並往西擴張，在太平洋岸和東方文明相遇。」[25]儘管蘇爾德也不贊成戰爭，但憑藉他在政治上的敏銳嗅覺，他知道對美墨戰爭提出反對意見是一大錯誤。他警告：「他不指望輝格黨能夠成功推翻掀起戰端的政府，輝格黨以及輝格黨員只能不斷為國家與人為敵的行為道歉。」[26]

塞蒙・蔡斯回到俄亥俄州，告訴廢奴派蓋里特・史密斯（Gerrit Smith）說，「他當初不該參與」[27]這場戰爭，但是在公開場合，他保持沉默，並未表達自己的反戰立場，因而陷入了政治上的兩難。他說，一方面，自由黨內的反蓄奴陣營強烈反對這場戰爭，然而若他想在美國參議院拿下一席，他需要俄亥俄民主黨人支持。若他這時攻擊民主黨總統，他的計畫恐怕會泡湯。

四位未來在總統初選互相較勁的對手當中，只有愛德華・貝茲像林肯一樣，積極提出反對意見。他批評波克「光天化日之下公然撒謊」，稱這場戰爭的眞正目的是「掠奪和征服」。[28]貝茲說，他爲那些投戰爭一票的輝格黨同志感到不齒，認爲他們「被一種狹隘、討好選民的政策所驅使，過於自私自利，唯恐個人的人氣會受傷，唯恐在即將登場的總統選戰中受到不利的影響」。[29]在貝茲看來，這場戰爭的眞正陰謀是擴張蓄奴制——這是他和許多輝格黨人的共同想法，林肯則認爲這只是「一場爲衝高選票而發動的征服之戰」。[30]

無論開戰是否爲了擴大蓄奴制範圍，不過這一仗卻將此問題攤在人民眼前。正反雙方爲此你來我往、僵持不下之際，一位來自賓夕法尼亞、鮮爲人知的國會議員大衛・威爾莫特（David Wilmot），在戰爭撥款法案裡增列了一條修正條款，規定「蓄奴制或非自願勞役都不得存在於戰後從墨西哥取得的土地」，包括加州、內華達、猶他、亞利桑納、新墨西哥等州。這條威爾莫特條款一遍又一遍地在衆議院獲得通過，卻又一遍又一遍地在南方勢力控制的參議院遭否決。[31]該案成了南北雙方衝突的戰場。新領地能否蓄奴成了接下來數年左右政局的關鍵。

蘇爾德、蔡斯和林肯都贊成不得在墨西哥取得的新領土上實施蓄奴制。其實在威爾莫特條款提出之前，林肯就反對蓄奴制擴張，而且一輩子堅持不變。他主張，憲法對已存在蓄奴制的各州提供了保護傘，但是「我們永遠不該直接或間接地出力，導致奴隸制無法自然而然地走入歷史——當它在舊環境再也無法生存之際，我們不該爲它找到新的藏身之所」。[32]

在密蘇里，貝茲也對威爾莫特條款表示支持，但理由不盡相同。貝茲認爲，蓄奴制擴大到這些新領地，是一個現實問題而非道德問題，因此應禁止。若南方人攜帶大量的奴隸到西部的新領地，他擔心不蓄奴的白人可能停止西進，導致這些地區的繁榮受阻。更重要的是，貝茲擔心蓄奴問題製造的紛擾可能導致國家分裂。所以

他對北方廢奴派與南方極端分子一律加以譴責。㉝

貝茲的擔心不無道理。以南卡羅萊納州約翰・卡洪爲首的團體，對威爾莫特條款高分貝發難，譴責該條款違憲，剝奪了南方人「攜其財產」自由遷徙到美國人共有土地的權利。㉞更何況，若禁止蓄奴制進入新領地，自由州就會加入聯邦，導致南北權力失衡。在衆議院，南方勢力已節節敗退，輸給人多勢衆的北方；而在參議院，南方派多年的優勢也將拱手讓人。到時候，南方利益將受制於北方，聽其擺布，這種結果南方陣營絕對無法接受。《里奇蒙詢問報》(*Richmond Enquirer*) 發表社論說：「北方和西北方的狂人心意已決，北方聯邦的盛世恐怕已屈指可數。」㉟關於美墨戰爭的辯論引爆了南北雙方對蓄奴制的攻防，進而威脅到北方聯邦的地位。

***

政壇劍拔弩張、動亂紛呈之際，林肯益發思念妻兒，希望他們陪在身邊，讓他一享天倫之樂。這段分開的日子，兩人靠書信往返，這些資料是今天我們分析林肯夫婦關係僅有的第一手資料，其他資料得向局外人或旁觀者收集，局外人當中，不乏對瑪麗心存敵意或認爲瑪麗配不上林肯者。

一八四八年四月十六日，林肯給瑪麗寫道：「當你在這裡的時候，我覺得你有些礙手礙腳，讓我無法專心辦公；但是現在，除了公務，沒別的事好做——一成不變——讓我覺得非常枯燥乏味……我討厭一個人孤零零地待在這間老舊房子裡。」他以驕傲的口吻敘述他爲孩子買的東西，他告訴她，自己多麼喜歡讀她的來信。他很開心地聽到，她終於「不再受頭痛煎熬」，這可是他認識她以來頭一遭。他接著以戲謔口吻補充說：「我擔心你會恢復得相當好，因此心寬體胖，人也變得年輕，就像又要嫁人一樣。」㊱

一個週六晚上，小孩入睡之後，瑪麗回信：「親愛的夫君，我多麼希望**我們**能共度這個晚上，而不是靠書信傳情。遠離你，我心惆悵。」她敘述孩子的生活和活動，接著羞答答地提及那位曾經在春田追過她卻沒機會牽她手的韋伯先生，稱他即將到肯塔基的謝比維爾（Shelbyville）。「到時我得接待他，必須逢場作戲，適時放電一下。你知道**我們**的作風，老是改不掉這種**偏好**。」信的結尾，她要他放心：「別擔心孩子忘了你，即使是艾迪，聽到你的名字，眼睛都會爲之一亮。——始終愛你。」[37]

林肯很快回了信。「你在信裡提到一件要事，就是你希望回到山（阿帕拉契山）的這一邊。如果我答應，你會安分地做個乖乖女嗎？」林肯很可能指的是瑪麗曾經與公寓裡其他鄰居發生不快，以及她對丈夫忙於公務頗有微辭。他心想既然瑪麗已保證會改，遂繼續寫道：「那就來吧，越快越好。腦子有了這個想法後，我會整天心神不寧，直到見到你爲止。」[38]這些信裡充滿了各種閒聊，內容提及他們在華府和春田熟識的人，關於孩子的動態，有時也會談到林肯的政治活動。字裡行間，有戲謔，有渴望，嚮往有人相伴，也嚮往肌膚之親。一八四八年秋天，瑪麗帶著孩子重返華盛頓。

一八四八年六月，林肯和輝格黨同志推舉美墨戰爭的英雄札卡里・泰勒將軍（General Zachary Taylor）爲總統候選人，希望他在那場戰役的光榮表現能再次發揮魅力，跟當年喬治・華盛頓、安德魯・傑克遜、威廉・亨利・哈里森等英雄一樣。林肯寫道：「我投泰勒將軍一票，因爲我很高興我們可以選他……我們沒辦法選其他的輝格黨人。」[39]他向荷登解釋，提名泰勒能「攻民主黨於不備，讓戰爭的光環變成雷殛回頭倒打他們一把。美墨一戰現在對他們而言，是韓曼的絞刑架（gallows of Haman）。他們爲我們打造了這個東西，現在卻註定要被這個東西吊死。」[40]

蘇爾德對輝格黨提名泰勒並不滿意。泰勒是奴隸主，不屬於任何政黨或派系。更糟的是，輝格黨竟然選了蘇爾德的對手——紐約人米勒德・費爾摩爾擔任泰勒的副手。他也不喜歡黨內彷彿蒙了一層薄紗的政見主張，遮遮掩掩，不敢光明正大討論國內重大議題，包括立場分歧的威爾莫特條款。蘇爾德說，他「非常樂意」投票支持「另外一位候選人，若這人能加速自由化，讓自由遍地開花」。[41]一心求勝的梭羅・魏德堅稱，泰勒基本上是一位民族主義者，會比民主黨總統候選人密西根州的路易斯・凱斯（Lewis Cass）更能捍衛北方的利益。畢竟，許多人認爲凱斯是「雙面人」（doughface），[42]雖身爲北方人，但骨子裡支持南方理念與原則。再者，民主黨的政見清楚反對將奴隸問題提交國會審議討論，這是威爾莫特的主張之一。最後，蘇爾德還是把票投給了泰勒，和林肯與貝茲一樣，希望他能讓居於劣勢的輝格黨吸引到北方民主黨人與獨立選民的票，擴大輝格黨的民意基礎。

蔡斯再次採用了一個不同於其他三人的戰略。由於新領地的蓄奴問題已是政壇不得不處理的燙手山芋，因此他主張，現在該是籌組一個泛北方黨派的成熟時機，把自由黨員、民主黨內反蓄奴人士、和「有良知的」輝格黨人聯合團結起來。他與查爾斯・桑納等人合作，在一八四八年八月於水牛城召開了反蓄奴黨派大會。出席的人數破萬。衆人情緒激昂，推舉蔡斯爲大會主席，並授權他爲新的政黨「自由國土黨」（Free Soil Party）起草黨綱。㊸

期間，水牛城一位代表寫信給貝茲，詢問是否可將他的名字列入副總統候選人名單。㊹貝茲竟然會被列入人選之一，可見在關鍵時刻，各政黨爲了勝選，不惜將原則擺一邊。儘管貝茲反對蓄奴制擴大範圍，但他並未放棄奴隸主的身分，㊺也相信黑人天生低賤，在在反映出他骨子裡南方人的教養與意識形態。㊻不同於蔡斯和蘇爾德，貝茲支持北方一些法規，包括禁止黑人投票、禁止黑人擔任官司的陪審員、禁止黑人擔任公職等。他家裡一位女奴逃到加拿大時，㊼他難以置信。他在日記裡寫道：「可憐的蠢東西，她永遠不可能像在我們家裡那麼好過。」至於女奴留下的三個女兒，貝茲立刻轉手脫售，「不想再被她們所擾」。

不出所料，貝茲拒絕了自由國土黨的提名。雖然他支持該黨的「根本黨綱」，主張「國會應立法，讓目前尚未出現蓄奴的地方，永不得建立蓄奴制」。但他認爲，一個全國性的政黨不能只靠一條黨綱獨撐大局。他說，即便他有機會當選總統，他也不會「加入一個四處分散的地方性政黨」。㊽

經過幾天審議協商，水牛城大會提名前總統馬丁・范布倫（Martin Van Buren）爲總統候選人，提名查爾斯・法蘭西斯・亞當斯爲副總統候選人。自由國土黨遵循蔡斯提出的口號「自由國土、自由言論、自由勞動、自由人民」，㊾誓言「阻止蓄奴制擴大」㊿到新領地，正式投入一場艱苦的三黨競賽。

一八四八年九月，國會休會期間，林肯首次和總統選舉有了交集，努力在東北地區，爲札卡里・泰勒助選。輝格黨在麻薩諸塞州伍斯特（Worcester）的造勢大會上，林肯不請自來。主席發現自己沒帶擴音器，因此林肯非常樂意越俎代庖，替他發言。51波士頓《每日廣告報》（*Daily Advertiser*）報導林肯當天的即席演講，指出這個高個子議員有「一張聰明的臉、具洞察力的腦袋、冷靜的判斷力」，他以「精闢的論點、精彩的表現，征服了聽衆」。演講結束時，「聽衆們爲伊利諾州發出三次熱烈的歡呼，爲這位口才便給的伊利諾州人報以更多的喝采。」[52]

助選期間，蘇爾德和林肯在波士頓的特里蒙神殿（Tremont Temple）舉行的一次大規模造勢集會上，首次見面。[53]林肯承認，那晚他與蘇爾德的會面，「在他自己記憶裡留下的印象之深，或許超過了蘇爾德州長對他的印象」。[54]

特里蒙是波士頓舉行宗教與世俗活動的大型場所。在寬闊的廳堂，蘇爾德與林肯同坐在講台上，蘇爾德作爲明星級助選員，率先發表演說，佔用了當晚的大部分時間。多數輝格黨的助選員演說重點不外乎改善國內建設、實施關稅、公共土地的使用與分配等。蘇爾德的演講圍繞著蓄奴制打轉。他力挺泰勒，稱他是一個好人，值得輝格黨的信賴，相信他可以實現輝格黨力阻蓄奴制擴散到新領地的決心與意志。他希望「這麼一天必將到來，而且不用等太久。整個國家的公民以及麻州將選擇一位反蓄奴的北方人而非一位奴隸主，擔任他們的領袖」。蘇爾德火力全開，預言「會有更多的事實證明蓄奴制行不通，這一時刻很快就會到來」，[55]最後將喚醒並感動群眾的良心，進而解放這個國家的所有黑奴。

輪到林肯上場的時候，時間已經不多了。但是他的演講緊緊抓住觀眾的心。《波士頓信使報》（*Boston Courier*）將這場演說譽爲「一場最鏗鏘有力、最具說服力的演說」。在批評民主黨候選人凱斯、自由國土黨候選人范布倫時，林肯更是博得了多次「好評」。林肯給范布倫起了個外號，稱他是來自肯德胡克（Kinderhook）的「一流滑頭」（artful dodger），藉此諷刺他朝秦暮楚的黨派立場。林肯最後在「久久不歇、震耳欲聾的掌聲中」[56]結束了演講。時隔二十多年，蘇爾德憶起林肯這場「閒聊式、彷若說故事」的演講，承認它讓聽眾「聽得津津有味」，但他強調，該演講並未「深入探討蓄奴制問題」。

第二天晚上，蘇爾德與林肯在伍斯特旅館下榻於同一個房間。幾年之後，蘇爾德憶道：「一整晚我們幾乎都在聊天。我堅持，現在是闡明立場、暢所欲言的時候。」[57]林肯「一副沉思的表情」[58]聽蘇爾德說話，接著道：「我想你說得對，我們必須正視蓄奴制問題，而且要比以往更重視，更花心思。」[59]儘管威爾莫特條款每次在眾院闖關時，林肯都投贊成票，但他並未就蓄奴制問題發表任何談話，[60]也未安排任何活動炒熱這個話題。兩人結束談話後，肩並肩躺在床上，這畫面看上去想必是喜劇性十足——其中一人比另一個高了差不多半英尺（約十五公分）、小了十歲；枕頭的一邊是蘇爾德一頭亂蓬蓬彷若乾草的淡黃色頭髮，另一邊是林肯又硬又密的黑髮。

多年之後，林肯當上了總統，憶及這趟麻州之旅時說：「我頭髮多了乾草的顏色，前往北方聯盟裡最有教養的一州，學習風度禮儀。」[61]在州長官邸晚餐的一幕依然栩栩如生浮現在林肯的腦海——「這絕對是一頓很棒的晚餐，是我有生以來最好的一次。在場的大人物們也都很精彩！只消跟你們說，如何安排他們在餐桌的位置就夠你們笑了。」[62]接下來他講述了當時的情形。

十一月投票日，輝格黨高奏凱歌，將札卡里・泰勒送進了白宮。[63]這是輝格黨最後一次打贏全國性選戰。過了四年，黨內因蓄奴制問題鬧分裂，只在四個州告捷。[64]蔡斯對結果也非常高興，該黨候選人馬丁・范布倫在北方選區拿下了逾一〇%的選票——足以證明反蓄奴勢力已成氣候，是全國政壇的一支生力軍。事實上，在包括紐約州在內的北方諸州中，范布倫瓜分了不少原本應投給民主黨的票，因而讓輝格黨得以出線。

林肯返回華府，完成任期內剩下的議程。或許是受到蘇爾德的影響，他擬議了一份逐步解放哥倫比亞特區奴隸的提案，但仍需該區選民投票同意。[65]以前也有類似的提案，但是林肯的提案增列了幾項條款。他提議政府出資補償奴隸主的損失，奴隸主解放多少黑奴，政府就給予等價的補貼。再者，條款允許來自奴隸州的公職人員可以攜帶家僕出公差。最後，爲了緩和南方奴隸主的疑慮，他增列的條款要求特區當局「以積極而有效的手段，拘捕所有逃到特區的奴隸，並將逃奴歸還給主人」。正是這最後一條規定，招致廢奴派溫德爾・菲利普（Wendell Phillips）的嚴厲批判，斥責林肯是「來自伊利諾州的奴隸捕頭」。[66]

經過與輝格黨同仁漫長而謹慎的討論後，林肯自認他擬議的妥協與讓步案合情合理，可以贏得南方溫和派和北方反蓄奴陣營的支持。然而，提案一經公布，支持他的力量立刻消失得無影無蹤。南北雙方的分裂越來越嚴重，妥協的可能性越來越黯淡。積極的廢奴派反對逃奴條款，也反對給予奴隸主任何補償；南方人則主張，特區廢除奴隸制之後，可能爲廢奴制敞開大門，讓廢奴制蔓延到全國。林肯固然失望，但他以務實的態度權衡局勢後，並未提出此案。[67]他說：「我發現之前的支持者離我而去，個人的影響力不斷式微，我明白此時提這個動議徒勞無功，因此決定就此罷手，不再考慮這件事。」[68]

他的衆議員任期於一八四九年三月結束。接著他活力十足地爭取「國有土地管理局」局長一職，該職由總統任命[69]——也是指派給伊利諾州的最高職位。林肯認爲，他爲泰勒成功進軍白宮立過汗馬功勞，應該配得上這個位置。當上局長後，他將可決定全州公有土地的使用與分配。結果由另一個人得到此位。幸虧亞伯拉罕・林肯沒有得到這個任命，他的優勢在於擔任大衆的領導人，而非政府機關的官僚。他後來以輕鬆語氣道：「若要我指出自己的缺點，那只有這麼一點——我不會說不！」他笑著補充道：「感謝上帝，沒讓我投胎做女人。但如果祂這麼做的話，我想上帝會讓我變得奇醜無比，這麼一來，沒有人會誘惑我。」[70]

回到春田之前，當過平底船船工的林肯爲自己的發明申請一項專利。那是一只可充氣的「浮力閥」，[71]可將平底船撐高，越過淺灘和沙洲。可惜沒有一個類似的設備可以讓他的政治生涯重新浮出水面。他那十拿九穩的輝格黨國會選區，現在倒戈改而支持民主黨，許多輝格黨員將民意轉向歸咎於林肯對美墨戰爭的批評。他離開公職後，東山再起的機會看來微乎其微，評估林肯短暫的衆議員任期表現，鮮有可圈可點之處。約翰・尼可萊（John Nicolay）寫道，他的議員身分「實際上並未爲他的聲望與名氣加分」。[72]他是一位勤勉用功的國會議員，只要開會幾乎從不缺席，並且對其政黨忠心耿耿，然而他並未脫穎而出，讓自己出類拔萃。

儘管發展讓人失望，但林肯還是穩紮穩打，努力擴大人脈，讓那些足以左右他未來成敗的人留下深刻印象，包括印地安納州的凱勒・史密斯（Caleb Smith）、[73]俄亥俄州的約書亞・吉丁斯等。他們都是西部人，和林肯的仕宦之途頗爲類似。

凱勒・史密斯出生於波士頓，很小就移民西部，逝於印地安納州。他在印地安納攻讀法律，成功加入律師協會，並以輝格黨員身分步入政壇。他「相貌英挺、衣著整齊、[74]有張光滑的鵝蛋臉」。[75]儘管有些口齒不清，但他在競選台上展現的魅力可謂名聞遐邇，遠近皆知。據說他可以讓你「感覺到血管裡熱血沸騰，一路從指尖上竄，直至整個脊椎」。[76]實際上，當時一位評論家認爲史密斯的演說比林肯更讓人折服。[77]在一八六〇年召開的共和黨全國大會上，史密斯竭力說服印地安納黨代表團支持林肯，此舉爲林肯獲得總統候選人資格打下了根基。

約書亞・吉丁斯[78]也面臨和林肯一樣難以克服的障礙。他離開俄亥俄州艾許塔布拉郡（Ashtabula），告別家人與務農的小村，隻身一人來到俄亥俄的坎菲爾德（Canfield）學習法律。他的決定讓朋友和鄰居震驚不已。他的女婿喬治・朱利安（George Julian）說：「他從小就和他們一起生活，和他們一起在田裡揮汗耕作。他從來沒有受過任何正規教育，就連公立小學也沒上過。大家認爲，他棄農就學是企圖扭轉天意的徒勞之舉。這些親友與鄰居相信，根據天意，出身卑微的人應該滿足於自己的命運。」[79]吉丁斯比林肯長十四歲，一八三八年首次進入聯邦衆院，此後又續任了幾屆。他一進入國會，立刻協助約翰・昆西・亞當斯，積極爭取支持，希望國會擁有受理反蓄奴的請願權。與林肯相比，吉丁斯廢奴的立場更激進，但兩人還是成了親密戰友。他們都住在國會山莊史普利格女士的出租公寓，多次同桌吃飯、促膝長談、分享所見所聞。吉丁斯對林肯既欣賞又敬重，七年之後（一八五五年），林肯參選聯邦參議員，吉丁斯宣稱他「願意走遍伊利諾全州」，[80]爲他助選拉票。

林肯在輝格黨的黨友中，來自喬治亞州的亞歷山大・史帝芬後來成爲南部邦聯的副總統，林肯對史帝芬能言善辯的風格佩服得五體投地。他寫信給朋友道：「一位體型瘦小、面色蒼白的肺癆男子……剛結束了一場精彩的演講，我聽了一個小時，感動到蒼老、枯萎而乾澀的雙眼充滿了淚水。」[81]（林肯當時尚不滿四十歲。）多年以後，受過正規教育的史帝芬回憶道：「林肯先生態度小心翼翼，說話笨拙，但是卻擁有一個極爲強健、清晰和活躍的頭腦。他說話時，總是能牢牢吸引住全體議員的注意力；他說話的風格與思想新穎而獨特……他講的奇聞軼事總是恰當又切中要點。而在社交場合，他總能讓同伴開懷大笑。」[82]

林肯有能力贏得他人敬重、信任、擁戴，這種能力是他崛起得勢的基礎。他有一種神祕的特質，能讓衆人以及對手不由自主地對他心生敬佩。

＊＊＊

林肯再度重拾律師老本行，感覺自己「漸漸對政治喪失興趣」。[83]之所以有此感嘆，是因他對美墨戰爭的立場，讓他競選公職的大門暫時關閉。不過他並未徹底從政壇消失，他努力爲伊利諾州同仁捍衛政治地盤，並且響應呼籲，希望輝格黨召開大會進行重組與整頓。爲幾位輝格黨領導人所寫的長篇悼詞中，他公開點名國家面臨的一系列問題，認爲蓄奴制是「當今重大的課題」。[84]他也從不放過任何機會，批評已成爲國家紅人的史帝芬・道格拉斯。

在這段低潮的過渡時期，他「更認眞地」[85]當律師。他在春田的律師事務所生意絡繹不絕，爲瑪麗提供穩定的收入來源，可以讓她擴建房子，請更多的幫傭，更自在地花錢從事消遣娛樂。這幾年對瑪麗而言，應該比之前幸福多了，但是親人相繼過世，讓她萬念俱灰。林肯從華府卸任返回春田後，瑪麗的父親在那年夏天死於霍亂疫情。當時他年僅五十八歲，去世之前依然活力充沛、精神奕奕地參與各種政治活動。事實上，在被病魔奪去一命前，他還努力地競選肯塔基州參議院的席位。六個月之後，瑪麗深愛的外婆伊莉莎・帕克・陶德逝於萊辛頓。瑪麗六歲喪母之後，是外婆給了她關愛與撫慰。

一八五〇年二月一日，瑪麗遭遇了一生中最心碎的傷慟：她的次子艾迪死於肺結核，年僅三歲。[86]這傷慟跟著她一輩子，並深信悲痛與厄運是她的宿命。[87]整整七週，瑪麗不眠不休爲兒子止燒、止咳，但艾迪的病情依然持續惡化，最後陷入昏迷，並在二月一日早上嚥下最後一口氣。鄰居們回憶道，他們聽到瑪麗痛徹心扉的哭泣。[88]她整日臥床不起，茶飯不思，以淚洗面。儘管林肯十分難過，但也唯有他可以接近她。「吃點東西吧，」他懇求道，「因爲我們必須活下去。」[89]

最後瑪麗靠宗教得到了些許精神安慰。她與第一長老教會的牧師詹姆士・史密斯（James Smith）長談，這位牧師主持了艾迪的喪禮，他跟瑪麗提到死後得以永生的信念，讓瑪麗大爲感動，遂加入他的團契與禮拜，並恢復自己對神的信仰。林肯心存感激，租下第一長老教會教堂裡一個家庭小包廂，[90]偶爾陪瑪麗上教堂，儘管他無法和瑪麗一樣，認爲艾迪在來生的某個地方等待著團聚。

艾迪死後一個月，瑪麗再度懷孕，並於一八五〇年十二月產下第三個兒子威廉・沃里斯。一八五三年四月，第四個兒子湯馬斯出世。然而艾迪之死依然在瑪麗心裡留下難以磨滅的傷痕[91]——她的情緒起伏更大，更容易擔驚受怕，軟弱的一面更突出。有關她脫軌的行徑、對丈夫「歇斯底里大發脾氣」[92]的傳聞，開始不脛而走。謠傳她手執利刃，在院子裡追殺自己的丈夫，[93]用掃帚把他趕出房子，[94]用大木塊敲他的腦袋等。[95]儘管這種雷霆怒火來得急也去得快，但是她喜怒無常的脾氣和動輒拳腳相向的做法，無疑讓全家天翻地覆、不得安寧。

每次瑪麗情緒失控，林肯就以裝聾作啞因應，鄰居稱之為「保護性的裝聾作啞」，⑯這無疑是火上加油。他不和瑪麗正面衝突，而是安靜地離開房子，讓自己陷入沉思冥想，或是帶孩子出門蹓躂。⑰若還是無法風平浪靜的話，他就會去州立圖書館或辦公室，偶爾通宵不歸，直到自己心平氣和為止。⑱

林肯的朋友們認為，若他的婚姻幸福美滿，他也許能安分地在鄉下當個律師。春田的律師米爾頓・海伊（Milton Hay）說，若他娶了個「有著天使般個性的女人」，「他鐵定會更常待在家裡，不會一天到晚往外跑，和其他人打交道」。⑲

雖說家庭的和諧、融洽會讓林肯更幸福，但是若把他視為和愛德華・貝茲一樣的居家男人，那就完全違背我們對林肯強烈抱負與非凡衝勁的理解與分析。他的雄心之大——驅策他把握所有空閒時間猛啃書本；強記他父親說過的所有奇聞與故事，以便吸引朋友；忙碌了一天之後繼續挑燈苦讀法律至深夜；並在二十三歲就競選公職。事實上，早在他政治生涯成形之前，他就下定決心要贏得同輩的敬重，要「證明（自己）值得」他人的肯定。⑳

林肯聚精會神專注於法律事務，其實是以靜待變，等待時局發生轉機，等待重返政壇的恰當時機。

＊＊＊

林肯的壯志豪情受阻之際，蘇爾德與蔡斯的生涯似乎添了新柴火，衝得更快。札卡里・泰勒成功入主白宮，連帶讓輝格黨首次在紐約州議會拿下過半席次。當時的美國聯邦參議員係由州議會選出，而非大眾投票選出。梭羅・魏德在州議會施展他的魔棒，希望能將蘇爾德送進聯邦參議院。㉑可惜，因為該州的輝格黨員鬧分裂，讓魏德的如意盤算多了變數。拜勝選之賜當上副總統的米勒德・費爾摩爾領導的保守勢力，主張延緩討論蓄奴問題，派系成員以商人、資本家、棉花生產商為主。而魏德與蘇爾德則代表自由派。

紐約各大報紙報導了蘇爾德在克利夫蘭發表的演說，由於措詞激烈，讓他和維持溫和派形象的新政府格格不入，也讓魏德的處境雪上加霜。蘇爾德宣稱：「美國的社會存在兩大敵對勢力，自由與奴役。自由符合我們的政府體制以及時代精神，因此與人無爭、天下太平。奴役與體制、公義、人性相衝突，因此有組織、有系統、防衛心強、活躍而主動、不停地侵略。」他說，勞動自由化需要靠普選、「普及知識」。反之，以奴隸爲基礎的制度，「靠的是無知，因爲無知才是壓迫賴以存續的保障」。蘇爾德警告，本質上大相逕庭的經濟制度，久而久之勢必會釀成區域性衝突，因爲不同的經濟制度會衍生背道而馳的文化、價值觀和意識形態。

蘇爾德在克利夫蘭群眾面前呼籲廢除俄亥俄州的「黑人法」，包括禁止黑人投票、擔任陪審員、擔任公職等。他坦承，蓄奴制是各州的罪孽。他說：「我們紐約州，因爲奴役依然存在而有罪，因爲已獲解放的種族，至今仍無投票權。你們俄亥俄州也一樣有罪，因爲還未取消白人至上以及面目可憎的黑人法。」[102]在那個年代，蘇爾德支持黑人有投票權、黑人加入陪審團、黑人擔任公職等主張，對一個主流政治家而言，立場過於激進，讓人不敢恭維。即便是整整十年之後，林肯與史帝芬・道格拉斯辯論時，堅稱自己從未贊成「黑人可以成爲選民或陪審員，也不支持他們擁有擔任公職或與白人通婚的資格」。[103]

兩人立場不同很大程度在於政治環境使然：紐約州比較進步，傾南方的伊利諾州則較保守。儘管如此，蘇爾德比林肯更善於用精心設計的語言鼓動特定群眾的情緒，藉刻意設計的措詞更貼近群眾的想法與意識形態。蘇爾德知道，在西儲的群眾很可能比東部的群眾更進步、更樂見改革，[104]所以他的演講大膽而勇敢地朝廢奴方向邁出一大步。但是《克利夫蘭老實人報》（*Cleveland Plain Dealer*）依然指責蘇爾德缺乏反蓄奴制的熱忱，[105]也正是這種熱忱，讓西儲比東岸進步了十年。

蘇爾德除了譴責「黑人法」，也高分貝抨擊逃亡奴隸法。他稱，逃奴法違背神聖法（divine law）的精神。他的結語意在喚醒群眾，呼籲大家動起來。「爲了自由，難道因爲公衆的良心沉睡不醒，所以我們只能無所事事？不，可以做的事很多——一切都可以做。蓄奴制目前的地盤可以受到限制，可以得到改善，**可以也必須被廢止**，你們和我都可以辦到，而且必須做到。」[106]

蘇爾德的演說讓魏德憂慮不已。儘管他也認爲蓄奴制是「一種政治犯罪，國家的災難——嚴重的道德與政治不幸」。[107]但是他預言道：「當蓄奴制被政治化，成爲政治爭議的一環，就算不至於弄垮政府，也會動搖它的根基。蓄奴制被不計後果地與黨派之爭盤根錯節、不當掛鉤，這太可怕了，殺傷力也太大。」[108]

當時公然表態廢奴的人只是少數，而且在北方城市遭暴力攻擊的消息實有所聞。魏德告誡蘇爾德，他那煽動性的言辭[109]會將他推向威廉・勞伊德・蓋里森和溫德爾・菲利普等極端派的陣營。認眞掂量了魏德的顧慮之後，蘇爾德承認，討論解放黑奴的時機並未完全「成熟」。[110]之後幾週，他尖銳的論調漸漸消音，因而留了些餘地給魏德，讓他有機會將這位小老弟推向更高境界。魏德要蘇爾德一一向州議員示好，並拉攏了一批自由派分子，再向溫和派保證，當蘇爾德在討論蓄奴制時，是「希望提高社會水平，而非降低」。[111]他甚至還向泰勒政府承諾，蘇爾德絕對會遵守輝格黨奉行的溫和路線。儘管輝格黨鬧分裂，加上費爾摩爾勢力崛起，但魏德仍成功爭取到過半數的支持，將蘇爾德送進了聯邦參院。

「也許從來沒有一個人初次進入國會就如此聲名遠播，如此備受重視。」[112]《紐約論壇報》在他當選後寫道。蘇爾德頂著響亮名氣（甚至是污名）的光環來到華府。事實證明魏德有先見之明，他事前猜到，蘇爾德在克利夫蘭的激進演說可能會反過頭來讓他飽嘗苦頭。蘇爾德在參院宣誓就任後不久，一位南方議員從座位上站起來，大聲念出蘇爾德演講的結語，說到蓄奴制「可以而且必須被廢止」時，據說整個議場爲之「戰慄」。[113]有人書面威脅蘇爾德：「若我們在喬治亞州碰到你的話，你那可惡的脖子會被扭斷。」[114]

＊＊＊

一八四九年，塞蒙・蔡斯藉由成立反蓄奴的新政黨，成功爲自己的從政奠下坦途。自由國土黨在七十二席的俄亥俄州議會拿下十三席，州議會將挑選下一屆的聯邦參議員。無論是輝格黨還是民主黨，均未在州議會拿下過半數席次，因而給了小小的自由國土黨極大的影響力。[115]儘管很多人認爲，前輝格黨員約書亞・吉丁斯最有資格出任參議員，畢竟他在衆議院爲廢奴已努力了十多年，但是蔡斯還是想方設法爲自己掙到這一席。說來諷刺，他贏得這一席採用的手段讓他的生涯蒙上陰影，最後還和俄亥俄州許多重要人物結下宿怨。

多數自由國土黨人是前輝格黨員，所以不會投票支持民主黨人，而是力挺吉丁斯出任參議員。不過。還有兩位立場搖擺不定的無黨派議員，一個是前民主黨人諾頓・湯申德（Norton Townshend）；另一位是約翰・F・摩斯（John F. Morse），他曾是一位「有良心的輝格黨人」。[116]這兩人的決定將是關鍵。蔡斯私下與民主黨在俄亥俄州的黨主委塞繆爾・梅達利（Samuel Medary）達成協議，根據協議，若蔡斯能說服湯申德與摩斯加入民主黨陣營，梅達利將協助蔡斯成爲美國新科參議員。再者，民主黨必須投票廢止「黑人法」，這是摩斯答應與民主黨站在同一陣線的交換條件。州議會議長一職則由民主黨人出任，哪個黨出任議長，哪個黨就可取得對州議會的控制權。[117]對於梅達利而言，手握州議會的控制權遠比提名參議員來得重要。

蔡斯馬不停蹄地穿針引線，遊說湯申德和摩斯支持民主黨。吉丁斯還留在華盛頓，蔡斯則到了哥倫布市，在州議會大廈附近的尼爾之家（Neil House）住了下來，以便晚上出席自由國土黨的小組會議，白天則和一個個民主黨人討價還價。他在各大報匿名發表文章，不僅褒揚自己，也替湯申德和摩斯說好話。他借錢給多家報紙，[118]當自由國土黨的黨刊《標準報》（*Daily Standard*）所求超出他的能力時，他向該報總編輯保證：「參議員人選塵埃落定之後，無論機遇垂青於我還是另外一個人，我都會更有效率地做事，你大可依賴我。」[119]他預付了錢給《標準報》，稍後又同意貸放另一筆錢給該報，但是並未向《標準報》索討契據，以免名字和其他人有任何牽扯。他說：「一旦契據寫上我的名字，這種結果無法避免。」[120]

蔡斯得知摩斯正在擬案，希望爲黑人建校，因而遊說《標準報》的總編輯，協助議案在議會闖關。他對總編輯說：「這份議案很重要，若能在民主黨人鼎力襄助下過關，不僅大衆普遍受益，我們的朋友摩斯也受益良多。」[121]當然這對蔡斯的仕途也大有裨益。他故作正經地告訴摩斯，甄選下一位參議員的唯一考量，端視他是否有能力推動或落實這個訴求。「除了原則不能犧牲之外，一切都要服膺這個訴求，所有人都只是落實這個訴求的工具，除此之外，不能有其他非分之想。」[122]提升自我、實踐理想始終不可分割地縈繞在蔡斯心頭。當摩斯與湯申德決定和民主黨站在同一陣線，形成州議會的多數時，蔡斯念茲在茲的兩個目標終於成眞。梅達利投桃報李，靠著民主黨在州議會的多數地位，支持蔡斯出任參議員。

蔡斯不尋常的出線引起新聞界非議。《俄亥俄州日報》指責道：「他的所作所爲都是他個人野心的幫襯。他在談及自由國土黨的理想時，莫非指的是他個人的利益？」[123]也許該報對蔡斯上述的評論有些苛刻，畢竟蔡斯和民主黨達成的協議，的確實踐了自由國土黨的理想與訴求。誠如梅達利承諾的，民主黨投票廢止了「黑人法」，[124]而蔡斯進入參院後，成了反蓄奴陣營的堅定舵手。

然而蔡斯競選參議員幕後的合縱連橫，透過霍利斯・格里利發行量甚大的《紐約論壇報》廣泛報導後，後續效應陸續發酵。格里利發表社論，稱：「從沒見過哪個渴望名聲清白的人會支持這種作為，或藉此從中獲利。」[125]的確，這次參議員之爭所造成的種種猜忌和疑心彷彿生了根，永遠無法消散。一位政壇同仁說：「他永遠喪失了每一位俄亥俄州中年輝格黨人對他的信任。這種無法根除的陰影，始終在蔡斯身邊跟前跟後，每每在關鍵時刻，出來攪局，破壞他的仕途。」[126]輝格黨人以及後來出走另外建黨的共和黨人，否決了俄亥俄州代表團對蔡斯的聯合支持，這些選票對渴望成為一八六〇年總統候選人的蔡斯而言，是一大關鍵。最後蔡斯輸了，對此，他耿耿於懷，永不原諒這些人。

對於他人怎樣評價他合縱連橫、穿針引線的手段，蔡斯幾乎無感，由於缺乏敏銳的嗅覺，所以每次政黨重組或改制時，他都沒意識到自己其實已背叛了昔日盟友，雙方從盟友變成了宿敵。當然，他切斷舊情、另結新歡，有時看起來固然是有勇有謀，但與那個時代的政治作風格格不入。[127]

儘管受到諸多批評，蔡斯依然對自己成功出任參議員興奮不已，查爾斯・桑納也是如此。兩年之後，參院的自由國土黨人與麻州若干民主黨員結盟，桑納因而加入蔡斯的陣營。桑納寫道：「我簡直不敢相信，對我而言，這彷彿是『結局的開始』。你的當選勢必影響整個大西部，而你在參院的身分，將讓我們的訴求獲得前所未有的動能。」[128]

一八四九年三月，蔡斯正式在富麗堂皇的參議院會議廳取得一席之地。相較於二十年前，他在華府只是個窮教師，只能徘徊於社交名人圈的邊緣，而今出人頭地，肩負政治操盤手、知名律師、反蓄奴倡議者等多重身分。蔡斯此時絕對可以在華府的菁英階層裡來去自如，相信他的恩師威廉・沃特對此亦會感到無比自豪。蔡斯「無論身在何處，永遠爭第一」[129]的作風與個性，此時終於開花結果，讓他得以暫時心滿意足。

一八四〇年代將近尾聲，威廉・亨利・蘇爾德和塞蒙・P・蔡斯兩人已進入美利堅合眾國參議院，登上政治權力的高峰。愛德華・貝茲大部分時間待在鄉下，與自己不斷膨脹的家庭共處，享受天倫之樂，但仍算是國內德高望重的名士，再者以他的實力，仍是能坐上政治高位的數一數二人選。反觀亞伯拉罕・林肯，還在當他的律師，和一起巡迴的律師同仁們大聊特聊沒完沒了的趣聞軼事，並默默沉思著國家大政。

一八五六年前後·

英國屬地（加拿大自治領）
明尼蘇達地區,
1849
蘇必略湖
休倫湖
安大略湖
伊利湖
密西根湖
聖羅倫斯河
緬因州
班戈
奧古斯塔
佛蒙特
蒙佩列
康科德
新罕布夏州
波士頓
麻薩諸塞州
普洛維登斯
羅德島
康乃狄克州
哈特佛
紐約州
奧爾巴尼
哈德遜河
水牛城
紐華克
紐約市
川頓
紐澤西州
賓夕法尼亞州
哈里斯堡
費城
威明頓
巴爾的摩
安納波利斯
德拉瓦州
華盛頓特區
馬里蘭州
里奇蒙
詹姆士河
諾福克
維吉尼亞州
阿帕拉契亞山脈
藍嶺
聖保羅
威斯康辛州
密西西比河
密爾瓦基
麥迪遜
密西根州
蘭辛
底特律
克利夫蘭
愛荷華州
愛荷華城
莫恩
奧馬哈城
芝加哥
伊利諾州
春田
印地安納州
印地安納波利斯
俄亥俄州
哥倫布
辛辛那提
俄亥俄河
里文沃斯
羅倫斯
密蘇里河
傑佛遜城
密蘇里州
聖路易
路易斯維爾
法蘭克福
萊辛頓
肯塔基州
昆布蘭河
密蘇里協議線北緯36度30分
洛亞諾克河
勞利
北卡羅萊納州
納許維爾
田納西州
田納西河
阿肯色州
孟斐斯
小岩城
哥倫比亞
南卡羅萊納州
亞特蘭大
伯明罕
密西西比州
查斯敦
喬治亞州
沙凡那河
沙凡那
蒙哥馬利
哥倫布
阿拉巴馬州
查塔胡奇河
路易斯安那州
傑克遜
維克斯堡
紅河
巴頓魯治
紐奧爾良
塔拉赫西
聖奧古斯丁
佛羅里達州
加佛斯頓
大西洋
墨西哥灣
©2005 Jeffrey L Ward
一八五六年依法禁止蓄奴的州
一八五六年開放蓄奴的地區
一八五六年結束蓄奴的地區

· 美國行政區域圖，

西雅圖
喀斯開山脈
波特蘭
薩林
哥倫比亞河
奧勒岡地區，
1848
密蘇里河
落磯山脈
內布拉斯加地區
蛇河
密蘇里河
沙加緬度河
大鹽湖
鹽湖城
普拉特河
沙加緬度
舊金山
猶他地區
堪薩斯地區
科羅拉多河
阿肯色河
加利福尼亞州
密蘇里協議線北緯36度30分
聖塔非
堪納迪恩河
奧克拉荷馬市
里約格蘭河
新墨西哥地區
紅河
印地安領地
達拉斯
德克薩斯州
太平洋
奧斯汀
墨西哥
里約格蘭河
0 英里
500
0 公里
500
馬德雷山
阻止奴隸制擴散的法定邊界，
國會於一八二〇年所繪（密蘇里協議案）
一八五六年依法得繼續蓄奴的州
（及哥倫比亞特區）

5 飄搖動盪的一八五〇年代

在一八五〇年，美國擁有大約兩千三百萬人口，①多半以務農爲主。大家對於政治與公共議題——大大小小，不論層級——都抱著高度興趣。人民對公共事務參與程度之高，遠超過後世。近四分之三合格選民參與了一八五〇年代共兩次的總統選舉。②

政治鬥士可用的主要武器就是口才，擁有一流口才是在政壇成功闖蕩的關鍵。林肯小時候就學會站在樹樁上，向童伴發表演說，以此磨礪自己的演說技能。一八五〇年代，在重要場合發表的演說動輒三、四個小時，須費心蒐集資料、反覆琢磨推敲。當然，有人藉演說惑衆，不過也有人引經據典、借古諷今、旁徵博引，正如林肯的一些演講，偶爾也會出現流傳萬世的文學精品。

形形色色的政治議題與政治性演說，透過當時的大衆媒體——報紙，一傳十、十傳百。絕大多數報紙都具有強烈的黨派色彩，此外辦報的發行人與總編輯多半是有錢有勢的政治人物，一如梭羅·魏德與霍利斯·格里利。作家查爾斯·英格索爾（Charles Ingersoll）指出，十九世紀的報紙「差不多是家家戶戶每天必備的飲食，它就像空氣和水一樣廉價普通，因此使用價值被低估輕忽」。③

拉爾夫·華多·愛默生以驚奇的語氣寫道：「仔細觀察一下早班的火車，車廂負責載著商人進城，送他們去店鋪、帳房、工廠、倉庫。」報童走進每一節車廂，「攤開手上的神奇印刷品——兩便士一份，知識糧食就是這麼微不足道——頓時整個矩形車廂剛吃完早飯的人，立刻聚攏成一圈，埋頭啃食第二頓早飯」。④在美國這個新國家，報紙是人們生活的重心，對此，一位歐洲遊客大感驚嘆：「到處都是讀報的人。到了傍晚，全城都知道二十四小時前發生的大小事……少數不識字者，可以從街談巷議中得知天下事。」⑤

十七年前，安德魯・傑克遜總統就預言道：「唱反調的南方人士想要在蓄奴問題上掀起一場風暴……要知道這些人會不擇手段摧毀聯邦政府，並以波多馬克河（Potomac River）爲北界，另組一個南方邦聯。」⑥

而今風暴來了。

自美國建國之初，蓄奴問題就是南北分裂的起因，追本溯源，問題出在憲法本身。憲法明文規定，各州按人口比例分配國會代表權，但一口奴隸只能折算成五分之三個人。此外，憲法規定，逃奴落網後，必須還給法定主人。⑦雖然憲法未明確規範蓄奴制，但是誠如反蓄奴大將約翰・昆西・亞當斯所言，這個制度「已是約定俗成」，換言之，他跟其他人一樣，必須「乖乖聽命遵守」。⑧

憲法增列的妥協性條款保障蓄奴制可續存在既有的奴隸州，但是妥協法並不適用於新領地。因此國家每拓展一次疆界，蓄奴問題就會被搬上檯面吵一次。過去三十年，南北靠密蘇里讓步協議，暫時解決了歧見，而今又有人呼籲國會必須就美墨戰爭後新增的領地能否蓄奴做出裁示，新一輪的全國性辯論彷若箭在弦上，一觸即發。來自喬治亞州的羅伯特・圖姆斯（Robert Toombs）警告：「若你們立法，想把我們趕出全體民衆用鮮血與財富換來的新領地，包括加州、新墨西哥州等，那麼我會擁護分裂。」⑨密西西比州則呼籲南方各州在納許維爾召開大會，捍衛南方人的權利。⑩

蓄奴問題成了國會辯論的焦點，國會再也無法視而不見。湯姆斯・哈特・班頓曾生動地形容：「我們在聖經讀過這段，有一群人受青蛙之災，而這災難無所不在！你無法盯著桌面看，因爲到處是青蛙；無法坐在毯子上，因爲到處是青蛙；無法靠近新人的床掀開床單，因爲到處是青蛙！」全國也出現類似的苦惱，因爲所有討論都離不開蓄奴，其他問題都上不了檯面。「我們看不見其他東西，摸不到其他東西，不見新法案被提出，也無瘟疫在眼前肆虐。眼前只有黑人問題，永遠擺在檯面上，擺在新人床榻之上，四處氾濫，無所不在！」⑪

當然，蓄奴制並非南北對立的唯一議題。南方反對實施保護性關稅，也反對利用國家資源改善北方交通，儘管這類問題讓雙方爭得不可開交，但始終可以利用政治手段找到平衡與妥協，但蓄奴問題絕非如此。早在十九世紀初，維吉尼亞州的約翰・藍多夫（John Randolf）即指出：「我們必須關注蓄奴制的實質，而且蓄奴制的確存在。」他說，蓄奴制「對我們而言，是一個生與死的問題」。⑫一八五〇年代左右，藍多夫的觀察成了事實。這一「奇特的制度」如今遍布南方社會每一個角落——滲透到經濟、政治、社會各層面。另一方面，對於北方一群小衆而言，蓄奴制成了困擾他們的道德問題。對更多的北方人而言，蓄奴制擴大實施範圍，會威脅自由勞動運動的勝利果實。一八五〇年代發生的種種事件，會把這些「南北對立議題」⑬帶往衝突之路。

一八五〇年，約翰・卡洪警告：「若以爲分離運動能夠畢其功於一役，這是大錯特錯。將多州維繫於一個聯邦之下的紐帶，數量既多，維繫力也夠強，所以分離運動必是曠日耗時的浩大工程，它需要長期的努力……整個聯邦的肌理四分五裂之前，這些紐帶可能被突然切斷。有關蓄奴問題引發的騷動可能已切斷了其中幾條最重要的紐帶。」他斷言道，若這些維繫的紐帶持續斷裂，那麼「除了武力之外，無法將聯邦各州統一在一起」。⑭

維繫聯邦的精神紐帶——主要的基督教派——受限於所在區域，已分道揚鑣各自爲政。作爲政治紐帶的全國性政黨，因爲黨內有些人希望蓄奴制擴張，有些人要抵制蓄奴制擴張，兩派爭執不下，影響所及，政黨將是下一個應聲而斷的紐帶。一八五〇年代初期，輝格黨因蓄奴問題出現分裂，繼而開始走下坡，最後走入歷史。至於民主黨，因爲黨員出走另立門戶成立自由國土黨，自此元氣大傷，不斷失掉地盤，到了一八五〇年代末，已嚴重分裂，無法恢復往日雄風。

維繫聯邦的紐帶並非單純靠各種制度，還得仰賴一種比較抽象的國家歸屬感——對獨立革命世代締造的輝煌事業感到自豪、對利害覺得休戚與共、對未來目標能攜手共創等。一八五〇年代的這段歷史，實際上就是這些紐帶不斷被扭絞、不堪磨損、終至斷裂的故事。亞伯拉罕・林肯一語成讖：若一家鬧分裂，那家就站立不住。一八五〇年代末期，形勢確如卡洪所警告的那樣，能夠維繫整個聯邦的只剩武力了。

這是必然的結果嗎？這個問題不易回答，必須回頭對歷史抽絲剝繭，然後自問，同樣的演員，基於同樣的信念、感情、熱情，若再來一次，會有不一樣的行動嗎？也許吧。但是我們唯一可以確定的是，他們感覺他們所感覺的，相信他們所相信的，做他們覺得應該做的，結果無情地把國家捲入了內戰。

＊＊＊

第三十一屆國會開議，積怨已久的不和終於爆發。所有目光都轉向七十三歲的亨利・克雷，⑮林肯則說「大家都把他視爲排難解紛的救星」。⑯亨利・克雷曾以「密蘇里讓步協議」挽救過聯邦，如今三十年過後，國會和整個國家再度求助於他。此時克雷染上了肺結核，身體羸弱，距離他過世僅剩兩年壽命。他連舉步登上參議院會議廳前的台階都非常困難，然而當他站在發言台，宣讀被後世稱之爲「一八五〇年妥協協議」的一連串決議時，《紐約論壇報》讚道，他全身散發「青春的激情與熱火」。⑰

發言一開始，克雷坦承自己面對同仁從未「如此憂心忡忡」，因爲他認爲，國家已站在「懸崖邊緣」。他懇求同仁朝著深淵「進行令人恐懼和災難性的一跳之前」懸崖勒馬，否則這一跳「必將導致無法挽回的毀滅與崩壞」。他預言，分裂會引爆一場「摧枯拉朽、腥風血雨、趕盡殺絕、不留餘地」的戰爭，將永遠銘刻在歷史扉頁上。爲了避免這場浩劫，必須有所讓步妥協。⑱

他的第一個提案是立即允許加利福尼亞州加入聯邦，至於該州是否蓄奴，則留待加州新一屆議會決定。衆所周知，多數加州人希望徹底禁止蓄奴，因此該項動議得到北方諸州擁護。接著克雷又提出將美墨戰爭新增的其他土地分割成新墨西哥州和猶他州兩個區域，不禁止這兩州蓄奴，因此獲得了南方支持。他呼籲在國家首都特區內終止奴隸買賣，但同時要求國會強化一七九三年版的「逃亡奴隸法」，加速追捕在逃奴隸。對逃奴的審判，不採陪審團形式，改由官員直接裁奪，聯邦治安單位得以委託市民追捕逃奴。⑲

克雷知道，這一妥協協議需要北方讓步的程度甚於南方奴隸州，但他呼籲北方要顧全維持聯邦統一的大局。北方反對蓄奴是基於意識形態和感性因素，而非南方人在意的財產、社交、習俗、安全、生活等種種利害關係。接受妥協協議，北方沒有任何實質性損失。克雷最後祈求上帝「萬一發生可怕而悲慘的聯邦分裂憾事，請別讓我目睹這一悲哀心碎的景象」。⑳祈禱應驗了，克雷於兩年後過世，距離內戰爆發尚有十年。

一八五〇年二月五日，亨利・克雷起身演說時，法蘭西絲・蘇爾德就站在人滿爲患的旁聽席。㉑她到華盛頓幫助丈夫搬進F街㉒北側一間寬敞的三層樓紅磚屋。她寫信對姊姊坦言：「他是有群衆魅力的演說家。我只領教過一位比他更厲害的演說家——他就是我們家的亨利（別告訴任何人）。」但她聲稱，若克雷以爲南北雙方之間的裂痕，可以因他一席苦口婆心的勸說而彌補的話，他就錯了。儘管他可能說服「國會中一半以上的雙面人」，但他的主張並未說服她。最讓她氣結的是，克雷稱「北方人只能靠政策與黨魂才動得起來。若克雷活得過七十歲，同時仍堅信北方人反蓄奴是基於這種動機，那麼我只能說，他對人性的了解比我想像的少」。[23]

四週之後，國會的旁聽席再次擠滿了聽眾，這次要聽南卡羅萊納州的約翰・卡洪演說。[24]卡洪已六十七歲，步履蹣跚，為了對抗折磨了他整個冬天的肺炎，在寒顫不止的身軀上緊裹著一件法蘭絨衣。這位捍衛州權的大將帶著講稿出現在參議院，極其困難地從椅子上起身，由於身體過於虛弱無法發言，遂將自己的稿子交給維吉尼亞州參議員詹姆士・梅森（James Mason），請他代勞宣讀。[25]

這篇演講毫不留情地痛責北方。卡洪警告，脫離聯邦是唯一選擇，除非北方承認南方有權將蓄奴制擴大到美國新領地任何一個區域，不再對蓄奴制提出任何批評，並且同意平衡南北權力的憲法條款。他將早年針對威爾莫特條款的立場與觀點拿出來舊調重彈，警告說，若增加自由州的數目，會讓參議院與眾議院的權力向北傾斜，徹底破壞「美國立憲以來南北之間的平衡」。他結束在參院的最後一場演講後，回到出租公寓，不到月底便辭世了。

麻州議員丹尼爾・韋伯斯特是「政壇的三大馬車頭」（即克雷、卡洪、韋伯斯特）之一。[26]他被安排在三月七日發言。華府的一家報紙報導，當天參議院會議廳「擠滿」男男女女，人數比先前任何一次都多。[27]傳聞韋伯斯特決定辜負選區裡一大票反蓄奴選民的期望，支持克雷偏袒南方利益的妥協協議，因此前來的民眾不斷增加。這位參議員發言時，法蘭西絲・蘇爾德就在現場。[28]

「我今天不是以麻州人的身分，也不是以北方人的身分，而是以美國人的身分發言。」韋伯斯特在開場白道。「我今天發言是為了保全這個聯邦。『請容我稟明事理。』」[29]他嚴厲譴責廢奴主義者，誓言永不支持威爾莫特條款，公開贊成克雷的每一項議案，包括加強讓人憎惡的逃亡奴隸法。新英格蘭地區許多民眾覺得韋伯斯特的新立場讓人反感之至。拉爾夫・華多・愛默生寫道：「韋伯斯特有意將他的名字從所有榮譽榜抹去。他過去苦心經營的一切付諸流水。」[30]

法蘭西絲發現這次演講讓人極其失望。她對姊姊說，「妥協」一詞「讓我反感」。她承認韋伯斯特是「一位很有說服力的演講者」，特別是當他頌揚聯邦的時候。但她覺得韋伯斯特「在口才方面比克雷差多了，因為他的心鐵定比後者更冷酷——要感動人必先感動自己」。㉛儘管受到批評，但韋伯斯特的這次演說在全國仍得到樂見局勢和平的中間派的支持與肯定。㉜根據安排，三天後將輪到蘇爾德發言。一些反蓄奴的輝格黨人擔心，他屆時可能會搖擺不定，猶豫不決。法蘭西絲道：「他們對他的個性眞是知之甚少！韋伯斯特先生對南方人的原則每讓步一次，只會讓亨利更堅定地擁護他認爲正義的事。」㉝

法蘭西絲說的沒錯。反蓄奴人士根本不須擔心她丈夫。㉞蘇爾德連續幾週認眞地準備著一八五〇年三月十一日在參院發表的首次演說。他與魏德長時間地切磋交換意見，並在法蘭西絲面前排練不同的版本。㉟一八五〇年代，國會並未提供議員私人辦公室，因此蘇爾德必須在家裡寫稿，每天早起工作，直至深夜。

蘇爾德在參院的演講，一開始多少有些猶豫不定。㊱他對著講稿照本宣科，沒有誇張的手勢，引用馬基維利（Machiavelli）㊲、孟德斯鳩（Montesquieu），以及古代聖賢們的名言，聲音很輕，彷彿在自言自語，而非對著參院的會議廳和旁聽席演講。不過他的措詞鏗鏘有力，讓韋伯斯特全神貫注；出席生前最後一次院會的約翰・卡洪「起初躁動不安」，但「不久便安靜地坐著」。㊳

蘇爾德的演講開門見山點出，他反對「以任何形式提出的」妥協，反對強化逃亡奴隸法。「我們不是奴隸主。如果我們公然違抗一切人權，強把鎖鏈套在另外一個人身上，逼他跟我們綁在一起，我們無法……當個眞正的基督徒，也不是眞正的自由人。」他接著宣稱，在哥倫比亞特區禁止奴隸買賣還不夠，必須廢除奴隸制。最後，他堅定地支持威爾莫特條款，堅決反對將蓄奴制擴大到新領地。

講到第二個小時，蘇爾德表現漸入佳境，顯得更自信更自在。他步步爲營，爲「高級法」（higher laws）提出立論的基礎，今後說到高級法一定會聯想到他。他堅信，憲法約束美國人民，所作所爲與蓄奴制誓不兩立，不過「還有一個比憲法更崇高的法律，規範我們當權者對這塊土地的統治，同樣爲崇高的理想而奉獻。土地是……人類共同遺產的一部分，是造物主的饋贈，我們只是管家。」㊴

這次發言是蘇爾德首次的全國性演說，㊵之後，蘇爾德成了參院反蓄奴派的主要發言人。他的講稿在北方印製了數萬份。㊶《紐約論壇報》預言，這次演講將喚醒整個民族，因爲他的話「歷久彌新，讓人們打心底佩服，對全國人心影響甚深，超越參院歷次的演說。」㊷

* * *

在這飄搖動盪的時代，蔡斯也登上了全國舞台，期待扮演主角。他同樣爲參院演說整整忙碌了幾個星期，熟讀各種古籍法典，並與改革派同仁查爾斯・桑納交換看法。[43]蔡斯與桑納之間的情誼隨著時間更形牢固，所謂患難見眞情，兩人均因強烈反對蓄奴而飽受攻擊，讓兩人惺惺相惜相互提攜。「我找不到一位比你更意氣相投的人了。」[44]蔡斯對桑納如是說。在桑納眼中，蔡斯是「力量之塔」，[45]認爲蔡斯當選參議員之後，可以「讓搖擺不定者痛下決心，讓慵懶閒散者奮起直追，讓趨炎附勢者不知所措」。[46]

蔡斯在參院發表演說前，桑納寫信給他：「對你的舉動與發言，我毫不掩飾自己的濃厚興趣，隨時隨地注意動態。我深信，我們的理想與訴求一經你的說明，將引起全國上下的關注。」[47]三月二十六日，蔡斯上台發表長達五小時的演說，然而在他之前，蘇爾德已先上台，觀點與立場與蔡斯想要說的幾乎雷同，演說得到高度肯定與回響，連帶讓蘇爾德一躍而爲全國反蓄奴陣營的代言人。

蔡斯也不具蘇爾德那種氣勢逼人的演說風格。[49]多年的練習多少改善了他演講的方式與內容，但是仍無法根除自小便跟著他的口吃毛病。他提出的論點深思熟慮、條理分明，但演講還沒結束，會議廳便人去樓空。蔡斯在一封家書中坦言，自己對結果大失所望。「這次演說遠低於我平常的表現水準……也低於友人的預期。」[50]

他在給友人的一封信中承認道：「你知道，我不是一位善於激勵人心的演講者。」不過，他也希望大家了解當時的情況。他說，演說當天，他處於「極爲不利的情況」，碰到「班頓與傅特擂台賽」第一回合開打，這下「所有人都轉移了目光」，「我幾乎沒有任何機會得到關注，其實很少人在意我的演講」。[51]

蔡斯指的是當時在參院院會上，密蘇里參議員湯姆斯・哈特・班頓與密西西比州參議員亨利・傅特（Henry Foote）之間激烈的爭執。[52]班頓稱傅特是膽小鬼，傅特反唇相稽，把班頓早年懦弱怕事的一面抖了出來。班頓不甘遭到人身攻擊，從座位起身，惡狠狠地衝向前，傅特見狀立刻退到自己座位後面，掏出手槍，打開扳機。「我跟你不一樣，我不屑帶槍自保！」班頓咆哮道。「讓他開槍！……閃開，讓那殺手開槍好了！」[53]這場鬧劇最後和平收場：傅特被人勸服，把手槍交給另外一位參議員，班頓則回到座位。

蔡斯對自己出師未捷已夠失望，看到桑納稱讚蘇爾德一砲而紅，心裡更不是滋味。桑納告訴蔡斯，他對蘇爾德精彩的表現，佩服之至。「蘇爾德跟我們站在同一邊！」[54]桑納喜道。蔡斯難掩醋意地說：「你說『蘇爾德跟我們站在同一邊』，其實你錯了。蘇爾德的確支持我們反蓄奴陣營的諸多主張，」[55]但是蘇爾德對輝格黨忠心耿耿的程度，讓他對他不敢太放心。他接著在下一封信道：「我不可能和他意氣相投。對我而言，他太政客了。」[56]

過去十年來，蘇爾德和蔡斯曾保持對話，就如何以最有效的方式推動反蓄奴交換意見。儘管兩人對於是否加入第三黨意見分歧，蔡斯依然對蘇爾德敬重有加，期待在參院與他合作。[57]

而今他對蘇爾德態度生變，很可能是出於嫉妒。自省力甚強的蔡斯認爲不該對他人心生嫉妒，但是一旦起了嫉妒心，仍難壓抑。二十三歲那年，他在日記裡寫道：「我將努力成爲萬人之首，然而，一旦我被他人超越，而錯不在我自身的話，我將不會有受辱之感。我不會吝於給予他應有的褒揚，聽到外人對他的溢美之詞時，不會讓自己心生羨慕或嫉妒。願主保佑我長存此心。」[58]然而這只是他一廂情願的理想，實際上卻無法按捺醋勁與嫉妒。當他發現，蘇爾德脫穎而出，成爲反蓄奴陣營的鋒頭人物時，妒火開始中燒。[59]自此兩人有了嫌隙與裂痕，直到兩人進入林肯政府服務，情況依舊沒有改善，進而影響國政，讓國家付出了代價。

蘇爾德沉浸在來自反蓄奴陣營的喝采時，同時也慘遭另一派修理，不論是南方的社論還是北方的保守派報紙，都對他砲火隆隆。《紐約前鋒報》評論道：「蘇爾德參議員反對所有的妥協。紐約的黑人也是如此……（他的）觀點代表了北方極端狂熱分子，樂見南方體制徹底解體崩塌。」[60]一開始，蘇爾德並不在意，畢竟抨擊早在預料之中。[61]他堅信自己「說出了自己會在臨終時說的話」。[62]法蘭西絲對自己丈夫從未如此自豪。她告訴姊姊，看著他的時候，她情不自禁地流露出愛意與崇拜。[63]

這種志得意滿的態度不久被魏德一封憂心忡忡的信給澆熄。魏德擔心，蘇爾德在闡明一個比憲法「更高的法律」時，過於前衛。雖然魏德看過演講的草稿，但未讀到最後的定稿。他對蘇爾德說：「你的演講……讓我帶著一顆沉甸甸的心上了床。」魏德向蘇爾德坦承：「不眠的長夜和焦慮的白晝，並未讓我憂懼稍減。」[64]魏德的反應讓蘇爾德愁眉不展，因爲他知道恩師在政治方面的直覺很準，勝過自己。的確，魏德這封指責信讓蘇爾德

「又傷又愧……充滿沮喪」，[65]他擔心，不僅自己的政治前途受到傷害，連帶也波及恩師的生涯。

將魏德和蘇爾德納入自己核心圈的札卡里·泰勒總統，因爲健康每下愈況，多少影響了蘇爾德的地位。泰勒出席七月四日獨立紀念日活動後，染上一種致命的腸胃病，沒多久便驟逝了，這下蘇爾德多了一個保守派對手——米勒德·費爾摩爾。[66]費爾摩爾坐鎮白宮，反蓄奴勢力休想阻止妥協案。在伊利諾州參議員史帝芬·道格拉斯嫻熟地指揮下，克雷的多項提案被拆解成各自獨立的條款，[67]九月時，一一在參院與衆院表決過關。

一八五〇年妥協法似乎解除了南北分裂的危機。史帝芬·道格拉斯認爲該法是「最後定案」，呼籲對立的兩派「停止爭吵，改變話題」。[68]由於妥協法過關，[69]華府幾家最好的旅館燈火通明，鳴放禮砲一百響。演奏小夜曲的音樂家以及聚攏在他們下榻窗前的群衆，一起歌頌克雷、韋伯斯特、道格拉斯，大家高唱〈萬歲，哥倫比亞〉、〈星條旗〉等歌曲。《紐約論壇報》評論道：「每個人都樂不可支。」[70]支持南方的路易斯·凱斯開心地道：「危機過去了，雲開霧散了！」[71]然而，舉國上下爲妥協法歡欣鼓舞時，喬治亞州一位報紙總編輯以居安思危的口氣提出警告：「對立的各種因素依然存在，註定要比聯邦政府活得更久。在南方和北方之間有一個火種，現在也許被悶住了，但永遠不會徹底熄滅。」[72]

＊＊＊

在春田，亞伯拉罕·林肯密切關注報章對於這場大戲的報導，樂見和平解決方案成功過關，但也遺憾妥協法納入了逃亡奴隸法。他說，他能理解「爲了維持聯邦統一，議員在本不該讓步的地方，委曲求全讓了步，這是說得通的。」[73]他反對蘇爾德倡議的「更高的法律」，[74]認爲解決蓄奴爭議，必須回歸憲法與獨立宣言。

妥協法過關後，日子相對平靜，林肯騎著馬巡迴於各法庭，這工作不僅適合他的個性，也利於他的經濟狀況。他和一群律師們同行，白天在法庭唇槍舌劍、針鋒相對，晚上在客棧裡稱兄道弟、和樂融融。他很享受這種開心熱鬧的生活。[75]法官、律師們每到一個鎮上開庭，都會引起騷動，村民們從好幾英里之外趕來，觀看上百件小官司在巡迴法庭上的攻防戰，從爭遺產、訴請離婚、私生子，到誹謗、抹黑，從專利權爭議、債權，到謀殺、搶案等，不一而足。

騎馬同行的律師亨利・惠特尼回憶道：「當地的美人兒都來看熱鬧，同時也讓別人瞧。」「法庭從『清晨到露溼的黃昏』，小客棧從露溼的黃昏到清晨，總是熙來攘往、人聲鼎沸、活力十足、興高采烈、推陳出新、冷嘲熱諷、激動興奮、唇槍舌劍。」[76]有些村子，短期出租公寓打掃得乾乾淨淨、舒適宜人、飯菜可口，還有一些村落的客棧是「床上爬滿蝨子」，[77]灰塵「厚達半吋」。[78]律師們通常兩人睡一床，一房約有三、四張床。[79]多數巡迴律師感嘆生活條件不佳，林肯卻覺得這種出巡生活無牽無掛，逍遙自在。

林肯對自己的工作得心應手，遊刃有餘，贏得律師同仁的尊敬和讚揚。幾個同事成了他的知己和支持後盾，巡迴法庭法官大衛・戴維斯就是其中一個。[80]他在寫給妻子莎拉（Sarah）的信中，不僅稱讚林肯卓越的口才，也提到他「古道熱腸」[81]的天性和他「非凡的誠信與公正不阿」。[82]二十一歲那年，大衛完成肯尼恩學院與新港法學院（New Haven Law School）的學業後，從馬里蘭州移居到伊利諾州，三十歲左右進入州議會。大家都認爲他會從政，但是「鍾愛至深、難以違拗」的妻子大力反對，大衛只好爭取當個巡迴法庭法官，這職位讓他一年裡有六個月時間和巡行的同仁同進同出，也讓他有足夠的精力從事買賣與投資，最後靠此累積可觀的財富。

在大衛的家書中，不難看出他與林肯親密又溫暖的情誼。[83]兩人漫步河邊，悠然自得，在各個村裡同吃同住於一房，一起讀書，都喜歡邊騎馬邊長聊。一位同事回憶道，在巡迴法庭裡，林肯是最討人喜歡的律師。「他謙稱自己不比任何人高明——甚至不比最不起眼的律師高明……他對待年輕律師的態度特別溫和……凡是在法庭上和林肯搭檔過的年輕律師，無不對他敬愛有加。」[84]

用餐時刻，與各類官司有利害關係的民眾會坐在同一張長桌上吃飯。戴維斯法官充當主持人，律師、陪審員、證人、法警、保釋在外的囚犯齊聚一堂，[85]用餐完畢，大家聚在熊熊燃燒的爐火前，或者到戴維斯法官的下榻處聊天、抽煙喝酒、講故事。儘管林肯煙酒不沾、不說粗話、不沉迷於賭博遊戲，但他從不在這些人面前擺出清高的姿態，反之，他在戒酒運動如火如荼期間，在「春田戒酒協會」發表演說時，堅稱「我們這些尚未淪爲酗酒之徒者，並非在精神或道德上比那些酗酒者高尚，而是我們對杯中物毫無興趣。」[86]

大家坐定之後，開始招呼林肯這個主角上場。荷登回憶道，當時他背對著爐火，接二連三講著一個又一個故事，讓他的聽衆「笑聲不斷，直至拂曉」。[87] 一位年長人士憶道，他的「兩眼閃爍著光芒，當故事逗得大家哄堂大笑時，沒有人比他更開心」。[88]

林肯最喜歡的一個故事，是美國獨立戰爭剛結束時的一段軼事。英美剛簽完和平協議，獨立戰爭英雄伊山・艾倫（Ethan Allen）「剛好有機會訪問英格蘭」，到了那裡他經常遭人捉弄。英國人喜歡「拿美國人開玩笑，尤其是華盛頓將軍。有天他們拿到一張華盛頓將軍的畫像」，就把它掛在戶外茅廁一個顯眼的位置，有意要讓艾倫先生看到，艾倫卻毫不介意。最後，他們問他，是否瞧見了華盛頓的畫像，艾倫答道，他「覺得那正是英國人懸掛畫像的好地方。對方問爲什麼？艾倫說，因爲沒什麼比華盛頓將軍的畫像，更能讓英國人屁滾尿流得如此之快了」。[89]

另一個故事是多年以後由約翰・亞瑟（John Usher）轉述，故事主角對「獨立戰爭紀念品極度崇拜」。他聽說，有位老太太仍保留著一件「在獨立戰爭期間穿過的」洋裝，便輾轉來到她家，想一睹爲快。老太太從五斗櫃取出衣服，此人看了激動不已，將衣物拿到唇邊吻了一下。「這位務實的老太太看到此人因爲一件舊衣服，做出如此傻氣又愚蠢的動作，頗爲不悅，便說道：『陌生人，如果你喜歡親吻陳年舊物的話，你就親我的屁股好了，它比那件舊衣服還要老十六年！』」[90]

不過林肯的故事絕不僅是博人一笑。他借自己的親身經歷，以及他人的奇聞軼事，爲聽衆提供與生活息息相關的警世名言。林肯有一特殊才能，用一些能讓聽衆牢記、背誦的幽默故事，傳遞種種生活智慧。華特・班傑明（Walter Benjamin）在一篇分析說書人講話技巧與藝術的論文中指出，這種能讓聽者記住並重複，正是口傳文化的關鍵，也是「網狀結構的本質，說故事的天賦由此孕育而生」。[91]

「什麼也不做，只是聽林肯說故事嗎？」有人問惠特尼。「哦，是的。我們經常談論哲學、政治、政治經濟學、玄學和男人。簡而言之，我們的話題無所不包，上自玄學，下至人生經驗。」[92] 多年之後，惠特尼憶及當時大家曾就喬治・華盛頓進行過一次長談，討論這位美國第一任總統是不是一位完人？還是只是個凡人，容易犯錯？根據惠特尼的說法，林肯認爲，大家自小就被灌輸華盛頓是一位沒有瑕疵的完人，這麼做有其好處。他說：「相信一個人完美無瑕，會使人性變得更好，而人性是有可能達到眞善美的境界。」[93]

法庭週六下午休庭，大部分律師都回家和親人團聚，然後在週日晚上或週一早晨回來。戴維斯憶道，林肯是例外，他經常整個週末都待在巡迴法庭裡。[94]戴維斯說道，起初大家對此感到「意外」，不過「不久便了解到林肯不願回家的理由」——當「我們大家有一個愉快而令人嚮往的家庭」可回，[95]林肯卻沒有。荷登覺得，林肯和巡行律師在一起「非常開心……在其他場合或地方，都沒這麼快意自在」。[96]荷登認爲，林肯盡可能待在巡迴法庭不回家，是因爲「他的家庭是**地獄**……離開家則如入**天堂**」。[97]

有關林肯婚姻失和、家庭不睦等傳言，是多年之後才出現，期間戴維斯和荷登都難掩對瑪麗的成見與敵意。但是戴維斯寫給莎拉的家書卻不是這麼一回事。一八五一年戴維斯跟莎拉說：「林肯談到自己的妻兒時充滿了愛意。」[98]此外，戴維斯描述林肯有次接到瑪麗的一封信，信中瑪麗說養育威利相當辛苦。還有一次，林肯向戴維斯透露，他和瑪麗都希望在泰德出生前先有個女兒。[99]這些家書完全找不到林肯婚姻生活觸礁的蛛絲馬跡。

林肯埋頭當律師是因家庭是地獄，逼得他不得不往外跑，這種說法並不恰當。跟著巡迴法庭走透透可能給了林肯時間與空間，讓他有機會彌補「失學」[100]這個一輩子的遺憾。巡行期間，趁著夜晚和週末，在沒有家人打擾下，他開始自學幾何學，認眞鑽研定理和命題，直到大可自豪地宣稱已「幾乎精通了歐幾里得的六卷書」爲止[101]。他的第一位律師搭檔約翰・史都華憶道：「他念的書都很艱澀——哲學、邏輯、數學等，他都是精讀而非博覽而已。」[102]

荷登說，有一次他發現林肯「讀得如此專心，當我走進屋子，他連頭都沒抬一下」。他四周「滿是白紙、沉甸甸的書本、圓規、尺、一大堆鉛筆、幾瓶不同顏色的墨水、五花八門的文具」。林肯顯然「正在計算某個數值，所以身邊散著一頁頁寫滿稀奇古怪數字的紙張」。荷登問他在幹什麼，林肯答道：「正在試著解一題很難的數學題，化圓爲方。」這道題困擾了古人四千年，他則花了「寶貴的整整兩天時光，幾乎筋疲力盡」。[103]

除了幾何學，林肯還自修律師同仁們在大學都修過的天文學、政治經濟學和哲學。同巡律師李奧納多・史威特（Leonard Swett）說：「生活對他而言就是學校，他總是在學習和精通眼前的每一門科目。」[104]

林肯跟著巡迴法庭走透透期間，對瑪麗而言當然不好受。她覺得林肯長期不在身邊，是兩人婚姻的「一大絆腳石」。[105]對林肯而言，巡迴生活寶貴無價，[106]除了能和意氣相投的朋友在一起，繼續自修與學習之外，也能親訪許多小鎮，在巷弄裡漫步，在偏遠小客棧裡棲身，實地了解伊利諾州一般民衆所思、所懼、所望。多年之後，他終於有機會重返他最鍾愛的政壇時，這些人都是他的死忠支持者。

＊＊＊

林肯在這段日子過得充實而不亦樂乎之際，蘇爾德卻相當消沉沮喪，他發現民意出現一股反動。他在給法蘭西絲的信裡寫道：「關於蓄奴制問題，若我不封住我的嘴，那麼我將被視爲攪局者，只會扯輝格黨政府後腿，顚覆輝格黨。」[107]順應民意，他不再針對蓄奴問題發表尖銳言論，並且將注意力擺在爭議較少的議題，包括教育、國內建設，以及外交政策等。他努力說服自己，解放黑奴或許只能慢慢來，等美國民衆有所啓蒙再說。亨利・克雷與丹尼爾・韋伯斯特逝於一八五二年，蘇爾德在參院發表了一篇歌功頌德的悼詞，[108]激怒了立場激進的朋友。蘇爾德向法蘭西絲抱怨道：「他們不了解，人類很多悲劇都是源於放任忿怒燒個不停！」[109]

頗有理想色彩的法蘭西絲接受了丈夫對悼詞的解釋，但不滿他在妥協法生效後，面對席捲全國的反動潮流，他竟然坐視不管。一八五二年輝格黨召開大會，打算支持妥協法，努力改走溫和路線，爲該黨的總統候選人溫菲爾德・史考特（Winfield Scott）鋪路，此時法蘭西絲懇求丈夫回家。她在信中寫道：「若大會不計代價支持妥協法，我不希望你爲這屆大會的所作所爲背書。對那些奉自由爲眞理的人而言，此舉讓人傷透了心。」[110]

若法蘭西絲發現蘇爾德的講話或文章裡公然對妥協法示好，她也不會寬恕他。她坦承：「一些處世的智慧的確會讓一個人『隨波逐流』——若他們可以正確評判潮流的方向，也許能順利到達港灣」，但她一再強調「更高尚的路」，認爲爲了理想「可讓一個人在必要時挺身對抗現狀」。[111]

法蘭西絲發現，查爾斯・桑納始終堅持走在她擁護的高尚之路，儘管爲此成了孤鳥。桑納是單身漢，像蔡斯一樣，看上去頗有政治家的氣質，外表專橫跋扈，輪廓分明。法蘭西絲到華府時，他習慣和他們夫婦一起用餐。當她回到奧本後，桑納和她通信頻繁。桑納早年在參議院，因爲堅定反蓄奴的立場，招致訕笑與怨恨，期間法蘭西絲展現不屈不撓的信心讓他大爲讚賞。一八五二年八月，他要求廢除逃亡奴隸法的動議在參院只獲得四票支持，其中不包括蘇爾德，因爲他像其他廢奴人士一樣，顧及可能影響史考特的選情而不願支持此案。不過法蘭西絲卻堅定地站在她朋友這一邊。「你爲自由之故，無畏無懼而戰，勢必可以讓那些無端指責或懷疑你的人閉嘴。這是一場爲正義發聲的高尙呼籲。」[112]

同年十一月，南方派總統候選人富蘭克林・皮爾斯（Franklin Pierce）擊敗史考特，法蘭西絲對這場輝格黨人喻爲「滑鐵盧之役」[113]的結果失望不已。她對主流政治體制徹底失去信心。她對丈夫說，有人慫恿她加入廢奴陣營，蘇爾德勸她暫緩而行，宣稱若他蘇爾德的名字和廢奴派相連在一起，一定是「弊大於利」。[114]

蘇爾德竭力說服法蘭西絲留在華盛頓陪他幾個月，但未能如願。她決定留在紐約州北部，就連燠熱的夏天也是如此。夏天也就罷了，但秋天開始轉涼後，她依然堅持留在奧本。「要是我和你更近些就好了，」蘇爾德在華盛頓過五十四歲生日時嘆道。但是他承認，「大量的義務和職責」[115]讓他無法實現自己的理想。

若法蘭西絲的身體健康，她和蘇爾德的婚姻也許會是另外一番風貌。蘇爾德每到一個地方，都會租下豪華寓所，希望她和孩子能搬來同住。[116]法蘭西絲身體孱弱，飽受各種神經失調病痛折磨，包括頭暈、暫時性失明、失眠、偏頭痛、肌肉與關節莫名疼痛、動不動就哭、三不五時憂鬱發作等。[117]一道強光、一次顛簸的馬車之旅、尖銳的噪音都足以讓她臥床不起。健康持續惡化，讓她越來越離不開奧本這個「庇護所」，[118]至少在奧本，她有一大家子的親友支持照顧。

法蘭西絲成了半個廢人，但是醫師也找不出確切的病因。[119]法蘭西絲才華過人，她發現「各種神經性疾病與異於常人的思維模式」折磨了很多她所認識的十九世紀中葉高學歷女性，她心想，難道這些病痛肇因於對生活的無力感？在法蘭西絲的書信中，有一篇未公開發表的文章，談的是女性的困境。「她想分擔家務，但這會被認爲是自貶身分；若她跑步、跳躍、參與劇烈運動，別人就會把她當成瘋子。」她可以整夜在舞會裡跳舞，但是她若「在公園和孩子賽跑或是在懸崖邊採花」，都會被認爲「不守婦道」、「輕佻魯莽」。法蘭西絲思索，到底有多少「無須勞動的廢女人」這個問題時，認爲「渴望有個適合自己的工作——女人存在的眞正目的」，[120]可能是女人生病的原因。

蘇爾德意識到，他們的婚姻建立在矛盾之上。「你畢生都待在家裡。冬天太冷，不適合旅行，夏天在家裡太舒適，讓人捨不得離開，孩子們出不了國，又不能單獨留在家裡。而我，剛好跟你相反，一有空就要往外跑四處求教，因爲職業之故，經常得出國。除了中間空檔，我們永遠無法享受彼此照顧或相處之樂，這多奇怪啊。」[121]

蘇爾德夫婦主要靠日復一日、年復一年充滿愛意的書信維繫關係。[122]數以千計的書信中，法蘭西絲描述如何美化花園，孩子的舉止多麼滑稽有趣，對政治問題提出建議，對蘇爾德的各種演說提出評論，對蓄奴問題發表激昂的觀點，她激勵蘇爾德懷抱理想主義，不斷敦促他思考應該做什麼，而不是可以做什麼。在蘇爾德的信中，他分析同仁的個性，坦承自己的憂懼，討論讀書的心得，並反覆向她告白自己多麼愛她，「勝於世上任何一切」。[123]儘管兩人各據一方，但他想像兩人抬著頭看著同一個明月發出的「銀色月光」，或是低著頭「寫著家書」，透過字裡行間遠距傳情。[124]他憶起家裡的天倫之樂，孩子們在他雪茄裊裊煙霧中玩耍，[125]夫妻自由自在、無拘無束地交談，不同於政壇的官腔。

然而魚雁往返到了最後，他自己的談話也變得官腔官調。最後，蘇爾德夫妻分居兩地的時間遠超過林肯夫婦。

* * *

妥協法過關之後，蔡斯一連幾個月情緒低落。他寫信給桑納道：「目前是黑雲與黑暗壓著我們。奴隸主得到的，遠超過十二個月前他們最大膽的期望。」[126]反蓄奴運動的船，似乎少了前進的動力，至少暫時是這樣。

此外，蔡斯在參議院被孤立，民主黨將其拒於委員會工作和政治會議之外，他也無法指望自由國土黨的同仁，因爲他們認爲蔡斯爲了得到參議員的位置不惜犧牲他們。[127]他帶著沉重的心情，花了好幾個小時寫信給女兒凱特，當時他的第三任妻子貝兒（Belle）感染了要命的肺結核，所以凱特被送往紐約的寄宿學校。

凱特自小喪母，加上長時間離家念書，生活想必慘澹而難過。海恩斯仕女學校（Miss Haines's School）[128]位於麥迪遜大街與四十九街口，對學生的生活管理非常嚴格。她們早上六點起床，學習一個半小時，然後是早餐和禱告。在文學、法文、拉丁文、英語語法、自然科學、演講、鋼琴和舞蹈課之前，可在戶外散步，但不准蹦蹦跳跳。下午三點左右，學生再度被帶到戶外散步一個小時，晚上到自修室學習。一位學生憶道，在那裡「沒有（老師）允許，我們幾乎不敢呼吸」。⑫⑨只有週末才可以輕鬆些，無須按表操課，學生可以參加音樂會或者去看戲。

凱特一年中有十個月在彷若集中營的環境中生活，渴望和最愛的人——她父親見面。儘管他給她寫了數百封信，但不像蘇爾德給自己孩子的短札，信裡少了活潑調皮的溫情。蔡斯的書信冷冰冰，充滿道德說教，對她不是褒揚就是責備，指導她寫信的技巧，告誡她要培養良好習慣。若她的信寫得比較好，蔡斯就會批評她寫的字，若她的字寫得不錯，他就會批評她的表達過於平鋪直敘。若兩者都符合他的標準，他就會抱怨她信與信之間間隔太長。⑬⓪

「你上一封信……寫得相當好。」凱特十歲的時候，蔡斯寫信這樣告訴她。「但是如果你能對我多講一些每天的所見所聞，我會更開心。難道你不能為我逐一形容一下你的同學嗎？要有耐心，用你的眼睛，勤於反省。」⑬①「我希望你信裡多寫些生活點滴，多點人味。」⑬②四年之後，蔡斯對女兒依舊鞭策不懈。「親愛的孩子，你珍貴的家書昨日知悉。」他寫道。「但是我必須說，它讓人昏昏欲睡，遣詞造句彷彿出於打瞌睡的上帝。」⑬③

蔡斯諄諄告誡女兒說：「這是你培養重要習慣的大好機會。要習慣講話，表達你的所見所聞，要習慣用文字描述細節，以聊天的口吻或是講故事的方式都可以。同樣一件事，每個人的敘述，優劣之大可能有天壤之別……毫無疑問，這種差異很大程度要歸因於天生心性之別，但是任何一個聰明人，都可以透過自我砥礪，加強理解和表達的能力。」蔡斯對凱特的教誨，充滿苦修式的自制，認為靠意志可以克服大多數障礙，透過自我否定可以達到滿足。「我知道你不喜歡寫作……如果你願意，你可以克服這一點……舉例而言，我不喜歡在早上用冷水洗澡，特別是當下溫度這麼低的時候，但是我下定決心要做的時候，我會克服不悅感，甚至改以愉悅的心情看待之。」⑬④

努力管束與教育女兒的過程中，蔡斯並未向凱特隱瞞自己對死亡的莫名恐懼。「記住，我親愛的孩子，神聖的上帝始終注視著你，沒有一種行為，一句話，或一個想法，能夠逃得過祂的法眼。你要記住，你可能不久於人世……你生命中的十一年已經逝去，你也許活不過另一個十一年……人生多麼短暫！難道我們不該認眞而嚴肅地爲另一人及早做好準備嗎？」[135]為了讓凱特明白他的觀點，他提到參議院一位同仁的女兒——她與凱特同齡，死前不久，他還在華府見過她，「強壯、精力充沛、活潑伶俐；在她身上看見什麼是生命與健康。才過一週，她就從世上消失。多麼慘痛的前車之鑑，你要銘記在心，親愛的凱特，願主垂憐你！」[136]

若凱特的在校成績不盡理想，蔡斯就不准她回家度假。「我很抱歉你感到如此孤單。」有一年夏天蔡斯對她說：「我很想順你之意，讓你回家度假，但是我不放心，原因你應該已從校方處得知。」[137]他竭力想讓女兒明白：「你力量之大足以左右我的心情，你在校表現良好，我幸福滿意；你若表現不好，會毀掉我的安逸和平靜。」[138]

凱特的表現非常優異，靠著博學強記和勤勉努力，以出衆的表現取悅挑剔的父親。若說蔡斯的批評不留情面，那麼他的讚揚也頗多溢美之詞。蔡斯告訴女兒：「對一位慈愛的父親而言」，沒有什麼東西比「一個心愛的孩子在聰明才智、舉止風度、體格發育方面不斷精進，邁向前程似錦的未來」，更讓人心滿意足，即便有朝一日他可能「當上總統」[139]的想法，也難讓他如此開心。[140]

蔡斯把華盛頓的各種邀約作爲給她的獎勵。多年以後，凱特對這幾次的華盛頓之行記憶猶新。她五十多歲的時候，曾以自豪的口吻對記者說：「我認識克雷、韋伯斯特和卡洪。」凱特還是個小女孩的時候，就對克雷留下深刻印象。克雷個子很高，因此得先「伸展一下四肢才站得起來」。克雷對孩子和藹可親，「花很多時間跟我在一起，我很喜歡他」。丹尼爾・韋伯斯特在凱特眼裡「具有政治家風範，足以爲他人典範」。這些正是她後來用以形容父親的措詞。「丹尼爾・韋伯斯特不苟言笑，但非常善良，經常把他的演講稿寄給我。我猜他以爲我不會看，但是他想表揚我，讓我知道他記得我。我在紐約學校收到他寄來的信時，我感到非常驕傲。」

父親在參院的同仁中，她最喜歡查爾斯・桑納，他同時也是法蘭西絲・蘇爾德最欣賞的一位。凱特憶道：「他很熱心、敏感，滿肚子的奇聞軼事，是一位睿智而健談的人。」[141]桑納投桃報李，對凱特大加褒揚的時候，蔡斯欣喜過望。「你無法想像，我親愛的孩子，聽到你被褒揚，我是多麼高興。」[142]

這段日子蔡斯躊躇滿志，意氣風發，他讓凱特分享自己的日記，裡面詳載他在華府生活的點點滴滴，包括一位參議員到白宮拜會總統的整個流程，詳述白宮的晚宴，打趣描述參議院挑燈開會的情形，稱當時有太多的議員「過於頻繁造訪食堂，沒有表現出應有的清醒」。⑭³

一個美麗的六月天，他寫道：「晴空萬里，輕風撥弄樹梢，吹拂大地，我坐在房裡，傾聽樹枝搖擺，沙沙作響，鳥兒唧喳，快樂歡唱，蟲兒啁啾。」⑭⁴「我眞希望你在我身邊，和我一起漫步。」⑭⁵

可以想見，凱特渴望有在華府生活的機會，希望和父親形影不離，幫助他處理日常事務。蔡斯頗能了解女兒所思所想，⑭⁶知道她擔心父親會再婚，從而剝奪她陪在父親左右的權利。他小心翼翼地安撫她，讓她放心。蔡斯曾到伊里亞特（Elliott）家作客，那是一個貴格教派家庭，有兩個出色的女兒。他說：「麗茲（Lizzie）是當中最美麗動人的一位，而且的確出類拔萃，理智與感性兼具。然而你不必為我感到驚慌，因為據說一位在紐約的紳士已是她的意中人，而我只是在女士們之間尋找**朋友**，正如我在男士們之間尋找一樣。」⑭⁷

* * *

四位未來的總統候選人中，愛德華・貝茲是唯一全心支持密蘇里協議的人。最後，他所謂的「非洲熱」⑭⁸終於緩和下來，他認為美國人民又可以將精力專注於國土不斷擴張所帶來的龐大經濟機會上。

對於「北方主張解放黑奴和南方贊成蓄養黑奴的政治人物」，⑭⁹他同樣氣憤並嚴加譴責，認為有關奴隸制度的爭論，只是「政客爭奪地方民意認同的手段」，⑮⁰雙方陣營的激進派，像是北方的蘇爾德和蔡斯，南方的卡洪和圖姆斯，都在利用這個議題，滿足個人的政治野心。⑮¹

蘇爾德為證明逃奴法之謬而提出的「**高級法**」觀念，他尤其不滿，認為「像我們這樣的民選政府，沒有任何法則**高於**憲法及法律。他八成會把自己置於這些之上，宣稱使他背棄法律的某種超凡權威，如我所猜，不是偽善君子、自大愚人，就是專橫的混蛋」。⑮²

對於卡洪，他同樣不客氣，批評此人將摧毀「白人在這世上對自由的最美好想望，因為他竟不能隨自己的意思來處置黑奴！……可憐的傢伙，他實在太令人同情了！……看著他的太陽逐漸落到雲層之後，如此黑暗，眞是讓人感傷」。[153]

在一八五〇年代初期，貝茲仍認爲西部不需要選邊站，相信「只要我們遠離紛爭，堅持自己的道路，維護大衆福祉，無論是蓄奴派還是廢奴派，很快就會消失在歷史的灰燼之中」。[154]然而，後來的情勢演變卻使他的期待旋即落空，因爲密蘇里協議註定只能維持四年。

* * *

小說家托瑪斯・曼（Thomas Mann）曾經說過：「人類不僅只是爲了個人而活，同時也有意識或下意識地爲他的時代和同代人而活……儘管時代轉瞬即逝，但若來去之間」一點機會也未提供，那麼「後果將不堪設想」。[155]早在十多年前，林肯於春田的青年講堂發表演說時，[156]就曾表達過他對同代人的關懷，「榮耀的田地」早讓開國元勳收割殆盡，這一代剩下的資源寥寥無幾。他們是「一片參天橡林」，他說，被賦予「使命（而他們也完成這崇高使命）去掙得這塊應許之地，交到我們手裡」，並將「這片山陵河谷開墾成自由平等的理想國度」。他們的命運「緊緊繫於」這場打造新世界的試驗，活脫脫就在展現「人類自我治理的才能」。如果成功了，他們將永垂不朽，名留城鄉山川之間，享盡崇敬與歌頌，世世代代傳誦不絕」。

因爲他們試驗成功了，林肯說道，許許多多人「因此贏得不朽的聲名」，但他這代人還剩什麼可以成就呢？優秀人才並不匱乏，「他們的企圖並不僅止於國會議員、州長或總統寶座；這些配不上雄獅子弟或蒼鷹族裔」。他認爲，這樣平庸的抱負，不可能滿足「才智卓絕」之士，他們不屑「已經被人踏平的道路」。

一八五四年，歷史之輪轉向。反蓄奴制的北方發生一系列事件，導致共和黨應運而生，也讓林肯這代人面臨了難度不輸甚至超過開國元老的艱巨挑戰。一連串事件由堪薩斯和內布拉斯加的移民拉開序幕，他們要求國會給予兩州領地的地位，[157]這下子再次挑起蓄奴制該不該擴大到新領地的敏感問題。身爲領地委員會（Committee on Territories）主席的伊利諾州參議員史帝芬・道格拉斯提出議案，似乎爲這難題提出簡單的解決之道。根據提議，當地移民以「自決」（popular sovereignty）方式，決定要成爲自由州還是奴隸州。事實證明，這一方式絕不簡單。由於堪薩斯和內布拉斯加位於北緯三十六度三十分的邊界線以北，若通過堪薩斯—內布拉斯加法，便意味著密蘇里協議無效，這下就打開了奴隸制往自由州擴張的大門。

該法引發激辯，[158]也讓北方的反蓄奴情緒更加高漲。一八五〇年妥協法中針對逃亡奴隸的條款生效之後，已引起北方民眾怒火。當奴隸主拚命追捕已定居在波士頓和紐約的逃奴時，幾近暴動的衝突頻頻上演。[159]拉爾夫・華多・愛默生表達了北方民眾的共同心聲：「在我一生中，至今爲止，未曾受過蓄奴制之苦。在我看來，維吉尼亞或卡羅萊納的蓄奴制就像非洲或斐濟的蓄奴制一樣。之前有一部舊的逃奴法，但它已是歷史或即將成爲一張廢紙。根據麻州法律，它已失效。新的逃奴法上路後，要求我必須追捕逃奴，麻州的公民受到鼓勵，樂得充當法官與捕快。新的逃奴法揭開了新時代的祕密，即奴隸不再是行乞的可憐人，而是積極出擊、頗危險的人。」[160]

隨著哈莉耶・碧綺兒・史托的《黑奴籲天錄》[161]問世，北方人的反蓄奴情緒進一步升溫。該書在一八五二年三月出版後不到一年，全美已賣出三十萬冊，其銷售量唯有聖經堪與之媲美。廢奴派領袖費德里克・道格拉斯將此書比喻爲「在無數被困的奴隸面前點燃百萬個營火」的一道「閃電」，[162]喚醒了人們對奴隸強烈的同情，對蓄奴制的義憤填膺，讓過去對蓄奴冷漠的美國民眾改變，成爲反蓄奴的擁護者。

堪薩斯—內布拉斯加法生效之前，反蓄奴勢力找不到捲土重來的出發點。歷史學家唐・法倫巴赫爾（Don Fehrenbacher）寫道，參議院對此法展開辯論後，投入反蓄奴陣仗的北方人「數量之多前所未見」，有如一支「全力衝刺保家衛國、抵抗外侮的部隊」。[163]

南方同樣也是軒然大波。對於南方人而言，堪薩斯的問題不僅僅是能否蓄奴而已，而是那些犧牲「鮮血和財富」[164]幫助這個國家開疆拓土的人，有無資格從整個國家持有的公共土地上分得一塊土地。北卡羅萊納州長湯姆斯・布雷格（Thomas Bragg）說：「有朝一日，北方同胞會發現，南方諸州希望與聯邦平起平坐，否則將從聯邦出走，另外獨立！」[165]

這次塞蒙・蔡斯擔任了反蓄奴陣營的領導者角色。蘇爾德雖然明白這個議案是「需要認眞思考和研究」的大題目，但他總是被華府一堆社交與工作搞得分身乏術。這位來自紐約的仁兄，人緣好到「大門的門鈴每五分鐘就會響一次」，[166]根本沒時間構思講稿，或者號召組織生力軍。因此蘇爾德針對內布拉斯加提案的講稿，只是幾篇「反蓄奴制的報告」。史帝芬・道格拉斯說，「俄亥俄州的蔡斯才是領導。」[167]

蔡斯、桑納、俄亥俄州國會議員約書亞・吉丁斯三人，一起提出了一個從參議院擴大到全國的構想，名爲「國會中獨立的民主黨人對全美民衆的呼籲」，這份公開「呼籲」一開始刊登在率先連載《黑奴籲天錄》的報紙《國家時代報》（*The National Era*）上，被歷史學家認爲是「有史以來最有效的政治宣傳品之一」。[168]爲了號召反擊勢力，這份呼籲還以單行本的形式再版。

「我們譴責這份提案公然侵犯一個神聖的承諾。」呼籲書一開場便指責內布拉斯加法提案是得寸進尺支持蓄奴制的陰謀，目的是徹底推翻密蘇里協議。根據密蘇里協議，蓄奴制永不得擴大至路易斯安那購地案從法國取得的全部疆域。若國會通過內布拉斯加法案，意味著「佔據這塊大陸正中心的廣袤區域」對「神聖承諾」棄若敝屣，「公然不把它當回事」，最後淪爲「由奴隸主與奴隸居住、以專制手段控制的可怖惡土」。這份呼籲，力促公民以一切可運用的方式提出抗議。呼籲文的作者信誓旦旦地保證，將號召選民「站出來，將國家從蓄奴制的宰制裡解救出來……因爲追求人類自由的志業，就是上帝的志業。」[169]

「蔡斯終於遇到他一生中最好的機會。」蔡斯的傳記作者亞伯特・哈特寫道。「因爲在堪薩斯—內布拉斯加法案的辯論中，他能將自己畢生的經驗傾注其中。」[170]一八五四年二月三日，輪到蔡斯在參院發言，全國上下民心激昂，準備迎接一場偉大的戰役。《紐約時報》（*New York Times*）報導：「迄今爲止，蔡斯的聽衆是本季人數最多的一次。在辯論正式登場前一小時，旁聽席與大廳擠滿了群衆，女士甚至擠到參院的議員席，佔據了大廳一半的席位。」[171]

在激辯的過程中，蔡斯指控道格拉斯提出此案的目的，是爲了讓自己登上總統寶座。這一主觀臆測讓這位伊利諾州參議員發出「高分貝的怒吼」，反過來指控蔡斯憑藉腐敗的檯面下交易進入參院。「你說我憑藉腐敗的交易到這裡來的嗎？」[172]蔡斯要求對方解釋。「我說，那個指控我把這一提案作爲競選總統籌碼的人，的確是透過腐敗的交易進入這裡。」道格拉斯反唇相稽。「你是在說我嗎？沒錯，我就是說你。」[173]

桑納坐在蔡斯身邊，以專注興奮的神情看著他，駁斥道格拉斯的主張。蔡斯說，道格拉斯提議的「民衆自決」概念，不可能爲所有領地問題提供一勞永逸的解決辦法。他預言將會適得其反。「這次討論將加速各黨派重組。」此外，蔡斯質問：「什麼樣的民衆自決可以允許一部分的人去奴役另一部分的人？那是權利平等的觀點嗎？……不，先生，不！沒有一個眞正的民主不是全力以赴地捍衛人權以及做人的權利。」[174]

午夜，道格拉斯開始他將近四小時的結語。蘇爾德曾一度打斷他的話，要求道格拉斯解釋自己說過的一些事情。「啊，」道格拉斯回應道。「你可不能當那個自由黑鬼（nigger）的跟屁蟲啊！」蘇爾德反唇相稽：「道格拉斯，把黑人（negro）拼出兩個 g 的人，不可能當選美國總統。」[175]

「午夜已過，公雞開始啼鳴，在破曉前，還沒開始投票表決。」[176]《紐約論壇報》報導說。「這場整整開了一整夜的會議，[177]一片混亂，議員彼此說著讓人費解的話，參與旁聽的群衆情緒沸騰。」[178]許多參議員被指爲「醉得醜態百出」，由於「過於頻繁地出入參議院的食堂」，[179]他們的豪言壯語讓人更不敢恭維。

三月四日上午五點，參議院的多數派對提案投下贊成票，反蓄奴派寡不敵衆而潰敗。參議員班頓驚呼道：「參議院被閹割了！」[180]蔡斯和桑納從國會大廈空蕩蕩的台階上走下來，遠處一聲砲響，[181]告知提案已過關的消息。蔡斯說：「他們慶祝了眼下的勝利，但是他們引爆的餘波將永不平息，直至蓄奴制消失爲止。」[182]

「要搞清楚，要搞清楚，各位先生，」《紐約論壇報》記者詹姆士・派克（James Pike）向南方人提出告誡：「你們搧風點火，接下來，你們得收割騷動和混亂……（在這裡）一場大戲的帷幕已經升起……政黨分裂，劃地爲界。它在南北之間劃了一條界線，它讓奴役與自由針鋒相對、水火不容。」[183]

接下來幾週，大量的抗議集會如野火燎原席捲北方。報紙的巨大影響力更是火上加油。「橫掃北方的大風暴，似乎每週都匯聚更多的力量。」[184]歷史學家艾倫・內文斯（Allan Nevins）寫道。康乃狄克州、新罕布夏州、俄亥俄州、印地安納州、愛荷華州、麻薩諸塞州、賓夕法尼亞州都簽署了反內布拉斯加法的決議。[185]《紐約論壇報》報導，在紐約州，兩千名抗議者來到百老匯大街示威遊行，「以一支軍樂隊爲前導，火炬熊熊，旗幟飄揚，聲勢浩大」。[186]從大學校園到村里廣場，從城市里民大會堂到鄉下的露天市集，人們齊聚一堂，在公衆場所暢所欲言。

＊＊＊

得知堪薩斯—內布拉斯加法通過的消息時，林肯正在伊利諾的窮鄉僻壤騎著馬。與林肯下鄉巡迴而共居一房的律師T・萊爾・狄基（T. Lyle Dickey）說：「他坐在床邊談論政局直至深夜。」黎明時分，他依然「端坐在床上，沉浸在長考中」。他對狄基說：「我跟你說，這國家不能在半奴役、半自由的狀態下生存下去。」[187]林肯說，這份法案順利過關，讓他「前所未有」[188]地覺醒過來。它徹底地改變了林肯對蓄奴制的看法。他再也不能說，蓄奴制最後會消失結束。密蘇里協議被廢止讓他警覺到，北方必須動員起來，以行動對抗蓄奴的勢力，否則連自由州都岌岌可危。內布拉斯加法「讓我們大吃一驚，」林肯道。「我們如遭雷殛、目瞪口呆。」[189]阻止蓄奴制擴大蔓延成了林肯持之以恆的努力目標。

林肯公開反對內布拉斯加法之前，在州立圖書館花了很多時間，[190]研究一系列的國會辯論記錄，讓自己可以追本溯源，清晰、理性又有說服力地闡釋事件的來龍去脈。荷登說，林肯對研究對象的「裡裡外外，前前後後」[191]沒有搞清楚之前，是不會貿然對事情發表意見的。林肯曾經告訴約書亞・史匹德：「我學得很慢，對所學的東西也忘得很慢，我的頭腦就像一塊鋼板，要在上面刻東西很難，一旦刻上去，要磨掉幾乎不可能。」[192]

一八五四年十月四日，林肯在春田的伊利諾州博覽會上，面對數千人首次發表了反蓄奴的演講。[193]農民攜家帶眷從全州各地趕來首府，佔滿了所有的旅館、客棧、出租公寓。這次展覽堪稱該州有史以來規模最大的農業博覽會，展示最先進的農業器具、重型機械，包括「世界聞名」的犁，[194]以及當地民眾引以自豪的優良家畜。一位記者報導，各種遊戲娛樂、音樂、點心飲料等一應俱全，從早到晚供應，保證讓大家「盡興而歸」。[195]

演講前一天，林肯聽說史帝芬・道格拉斯已向同一群聽眾滔滔不絕講了三個小時，[196]道格拉斯完全沒有料到，由於自己是內布拉斯加法的主要推手，因此他在伊利諾州飽受敵意。道格拉斯把這屆州博覽會當成為該法辯護的最佳舞台。由於下雨，演講被迫改在州議院的大廳舉行。地點變更並不影響道格拉斯的演講成效。他重申自己在參院提出的各項主張，強調內布拉斯加法由民眾自決，是建立在無可挑戰的自治原則之上。

道格拉斯矮壯結實，有「小巨人」之稱。表情豐富的臉龐與洪亮的聲音相得益彰。一位記者說：「他頭大，頭髮長而密，乍看像一頭隨時準備咆哮或將獵物吞入肚腹的獅子。」[197]演說到一半，他會「扯掉領帶」，解開外套鈕扣，「以半裸拳擊手的姿態」[198]吸引觀衆，「他屢屢被喝采聲和熱烈掌聲打斷。」《皮奧里亞日報》（*Peoria Daily Press*）報導，「這表明大部分聽衆贊同他的觀點。」[199]當他演講完畢，林肯突然起身，向衆人宣布，第二天他會提出反駁。[200]

翌日下午，林肯與道格拉斯同坐在第一排，[201]面對著他有生以來見過最多的聽衆。[202]林肯只穿了一件無領襯衫，看上去有點「笨手笨腳」。記者郝勒斯・懷特說：「一開始，他緩慢而猶豫，」然而過了幾分鐘，「顯而易見，他掌握了主題，知道自己要說什麼，知道自己是對的」。[203]懷特當年只有二十歲，但是他意識到自己正在聆聽「辯才一流、道德高尙的經典篇章」。六十年後，他的想法依然沒變。一九一四年，懷特對聽衆說，最初的印象「難以磨滅」，「時光荏苒，這印象依然一模一樣」。[204]

雖然林肯的聲音「單薄而尖銳」，但這種聲音「帶著很大的力量」，無論聽衆如何喧譁，仍可以從遠處聽到」。林肯一旦恢復了自信，「他說話的速度也開始加快」。他的姿態動作集中在「身體與頭部，而非雙臂」，顯得「非常激昂熱情」，整個形象「彷彿因爲語言的力量而改觀」。「接下來，他激昂的神態也感染了聽衆。他的演說深入人心，因爲它發自內心。我聽過一些著名的演說家，他們一開始的確能贏得雷鳴般的掌聲，卻不能改變任何人的想法。林肯先生的雄辯比他們更高明，他說話能讓人信服，而這力量來自於演講者本人。」[205]

道格拉斯聲稱自己的觀點是不證自明的，但林肯在闡明自己的主張時，加入了對史實的敘述，[206]將聽衆帶回到一個民族的發源之初，帶回到建國伊始，是一個能喚醒人們強烈情感和深思熟慮的演說。對於旁聽了參院辯論以及閱讀過蔡斯那篇構思精巧的「呼籲」冊子的人而言，林肯的許多主張也許似曾相識，但是，《伊利諾每日報》（*Illinois Daily Journal*）認爲，結構如此「清楚，邏輯如此分明」，事實的安排如此「有條不紊」，因此整體表現讓人驚嘆，也讓人「印象最深刻」。[207]

在州博覽會的第十二個夜晚，在皮奧里亞的火把照耀下，有關堪薩斯—內布拉斯加法的辯論再次登場，林肯花了三小時提出「相關論點」。爲了證明自己的主張，林肯決定從人們共同的歷史談起，言之鑿鑿地說明蓄奴制如何與國家一起發展成長，蓄奴制如何被開國元老小心翼翼地控制而不至於擴大。而今一八五四年秋，大家又是如何聽聞這個偉大的故事——關於聯邦的故事——落得如此僵局，而這樣一個僵局意味著，這故事會以此方式持續僵持下去。

林肯首次在眾人面前展示他歷史學家、說書人、教師等多重身分，完成集理智、一絲不苟、深入淺出為一體的邏輯性。林肯沒有使用人們熟知的韋伯斯特式的華麗詞藻，而是大量使用幽默與反諷，攙融日常工作和生活場景。林肯打比方說，擁護蓄奴制的人認為，投票贊成威爾莫特條款，將威脅整個聯邦穩定性，其說法荒謬之至，荒謬的程度彷彿在說——「我拒絕在屋旁再建造一棟建築物，因此我決定搗毀現有的房子！」在林肯闡明某個觀點時，這樣的妙喻不時出現。他巧妙地寓莊於諧，用帶幽默的智慧、簡單易懂的措詞，加上讓人難以招架的道德說服力量，和群眾溝通龐大而複雜的問題。

林肯指出，鑑於蓄奴制已滲透到美國社會的肌理，所以當初立憲時，「憲法對蓄奴制明確而不容弄錯的**態度**是，無法容忍其精神，但可寬容其存在的**必要性**。」林肯發現「奴隸」和「蓄奴制」這兩個詞都沒在憲法中被提及。他宣稱，農民對此視而不見，「就像一個受折磨的人將自己的脂肪瘤或癌症隱匿起來，他不敢立即切除，唯恐自己流血而死。然而有人跟他保證，在他大限來臨之前，可以切除腫瘤。」為了提供更多證據，林肯將聽眾帶往更久遠的過去，那時維吉尼亞州將遼闊的北部疆域讓給美利堅聯邦，因為它理解，蓄奴制在新的疆域將永遠被禁止，這樣就可為「數千萬」自由人民創造「快樂的家」，「在他們當中沒有奴隸」。他說，近年來，蓄奴制似乎已逐漸式微，直到具有決定意義的內布拉斯加法過關，將蓄奴制搖身一變為「神聖的權利」，將蓄奴制「帶往擴張和永恆的道路上」，「輕輕拍它的背，」說聲：「去吧，上帝祝你一路平安。」

道格拉斯聲稱，北方政治家只會製造危機，不管怎樣，堪薩斯和內布拉斯加註定會成為自由州，因為兩州的土地和氣候不利於棉花種植。林肯對此提出反駁，稱這論點是「**催眠曲**」。他展示了一張地圖，說明現存的奴隸州中有五州在氣候上與堪薩斯和內布拉斯加兩州非常相似。一八五〇年人口普查結果顯示，這些州擁有全國四分之一的奴隸。

最後，針對反內布拉斯加法「人民自決」的概念，林肯祭出獨立宣言。他認為，內布拉斯加法只是針對蓄奴制的永久性和擴張性的法律名詞，但是它可能敲響聯邦以及美國價值的喪鐘。他認為，「自治政府」的法律原則是正確的——絕對永遠正確。但是若像道格拉斯倡議的，用它來擴張蓄奴制，就歪曲這一原則的本意。「**在未經他人同意下**，沒有人優秀到足以統治另外一個人。這是首要原則——它是美國共和主義得以屹立不搖的基石。」若黑人是一個人——這是林肯毫不猶豫認定的事實——那麼內布拉斯加法主張可在不經某人同意的情況下，被一個主人奴役，這就是對「自治政府」的徹底踐踏。允許蓄奴制擴張，等於迫使美國民衆跟獨立宣言公開宣戰，從而剝奪「我們共和體制身爲世界榜樣、在世界發揮公正影響力的角色」。

參考美國在道德與哲學領域的典籍，林肯希望建構一個南北雙方都能認同與共存的領域。「我現在並不是和**必然性**唱反調，這個必然性源於黑人已是我們的一分子這個事實。但是我反對自以爲是地將黑人帶到一個他們從未去過的地方，並稱這是一種符合**道德**的主張。」林肯並未痛罵南方，或斥責奴隸主墮落、沒資格當個基督徒，而是強烈反對南北雙方有根本性的差異。他認爲「大家只不過都站在自己的角度與立場說話，若換個立場，會發現我們也許一樣。假如南北雙方不存在蓄奴制，也許雙方都不會將它引入。若蓄奴制的確存在於我們之間，那麼我們不應立即放棄它……若有人認爲這一體制一旦存在下來，人們很難擺脫它，那麼我們可以從欣賞與理解的角度去看待這一主張。我肯定不會因爲他們沒有做到連我自己都不知道該怎麼做的事，而責罵他們」。最後，「當他們提醒我們，他們也擁有憲法權利時，我會大方承認……當他們要求重新要回他們逃跑的奴隸時，我願爲他們立法。」[208]

林肯並未尖銳地批評奴隸主，而是以將心比心的態度理解他們的處境。十多年前，他用過類似的方式，當時林肯建議那些倡議禁酒者在批評酗酒人士時要保持克制，不要採用「大發雷霆的詛咒和譴責」，因爲「責罵會不可避免地招來責罵，犯罪會招來犯罪，而詛咒會招來詛咒」。在一段針對廢奴主義者和禁酒改革派的文字中，他說道，當一個人得知自己無臉見人、「備受鄙視」，並且被斥爲「這片土地的所有罪惡、苦難和罪行」的始作俑者時，人的天性將是「自我逃避、關閉一切通向大腦和內心的通道」。

儘管「赤裸裸的眞理化爲沉重的長矛會比鋼鐵還要堅硬」，但是表裡不一的改革家無法打動酗酒者或奴隸主的心，一如「無法用一根黑麥稻草穿刺烏龜的硬殼，人性就是這樣，所以引領他人者務必要了解被引領人的心」。林肯道，爲了「拉攏一個人支持你的理想」，你必須先深入他的心靈，打通「通往他理性的大道」。林肯總結道，心是通向勝利——邁向光榮之日的大道，到了那天，「天下不會再有一個奴隸，也不會再有一個醉漢」。[209]

透過這段華麗動人的勸說，林肯表明自己試圖站在奴隸主的立場來看問題，希望解開南北地域性的僵局，他也懇請南方人敞開心跡，正視歷史，就會看到黑人的基本人性。林肯不像蘇爾德，呼籲遵循一個「更高的法律」，也不像蔡斯，訴諸由「天國法典」衍生出來的所謂「自然權利」，而是根據實際情況，界定自己的主張，再從南方人的法令和社會活動中，找出有關黑人法律地位互相矛盾的條文下手，與南方交鋒。

他提醒南方人，在一八二〇年，他們曾與「北方聯手，雙方幾乎立場一致，宣布非洲奴隸買賣屬於海盜行爲，以及對此實施死刑懲罰」。因此南方人一定理解，買賣奴隸是錯的，因爲他們從未想過將買賣馬匹、水牛或熊的人處死。同理，儘管南方人曾被迫與國內奴隸販子做生意，但他們並沒有「把他當成朋友，也沒把他視爲誠實的人……但現在事情爲什麼會演變到這個地步？」他質問道：「你們可不是這樣對待買賣玉米、牲畜或煙草生意的人啊。」最後他評論道，在美國已有四十萬名以上的黑人獲得解放成爲自由身，這是由於那些理解黑人人權的白人奴隸主爲此「犧牲了鉅額的贖金」。「在所有這些案例中，正是你們的正義感以及人性的同情心不斷地告訴你們」，奴隸是一個人，不應被看作「僅僅是件商品」。

在結語，林肯懇求聽衆重新回歸獨立宣言的精神，「將蓄奴制放回到我們開國元老爲它界定的位置上，就讓它安寧地待在那裡」。他承諾道，這一切功績將拯救聯邦，「後世上百萬自由幸福的人民都會起立，稱我們是有福之人，直至千秋萬世」。[210]當他結束演講，熱情的觀衆爆出「震耳欲聾的掌聲」，甚至民主黨報的編輯也「不得不」說，自己「從未閱讀或聆聽過如此強而有力的反內布拉斯加法的演說」。[211]

從那一刻起，林肯被一種新的使命感驅策，將主要重心放在反蓄奴運動上。由於生性謹慎保守，內斂多慮，林肯面對新的形勢表現得小心翼翼。然而一旦他全力以赴投身其中，就會表現得堅忍不懈，眞心眞意。[212]雄心與信念比翼雙飛、相輔相成，正如羅伯特・佛洛斯特（Robert Frost）所吟詠的，「如同我兩隻眼睛看到的是同一個景致。」[213]雄心與信念賦予林肯政治上的前程，這是他那個時代値得奮鬥的志業。

6 山雨欲來

時序從一八五四年進入一八五五年，林肯在政壇更上層樓的夢想，因著內布拉斯加法通過的新刺激，從冬眠狀態悄然甦醒。他在伊利諾州議會贏得一席，旋即宣布參選聯邦參議員。伊利諾州去年秋天的州議會選舉，反蓄奴輝格黨員和獨立派民主黨員形成的鬆散聯盟，以些微多數，贏過道格拉斯派民主黨員。這樁勝利，據約瑟夫・吉列斯皮（Joseph Gillespie）州議員的觀察，全拜林肯領導有方之賜，①因此當新科議員一月底齊聚一堂，要爲伊利諾州選出下任參議員時，在絕大多數反內布拉斯加法的議員心裡，林肯是當然首選，他畢生追求更高政治成就的夢想，眼看著即將實現。

然而，一八五五年一月二十日，二十多年來最大的一場暴風雪②切斷春田市與全州的聯繫，州議會因而達不到開會的法定人數。超大雪堆使火車無法從北方南下，郵件運送受阻超過一星期，當春田孩童玩雪

橇玩得不亦樂乎，雪橇鈴聲在雪地裡歡樂作響，百業脈動卻幾近停擺，③一直到天氣好轉，議會才得以召開。

二月八日週四早晨，離下午三點投票還有一段時間，州議會會堂宛如忙碌不堪的蜂巢：④代表們忙著在各個角落咬耳朵、開幹部會議；主要由輝格黨員組成的反內布拉斯加法小組，一如預期地以選票支持林肯，但民主黨一小撮反內布拉斯加法的五人成員，竟然缺席，這實在是個壞兆頭。在此同時，道格拉斯派民主黨員決定在首輪投票，支持現任參議員詹姆士・雪德斯（James Shields）；但若雪德斯因直言力挺內布拉斯加法，招致選情失利，那他們要轉而支持人氣頗旺的民主黨籍州長喬・梅森（Joel Matteson），至少梅森從未對此法公開表態過。如此一來，民主黨員相信，他們可以籠絡到某些反內布拉斯加法成員。

到了中午，「眾院議事大廳休息室、走廊開始擠滿參、眾議員，以及和他們同來的賓客。」⑤走廊上，較引人注目的女士⑥包括林肯夫人瑪麗和其好友茱莉亞・傑恩・川布爾（Julia Jayne Trumbull），她丈夫正是民主黨議員李曼・川布爾，同屬反內布拉斯加法陣營，最近才被選進國會。此外，梅森州長的妻女也在現場。幾週前，林肯才在妻子的協助下，買了疊小筆記本，⑦記載兩院上百位議員，每人的政黨聯盟，及對內布拉斯加法的立場。他倆的慎重推估，讓他們懷抱希望，然而實情頗爲複雜。要拿下五十一票的多數票，林肯得穩住輝格黨，⑧及新近才反內布拉斯加法的民主黨前政敵所組成的脆弱聯盟。

時間一到，參議員們由州長帶隊，魚貫進入議事廳。當所有人宣誓就職完畢，投票接著開始，第一輪，⑨林肯拿到四十五票，道格拉斯派民主黨員詹姆士・雪德斯拿到四十一票，議員李曼・川布爾則拿到五票。這五名投給川布爾的反內布拉斯加法民主黨員，帶頭者是來自芝加哥的諾曼・賈德，他們和林肯並無恩怨，但若支持一名輝格黨員出馬角逐參議員的話，「身爲民主黨員，他們在家鄉將無法立足」。⑩

接下來幾輪投票，從自然光遍灑的白天，投到廳裡被煤油燈照得通明，林肯最多只拿到四十七票，離勝利僅四票之遙，但勢單力薄的川布爾陣營始終拒絕讓步，林肯因而拿不到必要的多數票。最終，九輪投票過後，林肯認爲，除非自家陣營轉而支持川布爾，否則道格拉斯派民主黨員已如預期，轉向梅森結盟，下屆參議員將是他們的囊中物。⑪

林肯實在不願見到反蓄奴聯盟的一切努力付諸流水，便通知競選幹事史帝芬・羅根撤掉自己，轉而支持川布爾。起先，羅根斷然拒絕，抗議說得票這麼多的候選人，竟然向得票少者讓步，實在沒天理，但林肯立意甚堅，認為自己再選下去，「我和川布爾都會落空，但以此案而言，初衷的重要性強過人與人間的對峙。」⑫當羅根起身開講，議事廳氣氛緊張無比，所有人屏息以待。他以極其沉重的語調宣布，這是「依然堅持立場的輝格黨員，想讓這場拉鋸戰有個結局」。⑬林肯支持者全部聽從他的指示，把票改投給川布爾，讓川布爾獲得勝選所需的五十一票。林肯的朋友們大失所望，認為他錯過「更上層樓的最後良機」。⑭羅根更是雙手掩面啜泣，⑮巡迴法院法官戴維斯震怒異常，狂飆說自己若在林肯的處境，「絕不同意讓四十七人受制於五人。」⑯

在公開場合，林肯從未對川布爾或賈德顯露不滿，他甚至出席川布爾慶功宴，⑰面帶笑容，誠摯又熱情地和勝利者握手。有人安慰林肯說，內布拉斯加人比他遭受「更慘的鞭笞」，林肯答道，梅森失利「帶給我的寬慰，強過我失利帶給自己的痛苦……整體來說，川布爾勝選符合我們的整體利益。」⑱

林肯的寬宏大量，讓他受益匪淺。蘇爾德和蔡斯在獲勝之際，失去朋友——蘇爾德在攀登勝利頂峰時，冷落老友霍利斯·格里利，蔡斯在一八四九年當選參議員時，未深入了解憎惡為何隨之而來。反觀林肯，卻在落敗時贏得朋友，⑲川布爾和賈德終生未曾忘記林肯的雍容大度。確實，林肯一八五八年出馬角逐參議員時，這兩人鼎力相助，甚至在一八六〇年，林肯出來選總統時，賈德還扮演關鍵性要角。

瑪麗·林肯就沒看那麼開了，她認為川布爾的作為「冷血、自私、奸詐」，⑳從此沒跟川布爾的妻子茱莉亞講過半句話，㉑即使茱莉亞曾是她婚禮的伴娘，也是閨中密友。稍後多年，中間人曾試圖讓斷交的兩人復交，但都白忙一場，兩人情誼從未復合。㉒瑪麗也無法原諒賈德支持川布爾，就算賈德和戴維斯在芝加哥黨代表大會上，不遺餘力地確保林肯獲得提名，瑪麗還是竭盡所能，在丈夫選戰過後，暗中阻撓賈德入閣。㉓

林肯在公開場合的舉止很有風範，私下卻難掩極度失望，視這次考驗為「折磨」。㉔他為反內布拉斯加法之故，促成川布爾勝選，但很難接受自己落敗的態勢。「敵人造成的重挫，他可以有風度地接受，」他向好友吉列斯皮傾吐，「但在朋友之家受傷，就很難平復了。」㉕他這麼賣力耕耘，日復一日、週復一週跑過冗長的選舉程序，和政壇同僚交換意見，花時間寫信爭取支持，經過這麼些年的耐心等候、餵養希望，他離美夢成真的終點卻未曾拉近一小步，命運似乎以出新招粉碎他的夢想為樂。

＊＊＊

一八五五年夏天，失望之事接踵而至。林肯敗給川布爾六個月後，參與一樁著名的法律訴訟，㉖這讓他意識到自己的律師聲望，在伊利諾州這種邊陲或許挺高的，但放到全國出類拔萃的律師群裡，他根本不足掛齒。

事情是這樣的。那年六月，費城一家知名事務所的年輕律師彼得・華森（Peter Watson）㉗來到春田，這家事務所老闆喬治・哈定（George Harding）是舉國知名的專利法專家。哈定曾受雇於伊利諾州洛克福市（Rockford）的約翰・曼尼公司（John Manny Company），爲他們打一場機械收割機被控侵權官司，控方是收割機原始發明者塞陸斯・麥孔米克（Cyrus McCormick）。「麥孔米克 v. 曼尼」，又稱「收割機訴訟案」，是一樁具指標性的案件，代表麥孔米克的兩名傑出專利法律師：來自紐約的愛德華・狄克森（Edward Dickerson）和前司法部長雷瓦帝・強森（Reverdy Johnson），迎戰代表曼尼的哈定。由於此案將在芝加哥審理、判決，哈定決定在當地聘請一位律師，「既了解這位法官，又有足夠自信」，雖然從他的東部觀點看，伊利諾州能否聘請到一位「眞正能幫得上忙的律師」，他其實很懷疑。

華森被派到春田，以了解受推薦的林肯是否適任。起初，華森對林肯印象並不好，林肯在第八街的木造房子，以及現身門口時，沒穿外套也沒穿背心的形象，在在顯示他對於這樁重大訴訟，很難被委以重任。然而，和林肯交談過後，華森覺得他「相當能幹」，於是預先支付一筆律師費，敲定事成之後，還有一筆可觀的酬庸。這筆費用，以及與聲名大噪的雷瓦帝・強森交手的機會，讓林肯雀躍不已，他知道哈定會提出一些科學論點，便著手爲此案準備辯論。

就在華森造訪春田後不久，哈定接獲消息，說此案審理已從伊利諾州的芝加哥，轉至俄亥俄州的辛辛那提。審判地點變更，雇用林肯的唯一理由不復存在，這讓哈定回頭去找他心中的首選——聰明絕頂的愛德溫・史坦頓，然而林肯不知情勢有所變更，繼續研究案情。「六月時我們談到，」他七月底去信華森：「據我了解，你說你會寄來訴狀和答辯書副本……以及證詞……但之後我並沒收到任何東西。不過，我去了芝加哥聯邦法院，在那裡拿到副本……我寫這些是希望你盡快寄來其他資料，我可以在八月以及本月剩下的日子裡，爲本案奉獻

1

亞伯拉罕・林肯，一八五七年二月二十八日攝於芝加哥，時年四十八歲。以律師爲業的他終於開始成爲政壇上冉冉升起的一顆新星。一年後他贏得共和黨提名參選聯邦參議員，當時他說了一句名言：「鬧分裂的家站不起來。」

2

瑪麗．陶德．林肯，攝於二十八歲，結婚四年。林肯初次邂逅瑪麗時，對她說：「我想用最笨最拙的方式和你跳舞。」後來，瑪麗笑著對表姊說：「那天他真的說到做到。」

3

林肯夫婦對孩子疼愛有加，他們認爲「愛是把孩子牢牢綁在身邊的枷鎖」。羅伯特是長子（上圖），接著威利（左圖）、泰德（右圖）陸續出世。他們還有一個兒子艾迪，一八五〇年死於肺結核，年僅三歲。

4

5

6

7

威廉·H·蘇爾德攝於四十三歲（左圖）。一八二四年，他娶了家境富裕的法官之女——法蘭西絲·米勒（右圖），順利打入富人圈和名流圈。這座位於紐約州奧本的大宅（下圖）成爲他的終身居所。

8

9

法蘭西絲·蘇爾德（上圖）悟性過人，有著堅不可摧的道德信仰，是丈夫的政治良心。年幼的范妮·蘇爾德與父親合影（下圖）。她尊敬母親，父親則是她崇拜的對象，視他爲美國最優秀的菁英。

10

11 

 12

「厄運之槌」接二連三落在塞蒙・蔡斯（左上圖與下圖）的身上。十多年間，他痛失三位妻子，其中包括凱瑟琳（右上圖）和莎拉・貝爾（下圖）。

 13

14

自此，蔡斯陸續結交包括愛德溫・M・史坦頓（上圖）在內的政壇友人。史坦頓的家庭生活也因家庭悲劇而蒙上陰影。蔡斯當選俄亥俄州長之後，才在哥倫布市有自己的宅邸（下圖）。

15

16

17

茱莉亞·貝茲（左上圖與下圖）爲愛德華·貝茲（右上圖）營造了溫馨愜意的家庭生活，貝茲的友人一致推崇這是理想的家庭生活。兩人結婚四十年，育有十七個子女，夫唱婦隨，鶼鰈情深。

18

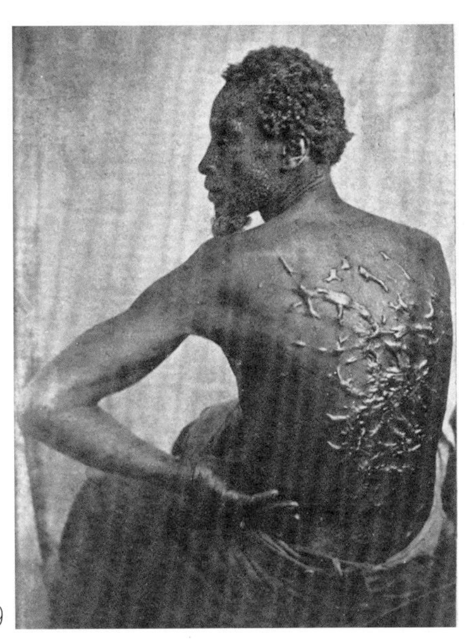

19

20

一八五〇年代，《黑奴籲天錄》出版，揭露黑奴受到的諸多暴力虐待（左圖），點燃北方人對蓄奴制的怒火。時值具有劃時代意義的卓雷德·史考特官司判決出爐。史考特（右圖）上訴爭取自由身，不過由羅傑·B·泰尼（下圖）領導的最高法院裁示，史考特「無權擁有白人對他該有的尊重」。

21

22

林肯的人緣極佳，天生有朋友緣。好友群當中，約書亞．史匹德（上圖）和大衛．戴維斯（下圖）兩人在他的生命中扮演至關重要的角色，他們不僅讓林肯開心，也協助他在政壇上平步青雲。

23

24 

 25

林肯與律師同仁們騎馬「巡迴」，前往不同的法庭答辯，一路上彼此建立了牢不可破的情誼，威廉·荷登（左圖）與沃德·雷蒙（Ward Lamon，右圖）是其中兩人。巡迴期間（下圖），林肯靠著無止境的精彩故事炒熱氣氛，並成爲眾人矚目的焦點，而對方爲了回報他，提供他伊利諾州各地選民投票意向的第一手情報。

 26

27

28

李曼・川布爾（左圖）和諾曼・賈德（右圖）難忘林肯一八五五年競選聯邦參議員失利時表現出的大器。一八六○年，共和黨在芝加哥舉行全國黨代表大會時（下圖），兩人爲林肯助了一臂之力。

THE REPUBLICAN WIGWAM AT CHICAGO.

29

30 

 31

梭羅·魏德（右圖）未能幫助他提攜的小弟威廉·蘇爾德贏得共和黨提名戰，其中霍利斯·格里利（左圖）的陣前倒戈是致命一擊。投票當天，一幅幽默漫畫將蘇爾德刻畫成遭人暗殺的凱撒，把格里利描繪成一心復仇的布魯特斯（Brutus，下圖）。

"ET TU, GREELEY?" 32

33

當關鍵的第三輪投票開始計票後，「維格沃姆」會議中心被「一片死寂籠罩」（上圖），鹿死誰手尚難論斷。此時蘇爾德在奧本的家中靜候芝加哥傳來的消息。（下圖）

34

35 林肯戰勝了蘇爾德、蔡斯和貝茲，出人意料地獲得共和黨提名。春田居民聚集在林肯家門前，參加造勢集會。

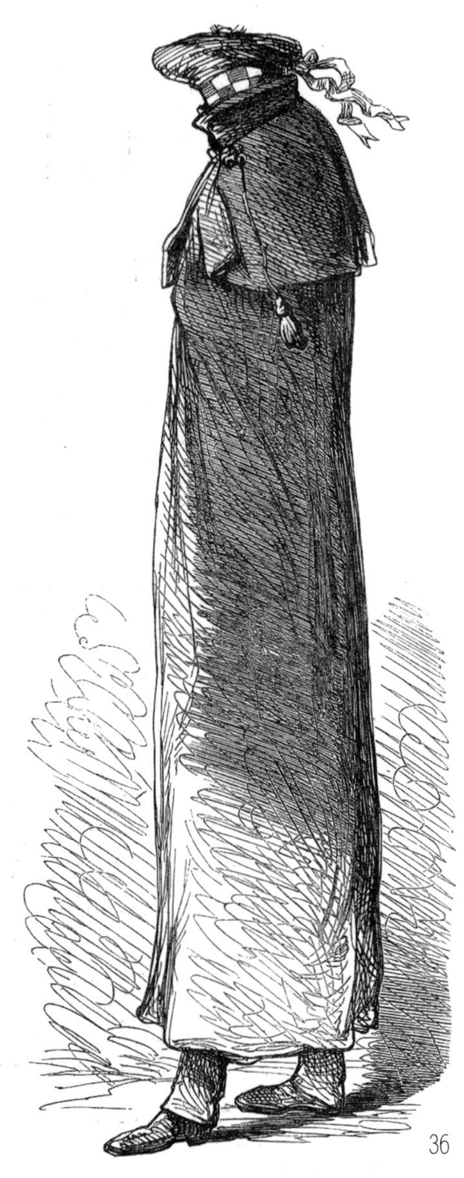

36

總統當選人林肯接到暗殺的威脅函，因此趁拂曉低調進入華府。有人惡意放話，稱林肯當時頭戴蘇格蘭格子帽、身穿軍用披風，將自己全身包起來，以免身分曝光。這個謠言在媒體上一傳十、十傳百，讓他非常尷尬。

一些時間。當然，我希望取得一切可以到手的資料。在芝加哥時，我還去了洛克福市，花了半天時間研究曼尼的機器。」㉘

儘管華森從未捎來隻字片語，林肯還是拼湊出他所需的訊息，並在九月底，帶著冗長的答辯摘要，動身前往辛辛那提。當他抵達律師們習慣下榻的步涅特屋（Burnet House），剛好碰到哈定和史坦頓要出發前往法庭。幾年後，哈定對於他乍見林肯時的驚嚇，記憶猶新：「他長得很高，瘦骨嶙峋，像個背影笨拙的木頭人，衣著粗俗、不合身，褲長不及腳踝，手上拎了把藍色棉質雨傘，傘柄還鑲了顆球狀物。」林肯趨前自我介紹，還提議「我們一道去吧，這樣氣勢比較大！」此時，史坦頓把哈定拉到一旁，偷偷說：「你幹嘛把這隻長臂猿找來？他既沒常識，對你也沒啥幫助。」㉙然後兩人轉身，逕自往法院走去。

接下來幾天，史坦頓「設法跟林肯把話講白了」，希望林肯自動退出此案，林肯也退出了，但他仍然留在辛辛那提，旁聽兩造辯論。哈定沒看過林肯手稿，「認定那只是一堆沒用的廢紙。」一整週下來，林肯雖和哈定、史坦頓在同一家旅館吃、住，但兩人從未邀林肯過來一起吃頓飯、一起去法院，甚至當法官約翰・麥克林（John McLean）特設晚宴，有請雙方律師時，卻獨漏林肯。

案子開庭一星期，根據曼尼合夥人拉爾夫・愛默生的觀察，高深辯論對林肯是「一大啓發」，林肯對史坦頓的辯詞尤其著迷，甚至「全神貫注地站著……㉚啜飲他的話語」。㉛愛默生了解，林肯這輩子「從未見過如此完整、精細用心，且準備徹底」的辯詞。審理結束，林肯告訴愛默生，他要回家「修習法律去」。㉜一開始，愛默生不懂林肯所指爲何，林肯接著解釋，「就一樁麻亂官司而言（精細官司亦如是），我是一名綽綽有餘的律師；但這些上過大學的律師即將西進，他們畢生浸淫法律，因此具備一切優勢，有足夠時間鑽研，任何需要皆可信手拈來，他們很快會出現在伊利諾州，一旦他們來了，我也準備好了。」㉝

離開辛辛那提之前，他去向威廉・狄克森（William Dickson）道別，狄克森是那週少數幾個對林肯友好的人之一。「你讓我的這段日子最感愉悅，我要爲此謝上一千遍。」林肯這麼告訴狄克森太太，「但你邀請我再來玩，坦白講，我並不想來第二次，不是對這個城市有意見，而是發生的一些事，讓我不願意再來。」㉞

林肯回到春田市後，收到一封信，裡頭附有支票，付清他的費用。林肯退回支票，說這並非他勞力所得，況且他也沒出庭辯論。稍後，華森又寄來一次，林肯就把它兌現了。

說來不可思議，林肯經歷史坦頓如此粗暴無禮的對待，六年後兩人再度相逢，林肯竟然派給史坦頓「就他天賦所及的最有權勢公職」㉟——戰爭部長。林肯選擇史坦頓，和他稍後對待川布爾與賈德一樣，顯示他具備一種超越宿怨、羞辱、苦痛的非凡能力。至於史坦頓，雖然一開始瞧不起這隻「長臂猿」，㊱但他不僅接受林肯任命，對林肯的尊敬和愛，㊲勝過家人之外的所有其他人。

史坦頓對林肯顯露的粗暴優越感，必須這樣解讀：他對收割機案十分焦慮，此案對他的重要性難以言喻。史坦頓十三歲時，父親過世，此後他對金錢有極度的不安全感。他父親是位內科名醫，四十歲那年中風過世，在此之前，幼年史坦頓在俄亥俄州斯托本維爾市（Steubenville）的生長環境十分嬌寵，一家和樂，住在兩層樓高的氣派磚房，院子很大，還有結實累累的果園。他是家裡的寶貝，三歲開始受教讀書，父親汗牛充棟般的藏書任憑他讀，他還在斯托本維爾的老學院（Old Academy）接受極佳的教育。不過，父親過世，沒留下財產，史坦頓被迫輟學幫忙家計，以養活寡母及三個弟妹，先是被迫賣房，接著被迫賣掉父親的圖書館，最後被迫搬到狹小的寓所。史坦頓先跟著一名書商當學徒，一有空就念書自學，利用夜間準備附近肯尼恩學院的入學考，此校校長正是蔡斯的叔父菲蘭德。他成績優異，在肯尼恩學院度過兩年快樂的求學時光，又因家境實在窘迫，只得再度出來工作，這回是到哥倫布書店幫忙。

隔年，史坦頓回到斯托本維爾，在一家律師事務所找到見習工作，他一邊研習法律，一邊幫媽媽扶養弟妹。數年後，史坦頓親愛的妹妹潘費拉（Pamphila）回憶，哥哥對整個家庭扮演定錨的角色，溫柔照拂生病的母親，把弟弟達爾文送進哈佛大學醫學院，鼓勵妹妹們熟讀英國詩人拜倫與美國詩人惠蒂爾（J. G. Whittier）的詩作，並持續讀著希臘史學家蒲魯塔克（Plutarch）的經典《希臘羅馬名人傳》（*Lives*），及其他歷史相關書籍。㊳因著他的直覺式心靈、工作上天才般的能力，以及法庭上的強硬態勢，他很快便在法律界嶄露頭角。

當他與瑪麗．蘭森（Mary Lamson）墜入愛河，那是他「這輩子最快樂的時光」。㊴瑪麗是個不可思議的知性女子，完全能分享史坦頓對閱讀的熱情，她甚至懷抱女性主義的信念，認爲若女人的受教方式正確，她們可以**「使世界重生」**。㊵他們婚後育有一女露西，一子愛德溫，㊶史坦頓真心相信命運正對著自己展露笑顏。妹妹潘費拉回憶，史坦頓總是「神清氣爽，笑逐顏開」。㊷隨著事業開展，他不只能養活自己的家庭，還能供給母親和弟妹所需。

史坦頓視瑪麗爲人生伴侶。他倆都熱愛歷史、文學與詩，會一起讀吉本（E. Gibbon）、卡萊爾（T. Carlisle）、麥考利（C. Macaulay）、史達爾夫人（Madame de Staël）、薩姆爾・詹森（Samuel Johnson）、班克夫特（G. Bancroft）、以及拜倫的作品。㊸「數年前，我們是情人。」孩子出生後，史坦頓給瑪麗的信這麼寫著，「現在我們爲人父母，新關係就此發生，對子女的愛爲我們兩人開啓嶄新且湧流不絕的愛之泉。如今，我們對人生盼望滿滿，不是爲己，而是爲孩子。過去，我愛你的美麗和優雅，以及你這個人的魅力。現在，我愛你心志的豐饒與過人的卓越，昔日之愛沒被取代，而是與今日之愛並存。我愛你，以熾烈和眞實的情感愛你，此情超越言語所能表達。」㊹

史坦頓的快樂很短暫：他的女兒露西因罹患猩紅熱過世，三年後，在一八四四年三月，愛妻瑪麗因罹患一種致命的膽汁熱而撒手人寰，得年僅二十九歲，㊺史坦頓心碎不已，悲傷得「近乎崩潰」。㊻妻子下葬前，他請女裁縫幫忙縫了件嫁裳：「她是我的新娘，理應以新娘的模樣下葬。」喪禮過後，史坦頓有好幾個月無法工作，由於他幾乎包辦了俄亥俄州傑佛遜郡（Jefferson County）法院審理的所有案件，因此那年春天，法院簡直處於停擺。㊼好幾個月來，他把瑪麗的睡帽、睡衣在她枕頭上鋪開，那陣子妹妹潘費拉過來與他同住，忘不了那些駭人的夜晚，史坦頓「手裡提著燈」，在家中房間逐一搜索，「一邊啜泣，眼淚不斷湧出」，一遍又一遍肝腸寸斷地嘶喊，「瑪麗，你在哪裡？」㊽

史坦頓頗有家庭責任感，他最終還是回到律師崗位，但傷悲之情緊緊相隨。㊾擔心自己兩歲大的兒子會忘了媽媽，他花了好幾個夜晚，給兒子寫了封一百多頁的信，㊿從兩人愛情萌芽一路細數，還摘錄這些年來魚雁往返的所有精華。他的手邊寫邊抖，影響字跡，坦承是因「淚水模糊了視線，[51]心裡揪痛」[52]，使他難以長坐。他原本想等到兒子再大一點、理解力再強一點時再寫，「但光陰、在乎的程度、疾病、以及人生的無常，都會磨損心智；何況人生如此不確定，我可能從你身邊被帶走……那你從活著到死亡，都不知道父母親對你的愛，以及他們倆是如此相愛。」[53]

雪上加霜的是，史坦頓的弟弟達爾文從哈佛醫學院畢業後，因爲一場高燒，[54]損及腦部，以致精神錯亂。

那時他已經結婚，有三個小孩，卻以長矛矛頭刺進喉嚨，「一下子就死於流血不止，」㊺家庭朋友回憶道。他的媽媽眼見㊻「鮮血濺到天花板」，㊼卻無力回天，鄰居趕緊把住在附近的史坦頓召回，當他目睹現場令人毛骨悚然的慘況，他「無法控制自己，失神走進森林，沒穿大衣也沒戴帽」。鄰居擔心他會受不了而自殺，於是一路跟著他、約束他，護送他回家，並輪流看著他。㊽

這一連串悲劇使史坦頓性情大變，熱情洋溢的天性不見了，「以前他看到人，總是親切開心地打招呼，」一位朋友說，「現在他舉止安靜陰沉，頭總是低低的，雙手緊扣在後。」㊾對兒子，他還是個溫柔父親；對妹妹，是個慈愛哥哥，但在法庭上，他越來越火爆，毫無必要地恫嚇證人，把律師同儕當成敵人，行為乖張粗魯。㊿

他唯一的成就感，來自日漸崇隆的聲望，以及與日俱增的財富，讓他可以養活兒子，照顧寡母、妹妹、以及弟弟留下的妻小。「收割機案」是他律師生涯最大宗的案件，「法庭史上最重要的專利權官司，」他這樣告訴朋友，「為準備答辯所投注的時間、勞力、金錢、腦力，比任何專利權官司還多。」若一切順利，將會讓史坦頓攀登上職涯巔峰。

當他抵達步涅特屋，卻發現哈定「已經身體微恙多日」，而且可能無法出庭。他非常緊張，這下子除了自己充分準備的辯詞外，他還得報告「案子的科學部分，是之前沒研究過的」。史坦頓徹夜挑燈惡補，(61)幸好哈定狀況及時好轉，但家裡接二連三的死訊導致他暴躁易怒，再度因焦慮、睡眠不足而發作。

除了這樁壓力大到令人崩潰的官司，史坦頓還談了一場一波三折的戀愛。年輕的艾倫・哈奇森（Ellen Hutchison）(62)是匹茲堡富商之女，是史坦頓自妻子過世後多年來，第一位吸引他的女性。艾倫身材修長，金髮藍眼，據史坦頓描述，是位「艷光四射的知性美女」。(63)他對艾倫一見傾心，但她卻沒什麼反應，因為她離開上一段戀情後，內心仍「痛苦不堪」，(64)認為自己再也不會墜入情網。

史坦頓告訴艾倫，他了解「早至之愛的困擾，是它像殺傷力十足的霜，降在你的生命之樹上」，但他相信，「你還是有足夠生命力，讓鮮花綻放。」(65)即使有此鼓勵，艾倫還是為史坦頓的某些特質，而且是別人也這麼論斷的特質，感到困擾：(66)他對工作近乎痴迷的專注，他毫無耐性也缺乏幽默感，最嚴重的是，「他粗枝大葉，對別人漠不關心。」(67)對此，史坦頓坦承：「我性格裡有這麼多堅硬、令人討厭的部分（這不是天性，我自認天性溫柔），但就我困境所生成的脾氣、生活習性，只有刻骨銘心的愛情可以包容、忽略它。」[68]他保證，若自己生命的最後數十年能夠有所不同，若自己「蒙此祝福，有這樣一位伴侶，用愛指出並仁慈矯正我的錯誤，我就能逃過你所譴責的這些毛病。」[69]

「收割機案」成功結辯後，艾倫終於被說動，於一八五六年六月二十五日下嫁史坦頓，[70]此後數年史坦頓過得很快樂，[71]不僅辛辛那提法院認可曼尼專利權，上訴時最高法院也維持此判決。有這個大勝利當後盾，史坦頓前進華府執業，在最高法院的重要官司出庭辯論，經濟上有可觀進帳，爲續弦妻子蓋了間磚造宅邸。[72]

* * *

林肯的希望一個個遭粉碎，他只能眼巴巴看著別人大有斬獲，尤其是頭號對手史帝芬・道格拉斯，兩人已在史匹德雜貨店的爐火旁激辯多次。「二十二年前，道格拉斯法官和我初次相識，」林肯在一份私人文件中透露，「我們都很年輕，他或許比我年輕一些。那時，我們都雄心萬丈，我和他相比，或許不分高下。但對我而言，雄心之爭已成敗局，且是徹底失敗；對他，卻是場輝煌的勝利。他已名滿全國，甚至在國外也是一號人物。我對他的成就無不敬之意，但任何成就，受壓迫之我輩會與我同享提升之榮，我寧願享此殊榮，而非戴上足以壓迫君王額頭的富麗冠冕。」[73]

在此關頭，有人認爲，妻子堅定的信念支持著林肯，她認爲光明的前途正在前頭等著。「她有烈焰般的意志與雄心。」[74]林肯的律師夥伴約翰・史都華觀察。當她還年輕、追求者衆時，她曾告訴嫁給老富商的一名密友：「我寧願嫁給好人——一個心智卓越之人——胸懷希望，在光明的未來有個位置，有名望權勢，而非嫁入顯赫家族——世上的黃金與枯骨。」[75]史帝芬・道格拉斯也是瑪麗的追求者之一，她認爲道格拉斯是個「很小、很小的巨人，若和我那高大的肯塔基人相比，智識上我丈夫也超越道格拉斯甚多，如同體格上」。[76]簡單講，在瑪麗心目中，「在全美國，無人能與林肯匹敵。」[77]

瑪麗也知道，她身處的時代認爲女人若對政治有興趣，是「很不女人」，[78]但她仍熱切地支持丈夫的雄心，每階段皆如此。然而，即使她在最艱困的時刻仍然力挺丈夫，林肯尋求公衆認同和影響力之路，還是挫折滿滿，但不管處境爲何，他不可能放棄夢想。

* * *

老戲碼再度上演，林肯的生涯似乎再一次進入「中場休息」，蘇爾德和蔡斯的氣勢卻銳不可擋。內布拉斯加法通過後，北方政局變動使蔡斯領導權獲得認可，套句卡爾・舒茲的話，這是「籌組新政黨的第一聲號角」。⑲全國性政黨——輝格和民主黨——則在逐漸升高的黨派分裂壓力下，開始騷動不安。輝格黨——克雷、韋伯斯特、林肯、蘇爾德、貝茲的政黨——反對蓄奴，因此和想接納蓄奴的「棉花輝格黨」分裂，成爲首批退出的「良心輝格黨員」。在一八五二年選舉，分裂的輝格黨被大獲全勝的民主黨徹底殲滅，但內布拉斯加法過關，也在民主黨造成出走潮，不願見到奴隸制度擴張的北方黨員亟欲找個新歸宿，民主黨因此由南方黨員控制。

政局動盪又因「無知黨」（Know Nothing Party）的崛起，⑳更顯複雜：這黨是爲因應一八四〇至一八四五年間，前所未見的大批移民湧入美國而起。一八四五年，美國人口約爲兩千萬人，十年內，移民人數多達三百萬人，主要來自愛爾蘭和德國。這批天主教徒來到以土生土長清教徒佔多數的美國，「無知黨」立意延宕這批新移民取得公民權和投票權。一八五〇年代初期，無知黨在好幾個城市勝選，幾乎席捲麻薩諸塞州以及紐約州，報紙、倡導者嚴詞抨擊天主教，㉑北方數大城市還傳出攻擊天主教徒的流血暴動。

林肯對無知黨的歧視性信念，非常不以爲然，「反對壓迫黑奴的人，怎麼可能贊同貶抑不同階層的白人呢？」他問好友約書亞・史匹德。「我們朝墮落之路走得飛快，我國開國宣言揭櫫：**人生而平等**，但實踐出來卻是：人生而平等，**黑奴除外**。一旦『無知黨』掌控大局，情勢又將變成：人生而平等，黑奴、**外國人**、**天主教徒**除外。若是這樣，我乾脆移民國外算了，比如說俄國，他們不會假裝自己有多麼熱愛自由。」㉒

然而，無知黨很快也關心起蓄奴議題。無知黨許多北方黨員也反蓄奴，最終，反內布拉斯加法的重要性，證明強過對抗外來移民，此黨分裂成南北兩派系，造成黨的元氣大傷。但最初催生無知黨的本土氣氛，在此黨崩解後，仍持續影響國內的政治氛圍。

隨著輝格黨式微，民主黨又被南方黨員所掌控，所有反蓄奴者集結成新勢力，就是之後所稱的「共和黨」：組成分子為有良心的輝格黨員、獨立派民主黨員、反蓄奴的無知黨員。一州接一州，名稱各異的新聯盟不斷形成——融合黨、人民黨、反內布拉斯加法黨。一八五四年，一群反蓄奴者在威斯康辛州瑞朋（Ripon）聚會，提出「共和黨」一詞，很快獲得其他州政黨大會沿用。

林肯在伊利諾州持觀望態度，他還是寄望輝格黨成為反蓄奴政黨。在紐約，蘇爾德也很遲疑，認為要切割三十年來建立的友誼和關係，著實困難。[83]但蔡斯則未受過往忠誠度所束縛，[84]他已準備好全心投入新興的共和黨門下，當新的政治契機提供更美好的願景，他毫不遲疑地勇往直前。他一開始是輝格黨員，之後加入自由黨，接著再投奔自由國土黨，然後以獨立民主黨員之姿躋身參議院，如今任期即將屆滿，再度獲得民主黨提名的機會渺茫，因此他很樂意投奔共和黨。

俄亥俄州和紐約州、伊利諾州一樣，新運動由於本土主義者的情緒，變得複雜，像討好老派無知黨員，又不得罪德裔美人，就需要一種微妙的技巧，因為德裔美人對奴隸制度深惡痛絕。蔡斯就完成了這項壯舉，藉由共和黨員之姿角逐州長，未對無知黨訴求表達支持，卻在州際選票基礎上，讓八名無知黨候選人競逐要職。[85]

這場拉票是個硬仗，但耐性超強的蔡斯硬是要穩操勝算，靠搭火車、騎馬、人力車、獨木舟、敞篷貨車等方式旅行，他在四十九郡講了五十七個場子。[86]其中，在俄亥俄州人煙罕至的地區造勢，甚至變成一場探險。他告訴凱特，為抵達德佛小鎮（Delphos），他得搭人力車走鐵路，這車由兩個人站在曲柄上操作，運氣還算不錯，「但實在很危險，誰知道我們會不會迎頭撞上一輛火車，或另一部人力車？」[87]

蔡斯的耕耘有所回報，他成了共和黨第一位大州州長。「最後衝刺帶來的焦慮，終獲紓解，」桑納寄自波士頓的信件表示，「我可以大大喘口氣了。」[88]早餐時，這位麻州議員讀著電報，興奮之情溢於言表，預測蔡斯的勝利是反蓄奴運動的最大勝利。

但在紐約，蘇爾德面臨比蔡斯更嚴峻的挑戰：[89]無知黨員無法忘記他的提案，把州專款挹注在天主教學校，決心讓他在一八五五年的參議員衛冕戰中落敗。面對無知黨及支持蓄奴的「棉花輝格黨員」兩面夾殺，蘇爾德評估，他不能冒險跳到一個命運難料的新政黨。

蘇爾德連任成功的唯一希望，在於魏德能否將州議會反蓄奴的各派系整合成多數票。在議會開議前幾週，威德照字母順序宴請議員，以拉攏選票，包括一些可能把反蓄奴置於反天主教原則之上的無知黨員。據說，在一場奢華的晚宴裡，三、四位無知黨員參觀魏德宅邸時，竟看到魏德好友——紐約主教約翰·休斯（John Hughes）的畫像。[90]如果主教的身分曝光，宴會目的將毀於一旦，因此議員們被告知，畫中人是穿著殖民時期外袍的喬治·華盛頓，由華盛頓本人送給魏德的父親！

魏德繃緊神經一再衝刺，總算鞏固足夠選票，將蘇爾德二度送進參議院。[91]「我好不容易從遊說團體和賀客的包圍中，擠出一分鐘向您表示我最深、更深的謝意。」蘇爾德去信魏德，「我非常吃驚，您能將我們這艘破船，從如此巨大兇惡的險境中駛出。」[92]在奧本，蘇爾德連任成功引發一場超大慶功會，「我沒看過這麼盛大的歡慶季。」法蘭西絲開心地向兒子奧古斯塔報信，「他們發了七百響禮砲，在奧爾巴尼選票一開完，就放了三百響。」[93]

一旦蘇爾德可以在參議院再做六年，他和魏德就可以毫無顧忌地加入共和黨。一八五五年九月底，兩個政黨大會一同在雪城（Syracuse）召開，朋友問蘇爾德，他要參加哪一場，他回答：沒差，代表們分別從兩扇門進場，但會從同一扇門離開。輝格黨代表先聚集，堅定宣誓反蓄奴立場，接著由魏德帶隊，進入隔壁廳，共和黨代表以如雷掌聲報以歡迎。由各解體政黨殘餘勢力匯集而成的新政黨——共和黨，因此在紐約州誕生。[94]

「我很開心，你我終於隸屬同一陣線、同一政黨。」[95]桑納這麼告訴蘇爾德。同年十月，蘇爾德在一場振奮人心的演說中，[96]宣布效忠共和黨，同時追溯蓄奴勢力的成長史，說明爲了獲得新蓄奴州而不斷擴張，奴隸主因此在國會享有平等權力。他問：「接下來需要什麼？」「當然是組織。」共和黨的當務之急，是經由控制國會獲得勢力，以求蓄奴勢力不再擴張。

＊＊＊

一八五六年初，林肯認爲伊利諾州應仿效紐約州、俄亥俄州，將衆多反內布拉斯加法勢力整合成共和黨。[97]在他努力之下，這呼籲促成了黨代表大會於同年五月二十九日召開。之前數週，林肯小心翼翼，和反對內布拉斯加法的不同對手交好、納入同一政黨，他很清楚箇中的複雜度。儘管魏德、蔡斯各在其州取得勝利，但林肯擔心，召開大會只會引來各黨派的激進分子，對共和黨的貢獻基礎太嫌薄弱。

此時，發生在堪薩斯州的戲劇性事件，幫了林肯大忙。北方移民想以內布拉斯加法裡「民衆自決」條款，把堪薩斯州變成自由州；但一批從密蘇里州渡河而來的所謂「邊界流氓」，卻霸道投票，要讓堪薩斯變成奴隸州，雙方因此爆發游擊戰。[98]爲內布拉斯加法激辯時，蘇爾德告知各奴隸州，北方會「力保處女地堪薩斯州，上帝會賜勝利給支持者和正當性都有贏面的一方」。[99]而在南方，《查斯頓水星報》（*Charleston Mercury*）反唇相稽：「當北方提出一個地方性議題，還給它扣上戰爭的帽子，那她就得迎戰，不然就等著接受無情又熱切的對手輕易贏得戰爭的後果。」[100]暴力不斷升級，「滴血堪薩斯」成爲反蓄奴勢力的新標語，堪薩斯不僅是墾殖者的角力場，也是北方和南方交鋒的戰場。

大會召開前一週，令人震驚的消息從華盛頓傳至伊利諾州，掀起溫和的反蓄奴情緒。在參議院議席上，桑納煽動力十足的反蓄奴言論，引來南卡羅萊納州普里斯頓·布魯克斯（Preston Brooks）重砲抨擊。[101]起先，桑納的反擊很平常，[102]答辯很老套，適時引用文學、歷史資料，[103]拒絕接受堪薩斯是奴隸州。但當桑納開始激烈回敬兩位同僚——伊利諾州的史帝芬·道格拉斯，和南卡羅萊納的安德魯·巴特勒（Andrew Butler），參院議事廳的氣氛便急轉直下。桑納將巴特勒比喻爲年老體衰的唐吉訶德，卻還自以爲是「充滿俠義精神的騎士」，執意獻身給摯愛的「蕩婦——蓄奴制度，在別人看來醜得可以，他卻認爲是美若天仙」。桑納罵完巴特勒，接著罵道格拉斯是「蓄奴制度的僕役，名副其實的桑丘·潘薩（Sancho Panza；譯註：唐吉訶德的侍從），隨時恭候差遣，完成一切卑賤的使命」。[104]

發表此番言論前，桑納曾把草稿念給法蘭西絲·蘇爾德聽，她強烈建議桑納，拿掉人身攻擊的字眼，[105]包括巴特勒曾經輕微麻痺導致說話有點含糊。但桑納沒把她的話聽進去。當他發表完此番言論，密西根州參議員路易斯·凱斯將之描述爲「這一高等機構的成員耳朵所聽過，最不美式、最沒有愛國情操的說詞。我希望不管在這裡，或在其他地方，都不要再聽見類似的聲音」。[106]

兩天後，巴特勒的一名親戚，即國會議員普里斯頓・布魯克斯，拿著一根粗重手杖進入參議院議事廳，走到桑納身旁。[107]當時桑納正伏案寫東西，據稱布魯克斯大喝：「你羞辱南卡羅萊納和我的親人，我來這裡給你點教訓」。[108]桑納還來不及反應，布魯克斯的手杖就重重往他頭部揮去，數度重擊他，打得桑納無力從桌邊站起，最後渾身是血、失去知覺，被人從地板抬出去。

桑納的頭部和脊椎受到重傷，整整三年無法進參議院議事。這宗兇狠的暴力事件，激化了北方的反蓄奴情緒。「人們聚衆」在街頭巷尾論斷，這是「對美國參議員和言論自由的下流蹂躪」。《波士頓晚報》（*Boston Daily Evening Transcript*）如此報導，甚至溫和派的內布拉斯加法支持者也表態，「自己前所未有地，被蓄奴勢力所喚醒。」[109]從大城到小鎮，抗議棒打事件的大型集會來了數千人，[110]擠得許多民衆甚至不得其門而入。「要見到奴隸的攻擊行動前，」桑納支持者寫道，北方人得先「見到他們一位佼佼者，在國會慘遭宰割」。[111]《紐約論壇報》則評論，反蓄奴人士遭受攻擊時有所聞，「但一位美國參議員好好地在桌上寫字，卻被打仆在地，鮮血遮蔽雙眼，整個人失去知覺，卻是南方兇猛性格前所未見的一面。」[112]史學家威廉・吉納普（William Gienapp）觀察，這樁攻擊事件深深觸動人民內心，鮮少政治事件能如此震撼，「它成爲一個強有力的刺激，把保守及溫和派人士全趕進共和黨。」[113]

若桑納就此成爲北方英雄，那麼布魯克斯同樣被吹捧爲南方壯士，[114]媒體對此樁攻擊一面倒地拍手叫好。《里奇蒙詢問報》道出許多人的心聲，說這次行動「構想很好，執行得更好，而結果是完美地好」。[115]到處都有人聚集歡呼，而在南卡羅萊納州哥倫比亞市（Columbia），州長甚至頒給布魯克斯一個銀杯及一根拐杖，[116]表彰他的傑出作爲。

知名《里奇蒙輝格黨報》（*Richmond Whig*）的反應更惡劣，它在區域性議題上，總是公然反對極端主義。「**我們感到欣喜**，」《輝格黨報》聲稱，「唯一遺憾的是布魯克斯先生鞭笞那張毀謗的背脊時，沒用馬鞭或牛鞭，卻用了手杖。**我們相信可能還有下次，接下來輪到蘇爾德和其他人走著瞧囉**。」[117]《彼得斯堡（維吉尼亞州）情報人報》（*Petersburg [Virginia] Intelligencer*）也發表類似評論：「廢奴主義者的齷齪惡行，若只能受鞭打所規範和醫治，**那麼蘇爾德最好每兩天服一帖此藥，劑量加倍**，直到他的政治胃腸通暢無阻……他機靈的煽動技巧，和可受天譴的言論，對此國危害遠甚於善做僞證的可憐蟲桑納。」[118]根據大衛・唐納德的觀察，北方和南方的兩極化反應「揭示美國正遭遇某種危機，兩邊不再講同一種語言，而是用敵對的陳腔濫調來解讀布魯克斯—桑納事件」。[119]

隨著伊利諾州情緒高漲，「所有反蓄奴聲浪」全集中到布魯明頓大會上——「保守派輝格黨員、退黨的民主黨員、自由國土黨員、無知黨員，以及反蓄奴主義者。」[120]林肯的擔憂消失無蹤，所有派系都願意讓步，以鞏固這個政黨，讓大家齊心擁護。

這樣取得的立場，整合在蓄奴擴張議題上立場各異的派系，卻未向褊狹固執的無知黨讓步。林肯發表了一篇極強有力的文章，「熱情、能量、力量四射」，[121]進一步把嫌隙不斷的黨派統合成並肩作戰的陣線。「這是伊利諾州有史以來發表過最棒的演說。」州稽核員傑西・杜柏（Jesse Dubois）說，「將林肯送上總統之路。」[122]由於實在太引人入勝，連觀衆席上的記者都把筆擱在一旁，全神貫注地聆聽，以致成了史上著名的「失落的演說」。[123]如今林肯被公認爲共和黨在伊利諾州的領導人。

* * *

一八五六年晚春，[124]共和黨支部辦公室已在全美至少二十二州，以及哥倫比亞特區組織成立，這對一個新政黨來說，是項了不起的開端。黨內有力人士無不懷抱期望，認爲輝格黨幾近解體，民主黨又一分爲二，共和黨理所當然在總統大選上穩操勝券。六月十七日，當精力旺盛的共和黨員首度在費城召開全國性大會，蘇爾德和蔡斯都把心思放在總統提名上。[125]

共和黨圈內，參選州長讓蔡斯聲勢大漲，他相信自己有總統命。在俄亥俄州獲勝後十天，他去信友人，自認成功整合自由派本土主義者和反蓄奴德裔美人，是共和黨未來大放異彩的關鍵。共和黨曾在麻州挑戰無知黨，而且取得勝利，蔡斯似乎認爲，一八五六年共和黨的總統提名人選已是他的囊中物。[126]

前一年十二月，蔡斯曾到法蘭西斯・布萊爾在馬里蘭州的鄉下家裡作客，⑫⑦目的是參加聖誕祕密會議，以全國性基礎來組織共和黨。法蘭西斯・布萊爾是布萊爾家族的大家長，由於和民主黨交情深厚，加上他反蓄奴的新立場，對政黨政治影響力雄厚。蔡斯一抵達，發現桑納也在場，還有老友加梅利爾・貝利，他是《國家時代報》反蓄奴立場的編輯，紐約州議員普萊斯頓・金（Preston King），以及麻州政治家納撒尼爾・班克斯（Nathaniel Banks）。蘇爾德也受邀了，但不確定自己在全國性政壇要如何發展，他給布萊爾捎來便條，說他「認可這次活動，但拒絕這次邀請」。⑫⑧觥籌交錯後，大家坐下來討論共和黨的未來，諷刺的是，這場盛宴是由布萊爾家奴所烹調伺候的。

眾人採納蔡斯的建議，隔月將於匹茲堡召開一次組織性會議。不可避免地，對話觸及即將到來的總統大選及提名人選。⑫⑨布萊爾提名約翰・查爾斯・傅瑞蒙（John Charles Fémont），他是位知名的開拓者，在墨西哥戰爭中，爲征服加利福尼亞州扮演要角，因此獲得壓倒性的支持。此番表態自然使蔡斯大失所望，直到六月十九日，傅瑞蒙在費城大會正式獲提名前，他都堅信「若人民率直的願望」⑬⓪受到尊重，出線的會是自己。

蔡斯的自信，並不足以讓大會的各個派系爲他抬轎。他不僅沒指派總幹事，甚至連第一輪投票，都沒能讓自己的家鄉團結起來力挺他。⑬①八年前，他藉著一些苟且交易當選參議員，卻也在家鄉樹立了一些永久的敵人。「若俄亥俄州團結一致支持你，而非在麥克林、傅瑞蒙和你之間分散選票，」蔡斯好友希倫・巴尼（Hiram Barney）寫道，「你獲提名就屬必然；或者將爲傅瑞蒙抬轎的十分之一力氣用在你身上，你的提名也早已塵埃落定。」⑬②

大會開始前，蘇爾德的贏面勝過蔡斯，因爲很明顯，他是共和黨籍選民和政治人物的首選。但魏德卻不讓他出來競選，⑬③堅稱共和黨組織尚未健全，不足以贏得全國性大選，與其現在吃敗仗，不如枕戈待旦，四年後再戰。

共和黨大會進行之際，林肯正在伊利諾州厄巴納（Urbana）出庭，根據亨利・惠特尼轉述，因爲跟人開了個他很愛的玩笑，精神正好。有個用來召喚寄宿者去用餐的鑼，聲音很響又很吵，林肯把它藏了起來，後來被找出來，惠特尼走進餐廳，看到林肯「笨拙地坐在一張椅子上，歪得很不自在，看起來很開心、很拙、充滿罪惡感」。當戴維斯法官命令他把鑼物歸原處，林肯拿出鑼交回去，「然後兩步併成一步地跳上樓。」[134]一兩天內，這位快樂的惡作劇者收到消息說，在副總統人選提名上，他獲得一百一十票，[135]僅次於最終勝出的紐澤西州議員威廉・戴頓（William Dayton）。惠特尼說：「戴維斯和我興奮極了。」剛開始，林肯不是很當一回事，只說：「麻州有另一個了不起的人物叫林肯，我猜是他吧」。[136]先不管這漫不經心的回應，或許正是這樁突發事件，大大刺激林肯對更高職務的渴望。

一八五六年，愛德華・貝茲和蘇爾德、蔡斯、林肯不一樣，他拒絕放棄分裂又式微的輝格黨。他跟共和黨員一起激烈反對內布拉斯加法、反對廢除密蘇里協議，但他憂心共和黨對蓄奴議題的關注，將無可挽救地導致南北分裂。思量再三後，貝茲同意主持一八五六年七月、規模縮水的輝格黨全國黨代表大會。[137]黨員們在巴爾的摩集會，決定支持米勒德・費爾摩爾出馬角逐總統。費爾摩爾以「美國黨」（無知黨較上得了檯面的美稱）黨員之姿參選，譴責共和與民主兩黨以國家和平爲代價，鼓動蓄奴議題。

貝茲不是狂熱的本土主義者，他堅信美國黨是捍衛美國的唯一希望，因爲它強調蓄奴以外的議題，且支持者來自全美各黨派。[138]「我既非南方人也非北方人。」大會召開前，他最後這麼呼籲：「我拒絕地緣政治，我相信立法，不管我愛不愛這法，它都得執行——或許是把逃跑的奴隸抓回來，交給主人，或許是在脫序的邊境鎮壓暴動。」[139]

最後，大選演變成三方鼎立：共和黨的傅瑞蒙、向南方傾斜的民主黨布坎南（James Buchanan），以及美國黨的費爾摩爾。計票時，魏德給蘇爾德的忠告成真，共和黨在這第一次的全國大選中，雖在北方展現可觀實力，拿下十一州，但南方力挺民主黨布坎南，讓他成了最終贏家。布坎南不僅在南方取得壓倒性勝利，也拿下北方四州——伊利諾、印地安納、賓州、紐澤西州，這些州註定在一八六〇年大選中，成爲主戰場。而費爾摩爾和美國黨只拿下小小的馬里蘭州。[140]

* * *

布坎南即將就職，此時最高法院正對卓雷德・史考特 v. 桑福（*Dred Scott v. Sandford*）一案起草裁決，[141]此案發生在十一年前的密蘇里，黑奴史考特爲取得自由，對雇主提告，因爲這位軍醫雇主將他帶到基地數年，包括自由州伊利諾和准自由州威斯康辛，之後才回到奴隸州密蘇里。此案命運曲折，從州法院纏訟到聯邦法院，最後在一八五六年，到達最高法院，由法蘭西斯・布萊爾的兒子蒙哥馬利代表史考特，來自奴隸州的知名律師雷瓦帝・強森，代表史考特的主人。法庭首席法官是羅傑・泰尼（Roger Taney），來自馬里蘭州，是「死硬派的南方和蓄奴制度支持者，種族平等、共和黨、反蓄奴的死對頭」。[142]

一八五七年三月四日，詹姆士・布坎南的就職大典，蘇爾德是首府數千名觀禮賓客之一。「天空清朗，氣候溫和」，[143]驅散前兩天颳大風的壞天氣。在就職演說中，[144]布坎南承認，蓄奴制擴張到准州的問題，引發「不同看法」。然而，這個在共和黨成形時即存在的重大問題，並非政治議題，而是「歸屬於美國最高法院的法律議題」。在這個威嚴機構前，史考特案還懸而未決，但布坎南聲稱，「我會心平氣和地遵守，不管判決爲何。」所有跡象都顯示，布坎南已經心裡有底。

兩天後的三月六日，高齡七十九的首席法官泰尼，在最高法院舊審判廳宣讀歷史性的判決。七票對兩票的結果，就其比重和結局，都令人驚心動魄。法院裁定，黑人「並未、過去也從未被想到過，要涵蓋在憲法裡的『公民』一詞」。因此，史考特沒資格站上聯邦法庭。本來這樣就夠了，但泰尼畫蛇添足地說：不管是獨立宣言，還是美國憲法，都沒打算適用於黑人；黑人「實在有夠劣等，他們沒有值得白人尊敬的權利」。[145]泰尼還不懂得閉嘴，他繼續說，國會透過像密蘇里協議這樣的法條，禁止准州蓄奴，已經算是越權，因爲奴隸是受憲法保障的私人財產。換句話說，密蘇里協議根本是違憲。當然，這法條本身已被內布拉斯加法抵銷，意味著法院其實在審理一個未呈堂的議題。[146]

其中一位法官聲稱，泰尼「相信，法院爲了平息准州蓄奴議題引發的激辯，肯定國會並無憲法賦予之權力禁止其引進，這很實際」。[147]但那個時代兇猛的地區衝突，以及催生共和黨的問題，無法透過分裂的司法命令來平息。最高法院法官費力克斯・法蘭克福特（Felix Frankfurter）稍後就說，史考特案是「法院自製的一次內傷」。[148]

起初，這判決被視爲南方的一大勝利。《里奇蒙詢問報》評論說，過去十幾年來，反蓄奴勢力向聯邦政府要求，規定蓄奴在准州須有分界，如今，「常在國會交手的雙方，所爭奪的准州獎賞，終於頒獎了。適當的裁判把獎頒給公正的贏家。」[149]《里奇蒙詢問報》還說，最高法院是「憲法的正統詮釋者，數州之間的歧見調停人」，它的判決摧毀了「理論**基礎**，反對南方體制的戰爭正架構其上」。這報紙聲稱，反蓄奴者步履蹣跚，「狼狽又迷惘，困惑又混亂。」[150]

「十足的褻瀆，」[151]共和黨回應。這判決「的道德分量，和華盛頓酒吧那些聚會者的判斷一樣」。[152]《紐約論壇報》則駁斥，最高法院已經喪失它「公正司法體系」的地位，預測共和黨在上次總統大選已離勝選這麼近，最高法院要重挫它的企圖終將失敗。[153]「泰尼法官有很多事可做，」費德里克・道格拉斯說，「但它不能改變事物的本質，把邪惡變良善，或把良善變邪惡。」[154]法蘭西絲・蘇爾德則希望，這宗招搖的不道德判決，能夠激勵北方的國家意志，她興奮地告訴桑納：「它喚起許多人重視奴隸勢力的包圍」。[155]

這次騷動將最高法院——南、北方的共同保證人——捲入一場地域性衝突，破壞統一的束縛。史考特之後被賣給一位泰勒・貝婁（Taylor Blow）先生，並立刻被釋放。他在一年內以自由之身過世，在美國歷史上留下的印記，比那些判他爲奴的法官更深刻。[156]

林肯在春田市，以其獨特的演說風格抨擊此一判決。他沒有砲轟最高法院，而是嚴謹地指出其邏輯破綻。林肯說，首席法官「花費極大篇幅，堅持黑奴並未參與制定獨立宣言和憲法，也非兩者所囊括的對象」。不過，在至少五個州，黑人選民根據憲法修正案行事，憲法建立在「我們人民」（We the People）的基礎上，而黑人選民就是「我們人民」的一分子。林肯承認，開國先祖並未「宣稱所有人，在**所有基礎上**一律平等。他們的意思不是指我們在膚色、體型、智力、道德發展、社會能力上一概平等。」但他們確實宣稱，所有人「在『某些不可剝奪的權利上，像生存、自由、對快樂的追求』，一律平等……他們只是單純地宣告**權利**，因此，若環境許可，**權利的落實**應盡快發生」。[157]

＊＊＊

蘇爾德也在參議院發表一場慷慨激昂的演說，譴責史考特案的判決。他譴責行政體系和最高法院聯手進行一樁敗德密謀。「就職之日到來，」蘇爾德說，天眞的群衆爲大典齊聚，「渾然不知總統和首席法官在咬耳朵，具有什麼意義？」這時，首席法官和參議員安靜地聆聽，蘇爾德繼續說，布坎南總統宣稱他全力支持即將到來的判決，這時，最高法院對憲法體制下的黑人持何種看法，應該還未明朗。「當盛典結束，」蘇爾德輕蔑大喊，「法官們甚至還未脫下絲質法官服、換上朝臣袍，就在行政宮殿上，向他們的總統致敬。而毫無疑問的，總統先生也優雅地接受，就像查理一世（Charles I）接受法官致敬一樣，不過在後者的例子，法官們是推翻了英國的自由雕像。」[158]

蘇爾德的指控，在北方獲得回響和喝采，卻在南方和行政體系引發暴亂式的回應。布坎南總統爲陰謀論之說氣炸了，禁止蘇爾德進白宮。[159]首席法官泰尼更是氣，宣稱蘇爾德若在一八六一年當上總統，他絕對「拒絕將誓詞交給他，藉此向全國人民宣布，自己不會爲這種人的宣誓做見證」。[160]

半年後，蘇爾德又發表另一場驚心動魄的演說，和那場「高級法」的演說一樣，無法磨滅地與他的大名連在一起。場合是在紐約州羅徹斯特市的科林斯大廳（Corinthian Hall），熱情的共和黨員幾乎擠爆了大廳，蘇爾德面對他們說，美國已被兩股「水火不容」的政治、經濟系統一分爲二，以致發展出差異頗大的文化、價值觀和各種信念。據他觀察，自由勞力市場和奴隸勞工，並存得極度焦慮，直到最近，運輸、通訊、商業活動的進步，將兩者推向「較緊密的接觸」。毀滅性的「相撞」將無可避免。「我該告訴各位，這相撞意味什麼嗎？」他問群衆。「那些認爲這相撞是意外、不必然，或盲目好事之徒的傑作，因此只是一瞬間的人，全都錯看此事了。這是頑強敵對勢力間，一股**壓抑不住的衝突**（irrepressible conflict），意味著美利堅合衆國遲早，必會、也將會，不是變成一個蓄奴國，就是變成一個自由勞動國。」[161]

法蘭西絲・蘇爾德對丈夫的演說，深感振奮，相信其激進語調徹底反映了南方日趨好鬥的立場。[162]確實，對那些極力反對蓄奴者而言，「壓抑不住的衝突」這字眼，成了強有力的戰爭吶喊。蘇爾德將地區型衝突，定義爲受基本歧異所驅動，而非極端分子爲政治私利，誇張歧見布置的陰謀。在此議題，蘇爾德已採取立場，據肯尼斯・史坦普所言，「這議題困擾著他這個世代的政治家，此後也困擾著美國歷史學者：這個在內戰中達到最高潮的衝突，是壓抑得住，還是壓抑不住？」[163]

這番演說引來反對派報紙一片撻伐，[164]奧爾巴尼的《阿特拉斯與阿格斯報》評論道，對把蓄奴限制於目前的領域，蘇爾德已不再滿足，威脅要終結南卡羅萊納、喬治亞的蓄奴制。《紐約前鋒報》則評論，蘇爾德已摘下面具，露出「令人厭惡的廢奴主義者面目，比彼契（Beecher）、蓋里森、或派克牧師（Rev. Dr. Parker）還危險」。[165]

其實，蘇爾德並不是廢奴主義者。他一直認爲，存有奴隸制度的州，已非國家權力所能管轄。當他談及沒有奴隸的國家，他是指長期的歷史力量，以及都市化、工業化社會將無可避免取得勝利。然而，聽在南方人耳裡，蘇爾德似乎在威脅奴隸制得強制絕跡，南方得永遠屈於附屬地位。歷史學家威廉・吉納普認爲，蘇爾德「未曾眞正了解他自己話語的威力」。[166]他沒料到像「高級法」、「壓抑不住」這麼激進的字眼，對他期望營造的溫和形象會有何種衝擊。說出如此煽動性字眼之後許久，蘇爾德曾說，「若老天能原諒他把兩個招搖的詞彙串在一起，他再也不會這樣做了。」[167]

諷刺的是，蘇爾德的激進措詞，在反蓄奴的北方大受好評，他本人天性卻是崇尚和平，想用個人魅力和溫厚態度來一統國家，爲地方衝突找到和平解決的方案。在踏入政壇早年，他就相信，若他可以和對手一對一過招，自己個性中溫暖堅定的一面，足以敉平任何分歧。[168]第一次當選參議員時，南方對他的反應是「警戒、憂慮」，[169]他也祥和以待。蘇爾德在移民、公共教育、保護關稅、國內改革，以及最重要的蓄奴議題上，都表現得像集南方人所有憎惡特質於一身的北方人，但他的自信從未動搖。「這些印象讓我覺得好笑，」他寫道，「我應該證明自己，溫柔得就像《仲夏夜之夢》裡，公爵面前的那隻獅子一樣。」[170]

他說到做到。「那些挾怨攻擊他的，都爲一丁點也無法激怒他，感到不解，」一位朋友回憶。有個故事被接二連三地複述、傳誦，說有位南方參議員用極其辱罵的演說攻擊蘇爾德，還給他貼上「異端、叛徒」的標籤。當這位議員罵完回座，還喘氣連連、七竅生煙時，蘇爾德走向他的座位，「面帶同情地給他吸一口鼻煙。」[171]

在華府政治圈，蘇爾德的奢華晚宴派對蔚爲傳奇，[172]有南方人和北方人一起共襄盛舉。讓最好辯的政治人物，在夜晚放鬆的氣氛中握手言歡，沒人比蘇爾德更行了。一八五〇年代，這位紐約客就以此類晚宴，和每個賓客維持誠懇的友好關係，包括密西西比州的傑佛森・戴維斯，肯塔基州的約翰・克瑞特頓（John Crittenden），和麻薩諸塞州的查爾斯・桑納及查爾斯・法蘭西斯・亞當斯。蘇爾德是各類場合的超級行家，他的厚道友善讓所有人賓至如歸，雖然他是個天生說故事的老手，他總會帶領大家投入生活化議題，從文學、科學，到戲劇、歷史，天南地北皆可聊。

曾出席饗宴的一位婦女回憶，整場餐會一共上了十七道菜，最先上的是龜湯。每道菜的盤子都不同，菜色有大魚大肉、蘆筍、動物內臟、鵪鶉、鴨肉、甲魚、冰淇淋，以及「堆得像座美麗金字塔的冷凍水果、橘子、法式甜點」。每道菜都配有酒杯，「共五個，大小、形狀、顏色都不同，意味著要搭配不同種類的酒。」餐後，待在走廊的女士被服侍以咖啡，而書房裡的男士會享用餐後酒，雪茄則是特地從古巴訂購的。整場豪門宴，「有葡萄汁，及某種水蜜桃、玉米蒸餾汁伺候」，一位記者觀察，蘇爾德盡力「讓客人感到歡樂，不管是來自南方還是北方，彼此間有良好的關係。華府曾傳出奇怪的謠言，嚇壞不少人，說有逞兇鬥狠者闖入這位紐約客的家裡，出來時卻因心情舒爽而飄飄然，臉頰還沾染著水果酒的微醺」。

蘇爾德的社交活動，就算國會休會還是持續進行。史考特案判決下來的那年夏天，他邀法蘭西斯・布萊爾和其夫人伊萊莎（Eliza），與他同赴加拿大旅行，[173]同行還有蘇爾德的兒子費德及其年輕妻子安娜（Anna）。他知道布萊爾夫婦比他保守許多，但還是相信以一己魅力，能贏得他們支持自己獲得一八六〇年總統大選的提名。

這趟「發現之旅」，[174]如布萊爾稍後所稱，大夥兒一路行經尼加拉大瀑布、多倫多、千島群島，到拉布拉多省沿岸。布萊爾夫婦精力充沛，他們看上去本來就比實際年齡年輕，對這趟探險享受至極。布萊爾給蘇爾德寫了封文情並茂的感謝函，盛讚蘇爾德是「不可多得的最佳旅伴」，他很有說故事的天分，讓每個停駐點變得「雙倍有趣」；還努力排除一切不便，提供安全的住宿，及一艘舒適的釣魚船，即使浪大也沒人暈船，還有精緻的餐點。[175]他們永遠忘不了這趟旅程。不過，當抉擇的時候到來，布萊爾一家還是支持政治立場相近的貝茲。

＊＊＊

蘇爾德在社交場合如魚得水，相形之下，州長蔡斯也拚命舉辦晚宴、招待會，實現自己的政治野心，只不過社交魅力實在不如蘇爾德。蔡斯最優渥的資源，是他十七歲的閨女凱特，充當女主人的角色越來越稱職。「多數女孩在她這個年紀，還羞答答、瘦瘦的，」《辛辛那提詢問報》（*Cincinnati Enquirer*）說，「但這個年輕女子，以萬事俱全之姿踏入社交界，能夠和全國最聰明的腦袋唇槍舌劍。」[176]

任何不像凱特那麼心志堅強、意氣風發的孩子，大概會被父親極度苛求又飄忽不定的愛壓垮。蔡斯根據女兒表現的好壞來決定是否給予父愛。不過，以凱特的例子，她對自己良好習性、優雅態度、工作勤奮的不間斷鞭策，確實獲得回報。她回哥倫布市時，已受完非常優良的教育，精通多種語言，能與任何人對談，而且據她的傳記作者觀察，「對政治的專業見解，沒有女人、也極少男人能出其右。」[177]

凱特長得高䠷纖細，被廣泛譽爲同齡女孩裡，最令人神魂顛倒的美女之一。「她的面容是令人驚嘆的細緻，」有人這樣描述，「秀髮顏色極美，宛如陽光下，用熟成玉米鬚串成的流蘇。她的齒如編貝，詩人那時傳誦，現在也還在傳誦，她美麗的頸項以及頭部的莊嚴儀態。」[178]親友都認爲，英俊的蔡斯和貌美的女兒，外貌實在像極了。的確，當他倆一起出現，現場立刻鴉雀無聲，彷彿恭迎國王、王后駕到。

凱特回到哥倫布市，敦促父親要在自己的房子安頓下來。蔡斯曾三度喪妻，悲痛逾恆之際，始終沒有精力去買或裝潢一個家，只是在租來的房子、寄宿之家和旅館間來回遷徙。現在，凱特和小女兒奈蒂都在身邊，他便買了第六街上一棟氣派的哥德式宅邸，[179]由凱特負責布置。他派女兒去辛辛那提選壁紙、地毯、窗簾、廚架，「我覺得，我是把這些決定，放心交由十七歲女孩來做判斷。」蔡斯告訴凱特，「但我很有信心，可以依靠你。」[180]「你有能力、毅力，可以把事情做得非常好。」[181]

凱特當起俄亥俄州第一夫人，[182]得負責發邀請函，監督無數場招待會、晚會、晚宴的安排。「我認識我那個時代所有具名望的人。」她之後回憶道，「很小的時候，我就很懂得安排身邊所有的資源。」[183]威廉・狄恩・豪威爾斯，那時是哥倫布市的資淺記者，永遠不會忘記有一回，自己受邀出席州長家的感恩節派對。那是他第一次「在社交圈」的晚宴，第一次看到賓客面前擺著自己的盤子，「由一位穿著光鮮的黑人管家擺上，而不是一盤盤經由別人的手遞過來。」餐畢，大家被安排玩一種用手勢猜字謎的遊戲，對年輕、內向的豪威爾斯來說，眞是有夠糗。但凱特很快讓他釋懷、不再擔心。豪威爾斯心存感激地回憶，凱特「投來逗趣的一瞥，她的棕眼漂亮極了，睫毛也很濃密」。[184]凱特活力十足的優雅和才智，讓她不管走到哪，都成爲最受矚目的女性，也是她父親角逐總統時背後的重要支撐。

雖然凱特表現得很成熟，但她骨子裡還是有年輕少女桀驁不馴的性格。她追求刺激、幻惑魅力，以致和一名年輕富商發生戀情，而這富商才剛娶了俄亥俄州一位名記者的千金。這個雄赳赳的年輕人，據說「一開始是靠不拘小節贏得注意，然後開始小獻殷勤」，帶凱特駕馬車出遊，或到州長官邸拜訪她，逐漸相熟。當蔡斯得知兩人有這些邂逅，他將這位仰慕者逐出家門，不過小兩口還是繼續幽會，在窗邊用手帕做暗號。一天，蔡斯特意回家突擊檢查，在他的畫圖室，發現這位「被迷戀住的新婚男子」。蔡斯用馬鞭終結了這段戀情。[185]

凱特再度回到父親的幫手角色，在他著眼於一八六〇年總統大位時，和他並肩工作。蔡斯和蘇爾德、林肯一樣，認爲史考特案的判決，是瞄準自由體制的一種陰謀，只有共和黨勝選，才能將之終止。他曾向史考特的律師表態，願意貢獻一己之力，但最終未參與此案。他相信，只有自己進白宮，才能爲國家盡最大的力。「我發現，已經有許多人開始談論一八六〇年的大選。」一八五七年十一月，他去信好友查爾斯・克利夫蘭時，這麼寫道，「不少人敦促我出馬……有人認爲我可以串連的力量，大過其他人。」[186]

＊＊＊

蘇爾德和蔡斯一心瞄準總統大位，林肯卻忙著投入參議員選戰。林肯是家鄉共和黨的主要創建者，一八五八年初次參選，與史帝芬・道格拉斯正面交鋒。三年前，他曾做出重大犧牲，以確保川布爾當選，這回數百名黨工枕戈待旦，要盡一切所能幫林肯實現夢想。除了大衛・戴維斯、李奧納德・史威特和威廉・荷登，林肯一八五五年的忠實盟友還包括諾曼・賈德，當年就是因爲他拒絕放棄川布爾，導致林肯競選失利。

不過這次，命運似乎再度阻撓他的計畫，因爲堪薩斯州事件朝不利的方向發展。該州絕大多數的開拓者反對蓄奴，希望以自由州身分加入聯邦，但支持蓄奴的一撮餘黨在萊康普敦（Lecompton）集會，起草了一份贊成蓄奴的憲法，適用於全州。[187]布坎南政府希望平息南方民主黨的中堅勢力，於是批准了萊康普敦憲法（Lecompton Constitution），呼籲國會承認堪薩斯是奴隸州。一股憤怒的浪潮席捲北方。

值此多事之秋，史帝芬・道格拉斯對政治圈投下一枚震撼彈，宣布和民主黨分道揚鑣。在和布坎南總統激烈交鋒時，道格拉斯告訴總統，他不會支持萊康普敦憲法。這位領導民主黨為內布拉斯加法奮戰的人，如今竟轉而與共和黨並肩，[188]公開反對他自家的政府。「我反對萊康普敦憲法，不是因為它讓堪薩斯州變成奴隸州。」[189]他後來解釋，自己在乎的不是蓄奴制在投票中是獲勝還是落敗；[190]他是關心這決定「並非堪薩斯州人民的行動，也不代表他們的意願」。[191]對道格拉斯來說，他和布坎南的衝突實在無法避免，支持萊康普敦憲法違反他「國民主權」的信念，他已經把自己的政治前途給賭進去了，如此將嚴重妨礙他進入參議院的機會。

有道格拉斯為伍，共和黨人樂翻了，認為有機會不讓堪薩斯以奴隸州之身進入聯邦。「有什麼比得上政治圈的瞬息萬變？」蘇爾德在道格拉斯做出戲劇性宣布之後的隔天，這樣問妻子。蘇爾德解釋道，數十年來，「若非西部代表道格拉斯推波助瀾，蓄奴制無法如此成功。」因此他讚揚，道格拉斯的變節是「自由和正義的大日子」。[192]來自東部的共和黨人，把過去恩怨拋在一旁，擁抱道格拉斯加入反蓄奴陣營，格里利還在《論壇報》呼籲伊利諾州共和黨員超越黨派歧見，[193]力挺道格拉斯投入下屆參議員選舉。

林肯立刻了解，整件事對自己政治前途帶來的災難性意涵。他太了解道格拉斯，知道道格拉斯和政權「分手」，只是為了堪薩斯之事在小鬧脾氣，而不是心志或原則的轉變。一旦堪薩斯紛爭平息，他和贊成蓄奴的民主黨又會重拾舊情，而此時，伊利諾州共和黨已經當了冤大頭，因為他們把票投給道格拉斯，把在參議院的發聲權，讓給一個基本上是擁護蓄奴的政治人物，就這樣毀了伊利諾州共和黨。[194]

林肯哀嘆，自己不管走到哪，都有「朋友前來搭訕」，問他讀過道格拉斯的聲明沒有？然後，「每一次搭訕，總伴隨著熱切探詢的眼神，彷彿開門見山在問：『你不能支持道格拉斯嗎？』就像孩子們設了一個陷阱捕鳥，等著看鳥兒會不會去啄那個餌，會不會自投羅網。」[195]

「《紐約論壇報》不斷謳歌，那些崇拜、頌揚道格拉斯的評論，是什麼意思？」林肯問川布爾，「難道他們認為，藉由犧牲伊利諾州的我們，共和黨的整體利益可以得到最大的提升？」[196]即使在情緒最低宕時，林肯也很有風骨地，拒絕將此歸因於格里利小鼻子小眼睛；他認為格里利「沒有能力腐敗」。林肯認為，格里利寧可

「看到道格拉斯擊敗我或任何共和黨員，取得勝選」，並非格里利和道格拉斯沆瀣一氣，而是因格里利相信，「道格拉斯在地位、名聲、經驗、能力各方面都高人一等，這些已遠能彌補他並非共和黨員的不足。」[197]林肯和蘇爾德對道格拉斯的倒戈有幾乎相同的感受，即使蘇爾德的態度威脅到林肯的當選機會。

不過，讓林肯大感寬心的是，東岸共和黨員的攪局，[198]只會讓的他親友和支持者更加團結。全州各地迅速組織的大會，都通過「亞伯拉罕・林肯是伊利諾州共和黨第一、也是唯一的參議員人選」。[199]而一項史無前例之舉是，這最終還是需要州議會在秋天開議時決定，因此，春田市在六月先召開了一場全州的共和黨大會，正式提名林肯參選參議員。「林肯從沒沒無名，到成爲總統人選提名人，」唐・法倫巴赫爾極具說服力地指出，「一八五八年六月十六日應是決定性的一天。」那天在春田市大會上，大家狂熱推舉林肯爲「接續道格拉斯之後，美國參議院第一、也是唯一人選。」[200]

「自我分裂的房子，無法站立。」林肯說，回應《新約聖經》馬太、馬可兩卷福音書。這是他在春田市接受提名時的演說開場，如今已是傳世名言。他隨即用了一個簡單易懂的意象，將聯邦比喻成蓄奴議題無情壓頂下，一棟搖搖欲墜的危樓。「我相信，本國政府無法永遠忍受一半蓄奴、一半自由的狀態。」他繼續說，「我不希望房子倒塌，但我確實希望它不再分裂。它若不是完全變成一種狀態，就是完全變成另一種狀態。」

支持者和反對者都認爲，林肯「無法永遠忍受一半蓄奴、一半自由的狀態」的言論，代表他放棄四年前在皮奧里亞演說時的溫和立場，改採好戰行動。不過，他的論點始終未變：蓄奴制原將走向滅亡，直到半路殺出內布拉斯加法，賦予它新氣象。林肯的呼籲，其實沒比過去更激進，「禁止蓄奴進一步擴張」和「將之置於大眾意識應安歇之處」，都是回到憲法制定者意圖的「最終滅亡之路」。皮奧里亞演說之後，真正改變的不是林肯的立場，而是擁護蓄奴者民主黨員的「設計」。他認爲，這些人巧妙地豎起一座擁護蓄奴的大殿，摧毀憲法制定者蓋的民主之屋。

林肯巧妙地闡述，自己和蘇爾德都認爲有推翻憲法的陰謀。蘇爾德以英王查理一世在位作爲譬喻，描述獨裁者加冕場景，間接影射羅馬暴君尼祿（Nero）；林肯則用日常可見的隱喻，描述這樁陰謀。「我們看到許多裁切好的木頭，其中許多不同部分，是在不同時間、地點，經不同工人的手所送出，比如說史帝芬、富蘭克林、羅傑、詹姆士。」林肯解釋，「我們又看到這些木頭堆在一起，精準地蓋成房舍，木頭的長度、比例不同，卻全精準地落在被放置之處。這叫我們強烈懷疑，史帝芬、富蘭克林、羅傑和詹姆士，根本從一開始就彼此熟識，是在第一樁敲下去前，就為共同草圖、計畫而努力。」林肯警告，既然這些木頭已經就位，只有「一丁點位置」需要「由最高法院的判決來填補」，[201]指的是憲法對私有財產的保護，使各州和准州不得將蓄奴制排除在外。然後，只需快速一擊，北方各州禁止蓄奴的法令就會失效。

「這個異常精細的比喻，現今看起來很不好懂，」史學家詹姆士・麥佛森（James McPherson）指出，「林肯那時代的聽眾們，可是心知肚明。」[202]這四名參與共謀的民主黨籍木匠，分別是史帝芬・道格拉斯，可悲的內布拉斯加法設計者及史考特案辯護人；富蘭克林・皮爾斯，這位即將離職的總統，甚至在最高法院對史考特案尚未審理終結前，利用任內最後一次全國演說，強調最高法院判決的「分量和權威」；以及羅傑・泰尼，這宗革命性判決的作者；和詹姆士・布坎南，在判決出爐前兩天，就強烈呼籲配合的新任總統。這四人通力合作，讓蓄奴制走上一條道路，是「合法，在所有州，舊與新、北方與南方均同」。

林肯提醒聽眾，道格拉斯在民主黨將蓄奴制全國化的計畫上，一直是位不遺餘力的木匠，而共和黨應該「被交託給自己真正的朋友，為其所領導；這些人的手是自由的，心是努力的」，堅決支撐著開國先祖所建立的框架。道格拉斯可能是個「很偉大的人，而我們之間最偉大的，還是很渺小，」然而他持續以其影響力，扭曲建構者的意圖，就蓄奴議題，顯現出一種道德上的漫不經心。「很顯然，他並未與我們同在。」林肯說。「他也沒假裝要與我們同在，他甚至沒承諾要與我們同在。」[203]

美國是棟未完工、可能倒塌的危樓，這意象效果十足。因為它對共和黨員形成警訊，呼籲大家採取行動，擺脫木匠的陰謀，甩開民主黨，奪回國家建造權，也就是防止蓄奴制度擴張的法律。林肯宣稱，唯有此時，唯有大眾意識安歇在「蓄奴制最終將走向滅亡」的信念上，全國各地民眾才有辦法，在先祖建造的房舍裡安居樂業。

選戰繼續打下來，道格拉斯竭盡所能否認自己曾就史考特案，和泰尼、布坎南共謀。「要是道格拉斯從未就此案，與法官泰尼、總統大人交換意見呢？」林肯反駁，「那只顯示他是被陰謀者利用，而非裡頭的首謀。」

這個指控顯示他和蘇爾德、蔡斯的看法一致，就是不管有無明確陰謀，蓄奴勢力有項共同意圖，就是要使蓄奴制擴張。[204]愛德華・貝茲也擔心，南方激進者「計畫拿下聯邦政府控制權，讓蓄奴全國化」。[205]

＊＊＊

如此，大辯論的舞台搭好了，這很有可能是美國史上最著名的參議員之戰。正面交鋒使林肯躍升爲全國知名人物，將他推上總統寶座，同時使道格拉斯在南方的支持度陡降，進而粉碎民主黨。

爲與政治策略保持一致，挑戰者林肯邀請道格拉斯[206]和他一起展開競選活動，如此可以針對議題展開辯論。而道格拉斯，這位現任者，自認享有全國知名度，口袋也很深，和林肯辯論沒什麼好處，剛開始是拒絕的。後來又覺得應該參加這七場面對面的辯論，也就是後來史上知名的林肯—道格拉斯激辯。

這場選戰，兩人在伊利諾境內，跋涉超過四千哩路，[207]發表數百場演講。伊利諾州北部是共和黨員的天下，在南部各郡，人口則多由更南方移民而來，支持蓄奴的氣氛高漲。因此，中部地區是選戰決勝點，也是辯論最引人注目之地。伴隨著樂隊、遊行、煙火、布條、旗幟和野餐，[208]成千上萬民眾共襄盛舉，大夥「全神貫注」，一名史學家說，「日後，美國人只有在體育賽事時，才會展現相同的狂熱。」[209]

一位年輕共和黨領袖，卡爾・舒茲，參加在昆西（Quincy）舉辦的場子，回憶說：「鄉下的民眾開始湧進城裡，參與這場偉大集會。有些是一個人走路或騎馬來，有些是男女結隊，帶著小孩，搭乘輕便馬車或四輪馬車。還有人是從偏遠鄉鎮，神情肅穆地列隊而來……真的是全美民眾都在聽那些辯論。」舒茲繼續說，「這場景讓人聯想起古時候，兩軍擺好陣勢，靜靜站著，等待兩位主帥進行殊死戰。」[210]林肯在昆西表示，這些辯論「是一齣戲的接續幾幕……不只在本地觀眾，而是在全國觀眾面前上演」。[211]

「整體來講，」舒茲觀察，「民主黨的氣勢比共和黨講究、有派頭，聽說道格拉斯很富有，對這些東西一擲千金。他出遊的陣仗，用當時的話講，叫做『聲勢驚人』，有祕書、僕役和幾位隨扈，相當嘈雜。他們從一個地方移到下個地方，都搭特級列車，車廂也特別爲此裝飾過，簡直是林肯的極端低調簡樸所不能比的。」[212]

每一場辯論的規則都一樣，由第一位發言者先講一小時，接著另一位有一個半小時可以回應，然後首先發言那位再以半小時總結。全程三小時，觀眾們全神貫注，經常插入評語，爲自己支持的人大聲喝采，在對手猛擊時咕噥低嘆。報紙速記員拚命記下每個字，抄本迅速傳遍全國。[213]

「這兩人一起站在台上，對比之強烈，實在無以復加，」有人如此觀察。「林肯很高，骨瘦如柴，模樣笨拙；相形之下，站在他旁邊的道格拉斯就像個侏儒，五短身材，但方肩厚胸，一顆大頭長在粗壯的脖子上，看起來就是力量、戰鬥、權力的化身。」[214]

兩黨報紙也立場鮮明，[215]描繪群衆聽完辯論後的反應，相互矛盾得很厲害。第一場辯論結束後，擁護共和黨的芝加哥《新聞與論壇報》（*Press and Tribune*）報導，「當林肯先生走下講台，他被群衆抓住，高舉在肩，以他爲中心，五千名左右的共和黨員高聲呼喊著，前頭還有樂隊伴奏。」[216]同樣這個場合，擁護民主黨的《芝加哥時報》（*Chicago Times*）卻報導，辯論結束後，道格拉斯「舌壓林肯」如此成功、「犀利，以致共和黨員羞愧地低頭離去。」[217]

四分之一世紀以來，伊利諾州居民對代表著敵對政黨的道格拉斯和林肯，較擁護前者，較不擁護後者，不管他們是在州議會、國會，還是此次競選活動。在首場渥太華（Ottawa）舉行的辯論上，道格拉斯提到他初識林肯，那時他們「都還是很年輕的男孩，在異鄉土地上和貧窮搏鬥」，那時林肯「就很擅長說故事，和現在一樣。論摔角、跑步、套圈圈、丟銅板，他都可以擊敗任何人。他糟蹋的酒比鎮上所有男孩加起來還多；他主持賽馬或拳擊時，展現的尊嚴和公正，也炒熱場子，贏得在場所有人的讚揚」，以及「誠實亞伯」的終生封號。

友善的語調也夾雜著冷嘲熱諷，尤其當道格拉斯提到林肯從「生意不惡的雜貨店老闆」（意指林肯曾賣過酒，道格拉斯本人卻以愛喝酒出名，這指控實在滿奇怪的），爬升到州議會，他倆曾於一八三六年一起在此共事，後來林肯又「沉潛了幾年」，接著又從國會冒出來，而他自己「在參院……很高興能歡迎昔日老友」，因爲他在參院既無朋友，也無同黨。林肯以反對墨西哥戰爭獨樹一幟，他站在共同敵人那邊，跟自己國家唱反調，以致當他返回故鄉，才發現同鄉的怒氣如影隨形地跟著他。他只好再次沉潛，或被迫遁入私人生活，被老友遺忘，然後於一八五四年再度復出，及時搭出這個廢奴或稱爲黑人共和平台，和吉丁斯、洛夫喬伊（Owen Lovejoy）、蔡斯、費德・道格拉斯一起，讓共和黨有舞台登場。語畢，全場哄堂大笑，叫著「再擊敗他」。[218]

林肯心知肚明，道格拉斯遠比自己出名。當他描述道格拉斯的身材優勢時，觀眾們開懷大笑。「他黨內所有焦慮的政治人物們，」林肯告訴春田市群眾，「都認爲道格拉斯在不遠的將來，即將成爲美國總統。他們在他圓圓的、快樂的、豐滿的臉上，看到郵政、國土、保安，以及內閣任命權、戰艦、外交任務，美妙又旺盛地綻放、發芽，等著被他們肥滋滋的雙手掌握。」這樣喜劇化的比喻引來喝采、歡呼，林肯等到笑聲稍歇，繼續說道，「但沒人指望我當總統。在我乏善可陳、瘦削乾巴的臉上，沒什麼好康的冒出來。這些劣勢，加總起來，讓共和黨頗爲苦惱。**我們**是爲原則，而且單單只爲原則，打這場仗。」[219]

道格拉斯認爲，林肯不敢在伊利諾州南部重申反蓄奴的主張。「我要帶他下埃及的這個告知，讓他雙膝戰慄，因此被從講台扛下去，臥病七天，得向他的政治醫生求診。」[220]林肯則立即反駁說：「我知道，疾病總會促發哲學性思考，我也是這樣整治它，同時也做成結論（因爲實在別無他法），那就是法官瘋了。」對於他躺著被人扛下台的說法，「沒有一句話是眞的」，但他倒是被熱情支持者高高舉起。「我不知該如何回應那種評語。我不想稱他爲說謊者，但若我正視事實，除了說謊者一詞，我還眞不知該怎麼稱呼他。」在又一次的喝采、歡呼聲中，林肯總結：「我想，我的時間到了；如果還沒到，那我自動放棄，讓法官來叫我雙膝戰慄，如果他辦得到的話。」[221]

辯論進行時，林肯總是隨身攜帶小筆記本，裡頭有和當天問題相關的剪報，是合夥人威廉・荷登特地收集的，以及他「分裂之家」那場演講的開場白，另外還有美國獨立宣言，宣稱：「所有人生而平等，造物主賦予大家這些不可分割的權利，其中包括生命權、自由權、以及追求快樂的權力。」[222]戰線就劃在宣言揭櫫的意涵上。

林肯在多次會場中提到，蓄奴制違反獨立宣言「對宇宙經濟的莊嚴詮釋」，開國先祖之所以會允許，因它已存在我們之間，但被先祖們置於最終會走向滅絕的進程。雖然目前尚未實現，但獨立宣言對於人類平權的承諾，是一盞明燈，不僅指引「那時活著的人」，也指引「他們的子孫，子孫的子孫，以及未來世代活在地球上的無數人」。[223]

對道格拉斯而言，論戰的關鍵核心在於自治的權利，這是個原則，每個准州、每個州的人民應有權利決定引進或排除蓄奴制。「我在乎偉大的自治原則——人民治理的權利——甚於基督教系統底下的黑奴。」[224]

林肯同意，「自治的教義正確，絕對且永遠正確。」但也反駁說：「它不僅僅適用」於蓄奴。「當白人自我治理，」他宣稱，「那叫自治。但若他治理自己，也治理別人，那已經超越自治，那叫專制。若黑人是個人，爲什麼我古老的信念教導我『所有人生而平等』；人把另一人當成奴隸，完全和道德權利無關。」[225]

道格拉斯不是很在乎堪薩斯州居民做何決定；他在乎的是居民有沒有做決定的權利。但對林肯而言，決定的內容非常關鍵。「在這個辯論的主要議題上，共和黨與民主黨的不同，」林肯宣稱，「在於共和黨視蓄奴爲道德、社會、政治的錯誤，而民主黨並不認爲它是道德、社會、政治的錯誤。兩黨所採取的行動，迎合了各自的觀點。」[226]

* * *

道格拉斯一開始就清楚，他的主要目標不是爲自己的立場爭辯或定位，而是把林肯貼上激進者的標籤，一心想廢除種族間的所有區隔。以現代字眼來說，「黑人平權」的問題，在伊利諾州或全國，並無爭議，因爲每個白人都反對，甚至廢奴主義者也反對黑人平權。道格拉斯很有把握，主張黑人和白人在道德、社會、政治皆平權的候選人，根本不可能拿下伊利諾州。此州長久存在著一連串「黑人法」，禁止黑人從事投票、擔任公職、做出對白人不利的證詞，以及擔任陪審團成員。[227]

每次聚衆會議，道格拉斯總是把握機會，將林肯描述爲熱愛黑奴的煽動者，一心想貶抑白人社會。「若你渴望黑人有公民權，」道格拉斯做餌引觀衆上鉤，「若你渴望他們和你有同樣的投票權，讓他們可以擔任公職，進入陪審團，裁決你的權利，那就支持林肯以及黑人共和黨吧。」觀衆則一如道格拉斯所期待的，回應以「不要！不要！」[228]歡呼聲浪幾乎蓋過他的聲音，他接著喊：「先祖簽署獨立宣言時，寫下所有人生而平等，他們並未包含黑人。他們指的不是黑奴，或野蠻的印地安人，或斐濟人，或任何蠻荒種族。他們指的是白人。我堅持，本國政府是爲白人和其後代的利益所建立，因此應該被白人管理，他人不得干涉。」這時，「沒錯，這是眞理」[229]的呼喊，伴隨喧鬧掌聲，從騷亂的群衆中爆發開來。

回應時，林肯公開承認，他「無意在白人和黑人之間，引進政治或社會平權」。[230]他從未主張「讓黑人變成選民、陪審團，也沒要讓他們夠格擔任公職，或跨種族通婚」。[231]他認知「兩種族間存在有體質差異」，可能使他們「無法在完美平權的基礎上共同生活」。然而，「即使如此」，他說，直接鎖定最高法院對史考特案的判決，「也根本毫無理由，黑人爲何不能享有獨立宣言所列舉的天生權利……我同意法官道格拉斯所說，他們和我在許多方面不平等，當然包括膚色，道德、智能或許也不平等。但就吃麵包的權利，這並不需要別人同意，是他雙手掙來的，他和我、道格拉斯法官，以及每個活生生的人類，一樣平等。」[232]

根據政治哲學家哈瑞・賈法（Harry Jaffa）頗有洞見的觀察，林肯唯一明確表態過，[233]關於白人至上的聲明，只有「膚色」——再明顯不過的不同。若他是爲黑人宣揚政治、社會平權，他毫無疑問的會落選，因爲此州不僅支持歧視性的「黑人法」，甚至通過一條特別法案：「把有四分之一黑人血統者帶進伊利諾州，就是觸法，不管他的血統是來自奴隸或自由黑人。」[234]此法基本上禁止黑人以及第一代的黑白混血兒，進入州內居住。

林肯暗示支持「黑人法」，和蘇爾德、蔡斯的大膽主張形成鮮明對比。在種族議題上，蔡斯長期以來採取的自由派觀點，比一般大衆更開明，且對消除俄亥俄州某些歧視性的「黑人法」貢獻卓著。同樣，蘇爾德也對抨擊「黑人法」不遺餘力，還支持黑人投票權；這是從較爲先進的紐約州來的。

不過，蘇爾德和蔡斯皆不曾主張，黑人在社會、政治上的充分平權。「蘇爾德並不認爲，」他的傳記作者總結，「美國黑人和白人是平等的，也不認爲黑人能夠像愛爾蘭、德國移民一樣，融入美國社會。但他確實相信，黑人也是人，因此值得享受所有權利，和白人一樣。」[235]蔡斯也不認爲，「這兩個種族可以一起生活。」他告訴費德・道格拉斯：「隔離，符合每個人的最佳利益。」他認爲，黑人「可以在其他地方建立更快樂的家園」。[236]但只要黑人居住於此，他絕對會和歧視奮戰到底。

蘇爾德和蔡斯這些言論，出自反蓄奴陣營的領袖之口，透露白人至上的種族歧視已在全國生根。我們必須從這個架構，理解林肯及其當代人士的言辭。

十多年前，艾利克西斯・德・托克維爾，這位堅決反對蓄奴，且認爲黑奴解放是無可避免的學者，曾如此寫道：「威脅美國未來的衆多邪惡裡，最可怕的是這片土地上黑人的生存狀況。」即使在某些奴隸制已然根除、黑人可以投票的州，黑人前景仍堆滿難以計數的障礙。「若他出面投票，那他是冒著自己的生命危險。他可以抱怨被壓迫，卻發現審判的法官都是白人……他的兒子被排拒在學校門口之外，裡頭歐洲移民之子正在受教育。戲院裡，即使花上黃金的代價，他也無權坐在主子身旁。醫院裡，他單獨躺在一處。黑人被准許向上帝祈求，和白人拜的是同一個上帝，卻不能在同一個祭壇向祂祈禱。他有自己的牧師和教會，天國之門會爲他而開，但即使在另一世界，不平等還是難以止步。黑人過世之後，他的骸骨被丟在另一處，在死亡的平等之前，黑人還是遭受了差別待遇。」最終，即使廢奴時代到來，托克維爾預言，美國還是「得處理三種更無形、更固執的偏見：主人的偏見、種族的偏見，以及最後，白人的偏見。」[237]

支持廢奴者的兩難是，自由黑人在美國社會的處境。反對同化的聲浪，幾乎到處可見，黑人已經被禁止進入某些自由州，面對這些障礙，「就人性觀點來講，」亨利·克雷質問，「他們會變成什麼樣子？他們要往哪裡去？」[238]

「我第一個直覺反應是，」林肯曾經說過，「釋放所有的奴隸，送他們回賴比瑞亞，回他們的本國故鄉。」[239]林肯曾長期支持一項，由愛德華·貝茲、亨利·克雷所背書的計畫，想賠償奴隸主，將自由奴送回故土。「開拓者」們辯稱，若無此種方案，南方白人將永遠無法接受廢奴的主張。不過，林肯注意到百病叢生的行政和經濟困難。南方有超過三百萬的黑奴人口，[240]佔南方總人口數的三五％，其中絕大多數沒有意願要回非洲，只有幾位代言人主張強制遣返，這不包括林肯。他們會留在這。

「然後呢？」林肯問。「讓他們自由，一直住下來，變成次等公民？這會讓他們的處境變好嗎？」一旦自由了，他們在「政治、社會層面，如何變成和我們平權？我自己覺得很難。就算我眞的覺得可以，廣大的白人群衆也辦不到。這感覺是否符合正義公理，並非唯一問題。全人類的普遍性問題，不管極其充分或毫無根據，都無法被理所當然地漠視。」[241]

林肯理解，民主社會領導人的最大挑戰，在於教育輿論。他說：「有公衆情感當後盾，萬事皆成；無公衆情感當後盾，萬事皆空。」「因此，能形塑公衆情感者，比制定法令、發號施令，影響更深遠。」這看法直指他和道格拉斯的根本不同。道格拉斯——瑪麗稱爲「小巨人」的有影響力領導者——堅持黑人不被包含在獨立宣言裡，他是在形塑公衆輿論，將歷史帶往錯誤的方向。「他正在吹熄我們四周的道德燭光，」林肯警告，借用他崇拜的英雄亨利・克雷所言，「消滅美國人民的理性之光和自由之愛。」[242]

林肯的目標是，重新點燃那些獨立宣言所宣示、不斷肯定革命性承諾的烽火。他認爲，當獨立宣言起草人講到平等，「他們沒有睜眼說瞎話，僅指他們當時所享受的平等……他們想爲自由社會設定一個權威箴言，是所有人皆熟悉，所有人皆尊崇，不停地心嚮往之、力行求之，即使無法盡善盡美，也要不斷傳播其影響力，爲各地不同膚色的族裔，增添快樂和生命的價值。」[243]

他希望能「穿透人類靈魂」，[244]直到「那些瑣碎的耳語，什麼關於這個人和那個人，這個種族、那個種族、其他種族」全被丟棄，直到全美國人能「在這同一片土地上，團結爲一種人」，讓「所有人生而平等」[245]眞正有意義。這裡，林肯對種族的定見和他在每一場辯論一樣，流露出一種沉思的特質，如同他正在大聲思考，審慎望向未來的進步，以此平衡他對現狀的眞實評估。

歷史顯示，林肯和其當代同僚，並未誇大美國境內種族歧見的深度。一個世紀後，種族隔離才在南方被裁定違法，種族分校才被裁定違憲，黑人才眞正有投票權。而且，走向費德・道格拉斯所說，「實際承認我們平等權」[246]的每一步，都遭遇白人激烈的抗爭，都是黑人自己努力爭取而來，硬叫敵意滿滿、不然就漠不關心的白人正視這些議題。

林肯個人對種族的看法，實無方法可透視。不過，成堆學者巨細靡遺地清查他生活的各個面向，卻找不到絲毫種族偏見的證據，這是事實。其中最具說服力者是費德・道格拉斯的觀察，他之後在林肯的總統任期內，是位經常性的公開批評者。道格拉斯說，在他見過的所有人裡，「我在美國和這麼多人自由開講，林肯是第一個這樣的偉人。他沒有一次讓我意識到自己和他的不同，我倆膚色的不同。」這番評論別具意義，當我們了解道格拉斯其實見過幾十位知名廢奴主義者，像溫德爾・菲利普、威廉・勞伊德・蓋里森、蔡斯。很明顯，道格拉斯在這些人身上，從未感到像在林肯身上一樣，「一種免於膚色歧見的完全自由。」[247]

＊＊＊

第七場、也是最後一場辯論，在艾頓（Alton）舉行。艾頓是位於伊利諾州南部密西西比河畔的小鎮，這裡的群衆被林肯描述爲「由於親屬、出生地等因素，對南方有強烈情感」。到了中午，「全鎮」㉔⑧已經「因爲大批民衆齊聚而熱鬧滾滾」。㉔⑨德裔美人圈領袖哥斯塔夫・寇納（Gustave Koerner）躋身於看熱鬧的群衆間，他觀察到「一千多名道格拉斯的支持者，包了一艘船來艾頓參加聚會」；而林肯「那天一大早，便和妻子從春田市來，安安靜靜地，沒被注意到……他很快被一群共和黨人包圍，不過並無遊行，也無騷動。中午左右，道格拉斯盛大抵達，駛自聖路易的船隻在碼頭靠岸，有人鳴槍預告，軍樂同時響起」。寇納來到林肯休息的旅館，發現他坐在大廳，才剛打完招呼，林肯就邀他「一起去看瑪麗」。顯然，瑪麗「很是鬱卒」，認爲林肯勝算不大。林肯希望寇納安慰一下瑪麗，寇納便說，他「相信」共和黨會在普選中拿下此州，「也相信我們會拿下州議會。」

艾頓這場辯論沒什麼新意，但寇納卻認爲，林肯的講詞涵蓋了「他所有演說裡，一些最精彩的片段」。㉕⓪「眞正的議題，」林肯說，在「道格拉斯法官和我都永遠閉嘴後，眞正會延燒很久的議題，是關於大是大非的永恆爭辯」，「人類共同權利」和「君權神授」之間的爭辯。

「這精神是一樣的。『你辛苦勞碌賺取麵包，我來把它吃掉。』不管是何種形式：是踐踏本國人民、對其勞苦所得強取豪奪的國王，還是以他人爲奴的族裔，都是同一種暴君原則。」㉕①說完，林肯就回座，交由道格拉斯做總結演說，一系列偉大的辯論就此落幕。

這場競賽和其他所有場子一樣，林肯是他自己的競選總幹事。他爲支持者擬定詳細的作戰計畫，檢視州內每個選區，標出他落後以及「已經入袋」和「尙待努力」的各種區域。㉕②他會利用演說空檔，寫信給支持者，比如他會告訴寇納，「我們在麥迪遜的選情告急，據傳半數美國人都支持道格拉斯……務必竭盡所能。㉕③其他地方看來還好。請寫信給我。」

東岸的共和黨員對這場選戰袖手旁觀，只有蔡斯來到伊利諾州，㉕④幫共和黨催票。他相信林肯在反蓄奴議題上，值得被信賴，也看出這位草根律師，在即將到來的總統提名大會上，對自己很有幫助。蔡斯比蘇爾德、格里利更早看清，道格拉斯不會眞正隸屬反蓄奴勢力。連續八天，蔡斯從芝加哥、加利納（Galena）、沃倫（Warren）、洛克福，到門多塔（Mendota），爲林肯和共和黨在伊利諾州的選戰，向成千上萬人拜票，林肯始終感念在心。㉕⑤

一八五八年十一月二日，天氣陰沉，㉕⑥伊利諾州選民開始投票。林肯、道格拉斯的大名並未出現在選票上，因爲州議會會選出下任參議員。傍晚，林肯和友人焦急地在電報室等待結果。㉕⑦再一次，他又嘗到失敗的酸楚。雖然共和黨贏得普選，但州議會還是由民主黨控制，因此確定道格拉斯會連任。林肯的支持者頹喪又憤怒，痛罵是議員席次制度分配不公所致，寇納也指控，「由於選區重劃不公，導致七百張民主黨票等同於一千張共和黨票。」㉕⑧伊利諾州共和黨員嘆息，他們缺乏來自東岸同志的支持，也痛罵知名輝格黨領袖、肯塔基州參議員約翰・克瑞特頓，㉕⑨他在最後一刻，向伊利諾州選民發表一連串公開信，呼籲老黨員和聯邦支持者，把票投給道格拉斯，以表彰他對萊康普敦憲法的立場。「投票日前夕，數千名輝格黨員就在克瑞特頓的影響下，背棄了我們。」㉖⓪荷登忿恨不平。

兩天後，敗選的失望依然刺痛著林肯，他卻去信克瑞特頓。他壓抑住理所當然的憤慨，展現他對格里利，以及稍早對川布爾和賈德的寬宏大量，這在政治圈實在非常罕見。「競爭告終之際，我感受到失敗的情緒，不單是我一己之私情，您的大名著實讓我以敗選作結，這對我來說確實很新奇。」他這麼告訴克瑞特頓。「即使在此心情下，我還是無法質疑您心懷不軌。」㉖①

這次敗選比起四年前，林肯沒那麼氣餒了，因爲他贏得人民的選票。他二十三歲那年，第一次公開演說所展現的雄心——讓自己値得同胞的尊重——已經實現了。

「我很高興自己加入後來的競爭。」十一月十九日，他去信春田好友安森・亨利：「這給我機會，聆聽這個時代重大、恆久的議題，不然我不會有此良機……我相信，我已留下些印記，將爲日後的公民自由鋪路，即使那時我已經作古。」㉖②他告訴亨利・艾希貝利（Henry Ashbury），這些基石「不可以因**一次**、或甚至**一百次**的失敗就被摧毀」。㉖③沒有理由沮喪，林肯又告訴另一位朋友查爾斯・雷（Charles Ray），因對方還在爲林肯的失利懊惱，「你很快就會寬心，另一次的『風暴』即將到來，我們很快又會有樂子了。」㉖④

7 提名倒數計時

時序進入一八五九年，鑑於先前聯邦參議員選戰表現不俗，且聲譽鵲起，林肯對未來持續審慎樂觀。對於爭取一八六〇年總統候選人提名，他自知出線希望不大，但仍努力建立全國聲望。林肯總是小心翼翼地隱藏雄心壯志。每當被問及將屆的選舉，他一概得體地熱切談論其他人選。此時他一切行動一以貫之，憑藉高明的政治手腕，戒慎小心地尋求黨的提名。的確，在林肯成爲總統之前，就屬這段時期最能展現身爲政治人物的圓滑老練。

林肯與蘇德爾迥然有別，他沒有經驗老到的策士出謀畫策，因此他必須自立自強，就如同早年在新領地，以及歷來當雇員、律師和政治人物那樣。一個月前，伊利諾州共和黨中央委員會祕書傑西・費爾（Jesse Fell）剛致函林肯，表達他對林肯「肯定的印象」，讚揚林肯對道格拉斯的選戰雖敗猶榮，贏得了全國發展舞台。費爾認爲，若能「讓民衆充分熟悉」林肯早年生活細節，以及他「爲解放奴隸所做的努力」，林肯「即使未能成功獲得總統候選人提名，也必將聲名卓著」。①林肯對此持疑，畢竟蘇爾德和蔡斯等人的「知名度讓他望塵莫及」。林肯回函謙遜地說：「持平而論，難道不是蘇爾德等人，不畏咄咄逼人的反對、人格侮辱和惡言相向，帶領共和黨成就當前的地位？這是我眞心的想法。」至於選戰用的個人簡歷，林肯則簡短地表示，「我的前塵往事，不足以引起您或任何人的興趣」。②

雖然林肯不會因奉承言詞而認不清事實，但費爾的話還是對他有所影響。林肯的政治策略逐步演進，始於自覺三位對手已遙遙領先，他認爲若以這三位的後繼人選自居，一旦其中任何一人有了閃失，他或許就能接收退而求其次的選票。

作爲黑馬，他自知不能過早顯露所懷意圖，以使對手動員對付他的可能性降到最低。一八五九年四月十六日，共和黨籍的《岩島紀事報》（*Rock Island Register*）總編輯建議林肯，「同時向各報總編輯宣布參選總統」。③林肯回說：「對於某些偏愛我的友人的器重，我著實受寵若驚，也滿心喜悅，但我眞心認爲，諸如您的建議不宜採行，低調才是最上策。」他並說，「坦白講，我不認爲自己適合擔任總統」。④自信的林肯說自己「不適合」，用意只在暗示他不必然具備當總統相稱的資歷或經驗，而不是說他欠缺能力。在時機成熟前，林肯凡事須愼重保持低調。綜觀林肯的總統任期，可以確證他擅長掌握時機。

***

在林肯謹言愼行之際，蘇爾德與蔡斯，乃至貝茲，都越來越急切地想要勝出，以致最後關頭來臨前，都犯了一些代價高昂的錯誤。

提名前關鍵的數月間，蘇爾德的策士魏德罕見地失策，竟建議蘇爾德長期訪問歐洲。此前蘇爾德一直節制過激言論，避免嚇跑黨內溫和派，因此幾乎已勝券在握。魏德於是建議他出國旅行八個月，以遠離國內日漸激昂的論戰。⑤蘇爾德打趣說：「我們所有考慮周到的朋友聯合起來，送我出國度過國會休會期。」⑥

蘇爾德十四歲的女兒范妮與她的母親留在家裡，對於要和父親分離八個月，倍感落寞。范妮在日記中寫道，蘇爾德乘船從紐約市出發前幾天，她唯一掛心的事情就是父親即將離去。⑦范妮聰穎且直率，從小就獲得鼓勵廣泛閱讀與寫作，除了寫日記，也嘗試作詩和寫劇本，她曾堅決立誓終生不嫁，要留在閨中奉獻畢生從事文學創作。⑧范妮與母親極爲親近，她說母親「與我關係密切，我和她不需言語就能心思相通」，⑨她也把父親奉爲偶像，在他出訪歐洲前夕，范妮幾乎無法止住眼淚。

蘇爾德在歐洲受到政壇人士和各國王室款待，被視爲理所當然的美國下任總統。他先後拜會了英國維多利亞女王（Queen Victoria）、帕莫斯頓勳爵（Lord Palmerston）、財政大臣威廉・葛雷史東（William Gladstone）、義大利國王維多・伊曼紐（Victor Emmanuel）、比利時國王雷奧普一世（Leopold I）、教宗庇護九世（Pope Pius IX）。⑩遊走於應接不暇的各地社交場合，蘇爾德顯得熱情洋溢、興高采烈。從他的家書可看出，他對此行樂在其中，而且還去了非洲的埃及和中東的以色列。然而，在總統提名前倒數計時的關鍵時刻，去國八個月實在嚴重失算。

一八六〇年新年過後，美國國會展開新會期，蘇爾德返回華府，並接受魏德獻策，準備二月二十九日在參議院議場發表重要演說。⑪蘇爾德打算再次向北方的保守派和南方的溫和派保證，他值得託付大任，維繫國家不致分崩離析。《紐約論壇報》華府記者亨利・史坦頓（Henry Stanton）後來回憶說，蘇爾德演說前曾拿講稿給他過目，要求他寫一篇報導，並附帶描述蘇爾德在參院演說的場景。史坦頓說，「蘇爾德參議員親自詳述要如何報導他的演說，他建議了一些細膩的筆觸，我照單全收，並在他演說前就把寫好的新聞稿傳送到紐約」。「神采飛揚」的蘇爾德向史坦頓擔保，這場演說將使他們「一同名留青史」。⑫

蘇爾德的夫人法蘭西絲卻不太熱中，或許是擔心她的丈夫爲安撫溫和派而讓步太多。她在蘇爾德演說那天早上向兒子威爾表示，「我希望演說早點結束」。⑬而旁聽席上直面父親而坐的范妮，⑭則因見證此重大事件而激動不已。她的日記不厭其煩地指出：「議員全數到齊，旁聽區也座無虛席，南方和北方的紳士淑女甚至擠滿了走道」。范妮記得，三小時的演說中，「沒有任何共和黨議員離席……大家都凝神傾聽」。⑮眾人都明白這場演說可能影響共和黨的總統候選人提名。

蘇爾德以國家契約的恆久特質作爲演說主題。⑯雖然他仍基於原則反對奴隸制，但已將語調軟化，用「資本州」指稱蓄奴各州，而稱禁止奴隸各州爲「勞動州」。他的語言始終四平八穩，絲毫不像過去的演說那樣富於煽動性。一位歷史學家觀察指出，看來「胸懷大志的蘇爾德壓抑住心中矛盾，優雅地避開了奴役與自由之間『難以壓抑的衝突』」。⑰

希華現在已拋開羅徹斯特演說時無拘無束的言論，他宣稱：「我們之間對於奴役問題的見解歧異，只是政治立場的差別，而不是社會或個人的分歧。我們之中並沒有反聯邦或不效忠國家的人……我們史無前例地寬容，愛護其他階層的代表……南北雙方人民並非敵人，而是朋友和同胞，忠實且眞誠，一如昔日爲自由並肩作戰時共同出生入死」。

他擔保，北方的共和黨「無意強迫南方接受我們的制度」。「在你們自己的疆域內，你們具有處理奴隸問題的自主權。」擴大蓄奴制是唯一引發爭辯的議題。蘇爾德早期的演說曾對國家未來走向提出宏大願景，如今已不復見，他保證，共和黨沒有藏匿任何讓全國黑人地位平等的動機。

蘇爾德的結論強而有力，充滿對聯邦的熱情證言，更在日後經林肯總統增刪納入就職演說。他強調國家永遠不可分割，並敦促聽衆設想，凝聚國族的最強力連結，不單純來自成文的契約，或輻射四方便利經貿與社會交流的鐵公路和電報網絡，而是「數百萬心滿意足、生活快樂的人，對民主的政府心懷情感、寄託希望，且這個空前絕後、獨一無二的政府，總是公平傾聽人民的各種期望」。⑱

這場演說贏得震耳欲聾的掌聲，⑲媒體也普遍讚不絕口。內容還印製成五十多萬份文宣流傳全國。⑳當然，還是有些人認爲蘇爾德的語調過於側重安撫人心，欠缺以往演說所具有的原則和火力。據稱主張廢除奴隸制的凱西爾斯·克雷（Cassius Clay）曾說，這場演說「永久地抹殺了蘇爾德在我心中的地位」。㉑查爾斯·桑納則致函友人說，蘇爾德睿智的演說極爲卓越，但他對其中一段提到放棄任何支持黑人平等的意圖，「感到遺憾，而且蘇爾德的夫人也有同感」。㉒

然而，蘇爾德的目標不在團結忠實支持者，而是要解除反對者的武裝，以及安撫對他不放心的溫和派。費德里克·道格拉斯在他的月刊指出，「廢奴論的激進派自然而然地批評蘇爾德，但他的演說技巧爐火純青且能征服人心。那些戰戰兢兢的同黨人士，近來因他搞得沸沸揚揚而坐立難安，如今他的冷靜和保守將使他們如釋重負……我們認爲，蘇爾德先生在芝加哥提名大會上出線的希望，因這場家喻戶曉的演說而增添光輝」。他的結論指出，蘇爾德的能力在共和黨內無人出其右，他應獲提名，「這攸關黨的公正」。㉓

麻薩諸塞州一位黨代表向魏德表示，「據說波士頓的老輝格黨員聽過蘇爾德最近的演講後，已準備支持他選總統。而除康乃狄克州之外，新英格蘭的黨代表們對蘇爾德也會很滿意」。㉔在俄亥俄州，塞蒙·蔡斯承認，目前「似乎有相當多的人傾向支持蘇爾德」。㉕蘇爾德本人也認爲演說大有斬獲，邁向總統寶座只差臨門一腳。

接下來迫不及待的幾周期間，魏德向蘇爾德保證萬事周全，㉖他將會勝出。透過推動立法特許城市建造鐵路，魏德爲蘇爾德換來大筆選舉獻金，據某位觀察家說，像「錢海」㉗一樣多，估計有數十萬美元的銀彈。

隨著黨全國代表大會日期迫近，蘇爾德陣營越來越自信滿滿，判斷失準隨之而來。儘管魏德的政治直覺向來敏銳，他卻未能預料到蘇爾德與霍利斯・格里利決裂將造成的損害。多年來，格里利從不諱言有意出任公職，[28]因爲不但俸祿豐厚，還可享盛名。格里利日後數度回憶道，他曾多次向蘇爾德與魏德表明心意，他們卻從未曾認眞看待他的從政渴望，認爲他的強項在於寫作，不適合問政和擔任公職。格里利在一八五四年秋季寫了一封抱怨信給蘇爾德，[29]臚列一長串委屈，並宣布要與蘇爾德和魏德拆夥。他記得，在協助蘇爾德首度勝選出任州長後，「赫然發現一些年薪三千到二萬美元的肥缺，全被你的朋友和同袍佔去，而我回到閣樓住處啃硬麵包，繼續爲錢疲於奔命」。格里利訴苦說，除了一屆國會任期之外，魏德從未給他參選公職的機會。雖有不少人建議讓格里利競選州長，魏德卻拒絕支持他，宣稱這會減損蘇爾德當選聯邦參議員的機會。而最令格里利感到羞辱的事莫過於，魏德建議提名《紐約論壇報》主要對手《紐約時報》的總編輯亨利・雷蒙（Henry Raymond）爲副州長。

看過格里利的信後，蘇爾德相當苦惱，他認爲信中充滿了「尖銳、刺傷人的荊棘」，[30]但他誤以爲格里利的憤怒很快就會平息，就像他如果拒絕讓兒子去看馬戲團或參加舞會，兒子也會短暫地發一陣脾氣。蘇爾德把信拿給夫人過目後，就把這件事拋開了。法蘭西絲對這信有較正確的解讀，她看出這是格里利「臨去前全力一搏」，[31]於是將此信保存起來。格里利一八六〇年離棄老友蘇爾德投向陌生的愛德華・貝茲陣營，這封信中記錄了他當時的複雜情緒。

此後格里利每週在《紐約論壇報》撰寫專欄文章，爲爭取總統候選人提名的貝茲宣傳造勢。他還巧妙地詆毀蘇爾德的選戰，令蘇爾德支持者怒火中燒。雷蒙指出，「格里利誇大針對他的在地偏見和敵意，用的是偷偷摸摸的影射手法，而不敢明目張膽地說；他還宣稱，必須馴服那些和他以及共和黨敵對的黨派與個人，並取得其支持；他也暗指，共和黨就總統候選人提名，徵詢蓄奴各州的意見，帶動了一股新興的促使黨全國化的熱潮」。[32]由於《紐約論壇報》影響力不容小覷，貝茲出線的希望隨之與日俱增。

一八六〇年春季某日，魏德與格里利會面長談，結果誤判格里利「不足爲患」，[33]認爲他雖以文宣爲貝茲助陣，但不會在黨全國代表大會扮演舉足輕重的角色。魏德誤以爲，基於故舊情誼，格里利不會在黨全代會積極反對蘇爾德出線。

此外，魏德也因過度自信，未在黨全代會前拜會賓州政壇大老西蒙・卡麥隆（Simon Cameron）。卡麥隆在三月中旬就告訴蘇爾德，他想在華府或費城與魏德會面，只要魏德方便，隨時可行。蘇爾德轉達了這項訊息，㉞但魏德認爲他已得到承諾，確信賓州會支持蘇爾德，因此始終未與卡麥隆面談。

魏德的自信部分出於蘇爾德關於特別訪問卡麥隆的說詞。蘇爾德在前一年春季出訪歐洲之前不久，特地找了一天親赴賓州哈里斯堡（Harrisburg）附近洛奇爾（Lochiel）的卡麥隆宅邸拜訪，㉟他回去後明確告訴魏德，卡麥隆承諾會支持他參選總統。「他在家中接待我，並告訴我一切沒問題。他挺我，賓州也支持我……他還邀請州議會兩黨全體議員來見我，以盛宴款待大家，賓客與主人都自在大方，使我受寵若驚。」㊱有關這場盛會的報導也使各方相信，蘇爾德與卡麥隆已敲定協議。

接下來幾個月期間，即使傳言指稱卡麥隆並未全盤掌握賓州黨代表，魏德仍相信，這位賓州大老會想方設法，盡其所能履行承諾。畢竟常被引述的這句話是出自他的口：「誠實的政治人物，一旦信了你，就會永遠信你。」㊲

卡麥隆適時善用有利政治形勢的能力強過魏德。透過與下水道公司、鐵路公司和銀行的合約，卡麥隆積聚了大筆財富。他日後誇口說，如果沒有參選公職，他有可能成爲「賓州最富裕的人」。㊳卡麥隆不像魏德那樣總是隱身幕後，他分別在一八四四年和一八五五年當選過兩屆聯邦參議員。㊴他最初從政時是民主黨員，後因與民主黨的奴隸及關稅政策扞格不入，而在一八五五年積極參與賓州共和黨的前身「人民黨」的建置。他曾「催生關稅立法案」。㊵

一八六〇年二月，人民黨在賓州召開黨代會，㊶卡麥隆如願進入黨總統參選人名單，而富魅力的政壇新秀安德魯・科汀（Andrew Curtin）則成爲州長候選人，繼續與卡麥隆爭逐賓州領導地位。㊷雖然卡麥隆贏得黨代會多數支持，但當時仍有不少地區的黨代表尚未選出，結果出現了卡麥隆與科汀兩股敵對勢力分庭抗禮的局面。當共和黨全代會開幕後，科汀並未支持特定總統參選人，但眾所周知，他質疑蘇爾德能否勝選。何況若支持蘇爾德還可能葬送他自己的選戰，因爲在賓州深具影響力、反對天主教移民的「無知黨」，不能諒解蘇爾德包容移民及支持教區教育權的自由派立場。卡麥隆與魏德原本有可能透過私下對話，在黨全代會前排除這些障礙，但兩人終究未曾面談，魏德因此未能獲得卡麥隆指引，而獨自在賓州兩股對抗的勢力間摸索方向。

＊＊＊

當蘇爾德悠閒地旅居海外時，蔡斯有了積極爲參選總統布局的機會。在幾位參選人中，蔡斯並非佼佼者，但一八五九年那寶貴的幾個月期間，他卻鮮少利用機會拉抬自己。蔡斯又像一八五六年那樣，再次自信深具影響力且廣獲支持，自認不需親自費心就能贏得提名。對於不符他判斷的消息，蔡斯一概嗤之以鼻，即使是摯友加梅利爾・貝利提供的情資也不例外。

貝利與蔡斯在辛辛那提結識，當時貝利擔任《慈善家》的總編輯。後來貝利出任《國家時代報》發行人，舉家遷居華府，並熱情接納獨居的蔡斯同住。聯邦參院開議後，蔡斯曾住在貝利家數個月，與貝利夫人瑪格麗特（Margaret）和整個貝利家族建立了友好關係。每週六晚間，貝利家成爲「歐洲傳統的沙龍」，㊸既有豐盛的晚宴，又有蔡斯最擅長的唇槍舌劍。

貝利在長年交往期間對蔡斯始終坦承不諱，比如在一八五六年斥責他同「可憎的『無知黨』」㊹虛與委蛇。無論如何，貝利總是忠誠地支持他的老友蔡斯，並曾在許多場合表明，他樂見蔡斯「而非任何其他人登上總統大位」。㊺然而，貝利於一八五九年初評估國家趨勢，徵詢各方意見，「觀察時代特徵與輿論走向」後，寫了一封坦率直言的長信給蔡斯，表明最上策是支持蘇爾德選總統，而蔡斯四年後還有機會。

貝利一八五九年一月十六日給蔡斯的信寫道：「蘇爾德與你是共和黨最舉足輕重的兩位代表性人物，但他比你年長，蘇爾德的朋友相信他此次不選以後就永無機會，若這次延宕，則形同永遠擱延……而你正處於人生全盛時期，來日方長，可望更上層樓，逐年壯大，四年後你會比現在更具實力……若此刻急著違逆蘇爾德諸友堅決的想法，勢將招致反感，損害黨內和諧，也將削弱你在黨內的地位。」貝利猜測蔡斯對他的建言可能難以苟同，但「我知道你不會質疑我的正直或我的友情」。㊻

蔡斯回覆說：「我不懷疑你的友情，但我認爲，假如我們互換處境，我會以不同的方式展現我對你的友情……說蘇爾德機不可失，是幼稚的想法……眞是荒謬……總而言之，這不會讓我改變立場。我不能退讓……有一大群人——包括不少幾乎非我不投的人，顯然渴望我成爲一八六〇年總統候選人，他們的選票非我莫屬。這不是我個人刻意營造，據我所知，也不是摯友所爲，顯然是選民自動自發。」[47]

貝利的回信假設，蔡斯說蘇爾德「機不可失」的想法「幼稚」，應是「出於筆誤……該看法可能失準或缺乏根據，但值得參考。與其關聯的不只是年齡和健康的問題，也涉及其他方面……蘇爾德州長一八六〇年五月將滿五十九歲，如果其他人獲黨提名並順利當選總統，日後很可能再獲提名尋求連任，那麼蘇爾德就得等上八年，屆時他已六十七歲，將近七十之齡……而您則仍持續茁壯（蔡斯剛滿五十一歲），聲名也日有所增……往後獲提名及當選總統的機率大於當下。」貝利也保證不會扯蔡斯的後腿：「我只想以朋友的立場提醒你。」[48]

蔡斯受諂言媚語蠱惑，寧願相信紐約的黨代表希倫・巴尼不切實際的推測。巴尼認爲蔡斯的實力勢如破竹，可望在第一輪投票拿下紐約州的選票。[49]蔡斯過度自我膨脹，他相信猶豫不決的選民一旦了解，他身爲反奴隸傳統的導師及共和黨創黨元老所扮演的核心角色，就會聚攏相挺。

蔡斯照舊沒有指派競選總幹事，[50]沒有人爲他折衝談判和運籌帷幄，沒人出面承諾給誰政府職位以換取選票。他也拒絕家鄉新罕布夏州一位支持者的呼籲，[51]不願成立州層級的競選組織。他更從未善加利用最初支持他、深具影響力的芝加哥《新聞與論壇報》總編輯約瑟夫・梅迪爾（Joseph Medill）。而支持者邀他到紐約庫伯聯合學院候選人論壇系列講座發表演說，也遭他回絕。他也不相信家鄉黨代表在首輪投票可能不會一致支持他，因此沒有確認代表都會投他一票。事實上，他對自己的競選唯一的貢獻，就是寫了一系列的信，[52]提醒全國各地的支持者和記者，他才是當總統的最佳人選。

倍感挫折的支持者試圖警醒他採取更協調的行動。忠實相挺的詹姆斯・艾胥理（James Ashley）提示他：「恐怕蘇爾德將在馬里蘭州取得絕大多數黨代表的支持，他與友人正爲勝選**日夜辛勞**，不只朋友勤奮，**蘇爾德也很賣力**。」[53]固執己見的蔡斯對於應擔憂的跡象視若無睹，自信只要選民依良知投票，勝利非他莫屬。

蔡斯向辛辛那提的黨代表班傑明・艾格斯頓（Benjamin Eggleston）誇口說：「毫無疑問，俄亥俄州黨代表團將忠實反映該州黨員意見，除此之外，我將不會讓任何人在芝加哥爲我奔走拉票。」[54]俄州黨代表團大多數成員確實支持蔡斯，但也有人忠誠追隨參議員班・魏德（Ben Wade）。黨代表伊拉斯特斯・霍普金斯（Erastus Hopkins）警告說，「俄州黨代表團的意向似乎還在未定之天」。[55]蔡斯毫不在意，基於對該州的奉獻與犧牲，他自信會得到整個州的黨代表團一致支持：「凡是有榮譽感或具感性的人，都不會去支持任何其他參選人」。[56]

黨全代會登場前一個月，凱特說服她的父親蔡斯往訪華府，[57]以拉抬參眾兩院議員對他的支持。他們下榻華府威勒飯店（Willard Hotel），舉辦了多場接待會與晚宴。蔡斯向友人詹姆士・布里吉斯說，蘇爾德對他們相當友善。和藹的蘇爾德辦了一場「面面俱到」的晚宴款待蔡斯一行，「席間說笑聲不絕於耳」。[58]隔天晚間，俄州前國會議員約翰・葛立（John Gurley）也辦了一場餐會，向蔡斯與俄州新州長威廉・丹尼森（William Dennison）致意。蘇爾德與前輝格黨領袖湯姆・科溫以及班・魏德參議員也都應邀與會。

蘇爾德於晚宴後寫了一封家書，語帶幽默地指出他「相當欣慰地發現」，俄州至少有三人出馬角逐總統寶座。「每位都是出類拔萃的卓越人士，但他們每個人對來自俄亥俄州的任何人的喜愛，都更甚於他們的另兩位對手。」[59]雖然蘇爾德立即直覺到班・魏德也意圖爭取提名，蔡斯卻依然故我，自認捨我其誰。蔡斯一行在華府的最後一夜，布萊爾家族於銀泉的郊區豪宅舉行盛宴餞別。

一如尋常，凱特留給眾人深刻的印象。蘇爾德後來告訴他的夫人，「凱特是相當年輕、討人喜愛且很有教養的淑女」。[60]蔡斯也滿懷喜悅地寫信給另一個女兒奈蒂說，凱特「吸引了大家的注意」，眾人也都「對我很友善」。[61]蔡斯回家後確信華府之行大有斬獲。他向辛辛那提的朋友表示：「顯然人人都喜愛我，他們對我的信心令我相當滿意。」[62]蔡斯將客氣誤當成堅決的忠誠，他對一位支持者說，「我在華府時，人們的想法顯然幡然改觀」。[63]

* * *

總統選舉前一年開年之後，貝茲的支持者積極為他爭取總統候選人提名，但貝茲本人卻相對被動。雖然貝茲逐漸興起參選念頭，但一如往常，他對深涉政治猶豫不決。若非呼風喚雨的布萊爾家族鼓勵，他可能不會投入選戰。同意出馬角逐後，貝茲陷入進退維谷的政治處境。他的支持者主要是邊境各州的老輝格黨人和排外的本土主義人士，以及北部和西北部的保守派。而要獲得提名，他還必須要讓溫和派的共和黨人接納他。

假如貝茲在共和黨全代會前幾個月遍訪伊利諾、印地安納、麻薩諸塞、康乃狄克或馬里蘭等州，他或許就能了解新成立的共和黨，涵納了多元異質的觀點。然而貝茲從未離開他的家鄉，寧願仰賴來訪的同僚與支持者帶來的情資。64他不僅窩在家鄉密蘇里州，甚至很少離開鍾愛的宅邸。當貝茲被迫夜宿聖路易時，他在日記中寫道，「這是我近兩年來第一次在城裡過夜」。65與茱莉亞結縭四十年後，他對妻子的情感未曾稍減。

隱居自宅的貝茲從未明瞭選民形形色色，必須設法拉攏人心，而這項缺憾導致他一連串的失策。雖說他遠離一八五〇年代砲火猛烈的言詞交鋒，66咸認對選情有所助益，但長期置身政壇之外，使得他對奴隸議題引發的尖銳兩極對立，沒有深入的了解。一八五九年二月底，紐約輝格黨委員會要求貝茲「就國家政治局勢提出看法與意見」，67貝茲做出了回應。紐約輝格黨人剛通過一項決議，呼籲終止「黑人問題」造成的騷動，讓國家重新聚焦於更重要的議題，比如經濟發展、提升國民生活品質，這樣才能團結而非分裂國家。貝茲透過全國發行的公開信回覆說，他向來認為「黑人問題」是「有害的議題，其激發的騷動從未使任何政黨、黨派或階級獲益，也絕不可能帶來任何好處，除非有人認為，挑起人們的憤怒激情，撩撥黨派間不理性的猜忌，是有益的事情」。他相信，「那些嘗盡過去幾年的悲哀經歷後，仍不斷推動這個議題的人，必定懷抱個人野心或黨派偏見」。68

輝格黨人與本土主義人士對貝茲的信讚譽有加，但共和黨人則廣泛提出批評。支持貝茲參選總統的斯凱勒・寇法克斯警示他，信中譴責「黑人問題」引發騷動，「聽來宛如是在指責共和黨，勢將招致眾人反彈」。貝茲難以苟同：「假如我的信獲得共和黨人普遍接受，單是這樣就足以毀掉我在蓄奴的馬里蘭州和密蘇里州的前途，果真如此，我除了共和黨人的支持外，將一無所有。」69貝茲知道，蘇爾德和蔡斯在共和黨地位崇高，他根本難望項背。美國黨在聯邦眾議院的領袖，馬里蘭州眾議員亨利・溫特・戴維斯（Henry Winter Davis）證實貝茲的看法，並建議他，為求確保獲得多數支持，不要再試圖進一步釐清自己的觀點，「就此打住，別再發表任何公開信」。70

選舉年新年過後，貝茲自信勝算「與日俱增」。71印地安納與賓夕法尼亞兩個決戰關鍵州的支持者向他擔保，兩州大多數的芝加哥全代會代表是「貝茲的人馬」。[72]來自伊利諾州的訪客告訴他，該州南部對他普遍「有好感」，但基於州的尊嚴，「他們必須先支持同鄉的林肯」。[73]這是日常訪客首次提及林肯是他的競選對手。在伊利諾州的林肯則早已敏銳地洞悉貝茲。林肯曾在一封應要求評估伊利諾州意向的信中表示，各參選人之中，貝茲「在南部無人能比，但在北部敬陪末座」。至於蘇爾德則是「伊利諾州北部的最佳人選，同時也是伊利諾州南部的最糟人選」。[74]林肯並暗示，這兩人都無法贏得伊利諾州的多數支持。

一八六〇年二月底，蘇爾德在參院發表懷柔演說當天，輝格黨人與美國黨人於密蘇里州傑佛遜市召開反對陣營大會，熱情地擁護貝茲參選總統。兩週後，密蘇里州聖路易的共和黨州代表大會也背書支持貝茲。[75]然而，密蘇里州共和黨內有人吹毛求疵，尤其是德裔美國人團體，對貝茲一八五六年公開支持本土主義政黨難以釋懷，揚言要封殺貝茲。[76]為求同時讓熱心的共和黨人與德裔社群滿意，貝茲接受法蘭克・布萊爾的建議，同意答覆德裔媒體所擬問卷，概述他的各項立場。[77]

問卷提出一項令貝茲感到棘手的問題。芝加哥媒體總編約瑟夫・梅迪爾等共和黨人覺得，與其讓「一位想『維繫聯邦的候選人』勝選」，然後「沉入流沙之中」，不如推出一位堅持共和黨政綱的「代表性人物」，即使「選輸了也在所不惜」。[78]貝茲必須安撫共和黨人這類疑懼。假如他為滿足熱情的共和黨人而過度左傾，勢將危及老輝格黨人與美國黨人對他的支持。然而，以擅長調和敵對勢力著稱的貝茲，此時卻不計後果。

被問及對於擴張蓄奴領域的看法，貝茲直接抵觸最高法院的裁決，宣稱國會有權定奪此事。而且他認為，「政府的精神與政策應當反對擴大奴隸制」。他並主張，憲法賦予所有公民平等權利，不論是土生土長或歸化的公民都一視同仁，「美國公民之間不應有差別待遇，政府有責任保障所有公民在任何地方都享有一切權利」。此外，貝茲支持將前奴隸送到非洲與中美洲的殖民地、公地放領法案、太平洋鐵路，並認同堪薩斯州解放奴隸。[79]

東北部與西北部的傳統共和黨圈子，對貝茲的聲明點頭稱是。然而在貝茲原具優勢的邊境各州，這些宣示招致了災難性的後果。[80]密蘇里州的《萊辛頓快訊報》（*Lexington [Missouri] Express*）認為貝茲的公開信宛如「青天霹靂」，[81]公然地與挺黑人的共和黨同一陣營，休想再獲得較保守的邊境各州支持。《路易斯維爾紀事報》（*Louisville Journal*）指出，貝茲已變成「蘇爾德、蔡斯或林肯同類的共和黨人，且一刀切斷了南方保守派對他的信心和同情」。[82]四年前，《孟斐斯公報》（*Memphis Bulletin*）曾說貝茲斥責挺黑人的共和黨員是煽動家，還貼標籤稱他們是「危害聯邦和平的危險敵人」。[83]而如今，該報認爲，貝茲已同流合污。貝茲承認應答信函導致反挫，他並感慨邊境各州的「眾家報社同時棄我而去」。[84]

貝茲意圖安撫焦慮的德裔美國人，卻削弱了原有的基本盤，結果也未獲得足以彌補損失的共和黨支持票。雖然貝茲的人馬對他仍有信心，但他在日記中透露，「既知民心所向變化無常，且見微知著，我應謹記切莫戀棧華而不實的事物，勿因挫敗而懷憂喪志」。[85]

＊＊＊

林肯與三位主要對手截然不同，不像他們那樣狂妄自大、自欺欺人和言行不一。他憑藉勤勉、技能與運氣，逐步穩固根柢。蘇爾德和貝茲在最後關頭都亟欲重新將自己定位成黨內中間派，而林肯則從未改變基本立場。他一路走來始終如一，就如同唐・法倫巴赫爾所說，「既非左派也不是右派，而極爲接近正中間」。[86]在取消奴隸制擴展限制的堪薩斯—內布拉斯加法案於國會通過後，林肯首度表達了他的反對立場，他堅持必須「公正地阻止」奴隸制擴張，同時也表明他無意干涉既存的蓄奴制。林肯衷心認爲，只要有效節制奴隸制，「最終它將壽終正寢」。[87]這完全符合共和黨內佔多數的溫和派的觀點。

雖然林肯仍不太可能贏得提名，但參選已不再是遙不可及的夢。林肯按部就班、有條不紊地提升自己的勝算。他安排將當年與道格拉斯的辯論收錄進一冊書裡，[88]而該書獲得共和黨人廣泛閱讀。隨著報刊一再談論此事，林肯知名度水漲船高，各式共和黨聚會爭相邀請他演說。林肯正式宣布參選前，已陸續於一八五九年八月到十二月間，在愛荷華、俄亥俄、威斯康辛、印地安納與堪薩斯州開講近二十四次。[89]

當蘇爾德還在巡訪歐洲與中東時，林肯正向數萬西部人士做自我介紹。一位紐約耆老致函林肯說，「我認爲蘇爾德大錯特錯，他竟然不留在自己的戰場上，反而跑到埃及踏勘摩西率領猶太人一天內脫離奴役走向自由的路徑」。[90]林肯趁蘇爾德去國之際積累政治資本。一站接一站的巡迴演說，到場致意的群眾越來越多。多數聽眾與林肯素未謀面，而林肯總能留給大家難以磨滅的印象。《詹斯城公報》（*Janesville Gazette*）指出，一旦林肯開講，他的高度智慧總讓聽者永誌難忘，眾人都會記得「他高䠷瘦削的身形，以及他演說的重點和切中時弊的話」。[91]

林肯不是以參選人身分演說，而是為共和黨的理念辯護，他把矛頭對準民主黨人，尤其是該黨領先群倫的參選人史帝芬・道格拉斯，這位對手已在林肯演說的多處地點捷足先登。林肯曾寫信給蔡斯說，「道格拉斯主義正阻礙共和主義的初步奠基，也將妨礙其全面成就」。[92]藉由砲轟享譽全國的道格拉斯，林肯越來越受矚目。

林肯斬獲最多的一站可能是在辛辛那提。[93]他曾於當地的「收割機專利權訴訟案」蒙受羞辱，還立誓永遠不再踏上此地。但這回他「獲得禮砲、軍樂與數千夾道喝采的民眾迎接」。抵達步涅特屋時，林肯受到「王子般的禮遇」，喜悅地發現辛辛那提最顯赫的人士都當他是「躍升的明星」，[94]亟欲會他一面。

林肯的演講指出，南方人威脅說，一旦共和黨人當總統將使聯邦分裂，他還特別質問許多渡過俄亥俄河來聽他演說的肯塔基人，「你們要對我們宣戰，並把我們殲滅殆盡嗎？諸君，為何要這樣？我想你們確實英勇果敢，像任何認真生活的人一樣，勇於捍衛信念，但說實話，你們沒有比我們出色，人數也比我們少。你們永遠不會凌駕我們。如果我們人數比不過你們，或許可能會被你們支配；假如人數旗鼓相當，則將難分軒輊。然而你們人數上吃虧，無法駕馭我們」。[95]翌日，《辛辛那提公報》（*Cincinnati Gazette*）描述林肯的演講：「陳詞明確、滔滔雄辯、合情合理，且充滿高貴情操與力量，讓我們的傑出律師們印象深刻，公認是他們聽過最卓越非凡的政治演說。」[96]

林肯此時行程滿檔，以致無法接受約書亞・史匹德的邀請，前往肯塔基州參加全國跑馬場開幕活動，儘管史匹德保證，「將會有全美數一數二的良駒前來參賽，而且秀場還有絕色美女，只要你還沒老到無法享受馬匹的奔馳和女人的美色，就來共襄盛舉吧」。[97]雖然演講行程迫使林肯放棄快馬與美女，但大幅提升了他在西部共和黨人心目中的地位。前國會議員塞謬・蓋洛威（Samuel Galloway）告訴林肯，「您到訪俄亥俄州，激發民眾對您產生廣泛興趣」。[98]他還說：「我們必須選出一位不會營私舞弊的人，而人們一再提起您的名字，容我坦率直言，您就是我的上選。」[99]

林肯快速竄升為新生的共和黨的全國代言人，並致力尋求維繫該黨仍脆弱的黨內和諧。他致函斯凱勒·寇法克斯說，「我希望能防止共和黨內出現分裂」。他認為，麻薩諸塞州的反移民運動，「未能預見排外會毀了黨在整個北部與西部地區的發展」，而俄亥俄州與新罕布夏州阻礙逃亡奴隸法的執行，「則可能使黨在伊利諾州遭受藐視憲政的徹底指控……總而言之，在每個地方，我們都要高瞻遠矚；至少要對某些我們可能不認同的事，保持緘默」。[100]

寇法克斯賞識林肯「懇切且合乎時宜的提醒」，其中強調有必要「從保守陣營乃至激進派，召募各行各業與各種立場的人們，為共和黨的理念效力」。他回信給林肯說，要在一八六〇年勝選，「我們必須贏得保守派的情感，爭取其親近支持者加入我們的陣營，這包括北方的美國黨人以及舊派輝格黨人」，而且「我們不能疏離激進派，排斥他們將使我們必敗無疑」。對於團結各造，寇法克斯向林肯擔保，「您的建言重如泰山，所有出自您手筆的政治言論，都將在聯邦全境傳抄散播」。[101]林肯為山頭林立的局面搭橋溝通的能力，對他日後勝選厥功甚偉。

一八五九年十月十六日，林肯準備往訪堪薩斯州之際，據史帝芬·文森·貝內的說法，白人廢奴論者約翰·布朗（John Brown）「帶著愚蠢的矛頭和一夥亡命之徒」[102]來到維吉尼亞州。布朗與十三名白人和五名黑人，執行了一項膽大包天卻未考慮周全的計畫，他們佔領哈柏斯渡口（Harpers Ferry）的聯邦軍火庫，意圖激勵奴隸群起反抗。結果羅勃·李（Robert E. Lee）上校與史都華（J. E. B. Stuart）中尉指揮的聯邦軍隊迅速奪回軍火庫。布朗也被捕入獄。[103]

布朗受審後被判處死刑。他在家書中表示，「我正泰然自若、心甘情願地等候著公然謀殺我的時刻來臨，我心中無比的確信，不可能有其他方式能讓我如此推進上帝以及人類的偉業」。[104]在布朗遭判刑到被絞死的一個月期間，他的言行展現的尊嚴與勇氣，[105]使他成為許多北方反奴隸人士心目中的烈士與英雄。當他被處死時，北方各州都舉行了公開的追悼集會。歷史學家大衛·波特（David Potter）記載，「教堂敲響喪鐘，各地掛出弔喪黑旗，鳴槍致哀，集會悼念，並通過了紀念布朗的決議」。[106]

後世的史家、詩人與小說家，不斷探索布朗的動機、心理狀態與策略。他無畏的行動令南方「所有男女老幼內心不寒而慄」，[107]造成了顯而易見的直接衝擊。北方的反奴隸熱情隨之沸騰，而南方也以空前的狂熱凝聚團結並嗆聲回敬。《里奇蒙詢問報》指出，「哈柏斯渡口事件，加上北方人對此表達的支持情感，撼動且分裂了聯邦；多數人確信，聯邦解體已爲時不遠」。[108]一位歷史學家記述，「哈柏斯渡口事件就如同巨大的隕石一般，帶著火紅的閃光撞擊出廣闊的深淵，將國家一分爲二」。[109]赫曼・梅爾維爾（Herman Melville）在詩作〈前兆〉（The Portent）中，沿用了這個隱喻，稱「不可思議的約翰・布朗／戰火的流星」，[110]他的長鬍子尾端從人稱「劊子手面罩」的致命毒菇下蔓延四散。

南方各地瀰漫著對奴隸群起反抗的高度恐懼，以致嚴厲壓制反奴隸制思想的表達。英國駐查斯頓（Charleston）領事寫道：「我毫不誇張地指出，南方各州當前的情勢形同恐怖統治。許多人被從住處拖走和遭到追打……郵局任意拆閱信件；對奴隸制的討論全然禁止，違者會遭驅逐……北方的商旅正大批離開南方。」[111]維吉尼亞州諾福克的《聖路易新聞報》（*St. Louis News*）指出，一個大陪審團以「散播煽動言論」的罪名起訴一名商人，只因他宣稱，「約翰・布朗是爲了良善理念而戰的正直人士」。[112]

南方的政治領袖急著指控共和黨，甚至無限上綱到斥責整個北方。田納西州議會通過決議案，認定哈柏斯渡口舉事者，「是親黑人的共和黨大老不負責任的衝突原則的自然產物，且大老們的主張獲得追隨者同聲附和」。[113]一位自稱代表「二百位紳士」的男士發出一份通告，提供五萬美元賞金，要的是「**威廉・蘇爾德的項上人頭**」，此外也懸賞小額的二十五美元，要取一長串「叛國賊」的腦袋，其中包括桑納、格里利、吉丁斯和寇法克斯。[114]林肯則未被列入敵人名單中。

北方的民主黨報紙也加入圍剿行列，尤其將矛頭指向蘇爾德。《紐約論壇報》指控說，「煽動家威廉・蘇爾德密謀的國家分裂大戲，第一幕剛在哈柏斯渡口落幕」。該報並稱：「任何有理性的人都看得出，威廉・蘇爾德一年前不負責任地鼓吹衝突的血腥粗暴宣言，與波多馬克河及申南多河交會處發生的駭人聽聞的暴力、劫掠和死亡，存有因果關係。」[115]

共和黨理所當然對民主黨的指控展開反擊。蘇爾德本人表示，雖然布朗是有同情心的人，但將他處決「必要且公正」。[116]魏德的《奧爾巴尼晚報》也堅決反對布朗無益的行動，並認爲布朗一夥「意圖使和平的社區，陷入奴隸造反的恐怖局面，犯了叛國罪」，他們「理應受普世譴責」。[117]

密蘇里州的貝茲認為，布朗的計畫「既張狂又毫無益處」，證明他是個「狂人」。[118] 貝茲的年輕朋友史都華中尉，偕同夫人佛蘿拉（Flora）與小孩，及兩名自由身的黑人僕人，一同到格瑞希爾（Grape Hill）住了幾天，貝茲遂與史都華深入討論布朗事件。貝茲的日記寫道，史都華告訴他許多關於「老布朗」的事，「布朗被捕時他在場，還奪下了布朗的匕首」。[119]

對蔡斯來說，當時的處境相當棘手。雖然他公開斥責布朗違法亂序，但他的小女兒奈蒂事後承認，「吾家向來敬重桑納、蓋里森、溫德爾・菲利普、惠蒂爾與朗費羅（H. W. Longfellow）等友人，因此不可能不同情布朗這個為他人犧牲的老好人。」奈蒂和閨友在溫室建了一個小堡壘，上面的旗幟寫著「自由長存，永拒奴役」的凜然字句。蔡斯的朋友警告說，不應贊許這樣公然支持布朗的行為，他必須向女兒解釋，「可憐的老布朗的意圖大錯特錯」，[120] 不能顛倒是非。後來，小堡壘被拆毀了。

布朗在一八五九年十二月二日遭處決，當時林肯已恢復選舉行程，[121] 在堪薩斯州里文沃斯（Learenworth）發表演說。他向聽眾表示，「意圖將約翰・布朗所為與共和黨掛鉤，是選戰伎倆」。[122] 他明智地在愛默生等激進共和黨人與保守派共和黨人間尋求中道。愛默生相信處死布朗將「使絞刑台成為像十字架一樣的光榮象徵」，[123] 而保守派則唾棄布朗狂亂的叛國陰謀。林肯承認布朗展現了「莫大的勇氣和罕見的無我無私」，[124] 然而「流血暴力與叛國行動不能原諒。他可能自認是為所應為，但其所為毫無益處」。[125]

* * *

林肯結束巡迴造勢行程後，一八五九年十二月二十一日的共和黨全國委員會，即將在紐約的艾斯特飯店（Astor House）登場。[126] 此會令林肯全神貫注。解放奴隸各州幾乎都有黨委出席，以決定全國黨代表大會召開地點。會議當天，蘇爾德、蔡斯與貝茲的支持者輪番倡議，大會應在紐約、俄亥俄或密蘇里州舉行。雖然林肯尚未正式公開宣布角逐總統候選人提名，他仍寫信向委員會成員諾曼・賈德提議，在伊利諾州召開黨全代會。林肯是回應那些比他和賈德「投入更多」[127]的友人的敦促，才這麼做。

提交討論的黨全代會召開地點包括水牛城、克利夫蘭、辛辛那提、聖路易、印地安納波里斯與哈里斯堡等地。賈德一直靜觀其變，直到協議難產之際，機敏的賈德才建議說，芝加哥「是上選的中立地區，參選人在此出線的機會等量齊觀」。[128]雖然這時委員會成員多數都認識林肯，但沒有人認眞地將他視爲總統人選。亨利・惠特尼觀察指出，賈德「審慎地讓林肯維持低調，而黨委們也沒有看出，黨全代會召開地點可能落在對特定個人有利之處」。[129]候選地點最後只剩聖路易與芝加哥兩處。賈德承諾，芝加哥會「熱情接待所有蒞臨的黨代表與非共和黨人士，大家都會享有十足便利的食宿，議事大廳也將免費裝修」。[130]芝加哥最終以一票之差勝出。[131]

芝加哥獲選後，擔任鐵路業界律師的賈德說服多家鐵路公司，提供「低廉的車票給來自各州的旅客」，[132]如此，手頭拮据的林肯支持者就能出席黨全代會。林肯在未讓對手察覺的情況下，完成了爭取提名的一個重要步驟。

蘇爾德的朋友們信心十足地認爲他終將出線，因此對於在芝加哥召開黨全代會並無異議。紐約報刊總編輯約翰・畢格羅（John Bigelow）當時寫信給蘇爾德說，「我喜歡這個地方，以及當地的特質。我不認爲有其他更好的地點，也看不出可能會有人不滿意」。[133]但貝茲的友人查爾斯・吉布森不這麼樂觀，他認爲這對貝茲會是一記重擊。吉布森事後寫道，「若黨全代會在聖路易召開，林肯就不會獲得提名」。[134]

在美夢可望成眞之際，林肯應傑西・費爾一年前的要求，出版並分發一份簡介個人生涯的冊子。他提醒費爾，「因爲我的人生乏善可陳，所以內容也就因陋就簡」。[135]林肯毫不自憐地詳述早年生活實況，說自己成長於「蠻荒地區，當時森林中仍有許多熊和其他野生動物出沒」。[136]

林肯告訴費爾，「我希望不要爲此大張旗鼓，當然不須讓人知道是出自我的手筆」。[137]共和黨後來善用林肯這份親筆簡述，試圖浪漫化林肯卑微的早期生活。

* * *

當林肯應蔡斯支持者詹姆士・布里吉斯邀請，[138]赴布魯克林系列講座發表演說，他在西部以外地區的知名度隨之水漲船高。講座最終安排於一八六〇年二月二十七日。如我們所知，儘管安排演講的人正在尋覓足以替代蘇爾德的人選，但蔡斯回絕了該講座提供的演說機會。林肯抵達紐約後，拜訪了協助安排演說的反奴隸《紐約獨立報》（*New York Independent*）總編輯亨利・博文（Henry Bowen）。博文回憶說，「林肯一路風塵僕僕，滿臉倦容，極不體面。這第一印象，讓我聯想起，我經常招來的擁擠群衆那令人沮喪生畏的感覺。」林肯自承長途奔波令他筋疲力盡，並表示「若您不反對，我想在您起居室的沙發躺一下，並聽您告知有關週一晚上的安排」，[139]這才緩和了博文對他的初步印象。

林肯在艾斯特飯店會見了同業律師梅森・布雷曼（Mayson Brayman）。此人曾落腳春田市數年，現已回歸紐約家鄉。林肯詢問說，「布，離開伊利諾州後，一切可好？」布雷曼遺憾地回道，「我賺了十萬美元，但全沒了，林肯先生，你呢？」

林肯回說：「我很好，我在春田市有間小房子，年收入大約八千美元，如果我眞的如人所料，成爲蘇爾德的副總統，我期望年收入能增加到兩萬美元，這樣就心滿意足了。」[140]無論如何，林肯志不在副總統，他的目標也不是財富，而是政治事業。

那個二月天的午後，林肯拜訪了照相師馬修・布雷迪（Mathew Brady）在百老匯的攝影工作室。布雷迪指示林肯擺姿勢時，敦促林肯把襯衫衣領拉高，林肯開玩笑說布雷迪「想要把他的脖子弄短」。[141]在拍好的照片中，五十一歲的林肯站在柱子前，左手張開放在一本書上。他突出的顴骨在素淨的臉上投下顯著的陰影。細緻的上唇與豐厚的下唇形成強烈對比。深沉的眼神既堅定又滿溢憂愁。這張照片，後來以鐫版和石版印刷在東北部廣爲流傳，讓許多人留下難忘的第一印象。

將近有一千五百人來到庫伯聯合學院大廳，[142]聆聽林肯這位「西部人士」[143]演講。林肯穿著一套新買的黑色西裝，但因舟車勞頓，早已皺得不成形[144]。一位觀察家注意到，「林肯一邊的褲腳懸在鞋子上方大約兩英寸；他的頭髮散亂，像公雞的羽毛一樣突出；他的外套背後過於寬鬆，衣袖卻又太短」。[145]不過，他誠摯又有力的演說令衆人屛氣凝神。

林肯爲此辛勤準備了數週，[146]廣泛研究開國元勳對奴隸制的看法。他引用了道格拉斯參議員有關奴役的言論：「**我們的開國元勳構想政府體制時，對此問題的見解就與我們不謀而合，甚至超越我們**」。林肯全然贊同，他還檢視了開國元勳們的信仰與行動，發現他們將奴隸制視爲「**不可任其擴張的邪惡，但應容許並加以維護，這純粹是鑑於其確實存在於我們的社會，且只要其繼續存在，就有必要容忍並加以保護**」[147]。

此前幾個月間，南北雙方針鋒相對的情勢持續惡化，兩造相互叫陣不絕於耳。林肯在將近二十年前，禁酒運動激發對壘時，就已預見這棘手的局面終將發生。眼見雙方當年搖旗吶喊，「交相指責，勢不兩立」，林肯那時預料，一旦言詞交鋒如火如荼，雙方定難偃旗息鼓，他並警告說，這「恐將泯滅人性，且永難撥亂反正」。[148]

一如六年前於皮奧里亞的著名演說，林肯在庫伯聯合學院的講座，[149]再度直接訴求南方民眾，試圖化解南北劍拔弩張的態勢。雖然此時他對南方的反應已不再那麼樂觀，但他期望蓄奴者能了解，共和黨人只想回歸「開國元勳的舊政策，讓往昔的和平得以重見天日」，從而緩和他們的疑懼和敵意。林肯並對共和黨被指爲抱持地方本位主義加以駁斥，他說該黨人士是眞正的保守派，堅持「老成而經得起考驗的原則，摒棄新派未經考驗的想法」。

他也懇求共和黨人，「**不要意氣用事，即使南方人聽不進我們的想法，我們仍要冷靜考慮他們的要求，只要是經過深思熟慮，且符合我們應盡的義務，我們或許也能同意讓步**」。雖然林肯的提議相當溫和，但他談論共和黨人的一致原則，也就是「絕不允許奴隸制拓展而致氾濫到解放奴隸各州」，既熱情又堅定，讓聽眾中最激進的共和黨人也點頭稱是。林肯在激動人心的結尾矢言，「**讓我們相信，公理即強權，讓我們據此勇於踐履所認知的義務，終生不渝**」。這段話獲得聽衆報以如雷的掌聲。[150]

多位主辦人接著陸續上台發言，蔡斯的支持者詹姆士．布里吉斯預測，威廉．亨利．蘇爾德、塞蒙．蔡斯，或「在伊利諾成長的英勇的肯塔基之子，也就是今晚的演說人」，「這三位紳士之中有一人將成爲我們的旗手」。[151]尚未正式宣布參選的林肯，此時又邁進了一大步。

有聽衆回憶說，「當我走出大廳時，臉上閃爍興奮的光芒，身體微微發抖，一位兩眼發亮的朋友問我對林肯的看法，我回說，林肯是聖保羅之後最偉大的人」。[152]

這場演說經報刊報導後，林肯隨即成爲新英格蘭炙手可熱的人物。他盡可能回應各地的邀約，不辭辛勞地巡迴新罕布夏、羅德島和康乃狄克州，重述或進一步演繹庫伯聯合學院演說內容。[153]他被迫回絕新英格蘭以外地區的邀請，但期望能「在秋季選前，往訪紐澤西和賓夕法尼亞州」。[154]

林肯從新罕布夏的艾瑟特學院（Exeter Academy）寫信給瑪麗。他們的兒子進哈佛大學前，正在此學院進行一年的準備。林肯向瑪麗承認，在庫伯聯合學院的演說「開始前，一切盡如所料，結束後，也令人滿意，沒給我添任何麻煩。棘手的是，我還得再講九場，而聽衆都已在報上看過所有我要說的理念」。[155]

三月五日，林肯在康乃狄克州哈特佛，初識《哈特佛晚報》(*Hartford Evening Press*)社論主筆基迪恩・威爾斯。[156]此人後來成爲林肯政府的海軍部長。林肯當天下午搭乘火車抵達哈特佛時，距離演說開始還有數個小時。他沿著庇護街（Asylum Street）走到布朗與葛洛斯書店（Brown & Gross），在此遇到了五十八歲的威爾斯。威爾斯的外表奇特，特大的頭上頂著鬈曲的假髮，花白的鬍子如雲飄逸。他曾在諾威奇大學（Norwich University）研習法律，但後來專事寫作，二十四歲就離開法律專業，出掌民主黨人的《哈特佛時報》(*Hartford Times*)。威爾斯非常支持安德魯・傑克遜總統，並曾擔任八年州議員，爲格拉斯敦貝里的鄉親代言。[157]直到一八五〇年代中期，威爾斯一直是忠誠的民主黨員，但與「南方蓄奴階級的政治權力」[158]掛鉤，令他倍感困擾，於是像多數反奴隸制的民主黨人一樣，加入了共和黨。不過，他仍堅持民主黨人節制的財政政策。

距離共和黨全代會只剩兩個月，威爾斯此時決定支持蔡斯，他在四年前訪問辛辛那提時，曾與蔡斯會面。威爾斯對奴隸制的看法較溫和，對於政府開支和各州權力的見解也與蔡斯相去不遠。而蘇爾德則讓威爾斯望而卻步。曾爲輝格黨人的蘇爾德與前民主黨員威爾斯，多年來在政府支出方面唇槍舌劍。威爾斯認爲，蘇爾德屬於「鼓吹統治者大撒銀彈的紐約學派」。[159]威爾斯更因蘇爾德高談闊論「高級法」，以及預測將爆發「一場難以壓抑的衝突」，而惶惑不安。因此，儘管蘇爾德是共和黨人氣最旺的總統參選人，威爾斯卻唯獨不支持蘇爾德。

林肯與威爾斯相遇的那天下午，在書店門前的長椅上相談數小時。[160]威爾斯讀過林肯與道格拉斯幾場辯論的報導，也注意到林肯庫伯聯合學院演說的觀點。兩人當天的談話並無任何記錄，但林肯留給威爾斯極深刻的印象。而林肯當晚在擠得水泄不通的市政廳發表兩小時的演說，[161]威爾斯也到場聆聽。

雖然內容與庫伯聯合學院的演說大致相同，但林肯在哈特佛對接受既存的奴隸制，以及竭盡所能防堵其擴張，提出了新的隱喻。他在此地測試了這個隱喻後，接著又在後續的幾場演說中進一步加以闡明。林肯說：「假如我看到一條毒蛇在路上爬行，任何人都會認爲，我可能抓起近身的木棍，把蛇打死；而假若我在子女的床上發現毒蛇，那又另當別論。我若打蛇可能反而波及子女，造成更甚於蛇的傷害，而蛇也可能咬傷他們。但如果有一張新鋪好的床，我要把子女移到那裡，卻有人提議把他們連同一群小蛇放在一起，我相信沒有人會質疑我該怎麼決定。新領域各州就如同我們安置子女的新床，要不要讓子女與蛇爲伍，取決於全國人民。」

以蛇隱喻，一方面承認憲法保障合法存在的奴隸制，一方面善用父母保護子女的本能，呼籲確保未來的世代，免受奴隸制擴張的荼毒。透過家常觀點將新領域比擬爲美國孩童的新床，正好應驗詹姆斯・羅素・洛威爾（James Russell Lowell）所言，林肯的話語能力「讓人猶如聽到自己的想法被大聲說出來」。[162]

蘇爾德也曾用隱喻將同一危險戲劇化，他警告說，假如允許奴隸制進入堪薩斯州，就形同「將特洛伊木馬引進新領域」。[163]即使多數受過古典訓練的參議員們立刻能領會，但特洛伊木馬的意象，不但不如林肯毒蛇在床的隱喻淺顯易懂，原創性和給人的印象也難與匹敵。

林肯於演說後隔天早上，來到《哈特佛晚報》辦公室，再度與威爾斯會談。[164]他們談了大約一個小時，威爾斯對林肯印象極佳。他在該報社論寫道：「這位滔滔雄辯的律師曾被冷嘲熱諷，他雖非阿波羅（Apollo），卻也不是卡利班（Caliban，譯註：莎士比亞劇作《暴風雨》〔*The Tempest*〕中的拜月獸）。他各方面都是大尺度，這也包括他的頭腦，而他的外貌展現出智慧、慷慨、優良稟性和敏銳的識別能力……他的演說令人印象深刻，因爲他極爲誠摯、強勢、坦率，且風格純樸，說理清晰。」[165]

在準備返回春田市之際，林肯的成就已遠超越他所能預期。他已不再是偏遠地區的拓荒客，而是在東部享有聲名的人物。人們開始廣泛談論他可能成爲總統候選人。林肯對高度肯定其演說的耶魯教授說：「我對自己在西部的成功甚爲驚奇，但我不曾想過能在東部有所成就，更沒想到會獲得諸多學養豐富人士的讚賞。」[166]當詹姆士・布里吉斯告訴他，「我認爲你出任下屆總統的機會，與國內任何人不相上下」，[167]林肯回答說：「當我在東部時，也有多位紳士對我說了有關當總統的話；他們認爲我的機會和最佳的人選旗鼓相當。」[168]

接下來，林肯在家鄉還有一些必須努力的事務。若要勝選，就得贏得伊利諾州黨代表團的全面支持。而要達成此目標，林肯必須發揮他所有充足且細緻的政治技能，為共和黨內齟齬不斷的派別，搭起溝通的橋梁。

一八五九年一月底，李曼・川布爾擔心，人氣日盛的林肯可能再次尋求競選聯邦參議員。⑯⑨他告訴林肯說，有一篇「據稱是共和黨籍芝加哥市長約翰・溫沃斯（John Wenworth）準備的文章，顯然要在前輝格黨籍的共和黨員，以及曾為民主黨人的共和黨員之間，挑撥是非」。該文章暗示，原籍民主黨的共和黨人背信棄義，還特別舉出諾曼・賈德與川布爾在一八五五年和一八五八年的表現為例。在一八五八年時，林肯曾第二度挑戰道格拉斯。林肯向川布爾擔保，「任何人試圖在你我之間挑起敵意，都將徒勞無功……多數來自民主黨的共和黨人，對於我在上次選舉的戰果，如我本人一樣真心感到焦慮……而我向您保證，此後兩年您不必焦慮，我不可能成為您的競選對手」。⑰⓪

林肯後續又以便條警示：「為了您好，我建議您最好不要寫任何可能被曲解為反對我，或疑似反對我的信件。有些人一直伺機要讓我的特定友人對您產生偏見。我對您就像對最好的朋友一樣，不會有疑心，因此我一直努力不去聽信這種種的暗示。」⑰①

至於諾曼・賈德與約翰・溫沃斯之間日益升高的爭鬥，則需要加倍努力才能化解。⑰②溫沃斯一再於公共論壇揭舊瘡疤，不斷指責賈德和他的前民主黨盟友，在一八五五年合謀使林肯挫敗，又在一八五八年搞砸林肯的選戰，現在還要「以犧牲林肯為代價，推川布爾為總統候選人」。⑰③

林肯趕緊向有意選州長的賈德保證，「去年有人含糊指控您欺騙我，而我相信所言並非實情且非常無禮」。在一八五五年，「您的確沒支持我，而投給川布爾，雖然我認為，也一再講明，這對我不公平，但我並無法改變這事實，也無法強迫人們別再談起此事。自從那件事發生後，我想您也知道，我一直努力想忘掉它。最後，關於您與川布爾合謀對付我的說法，就如同其他任何指控一樣，我一點也不相信。」林肯並承諾，如果再有人提出這類指控，他「將會加以反駁」。⑰④

賈德後來對溫沃斯提出毀謗告訴，使得雙方的爭執公之於世。溫沃斯試圖讓林肯擔任他的律師但遭婉拒，⑰⑤他宣稱「由於您回絕我的提議，我不得不寫信給您。您對我和賈德都很友善。我寧願將自己託付給我們都交好的人，而不是那些亟欲我們繼續爭吵以從中獲利的人」。[176]林肯當然不想捲入這樁爆炸性的訴訟案，但他還是協助雙方和解，[177]使得這場爭端最後沒有鬧上法庭而落幕。也因此，溫沃斯與賈德都和林肯維持親善關係，並支持他掌控伊利諾州的黨代表團。

賈德對刊行伊利諾州北部的芝加哥《新聞與論壇報》頗具影響力，林肯於是寫信告訴他：「假若沒獲得全國黨代表大會提名，並不會太刺傷我，但如果得不到伊利諾州黨代表團的背書，我將會很難過。您在葡萄園的那端，不能稍微幫幫我嗎？」[178]一週之後，《論壇報》刊出一篇獲得廣泛回響的社論，[179]爲林肯競選總統大敲邊鼓。賈德後來問林肯說：「讀過《論壇報》對您的看法後，您滿意嗎？」[180]

一八六〇年五月十日，伊利諾州共和黨員在狄凱特召開會議。林肯參選總統一事在會場引發熱烈回應，但他仍看出，某些獲選出席黨全代會的伊利諾州代表雖然喜歡他，卻可能支持蘇爾德或蔡斯。爲防止有人投向別的陣營，林肯的友人在會議第二天引進了一項決議，表明「亞伯拉罕·林肯是伊利諾州共和黨員的總統人選，本州的黨代表須依指示，竭盡所能確保芝加哥全國黨代表大會提名林肯爲總統候選人，並應一致支持林肯」。[181]

芝加哥的全代會即將於隔週登場，林肯此時已善用時間做好準備，可以輕鬆休息。雖然他常自稱是命定論者，認爲「該發生的終會發生，我們的祈禱無法逆轉上帝的旨意」，[182]但他過去幾個月仍全力以赴，活用機靈的策略。這位鄉下律師和地方政治人物，憑藉著技能，苦幹實幹，以擴增自己成爲總統候選人的機會，他的辛勞遠勝過所有其他對手的總和。

8 決戰芝加哥

一八六〇年五月中旬，共和黨在芝加哥召開全國黨代表大會之際，節慶般的興奮氣氛吸引約四萬人造訪此地。①數十列當年視爲機械奇蹟的火車，②載著美國最年輕政黨的黨代表與支持者，來到當時全美成長最快速的芝加哥。③火車沿途呼嘯而過尼加拉大飯店、穿越俄亥俄河谷地、西部新領地，所經每個懸掛彩旗的車站擠滿人群，伴隨著銅管樂聲和禮砲鳴響，向共和黨人熱烈歡呼。記者們也觀察到，即使各處十字路口，也有小群民眾聚集，趁機表達對共和黨的支持，而農舍中的村婦和田裡的農夫，則分別揮舞手帕和帽子，向火車上的共和黨人致意。④

所有開往芝加哥的火車中，尤以紐約州水牛城懸橋站出發的列車最引人矚目，⑤該火車以驚人速度飆到芝加哥，創下全程十六小時的新記錄。據稱這火車史無前例的奔馳速度令乘客們嘆爲觀止。一名記者回憶說，「當火車達到一分鐘一英里的車速，連最有膽識者都屏氣凝神，膽小的人更是兩腿顫抖不已」。⑥另據一位年輕乘客追憶：「車上座無虛席，除黨代表們外，還有數十位報業人士、專門捧場的人、忠實追隨者、求一官半職之徒，以及受雇維持平和秩序的職業拳擊手，因爲政爭白熱化的當年，人們常因理念不合而打到頭破血流。」⑦某記者還注意到，車上提供整車的「提神物」，讓人「不免斷定，共和黨的黨代表們大多數反對」⑧頒行禁酒法令。

爲提升城市的尊榮，新興的芝加哥決心在共和黨全代會期間，向舉世展現最好的面貌。曾有當代雜誌暗示，「芝加哥先前十年的成長過程近乎荒謬」。⑨一位英國訪賓則驚奇地表示，「事實上，成長一詞難以形容其發展的快速」。⑩一八三〇年的導覽手冊描述芝加哥是「軍事要塞和毛皮交易站」，⑪夜間街道有狼群出沒，每年冬季，稀稀落落的十二戶人家，會一起遷入固若金湯的堡壘以求安全。而英國遠客再訪此地時，芝加哥已經歷爆炸性變化。三十年來，芝加哥人口已增至逾十萬人。[12]不僅超越俄羅斯的敖德薩（Odessa），甚至全歐洲，在全球的穀物市場獨佔鰲頭。[13]芝加哥也取代聖路易，成爲西北部牧原大批牲口的主要交易市場，同時也是「全球首屈一指的木材市場」。[14]初來乍到的人總對這忙碌的城市目眩神迷，傾倒於「綿延數英里、船隻熙來攘往的碼頭，以及一排排綿長的雄偉倉庫，和忙著做生意的人群」。[15]不久前，芝加哥當局還悍然決定，將原本到處積水泥濘的街道墊高，使建築物和路面高於密西根湖十二英尺。[16]

芝加哥《新聞與論壇報》指出，「我們獲選爲共和黨揚舉旗幟的城市，該黨將在此提名足以帶領大家走向勝利的領導人」。[17]當局盛大準備迎賓，以期讓來客留下深刻印象。密西根大道的居民都必須使住宅煥然一新。某記者寫道，「結果呈現出最神奇的華美效應，星羅棋布的燈光在湖面反射，形成波光粼粼的景象」。數千民眾沿著湖濱目迎訪客的火車，而列車駛進碼頭區後，芝加哥輕砲兵部隊鳴響禮砲三十秒，還有沖天砲從傑克遜街竄上天際。記者指出，「在場的人都不會忘記震耳欲聾的砲聲、漫天飛舞的沖天砲、住宅區前緣閃亮耀眼的門窗，以及車站大廳熱切迎賓的群眾」。[18]

飯店和供膳的寄宿公寓過去幾週忙於妝點門面，當局並要求市民接納訪客到自宅住宿，各家餐廳也都同意低價供應豐盛美食。[19]城裡人氣最高的午餐包括一杯酒齡四年的麥酒，以及一份十美分的火腿三明治。[20]一火車接一火車的訪賓陸續湧入擁擠的芝加哥，共和黨的訪客人數達到約四萬之眾。[21]

一位記者在共和黨全代會登場前夕驚訝地表示，「芝加哥昨天人潮洶湧，但與今天摩肩接踵的盛況相比，倒像已穿了一年的鞋一樣輕鬆自在。街上行人絡繹不絕，而人潮仍持續從飯店湧出，就如同地熱不斷從地底噴出」。[22]

當局甚至徵用多處撞球場來因應大批訪客暫住的需求。每晚特定時間一到，球戲隨之中斷，撞球檯被鋪上床墊，以供訪賓睡覺。一名記者在某天午夜探訪一處撞球場，看到一百三十人睡在球檯上，「雖因白天的活動筋疲力盡，卻仍不減熱情，即使最冷漠的人都會爲之動容」。[23]

《芝加哥晚報》（*Chicago Evening Journal*）指出：「城裡聚滿共和黨人，分別來自緬因州的林區、新英格蘭各處翠綠谷地、金門海峽沿岸和舊墾殖區，他們從四面八方匯聚此地。雖然看似一場精彩的節慶活動，但實際上卻是一場選戰聚會。他們就是高舉旗幟的大軍！」該報並提醒讀者：「在這群衆的低喃聲中，讓人回想起往昔，他們還人單勢薄，只消一輛車和一個房間就足應所需，當時反奴隸制還被視爲狂熱分子的妄想，遭到嘲笑、刻意避開甚至譴責，而如今，反奴隸制的原則已在各地如繁花綻放。」㉔

到了一八六〇年，共和黨顯然已成爲北方政治的主導勢力。該黨是藉由吸納輝格黨和「無知黨」，以及分裂民主黨而獲致成長與動力。假如新興的該黨能在一八五六年時選輸的伊利諾、印地安納、賓夕法尼亞和紐澤西四州中，拿下三個州，就可能贏得一八六〇年的總統選舉。㉕這四個兵家必爭之地，位於北方的南緣，全都和南方蓄奴的州交界，在共和黨提名總統候選人的過程中，此四州將扮演舉足輕重的角色。

＊＊＊

五月十六日星期三清晨，新建的共和黨全代會大廳外已擠滿興奮的民衆，「他們站在門窗旁、聚在橋上、坐在邊石上，充分利用每一吋可供立身的空間」。㉖當威格沃姆的會場各入口開啓時，數千持票的群衆衝向中央的位子，有女士偕行的紳士們則坐到兩側的專屬看台區。會場之所以亦被稱爲帳篷，「是因爲共和黨的酋長們要在這裡召開會議」。爲能坐進看台，不少豁出去的男士在街上奔波，找尋任何穿裙裝且願意陪他們一個下午的女士，舉凡女學生、洗衣婦、濃妝艷抹的仕女，來者不拒。㉗近萬名黨員熱切等候會議開幕之際，「帳篷」內每個座位和角落已在幾分鐘內被佔滿。

正午一到，紐約州長暨共和黨全國委員會主席愛德溫・摩根（Edwin Morgan），敲下議事槌，大會正式開始。㉘他接著向歡呼的群衆發表開幕演說指出：「現在聆聽我說話的各位，肩負著無與倫比的重責大任，我懇求各位，秉持和諧的精神行事，憑藉各位在此展現的自尊、智慧和愛國情操，您們將會贏得民心，並強化大家的信念。」㉙

大會最初兩天，黨證引發的爭端獲致解決，會議也熱烈地通過了符合北方利益的兼容並蓄的政綱。如同一八五六年採納的政綱，新政綱也以反對奴隸制擴張爲核心，並同時呼籲制定公地放領法（Homestead Act）、課徵保護性關稅、修築通往太平洋沿岸的鐵路、保護歸化的公民、疏濬港口與河川。擴大議題旨在吸引更多支持者。

經過連番激辯後，全代會否決了總統候選人提名須獲三分之二黨代表支持的提案。㉚大會決定，只要取得過半數支持就過關，這對蘇爾德而言，顯然是一項勝利。蘇爾德是所有角逐提名者中最知名的人士，他來出席會議前已獲得過半黨代表允諾相挺。詹姆斯・派克觀察指出，「全國熱心的共和黨員，大多數期望將這位長期為大家的理念奮鬥的人士，送進白宮」。㉛事實上，當第二天的會議即將結束時，有人提出動議，主張直接進行候選人提名投票。㉜許多人相信，假若當時就投票的話，蘇爾德將會勝出。然而，大會祕書處通知黨代表們說，計票所需的紙張還沒準備好，全代會於是休會直到隔天早上十點。

有些黨員擔心，蘇爾德對於奴隸問題太過激進，對於移民問題則太傾向自由派，能否贏得印地安納、伊利諾、紐澤西與賓夕法尼亞四個決勝關鍵州，恐有疑問。他們的主要疑慮在於，他是否能凝聚民心、抵消反對力量。四個關鍵州的顯赫代表組成了十二人委員會，尋求黨內反對勢力就總統候選人形成共識。到了晚間十點，距離投票開始只剩十二小時，仍未有任何人選獲得一致支持。委員會一名成員悲嘆，「時間在爭論中分秒流逝」，㉝每位代表都頑固地堅挺他支持的人選。

將近午夜時，霍利斯・格里利拜訪委員會，㉞以了解是否有任何協議。格里利代表奧勒岡州出席全代會，令蘇爾德陣營大將魏德頗感意外。格里利計畫力拱蔡斯，讓蘇爾德落敗。當他得知沒有結果後非常失望，於是發電報給《論壇報》表示，「基於反對派未能推出一致支持的人選，蘇爾德終將獲得提名」。㉟穆拉・霍斯泰（Murat Halstead）也同時向《辛辛那提商務報》（*Cincinnati Commercial*）拍發相同訊息，他的報導指出，「四萬名與會者可證，星期四跨入星期五的午夜時分，芝加哥共和黨全代會普遍的印象是蘇爾德篤定會出線」。紐約黨代表團下榻的房間傳出高分貝的歡呼聲。霍斯泰表示，「據說他們開了三百瓶香檳，酒像自來水一樣源源不絕」。㊱

然而，夜未央，戰役才剛開打。

* * *

隨著時間流逝，魏德必定也感受到保守的關鍵州政界人士日益反對蘇爾德。這些人多數擔心，支持蘇爾德將會減損自己在州選舉的勝算。無論如何，魏德不曾改變最初的策略，在這個險象環生的時刻，他仍只是簡單地向每個州的黨代表團保證，蘇爾德毫無疑問是最好的總統人選。魏德摯愛其敬仰三十多年的老友蘇爾德，以致對大會開幕以來種種內部運作視若無睹，看不清對蘇爾德勝選能力的嚴重質疑逐漸浮現。

魏德逐一向各州黨代表團表示：「四年前我們在費城推舉總統候選人，當時大家犯了最不可原諒的錯誤……提名一位連出任首席大法官都不夠格的人……結果我們遭逢敗選，這可說是我們咎由自取……我們目前正面臨危機，眼前充滿棘手問題，國家未來四年需要的總統，必須具備最優異的執政能力，必須是一位舉國知名、眞正具有政治家特質的人，且必須熟悉國際事務。不符合這些條件的人，此刻都不應考慮。我們認爲，蘇爾德先生具備國家需要的這些特質……我們期望他能獲得提名……滿懷勇氣與信心地面對選民檢驗。」[37]

魏德一離開，格里利緊接著就向代表們說：「據我推測，他們告訴您們，蘇爾德是本黨最重要的成員、卓越的政治家、淵博的哲學家、白晝的雲柱、黑夜的火柱，但我要告訴各位，縱使蘇爾德獲得提名，也無法入主白宮。各位必須謹記，當今我黨仍是派系林立。我們在北方以外的地區勢單力薄，我們必須囊括北方所有選票，才可望勝選……他無法拿下紐澤西、賓夕法尼亞、印地安納或愛荷華州，這些州的代表性人士將會證實我所說無誤。」[38]一名黨代表回憶說：「格里利確實言出必行，他找來了愛荷華州州長塞謬・柯克伍德（Samuel Kirkwood），以及賓州和印地安納州的州長參選人安德魯・科汀與亨利・連恩（Henry Lane），他們每個人都確證格里利所言不虛。」[39]

賓州的亨利・連恩說：「我對州民瞭若指掌，賓州南部不少州民來自蓄奴各州……他們不會容許奴隸制擴張到印地安納州或自由領域，但他們也不反對既存的奴隸制維持現狀……他們害怕蘇爾德會受東部廢奴勢力影響，而對蓄奴各州開戰。」[40]

由於很少人知道格里利與蘇爾德疏遠的經過，[41]因此他帶頭的反蘇爾德勢力並未受到質疑。黨代表們認爲他是蘇爾德的朋友，動機純粹是出於憂懼蘇爾德無法贏得總統選戰，因此對他的說法照單全收。一名記者後來認清：「格里利在高度讚揚蘇爾德先生的同時，其實有一股對這位偉大政治家的怨恨壓在胸口，強烈的程度跟那些與蘇爾德勢不兩立的政敵不相上下。這惡感與怨氣已積壓多年，正蓄勢待發地等候著最終的可用之機。而芝加哥正是決戰點。於是火柴點燃了，易燃物質隨之起火，接著就爆炸了……霍利斯．格里利復仇成功。」㊷

蘇爾德並不是這幾場深夜聚會唯一的目標。貝茲在一八五六年支持無知黨，迄今仍未獲得德裔美國公民的領袖古斯塔夫．寇納的諒解，而德裔在西部地區共和黨選民中的力量不容小覷。寇納在回憶錄陳述，當他匆忙趕到賓州與印地安納州黨代表擠滿人群的聚會時，法蘭克．布萊爾剛結束力捧貝茲的演說。寇納緊接著上台說：「容我坦率直言，假若貝茲獲得提名，就算他能贏得家鄉密蘇里州的選票，也絕對拿不到其他各州德裔共和黨人的票；我就絕不投給他，還會建議我的同胞別投給他。」㊸

不論布萊爾家族和格里利如何亟力塑造貝茲的中道形象，貝茲終究未曾眞正成爲黨內中間派的代表，這進一步阻礙了他的出線機會。對於自由派來說，他太過保守，即使歡迎他入黨，也絕不會一致支持他成爲三軍統帥，況且他從未正式服過兵役。㊹而他寫給共和黨以證明自己夠格的信函，同時也讓先前熱情挺他的保守派和前無知黨人心灰意冷。

蘇爾德之外最負盛名的共和黨人塞蒙．蔡斯，同樣不是萬無一失。雖然蔡斯對黑人議題的投入比蘇爾德更熱心，但他不像蘇爾德那樣因激進而導致難以施展；他的言論也沒有成爲反奴隸運動旗幟上的紋飾。自由派的蘇爾德主張政府用錢要大手筆，蔡斯則是個經濟保守派。蘇爾德曾公開詰責無知黨，蔡斯則從未這麼做。

此外，俄亥俄州擁有第三大的黨代表團，在全代會舉足輕重。霍斯泰觀察指出，「假如該州代表團能團結一致，將具有讓人敬畏的影響力，足以打破參選人勢均力敵的僵局，及維繫東部與西部的權力均衡」。㊺然而俄亥俄州並未一致支持蔡斯，某些黨代表挺的是班．魏德或麥克林法官。在這個關鍵時刻，蔡斯多年來結怨又未能和解的許多政敵紛紛反撲，讓他提心吊膽。蔡斯想說服麥克林轉而支持他的希望早已落空，這是他玩弄手段取得參議院議席造成的後果。麥克林說，蔡斯「比任何人都自私，從他爲求選上參議員而議定的交易來看，這個人爲了自身利益可以做任何交換」。㊻

某位蔡斯支持者日後悲嘆：「俄亥俄州代表團在芝加哥沒有團結一致的行動，也沒有堅決的目標，更沒有擔當，在我看來，這是最不足取之處。」㊼另一位黨代表指出，俄亥俄州沒有堅決支持蔡斯，帶來了災難性的後果。他向蔡斯說：「假如俄亥俄州的黨代表團忠實相挺，獲得提名的就是您了……我和許多黨代表處得不錯，他們都準備一旦俄亥俄州奧援您，就把票投給您。」㊽

蔡斯也沒有把四年前犯的錯引為殷鑑。他再度重蹈覆轍，沒有選派值得信賴的人經營選戰、應對反對意見、拉攏舉棋不定的黨代表，並審時度勢，伺機激勵選民鞏固選票。一位友人告訴蔡斯：「對您有好感的人比比皆是，但沒有多少人誠心熱烈支持您，我認為，因朋友猶豫不決、毫不帶勁而致政治生命終結，最令人難以承受。」㊾

＊＊＊

在這個機鋒盡出、鉤心鬥角的夜晚，反蘇爾德的聲勢甚囂塵上，甚至如火如荼。霍斯泰見到「人們三兩成群，勾肩搭背，竊竊私語，彷彿國家的命運取決於他們彼此傳遞且注入豐富想像力的重大政治祕密」。傳聞與時俱增，「不可勝數，每隔五分鐘就有新的說法祕密傳開」。

有人蓄意地傳播謠言說，「假如蘇爾德獲得提名，印地安納、伊利諾和賓夕法尼亞州的共和黨籍州長候選人將退選抗議」。沒有人質疑蘇爾德的能力或他治國的資格，人們反對他，單純是基於他將會損害黨的未來發展，且將減損黨籍候選人在地方選舉的勝算。而霍斯泰指出：「在種種憂慮聲中，蘇爾德陣營對他們稱為壓不扁老將的共主，擁護之心仍如鋼鐵一般，並將堅持到最後勝利鐘聲響起。」㊿

「阻擋蘇爾德」運動的參與者最主要的問題在於，能否凝聚力量支持一位足以替代蘇爾德的人選，否則將因分裂而難以成事。

而林肯早已為此刻的來臨做好準備。雖然他不能肯定，除伊利諾州外，能獲得任何黨代表團的一致支持，但他自知，在北方各地已贏得廣泛的尊敬和讚賞。林肯於全代會前兩週從俄亥俄州寫信給朋友說：「您知道俄亥俄州的狀況，我肯定不是此地第一人選；但我也沒聽說有任何人積極地反對我。就我所知，截至目前，各地皆然。除了伊利諾州，可能還有印地安納州之外，其他各地都是或多或少有人寧願選我，而沒有人積極反對我。」[51]

爲達到成爲所有人第二選擇的目標，林肯審慎地避免貶損任何其他參選人。而貶抑他人也不符合他的本性。他投入甚深的團隊成員，像是大衛・戴維斯法官、李奧納德・史威特、諾曼・賈德和史帝芬・羅根，都了解這點，因此從一開始就決心「不與任何人對立」。[52]他們不需要與人對立，而格里利與選情不明朗的各州州長候選人，早已忙著到處樹敵。如同肯尼斯・史坦普所言，林肯人馬也不需要憑藉推銷林肯「與其他參選人比起來相對優秀的能力」來贏得支持，「他們的訴求植基於林肯是可用之才與適任人選；他們敦促代表團提名能夠勝選的人」。[53]

史威特後來稱道：「我們團隊的努力無人能及，我有一整週，每晚睡不到兩小時。」[54]亨利・惠特尼指出：「雖然林肯陣營某些人懷有自己的政治鴻圖，但他們多半爲林肯的志業衷心奉獻，這主要出自對林肯本人、他的崇高道德和他純粹的政治品性的敬愛。」[55]戴維斯依循他的「典型工作方法」，[56]指派特定任務給團隊每個成員。緬因州的李奧納德・史威特負責打進該州黨代表團的圈子。來自佛蒙特州的塞謬・帕克斯（Samuel Parks）專事打通該州黨代表團關節。共和黨人在新英格蘭春季的選舉遭逢挫敗，林肯觀察認爲，此事可能「不利蘇爾德的前途」，[57]使他的對手有可乘之機。史帝芬・羅根和李察・葉慈（Richard Yates）被分派到肯塔基州，沃德・雷蒙則奉派到家鄉維吉尼亞州。林肯的團隊在這些州努力爭取個別代表支持，以防蘇爾德在第一輪投票就全數囊括黨代表們的票。

史威特誇稱，「大家的努力都收到良好成效，首先打上交道的是印地安納州」。[58]在全代會登場前，林肯就獲告知，「要囊括該州所有黨代表的票可能不難」，[59]林肯於是敦促戴維斯集中火力拿下該州。雖然印地安納州有近兩萬前無知黨員可能傾向支持貝茲，但印地安納州的政界人士擔心，貝茲要挑戰蘇爾德，實力可能不足。此外，印地安納州州長候選人亨利・連恩一再不厭其煩地警告說，一旦蘇爾德出線，他的激進形象加上不受無知黨人歡迎，將會危害整個印地安納州的地方選情。

有傳言指稱，戴維斯與印地安納州黨部主委凱勒・史密斯達成協議，拿內閣職位與他交換印地安納州黨代表團的支持。[60]無論如何，這起交易並無必要，[61]因爲史密斯與林肯在國會共事時，就相當讚賞林肯，他並已在全代會投票前同意協助林肯獲得提名。而印地安納州黨代表團決定在第一輪投票就支持林肯，[62]較可能是因爲這樣最符合該州自身的利益。

藉由取得印地安納州承諾相挺，林肯團隊贏得了十二人委員會堅決的奧援。該委員會先前在午夜時還陷於僵局，無法協議出一個足與蘇爾德匹敵的人選，使得格里利和霍斯泰都預料蘇爾德將會勝出。委員會成員持續討論到清晨，此時有人提議舉行測試多數意向的非正式投票。在這次即興的投票中，林肯因已獲關鍵四州中伊利諾州與印地安納州的支持，而成爲最具實力的人選。據委員會一位成員指出，「紐澤西州的杜德利（Dudley）先生接著提議，從黨整體利益著想」，[63]賓州與紐澤西州都應在第一輪投票後放棄各自擁護的人選。委員們普遍同意此提議，但賓州要求先進一步討論，再認可此項協議。

據亨利・惠特尼表示，戴維斯先前曾拍發電報給林肯說，假如能承諾給卡麥隆一個內閣職位，就有可能獲得賓州支持。[64]林肯在一份報紙頁邊空白處潦草寫下他的回答，表明**「不要立下任何會讓我束手縛腳的合約」**，[65]交給一位特使帶到全代會場。惠特尼指出：「訊息傳達後，當然，所有人都很氣憤。大家在此爲了把他拱上名望的峰頂而日夜奔忙，他卻對知道該怎麼辦的事抽身而退。但我們又能怎樣？」率直的杜柏咒罵林肯。圓滑的史威特以悅耳的語調說：「我確信假如林肯了解此事的必要性……」愛批評的羅根惡狠狠地啐道：「林肯最主要的難題在於……」荷登甘冒風險說：「朋友們，現在讓我回應此事。」但戴維斯決定對林肯的話置之不理，直接剪斷這個難解的結。他說：「林肯人不在這裡，不知道我們得要面對什麼，因此，我們就當作沒收到他的訊息，放手去做，他必須認可此事。」[66]

再者，戴維斯毫無疑問地明白其他參選人也都各自做了一些換票承諾。據料，布萊爾家族以戰爭部長職位，換取凱西爾斯・克雷支持貝茲。[67]而魏德無疑不只交換內閣職位，還會拿出爲共和黨積聚的「錢海」[68]來換票。雖然如此，戴維斯的傳記作者斷言，他並沒有直接向卡麥隆許諾內閣職務。戴維斯只保證他會「讓伊利諾州所有黨代表推薦卡麥隆入閣」，[69]卡麥隆的人馬則誤以爲這是明確承諾要給他內閣職位。

不論是否有明確的交易協議，林肯陣營辛苦說服卡麥隆人馬，假如林肯拿到他們的票，必定會厚待賓州。史威特後來致函林肯說：「我對他們保證，儘管賓州沒有從一開始就支持林肯，但林肯仍將他們視同老友。當然，我現在並不樂意寫這些。我當然也不曾擔憂，您會不經意地做出任何對他們不公平的事。我只是要提示我和他們之間極微妙的處境，望您能盡可能栽培他們。」[70]

戴維斯與史威特達成了許多人認爲不可能的任務，爲林肯爭取到關鍵四州中印地安納州、賓州與紐澤西州的支持，加上林肯的家鄉伊利諾州，林肯已勝券在握。

＊＊＊

當全代會投票日來臨時，蘇爾德的人馬自信穩操勝算，群聚在里奇蒙飯店準備遊行到全代會場慶賀。穆拉・霍斯泰指出，「近一千人共襄盛舉，還有一個龐大的樂團相隨，團員都穿著亮麗的制服，肩章閃閃發光，遊行隊伍拖得相當長」。[71]抵達稱爲帳篷的會場時，有些人因無法擠進場內而大失所望。而林肯陣營則已在大會前夕複製了入場票券，[72]並趕在會場一開門就魚貫進入。

爲林肯打選戰的人認知，「蘇爾德陣營打算比其他參選人找來更多支持者，到芝加哥全代會爲自己壯大聲勢」，[73]因此從伊利諾州各地集結了許多友人與擁護者以互別苗頭。[74]提名候選人的過程是各方測試實力的第一步。紐約州的威廉・伊瓦茲一馬當先，要求大會將蘇爾德列入候選名單。他的提議掀起「震耳欲聾的贊成聲浪」。[75]力挺蘇爾德的群眾情緒激昂，紛紛起身鼓掌或揮舞手帕，「掌聲響徹雲霄、歷久未歇」。[76]林肯陣營的李奧納德・史威特承認，「現場的熱烈氣氛讓我們略微驚恐」。[77]

儘管如此，林肯人馬已準備全力以赴，由諾曼・賈德提議將林肯列爲候選人。一名記者表示，「假如說蘇爾德贏得如雷的掌聲，那麼要如何形容林肯所獲得的熱情回應呢……群眾的歡呼如脫韁野馬般，壓倒所有要求遵守秩序的喊叫聲，一波波的掌聲排山倒海，在遙遠處廣泛回響」。[78]蘇爾德的支持者「從這驚天動地的掌聲，首度明確感受到林肯佔居上風」。[79]雖然蔡斯和貝茲兩位候選人也都獲得群眾報以響亮掌聲，但眾人的反應顯然「較爲冷淡」，[80]難與蘇爾德和林肯所受到的歡迎相提並論。

第二輪的附議程序接著登場，候選人「比聲勢拚場面」，[81]隨之如火如荼展開。蘇爾德陣營志在必得，由密西根州的奧斯丁・布萊爾（Austin Blair）帶頭唱和。霍斯泰報導說，「群衆激動得發狂似地高分貝叫喊，即使是科曼契族（Comanches）印地安人或美洲豹也難與匹敵」。[82]而林肯人馬則再度傾巢迎戰。李奧納德・史威特說，當印地安納州的凱勒・史密斯對林肯列名候選提出附議，「五千名群衆立即」跳起來鼓掌，音量之大，「足以蓋過一千艘船的汽笛聲，和不可勝數的銅鑼發出的聲響[83]」。群衆中有人高喊，「亞伯・林肯聲勢難擋，開始投票吧！」[84]林肯陣營聚集最多支持者到場助威的策略，果然立竿見影。史威特後來承認：「這不是最雅緻的總統候選人提名方式，但可凸顯勝出者的舉足輕重。」[85]

大會終於安定下來，投票程序隨之展開。拿到兩百三十三張黨代表票的人，就可代表黨角逐白宮寶座。投票採唱名表決方式，從新英格蘭各州開始。這些州被視爲蘇爾德的票倉，但事實上，投給林肯的票數頗令人意外，也有一些票流向蔡斯。林肯在庫伯聯合學院演說後巡訪新英格蘭各地，顯然收服不少黨代表的心。一如預期，蘇爾德囊括紐約州所有七十票，遙遙領先。這讓蘇爾德陣營老神在在，直到勢在必得的維吉尼亞州二十二票被林肯瓜分了一半，情勢才幡然改觀。接下來的俄亥俄州有四十六票，蔡斯自信能全部拿下，結果卻只取得三十四票，其他十二票被林肯和麥克林分走。最讓人吃驚的發展，來自貝茲視爲囊中物的印地安納州，林肯贏得了所有二十六票。[86]霍斯泰指出，「這令全場驚奇，亨利・連恩銳利的雙眼更爲之一亮」。[87]

第一輪投票結束後，蘇爾德拿到一百七十三又二分之一票，林肯一百零二票，蔡斯四十九票，貝茲四十八票。史學家馬文・凱恩指出，「貝茲陣營心灰意冷，不但沒有關鍵州相挺，連看好的愛荷華、肯塔基、明尼蘇達及俄亥俄州票數都沒催出來」。[88]蔡斯人馬臉上同樣顯露失望神情，他們敏銳地看出，俄亥俄州代表各擁其主，可能是蔡斯的致命因素。林肯團隊則興高采烈，取得一百零二票已使林肯明確成爲足以取代蘇爾德的人選。而魏德則樂觀認爲，雖然有些黨代表出乎意料地投向敵營，蘇爾德仍將在第二輪投票勝出。據信卡麥隆已承諾賓州四十八票將全數投給蘇爾德，屆時蘇爾德將以超過兩百三十三的票數出線。

第二輪投票[89]顯示，決定性的票數移轉給了林肯。林肯在新英格蘭各州多拿到十七票，而德拉瓦州原支持貝茲的六票也轉投給了他。接著出現了最讓人意外的發展，林肯贏得賓州四十四票，使他的總票數達到一百八十一票，只比蘇爾德的一百八十四又二分之一票少了三又二分之一票，這「宛如青天霹靂，讓許多人目瞪口呆」。[90]而蔡斯與貝茲在第二回合都喪失不少票數，基本上已形同出局。最後將由蘇爾德與林肯一決勝負。

會場緊張氣氛隨之升高。第三輪投票[91]開始後，人人正襟危坐。林肯從麻州與賓州分別多拿了四票，還自俄亥俄州多斬獲十五票，總票數達到兩百三十一又二分之一票，距離勝出門檻只差一又二分之一票。霍斯泰的報導指出，「議程大約暫停了十秒鐘」，[92]然後俄亥俄州的大衛・卡特（David K. Cartter）起身宣布，該州原支持蔡斯的四票轉投給林肯。一名見證人寫道，「全場頓時鴉雀無聲」，[93]接著林肯的支持者「紛紛跳起來，歡天喜地的鼓掌，數千名女士與男士分別揮舞手帕與帽子，甚至把帽子拋向天空，喝采之聲不絕於耳」。[94]

對於蘇爾德陣營而言，這次挫敗帶來了災難性的毀滅。一名紐約客指出，「大男人像男孩一樣哭泣，形容憔悴，面色慘白，滿臉風霜，就如同短短一天內老了十歲」。[95]眾人望向梭羅・魏德，但他無法撫慰大家的悲傷。他畢生的努力以失敗收場，自己也無法抑制眼淚奪眶而出。[96]魏德後來坦承，未能使好友當上總統以貢獻國家，是「他此生極大的遺憾」。[97]

會場裡許多黨代表們紛紛起身，大聲表明要把票轉投給林肯，讓他贏得全體一致支持的勝利。而從他們令人動容的語調可以聽出，蘇爾德雖然落敗，卻仍深得他們的心。奧斯丁・布萊爾告白說，他的家鄉密西根州轉而支持林肯時，「擱下了該州最鍾愛的首要人選，有些人心在淌血，有些人感覺寒徹心扉，但蘇爾德的名聲並無虞因此減損。因爲在這短暫一天的激動早已平息後，當歷屆總統爲人所遺忘時，人們仍將持續書寫及閱讀蘇爾德的故事。」[98]威斯康辛州的卡爾・舒茲預料，黨將落實蘇爾德「年少時就懷抱的夢想和理念」，讓他的宏願得以實現，他也將「留名青史，成爲沒有冠冕卻最尊榮的人物典範」。[99]

當紐約州的全代會主席威廉・伊瓦茲起身，會場進入最激昂的時刻。他「站上桌面，臉上顯露哀傷，雙手緊握」，[100]發表了強而有力的演說向蘇爾德致意：「諸君，我們泰半是從蘇爾德州長那裡，學會愛護共和黨的原則及疼惜這個政黨。」[101]最後他要求紐約州轉向支持林肯。一位記者指出，他撼動人心的話語，「絕對會讓聽眾印象深刻地認爲，有這樣一位朋友的人，必定是個卓越人物。」[102]

林肯獲得全場一致的支持後，眾人開始誠心祝賀他。一個站在會場屋頂的男子向街上守候消息的成千上萬群眾高喊說，林肯贏得總統候選人提名，與他搭檔的副手是緬因州的漢尼拔・韓姆林（Hannibal Hamlin）。會場鳴砲慶賀，[103]「場外的二到三萬群眾登時激動歡呼」。[104]慶祝活動一直持續到晚間。《新聞與論壇報》記者指出，「數千道燦爛的光芒從報社大樓門窗射進來，從角樓到底層被照得明亮耀眼」。[105]在數十樂團齊奏的喧鬧樂聲中，共和黨人扛著拆毀的圍欄上街遊行，象徵林肯打破了黨的藩籬。

***

蘇爾德接獲落敗的消息時，正與一些友人在奧本鄉間的豪宅花園中聚會。更早前，當回報第一輪投票結果的電報拍達時，一名在電報局等候的信使，快馬加鞭穿越人來人往的街道將電報送來，親自交付給蘇爾德。蘇爾德大幅領先的消息不斷在宅中賓客與街頭人群間傳遞，歡呼聲不絕於耳。第二輪票數出爐後，蘇爾德依然樂觀，他向草坪上歡鬧的群眾預言，「我將在下一輪投票成為黨的總統候選人」，[106]此話贏得響徹雲霄的喝采。接下來是漫長而令人焦慮的等待。鑑於沒有進一步訊息傳來，「蘇爾德料到是朋友們不想回報的壞消息」。[107]最後，宣布林肯在第三輪投票贏得提名的電報送達。蘇爾德的「臉色頓時慘白」。[108]蘇爾德的兒子費德回憶說，他的父親和支持者隨即明白，「遭逢了非比尋常的政治挫敗，難以在來日的選戰扳回一城。這已成定局，無法挽回」。[109]

一名記者指出，「悲傷的氣氛在蘇爾德豪宅廣闊的中央大廳蔓延開來，工作人員捲收旗幟，推走禮砲，支持者們垂頭喪氣地離去」。[110]那天晚上，蘇爾德的華府友人查爾斯·法蘭西斯·亞當斯在日記上寫道，他一直惦記著敗選的蘇爾德，「不斷想起他滿懷憧憬，長年奉獻，寬容大度且懷抱遠大鴻圖，而如今卻壯志難酬。他太過多元異質，以致難以更上層樓」。[111]

而蘇爾德傳記作者指出，蘇爾德「像勇士一樣承受打擊，在家人與世人面前展現勇者姿態」。[112]他十六歲的女兒范妮·蘇爾德在日記中簡要地記載，「父親三言兩語告訴我和母親，林肯贏得了提名」。蘇爾德友人則感受到他更深切的悲痛：「唯獨他一笑置之，以哲學家的、無我無私的冷靜面對挫敗。」[113]當地晚報的總編輯告知蘇爾德，全城民眾抑鬱寡歡，沒人願意報導和評論林肯與韓姆林獲得提名的消息，蘇爾德遂自告奮勇，親筆為之。他很有風度地表示，「獲提名的榮耀降臨在最卓越且最獲敬重的公民身上，聯邦全境難以覓得更真摯或更堅定的共和黨理念捍衛者」。[114]

他當晚睡前還寫信告訴魏德：「我由衷感激您一生爲我不辭辛勞，也期望您像我一樣不會太過失望。」[115]一週後，蘇爾德發表公開信，承諾會支持黨的提名人，同時期許「長年奔波相挺的友人，不要因失望而阻礙或延遲黨的理念推展」。[116]

雖然蘇爾德表面很有風度，但內心實則忿忿不平，倍感受創和羞辱。他的傳記作者格林登・范・多森寫道，「經過幾個月，震驚平息，不再絕望之後，蘇爾德以半帶遺憾半帶玩笑的口吻說，所幸他沒有寫日記，不然得知未獲提名後，記錄的將是滿篇罵人的話」。[117]

若說蘇爾德憑藉意志成功地營造了沉著鎮定的形象，蔡斯則無法隱藏因挫敗而生的悲憤，也難以遮掩對沒有一致支持他的俄亥俄州黨代表團的忿怒。蔡斯告訴一位朋友說：「當我想起紐約州、伊利諾州和密蘇里州分別力挺蘇爾德、林肯和貝茲，又想到這些紳士們在各州奉獻給共和黨的時間和資金，不及我在俄亥俄州所爲的四分之一，事實上，不到十分之一；然後再想想俄亥俄州黨代表團在芝加哥怎麼對待我；我必須承認，實在寫不出也想不到帶感情的話……我必須說，假若班・魏德參議員從俄州得到與我相同的待遇，設身處地著想，我會覺得如同在進入競賽之前就被扭傷手臂一樣痛苦」。[118]

蔡斯長年以爲，若俄亥俄州忠誠相挺，則獲提名者非他莫屬，這個想法使他痛苦不堪。[119]即使在給林肯的致賀信中，蔡斯也無法克制自怨自艾。他認爲，伊利諾州堅挺林肯，帶給林肯的喜悅，甚至超越獲得提名。蔡斯也坦承，無法忍受俄亥俄州黨代表團背信棄義。他試探林肯說：「對此……我確信您必須與我一同譴責，如果您不與我一起斥責任何漠視州大會明確意向的行爲，就證明我對您高尚大度的評價，實在大錯特錯」。[120]林肯並沒有上鉤，回的信相當優雅。[121]

對於蔡斯未獲提名後歷經的黑暗時刻，卡爾・舒茲深思熟慮地指出：「當林肯勝出的消息傳出後，我不自主地想起蔡斯，想像他坐在安靜的哥倫布市辦公室裡，身旁放著來自芝加哥的電報……他甚至沒得到家鄉州的全力支持。無疑他一直在無望的條件下期盼著……如今面對的是這如同災難的、粉碎夢想的羞辱性挫敗。偉大的蔡斯彷彿出現在我面前，因失望引發的憤怒而痛苦掙扎著，我深切地同情他。」[122]

在蔡斯落敗的消息傳遍哥倫布市之後，由運貨馬車拖曳到第三街和州道原本準備慶賀他出線的禮砲，改成向林肯致敬。當短暫的「帶著悲傷氣氛的儀式」[123]結束後，馬車將禮砲拉回車棚，整個城市進入了沉睡狀態。

始終讓人覺得沉穩的貝茲，以一貫的鎮定接受挫敗。他寫信告訴格里利說：「至於我，芝加哥的投票結果讓我感到意外，但絲毫沒有讓我覺得受辱，我無權要求，事實上也毫不要求共和黨給我頭銜，也無權期望黨賦予我榮耀；對於黨內許多有雅量的菁英的信任，我倍感榮幸，將永遠心懷感激，珍惜這份回憶。我沒有挫敗感也沒有沮喪，反倒應當歡欣喜悅，因爲某些傑出黨員的讚賞，讓我在全國贏得立足之地和聲望，我認爲自己獲益匪淺，勝過任何我認識的民間人士。」[124]

然而，貝茲的惱怒在私人日記中展露無遺：「某些出席黨全代會的友人向我確證，林肯獲得提名讓所有人感到意外，而宣稱效忠我的朋友們沒支持我，是意外或詭計造成的……規劃和落實整件事的人膽大心細。威斯康辛州的舒茲和伊利諾州的寇納等少數狂熱的德裔，嚇唬膽怯的印地安納州代表屈從他們。寇納還在印地安納州黨代表團面前保證，一旦貝茲獲提名，德裔將會暴跳如雷！」

他還說，全代會通過的黨綱「排他且充滿挑釁意味，不但難以吸引黨外人士支持，還會惹人厭惡……黨綱附和獨立宣言崇高的概論裝腔作勢，卻看不出任何實質的目標，還多此一舉地讓攻訐黨支持黑人平權者有了發揮空間……如果黨代表們還沒被說服的話，我認爲最終他們還是會相信自己犯了致命的大錯，導致黨不再具全國代表性，弱化了黨在解放黑奴各州的地位，還摧毀了黨在邊疆蓄奴各州剛萌芽的希望」。[125]

在奧本、哥倫布和聖路易的街頭籠罩希望落空的哀愁氣氛之際，春田市民則欣喜若狂。有關林肯得知獲提名當時的情形，多年來流傳著形形色色的說法[126]。有人宣稱，林肯那時在一家店裡爲夫人瑪麗添購所需物品，這時電報局傳出歡呼聲，接著一個男孩快跑穿越人群，一邊高喊著：「林肯先生，林肯先生，您獲得提名了」。[127]其他人則堅稱，他當時在《伊利諾州日報》辦公室與友人交談，[128]他接下通報勝利消息的電報後，「長時間沉靜地凝視著電文，完全沒注意到周遭歡天喜地的喧鬧聲」。[129]他和在場所有人一一握手，冷靜地表示，「我在第二輪投票後就預知自己終將勝出」。[130]離開該報辦公大樓後，林肯受到街頭祝賀的人群簇擁。他向大家說：

「朋友們，得到您們祝賀，非常高興，由於在第八街有位小婦人將會樂意聽到這個消息，恕我先告退前去通知她。」艾達・塔貝兒（Ida Tarbell）指出，林肯回家後「發現瑪麗已經得知消息。過去二十多年來，她始終相信且堅決主張這是她丈夫應得的榮耀……如今終於如願以償」。[131]

後來成爲林肯幕僚的年輕記者約翰・海伊（John Hay）記錄了當晚春田市的歡鬧。據他指出，「西部鄉親用最狂野的方式表達他們滿心的喜悅……以各色原始風格裝飾的林肯旗幟，在碩大的西風中飄揚」。[132]教堂鳴鐘祝禱。數千人聚集在州首府的圓形大廳舉行慶祝活動，祝賀林肯的演說此起彼落。聚會結束後，雀躍的群衆匯集到林肯住所，林肯在門口出現時，喝采聲響徹雲霄。林肯謙卑地堅稱，「他不認爲衆人來訪是特意來看他這個普通的公民，而是出於他身爲偉大政黨的代表」。[133]

＊＊＊

往後數個世代的人們不斷衡量及辯論林肯意外勝出的因素。多數人同意穆拉・霍斯泰的判斷：「全代會的實情是蘇爾德挫敗，而不是林肯出線。」[134]蘇爾德本人似乎也接受這項析論。多年後，蘇爾德回答林肯爲何勝出的問題時說：「在一個像我們這樣的國家，政黨領導人時時暴露於風風雨雨中，他的政敵會如同盟友一樣，多不勝數且強大無比。」而林肯與蘇爾德相反，「比較不爲人知，不必對抗廣泛地指向領導人的諸多敵意[135]」。

他的爭辯不無實情，但只說出部分眞相，沒能解答這個疑問：爲什麼蘇爾德落敗，是林肯獲益，而不是蔡斯或貝茲？

有人指出是運氣使然，事實上林肯居住在共和黨必須取勝的關鍵戰區，而黨全代會又是在伊利諾州的芝加哥市舉行，[136]當地人力挺林肯，助成了他的勝出。寇納認爲，「假如全代會是在其他地方召開，林肯可能不會獲得黨提名」。[137]

其他人則爭論說，林肯出線是因爲他在黨內採取完美的中間立場。他不像蘇爾德或蔡斯那樣激進，也不像貝茲那麼保守。與蘇爾德相比，他較少冒犯無知黨人，也比貝茲更能獲取德裔美國人的接納。

此外有人主張，林肯團隊在芝加哥的運作比其他陣營傑出⑬⑧，不只策略最優異，還精巧地運用承諾權位的槓桿獲取最大利益。無疑的是，林肯人馬在技巧純熟的大衛・戴維斯領軍下，表現相當卓越。

林肯勝出，不論是機遇、立場和經略全都功不可沒。如果考量個別角逐者帶進賽局的各種資源，包括他們的政治技巧、情感與智識和道德特質、修辭能力、決心以及不辭辛勞的意志，很顯然當時機招手時，林肯的準備最周全，⑬⑨最能回應召喚。他最終獲得提名，是人格特質與人生歷練的成果，這些提供給他當時尚未被人察覺的優勢，使他從對手中脫穎而出。

林肯得勢的過程鮮少像其他任何對手那樣仰賴特權，他較習慣靠自己塑造形勢。他始終對爭取提名的過程保持最大程度的掌控。當蘇爾德接受魏德的建議，花了八個月巡訪歐洲與中東各地，以避開國內的紛紛擾擾時，林肯馬不停蹄地巡迴各地發表振奮人心的演說，贏得數萬民眾的親善與敬重，留給中西部五個關鍵州的共和黨人正面的印象。當蔡斯不智地拒赴紐約庫伯聯合學院演說之際，林肯體認在蘇爾德家鄉塑造好形象至關緊要，欣然應邀開講。此外，蔡斯也拒絕受邀訪問新英格蘭以提振支持度。雖然他於日記中一再重申會做任何必要的事，以成就榮耀和名望，弔詭的是，蔡斯在黨全代會前最後幾週，並沒有堅決地全力以赴。

當熱心的共和黨人聽過林肯的演說後，他們深知，假若摯愛的蘇爾德未能勝出，來自伊利諾州的這位滔滔雄辯又才華洋溢的男士，值得他們信賴，他將會堅守凝聚黨的核心議題，抗拒蓄奴制擴張到新領域。雖然林肯投入反奴役鬥爭的時間晚於蘇爾德和蔡斯，但他的演說的感染力、說服力、清晰度和道德力量無人能及。⑭⓪

林肯的演說同時也注重國民關切的議題，且用語精確，他極少談論不確定的事情，或慫恿聽眾，也不像對手們那樣在全代會前幾個月試圖改變立場，這讓林肯比對手佔有更多優勢。蘇爾德意圖軟化火爆的言辭以安撫黨內溫和派，卻讓自由派大失所望。貝茲發表的措詞強硬的公開信則惹惱了保守派。蔡斯在最後關頭企圖改變對於關稅的立場，也沒人傻到會相信。而林肯的立場則始終一以貫之。

誠如芝加哥《新聞與論壇報》所言，林肯「避免走極端」，不單純是「出於謀大位的雄心而謹言慎行。更正確地說，這是他平穩的天性和從未失衡的心智的自然發展結果」。⑭①

林肯早年隨巡迴法庭旅行伊利諾州中部各地，在客棧、街角和商店接觸形形色色的人們，從而發展出足以洞悉他人感受、想法和需求的敏銳感知能力。雖然蘇爾德也具有類似的本能，但他待在華府太久，以致日漸與民衆脫節。蔡斯也曾像林肯那樣，以數個月的時間旅行家鄉俄亥俄州各地，但向來養尊處優的他很難與沿途所遇的農民、店員和酒吧侍者產生眞心的聯繫。至於貝茲則長期疏離紛擾的政壇，以致減損了天生的政治悟性。

確保黨全代會在芝加哥召開，也不是幸運所致，而是出於林肯的政治直覺。更確切的說，林肯「比較不爲人知」[142]這個事實，使諾曼・賈德務必要促成全代會在芝加哥舉行。無論如何，盡可能保留參選餘地，且「不冒犯其他人，讓黨代表在不得不捨棄最愛時轉而投向他」，[143]是林肯整體策略的一個環節。率先提示賈德確保芝加哥至關緊要的人是林肯，首先向策士指出印地安納州已是囊中物的也是林肯。事實上，在爭取提名的過程中，每個步驟都可顯見林肯的指導和他的決心。

林肯一如蘇爾德，有一群終生交好的核心友人，願意竭盡所能確使他成爲總統候選人。與蘇爾德不同的是，林肯一路走來沒有樹敵，[144]也沒有招人猜忌。很難想像林肯會像蘇爾德那樣，讓格里利積怨多年而致一發不可收拾。林肯反而在第一次角逐參院議席成爲賈德與川布爾的手下敗將後，呑忍傷痛與兩人重建友情。他從挫敗中重新站起，並與原先的對手締結友誼的能力，始終讓無法原諒背叛者的蔡斯望塵莫及。至於貝茲，雖在聖路易也有一群私交甚篤的朋友，但他們都不是政壇人士。爲貝茲經略選戰的人馬，幾乎都與他互不相識。他們對貝茲並沒有炙熱的忠誠，單純只是因爲他具有出線的潛力而前來效勞，一旦證明貝茲勝出之路坎坷難行，也就輕易棄他而去。

最後一點，林肯深厚且崇高的企圖心，讓其他對手都難以相提並論。據法倫巴赫爾的觀察，林肯的「雄心壯志顯然沒有沾染絲毫的卑鄙、惡意和任性」。[145]而蔡斯明顯地戀棧權位，蘇爾德有投機取巧的傾向，貝茲則矛盾地不服公職。雖然林肯企求成功的熱切程度與諸位對手並無二致，但他並沒有因而喪失仁慈與開放的胸襟，對待支持者和政敵也一視同仁，更從未改變反奴隸制的堅定立場。

儘管在芝加哥提名林肯的黨代表們，不見得都體認到林肯所有這些特質，但面對國家當前無與倫比的挑戰，他們終究選擇了最佳人選。

9 「自知之明」

林肯擊敗蘇爾德的消息令多數美國人深受衝擊，東岸的共和黨人尤其感到震驚。查爾斯・法蘭西斯・亞當斯承認，國會山莊最初對林肯獲得提名「普遍難以置信，直到各方都傳來相同訊息，顯然林肯團結了所有反蘇爾德勢力而勝出……眾議院陷入混亂狀態，根本無法議事，只好宣布散會」。①

由於林肯據以勝出的政治技能還不為人知，當時大家只把他視為鞏固反蘇爾德勢力而意外出線的候選人。也因名號不夠響亮，共和黨半數報紙的記者將他稱為「亞伯倫」（Abram）而不是「亞伯拉罕」（Abraham）。②民主黨的《紐約前鋒報》指出，林肯前一年三月造訪哈特佛的歷史圖書館時，在訪客簽名簿上留下的姓名是「亞伯拉罕・林肯」，該報並挖苦說，「推斷一個人知道自己的姓名，應是持平的假設」。③林肯致函共和黨接受提名委員會主席喬治・艾許蒙表示：「關於我的名字是亞伯倫還是亞伯拉罕的問題，似乎始終揮之不去。在此說明，我的名字是『**亞伯拉罕**』。」④

民主黨的報紙因林肯欠缺參與全國事務的經驗而竊竊自喜，趁機大肆對林肯冷嘲熱諷。《紐約前鋒報》喜不自勝地說，他是「一個三流的西部律師。共和黨在此次提名初選的所作所為是非常不明智的表現，而且越來越離譜」。該報接著表示，共和黨「捨棄蘇爾德和蔡斯這樣的政治耆老與能力出色的候選人，卻推舉了一個文法不好的四流演說家，他的演說一如文盲……夾雜著一些粗俗又笨拙的笑話」。⑤敵對的報紙嘲諷林肯的智識後意猶未盡，又把焦點轉向他的外表：「林肯有著最瘦削、最難看的雙腿、雙臂和尖形臉，這些前所未見地全都集中在一個人身上。所有政治人物都享有長相醜陋的特權，而他最肆無忌憚地濫用了這項特權。」⑥

《查斯頓水星報》的攻擊砲火更加猛烈，輕蔑地質問：「在他之後，還有哪個體面的白人會想要當總統？」

⑦該報還堅稱，蘇爾德被「推到一旁」，是因爲他「缺乏必要的對南方採取鎮壓措施的膽量」。而林肯則是「無情、頑固主張廢奴的典型邊疆無賴」。⑧具影響力的《里奇蒙詢問報》則宣稱，林肯屬於「目不識丁的黨羽，對奴隸制的仇恨根深柢固，他還公開招認支持黑人平等權」。⑨

這類惡毒的攻擊，反映出南方民主黨人間的紛爭與憂慮日趨深化。民主黨是當時唯一在南方與北方都有支持者的政黨，而林肯爲入主白宮進行準備之際，該黨已分崩離析，顯著地提高了林肯的勝算。該黨於林肯獲得提名前，在南卡羅萊納州查斯頓召開全國黨代表大會，⑩結果混亂收場。由史帝芬・道格拉斯支持者組成的多數代表團，向大會提出一份黨綱，旨在掩飾黨有關奴隸制議題的分歧。然而，這個使該黨分裂的議題早已紙包不住火了。包括卓雷德・史考特訴求自由遭逢敗訴，以及約翰・布朗一夥襲擊哈柏斯渡口事件，令南方多數領導人態度日趨強硬。激進的南方政治人物不再容忍溫和派，他們譴責所有的妥協立場，要求奴隸制擴張到所有領域的完全自由，並訴請國會明確保障蓄奴權。他們拒斥廢奴或蓄奴由各州人民自主決定的「民衆自決」，雖然這個主張曾獲得廣泛接受，如今卻被他們視爲背棄南方原則。

全代會最後通過道格拉斯溫和的黨綱，阿拉巴馬州黨代表團憤而退席抗議，密西西比等南方各州黨代表團接著陸續跟進。在密西西比州黨代表們離席之際，一名忿怒的代表站上椅子發表慷慨激昂的告別演說，並預言「六十天內將會成立南方合衆國」。觀察家穆拉・霍斯泰的報導指出，「南卡羅萊納州黨代表們聽後高聲喝采，久久不已」，各州黨代表也紛紛加入，鼓掌聲越發響亮。「當晚，查斯頓有種歡祝國慶的氣氛……城裡這股情緒非常明確，支持分裂國土的主張意氣風發、勢不可擋。」⑪

此次全代會沒有任何總統參選人獲得三分之二支持，民主黨被迫在共和黨提名林肯後，於巴爾的摩二度召集全代會。⑫道格拉斯終於在二次全代會獲得企盼已久的總統候選人提名。然而，此時民主黨內諸派各自爲政，不再是昔日在全國各地普獲支持的政黨。南方和北方的民主黨人已形同水火，而造成彼此隔閡的各項因素，昔日曾經摧毀了輝格黨以及無知黨。

在道格拉斯出線後，南分的分離主義派另行推舉肯塔基州的約翰・布列欽芮吉（John C. Breckinridge）爲總統候選人。此人堅決主張，不得訴諸憲法排除奴隸制擴張至新領域。而北卡羅萊納州的約瑟夫・連恩（Joseph

Lane）參議員則獲選爲他的搭檔。隨後的情勢發展益加複雜，輝格黨人與無知黨的老黨員新組的憲政聯合黨，也召開黨全代會提名田納西州的約翰・貝爾（John Bell）與麻薩諸塞州的愛德華・艾佛瑞特（Edward Everett）爲正副總統候選人，⑬同時還通過一份植基於虛幻期望的黨綱，妄想只要完全拋開奴隸問題，就能避免聯邦土崩瓦解。

查爾斯・法蘭西斯・亞當斯當年六月二十三日在日記中欣喜地記載：「偉大的民主黨組織終於四分五裂，黨內兩股派系還各自另行提名正副總統候選人。」⑭兩週後，林肯向一位朋友表示，他認爲「當前勝選的機會遠超越對抗團結的民主黨，分裂使得該黨的勝算顯得微乎其微」。但他仍然審慎地指出：「民主黨擁有龐大的資源，這可能扭轉該黨的頹勢。」⑮

在民主黨分裂之際，共和黨一個委員會來到春田市，正式通知林肯獲得總統候選人提名。蘇爾德的熱心支持者暨德裔發言人卡爾・舒茲寫道：「林肯在他普通的自宅客廳接見衆人，高大的他站在幾乎空無一物的起居室裡，身上穿著嶄新但不合身的黑西裝，看來不太得體。他長長的瘦削黃褐色脖子從下翻的衣領中突出，憂鬱的雙眼深陷於憔悴的臉龐。」艾許蒙代表委員會發言，接著林肯以幾句適當、誠摯且措詞優雅的話回應。事後，大家輕鬆地閒聊起來，現場「氣氛愉快，林肯平易近人的本性流露無遺」。委員會成員離開時，賓夕法尼亞州的凱利（Kelley）先生向舒茲表示：「黨的提名過程或可做得更出色一點，但我們所選幾乎已無人能及。」然而，舒茲看出，「委員會其他成員難掩心中疑惑，他們擔心這位率直的純眞之子，要如何承受與廣大世界接觸的壓力」。⑯

另一位委員梭羅・魏德觀察到林肯出人意料的老練世故、政治敏銳。在提名揭曉後，仍在爲蘇爾德落敗療傷止痛的魏德，接受史威特與戴維斯邀約，來到春田市。這兩位優秀政治家爲林肯分析勝算，他們假設全體或幾乎所有的蓄奴州都不支持他，並指出哪些州不費吹灰之力就能安全達陣，哪些州必須戒愼小心，哪些州確定會有一番苦戰。據魏德後來指出，「林肯領悟力極佳，能敏銳洞察人們的本性，對於政治人物的長處和弱點也瞭若指掌，令我印象深刻且非常贊同他堪負重任，相信不會有人要他卸下這重責大任」。魏德離開林肯住處時，「已決心要爲林肯效力」。⑰

當魏德與林肯謀劃選戰策略時，兩人必定已明瞭，事實上他們將面臨的是兩場選戰。在解放奴隸的各州，林肯將與道格拉斯一決勝負，⑱而南方民主黨人布列欽芮吉與邊疆的貝爾將在蓄奴各州比拚高下。曾捍衛南方原則的道格拉斯，是惡名昭彰的堪薩斯—內布拉斯加法案起草人，但一八六〇年時，他已被南方全境責罵為叛徒或沒有明說的廢奴主義者。一家南方報紙問道：「現在不論是林肯或道格拉斯當選，對我們有什麼差別嗎？他們兩人殊途同歸，我們沒有任何擇一而從的理由。」⑲

林肯要勝選至少必須囊括一百五十二張總統選舉人票，也就是說，幾乎得取得整個北方的總統選舉人票，包括那些在上屆選舉時支持民主黨候選人布坎南的票。如果拿不到過半票數，則必須在國會眾議院見真章，而紛擾的眾院勢必無法讓大局底定。如此，將由南方主控的聯邦參議院來選出副總統，而最可能取勝的是布列欽芮吉的搭檔約瑟夫．連恩，屆時他將佔有懸缺的總統職位。

林肯必須取勝的幾個州中，道格拉斯在印地安納、賓夕法尼亞與俄亥俄三個州的實力不容小覷，這些州的數個郡區有許多來自南方的屯墾民挺他。雖說奴隸制已無人不談，但在某些地方並非選民的首要關切議題。賓州選民就比較在意關稅保護措施，而印地安納與俄亥俄州及西北部其他地區民眾，則期望能取得免費的屯墾土地，並要求提振內需以利商業發展。此外，反移民的美國黨人也隨處可見。雖然反奴隸的選票無疑會流向共和黨，但在選民結構如此多元異質的情勢下，光靠這些票並不足以衝過半數門檻。⑳

＊＊＊

林肯首要任務在確保共和黨的一致支持，他必須與競逐提名的蔡斯、蘇爾德和貝茲和解並取得他們的奧援。林肯陣營首先透過一份「**發行量不大的報紙**」向蔡斯示好。蔡斯後來承認，這對他的感情「傷害不小，第一反應就是置之不理」。㉑接著，蔡斯收到了林肯的親筆信函。儘管報導指出，「蔡斯對亞伯．林肯先生這樣沒沒無聞的人獲得提名，非常懊惱、不滿」，㉒但林肯仍優雅地選擇將蔡斯正式的道賀函視為有意相助的象徵。林肯給蔡斯的信說：「我覺得尤其需要所有人的協助；對於您明示已準備襄助，我非常高興，深感榮幸。」㉓蔡斯的自尊獲得撫慰，此後幾週期間，他接連出席了俄亥俄、印地安納和密西根州多場共和黨聚會，並發表談話。雖然蔡斯對俄亥俄州黨代表未全力支持耿耿於懷，但他鄭重表示，國家仍充滿諸多希望：「首先，共和黨已是不可或缺的政黨；其次，共和黨是順應國家當前情勢應運而生；第三點，共和黨所提措施符合人民眞正的利益。」㉔

而由於憲政聯合黨的成立，林肯能否贏得密蘇里州政治家愛德華・貝茲相挺，變得事關重大。憲政聯合黨吸收了許多貝茲昔日在輝格黨時期的支持者，以及不少舊無知黨人。爲拉攏貝茲，林肯老友歐維爾・布朗寧親赴聖路易的貝茲宅邸拜訪。㉕布朗寧是說服貝茲爲共和黨效力的最佳人選，因爲他始終支持貝茲爭取提名，直到他身爲一員的伊利諾州黨代表團誓言支持林肯。貝茲與布朗寧相談時，「沒有扛起挑戰」，㉖但他承諾會發表親筆寫的公開信表明支持林肯。據貝茲後來回憶說，他當時明瞭，這麼做「可能會冒犯若干憲政聯合黨人」。㉗

貝茲信守諾言，寫了一封信交給布朗寧刊出，信中他大方地讚揚林肯，並自稱是保守派，決心支持共和黨提名人選。他寫道：「我出於自由意志發表意見，公開支持林肯。我認爲林肯先生可靠、穩健且具有全國聲望，不會黨同伐異。他的出身、教育、生活習性、勢力範疇，使他成爲全國性的人物。」貝茲接著說，「林肯憑藉眞實、勇氣、坦率、道德與能力贏得極高聲譽，是最值得信賴的人。他比那些很早就擁有更多機會和助力的對手們，更有資格獲得我們的尊敬」。㉘選戰後期，貝茲的文章描述林肯：「他的個性和藹可親且深具勇氣；我料想他會像費爾摩爾總統一樣溫和，同樣也預料他會如傑克遜總統那般堅定。」㉙

當林肯努力爭取所有對手與他合作時，他很明白威廉・亨利・蘇爾德的積極支持對勝選至關緊要。蘇爾德差點獲得共和黨提名。他一些引起廣泛回響的措詞，諸如「無法壓抑的衝突」、「位階高於憲法的法」，雖然讓某些人認爲太具煽動性，卻爲共和黨樹立了鮮明的旗幟，對黨的理念推廣助益良多。蘇爾德家鄉紐約州有三十五張選舉人票，可能是林肯能否取勝的一個關鍵。而蘇爾德在全代會後回到家鄉，發現多數支持者因其他參選人勝出而幻滅、灰心喪志，這對林肯可是不妙。

堪薩斯州黨代表艾迪森・普洛特（Addison Procter）回憶說，「選戰一開打就舉步維艱，選情冷清，情況甚至越來越危急」。普洛特期望在堪薩斯州組織一個林肯俱樂部，並向該州最受敬重的共和黨人徵詢出面主持的意願。這人激動地回絕說：「你們這些人在芝加哥時很清楚國家當前的處境……你們深知需要推出最有能力的人來引領我們前進。你們明白當前亟需一位政治家，而你們卻給了我們一個劈柴築圍欄的（rail splitter；譯註：林肯的綽號）。不，我不主持也不參與。」[30]

「芝加哥全代會的結果，攪亂了我個人的情感，」查爾斯・桑納寫道，「我至今還無法將它視爲符合公眾期望的行動。」[31]密西根州的共和黨人喬治・龐洛伊（George Pomeroy）告訴蘇爾德說：「唯一能安慰我的事情是，本黨此次將落敗，而您確定會在六四年獲得提名。」[32]俄亥俄州財政廳的威廉・莫倫（William Mellen）向蘇爾德表示，林肯被稱許爲「最適合當總統的人選」，令他難以置信。他說：「實在應稱他是築圍籬人選。我坦承對他有所抱怨，更要責罵愚蠢的全代會……全代會背棄原則的權宜性選擇，已導致共和黨全然潰解，這令人引以爲憂。」[33]

雖然蘇爾德在公開信中承諾會支持黨提名人選，但他遭逢挫敗後懷憂喪志，還考慮要立刻辭卸參議員職位。[34]辭去國會繁重的工作，蘇爾德將可留在家鄉奧本，終日有親愛的家人和善解人意的朋友相伴。他告訴一位友人說：「我今晨出門到市集去，突然有一種罕有的體驗，感覺自己像是在城裡閒逛的往生者，聆聽著人們如何談論他。我承認，每個角落的人們表達的真切傷痛，讓我不知所措。」[35]

但他了解，辭職會凸顯他急躁易怒，且誠如友人伊斯瑞・瓦希本（Israel Washburn）所警示，這會「給那些懷抱惡意的人」[36]進一步傷害他的機會。最後，蘇爾德決定五月底返回華府，完成參議員的任期。不過，在一封給法蘭西絲的長信中，蘇爾德承認，「被自己的政黨摘除領導地位，以這樣的身分」回到國會山莊，實在讓他苦惱不已。「我於週二晚間抵達此地。普萊斯頓・金搭乘馬車來到車站接我，還送我到住處。宅中氣氛顯得憂愁悲哀，即使是掛在牆上的照片，諾特博士（Dr. Nott）慈祥的臉龐、奈皮爾勳爵（Lord Napier）得意的神情、傑佛遜總統和藹的容顏以及奈皮爾夫人（Lady Napier）可愛的臉蛋，此刻也都變得死氣沉沉。」當蘇爾德回到參議院，「好心的人們終日絡繹不絕前來探望我……他們的眼中泛著淚光……他們以來日『終將平反』的虛渺希望來自我安慰；而我收到的信也都千篇一律。這一切絲毫未引發我內心的波動」。[37]他告訴夫人，唯一的慰藉是領會了「我不必再擔負重責大任，而且陰影也日漸消退」。[38]

法蘭西絲想到她的先生隔年三月結束參院任期後，就會永遠回歸奧本家鄉，因而滿懷欣喜。她向他擔保：「您有權安享老年，三十五年的精華歲月奉獻給了國家，已經仁至義盡。」㊴然而，蘇爾德不甘心就此淡出政治舞台。若從此抽身離開戰場，無異於背棄熱切的政治鴻圖以及對共和黨理念的信仰。而在魏德回報他探訪林肯的結果後，他的決心可能隨之更加堅定。

在全代會後幾週期間，北方數十個共和黨委員會不斷邀約蘇爾德演講，令他應接不暇。查爾斯・法蘭西斯・亞當斯的邀請函說：「黨的理念此時比任何時候更需要您的效力。而您毅然面對失望，將使您的聲譽比贏得最高成就更加長久。」㊵

蘇爾德於六月底告訴魏德：「當政界打算把我拋開時，我很樂意就此離開政壇。但我對百萬友人的呼籲不會無動於衷，對於人們的意見也不會置若罔聞。而此刻最清楚不過的是，若一開始就倉促出手爲林肯拉票，將是不智之舉，會讓人誤以爲我害怕被遺忘。遲一些則能顯得，黨基於公衆利益需要我投入。」㊶因此，蘇爾德暫且按兵不動，直到懇請他出馬的邀約不斷湧來，才終於在八月底和九月初，展開巡迴九個州助選的行程。艾迪森・普洛特回憶道，當蘇爾德宣布「將親自站台爲林肯揭開選戰序幕時，我們終於在沮喪的深淵中見到了第一道曙光」。㊷

＊＊＊

在蘇爾德助選之旅準備上路時，林肯仍留在春田市。基於對政治傳統的尊重，加上判斷若進一步發表公開談話可能損及前途，林肯決定不辦個人巡迴演說。鑑於淩亂的律師辦公室難以負荷亟欲見他的川流人群，林肯將競選總部遷移到伊利諾州政廳的州長會客室。

最初，林肯只有約翰・尼可萊這位二十八歲德國裔助手，此人曾在州務卿辦公室任職三年。林肯過去前往州務卿辦公室搜尋最新的選舉數據時，經常遇見嚴肅的尼可萊。在獲得提名後，林肯詢問尼可萊出任他個人祕書的意願，據尼可萊的女兒後來回憶說，「父親回應召喚，爲林肯效力，直到滿頭華髮，年老力衰」。㊸

尼可萊協助林肯回覆信件、會見成百上千的北方各地來訪賓客、與政界人士商談，還出版了一本銷售超過百萬冊的小傳記。林肯在州政廳的臨時競選總部發號施令，依靠電報迅速傳遞各處戰場的訊息和指令。機密訊息則以郵件傳達，並由他個人派特使或交付給政界訪客代爲遞送。這期間多數的會議沒有留下歷史記載，但若干留存下來的會議記錄顯示，林肯作爲一位技巧純熟的政治家，親自擘劃及指導總統選戰策略。

一名紐約州尤地卡的特派記者寫道：「他坐在我身旁的沙發上，談論起我家鄉的政治事務，巨細靡遺的程度讓我大感意外。我發現他對共和黨在歐奈達郡的若干表現知之甚詳，遠超過我的預期。」㊹密蘇里州一個報社記者說，「他不僅有能力談論政府的宏大民主原則，同時也能侃侃而談駕馭船隻、劈柴築籬、處理鹿皮的話題」。㊺每位記者對林肯的印象迅速見諸報端，這是當時民衆接收候選人相關訊息的主要管道。

民主黨的報紙兇惡地將林肯詆毀爲半開化、無知、沒教養、相貌平庸、令人難堪的丑角，爲扭轉此形象，共和黨派出大批記者到春田市，寫出許多正面文章肯定林肯、有教養的林肯夫人瑪麗，以及他們有尊嚴的家庭。先前支持蘇爾德的報紙也迅速向共和黨新領袖輸誠，運用所有的機會讚揚自家的候選人，並攻訐對手陣營。

林肯與團隊無疑控管著共和黨各家報紙對其所做的報導，畢竟這些文章會在全國各地引發回響。《尤地卡晨間論壇報》(*Utica Morning Herald*)記者在林肯家採訪一夜後寫道，「宅裡充滿恬靜高雅的氣息。您將可一目了然，在這莊重的家庭，持家的人是位典型的美國仕女」。至於林肯，「他具備所有敏銳心靈的特質，密切地留意一切、充分地徵詢意見、愼思熟慮地做出判斷，且毫不退縮地捍衛他的決斷」。㊻

芝加哥《新聞與論壇報》指出：「將有成千上萬人打聽『誠實的老亞伯』的外表、習性、品味等個人特質，而我們探聽到了一些……他總是乾乾淨淨，從不追求流行；他不修邊幅但並不邋遢……至於個人習性，林肯就像小孩一樣單純……他吃的食物簡單而富營養。他從不喝任何酒……也沒有煙癮……如果林肯當選總統，他帶到白宮的裝飾物將少之又少。我國必須接納林肯的純眞、他的能力、他的誠懇，接受兼備這一切的他。林肯將不會像富蘭克林・皮爾斯總統那樣謙恭有禮，他也不會對國會提出任何類似堪薩斯—內布拉斯加法的立法案，而讓奴隸問題重新掀起軒然大波。他主持國宴可能難以像『可敬的公職』布坎南先生那樣從容優雅；但也不會使國會有必要成立委員會調查政府貪瀆弊端。㊼

共和黨的報紙對林肯夫人瑪麗讚譽有加。《紐約晚郵報》(*New York Evening Post*) 一名記者表示：「不論是任何可歸咎於她夫婿的難堪事情，在她身上都找不到。她的談話自由自在、優美高雅，她更徹底精通所有的社交禮儀。」㊽報導經常提及她顯赫的肯塔基娘家，她所受的完善教育，她仕女般的言談舉止，她流暢的法語能力，她就讀哈佛學院的兒子，以及她的長老教會教友身分。另一位記者觀察說：「林肯夫人是位非常美麗的女人，活力十足又極其優雅，她的談吐風趣且活潑機智。」㊾

這位出身良好富於教養的女士，與白手起家、粗枝大葉的林肯形成強烈的對比，讓記者們深感興趣。共和黨領導階層開始營造林肯傳奇，不僅在整場選戰中廣為傳布，還不斷被演繹而流傳至今。出身農鄉的安德魯・傑克遜入主白宮之前的四十年間，從華盛頓到約翰・昆西・亞當斯這幾位美國總統，都是東部菁英人士，而林肯則繼傑克遜之後，被形容為「體察民情的人」。㊿

二十年前，威廉・亨利・哈里森選總統時，曾被稱為「小木屋、烈性蘋果酒」51候選人，他只是在小木屋前擺姿勢拍個照，贏得選戰後，小木屋就成了誠實、平凡與出身貧苦者自尊的象徵。而林肯則確確實實出生於小木屋中。一名共和黨工作人員說：「想到林肯將入主白宮，我誠心感到高興；他曾在小木屋裡生活，而假如他是嬌生慣養、弱不禁風的富家子弟，就不可能激發我的愉快心情。」52對於有人指稱林肯「無足輕重」，《紐約論壇報》表示，「林肯憑藉天生資質與人格力量，從身無分文、沒受過教育的瓦巴希河平底船夫，提升到當今的地位，他絕不可能是個無足輕重的人」。53

這位西部人、大草原男子的光環，在芝加哥全代會後更加耀眼，當時人們扛著據稱是他劈出的圍籬木柵在街頭遊行。雖然人稱「誠實亞伯」的林肯很審慎，未曾證實過任何特定的欄木出自他的勞動，但他曾在一次受訪時舉起一塊木頭說：「一兩天前我收到喬塞亞・克勞福德寄來這木塊……他的信上說，這是我在一八二五年為他劈造的木圍籬的一部分。」54

林肯明白，身為「體察民情的人」是他的一項優勢，特別是在還持續開發成長且攸關勝選的西部地區。選戰開打前，他已藉由描述自己有一日沒一日的就學情形、貧困歲月以及手工勞動，深化了這個政治上強而有力的形象。雖然早年嚴酷的生活實在不是令人迷戀的事，林肯仍精明地善用這寶貴的政治資產獲取利益。

從一開始，林肯就認定：「此刻不論說或寫任何空談理論的觀點，不僅不合宜也有違朋友們理智的期望。況且，已出版的演說集幾乎已道盡我想說的一切。」[55]當他的友人李奧納德．史威特要求他同意，刊印一封足以表達他身爲候選人感想的信函，林肯回覆說「您手上那封信基本上是恰當的」，但他建議「燒了它吧，並不是因爲信中有任何不對之處，而是因爲最好完全別讓人知道我還在寫信」。[56]他認爲，他所說的任何事情，都會被巨細靡遺地檢視，並利用來遂行黨同伐異的目的。不論是友是敵，對於出版的信件中即使最輕微違背他們的地方，都會被刻意扭曲。而就算只是簡單重申先前的立場，也會在選戰期間被拿出來重新強調。林肯寧願單純地把焦點放在他認可的黨綱上。而幾次失言的經驗證明他這項疑慮並非無的放矢。林肯曾開玩笑地向一名民主黨記者說，他「很想到肯塔基州與鄉親討論一些議題，但又害怕會被暴民吊死」，[57]結果這段話成了選戰中街談巷議的話題。

這項自我節制政策另有一個重要但沒有明講的政治現實考量：林肯必須促使新成立的共和黨團結一致，[58]讓黨內的原民主黨員、前輝格黨人和本土派的美國黨成員持續結盟。林肯向一位猶太裔朋友澄清從未進過無知黨的支部時，審慎地表示：「我們的對手認爲，若能迫使我公開否認這項指控，將讓我某種程度地冒犯美國黨人，而他們將因而獲利。基於這個理由，我不能公開地讓人覺得我在意這個指控。」[59]雖然林肯否認對排外的本土派有任何同情，而且還投資了一家德國裔辦的報紙，但多數共和黨人對於移民依然存有敵意，而這些黨員的支持對他又不可或缺。

林肯深知，總統選戰不是單一議題能夠決定勝負。雖然反對奴隸制擴張促成了共和黨的創立，也成爲全國論戰的主導議題，但在許多地方，選民最關切的是其他問題。在美國最大鐵礦產區賓夕法尼亞州，以及紐澤西州，民衆期望保護性關稅更甚於反對奴隸制。在西部地區，多數人，尤其是移民團體，最期待的是公地放領法完成立法，以提供免費或低價的土地給新屯墾民。這批新屯墾者在一八五七年的經濟大恐慌期間受害極深，他們的戰鬥口號是「無土地者有其田」。共和黨在黨綱中審慎地提出了處理這些問題的主張。[60]當布坎南總統在選戰期間否決了溫和的公地放領法後，印地安納州多數選民以及西部全境均轉而支持林肯。假若共和黨的總統選戰只打奴隸制這個議題，林肯很可能難以取勝。

＊＊＊

林肯留在春田市並戰略性地保持緘默之際，蘇爾德開始巡迴演說暢談公共議題，為選戰增添戲劇色彩和刺激性。蘇爾德帶著隨行人員[61]（包括女兒范妮與她的朋友艾倫・培里〔Ellen Perry〕；查爾斯・法蘭西斯・亞當斯和他的兒子查爾斯二世〔Charle Junior〕；以及一群政界人士）搭乘火車、汽船和馬車旅行，開講的首站是密西根州。眾人接著西行來到威斯康辛州和明尼蘇達州，然後又南行前往愛荷華州與堪薩斯州，再東行去到伊利諾州和俄亥俄州。

蘇爾德一行所到之處，受到禮砲、銅管樂隊與執火炬遊行的「廣泛覺醒族」（Wide Awakes）[62]共和黨青年團體歡迎，年輕的黨員穿戴醒目的油布披風和帽子，他們圍繞著群眾蜿蜒行進，火光照亮大家，為聚會帶來馬戲團般歡鬧的氣氛，使場面顯得熱情洋溢。在林肯寓居的春田市，群眾遊行隊伍通過林肯住宅前，花費了數個小時。約翰・海伊報導指出：「從高處往下看，彎彎曲曲的隊伍綿延約兩英里，群眾手上火燭閃爍耀眼，樂隊的制服也閃閃發光，就像是一條美麗的火蛇。」他還說：「眾人點燃大量的羅馬式火炬，像操練中的軍團一樣平穩地前進。籠罩在爆裂發出聲響的火炬光芒之下……熱情的民眾狂野地高聲喝采。」[63]其他候選人也都曾聚眾遊行造勢，一群自稱「三氯甲烷族」[64]的道格拉斯人馬，還意圖「讓『廣泛覺醒族』沉睡」，但聲勢始終未能超越林肯陣營。

蘇爾德在底特律的演說吸引五萬人前往聆聽，而且越往西部走，聽講民眾越踴躍。在密西根州的卡拉馬蘇（Kalamazoo），有數千人於午夜過後，還聚集火車站等候蘇爾德抵達。蘇爾德下車後，群眾跟隨他一路走到下榻的旅館。翌日，演講開場前，數以萬計的民眾群集在城中綠地，「年輕男女騎在馬背上，小孩拿著旗幟，男人駕著各式馬車，歡天喜地展開光輝燦爛的遊行」。[65]最後，意猶未盡的群眾跟著蘇爾德一行人走回火車站，蘇爾德又從車站窗口再度對眾人發表談話。蘇爾德還建議大老查爾斯・法蘭西斯・亞當斯，忍受不舒服，將頭伸出窗外，向大家說幾句告別的話。亞當斯在日記中承認：「這一切讓我聯想起動物展覽會，從獅子開始，每隻動物輪番展示給目瞪口呆的群眾檢視。」[66]

在明尼蘇達州的首府聖保羅市，一名記者報導說，蘇爾德抵達當日，「是本州政治史將永遠銘記的一天」。一大清早，「街上已充滿活躍的人群，包括拓荒者、邊遠地區居民、設陷阱誘捕動物者、獵人，以及來自紅河谷的貿易商」。當「巨大的林肯與韓姆林的競選旗幟」豎起，人們都好奇止步。蘇爾德在樂隊與馬車的遊行隊伍前導下抵達市政廳大樓，在台階上演說將近兩個小時。⑰

記者們驚異於蘇爾德的演說「從未重複先前說過的話」，總是那麼自然又充滿活力，「不論是熱情程度、文學素質、思想高度或聽衆的熱烈反應，都讓一般泛泛的演講人望塵莫及」。⑱一位特派員說，「似乎附近地區的民衆全都跑來向蘇爾德致意」。一名法官在密西西比河的船上向蘇爾德表示：「蘇爾德州長，您對林肯選戰的貢獻遠超過任何人。」蘇爾德回答說：「這是我應該做的。」⑲

小查爾斯・法蘭西斯・亞當斯當時二十五歲，他搞不懂旅途上「喝酒、抽雪茄漫無節制」的蘇爾德，究竟「在何時、何地又如何準備這接二連三著實精彩無比的演說」。亞當斯指出：「說到喝酒，年已六十的蘇爾德可是海量；有時白蘭地會讓他興奮莫名，以致喋喋不休，恐有得罪人之虞；但我從未曾見過他喝到爛醉如泥。他純粹是喜好以酒精振奮精神。」而令人驚奇的是，儘管蘇爾德頗好杯中物，他的工作能力從未因而減損。

年輕的亞當斯對蘇爾德著迷不已，認爲他是「可以想到的最令人愉悅的旅行同伴」。在與蘇爾德搭火車連夜趕往伊利諾州昆西市後，亞當斯於日記中寫道：「蘇爾德身披奇異而難以形容的敘利亞羊毛外套，沐浴在清晨的陽光下，與卑微的在下一同抽著雪茄。」後來兩人爲了蘇爾德所稱的「表達對煙草問題無拘無束的立場」，⑳轉移陣地到行李車廂繼續呑雲吐霧。

蘇爾德的巡迴演說獲得媒體廣泛報導，全美各地報紙都登出配有他演講摘要的新聞。伊斯瑞・瓦希本在緬因州寫說，他對蘇爾德「演講的完整性和語言的千變萬化」深感驚奇。他認爲：「底特律那場最完美也最富哲理，聖保羅那場涵蓋面最廣，在杜布克的講詞最溫馨，在芝加哥的話語則最務實且最有成效……但所有演說中，我最鍾意在麥迪遜的簡短談話，對我來說，顯然是最兼容並蓄、完整無缺，最偉大也最崇高。」㉑

在奧本的宅邸，法蘭西絲・蘇爾德接獲數十封讚美她先生的信件。蘇爾德的老友李察・布雷奇佛（Richard Blatchford）說：「我確信您必定非常高興。他全程展現了最深層的力量，滔滔雄辯地抒發思想與胸懷，而我們這些熟知他的人，對此絲毫不覺得意外。」[72]桑納告訴法蘭西絲說，他閱讀蘇爾德每篇講稿，「越讀越覺驚奇。就我所知，沒有任何美國人的系列演說能與它相提並論」。[73]法蘭西絲對夫婿的成就引以爲榮，但她也認知到，如此順利成功，他將難以盡快回奧本過退休生活。她回信給桑納說：「是的，亨利當前人氣鼎盛，他現在已被社會大眾獨佔，我也只能……認命，是這麼說的吧。」[74]

十月一日，蘇爾德搭火車前往芝加哥途中，來到春田市短暫停留。一名記者觀察到：「蘇爾德所坐車廂裡與車窗外有一陣騷動，在人群中等候的林肯與川布爾，來到車上向蘇爾德致敬。」[75]年輕的亞當斯於日記寫說：「林肯讓人一目了然，他的個頭很高，步履蹣跚，外表樸素，性情和善。他似乎有些靦腆，舉止不太優雅；好像與處境格格不入，也像是明白如果互換地位比較合適。而蘇爾德同樣顯得拘謹。」亞當斯對林肯的描述無疑只是他個人的觀感，很有可能林肯絲毫不覺得與所處地位「格格不入」。[76]

此次是林肯與蘇爾德一八四八年在麻薩諸塞州共度一晚後首度會面。林肯就反奴隸議題向蘇爾德表示：「十二年前您告訴我，我們的理念將獲致成果。此後我一直相信，您所言終將實現。」[77]

兩人交談期間，林肯詢問蘇爾德是否願意在接下來的芝加哥演說，談一些仍有爭論的議題，比如說現任芝加哥市長約翰・溫沃斯不斷重提黨一直力圖避免的一項爭議，也就是共和黨執政最終將會完全廢除奴隸制。林肯知道溫沃斯將在蘇爾德演講時擔任引言人，於是要求蘇爾德向聽眾們重申，共和黨「不會干預目前既存的奴隸制」。[78]蘇爾德毫不遲疑地同意，並在演說中表明，共和黨不會攻擊南方的奴隸制，要確保新領域不採行奴隸制，並不需要打斷與南方的日常交流。[79]與北方主張廢奴的勢力保持疏遠，林肯團隊的主要考量在使北方保守派安心，而不是要安撫南方。

蘇爾德的巡迴演說在十月六日以勝利姿態畫下句點。他的火車駛進奧本火車站時，一大群喧鬧的民眾熱情地歡迎他回家。年輕的亞當斯觀察指出：「事實上，蘇爾德這次返鄉顯露了前所未見的自在。他沿途與所有人相互打招呼，他的回應非常眞誠，與鄉親的關係顯得親切、自然而敦睦。」蘇爾德此次歸鄉給人的印象是，他的「人格已接近偉大的境界」。[80]亞當斯將終生難忘這趟旅程。

雖然林肯本人沒有發表公開聲明或演說，他仍爲選戰奮鬥不懈，對於魏德讚賞他深具政治本領當之無愧。

林肯努力維繫黨內聯盟，並瓦解了對手們嘗試聯合的各項意圖。他派遣特使鞏固基本盤，指示他們如何化解選戰問題、敉平紛爭。他還間接地就重要議題澄清立場，而沒有打破謹言慎行的承諾。他更極力避免向人承諾任何未來政府職位。川布爾參議員建議他給紐約州提供一些人事擔保，林肯回答說：「我記得，彼得曾如耶穌所預言三次不認主，儘管他先前曾鄭重向耶穌抗議說絕不會這麼做。我不會預先安排人事，也不會爲此而發誓，但我確信自己不會做這種事。」[81]

在爲選戰努力不懈之際，林肯仍抽空寫了一篇虛構且幽默的布列欽芮吉與道格拉斯對話錄。[82]他還親自回覆了形形色色支持者和祝福者不斷湧來的信件，筆調絲毫沒有矯揉造作。一位作家期望將法律新著致獻給林肯，對此林肯回答說：「我欣然同意，只求您使用適中的題獻詞，不要將我捧爲偉大的學者或非凡人物。」[83]十月中旬，十一歲的葛瑞絲・柏黛爾（Grace Bedell）建議林肯蓄鬍，「因爲您的臉型瘦長，而且所有女士都喜愛落腮鬍」，[84]林肯感慨自己沒有女兒，在回信中提出疑問說：「我從來沒留過鬍子，如果我現在蓄鬍，你不認爲人們可能會說這是出於孩子氣的情感？」[85]雖然這麼說，林肯還是留了鬍子。一八六一年一月，約翰・海伊寫了一篇詼諧文章：「選戰新聞，關於亞伯蓄鬍子理由的奇想——滿臉于思（apparent hair）的候選人即將成爲政權接班人（heir apparent）。」[86]

林肯深知朋友傳遞的正面消息多半有偏差，於是懇請各州的支持者直率地評估他的勝算。[87]他擔心緬因州、紐約州和芝加哥的選情回報，也對賓夕法尼亞州沒有明確的訊息憂心忡忡。他在賓州的政治目標主打健全的關稅，以及彌合州長候選人卡麥隆和科汀兩陣營的全面決裂。雖然多數候選人偏愛遊行、選舉秀和大型集會，林肯則心知肚明，要催出選票，關鍵在於「枯燥無味甚至令人厭煩的」[88]組織工作。

林肯熱情地支持卡爾・舒茲動員德裔投票的「卓越計畫」，他並向舒茲擔保：「對於您在黨全代會支持蘇爾德，我甚至沒有放在心上……雖然我們對彼此的認識有限，但沒有人像您這樣貼近我的心。」[89]大多數德裔選票將投給林肯，使得他在西北部地區穩操勝券。

林肯關心北方每個州的選情進展，而攸關成敗的西部地區尤其是他最關切的焦點。他相信印地安納州十月的地方選舉若能勝選，將對伊利諾州十一月的地方選舉產生最強有力的影響，因此敦促凱勒・史密斯務必在印地安納州竭盡所能。[90]七月間，林肯指派尼可萊前往印地安納州，與一名有意阻止貝爾參選總統的支持者會談。林肯指示尼可萊：「確認他要什麼，想跟我談哪些議題，有什麼特別要求。是否非得面談？告訴他，我的座右銘是公平對待所有人，但不要給他任何承諾。」[91]

在保證不就公共議題發表任何新聲明後，林肯藉由摘錄過去發表的演說內容來強調當前的立場。他讓戴維斯法官將選錄的一八四〇年代支持關稅演說內容拿給卡麥隆過目，並事先知會卡麥隆說：「我的摯友戴維斯法官將拜訪您，或許還會給您看一些摘錄文章……這些全都不能讓報紙刊登出來。」[92]林肯顯然深知拿出這些未曾出版的十三年前演說摘要，將考驗他矢言緘默的彈性，但他期望藉此拉攏在賓夕法尼亞州舉足輕重的卡麥隆。卡麥隆後來回覆林肯說，他對林肯早期演講稿的內容相當滿意。[93]

有位記者尋求林肯出面干預卡麥隆與科汀之間的不睦，林肯回答說：「我對朋友之間的相互責備非常遲鈍，從未曾置身任何一方的爭論之中……我不追究已成過往的事，只專注於當下和未來。」[94]然而，他同時也告知正準備往訪賓州的李奧納德・史威特，他非常關切前國會議員約瑟夫・凱西（Joseph Casey）所揭露的事情，也就是卡麥隆的人馬不信任科汀掌控的賓州中央委員會。林肯敦促史威特寫信給凱西，「建議他對這件事必須謹言慎行」。[95]此際，共和黨選戰資金正源源注入賓州。據麻薩諸塞州的共和黨全國委員會成員約翰・古瑞奇（John Goodrich）指出，「畢竟賓州是兵家必爭的戰略要地」。[96]

對於每個選情遭遇困難的州，林肯都會把他的政治關注轉移到當地。在得知共和黨九月可能輸掉兩個緬因州議席後，他告訴副總統候選人漢尼拔・韓姆林說：「我擔心這樣的結果……可能會拖累我們的選情，造成賓夕法尼亞州和印地安納州的地方選舉失利，還可能毀了我們十一月翻盤的希望。您不可放任此事發生。」[97]八月間，林肯收到來自羅德島州的信函，「通知說道格拉斯正在當地召募一些很會花錢的富人，勢將危及本州選情」，林肯對此傷透腦筋，他詢問羅德島州參議員詹姆斯・西蒙斯（James Simmons）說：「究竟怎麼回事？請來信告知。」[98]但共和黨終究在新英格蘭地區九月的地方選舉佔居上風，使得該黨得以有恃無恐地迎接十月西部地區的大戰。

林肯評估，印地安納州與賓夕法尼亞州十月的地方選舉，對於共和黨的未來命運具有關鍵意義，而這個看法也獲得其他人贊同。戴維斯法官在投票前夕告訴他的兒子說：「明天是我國史上最重要的日子。」[99]結果，共和黨在兩個州都贏得絕大多數選票，令林肯陣營士氣大振。沃德・雷蒙向林肯回報說，當戴維斯法官聽到消息時，「他正在進行重大刑案的庭審，隨即在法官席上雀躍不已，還翻了兩個筋斗，最後宣布休庭直到總統選舉結束之後」。[100]假如體重三百磅的戴維斯果真表演了這樣的特技，則堪稱是僅次於林肯獲得提名的一項奇蹟。然而，毫無疑問，戴維斯非常興奮。他寫信給夫人莎拉說：「選舉結果讓大家極爲欣喜，林肯先生顯然將成爲下任總統。」[101]那個週六晚上，戴維斯往訪春田市，與林肯、川布爾和科溫州長一同慶賀。他心花怒放地指出，「我受到無與倫比的款待」，但他也坦承林肯夫人依然「不得我心」，她顯得「情緒激昂」，「我希望她不會給她的夫婿添任何麻煩」。[102]

新近成爲名人的瑪麗對現狀相當陶醉。大批訪客讓她喜不自勝，不但有藝術家懇求爲她先生繪製畫像，還有顯赫的政治人物等候著與林肯談話的機會。她得意地，甚至可能帶點怨恨地指出，過去經常打敗林肯的史帝芬・道格拉斯在春田市的接待會，原本預期會有數百人共襄盛舉，結果只有三十人到場。她向閨友評論道：「這或多或少顯示，他的偉大光環已成過眼雲煙」。

然而，瑪麗仍極爲焦慮，擔心最終會再度證實，成功實在捉摸不定。她對密友漢娜・希樂（Hanna Shearer）指出：「你曾經憂慮我對政治過於冷漠，但你若見到當前的我，看法將會幡然改觀。每當我有時間思考時，我的心靈充分活動而獲得慰藉……我幾乎無法想像，一旦遭遇挫敗，我要如何承受。但我相信，我們不會遭受失敗的考驗。」[103]

史帝芬・道格拉斯在獲得提名後，隨即決定打破傳統，接連數週巡迴各地發表演說。雖然有人批評他的行爲不得體，「使得總統格局……降級成爲郡辦事員」，他照樣風塵僕僕，從新英格蘭各州趕赴西北部地區，再由邊境各州巡講到南方，[104]成爲「美國史上第一個親自全國走透透的總統候選人」。[105]

當共和黨贏得印地安納州與賓夕法尼亞州地方選舉的消息傳來時，道格拉斯人在愛荷華州的席達拉皮茲。鑑於兩州的挫敗已摧毀他贏得總統選戰的希望，道格拉斯當時說：「下任總統非林肯莫屬了。我們必須力圖拯救聯邦，我將到南方去。」[106]據艾倫・尼文斯（Allan Nevins）指出，這是一項勇敢的舉動，是他「表現最佳的時刻」。[107]雖然數週馬不停蹄的行程已使他筋疲力盡，道格拉斯繼續走入深南方，面對充滿敵意的群衆。他不再期望人們支持他入主白宮，而以維護聯邦的存續爲主要訴求。他在阿拉巴馬州蒙哥馬利（Montgomery）警示聽衆：「我相信有一項意圖分裂聯邦的陰謀正在醞釀中。所有好國民都有責任阻止這個陰謀……如果林肯當選總統，必須讓他順利就職。」[108]

道格拉斯洞悉了共和黨未能看清的事情——南方人威脅一旦林肯勝選將脫離聯邦，不會只是空口說說。尼文斯表示，共和黨最大的錯誤，在於「未能坦率地處理迫在眉睫的分裂風險」。[109]共和黨駁斥聯邦有分裂之虞，部分原因是出於戰術考量，刻意忽略這個威脅，以免嚇跑支持共和黨的選民。除此之外，共和黨純粹只是不相信南方的威脅是認眞的，畢竟南方過去四十年來三不五時就會這樣恫嚇北方一下。查爾斯・法蘭西斯・亞當斯後來承認，「我們都陶醉於黃粱美夢」，[110]雖然北方的共和黨人無疑都讀過南方報紙社論的威脅言論，卻仍持續相信，就如林肯向一位記者說的那樣，分離運動純粹是「一場政客耍弄的虛張聲勢的政治遊戲，僅只是意圖要嚇唬北方」。[111]

林肯八月中旬向支持者約翰・佛萊（John Fry）保證，「南方人的見地和性情，好到讓人難以相信他們會意圖毀掉政府」。[112]許多南方人也抱持同樣的懷疑。田納西州一名報社總編輯日後坦承，「分裂聯邦的怒吼早已讓人習以爲常，選戰期間很少有人認眞看待此事。很顯然，北方的本位主義者相信這只是空談，而多數明智的南方人認爲，這是『只說不做的威脅，目的在動搖北方民心』」。[113]

貝茲對南方的威脅同樣不以爲意，他認爲這只是一些好戰政客鋌而走險，[114]而蘇爾德則公開鄙夷分裂聯邦的挑釁言論：「他們吼叫著說要撕裂聯邦……有誰害怕了嗎？一個也沒有。」聽衆們也應合說：「沒人害怕！」[115]林肯的同僚之中，只有小法蘭克・布萊爾認清，林肯的演說遭到南方各報刻意扭曲，又被極端派「曲解」成暗示共和黨意圖攻擊南方，而這製造了一個龐大又具影響力的階級，他們甚至已準備點燃社會紛亂的火源。但布萊爾仍相信，這些極端分子不會得逞，「光榮的聯邦」不會「因共和黨勝利而分崩離析」。[116]即使是南方領袖約翰・布列欽芮吉也對南方極端派敬而遠之。他在唯一的競選演說中，駁斥了指控他傾向支持聯邦解體的說法。[117]

當大家醒悟「無法壓抑的衝突」不只是紙上談兵時，已經爲時太晚。而「分裂的家」也確實終將傾覆。蘇爾德與林肯過去這些歷史性預言，聽在南方人耳裡，不免覺得是咄咄逼人的威脅，必須加以回應。

十月的地方選舉落幕後，總統選戰取得決定性的動能，但大勢仍未底定。由於有四組候選人瓜分選票，林肯必須奪下紐約州關鍵的三十五張選舉人票，才能確保贏得多數，而不需由國會衆議院來決定鹿死誰手。他仰賴梭羅・魏德打好紐約州的選戰，同時也持續尋求其他人提供不同的觀點與慧見。林肯告訴前國會議員約翰・派提（John Pettit）說，「我掌握非常多來自紐約州的消息，當然這些都是朋友所提供的片面訊息，若果眞像他們所言十拿九穩，似乎再好不過，但消息也可能偏離事實」。⑱

共和黨在紐約州面臨獨特的問題。該州有衆多傳統上支持民主黨的愛爾蘭移民，他們對反奴隸陣營並不友善。此外，紐約市深具影響力的工商業者認爲，共和黨會危害他們與南方的商務往來。如果這些團體如道格拉斯所想，聯合起來與林肯作對，加上蘇爾德的人馬仍對林肯出線耿耿於懷，林肯將在紐約州嘗到敗果。

林肯從一開始就對這複雜的情勢有所認知，他在八月間向魏德警示說，「道格拉斯陣營將以空前非凡的努力在紐約州求勝。」他擔心，道格拉斯「處理貝爾參選的問題，技巧相當純熟」⑲，很可能融會兩股反共和黨勢力，使共和黨在紐約州鎩羽而歸。魏德不像林肯那麼憂心，但無論如何也不會讓敵營有可乘之機。他在十月底從紐約市艾斯特飯店寫信給蘇爾德說：「您能在紐約市發表一場安撫民心的演說嗎？以您參議院演講的精神爲本，向世人宣示，共和黨人與黨的使命在聯繫聯邦於不墜……共和黨的黨綱沒有任何主張侵略的章節……我認爲這將可了結我們的工作。」⑳蘇爾德慨然應允，在紐約市這個民主黨的勢力大本營，他的演講獲得不絕於耳的掌聲，演說結束時，「群衆的喝采更是空前熱烈」。㉑

＊＊＊

一八六〇年十一月六日總統選舉投票當天破曉時刻，春田市禮砲與樂音大鳴大響，喚醒沉睡的公民，「以激勵衆人的精神」。㉒林肯當日上午待在伊利諾州州政廳一隅的選戰總部，接待及娛樂訪客。《紐約時報》的塞謬・威德（Samuel Weed）多年以後還記得那天早晨接待室內的氣氛。林肯當時「沉著且友善地與三、四位朋友談天，就好像剛啓程要去郊外野餐一樣」。林肯將扶手椅後仰，兩條細長的腿擱在室內暖爐上，巨細靡遺地論說著所有地方選舉的大小事，「讓人以爲伊利諾州郡區檢察長選舉遠比總統選戰來得重要」。[123]

林肯一開始不願把票投給自己，他相信「總統候選人不應票選總統選舉人團」。[124]但荷登堅持，如果他避開選票頂端的總統選舉人，仍可圈選所有的州和地方選舉候選人。林肯受此想法鼓舞，於下午三時左右來到設於法庭的投票所，他一出現就吸引大批群衆，「受到大家以響徹雲霄的喝采歡迎。衆人還跟隨他穿越大廳、上樓進入法庭」，[125]另一波「熱情的歡呼隨之爆發」。[126]

五點左右，林肯動身回家準備與夫人和孩子們共享晚餐，接著在七時許，由戴維斯法官與少數摯友陪同回到州政廳。一位支持者說，林肯當時要求一大群隨著他魚貫進入的民衆離開，只留下他最親近的幾個朋友。「他說他一生從未曾做過類似的事情，而且不願在此時開此先例。」當投票結束時，第一批電訊開始湧入電報室。《密蘇里州民主黨人報》（*Missouri Democrat*）指出，「林肯整個傍晚都顯得沉著冷靜，與平時並無二致，但當電報室的傳訊信使來到時，似乎再怎麼強作鎮定，都已無法壓抑內心的焦慮，林肯的臉部顯見因緊張而抽動著。第一份傳來的電訊顯示共和黨在伊利諾州狄凱特大有斬獲，於是如展示戰利品般，在議會廳向衆人宣讀，贏得滿堂喝采」。[127]此後一有最新計票數回報，林肯就會拿來與前回選舉進行比較並做出評論，雖然最初回報的消息尚不完整，但據觀察，林肯「似乎已能從這些訊息推知全州總體戰果」。[128]

九點左右，遠方各州的計票結果陸續傳來，林肯、戴維斯與幾位友人此時都聚在電報室[129]，以便立即獲知最新進展。當各地都傳回好消息後，林肯如釋重負地斜倚在一張沙發上。共和黨陣營囊括了新英格蘭、西北部、印地安納州及賓夕法尼亞州的選票。然而到了十點，紐約州仍音信全無，林肯開始焦躁不安。他向親信們表示，「假如是好消息的話，應當很快就會傳達，而如果是壞消息的話，他絲毫不急著想知道」。[130]

十一時三十分許，終於有來自紐約的消息傳到：「我們在紐約州各地穩定領先，雖然紐約市的結果仍未明朗，不過我們預料將大獲全勝。」[131]這份電訊引發如雷貫耳的喝采。數分鐘後，李曼・川布爾跑進電訊室說：「亞伯大叔，我確信下任總統非您莫屬了。」[132]但林肯仍不確定，畢竟一旦民主黨在紐約市拿下絕大多數選票，就有

可能與共和黨在紐約州其他各地的總得票等量齊觀。林肯說：「別著急，朋友們，別急著下定論，大勢仍未底定。」⑬³

午夜時分，林肯出席了共和黨仕女們準備的「勝利」晚宴，⑬⁴儘管大家都確信勝券在握而興高采烈，唯獨林肯依然爲紐約的選情焦慮難安。他先前有過太多次夢想在最後關頭破滅的經驗。他已掌握一百四十五張總統選舉人票，但如果未能再拿下紐約州的三十五票，則將以七票之差跨不過半數門檻。

林肯其實多慮了，因爲梭羅・魏德無與倫比的組織能力發揮了效用，催出了紐約市各選區的共和黨選票。魏德指示黨工說：「要考慮所有選民在十點之前都不會出門投票，不能等到最後時刻才開始催票。」⑬⁵他讓黨組織有充足的時間去激勵、催促甚至帶著選民去投票。

午夜過後不久，紐約與布魯克林的計票結果出爐，民主黨在紐約市的得票數並不足以與共和黨在紐約州各地的戰績分庭抗禮。林肯達成了勝選的使命，終於可以安心慶祝勝利。

教堂鐘聲齊鳴，街頭迴盪著爲「老亞伯」喝采的聲音。林肯喜不自勝，他承認自己「非常快樂……而又有誰在這樣的情境中不是如此呢？」⑬⁶林肯將最後一份電訊放進口袋，回家向終日焦急等候音訊的夫人瑪麗報喜。林肯回到家後高呼：「瑪麗，瑪麗，我們當選了！」⑬⁷

10 「強化版的字謎遊戲」（組閣）

林肯上床就寢時已是深夜兩點，雖說精疲力竭，卻仍難以入睡。據基迪恩・威爾斯說，林肯日後回憶指出，「選戰結束後的興奮使他徹夜未眠」，而且「他對落到肩上的責任重擔倍感壓力沉重」。①林肯聽著窗外，春田市民在街上開派對、歡笑、吟唱、遊行慶祝，直到體力難以爲繼。破曉時，人們才終於散去，紛紛回家休息。②

無疑地，林肯與鄉里鄉親們同樣歡天喜地。自林肯最初從政起，他就熱切期望能有機會完成重大事蹟以造福同胞。用現代的語彙來說，他渴望「造成實際上的改變」，如今他終於有機會得償所願。然而，林肯深知年輕的共和黨內山頭林立，而來自南方的威脅又無所不在。他了解國家當前正處於最危險的時期。

林肯日後記錄說：「我立刻覺得自己需要奧援，得要有人幫我分攤重擔。」③當筋疲力盡的市民拖著沉重的腳步回到家裡，整座城市「回復到平時的靜謐

時」，④林肯開始籌組他的「公務家庭」——新政府的核心。他指出：「此事開始於一個星期三的早晨，而在當天日落之前，我已擬好新內閣名單。我最後定案的閣員幾乎都出自這份名單。」⑤

他在一張空白的卡片上寫下了七位他想要的人選，其中的核心人士包括與他競逐提名的主要對手——蘇爾德、蔡斯和貝茲。名單上還有蒙哥馬利·布萊爾、基迪恩·威爾斯和諾曼·賈德，三人全是前民主黨員，此外還有紐澤西州的威廉·戴頓，他曾是輝格黨員。⑥在內閣正式組成前的幾個月期間，林肯承受了來自各方的龐大壓力，但他心意已決，要讓來自共和黨各派系——前輝格黨人、自由國土黨人、反奴隸制的前民主黨人，這些最有能力的人，聚集在他身邊做事。

這個用來思考理想內閣人選的平靜日子，後來證實只是暴風雨前的寧靜。「瘋狂爭奪」⑦內閣較不重要職位的戲碼很快就接著登場。大批謀求一官半職的人來到春田市，他們的口袋裡塞滿了推薦信函，內心裡滿懷著熱切的希望。有的人穿著「沾滿泥巴的靴子和工作衫」抵達，有的人則盛裝以赴，而林肯對大家一視同仁，以同樣和藹的態度歡迎眾人。

林肯決定分兩個時段接見訪賓，一次排在早晨，一次排在傍晚。他在州政廳的州長接待室會客，這個房間對於不斷湧來的訪客來說實在太小，他們必須在林肯「清晰且經常伴隨響亮大笑的聲音」⑧指引下，推擠著穿越狹窄的門廊。《紐約論壇報》特派員亨利·維勒（Henry Villard）最初對林肯擔任總統的資格心存質疑，但他觀察發現，總統當選人「應對訪客非常圓熟」。他耐心地傾聽每個求職者說的話，展現出「調適個別性格與特質」的機智。「他從不迴避適當的問題，且總能妥適地回答。」最讓維勒印象深刻的是，林肯講述幽默故事或適當的軼事趣聞以「解釋他的意思或闡明重點」的能力，「他擅長旁徵博引，且總是完美又貼切」。⑨

反對派報紙嘲弄林肯愛說故事的嗜好，想像他從睡醒起就開始喋喋不休，不論是吃飯時間、走在街上、在辦公室裡、在商店內，甚至在睡夢中（而瑪麗就戴著睡帽睡在他身旁），始終講個不停。⑩但洞察力敏銳的維勒了解，林肯滔滔不絕的故事，「通常有助於療癒受傷的感情及減輕人們的失望」。⑪維勒的結論指出，會見過林肯的每個人都同意，「他體現了性情溫和、平易近人的特質。他們也全都承認，林肯言語和善，總是笑臉迎人，談話幽默，鮮少有人離開接待室後，不對他的整體性格留下強烈且良好的印象」。⑫

在這個關鍵時刻，林肯非常需要第二位助手。於是，尼可萊推薦了二十二歲的約翰·海伊，⑬他是布朗大學畢業的年輕記者，曾積極投入總統選戰，還在《密蘇里州民主黨人報》寫了一些支持林肯的專欄文章。尼可萊是在念私立學校時結識海伊。他要求海伊幫忙處理林肯川流不息的信函，使得這位熱愛社交的青少年時期好友欣喜不已。雖然海伊正準備加入他叔父米爾頓·海伊在春田市的律師事務所，但他更熱愛文學。在布朗大學的畢業紀念日，海伊發表了詩作，多年後人們仍對此津津樂道。他大學畢業後，曾懷抱不切實際的理想，期望以創作詩人爲生，但最終勉爲其難地選擇了法律事業。現在他抓緊時機，一躍進入白宮任職。

對於瑪麗、威利和泰德來說，這是一段令人興奮的時光。⑭每晚林肯接見求職者的時段結束後，訪客、素描藝術家和朋友開始陸續湧進他家住宅。瑪麗手舞足蹈地扮演女主人的角色，兩個兒子則以他們的歡笑聲和獨家故事款待賓客。社會名流熱烈的政治對話讓瑪麗回想起童年時代，她的父親於傍晚在肯塔基的宅邸客廳，與亨利·克雷等參衆兩院議員交誼的情景。當然，發生一些不愉快的事也在所難免，比如說，有人會把泥巴踩進家裡，或者有的訪客會指著瑪麗，粗魯地問說：「是那個老女人嗎？」⑮不過，瑪麗顯然很努力地承受這一切。勝利帶給她的喜悅，使這些惡行變得微不足道。

即使在家人款待形形色色的賓客之際，林肯也未曾稍忘籌建內閣的繁重任務，此事不只要兼顧到北方共和黨的團結，還要盡可能公平地納入南方的代表性人物。因此，他要求副總統當選人漢尼拔·韓姆林到芝加哥會談，⑯以協助他審慎衡酌內閣人事。安排妥當後，林肯邀請老友約書亞·史匹德同行，⑰並建議他帶著夫人，讓瑪麗有個伴。林肯夫婦由一小群記者和朋友陪同，搭乘火車前往風城，並選擇下榻特里蒙飯店。六個月前，戴維斯與史威特負責爲林肯爭取提名時，也住在這個地方。

雖然林肯在國會衆議院問政時，韓姆林也在國會擔任參議員，但此次卻是兩人首次面談。韓姆林還記得，他曾經聽過林肯「充滿幽默且重點清晰」的演說，當時滿堂聽衆不停地捧腹大笑。⑱韓姆林出生於緬因州，與林肯同年，他的身材高大，孔武有力，皮膚黝黑。他在年輕時加入傑克遜總統時代的民主黨，展開從政生涯，第一個公職是緬因州州議員，後來歷任國會衆議員以及參議員。⑲

韓姆林來到林肯下榻的特里蒙飯店房間展開協商，但兩人會談的消息傳出後，很快就引來大批的訪客，迫使他們舉辦了一場公開接待會和晚宴。無論如何，他們隔天續談時，將陣地轉移到一位朋友的住處祕密進行。林肯表明，他決心要延攬先前的對手進入他的「公務家庭」，組成「契合的團隊」。韓姆林顯然贊同這個想法，兩人話題於是轉到挑選一位來自新英格蘭的代表性人物。林肯提出他的最初人選，包括基迪恩・威爾斯、納撒尼爾・班克斯、小查爾斯・法蘭西斯・亞當斯。韓姆林反對班克斯，但同意研究亞當斯與威爾斯兩個人選是否可得及是否可行。⑳

在應對紛至沓來的野心政客與策略性的商談之際，林肯必定渴望能撥空與老友史匹德聚談。他安排范妮拜訪瑪麗，以便能與史匹德關室密談。史匹德後來追憶說，林肯躺到床上問我：「史匹德，你的財力如何？算是富裕還是貧窮？」史匹德悟出林肯的語意並回答說：「我想，我知道你的期望。我坦白告訴你，我的財力很好，但我認爲，你能授與的任何職位，沒有一個我負擔得起。」㉑雖然史匹德的決心未曾動搖過，但這兩個好友在內戰期間仍保持聯繫，史匹德並在避免肯塔基州脫離聯邦的過程中，扮演關鍵角色。

當林肯忙著挑選閣員時，瑪麗得享了一段燦爛時光。㉒她參訪了林肯贏得提名的黨全代會會場，遊歷了海關辦公廳與郵政部，並在爲林肯夫婦舉辦的大型公開接待會上展現身段與魅力。

林肯返回家中之後，廣泛地與形形色色的政治人物通信，並仔細聆聽各方有關組閣的建議。無論如何，誠如尼可萊的女兒海倫日後所述，林肯將會獨自解決「強化版的字謎遊戲，其中必須考量對黨的忠誠與服務、個人適任性、地域代表性，以及其他十多項要素，還得要兼顧和諧一致」。㉓

「鑑於蘇爾德能力過人、正直且足以呼風喚雨」，㉔林肯從一開始就決定要讓他擔任內閣最高職務。與總統寶座無緣的蘇爾德也毫無疑問地認爲，自己有資格擔任國務卿。㉕蘇爾德不僅在爭取提名時具備壓倒性的人氣，失利後還積極爲林肯助選，並幫他拿下勝選關鍵的紐約州。

「當然，林肯先生將賦予您內閣首要職位，」查爾斯・法蘭西斯・亞當斯致函蘇爾德說。「我相信不會有什麼顧慮阻礙您接受任命……據我所知，林肯相信您的能力無人能及。」㉖西蒙・卡麥隆也從賓夕法尼亞州發出類似的預測：「您將在幾天內被賦予國務卿的職位，而您必不可回絕。如果您逃避的話，過去多年來的努力所獲致的所有成果將會付諸東流。我最大的宿願就是得見您進白宮任職。」㉗

林肯由衷同意應優先考慮任用蘇爾德。然而，蘇爾德懷抱著處心積慮的野心。林肯渴望組成一個能團結共和黨不同派系的內閣，而蘇爾德則認爲，應由像他這樣的前輝格黨人來主導內閣。林肯總得票數有近三分之二是前輝格黨人投給他的。㉘蘇爾德主張，可以讓其他派系的主要代表出任較不重要的內閣職務，但前輝格黨人應得所有高層職位。此外，蘇爾德獲得魏德奧援，企圖在挑選內閣成員的過程中扮演要角，意欲藉此在新政府中取得比林肯更具發號施令權威的地位。

爲推動此事，梭羅・魏德在選舉結束後不久，邀請林肯往訪奧本的蘇爾德宅邸，以便三人一同商討組閣事宜。他還援引先例說，過去威廉・哈里森在一八四一年當選總統後，也曾親赴肯塔基州萊辛頓與對手亨利・克雷會談。林肯明智地加以婉拒。㉙魏德於是又建議換一個較中立的地點，而林肯依然沒有接受。林肯很樂意與魏德和蘇爾德諮商組閣事宜，但他要讓他們明白，最終的決定將出自春田市，而且將由他獨自定案。

林肯審慎應對魏德，並不意味他對選任蘇爾德爲國務卿有任何遲疑。相反地，當肯塔基州一名保守派法官警告說，「假如像蘇爾德、凱西爾斯・克雷這類可憎的人入閣」，肯塔基州公民可能會被迫跟隨南卡羅萊納州，呼籲召開脫離聯邦大會，林肯顯然被激怒而質問說：「蘇爾德或任何卓越的共和黨人，曾經說過威脅南方的話嗎？」問題不在於共和黨人的言論或信仰，而是出於南方人「始終歪曲、污衊北方人，藉此以剝奪北方人原本可能享有的優勢」。㉚

事實上，林肯堅決地迅速採取行動，回應了各家報紙的猜測。報上普遍指稱蘇爾德可能無意入閣，而即使他願意，林肯也不會讓他如願以償。十二月初，林肯指派副總統當選人韓姆林探明蘇爾德的心意。當韓姆林徵詢蘇爾德的友人普萊斯頓・金時，金建議由韓姆林直接來和蘇爾德談。韓姆林明白這涉及地點安排的問題，於是尋求林肯給予指示。㉛

林肯斷定，正式徵詢蘇爾德入閣意願的時機已經成熟。於是寫了兩封準備交給蘇爾德的信，並指示韓姆林在與華府的川布爾商議之後，立刻把信遞交給蘇爾德。㉜十二日十日傍晚，國會參議院的議程結束後，韓姆林在街頭追上蘇爾德。當兩人走到第三街與賓夕法尼亞大道角落的華盛頓飯店時，韓姆林邀請蘇爾德入內商談。韓姆林問蘇爾德，是不是眞的會拒絕出任國務卿，蘇爾德審慎地回答說：「韓姆林，如果你來這裡是要談這件事，我們最好就此打住。我不想要這個職位，而就算我想要，我也有理由相信，我得不到這職位，因此，我們別再談這件事了。」

「好吧，」韓姆林說，「但在你把對我說的這些直率的話告訴別人之前，我要將林肯寫的信交給你。」第一封信寫於十二月八日，內文正式邀請蘇爾德入閣。[33]蘇爾德接下這封信時「顫抖著」，神情顯得「緊張」。[34]林肯寫道：「如果您許可的話，我將在適當時機提請參議院認可您出任國務卿，請您在最方便的時刻盡早讓我得知您的答覆。」

起初，蘇爾德沒說多少話，或許懷疑這只是像報紙所預測的，聊備一格的邀請。接著他打開第二封信，上面有註記聲明這是私人性質信函並要求保密。這項精心的設計，目的在安撫蘇爾德強烈的自我。「報上充斥著謠傳，」林肯寫道，「指稱我邀您出任國務卿只是要恭維您，且期望您不會接受。我懇請您相信，我從未說過任何足以證實這些傳言的話。我反而從在芝加哥獲提名那天起，就一直想要指派您出任國務卿……我現在提供這個職位給您，期望您能接受，也相信以您在公眾眼中的地位、正直、能力、學養和豐富的經歷，對此職務必定遊刃有餘。」[35]

蘇爾德的臉龐「蒼白又帶有興奮神情」，他緊握韓姆林的手說：「這真是太好了，我會考慮這件事，然後依照林肯先生的要求，在最早的可行時機給予答覆。」[36]三日後，十二月十三號那天，蘇爾德寫給林肯一份親切的便箋表示，他很榮幸能獲邀出任國務卿，但還需要「一點時間」來考量，「是否具備擔任部長的資格與心性，以及友人們是否樂見我繼續擔任公職」。他還說，期望能就這些問題直接與林肯面談，但又不知道「在當前的境況下如何審慎地舉行會談」。[37]雖說蘇爾德無疑想要這個職位，但他還意欲測試一下，自己有多大的權限選擇志同道合的（親蘇爾德的）同事。

＊＊＊

林肯提出延攬蘇爾德之議後，接著將注意焦點轉向貝茲。透過法蘭克・布萊爾的安排，貝茲在十二月十五日來到春田市拜會林肯。㊳貝茲在會面前夕就抵達春田市，下榻契納理旅館，並在翌晨早餐時間於旅館內與約翰・尼可萊碰面。尼可萊對於貝茲這位前輩政治家的外貌感到意外：「他的外表沒有讓人印象深刻之處，他的頭髮呈灰色，鬍子則已花白，而他的臉強烈地顯露出所有的歲月刻痕」。尼可萊還發現，「他交談時吐露出的話語非常和藹而且平易近人」。㊴用完早餐後，貝茲步行到林肯在州政廳的接待室。由於林肯尚未抵達，尼可萊遞給貝茲一份早報，然後趕到林肯家通知說貝茲已在等候。不久後，這兩位前輝格黨同志開始對談，據貝茲描述，「直到被群衆打斷爲止，這是一場自由自在的談話」。爲繼續私下交談，林肯建議轉移陣地到貝茲住宿的旅館房間，他們在那兒談了將近一整個下午。㊵

林肯很快就讓貝茲確信，「從他獲得提名起，就決心要在入主白宮後邀請貝茲入閣」。貝茲與有榮焉地在日記中寫道，事實上，林肯說他認爲，貝茲加入新政府「對於造就全面的勝利是不可或缺的」。㊶貝茲的多位友人力促由他出掌國務院，林肯也知道此事，但他認爲「這個職位應當要給蘇爾德」，這不只是出於「對黨以及蘇爾德諸多強大友人應盡的本分」，也是因爲「該職完美符合蘇爾德個人的特質」。無論如何，「他還未曾就此事與蘇爾德溝通，不知道蘇爾德會不會接受任命——關於蘇爾德會否接受，仍有一些疑問」。林肯還用「溝通」這個詞語可能經過深思熟慮，目的在使貝茲相信，他是林肯第一個洽談的人。而他真正的意思其實是，蘇爾德還沒有肯定地回覆他的延攬信函。而貝茲也確實自認他是林肯諮談內閣職位的第一人。林肯解釋說，雖然他不能提供首要的國務卿職位給貝茲，但他想給予貝茲「他認爲最適切且各方面條件無疑都符合的職位，也就是司法部長」。㊷

貝茲告訴林肯說，假如國內「和平與秩序盛行」，他將會像一八五〇年婉拒出任費爾摩爾總統的戰爭部長那樣，回絕林肯給予的尊榮。㊸而在兩個月前，貝茲還曾於日記中寫道，「大家都預期林肯會邀請我出任內閣部長」。他並矢言要加以婉拒：「我的財務狀況和我的日常生活習慣，讓我非常不想出任低薪酬的高層職務——這會使人受到極大的誘惑，去過遠超越他的收入所許可的生活，致使他貪污腐敗；而假若他有勇氣過儉省的生活，卻又會致使家人遭受嘲笑。」㊹

然而，國家當前「正面臨紛亂和險境」，貝茲覺得「他有責任犧牲個人的意向，將他的勞力和影響力奉獻於恢復和平及保全國家」。[45]林肯明白貝茲已是他的人馬，可望出任司法部長，或是一旦蘇爾德婉拒國務卿職位，則可出掌國務院。數日之後，貝茲建議說，藉由洩漏他獲邀入閣的消息，「將可對民眾的心思——尤其是邊境蓄奴各州的民心，造成有益的影響」，[46]林肯也同意這項看法。林肯寫信給貝茲說，「讓《密蘇里州民主黨人報》寫篇小社論」，披露他已接受入閣的邀請，「但還不確定是哪一個部長職位。」[47]貝茲即將入閣的消息幾乎在各地都獲得正面的評論。林肯選任閣員的過程中，延攬貝茲最不需要勞師動眾。

而蘇爾德在獲邀入閣後，依照長年來面臨關鍵時刻的慣例，找來魏德提供意見。魏德已與李奧納德・史威特建立了強固的工作關係。史威特曾在選後告訴魏德：「我們都覺得紐約州和蘇爾德諸友做了很高尚的事情⋯⋯我們非常樂意聽取您們的期望和看法，並將以能力所及的任何方式為您們服務。」[48]魏德於是聯繫史威特，敲定由林肯邀他面談蘇爾德對組閣的想法。史威特於十二月十日通知魏德說：「林肯先生要我告訴您，他很樂意與您會談，林肯先生想聽您關於組閣以及政府整體政策的意見。」[49]

隨著魏德啓程前往伊利諾州，蘇爾德致函告知林肯，他曾和魏德數度面談，而「對於您日前善意的信函所提主題，魏德將代為轉達，我當下仍懸而未決的想法」。[50]魏德於十二月二十日抵達春田市。過去幾週以來，紐約各報特派記者不斷查閱春田市當地飯店客人名單，期能從中找出來自紐約的貴客。就在打算認定東岸政壇人士刻意迴避林肯之際，他們發現了魏德下榻契納理旅館。[51]羅徹斯特一家報紙指出：「紐約奧爾巴尼遊說圈的知名要角魏德，這位曾經權傾一時，掌握政治人物成敗命運，無與倫比的政黨經營家，不辭遠行迎向躍升的太陽！」[52]

魏德來到林肯住宅，兩人在客廳面對面會談，史威特和戴維斯也在一旁陪伴。史威特對當時兩人的形象記憶猶新：「他們的身材和相貌都不同凡響，均有粗獷又極為醒目的特徵，他們也都是憑藉自己的努力，從低微的出身崛起，成為掌控國家的人。」[53]儘管兩人彼此敬重對方，但林肯對於內閣人選的堅決態度無疑地讓魏德感到驚訝。魏德先前臆測，他和蘇爾德將會在整個內閣的組成過程扮演關鍵角色。對於林肯任用貝茲，魏德並不反對；當林肯提及要延攬印地安納州的凱勒・史密斯和西蒙・卡麥隆，魏德也沒有抱怨。雖然卡麥隆曾是民主黨員，但魏德了解賓夕法尼亞州應得一個內閣席位，而且卡麥隆是個追隨自己心意的務實政治人物。[54]然而，當林肯提出塞蒙・蔡斯、基迪恩・威爾斯和蒙哥馬利・布萊爾——全都是對蘇爾德不友善的前民主黨員——魏德表達了「強烈的反對」。㊺

魏德爭論說，蔡斯是廢奴論者，而威爾斯以及他在康乃狄克州的民主黨同事，則長年與魏德和蘇爾德針鋒相對。魏德更把蘇爾德在芝加哥的挫敗歸咎於威爾斯：「康乃狄克州黨代表團一致反對蘇爾德，還使得新英格蘭其他各州群起效法，威爾斯或許比其他任何人更難辭其咎。」㊻魏德並建議說，查爾斯・法蘭西斯・亞當斯或是喬治・艾許蒙是遠比他們出色的人選。㊼這兩人都是前輝格黨人，也都是蘇爾德和魏德的好友。林肯帶些心機地宣稱，因爲副總統當選人韓姆林來自船運業務欣欣向榮的新英格蘭，所以已指定由他選任新英格蘭的代表人物出掌海軍部。而鑑於韓姆林已選定威爾斯，「僅剩的問題只有威爾斯個人的意願」。㊽事實上，林肯與韓姆林討論了包括威爾斯等多個人選，而韓姆林寧願由查爾斯・法蘭西斯・亞當斯出任海軍部長，㊾但林肯中意曾是民主黨員的威爾斯，因爲此人有助於制衡內閣裡的前輝格黨勢力。而多年後林肯在一次與威爾斯的談話中表示，他從一開始就下定決心要讓威爾斯掌理海軍部。林肯回憶說，雖然韓姆林等人「認可」他的人選，但「這項選擇是出自我，而不是其他人」。㊿

魏德了解林肯對威爾斯入閣絕不讓步後，打趣地提了一個天馬行空的替代案，他建議副總統當選人買一個「刻有精緻假髮與茂密落腮鬍、迷人的船頭裝飾雕像，並把它從船首遷移到海軍部大門口」，它將「像海軍大臣一樣有用，而且沒那麼昂貴」。林肯立刻敏銳地察覺他的幽默形容恰似威爾斯的形象。威爾斯頂著一頭假髮、滿臉落腮鬍，神似裝飾船頭的海神雕像，而日後林肯總是叫他「海神老爹」。無論如何，林肯覺得，他需要的是「一位活躍的海軍部長」。(61)

林肯接著提起蒙哥馬利・布萊爾。魏德譏諷說：「除了他的父親老法蘭西斯・布萊爾之外，會有任何人推薦他嗎？」(62)這一質問讓林肯想起了一則有趣的軼事，藉此林肯讓魏德明白了布萊爾是他的欽定人選。魏德還是爭辯說，林肯最終將爲此感到後悔。林肯解釋說，他需要一位可以代表邊界州的閣員。而蒙哥馬利入閣可以確保馬里蘭州，加上他的兄長法蘭克對密蘇里州的影響力，兩州都會支持新政府。魏德建議說，北卡羅萊納州的約翰・吉爾摩（John Gilmer）效忠聯邦，是更好的人選。林肯認識吉爾摩，也喜愛這個人，但他懷疑會有任

何南方人願意入閣。然而林肯讓步說，假如能聯繫上吉爾摩取得其首肯，而且「其忠誠也毫無疑問的話，他將會任用吉爾摩」。㊸

在會談行將結束之際，魏德指出，延攬蔡斯、卡麥隆、威爾斯及布萊爾，與蘇爾德、貝茲和史密斯等人一同入閣，將使前民主黨人在內閣佔多數優勢，這忽略了前輝格黨人才是共和黨的多數。林肯回答說：「您顯然忘了，我也是政府的成員，將我算進來的話，您就會明白，內閣的組成既平衡又沉穩。」㊹

魏德回奧爾巴尼時已被林肯說服，相信他「絕對能夠勝任」。他在《奧爾巴尼晚報》發表文章指出，「他兼具哲學與務實的心靈。他接見所有拜訪者，傾聽他們的話語，自由自在地與衆人交談，也閱讀所有寫給他的信；但他爲自己而獨立思考與行動」。㊺

在公開讚揚林肯獨立自主之際，魏德私下對內閣的局面非常懊惱，以致不再確信蘇爾德應接受邀請入閣。魏德在耶誕節寫信告訴蘇爾德，「就一個方面來說，一切都已落空」，這似乎是指未能擋下威爾斯。他還說，「我也不認爲另一位的事有多少挽救的餘地」。㊻這可能是指布萊爾。

隔天晚上，蘇爾德寫了一份便箋給查爾斯・法蘭西斯・亞當斯，請他翌晨來會面。蘇爾德語帶悲哀地向亞當斯表示，他原本想像，當林肯給予他內閣首要職位時，他將可與林肯諮商未來的同事人選；然而魏德卻從春田市空手而返。他期望亞當斯能出任財政部長，但威爾斯可能佔走新英格蘭的閣員配額，而致亞當斯無緣入閣。據亞當斯指出，蘇爾德坦言，「這不是一個他所期望見到的內閣，也使他處於不知如何是好的窘境。假如他拒絕的話，他能否說出眞正的理由，說他需要有人支持？而如果他接受的話，這將會是多麼艱難的任務啊！」亞當斯回答說，「在此極爲艱困危險的時刻，別無選擇，只能接受」。㊼這可能是蘇爾德表達了未能促使亞當斯入閣的苦惱之後，最想聽到的話。

翌日，蘇爾德寫信告訴林肯，「經過妥善思考及不斷自我質疑之後」，他已做出結論：「假如我獲得您向參議院提名……我有義務接受。」㊽當晚他還寫信給夫人說：「我已經告知L先生，我不會拒絕入閣。這是必然的。我會努力拯救自由與我的國家。」㊾法蘭西絲對此並沒有感到訝異。雖然她期望他結束政治事業，回奧本家中陪伴家人，但當他夏季旋風般巡迴各地爲林肯助選，受到大批崇拜他的群衆歡迎時，她已預知，奧本的恬靜生活絕對無法滿足他的雄心壯志。對於他宣稱要拯救自由與國家的宏言偉論，她也不覺得意外。她對蘇爾德的了解，經常比蘇爾德對自己的了解更加透徹。

＊＊＊

在蘇爾德和貝茲都願意入閣後，林肯開始專注於拉攏第三位對手，也就是塞蒙・蔡斯。林肯知道蔡斯絕不會接受低階的職位，因此預定讓他出任財政部長。他收到蘇爾德接受國務卿職位的信後，隨即致函蔡斯說：「值此多事之秋，我亟欲與您商談事情。請立刻前來一晤。」⑳此時，組成拼圖的每個小塊已開始放到各自的位置。

然而，林肯對蔡斯的安排暫時遭到阻撓。有股巨大的壓力要林肯任命賓夕法尼亞州的西蒙・卡麥隆為財政部長。史威特和戴維斯究竟對卡麥隆的人承諾了什麼，使得他們在黨全代會第二輪投票轉而支持林肯，關於此事並沒有留下相關記錄。只知史威特寫給林肯的信說，他向卡麥隆人馬承諾，「他們將會像最初就是林肯的朋友那樣，獲得相同的待遇」。㉑從林肯當選總統幾天之後，就有「多股強大勢力和始料未及的各方」，㉒不斷寫信為卡麥隆遊說。林肯一開始就了解，能否滿足賓州的要求，事關重大。起初，林肯期望賓州能接受紐澤西州的威廉・戴頓，因為他像卡麥隆一樣，堅決主張採行貿易保護主義。然而，為卡麥隆請命的信函仍然蜂擁而至，迫使他指派史威特前往哈里斯堡，邀請卡麥隆到春田市來會談。㉓

「卡麥隆出人意料地抵達春田市，有點讓人驚奇，」亨利・維勒坦承，「不只是報社特派員，春田市大多數有政治圖謀的人也都不例外。」鑑於林肯「嚴守誠信」，維勒認為「誠實的亞伯」似乎不可能讓卡麥隆這類惡名昭彰的人玷污內閣。㉔多年來，卡麥隆一再遭人指控涉嫌賄賂，以及詐騙溫尼貝戈（Winnebago）印地安人，因而聲名狼藉。但不論他的名聲有多糟，他組織賓州打選戰，確實展現了卓越的技巧和效能。

卡麥隆十二月三十日抵達下榻的契納理旅館後，㉕隨即差人捎便箋給林肯說：「我是否有榮幸能在此等候您的吩咐，或是您要給我方便親自來此會面？」㉖林肯告訴卡麥隆到他的辦公室見面，兩人在此談了數個小時。㉗他們當晚又到契納理旅館續談。兩人談話極為坦率且氣氛愉快，即使反對卡麥隆的人也承認，他具備能贏得人心的性格、對政治敏銳又精明，且有一籮筐吸引人的故事。會談結束之前，林肯告訴卡麥隆，他將會任命卡麥隆爲財政部長或戰爭部長。狡猾的卡麥隆要求林肯將他所提留下文字記錄，林肯帶有幾分衝動地寫了下來，但要求卡麥隆承諾會保守祕密。遺憾的是，卡麥隆回家後「像個興高采烈的學童一樣」，⑱到處向他的朋友炫耀。

卡麥隆可能入閣的消息洩漏出來之後，反對聲浪如野火燎原。川布爾致函林肯警告說：「C先生臭名遠播，您的政府將深受其害。」⑲此信可能在卡麥隆離開春田市後不久就寄達。接著，亞歷山大・麥克路爾（Alexander McClure）於一八六一年一月三日，代表賓州一個反卡麥隆的派系來到春田市，他攜帶了一批據稱將揭發卡麥隆眞面目的文件，內容指稱卡麥隆欠缺閣員所應具備的道德，尤其不適任財政部長。林肯認知到他在此事上操之過急，於一月三日私下捎了一份便箋給卡麥隆說：「在與你會談之後，事情的發展已使我不可能延攬你入閣。你必須告訴大家，這是在與麥克路爾的訪談提起，而消息只有一部分屬實，並不是完全正確無誤。更眞確的事實全然得離開賓州去探求。」顧及彼此的顏面，林肯建議卡麥隆拒絕接受任命，如此他將「不反對讓人知道曾提供內閣職位給你⑳」。

林肯相信卡麥隆將會配合，於是著手準備與蔡斯會談。蔡斯「從哥倫布市出發，換了四線鐵路，在狹窄擁擠的車廂中，歷經兩天的旅途勞頓顛簸」，㉑於一月四日星期五來到春田市。總是非常講究外表的蔡斯，獲知林肯已在他下榻的契納理旅館樓下大廳等候時，幾乎沒有時間整肅儀容。雖然令人尷尬的引介讓蔡斯相當不自在，但林肯隨即對蔡斯一八五八年支持他與道格拉斯角逐參議員，熱情地表達他的謝意，使得蔡斯立刻卸下了心防。

林肯接著直接提出此次會談的重點。他說：「我用可能不會對任何其他人採取的方式對待您，邀請您來此以徵詢您出任財政部長的意願，然而，我卻還沒完全準備好要給您這個職位。」㉒林肯解釋道，問題在於能否取得賓州的支持，而情勢頗爲複雜，一方面出於卡麥隆從中作梗，一方面是因蔡斯過去支持自由貿易，惹惱了工業爲主的賓州。林肯的直率雖冒犯了蔡斯但也讓他印象深刻：「我坦誠地告訴林肯，我不渴求內閣職位，也不會輕易委身於低階的職務；但我很樂意以參議員的身分，給予他的政府一個誠摯的盟友所能付出的一切支持。」㉓（蔡斯已再度於俄亥俄州選區當選聯邦參議員。）

蔡斯在後續的談話開始顯得放鬆許多。林肯向他表示，假如蘇爾德不願出任國務卿，他將「毫不遲疑地」

將此職位給予蔡斯。他確信蘇爾德和蔡斯都是內閣最高職務的適任人選。蔡斯的自尊獲得鼓舞，他承諾會「依據友人的忠告」，[84]考慮出任財政部長的可行性。蔡斯與林肯又在週六繼續會談，他並於週日與林肯一家一同上教堂。[85]

在此次漫長的週末會談結束後，林肯認爲蔡斯基本上將成爲內閣要員。但卡麥隆不願拒絕入閣邀請，要如何處理此事呢？那個星期天早晨，林肯步行到契納理旅館，當時古斯塔夫・寇納還在床上睡覺。林肯於是去找賈德，與他一起回到寇納下榻的房間。[86]林肯以激動的語調表示：「我現在很困惑。賓州有權分配到一個內閣職位。」他指出，他收到了「數百封信件，呼喊著『卡麥隆，卡麥隆！』……賓州民衆說：『假如你讓卡麥隆出局，就是羞辱他。』」然而，他「延攬黨全代會對手蔡斯、蘇爾德與貝茲的心意已定」。[87]寇納和賈德都表明強烈反對卡麥隆入閣，也都想不出可以解決林肯兩難困境的辦法。

到了週一早晨蔡斯返回哥倫布市時，林肯已想好暫定的解決方案。他將不會給予卡麥隆財政部長職位，但保留讓他出任另一職位的可能性。他那天向信賴的川布爾指出：「這顯然不只是高度合宜的做法，而且也是**必要的**。蔡斯將會出掌財政部，他的能力、堅毅與個性的純粹，符合既定的入閣標準。」至於必要性，蔡斯光靠名聲，就足以收服長期反對蘇爾德的紐約商人階級。「然而，這勢將激起賓州主張貿易保護的人士不滿，爲化解這個難題，必須要促使卡麥隆合作。」[88]林肯的解決辦法是說服卡麥隆，接受較不顯赫的戰爭部長職位。

林肯謹慎地寫了一封和解信給卡麥隆，承認他的第一封信「是在極度焦慮的情況下」寫成，並請求卡麥隆諒解他「無意冒犯」。他承諾說，假如他在前往華府前給予賓州一個內閣職位，他將會先與卡麥隆商談。他表示：「我將全盤衡量您的看法與期望。」[89]

蔡斯難以確定林肯複雜的計畫是否可行，帶著有些模稜兩可的心情離開春田市。雖然他承認與林肯的會談「自由自在且毫無保留」，[90]但林肯並未堅定地給予他渴求的職位，儘管他自己宣稱寧願留在參議院。在搭火車返回俄亥俄州途中，蔡斯寫了多封便箋，敦促數名友人拜訪林肯爲他美言。他告訴希倫・巴尼說：「必須由我們最好的人馬通力合作，並組成代表團前往春田市，迅速且明智地處理此事。」[91]

蔡斯的朋友懇切地爲他向林肯請命，但林肯受卡麥隆的事困擾，決定在二月底前往華府之前，不再正式提出要給予任何人內閣職位。[92]處於不確定之中的蔡斯，越來越焦慮不安。他寫信告訴伊莉莎白・派克（Elizabeth Pike）說：「我同意被列入林肯考慮中的閣員名單……讓人們和媒體把我當成爭逐權位的人、猜測我能不能出任一個我並不想要的職位，而我這麼做，完全是配合朋友們對我提出的合理要求。我將在這一個星期之內，以便箋告訴林肯先生，要求他不要再做任何進一步的考慮。如果他先前以向蘇爾德和貝茲兩位先生展現的審慎敬重，一視同仁地提議由我出任財政部長，那麼我還可能會覺得，有很強烈的義務順從朋友們的判斷，而接受這個職位。」[93]最終，蔡斯從未曾寄出便箋要求林肯，將他從考慮中的閣員名單裡除名。正如同機靈的林肯所料，蔡斯渴求權位與榮耀，而這使得林肯得以獨立地決定內閣任命案的時間和地點。

＊＊＊

當林肯忙於組建他的「公務家庭」時，美國正日趨分崩離析。一八六〇年十二月二十日，林肯會見梭羅・魏德那天，南卡羅萊納州因應共和黨的勝選召開州民代表大會，並無異議通過了脫離聯邦的法令。接下來的六週期間，整個深南方地區，開始出現滾雪球效應，[94]密西西比、路易斯安那、佛羅里達、阿拉巴馬、喬治亞和德克薩斯六個州一一跟進。

《查斯頓信使報》（*Charleston Courier*）的特派員觀察指出，對南方的激進派來說，林肯的勝選爲「所有純正的南方人渴求的目標——南方邦聯」，開啓了大門。總統選後隔天晚上，查斯頓市民成群走上街頭，持火炬遊行，隊伍中還出現林肯芻像。它的手上有標語牌寫道：「亞伯・林肯，北方聯盟第一任總統。」這芻像後來由兩名奴隸豎立在絞刑台上，接著被人引火焚燒，「在一波接一波的歡呼聲中，迅即遭烈焰吞噬」。[95]

脫離聯邦的各州所通過的法令明白宣告，「黑色共和黨人」當選總統，只是壓垮駱駝的最後一根稻草。這些文件列舉了南方所受的一長串委屈：北方試圖將蓄奴制排除於新領域之外；沒有貫徹執行逃亡奴隸法；持續不斷攪動奴隸問題，使南方人飽受輕蔑與嘲諷；而約翰・布朗事件更掀起對奴隸造反的恐懼。[96]

雖然南方的報紙早就威脅說，一旦林肯勝選，南方很快就會脫離聯邦，但分離運動的快速發展及所展現的憤怒，卻是多數北方人始料未及的，包括布坎南總統都深感驚訝。單身的布坎南獲知南卡羅萊納州脫離聯邦的消息時，正在參加一位年輕朋友的婚禮。而南卡羅萊納州國會議員勞倫斯・凱特（Lawrence Keitt）住處大門口則突然出現騷動。他將該州發來的脫離聯邦法令高舉在頭上揮舞著，並高聲喊道：「感謝上帝！感謝上帝！……我的感覺就像一個放了學的小男孩。」[97] 布坎南聽了各方傳來的消息後，「看來相當震驚，他頹坐在椅子上，雙手緊抓著椅子」。[98] 這使得他無法繼續享受這場婚禮，馬上起身離去。

林肯即將於三月四日就任總統，而在此之前這段時期，他的焦慮和挫折感與日俱增。林肯告訴約翰・尼可萊說，他強烈相信政府「擁有維繫國家領土完整的主權和力量」，[99] 但在他正式接掌政權之前，他所能做的相當有限。林肯堅持不懈地試圖全盤掌握公共事務的發展現狀，他不只大量閱讀各家報紙，也求助「各項前例、類似事件以及主權問題相關的忠實研究」。[100] 在國家分崩離析之際，他不能袖手旁觀。林肯甚至曾宣稱，他寧願減少「幾年的壽命」，[101] 以免去選後到就職之前這幾個月的焦慮不安。

雖然各方都要求他發表一些釋出和解善意的談話，但林肯拒絕對南方採取這樣的立場，他擔心「會被認爲形同爲其勝選謝罪」。[102] 他決心要堅守共和黨的黨綱，並相信任何軟化立場的做法，只會使北方的支持者失去信心，而無法對南方造成任何有益的影響。[103] 密蘇里州一家民主黨報紙的總編輯要求林肯，發表安撫人心的公開聲明，以促使密蘇里州留在聯邦，林肯回答說：「我要說的話都已經說了，民眾可以從各種出版品中看到。請容我這麼說，像貴報這樣的報紙，在此之前一再地對我的發言斷章取義、扭曲事實，而假若如今願意完整且忠實地將眞相呈現給讀者，那麼就不會有進一步的誤解……我不能隨意變換立場，這是無庸置疑的……分離主義者**本身**相信他們已經警醒了我，而且還會繼續更大聲地叫囂。」[104]

當恐慌開始影響股市以及北方的商業界，林肯勉爲其難地同意讓川布爾在預定於芝加哥發表的演說中，夾帶一段經過他授權的談話。林肯透過川布爾簡短地重申，一旦他接掌政權，將會讓「全國每一個州完全控管各自的州務，對於保護境內財產以及維繫和平與秩序的方式，各州也都會享有完整的選擇和運用的自由，就像先前任何政府治下那樣」。[105]

而正如林肯所料，這些話並沒有帶來正面的影響。林肯寫信給《紐約時報》的亨利・雷蒙說：「適得其反，

《波士頓信使報》那一幫人要我爲所言負責，更指稱我的話預示未來的政府會放棄共和黨的立場，總之就是要竭力激起北方人的憤怒；而《華盛頓憲政報》（*Washington Constitution*）那票人則將我的話等同於對南方公開宣戰。」[106]林肯說：「南方人有眼睛卻看不清眞相，有耳朵卻聽不到事實。」[107]

雖然南方對其立場的曲解令林肯越來越憤慨，但他只在私人信函中宣泄怒氣。《紐約時報》的亨利・雷蒙告訴林肯，與他書信往來的密西西比州富紳威廉・史密德斯（William Smedes）辯稱，該州脫離聯邦的「熱情之火」具有正當性，事出於林肯「承諾最終要廢除奴隸制，要讓黑人享有與白人平等的地位，以及使全民蒙受不道德、違反基督徒精神的污名」。林肯對此發出了火冒三丈的回應。史密德斯援引林肯一場「惡名昭彰」的演說作爲論據，而該演說據稱是在辛辛那提重獲自由的黑人向蔡斯呈上銀器水罐的場合發表。對於林肯這場演說，史密德斯「認爲林肯若遭雷殛而亡，不過是因爲冒犯了神而受到懲罰」。[108]

林肯回給雷蒙的信說，「您的通信人史密德斯眞是瘋狂至極」，他反擊說「一生從未曾出席過黑人的集會；從未曾見過任何人呈上水罐給任何人」。他還說：「林肯從未承諾最終要廢除奴隸制；不曾認爲黑人與白人地位平等，正如S先生所言，他們的資格不相符；也從未使白人蒙受不道德與違反基督徒精神的污名。」

林肯指控史密德斯所言「全然僞造」，[109]這是不爭的事實，但不論林肯的憤怒如何具備正當性，他的反應揭露出，他和蔡斯關於奴隸問題存有鴻溝。蔡斯在水罐儀式上呼籲廢除黑人法，並認爲這是他一生最引以爲榮的時刻，而林肯的種族平等觀則只是反映北方多數人的立場。

***

在林肯對南方蓄意扭曲他的立場暴怒之際，共和黨內部因宿怨而起的內鬥也不斷加劇，給他增添了更多的困擾。黨內倡議和解的人相信，只要做出適當的讓步，就能促使八個還沒脫離聯邦的蓄奴州留在聯邦內，他們也期望，如此分離運動就不會再繼續擴大，且最終將冰消瓦解。至於強硬派，有的認爲讓步只會鼓舞南方更加膽大妄爲，而更極端的人則相信，唯有訴諸軍事力量，才能使南方重歸聯邦版圖。身爲總統當選人，林肯必須在共和黨逐漸浮現的兩極對立中求取平衡，但他所處的春田市與華府相隔逾七百英里，使得他的任務更加困難重重。

但林肯仍不動聲色地透過一系列複雜又細膩的策略，促使共和黨在「國家分裂的大寒冬」[110]不致分崩離析。不論林肯考慮採取什麼和解措施，他的立場始終堅定不移，他告訴川布爾說，「絕不能在擴大奴隸制的問題上讓步。如果對此讓步，我們的一切努力將毀於一旦，從頭再來必將曠日廢時……要堅守立場。這場角力終究要一較高下，而現在決勝負總比拖到日後更好」。[111]林肯擔心，一旦讓奴隸制擴張到任何新領域，南方最終將會試圖兼併古巴或侵略墨西哥，而重啓長年的鬥爭。

雖然林肯對領域問題的立場沒有轉圜餘地，但他告訴蘇爾德，「對奴隸逃亡、哥倫比亞特區、蓄奴州間的奴隸交易等問題，以及實存的奴隸制一切相關的必要事務」，[112]他願意採取讓步措施。獲知國會參議院與衆議院兩個對等的委員會將著手處理分裂危機後，林肯向蘇爾德傳達祕密訊息說，他已經草擬三份簡短的決議文。他指示蘇爾德在參院十三人委員會提出這些決議案，但不要讓人知道這出自他的手筆。第一份決議文表明，絕不應訴諸修憲，授權國會廢除或干預各州的奴隸制。第二份主張修訂逃亡奴隸法，授權陪審團審理逃亡的奴隸。第三份則建議撤銷各州所有抵觸逃亡奴隸法的個人自由法規。[113]

蘇爾德同意在參院提出這三項決議案，也答應不揭露起草人的身分，雖然他認爲，縱使說出來也完全無法阻止國家分裂。他告訴林肯說，最好的方案是聚焦於讓邊界州留在聯邦，而他擔心，若不採行肯塔基州約翰・克瑞特頓的系列提案，恐怕「無法確保邊界各州」。[114]克瑞特頓所提讓步案，建議將「密蘇里協議線」延伸到太平洋岸，而奴隸制將據此首度擴張到林肯矢言要防止的領域。[115]

林肯以絕不接受奴隸制擴張的明確決心，阻止了蘇爾德等搖擺不定的共和黨人支持克瑞特頓讓步案。隨著南方州一個接一個退出聯邦，蘇爾德認爲唯有和解才能保全聯邦。然而，鑑於林肯鐵腕主導處理此事的方式，蘇爾德承認，共和黨採行讓步案的可能性微乎其微。但蘇爾德仍維持一貫的樂觀態度，他向林肯保證說，「隨著時間流逝，分離勢力將會逐漸削弱，而對聯邦的效忠將會日益壯大」。[116]

然而，事態的發展很快就使分裂危機和平落幕的渺茫希望落空。南卡羅萊納州有三個軍事要塞：羅勃・安德森（Robert Anderson）少校指揮的穆特利堡（Fort Moultrie）、桑特堡（Fort Sumter）以及皮克尼堡（Castle Pinckney）。該州宣布這三個軍事堡壘都將納入「新共和國」，[117]而新共和國已指派三位行政長官與布坎南政府談判此事。[118]約翰・尼可萊報導指出，很顯然「南卡羅萊納州從一開始就意圖佔有這些軍事要塞，唯有如此，他們才可能認眞地對付聯邦政府」。[119]

十二月底，有流言傳到春田市宣稱，布坎南已指示安德森少校，「一旦穆特利堡遭受攻擊就棄守投降」。林肯聽到這消息後，告訴尼可萊說：「如果這是事實的話，應該要將他處以絞死刑。」[120]林肯立即透過國會的朋友瓦希本向史考特將軍傳遞訊息，要他準備在林肯就職後，「一旦有必要的話，著手掌控或奪回各軍事要塞」。[121]

事實上，始終猶豫不決的布坎南並沒有決定要棄守軍事要地。這個問題已使得他那一再讓步的內閣陷入分裂。來自喬治亞州的財政部長霍威爾・柯柏（Howell Cobb）辭職返回家鄉，但多位分離主義者依然留任，與堅決的聯邦主義派國務卿傑洛麥亞・布雷克（Jeremiah Black），以及郵政部長約瑟夫・霍爾特（Joseph Holt）相互角力，「要布坎南聽信他們」。[122]在內閣陷入危機之際，布雷克說服布坎南任用他的好友愛德溫・史坦頓擔任司法部長。布雷克並促使當時在華府當律師的史坦頓接受了這項任命，讓布坎南有了第三位盟友，以強化他的意志。但在布坎南對採行適當行動舉棋不定時，安德森於一八六〇年十二月二十六日做出了預防性的決定，下令部隊從穆特利堡移防到較強固的桑特堡。而南卡羅萊納州次日隨即佔領被棄守的穆特利堡以及皮克尼堡。[123]

布坎南受布雷克、霍爾特與史坦頓影響，同意派遣增援部隊前往桑特堡。一月初，林肯在春田市與蔡斯會談當天，一艘無武裝的商船「西方之星」號駛近查斯頓碼頭，船上載滿了人員和補給品。岸砲部隊立刻對這沒配備武器的商船開火，迫使其隨即掉頭朝北方駛去。[124]

這些戲劇性的事件，在華府掀起了蘇爾德所稱的「狂熱的激動情緒」。[125]而布坎南內閣的最新成員愛德溫・史坦頓最爲焦慮不安。全然效忠聯邦，又生性多疑且容易激動的史坦頓認爲，分離主義者正計畫要奪佔首都並阻撓林肯就任。他更憂懼，政府「在華府的各部門已被衆多叛國賊和間諜滲透」。[126]他還發現，軍方已在偏遠地區部署兵力，一些叛國軍官更將北方軍火庫的兵器和槍械轉送到南方各地。史坦頓也認爲，一旦分離主義者挑撥馬里蘭州與維吉尼亞州，使其脫離聯邦，則將據有進一步謀取華府的有利位置。而華府基本上難以防守，一旦陷落之後，分離主義者將佔有「政府的一切象徵，包括國璽、各項條約、國庫以及接掌陸軍和海軍的權利」。[127]然而，布坎南總統「對這些危險難以置信」。[128]對於史坦頓擔心的叛國計畫，比如有人密謀在林肯就職前將他暗殺，布坎南也認爲是杞人憂天。這使得史坦頓只有轉向其他地方求助。

在此關鍵時刻，史坦頓的傳記共同作者寫道，他「做出了重大的決定：他決心將黨派忠誠與內閣機密拋到九霄雲外，背著總統爲所應爲」。鑑於白宮已經癱瘓而民主黨又愚蠢頑固，他認定「國會和共和黨領袖，才是推出強勢政策的最後希望所繫，是他所能求助的最後所在」。[129]史坦頓知道洩漏情報有違就職時的誓詞，但他最後認定，效忠憲法才是最高的職責。

他選定蘇爾德作爲最重要的情報傳遞管道。兩人深知不能公開聯繫，否則四處潛伏的分離主義者可能把他們會面的事公諸報端，史坦頓於是說服曾在收割機案訪問過林肯的彼得・華森，擔任居間傳信者。華森幾乎每晚都會到蘇爾德家拜會，並傳遞史坦頓的口頭或書面訊息。然後華森會帶著蘇爾德的回覆去見史坦頓。蘇爾德日後回憶說：「我們當時討論並敲定了一些基於公益雙方能做或應做的事情。」[130]

蘇爾德與華森的首度會面可能是在十二月二十九日，這是基於蘇爾德在當天深夜匆忙發出多封私人信函。蘇爾德給林肯的信說：「我終於取得了能夠獲知總統委員會現況的位置。得知事情比我們所了解的更糟，讓我深感痛苦……有人密謀要在三月四日或之前奪佔首都……請相信我明白自己所言。基於現實，您必須在正式就職之前，承擔起您的政府應盡的職責。我因此建議您提前來華府……我相信此刻您已能從筆跡辨識捎信人是誰，基於謹慎的原則，我在信中將不署名。」[131]那天傍晚，蘇爾德也曾對法蘭西絲表明，「叛國罪行無所不在，而且就在我們身邊進行。」[132]他並警示魏德，密謀奪取政府的「那些叫嚷者就在總統近側」。[133]蘇爾德也樂見魏德待在華府。

蘇爾德假設史坦頓只將情報提供給他。而事實上，狡猾的史坦頓祕密地將情勢險峻的訊息，傳遞給了其他多位共和黨人，[134]包括查爾斯・桑納、塞蒙・蔡斯以及國會議員亨利・道斯（Henry Dawes）。道斯日後寫說，「經由史坦頓及早揭露」，及時阻止了一些叛國軍官將補給品和武器送交給「國家的敵人」。[135]史坦頓的偏執日漸嚴重，他邀請桑納到辦公室，[136]在帶領桑納穿越六個不同的房間之後，才放心地與桑納交談了幾分鐘。他還安排接觸對象，「晚間借助街燈找尋並閱讀他預藏的文件，然後再將文件放回到藏匿的地方」。⑬⑦

蘇爾德不知道史坦頓也向他人傳遞訊息，以為自己「掌握了所有不滿的關鍵」，⑬⑧獨自扛著拯救聯邦的使命。一八六一年一月十日，蘇爾德獲任命為國務卿的消息公之於世，他「開始被廣泛視為新政府與共和黨的代表性人物」，⑬⑨並倍感職責的壓力無比沉重。崇拜蘇爾德的亨利·亞當斯日後指出：「一般公認，所有目光焦點都集中到蘇爾德身上，全國各界人士都懇請他採取行動拯救聯邦，令他應接不暇。」身為國會議員、內閣成員，又有眾多焦慮的公民「帶著祈禱和淚水來求助」，蘇爾德成了「國家實質的領導人」。⑭⓪或者，他本人這麼認為。

蘇爾德直覺國家需要共和黨發出明確且強勢的訊息，於是宣布他將在一月十二日於參議院發表重大演說。芝加哥《論壇報》的記者寫道：「在美國國會的歷史上，從未有任何演說像蘇爾德的演說那樣，在發表之前如此讓人迫不及待想一聽究竟。而人們之所以感興趣並看重蘇爾德參議員的演說，是因為大家相信這等同於林肯本人發表談話。」⑭①

「幾乎所有參議員和閣員都是全家到齊，」另一位記者寫說，人們亟欲入場聽講，以致得「付給門房昂貴的代價才得以放行」。當蘇爾德開講之後，走道兩旁的參議員莫不全神貫注，其中包括即將辭職以出任南方聯盟總統的傑佛森·戴維斯。⑭②「沒有任何人像尋常那樣忙著寫信，沒有人要報紙來看，沒有人回覆訊息，」一名在場者觀察指出，「大會上所有人都洗耳恭聽，就怕遺漏任何字句」。⑭③

蘇爾德演說的主要目的，在「向聯邦的人民提議一些對他們有益的、必須做的事……以及點出一旦聯邦覆滅，將對人民與世界帶來的巨大災禍」。⑭④他警告說，聯邦解體將會招致「恆久的內戰」，因為任何一方都不會忍受實力或權力失衡。而外國將會趁機介入，對征戰不休的各方恣意掠奪。他預言說：「當守護天使再度降臨時，一切盡已灰飛煙滅。」⑭⑤

一位在聽眾之列的記者坦言，聽蘇爾德暗示哲人已萎，並繪聲繪影地描述聯邦瓦解和內戰的恐怖與禍害，「讓人很難抑制眼淚，我們看到面對蘇爾德而坐的克瑞特頓參議員淚光閃爍，最後難以克制感情，取出手帕掩面而泣」。⑭⑥

演說進行一個小時後，蘇爾德提出了一些期能平息分裂浪潮的讓步措施。他力圖「以和解回應偏見，以讓步因應強索，以和平應對暴力，但絕不放棄原則」。他從林肯草擬的決議案談起，呼籲透過修憲，防範未來國會干預目前實施奴隸制各州蓄奴，並建議撤銷所有違反逃亡奴隸法的個人自由法規。接著，他提出了自己所擬的一些決議案，包括「在離心的脫離聯邦運動終結之後，召開憲政會議，以考量額外的修憲事宜」。⑭在講了將近兩個小時後，蘇爾德總結他充滿感情的演說，聽衆席隨即響起如雷的掌聲。

想必蘇爾德也已料到，他的演說對於深南方七個州並沒有太大影響，當地的分離運動依然持續推進。接下來的一週，包括傑佛森・戴維斯等五位南方選出的參議員，⑱紛紛向同事們發表告別演說，然後辭職返回南方家鄉。戴維斯的告別演說最令人痛徹心扉。接連數日輾轉難眠的戴維斯顯得「難以言喻地悲傷」，⑲他看來滿臉病容，「內心瀕臨絕望」。⑮

他的告別演說表示：「我確信自己對各位來自北方的參議員沒有任何敵意，我也確信不論我們之間的討論如何針鋒相對，在座並沒有任何一位，讓我說不出願上帝祝福諸位的話。」⑮長年造就的友誼終究難以輕易割捨。戴維斯多年前曾生了一場大病，差點就失去視力，當時蘇爾德每天都會前去探病。蘇爾德總是坐在戴維斯身旁，向他訴說當日民主與共和兩黨議員在參院發表的談話。⑮和藹親切的蘇爾德有一次提及，「您的陣營佔據了上風，您可樂了吧，但我可不樂」。⑮在南方的議員準備離去之際，家屬們也都依依不捨。老布萊爾的女兒伊莉莎白・布萊爾・李與瓦麗娜・戴維斯(Varina Davis)，是交往多年的好友。伊莉莎白告訴她的丈夫菲爾說：「傑佛森夫人問我說，我會不會到南方與她爭戰，我回答說不會。我會親吻她並抱緊她，讓她無法斷絕我們之間的任何連結。」⑮

當脫離聯邦各州的參議員收拾行囊返回家鄉之際，「首都的政治形態很顯然也隨之終結」。⑮南方舊貴族的宅邸大門深鎖；他們的華服、文件、瓷器、地毯和一切美化生活的家具，都裝進厚重的皮箱和木箱之中，等待汽船運回南方的墾殖莊園。

蘇爾德了解深南方的情勢發展。那年冬季他的發言和指望全寄託於邊境各州。年輕的亨利・亞當斯觀察指出，蘇爾德「首要的願望」在爭取時間，以向邊界各州心繫聯邦的人士「展現一些善意；不論如何，這將可使他們駁斥分離主義者的指控並返回家園」。[156]蘇爾德在這方面的努力似乎頗有成效。

「作爲林肯政府未來施政精神的指標，」《紐約時報》的社論指出，蘇爾德「必須說服所有耿直的人們，維繫聯邦長存是新政府最優先也是最高的目標——林肯政府將一絲不苟地徵詢各方的利益、原則與情感」。[157]在一切讓步全都無法挽回脫離聯邦的各州之際，「許多人衷心期望蘇爾德的演說內容能於邊境蓄奴各州廣爲流傳，以止息分離運動的浪潮」。[158]

亨利・亞當斯斷言，從林肯一八六〇年十一月當選總統到一八六一年三月就任這段動盪的歲月，蘇爾德「打了一場令政壇嘆爲觀止的仗，足以讓他名垂青史」。接下來幾週，「南方的聯邦主義者重新獲得鼓舞」。[159]在關鍵的維吉尼亞州，聯邦陣營佔據上風，以大幅的差距擊敗分離主義陣營，並提議在華府召開和平會議，同時也期許各方，在和平會議完成使命前，不要再有進一步的舉動。數日後，田納西州和密蘇里州相繼跟進。紐約的喬治・坦普頓・史壯（George Templeton Strong）在日記中高興地寫說：「分離運動已走完該走的歷程」，[160]透露出北方普遍抱持著誤判情勢的樂觀。

蘇爾德發表演說後神采奕奕，他告訴夫人說，他相信在堅守原則之下，他爭取到了時間，「讓新政府得以組織起來，也讓狂暴的激動情緒得以沉澱」。[161]遺憾的是，強硬派對蘇爾德演說詞的解讀截然不同。查爾斯・桑納、塞德斯・史蒂芬斯（Thaddeus Stevens）與塞蒙・蔡斯，對於蘇爾德以懷柔語調面對分離主義各州的叛國行爲，怒不可遏。更激進的共和黨人，心中甚至深埋對蘇爾德的敵意，成爲蘇爾德往後終生揮之不去的陰影。桑納寫信告訴一位朋友說：「我悲嘆蘇爾德所言。」[162]他並指出：「蘇爾德在發表演說前四天，曾把講稿念給我聽。我對他所提的讓步措施，衷心表示抗議——這是爲了保全我們的信念……以及他的好名聲，我懇求他不要提那些事。」[163]

來自賓夕法尼亞州、熱切主張廢除奴隸制的塞德斯・史蒂芬斯，更是勃然大怒。他寫信告訴已表明反對採行任何妥協措施的蔡斯：「假如林肯像蘇爾德那樣無視黨綱，意圖以讓步換取和平，我將退出這個戰場，我已經老了，沒辦法再打另一場七年（或三十年）戰爭。」[164]

蘇爾德的演說特別讓卡爾・舒茲等人失望，而這些人長期視蘇爾德爲反奴隸陣營的領袖。舒茲向他的夫人說：「你如何看待蘇爾德這個人？我覺得這位巨人已經隕落。他向蓄奴勢力卑躬屈膝。他踏上了妥協與讓步的道路，而我看不出，他這樣反其道而行，能在哪裡站穩立場……那非常困難。我們曾堅定地信任他，並熱情地追隨他。時代正考驗人們的心靈，而許多人可能會發現自己缺少靈魂。」[165]

在華府沸沸揚揚的氛圍中，蘇爾德體認到黨員對他喪失信心，因而承受了極大的打擊。小查爾斯・法蘭西斯・亞當斯在蘇爾德發表演說後訪問華府，他見到蘇爾德的形貌大變，與前一年九月一同搭火車爲林肯助選時，截然不同，對此大吃了一驚。「他仍是那樣瘦小，弱不禁風，面色蒼白，滿臉深刻的皺紋，平易近人，沉著穩重，說話帶厚重的喉音，雪茄從不離手。但很顯然地，他非常介意冬季發生的事，看來比我們在奧本離別時老了十歲。」[166]

雖然訴求和解的演說讓他付出了代價，喪失許多長年支持者的敬重，但蘇爾德仍相信，爲了防止內戰而伸出和平之手，實爲正確的判斷。而他的夫人法蘭西絲卻非常不以爲然。在蘇爾德結束演說後數小時，夫人接獲以電報傳來的演說全文，隨後寫了一封措詞尖刻的信給蘇爾德。信的開頭說：「儘管您滔滔雄辯，卻得不到最愛您的人全然的認同，您正在重蹈十年前丹尼爾・韋伯斯特不榮譽地覆滅的險路。您認爲保全聯邦比近四百萬人的自由更重要，因而提議讓步，這是不正確的做法。修憲使奴隸制永存，執法逮捕可憐的受苦的逃亡奴隸……這些妥協不會得到上帝的認可，也不會有良善的人給予支持。」

她接著表示：「我對戰爭的恐懼甚於任何人，十六年來我誠摯地祈禱，希望我們的兒子能免於與同胞動干戈的不幸，然而我現在不能同意藉由永存或擴張奴隸制來防止戰爭。我說這些，並沒有惡意……但我不能違抗良心的責備，良心驅使我警示您所面臨的險境。」[167]

夫人的指責深深刺痛蘇爾德的心，他承認說：「你不贊同我演說提到的『妥協措施』，我並未感到驚訝。你很快就會明白，這些並不是讓步，而是訴諸對眞理、自由與聯邦的詮釋，來解除敵方最強有力的武器。」[168]

或許沒有人比蘇爾德的至交梭羅・魏德更了解蘇爾德的痛苦立場。魏德熱愛蘇爾德的演說。他說：「值得爲其而生及爲其而死。」[169]但他明白，蘇爾德會持續受人攻訐。魏德寫道：「在車上，我大半夜都在想著，您將經歷嚴苛的考驗。這將是對智慧與性情的極大試煉，您的智慧將會通過考驗，但以我們六十歲人的脾性，我們不能斷言……您曾通過這兩方面的試煉，而且變得堅強。如今您需要多大的智慧與耐性，來面對那些羨慕、嫉妒和憎恨者對您的圍攻和囿限。」⑰⓪

蘇爾德面對撻伐仍維持一貫的鎮定，這主要出於相信林肯不只爲他背書，還祕密地指揮著相關的行動，畢竟林肯親自私下建議了蘇爾德所提的幾項讓步措施。況且，林肯還捎密函鼓舞他說：「您最近的演說在本地反應極佳，我想，在全國各地也同樣獲得好評。」⑰① 蘇爾德於演說之後數週，在華府與查爾斯．法蘭西斯．亞當斯會面，他透露說，「贊同其路線的林肯已有所表示，但他在春田市忙得不可開交，因此覺得當前有必要先置身事外」。⑰②

總統當選人忙於應付的複雜政治博弈，遠非蘇爾德所能了解。無疑地，林肯因蘇爾德的和解語調安撫了邊界各州的情緒，而感到高興，但他也深知，一旦親自呼籲妥協，他將會喪失共和黨重要派系的支持。因此，在蘇爾德承受和解姿態引發的反挫之際，林肯保持緘默，以示他仍維繫堅定的立場。

卡爾．舒茲在蘇爾德演說後前往春田市拜會林肯。林肯告訴這位理想主義的年輕人說，「蘇爾德並沒有事先就所有的演說內容諮詢過他。」就技巧來說，林肯的說法是正確的，但無可否認地會誤導人。舒茲後來向他的太太保證：「林肯是始終如一的人，如石牆般堅定，又如水晶般透徹……他公開地說，他不想聽妥協和讓步的言論。⑰③」

雖然當時林肯的角色未被全面領略，但他實則維繫了派系林立的共和黨免於分裂，而那時該黨內部若公開決裂，很可能輕易就讓林肯政府還沒起步即毀於一旦。林肯一方面私下爲蘇爾德的妥協訴求背書，一方面投射出毫不讓步的公衆形象，據此對日漸混亂且可能極具破壞力的情勢，維持了程度驚人的掌控。

11 「現在我是人民的公僕」

在華府遭分離運動引發的混亂與動盪席捲之際，林肯一家爲離開春田市前往首都進行著最後的準備。一八六一年的一月初，瑪麗前往紐約，①一方面與一年前來到東岸、讓她「想念到發狂」②的兒子羅伯特相聚，一方面爲自己添購一些與第一夫人身分相稱的行頭。她下榻艾斯特飯店，受到商人們的款待，因爲他們熱切想賣給她各式花俏的帽子、質地豐華的披肩、精緻軟皮手套，以及搭配時尚華服的精美絲織品。店家樂意提高她的信用額度，鼓勵她大手筆揮霍。歷經多年阮囊羞澀的婚姻生活後，出身富裕家庭的瑪麗非常愉快地採買一切想要的東西，花費甚至超過比她更有錢的姊妹們。

瑪麗的傳記作者露絲・藍道（Ruth Randall）指出：「她開始沉醉於購物，甚至變得全然不理性，已經到了著迷的地步。」③然而，瑪麗對高雅服飾的渴求，並非出於愛慕虛榮。她很清楚人們對她的素樸服裝以及林肯的卑微出身竊竊私語。她在一家雅緻的餐廳，無意中聽到一名顧客說：「他具有足以坐上總統大位的任何尊榮嗎？這個笨拙無禮的西部人會不會讓國家有失體面？」④這話激發了她的鬥志，她決心要讓世人見識一下，西部人的禮儀比東部人只有過之而無不及。

因爲紐約的生活令人著迷，瑪麗沒有通知林肯，就在那裡多停留了三天。而林肯接連三天晚上冒著雨和雪到車站等瑪麗，卻都撲空而返。瑪麗回到春田市後，顯得神采奕奕，與她一起回來的英俊兒子也衣著光鮮，據稱「他的外表與他的總統父親那漫不經心、馬虎難看的服裝，形成鮮明的對比」。⑤

林肯一家決定出租坐落於第八街的住宅，⑥他們也賣掉了一些家具，並把留下的家具放進儲藏室。而在打包個人行李之前，林肯與家人在連間的客廳舉辦了告別會。瑪麗樂在其中，優雅地接待七百位春田市好友。維勒評論說，「這是我多年來在本地所見過最光輝燦爛的一場聚會」。⑦

衆賓客的矚目讓瑪麗雀躍不已，求官職者大方的贈禮更讓她心花怒放。雖然如此，她越來越憂慮林肯的安危。在前往紐約前不久，她收到了一份來自南卡羅萊納州的討厭禮物，是一幅林肯的畫像，但「脖子處套著繩索，雙腳被腳鐐鍊住，身體沾滿了焦油和羽毛」。⑧瑪麗向來畏懼雷雨又擔心生病喪命，看到這幅讓人毛骨悚然的畫，想必會對未來產生寒徹心扉的不祥預感。

對林肯來說，在春田市的最後幾天，時間顯然不夠用。川流不息的求官人群，以及收拾行囊的繁重工作，使他沒有太多時間或空間來處理最重要的工作，也就是撰寫就職演說稿。由於在自宅或在州長辦公廳都無法專心做事，他找了一些可以獨處又不會被打擾的地方。⑨每天早晨他會撥出幾個小時的寶貴時間，字斟句酌地草擬講稿。主和派與不妥協派正焦急地等著他的演說。

隨著啓程日期逐漸迫近，林肯因爲「即將離開他度過三十年悲歡歲月的地方，以及衆多舊識和摯友」，而「顯得非常嚴肅且心事重重」。⑩他去了一趟法明頓（Farmington），百感交集地與深愛的繼母莎拉道別，同時也探視了他父親安息的墓園。⑪回到家後，他又去拜訪了十六年的執業律師夥伴威廉・荷登，他向荷登保證，出任總統唯一會中斷的，只有他們在律師事務所的夥伴關係：「我有生之年終將回來，那時我們再繼續合夥，就像什麼也沒發生過一樣。」⑫

二月十一日，林肯由家人和朋友陪同，前往西部鐵路車站，當天天氣潮溼，寒風刺骨。林肯的華府行將以十二天的時間迂迴各地，以接觸成千上萬的民衆。他打包了一箱自己的行李，用繩子繫緊，上面只簡單地註記著「A・林肯，白宮，華盛頓，哥倫比亞特區」。⑬林肯的長子羅伯特將陪他走完全程，而瑪麗和另兩名較年輕的兒子則將於隔天與他們會合。

林肯來到車站時，已有上千民衆等候著，要向他告別。他在候車室裡，站著與每位朋友一一握手。《紐約前鋒報》一名記者指出：「他的臉色蒼白，因情緒極爲激動，以致幾乎無法說出一言半語。」⑭將近上午八點的時刻，衆人護送林肯來到私人車廂停靠的月台。林肯脫下帽子，要求大家安靜，然後說：「我的朋友們，我的離別悲情，除非設身處地著想，否則沒有人可以體會。這個地方和本地善良的人們給了我一切。我在這裡生活了四分之一個世紀，從年輕人變成了老年人。我的孩子們在這裡出生，還有一個在此安息。我此刻離去，肩負著比華盛頓所扛更艱巨的重任，不知道何時，或有沒有可能再回到這裡……期望我的努力能獲得諸位未來在祈禱時給予認可。在此離情依依地向各位告別了。」⑮

林肯發表這簡短卻扣人心弦的談話時，他自己和許多人眼中都泛著淚光。《紐約前鋒報》記者寫說：「當他轉身進入車廂，大家接連三輪喝采相送，幾秒鐘後，列車緩緩開動，最終駛出了默默送行的人群視線之外。」⑯林肯後來從未再回到春田市。

奢華的總統車廂，擺設有黑色的家具，掛著深紅色的窗簾，並鋪設質地華美的織錦地毯，車外的裝飾板上懸掛著迎風飄揚的各色彩旗與彩帶，然而這一切都無法使林肯放鬆嚴肅的心情。⑰維勒注意到，林肯在抵達第一個大站印地安納波里斯之前，泰半時間都獨自坐在私人車廂裡，顯得悒鬱不樂，⑱昔日喜愛歡鬧的高昂心情已不復見。⑲

林肯了解，國家當前的處境危機四伏，也許正陷於有史以來最險惡的境地。同一天早晨，傑佛森・戴維斯也展開了他自己的旅程，⑳告別妻兒與奴僕，啓程前往南方聯盟位於阿拉巴馬州的新首都蒙哥馬利。他將在此接受數千群眾的歡呼，於「馬賽曲」的激昂樂聲中就任新南方聯盟總統，而林肯在國會的老同事亞歷山大・史帝芬將宣誓成爲戴維斯的副總統。

林肯見到沿途友善的群眾列隊守候，「以喝采和禮砲盛情相迎」。受此鼓舞，他的心情開始撥雲見日。抵達印地安納波里斯時，該市鳴放了三十四響禮砲，㉑接著，林肯迎向超過兩萬名熱情洋溢的民眾，精神爲之一振。在前往下榻的貝茲飯店（Bates House）途中，也有市民夾道揮舞著旗幟與歡迎布條。林肯將在這個城市發表當選總統後首次的公開演說，而他在離開春田市之前，就已深思孰慮地擬好了講稿。㉒

林肯在貝茲飯店的陽台，發表了直率且強勢的演說，除此之外，林肯在這趟漫長旅程中的實質性談話並不多。他一開場就描述「脅迫」這個概念。他說，假如有軍隊未事先徵得南卡羅萊納州民的同意逕自進入州境，這就構成公認的「脅迫」。他接著問說，「如果政府只是單純地堅守轄下的軍事堡壘，或奪回原屬其管轄的軍事要塞，這是否構成脅迫呢？」他表示，假如這被認爲是脅迫的話，「那麼建立聯邦就完全不是像締造家庭那樣的婚姻關係，而只是某種自由戀愛的安排」。㉓聽衆對他的演說報以響徹雲霄的喝采、不絕於耳的掌聲，並不時傳來會心的笑聲。各界普遍認爲這是一場極成功的演講。

約翰・海伊發現，隔天列車開往辛辛那提市的時候，林肯已經「完全擺脫前一天的沮喪心情，就如他的朋友所言，恢復了原先給人的印象和說話的方式。熟悉他的朋友，講起他總會聯想到幽默、機智與親切，而見到他愁眉苦臉的樣子，難免覺得像是看到了瑞夫（Reeve）或李斯頓（Liston）出現在悲劇之中（瑞夫與李斯頓是著名的莎士比亞喜劇演員）」。㉔有趣的是，海伊認爲林肯黯然神傷是失常的表現，而不是常態。

翌日，林肯在俄亥俄州首府哥倫布市受到熱情款待時，收到一封電報，通知他說總統選舉人團已在華府開會計完票，正式選舉他爲總統。㉕幾個星期以來，蘇爾德和史坦頓一直擔心分離主義分子會選在這天包圍華府，以阻撓總統選舉人團召開會議。結果，林肯得知，華府和平地度過了這一天。蘇爾德的兒子費德向他的太太安娜表示：「計票結束了，首都並沒有遭受攻擊。史考特將軍的部隊全員武裝，在我們見不到的地方備好了上膛的槍砲、裝上鞍轡的馬，並點燃薪柴，只待一聲令下便奔赴沙場，但敵人沒有現身。」㉖

蘇爾德本人對「安然度過十三號這天」感到如釋重負，他寫給家人的信說，他相信「人民顯然日漸趨近我揭示的和解語調、處理問題的方式，甚至於相關政策……我終於可以卸下直接肩負的重責大任。我已將船開出沙灘，並準備把船舵交給人民選出的船長。」㉗儘管蘇爾德這樣表明心意，但最後他又嘗試了一次，企圖重新掌舵。

在哥倫布市，當地爲林肯正式被選爲總統舉辦了盛大的慶祝活動。林肯出席了丹尼森州長宅邸的州議會議員盛裝晚會，晚宴結束後，他又參加了軍方辦的大型舞會，㉘據稱他和蔡斯漂亮的女兒凱特共舞，惹得瑪麗醋勁大發。㉙多年以後，林肯與二十歲身材高眺迷人的美女翩翩起舞這段往事，仍不斷成爲人們竊竊私語的話題。而事實上，這位魅力十足的年輕貌美女子，當晚並不在哥倫布市，根本不可能和林肯一起跳舞。凱特於三十多年後接受一名記者採訪時堅稱：「林肯夫人因爲我當天沒留在哥倫布市會見她而生氣，我始終覺得這是她在華府時一直不喜歡我的主要原因。」㉚

林肯接下來的旅程，乘著火車穿越賓夕法尼亞州、紐約州、紐澤西州，一路幾乎沒有再進一步闡明他的立場。林肯被迫在沿途數十個車站臨時發表談話，但他一向不習慣這種急就章的即席演講。㉛他決心不讓就職演說蒙上陰影，也不想攪亂當前看來脆弱不堪的平靜局面。他因而選擇盡量少說話或根本不發言，以使嚴重的情勢投射出樂觀的基調。林肯一再忽視他所說的「分裂的家」與蘇爾德所稱「難以壓抑的衝突」兩者間的矛盾，他向聽衆保證，「除了人爲營造的危機之外，並沒有眞正的危機……我再次強調，除了精心算計的政客隨時可以操弄的危機之外，並沒有危機。我建議，在這樣的境況中，保持冷靜是最上策。只要兩陣營的偉大民衆冷靜以對，麻煩就會迎刃而解。」㉜

林肯全程都努力避免在接掌政權之前，做出任何可能引發紛亂，或被人利用以顛覆國家的建議。他僅單純地接受民衆的喝采，並憑藉幽默感轉移人們對嚴肅政治話題的關注。在俄亥俄州的艾許塔布拉，當衆人要求林肯夫人上台時，林肯語帶玩笑地說，「想讓她現身，幾乎如水中撈月。他總是發現，要讓她做不想做的事，比登天還難」。㉝而在紐約州的威斯特菲爾（Westfield），他親吻了鼓勵他留鬍子的小女孩葛瑞絲・柏黛爾。㉞

對於瑪麗和她的兒子們來說，這趟旅程是「不間斷的嘉年華會，不絕於耳的喝采和禮砲齊鳴聲，如海一般起伏的旗幟、布條和手帕，以及熱情如火的群衆，簡而言之，盛大民衆聚會的要素一應俱全」。㉟只要人們從窗戶窺見瑪麗或她的兒子，就會報以熱烈的掌聲。而在踏上紐約市之前，瑪麗爲林肯梳整亂髮並親吻他，更贏得如萬馬奔騰的掌聲。㊱

林肯所到之處，民衆都專注地聆聽他的發言，期望他能揭示即將上任的政府的意向，然而大家都失望而歸。查爾斯・法蘭西絲・亞當斯在日記中慨嘆說，林肯前往華府沿途發表的談話，「迅速地降低了人們對他的評價。我很擔心，我們在這次樂透彩摃龜了……這顯示他沒有認清自己的地位以及身處的賽局的本質。他稟性良善、仁慈、誠懇，但見識短淺又優柔寡斷」。㊲

事實上，林肯深知自己處境維艱，而不是渾然不察。約翰・海伊指出，「林肯謹言慎行，從他戒慎小心地選用的字句便足以看出，他對於新政府面臨的考驗與險境，有多麼了然於胸」。㊳比如說，在川頓（Trenton）時，他聲稱「當今在世的人沒有誰比我更企求和平」，他也承認，爲此「必須堅決地、強勢地要求對方適可而止」。㊴海伊留意到，林肯說這話時，「輕輕地舉起他的腳，並快速但未使勁地踩在地板上」。㊵聽衆席隨之響起持續數分鐘的掌聲，以致林肯必須暫時中斷他的演說。

林肯接著又在紐約市艾斯特飯店發表簡短談話，再次展現他的強大意志。他以和解的語調開頭，承諾「除非是聯邦咎由自取，否則絕對不會允許毀掉聯邦」。㊶兩天後，林肯在費城的獨立廳，釐清了他這些帶不祥預兆話語的用意。林肯敏銳意識到自己是在通過獨立宣言的地方發言，他堅稱「從未有任何悖離獨立宣言的政治想法……重要的不是單純的殖民地脫離母國而獨立，而是宣言爲全球未來世代揭示的希望。宣言承諾，在時機成熟時，所有人都將卸下肩頭的重擔，每個人都會享有平等的機會」。而假如聯邦「得以在此基礎上獲救」，他將會是「世界上最快樂的人」，但如果「只有放棄此一原則才能保全聯邦」，那麼他「寧願在此遭人暗殺，也不願背棄原則」。㊷

林肯談話中不祥地提及暗殺，可能是出於前一天報導指出，有人密謀要在親南方勢力猖獗的巴爾的摩殺害林肯。㊸林肯最初是經由隨扈亞倫·平克頓（Allan Pinkerton）得知有人要取他性命。平克頓建議林肯，立刻連夜搭火車離開費城，並取消巴爾的摩的行程，讓密謀者無法遂行暗殺計畫。據陪同林肯旅行的沃德·雷蒙說：「林肯直截了當地拒絕這項建議。他說，他和民眾有約，要於晨間在獨立廳參加升旗典禮，且要在下午前往哈里斯堡。」㊹

當天下午，蘇爾德傳便條給在參議院旁聽席的兒子費德，要他立即會面相談。兩人在大廳碰面後，蘇爾德將溫菲爾德·史考特將軍的便箋交給費德，內容警示巴爾的摩方面有麻煩。蘇爾德指示兒子說：「我要你搭第一班火車去找林肯，不論他人在何處。不要讓人知道你此行的任務。」費德馬上搭火車動身，當天晚上十點過後，來到林肯下榻的費城洲際飯店（Continental Hotel）。

費德回憶說，切斯特納街燈火通明，街上擠滿了歡樂的人群，音樂聲和歡呼聲在夜空中迴盪。林肯被群眾團團圍住，費德被迫等了好幾個小時，才有機會傳遞消息。費德記得：「林肯說了一些友善的問候語，垂詢我父親以及華府的近況之後，接著在煤氣燈下的桌邊坐下，細讀我帶給他的信。」不久後，林肯說：「假如彼此不知道對方任務的人，分別追尋著不同的線索而獲致相同的結果，那麼可能事有蹊蹺。但如果這只是兩個不同管道，傳遞著同一件事，而在兩天內先後傳到我這裡，那麼此事的可能性並不會因而增強。你明白嗎？」費德指出，林肯「注意到我對他忽視警訊感到失望，於是和藹地表示：『你不須認爲我不會仔細考慮。我會很審慎地思考此事，並嘗試做出正確的決斷；我會在明天早上讓你知道結果。』」[45]

隔天早晨，林肯同意在依約拜訪哈里斯堡後，盡快搭夜車離開費城前往華府。平克頓不顧瑪麗的判斷，堅持要她和兒子們留在費城，然後依計畫於傍晚搭車前往華府。[46]林肯當晚捨棄平常戴慣的高筒禮帽，換上呢帽，由沃德・雷蒙與平克頓陪同，祕密地坐上夜班火車的特別車廂。所有的列車均駛入側線，讓林肯的座車先行通過。而在確認林肯抵達華府之前，哈里斯堡與華府之間所有的電報線路都暫時不通。凌晨三時三十分許，林肯的列車安然通過巴爾的摩，直接駛向華府。卸下心頭重擔的雷蒙回顧說，「六點鐘時，首都的圓頂終於印入眼簾」。[47]

對新總統來說，這樣來到華府，實在不是一個好的開始。雖然林肯平安抵達，但包括愛德溫・史坦頓等人惡意地批評說，林肯「躡手躡腳進到華府」。[48]有個不入流的謠傳指稱，林肯是穿著蘇格蘭格紋布便帽、蘇格蘭裙，以及一件軍大衣上火車。[49]喬治・坦普頓・史壯在日記寫道：「這是希望證明暗殺陰謀千眞萬確。假如不讓陰謀昭然若揭、無可辯駁，總統當選人在夜色掩護下偷偷摸摸、躲躲藏藏地溜進華府，將會被用來貶損他的道德高度及嘲笑他的政府。」[50]林肯對聽從史考特將軍與平克頓警探的話後悔莫及。

此時距離就職典禮還有十天，而這段期間林肯的住宿安排，各方已經爭論了好幾個星期。蒙哥馬利・布萊爾在前一年十二月初就已邀請林肯，住進賓夕法尼亞大道上的布萊爾宅邸。布萊爾提供的是前總統「傑克遜離開白宮後一度想入住的房間」，他並堅稱布萊爾家族「樂見您接續傑克遜未了的心願」。[51]而川布爾參議員與瓦希本眾議員則在白宮幾個街區外，爲林肯租了一間私宅。[52]然而，林肯到華府前，途經奧爾巴尼時，魏德就已對這些安排表達反對立場。他建議說，林肯「如今已是公僕，在就任之前，應當住在民眾可以接近他的地方」。[53]

林肯欣然同意：「我想，事實上現在我是人民的公僕；而住進飯店的話，大家都可以來見我。」[54]於是就在十四街與賓夕法尼亞大道轉角知名的威勒飯店訂了一間套房，從這裡還可看到白宮。

＊＊＊

蘇爾德與伊利諾州的聯邦衆議員瓦希本獲國會指派，負責接待林肯並護送他前往威勒飯店。然而，蘇爾德是否眞的有到車站接林肯，卻是衆說紛紜。蘇爾德寫給夫人的信說，「總統當選人今晨六點微行抵達。我在車站與他會面」。⑤⑤但瓦希本後來宣稱，蘇爾德睡過頭，「氣喘噓噓地」趕到威勒飯店，而林肯已在兩分鐘前到達。「對於未能及時在林肯列車到站時趕抵車站，蘇爾德有些懊惱」。⑤⑥

可以確定的是，蘇爾德對林肯的接待堪稱「一場高超的表演」，⑤⑦他力圖掌控每分每秒，並讓自己對新來乍到的林肯顯得不可或缺。兩人在威勒飯店共進早餐，點了精緻的炸生蠔、牛排與洋蔥、法式酸奶果凍以及鵝肝醬。⑤⑧餐後，蘇爾德護送林肯前往白宮會見布坎南總統與他的閣員。林肯突然來訪，使得布坎南的姪女哈麗葉・連恩（Harriet Lane）措手不及。連恩充當單身的布坎南在白宮的女主人，表現相當稱職。而林肯的現身提醒她，在白宮的日子即將結束。日後，連恩對估了她先前的家的林肯夫妻，始終沒有幾句好話。她把林肯比作「高大難看的愛爾蘭看門人」，她更堅稱，白宮的看門人比他好看多了。至於瑪麗，連恩宣稱，她只聽說瑪麗「是個非常典型的西部人，嗓門很大，一點也不優雅」。⑤⑨

蘇爾德接著從白宮引領林肯去見史考特將軍。史考特將軍是墨西哥戰爭的英雄，比林肯高一英寸，體重更是林肯的兩倍，如今已不良於行。結束與史考特的會談後，蘇爾德與林肯兩人又驅車在華府逛了一個小時。⑥⓪林肯必須立刻專心處理一些迫在眉睫的議題，尤其是仍待定案的內閣人事。幾個月前，林肯曾對魏德和蘇爾德承諾，⑥①只要北卡羅萊納州的約翰・吉爾摩願意入閣，他會提供一個職位。蘇爾德認爲，延攬聯邦主義的南方人擔任閣員，是留住邊界各州的關鍵，林肯也覺得，以吉爾摩「當今在南方的地位」，⑥②無疑是最佳的人選。然而，林肯邀請吉爾摩到春田市會談並未得到回應，而蘇爾德也未能從吉爾摩那裡獲得正面的答覆。

西蒙・卡麥隆仍被列爲閣員人選，而蘇爾德認爲他是不可或缺的一員。五個星期之前，蘇爾德曾經向林肯警示說，「讓卡麥隆傷心，或是不尊重他，將會造成非常難堪的後果……我非常害怕卡麥隆的朋友大軍與我們爲敵」。⑥③事實上，在歷經痛苦的抉擇後，林肯已決定要給卡麥隆一個內閣職位。當林肯搭火車行經賓夕法尼亞州時，曾與卡麥隆支持者的代表團會談。代表團向林肯保證，科汀州長以及亞歷山大・麥克路爾已授權他們發言。他們告訴林肯說，一切對卡麥隆的指控都已撤回，賓州當前強烈支持卡麥隆。很顯然，賓州對立各造擔心該州在新政府沒有一席之地，因而達成力挺卡麥隆的協議。林肯向代表團表示，「這消息讓他如釋重負」，但他在抵達華府之前仍無意做出決定。㊹問題在於，卡麥隆依然堅持要當財政部長，而林肯則決心要讓蔡斯出掌財政部。直到了解以他的地位無法予取予求之後，卡麥隆才勉強同意出任戰爭部長。

林肯與蘇爾德乘馬車逛完華府後，回到飯店套房休息了一個小時，接著在兩點三十分左右會見了他的長年對手史帝芬・道格拉斯。㊺然後，在蘇爾德前往車站接瑪麗之際，林肯接連會見了布萊爾家族成員，老法蘭西絲以及蒙哥馬利。海伊在日記中寫說，「布萊爾家族具有非比尋常的世族精神，家族成員間緊密合作……他們對於承擔的任何事務，有一套勇往直前的處理方式」。㊻林肯對此瞭如指掌，但他喜愛且信任老法蘭西絲。林肯需要像他這樣曾是民主黨員的強硬派來制衡蘇爾德。

布萊爾家族對蘇爾德的和解論調非常不以爲然。老布萊爾警告林肯說，蘇爾德的妥協論與布坎南的路線如出一轍，只會招致更多來自南方的挑釁。㊼布萊爾家族激烈地擁護強硬派的立場，實質地主張開戰。蒙哥馬利爭辯說，只要南方人持續認爲他們「一個人可以抵上六個北方人」，除非讓他們在戰場上遭逢決定性的挫敗，否則他們永遠不會屈服。「這可讓南方人知道，他們全然錯估了煽動者叫他們鄙視的對象。」㊽只有取得勝利，北方人才能寬宏大量地對南方懷柔。除了認爲蘇爾德過早表露妥協的意願之外，老法蘭西斯・布萊爾也擔心蘇爾德會讓林肯始終覺得如芒刺在背：「像他這樣崇尚浮華又野心勃勃的人，在您的內閣裡不會有所建樹，只會帶來災禍。他將會與您針鋒相對，並運用影響力排擠所有期望接掌大位的胸懷鴻圖人士。」㊾

林肯大致上尊重老布萊爾的意見，但他早已決定要讓蘇爾德出任內閣最高職位。而他同時也期望蒙哥馬利能入閣。原本林肯打算延攬南方人吉爾摩，如此出身邊界州的布萊爾家族將在內閣無立足之地，然而吉爾摩顯然無意入閣，因此林肯準備給蒙哥馬利一個職位，最有可能是郵政部部長。

在林肯與布萊爾家族會談時，蘇爾德來到車站穿越過人海。群眾不知道林肯已在清晨抵達，而來到這裡等候四點鐘到站的特別列車。一名記者指出，當列車終於進站，四部馬車來到最後一節車廂，接著蘇爾德帶著瑪麗和她的兒子們現身。當眾人明白總統當選人不在火車上之後，大家因詫異開始議論紛紛。「此時下起傾盆大雨，人們逃無可逃，於是講些笑話解悶，也有人吹起口哨，更多人滿口咒罵。」㊿這不是瑪麗期待的歡迎場面。

來到威勒飯店後，瑪麗被人認出，只得側靠在蘇爾德的臂膀，她非常焦慮。瑪麗始終不信任蘇爾德，擔心他會與林肯作對到底，而現在，她不怎麼光彩地蒞臨華府，在這個關頭卻只有蘇爾德可以依靠。

那天傍晚，林肯拜訪蘇爾德宅邸，接受費德的妻子安娜設宴款待。[71]由於蘇爾德夫人法蘭西絲留在奧本處理後續的家務，便由安娜擔任這個家的女主人。雖然法蘭西絲每年會上華府幾趟，但她從未曾把華府當作自己的家，而把此地的一切社交活動交給她的丈夫、兒子以及媳婦打理。

林肯於九點回到威勒飯店，接見維吉尼亞州倡議和平大會的代表們。[72]他們意圖在國會三月四日休會之前，促成一套妥協方案。在南方與北方的代表齊聚飯店準備開會之際，佛蒙特州的路希爾斯・齊坦敦（Lucius Chittenden）來到林肯套房，簡報大會如何運作。齊坦敦知道有許多南方人純粹是要來「嘲笑」林肯，或「助長對這位劈柴築籬者的鄙夷」。他無法想像，旅行了十天，「剛逃過暗殺陰謀」的林肯，要如何面對這麼多公開與他敵對的人。然而，林肯「令人驚奇地活力十足，讓在場所有的人大感意外」。齊坦敦驚異地指出：「他顯然不需要事先想好要說什麼，態度從容不迫，而且口若懸河。」[73]

俄亥俄州的代表是塞蒙・蔡斯，他與林肯從春田市的會談之後，就一直未再見面。蔡斯依然不確定他能否在內閣佔有一席之地，當他為林肯引介各與會代表時，顯得不太自然。[74]齊坦敦回憶說，林肯在「聽蔡斯說出每位代表的名字時，適當地觀察了每一個人」。[75]完成引介之後，眾人開始熱烈地討論。

和平大會最終並未產生足以獲得國會多數議員支持的提案，這意味著妥協的時機已經錯失。然而，林肯當晚在威勒飯店讓與會代表們對他有了不同的印象。維吉尼亞州的威廉・瑞佛斯（William Rives）說：「南方人民誤判也誤解了林肯，他們一直認為他無知、頑固、沒有獨立判斷的能力、滿腦子偏見、自願充當更有能力者的工具。這些看法全然錯誤。他將會成為政府的領袖，也會獨立自主地思考。」北卡羅萊納州的湯馬斯・魯芬（Thomas Ruffin）法官認為，林肯無意對奴隸制擴張到新領域的問題讓步，是極大的「不幸」，[76]但當他聽到林肯衷心支持憲法，終於卸下心頭重擔。

隔天「是個晴朗的日子，但強風席捲全城」，[77]蘇爾德一早就陪同林肯上聖約翰主教教堂，接著，他們來到蘇爾德宅邸，對談了兩個小時。林肯說：「蘇爾德州長，我有個重任要交託給您，我要仰賴您幫我處理不熟悉的外交事務，我確信您對此駕輕就熟。」[78]當天早上，林肯還把就職演說草稿拿給蘇爾德過目，並徵詢他的意見。

翌日，蘇爾德與林肯到國會參眾兩院進行非正式拜會。[79]各黨參議員都圍攏過來與林肯打招呼。即使是拒絕承認林肯的南方煽動者，也對林肯滿懷好奇。一位記者指出，維吉尼亞州的詹姆士・梅森，「假裝漠不關心，埋頭佯裝在寫字，但三不五時就會忍不住偷瞄幾眼，讓人懷疑他寫的東西能讓人看得懂」。[80]

一名記者評論說，「此地的人們對林肯的面孔還不太熟悉」，因此，「他昨天穿梭華府各地並沒有引起太多注意」。[81]《紐約時報》指出：「林肯非正式拜訪國會，是史無前例之舉。他那些顯赫的前任總統……認爲拜會與行政部門平起平坐的立法部門，有失聯邦政府的高貴尊嚴。很顯然，劈柴築籬者林肯用心行事，正確地做出了與他地位相稱的合宜舉止。」[82]

接下來幾天，林肯又敲定了兩個內閣閣員人選。儘管各方廣泛支持斯凱勒・寇法克斯出任內政部長，但林肯挑選了他的老輝格黨同事凱勒・史密斯。林肯寫了一封親切的信向寇法克斯解釋說：「在有人推薦您之前，我已在一定程度上決定支持史密斯先生，當然這還不是最終定案。當您獲得薦舉時，我說：『寇法克斯是已具有地位的年輕人，事業卓然有成，未來無可限量。而對史密斯先生來說，則是機不可失，往後永遠不會再有機會。』我認爲兩位都能遊刃有餘，而我根據前述的理由做出了決定。」林肯也提及寇法克斯在他與道格拉斯競逐參議院議席時，並未給予支持，並請求他「不要不公平地認爲，我因記恨而惡意地反對你」。[83]

林肯也考慮給予諾曼・賈德內閣職位，然而爲林肯打選戰的大衛・戴維斯在伊利諾州帶頭反對，而且還有許多其他人選非常強勢。[84]瑪麗・林肯也寫信給戴維斯，表示與他同一陣線反對賈德，她指出「賈德將會製造麻煩招致不滿，而如果華爾街方面所言確切，他的商業交易通常沒有接受仔細的檢驗」。[85]瑪麗不像林肯那樣寬宏大量，她無法原諒賈德在一八五五年協助川布爾壓倒林肯勝出。林肯最後認定，唯有賈德足以代表伊利諾州，而派他出任駐柏林特命全權公使，這個安排讓賈德的夫人愛德琳（Adeline）更爲滿意。

接連數週，各家報紙都說基迪恩・威爾斯是新英格蘭地區最有可能入閣的人選。雖然蘇爾德與魏德堅決反對威爾斯，但威爾斯獲得共和黨強硬派充分信任。無論如何，在哈特佛等候佳音的威爾斯，「於二月最後一週的懸宕情勢中備受煎熬」。⑧威爾斯的兒子愛德嘉從耶魯寫信來熱切地表示，他很想陪伴父親前往華府參加總統就職典禮，而威爾斯回信說：「吾兒，此事一點也不確定，我應當獨自前去……而假如未獲林肯邀請，那我根本就不應該去。」⑧

威爾斯後來終於在三月一日收到副總統當選人漢尼拔・韓姆林從華府拍發的電報：「我渴望能立刻在此與您會面。」⑧威爾斯隔天馬上匆忙趕搭火車，結果忘了帶盥洗用具，更狼狽的是，當他抵達威勒飯店時，走道上擠滿了人群，而他的行李箱一時不知被錯放到了什麼地方，沒辦法換掉已經皺巴巴的衣服。所幸，當晚林肯到其他地方吃晚餐，兩人的會談安排在翌日。隔天林肯給了威爾斯海軍部長的職位。⑧

任用強硬派的布萊爾與威爾斯以制衡卡麥隆和貝茲之後，林肯仍有一個棘手問題要解決。他從一開始就決心要同時延攬蘇爾德和蔡斯入閣，而隨著就職日逐漸逼近，這兩人越發激烈地彼此抵制對方入閣。《明星晚報》（*Evening Star*）三月一日指出，「關於內閣部長職位的爭鬥時時刻刻都在升溫」。⑨蘇爾德的支持者代表團三月二日與林肯會談，他們宣稱蔡斯會使蘇爾德進不了內閣，期望林肯同意放棄蔡斯，⑨未料林肯反將一軍表示，雖然他仍寧願讓兩人都入閣，但可能把國務卿一職給威廉・戴頓，而讓蘇爾德出使英國。

接獲朋友回報此事，加上深受強大反對勢力困擾，蘇爾德隨後寄出便箋給林肯，要求撤回先前接受國務卿職位一事。⑨林肯等了兩天才回覆蘇爾德。他告訴尼可萊說：「讓蘇爾德搶得玩弄手段的先機，我可負擔不起。」⑨無論如何，林肯再度以寬厚的姿態緩和了棘手的處境。他答覆蘇爾德說：「這是最讓我掛念的痛心問題，我覺得有義務要求您收回這項撤銷提議。我想，基於公眾利益，您應當收回，而且我個人也衷心覺得您應當這麼做。」⑨

蘇爾德絕不是真的想要放棄國務卿職位，而是想對林肯施壓，期望能讓他捨棄蔡斯。最後他取消了這項決定，同意出任國務卿。蘇爾德寫信給夫人法蘭西絲，以最光榮的姿態描述了他冠冕堂皇的反覆言行：「總統堅決地想要組成兼容並蓄、相安無事甚至可長可久的內閣。在我想要回絕之際——不，我確實一度拒絕了，這是要試驗一下，賭一賭我的運氣。然而，國家慌張失措的現狀浮現我的心頭，使我打消了這個念頭。我相信自己可以像任何人一樣堅持下去，或許還可能堅持到足以證明我的試驗成功。不管發生什麼事，我都不會冒險將國家前途交付機遇決定，而回到家中或是新英格蘭。」[95]

林肯所有留待完成的事，就只剩下確保蔡斯同意入閣。自從他來到華府之後，還沒與蔡斯就此問題交流過隻字片語。而此刻林肯未經徵詢高傲的蔡斯，就直接向參議院提名蔡斯出任財政部長[96]。蔡斯當時人在參院議場內，多位議員過來向他道賀。而蔡斯「一向自詡爲重要人物，對於繁文縟節極爲敏感」，[97]馬上就拜會林肯表達他的不滿以及不接受提名的決定。蔡斯日後回憶說，在兩人接下來的對話中，林肯「提到我的拒絕會讓他很難堪」。蔡斯保證他會進一步考慮這件事，而就如同林肯所期望的，蔡斯「最後還是讓步了」。[98]

林肯對蔡斯性格的了解終究正確無誤，他也會心地識破了蘇爾德的虛張聲勢，藉此抵消了他們加諸的所有壓力，使他最初想組成的內閣得以具體成形。新內閣融合了前輝格黨與民主黨人，兼容和解派與強硬派。他將實質領導政府，主宰美國史上最非凡的內閣。

林肯的對手確信，他將禁不起對其領導權的初步考驗。一名報社總編輯認爲：「組閣就如同追求一個精於盤算的女孩，這是門精緻的藝術，而新總統並不精於此道。此中有些特定的小技巧，遠非旅行各地的巡迴演說家所能駕輕就熟，要深諳此道，需要有敏銳的認知能力，唯有經驗老到才能確切掌握。」[99]

事實上，誠如約翰・尼可萊日後所述，林肯「最初的決定具備莫大的勇氣和獨立自主的精神」。而林肯的每個對手都「堅決認爲他提名了不適合的人」。[100]一個較無自信的人，可能會讓自己身邊淨是一些不會質疑其權威的支持者。比如說，詹姆士・布坎南就精心挑選了一群對他唯唯諾諾的閣員。亞倫・尼文斯寫道，布坎南相信，一個總統「延攬意志堅決的對立者入閣，試圖調和針鋒相對的各方，最終將會發現，他純粹只是強化了紛爭，加深了黨的分裂」。[101]雖然林肯由政敵組成的團隊可能彼此虎視眈眈，但他堅決認爲，「要克服國家面臨的叛亂險境，必須冒這個閣員內訌的風險」。[102]

《芝加哥論壇報》（*Chicago Tribune*）的約瑟夫・梅迪爾後來問林肯，爲何組成了一個廣納政敵與對手的內閣。他特別問林肯因何選任三位在共和黨提名時與他競爭的主要對手，況且這三人都還因挫敗而耿耿於懷。

林肯的回答很簡單，很直接，也很精明。他說：「我們的內閣需要黨內最強的人才。我們也需要團結國人。而我檢視過全體黨員後的結論是，這些人在黨內無與倫比。因此，我無權剝奪他們爲國家效力的機會。」[103]

蘇爾德、蔡斯與貝茲三人確實能力都很強。然而，最終的事實顯示，林肯這位來自春田市的鄉下律師，才是所有人中最強的一位。⑽

第二部

全民領袖

總統與內閣成員：在這張群像圖中，林肯已經取代了蘇爾德在共和黨的中心位置，成為史上最不尋常的政敵團隊的真正領袖。

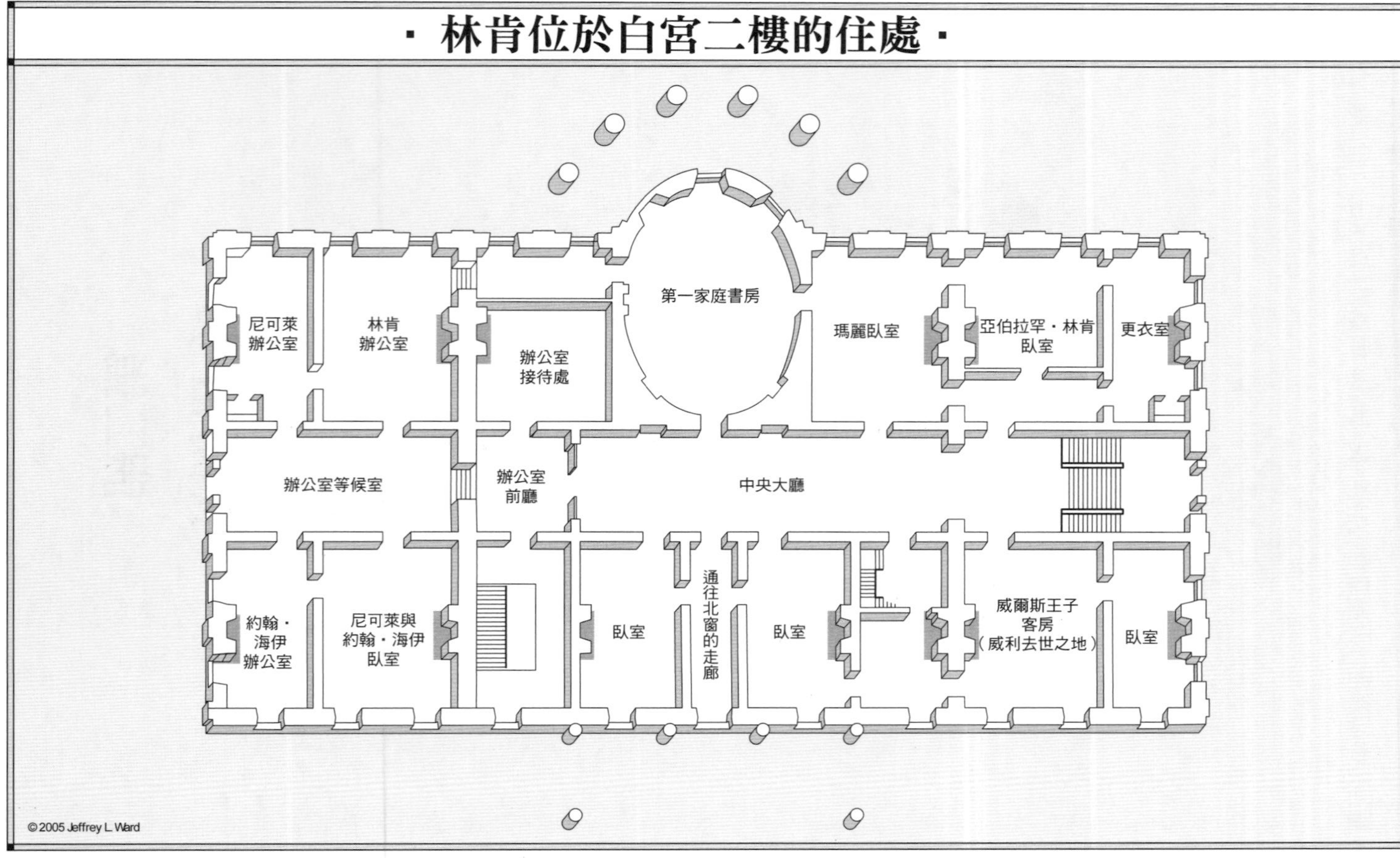
·林肯位於白宮二樓的住處·
尼可萊
辦公室
林肯
辦公室
辦公室
接待處
第一家庭書房
瑪麗臥室
亞伯拉罕·林肯
臥室
更衣室
辦公室等候室
辦公室
前廳
中央大廳
約翰·
海伊
辦公室
尼可萊與
約翰·海伊
臥室
臥室
通往北窗的走廊
臥室
威爾斯王子
客房
（威利去世之地）
臥室
© 2005 Jeffrey L. Ward

12 「記憶的神祕和弦」

林肯預定於三月四日宣誓就職，瑪麗在典禮的前一天晚上徹夜難眠。①她從威勒飯店的窗戶，看著底下黑暗街道裡聚集的民衆。②雖然所有的主要飯店在所有想像得到的地方，都擺上了床墊跟帆布床，連大廳跟接待處都不放過，但仍然還有數千人在街上遊晃，等著有個地方可以躺下來。

林肯在天亮之前就醒了，他仔細再看一遍他精心準備的講稿。尼可萊回憶：「林肯常常一而再、再而三地推敲自己的想法」，他會把複雜的概念簡化成幾個段落或句子，然後幾個禮拜之後再回頭看當時寫下的東西，並再一次加以琢磨，把自己想表達的重點或論點「加以闡釋或做出結論」。如果是蘇爾德或蔡斯的話，他們會參考無數的書籍，擷取從古至今的例子，引經據典地說明他們的論點。③林肯在準備就職演說的時候，則主要援引了四大文件：憲法、傑克遜總統的無效宣言（nullification proclamation）、韋伯斯特

雋永的「自由與聯邦萬歲」（Liberty and Union Forever）演說，以及克雷就一八五〇年協議案（Compromise of 1850）在參議院發表的演說。④

林肯這場準備已久的就職演說面臨了雙重挑戰。這是他當選之後的第一場大型公開演說，他不但必須在演說中堅定地支持聯邦，聲明自己身爲總統的職責，但同時又必須安撫南方各州的不安。要在「軟」跟「硬」之間取得平衡，並不是一件容易的事，而林肯最初的草稿比較偏向「硬」的立場。歐維爾・布朗寧是第一個看過草稿的人，他原本準備要坐火車陪林肯從春田市出發到華盛頓，但後來發現「林肯身邊有一群人圍繞著」，⑤所以最後決定在印地安納波里斯就先下車。林肯在布朗寧離開之前曾把草稿拿給他看。

布朗寧特別擔心草稿中一段躁進的文字，⑥他擔心南方會覺得那是一種直接的「恐嚇與威脅」，而且「連邊界州都會感到不舒服」。林肯在講稿中誓言：「本人將會盡一切的力量來收復失陷的土地，我會保有、佔有與領有（hold, occupy and possess）那些地方，也會保有所有屬於政府的土地……」布朗寧建議刪掉他會「拿回陷落土地」的保證（像是穆特利堡與皮克尼堡），只保留「保有、佔有與領有」仍然由聯邦掌控的領土。布朗寧認爲：「在政府跟退出聯邦的各州之間所產生的所有衝突中，必須要把叛徒視爲侵略者，而且從頭到尾都必須清楚把他們定義爲錯誤的一方。」⑦雖然在冬天各州脫離聯邦的過程中，林肯私底下都表示自己決心要拿回失陷的國土，但他接受了布朗寧的意見，拿掉了誓言要拿回分離各州的段落。

所有讀過林肯就職演說草稿的人士之中，蘇爾德的影響最大。蘇爾德心情沉重地讀了一開始的草稿，雖然他認爲林肯要讓聯邦永存的論點「強而有力，沒有爭論的餘地」，⑧但他覺得講稿中好戰的語調會讓好幾個禮拜以來的努力全部付諸流水，他們爲了讓脫離聯邦的事態不再擴大所冒的風險，將會毫無意義。蘇爾德坐在他最喜歡的旋轉椅上，花了好幾個小時的時間寫了一封深思熟慮的長信給林肯，裡頭修改了講稿的許多部分。整體來說，蘇爾德的建議是把姿態放得更軟，內容應該採取安撫南方的語調。

林肯的版本一開始就很強硬，強調自己因爲「職責所在……將全力」遵守芝加哥競選政綱，「不會動搖自己的立場」。⑨然而，許多分離主義者都把芝加哥競選政綱視爲是自己決定脫離聯邦的原因之一，林肯這樣的開頭等於是一種明顯的挑釁，就連貝茲都嚴厲批評芝加哥競選政綱「排他、目空一切……不必要地讓黨陷入似是而非的支持黑人平權的指控」。[10]蘇爾德的論點是林肯必須刪掉誓言遵守競選黨綱的部分，否則他將會「大大幫了聯邦分離主義者一把，讓維吉尼亞州還有馬里蘭州脫離聯邦，迫使我們在九十天之內，或是六十天之內，就得向南方開戰以保護首都……從共和黨政府上台的那一天起，我們的共和國將分崩離析」。最後林肯同意把所有提到芝加哥黨綱的地方都刪去。

此外，林肯提到了一定要拿回陷落的土地，並且保有目前仍屬於政府的領土，這些段落也遭到蘇爾德的批評。他建議提到「行使權力」的段落應該要「模糊」一點。[11]林肯已經決定要按照布朗寧的意見修改講稿，所以他沒有理會蘇爾德這個過度妥協的建議，保留了包括桑特堡在內，他將「保有、佔有與領有」仍在聯邦政府手上的國土等字句。

蘇爾德幾乎針對講稿的每一個段落都做了修改，他讓一些段落變得更和緩，刪去了尖銳的字眼。林肯把退出聯邦令（secession ordinance）以及武力行為都稱作是「叛國的」行為，而蘇爾德則改為語調較不嚴厲的「劇烈」（revolutionary）行為。林肯以卓雷德・史考特判決為例，警告不能「讓法院裡的幾個人（終身職公僕）使政府變成專制政體」。蘇爾德則把「專制政體」這幾個字刪去，並把法院改尊稱為「高貴的裁決者」。

有的人士提出要修憲，如果各州已經存在奴隸，則國會將永遠無法干涉各州的奴隸制。林肯對於這種修憲的提議加以批評：「我比較偏好原本的舊船以及原舵手的航海圖」。林肯的態度讓蘇爾德左右為難。原本在林肯的要求下，蘇爾德提出了備受爭議的修憲提議，現在林肯改變了立場，蘇爾德將成為被攻擊的對象。蘇爾德小心翼翼地處理這件事，他建議林肯承認，在修憲的議題上眾人的意見分歧，他個人的看法只會讓「爭議加劇」，[12]最後林肯的做法比蘇爾德的建議還要更進一步。就職典禮開始之前的那天晚上，國會在最後的會期裡通過了修憲案：「大意是說聯邦政府永遠不能干預各州的地方制度」。由於這個緣故，林肯再次改變了自己的立場，他修改他的講稿，說既然國會提出了修正案，「憲法已經這樣規定，已成為不可撤銷的法令，我不會提出反對。」[13]

蘇爾德對於這篇就職演說的語氣跟內容影響最大的地方在結尾。林肯原本在最後的部分向南方提出挑戰：「**是你們**，而不是**我**，將會決定這個嚴肅的問題：『要和平，還是要戰爭？』」[14]蘇爾德建議採用一個非常不一樣的結尾，他建議林肯「要用帶有同胞愛的字句，以沉著、激勵人心的自信，處理並化解南方的偏見與激情，以及東部的沮喪與疑慮。」⑮蘇爾德建議了兩種版本的結尾，而林肯參考了他的用語後，寫下了這個演講樂章不朽的結尾。

蘇爾德建議的版本是：「我在此結束我的演講，我們不是也絕對不可以是陌生人或敵人，我們是同胞也是兄弟。雖然強烈的情緒已經讓我們之間的情感之弦繃得太緊，但這條弦絕對不可以斷。我確信絕對不會斷。當年在我們這片遼闊的大陸上發生過那麼多場戰役，愛國志士奉獻了他們的生命，那麼多個人跟家庭犧牲，我們花了這些代價譜出了神祕和弦。當這個國家的守護天使再次輕唱的時候，那些古老的音樂將會再次成爲和諧的音調。」⑯

林肯把蘇爾德充滿著愛國情操的版本加以重新改造，將蘇爾德的字句強化成簡潔有力的詩篇：「我眞不願結束我的演講。我們不是敵人，我們是朋友，我們不能夠是敵人。雖然強烈的情緒可能讓我們之間的情感之弦繃緊了起來，但這條弦不能斷。每場戰役……每個愛國志士的墳墓……每一個人以及每個家庭……只要我們心中的善良天使再度呼喚它們，這些記憶所組成的神祕和弦，將會在這片遼闊的土地上再度響起，成爲聯邦嘹亮的合唱曲。」⑰最值得注意的一點是，蘇爾德的「守護天使」是以上對下的角度對著國家說話，而林肯的「善良天使」則是人民原本就具備的天性。

＊＊＊

林肯對講稿做了最後的修訂之後，他對著家人朗讀，然後他要求自己一個人靜一靜。⑱幾個街區以外的地方，蘇爾德剛看完早報，準備前往國會，但外頭合唱的聲音引起了他的注意，原來好幾百位忠誠的支持者聚集在他的住處前面。⑲支持者的舉動讓蘇爾德大受感動，他感性地對著他們講話：「我代表我的州擔任了十二年的參議員，沒有任何一個人可以看著我的臉，然後說我沒有盡到我的責任——不管一個人的身分是高是低，也不論他是貧是富，是奴隸還是自由人，我對於所有的民衆都盡了我的責任。」⑳

蘇爾德當上總統的機會來了又走了，但或許民眾這個支持的舉動讓他稍稍釋懷了。有一位眾議員告訴蘇爾德，要是某某政治人物沒有在新政府裡得到一官半職的話，那個人會很失望。蘇爾德聽到之後情緒爆炸：「失望！我有資格得到共和黨的總統提名，但卻得退到一旁，把機會拱手讓給伊利諾州一個不起眼的律師！你居然在我面前提失望這件事。」㉑

鐘聲宣布中午已經來臨的時候，布坎南總統抵達威勒飯店，護送總統當選人前往就職典禮。身材高大、年僅五十二歲的林肯充滿活力，他穿上嶄新的黑色西裝，戴上大禮帽，跟一旁的布坎南成為強烈的對比。快七十歲的布坎南矮矮胖胖的，蒼老的臉上還帶著悲傷的神情。他們兩個人互挽著手臂走向敞篷馬車，一旁的海軍樂隊奏起了〈向統帥致敬〉（Hail to the Chief）。㉒馬車駛向賓州大道（Pennsylvania Avenue）時，路的兩旁站著歡呼的民眾跟幾百位侷促不安的達官貴人，裡頭還攙雜了幾百位的士兵。這是史考特將軍安排的，目的是預防有人行刺。狙擊手則在窗邊還有屋頂上待命，看著底下的街道。另外，林肯會經過的所有道路、重點要道也都布滿了騎兵。㉓

在整個途中，人們一直聽到了一個令人不安的聲音。華盛頓的《明星晚報》報導：「一個尖銳刺耳的爆裂聲大約每三秒鐘就會出現一次」，讓所有人的神經緊繃到了極點。困惑的警方最後終於發現，那些聲音是新英格蘭的代表團發出來的。代表團穿著新英格蘭當地的「釘板鞋」（pegged shoe），那種鞋有著厚重的鞋底，可以抵抗北國的冰雪，但華盛頓的氣候比較溫暖，顯然「乾燥的熱氣」讓「鞋子木頭釘板的部分過度收縮，造成穿鞋的人每走一步就發出嘎吱的聲音，由於代表團人數眾多」，因此他們一路走過去的時候，「讓那個聲音變得很大聲」。㉔

一位外國的觀察家表示，自從天氣越來越宜人之後，華盛頓「幾乎呈現著一股田園風」，雖然整座城市「看起來尚未建設完成」，華盛頓總統高聳的紀念碑當時只蓋好三分之一，國會新的巨型穹頂還要兩年才會蓋好，而且幾乎所有的道路都是泥土路，但四處都是讓人心情非常愉悅的樹木跟花園，讓人感覺這座城市是「一個大型的鄉村」。㉕

林肯走進國會東側廊柱所撐起的方形平台時，三萬多名的觀禮者熱情地歡呼。瑪麗跟三個兒子坐在丈夫後面，第一排的位子上除了林肯，還坐著布坎南總統、道格拉斯參議員和泰尼首席大法官，林肯在他的「分裂之家」演說中，把這三個人比喻爲圖謀不軌的木匠，想要摧毀房屋的架構，違背原始設計者的藍圖。

典禮首先由林肯的老友愛德華・貝克來介紹總統當選人。[26]貝克先前移居奧勒岡，並贏得了參議員的席次。林肯走向小小的講台，過程中參議員道格拉斯注意到林肯不知道要把自己的大禮帽放在哪裡，於是他連忙接了過來並放在自己的腿上，[27]然後林肯開始了他的演說。林肯清了清喉嚨，他洪亮的聲音是在西部各州的戶外集會訓練出來的，[28]遠方的群眾也聽得到。

林肯放棄了他原本誓言要嚴格執行芝加哥競選黨綱的開場白，直接從安撫南方人民的焦慮情緒開始，他引用了自己先前的一場演說：「我無意直接或間接在有蓄奴制的州裡干預奴隸制度。我相信我沒有這樣做的合法權利，而且我也沒有這樣做的意願。」接著林肯提到了備受爭議的「逃亡奴隸法」，重申應該想辦法「保障」自由人不會受到不合法的追捕，但美國憲法也規定：「不得因逃往州之任何法律或條例而解除其（奴隸）服務或勞役，若經請求應將其人交出。」雖然他知道「逃亡奴隸法」抵觸北方許多人的「道德判斷」，但他感覺到自己不得不執行憲法的規定。

林肯接著強而有力地爲聯邦政府的威信辯護：「依據憲法與法律」，聯邦是「不可分裂的」，雖然「流血是不必要的」，但他決心要執行法律，他會「保有、佔有與領有屬於政府的財產和土地並徵稅，但除了爲了達到這些目標所必須採取的手段之外，政府不會侵犯人民，不會用武力對付任何地方的人民，也不會在任何地方的人民之中使用武力……」

林肯說：「從地理環境上說，我們是無法分離的」，接著他預言：「就算你們要打仗，你們也無法永久打下去；在雙方都傷亡慘重，誰都沒有得到好處之後，你們會停止作戰，而到時候，跟以前完全一樣的該如何共處的老問題，又會擺在你們面前……」

「內戰這個重大的問題並非由**我**來決定，而是由**你們**來決定。政府不會對**你們**發動攻擊，只要你們自己不當侵略者，你們就不會遭遇戰爭。」

最後林肯做了抒情的保證：「只要我們心中的善良天使再度呼喚它們，這些記憶所組成的神祕和弦，將

會……再度響起，成爲聯邦嘹亮的合唱曲。」㉙

林肯發表完演說之後，首席大法官泰尼慢慢走向講台，打開聖經，接著亞伯拉罕・林肯宣誓成爲美國第十六任總統。

＊＊＊

瑪麗的堂妹伊麗莎白・格林斯利（Elizabeth Grimsley）描述，林肯一家人抵達的時候，「官邸已經準備就緒」，「在哈麗葉・連恩小姐的監督之下，能幹的廚師、幹練的管家跟傭人已經準備好精緻的晚餐。」㉚前總統布坎南道別的時候，他對林肯說：「我親愛的閣下，如果你在進入這棟屋子跟離開這棟屋子回到自己家的時候，能跟我一樣開心，那你就是全國最幸福的人。」㉛林肯一家匆忙地打開行李之後，換裝準備參加總統就職舞會。㉜宴會將在市政廳（City Hall）後方的「阿拉丁穆斯林宮殿」（Muslim Palace of Aladdin）舉行。㉝之所以有這個名字，是「因爲裡頭掛滿了鑲著藍色裝飾的白色布幔」。㉞掛著五個巨型華麗吊燈的大廳擠進了兩千名的賓客，場地並不小，但女士們的大蓬裙佔了很多空間。㉟蘇爾德那天的舞伴是媳婦安娜，蔡斯則是有魅力十足的女兒凱特陪著，但那天晚上瑪麗仍然是最耀眼的一顆星。瑪麗「一身藍，再搭配上用黃金跟珍珠做成的項鍊跟手鐲」，㊱跟著從前的追求者史帝芬・道格拉斯跳著方塊舞，並且在自己精疲力竭的丈夫離開舞會之後，又待了好幾個小時。㊲

舞會仍然在開心地進行時，林肯的就職演說正透過電報傳遍全國，十幾家的晚報也正在努力印刷。蘇爾德的太太法蘭西絲跟女兒范妮在奧本，整個晚上，她們都焦急地等著報紙送達，最後范妮聽到樓下有聲音，她衝下去拿報紙，然後讀到總統就職典禮順利進行，沒有傳出暴力事件。她在日記上寫著：「這眞是讓人稍稍鬆了一口氣。好幾個月來，我都在擔心爸爸的安危，還有當然我也擔心人們常常說的林肯不會活著見到三月五日這一天」。㊳消息向西傳得比較慢，要晚一點才會抵達密蘇里電報線被破壞的聖約瑟夫（St. Joseph）。十幾名驛馬快遞員接力把演講內容送至太平洋岸，他們創下了記錄，「七天又十七個小時」㊴就成功完成任務，讓加州的沙加緬度（Sacramento）也讀得到林肯的演說內容。

人們對於林肯的演說反應不一，全看評論者的政治立場而定。共和黨的報紙讚揚這場演說「從各方面來看都相當崇高、令人敬佩」，㊵「論證精簡有力」。㊶《費城快報》（*Philadelphia Bulletin*）評論這場演說「有極大的安撫作用」，讚美總統「決心要在憲法的架構之下，保護整個國家每一州的權利」。㊷紐約的《商務宣傳報》（*Commercial Advertise*）則宣稱，這場演說是「林肯先生用自己的筆跟手寫下來的，完全不受任何讀過內容的人的影響」。㊸

北方的民主黨報紙就沒那麼客氣了，《哈特佛時報》（*Hartford Times*）開頭就說，那是一篇「糟糕透頂、笨拙、完全沒有政治家風範的講稿」，㊹《阿特拉斯與阿格斯報》怒斥林肯，「他才是拒絕承認聯邦法律的人，他才是那個蔑視多數意見的人，他才是那個挑起內戰的人。」㊺毫不意外的，南方的批評砲火更猛烈，《里奇蒙詢問報》批評這場演說是「是一個狂熱分子用冷酷、心平氣和、小心翼翼的語言在說話……想要煽動狂熱主義，甚至想要利用可怕的內戰來讓政府解體」。㊻北卡羅萊納州威爾明頓（Wilmington）的《前鋒報》（*Herald*）則警告全國人民，預測「他們必須睜開雙眼接受這個沉重的事實：戰爭是不可避免的」。㊼

南方主要的報紙群起攻擊林肯的就職演說，但歷史學家班雅明・湯瑪斯（Benjamin Thomas）注意到這場演講「在仍然效忠聯邦的關鍵奴隸州（維吉尼亞跟北卡羅萊納州）都得到了一些好評」，㊽而蘇爾德正是因爲考慮到這些地方的民眾，才建議林肯軟化講稿的語氣。蘇爾德大大鬆了一口氣，因爲除了他發現自己提出的許多修改建議都得到採用之外，林肯安撫的姿態，也讓他在國會的時候不會受到太多的攻擊。蘇爾德告訴妻子，他很高興他已經「幫政府立下了站得住腳」的根基，現在他可以「骨頭完整地」離開參議院。㊾

林肯接受了備受爭議的「國會不能干預奴隸制」的修正案，讓查爾斯・法蘭西斯・亞當斯也覺得肩膀上卸下了一個重擔。亞當斯在眾議院支持這個修正案時，讓強硬派非常懊惱，而現在亞當斯覺得「國家領袖在全國跟共和黨的面前，證明了我那樣做是對的……結束了我們歷史上最難堪的一段時期……如果我現在就可以結束我的政治生涯，那就太幸運了，我已經取得我所能做到的一切，我再也不會有其他的機會可以造福我的國家」。㊿

或許在所有正反不一的批評聲浪中，反應最激烈的可能是共和黨自己。激進派跟廢奴派沮喪萬分，他們認爲林肯採取了姑息姿態。[51]原本林肯當選的消息，曾經讓黑人廢奴主義者費德里克・道格拉斯燃起過一絲希望。

道格拉斯的一生充滿傳奇，出身黑奴的他，[52]後來變成了一位雄辯滔滔的演說家跟作家，在北方十分出名。道格拉斯還是奴隸的時候，換過好幾個主人，第二任主人的太太對他很好，還教他讀書寫字，但男主人發現以後，馬上禁止道格拉斯再學下去。他警告他的妻子：「教奴隸識字不但不合法，而且也很危險……這樣會管不住奴隸，他這一輩子都再也無法當奴隸了……因爲識字會讓他……不滿足於自己的境況。」這段話說的沒錯，年輕的道格拉斯很快就感覺到，「識字是一個詛咒而非一件幸事，識字讓我看到我的處境有多可憐，而且永遠無法逃脫」。他強烈希望自己已經死了，或是當牲畜也比較好：「任何東西，不管是什麼東西都好，只要讓我不再思考就好！」[53]當時道格拉斯之所以還能活下去，是因爲他還懷抱著一個不太可能成眞的希望：或許他可以逃到自由的地方。最後道格拉斯在等了六年後等到一個機會，而在這期間他偷偷學會了書寫。

道格拉斯在二十歲的時候，成功從馬里蘭州逃到紐約，最後成爲威廉・勞伊德・蓋里森所創辦的「麻州反奴協會」(Massachusetts Anti-Slavery Society）的講者。道格拉斯所寫的自傳，讓他在反奴人士之中成爲名人，讓他有辦法在紐約的羅徹斯特發行自己的月報。歷史學家大衛・布萊特（David Blight）評論，在道格拉斯所有寫過的東西之中，「他的思考一直圍繞著一個簡單的概念：**希望**美國的黑人能有更好的未來。」[54]

道格拉斯相信選出一個共和黨的總統，預示著奴隸主集團的力量將會崩潰：「選舉結果讓北方看到自己的力量，讓南方看到自己的無力，更重要的是，這樣的選舉結果讓人們看到選舉可以帶來的可能性，就算選出的總統不是個廢奴主義者，他至少是個擁有**反對奴隸制的名聲**的人。」[55]然而道格拉斯在讀到林肯就職演說的內容後，他沒有什麼樂觀的理由。林肯首先宣稱「他認爲自己沒有干預奴隸制度的合法權利」，而且更糟的是，他也沒有這樣的「**意願**」。更讓人無法接受的是，林肯同意追捕逃跑的奴隸，「如果他們反抗壓迫他們的人的話，就射殺他們，而且法律上**鄭重**（irrevocably）禁止聯邦政府介入奴隸的解救」。道格拉斯認爲從這篇演說的調性，可以看出林肯被迫屈服於「下流恐怖的奴隸制禍患。我們之中有些人還以爲林肯先生擁有克倫威爾（Oliver Cromwell；譯註：十七世紀英國清教徒革命領袖）的勇氣與果斷的性格，但結果我們又得到了皮爾斯跟布坎南一類的人。」[56]

＊＊＊

第一家庭住在白宮西側二樓，林肯選了在房間西南側有一個大更衣室的小臥房，瑪麗選了丈夫旁邊一間比較寬敞的房間，威利跟泰德的房間則在兩人房間的對面。除了好幾間的臥房之外，唯一的私人空間是一個放著很多書櫃的橢圓形房間。瑪麗把那間房間改為全家的書房。同一樓的東側是尼可萊跟約翰・海伊一起共用的臥室，另外還有一個可以通往總統儉樸辦公室的狹小工作間。57官邸其他的地方大都對民眾開放。蘇爾德告訴妻子，在頭幾個禮拜的時候，白宮的「地板、大廳、樓梯、衣物間」58擠滿了幾百位的民眾，他們排成蜿蜒的隊伍，手上揮舞著介紹信，急切地希望得到一份工作。59

威利跟泰德目前分別是十歲跟快滿八歲，他們剛搬進白宮的時候，白宮對他們來說，每天都充滿著令人興奮的冒險，他們從一樓跑到另一樓，查看每一間房間。在探險的過程中，「從門禁官（door keeper）艾德華（Edward）、信差史達克普（Stackpole）到女僕跟傭人」，兄弟倆跟一路上所有遇到的人說話。依據伊麗莎白・格林斯利的觀察，威利是個「氣質高尚、漂亮的孩子，腦筋轉個不停，比別人聰明，記憶力絕佳，做事有條不紊，不會鬧彆扭，愛著身邊的人，簡直就是父親的翻版，但比父親英俊多了」。60威利會花上好幾個小時的時間把鐵路時刻表背起來，然後會跟朋友玩旅行遊戲，「假裝帶他們從芝加哥坐火車到紐約，沒有一站弄錯。」61他是個貪心的小讀者，也是個剛起步的作家，個性討喜，看到他會讓人想起他的父親。

威利疼愛的弟弟泰德則比較像媽媽。健康的泰德活力充沛，性格強烈，但情緒來得快去得也快。他是個「快樂跟自由自在的小傢伙，興致勃勃地用著兒童的眼光看著有趣的事物。他在不哭的時候，笑聲常常迴盪在整棟房子裡」。泰德是個壓不住、不服從命令的孩子，他父親在開內閣會議的時候，他會毫不猶豫地打斷。他是「家中的喜悅也是家中的煩惱」。62泰德有口吃，除了家人以外，很少有人聽得懂他在說什麼，但這點從未阻止他開口。63約翰・海伊回憶：「他對書本有很糟的評價，對於紀律則不予置評。」64

兄弟倆不停打擾白宮的職員，65他們會在走廊上跑來跑去，幫最苦惱的求職者說話，還會在閣樓裡排演小型的戲劇，並在同一時間搖鈴呼喚所有的僕人。瑪麗擔心兒子的成長過程會太孤單，所以她找了兩個活潑的孩子來陪伴他們：十二歲的何瑞修・尼爾森・「巴德」・塔夫特（Horatio Nelson "Bud" Taft）跟他八歲的弟弟賀爾西（Halsey，綽號「小荷利」〔Holly〕）。兩個小男孩再加上他們的姊姊茱莉雅（Julia，她後來寫了一本小書，記錄他們在白宮的故事），塔夫特家的孩子很快就跟威利、泰德變成好朋友，茱莉雅回憶：「早期白宮如果有什麼座右銘或口號的話，那會是：『讓孩子玩得開心』。」[66]

瑪麗一開始似乎也很快樂，林肯就職之後，瑪麗把親朋好友找來住了幾個禮拜，身旁都是熟悉的人。林肯一家搬進白宮之後，瑪麗在禮拜五晚上舉辦了第一場的民眾見面會，那場晚會十分成功，讓瑪麗自信可以扮演好第一夫人的角色。蘇爾德提議要由他主辦，在他的官邸揭開社交季的序幕，[67]但瑪麗馬上提出異議。瑪麗跟自己的丈夫不同，她可沒有意願「讓蘇爾德玩什麼搶先的花招」，她堅持新政府的第一場招待會應該要在白宮舉行。雖然瑪麗沒有多少準備的時間，她還是舉辦了一場讓人難忘的招待會。尼可萊寫信告訴未婚妻瑟蓮娜（Therena）：「在整整兩個小時之中，群眾不停湧入，搶著跨進門內，還有很多人從窗戶爬進來。」[68]總統跟第一夫人盡力跟「打扮與舉止都合宜」的賓客握手，最後一共握了五千雙的手。雖然出身名門的亞當斯覺得林肯完全不懂正式的「社交禮儀」，但他對於瑪麗自信的舉止也感到印象深刻。[69]不過不管怎麼說，依據尼可萊的說法，這場民眾見面會「被所有『資歷最老的居民』投票選爲這裡舉辦過的最成功的一次宴會」。[70]

瑪麗興奮極了。幾個禮拜之後，她寫信給朋友漢娜・希樂：「還有就是我認識了許多可愛的人士，每天晚上這個國家的菁英分子都會造訪我們的**藍廳**（Blue Room）。昨天晚上有四十個人來拜訪我們，包括前副總統布列欽芮吉……他們請求見我們這些**夫人**，我開始覺得這就是我的家，一切事情都讓我覺得好享受，這棟房子的溫室眞是宜人。」瑪麗絲毫不掩飾對於自己能夠勝過姊姊伊莉莎白感到驕傲不已，她告訴漢娜，伊莉莎白太享受華府的慶祝活動，「自從見識過這裡的情形之後，她對於自己的家就不耐煩了。」[71]

＊＊＊

林肯是一個「淺眠而且睡眠習慣不規律」的人，所以他通常很早就會醒來。在早餐之前他喜歡運動，他常常會在白宮寬敞的庭園裡散步。林肯吃得很簡單，早餐通常是一顆蛋加一杯咖啡，吃完之後，他會沿著走進他的辦公室。[72]天冷的時候，辦公室裡有著黃銅圍欄的白色大理石壁爐會生起溫暖的爐火。[73]總統的辦公桌放在兩面大窗戶中間，窗戶下方是白宮南面的草坪，往前眺望的話，尚未完工的華盛頓紀念碑、紅頂的史密森博物館（Smithsonian），以及波多馬克河（Potomac River）可以盡收眼底。桌子附近擺著一張扶手椅，林肯可以伸展他的長腿，或是兩腳疊在一起，舒舒服服地躺在裡頭。

這間房間也同時充當內閣室（Cabinet Room），[74]房間中間有一張長型的橡木桌，閣員會依序坐下，牆上掛著古老的地圖，壁爐的上方則掛著傑克遜總統的肖像。家具只有幾張沙發跟各式各樣的椅子。前任總統的重度雪茄癮讓窗簾散發著煙草的霉味，新任的國務卿形容，那裡的空氣就像是傳統的男士俱樂部。

林肯就職後的隔天早上，他第一次進入他的辦公室，讓人心煩意亂的消息已經在等著他。他從桌上「拿起的第一封信」[75]是桑特堡的安德森少校寄來的。林肯事後回憶，信上預估「在政府還來不及派出軍隊去救他們之前，他們的糧草就會耗盡」。[76]信上還附了溫菲爾德・史考特將軍的意見，史考特也認爲他們撐不住了：「除了投降之外，別無他法。」[77]

這個迫在眉睫的危機讓林肯左右爲難。林肯修正過的就職演說已不再發誓要「收回」失陷的土地，但林肯非常確定要「保有、佔有與領有」所有聯邦仍控制的土地，而桑特堡最能象徵聯邦權威。此外，安德森少校在十二月二十六日的深夜，暗中將部隊調到穆特利堡，以加強桑特堡的防禦，而在那之後，他就成爲北方人人景仰的英雄，他的軍隊要是投降的話，將會是很羞辱的一件事。然而，總統也感覺自己有必要遵守諾言，他向他「心懷不滿的同胞」承諾過，「政府不會對你們發動攻擊，只要你們自己不當侵略者，你們就不會遭遇戰爭。」[78]

總統需要時間思考，但求工作的人接踵而來，林肯幾乎連「吃飯或睡覺」[79]的時間都沒有。每天大門一打開，就會有數百個甚至數千個人衝進白宮，無視於要讓他們排隊的柵欄。林肯穿越白宮要去吃午餐的時候（他通常只吃麵包、水果跟牛奶），「兩旁所有的人會伸出手來抓他」。每個來求工作的人都有故事要說，每個人都會告訴他，爲什麼他們一定得當上華盛頓的辦事員，或是爲什麼必須在家鄉的郵局任職，或是在海關工作，他們有一家老小要養。林肯屢屢被批評他是在無謂地消耗自己的精力，麻州的參議員亨利・威爾遜（Henry Wilson）

警告過他：「你會讓自己精疲力竭」。林肯的回答是：「他們要的不多，他們能得到的東西很少，我必須見他們。」[80]

對許多人來說，林肯的來者不拒顯示出他的無能，甚至是可怕的弱點。桑納告訴亞當斯：「他什麼事都不知道，一定得有人幫他」。亞當斯同意桑納的看法，認爲蘇爾德是他們「現在唯一的保障」。[81]《紐約時報》不斷批評林肯，認爲他「對於這個家有著更崇高的責任……他不應該把這個可以擔任總統的寶貴機會，浪費在聆聽那些爭先恐後求職者的懇求上」。[82]蘇爾德也批評林肯這點，他在家書中提到：「總統打算要做他所有的工作，而毫不意外的，他選擇了最近在眼前的事。」[83]

混亂之中，林肯還是找出辦法專心在桑特的危機上。半夜的時候，他會坐在書房裡，手邊放著一本大本的皮面聖經，身上是他「穿了很久的長睡袍，腰部綁著一個結」。[84]茱莉雅・塔夫特觀察，林肯在讀書跟思考的時候，喜歡坐在「他放在窗邊的大椅子」，「他穿著長襪的腿疊在一起，被壓著的那隻腳以某種規律前後擺盪，好像跟隨著某個聽不到的音樂一樣。」[85]

史考特認爲一定要從桑特撤退，但林肯不願接受這個假設。他寫了一封信給這位老將軍，要他提供更多細節：安德森少校究竟還能撐多久？如果要補給跟增援桑特，究竟需要什麼？[86]史考特的回覆看起來的確不妙。南卡羅萊納州的政府讓駐守的軍隊無法從查斯頓取得補給，史考特估計安德森只能再撐二十六天，而如果要補給跟增援駐紮的軍隊，將需要「六到八個月的時間」來召集「海軍艦隊，並增援五千名的常備軍以及兩萬名自願軍」。[87]

威爾斯在日記裡記錄，人們謠傳著桑特馬上就會投降了，但林肯「不想要匆促行動」，他「希望讓政府有時間上軌道，讓大家了解政府的政策」。[88]林肯不斷召開內閣會議，他同意法蘭西斯・布萊爾的看法，布萊爾跟兒子蒙哥馬利都慷慨激昂地認爲，「除非有不可抗力的因素」，[89]否則放棄桑特「就等同於放棄聯邦，而投降再加上不忠就等於是背叛政府」。

在蒙哥馬利的提議下，林肯跟蒙哥馬利的連襟兄弟、前海軍軍官古司塔夫・福克斯（Gustavus Fox）會面。福克斯想出了一個從海上增援的妙計：用一艘大型汽船來掩護兩艘載著食物跟補給的堅固拖船，萬一拖船的行進被阻止的話，汽船上的軍隊就開火。[90]林肯對於這個計畫很感興趣，他要福克斯呈上計畫，並在隔天三月十五日的時候，讓內閣聚集在長桌旁討論這個計畫。林肯很少乖乖坐在椅子上，他在說話的時候會走來走去。[91]散會之後，他寄給每個成員一份備忘錄，要他們就以下的問題做出答覆：「不管是採取哪一種辦法，假設現在可能增援桑特堡，那麼試著進行是否是明智的？」[92]

蘇爾德在前幾個月都試著在安撫仍然留在聯邦的奴隸州，因此對他來說，增援桑特堡跟出兵南卡羅萊納州是一個不能接受的念頭。當時的國務院是一棟兩層樓的磚造建築，一共只有三十二個房間。[93]蘇爾德在舊國務院的辦公室寫下了他的回覆。在此同時，蘇爾德的兒子費德里克則在樓下負責周旋所有的人（當時參議院已經同意費德里克擔任副國務卿的職位）。[94]蘇爾德寫了一封非常長的回信給總統，重申要是沒有安撫政策，南方原本支持聯邦的維吉尼亞州、北卡羅萊納州、阿肯色州以及邊界州都會加入南方聯盟。用武力增援桑特堡會刺激還留在聯邦的奴隸州，那些州會脫離聯邦並挑起內戰，而那將會是「國家最可怕與最可嘆的大災禍」。蘇爾德建議，最好的辦法是採取守勢，讓「那些試圖要讓聯邦解體、想推翻聯邦的人……」來採取「必要的行動」，「這樣一來，國家跟人民就會站在我們這一邊」。蘇爾德有力的反對意見，可能在幾分鐘之內就送到了林肯手上，因爲國務院緊鄰財政部的北側，幾步路就到白宮了。[95]

那天晚上蔡斯待在他在威勒飯店的套房，一直到隔天才提出自己的意見。蔡斯一向以強硬派的形象著稱，但他的回覆卻出人意表地模稜兩可，迴避直接回答問題：「如果採取行動會刺激內戰，我們立刻就得徵召軍隊與支出數百萬元，我不能建議這樣做」。[96]然後他接著解釋，最好考慮「把七個脫離聯邦的州所組成的實質政府，視爲是前政府讓聯盟試著進行嘗試後，所達成的**一場已完成的大變革**（an accomplished revolution）」。[97]然而說了以上的話之後，蔡斯給林肯的結論是：「我覺得」會發生戰爭「似乎是一件高度不可能的事」，「因此我投下贊成票。」[98]

除了布萊爾之外，其他所有閣員都反對支援桑特堡。貝茲說自己不願意「做任何近似會挑起內戰的事」。[99]卡麥隆主張即使福克斯的計畫成功了（他個人懷疑這個可能性），交出桑特堡也是「一件無法避免的事」，因此「**越快進行越好**」。[100]威爾斯在第十七街的海軍部二樓辦公室寫下了自己的答覆：既然「影響已經擴散開來，必須從桑特堡撤退，那份宣告所帶來的震撼已經造成影響」，如果還「採取會刺激敵意的做法」，只會造成更大的傷害。如果沒有成功的話，「失敗將會帶來數不清的災難」。[101]內政部長凱勒・史密斯也表達了類似的看法，認爲這個計畫也許會成功，但「無論是在什麼情況下採取這個計畫，可能都是不明智的」。[102]

只有蒙哥馬利・布萊爾無條件投下了贊成票，他認爲「每個新拿下的地方，都會增加叛軍在國內的勢力，也會讓國外更加承認他們的獨立狀態」。只要叛軍能夠宣稱「北方人的勇氣不足以支撐政府」，分離運動就會持續下去。如同傑克遜總統在一八三三年的時候阻止南卡羅萊納州脫離聯邦一樣，當時傑克遜表明得很清楚，該州的行爲將遭受懲罰，因此林肯現在必須採取「行動，以鼓舞支持政府的力量，增強政府內部的決心」。[103]

最後的票數是，五位閣員強烈反對增援桑特堡，一位採取了模稜兩可的態度，一位贊成。

＊＊＊

內閣投票後，林肯似乎動搖了。魏德後來堅稱總統至少在三個不同的場合都說過，如果能讓維吉尼亞留在聯邦裡，他會放棄桑特。[104]蘇爾德的論點是，只要佛羅里達的皮肯斯堡（Fort Pickens）還在聯邦的手中，桑特堡撤不撤退影響將不大。皮肯斯堡糧草充足，而且緊鄰彭薩科拉灣（Pensacola Bay），比桑特堡好守，政府已經下令要加強那邊的軍力了。然而，林肯還是覺得放棄桑特堡的話，「事情會一發不可收拾……會讓國內支持聯邦的同志氣餒，還會增強敵人的勇氣，甚至會讓國外承認叛軍。」[105]

林肯急於得到更多情報，他派福克斯直接去向安德森少校了解情況，判斷安德森少校的糧食究竟還能撐多久。[106]在一位跟南卡羅萊納州州政府很熟的老友的安排下，福克斯得以進入桑特堡跟安德森會面。安德森告訴福克斯，如果他手下的士兵每天只發給一半的口糧，他可以撐到四月十五日。[107]同一時間，林肯也派了他在春田的老友史蒂芬・賀爾波特（Stephen Hurlbut）到查斯頓了解情況。賀爾波特在查斯頓長大，姊妹也還住在那裡。賀爾波特私下跟老朋友聊天，以證實蘇爾德的假設是否正確：只要政府不採取挑釁的行動或任何侵略行爲，南方支持聯邦的聲浪就會持續增強。賀爾波特在老家待了兩天，回去的時候「毫不遲疑、毫不懷疑地回報」，不管是在該城市或是該州，人們已不再支持聯邦，「獨立已經是鐵的事實了」。[108]

在林肯進一步了解情形的同時，他的閣員正在互相進行一連串的捉對廝殺。蔡斯認爲史密斯是個「無足輕重的角色」，而貝茲是個「平庸的律師」。[109]蘇爾德氣急敗壞，因爲蔡斯跟貝茲堅持要在他的選區任用兩個人。蘇爾德說那件事「太過污辱人」，他氣憤地寫信給總統，告訴他：「我寧願在下一秒鐘就在大街上襲擊這兩位紳士，也不可能同意他們在自己的州裡進行任何的地方任命」。[110]蔡斯在他的財政部辦公室眺望著白宮的庭園，他跟林肯抱怨蘇爾德：「如果他堅持要拒絕答應他唯一能夠幫我的事，那他將會沒有自我慶幸的理由。」[111]老布萊爾跟他的兒子一樣忿忿不平，他向蔡斯抱怨國外所有最好的職位，都被留給蘇爾德在輝格黨的舊識。他難過地說：「我認爲除非輝格黨跟民主黨的那些人能夠融入，否則我們的共和黨將無法持久。」[112]

內閣成員爲了任命權爭吵不休，但在憎恨蘇爾德這件事上面，他們陣線統一。他們對於蘇爾德的地位明顯高於他們感到不舒服，每次開內閣會議的時候，都是由蘇爾德來召集大家開會。此外，蘇爾德跟林肯形影不離的情況，也讓其他閣員感到嫉妒。最後大家推派蔡斯當「發言人」，要求內閣應該在固定的時間召開。林肯同意了，最後他們訂在禮拜二跟禮拜五中午開會。[113]

即使如此，大家還是覺得蘇爾德才是那個「上達天聽」的人。倫敦《泰晤士報》（*The Times*）的威廉・羅素（William Russell）第一次造訪華盛頓的時候，就曾經利用過蘇爾德跟林肯的這層關係。羅素當時四十一歲，戴著眼鏡的他是個精力充沛、身材胖胖的英國人，他精彩的克里米亞戰爭（Crimean War）報導，讓他在倫敦成爲紅人。[114]在三月二十六日的一場晚宴，羅素爲蘇爾德感到著迷，他覺得他是一個「狡猾又機靈的人士，很享受權力……喜歡開玩笑，一副國家機密重要人士的樣子」。[115]隔天蘇爾德安排羅素溜進一場白宮爲義大利使節舉行的招待會。羅素回憶，林肯「用非常友好的方式伸出他的手，他告訴我：『羅素先生，很高興能夠認識你，也很高興能夠在這個國家看到你。倫敦的《泰晤士報》是這個世界上最偉大的強權之一，事實上，我想不出有誰比《泰晤士報》更有力量，大概除了密西西比河吧』」。[116]

那天晚上，羅素參加了林肯的第一場國宴，抵達白宮後，他發現瑪麗「已經坐在那裡迎接她的貴賓」。羅素覺得瑪麗五官「平凡，鼻子跟嘴唇沒有什麼特別的地方，儀態跟外貌都很樸素又僵硬，但她覺得以自己現在的地位，她不能只是平凡的林肯夫人，也不能只是一個伊利諾州律師的妻子，所以她在每一個句子裡，都毫不吝惜地加上『先生』兩個字。」

羅素認識所有的內閣官員跟幾位賓客之後，他認爲「額頭寬闊、眼神充滿精力跟力量」的蔡斯「是與會者中最有見地、最高貴的一個人」。蔡斯的女兒凱特尤其讓羅素驚艷，他形容凱特「非常迷人，讓人眼睛爲之一亮，明亮動人」。[117]凱特在宴會中如魚得水，「輕鬆自在地談話，聲音低沉、悅耳……她的頭微微往上揚，臉上帶著一個淺淺地、幾乎可說是驕傲的微笑，好像她是一個正在高貴的庭園裡爲肖像畫家根茲巴羅（Gainsborough）或雷諾茲（Reynolds）擺姿勢的英國女貴族一樣」。[118]凱特是父親的女主人，代表出席華盛頓所有正式的社交場合。她唯一的敵手是林肯夫人，因爲副總統夫人艾倫・韓姆林（Ellen Hamlin）跟蘇爾德的夫人法蘭西絲都不喜歡出鋒頭。凱特的閨中密友曾經告訴《辛辛那提詢問報》：「她是社交女王，男人奉承她，跪在她的腳底下，我從來沒有見過這麼有魅力跟吸引力的人。」[119]關於凱特那天晚上第一次被介紹給瑪麗的情景，有一則可能是假的但很流行的故事：瑪麗告訴凱特：「蔡斯小姐，我很歡迎你隨時來見我」。結果凱特回她：「林肯夫人，我很歡迎你隨時來拜訪我。」[120]雖然瑪麗後來表現出對凱特的明顯妒意，但凱特那天晚上說的話，似乎並沒有破壞她享受那個閃亮的夜晚。

羅素還參加了一場正式的晚宴，他報導：「所有人各自聊著天，只有一次大家注意力被拉走，安靜了下來，因爲總統正在講故事……總統向來以說故事出名。」[121]林肯滔滔不絕地講了一個又一個有趣的軼事，沒有人猜想得到稍早的時候，林肯從史考特將軍那裡得到了令人震驚的消息。史考特在備忘錄中提出：「依據目前南方傳來的情報，對於正在猶豫是否應該繼續留在聯邦或退出的各州來說，政府是否自願撤離桑特堡」，現在已經不可能「對他們的決定有關鍵性的影響」。此外，史考特認爲，爲了要「讓剩下來的八個蓄奴州相信政府」，[122]他們也得放棄皮肯斯堡。

國宴快要結束之前，林肯把內閣閣員叫到一旁，要他們跟著他進入另一個房間，接著他告訴他們史考特將軍的報告內容。蒙哥馬利・布萊爾永遠都記得林肯當時不安的樣子，他回憶：「房間裡充滿著令人窒息的沉默」，接著布萊爾打破了沉默，他生氣地指控說，史考特是在「玩政治而非執行身爲將軍的職責」。[123]布萊爾這句話是在批評蘇爾德對史考特的影響。老布萊爾也跟兒子一樣，一直認為林肯早該在就職的時候就宣布要增援桑特堡，林肯之所以採取「膽小的妥協政策」，都是受到蘇爾德的影響。他提醒大家傑克遜的座右銘：「如果你妥協，你就輸了。」[124]

＊＊＊

那天晚上林肯無法成眠，[125]沉思跟評估的時間已經結束了，他現在必須決定要放棄還是要增援桑特堡。放棄的話，可能會讓北方失掉榮譽，還可能讓北方分崩離析。增援的話，可能會讓整個國家陷入內戰。林肯後來跟布朗寧坦承：「自從我來到這裡之後，所有我遇到的棘手考驗之中，沒有一個比得上我上任後跟桑特失陷之間那段期間所碰到的問題。如果我事先知道那些問題有多龐大的話，我大概會覺得不可能解決那些問題。」[126]

隔天中午內閣召開了會議。林肯把所有他蒐集到的情報攤開給大家看，包括福克斯前往了解安德森少校所處的情況後寫的報告，以及賀爾波特認為聯邦主義基本上在南卡羅萊納州已經不存在的結論。林肯再一次要求內閣用書面提出他們的意見：這一次，林肯所提出的情報以及史考特將軍令人心亂的備忘錄，顯然影響了多數人的意見，只有蘇爾德跟史密斯仍然清楚反對，大部分的人都覺得應該增加桑特堡與皮肯斯堡的補給與兵力。

證據顯示，林肯在內閣集會之前就做了決定，他已經要福克斯列出「他前往增援時所需的船隻、人員與補給」。[127]會議結束後幾個小時，他也大幅調動了他每天的行事曆。他很想讓求職者都能如願，但他需要時間跟空間好好思考國家所面對的重大問題。他要尼可萊把會面時間限制在上午十點到下午三點，不再一天接見訪客十二個小時。尼可萊早就知道，這麼沉重的負擔「是不可能維持很長一段時間的」。[128]

林肯增援桑特堡的決定讓蘇爾德措手不及。三月二十九日的晚上，財政部次長喬治・哈瑞登（George Harrington）來敲門的時候，蘇爾德正好在家。哈瑞登剛離開白宮，威爾斯、布萊爾、福克斯先前正在那裡跟林肯開會。哈瑞登告訴蘇爾德：「在總統的同意之下，終於決定要增援桑特堡。」

蘇爾德問：「我的天啊，喬治！你究竟在說什麼？這是不可能的」。哈瑞登又重複告訴他一遍的時候，蘇爾德暴跳如雷：「我不能容許這樣的事，政府可能會戰敗，我們還沒準備好進入戰爭」。⑫⑨先前蘇爾德成功地讓林肯軟化了就職演說的定調，三月十五日內閣的投票結果，也符合了他撤出桑特堡的建議，這兩次的勝利讓蘇爾德誤以為自己是一個軟弱總統背後的操控力量。

南方灌迷湯的信件加深了蘇爾德錯誤的假設。北卡羅萊納州的費德里克・羅伯特斯（Frederick Roberts）在信中向蘇爾德保證，每個人都把他視為「衝突的和平調解人」。此外，整個州都把林肯視為是「第三流的人」，但大家都仰望著蘇爾德，「不僅把他當作是內閣裡的赫克特（Hector；譯註：希臘英雄人物）跟阿特拉斯（Atlas；譯註：希臘神話中以肩扛天的巨人），而且是整個北方的精神巨人」。⑬⓪另一位仰慕者則斷言「支持聯邦的人都仰仗您，您是他們唯一的希望。您是內閣閣員，只有您能拯救這個國家」。⑬①不論是總統的弱點或是他個人的重要性，蘇爾德對於信中的評價完全同意。他告訴亞當斯，林肯「完全弄不清楚自己的定位，他太專注於政府治理的小細節，不會思考大方向」。亞當斯本人也是這麼覺得，雖然他接受了駐大英帝國大使的高階任命，他仍然輕視林肯。亞當斯在日記上寫著：「這個人沒有辦法撐起大局」，⑬②他一再在日記裡提到，現在唯一的希望就是國務卿對於總統的影響力。

有好幾個禮拜，蘇爾德的行動一直受到「兩個再錯誤不過的錯覺」影響：⑬③首先，他以為自己是實質上掌控一切的人；第二，南方會因為北方棄守桑特堡就被安撫，最後會回歸聯邦。蘇爾德冒上讓名聲毀於一旦的風險，認為林肯一定會照他的意見做事，並且放棄桑特堡。南方聯盟派出三名使者到華盛頓，希望就各軍事據點及其他議題進行協商，但林肯拒絕跟他們協商，理由是如果直接跟他們談，⑬④那就是承認了分離州的合法性。無計可施的蘇爾德透過關係，間接向阿拉巴馬的約翰・坎貝爾（John Campbell）求助。坎貝爾的州已經脫離聯邦，但他仍然是最高法院的大法官。三月十五日內閣開過會之後，蘇爾德自信滿滿地以為，林肯馬上就會批准他建議撤出桑特堡的意見，所以他帶了一個口信給坎貝爾，坎貝爾把訊息轉給使者，使者又向南方聯盟當時位於阿拉巴馬的首都蒙哥馬利報告：駐軍會在「接下來的五天內撤出」桑特堡。⑬⑤

蘇爾德急著要挽回自己的顏面，防止國家陷入戰爭，而同一時間政府也尚未建立清楚的政策，於是蘇爾德寫了一張不尋常的字條，後來引起很大的批評與爭議。費德・蘇爾德回憶，他的父親在四月一日的下午寫下了

「一些供總統參考的建議」。[136]由於蘇爾德的「字跡幾乎難以辨認」，所以他要費德抄一遍並親自交給林肯，而且不准「歸檔，也不准交給任何辦事員」。[137]

那張引發爭論的字條開頭寫著：「政府已經上台快一個月了，但不管是在內政或外交方面，都還沒訂出半點政策。」[138]接著蘇爾德重申他建議放棄桑特堡的提議，並新提出應該把重心放在增援皮肯斯堡。蘇爾德斷言，應該要重視皮肯斯堡而不是桑特堡，這樣可以讓林肯保住「聯邦威信的象徵」，[139]但挑釁的意味會低很多。蘇爾德在這件事所犯下的錯誤，不是因爲他心懷後來部分批評者所砲轟的「邪惡陰謀」，而是他嚴重錯估形勢，也嚴重錯估林肯。

蘇爾德接著在「外國方面」的標題下，[140]建議林肯應該要把注意力從國內事務轉向國外事務，他應該要求西班牙跟法國解釋它們爲什麼干涉西半球的事務，並要求大英帝國、加拿大跟俄羅斯說明，爲什麼他們威脅涉入美國的內政危機。如果任何一個國家的解釋不能令人滿意，那麼就應該宣戰。事實上，美國的確提出過這樣的要求，並且讓歐洲的領袖意識到他們在回應美國事務的時候，應該更加小心。蘇爾德之所以引起傳記作家與歷史學家的撻伐，是因爲他還提出了荒唐的宣戰。

蘇爾德越權的舉動不僅僅如此。在二月的時候，他曾經告訴一位德國的外交官：「合衆國的民選總統跟世襲的君主沒有很大的差別」，他們都不是眞正管事的人，「實際管理公共事務的人是執政黨的領袖」。[141]蘇爾德把自己視爲是首相，而林肯則是虛位元首。蘇爾德爲了測試自己越權的理論，在字條的最後告訴林肯：「不論我們採取了什麼樣的政策，一定得有人來積極執行……可以是總統本人來執行……也或者是交由總統的某個閣員來執行……這不是我個人被指派的職責範圍，但我不會試圖迴避或承擔責任。」[142]如同尼可萊後來的評論一樣：「要是林肯先生是個會嫉妒或懷恨在心的人，這正是一個把敵人踩在腳底下的大好時機」。這次林肯很容易就可以利用蘇爾德放肆的舉動，將他逐出政壇，但林肯如同他平常一樣，展現出「不自私的寬宏大量」，而這也正是「整個事件中最令人驚嘆的一點」。[143]

總統當下立刻就寫了一封信給蘇爾德，但他從來沒有把那封信寄出去，可能他想要當面回應。[144]那封信被埋在林肯成堆的文件裡，一直要到許多年後，尼可萊跟約翰・海伊在寫他們工程浩大的林肯傳時，才被挖出來。林肯的回應很簡短但直指重點。針對蘇爾德所提到的政府「沒有半點政策」，林肯提醒他，他在就職演說中，誓言使用國家「所賦予我的權力來保有、佔有與領有屬於政府的財產和土地」，這正是蘇爾德所要求的「確實的國內政策，唯一的例外就是這不代表放棄桑特堡。」至於政府缺乏外交政策的指控，「我們已經準備好給外交使節的公告跟指令……完全不能說我們沒有外交政策」。至於蘇爾德提議的要挑起國外戰爭以便讓國內團結，林肯則根本不予回應。

蘇爾德提議，總統尚未訂定並執行強而有力的政策之處，也許會需要國務卿來代勞，而所有提議之中，林肯最爲斷然地拒絕了這一項。他直截了當地在信上寫著：「我認爲如果有必要的話，我會親自來做。」[145]

蘇爾德並未退縮，他火速完成他增援皮肯斯堡的計畫，希望林肯會在福克斯增援桑特堡的軍隊出發之前，改變心意。他已經在前一天緊急召喚蒙哥馬利・梅格思（Montgomery Meigs）上尉到他的部長官邸，由於時間緊迫，蘇爾德要梅格思「在紙上寫下增援與守住皮肯斯堡所需的軍需評估」，並且「在下午四點以前交給總統」。林肯很高興接到這位陸軍上尉的報告，但在他的心中，增援皮肯斯堡不代表要在兩支駐軍之中做出選擇。總統說：「告訴（史考特）我要他完成這件事，而且不許失敗，除非是他能證明他要求了必要的東西，而我沒有給他。我倚賴你們各位來完成這件事。」[146]

蘇爾德提醒林肯，不應該讓海軍高層知道陸軍派長征軍到皮肯斯堡的事，因爲海軍有很多人公開背叛聯邦。林肯在四月一日的時候簽署命令，要布魯克林的海軍造船廠司令安卓・傅特（Andrew Foote）「準備好樸哈坦號（Powhatan），不得有誤」，[147]樸哈坦號將由大衛・波特上尉（Lieutenant David Porter）指揮，前往彭薩科拉執行祕密任務。樸哈坦號是美國海軍最強大的戰艦，林肯強調，「不管在任何情況下」，「準備樸哈坦號的事」都不能讓海軍部知道。海軍部長威爾斯跟福克斯上校都計畫要利用樸哈坦號來幫桑特堡解圍，而他們都不知道這個密令。樸哈坦號配備著威力強大的大砲以及三百名海軍，[148]原本應該掩護載著補給的拖船前往桑特堡，在增援桑特堡的計畫中扮演著關鍵性的角色。

林肯簽署命令的時候沒有仔細閱讀內容，不小心把樸哈坦號同時派往皮肯斯堡跟桑特堡。[149]在林肯就職後頭幾個混亂的禮拜，他常常看也不看就簽署了蘇爾德給他的文件。費德・蘇爾德回憶，當時他把文件送到白宮要林肯簽名的時候，林肯會說：「你父親說這份文件沒問題對吧，好吧，我想他很懂。我要在哪裡簽名？」[150]

威爾斯還不知道樸哈坦號同時被派往兩個地方的事，他在四月五日的時候寫信給樸哈坦號當時的指揮官山繆・梅瑟（Samuel Mercer），要他「駕駛著樸哈坦號從紐約出發」，在十一日早上之前，「及時抵達查斯頓執行任務」。如果補給船能夠停靠在桑特堡，他應該立即回到紐約。如果受阻的話，那麼樸哈坦號跟樸哈坦號的支援艦應該要「打開一條路」。如果「和平的」補給任務失敗了，應該視情況「調派你的軍力」，「增援防守部隊」。[151]威爾斯下達給梅瑟的命令，在當天被讀給總統聽，而且也獲得許可。

隔天林肯替卡麥隆草擬了一封信，要卡麥隆透過信差把信送至南卡羅萊納州州長的手中：「我在合眾國總統的指示下通知閣下，政府將派遣軍艦前往桑特堡，艦上僅有補給。若此一行動未受抵抗，亦未增援人員、武器或軍火，則此類行動往後將不再事先通知。」[152]林肯設計出一個辦法來區別「和平的補給行動」以及爭議較大的「增援行動」，至少在公開聲明中提供戰爭以外的最終選擇。[153]

林肯這個策略十分有創意，但實際執行起來卻是一場大失誤。梅格思發現，前往皮肯斯堡的行動「跟海軍部長的命令相抵觸」，他發電報給蘇爾德，要求蘇爾德解釋。蘇爾德處境尷尬，他知道他現在必須把皮肯斯堡的祕密任務告訴威爾斯。晚上十一點過後，蘇爾德跟兒子費德走到不遠處的威勒飯店，告訴威爾斯這件事。稍早的時候，威爾斯以爲樸哈坦號跟其他的支援艦已經出發前往桑特，他還好高興自己在這麼短的時間內就完成了許多事。

蘇爾德把電報拿給威爾斯看，解釋電報一定是在說樸哈坦號的事。樸哈坦號現在由波特指揮，正在前往彭薩科拉的途中。威爾斯堅持這件事是不可能的，樸哈坦號可是桑特堡任務的「主艦」。他們決定要立刻跟總統商量這件事，雖然已經快要半夜了，但林肯仍然醒著。聽到兩人的報告後，他「先是看著其中一個人，然後又看著另外一個人，然後說其中一定有什麼弄錯的地方」。一旦弄清楚錯誤之後，他要蘇爾德發電報給波特，要他「立刻把樸哈坦號交還給梅瑟，不得有誤」，讓桑特堡的增援行動能夠進行。蘇爾德試著要支持皮肯斯堡的行動，但林肯「強制命令」那天晚上一定要發出電報。

威爾斯訝異不已，因爲林肯「一肩扛起所有的責任，說顯然是因爲他的不小心與不留神，才會發生這種錯誤，他應該要更小心、更留意一點才對。」威爾斯說，事實上林肯「常常把內閣所承受的指責說是自己的錯，不是內閣的錯」。⑭蘇爾德不情願地送出了電報，但波特已經在前往佛羅里達的途中。蘇爾德派了快艇追上樸哈坦號，但波特看到電報上的名字是蘇爾德而非總統，所以他繼續航向佛羅里達，因爲理論上先前總統所下達的命令高於蘇爾德的命令。⑮

福克斯抵達查斯頓後，花了好幾個小時想要找樸哈坦號，但怎麼找就是找不到，⑯他不知道樸哈坦號開往了錯誤的地點，也不知道南方聯盟位於蒙哥馬利的政府已經攔截了他的計畫，並下令要查斯頓的指揮官皮耶・博雷加德准將（Brigadier General Pierre Beauregard），在樸哈坦號以及聯邦的護衛隊預計抵達的時間之前，先行攻擊桑特堡。四月十二日凌晨三點半，⑰博雷加德送信給安德森，宣布一小時後他將開火。安德森的六十人小部隊也反擊，但馬上就被南方聯盟的九千人給制伏。福克斯感嘆，沒有樸哈坦號的兵力、榴彈砲跟「輔助戰艇」，桑特堡的將士們毫無機會。⑱安德森的屬下安柏納・達博岱（Abner Doubleday）回憶：「大火一發不可收拾……碉堡五分之一的地方都著了火，而風又把濃濃的煙吹向我們藏身的地方。」⑲

開戰後三十四個小時，安德森少校投降了。⑳他在投降之前，把所有士兵集合在一起，他們發射了五十大砲，向毀損的美國國旗致敬，然後把國旗收下來離開碉堡。㉑安德森少校的這個舉動，讓北方的人民永遠愛戴他。整場戰役中，不可思議地，只有一位聯邦士兵在向國旗致敬的時候，因爲火藥意外而失去性命。㉒博雷加德在西點軍校的時候教過安德森，他對他抱著崇高的敬意，他等到安德森離開之後才進入碉堡，「因爲在朋友遭受羞辱的時刻出現……是一件不名譽的事。」㉓

福克斯上校懊惱不已，他覺得要不是樸哈坦號上演迷航記，他一定會成功達成任務。他失敗了，但卻不是因爲自己犯了錯而失敗，他已經喪失了「他在一般民眾之中的聲譽」，㉔結果林肯再一次地扛下錯誤，他安慰福克斯「因爲一個你完全不需負責、而我可能必須負某種程度的責任的意外，你沒有辦法取得你認爲爲了完成計畫絕對必要的船艦與人員，我可以眞心誠意地告訴你，這次的失敗並沒有讓你的聲望下降任何一丁點。在我看來，你在這件事上所展現的能力與特質，已經提高了你的聲譽。」

林肯接著說：「你跟我，我們兩個人都認爲，就算失敗，我們增援桑特堡的努力將會使國家朝著理想前進；

現在看來，我們應該感到極大的安慰，因爲我們的看法的確是對的。」⑯⑤

後來有評論者認爲，林肯運用了巧妙的手段讓南方成爲宣戰的那一方，但事實上，林肯只是在遵守他在就職演說中所說的誓言：他將「保有」屬於政府的土地，但除了爲達到目標「所必須採取的手段之外，政府不會侵犯人民，不會用武力對付任何地方的人民」。沒有食物跟補給的話，就無法「保有」桑特堡。如果林肯選擇放棄這個堡壘的話，他就會違反他對北方的誓言。如果他使用武力是爲了「保有」政府土地以外的目的，他就是違反了他對南方的承諾。⑯⑥

南方聯盟開了第一槍，一場戰爭開始了。沒有人料到這場戰爭將會持續四年，並且奪去六十多萬人的性命：這個數字超過美國從獨立戰爭到伊拉克戰爭所有戰爭的總和。所有的大衆都將受到戰爭的蹂躪，他們將犧牲性命跟財產，幾乎每一個家庭都失去了家人。如果以當時三千一百五十萬的人口換算成今日的人口，相當於犧牲了超過五百萬條人命。⑯⑦

13 「開戰了」

聯盟攻擊桑特堡的消息在那個週末傳遍了北方，詩人惠特曼（Walt Whitman）回憶他是如何聽到那個消息的。那天是禮拜六的晚上，他在第十四街看完歌劇，正漫步在百老匯街上。他經過「仍然燈火通明」的大都會飯店（Metropolitan Hotel）的時候，看到有三、四十個人突然聚集在一起，有人在念新聞給大家聽。二十多年過後，惠特曼仍然「幾乎可以再次看見當時那些人站在午夜提燈下的情景」。

惠特曼回憶，「國旗遭受砲火攻擊的景象」在北方造成了「火山般的震撼效果」，「是否支持聯邦的問題大體上已經沒有異議了」。①《國家通訊報》（*National Intelligencer*）說出了大部分北方人的心聲：「我們的人現在全都決定要支持政府，我們要強力回擊由反聯邦分子所挑起的戰爭，所有對他們的同情都已經煙消雲散了。」②

南方有著跟北方同樣狂熱的情緒。一封南卡羅萊

納州查斯頓的電報上說：「開戰了」，「人們興奮不已，第一陣槍砲聲響起之後，數千人衝下床跑到港灣旁，一整天所有的空位都被佔住，蜂擁而至的紳士淑女們，用望遠鏡觀賞著眼前壯觀的景象」。③

禮拜天林肯在教堂做完禮拜之後，馬上召集閣員開會。他決定要公告北方，徵召各州的國民軍，並設定國會再度集會的時間。對於要徵召多少自願軍，所有人爭執不休，有的人認爲需要十萬人，有的人認爲需要五萬人，最後林肯決定需要七萬五千人。國會何時該集會，也讓衆人爭論不休。行政部門需要國會才能徵募並正式派遣軍隊，但也有人勸林肯「要是曠日廢時地等到『每個人的每個意見』終於統一，並訂出一致的戰爭策略，那將會是一場災難」。④蘇爾德特別堅持這點，他認爲「歷史告訴我們，每個召開特別國會的國王，最會都丟了他們的腦袋」。⑤最後林肯跟內閣把國會重新集會的日子，訂在美國國慶日七月四日那天，他們希望「國會會因爲愛國心，認可行政部門在之前就先採取的戰爭措施」。⑥

尼可萊抄寫了一份總統的文告並送到國務卿手上。⑦國務卿蓋上了大大的印章，並在隔天向大衆公告。⑧那天下午，林肯帶著兒子跟尼可萊乘車出遊，⑨希望能暫時逃離一下沉重的戰事，回到白宮之後，林肯迎接了他的老敵手史帝芬·道格拉斯，接著他們私下談了好幾個小時。道格拉斯的身體狀況並不好，長期酗酒跟繁忙的政治活動終於讓他的健康付出了代價，此時他只剩兩個月的壽命。⑩雖然如此，他還是提供了林肯實質的支持，公開宣布他將「幫助總統履行他保護聯邦以及讓政府運作的憲法職責」。⑪道格拉斯的公開聲明幫了很大的忙，讓民主黨願意動員起來支持政府。道格拉斯在一份報紙上說：「在這樣重要的時刻，每個愛國的國民都有義務支持全民政府（General Government）」，他並在另一份報紙上呼籲，「每個人應該放下他的政黨成見……拋下不重要的偏見，手連手、心連心一同對抗賣國賊與叛徒。」⑫

費德·蘇爾德回憶：「誰都沒有料到北方會如此熱烈支持這份總統文告，所有自由州的州長都馬上表示，他們會立刻準備好他們負責募集的兵力。電報傳來的消息指出，有一股炙熱的愛國情操爆發出來，在北方的城鎮與鄉村大家都『站出來了』。」⑬北方的報紙報導民衆舉行了大型的集會，樂隊演奏出振奮人心的音樂，大家自動自發地上街遊行支持聯邦。從前的政黨之別似乎消失了。喬治·坦普頓·史壯在日記上寫著：「我們開始看起來像是個統一的北方」，史壯並預測，民主黨的《紐約前鋒報》很快就會「開始攻擊傑佛森·戴維斯，就跟一個禮拜前攻擊林肯一樣」。[14]

熱烈團結起來的北方嚴重低估了南方的力量與決心。蘇爾德預測戰爭會在六十天之內結束，[15]約翰・海伊高傲地表示：「我因爲憐憫發狂的南方，所以希望戰爭會血腥地馬上結束。脆弱又無知的南方，不管在財政上跟信譽上都是破產的，他們的軍隊是一大群烏合之衆，毫無紀律又餓著肚子……等在他們前面的只有戰敗、貧窮、分裂、暴動跟毀滅。」[16]

南方傳來的壞消息，很快就讓這類信口開河的預測銷聲匿跡。北卡羅萊納州、田納西州、肯塔基州拒絕「爲了想要征服（它們的）姊妹州的邪惡目的」出兵。[17]接著在四月十七日的時候，最關鍵的維吉尼亞州引用總統宣布募集軍隊的文告，宣布退出聯邦。[18]歷史學家詹姆士・藍道爾（James Randall）把維吉尼亞的退出稱爲是「美國史上最重大的事件」。[19]維吉尼亞州的決定讓整個南方歡聲雷動。紐奧爾良的《瑣聞日報》（*Daily Picayune*）報導：「我們從來沒有看過我們的民衆像昨天下午那樣興奮。昨天美好的消息像野火一般傳遍大街小巷：『總統之鄉』（Mother of Presidents）維吉尼亞終於退出聯邦了」，「街道上的行人互相握手，我們的辦公室擠滿了人，男孩們壓不住興奮的心情，他們到處跑來跑去，口中不時發出歡呼聲。」

南方在興奮之餘也犯了跟北方同樣的錯誤，高估了自己獲勝的可能性，也低估了對手的決心。《瑣聞日報》歡欣鼓舞地報導：「現在我們有八個州了！」報紙並預測，接下來剩下的奴隸州也會跟隨維吉尼亞的腳步，很快地南方就會擁有十五個州。[20]事實上，老自治領（Old Dominion，譯註：即維吉尼亞州）只讓三個州加入南方聯盟：北卡羅萊納州、阿肯色州跟田納西州。不過，有好幾個月林肯憂心忡忡，他一直在擔心馬里蘭、密蘇里與肯塔基等邊界州會脫離聯邦。

維吉尼亞州宣布脫離聯邦的隔天，法蘭西絲・布萊爾邀請羅勃・E・李上校（譯註：即日後著名的李將軍），到他位於賓州大道的黃色宅邸作客。五十四歲的李畢業於西點軍校，他曾經參加過墨西哥戰爭，擔任過西點軍校的校長，並曾在哈柏斯渡口負責追捕激進的黑奴解放者約翰・布朗。史考特將軍認爲，李是「他在戰場上見過最出色的軍人」，[21]林肯要布萊爾向李提出，讓他擔任「總統權限所能任命的最高階軍職」。[22]

布萊爾告訴李：「我謹代表林肯總統在此向您請教，是否有任何他能做到的事，能讓您願意接受統領聯邦軍隊？」㉓李用他所能做到的「最率直與最有禮貌」㉔的方式回答：「布萊爾先生，我把脫離聯邦視爲是無政府狀態。就算我在南方擁有四百萬的奴隸，我也會爲了聯邦犧牲他們，但我怎麼能抽出劍來對付我土生土長的維吉尼亞？」㉕

會面結束之後，李將軍拜訪老史考特將軍，向他求教這個兩難的局面，㉖然後他回到位於阿靈頓（Arlington）的家並陷入長考。兩天之後，他向史考特辭去他在軍隊裡的職務：「我應該要馬上遞出辭呈才對，但我很掙扎，我把所有的青春歲月跟所有的能力都投注在這裡了，但現在卻得離開。在這段期間，在超過三十年的期間，我的長官都對我非常慈愛，我的同袍也給了我最眞摯的友誼……由於慈愛的您，我將帶著最感激的回憶進入墳墓，我會將您的名字跟您的聲名永遠銘記在心。」㉗

心煩意亂的李在同一天寫信給姊姊：「我們現在進入了一場不會有任何好處的戰爭」，雖然他覺得「沒有必要走到今天的局面，而且當初要是有機會的話，不論南方的不滿是否眞的有道理，我會懇求他們停止憤怒」，但他也無法「拿起武器對抗我的親戚、我的孩子或我的家。因此我辭去了我在軍隊裡的職務，除了保護我自己的州之外（我誠心希望我微薄的力量會永遠派不上用場），我希望我永遠都不需要拿起我的劍。」㉘但很快的，李被任命爲維吉尼亞州的指揮官。㉙

李掙扎著面對自己的決定對個人生涯所造成的影響時，林肯小姨子的先生班傑明（班恩）・哈丁・賀姆（Benjamin [Ben] Hardin Helm），㉚也面臨了人生痛苦的選擇。西點軍校畢業的賀姆是肯塔基人，他在一八五六年的時候，娶了瑪麗同父異母的妹妹艾蜜麗（Emilie）。他到春田辦公的時候，都住在林肯家。根據賀姆女兒凱薩琳（Katherine）的說法，賀姆跟林肯「之間建立起的友誼，比較像是兄弟之情，而非一般人的普通情誼」。㉛桑特堡事件過後的兩個禮拜，林肯要堅定「屬於南方州權民主黨」（Southern-rights Democrat）㉜的賀姆進他的辦公室。林肯說：「班恩，我有東西要給你。」林肯把一個密封的信封交到他的手裡，「好好想一想，讓我知道你的決定」。那封信的內容是要任命賀姆爲上校（major）以及地位崇高的聯邦軍隊主計官（paymaster）。那天下午賀姆遇到李，李看起來很焦慮，賀姆問他：「李上校，你不舒服嗎？」李回答：「身體沒事但心裡有事」，「我在正値盛年的時候，離開了代表著我在這個世界的所有希望與前程的軍職。」賀姆把林肯的信拿給李看，問他自己該怎麼做：「我毫不懷疑他的動機良善，但他無法控制局勢，一定會有一場大戰」。李自己也心煩意亂，沒有辦法提供建議，他要賀姆「遵從良心跟榮譽做事」。㉝

賀姆的妻子艾蜜麗後來回憶，那天晚上她的丈夫無法入睡，隔天他回到白宮，告訴林肯：「我要回鄉，我會在那裡給您答案，您所給的職位遠遠超乎我的預期，我連做最好的美夢時也想不到。林肯先生，您一直對我非常慷慨，而且是超乎一切的慷慨，我沒有要求您什麼的資格，我曾反對您的提名，而且盡我所能的妨礙您勝選……請先不要公布這項任命，我會在幾天之內給您答覆。」賀姆回到肯塔基並跟賽門・保力瓦・巴克納（Simon Bolivar Buckner）將軍及友人談過之後，他了解自己必須拒絕林肯，並把「命運交給自己土生土長的南方」。他告訴友人，他回信給林肯的那個小時，是「他這輩子最痛苦的一個小時」。㉞在那之後不久，他接受了南方聯盟軍的任命，㉟最後成爲准將。

＊＊＊

林肯試著要穩住自己內外交困的聯邦，但每天都有新衝突跟待決的事情。在一次爭論不休的內閣會議，蘇爾德主張應該要馬上開始封鎖南方港口，依據國家法（law of nations），聯邦將有權搜索與扣押船隻。㊱威爾斯持反對意見，他認爲宣布封鎖會讓人誤以爲聯邦正在跟南方交戰，如此一來，外國勢力會讓南方聯盟享有交戰國權利，最好直接關閉叛亂的港口，並引用市鎮法（municipal law）的警察權來扣押進出的船隻。㊲內閣一分爲二，㊳蔡斯、布萊爾跟貝茲支持威爾斯，史密斯跟卡麥隆支持蘇爾德，林肯最後決定蘇爾德的論點比較有力，並在四月十九日正式發布封鎖令。㊴威爾斯在一開始的時候有些遲疑，但仍然施展才幹，有效執行封鎖。

開戰讓威爾斯還有海軍部陷入危機重重的局面。㊵在和平時期，大部分的海軍將領都是南方人，開戰後每天都有一批人辭職，叛變情形猖獗。四月初的時候，林肯還大駕光臨參加了華盛頓特區海軍指揮官法蘭克・布坎南上校（Captain Frank Buchanan）女兒的婚禮，㊶但布坎南推測自己的家鄉馬里蘭州「很快就會退出聯邦並加入聯盟」，㊷他在婚禮結束兩個禮拜後就提出辭呈，發誓自己「從今天起不會參與這裡的海軍的任何防衛行

動」。㊸

在此同時，維吉尼亞州退出聯邦的舉動，也讓諾福克海軍船廠（Norfolk Navy Yard）陷入危機。㊹諾福克位於重要的戰略地點，擁有大型的乾船塢（dry dock；譯註：船廠內用於修船與造船的設施），充足的大砲，以及一級船艦梅利美克號（Merrimac），此地是南北軍的必爭之地。威爾斯在桑特堡失守之前，曾建議林肯加強該處的防禦，但林肯不願意採取任何會刺激維吉尼亞州的舉動。這個決定將會讓聯邦的海軍實力大大受損，但等威爾斯接到命令派軍隊到諾福克的時候，已經太遲了，南軍已經控制了船廠。亞當斯在日記裡寫著，這個壞消息讓他陷入「極端的不安」，聯邦的未來看起來岌岌可危，「我們這些第三、四代的子孫，註定要爲第一代所做的妥協付出代價。」㊺

戰爭的第一個傷亡數字在一八六一年的四月十九日出現，那天同時也是宣布封鎖的那一天。「麻州第六兵團」利用鐵路前往保衛華盛頓，途經巴爾的摩的時候，軍隊被分離主義的暴民攻擊。巴爾的摩的《太陽報》(*Sun*)報導：「軍隊在換乘車廂的時候，出現了極度恐怖的情景」，㊻憤怒的民衆辱罵軍隊是「黑奴小偷」，他們用刀子跟左輪手槍攻擊士兵，㊼結果四個士兵跟九個平民被殺。史壯在日記裡寫著：「這件事眞是巧合，這場戰爭的第一個流血衝突事件的主角是麻州人」，而且正好發生在引發美國獨立戰爭的萊辛頓跟康考德（Concord）戰役「紀念日」。㊽

總統馬上在白宮召見巴爾的摩的市長與馬里蘭的州長。林肯此時仍然希望馬里蘭州能留在聯邦裡，他同意「不會再取道巴爾的摩派遣（更多軍隊）」（巴爾的摩正是憤怒分離主義者的大本營），但堅持允許軍隊可以在「巴爾的摩附近」行動。㊾午夜過後，一個憤怒的巴爾的摩代表團抵達白宮，要求晉見林肯了解此事。㊿約翰・海伊帶他們去見卡麥隆，但一直到早上才讓他們去見總統。代表團堅持軍隊不但要退出巴爾的摩，而且要退出全馬里蘭州。林肯態度堅定，不肯同意他們的要求，他告訴代表團：「我必須有軍隊來保護首都。以地理位置來說，首都被馬里蘭包圍著……我們的士兵不是鼴鼠，沒有辦法遁地，他們也不是鳥，沒有辦法飛天，行軍是唯一的方式，他們一定得那樣做。」㉛

一名資深記者回憶，戰爭奪去第一批性命的那一天，也是「電報部第一次執行新聞審查的同一天」，「通訊記者想要把麻州第六兵團的傷亡名單用電報傳出去的時候，他們發現一班國民步槍隊（National Rifles）佔據了電報室，他們手中握有命令，不准記者發出任何消息。」通訊記者非常生氣，他們跑到蘇爾德家抱怨。國務卿的解釋是如果他們發出「傷亡的報導」，他們「只會激發民眾的情緒反應，阻礙和解的道路」。這個問題最後不了了之，因爲記者發現分離主義者切斷了巴爾的摩所有的電報線，並且摧毀了城市周圍所有的鐵路橋墩，[52]也就是說，華盛頓已經孤絕於全北方的通訊。

在接下來的一個禮拜，由於電線被切斷，郵件也受阻，華盛頓的居民每一分每一秒都活在恐懼之中。遊客拋下了豪華的飯店，商店關上大門，所有的門窗都被封住。維勒記下當時的情況：「這簡直就好像一個偉大國家的政府，突然被移到海中間的一個小島，完全與世隔絕。」[53]焦急的民衆每天跑到火車站，希望能看到前來保護這個脆弱城市的北方軍隊。謠言很快傳開，據說南軍士兵的營火就在波多馬克河對岸，看來他們準備好要圍攻華盛頓了。戰爭部長卡麥隆睡在辦公室裡，[54]他推估敵人即將攻擊。尼可萊寫信給未婚妻：「我們所在的這座城市掌管著所有的政府機構、財產與檔案資料，但只有兩千名可依賴的士兵在保衛著這座城市。」[55]

北方其他地方焦慮的程度也不會少於華盛頓。人在紐約的史壯記錄：「沒有任何華盛頓的消息，人們開始悲觀談論在我們的援軍趕到之前，華盛頓恐怕早已被攻擊，如果傳來林肯、蘇爾德跟所有的政府官員都已經成爲俘虜的消息，也不必驚訝。」[56]蔡斯的兩個女兒凱特跟奈蒂，當時正在紐約拜訪蔡斯的富裕友人希倫・巴尼，剛接下紐約舉足輕重的海關稅務官一職的巴尼，跟所有人一樣，擔心「叛軍已經進入華盛頓或已經在附近」，他堅持在首都脫困之前，凱特跟奈蒂應該留在紐約。非常忠於父親的凱特面臨了困難的抉擇。巴尼寫信告訴蔡斯：「看得出來凱特非常擔心她的父親，她很努力表現出鎮定的樣子，隱藏自己的不安，但從很多地方都看得出來她有多擔心。」[57]恰巧安德森上校剛從桑特堡抵達紐約，他預備前往華盛頓向總統報告，凱特馬上抓住機會要求同行。

安德森上校幾個人到達費城，搭上了一艘從培利維爾（Perryville）開往安納波利斯（Annapolis）的汽船，途中經過了巴爾的摩被封鎖的鐵路。然而，他們在中途被一艘敵軍的船隻靠近，那艘船還鳴砲警告。船長擔心南軍已經取得了安德森在船上的情報，而且想要抓住他，船長預備好大砲，並「把大家聚集在一起」。汽船一路奮勇向前，殺出一條路，最後敵人「升起黑旗（譯註：表示自己不屬於任何一方的船艦），改變航道，很快就消失無蹤」，在此同時，凱特跟奈蒂一直躲在船下的艙房，緊閉艙口。她們到達安納波利斯後繼續往華盛頓前進，最後跟鬆了一口氣的父親團聚。[58]

蘇爾德在奧本的家人也度過了「提心吊膽的可怕日子」。[59] 小威爾・蘇爾德當時二十二歲，他晚上不停地跑到當地的電報局，希望能夠得到父親的隻字片語，但半點消息也沒有，法蘭西絲每天寫信給丈夫，請求他讓她過去華盛頓：「我坐立難安，你現在生命有危險，我卻不在你身邊。」[60] 法蘭西絲的請求沒有得到任何回應。

林肯在公開場合都保持冷靜，但政府危急的情勢讓他疑懼不安。在度過了某個「令人鬱悶、惶惶不安的一天之後」，[61] 約翰・海伊在深夜看見林肯凝視著窗外，滿懷著希望紐約、羅德島、賓州等北方各州承諾派出的軍隊會出現在眼前。林肯問著：「爲什麼他們沒有出現！爲什麼他們沒有出現！」[62] 隔天林肯探視麻州第六兵團受傷的士兵時，有人聽到他說：「我不相信北方存在。（紐約的）第七軍團是個傳說，羅德島再也不在我們的地圖上，**你們**（麻州軍隊）是北方唯一眞實存在的軍隊。」[63]

巴爾的摩的暴動持續了好幾天，馬里蘭的州議會在安納波利斯集會的時候，更加深了不安的氣氛，北方擔憂馬里蘭會投票贊成脫離聯邦。內閣爭論著總統是否應該讓軍隊「逮捕或驅散議會」，最終林肯決定「那將**不會**是正當的行動」。[64] 分離主義又破壞了馬里蘭州好幾個禮拜的寧靜，但最後馬里蘭州做出了明智的抉擇，從未加入南方聯盟，而且如同林肯的預測，成爲「第一個得到救贖的州」。[65]

暴民預備摧毀安納波利斯跟費城之間的鐵軌，阻止華盛頓期盼已久的軍隊抵達這個被圍困的首都。林肯下了一個具有爭議性的決定：林肯授權史考特將軍，如果軍隊在華盛頓跟費城之間受阻，而「爲了民眾的安全必須取消人身保護令（Habeas Corpus）的話」，[66] 那麼史考特可以那樣做。以林肯的話來說，「如果是爲了維護民眾的安全，他（史考特將軍）將無須依循法律正常程序與途徑，便可逮捕與拘留可能的危險人士」。[67] 根據蘇爾德後來的說法，原本林肯猶豫著是否要採取這樣的手段，但蘇爾德說服他，告訴他「要是再繼續遲疑下去的話，懲罰將會是毀滅」。[68] 這個說法有可能是眞的，因爲一開始是由蘇爾德負責處理這件事。

不過，林肯下達的命令並非全面性的，他把範圍限定在華盛頓跟費城之間軍隊會經過的路上，但即使如此，這還是違反了人民不會受到任意逮捕的憲法保障，林肯因而引發首席大法官泰尼的不滿。那時泰尼正好巡迴到馬里蘭州，並做出對因此被捕的約翰・梅里曼（John Merryman）有利的判決。泰尼嚴詞批評林肯，認為只有國會才有權取消人身保護令。⑥⑨

司法部長貝茲不願意跟泰尼持相反意見，但他還是支持林肯。⑦⓪他花了好幾個禮拜的時間，寫下了二十六頁的意見書：「以目前的情況來說，國家的存亡已經受到了大型危險叛亂的威脅，依法總統有自由裁量權，可逮捕與拘留證實與叛亂分子來往的罪犯。」⑦①

林肯後來在第一次向國會提出國情咨文的時候，替自己解釋為什麼他做了這樣的決定。身為國家領導人，他有責任確保「法律被如實執行」，「幾乎遍及全國三分之一土地」的叛亂，已經破壞了「法律的完整性……難道要為了害怕違反一條法令，而讓所有的法律、**而不只是一條法令**，全都無法執行，並讓政府四分五裂？」⑦②沒有人能反駁林肯的邏輯，但最高法院法官索古德・馬歇爾（Thurgood Marshall）在許多年後，曾在另外一個不同的情形下說過：「對於自由的重大挑戰時常出現在緊急的時刻，也就是憲法所賦予的權利看來太過奢侈的時候。」⑦③威爾斯似乎能理解這個折衷的做法，他正確地向妻子預測：「毫無疑問的，政府在這次的衝突過後，將會變得比以前都還要強大，而自由將會受到限制。」⑦④

最後，經過一個禮拜的緊張與不安之後，紐約的第七軍團終於抵達華盛頓。《紐約時報》報導：「旅館的階梯跟陽台、民宅的窗戶、商店的門口，甚至是許多房子的屋頂，統統都站滿了男女老少，他們揮舞著手帕跟國旗大聲歡迎他們。」⑦⑤接下來的幾天，更多軍隊到達了。瑪麗跟朋友從官邸的窗戶看著軍團行進而過。軍隊的出現大大提振了林肯的心情，他開心地告訴約翰・海伊，除了確保首都的安全之外，最後他會「去查斯頓，並還清我們欠查斯頓的小小『債務』」。約翰・海伊聽到這些話後興奮得不得了，他「覺得自己想來一聲伊利諾州式的大叫」。⑦⑥

法蘭西絲・蘇爾德大大鬆了一口氣，她終於接到丈夫的信，知道已經有八千名軍隊抵達華盛頓。⑦⑦然而，她的丈夫並沒有答應她前往華盛頓。⑦⑧法蘭西絲的媳婦安娜已經幾乎把他們位於拉法葉廣場的新家給整理好了。地毯鋪好了，幾百本書也排在書架上了，他們會在四月底搬進去。安娜跟法蘭西絲不同，她很喜歡公公蘇爾德忙碌的生活，她開心地描述：「連續六到八個晚上，我們永遠都有客人。」[79]也許蘇爾德認爲鬧烘烘的環境不適合他的妻子，覺得妻子還是待在奧本安靜的家比較好。

此外，蘇爾德知道他們夫妻倆大概會爲了戰爭的目的起爭執。法蘭西絲跟丈夫不同，她已經認定這場戰爭的主要目的，就是終結奴隸制。她知道這場戰爭可能會持續好幾年，而且會造成「大量的人員犧牲」，但爲了消滅奴隸制，一切都是值得的。法蘭西絲寫信告訴丈夫：「強大、光輝與眞正的北方終於覺醒了，人們所散發出的熱誠……不管地位尊卑、窮人或富人……所有人全都站出來爲人權而戰。南方就算現在讓步，也無法阻擋這股洪流——不管是黑人奴隸或白人奴隸，現在我們絕不會妥協並接受奴隸制。上帝聽見了受壓迫者的禱告，可怕的報應正在等著壓迫者。」[80]

法蘭西絲對於戰爭的各個面向都擁有自己的見解，此時她的看法不僅跟自己的丈夫相對立，而且也跟大部分的閣員以及大多數的北方人不同。蘇爾德仍然認爲南北很容易就可以和解，這場戰爭很快就會結束。他告訴一位友人：「根本不會有嚴重的戰爭，南方會失敗，每件事都會在和平的狀態下順利解決。」[81]貝茲希望著戰爭會侷限在一定的範圍內，「盡量不要打擾到人們的日常生活」，[82]也不要影響到南方的蓄奴制。布萊爾勸告林肯，如果這場戰爭變成了一場「南方與北方人民的競爭」，那將會是一個「致命的錯誤」。[83]

對林肯來說，這場拯救聯邦的戰役，目標不只是要終止奴隸制，因爲畢竟他所發誓支持的憲法已經認可了這一點。林肯在五月初的時候告訴約翰・海伊：「我認爲這場戰爭的主要意義，在於我們必須證明全民政府（popular government）並不是一件荒誕的事。我們必須現在解決這件問題，確認是否在一個自由的政府，少數人擁有權力可以決定是否要讓政府瓦解。如果我們失敗了，這甚至證明了人民沒有辦法治理自己。」[84]

面對這場分裂危機時，林肯的眼光放得很遠。哲學家約翰・史都華・彌爾（John Stuart Mill）跟他有著同樣的看法，認爲南方的勝利「將會鼓勵『進步』的敵人，讓『進步』在全文明世界的友人都感到沮喪」。[85]一群英國貴族則抱持相反的看法，他們希望「等聯邦消失後」，人們將會「活著看到美國建立起貴族政治」。[86]

美國國父華盛頓在自己的告別演說中，曾經就聯邦的概念給予意義深刻的解釋：「當前最重要的是，你們應當好好評估國家團結對於你們集體和個人幸福所代表的巨大重要性；你們應當懷有誠摯、一貫和堅定不移的忠誠；你們在思想上、言談中，都應當習慣把國家團結當成政治安定和繁榮的保護神。」華盛頓事先預見國內潛在的紛爭，他建議要小心謹慎：「如果有人企圖使我國的一部分脫離其他部分，或想要削弱現在繫著各部分的神聖連結」，一定要馬上採取行動。[87]

正是「全民政府」與「民主制度」的精神意涵，催促著亞伯拉罕・林肯召喚成千上萬的士兵，共同來保護由開國元勳建立的神聖聯邦。

＊＊＊

軍隊抵達華盛頓之前，人們謠傳著敵人會直接攻擊白宮。某日深夜，一位激動的訪客跑到白宮，他告訴總統，「他們已經在維吉尼亞高地對著華盛頓設置了迫擊砲砲台」。約翰・海伊在日記裡回憶，他那天「必須非常巧妙地說謊，才能讓再度開始恐懼有人會暗殺總統的總統夫人冷靜下來」。[88]保護華盛頓的軍隊抵達之後，瑪麗才放下心來。她寫信給春田市的一位友人：「好幾千名的士兵保護著我們，如果人多就表示安全，那麼我們有理由感到安心。」[89]瑪麗的堂妹伊麗莎白・格林斯利也鬆了一口氣，她告訴朋友：「焦慮的時刻過去了，華盛頓安靜又和樂，我們乘車出遊，享受城市的美麗風光。」[90]

威利跟泰德弄不清楚華盛頓跟自己正面臨著什麼樣的危險，華盛頓成爲孤島的期間是他們的快樂時光。泰德把在巴爾的摩鬧事的分離主義者稱作是「流氓」，並在主日學校吹噓自己一點都不怕他們：「你們應該來看我們在我們家的屋頂設好的堡壘，讓那些人來，我跟威利準備好對付他們了。」所謂的堡壘，其實只是「一小段」象徵著大砲的「木頭」，以及幾把已經退役的步槍。林肯兄弟制訂了詳細的計畫，準備要在屋頂上保護白宮。[91]此外，他們也很愛跑去找駐紮在白宮東廳以及國會大廈的軍隊。約翰・海伊注意到，從前參議院到處都是「尊貴的銀髮人士」，現在則「到處都是」年輕的士兵，「他們有的佔據了椅子，有的佔據了旁聽席，很多人都用著他們因爲在田裡拿著犁而變硬的手指慢慢地寫著信。」[92]

塔夫特兄弟跟他們十六歲的姊姊茱莉雅現在幾乎每天都會到白宮玩。巴德跟威利一樣，蒼白又瘦弱，身體不是很強壯，但他們是「非常好」的學生。小荷利的話，依據父親塔夫特法官的形容，則跟泰德很像：「整天動來動去，充滿活力，完全沒有停下來的時候。他不受控制，但願意試的時候可以學得很快。這孩子個性衝動，會『一股腦地往前衝』。」[93]威利跟泰德在巴德跟小荷利兄弟間找到自己的好朋友，而茱莉雅則成為陪伴瑪麗的人。終其一生，茱莉雅都會記住她與第一夫人及總統之間的回憶。她記得瑪麗曾經「不只一次」對她說過：「茱莉雅，我希望我有個像你一樣的女兒。」瑪麗甚至告訴過茱莉雅死去的兒子愛德華的事，然後兩個人「一起哭泣」。晚上的時候，林肯會放鬆心情坐在家裡的客廳，此時四個男孩會央求他講故事。茱莉雅永遠都記得那個景象：總統開始說有趣的故事，「泰德危險地坐在一張大椅子的椅背上，威利坐在林肯的一邊，巴德坐在另一邊，兩個人都靠著他」，而小荷利則「坐在椅子的扶手上」。[94]

茱莉雅是個端莊高雅的小淑女，她受不了男孩們的胡鬧。男孩們會坐在總統身上，他們想把他壓倒在地的時候，她會拒絕加入他們。男孩們打斷內閣會議、要總統到閣樓看他們演戲的時候，她也感到難為情。[95]林肯從來都不在意這些事，他很高興看到孩子們玩得開心，但茱莉雅覺得自己有責任控制這些到處亂跑的小男孩。有時候，威利會幫忙維持秩序，茱莉雅說威利是她見過「最可愛的男孩」，他「聰明、懂事、個性溫和、氣質高貴」。[96]威利常會躲進母親的房間裡讀詩跟寫詩。[97]

茱莉雅很喜歡瑪麗，但第一夫人有時候也會讓她目瞪口呆。瑪麗個性專橫，不管是不是會麻煩或傷害到別人，她「想要什麼東西的時候一定要得到」。[98]一個讓人難以置信的例子是，有一次茱莉雅的母親塔夫特夫人參加白宮的音樂會，那天她戴了一頂時髦的帽子。瑪麗跟塔夫特夫人打招呼的時候，仔細看著那頂漂亮帽子上的緞帶，然後把她拉到一旁。茱莉雅看著她們兩個的時候，「覺得很奇怪為什麼」母親的臉上會「帶著詫異的神情」，茱莉雅想不出來「別人只是在隨口讚美母親，為什麼她會看起來那麼驚訝」，結果答案是幫瑪麗做帽子的人做了一頂有紫色花邊的帽子，但紫色的緞帶不夠，所以瑪麗想要塔夫特夫人頭上帽子的帶子！[99]

很少有人了解，瑪麗古怪的行為其實代表著她的不安全感。瑪麗表現出跋扈的樣子，而且喜歡炫耀與吸引別人的目光，而這一切其實都是出自強烈的不安全感。一開始搬進白宮的時候，瑪麗非常興奮，但很快她就發現自己處境尷尬，她一個同父同母、三個同父異母的兄弟，以及三個姊妹的丈夫，全都加入了南方聯盟的軍隊，從一開始北方就不是完全信任她。[100]另外，身爲林肯總統的妻子，她是南方人毀謗的對象。身爲西部人，她又跟美國東部的上流社會格格不入。瑪麗感受到來自各方的壓力，於是她決心要讓自己看起來是個善於社交又手腕高明的女人；簡單來說，她想成爲華盛頓最優雅與受人景仰的淑女。

瑪麗・林肯一心想向上流社會證明自己，她執著於改造自己的形象以及重新裝潢她的新家白宮。白宮已經好多年都沒有人打理過，看起來像間「年久失修的旅館」。[101]伊麗莎白・格林斯利驚訝地發現，「白宮給第一家庭住的地方，裡頭的家具慘不忍睹（看起來好像是第一任總統買的）」，[102]其他公共區域的情況也很糟，破舊的地毯瀰漫著一股煙味，窗簾是爛的，椅子也是壞的。

白宮寒酸的樣子，讓幹勁十足的瑪麗有了值得努力的目標，她會讓人民的家恢復以往典雅的樣子，讓白宮象徵著她丈夫的力量以及聯邦的權威。要是換了另一個時代，這個雄心壯志可能會贏得眾人的喝采，但在內戰時期做這件事，就變成了一件虛榮又瑣碎的事。

五月中的時候，瑪麗到費城跟紐約進行了購物之旅，[103]她帶著堂妹伊麗莎白跟公共工程部長威廉・伍德（William Wood）同行。瑪麗發現，每個總統都有兩萬美元的白宮整修津貼，[104]所以她幫辦公區域買了新家具、高級窗簾跟昂貴的地毯，把老舊的東西全部換掉。瑪麗幫接待國賓的客房，買了後來被稱爲是「林肯床」（Lincoln bed）的新床，紅木做成的床架約有兩百四十公分長，裝飾華麗的床頭板雕刻著「異國的禽鳥、葡萄藤跟成串的葡萄」。[105]再一次的，服飾店非常願意讓第一夫人賒帳。報紙誇大了瑪麗的購物行程，宣稱她在從未造訪的商店買了數千美元的商品。[106]不過，雖然報紙的確是誇大了，但瑪麗回到華盛頓的時候，累積起來的帳單仍然很驚人。窗簾布跟裝飾品是七千五百美元，新馬車是九百美元，而象徵著國家跟她本人的白宮新裝潢才剛要開始而已。[107]

凱特・蔡斯永遠都不能被比下去。她花了很多心力裝潢父親的新家——一棟位於第六街跟西南E街的三層樓磚造房子。雖然財政部長一直在爲錢煩惱，但他知道自己必須擁有一棟典雅的房子，裡頭還必須有高級的會客室來招待參眾議員、外交官跟將軍。他預備在接下來的幾年，招待準備好要在下一屆的總統選舉中支持他的友人與同志。那棟房子的租金一年要一千兩百美元，再加上家具的費用之後，蔡斯發現自己已經負債了。俄亥俄州的房地產市場普遍低迷，他不能賣掉他在辛辛那提跟哥倫布市的房子，最後只好跟老友巴尼借一萬美元。[108]對於古板又向來以廉潔自詡的蔡斯來說，向人借錢一定是一件痛苦的事，況且巴尼是紐約的海關稅務官，嚴格來說還是他的下屬。但無論如何，蔡斯還是說服自己，像他這種地位的人，已經爲民服務了這麼多年，這是他應得的，他應該住在像樣的房子裡。

凱特跟瑪麗一樣，也跑到紐約跟費城添購地毯、窗簾跟家具。雖然蔡斯後來抱怨，自己的房子跟蘇爾德位於拉法葉廣場的新房子比起來，實在離白宮太遠了，害他沒辦法像蘇爾德那樣，跟總統那麼親密，[109]但他這座擁有六個僕人的宅邸將會提供客人很好的去處，而且蔡斯顯然沒有想過，林肯可能只是覺得跟蘇爾德在一起比較自在又有趣。

地位崇高的蔡斯在社交場合是個無聊沉悶的人士，但這位父親完全沒有影響到女兒。凱特幫忙打理好父親在華盛頓的家，她以女主人的身分在「短短一季之內」，「就在國家首都的社交圈如魚得水，好像她一輩子都住在那裡一樣。」一共有十幾個年輕人都在追求凱特，當時一位記者評論：「華盛頓沒有任何一位女士有這麼多人拜倒在她的石榴裙下」，然而這位記者又說了，「這些年輕人每天跑到蔡斯家，凱特稍稍點個頭，他們就忙著要服務她，但事情一開始就很明顯，看來沒有一個人得到她任何一絲的芳心」，一直要到羅德島的年輕州長威廉・史普拉格出現在華盛頓之後，才有人抓住了凱特的注意力。[110]

凱特去年九月在俄亥俄州的克利夫蘭第一次遇見擁有驚人財富的史普拉格。史普拉格的家族擁有全美國最大的紡織企業，他那次是以官方參訪團的名義造訪俄亥俄州，當時克利夫蘭幫出身羅德島的准將奧利佛・培里（Oliver Perry）在廣場上立了一座雕像，史普拉格負責剪綵。儀式過後有一場慶祝舞會，有人在舞會上介紹他們認識，結果兩個人一拍即合。一位在場人士回憶：「在接下來的晚上，我們只要看到他們其中一個人，另一個人一定也在旁邊。」[111]

史普拉格本人從來沒有忘記他第一眼看到凱特的情景。那天凱特「穿著那件美麗的禮服」，「成爲我的目光焦點以及眾人的目光焦點，你離開那棟房子的時候，帶走了我的心，帶走了我的情，最重要的是，你帶走了我的呼吸。我記得那天早上跟隔天，我是多麼念念不忘你的倩影。」幾年之後，史普拉格告訴凱特自己「現在仍

然可以回想起那時候的感覺，好像那就發生在昨天一樣」。(112)

威廉・史普拉格比凱特大十歲，他在很年輕的時候就繼承了家族事業。威廉十三歲的時候，他的父親亞瑪撒・史普拉格（Amasa Sprague）在某個晚上，從自家的棉花廠走路回家時被當街槍殺。亞瑪撒曾捲入酒牌執照的展期之爭，最後一家被迫歇業的琴酒工廠老闆被捕，後來被吊死。父親死後，公司的經營權被交到威廉的叔叔手上，這位叔叔決定小威廉不用受教育了，應該到工廠從基層做起。(113)威廉・史普拉格後來回憶：「我被推進帳房做著最單調無聊的工作，後來一路爬到最高的職位」。(114)後來威廉的叔叔死於傷寒的時候，他在二十六歲就接手家族事業。

年輕的史普拉格是羅德島最大的雇主，工廠聘用的人數超過一萬人，擁有巨大的政治影響力。史普拉格在一八六〇年選州長的時候，自己掏腰包花了十萬多美元，運用手中的資源贏得民主黨的選票。(115)桑特堡遭受攻擊之後，他組織了「羅德島第一兵團」（First Rhode Island Regiment），並且提供羅德島州「十萬美元的貸款，讓軍隊添購配備」，(116)他的哥哥則提供了砲台跟九十六匹馬。配備精良的自願軍抵達岌岌可危的首都時，受到了英雄式的歡迎。四月二十九日，這支軍團從充當軍事總部的專利局（Patent Office）遊行到白宮，正式在總統及史考特將軍面前宣誓效忠。《明星晚報》報導：「從第七街到第九街，滿滿都是來觀看遊行的民眾，民眾對於他們的服裝配備跟步伐相當欣賞。」(117)

全部的內閣閣員都到場觀禮，一起迎接這支耀眼的軍隊。史普拉格的身高僅五呎六吋（不到一百六十八公分），但他的軍裝跟他「飾有黃羽毛的帽子」想必為他加分不少。約翰・海伊見過這位擁有棕色鬈髮、灰色眼睛跟小鬍子的年輕人，他給他的第一印象是「一個瘦小、看起來不起眼的年輕人，他的地位是買來的」，(118)然而「他現在看起來很好，不管是在財富或社會聲望方面，他非常以他的公司為榮」。(119)約翰・海伊對史普拉格軍團中充滿了出色的年輕人也印象深刻：「這樣的人竟然離開了他們的馬、女人跟酒，還弄粗了他們的手，以乾糧當晚餐，一件襯衫穿一個禮拜，鞋子上沒有抹半點油——全都是為了一個理念，這樣的軍隊其前途不可限量。」(120)華盛頓人幫羅德島第一兵團取了「百萬富翁軍團」的綽號，並封史普拉格為全城最有價值的單身漢。

史普拉格只等了幾天就去拜訪凱特。史普拉格跟凱特之前猶豫不決的追求者不同，他沒有被凱特的美貌跟頭腦嚇跑，他充滿自信，很快就在凱特的心裡佔據了一個位子，並在後來成爲「第一個與唯一一個住在」凱特「心中的男人」。[121]幾年後，史普拉格在寫信給凱特的時候，他生動地描述了他剛開始追求凱特的日子：「你是否還記得那個我偷走的猶豫的吻，以及那張被吻過後發燙、羞紅的臉？我全都記得很清楚……我記得我們在克利夫蘭認識後所向前踏的步，以及越來越強烈的詩意，因爲那是詩，如果人生有這種詩的話。」[122]

在凱特這邊，凱特知道自己「習慣於支配，人們臣服於她，她隨心所欲」，[123]而史普拉格驕傲、自信的態度一定會是個好挑戰。在接下來的幾個禮拜，這對年輕的情侶時常見面，夏天進入尾聲的時候，凱特的妹妹奈蒂告訴她，她「非常」喜歡史普拉格，她希望他們這對情侶能夠結婚。[124]不過，戰爭的局勢越來越緊張，改變了這個分裂國家裡許多人的命運，奈蒂的願望要晚一點才能實現。

艾莫・艾爾沃斯（Elmer Ellsworth）在一八六一年五月二十四日失去性命的時候，戰爭的悲劇降臨在林肯的家。年輕的艾爾沃斯曾在林肯的事務所學習法律，而且跟林肯一家都很熟，第一家庭從春田市到華盛頓上任的時候，他也陪著他們。艾爾沃斯一抵達華盛頓，就加入了戰爭動員，他把紐約的消防隊員組織成以色彩鮮艷的異國制服聞名的「佐阿夫」（Zouave）義勇兵。維吉尼亞州脫離聯邦之後，艾爾沃斯的義勇兵是第一個越過波多馬克河到達維吉尼亞州亞歷山大（Alexandria）的兵團，這個地方的居民是忠誠的分離主義者，其中包括一間馬歇爾之家（Marshall House）的旅社老闆。艾爾沃斯看見這間旅社飄揚著南方聯盟的旗幟，於是他衝到屋頂上把旗子取下來。帶著旗子的艾爾沃斯在下樓的時候，遇到拿著武器的旅館負責人詹姆士・傑克遜（James Jackson），分離主義者傑克遜當場殺了艾爾沃斯，然後又被艾爾沃斯的同伴擊斃。[125]

艾爾沃斯是南北戰爭的首批罹難者之一，這個事件登上了全國的新聞版面，全國一同哀悼。痛失一位年輕朋友的總統親自寫了弔唁函給艾爾沃斯的雙親，讚美這位遺體停放在白宮東廳的年輕人。[126]尼可萊坦承自己只要一想到艾爾沃斯，「就無法止住眼眶裡的淚水」。[127]喪禮過後，人們把艾爾沃斯因此犧牲生命的染血旗幟呈給瑪麗，但驚恐的第一夫人不想看到任何會讓她想起這個傷心事件的東西，她很快就把那面旗幟收了起來。[128]

＊＊＊

國內的事已經夠讓林肯煩心了，他還得面對國外複雜的情勢。一名英國國會的議員提出議案，要求英國盡速承認南方聯盟的交戰國地位。⑫⑨如果議案通過的話，南方聯盟的船隻在中立港就可以享有跟聯邦船隻相同的權利。英國的紡織需要美國南方的棉花園提供原料，英國必須突破聯邦的封鎖，確保棉花不虞匱乏，否則曼徹斯特跟里茲（Leeds）的大型紡織工廠將會被迫減產或歇業。商人會損失金錢，數以千計的勞工會失去工作。

蘇爾德擔心英國會單純為了提供自己的工廠原料而支持南方聯盟。他告訴他的妻子：「英國樹幹的年輕樹枝」也許會支持自由的理念，但貴族關心經濟的程度多於道德，他們可能會成為「叛徒的盟友」。為了防堵這種事發生，他「試著要透過內閣在一切太遲之前大膽建言」。⑬⓪蘇爾德不只希望讓英國不再考慮承認南方聯盟，也想確保英國會尊重聯邦的封鎖政策，並且拒絕跟南方派到倫敦的三名使者商量南方聯盟的事（即使是非正式的也不行）。為了達成這些目標，蘇爾德將不惜一戰。他一邊用力跺著腳，一邊告訴桑納：「去他們的，都下地獄吧」。⑬①

五月二十一日，蘇爾德擬好了一封措辭高傲的信呈給林肯，他預備要讓查爾斯・法蘭西斯・亞當斯對著英國的外交大臣約翰・羅素勳爵（Lord John Russell），逐字逐句地念那封信給他聽。林肯馬上看出那封信的語氣過於尖銳，不適合用於外交場合。如果有必要的話，聯邦必須採取果斷的行動，來阻止英國公開同情南方，但林肯不想同時打兩場戰爭。⑬②林肯終其一生都很小心，他絕不寄出在憤怒之中所寫下的信。他更改了信中好幾處的語氣，修掉過於強烈的字眼。蘇爾德原本在信中宣稱，總統對於英國毫不反對跟南方使者進行非正式的會談，感到「詫異又難過」，林肯把這部分改成簡潔的「總統感到遺憾」；原本蘇爾德揚言：「我們不會忍受上述任何行為（正式或非正式的承認、突破封鎖）」，而林肯則把句子改成「美國會留意（這件事）」。

最要的是，蘇爾德指定這封信必須直接讀給英國的外交大臣聽，而林肯堅持這封信只是給亞當斯的參考，而且不應該「讀給任何人聽或拿給任何人看」。雖然如此，主要的訊息還是很清楚：美國要警告英國，如果這個引發困擾的議題沒有獲得解決，英國還是決定「要跟我們國內的敵人親善」，那麼美國跟英國之間「可能會因為」「英國的行為，而不是我們的行為」而發生戰爭。如果是這樣的話，英國將會永遠失去「世界上唯一一個會對英國懷抱著同情與情誼的國家」。⑬③

就這樣，一封可能會讓聯邦同時捲入兩場戰爭的威嚇信，變成了強硬政策的方針，⑬④有效阻止了英國承認南方聯盟。此外，承諾會跟英國同進退的法國也追隨英國的腳步，聯邦取得了關鍵的勝利，暫時阻止外國承認南方聯盟，不讓南方在世界的眼中取得合法地位。北方的士氣沒有受到打擊，「南方債券也沒有獲得流通性」。⑬⑤

後世給予國務卿蘇爾德很高的評價，認為他阻止了英國跟法國介入南北戰爭，有人認為蘇爾德是「十九世紀最能幹的美國外交官」，但人們常常沒有注意到，林肯那隻看不見的手也引導了關鍵性的政策。三個月之前，這位來自拓荒區的律師，才在向蘇爾德坦承自己對國外事務知道的不多，但林肯對於這封信的修改，卻展現出一位政治老手高超的本領：他分析了一個複雜的局勢，用最不挑釁的方式，讓潛在的敵人採取中立的態度，但同一時間又用最清楚的態度表明了本國的立場。⑬⑥

慢慢的，蘇爾德不得不開始敬佩林肯卓越的能力。他在五月中的時候告訴妻子：「可以說，總統高貴的雅量幾乎是超凡的」，「他對於他的信心與認同每天都在增加」。⑬⑦林肯開始相信自己的能力的同時，蘇爾德也對他越來越有信心。六月初的時候，他告訴法蘭西絲：「執政能力跟精力是罕見的特質，總統是我們之中最出色的，但他需要別人不間斷地與他合作。」⑬⑧雖然蘇爾德這位好辯的紐約人會在未來的幾年，繼續跟林肯就不同的議題辯個沒完（林肯就是希望與需要他那樣做），但他終將成為林肯在內閣裡最忠實的盟友。尼可萊跟約翰・海伊觀察：蘇爾德把自己奉獻給「他的領袖」，「他不只毫無保留地奉獻自己，而且在個人情感方面也真誠地喜愛總統。」⑬⑨

一八六〇年蘇爾德沒有獲得黨內提名，這個屈辱永遠都不會完全消失，但他再也不覺得需要透過輕視林肯來減輕自己的痛苦。他扮演起稱職的國務卿，他樂觀與合群的天性將會再度展露出來，而且再一次的，他精緻的派對與招待會將成為華盛頓討論的話題。給英國外交大臣的信寄出去五天之後，蘇爾德在他的新家舉辦了「一場出色的聚會」，所有的房間都擠滿了人，一間拿來跳舞，一間拿來喝酒，所有人都聊天聊得很愉快。蘇爾德「興致高昂」，穿梭在內閣閣員、軍官、外交官與參議員之中。就連大家謔稱「無論從哪個角度看來，都早該在二十年前就跟人世間說再見」的白髮部長威爾斯，都享受了美好的時光，而且似乎「可以至少再多活個二十年沒問題」。⑭⓪

* * *

當時的政府已經負債累累，爲軍隊籌措資金是一個複雜的問題，林肯依賴蔡斯來解決這個問題。一八五七年的經濟恐慌，再加上布坎南政府的腐敗以及聯邦的部分瓦解，都讓國庫大失血。國會正處於休會期間，無法通過徵收新稅的議案，蔡斯不得不借款以支付戰爭支出。[141]一開始銀行不願意借錢給政府，要求政府支付無法負擔的高額利息，但最後蔡斯東拼西湊，想辦法在國會展開新會期之前，應付了軍隊的開支。

蔡斯後來自豪地宣稱，在戰爭早期，林肯依賴他來處理一般應該是由戰爭部來執行的任務。[142]根據蔡斯的說法，他擔負起「主要的責任」，防止關鍵的肯塔基、密蘇里、田納西州等邊界州落入分離主義者的手中。他授權一位忠誠的肯塔基參議員募集了二十個軍連，並起草命令讓安德魯・詹森（Andrew Johnson）「在田納西州募集軍團」[143]（詹森是南方聯盟各州中，唯一一個還效忠聯邦的參議員）。蔡斯嚴重低估了林肯所扮演的關鍵角色，認爲肯塔基州跟密蘇里州之所以沒有退出聯邦，是因爲他本人起了很重要的作用。

蔡斯從未停止低估林肯，他一直不滿自己居然在總統選舉中，輸給一個比自己差的人。四月下旬的時候，他以高姿態把《紐約時報》一篇高度貶損政府的報導寄給林肯看。《紐約時報》評論：「華盛頓的總統跟內閣遠遠落在人民之後，他們像一個才剛睡醒的人，還在迷迷糊糊、半夢半醒之間。」[144]蔡斯告訴林肯這篇報導：「裡頭說出太多事實。」[145]林肯沒有回應，他太了解蔡斯仍然想選總統的欲望，但現在他需要這個俄亥俄州人貢獻他的才智，並全心與內閣合作。

在此同時，卡麥隆發現掌管戰爭部是一件讓人吃不消的事。他一個人沒有辦法承擔這巨大的責任，所以他同時尋求了蘇爾德跟蔡斯的協助。多年後卡麥隆回憶：「那段時期眞是太可怕了，我們完全沒有進行那樣的戰爭的準備，至少有一陣子我們連打仗最基本的配備都沒有。我們沒有槍，就算有的話，也派不上什麼用場，因爲我們沒有彈藥可以放進槍裡——沒火藥、沒硝石、沒子彈，什麼都沒有。」[146]戰爭初期的時候，戰爭部的確面臨著讓人頭痛不已的情況，數量龐大的自願軍抵達了華盛頓，但所有士兵最基本的需要統統無法取得，不但武器短缺，制服、毛毯、馬匹、醫療資源、糧食也無一不缺。軍需部、軍械部、軍事工程部、軍醫部、軍餉部……

各部門的事務需要數千名人員來執行任務，但在一八六一年的時候，整個戰爭部把辦事員、信差、警衛統統算進去，也才不到兩百人。[147]就像卡麥隆的感嘆一樣：「我的位子絕對不讓人羨慕。」[148]

林肯後來曾經解釋，「有太多不忠誠的人」滲入了所有的部門，因此在支援軍隊的時候，政府不能仰賴官方代理人（official agent）來處理武器以及軍需的製造合約。在內閣的一致同意下，林肯讓蔡斯負責將數百萬美元交到少數幾個受信任的人手中，並由這些人來協商與簽署動員軍隊所需的合約。這幾個人大都在艱困的情況下「無償」貢獻個人所有的心力，[149]但有幾個人最後會讓戰爭部蒙羞，其中包括卡麥隆的中尉亞歷山大・康明斯（Alexander Cummings）。[150]

＊＊＊

春天走了，華盛頓悶熱的夏天來臨了，參眾兩院將在七月四日展開特別會期，林肯開始準備他將在國會發表的國情咨文。林肯需要時間來思考他的講稿，所以他對所有來求官求職的人下了「禁止進入令」，[151]而且這個禁令「嚴格到」連進白宮都不行。林肯在許久不見的寧靜之中努力構思，此時參眾議員也開始集合到威勒飯店跟布朗（Brown's）飯店，他們相互問候並交換所見所聞，一位記者報導，議員們期待他們「很快就會透過總統的國情咨文，弄清楚政府究竟想要做什麼」。[152]

林肯花了很多時間在國情咨文上，他不停地推敲並精簡字句。就連他伊利諾州的老朋友布朗寧來造訪的時候，都被告知總統很忙。不過林肯聽到了布朗寧說話的聲音，他派人請他進來，那個時候是七月三日晚上九點多了，林肯剛好完成了他的講稿。布朗寧在日記裡寫著：「他說他想要讀給我聽，然後就朗誦出他的講稿。那是一篇出色的文告，全國都會很滿意。」[153]

林肯並沒有親自到國會大廈發表演說。先前的傑佛遜總統中止了總統到國會演說的傳統，[154]因爲他認爲英國國王都會主持國會的開議儀式，所以那是英國君主制度遺留下來的東西。傑佛遜以後的總統，都會把他們寫好的咨文拿給底下的人員，並由他們代爲宣讀。[155]林肯反對國土分裂，主張叛亂期間應該採取必要的手段。然而，如果旁人代爲宣讀的方式缺乏張力，林肯的主張就無法讓國會議員產生深刻的印象。林肯在咨文中回顧了衝突是如何產生的，並且呼籲國會「採取法律途徑，讓這場競賽能夠盡快結束，而且不會再起波瀾」。

他要求國會答應「至少提供四十萬的軍力以及四億美元……以這個數字來說，平均每位國民的負擔比獨立戰爭的時候還要少」，林肯並跟國會保證：「如果這場戰爭勝利了，那麼對於世界的貢獻將會更大，我們撥出的軍力將可發揮十倍的功效，我們所花費的金錢也可發揮十倍的功用……這件事不止跟合衆國的命運有關，還跟整個人類的大家庭有關……是否一個由憲法組成的共和國或民主政體——一個民有民治的政府——在面對自己國內的敵人時，能不能夠保有疆域的完整性……」

總統強調：「這基本上是一場人民的競賽，以聯邦的立場來說，這是要在這個世界上維護政府的形式與政府的理想，最重要的目標是要改善人類的處境，移去所有肩膀上由他人所加諸的重擔，這是在清除眼前的障礙，踏上值得追求的道路，爲了人類而努力，讓所有人都能在沒有腳鐐的情況下展開人生，而且在人生的競賽中都擁有公平的機會。」林肯指出，「世界上沒有任何東西」，會比自由的社會制度更可改善人民的「處境」，他並以聯邦軍爲例：「幾乎每個軍團之中都可以選出一位總統、一位內閣閣員、一位國會議員，也可以選出法官，而他們將擁有足夠的能力來組成政府並治理自己。」[156]

有些報紙不欣賞林肯急切的呼籲以及簡潔優美的語言，但普遍來說，北方的報紙都讚美此次的國情咨文。《紐約時報》的通訊記者不得不承認：「雖然風格有明顯的問題，我敢說這次的國情咨文會讓這個劈柴築籬者更加受到民衆的愛戴，這篇咨文顯然是出自一個誠實、頭腦清楚、有話直說的人之手，裡頭的邏輯直接、強而有力，而且說明方式奇特，一般民衆在讀的時候，會產生獨特的喜悅。」[157]更重要的是，國會非常欣賞這次的國情咨文，國會成員同意撥出的預算比總統要求的還要多，並打算動員更多數量的軍隊。除此之外，除了人身保護令一事之外，他們還溯及既往地同意了幾乎所有林肯在國會會期開始前所下達的行政命令。現在南方的民主黨已經不在了，共和黨佔了國會多數，而且目前北方的民主黨也同意林肯的要求，他們對於共和黨的厭惡被愛國情操給戰勝了。[158]

並不是所有人都很高興。主張廢奴的人以及共和黨的激進派在得知國情咨文的內容之後，感到相當沮喪。

費德里克・道格拉斯感到遺憾：「咨文完全沒有提到奴隸制的事，任何讀過那篇咨文的人要是之前對合衆國毫無了解，他們根本不會從那些文字中聯想到，政府正在進行一場跟蓄奴制有關的戰爭……而我們都知道那就是驅動這場叛亂的重要關鍵。」⑲

激進派認爲，林肯之所以不肯強調奴隸制度在這場戰爭中所扮演的角色，都是因爲蘇爾德的緣故。廢奴主義者的主筆溫德爾・菲利普在七月四日那天，對著一群情緒激昂的民衆說：「我們有一位誠實的總統，但他不信任民意的力量，他太聽蘇爾德的話了。」⑩菲利普、塞德斯・史蒂芬斯、查爾斯・桑納永遠都不能原諒蘇爾德，因爲他顯然放下他曾經高舉的反蓄奴旗幟，但蘇爾德已經習慣被人批評，而只要總統還站在他那邊，他就可以安心地待在他的位置上。

在此同時，戰爭開始改變舊有的社會秩序，不過沒有幾個人察覺到這件事。班雅明・巴特勒將軍（Benjamin Butler）在位於維吉尼亞半島頂端的門羅堡（Fort Monroe），做了一個大膽的決定，他開了先例。一天晚上，南方聯盟要求黑奴幫忙修建砲台，結果有三名奴隸逃到門羅堡。奴隸主的代表前來要人的時候，巴特勒將軍拒絕了，他的理由是南方叛軍正在戰場上利用奴隸幫助軍隊，因此這些奴隸是「戰爭違禁品」（contraband of war），⑯聯邦政府沒有義務把奴隸還給他們的主人。

做出這種決定的巴特勒是保守的麻州民主黨人，他在一八六〇年的時候曾角逐州長之位，並支持布列欽芮吉競選總統，原本共和黨的死忠支持者反對讓他擔任這麼高的職務，而他本人對於林肯有如此容人的雅量，居然任命他爲准將，也同樣感到欣喜。巴特勒感激地告訴林肯：「我會接下這個職務」，但「我們兩個並不認識彼此，我必須先告訴你一件事：我是民主黨的人，我之前不支持你選總統，而且我還盡全力幫助你的對手，但只要我還待在你任命的位子上，我就不會採取任何政治舉動，我會忠心地支持你的政府。如果我覺得有任何事是我不能支持的，我會馬上放棄這項任命，把這個位子還給你。」

林肯回答：「你很坦白，這麼做也很公平，但我還要加上一點：如果你看到我做了什麼事，而且爲了國家好我不應該做那件事，請馬上來告訴我，並告訴我爲什麼你會那樣認爲。這樣一來，也許你就不會有任何機會辭職。」⑫如果巴特勒認識林肯這個人的話，他在聽到他的答覆時，就不會那麼驚訝了。總統在任命軍官的時候，也是在建立合作關係，就跟他在組內閣的時候一樣。

林肯跟卡麥隆都同意巴特勒所下達的命令，最後國會通過了一條充公法（confiscation law），[163]凡利用奴隸協助聯盟軍的奴隸主，若其奴隸逃脫，則奴隸主不再享有擁有該奴隸之權利。就連保守陣營的蒙哥馬利・布萊爾都爲巴特勒拍手叫好，他告訴同爲民主黨的巴特勒：「你宣布分離州的黑人是戰爭違禁品的時候，你是對的。那些分離主義者一直在利用他們修築防禦工事。」

布萊爾贊成巴特勒在戰爭中採取這樣的做法，不代表他支持奴隸解放。事實上，他建議巴特勒應該「讓這個規定更完善，範圍只應該限定於勞動人口，讓那些分離主義者去養那些沒有生產力的階級」，聯邦只應提供避風港給「有用的人口」（pick of the lot），也就是身體強壯、在戰場上幫助叛軍的奴隸。至於女人、小孩，以及其他「無生產力的奴工」，則應該留給他們的南方主人去傷腦筋吃跟住的問題。

林肯跟平常一樣，在跟奴隸有關的議題上，他會放慢腳步並思考出個人獨特的觀點。他告訴布萊爾，巴特勒的行動讓他們必須考慮「一件非常重要的事……有了這個新政策之後，可能會有很多黑人跑來，我們必須思考這個問題」。[164]事情的確如同林肯的預測，在接下來的幾個禮拜，數百名勇敢的奴隸逃到聯邦陣營。[165]這個情形讓林肯開始擔憂；到了現在，他仍然支持有償的解放（compensated emancipation）以及自願殖民（voluntary colonization），讓有意願的黑人回到他們在非洲原本的家鄉。更重要的是，他知道要是暗示會有全面、直接的奴隸解放，將會讓邊界州離心離德，而聯邦如果要取得勝利，就必須依賴邊界州繼續支持聯邦。此外，如果提出直接全面解放奴隸，也會讓共和黨跟北方民主黨脆弱的結盟關係一下子粉碎。

林肯在戰爭剛開始的幾個月，避免提到解放的問題，採取跟大部分的北方民衆、共和黨國會議員，以及他全部的閣員相同的立場。國會開議兩個禮拜後，衆議院通過一項議案，宣布這場戰爭的目的是要「保護聯邦制度」，而非消滅奴隸制。[166]蔡斯是內閣中最反對奴隸制度的人，但就連他也同意全面廢止的這把「劍」，應該先留在「劍鞘」裡。不過，他告訴歷史學家約翰・莫特里（John Motley），萬一這場戰爭繼續下去，「我們發現事情比我們想像的還要困難與昂貴，要用更多的血跟錢才能平息這場戰爭」，那麼就應該拔出這把劍。「我們不希望這麼做，我們感到遺憾，因爲大量的財產充公以及奴隸暴動太可怕了，那個情景讓人無法想像，但那就是接下來可能會發生的事。我們希望憲法跟聯邦維持現狀，奴隸制依舊是地方制度，一直到每個州都以自己的智慧得出結論，認爲應該要減少或廢止蓄奴制……但如果你用明確的方法問這個問題——要讓共和國消失還是讓奴隸制消失——則奴隸制必須消失。」[167]

＊＊＊

北方開始疾呼要採取有效的行動來對付叛軍，七月中，這樣的主張達到了狂熱的程度。《紐約論壇報》的頭條高喊：「前進里奇蒙！」[168]參議員川布爾提出一項議案，他把日期設在南方聯盟的國會預定集會的那天，要求「馬上動員軍隊，在七月二十日之前拿下里奇蒙」。[169]史考特將軍猶豫了，他認爲軍隊仍然尚未準備好大舉進攻，但林肯擔心要是不行動的話，可能會打擊軍隊跟民衆的士氣，[170]而且歐洲領袖可能會把北方的按兵不動，解釋成聯邦的決心動搖了。

來自俄亥俄州的准將艾文・麥克道威爾（Irvin McDowell）擬定了一項計畫，[171]要在華盛頓西南四十二公里處的馬納薩斯（Manassas），攻擊博雷加德將軍所率領的敵軍。那是一個出色的計畫，許多北方人都開始把馬納薩斯視爲「一個可怕、未知、神祕的地方……裡頭有成千上萬數不清的最兇殘的戰士」，[172]而且他們準備好要攻擊華盛頓特區。貝茲私底下告訴一位朋友：「外國人無法理解，如果我們有能力驅逐所在地幾乎可以看到國會大廈的敵軍，爲什麼我們還允許他們一直待在我們附近。」[173]麥克道威爾將領軍三萬人，[174]如果聯邦將軍羅伯特・派特森（Robert Patterson）能夠在維吉尼亞州的溫徹斯特（Winchester），阻止聯盟將軍約瑟夫・約翰斯頓（Joseph Johnston）救援博雷加德，則麥克道威爾將可以擊敗博雷加德的軍隊。六月二十九日，林肯跟內閣同意了麥克道威爾的計畫。[175]

這場後來被北方稱爲「牛奔河之役」（Battle of Bull Run）的戰役，[176]在七月二十一日星期天的清晨拉開序幕，伊麗莎白・格林斯利回憶，「大砲隆隆的聲響」傳到白宮的時候，「人們開始興奮了起來」。[177]蒙哥馬利・布萊爾的妹妹伊莉莎白當時人遠在馬里蘭州銀泉的家裡，連她都必須到林子裡走一走，「讓（自己）耳裡轟隆隆的聲音靜一靜」，[178]但槍砲的聲音越來越大。兩方砲台上的士兵開始發現戰爭大屠殺的可怕，但在此同時，數百位華盛頓人匆匆忙忙地準備好裝著麵包跟美酒的野餐盒，跑到森特維爾（Centreville）的小山丘跟底下的平原，觀賞這場大家以為北軍將輕鬆獲勝的戰役。參議員、眾議員、政府人員以及他們的家人拿著觀賞歌劇用的望遠鏡，上上下下看著戰場。在一陣「特別密集的砲彈發射」之後，英國記者羅素聽到一個婦女高喊：「太壯觀了，喔，我的天啊！這真是第一流的，我想明天這個時候，我們的軍隊就會抵達里奇蒙了。」[179]

林肯正在上教堂的時候，聯邦軍隊往前逼近，迫使敵人往南深入林區。中午的時候，林肯以及內閣接到戰爭部電報室傳來的消息，看來聯邦獲得了壓倒性的勝利。狹小的電報室塞滿了電報機，電報員很難專心工作。[180]《紐約時報》描述，每封新的電報都會被貼出來，並大聲念給聚集在威勒飯店前的民眾聽。「興高采烈的群眾熱烈歡呼，統統陶醉在喜悅之中。」[181]

民眾在上街慶祝的時候，戰爭的慘烈階段才剛要開始。南軍拒絕認輸，不動如山的湯馬士・傑克森（Thomas Jackson）將軍穩住軍心，南軍重新振作精神。據說巴納德・畢（Barnard Bee）將軍為了振奮士氣，不斷向士兵大喊：「傑克森帶著他的維吉尼亞人，像石牆一樣屹立在那裡。」[182]從此之後，南軍跟北軍的士兵都稱傑克森將軍為「石牆傑克森」（Stonewall Jackson）。兩軍在炙熱的太陽底下英勇奮戰，戰線往前推又往後移。下午三點，人在電報室的林肯研究著牆上的地圖，焦急地等著每十五分鐘會傳來一次的最新戰況。[183]電報線只延伸到維吉尼亞的費爾費克斯（Fairfax Court House），再往南的戰報，則必須由一組騎馬的信差遞送到費爾費克斯。信差是由當時任職於美國軍事電報部的年輕人安卓・卡內基（Andrew Carnegie）所召集而成。[184]林肯發現戰報中有一些不清楚的地方，所以他跑到史考特將軍的總部。那棟「三層樓小型磚造房子」[185]擠滿了軍官與行政人員，當時史考特正在午睡，林肯把他搖醒，告訴他戰報有矛盾的地方。尼可萊回憶，當時史考特只簡單告訴總統，「他有信心他們一定會贏，總統離開的時候，他又繼續睡。」[186]

接下來傳來的電報都是捷報，看起來南軍的陣線一定會崩潰。下午四點半，電報員宣布「聯邦軍隊獲得了光榮的勝利」，[187]於是林肯決定要跟平常一樣乘車出遊。當時同行的有泰德、威利跟貝茲部長，他們前往海軍造船廠，跟林肯欣賞的海軍將領約翰・A・達爾格倫（John A. Dahlgren）聊天，途中貝茲坦承自己目前很焦慮，[188]

因爲他的兒子寇特（Coalter）很快就會被送上戰場。年輕的寇特出發加入軍團的時候，貝茲記下心情：「那是他第一次離開家」。[189]這次的出遊讓貝茲感覺到自己跟總統之間更親密了。[190]

林肯跟貝茲在馬車裡放鬆心情的時候，戰爭開始對聯邦不利。約翰斯頓將軍的南軍掙脫了派特森的牽制，九千名精神飽滿的聯盟軍在午後時分加入博雷加德的部隊，而麥克道威爾沒有可以增援的軍隊了。艾德蒙・斯迭曼（Edmund Stedman）報導了當時的情況：「有一隊（聯盟的）騎兵突然殺了過來，衝進我們的隊伍，他們從樹林裡衝出來……後面跟著一堆步兵。」[191]

累壞的聯邦步兵（包括史普拉格的羅德島第一兵團）開始潰散，他們開始毫無秩序地朝華盛頓撤退，嚇壞的野餐民衆也跟著緊急逃難，讓情形更加混亂。一名蔡斯的友人當時也在現場觀看這場戰役，「他一路逃到紐約才停下來」。[192]年輕的斯迭曼被眼前大家慌成一團的情形嚇到了：「現場塵土飛揚，到處都是讓人驚惶失措的景象跟聲音，軍車、成群的小販還有民衆的馬車，東倒西歪地卡在道路中間。」[193]火槍跟小型武器被隨意丟棄在路旁，受傷的士兵喊著救命，馬匹四處亂奔，讓人類的逃難亂上加亂。

這個令人震驚的消息傳到華盛頓的時候，林肯不在。電報寫著：「麥克道威爾將軍的軍隊正從森特維爾完全撤退，我們輸了，快救華盛頓跟剩下的軍隊。」[194]蘇爾德抓著這張電報衝到白宮，「一臉驚惶失措」的他問尼可萊最新的戰況是什麼。林肯的祕書尼可萊把稍早形勢一片大好時的電報念給他聽，蘇爾德告訴他：「不要告訴任何人，不是那樣的，我們輸掉了這場戰役。快去找總統，要他馬上去史考特將軍那裡。」[195]

林肯回來的時候，他年輕的助手把蘇爾德帶來的消息告訴他。助手回憶：「他一言不發地聽著，臉上的表情完全沒變，接著走到陸軍總部。」[196]林肯、史考特跟內閣閣員一直待在總部，直到麥克道威爾傳來電報，證實北軍輸掉了這場戰役。華盛頓馬上召集更多部隊前來保護首都，但除此之外也不能做些什麼。在束手無策的情況下，衆人心情沉重地離開了總部。

伊莉莎白・布萊爾告訴丈夫：「喔，這個漫長的安息日眞是個恐怖又令人憂傷的一天。」[197]對於卡麥隆來說，這一天更是帶來了切身的哀痛。將近有九百名士兵被殺，而卡麥隆服務於威廉・薛曼（William Sherman）將軍麾下的弟弟詹姆士（James）也是其中一人。[198]卡麥隆寫信給蔡斯：「我愛我的弟弟，我對他的愛之深，就像貧苦無依的人愛那些曾經一起掙扎、一起奮力爬上人生崎嶇勝利山丘的同伴，但他死得其所，英勇地盡了保家衛國的責任。」[199]

蘇爾德連夜寫了一封信給妻子法蘭西絲：「所有能做的我們都做了，史考特既悲傷又失望……軍隊像一群烏合之衆一樣逃回華盛頓。他們勇敢地打了一場仗，似乎贏得了戰役，接著突然不曉得爲什麼開始慌亂，然後就全員撤退。如果軍官有經驗、士兵有紀律的話，他們可以重新再來一遍，可以一路回到戰場。」[200]

林肯回到白宮，他看著回到華盛頓的士兵拖著腳步走在街道上，聽著救護馬車裡哀嚎的聲音，並跟在山丘上觀看戰況的參衆議員對坐了好幾個小時。隔天一早，天空下起傾盆大雨，史考特將軍來到白宮，告訴總統夫人華盛頓可能會被攻陷，他要總統夫人帶著孩子北上，等到情勢穩定之後再回來。伊麗莎白・格林斯利回憶，瑪麗問她的丈夫：「你會跟我們一起走嗎？」林肯回答：「我絕對不可能在這種時候離開」。於是瑪麗斷然決定：「那麼我也不會在這種時候離開你」。[201]

在那個可怕的夜晚，林肯失眠了。他必須保持忙碌好讓自己靜下心來，他開始把牛奔河戰役所帶來的慘痛教訓，化成有條理的軍事政策，並預備在接下來的時候執行。[202]林肯知道這次軍隊之所以會潰敗，是因爲剛成立的軍隊之中出現了騷動。他要求軍隊未來必須「進行規律的操練，養成紀律並聽從命令」。此外，林肯發現帶頭逃竄的人，是那些已經準備要結束三個月役期的士兵，所以他提出，如果短期自願兵「不願意簽長約的話，就視情況一律盡快解散」。林肯知道歐洲對於北方這次的戰敗會有什麼反應，所以他決定動員「所有可能的急電」，執行原訂的封鎖計畫。[203]那天晚上，林肯也發了一封電報給西維吉尼亞州的喬治・麥克萊倫（George McClellan）將軍，[204]要他到華盛頓接掌波多馬克軍團（Army of the Potomac）。林肯接著擬定一項包含三個移師行動的計畫：除了再度派出部隊到馬納薩斯之外，一批部隊將沿著密西西比河到達孟斐斯市（Memphis），另一批部隊將從辛辛那提市到達田納西東部。[205]

詩人惠特曼曾經沉思過：「如果亞伯拉罕・林肯沒有別的功績會讓歷史記上一筆的話，那麼這場戰役已經會讓後世爲他戴上花環。他承受了那個時刻，承受了那一天，那個比膽汁還要苦的一天。那是個被釘上十字架的一天，但那一天沒有擊倒他，他毫不畏縮地挺住了那一天，而且決定要把自己跟聯邦拯救出來。」[206]

指責的聲浪不停地冒出來。民主黨的《紐約前鋒報》認爲這次的失敗，都是因爲他們有一個「軟弱、爭執不休、不稱職的內閣」。[207]派特森將軍未能阻止約翰斯頓的軍隊跟博雷加德的軍隊會合，也同樣受到批評。蔡斯也來放馬後砲，他向一位友人抱怨：「兩個禮拜之前，我就說過應該讓傅瑞蒙將軍（Frémont）來指揮，如果聽我的話，我們現在早在大肆慶祝勝利了。」[208]儘管如此，歷史學家詹姆士・羅禮（James Rowley）認爲：「一般大衆太不苛責林肯了」，[209]林肯應該等到軍隊準備好了之後，才進行這次的攻擊。

惠特曼在輸掉戰役後的隔天，記下了令人鬱悶的一天：「太陽升了起來但卻沒有陽光」。[210]戰敗的軍隊湧到華盛頓的時候，雨一直不停地下。記者羅素從威勒飯店的窗戶，看著全身破破爛爛的士兵，「有些人沒穿軍大衣也沒穿鞋，有的身上蓋著毯子。」[211]蔡斯的女兒奈蒂回憶：「街上不尋常地傳來轟隆隆的聲音，她在灰蒙蒙的黎明被滿載士兵的馬車給吵醒。」起先奈蒂以爲車子是要駛向市場，但後來卻心情低落地發現，車子是要載著大批受傷的士兵去附近的醫院。醫院的病房人滿爲患，所以蔡斯開放他寬敞的家，讓將近十二名受傷的人住進家裡。麥克艾文主教（Bishop McIlvaine）當時正好從俄亥俄州到華盛頓拜訪並住在蔡斯家，他幫忙照顧了生病與性命垂危的士兵。奈蒂回憶，有一個士兵每次傷口只要一痛，就會開始咒罵，讓主教感到相當不自在。那位年輕人懇求受到驚嚇的主教：「讓我罵一點髒話，這樣我才能忍住痛。」[212]

牛奔河戰役結束五天後，史坦頓寫了一封信給前總統布坎南：「星期天那場可怕的災難眞是令人不忍聽聞，政府愚蠢的程度在這場悲劇裡達到了最高點」，史坦頓向自己的前老闆示好，宣稱這場徹頭徹尾的大失敗，是「林肯『運轉國家機器』五個月所搞出來的結果……現在看來，華盛頓已經註定要失陷——整個禮拜一跟禮拜二的時候，華盛頓可能會毫不抵抗就被拿下……就算是現在，我也懷疑，如果聯盟軍要進入華盛頓的話，會有多少認眞的反抗。」[213]

歷史學家一直想不透，爲什麼南軍沒有趁勝追擊進攻華盛頓。傑佛森・戴維斯後來的解釋是，因爲南軍在取得一開始的勝利後，就「過分驕傲自信」，[214]結果做出了馬虎的決定。約翰斯頓將軍回憶，數百名的自願軍以爲已經獲勝了，所以就離開了軍團，回家「炫耀他們在戰場上奪得的戰利品」，而其他士兵則消失在鄉間，陪著受傷的同袍到遠方的醫院。[215]究竟爲什麼北軍就這樣一下子撤退，南軍也沒有進攻華盛頓，最簡單的一個解釋，或許就跟南西・貝茲說的一樣。南西告訴小姪女海斯特（Hester）：「我們在禮拜天打了一整天的仗，我們的人都累了，所以他們必須離開馬納薩斯。我猜其他人也非常累了，要不然的話，他們就會跟著我們的人。」[216]

林肯在獨自一人的時候心情非常沉重，他告訴布朗寧，自己「非常憂鬱」，[217]但他在衆人面前仍然保持著完全不受影響的樣子。《論壇報》的主編霍利斯・格里利失眠了一個禮拜，他在「陰鬱絕望」之中，寫了一封尖酸刻薄的信痛罵林肯，但林肯忍了下來沒有回信。格里利說：「你不配被稱爲一個偉大的人」，如果不能打敗聯盟軍的話，林肯應該「要勇敢地爲（他的）國家犧牲（他自己的）性命」。[218]雖然有一堆人在痛罵林肯，林肯還是耐心聽著從戰場上傳回來的報告，了解事情究竟是哪裡出錯了，並說了許多幽默的故事來緩和大家的情緒。[219]在接下來的幾天，林肯在蘇爾德的陪伴下，探視了好幾個軍團，每到一站，就鼓舞了許多士兵的精神。

林肯抵達了波多馬克河維吉尼亞州那一側的康克倫堡（Fort Corcoran），他問薛曼上校，他能不能跟部隊說說話。薛曼很高興，但他希望林肯能夠「不要鼓勵士兵歡呼，不管是什麼類型的都一樣」。在牛奔河戰役之前，軍隊充滿了自吹自擂，而「我們現在需要的是冷靜、能夠在戰場上戰鬥的士兵，不要再搞歡呼還有吹牛那一套了」。林肯同意了，接著他對士兵講話。薛曼認爲，那場演說是他這輩子聽過「最美妙、最好與最有感情的一場演講」。林肯說他們輸了，但強調「我們的身上仍然背負著最重的責任，我們會迎向最燦爛的日子」。林肯的演講過程之中，「士兵開始歡呼，但（林肯）馬上制止他們：『孩子們，不要歡呼。我承認，我還滿喜歡聽到你們歡呼的，但薛曼上校說軍人不可以那樣，我想我們最好聽從他的意見。』」

總統結束了一場完美的演講。在演講的最後，他跟軍隊保證，他會提供一切他們需要的東西，他甚至還鼓勵他們「如果遭受到不公平的對待，可以去找他」。一名委屈的軍官聽到之後，告訴總統他是役期只有三個月的志願兵，他想要離開，但薛曼「威脅要拿槍射」他。林肯假裝小聲地告訴這位軍官：「如果我是你，他威脅要開槍的時候，我不會相信他，因爲我覺得他眞的會那麼做。」[220]林肯的回答讓士兵捧腹大笑，但又維護了薛曼想要維持的紀律。

北方大衆支持林肯堅定的決心。共和黨在各地的報紙都報導了北方出現了「新生的愛國主義」，[221]數千名自願軍簽下了三年的合約。《芝加哥論壇報》大聲疾呼：「忠誠愛國者不要因爲這次的挫敗就灰心喪志。安泰思

（Antaeas；譯註：希臘神話中擁有神力的巨人，大地是其力量來源）每次被摔到地上的時候，就能從大地之母那裡得到力量，站起來的時候，就如同重獲新生一樣，比從前更強壯，可以迎向新的挑戰。自由之子也是一樣，輸掉這場戰役只會讓他們更加努力。」㉒好幾家報紙都把牛奔河之役的慘敗，比作是華盛頓總統在美國獨立戰爭初期的挫敗，而最後華盛頓在約克鎮（Yorktown）贏得了最終的勝利（譯註：華盛頓在約克鎮大敗英國軍隊之後，英國決定投降）。㉓《紐約時報》評論：「人民的精神完完全全地振奮了起來，此外同樣重要的是，過往無情的教訓也讓人們變得更為謙遜。」

牛奔河驚人的戰況逆轉與軍隊的潰敗，讓北方不再擁有可以輕易取勝的錯覺，《紐約時報》承認：「現在事情很明顯了，我們低估了敵人的力量、人力物力以及勇氣。更甚者，我們對這個國家雄偉的自然環境視而不見，而戰爭便是在此處發生。另外，我們也忽略了環境對防守的絕佳助益。」㉔牛奔河帶來的痛苦教訓，反而讓北方充滿信心，覺得「得到安慰」，㉕因為他們現在已經知道最糟的情況會是什麼了。南北戰爭第一場重要的戰役造成令人焦慮的混亂情形，而已經處在混亂之中的人們，難以想像還有更為慘烈的明天正在等著他們。

14 「我不想淪為犧牲品」

喬治・麥克萊倫於一八六一年七月二十七日抵達華府，接掌波多馬克軍團。①「只有專利藥物才會這樣一夕成名，」②一位散文家如此描述當時的情景：「社會大衆，就像家裡養的那隻可愛老鳥，深信牠終於孵出了一隻雛鷹。」身為聯邦軍隊將領中最年輕的新生代，三十四歲的麥克萊倫相貌堂堂、體格健壯，看起來值得公衆讚揚，而且應該會不負衆望。他出身費城的名門望族，父親畢業於耶魯學院和賓州大學醫學院，母親優雅高貴。就讀西點軍校等一流學府的麥克萊倫，曾在美國對墨西哥戰爭中，擔任史考特將軍的參謀。③對於一心想脫離苦海的民衆來說，最重要的是，他最近在維吉尼亞州西部擊敗了一支游擊隊，④雖然只是一場小規模的勝仗，卻是北方軍隊的唯一捷報。

對緊張不安的華府居民而言，麥克萊倫似乎是「臨危授命的將帥之才」，⑤可以把散漫的聯邦軍隊訓

練成紀律嚴明的部隊，有能力重回馬納薩斯打敗敵軍的領袖。一名日記作者記載，麥克萊倫抵達華府後沒幾天，華府本身便呈現出「更有軍威的外貌」。⑥飯店的酒吧裡不再擠滿喝得爛醉的士兵，三更半夜也沒有軍隊在市區遊蕩，⑦四處尋找寄宿地點。這位年輕的將軍似乎有一股神祕的力量，能夠讓士氣低落的軍隊感染他的自信，使他們重拾信心，找到對未來的希望。「你不曉得這些官兵現在多麼朝氣蓬勃，每次和他們在一起——我可以看到每雙眼睛都閃耀著光芒，」他在給妻子瑪莉・艾倫（Mary Ellen）的信中，語帶驕傲地寫著。「昨天在一個團，他們差一點把我扯成碎片，你從未聽過這樣的呼喊聲」。⑧

林肯希望，總司令史考特身經百戰累積的智慧，搭配麥克萊倫的活力與魄力，最終建立一支作戰能力強大的團隊。可是麥克萊倫從一開始就認爲，不論是對於他獨攬大權的雄心，還是對於他推展更宏大的戰爭策略，史考特都是「巨大的絆腳石」。⑨接下波多馬克軍團帥印還不到兩週，麥克萊倫就對史考特深信緊急增援華府的行動，以確保首都安全的想法，提出質疑。他寫了一封信給史考特將軍，表明他的軍隊「完全不足以因應緊急狀況」，因爲「在我方前線的敵軍至少有十萬人」。⑩他還把這封信函的副本呈交給總統。史考特對自己的判斷力遭到懷疑，大爲光火。史考特則堅稱麥克萊倫誇大對方的兵力，⑪事實也確實如此。這並不是這位高傲的將軍最後一次的誤判。⑫

林肯要求麥克萊倫收回這封冒犯史考特的信函，暫時平息了這場風波，但這兩位將軍之間的不和持續升溫。⑬史考特想要對不同戰區的叛軍施加「同樣的壓力」。⑭麥克萊倫則宣稱，只要絕對優勢的兵力集結在維吉尼亞州，他就能終止敵對狀態。依他所見，所有其他的戰鬥都是次要的，徒然分散「一次殲滅所有叛軍」⑮所需要的資源。

麥克萊倫幾乎每天寫信給妻子。他在信中承認，與史考特唱反調，可能「使他恨我入骨」。麥克萊倫不願意與史考特握手言和，爲了合理化，經常提到他的使命感。他堅信，「上帝已經賦予我一項偉大的任務」。⑯他覺得，「借助某種奇特的魔力」，他已經「成爲土地的能者」，⑰而且如果「民眾要求我拯救國家——我**必定**出手相救，無法顧及任何擋路者」。麥克萊倫告訴她，他收到「一封接一封的來信」，懇請他擔任總統，或實施獨裁專制。雖然他對總統一職敬謝不敏，但他會「欣然接受當個獨裁者，並承諾只要國家獲得解救，願意犧牲自己的生命」⑱。

麥克萊倫不斷要求增加兵力與軍備，卻沒有得到回應，令他倍感沮喪。他堅信，史考特是個「不折不扣的笨蛋」、「**老糊塗**」，甚至可能成爲「**叛徒**」。⑲麥克萊倫拒絕承認兩人的爭執是意見上的衝突，堅稱他與史考特爭論的根源，是因爲這位沙場老將就像「所有小有名氣的人一樣，懷有沒完沒了的嫉妒心」。⑳

兩人爭執得越來越激烈，麥克萊倫決定對史考特的通訊置之不理，不過依據部隊指揮制度的要求，他必須向上級長官報告他的位置，和他可自由調度的兵力人數。「逮捕他，送軍法審判，也許可以快速解決這個棘手問題，」史考特這樣告訴戰爭部長卡麥隆，可是公開反目「會讓親痛仇快，因此我長期隱忍」。他反倒認爲，只要總統能另作安排，他本人將立即欣然退役，「像我現在的狀況，由於雙腳和雙腿水腫，以及腰部無力，所以無法跨上馬背騎馬，走路也有困難」。㉑

兩個月以來，林肯設法讓這兩位指揮官和好。他花了許多時間待在史考特將軍的總部，聽這位老戰士吐苦水，並試圖安撫他的情緒。他也經常造訪麥克萊倫總部。麥克萊倫的總部是一棟豪華住宅，㉒坐落在拉法葉廣場的角落，距離蘇爾德的新居不遠。總部樓上的房間留給麥克萊倫私人使用。樓下的客廳是電報室，有數十名人員在那裡「抽煙、看報、寫東西」。㉓有時麥克萊倫歡迎林肯來訪；有時，他覺得這些拜會是浪費時間：「我剛才被總統和蘇爾德國務卿打擾，他們講了一些故事，沒說什麼非常特別的事情。」㉔觀察家表示，麥克萊倫經常讓林肯「與一般人一起」㉕在樓下房間等候，他們覺得不可思議。英國記者威廉・羅素開始同情這位總統。林肯曾致電麥克萊倫，卻僅被告知將軍「非常疲憊，正在休息」。㉖雖然如此，只要林肯相信麥克萊倫對軍隊有正面的影響，他還是包容這樣公然違反禮儀的行爲。

秋葉開始飄落，麥克萊倫的表現首次引發民衆的不滿。麥克萊倫校閱軍隊，軍容壯盛，超過五萬名官兵㉗在百門禮砲的轟鳴聲中，列隊行進，「沒有一點差錯，進行得很順利」，㉘讓華府居民很開心，但他們對他遲遲不出兵，漸感不耐。頑強的麥克萊倫堅定地告訴妻子，在他確定已經完全做好準備，可以與敵軍一決勝負之前，不會採取行動。「在這麼做之前，一定需要長時間的籌備，我預料所有報紙會罵我延誤作戰——但是我不在乎。」㉙

一些共和黨激進派起初對麥克萊倫任命案鼓掌叫好，但獲悉他發布了「一項奴隸追捕令」，他們便開始抨擊他。這項命令要求指揮官追捕逃亡的奴隸，交還給奴隸的主人。[30]麥克萊倫再三強調，他「爲了維護聯邦的完整，以及政府的權力而戰」，而且爲了達到這個最重要的目標，國家無法「承受黑奴問題的干擾」。飽受抨擊的他向民主黨友人求助。「幫我擋掉黑鬼問題，」他懇請紐約州的山謬·巴洛（Samuel Barlow）說，「我們不想和它有瓜葛」。[31]

剛開始受到責難時，麥克萊倫把過錯都推到別人身上——責怪史考特未能提供必要的資源，以及內閣無能，說內閣網羅「我所見過最愚不可及的一些人，他們蠢到讓你感到不耐煩」。[32]他認爲蘇爾德是「好管閒事、過分殷勤和愛發號施令的小狗」，威爾斯「比喋喋不休的老太婆還不中用」，[33]而貝茲是個「老傻瓜」。麥克萊倫厭惡「卡麥隆的流氓習氣」，雖然贊許蒙哥馬利·布萊爾勇氣可嘉，但並不「十分喜歡他！」[34]只有蔡斯逃過他的毒舌嘲笑，也許因爲麥克萊倫奉召至華府之前，這位財政部長曾寫過一封諂媚奉承的信，信中宣稱麥克萊倫能夠榮升少將，他是大功臣。[35]

一八六一年十月二十一日，麥克萊倫麾下一個師，在一場小規模戰鬥[36]一敗塗地，這時外界對於麥克萊倫的不耐情緒更加升高。在獲悉叛軍已經從維吉尼亞州李斯堡（Leesburg）抽調回一些兵力之後，麥克萊倫命令查爾斯·史東將軍（Charles P. Stone）「略做武力展示」，以「刺探敵情」。[37]史東以爲自己會獲得附近一個師的支援，但麥克萊倫在未知會史東的情況下，就將這個師調回華府。結果與林肯私交甚篤、來自伊利諾州的愛德華·貝克上校連同他的四十九名部下，都在博爾斯布拉夫（Ball's Bluff）的河邊，中了聯盟軍隊設下的圈套，在這次行動中陣亡，還有更多人身受重傷，[38]包括年輕的小奧利佛·溫德爾·霍姆斯（Oliver Wendell Holmes, Jr.）。他被送至蔡斯的大宅邸養傷。[39]

林肯全家都爲貝克哀悼。林肯後來告訴記者諾亞·布魯克斯（Noah Brooks）說：「他所摯愛的貝克去世，就像突然碰到來自沙漠的旋風，帶給他沉重的打擊。」[40]貝克捐軀的前一天，這兩位老朋友還一起在白宮促膝談心。一位路過的軍官回憶當時深刻動人的情景：「林肯先生席地而坐，身子倚著一棵樹；貝克上校俯臥在地，雙手緊握支著頭。綠樹與草地在姹紫嫣紅的襯托下，美不勝收，有如上帝居所的帷幔。」不遠處，十歲的威利「稚氣未脫地翻弄著落葉」。貝克告辭時，與林肯握手道別，然後把威利摟進懷裡親吻。[41]

二十四小時過後，在麥克萊倫總部負責管理電報室的湯瑪斯・艾克特（Thomas Eckert）隊長接獲貝克的死訊，以及在博爾斯布拉夫戰敗的消息。[42]他奉命必須將所有軍事電報直接上呈麥克萊倫，於是四下尋找這位司令官。找到麥克萊倫的時候，他正在白宮與林肯交談，艾克特便把這封電報交給麥克萊倫，然後告退。麥克萊倫決定不把電報內容告訴林肯總統。後來林肯順道拜訪電報室，了解來自前線的最新消息，才發現那封急電。一位坐在外面房間的記者注意到林肯的反應。他「低垂著頭，淚水從布滿風霜的臉頰滑落，臉色蒼白，心情沉重」，踉蹌地走出這個房間，「走進街上時還險些跌倒」。[43]

瑪麗也是悲痛欲絕。[44]她的次子艾德華，是以愛德華・貝克的名字命名。如今她的孩子以及和他同名的人都離開了人世。威利和同樣敬愛貝克的泰德，亦傷心難過。[45]對於酷似父親的威利來說，寫作給予他某種程度的安慰。他創作了一首小詩〈關於愛德華・貝克上校之死〉（On the Death of Colonel Edward Baker），[46]發表在《國家共和黨人報》（*National Republican*）。這首詩的前兩節回憶貝克愛國的一生，和他著名的演說技巧，然後寫道：

他的胸懷沒有拘泥細節的觀念，
聯邦是他愛談的話題。
「絕不投降，毫不妥協，」
他的朝思暮想。

他的國家有其職責，
對於他身後留下的，
遺孀與所有孩子，——
它永誌不忘。

這場戰爭帶來更多的傷亡，悲傷隨之而來，這個孩子追思一位令他懷念的朋友，反映出大環境氣氛低迷。

林肯連任總統的就職演說提出令人難忘的請求，正是呼應威利十歲時的童語。林肯在演講時，呼籲國人「關懷那些艱苦作戰的人，關懷他們的遺孀和孤兒」。[47]

麥克萊倫維持其一貫的作風，悍然拒絕為博爾斯布拉夫戰役失利負責，堅稱這場「災難是前線指揮官的錯誤所造成」。[48]「這整件事發生在大約四十英里外，我根本未下達指令，也不知情，」他如此告訴妻子，「這件事完全未獲得我的授權，我毫無責任，該直接怪罪」的人是貝克上校，[49]他沒有服從史東將軍的命令，擅自過河。接著史東本人將接受軍法審判的謠言開始滿天飛。

國會領袖當中，許多人與貝克有多年的交情。他們心情沮喪，對於博爾斯布拉夫之役戰敗，和聯邦軍隊按兵不動，罵聲連連，林肯總統則為麥克萊倫辯護。[50]這批國會領袖找上麥克萊倫質問，這時麥克萊倫開始痛斥史考特，指控他處處掣肘。這批代表離開時，誓言一定要撤換史考特[51]。「你可能已經從報紙等處，聽說史考特將軍和我自己之間，現在所發生的小爭吵，」他寫信給妻子說，「輿論一面倒地站在我這邊……我聽說全體官兵表態，日後他們只接受『我們的喬治』的統御，這些小淘氣突然想到這麼稱呼我」。[52]

十一月一日，林肯接受史考特的退役請求，並對此深感遺憾。各家報紙發表史考特將軍的辭職信，以及林肯誠摯的回覆。林肯盛讚史考特「長期而輝煌的軍旅生涯」，表示美國民眾聽聞他退役的消息，會覺得「難過與不捨」。[53]同時，林肯指派麥克萊倫[54]接替史考特，擔任美國聯邦陸軍總司令。

兩天後，達到目的的麥克萊倫承認，當他陪同史考特前往火車站，送他離開華府時，內心百感交集。「我看到一個人滿懷雄心壯志、半生戎馬的軍旅生活走到盡頭。這位國家軍階最高的軍人的戎馬生涯畫上句點——這是一個不良於行的虛弱老人——除了他的繼任者，幾乎沒有其他人前來為他送行。」[55]事實上，根據各大報紙報導，儘管火車在清晨五點發車，當時還下著傾盆大雨，仍有大批民眾聚集在火車站。史考特的所有參謀人員，連同麥克萊倫的全部參謀和一位騎兵隨扈都到場。蔡斯和卡麥隆兩位部長陪著史考特，送他前往哈里斯堡。[56]此外，「相當多的民眾」[57]聚在一起，向他致敬，這與麥克萊倫描述的黯然離開不符。這位「年輕拿破崙」[58]再度失算。

隨著冬天的腳步逼近，聯邦軍隊守而不戰引發的民怨更加沸騰。「我不想淪為犧牲品，」[59]這位新科總司令寫給妻子的信中如此說。既然麥克萊倫無法再把責任推給史考特，就轉而怪罪林肯不給他對抗維吉尼亞州叛軍所需要的資源，[60]他咬定敵軍的兵力至少是自己麾下部隊的三倍。麥克萊倫在家書中，抱怨林肯頻頻登門打擾，迫使他躲到民主黨同僚愛德溫·史坦頓的寓所，以「躲避『吃草的』總統等等所有的敵人」。[61]他說，自己於一個週日午茶過後訪問白宮，在那裡發現了「原始大猩猩」，他以前就喜歡這樣形容林肯。「我們當今的執政者眞是個怪咖！」他大聲嚷嚷。「我去到蘇爾德的住處，再度發現『這隻大猩猩』的蹤影，當然我從他的奇聞軼事得到很多啓發——那些故事往往很中肯，但與他位高權重的身分不相稱」。[62]

十一月十三日週三晚上，林肯偕同蘇爾德與海伊一道前往麥克萊倫的府上。他們獲悉麥克萊倫出門參加一場婚禮，在客廳等了一個小時。麥克萊倫回家後，門房告訴他，總統正在等他，但麥克萊倫卻經過客廳，直接上樓。又過了半小時，林肯再度傳話說他仍在等候，聽到的回答竟是將軍已經就寢。年輕的海伊氣得火冒三丈。「我想要在這裡記載我認爲災禍臨頭的頭一個徵兆」，他在日記中敘述，他認爲不可原諒的「軍階傲慢」，是「最高軍事權威受到威脅」的第一個指標。令海伊非常吃驚的是，林肯「似乎並未特別注意此事，他認爲此時最好不要計較禮儀和個人尊嚴」。[63]他曾經說過，如果能打贏一場勝仗，他甘願爲麥克萊倫牽馬。[64]

林肯這位十足的務實主義者，吃了麥克萊倫的閉門羹，不露慍色，但他的助理每次碰到如此趾高氣揚的態度，都怒不可遏。林肯的祕書威廉·史托達德（William Stoddard）描述他陪同林肯在麥克萊倫的會客室，苦等至惱火的情形。「時間一分一秒過去，壁爐架上時鐘響起的滴答聲，每一聲都讓你的血液越來越接近沸點。你的臉發熱，手指覺得刺痛，但你看著那個人耐心十足地坐在那裡……而你一直在努力按捺你的反抗意識。」[65]隨著時間過去，林肯拜訪這個倨傲將軍的次數變得沒那麼頻繁。如果他有話想要對麥克萊倫說，就派人傳話，請他前往白宮。

* * *

在這段神經緊繃的日子裡，瑪麗設法分散丈夫的注意力。如果老朋友來到城裡，她會邀請他們共進早餐，並捎口信至林肯的辦公室，請他參加聚會。剛開始林肯對於手邊的工作被打斷，感到不快，他會勉爲其難地坐下，開始聊天。後來「他的嘴角會放鬆、眼睛會變亮，他的整張臉散發出光彩，」伊麗莎白・格林斯利回憶說，「我們都會被逗得哄堂大笑」。[66]瑪麗還介紹一種「每天兜風」的療法，她堅持他們夫婦兩人，有時還帶著小孩，每天傍晚一起搭乘馬車兜風一小時，「呼吸新鮮空氣，這是他非常需要的」。[67]

比起以前大部分的第一夫人，瑪麗更能享受招待賓客的樂趣。她從未失去對政治的熱愛。許多個夜晚，瑪麗的夫婿在辦公室加班至深夜，她就在藍廳辦起社交晚會，[68]邀請的賓客以男性爲主。她晚會上的常客包括紐約州聯邦眾議員丹尼爾・席寇斯（Daniel Sickles）。前一陣子席寇斯涉嫌謀殺美國國歌作詞者的兒子菲利普・巴頓・基伊（Philip Barton Key），基伊與席寇斯的妻子有染。史坦頓等人組織的律師團，以「暫時性精神錯亂」爲由幫他辯護，席寇斯獲判無罪。[69]

在瑪麗的社交集會上，另一位神氣活現的人物是亨利・魏科夫（Henry Wikoff）。他出書記錄他在歐洲的傳奇式流浪冒險歷程。他曾是英國間諜，因爲綁架和引誘一名年輕女子而坐過牢。瑪麗喜歡與這些鬧過醜聞的人聚在一起，也喜歡天南地北的聊天，從「愛情、法律、文學和戰爭」，到「法庭與內閣、閨房和交誼廳、商場與教會、貴族與窮人，以及狄更斯和薩克雷（Thackeray），各種流言八卦」。[70]

瑪麗不只讓社交晚會的賓客爲之傾倒，她主持傳統白宮招待會，接待一般民眾所展現的充沛活力與沉著自信，也贏得人們的敬意。她相信，這些社交聚會有助於維持士氣。最重要的是，她的社交技巧和外貌，都讓她的夫婿引以爲榮。「我的夫人就像她在少女時期一樣漂亮，」林肯在白宮一場招待會上說，「我當時是個窮酸的無名小卒，一次又一次愛上她，從未變心」。[71]

八月初，法國末代皇帝拿破崙三世（Napoleon Bonaparte III）的堂兄弟拿破崙親王（Prince Napoleon）訪問華府，[72]瑪麗舉辦一場精緻晚宴。她發現在華府招待貴賓的工作，比起以前在春田市做起來簡單許多。「我們只需要針對這次晚宴下達指令，依季節做合宜的裝扮，」[73]她在給友人漢娜・希樂的信中如此寫道。瑪麗年輕時學過法文，與拿破崙親王對答如流。那是一場「出色的晚宴」，伊麗莎白・格林斯利回憶說，「服務完美，相談甚歡，席間談話以法語爲主」。[74]兩天後，瑪麗顯然重燃對法國文學的興趣，她向國會圖書館申請借閱《雨果作品集》

（*Oeuvres de Victor Hugo*）第九冊。[75]

瑪麗・林肯的充沛精力不僅用於交際應酬。招待法國貴賓的晚宴結束後一個月，她針對一件國家大事——佛蒙特州士兵威廉・史科特（William Scott）[76]即將被處死——拚命對丈夫施壓。史科特在警戒哨執勤期間睡覺，被控怠忽職守。此事發生在他連續第二夜站崗黎明前的時刻。事情是這樣的，[77]第一晚他是自願代替一位生病的友人站崗，然後第二夜被要求值自己的勤務。根據伊麗莎白・格林斯利的說法，史科特的判決之嚴厲，讓泰德與他的母親覺得於心不忍。「想想看，」泰德懇求說，「如果那是你自己的兒子，整天行軍打仗，但實在是太累了，無法保持清醒，像他也曾強打起精神。」[78]瑪麗也幫腔，請丈夫憐憫這位年輕的士兵。這種狀況讓林肯很爲難。他明白雖然想盡辦法打起精神，史科特失職情有可原，但是他插手可能會破壞軍紀。最後，瑪麗的說項顯然發揮作用。

這位將軍回憶說，預定行刑的前一天，林肯走進麥克萊倫的辦公室，要求他發布特赦令，「建議我可以在特赦令中，說明這是因爲『婦人之仁的總統』的請求」。[79]佛蒙特州參議員路希爾斯・齊坦敦同樣爲史科特請命，他承認「讓總統爲了一名二等兵」出面干預，「是過分的要求」，並爲此致歉。林肯要他放寬心，並向他保證「史科特的生命對他來說，就像這塊土地上的每一個人一樣寶貴。您記得有一個蘇格蘭人，對一個遭斬首的貴族的項上人頭發表的高見：『人頭事小，可是對他這個可憐的傢伙卻是無比珍貴，因爲這是他僅有的一個頭。』」[80]

整修白宮與附近的景觀，讓瑪麗從一八六一年夏天一直忙到秋季末。她對一個朋友叫嚷，她擁有「想像得到的最優美的花卉與庭園，夠多的賓客與興奮情緒，可以使一個比我更有智慧的人迷醉」。[81]可是時間一個月又一個月過去，她與丈夫一起相處的時間反而減少。林肯幾乎每個時刻都被戰爭所佔據。不過瑪麗安排的下午搭馬車兜風活動，他仍參加，而且經常邀請蘇爾德同行，這樣兩人可以談事情。時序進入八月底，蘇爾德的妻子與女兒抵達華府，住上幾個星期。林肯幾乎每天下午都帶著她們一起兜風。[82]法蘭西絲與林肯一見如故，她形容林肯是「樸實謙遜的農民——不笨拙，也不難看」，相當輕鬆地談論「這場戰爭和農作物」。[83]范妮深深爲他著迷。「我非常喜歡他，」她在日記中寫著。總統帶范妮去看她父親送給威利和泰德的幾隻小貓咪，告訴她，「牠們在他身上到處爬」，[84]范妮覺得特別開心。

與蘇爾德家人度過愉快的時光只是插曲，這段期間，林肯到附近鄉間各個營區視察。馬車停下來之後，他與蘇爾德會與士兵寒暄。一位採訪過傑克遜以來歷任總統的資深記者撰文寫道，他從未看過任何一次例行性的握手，像「林肯總統那樣狂放不羈。他握手時用兩隻手，雙手交錯，就像水手在攀爬繩索」。[85]和藹可親的蘇爾德同樣無拘無束。范妮特別愛看他們受到賓州第二十三團官兵歡迎的場面。「林肯一現身，就『引爆』官兵熱烈的歡呼聲，聲音大到連馬兒都有點受驚嚇；接著他們開始向『蘇爾德國務卿』歡呼，官兵連聲高喊他的名字。」[86]范妮在日記上語帶驕傲地吐露：「我很喜歡回想父親所說和所做的所有一切。」[87]

法蘭西絲・蘇爾德很高興與丈夫相聚，這是夫妻倆分隔兩地近一年來，首次長時間共度，可是她發現戰爭時期華府紛亂的生活步調，令她感到困倦。住在丈夫位於拉法葉廣場「富麗堂皇」的住宅，她也沒有賓至如歸的感覺。她寫信給姊姊，悶悶不樂地坦承，亨利對於住家從來沒「這麼滿意過——完全符合他的品味和習慣——就像現在這個樣子」。她稱讚費德和安娜「極有天分，把環境布置得……相當雅緻優美」。[88]可是這個家是爲他們三個人設計的——她的丈夫、兒子和媳婦——不是爲了她。這間房子對於好客的蘇爾德十分適合。法蘭西絲爲偏頭痛所苦，每個星期必須臥床休息幾天。[89]安娜扮演女主人的角色也十分稱職，遠遠超出法蘭西絲的預期。

法蘭西絲準備返回奧本，心中仍掛念著尚未拜訪瑪麗・林肯。第一夫人去紐約上州和紐澤西州的長灘（Long Beach）[90]度假三週，剛返回華府。法蘭西絲覺得必須去拜訪她，「尤其是我已探望過她的丈夫」。[91]週一，法蘭西絲預定啓程前夕，瑪麗派人通知說，將在當天晚間接見她與她的家人。[92]晚餐過後，約翰・尼可萊來接蘇爾德一家人前往白宮。這一小群人包括亨利、法蘭西絲、費德、安娜、范妮，以及蘇爾德的么兒威爾，和威爾的新婚妻子珍妮。門房艾德華帶著他們進入藍廳。艾德華是愛爾蘭裔，在白宮工作近二十年。「艾德華拉出一張椅子，準備給林肯夫人就座，」范妮回憶說，他接著幫其他人安排座椅，然後離開，向瑪麗通報，說賓客已經抵達。她寫下：「我們在那裡正襟危坐。過了一段時間，門房前來通報說，林肯夫人懇請原諒，她實在非常忙碌，忙得抽不開身。」

「事實的眞相，」范妮寫道，「可能是她不想見家母——不然何不乾脆指示門房，明令謝絕訪客？讓我們全體先入座，確實是非常無禮的行爲。」范妮還頑皮地補上一句，稱這是「有記錄以來，她唯一一次在晚間拒絕見客」，暗指瑪麗頗負盛名的社交晚會。實際上，瑪麗憎惡蘇爾德，很可能刻意怠慢蘇爾德全家。從一開始，她就阻擋蘇爾德入閣，擔心聲譽鵲起的蘇爾德，鋒芒蓋過自己的夫婿。「如果事情做得順利，」她提出警告，「功勞會是蘇爾德的——若稍有閃失——會怪罪到我丈夫頭上。」[93] 結果情況正好與瑪麗的猜疑相反，蘇爾德承擔政府招致的諸多責難，因爲他的內閣同僚碰到任何不滿意的事，往往歸咎於他，而非林肯。即使在蘇爾德尊重林肯的權威很長一段時間後，包括瑪麗在內的許多觀察家，仍誤以爲國務卿是政府幕後的擘劃者。「看見你靜靜坐著，讓那個僞君子把你玩弄在股掌之上，我就火冒三丈，」[94] 瑪麗氣呼呼地對著丈夫說。

況且，漫漫長夜，林肯待在蘇爾德位在拉法葉廣場的官邸，[95] 比留在家中陪瑪麗的多，也讓她懷恨在心。蘇爾德的壁爐，和他愛交朋友的個性帶來的暖意，可讓林肯徹底放鬆。林肯不抽煙不喝酒，可是看著蘇爾德點一支哈瓦那雪茄，倒一杯白蘭地，心情也跟著愉快起來。林肯很少罵人，可是他發現蘇爾德的咒罵饒富趣味。有一次，林肯和蘇爾德在前往視察軍隊的途中，馬車的車夫控制不住他的馬匹，就開始爆粗口。「我的朋友，你是聖公會信徒嗎？」林肯問道。這位車夫回答說，其實他是衛理公會信徒。「喔，對不起，」林肯笑著說。「我還以爲，你一定是聖公會信徒，因爲你罵人的樣子幾乎與蘇爾德國務卿一模一樣，而他是聖公會執事！」[96]

林肯和蘇爾德還談論許多戰爭以外的事情。他們辯論亨利・克雷、丹尼爾・韋伯斯特與約翰・昆西・亞當斯的歷史定位。蘇爾德認爲，克雷和韋伯斯特都不及「亞當斯的十分之一」。林肯不以爲然，堅信「韋伯斯特將會被世人永遠傳誦」。[97] 他們還探討「匹夫之勇」的概念。林肯提到某位士兵特別渴望親自上陣殺敵，言談之間流露出欽佩之情，蘇爾德並不認同。「他（蘇爾德）過去總是反其道而行，您得承認自己很害怕，並推斷敵人跟您一樣害怕。」[98] 他們交換一些見聞，互相調侃。

有一天晚上，當時約翰・海伊也在場，另一位賓客提到芝加哥全國代表大會。海伊擔心，這會使蘇爾德回想起爭取黨內總統候選人提名失利的往事，「非常不得體」，可是林肯順著這個話題，講了發生在一八六〇年左右的一則趣事。他說，有一次，芝加哥市長約翰・溫沃斯唯恐他沒注意到伊利諾州的輿論出現變化。「我告訴你，」溫沃斯建議他，「你一定要仿效蘇爾德的做法——找一個傢伙來幫你助選。」溫沃斯指的是梭羅・魏德。

林肯與蘇爾德都覺得這個故事「極爲有趣」。

那天晚上大約一小時後，林肯接獲湯瑪斯・薛曼（Thomas W. Sherman）將軍的增援要求，希望能在進攻南卡羅萊納州皇家港（Port Royal）之前，獲得更多部隊支援，這讓他的好心情頓時跌落谷底。林肯對於每位將軍一再要求增援，感到沮喪。他告訴蘇爾德，他會拒絕薛曼的請求，並拍發電報告知，對「他的征戰不抱太大希望」。以前林肯曾在五月二十一日著名的急電中，軟化蘇爾德的措辭，現在輪到蘇爾德來緩和林肯回覆的語氣。「不行，」蘇爾德回答說，「您不能對一個在戰場上出生入死的人說喪氣話」。⑨⑨後來林肯否決薛曼提出的增兵要求，但對他的任務沒有說出悲觀的看法。

在蘇爾德的官邸，有趣的賓客進進出出，漫漫長夜在這裡建立的同志情誼，可能勾起林肯在巡迴法院擔任律師期間的愉快回憶。⑩⓪當年他與律師同事聚集在壁爐前聊天、飲酒或分享故事。於公於私，林肯在擔任總統的第一年，與蘇爾德共處的時間比其他人更多，包括他的家人。難怪佔有慾強烈的瑪麗，對蘇爾德與其家人懷恨在心。

＊＊＊

東部戰事遲遲沒有進展，林肯承受各方的抱怨，在此同時，他還被迫面對西部戰場出現同樣棘手的狀況。在西線，密蘇里州的分離主義分子和聯邦主義者之間的鬥爭，⑩①已經瀕臨爆發內戰邊緣。儘管密蘇里州大多數居民支持聯邦政府，新州長克萊本・賈克森（Claiborne Jackson）帶領爲數可觀的分離主義分子，一心要使密蘇里州加入聯盟。密蘇里州最初能夠成功挫敗這批叛亂游擊隊的攻擊，主要歸功於法蘭克・布萊爾與其好友納撒尼爾・萊昂將軍（Nathaniel Lyon）同心協力。⑩②這時布萊爾已經離開國會，成爲上校。他們阻止聖路易軍火庫落入敵軍手中，並智取南方聯盟軍隊位於傑克森堡（Fort Jackson）的總部。萊昂喬裝成法蘭克的岳母，深入這個叛軍營區進行偵察。法蘭克的岳母在聖路易是德高望重的老太太。萊昂換上洋裝，圍上披肩，頭上還戴著一頂蒙著厚紗的寬邊遮陽帽，企圖遮掩他的紅鬍子，手中裝雞蛋的籃子內，則暗藏左輪手槍，⑩③萬一被識破，可以派上用場。了解敵營的狀況，以及擁有守軍七千人後，第二天萊昂就揮軍一舉攻佔傑克森堡。

儘管剛開始取得勝利，大膽叛軍不久就摧毀橋梁、道路和房屋，密蘇里州陷入一片恐慌。林肯任命約翰・傅瑞蒙將軍負責控制此一危險局勢，並指揮整個西部指揮部（Department of the West）。傅瑞蒙是衝勁十足的英雄，一八四七年立下從墨西哥手中解放加州的戰功，一八五六年成爲共和黨提名的第一位總統候選人。林肯後來回憶，由於勢力龐大的布萊爾家族的「最真摯懇求」[104]與齊聲擁護，他才拔擢佛里蒙特爲少將，派他前往密蘇里州。

傅瑞蒙的任命起初受到熱烈歡迎。「他就是那種會被西部男人崇拜景仰，並追隨他冒險犯難，捨身成仁的人，」約翰・海伊寫道。「他剛正不阿、一身是膽、寬宏大量、積極進取、博學多聞，而且是出了名的實際。」[105]傅瑞蒙堅定反對蓄奴的立場，在佔聖路易人口大多數的德裔美國人中備受肯定。「有一種浪漫的光環圍繞著他，」古斯塔夫・寇納回想道。單是他的名字就有「一股神奇的影響力」[106]，吸引數千名來自西部各州的志願者加入聯邦軍隊。

不過，傅瑞蒙抵達密蘇里州不到幾個星期，便有風聲逐漸傳至華府，說他「揮霍無度」。[107]傳聞指出，傅瑞蒙一家人住進一棟價值六千美元的官邸，安排保鑣阻擋不受歡迎的訪客，[108]包括密蘇里州前任州長漢彌爾頓・甘伯都被拒於門外。甘伯是愛德華・貝茲的連襟，是聯邦主義者。一些人擔心傅瑞蒙會像麥克萊倫，選擇待在城內[109]備戰，而不和官兵一起上戰場。這些令人不安的謠言滿天飛，八月十日萊昂將軍在威爾遜溪（Wilson's Creek）一役陣亡的噩耗接踵而至。幾個星期後，聯邦軍隊遭遇另一次慘敗，[110]被迫棄守萊辛頓。密蘇里州效忠聯邦的陣營士氣一落千丈。

八月下旬，傅瑞蒙意識到，必須在局勢進一步惡化之前採取行動，於是頒布一項大膽的宣言。他事先未曾徵求林肯的意見，便逕自宣布密蘇里州全境戒嚴，授權軍方只要有正當理由，可對任何在聯邦管轄範圍內「持有武器」的南方叛軍，開槍射擊。聯邦軍隊收到指示，所有「經直接證據證明爲主動通敵」的人，其全部財產，包括奴隸在內，悉數充公。傅瑞蒙宣布，「特此聲明，這些奴隸成爲自由人」。[111]傅瑞蒙的政策影響層面，遠遠超過國會在月初通過的「充公法」。充公法僅適用於那些支持南方聯盟軍隊的奴隸，而且並未清楚說明他們的未來地位。[112]

林肯與其他地方的民衆，看了報紙才得知傅瑞蒙的宣言。由於這一紙宣言，傅瑞蒙已經片面將這場爲了維護聯邦完整而打的戰爭，徹底轉變成反對奴隸制度的戰爭，[113]林肯相信此一轉變將導致肯塔基州與邊界州加入南方聯盟。林肯寫了一封私人信函給傅瑞蒙，[114]表達他心中的兩點「憂慮」：「首先，如果根據這項宣言，你射殺一人，南方聯盟軍隊一定會槍殺我方落入他們手中的最優秀人員，作爲報復；這樣冤冤相報何時了。」甚至更麻煩的是，他覺得「解放叛國者蓄養的奴隸」存在著「重大危險」，此舉「肯定會使我們在南部各州的聯邦朋友驚慌，轉而與我們爲敵——可能使我們在肯塔基州的大好前景，毀於一旦。因此容我要求您，主動修改那段文字，使其符合」[115]最近國會通過的充公法法令規定。林肯地急切讓傅瑞蒙主動修改，這樣他就不必被迫正式撤銷傅瑞蒙的宣言。他曉得此一爭議一旦公開，激進的共和黨人可能會支持傅瑞蒙，拒挺林肯，而他們的效忠對於林肯的執政聯盟極爲重要。

何況，就像林肯後來向歐維爾・布朗寧的說明：「傅瑞蒙的宣言，關於沒收財產與解放奴隸的部分，**完全屬於政治領域**，不屬於**軍事**法制範疇，或萬不得已。」身爲行政長官，他無法允許一位戰場上的將領決定奴隸「永久的未來地位」。[116]無論基於原則或政策考量，蘇爾德全力支持林肯。「傅瑞蒙的問題在於，他未經總統授權，擅自行動，」蘇爾德後來堅定表示。「總統不可能允許任何部屬，行使他本人的專屬職權。」[117]

那些邊界州對傅瑞蒙的宣言的反應，證明林肯的擔心是有道理的。幾天之內，華府就收到肯塔基州聯邦派所寫的極度不安信件。約書亞・史匹德寫信給林肯說，傅瑞蒙的宣言讓他「寢食難安——這將抹殺聯邦派人士在這個州的每一個痕跡——也許只會剩下我和少數幾個人」。他提醒老朋友說，在肯塔基州有「十八至二十萬名黑奴」，其中僅兩萬人屬於叛亂分子。「在這個州，對於釋放黑奴、允許解放黑奴，並讓他們成爲我們的一員的這個議題，社會大衆抱持反對立場，已經根深柢固，」他繼續說，「若以這個原則（釋放黑奴）攻擊蓄奴州，就如同在北方攻擊信仰自由，或父母教導小孩讀書的權利。」[118]

在此同時，密蘇里州的局勢出現一個奇怪轉折。九月一日，就在傅瑞蒙發表宣言當天，法蘭克・布萊爾上校寫了一封長信給他的胞兄蒙哥馬利，這封信導致這位上校在兩週後被捕入獄。「我曉得，佛里蒙特的任命，你和我或多或少都要負點責任，」他承認，可是「我最後確定，他應該被解除指揮權」。布萊爾並非像那個年代的人和歷史學家以爲的那樣，對傅瑞蒙的宣言反感。他告訴蒙哥馬利說，自己反而是贊同那篇宣言，因爲到處劫掠的南方游擊隊似乎心存僥倖，而這些包括解放奴隸在內的嚴格措施，對於消除他們可以逃過懲罰的幻想，有其必要。他只希望那項宣言頒布的時間能更早，那個時候「佛里蒙特有能力執行，而且敵人沒有能力報復」。

但自從傅瑞蒙接下指揮權之後，法蘭克告訴其兄長，密蘇里州的局勢日益危急。由於「重大和不可寬恕的疏忽」，叛軍勢力已經壯大。他哀嘆：「唉！我們的萊昂犧牲了，就在那一小時的時間。」他接著又說，現在許多人把萊昂之死，歸因於傅瑞蒙未能適時派兵增援。還有，聖路易周遭的軍營「軍紀廢弛」，讓人想起華府部隊組織散漫，導致牛奔之役戰敗的景象。法蘭克繼續說，如果他的兄長掌握赦免傅瑞蒙的情報，倘若政府比他更清楚傅瑞蒙的計畫，那麼蒙哥馬利應該「燒掉這張紙，就當我是危言聳聽的人」；可是此刻他的信心「徹底」動搖。[119]

蒙哥馬利・布萊爾把胞弟寫的言辭懇切的信函，交給林肯過目，同時附上他自己寫的一封信。他宣稱，他本人不願意下結論說傅瑞蒙必須撤換。[120]他承認剛開始時曾爲傅瑞蒙背書，而且一度沉浸在與這位著名冒險家的溫暖友誼之中，「可是現在我確信我錯了，職責驅使我坦承錯誤，並請求迅速更正」。與法蘭克一樣，他並未反對那份宣言，認爲展現實力有其必要。他的結論是，解除傅瑞蒙的職務，乃是「基於公衆利益的需要」。[121]

聽取密蘇里州其他人士類似的說法後，林肯於九月十日派遣梅格思將軍與蒙哥馬利・布萊爾實地走訪，與佛里蒙特會談，「調查此事」。[122]這時，林肯仍未接獲傅瑞蒙的回覆，傅瑞蒙並未明確表示將順應他的要求修改宣言。

那天晚上，傅瑞蒙意氣風發的妻子、前參議員湯姆斯・班頓的女兒潔西（Jessie），在滿是灰塵的狹窄火車車廂，經過三天的旅程，風塵僕僕來到華府，[123]就爲了親手轉交傅瑞蒙遲來的答覆。她遞交一張名片給林肯，詢問何時可以拜見，接著收到一個命令式的回答：「即刻，林肯。」潔西馬上離開下榻的威勒飯店，身上還是那件在悶熱旅途中已經穿得皺巴巴的洋裝。她後來說，總統走進房間後，他「稍微鞠一下躬」，但一語不發。他也沒請她就座。潔西隨即把丈夫的信函交給他，他站著看完信。讓林肯憤怒又沮喪的是，傅瑞蒙拒絕他私下提出的修改宣言內容的要求，並堅持要總統公開下令，強制他執行。「如果我主動收回成命，」這位將軍辯稱，「就意味著我自己認爲那是錯的，而且當初沒有深思這個問題的嚴重性就貿然行事，可是事實並非如此街。[124]

林肯發現傅瑞蒙清楚知道他的期望，潔西則暗示林肯不了解密蘇里州錯綜複雜的局勢，而且他也沒意識到，除非這場戰爭變成一場解放奴隸的戰爭，不然歐洲列強很可能承認南方聯盟。「您很有女性政治人物的架勢，」[125]林肯這麼評論。他後來回想說，潔西．傅瑞蒙「非常強烈地指責我許多事，我必須竭力克制，避免和她爭吵……她不只一次暗示，如果傅瑞蒙將軍眞的有心與我較勁，他大可暗自設局」。[126]潔西離開時，詢問何時再來拿回信，林肯告訴她，他準備好之後，會派人通知她。[127]

翌日早晨，林肯寫好他的回函。這次他發布「一項公開命令」，[128]要求傅瑞蒙修改宣言，使其內容符合充公法的法令規定。他沒有讓潔西親手轉交回信，而是以郵寄方式寄出。[129]他在傅瑞蒙收到回函之前，就把內容公開，與傅瑞蒙先斬後奏的手法如出一轍。

潔西在威勒飯店等不到林肯的消息，這時老法蘭西斯．布萊爾到她下榻的房間探訪。「他以前很疼愛我，」潔西回想過去，「我就像他們家的孩子；可是布萊爾先生當時怒氣沖天。」[130]他告訴她，她與夫婿犯了一個大錯，因此得罪總統。他們暢談了兩個小時，席間老布萊爾還透露，[131]法蘭克寫了一封信給蒙哥馬利，敘述密蘇里州的局勢，而且總統已經派遣蒙哥馬利至聖路易，「深入指揮部進行調查」。[132]

潔西聽了勃然大怒，認爲是法蘭克那封信告的狀，才促使總統展開調查行動。她「威脅這位老人說，傅瑞蒙應該追究法蘭克本人的責任。她認爲這會讓他想到這個最讓他引以爲傲的兒子，正在與一個技術精湛的對手決鬥，可能因而失去愛子，會心生恐懼」。老布萊爾告訴她，「布萊爾家族不會逃避責任」。[133]法蘭克的姊姊伊莉莎白，與家族中其他成員一樣，很愛這個勇敢的弟弟，認爲她的父親與潔西討論法蘭克的信函，「輕率至極」。[134]她擔心傅瑞蒙夫婦會報復，然而她的擔心是對的。

在此同時，梅格思與蒙哥馬利．布萊爾已經完成在密蘇里州的實地調查，準備打道回府。梅格思得到一個明確的結論，那就是傅瑞蒙不適合統率西部指揮部。「叛亂分子殺害並劫掠這整個州的聯邦人士，」他寫道，「痛苦與恐慌情緒瀰漫；在聖路易，當地重量級人物抱怨說，他們見不到他的人影；他沒有鼓勵他們成立防衛部隊。」[135]蒙哥馬利・布萊爾的看法相同。他對林肯提到自己「與傅瑞蒙的一番懇談」，聲稱這位將軍「似乎神情恍惚，意識不清，而且毫無作爲」。坊間盛傳傅瑞蒙有吸食鴉片的習慣。[136]「不要再浪費時間了，而且不應該有人情包袱，」[137]布萊爾做出如此結論。

在蒙哥馬利・布萊爾與梅格思動身前往華府後第二天，傅瑞蒙就把法蘭克・布萊爾關進監牢，聲稱他在九月一日寫給兄長的那封信，是以下犯上。法蘭克因爲批評指揮官，「意圖使他被解職」，[138]被控行爲「不符軍官和紳士身分」，[139]被判有罪。

傅瑞蒙與潔西斷定，布萊爾家族已經背叛他們。蒙哥馬利出面協調，[140]寫了封和解信給傅瑞蒙，使得法蘭克獲釋。但是法蘭克堅持提出抗辯，不久再度被捕。密蘇里州對於法蘭克・布萊爾與傅瑞蒙將軍的輿論褒貶不分軒輊，兩人都存心要置對方於死地，最後史考特將軍介入，他下令中止法蘭克的拘押，並延後審判，最後此案始終沒有開庭審理。[141]只是這兩個相交多年的盟友反目，對往後數年造成重大影響。

林肯公開廢止傅瑞蒙的宣言，讓邊界州如釋重負，但一如林肯憂慮的，此舉令共和黨激進派和廢奴主義者大失所望。幾天前，法蘭西絲・蘇爾德還喜孜孜地問她的姊姊說：「你不覺得傅瑞蒙的宣言讓人心花怒放嗎？」[142]如今林肯再度讓她的希望破滅。在芝加哥，約瑟夫・梅迪爾悲嘆，林肯的回信「使我們這個愛國的城市，籠罩喪禮般的哀戚氣氛……彷彿突然降下要命的六月霜——即將收成的農作物毀於一旦。這根本是**開倒車**」。[143]參議員班・魏德把林肯做出令人厭惡的決定，歸咎於他的「窮苦白人」[144]出身，費德里克・道格拉斯絕望地說：「華府在這場戰爭中犯下許多大錯，但是我們認爲這一次是最大的錯誤。」[145]

希望這次戰爭焦點放在解放黑奴的激進派，全力支持傅瑞蒙，可是傅瑞蒙高舉反奴隸制度大旗，仍無法彌補他在西部指揮部管理不當的重大缺失。九月十八日，蒙哥馬利・布萊爾與梅格思把他們批評傅瑞蒙的報告，呈交內閣。[146]儘管如此，林肯還是舉棋不定。總統「決定給傅瑞蒙一次機會，讓他在密蘇里州贏得勝利」。[147]沮喪的郵政部部長蒙哥馬利如此告訴老法蘭西斯・布萊爾。貝茲也被總統的優柔寡斷弄得惱火。貝茲還有一大家子住在密蘇里州，因此一直密切注意密蘇里州的局勢發展。他在內閣多次發表反對傅瑞蒙的言論，確信傅瑞蒙「對我們的主張帶來的殺傷力，勝過六名最驍勇善戰的敵軍將領」。[148]貝茲已經向家鄉的聯邦主義朋友保證，傅瑞蒙下台在即，但總統遲遲沒有行動，讓他感到「苦惱和沒面子」。[149]

憂心密蘇里州擾攘不安，又飽受妻子茱莉亞中風輕度癱瘓的病情煎熬，貝茲一反常態，痛批林肯。「巨大災禍就是因爲他缺乏魄力所造成，」他在給他的連襟，前密蘇里州州長的信中寫道，「他沒有意志力，沒有統率能力——沒有人怕他。因此紀律廢弛，只會說一堆愚蠢的廢話，沒有實際行動。」[150]

法蘭克·布萊爾批評林肯和內閣的砲火更加猛烈。「我認爲上帝已經決定毀滅這個國家，」他在給兄長蒙哥馬利的信中如此寫道。「唯一的拯救辦法，就是把內閣的那群老太婆踢進大海。打從我出生就沒想到，從地球上四面八方可以找到如此多的膽小鬼和傻瓜，老亞伯（林肯暱稱）已經成功把他們聚集在他的內閣裡。」[151]他的滿腔怒火主要對準蘇爾德和卡麥隆，當然砲火間接掃到林肯本人。

事實上，林肯已經派遣戰爭部長西蒙·卡麥隆至聖路易，再度審度局勢，副官長羅倫佐·湯瑪斯（Lorenzo Thomas）同行，至於遞交「指示（傅瑞蒙）把指揮權交給階級低他一級軍官的信函」一事，則吩咐卡麥隆見機行事。卡麥隆抵達聖路易後，探詢山謬·柯提斯（Samuel R. Curtis）的意見。柯提斯毫無保留地大談（傅瑞蒙的）特質與品行」，[152]並警告這位戰爭部長，唯有撤換傅瑞蒙，才能確保密蘇里州的安全。收到解職信時，傅瑞蒙「倍感屈辱」。他告訴卡麥隆，他「正在追擊敵人，眼看著就要手到擒來，這時卻突然撤銷他的兵權，不僅毀了他，整個作戰行動也功虧一簣。」卡麥隆被他的話打動，決定先扣住他的撤職令，直到返回華府，與總統會談後再決定他的去留。[153]

此時，林肯已經打定主意，撤換傅瑞蒙勢在必行。除了梅格思、蒙哥馬利·布萊爾和卡麥隆親訪的感想，他也收到副官長湯瑪斯的報告，報告內容把傅瑞蒙罵得體無完膚，細述「傅瑞蒙的軍隊素質糟糕、軍備缺損、混亂又低能、運輸工具缺乏」，林林總總，最後得到一個無可反駁的結論，那就是「它的領導人被委以管理軍隊之職，完全不適任，而且會帶來危險」。[154]可是林肯依然「拖拖拉拉」，貝茲在日記中語帶憤怒地透露，總統又遲疑了幾天，這時蘇爾德要負起責任。「總統依舊在天人交戰，」貝茲如此寫道。「如果我們繼續這樣優柔寡斷，我們很可能落入跟他相同的命運——而且，更糟的是，我們咎由自取。」[155]

這位司法部長失去耐心，是可以理解的，可是林肯猶豫不決背後的縝密思考，遠遠超出他的了解。就在貝茲寫日記宣泄不滿之後兩天，林肯火速派遣他的朋友李歐納德・史威特，[156]親手把一紙解職令交給傅瑞蒙。然而，在他抵達聖路易之前，戰爭部已將副官長湯瑪斯那篇狠批傅瑞蒙的報告，交給媒體。十月三十一日披露的這篇詳盡報告，被《紐約時報》視為「自這場戰爭開始以來，讓人看到光明的最引人注目的一份文件」。《紐約時報》繼續指出，報告對傅瑞蒙的指責毫不留情，林肯政府為什麼會讓內容公開，令人大惑不解。[157]

事實上，決定讓媒體刊登這篇報告，是經過事前精心安排。解職令送到傅瑞蒙手上時，社會輿論已經一面倒要求撤換他。如果林肯提早發難，民眾可能認為傅瑞蒙是被布萊爾家族犧牲的一顆棋子，或者更糟，大家會認定他被撤換，是因為發表解放奴隸宣言。藉由洩漏報告的內容，林肯已經巧妙操作輿論，支持他的決定。

史威特抵達密蘇里州時，[158]很聰明地想到傅瑞蒙會對他此行的任務起疑，然後攔阻他進入軍營。所以他把解職令交給一名陸軍上尉，此人喬裝成農夫，把文件縫進外套的襯裡。十一月一日天剛亮，這名信差把文件交給傅瑞蒙本人，同一天，史考特將軍辭職的消息發布。當傅瑞蒙打開這紙解職令時，這名陸軍上尉回憶道，「他眉頭一皺，把文件摔到桌上，大喊：『先生，你怎麼會獲准進入我的防線？』」[159]

十一月二日，傅瑞蒙解職的消息傳開，社會大眾普遍的反應是，林肯的決定「理所當然」。在華府，不再有人替傅瑞蒙擔任「辯護人或捍衛者」，《紐約時報》的駐華府特派員如此寫道：「他不適任指揮官的鐵證如山，事實俱在——陸軍總部——他百口莫辯。」[160]《費城詢問報》（*Philadelphia Inquirer*）也表贊同，「我們不得不逐漸勉強接受傅瑞蒙將軍不能勝任西部軍隊統帥的事實。今天上午我們公布湯瑪斯副官長的報告，讓我們對這個問題做出清楚的判斷。」[161]民主黨的《紐約前鋒報》則不尋常地發表一篇支持政府的社論。它以肯定的語氣指出，「林肯並非那種會不公平或刻薄對待公職人員的人」，他將傅瑞蒙撤職，「乃為了滿足公共利益，不得不做的事，總統不能再視若無睹；這就是這整件事情的前因後果。」[162]

連蔡斯都對林肯處理此一複雜局勢的手法，心服口服。「我完全相信，」他寫信給一位友人說，「他所做的關於傅瑞蒙將軍的一切，是因為社會責任感驅使」。[163]

＊＊＊

史考特將軍辭職，和傳瑞蒙將軍被免職一週後，政府又面臨一個迫切的新困境。蘇爾德收到消息，稱南方聯盟方面已經派遣兩位知名的南方人士——詹姆士・梅森和約翰・史利德爾（John Slidell）[164]——前往英格蘭，尋求英國正式承認。蘇爾德希望攔截這兩位前任參議員搭乘的南方聯盟船隻，可是他們突破聯邦在查斯頓的封鎖，抵達古巴，登上英國郵輪「特倫特號」（Trent）。十一月八日，聯邦軍艦艦長查爾斯・威爾克斯（Charles Wilkes）指揮一艘武裝護衛艦，與特倫特號不期而遇。他未獲得正式命令，便擅自朝特倫特號船首開火，進行警告射擊，然後登船搜查。他們發現了梅森和史利德爾，兩人被客氣地請到聯邦軍艦「聖哈辛托號」（San Jacinto）船上，然後送進波士頓華倫堡（Fort Warren）監獄。[165]英國郵輪則獲准繼續航行。

對於一直渴望聽到好消息的北方民眾來說，威爾克斯艦長成了他們的民族英雄。「我們認爲北方的美國人，從來沒有像昨天獲知史利德爾和梅森被擒獲的情報時，那樣地欣喜若狂，」《紐約時報》報導：「如果我們把南方土地全部翻遍，可能找不到比他們更令北方厭惡的人。」[166]威爾克斯在波士頓的法尼爾廳，接受盛大的慶功宴款待[167]。一群華府人士興高采烈出席，卡麥隆也現身，並帶頭「爲威爾克斯艦長歡呼三次」。[168]貝茲在日記寫下「大快人心」，[169]據說蔡斯表示，他只是對威爾克斯並未進一步扣留那艘英國船隻，感到遺憾。[170]

起初林肯看似也很高興。他寫了一封信給愛德華・艾佛瑞特，提到「上週收到的幾則消息，先是聯邦軍隊在皇家港傳來捷報」，然後「抓到梅森與史利德爾！」[171]字裡行間流露著喜悅。可是不久，獲悉這起事件引發英國憤怒，他的滿足感便又夾雜著憂慮。梅森與史利德爾被逮捕的消息傳到倫敦，花了近三週的時間，但是一如英國《泰晤士報》的報導：「這則訊息傳播的速度快得驚人。」複雜的局勢迅速被簡化成一句標語：「對英國國旗的侮辱——美國南方代表被強行從一艘英國郵輪帶走。」[172]倫敦媒體強烈譴責這起事件，明顯違反國際法，要求「賠償與道歉」。[173]美國北方軍隊逮捕這兩名代表的過程，還被繪聲繪影地描寫成以粗暴的方式抓人。[174]

他們認定這是一起侵犯事件，英國媒體爲了扳回顏面，將矛頭對準蘇爾德。這位國務卿祕密傳話給英國官員說，威爾克斯「未接獲政府任何命令，是他自作主張」，從而免除「此一行動獲得我們特別授權，可能導致的尷尬」，[175]並決定不就此事公開發言。蘇爾德堅稱，應該由英國政府先公開表示意見才對。[176]蘇爾德保持緘默，讓梭羅・魏德頗爲苦惱。魏德是蘇爾德派駐歐洲的非正式代表。他每天寫信至華府，其中一封信中警告他的多年好友說，「如果在受到英國國旗保護的地方捉拿叛亂分子，是蓄意、公開宣稱而且堅持的行為，就形同戰爭。」[177]報紙報導指出，英國每一個軍港的汽船都載著軍人和補給物資，整裝待發，只等政府一聲令下。媒體繼續「搧風點火，保證要在一個月內把美國海軍殺得片甲不留；承認美國南方聯盟；而且突破美國北軍的封鎖，讓棉花出口，並讓英國的產品進口」。[178]魏德回報說，歐洲的分離主義分子「肯定是歡天喜地」。[179]

此外，魏德焦慮地寫道，「高層」[180]方面的消息說，蘇爾德希望「挑起與英格蘭的戰端，目的在染指加拿大」。[181]一股仇恨蘇爾德的情緒瀰漫，他繼續寫著：「這是如何造成的，或為什麼發生，我不清楚。這應該是經過高明的運作。昨天一再有人告訴我，應該寫信給總統，要求將你免職。」[182]

受到英國媒體謾罵的刺激，十二月十五日週日下午，蘇爾德突然衝進林肯的辦公室。當時正在與總統喝茶的歐維爾·布朗寧，深信英國不會做出對美國宣戰「這樣的蠢事」，[183]消除了蘇爾德的憂慮。林肯則沒那麼有把握。他記得家鄉有一隻兇惡的鬥牛犬。雖然鄰居確信他們不用害怕，但有一個聰明的人就說：「我知道這隻鬥牛犬不會咬人。你們知道牠不會咬人，可是這隻鬥牛犬知道牠自己不會咬人嗎？」[184]

美國媒體就這件事，對蘇爾德窮追不捨。可是他與英國駐華府使節萊昂思爵士（Lord Lyons）始終三緘其口，[185]靜待英國官方反應。十二月十九日，距離事件爆發快六個星期，「女王陛下政府（英國政府）」終於宣稱，從英國郵輪捉拿那兩位特使，「是對英國國家尊嚴的公然侮辱」，唯有釋囚，並送回接受「英國保護」，國家尊嚴方可恢復。此外，英國要求美國「為這次侵略行為，做出適當的道歉」。[186]如果美國在幾天內，不答應英方的要求，萊昂思與整個英國代表團準備束裝返國。[187]萊昂思帶著這份文件前往國務卿辦公室，與蘇爾德商討此一劍拔弩張的情勢。在正式宣布這份文件之前，他同意留下一份副本，讓美國國務卿與總統有更多的時間考慮如何回覆[188]。「蘇爾德先生居然支持和平解決，可能會令你大感意外，」[189]萊昂思爵士寫信給英國外相如此說。

費德·蘇爾德回憶說，他的父親謝絕所有訪客，「花一整天的工夫」[190]草擬回覆的文稿。精明幹練的蘇爾德非常了解現在的處境進退維谷。就實際層面來看，美國無法承擔與英國開戰的結果。魏德事先警告說：「如果叛軍有英國助陣，我們會『一敗塗地』。」[191]美國政府勢必得放人，讓這兩人繼續前往英格蘭的旅程。可是，美國北方贊成扣留人犯的民意佔大多數，這點不得不納入考慮。「絕對不能把人交出去，」一家報紙聲明說：「國家絕對不會原諒任何提出如此投降之舉的人。」[192]儘管林肯本人下定決心避免與英國兵戎相見，但據說他對於必須屈從英方的要求，感到不快。許多人認為，接受英國的要求是恥辱。[193]

蘇爾德擬了一封巧妙的回覆，內容認為威爾克斯艦長搜查特倫特號的行為合法，至於扣留偷渡人犯的合法性，則應該交由美國捕獲法庭（American Prize Court）裁定。蘇爾德寫道，他承認，關於這次「針對我自己國家」發生的爭端，他顯然站在「英國這邊」，可是他「真正捍衛和堅持的，絕對不是英國的利益，而是一個古老、光榮而且珍貴的美國理想」。他提醒英國，把這類爭端交由法庭裁決的原則，近六十年前就已經由國務卿詹姆士‧麥迪遜建立，當時英國也曾以類似的方式從美國船隻查扣違禁品。「不公平對待」英國目前提出的要求，將「背棄」美國在以前爭端中，一直驕傲堅持的原則。因此，為了捍衛「眾所公認的美國原則」，政府將「樂於」[194]放人，把他們交給萊昂思爵士。

蘇爾德在耶誕節上午召開的內閣特別會議中，提出他的論點。內閣討論持續四小時。「內閣一些成員，甚至總統本人，百般不願意」接受蘇爾德的論點，貝茲如此記載。他們唯恐「自己人民不滿——他們會指責我們怯懦，屈服於英國的淫威」。[195]對蔡斯來說，政府考慮放人，令他「萬分苦惱」。「與其同意釋放這兩人，」他寫道，「我寧願犧牲我所擁有的一切。」[196]只有蒙哥馬利‧布萊爾，這個徹頭徹尾的現實主義者，從一開始就力挺蘇爾德。[197]在林肯的邀請下，查爾斯‧桑納出席這次會議。身為外交關係委員會主席的他，在這次危機爆發期間，經常與林肯商談。他堅持政府不應該冒險與英國開戰。桑納曾經看過兩位頗受敬重的倫敦官員寫給林肯與蘇爾德的信，信中透露英國不想開戰，而且「如果眼前的爭端能不傷和氣地解決，英國不會進一步干涉美國北方的問題」。[198]蘇爾德和桑納的說明，贏得一些支持；可是始終無法達成結論，內閣決定隔天再度開會，聽取蘇爾德新擬的版本。

休會時，林肯對他的國務卿說：「蘇爾德州長（曾任紐約州長），你當然要繼續準備你的回答，依我了解，你將陳述他們（兩名人犯）應該釋放的理由，現在我想試試看列舉不應該放人的理由。我們將會把兩邊做比較。」[199]

當晚蘇爾德完成這份長達二十六頁的急電，翌日清晨內閣集會前，在家裡將稿子念給蔡斯聽。[200]蔡斯思考一整夜，最後認為蘇爾德是對的。「經過一番省思，我釋懷了，雖然他們應該受到最嚴厲的懲罰，但依照目前的處境，放人的確是對的。」[201]他在日記中記載。

接下來白天內閣召開會議，蘇爾德提出他的最終版本。雖然被迫放人，讓內閣閣員不安，但是沒有向英國致歉，讓他們鬆了一口氣，這就像蘇爾德所誇耀的，「我們的政府贏了漂亮的一分」。[202]這個版本獲得一致通過。會議結束後，蘇爾德詢問林肯，爲什麼他沒有提出「另一方的論點」？林肯面帶微笑回答說：「我發現無法提出讓自己滿意的論點，那就證明你的立場是對的。」[203]

當晚蘇爾德舉辦晚宴，[204]宴請參議員克瑞特頓與康克林伉儷、歐維爾・布朗寧、查爾斯・桑納、普萊斯頓・金，以及英國小說家安東尼・特洛洛普（Anthony Trollope）。范妮描述特洛洛普是「一個其貌不揚、膚色微紅、一臉蠢樣的英國佬，還留著令人作嘔的鐵灰色鬍子」。[205]晚宴上的討論熱烈，而且爭論不休。蘇爾德稱讚約翰・布朗是「英雄」，激怒了肯塔基州參議員克瑞特頓。克瑞特頓批評克里米亞戰爭中英國著名的白衣天使佛蘿倫絲・南丁格爾（Florence Nightingale），直言「他認爲，一個溫柔的淑女到醫院照顧男性傷患，眞是不成體統」，范妮聞言大爲不滿。她在日記中反擊說：「受夠你了，C先生。要是我沒有在餐桌旁邊看到你轉過頭，對著地毯吐口水就好了。」[206]晚餐後，蘇爾德帶著這群男人到衣帽間，在那裡宣讀他的「特倫特號」事件急電。他念完後，克瑞特頓「破口大罵」，[207]但在場聽衆普遍稱讚蘇爾德危機處理得當。每一個人都以爲政府的決定會引發民衆的怒火，而且急電的內容一公布，「就宣告（蘇爾德）失去民心」。[208]

結果，民衆的反應是如釋重負，而非氣憤塡膺。比起內戰與對外戰爭同時開打，釋放兩名人犯顯得無關緊要。「輿論默許這樣的讓步，是好的徵兆，」喬治・坦普頓・史壯如此評論。「這就有如爲了傾全國之力敉平內亂，即使是遭受公然冒犯，碰觸到民主政治的最痛處，我們也願意忍辱負重。」[209]

林肯本人終於認可這種外交上的邏輯，以及交出人犯絕對有其必要。他願意承認，在這個事件上，他的國務卿自始至終一直走在正確的道路上——這是令費德・蘇爾德十分欣賞的典型反應。「歷來總統和國王都不容易看到自己論點中的瑕疵，」他寫道：「可是美國聯邦政府很幸運，在這個緊要關頭，它有一位總統，這位總統有著邏輯思考的理智，和一顆無私的心」。[210]

＊＊＊

隨著國會冬季會期開議，華府的社交生活節奏跟著加快。「配合冬季狂歡，房屋布置一新，錦衣華服和盈盈笑顏到處可見」，《愛荷華州公報》（*Iowa State Register*）專欄作家亦是郵政總局助理局長的夫人卡拉・卡森（Cara Kasson）女士，以「米莉安」（Miriam）的筆名寫道。這座城市「擠滿陌生人，每個角落都聚集了觀眾，欣賞這個首都瞬息萬變的生活萬象」。㉑①

那年冬天，人潮湧進白宮招待會，群眾發現官邸在瑪麗・林肯持續不斷的努力下，已經煥然一新㉑②。斑駁的牆壁已經貼上典雅的巴黎壁紙。嶄新的瓷器組為餐桌增色不少。華麗的新地毯取代原本陳舊的地毯。連對瑪麗批評向來不假辭色的瑪莉・克蕾茉・艾米絲（Mary Clemmer Ames）都不得不承認，這些新地毯確實精美絢麗。她認為在東廂的天鵝絨地毯，是有史以來鋪在這塊歷史性地板上的「最巧奪天工的一張地毯」。「底色是淺淺的海綠色，彷彿波光粼粼的海洋，在你的腳邊翻騰出朵朵玫瑰。」㉑③一名加州記者對整修完成後的白宮讚不絕口：「這座總統官邸再度呈現舒服和相對美麗的外觀。」㉑④

歷史學家喬治・班克夫特告訴他的妻子，他拜訪第一夫人所留下的好印象。第一夫人既能討論「林肯先生房間的優雅擺設」，也能「侃侃而談」最近的一次軍隊校閱，讓他聽得入迷。班克夫特「如痴如醉地回家」。瑪麗「比我們聽說的更禮貌周到，而且神采飛揚，親切友善，一點架子都沒有」。㉑⑤

瑪麗陸續接到帳單，發現她的兩萬美元額度已經超支，多花了逾六千八百美元。她不敢告訴丈夫，遂誘導白宮園圃的管理員約翰・瓦特（John Watt）浮報開支，把多報的款項挪給她用。㉑⑥她的第一位公共建築專員，因拒絕用肥料費的名義，報銷一筆白宮盛大晚宴支出，遭到撤換。㉑⑦她也運用人情壓力，換取減價優惠，同時接受有錢人餽贈的禮物。㉑⑧有一次，她要求約翰・海伊將白宮的文具基金交給她使用，後來又要求比照白宮總管支薪。「我告訴她，別做夢，」海伊打趣地告訴尼可萊，「我說的對不對？」海伊拒絕瑪麗的要求，讓她很生氣。她還設法開除海伊，從此海伊對她沒有好話。「這個惡魔在國外，氣炸了，」他向尼可萊透露。「他的女兒，這個潑婦……『念念不忘』總管的薪水。」㉑⑨

儘管意圖瞞天過海，瑪麗發現紙終究包不住火，在新年之前帳單會越來越多，屆時帳戶裡將會沒錢支付。她求助無門，只好告訴丈夫實情，請他追加撥款。為了加強說服力，她要求新上任的公共建築專員班傑明・法蘭奇（Benjamin French）出面與她的丈夫溝通。[220]林肯到參議院參加愛德華・貝克追悼會返家，不久就遇見法蘭奇。[221]剛聽完追憶一位老朋友感人肺腑的悼詞，馬上跳到房屋整修裝潢帳單的討人厭話題，惹得林肯難得動怒。總統「無動於衷」，法蘭奇回憶說：「他說，可憐的士兵受凍，連保暖的毛毯都沒有，總統裝潢官邸的兩萬美元撥款卻超支，這話要是傳出去會遺臭萬年，他發誓絕對不會為那棟該死的房子俗麗的門面批准帳單！」林肯還怒罵，「他們到這裡時，這裡裝修得已經夠好了——比他們過去住過的任何一棟房子都還要好——要他在這樣的帳單上簽名，他寧可自掏腰包！」[222]

儘管如此，法蘭奇仍然決定助瑪麗一臂之力。「我與她見面的次數越多，就越喜歡她，」他承認，「而且認為她是一個令人欽佩的女人。她舉手投足，在各方面，很有大家閨秀的風範，不管別人怎麼講她，我都會為她辯護。」[223]他成功說服一名友好的國會議員，利用複雜的軍事撥款清單裡的一筆追加撥款暗度陳倉。[224]瑪麗的危機終於解除，起碼暫時度過，直到她繼續花錢無度，累積另一批為數可觀的帳單。

不是只有瑪麗一人為錢煩惱。一八六一年秋天，凱特在費城和紐約待了幾週，為父親的官邸選購新家具。商人很高興幫凱特提高信貸額度，就像他們為瑪麗做的那樣，可是這讓她的父親深感焦慮。「我必須耳提面命，你一定要避免奢侈浪費，因為這會讓我們很難收支平衡；如果形勢所迫，我不得不辭職，沒多久就會嚴重入不敷出。對於一個像我過去十二年從事如此繁重而且如此重要工作的人，還必須自掏腰包支付這麼龐大的開銷，的確有點吃不消。」[225]

蔡斯覺得必須承受公職生活的沉重財務負擔並不公平，在金錢誘惑之下，他與費城財力雄厚的銀行家杰伊・庫克（Jay Cooke），發展出一種令人質疑的政商關係。庫克曾從財政部獲得一紙利潤豐厚的政府公債銷售契約。他察覺到蔡斯財務吃緊，而且滿腹委屈，於是開始贈送價值不菲的禮物至蔡斯的官邸，包括給凱特一輛造型典雅的無篷馬車，以及客廳裡的一組書櫃。隨著雙方關係的加溫，蔡斯開始向庫克借錢，最後庫克主動以自己的名義，為蔡斯開立投資帳戶。[226]「我會盡量不去理會一些流言蜚語，為您管理投資，不讓您為這些事心煩。」如果一切順利，庫克希望投資的獲利，能夠彌補蔡斯薪資和支出之間的「資金缺口」，「因爲像您現在這樣靠『借貸』生活的方式，眞是糟糕[227]。」在這位八面玲瓏的銀行家身上，蔡斯一家找到了瑪麗・林肯未能覓得的可靠金主，他們引領內戰時期華府社交圈所需要的昂貴開銷，也因此有了著落。

* * *

一八六一年底，林肯意識到任命卡麥隆擔任戰爭部長，犯了一個嚴重的錯誤。數十年來，卡麥隆藉由巧妙運用政治及經濟資源，黨同伐異，維持他在賓夕法尼亞州的權力基礎。遺憾的是，狡猾政治領袖的那一套，完全證明不適用於內戰時期帶領戰爭部所面對的艱巨挑戰。一套文人指揮的中央系統，對於建構一個能夠提供部隊策略、補給、後勤和訓練的機器，極爲重要。這支軍隊在三月時只有一萬六千人，到十二月時已膨脹至六十七萬人。[228]軍方必須洽簽價值數百萬美元採購步槍、大砲、馬匹、軍服、糧食和毛毯的合約，小心保存記錄絕對必要。

正如同林肯向尼可萊透露的那樣，卡麥隆「沒有規劃細節的能力，也無法就綜合計畫提出構想或建言」。[229]他的檔案管理系統相當原始粗糙，以字跡潦草的便條爲主。俄亥俄州國會議員艾伯特・李鐸（Albert Riddle）指出，當卡麥隆被問及某一件事的進展時，「他會四下張望，找到一張小紙片，借用你的鉛筆，隨手記下來，再把這張紙塞到褲子的一個口袋，你的筆則放進褲子的另一個口袋」。[230]

戰爭爆發不到兩個月，指控戰爭部貪污無能的細節開始見諸報端。[231]七月，國會成立一個委員會調查事實眞相。根據指控，軍方的採購合約買進無法使用的手槍和卡賓槍、瞎眼的馬，以及遇雨就解體的軍用背包，讓中間人牟取不當利益。卡麥隆雖然並未被控告[232]中飽私囊，但他的數名親信因此致富、浪費公帑，還危害聯邦士兵的生命安全。貪瀆的指控越爆越多，共和黨的報紙開始要求他辭職，以免這起醜聞玷污整個政府的信譽。「寧可壯士斷腕，也不可讓整個制度面臨崩解的威脅，」[233]《紐約時報》如此聲明。

卡麥隆決定保護自己的官位。他開始極力巴結國會中以麻薩諸塞州的查爾斯・桑納、俄亥俄州的班・魏德、印地安納州的喬治・朱利安和緬因州的威廉・費森登（William Fessenden）爲首、勢力逐漸強大的共和黨激進派。[234]雖然卡麥隆在奴隸問題上以保守著稱，但他開始逐漸支持激進派的論點，認爲這場戰爭最重要的目的，就是廢止人類的奴役制度。他初期與蘇爾德結盟，後來逐漸向蔡斯靠攏。當時內閣成員中，唯獨蔡斯一人不但贊成讓逃亡的奴隸留在聯邦境內，而且支持徵召並武裝他們。蔡斯後來回憶說：「我們都認爲，武裝他們已無可避免；可是只有我們有此見解。」[235]

在未經林肯同意的情況下，卡麥隆對一位陸軍上校的激進立場公開表示支持。這名上校已經批准捉拿奴隸，並讓他們服兵役，藉此一步驟，推動一項更全面的政策。這項政策乃是採取「極端措施對付叛亂分子，甚至將他們徹底毀滅」。[236]在內閣會議和私人晚宴上，卡麥隆挑起與貝茲、布萊爾以及史密斯的激烈舌戰，[237]後者也尖銳批評卡麥隆的立場。卡麥隆堅持認爲，黑人士兵是追求勝利的關鍵武器。布萊爾不甘示弱，反擊卡麥隆爲了自己的政治利益，沉溺於「對黑鬼的偏好」，[238]無法自拔。

十二月初，局勢到了緊急關頭。總統正在準備一年一度的國情咨文，依循往例，每個部會要向總統提交[239]一份年度報告。卡麥隆在草擬戰爭部的報告時，決定正式提出對進入聯邦境內的黑奴提供武裝的建議。卡麥隆很清楚這麼做會引發爭議。他把草擬的內容念給一些朋友聽，[240]大多數友人力勸他，對這個爭議問題保持緘默。

卡麥隆回憶說，這時「我找到了另一位軍師——一個擁有開明見解、過人膽識和充滿熱忱的人。這個人就是愛德溫・史坦頓」。[241]卡麥隆曾在夏天和秋天拜訪過史坦頓，就各種合約問題徵詢其法律意見。可是這件事更棘手。據卡麥隆說，史坦頓「仔細閱讀這篇報告，給予明確和鼎力支持」。[242]事實上，他提出自己的一套煽動性邏輯，[243]以強化應該武裝黑奴的論點：「在武裝黑奴可能變得必要的時候，武裝黑奴顯然是政府的一個權利」，他又補了一句：「此舉就像拿走敵人的火藥一樣。」[244]

史坦頓是否蓄意煽動卡麥隆公然違抗林肯，期待卡麥隆一旦被解職，他就可能獲得任命取而代之，不得而知[245]。也許他「骨子裡是廢奴主義者」，[246]只是在等待適當時機，吐露他眞正的信念。畢竟他在少年時期，曾向父親承諾，[247]會堅持反抗奴隸制度，直到嚥下最後一口氣。在俄亥俄州，他也向當時的莫逆之交蔡斯，表達類似的想法。更值得注意的是，查爾斯・桑納視史坦頓爲「我的至交好友，在這場反奴隸制度戰爭中，他和我的立場一樣」。[248]但是在同一段時期，史坦頓與他的民主黨同僚，[249]包括麥克萊倫，和他以前內閣的同事傑洛麥・布雷克交談時，在奴隸問題上，明確表達明顯較爲保守的觀點。無論史坦頓的目的何在，他的認同使卡麥隆勇氣大增，卡麥隆把報告呈交總統之前，還把報告複本發送給多家報紙。[250]

當印刷局長把戰爭部的報告送交總統核准時，林肯赫然發現這段煽動性的文字。「這萬萬不可！」他說。「卡麥隆將軍擔不起如此重責大任。這個問題只有我才能做決定！」他刪除這段文字，並下令追回所有已經外流的報告副本。[251]林肯了解，逃至北方聯邦的奴隸一定要「做某種安置」，[252]但他後來寫道，他認爲憲法並沒有賦予自己解放並武裝他們的權力。如果這樣的行動，乃是爲了「維護國家完整」，也就是爲了「維護憲法」本身所不可或缺，唯獨如此「才可能變成合法，不然就違憲」。在這個節骨眼上，他不認爲武裝被捉拿的黑奴「有絕對必要」。[253]況且，他很清楚此時採取這樣的措施，會得罪聯合政府中佔多數的溫和派。

林肯在下次內閣會議上把他的態度告訴卡麥隆，強調說，他曾對傅瑞特說過，今後任何有關奴隸制度的決策，取決於總統，下級官員沒有決定權。雖然卡麥隆立刻讓步，並同意刪除被否決的文字，[254]但他抱怨，自己被刪除的建言，與威爾斯在年度報告中的建議沒有兩樣。「這正是威爾斯最惶恐的時刻，」[255]他的傳記作者說。就像戰爭部長，這位海軍部長也不得不爲「向海軍軍艦尋求避難和保護」的逃亡奴隸，做某種安置。威爾斯宣布，碰到這類狀況，這些奴隸「應該」受到海軍或陸軍（看哪個單位的需求大）的「照顧或雇用」，「如果無法在公家機構爲他們找到工作，就該讓他們以自由且平和的方式謀生，不加限制」[256]。

威爾斯肯定自己也會被勒令修改報告內容，但暗自決定，如果被要求這麼做，就先提出辭呈。令他大惑不解的是，林肯竟讓海軍部的報告直接交付印刷，一字未改。精明的林肯立刻意識到這兩種狀況的政治差異：陸軍佔據邊界州的土地，海軍則沒有。允許黑奴在海軍船艦或附近沿岸港口找工作，與爲肯塔基州或密蘇里州蓄奴州的黑人提供武器，基本上兩者並不相同。這兩州的繼續效忠，對於聯邦政府非常重要。林肯依舊認爲，武裝黑奴的舉動，會促使這些州效忠聯邦政府的公民，投入南方聯盟的懷抱。[257]

其實，林肯已經爲越來越多逃至聯邦境內的黑奴，擬定自己的一套政策。當國會議員齊聚在國會山莊，參加冬季會期揭幕式時，他發表年度咨文，揭櫫他的理念。他寫道，根據充公法，在聯邦軍隊佔據的地區，凡是奴隸被主人利用以達到「叛亂目的」，則奴隸主將會「喪失」其法律權利；「因此獲得解放」的奴隸必須「做某種安置」。他希望，一些效忠聯邦政府的邊界州早日「通過類似法案」。如果採取這樣的行動，林肯建議國會，應該爲每一個獲得自由的奴隸，給予這些州補償。

林肯依然相信，奴隸獲得自由後，應該「在氣候適合他們的某個地方或某些地方，建立殖民地，而且完全以自願爲基礎。當然也應考慮，已經在美國的自由有色人種，是否可以不融入到這種殖民地裡，到目前，有些人或許有此渴望。」

林肯說，只要他還抱著希望，認爲聯邦可以恢復完整，這場衝突不至於「惡化成暴力無情的革命性鬥爭」，他就不願意在奴隸制度的問題上，批准使用「激進和極端的措施」。儘管如此堅持，他的年度咨文結語，仍是反對在民主社會中繼續實施奴隸制度，他的論述十分得體，而且無可辯駁：民主社會的精髓在於開啓「所有人道路」、給予「所有人希望」，以及提升「所有人的生活條件」。他認爲，「在這個公平、寬宏和昌盛的制度」中，「勞力先於資本，而且勞力是獨立於資本之外」。林肯反思自身的經驗，接著補充：「這個世界上，省吃儉用、一貧如洗的社會新鮮人，以勞動換取薪資，打拚一陣子存了一筆積蓄，然後用這筆錢爲自己購買工具或土地；再爲自己打拚一段時日，最後另請一位社會新鮮人來幫忙。」[258] 顯然，這種靠自己努力向上爬的機會，也是美國觀念的核心——自我實現的可能性，已把黑奴排除在外，除非且直到他變成自由人，才能打破現狀。

廢奴主義者紛紛譴責林肯的咨文。「我們不要這種有失政治家風範的殖民計畫，在這個當口突然提出來，有損國家顏面，眞是不幸！」廢奴主義者沃辛頓・史涅森（Worthington G. Snethen）致函蔡斯，如此寫道。「就讓刀劍解放一個擁有四百萬黑人的國度。讓他們自由，像白人一樣自由。」[259] 對於林肯提出的獲釋奴隸移居殖民地，以及拒絕徵召黑人入伍的想法，費德里克・道格拉斯深表憤慨，他幾乎對林肯完全失去信心。林肯不了解，這些黑人是美國人，不想到別處生活；「他們對出生地的依戀，比鐵石還要堅強」。[260] 而且，爲何如此擔心黑奴解放後何去何從？「他們工作，就給他們應得的薪水，如果不工作，就讓他們挨餓，」道格拉斯宣稱。「他們習慣（工作）了，沒有懼怕。他們的雙手已經因長期勞動而長繭。除了努力工作，他們從沒夢想過以其他方式糊口。」[261]

自從戰爭開始，道格拉斯即已宣稱，沒有什麼會比數以千計的奴隸代表聯邦軍隊出征，更能恫嚇南方。「在這樣的戰爭中，一支黑人軍團足足抵得過兩支白人軍團。其實，依這個狀況，膚色會比火藥子彈還要可怕。」道格拉斯預言，「一場慈悲的戰爭」將是「一場漫長的戰爭，因此也會是最糟糕的一種戰爭」。他堅稱，這個國家的生死存亡，取決於徵召「奴隸和自由的有色人種」[262]參戰。他在費城發表一篇演說宣布：「我們正在用我們白人柔軟的手，去打擊有罪的叛軍，這時應該讓一直被鍊條拴在我們身後的黑人揮出鐵拳。我們一直在捉拿奴隸，而不是武裝他們……我們重視處於半叛亂狀態的肯塔基州的意見，更甚於效忠聯邦政府的北方諸州提出的任何建議。」[263]

激進派報紙對林肯的咨文大肆撻伐，共和黨溫和派和保守派則讚揚他機智練達。「它（咨文）訴諸理性的判斷——人們堅定的信念，而不是憤恨、急躁的期待與渴望，」[264]《紐約時報》如此下定論，而且由於「溫和派佔全國人口的九成，這篇國情咨文無疑深得民心。」[265]甚至連向來採取批判立場的《紐約論壇報》也都承認，「美國和全世界將來一定會注意到林肯咨文的寬厚，和傑佛森‧戴維斯最近一篇演說的刻薄，兩者呈現鮮明的對比」。《紐約論壇報》指出，雖然戴維斯被「一般人認爲是這兩位政治家當中，比較能幹的一位，而且肯定比較善於文法」，但是這位南方聯盟領導人的演說卻「自吹自擂、目中無人和野蠻粗暴」，反觀林肯則「感覺不到絲毫不友善的衝動，也不流於謾罵攻擊」。[266]

15 「我的兒子走了」

林肯家舉辦傳統的新年元旦招待會，迎接一八六二年的到來。《紐約時報》報導：「這一天異常美好。天空晴朗無雲，空氣溫和宜人，比較像五月天，不像一月。」①前來與丈夫共度新年假期的法蘭西絲・蘇爾德發現，這種歡樂氣氛使人恢復信心。她告訴她的姊姊說：「這是自我們到此地以來，第一次馬車像昔日那樣沿著大街前進」。②這個光輝的日子也讓貝茲精神為之一振。他寫下：「萬人空巷。」白宮大門在中午開啓，成千上萬名美國公民湧進白宮。③社會人士代表與總統和第一夫人握手致意，陸戰隊樂隊樂聲響起。他們與最高法院大法官、參議員、衆議員、外長、軍官以及內閣官員閒話家常。④范妮終於見到了第一夫人，她形容第一夫人是「一位身材結實、體型嬌小、臉圓圓的女性」，身上一襲「黑色絲綢或錦緞，繡了一團團紫色花紋，領口處點綴著恰到好處的天鵝絨」。⑤

雖然林肯熱絡地和每位賓客寒暄，⑥但他承受著龐大的壓力。戰爭進入第九個月，戰爭部腐敗與管理不善的傳言，以及戰事的缺乏進展，使得蔡斯無法籌得財政部所需要的作戰經費。隨著民衆的不耐情緒升高，林肯擔心「桶子的底部會脫落」。⑦雖然不滿的民

衆可能把矛頭針對軍事或內閣不同的成員，但總統知道，最後他要爲政府的人事負責。日記作者古羅斯基伯爵（Count Gurowski）寫道：「如果新的一年只是延續一八六一年的過錯、失誤與無能，那麼可能會發生最糟糕的事情。」⑧

在夏天和秋天那段期間，卡麥隆因爲行政管理鬆散，與受人質疑的合約，首度遭受批評，林肯始終默不作聲，這讓蘇爾德懷疑他是不是留意到此一令人不快的狀況發展。這位國務卿回憶說，在一月的一個夜晚，「我家的門鈴響起」。總統進來，坐在沙發上，「突然開始談論戰爭部的問題。不久便可以明顯看出他一直都在關注這件事，而且和我們之中的任何人一樣，對整個情勢的了解和我們所有人一樣多……現在他的心意已決，他來找我的目的，就是要商量卡麥隆先生的繼任人選事宜」。⑨

選擇適合的人接替卡麥隆，事關重大。林肯最初屬意的人選包括：布坎南總統任內的戰爭部長約瑟夫．霍爾特，⑩他在這場國家分裂危機中力挺聯邦，另一人則是西點軍校畢業生蒙哥馬利．布萊爾。根據威爾斯的說法，布萊爾在內閣討論問題時，「展現高超的智慧，他嫻熟軍務，擁有敏銳的洞察力，與正確的判斷力」。⑪但最後這兩人都被淘汰出局，林肯選擇了愛德溫．史坦頓，事後證明這個決定對戰爭進程的影響意義重大。史坦頓這個壞脾氣的律師，六年前曾在辛辛那提羞辱林肯。林肯擔任總統後，史坦頓講到林肯，言談之中總是充滿不屑，這件事在華盛頓人盡皆知。

華盛頓熟悉內情的人士把史坦頓的出線，歸因於受到蘇爾德與蔡斯兩人的影響。這兩位政敵鮮少在政策或原則上看法一致，可是兩人不約而同地支持史坦頓，各有其原因。史坦頓在布坎南任期最後幾週，向蘇爾德通風報信所做出的貢獻，讓蘇爾德沒齒難忘。⑫史坦頓提供的情報，幫他們揪出賣國賊，使華盛頓不至於被敵人攻陷，也鞏固蘇爾德在林肯當選總統後至就職前這段關鍵時期的重要地位。蔡斯與史坦頓之間的交情更爲深厚，兩人的私交從早年在俄亥俄州就已經發展，當時史坦頓告訴蔡斯，「承蒙您抬愛，且被告知您珍視我對您的敬愛，小弟銘感五內，無法表達」。⑬同樣重要的是，蔡斯認爲，史坦頓在反對奴隸制度的抗爭中，是一位堅定的盟友。

林肯對史坦頓也有自己的看法，但並非全是負面觀感。他見過史坦頓在收割機訴訟案期間工作的模樣。史坦頓雄辯滔滔，展現很強的推理能力、慷慨激昂地陳述，以及爲這起官司投注無比的精力，立刻讓林肯留下深刻的印象。「他把全部的靈魂都投入在他所擁護的主張」，一名觀察家如此表示。「如果你曾經看過史坦頓站在陪審團面前」，你會看到「他爲他的委託人盡心盡力，彷彿這個官司就是他自己的官司……彷彿他自己的生命就靠這個問題決定」。⑭活力與魄力乃激勵戰爭部迫切需要的元素，而史坦頓兩者俱足。

一月十一日週六，總統送交一封異常唐突的信函給卡麥隆。⑮「鑑於戰爭部長您先前曾表達調職的意願，我現在可以成全您，這也符合我對公共利益的看法，」他如此寫著：「我將在下週一向參議院提名您出任駐俄國公使。」⑯據說卡麥隆收到這封解職信後落下淚來。「這不是政治事務」，他堅稱，「這是針對個人的貶損」。⑰

當天晚上用過晚餐後，卡麥隆就去見蔡斯。他們顯然討論了此一變動的局勢，並決定尋求蘇爾德的協助。蔡斯驅車載卡麥隆回到威勒飯店，然後隻身前往蘇爾德官邸。一如計畫，卡麥隆不久後也到訪，他手中揮舞著總統的信函說，這是「存心要免我的職，因此是蠻橫無禮」。最後卡麥隆終於被說服，「保留了這封信至早晨，然後再去見總統」。當天深夜，蔡斯在日記吐露：「我現在擔心蘇爾德先生可能會以爲卡麥隆到他府上拜訪，是早有預謀，並且覺得我未開誠布公處理此事。」然而一如往常，只要自視甚高的蔡斯確定自己「做的是正確的事，儘管對別人依舊表示尊重」，⑱但他仍能夠把自己的計謀合理化。

次日，林肯大概聽取了蔡斯和蘇爾德的簡報，同意撤回先前簡單扼要的信函，⑲換成一封溫馨的便箋。信中表明是卡麥隆主動請辭的，既然他屬意的派駐聖彼得堡一職正好出缺，林肯總統樂於「成全」。「一旦您接受新職，您將身負重任，我對您的信任沒有減損，也依舊對您深表敬重，我當然也期盼……您將來能夠報效國家，做出比在國內更重要的貢獻」。⑳他也要求卡麥隆推薦一位繼任者。卡麥隆強烈建議，㉑他在賓州的夥伴史坦頓是最佳人選。事實上，林肯已經做出決定，但此舉讓卡麥隆相信史坦頓的出線，是他舉薦的結果。最後，蘇爾德、蔡斯與卡麥隆三人，每個人都以爲，自己是林肯延攬史坦頓擔任戰爭部長的幕後推手。

解決卡麥隆的事情後，林肯請曾任專利局局長的喬治・哈定，把他昔日在法律界的搭檔史坦頓帶至白宮。當時史坦頓四十七歲，但花白的褐髮和鬍子，又戴一副眼鏡遮住他明亮的褐色雙眸，使他看起來比實際年齡更顯蒼老。哈定擔心，收割機官司留下的不愉快回憶，會使這次會面蒙上陰影。結果林肯與史坦頓似乎把這段過

去拋諸腦後，哈定反而成爲「三人中最尷尬的一位」。㉒

事態緊急，不容史坦頓仔細考慮。他徵求妻子艾倫（Ellen）的意見，根據艾倫母親的說法，艾倫「反對他接任」。㉓一旦接掌戰爭部，史坦頓的年收入將從原本的五萬美元，驟減至八千美元，他的家庭支出勢必得大幅縮減。㉔史坦頓一直都恐懼破產，必定也憂慮年收入大幅縮水，可是在一次偉大的內戰爆發期間，他無法拒絕出任戰爭部長一職。他的人生短暫，如果任內表現傑出，說不定如同蔡斯預言的，「因爲輝煌事蹟，萬古流芳」。㉕他接下了這個職位，條件是要留下他的老友兼「收割機訴訟案」的助理彼得・華森，「負責合約事宜」，因爲他知道，若沒有華森幫忙，他會「立刻忙得喘不過氣來」。㉖

卡麥隆辭職，和戰爭部長一職由史坦頓接任的消息一宣布，多數內閣閣員大吃一驚。貝茲在日記中透露：「很奇怪」，上週五的內閣委員會開會時，「這件事沒有一點蛛絲馬跡」，「而且更奇怪的是」，週末期間林肯總統只召見蘇爾德。㉗威爾斯在街上遇到蒙哥馬利・布萊爾，從他口中聽到這則大新聞。威爾斯承認，他們兩人都不是「林肯的心腹」。㉘的確如此，威爾斯甚至與史坦頓素未謀面。㉙史坦頓的任命案令國會山莊激進的共和黨人感到沮喪。舉足輕重的威廉・費森登擔心史坦頓的民主黨背景，會使他在處理奴隸制度與南方的問題時，傾向採取懷柔政策，因此費森登運作推遲參議院的確認表決，直到他查明史坦頓的立場後才進行投票。費森登向蔡斯探詢，蔡斯要費森登放心，他說，「史坦頓先生能夠雀屏中選，是他，蔡斯部長一手促成的」，他會安排這位緬因州參議員，與史坦頓在當天傍晚會面。㉚蘇爾德在新戰爭部長遴選過程中所扮演的角色並未公開，以至於共和黨激進派以爲，他們在內閣裡的自己人蔡斯，是這項人事任命的總策劃。與史坦頓長談後，費森登告訴崔斯，他確信，史坦頓「正是我們需要的人」。這位參議員發現，他與這位布坎南政府的前司法部長，「每個問題」都英雄所見略同，包括「領導作戰的方式」和「黑人問題」，㉛這樣的結果令他大喜過望。翌日參議院便表決通過，確認史坦頓的任命。

史坦頓接替卡麥隆出任戰爭部長的消息傳出，備受肯定。社會大眾普遍認爲，卡麥隆是主動請辭的。蘇爾德告訴他的妻子說：「不只媒體嚇一大跳，而且有諸多揣測，但沒有一家媒體猜到眞正的原因。」㉜卡麥隆保住了他的聲譽，直到眾議院合約委員會於一八六二年二月公布一份長達一千一百頁的報告，詳細揭露戰爭部大規模的貪污弊端，導致所採購的武器經常故障，並且買入生病的馬匹和腐敗的糧秣。㉝根據報紙報導，該委員會決定建請國會立刻通過一項法案，明訂「任何人只要欺騙政府，造成士兵身體傷害，比如販售不安全的裝備給軍方，得處以死刑」。㉞雖然卡麥隆從未被追究個人責任，但衆議院表決通過對他的譴責案，因爲「他的行爲對公務機關造成極大的傷害」。㉟

卡麥隆深受打擊，他知道這起醜聞對他的傷害，永難復原。就在此時，林肯盡個人最大的努力，去撫平卡麥隆心中的痛苦與屈辱。林肯寫了一封洋洋灑灑的公開信給國會，在信中解釋這些令人遺憾的合約，是政府在桑特堡戰役後，爲因應緊急情況所簽訂的。林肯聲明說，「無論犯下什麼錯誤或過失」，他與全體內閣「起碼要（和卡麥隆一起）負起同樣的責任」。㊱

卡麥隆永難忘記林肯此一慷慨舉動。尼可萊和海伊評論，卡麥隆對林肯充滿感激與欽佩之意，從此成爲「林肯最親密和最忠實的好友之一」。㊲他欣賞林肯在其他人避之唯恐不及的時候，挺身分擔過失責任的勇氣。卡麥隆寫道，換作其他大多數人，「大概會讓無辜的人受罪，而不會扛下責任」。㊳林肯就是與衆不同，沒多久，每一個內閣閣員，包括新任的戰爭部長，就會了解到這點。

第一天上任，精力旺盛、拚勁十足的史坦頓，在戰爭部制定「一套全新的體制」。卡麥隆時期的戰爭部，擠滿謀求一官半職的人與政壇人士，以至於職員沒有時間回覆信件或將電報建檔，導致前線需要軍事補給的要求，常常被延誤數週之久，於是史坦頓發布命令說，「信件和書面通信一早收到，應立即辦理，處理順序優先於所有其他事務」。過去除了週日以外，卡麥隆每天都歡迎參衆議員光臨，史坦頓則宣布從週二至週五，戰爭部恕不受理所有與軍事無關的事務，週六接待參衆議員，週一則開放一般民衆洽公。

史坦頓快速剷除許多卡麥隆的人馬，㊴他的周遭都是像他一樣充滿熱情、忠誠和幹勁的人。他從一開始就表明，他不容許關說，連最低階的工作請託都不行。史坦頓後來回憶說，他上任後那天，與一名男子會面。他依直覺判斷這個人「是那種半個流浪漢和半個紳士，令人難以形容的傢伙」。這個人隨身攜帶一張「林肯夫人的名片，要求讓這名男子做個軍需官」。史坦頓大發雷霆，立即把關說的紙片撕掉，並把這個男人打發走。隔天，這名男子再度登門拜訪，這次帶了瑪麗寫的一封正式請託信，要求給他那份差事。史坦頓不爲所動，再度趕走這名求職者。當天下午，史坦頓拜會林肯夫人。他告訴她說，「在這場關係到國家存亡的大戰正在進行之際」，他的「首要職責是對人民負責」，「其次則是保護您的夫婿與您自己的榮譽」。如果他只是礙於人情，去任命一個不適任的人，將「打擊所有信任的根基」。瑪麗完全理解他的觀點。「史坦頓先生，您說得對，」她告訴他說，「我絕對不會再向你提出任何要求」。史坦頓證實，她確實信守承諾，「她以後再也沒有做過類似的事情」。㊵

在史坦頓的改革下，戰爭部一大早就對外開放，煤氣燈到夜闌人靜時依舊點著。史坦頓的一名職員回憶說，「當他的馬車從賓夕法尼亞大道駛進第十七街時，當班的門房會把頭轉至屋內，用一種低沉、警告的音調喊著，『部長！』這句話一路向四面八方傳遞，直到整棟大樓都傳遍，一會兒出現零亂的腳步聲，和開關門的嘈雜聲，擅離職守和摸魚的人，一溜煙奔回到他們的工作崗位。」㊶

史坦頓每次開會都簡單利落，重點清楚明瞭。喬治・坦普頓・史壯寫道，他「能言善道，從不囉唆，最重要的是，認眞、熱情而且心胸寬大。」㊷他努力不懈的做事風格，也鼓舞了他的同事。駐華盛頓的一名記者寫道：「遠方的人無法充分了解，戰爭部長換人，爲華盛頓帶來多大的變革。這座城市的空氣呼吸到改變的氣息；街道、飯店和國會的廳堂道盡一切。」㊸

對卡麥隆失望近一年後，林肯終於發現，史坦頓正是戰爭部所需要的將帥人才。

＊＊＊

一八六二年二月初，瑪麗・林肯在白宮首創一種新的娛樂形式。通常白宮舉辦的是傳統的公衆招待會，任何人均可從街上走進來參加，或是以豪華晚宴專門招待少數貴賓。這次瑪麗發出約五百張邀請函，㊹請他們出席二月五日晚間在白宮舉行的舞會。㊺由於這場派對不開放一般民衆參加，邀請函成爲華盛頓社會一種榮耀的象徵。據尼可萊說，那些不在原始賓客名單上的人「想盡辦法，幾乎是百般懇求，希望拿到邀請函」。㊻

瑪麗興致勃勃地籌備她的特別娛樂。她安排陸戰隊樂隊在走廊演奏，並找來紐約一家著名的外燴商家準備消夜。㊼瑪麗交代她的黑人女裁縫師伊莉莎白・凱克雷（Elizabeth Keckley），爲她縫製一款漂亮禮服，白色綢緞鑲黑邊，拖長的裙襬以及立刻吸引林肯目光的低領口設計。他笑著說，「如果裙襬短一點，會更好看」。[48]

同時，威利和泰德已經習慣固定的日常作息，並且樂在其中。他們早上和家庭教師學習，下午和傍晚與塔夫特家的兩個男孩一道嬉戲，地點有時在白宮，有時在塔夫特寓所。塔夫特法官（Judge Taft）與林肯的兩個兒子「越來越常膩在一起」。他認為威利「比他所知道的任何同年齡男孩，更有判斷力與前瞻性」。[49]這四個男孩在官邸的屋頂平台上蓋了一間小屋，四周架設「加高的石造欄杆」以資保護。他們把這個臨時的堡壘取名為「國家之舟」（Ship of State），還在上面裝設一個小型望遠鏡，他們能夠透過望遠鏡，觀察波多馬克河上船隻和岸上軍隊的動靜。[50]他們也邀請賓客至這間閣樓欣賞舞台劇表演。[51]另外一個他們喜歡的娛樂，就是騎乘別人送給威利的一匹小馬。[52]一月中旬，羅伯特從哈佛學院放假回家，林肯闔家團圓。

就在瑪麗盛大派對舉行前幾天，威利突然發燒。那年一月，[53]大雪冰雹和雨水接連降下，滿地泥濘，爛泥巴還發出陣陣臭味。這個月疫病肆虐華盛頓，天花和傷寒奪走許多性命。塔夫特法官在日記中寫道：「由於天花流行，華盛頓人心惶惶。在這座城市，幾乎每條街道都傳出天花病例。」[54]

疫病已經侵襲史坦頓家、蘇爾德家和蔡斯家。史坦頓的么兒詹姆斯（James）在接種天花疫苗後，全身長出「可怕的皮疹」。這名男嬰持續六週病懨懨，當時「沒期望他能活下來」。[55]同一段時間，與母親一起到費城的范妮・蘇爾德也染上惡疾，起初懷疑是天花，但大概是罹患傷寒。她「發高燒」、背部疼痛，與喉嚨「發炎」，[56]這些症狀持續近兩週。蘇爾德忐忑不安地離開華盛頓，[57]前去陪伴范妮，在整個戰爭期間，他很少放下工作，這是其中一次。奈蒂・蔡斯也病得很重，她在前往賓州寄宿學校的途中感染猩紅熱。[58]

由於威利生病，瑪麗認為最好取消派對，但林肯有些遲疑，因為邀請函已經發出。[59]他請來被視為「華盛頓醫學界第一把交椅」[60]的羅勃・史東（Robert Stone）醫生。這位名醫仔細檢查威利的身體後，斷定他「沒有立即的生命危險」，「有百分之百的理由認為他能早日康復」。[61]他的診斷讓林肯全家如釋重負，決定舞會如期舉行。

約晚間九點，馬車開始陸續抵達燈火輝煌的白宮。華盛頓菁英全都到齊，內閣閣員伉儷、將領和他們的高級幕僚、外交使節團成員、參眾議員、律師以及商人齊聚一堂。麥克萊倫一身軍禮服亮相，吸引眾人目光，新科戰爭部長也一樣挺拔現身。白宮的綠廳、紅廳和藍廳全都開放參觀，林肯伉儷則在東廳接待眾賓客。[62]媒體記者就「白宮在林肯夫人的指示下重新裝修後，所展現的高雅品味」，與舞會上的衣香鬢影，發表評論。一如往常，「紫羅蘭色眼眸」的凱特・蔡斯成爲全場焦點。一名記者下筆讚嘆：「她一襲紫紅色絲質禮服，沒有裝飾。在她小巧、典雅造型的頭上，一個簡單的白色花環，小白花與金色波浪狀髮絲交織，陽光般的秀髮在腦後編成一個希臘式髮結。」[63]

午夜來臨，賓客朝大門緊閉的餐廳移動。可是一名服務生忘記把鑰匙放在哪裡，耽擱了一點時間，這時有人大喊，「我贊成向前挺進」，逗得在場所有人，包括麥克萊倫將軍，哈哈大笑。[64]餐廳的門一打開，豪華筵席映入眼簾，佳肴上桌，還有上等葡萄酒和香檳佐餐。「光彩炫目的場景也無法驅散林肯夫人臉上的憂愁，」伊莉莎白・凱克雷這位已經變成林肯夫人姊妹淘的女裁縫師回憶道，「那天晚上她上樓好幾次，佇立在兒子的病榻旁邊。」[65]

撇開瑪麗牽掛兒子的病情不談，這次舞會算是辦得圓滿成功。尼可萊告訴他的未婚妻說：「那些來到這裡的人，將永遠陶醉在獲得總統伉儷垂青的回憶中，因爲只要想到他們得到某樣別人得不到的東西，虛榮心就得到滿足。」[66]雖然有人吹毛求疵批評說，數以百計的士兵生病受苦「歷歷在目」，白宮居然有心情舉辦「輕浮、歡鬧和大吃大喝的舞會」，[67]但華盛頓各界一片好評。華盛頓《明星晚報》稱這是「燦爛輝煌的景象」，[68]《萊斯利的畫報》（*Leslie's Illustrated Newspaper*）描述瑪麗是「我們漂亮的『共和黨女王』」，身上「一襲光潔的白綢緞禮服」，頭戴黑白兩色頭飾，「盡顯其帝王般的美麗風采」。[69]

白宮舞會辦得很成功，接著聯邦軍隊在田納西州連打了兩場勝仗，拿下田納西河畔的亨利堡（Fort Henry）和康伯蘭（Cumberland）河畔的唐納爾遜堡（Fort Donelson）。這兩次告捷使得聯邦軍隊在西部的戰事，由防守轉爲攻擊，尤里西斯・格蘭特將軍[70]也成爲全國矚目的新英雄。格蘭特畢業自西點軍校，好酒貪杯使他在八年前從陸軍退伍。爲了維持家計，格蘭特在伊利諾州格利納（Galena）賣皮革，南北戰爭爆發，便立刻自願從軍，並負責指揮密蘇里州的一個軍團。從一開始，他就了解必須從密蘇里州揮軍南進，可是他無法說服傅瑞蒙的繼任者亨利・哈勒克（Henry Halleck）將軍授權此一行動。聽聞這位不修邊幅、一臉落腮鬍的格蘭特依舊嗜酒如命，哈勒克就不願意對他委以重任。[71]二月一日，海軍上將安卓・傅特同意展開海陸聯合作戰之後，哈勒克終於批准格蘭特「攻佔亨利堡」。[72]

格蘭特和傅特立刻出發。海軍砲艇發動一輪猛烈攻勢，迫使兩千五百名叛軍退守至十二英里外更堅固的據點唐納爾遜堡，[73]殘餘叛軍則棄械投降。格蘭特發電報給哈勒克，寫著「亨利堡是我們的了，我將在八日攻破唐納爾遜堡」。[74]這種簡單明快的風格從此成爲他的特色。雖然有嚴重的暴風雨攪局，[75]格蘭特被迫延後強攻唐納爾遜堡的東進計畫，但他依然胸有成竹。他在寫給妹妹的信中，叫她放心，說她「那不起眼的哥哥，至今找不到無法勝任這項任務的理由」。他表示，這不是吹噓，而是「一種預感」，[76]數天後他開始圍攻唐納爾遜堡的叛軍，而且一舉攻克，證明他的預感很準。這次戰役死傷枕藉，肯塔基州出身的南方聯盟軍隊指揮官賽門・巴克納將軍提議停火，並任命專員安排投降的條件。二月十六日，格蘭特回了一封電報。他說，「除了無條件立即投降之外，絕對不會接受其他任何條件」，[77]這句歷史名言爲他的性格和生涯，下了很好的註解。最後巴克納和麾下一萬五千名官兵全數被俘。[78]

這場戰役造成兩軍損兵折將超過一千人，[79]受傷人數是死亡人數的三倍。這是「一場非常血腥的戰鬥」，聯邦軍隊一名年輕士兵告訴他的父親說，他連上的弟兄幾乎全軍覆沒，儘管贏得勝利，他的心情依然「悲傷、落寞和消沉」。他整個連隊八十五名同袍僅七人倖存，但「保住了聯邦旗幟」。[80]

北方接獲格蘭特從唐納爾遜傳來的捷報，這是聯邦軍隊在南北戰爭中第一場重大勝利，衆人歡欣鼓舞。北方鳴放百門禮砲[81]慶祝。華盛頓各界「欣喜若狂」。[82]在參議院，「旁聽席民衆全體起立，發出三次熱烈的歡呼聲」。[83]華盛頓的公共建築物則精心規劃，準備以璀璨的燈火，慶賀聯邦軍隊連戰皆捷，和喬治・華盛頓冥誕。[84]

唐納爾遜大捷後一天，林肯簽署文件，晉升格蘭特爲少將。[85]前一年秋天這位西部將軍帶兵長驅直入肯塔基州帕度卡（Paducah），當時發表了一篇言辭懇切的聲明，林肯閱讀那篇聲明後，就一直關注他的動向。[86]格蘭特告訴肯塔基州民衆：「我來到你們中間，不是你們的敵人，而是你們的朋友和同胞。」[87]據傳「格蘭特只帶了一件換洗的襯衫、一把梳子和一把牙刷，就上戰場」，「西部的克難」與麥克萊倫的「東部奢華」不免被拿來比較一番；衆所周知，曾經有「六輛四匹馬拉的漂亮馬車駛抵麥克萊倫府邸門口，載運他的衣服和其他物品至前線」。[88]

聯邦軍隊攻陷唐納爾遜堡，取得在南方的一個戰略據點。兩個月後，雙方在夏伊洛（Shiloh）血腥廝殺，犧牲兩萬人的性命，接著聯邦軍隊乘勝追擊，拿下孟斐斯市，並控制整個田納西州，沒多久又奪取紐奧爾良。⑧⑨

＊＊＊

格蘭特在唐納爾遜建功，舉國一片歡騰，但白宮方面卻沒有回響。自從白宮舉辦舞會之後，威利的病情每下愈況，連泰德都開始生病。一般認爲，威利和泰德感染傷寒；⑨⓪可能是因華盛頓環境衛生不佳引起的。白宮的水源來自波多馬克河，河岸駐守成千上萬的官兵，沒有設置適當的廁所。也許威利上次感染猩紅熱，讓他元氣大傷，所以這次遭細菌感染，病情比弟弟泰德還嚴重。⑨①在高燒、腹瀉、腹部絞痛、內出血、嘔吐、極度疲累和精神錯亂等症狀⑨②的折磨下，他的「身體更加虛弱，瘦得更不成人形」。⑨③

瑪麗照顧兩個兒子，「日夜看護，幾乎把自己累垮」，⑨④專員法蘭奇如此說。她取消週六舉行的例行⑨⑤招待會和接見活動。林肯這陣子也飽受煎熬。尼可萊表示，總統「幾乎全神貫注」⑨⑥在兩個兒子身上，可是仍不得不密切注意嚴峻的戰事。

威利有時意識不清，迷迷糊糊中會呼喊他的朋友巴德・塔夫特的名字，巴德就坐在他的病榻旁日夜守候。有一天深夜，林肯看見巴德依舊陪在威利身邊，「就一手搭著他的肩膀，另一手輕撫威利的頭髮」，平靜地對巴德說：「你該上床休息了，巴德。」可是巴德不願離開。巴德說：「如果我走開，他會找我。」過了一會，林肯回來，「把已經睡著的巴德，溫柔地抱到床上」。⑨⑦

威利病危的消息傳遍華盛頓，大多數慶祝的彩燈都熄滅。⑨⑧《明星晚報》報導：「林肯總統與林肯夫人此刻身心遭受痛苦煎熬，社會深表同情。」⑨⑨雖然白宮的辦公室照常辦公，但工作人員在走廊上行走，不禁放慢腳步，「好像他們不想製造任何聲響」。林肯的祕書威廉・史托達德回想，當時每個人常掛在嘴邊的一個問題是：「難道沒有希望了嗎？沒有。醫生都這麼說。」⑩⓪

二月二十日週四下午五時，威利去世。⑩①幾分鐘後，林肯衝進尼可萊的辦公室。他說：「尼可萊，我的兒子走了——他眞的走了！」[102]他開始啜泣。據伊莉莎白・凱克雷表示，威利遺體淨身穿衣完畢後，林肯回到房間，「雙手掩面，他那高大的身軀因爲激動而不斷發抖。」凱克雷女士比大多數人有更多的機會，貼近觀察林肯，但她「想不到他有如此鐵漢柔情的一面」。

瑪麗・林肯「傷心欲絕」，凱克雷記載。「看到死去兒子蒼白的臉龐，她突然全身抽搐。」她經常說到她這個碧眼帥氣的兒子，「若蒙神饒恕，（他）將是她晚年的希望與依靠」。[103]她躺在床上輾轉難眠，無法稍解內心的痛楚。[104]

在此同時，泰德也病危。由於瑪麗無法照顧他，林肯遂向外尋求協助。他派馬車去接布朗寧的家人，他們馬上趕過來，在泰德床邊守了一夜。[105]他還請求基迪恩・威爾斯的年輕妻子瑪莉・珍（Mary Jane）臨時代爲照料泰德。[106]中風剛康復的茱莉亞・貝茲，也伸出援手。[107]顯然，泰德需要二十四小時的專業看護。林肯找上桃樂西雅・狄克絲（Dorothea Dix）。[108]狄克絲是努力不懈的社會改革家，被戰爭部長任命爲「女護士總監」。她是擁有自己一套想法的強勢女性，其中一個觀念是認爲女人穿馬甲有害健康。她定期就這個主題，向年輕的女性發表演說。一位女孩聽不進去，堅稱「寧可死掉，也不願意因此跟不上潮流」。對此，狄克絲回答說：「親愛的……如果你繼續像現在這樣把蕾絲繫帶綁那麼緊，沒多久你就無法挑三揀四了。你既會沒命，又會跟不上潮流。」[109]

至於推薦護士人選，狄克絲選中蕾貝卡・帕姆洛伊（Rebecca Pomroy）。帕姆洛伊是位年輕的寡婦，曾在華盛頓兩家醫院的傷寒病房工作過。狄克絲介紹帕姆洛伊給林肯認識，並向總統保證，她對帕姆洛伊比其他護士「更有信心」，甚至比那些年紀是帕姆洛伊兩倍的護士更出色。林肯握著帕姆洛伊的手，笑著說：「那麼，我想說的是，讓她立刻輪班。」[110]

威利的遺體安放在綠廳，瑪麗因鎮靜劑藥效作用，依舊臥床休息，這時則由護士帕姆洛伊照顧泰德。只要有可能，林肯總統會把公務帶到泰德的房間，陪著「感染傷寒，輾轉反側」的兒子。對於別人的生活始終充滿好奇和憐憫之心的林肯，探詢這位新來護士的家庭狀況。她說自己是寡婦，兩個孩子相繼夭折。唯一健在的兒子正在軍中服役。聽到她的悲慘遭遇，林肯開始爲她與自己飽受折磨的家人哭泣。他說：「這是我人生當中最艱苦的考驗，爲什麼會這樣？噢，爲什麼會這樣？」[111]漫漫長夜，泰德數度醒來呼喚他的父親。「（林肯總統）一聽到泰迪（Taddie）的聲音，就立刻出現在他身邊」，顧不得自己身上還穿著睡袍，腳上穿著拖鞋。[112]

威利過世後的那個週日，林肯偕同布朗寧，驅車前往喬治城的橡樹丘公墓，[113]視察墓穴，他兒子的遺體將暫厝此地，最後再移葬春田市。喪禮預定翌日下午二時在白宮東廳舉行。[114]儘管數十人受邀參加，但瑪麗要求塔夫特夫人「在喪禮當天把兒子留在家中；看到他們會讓我更難過」。不過林肯未與心煩意亂的妻子商量，便「通知巴德前來，在威利遺體入殮前，見他一面」。[115]散文作家納撒尼爾・帕克・威里斯（Nathaniel Parker Willis）回憶說：「他躺著雙眼闔上，褐色頭髮向兩邊分開，就像平常的模樣——臉色蒼白，長眠在死神懷中，但是除此之外沒有什麼改變，他的打扮就像要出席晚宴。」[116]中午時分，總統、第一夫人和羅伯特走進綠廳，在封棺前向威利道別。公共建築專員班傑明・法蘭奇被告知，林肯家人想在「那個屋子與他們死去的孩子共度他們最後一段悲傷的時光，不希望有旁人在場」，瑪麗則因傷心過度，無法出席東廳的喪禮。[117]

國會已經休會，[118]議員們因而得以參加這場喪禮。許多出席喪禮的人，才參加過十九天前白宮舉辦的舞會——包括副總統、內閣閣員、外交使節團、麥克萊倫將軍和他的參謀。當參加喪禮的來賓魚貫入場時，一場可怕的暴風雨來襲。[119]強風挾帶豪雨，把樹木連根拔起，一座教堂被吹垮，許多房屋的屋頂被掀開。喪禮儀式結束後，一列馬車長長的車隊穿越暴風雨，駛往公墓的禮拜堂，威利的遺體暫時安放在那裡的墓穴。過去林肯曾經因爲暴風雨狂吹猛打他的初戀情人安・拉特里奇的墳墓而痛苦萬分；[120]如今愛子的遺體免受大雨和怒吼的強風吹襲，或許可使他稍感安慰。

接下來幾週，瑪麗臥床不起，無法照料自己的生活起居，令林肯憂心忡忡。儘管泰德終於康復，但瑪麗發現，他的陪伴讓她情何以堪，[121]泰德在身邊，只會讓她更強烈感覺到威利已經不在人世。看到巴德和荷利・塔夫特，她也觸景傷情，因此再也沒有邀請他們回白宮，[122]泰德變得形單影隻。林肯了解這種狀況，就設法把泰德留在身邊，晚上時常讓他和自己一起睡。

瑪麗似乎發現與蕾貝卡・帕姆洛伊以及瑪莉・珍・威爾斯聊天，能夠獲得些許安慰。瑪莉・珍・威爾斯在泰德病榻前，守候許多個夜晚，她自己失去過五個孩子，對於瑪麗的悲痛感同身受。與帕姆洛伊交談時，瑪麗試圖去了解這位寡婦，在自己家庭遭逢劇變之後，如何能強忍傷痛，去照顧陌生人的孩子。[123]瑪麗知道應該服從上帝的旨意，[124]但是她發現自己辦不到。回憶起兩年前威利感染猩紅熱的情景，她得到一個結論，那就是威利得到寬恕，結果「卻是要考驗我們，並讓我們放棄一個世界，那個世界的鎖鍊現在正牢牢地拴在我們四周」，但是「打擊來臨時」，她仍然「沒有做好準備」去面對事實。威利去世三個月後，她寫信給一個朋友說：「我們的家非常美好，世界依然微笑，也充滿敬意，但其魅力已經消逝——所有的一切看來都是嘲弄，那個令人崇拜的世界，已不復與我們同在了。」[125]

其實，瑪麗曾經縱情享受的奢華與虛榮，如今似乎在嘲笑她。她陷入更深的內疚與悲傷，揣測上帝會帶走威利，是因爲她仗恃自己家庭的尊貴身分，過度驕傲，對她所做的懲罰。她承認說：「我曾經那麼熱愛這個世界，那麼地全心投入，努力提升我們自己的政治地位，我幾乎心無旁鶩」。[126]她知道這樣的念頭是一種罪過，可是她相信，上帝帶走「如此可愛的一個孩子」，一定是已經「拋棄」她了。[127]

瑪莉．珍．威爾斯堅信，她的孩子在天國等她，她從此一信念中找到安慰，但是瑪麗不能接受。她對瑪莉．珍說，「要是她相信威利在死後，『遠比在這個塵世幸福』就好了」，[128]那麼她可能就可以接受失去威利的事實。往後幾年，他逐漸相信，「死亡只是一個受到祝福的過渡期」，[129]從此進入一個「不再有生離死別，不再有淚水的世界」，[130]但是在這個節骨眼，她的這種信念還不夠堅強，無法給她安慰。

走不出哀傷的瑪麗，轉而從靈異之說，尋求精神的慰藉。經由伊莉莎白．凱克雷的介紹，她認識一個有名的靈媒。[131]瑪麗說，這個人幫助她穿透「把我們與『摯愛的逝者』分開的那道『紗幕』」。[132]瑪麗相信，在幾次與逝者溝通的降神會上，她能夠看到威利，這些降神會有時在白宮舉行。內戰期間，靈異之說盛行，這可能是戰爭傷亡慘重使然。靈媒言之鑿鑿地說，「逝者的靈魂並未離開這個塵世，依然存在我們之間，只是肉眼看不見罷了」，這可以帶給失去至親的人安慰。有人評論說，喪親者彷彿「除了靈魂和靈媒之外，其他的聲音都聽不見。所有的桌子和其他家具似乎都變得有生命」。[133]有些靈媒藉由輕拍或敲擊製造聲音，來和靈界溝通；有些則使桌子傾斜和晃動；還有靈媒傳輸逝者的聲音。一位學者評述，無論使用什麼方法，他們都「提供具體的證據，證明人世間最難跨過的關卡，也就是死亡的關卡，可以藉由同情的力量穿越」。[134]

瑪麗偶爾曾見威利，僅能提供暫時的紓解。凱克雷說，威利的死讓瑪麗「變了一個人，只不過提到威利的名字，就會讓她情緒激動，看到任何會回想起他的小東西，她都會感傷落淚」。她無法注視威利畫的一幅畫。[135]她把他的所有玩具和衣服都送給別人。她不願走進威利病逝的那間客房，或是曾經安放他遺體的綠廳。[136]

表面上看來，林肯總統在克服威利去世的悲傷情緒方面，顯然做得比妻子要好。林肯每天每個小時都忙著處理重要的公務。數十名官員圍著他，要和他討論各項計畫、做決策和進行溝通。儘管國事如麻，林肯仍飽受失落感折磨。兒子去世後的那個週四，以及接下來的好幾個週四，他把自己關在綠廳，宣泄椎心刺骨的悲慟。[137]「這個突如其來的打擊擊倒我了，」他對一位白宮訪客傾訴心聲，「這件事顯示出我的軟弱，我以前從未察覺到這一點。」[138]

像瑪麗一樣，林肯渴望再見到威利，這種渴望不是透過靈媒實現，而是在他活躍的夢境中夢到。威利過世後三個月，林肯大聲朗誦莎士比亞的《約翰王》（*King John*）中康斯丹絲哀痛兒子死去的段落時，停了下來，他轉身詢問身邊的一位軍官說：「你是否曾經夢到某位已故的友人，而且覺得你和他有愉快的交流，但你卻意識到這一切並不眞實？……我就是那樣夢見我逝去的兒子威利。」[139]

瑪麗無法忍受看到與威利有關的物品，林肯則很寶貝兒子的遺物。他把威利畫的一幅畫放在壁爐上，以便訪客欣賞，並向他們訴說愛子的點點滴滴。[140]某個週日，林肯到教堂做完禮拜，便邀請布朗寧到圖書室，拿出一本剪貼簿給他看。不久前林肯才發現，在這本剪貼簿裡，威利記錄了重大事件的各個戰役發生的日期與計畫。[141]對一個相信死者會繼續活著，而且只活在生者心中的人來說，牢牢記住兒子生前的所有一切，至爲重要。十個月之後，范妮・麥克洛夫的父親戰死沙場，林肯寫了一封信給她，在信的結尾，他回憶往事，藉此表達慰問之意。林肯向她保證：「以後，您懷念令尊，將不是一種痛楚，而是一種帶著憂傷的甜蜜心情，比起以前您所知道的情感更純潔、更神聖。」[142]

對於那些在戰爭中失去親人的家屬的悲痛心情，林肯現在比從前更能感同身受。

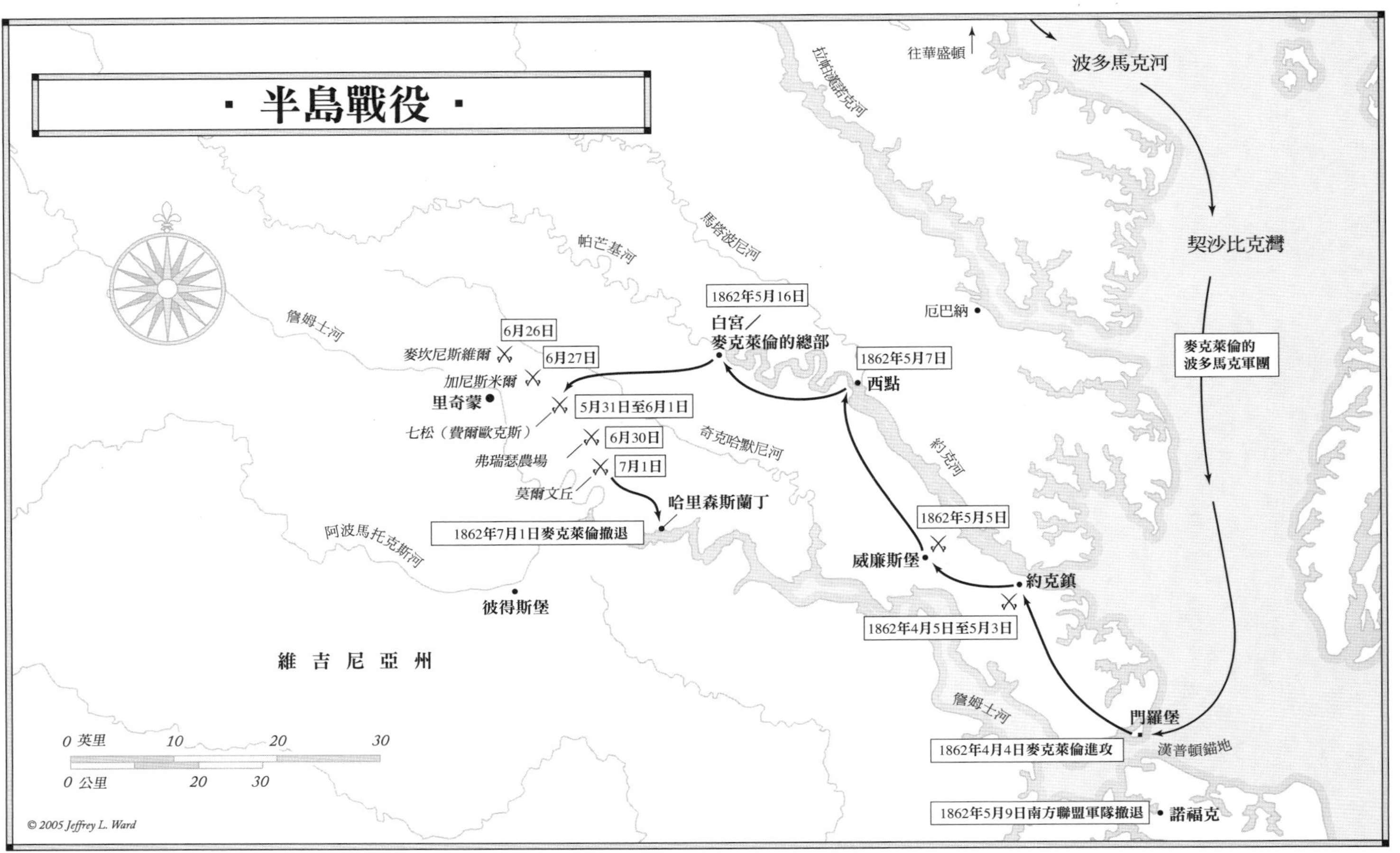
·半島戰役·
往華盛頓
波多馬克河
拉帕漢諾克河
契沙比克灣
麥克萊倫的
波多馬克軍團
厄巴納
馬塔波尼河
帕芒基河
詹姆士河
1862年5月16日
白宮／
麥克萊倫的總部
1862年5月7日
西點
約克河
6月26日
麥坎尼斯維爾
6月27日
加尼斯米爾
里奇蒙
5月31日至6月1日
七松（費爾歐克斯）
6月30日
弗瑞瑟農場
7月1日
莫爾文丘
奇克哈默尼河
哈里森斯蘭丁
1862年7月1日麥克萊倫撤退
阿波馬托克斯河
彼得斯堡
1862年5月5日
威廉斯堡
約克鎮
1862年4月5日至5月3日
維吉尼亞州
詹姆士河
門羅堡
1862年4月4日麥克萊倫進攻
漢普頓錨地
1862年5月9日南方聯盟軍隊撤退
諾福克
0 英里 10 20 30
0 公里 20 30
© 2005 Jeffrey L. Ward

16 「他只是統率能力不如人」

威利去世兩天後，麥克萊倫將軍寫了一封私人信函，對林肯家遭逢「令人難過的不幸」，表達由衷的同情。「對我來說，您一直是一位和善、眞誠的朋友，」這位將軍告訴總統說，「要不是您的信心支撐著我，我會覺得軟弱」。然後，他提到西線奪下亨利堡和唐納爾遜堡，對他自己在東部戰場的攻勢，是「一個好兆頭」，拜託林肯切莫「讓軍事事務造成（他）絲毫煩惱」，因爲「已經做好萬全準備」，①追求勝利。

雖然麥克萊倫保證展開進攻行動，但沒帶給林肯多少安慰。好幾個月來，這位將軍也做出類似的承諾，可是始終只聞樓梯響，波多馬克軍團的主力部隊一直沒有動靜。以前批評他的言論只在報紙出現，如今新成立的「國會戰爭指導聯合委員會」，也發出強大的反彈聲浪。該委員會由參衆兩院激進派操控，成員包括：班・魏德、密西根州的札查里亞・錢德勒（Zachariah Chandler），以及印地安納州的喬治・朱利安。麥克萊倫未積極作戰，又對奴隸制度的存廢採取保守立場，令委員會極度反感。從十二月下旬，到一月中旬，麥克萊倫因感染傷寒，一直臥病在床。該委員會懷疑這位將軍裝病，找藉口繼續不出兵，於是與林肯和內閣開會，會議上爭論不休。②衆議員朱利安記錄，開會時，顯然「總統與其顧問似乎完全搞不清楚……麥克萊倫的規劃」，這種狀況令人不安。

根據朱利安的說法，更令人訝異的是，「林肯自己不認爲他有任何權利去了解軍事計畫細節，因爲他不是軍人，所以他有義務尊重麥克萊倫將軍的意見」。③林肯抱持予以尊重的立場，貝茲強烈表示反對，他一再敦促林肯「建立自己的參謀班底，名副其實地依法行使」武裝部隊總司令的職權，總司令的職責就是「對指揮官發號施令」。④此一看法出自作風保守、值得信賴的貝茲之口，對林肯不啻是當頭棒喝。林肯從國會圖書館，借來一本哈勒克將軍撰寫的軍事戰略書籍，⑤幾天後告訴布朗寧說，「他正在考慮親自上場」。⑥

雖然他的話未必反映字面上的意思，但他顯然已經下定決心，必須立刻動員這支部隊。他向梅格思將軍傾訴說，「桶子的底部脫落了」，⑦這是他很喜歡講的一句話。數十萬名大軍按兵不動，伙食、衣物和住宿需要龐大的開銷，財政部幾乎破產，無力再繼續負擔。蔡斯告訴總統，如果戰事沒有進展，他不會再向怨聲載道的民眾籌募資金。梅格思建議林肯與其他軍事將領召集一個戰爭委員會，制定作戰行動的決策流程。聽聞這則消息之後，麥克萊倫的病突然好轉，得以出席次日的會議。⑧但他仍不願透露計畫內容，他告訴梅格思說，總統「無法守口如瓶，他會告訴泰德」。⑨

終於，以耐心自豪的林肯也耐不住性子。一八六二年一月二十七日，他發布著名的「一般戰爭第一號命令」（General War Order No. 1），⑩將二月二十二日訂爲「美國陸軍和海軍全面進擊叛軍日」。林肯相信，北方兵力規模佔有優勢，應該同時攻打多個叛軍據點，他的判斷正確無誤。⑪林肯的戰爭命令，促使麥克萊倫交出他的迂迴進攻計畫，後來這項計畫發展成「半島戰役」（Peninsula Campaign）。⑫根據麥克萊倫的規劃，軍隊搭乘軍艦沿著波多馬克河至契沙比克灣（Chesapeake Bay），轉進拉帕漢諾克河（Rappahannock River）南岸的厄巴納，再從這裡往西南方向朝里奇蒙挺進。

在史坦頓和包括麥克道威爾在內的幾位將軍支持下，林肯提出一套截然不同的策略。軍隊走陸路經過鄰近的馬納薩斯，一路逼迫叛軍向後撤退守至里奇蒙，「以優勢武力將它一舉殲滅」。⑬此一直接攻擊叛軍的計畫，可讓聯邦軍隊一直處於華盛頓和南方聯盟軍隊之間，形成保護華盛頓的屏障。若採納麥克萊倫的迂迴計畫，就怕南方聯盟軍隊會爲了拿下華盛頓，而犧牲里奇蒙。⑭一旦南方佔領聯邦的首府，接著外國政府必定承認南方聯盟。林肯最後勉強同意「半島計畫」，但在計畫執行前，他下達一個書面命令，要求在「華盛頓內部以及周邊地區」保留足夠的兵力，以保衛華盛頓的安全。⑮

二月二十二日預定揮軍進攻的日子到來。林肯滿腦子想的都是威利去世，與泰德嚴重的病情。沮喪的史坦頓注意到，「比起三個月前，波多馬克河上並沒有出現更多調動的跡象。」史坦頓後來解釋說，他剛接掌內閣職位時，「是麥克萊倫將軍誠摯且忠實的朋友，而且之前兩人的交情已經維持了一陣子」，可是他很快變得冷淡。

[16]就任戰爭部長不到兩週，史坦頓告訴一位友人說：「當將士在西部戰場為崇高的理想奮戰時，必須停止供應波多馬克河上的香檳和牡蠣。」[17]他的這席話，暗指麥克萊倫每晚舉辦的豪華盛宴，款待二十多位賓客，而且許多座上賓是華盛頓親南方社團的知名人士。[18]

麥克萊倫多次讓史坦頓久等，讓史坦頓更為不悅。這位驕傲的戰爭部長與林肯不同，他無法對這位陸軍總司令的傲慢態度視而不見。有一次史坦頓前往戰爭部途中，順道造訪麥克萊倫總部，被迫等了一個小時，格外令他惱火，此事之後他氣呼呼地說：「那是麥克萊倫將軍最後一次怠慢我本人，或者總統。」[19]幾週後，史坦頓傳令要求電報室搬家，從麥克萊倫的總部，遷移到他自己戰爭部的辦公室隔壁房間。神奇而且新穎的電報系統，連接華盛頓與整個北方陸軍官員、軍營和要塞，今後這個系統往返的各種急電，將不再經過麥克萊倫之手。麥克萊倫大發雷霆，認為電報室搬家是「對他的羞辱」。[20]的確，他已經失勢，因為緊鄰電報室不僅讓史坦頓掌控所有的軍事通訊，而且現在林肯鐵定每天會花許多時間與戰爭部長討論軍情，麥克萊倫的陸軍總司令權力等於被架空。

儘管如此，麥克萊倫在內閣仍有勢力龐大的盟友，包括舉足輕重的蒙哥馬利・布萊爾。民主黨報紙大都把亨利堡和唐納爾遜堡戰事告捷，歸功於這位「年輕的拿破崙」，格蘭特和其麾下的部隊，彷彿不過是麥克萊倫在華盛頓一手操控的傀儡。史坦頓諷刺地說，報紙描述麥克萊倫的英雄形象，就是他坐在電報室，「策劃一場勝仗，並運籌帷幄，奪下唐納爾遜堡，然而早在**六小時前**，格蘭特和史密斯就已攻佔當地」，「這樣的畫面就值得**大肆慶功**。」[21]

事後證明，西部戰事節節勝利，使麥克萊倫面臨更大的出兵壓力。終於，三月八日那個週末，波多馬克軍團準備拔營出發。南方聯盟部隊已料到有此行動，開始將它們的砲兵連，從馬納薩斯撤到拉帕漢諾克河岸。接獲敵軍撤退的消息，麥克萊倫率領大軍發動閃電突襲，意圖擒獲敵軍殘部。可是一到那裡，發現南方聯盟軍隊早已帶著帳篷、補給品和武器離開，人去樓空令他非常難堪。[22]更丟臉的是，讓麥克萊倫拖了好幾個月才出兵，原本以為固若金湯的要塞，結果只是一些木頭被塗黑，偽裝成加農砲。如果麥克萊倫在前幾個月進攻，他的兵員數目和武器都應該佔有優勢。

舞台上的道具大砲被稱爲「貴格砲」。麥克萊倫鬧出的這起「貴格砲」事件，惹惱了激進派。「我們會淪爲全世界的笑柄，」參議員費森登在寫給妻子的信中如此說，「我們不再懷疑，麥克萊倫真的不適任……可是總統將繼續讓他掌兵符。」這種尷尬狀況本來應該可以料想得到，「因爲我們都喜歡劈柴築籬者，而且我們已經有了一個」。㉓和費森登一樣沮喪的戰爭指導委員會，要求麥克萊倫辭職負責。林肯反問他們，由誰來接替麥克萊倫時，委員會一位成員怒吼：「任何人都行。」林肯反應敏捷地回答說：「任何人適合你，但不適合我。我一定要找某個能夠勝任的人。」㉔

林肯意識到，必須要採取行動。三月十一日他發布一項戰爭命令，解除麥克萊倫陸軍總司令的職務，但保留他對波多馬克軍團的指揮權。林肯授命哈勒克指揮密西西比指揮部，此舉令激進派大樂。同時林肯讓傅瑞蒙復職，接掌新成立的高山指揮部。㉕陸軍總司令一職遇缺不補，由林肯和史坦頓負責整體策略決策。麥克萊倫回憶說，他是「從報紙得知（他）被撤換」。他聲稱「從來沒有權威人士（對他）表達過絲毫責難」，突遭撤職讓他暴跳如雷。林肯派遣俄亥俄州長丹尼森前往軍營，向他保證這不是降職。丹尼森解釋說，總統只不過想讓他集中精神，全力帶領牽一髮而動全身的波多馬克軍團，該軍團一舉一動都左右戰爭結果。㉖

林肯預期郵政部部長蒙哥馬利・布萊爾，將會激烈反對麥克萊倫被免除最高指揮官的職務。保守的布萊爾家族是麥克萊倫堅定的擁護者，往後幾個月依然情義相挺。提到那些詆毀麥克萊倫的激進分子，老法蘭西斯・布萊爾警告這位將軍說，「不要因爲國會裡遊手好閒的傢伙催促或煩他，就草率行事」，㉗他們只會叫別人犧牲流血，自己坐享清福。在此同時，華盛頓八卦盛傳蒙哥馬利・布萊爾公開斥責內閣同僚史坦頓，怪他扯麥克萊倫的後腿。㉘保守派破口大罵史坦頓，激進派則斥責布萊爾是「奴隸制度的維護者」，㉙不滿他爲了捍衛毫無作爲的麥克萊倫，而遷怒史坦頓。

已經爲了麥克萊倫喪失中央控制權傷透腦筋的強勢布萊爾家族，對於林肯恢復傅瑞蒙的指揮官職位的決定，大感憤怒。蒙哥馬利・布萊爾私下表示，傅瑞蒙回鍋發號施令，「令人反感」，並提醒父親，這件事「讓法蘭克顏面盡失」，㉚法蘭克曾遭受傅瑞蒙逮捕入獄的羞辱。伊莉莎白・布萊爾對她的丈夫說，此事是「蔡斯促成——存心報復的史坦頓也有份」，而且她的弟弟法蘭克強烈感覺到這點。㉛就在四天前，法蘭克・布萊爾在民主黨和共和黨保守派的支持下，赴聯邦眾議院議事殿堂發表演說，嚴詞抨擊傅瑞蒙。他應眾議院戰爭指導委員會之請，來到華盛頓。連續幾週，委員會裡的激進派頻頻對林肯施壓，要求再給「解放者」傅瑞蒙一次機會。法蘭克・布萊爾演講完畢，眾議員斯凱勒・寇法克斯立刻起身，滔滔不絕為他們的立場辯護。他火力全開，對布萊爾演說中的論點逐一駁斥。㉜

布萊爾家族和傅瑞蒙公開翻臉，必定使林肯在考慮恢復傅瑞蒙職務時，躊躇不前。這項任命會使激進派興高采烈，但可能會使他失去布萊爾家族的忠誠，他苦心經營保守派和激進派之間的微妙平衡，也因此遭到破壞。真巧，就在傅瑞蒙任命案公布前六天，林肯的某個舉動，展現了恢宏氣度，對解決此一複雜局面發揮了重要的作用。

三月五日，心情沉重的蒙哥馬利・布萊爾走進白宮。《紐約論壇報》甫公開他在去年夏天家族內訌爆發前，寫給傅瑞蒙的一封私人信函。這封信是傅瑞蒙交給媒體，試圖讓布萊爾尷尬。這位郵政部部長在信中大吐苦水，說林肯過去加入輝格黨，「不僅使他容易認同輝格黨的軟弱政策，而且使他對輝格黨的策士信任有加。由於總統的這種心態，任何事情我都要費九牛二虎的力氣才辦得成」。㉝

伊莉莎白・布萊爾在寫給丈夫的短信中，描述了她的兄長與林肯那次會晤的狀況。「哥哥只是把這封信交給總統，請他過目。」林肯拒絕，「說他不想看，」因為這封信見諸報端，就是為了這個目的。蒙哥馬利承認「這是一封愚蠢的信」，他深感後悔。他對總統說：「我辭職賠罪是應該的……這整件事交給您做決定，我將聽任您處置。」林肯總統無意懲罰或撤換布萊爾。林肯說：「算了，以後不要再提起，也不要再想這件事了。」㉞

滿懷感激的蒙哥馬利・布萊爾，開始就傅瑞蒙任命一事，為林肯辯護。雖然他未被徵詢有關此一決定的意見，而且他了解，他的家族會把這當成是對法蘭克的公然侮辱，但他告訴父親說，他理解林肯必須遏止「國內派系傾軋擴散，防止國家在此刻四分五裂」的用心，因此他認為林肯「做得很好」。㉟立場保守的《紐約時報》同意這種看法，認為林肯批准傅瑞蒙任命案，是對「團結的渴求」和「群策群力的價值」，所做的必要讓步。《紐約時報》報導，林肯在指導戰爭的過程中，「堅決」相信北方「行動完全順應民意」㊱有其必要。

內閣之中，蘇爾德最佩服林肯在平衡政府內部派系，甚至整個國內黨派勢力，所展現的高超手腕。㊲激進派認爲蘇蘭德對總統發揮保守派的影響力，但事實上，他與總統都在執行同一項任務，那就是在兩個極端之間尋求一個中間立場。一個極端是共和黨激進派，他們認爲解放奴隸應該是這場戰爭的主要目標，另一個極端則是民主黨保守派，抗拒對奴隸地位做出任何改變，戰爭只爲了恢復聯邦完整。「一定要有人出面安撫和制衡，」蘇爾德告訴魏德說：「這就是總統和蘇爾德的苦差事。」㊳在另一封寫給老朋友的信中，蘇爾德表示對林肯信心滿滿。他寫道：「總統英明且務實。」㊴他對林肯的信任，就是聯邦目標終將實現，這個十足鼓舞人心的信念。

然而，表面上看來，激進派認爲蘇爾德是影響林肯的一股惡勢力。對於蘇爾德可能與麥克萊倫、布萊爾，以及後者在保守派報紙的盟友之間關係密切，古羅斯基伯爵大感失望。他質問道：「噢！蘇爾德先生，蘇爾德先生，爲什麼鼎力支持（麥克萊倫）策略的人士當中，會有您的大名？」㊵事實上，到三月中，蘇爾德已經不像以往那麼信任麥克萊倫，他納悶林肯爲什麼沒有解除其指揮權。㊶在與一位好友私下交談時，蘇爾德對麥克萊倫高估敵軍實力嗤之以鼻，說單單是紐約州的聯邦部隊人數，大概就超過在維吉尼亞州北部的所有南方軍隊了！㊷儘管如此，他仍努力自我克制，避免公開說出心中的懷疑。

「貴格砲」事件發生後，林肯對麥克萊倫也失去信心。林肯承認這位將軍是很了不起的「工程師」，同時也開玩笑說，「他似乎有一種開發『靜止不動』引擎的特別天分」。㊸他向布朗寧吐露，他觀察這位將軍越久，就越發現，「作戰的時刻一逼近，他就因爲職責而變得神經緊張，壓力大到不願意去面對危機。」因此，林肯已經「對他下達出兵的最後通牒」。㊹終於，在林肯要求的最後限期之前二十四小時，麥克萊倫麾下大軍近二十五萬人，從華盛頓附近的基地拔營出發，朝波多馬克河前進。波多馬克河上集結逾四百艘軍艦，準備載運他們至維吉尼亞州漢普頓錨地（Hampton Roads）的門羅堡。㊺這批精神抖擻、訓練有素的部隊，肩上扛著步槍、背著新裝備，在軍團樂隊的樂曲聲中邁步前進。一位日記作者評論，這是「世人難得一見」㊻的景象。在部隊啓航前，麥克萊倫發表一篇感性演說。「我現在要帶你們去和敵軍正面交鋒」，他告訴心愛的士兵說，「永遠記住，我的命運和你們的命運連接在一起……我就像家長守護孩子一樣，守護著你們，你們知道你們的將軍，從內心深處愛著你們。」㊼

儘管林肯「根據所有陸軍指揮官的研判，明確指示務必確保華盛頓安全」，㊽但史坦頓後來回憶說，大部分部隊抵達門羅堡時，「我獲得各方面的資訊指出，我們有充分的理由，擔心沒有足夠的兵力留守華盛頓」。[49]史坦頓將此事交由陸軍副官長羅倫佐．湯瑪斯負責。他評估整個情勢，得到的結論是總統的命令**並未**徹底貫徹。麥克萊倫留下「不到兩萬名毫無軍事經驗的新兵，連一個整編旅都沒有」，此一軍力完全無法保衛華盛頓免遭突襲。史坦頓一怒之下，在半夜將這份報告呈交總統。林肯緊急撤銷麥克萊倫對於麥克道威爾第一軍團的指揮權，調回第一軍團以保護華盛頓的安全。史坦頓回憶說，部分兵力被調回，「讓（麥克萊倫）大發雷霆，他的朋友也十分憤怒。」[50]

仍掌控大軍的麥克萊倫從門羅堡出發，朝距離里奇蒙約五十英里的約克鎮推進。麥克萊倫再度誤以爲敵衆我寡，始終讓軍隊處於戰備狀態。工兵花了數週寶貴時間修築工事，[51]這樣在步兵進攻前，射擊大砲就可瓦解叛軍防線。四月六日，林肯拍發電報給麥克萊倫說：「你現在擁有十萬大軍……我認爲你最好馬上突破約克鎮到渥維克河（Warwick River）之間的敵人防線。他們可能會盡可能善用**時間**，你也應如此。」[52]麥克萊倫對於林肯總統的忠告不屑一顧，次日他告訴妻子，如果林肯想要突破敵軍防線，「他最好自己過來做」。[53]

麥克萊倫作風依舊，仍然按兵不動，固執得讓人難以理解。他知會史坦頓說：「敵軍砲兵陣地比預期更強大。」史坦頓勃然大怒，他提醒麥克萊倫說：「派你去的目的，就是要**拿下**強大的砲兵陣地。」[54]當天晚上，林肯發了一封電報給這位將軍，警告他說，如果再耽擱，只會讓敵方從其他戰區調來援軍。林肯在四月九日建議這位指揮官說：「你非進攻不可。這個國家不會不注意——現在正注意——目前遲遲不對據守陣地的敵軍發動攻擊，就是馬納薩斯事件的重演。我向你保證，我過去跟你的通訊或談話，從沒有比現在更有善意……**但是你一定要行動**。」[55]

又過了兩週，還是沒有任何軍事行動的跡象。「表面上看起來這裡沒行動，可是不要誤會，」麥克萊倫發電報告訴林肯說，「我們沒有浪費一天，甚至一個小時。已經修建的工事幾乎可以用浩大來形容——修築穿過沼澤和峽谷的道路，調集物資，建造砲兵陣地。」[56]麥克萊倫另外寫了一封信給妻子，在信中爲自己繼續延後出兵找藉口，他提出一個似是而非的理由，稱敵人在約克鎮集結的兵力越多，「此一戰役的結果就越具有決定性」。[57]幾天後，他爲延緩進攻編造另一番說辭，辯稱他「被迫改變計畫，變得小心謹慎」，是因爲麥克道威爾的第一軍團被調去保衛華盛頓，這使他「意外削弱兵力，而我的前方是堅守陣地的強敵」，因此他不應該「為勝利的延遲負責」。58

兵力居劣勢的南方聯盟將領約瑟夫・約翰斯頓，讓麥克萊倫不敢越雷池一步長達一個月之久。他在五月初決定，沿著維吉尼亞半島往里奇蒙方向撤退十二英里。麥克萊倫聽說敵人正在撤兵，終於進攻約克鎮，結果發現叛軍早就人去樓空，重蹈他在馬納薩斯的覆轍。雖然他試圖對外宣稱，這次叛軍撤退，是一場兵不血刃的偉大勝利，民眾卻不相信，且充滿質疑：為什麼他一個月以來一直按兵不動？如果他當初以優勢兵力進攻約克鎮，可能已經重創了叛軍。59同時，一如林肯的預警，拖延時日一久，叛軍便得以從不同戰區增調援軍至維吉尼亞半島，他們正在約翰斯頓的指揮下，醞釀反攻。60

＊＊＊

戰事一觸即發，山雨欲來的焦慮不安，並沒有使華盛頓春天的社交旺季提早落幕。如果真的要說有什麼影響的話，就是當地的社交生活步調反而加快，因為華盛頓居民寄情於傳統的拜會、接待會、社交晚會、音樂會和晚宴等各種活動，以便從中找樂子，放鬆心情。《國家共和黨人報》報導，天氣一變得「溫和宜人」，公共廣場就「擠滿遊客，好不熱鬧。他們漫步在碎石小路，或坐在樹下」，聆聽鳥兒鳴唱，或孩子在地上滾動「塑膠環的嬉笑聲」。61

瑪麗依舊為威利之死悲痛不已，白宮傳統的春季招待會，以及草坪上的陸戰隊樂隊音樂會都取消了。62在這段社交真空期，凱特・蔡斯在華盛頓的社交圈獨挑大梁，使她成為父親的重要資產。凱特與羅德島州人史普拉格，斷斷續續地談著戀愛，但她對父親的承諾並沒有打折扣，還是把父親家裡大小事務打理得有條不紊。

凱特能夠在社交場合無往不利，一部分要歸因於她亮麗的外表。多次前往紐約為父親官邸添購家具擺設，順道採買的簡單優雅服飾，也為她的美麗加分。著名雕刻家丹尼爾・徹斯特・法蘭奇（Daniel Chester French）的妻子瑪莉・亞當斯・法蘭奇（Mary Adams French）表示，凱特的美比「美國當時所見到的美女更有職業水準」，「她兼具美貌，和所謂『女王般』的高貴儀態，連眞正的女王都不曾擁有那樣的儀容」。在「全世界尚未發現纖瘦美感」的年代，「高䠷而苗條」的凱特似乎超凡脫俗。她的「頸項罕見地細長白皙」，當她環顧四周，會刻意緩緩轉動。無論何處，只要她一現芳蹤，都會有人往後退，只爲了看她一眼。63 許多人被凱特的美震懾住，記者亨利・維勒的妻子梵妮・維勒（Fanny Villard）便是其中之一。她說：「我是一個來自新英格蘭的簡樸、年輕的家庭主婦，從來沒有見過像凱特這麼標致的可人兒；對我來說，她似乎完美得無懈可擊。」64

凱特的美貌和優雅，讓她在社交場合無往不利，但這只是她成功的一小部分原因。她之所以能夠成爲華盛頓社交圈的第一名媛，除了天生麗質，背後付出的努力和縝密規劃，同樣重要。她每天和家僕見面，下達有關當天活動的詳細指示。凱特和父親沿襲以前她在哥倫布市的慣例，爲外地來的賓客定期舉辦早餐會。65 從她的信件往返，可以看出這些事務需要精心籌備。她寫信給父親的朋友、費城銀行家傑伊・庫克，懇請他在「凡恩・贊特商店（Van Zant's）停留一下，您找到最好的水果，再把滿滿一簍最好、最漂亮的葡萄、梨子、橘子和蘋果等等，請亞當斯快遞公司（Adams Express）送來給我……務必在週二清晨送達」。凱特很遺憾提出這個冒昧的要求，但她「實在想不出有什麼人能把這件事辦得妥妥當當」，而她爲了安排這個「引人注意且愉悅的場合」，「特別感到憂慮」。66

除了清晨的早餐，凱特還負責每週一次的招待會，就是衆所周知的「內閣點名」日。當時一位華盛頓人士寫道，每週一「內閣官員夫人招待她們的朋友；麥克萊倫夫人這天也在家」。從早上十點到下午兩三點，這些華盛頓的官夫人依序走訪每位閣員的寓所，風雨無阻。「先到蘇爾德的官邸，」專欄作家卡拉・卡森寫道，如果法蘭西絲不在，就由安娜・蘇爾德負責招待賓客。一名黑人門房把她們的名片交給另一名僕人，這名僕人把名片放進銀製的名片收納盒，同時帶我們進去（清楚地念出姓名），見蘇爾德夫人。」大家互相問候，享用茶點之後，繼續到凱勒・史密斯夫人府上續攤。在那裡，他們發現「一張擺設雅致的餐桌、沙拉和所有的好東西」。接著威爾斯夫人總是以「親切的態度」熱誠款待。拜訪威爾斯夫人後，這些貴婦們會「在布萊爾夫人家小酌葡萄美酒、讚賞蔡斯小姐如女王般的雍容華貴，和貝茲夫人和善的一家人開心聊天，然後驅車去向麥克萊倫夫人，和史坦頓夫人致意」。67

凱特落落大方地主持每週的內閣招待會，但她花費最多心力的是，每週三晚上舉辦的著名的燭光晚宴。她極為仔細地草擬宴客名單、準備菜單，以及安排座位。由於她的父親坐在主位，她必須從另一端的座位上幫忙維持熱絡愉快的談話氣氛。[68]晚餐後，樂隊上場演奏，賓客開始翩翩起舞。「外交官和政治人物覺得，能夠成為她的座上賓是一種榮耀，文人雅士發現，他們需要才思敏捷，才能和她搭得上腔，」一位記者說：「她的交誼廳足以媲美法國大革命之前，被女性所主宰的法國波旁王朝皇宮裡的沙龍。」[69]

時日一久，蔡斯官邸逐漸變成林肯政府的批評者論壇。[70]凱特舉辦的私人晚宴氣氛輕鬆，威廉・費森登可以肆無忌憚地大罵林肯不願意面對奴隸解放問題。戰爭指導委員會成員也可以嚴詞痛批麥克萊倫將軍，措辭辛辣的程度，超出公開聲明所能允許的範圍。女士在客廳喝咖啡、吃甜點，可以聊些鄙視瑪麗・林肯的八卦。凱特顯然了解「客廳政治」[71]可以加強聯盟和鞏固權力，讓父親無法抑制的政治野心更上一層樓。她決定創造一個與白宮相抗衡的「敵對宮廷」，[72]以幫助蔡斯登上總統大位。一八六二年春天，她的影響力達到最高峰。

那年春天氣候宜人，在蔡斯交誼廳最令人關注的話題，始終圍繞著大衛・杭特（David Hunter）將軍的宣言[73]打轉。杭特是林肯的老友，負責指揮南部指揮部，涵蓋南卡羅萊納州、喬治亞州和佛羅里達州。五月初，杭特事先未取得白宮同意，逕自發布一道正式命令，宣布「永久解放」他轄區三個州的所有奴隸。蔡斯那個圈子一票人得知後，歡欣鼓舞，因為杭特的宣言甚至比傅瑞蒙在去年八月發布的命令，涵蓋的範圍更大。「對我來說，最重要的是，不要廢止這道命令……」蔡斯致函給林肯寫道，「我有把握，在您的政府賴以支持的民眾當中，超過九成的人會舉雙手贊成」。[74]林肯火速回信給蔡斯，開門見山地說：「基於我的職責，任何發號施令的將官，都不能未經過我的同意，就做這樣的事。」[75]

林肯廢棄杭特宣言，他了解這麼做，「就算不得罪許多人，也會令許多人不滿，失去這些人支持的後果，國家將無力承擔」。可是他堅信，任何這類宣布必須由三軍統帥，而不是戰場上的將軍發布。林肯正式撤銷杭特的命令後，告訴一個代表團說：「杭特將軍是個誠實的人……他過去是我的朋友，我希望他現在依然是我的朋友……他預期這項措施帶來的好處多過壞處，超出我所認為的。」[76]

蘇爾德和史坦頓支持林肯的決定，蔡斯則是公開唱反調。他與桑納和其他人交談時，公開抨擊林肯這次的舉動，在共和黨「更高層」搧風點火，散布林肯「膽小懦弱」[77]的言論。蔡斯的公然違抗，贏得《紐約論壇報》的喝采。由於霍利斯・格里利過去曾對蔡斯的公職表現「做出負面評價」，蔡斯對這位有影響力的主編「更加感激」。蔡斯對霍利斯・格里利堅稱，儘管他「在這裡已經見識過種種違法亂紀、踰越法令的僭越、縱容及盲從軍事將領和反動分子等等，諸多我無法苟同的事情，但是從來沒有像杭特的宣言被撤銷這件事，讓我覺得受到嚴厲考驗」。[78]外界開始謠傳，[79]這次爭議可能造成內閣決裂，導致蔡斯去職。事實上，只要林肯相信，蔡斯是執掌財政部的最佳人選，他就不會要求蔡斯辭職。至於蔡斯，只要他能在這個關鍵議題上，公開反對林肯，因此獲得激進派力挺，他就會留在內閣裡繼續發揮影響力，直到與內閣切割的適當時機到來。

* * *

五月的第一個星期，林肯決定親自前往門羅堡，希望能終結幾個月來麥克萊倫帶給他的挫折感。史坦頓先前曾建議總統，親自走一趟這個位於維吉尼亞半島尖端的要塞，或許最終能驅策麥克萊倫採取行動。五月五日週一晚間，林肯抵達海軍造船廠，在史坦頓、蔡斯和愛格伯・維厄勒（Egbert Viele）將軍的陪同下，登上配備五門砲的財政部快艇「邁阿密號」。維厄勒回憶說：「船艙整潔舒適。中央有一個餐桌、餐具櫃和盥洗盆，還有四個臥鋪，一邊兩個，與幾張舒服的座椅，這就是它的主要設備。」因為「邁阿密號」是財政部的船艦，蔡斯「似乎覺得我們是他的客人」，維厄勒將軍如此表示。這位財政部長甚至把他的管家帶到船上，張羅餐點，「彷彿就在他自己家裡，招待我們。」

這趟旅程歷時二十七小時。剛開始，蔡斯和史坦頓心中還牽掛著留下的公務，隨著時間過去，林肯談笑風生，他們受到林肯的高昂情緒感染，心情逐漸放鬆。聚集在後甲板的一群人始終以林肯為中心，他能夠讓每個人聚精會神數小時，聽他朗誦莎士比亞的作品，「一頁接一頁的白朗寧（R. Browning）詩作，以及拜倫的整個詩篇」，維厄勒將軍對這種狀況感到不可思議。高談闊論了大半天，林肯會從他「用之不竭的庫存」[80]尋找奇聞軼事，穿插點綴。通常許多故事與談話中的某個重點有關，可是有些只是笑話而已，而且林肯往往自己笑得比其他聽眾更大聲。他最喜歡講的一個趣味故事，內容是說一個男學童「即將被老師處罰。『伸出你的手！』結果，令人錯愕的一隻手掌伸了出來，它骯髒得離譜」。這位老師當場傻眼，他說：「『現在，如果這個房間裡，還有另一個像這麼髒的東西，我就原諒你』。『有啊，』這位犯錯的男生酷酷地說，接著從他的背後抽出另一隻手」。[81]

林肯總統一行人在甲板上享受悠閒時光，林肯還搞笑展示「肌力，說自己是千中選一的大力士」。他拾起一把斧頭，「用拇指和食指抓住（柄的）末端，伸長他的手臂，一連握了好幾分鐘。船上最強而有力的水手，試圖依樣畫葫蘆，但都失敗。」[82]

週二吃完午餐，餐桌收拾乾淨後，總統與其策士研究了地圖，並分析維吉尼亞州內部與其周邊的陸軍部署。[83]駐防門羅堡的聯邦部隊，[84]據守在連接契沙比克灣與三條河流的漢普頓錨地的北岸。在南岸的南方聯盟軍隊，仍佔有諾福克和當地的海軍造船廠。兩個月前，南方叛軍利用此一戰略據點，派遣配備火力強大的九門砲船艦「梅利美克號」，連續痛擊聯邦軍隊，取得很大的優勢。[85]「梅利美克號」原本是被聯邦軍隊鑿沉的廢棄船隻，叛軍將它打撈起來，用鐵甲包覆船身。短短五個小時，這艘裝甲艦就擊沉、擄獲並癱瘓三艘船和兩艘聯邦巡防艦。

此一消息嚇壞政府官員，他們擔心這艘無敵的「梅利美克號」，會沿著波多馬克河逆流而上，直搗黃龍，攻擊華盛頓，甚至繼續挺進直逼紐約。梅格思將軍曾經抱怨說：「這些叛軍沒有資源，卻建造一艘我們無法抗衡的戰艦，這是國家的恥辱。」[86]內閣召開緊急會議，席間史坦頓把這場災難歸咎於威爾斯，其實怪罪威爾斯有欠公允。根據威爾斯傳記的作者敘述，史坦頓的批評充斥人身攻擊，讓這位海軍部長覺得「自己一度很難在（史坦頓）面前，維持基本的禮貌」。[87]

事實上，海軍爲了迎戰「梅利美克號」，已經做了充分的準備。第二天「莫尼特號」（Monitor），這艘造型怪異、酷似「木筏上裝了個乳酪盒」[88]的裝甲船艦，與「梅利美克號」交鋒。雖然小型的「莫尼特號」看似「侏儒對抗巨人」，[89]結果證明它的機動性強多了。海軍上尉約翰・沃登（John L. Worden）在一個旋轉式砲塔，指示兩門巨砲射擊，「莫尼特號」在他的指揮下，與「梅利美克號」戰成平手，後者退回港口。沃登在這場戰役中可能失去一隻眼睛，史坦頓獲悉此事時說：「那我們用鑽石來鑲嵌他的另一隻眼睛。」[90]

和許多人一樣，赫曼・梅爾維爾認爲，這兩艘裝甲艦的戰役代表戰爭邁入一個新紀元。「錚錚鐵甲聲／依舊響徹世界，」他寫道，「而本屬戰士們的戰爭／如今落入操作工手裡。」[91]

總統與其幕僚聚在一起研究諾福克市門羅堡和周邊地區的地圖時，他們無法理解爲什麼麥克萊倫在佔領約克鎮之後，不立刻攻打諾福克。南方聯盟軍隊沿著半島往北撤退，使得諾福克和當地的海軍造船廠，防守空虛。[92]雖然「莫尼特號」與「梅利美克號」之戰守住了陣地，但並不保證此一漂亮戰績以後還會重現。如果攻下諾福克，「梅利美克號」也許就成了囊中物。由於麥克萊倫及其部隊在大約二十英里外，林肯與其內閣小組自行做了決定。如果門羅堡的指揮官約翰・伍爾（John E. Wool）麾下有足夠的兵力可供調派，就應該立刻進攻諾福克。七十八歲老將軍伍爾得知後驚惶失措，堅持要與海軍准將路易士・戈爾茲伯勒（Louis Goldsborough）商量，因爲海軍戰艦必須先摧毀對方的砲兵陣地，部隊才能安全登陸。

夜色一片漆黑，「邁阿密號」不容易靠近戈爾茲伯勒的旗艦「明尼蘇達號」，所以林肯一行人登上一艘拖船，朝「明尼蘇達號」左舷接近。通往甲板的階梯非常「狹窄」，蔡斯寫道，「黑暗中幾乎看不見東西，只能用手抓著引導的繩索前進。我看階梯的高度很高，似乎有點可怕。不過遵照禮儀規範，總統要走在前面，他就先走過去，財政部長緊跟在後。」[93]史坦頓立刻追隨蔡斯，他內心的恐懼一定更強烈，因爲年輕時的一次意外，造成他的一隻腿永久損傷，[94]此外，他還得忍受頻頻發作的眩暈症。幸好，他們順利登船，全員平安。林肯對於路易士・戈爾茲伯勒可能不熟悉，但蔡斯已經認識他幾十年——這位出色的海軍軍官當年贏得威廉・沃特千金伊莉莎白的芳心，同樣追求佳人的蔡斯，則不被認爲是合適的對象。

理論上，戈爾茲伯勒支持進攻的想法，但只要「梅利美克號」不除，他擔心載運軍隊過河，太過冒險。[95]林肯不以爲然，下令砲轟南方聯盟部隊的砲兵陣地。蔡斯回憶說，不久「一陣濃煙從樹林上空升起，幾乎人人都交頭接耳地說：『梅利美克號來了！』果真是梅利美克號」。然而，這艘「讓對手聞風喪膽的叛軍戰艦」，在戰力第二強大的船艦護衛下，暗中監視「莫尼特號」的動靜，它「一度停止不動，然後掉頭折返」。[96]第二天，林肯、蔡斯以及史坦頓各自視察了海岸線，以決定部隊的最佳登陸地點。一輪滿月高掛天空，林肯搭乘一艘划艇上岸。他在敵人的地盤走了一會兒，接著回到「邁阿密號」。一旦敲定最佳地點，蔡斯便一直催促馬上發動攻勢，他擔心麥克萊倫可能現身，延誤進攻大計。[97] 次日晚上，護航的軍艦朝海岸前進。

他們發現，原來叛軍已決定撤出諾福克，並在砲火開始攻擊後不久，就鑿沉「梅利美克號」，以免落入聯邦軍隊手中。聯邦部隊長驅直入諾福克市，未遭遇任何抵抗。蔡斯陪著伍爾和維厄勒兩位將軍進城時，聽到士兵「陣陣歡呼聲」。在市中心，他們遇見一支民政當局代表團，正式向維厄勒將軍投降。維厄勒將軍以該區軍事總督的身分，留守市政廳。[98]

最後蔡斯和伍爾將軍回到「邁阿密號」，時間已經過了午夜。林肯和史坦頓焦急地等待整晚，才進房休息。「當天晚上非常暖和，」林肯回憶說，「月光皎潔明亮——我心神不寧睡不著覺，於是脫下衣服，坐在桌子旁邊看了一會兒書。」樓下史坦頓的房間忽然傳來敲門聲，他猜想「失蹤的人」終於回來了。幾分鐘後，蔡斯和伍爾將軍來到林肯的房間。伍爾顧不得客套，便開心地宣告：「諾福克是我們的了！」史坦頓「突然衝了進來，他剛從床上起來，身上還穿著長睡袍」，聞訊後欣喜若狂，「奔向將軍，給他最熱情的擁抱，興奮地一把將他抱離地面」。林肯承認，當時的情景「一定很滑稽」，因爲史坦頓穿著一件「幾乎拖在地上」的睡袍，他自己則剛脫了衣服。不過，他們全都「太過興奮，沒有很注意外表」。[99] 除了拿下諾福克，令人膽戰心驚的「梅利美克號」被摧毀，從華盛頓到維吉尼亞半島的補給線就此開通。

這支得意三人組回到華盛頓時，記者注意到史坦頓「生了重病，被送回家」。起初醫生擔心是眩暈症發作，[100] 這毛病每次都會使他一連好幾天不敢移動身體。不過他很快康復，享受勝利的甜美滋味。美國南北戰爭歷史學家謝爾比・傅特（Shelby Foote）稱這場勝仗，是「美國軍事史上最奇怪的小規模戰役之一」。[101]

心情十分愉快的蔡斯對總統佩服得五體投地，欽佩的程度已達到空前絕後的地步。「總統一週的行程結束得眞是精彩，」蔡斯寫道，「因爲我相當肯定，如果他沒有南下，諾福克依然在敵人手中，而梅利美克號將仍舊猙獰、挑釁，像以往一樣恐怖。如今整個海岸幾乎都是我們的」。[102]

不出所料，麥克萊倫拒絕承認聯邦部隊收復諾福克是總統的功勞。「諾福克現在已經是我們的地盤，」他斬釘截鐵地告訴妻子說，「這是我調兵遣將的結果」。[103]

＊＊＊

林肯勝利歸來後，海軍部長威爾斯邀請蘇爾德、貝茲及其家眷，和他們夫婦兩人，一起參加爲期六天的維吉尼亞州海岸巡航之旅。如今維吉尼亞州沿岸的叛軍已經肅清，「梅利美克號」的威嚇也一掃而空。「我們有兩位領航員，和十三名船員，」費德告訴他的母親說，「沃姆利、他的廚師和幾個侍者、兩門榴彈砲、二十四把步槍、一個星期用量的煤炭和必需品、雙筒望遠鏡以及地圖。」⑩海軍武裝汽船搭載他們至諾福克，和戈斯波特海軍造船廠（Gosport Navy Yard），參觀了「梅利美克號」的殘骸。接著他們沿著約克河，來到麥克萊倫位於西點的新總部，這裡距離里奇蒙三十英里。汽船在河流間航行，這些內閣同僚在船上享受無拘無束的同志情誼。他們享用豐盛的餐點、在海軍樂隊的伴奏下，高唱愛國歌曲，彼此互開玩笑。⑮蘇爾德發現老鼠咬壞了貝茲的領帶和襪子，還作了一首打油詩，⑯配上插圖，留作紀念。

白天他們上岸四處閒逛，這些濱海城鎮如今爲聯邦軍隊所有。蘇爾德在給妻子的信中寫道：「維吉尼亞州看起來糟透了，不只是有叛軍造反，社會本身也破敗不堪。奴隸陸續從主人的家中逃跑，有的跑去加入南方的陸軍，或是在我軍抵達前逃離。經濟全面停滯，到處暮氣沉沉。」⑰和林肯一樣，蘇爾德對於戰爭的摧殘，一直很敏感。儘管他對於聯邦軍隊最近成功征服維吉尼亞州這部分的土地，感到滿意，但放眼望去滿目瘡痍，令他憂慮不已。「我們看到了戰爭，不是假日盛裝的美好情景，」他對范妮說，「而是它殘酷且怵目驚心的一面。我們見證了戰後的荒蕪，以及戰爭來臨前的恐怖肅殺氣氛。」⑱

汽船約在五月十三日下午三點左右抵達麥克萊倫的營區。接近沿岸時，費德・蘇爾德赫然發現，「樹林裡的一大片空地」，已經「因爲麥克萊倫及其支援艦隊的到來，突然變成一個擁有十萬人口的大城市」。⑲麥克萊倫陪同這一行人上岸，他們檢閱他的數千名部隊，並討論這位將軍的計畫。

儘管麥克萊倫認爲這樣的訪問是「討人厭的事」，⑩他仍然讓他的公務嘉賓相信，如果他能夠獲得增援，不久就會在「里奇蒙這邊」⑪的決定性一役，贏得勝利，而且這將是「世界上最偉大的歷史性戰役之一」。⑫麥克萊倫的軍隊士氣高昂，訓練有素，軍事行動場面盛大，在場所有人都留下深刻印象。費德說：「晚上岸邊一排排明亮燈光，河面船隻運輸繁忙，此情此景很難讓我們相信，不是置身在費城或紐約的港口。」[113]

與麥克萊倫會晤後，蘇爾德發出電報給林肯，建議調派麥克道威爾的部隊至約克河，「盡快」增援麥克萊倫。[114]林肯與史坦頓贊同他的看法。麥克道威爾奉命[115]把麾下整個部隊，從華盛頓附近地區調往維吉尼亞半島。幾個星期以來，支持麥克萊倫的民主黨人，一直公開批評總統和戰爭部長，指責他們要求麥克道威爾留守華盛頓，是杞人憂天。麥克萊倫堅持必須滿足他的要求，他告訴林肯說，除非確實擁有絕對的權威，不然他不會接收麥克道威爾的人馬。麥克萊倫認爲麥克道威爾在奴隸問題上，採取激進的立場，而且私底下很鄙視他。麥克萊倫在寫給妻子的一封信中，稱他爲「禽獸」。[116]林肯發電報給麥克萊倫，保證他可以指揮調度。

林肯命令麥克道威爾，準備向南方出發。命令下達後第二天，林肯心血來潮，偕同史坦頓和達爾格倫，視察麥克道威爾位於費德里克斯堡（Fredericksburg）的總部。由於行程安排得十分突然，達爾格倫上尉沒有時間把吃的東西或睡鋪，帶至駛往阿奎亞灘頭（Aquia Landing）的汽船上。儘管食宿是臨時湊合的，林肯仍甘之如飴。他大聲吟誦有「美國拜倫」之稱、當代詩人費茨—格林・哈勒克（Fitz-Greene Halleck）的作品。當晚林肯選擇朗讀一首長詩《馬可・波札里斯》（*Marco Bozzaris*），[117]這首詩是歌頌在反抗土耳其統治的戰爭中犧牲生命的一位希臘英雄。林肯被詩中描述的永恆偉大和千古傳誦的事蹟所吸引。因爲人生中有如此成就，他「身後哀榮，在希臘無人能及」，不論是希臘或「生育你」的母親，提到「你的死，皆毫無嘆息」：

因為你現在是自由的，而且名揚四海；
少數不朽的人物之一，
並非為死而生。

林肯和隨行人員在天亮後不久抵達阿奎亞溪（Aquia Creek），接著驅車前往麥克道威爾的軍營。根據達爾格倫的描述，那是「一般的列車行李車廂，裡面放了幾張摺疊椅凳給他們坐」。麥克道威爾迫不及待，想向這一小批人展示他部隊的成績，包括重建橋梁和修理電報線路，使華盛頓和費德里克斯堡之間，首度可以直接電報聯絡。這位將軍尤其驕傲的是，他們搭建了一座新的高架橋，這座橋跨越一條溪流，和一座高一百英尺的深谷。達爾格倫回憶道，橋面「只有一塊厚木板，可讓我們在上面行走」，但林肯脫口而出：「我們走過去。」總統走在最前頭，麥克道威爾緊跟在後，接著是可憐的史坦頓，他怕高是可以理解的。達爾格倫殿後，一行人開始冒險的旅程。「大約走了一半，」達爾格倫寫道，「戰爭部長說他頭暈，怕自己會摔下去。所以他停下腳步，無法繼續。我設法走到他的旁邊，握住他的手，牽著他前進。事實上當時我自己從這高度往下看，也有點頭暈目眩」。

早餐過後，總統和麥克道威爾騎馬視察部隊一整天。林肯沒有戴帽子，忍受烈日曝曬，「一個師接著一個師」地校閱，「所有部隊軍容整齊，士兵的歡呼聲如雷貫耳」。簡單用餐完畢，總統一行人回到阿奎亞溪，晚間十點過後啓程前往華盛頓。據達爾格倫的說法，林肯「正在興頭上」，再度高聲吟詩，然後大家回到臨時準備的床鋪休息。臨睡前，史坦頓向達爾格倫透露說：「他覺得麥克道威爾不怎麼樣！」[118]

第二天，一則頭痛的消息傳抵華盛頓。據悉，人稱「石牆」的傑克森將軍已經奉命，[119]攻擊位於申南多河谷的聯邦部隊，希望阻止麥克道威爾南進。他成功達成目標。傑克森攻擊皇家前線（Front Royal），迫使班克斯將軍匆匆向北，撤退至溫徹斯特，隨後林肯發電報給麥克萊倫說：「麥克道威爾與你會合的行動，被迫喊停。」[120]他又發一封電報解釋說，由於傑克森一直向北挺進，對班克斯緊追不捨，華盛頓再度陷入險境。「我們這裡沒有兵力駐防，只能全力阻止（敵軍）在哈柏斯渡口或上游地方，橫渡波多馬克河……要是麥克道威爾的兵力部署鞭長莫及，我們就完全束手無策了。」林肯思忖，傑克森帶領麾下部隊往北推進之際，里奇蒙的後防一定空虛。「我認爲你務必在近日進攻里奇蒙，或是放棄此舉，回防華盛頓。請速回電。」[121]

麥克萊倫在下午五點回電：「不說別的，我攻打里奇蒙的時間已經很接近。」[122]然後他傲慢地告訴妻子，「剛剛回電給總統大人」，並抱怨說：「和這樣的人打交道，眞是令人反胃，不過你放心，我盡可能不要爲了和他們中斷所有聯繫，而浪費時間——我一天比一天更厭惡他們——因爲每過一天，就有更多的證據證明他們的僞善、無賴和愚蠢。」[123]

詹姆士．麥佛森下結論說：「林肯命令麥克道威爾軍團轉向，去追擊傑克森的做法，可能犯了戰略錯誤——甚至也許是麥克萊倫所認爲的重大失誤。」因爲傑克森成功調開這支準備前往里奇蒙支援的聯邦部隊之後，就馬上掉頭南下，加入保衛南方聯盟首都的行列。麥佛森補充說，儘管如此，「即使麥克道威爾的軍團按照原訂計畫，與麥克萊倫會合，依後者以往的行事風格，也沒有理由相信他會迅速採取行動，大膽出兵攻打里奇蒙」。[124]

到了五月底，麥克萊倫終於前進至距離里奇蒙僅四英里處，但他仍拒絕先發制人，而且他的部隊對於費爾歐克斯（Fair Oaks）[125]遭到敵軍攻擊，感到訝異。雖然這非決定性戰役，而且叛軍損失比聯邦軍隊更慘重，可是聯邦士兵近五千人死傷，仍使麥克萊倫心情受到打擊，信心全失。史坦頓的妹夫、時任戰爭部助理部長的克里斯多福・沃考特（Christopher Wolcott）說：「麥克萊倫不斷放話，說他很快就會攻打里奇蒙——可是他每天都找出新的藉口」。六月上旬，下雨是一個合理的藉口，不過五天前雨就停了。沃考特說：「他毫不動搖。」[126]

麥克萊倫滿腹牢騷，心中顧慮，多不勝數，舉凡橋梁未修建完成、[127]路況差，以及部隊需要重整等等。最後林肯命令麥克道威爾增援麥克萊倫時，這位將軍還揚言，「如果我無法完全控制他（麥克道威爾）的整個部隊，我情願不要一兵一卒，寧可用我現有的兵力作戰，讓別人負責戰爭的結果」。[128]麥克萊倫對妻子透露：「小心爲上，我不能拿我的生命冒不必要的險——因爲我手下士兵的命運，掌握在我手上，他們都知道這一點。」[129]

麥克萊倫一拖再拖，又讓李將軍取得主動權。[130]在六月最後一個星期，叛軍向聯邦軍隊發動一次殘酷的攻擊，這就是著名的「七日戰役」。[131]在奇克哈默尼河（Chickahominy River）周圍的平原、沼澤和樹林間進行一連串交戰，腥風血雨，造成一千七百三十四名聯邦士兵陣亡，八千零六十六人受傷，以及六千零五十五人失蹤或被俘。[132]第一天戰鬥結束，麥克萊倫發電報警告史坦頓說，他面對「佔有極大優勢」的敵軍，據他估計，對方擁有二十萬大軍，事實上卻是不到這個數字的一半。他表示，在屢次要求援軍未到的情況下，會堅持繼續奮戰，可是如果因爲「兵力處於極度劣勢」，導致「慘敗，那麼責任不能要我來扛——必須由該負責任的人來承擔」。[133]林肯早已厭煩他的這番論調，在回電中說，麥克萊倫談到責任問題，「讓我十分痛心。我竭盡所能給你一切……你卻一味以爲如果我願意，就可以給你更多，我認爲你這種想法有失厚道」。[134]

接下來幾天，戰況越來越激烈，麥克萊倫和林肯都輾轉難眠。[135]在最初兩天，雙方互有輸贏。接著在六月二十七日，南方聯盟軍隊在加尼斯米爾（Gaines' Mill）戰役贏得關鍵性的勝利，迫使麥克萊倫撤退。[136]午夜一過，麥克萊倫電告史坦頓說：「我現在已經了解這一整天的狀況。我輸掉這一仗，是因爲我的兵員太少。我再重複一遍，我不會爲這次挫敗負責」。「當我說我的兵力太弱時」，總統認爲我「有失厚道，他錯了，我只不過實話實說，而且今天已經得到清楚的驗證」。他憤恨地說：「如果我現在拯救了這支軍隊，我明白告訴你，我不必向你或華盛頓其他任何人道謝。你已經盡了最大的努力犧牲這支軍隊。」[137]戰爭部電報室主管看了這封語帶挑釁的電文，對於其犯上的口氣，和對政府的強烈控訴，大感震驚，他指示屬下把最後一句刪除，再呈報史坦頓。[138]

連經過修改的電報，都傳達出對政府的指控，這也是麥克萊倫與其支持者在往後幾年的抨擊：要不是政府未派出部隊，增援攻擊火力被壓制的麥克萊倫，勝利應該已經到手。然而，即使加尼斯米爾一役失利，麥克萊倫的軍隊依然實力堅強，[139]而且靈活機動。接下來幾天，聯邦部隊在莫爾文丘（Malvern Hill）[140]重創敵軍，對方死傷逾五千人，自己的傷亡僅敵軍的一半。事實上，麥克萊倫是心理上被打敗。克里斯多福・沃考特下結論說：「他只是統率能力不如人罷了。」[141]麥克萊倫沒有反擊，倒是繼續從里奇蒙撤退，[142]直到麾下精疲力竭的士兵沿詹姆士河南下八英里，才在哈里森斯灘頭（Harrison's Landing）覓得安全地點。李將軍的部隊同樣人困馬乏，他們回到里奇蒙，半島戰役就此畫上句點。南方聯盟軍隊成功保住了他們的首都，贏得一次重要的戰略上的勝利。聯邦軍隊需要多花近三年的時間，多犧牲成千上萬人的性命，才能像一八六二年五月和六月，那麼逼近里奇蒙。

17 「我們正處於深淵」

半島一役戰敗，重創了北軍的士氣。「我們目前正處於深淵，」喬治・坦普頓・史壯在一八六二年七月十四日坦言道：「空氣中瀰漫著一種讓人嫌惡的氣氛，人們陷入悲觀思維。」①在華盛頓，專欄作家卡拉・卡森觀察到每個人臉上寫著挫折，流露出的焦慮感，比起「牛奔河之役」戰敗後的情況嚴重許多，「因爲這次潰敗的影響更大。」②古羅斯基伯爵也持同樣的看法，宣稱當年七月四日的獨立紀念日，是「這個共和國誕生以來最陰鬱的一個國慶。這個國家從來沒有這麼低潮過。」③就連平時意志堅定的約翰・尼可萊也向未婚妻瑟蓮娜透露：「過去一週令人非常沮喪……自戰爭爆發以來，我不記得曾聽過比這更多的怨言④。」

蘇爾德一向積極樂觀，原本熱切期盼拿下里奇蒙，可以就此昭告戰爭即將結束，如今情勢丕變，讓他的希望破滅。「看到廣大群衆突然一起陷入悲哀、氣憤和厭惡的情緒之中，是令人震驚的景象，」他向

正在奧本陪她母親度過夏天的范妮傾訴。他曉得：「假如讓普遍的失望之情影響到我發的急電，或甚至讓我面露愁容，整個國家將被絕望籠罩。」他要求范妮來信，告知家裡的日常生活瑣事，比如花朵綻放和雞蛋孵化之類等等，就是不要提戰爭和失敗的事。「這些信不會帶來恐慌、抗議、抱怨和責備，」他解釋說：「它們是我收到的來信中，唯一不會帶來刺激的……所以開開心心地寫信給我，就像你常做的那樣，寫寫男生、女生、狗狗和馬匹，還有小鳥歌唱、星光閃耀以及你從不哭泣，願你天天都受到祝福，這樣可幫助我打起精神。」⑤

蔡斯也同樣感到挫折和沮喪。「自從叛亂爆發以來，我從未這麼憂傷，」他告訴一位友人：「我們應該要贏得一場勝利，並且攻下里奇蒙。」⑥此外，女兒凱特已經前往俄亥俄州探訪她的祖母，人不在華盛頓安慰他。他寫了許多家書給她，⑦內容洋洋灑灑，細數那年夏天發生的事，其中一封寫道：「你走了之後，屋子似乎變得冷冷清清。」⑧他描述他去探視麥克道威爾將軍的情形，麥克道威爾從馬背上摔下來不省人事；告訴她一場不尋常的內閣會議，在蘇爾德家舉行的一次愉快的晚宴，史坦頓和威爾斯兩家人都有來，還有與傑伊・庫克的一次會面，以及麥克艾文主教的來訪。他詢問她夏天穿了什麼衣服，她的蕾絲面紗，以及她訂購的一顆鑽石。除了閒話家常，他還告訴她有關半島戰役的機密軍事情報，描繪奇克哈默尼河的流向以及各個師團部署的位置，好讓她能想像戰鬥進行的過程。

父親這些冗長的信件，令凱特相當感動，她認爲這「是一種愛和信任的象徵」。他則回應說，她能有這樣的理解，「那麼他花費時間和精神的長篇大論，就相當值得」。請她務必相信她會一直擁有他的愛，而他也將繼續「在許多方面給予她最大的信任」。⑨蔡斯也對她的來信感到滿意，這些信總算達到他嚴格的標準。「你的來信都已收到了，寫得都很不錯——有些非常出色。」⑩

然而，凱特在那年夏天寫的信，卻隱瞞了她的不快樂——她與威廉・史普拉格之間的戀情進展得不順利。小兩口本已準備訂婚，史普拉格卻在後來接獲幾封惡毒的黑函，重提她在哥倫布市和一名已婚年輕人調情的荒唐事，可能還加油添醋。那個年輕人在她十六歲時瘋狂地愛上她。儘管史普拉格自己的行爲更不檢點，在二十多歲時曾和別人生了一個小孩，卻因聽到有關凱特的流言而打退堂鼓，中斷了兩人之間的關係。「然後是一片空白，」蔡斯後來回憶：「有白晝的地方就會有黑夜。在有些國家幾乎一直是白晝，但黑夜還是會來。對我們而言黑夜來了。」[11]

不習慣遭遇挫折的凱特，不知道為什麼史普拉格突然停止追求，心情十分低落。蔡斯察覺異樣，他告訴凱特，如果她不把自己最深切的擔憂告訴他，不能像他信任她那樣，信任這個父親，他會很失望。「當你完全信任我，我的信任才得以完全……你要以行動和言語讓我曉得你並未對我隱瞞什麼。一個父親應該要知道女兒的想法、情緒和行動。你不能完全信任我嗎？我確信這樣你會比較快樂，我也會更開心。」[12]

為了讓凱特振作起來，蔡斯安排她和奈蒂去造訪麥克道威爾位於紐約州北部的白脫牛奶農場（Buttermilk Farm）散散心。平靜的鄉間生活，並不適合渴望轉移悲傷情緒的凱特。麥克道威爾夫人發覺凱特的「健康和精神」出現問題，貼心地答應她和一些朋友一起前往薩拉托加（Saratoga），去尋求較活躍的社交生活。「放心，不會有事的，」[13]她針對凱特離開一事向蔡斯保證。當然，蔡斯還是忍不住要為愛女擔心。

愛德溫・史坦頓在一九六二年夏天遇到的麻煩，比蔡斯和蘇爾德更傷腦筋。「每一個社會經歷過一場災難之後，首先需要的是一隻**代罪羔羊**，」《紐約時報》指出：「找出某個人把大家的罪過全推到他身上，然後將他送入曠野，從此聽不到此人的音訊，就可以大大減輕痛苦。」[14]一肚子怒氣的北方佬發現戰爭部長，是他們要的代罪羔羊。《紐約時報》報導：「所有報紙都要求他立刻下台。」[15]

麥克萊倫首先發難，他告訴每個人說，史坦頓要為半島一役的戰敗負責。他在七月寫給瑪莉・艾倫的信中說：「你想知道我對史坦頓的感覺，以及我現在對他的看法？我認為他是我所認識、所聽過和所見識過，最徹頭徹尾的惡棍；我想……要是他生在救世主的時代，加略人猶大（Judas Iscariot；譯註：出賣耶穌的人）仍將會是眾使徒中一個受尊敬的成員，史坦頓那種堂而皇之的背叛和流氓行徑，會讓猶大感到驚恐，並高舉雙手投降。」[16]麥克萊倫於一個星期後寫道，他掌握了「**證據，證明部長看過我所有的私人電報**」。事實上，他是認為「假如他念了我的私人信函給大家聽，他的耳朵必定感覺有幾分刺痛」，想到這樣他就高興。雖然有幾分懷疑，這仍無法阻止他一再提及自己對這位昔日好友的嫌惡，他現在認為史坦頓是天底下「最邪惡的偽君子和壞蛋」。[17]

民主黨陣營不願意去挑剔麥克萊倫的說詞，他們撻伐史坦頓的聲音最大。保守派人士則由布萊爾家族帶頭，指控史坦頓拋棄他的民主黨傳統，背叛昔日好友麥克萊倫。兩名海軍軍官在和伊莉莎白・布萊爾的夫婿塞米爾・菲利普斯・李談話時宣稱：「我們在里奇蒙的挫敗，根本是有人叛變」，因「史坦頓在政治上與麥克萊倫作對」⑱而起。只要有人提到史坦頓的名字，民主黨人約翰・艾斯特（John Astor）就會忍不住破口大罵。史壯指出：「他和許多人一樣，認爲史坦頓是刻意不增援麥克萊倫，以免麥克萊倫取得偉大的勝利，在政治上太出鋒頭。」⑲衛生委員會成員佛德里克・羅・歐姆斯泰德（Frederick Law Olmsted）也表達類似的觀感。「假如我們任由人們公告他是個騙子、僞君子和流氓，有助於將他問絞，」他寫道：「我想我們爲國家所做的貢獻，應該會比其他任何方式大得多。」⑳

《紐約時報》承諾不會加入這場針對史坦頓的「極其猛烈的討伐運動」，但懇請總統，「假如我們將有一位新的戰爭部長，請給我們一位軍人——一位曉得戰爭是怎麼回事，應該如何進行的人……如果史坦頓先生要被撤換，那麼讓麥克萊倫當他的繼任者，如此可讓國家恢復信心，公眾的利益也將獲得大幅提升。連那些挑剔其作戰領導能力的人，也不會對他掌握戰爭藝術的本領有所質疑」。㉑幾個星期以來，逼退的壓力排山倒海而來，史坦頓心裡一定在想，林肯還會挺他多久。

除了人身攻擊令他心煩，史坦頓還得承受每天早晨一長排救護車輛從半島前線，不斷將死傷官兵運進城裡，所帶來的折磨。面對死亡，史坦頓一輩子感到焦慮不安。現在他經常被死亡包圍。有時他會親自將官兵陣亡的噩耗，通知家屬。瑪麗・艾雷特・卡貝爾（Mary Ellet Cabell）的父親查爾斯・艾雷特（Charles Ellet）上校在孟斐斯傷重不治，她始終記得史坦頓出現在喬治城她家門前，述說艾雷特在戰場上英勇事蹟的情景。「我聽說過這位權傾一時的戰爭部長冷酷無情；但我永遠無法忘記他那溫柔的舉止，」他在傳達消息時「眼泛淚光」。㉒

史坦頓自己的家人也被死神召喚。七月初，他最小的兒子詹姆斯，六個月前接種疫苗卻感染天花，這時已進入末期。史坦頓一家原本打算和梅格思將軍及其家人，在一艘遊艇上歡度七月四日假期，但孩子生病，卻讓夫人艾倫・史坦頓晝夜操心。七月五日，一名通訊兵前往戰爭部通知史坦頓說：「寶寶快不行了。」他立刻驅車趕回三英里外，其家人在夏天居住的鄉間別墅。與死神拔河了幾天，最後仍在七月十日不幸去世。㉓對深愛自己小孩的史坦頓來說，詹姆斯的死令他痛不欲生。沉重的工作壓力，使他一連好幾個星期不能和家人相聚，尤其讓他感到痛苦。遭受公眾責難和個人悲劇的雙重打擊，他自己的健康也開始亮起紅燈。㉔

***

當內閣爲了半島一役戰敗而雞飛狗跳的時候，林肯面對著嚴酷的事實，就是最終還是要由他一個人做出決定。不過，就像惠特曼在「牛奔河之役」潰敗後所觀察到的那樣，林肯拒絕向戰敗的沮喪情緒低頭：「他毫不畏縮地阻擋它，並決心讓自己和聯邦陣營擺脫它。」[25]當半島戰役如火如荼時，林肯還撥空寫了一封信給西點軍校一名學生，那是林肯夫人瑪麗堂姊妹安・陶德・坎貝爾（Ann Todd Campbell）的兒子。那個男孩在學校過得很痛苦，他的母親憂心忡忡。林肯在信中說：「我可以向你保證，只要你堅持自己當初想要接受軍事教育的決定，你一定很快就會感覺很好，很快樂。我比你年長，也曾覺得自己很糟糕，但我知道我告訴你的都是事實。堅持你的目標，你很快就會跟過去一樣感覺良好。相反的，你如果猶豫不決，半途而廢，你將失去貫徹決心的定力，而且你會後悔一輩子。」[26]那男孩在西點軍校待了下來，於一八六六年畢業。

如今半島戰役過後，民衆不滿情緒高漲、融資認購金額減少，又面對英國可能承認南方聯盟的威脅再起，林肯仍展現堅定的意志。他決定大幅擴充軍隊規模。兩個月前，史坦頓以爲勝利在望，因而犯了一個大錯，就是關閉各地的徵募新兵辦公室。[27]林肯了解，現在吃了敗仗，接著便要求增加部隊人數，很可能引發「全面的恐慌」，[28]但軍隊不可或缺。於是蘇爾德想出一個絕佳對策。[29]他前往紐約，當時聯邦各州州長正在那裡開會。蘇爾德和州長們私下商量，並取得他們同意之後，他起草了一份文件，內容是他們一致要求總統增加三十萬名兵力。總統是回應一項愛國訴求，而不是自己主動提出要求。

蘇爾德在其艾斯特飯店的套房研究細節工作，同時透過林肯發來的電報，即時掌握最新軍事情勢。蘇爾德擔心他們招募新兵的努力，可能後繼無力，於是他打電報給史坦頓，要他承諾預付每一位新兵二十五美元。他寫道，這筆錢「非常重要，沒有錢的話，我們就會失敗」。[30]史坦頓起先很猶豫。「現行法律規定不准預付，」他回電寫道。但最後他相信蘇爾德的判斷，決定在自己的權責範圍內撥發款項。[31]

那年夏天，蘇爾德走訪北部各地，協助組建聯邦軍隊，他在自己的部門創下一個先例，就是懇求所有十八歲到四十五歲之間的員工志願參軍，並保證他們解甲歸來，現有職位仍會等著他們。結果大部分人響應他的號召。㉜在奧本，蘇爾德二十歲的兒子小威廉，被任命爲戰爭委員會祕書，負責在紐約州北部招募一個團的兵力。半個世紀後，威廉還記得「在所有主要城鎮舉行的群衆集會」，大聲疾呼要求志願者加入。政府一宣布，不足的員額還需要一次徵兵才能補足時，激發民衆更熱情的回應。他回憶稱，新招募的兵員「擠滿飯店和私人住宅，以及商業區的樓上樓層，有人靠在圍牆上，有人坐在路邊石階上」。新兵步行或坐著馬車前來。「那景象既新奇又振奮人心，當他們通過時，得到市民熱烈的歡呼。隊伍所到之處，大砲轟鳴，鐘聲響起，幾乎家家戶戶都懸掛國旗。」㉝

小威廉・蘇爾德並不願只一味招募別人，自己卻裹足不前。他決定參軍，此舉引發蘇爾德家人的不安，因爲威廉的新婚嬌妻珍妮預計九月臨盆，兩人的第一個寶寶即將出生。珍妮向丈夫保證自己「能夠渡過難關」，但她擔心威廉離家，可能影響到他母親法蘭西絲脆弱的健康。㉞法蘭西絲多年前曾因爲大兒子格斯參加美墨戰爭而傷心難過，而今格斯正在華府擔任陸軍主計官。現在法蘭西絲對奴隸制度的反感，勝過她身爲人母的焦慮。她告訴費德說：「現在顯然需要每一個男丁，我不會反對。」㉟

新增預備役兵力的號召出爐後，林肯決定親自慰問在半島一役中浴血奮戰的官兵，鼓舞他們的士氣。在戰爭部助理部長彼得・華森和衆議員法蘭克・布萊爾陪同下，他離開華盛頓，於一八六二年七月八日早晨登上愛麗兒號（Ariel），展開十二小時的航程，航向麥克萊倫位在詹姆士河畔哈里森斯灘頭的新指揮部。㊱「那天天氣非常炎熱，」一位隨軍記者寫道，氣溫超過華氏一百度。㊲就連那些棲身在樹蔭下的士兵，也覺得無法躲避那「幾乎沒人受得了」㊳的酷熱。然而到了下午六點，當麥克萊倫將軍和他的幕僚，與總統在哈里森斯灘頭會面時，夕陽已經西下，明月照耀，天氣舒適宜人。㊴

總統到訪的消息很快傳遍整個營區。附近士兵只要瞧見總統「坐在船後方的甲板上，沉著地微笑」，㊵就會大聲歡呼。然而，在林肯平靜的外表底下，卻對麥克萊倫以及戰事的進展十分焦慮。

吃了敗仗的麥克萊倫也同樣煩悶。在林肯到達以前，他花了好幾個小時，起草了一份他所謂的「開誠布公信」，詳述應做出哪些必要的變革，才能打贏戰爭。「他若能夠按照信中所說的去做，國家就有救了，」㊶他這樣告訴他的夫人。麥克萊倫把信當面交給林肯，林肯則在兩人一起坐在甲板上時，讀這封信。歷史上稱此信爲

「哈里森斯灘頭信函」，㊷這份文件妄自尊大地為總統概要敘述，這場戰爭的政策和目標應該是什麼。麥克萊倫一開頭便大言不慚地寫道：「已經到了政府必須決定內政和軍事政策的時候了。」他警告說，假如沒有一個明確的政策，清楚界定這場戰爭的性質，「我們注定會失敗。」這封信在看法上，有點類似十五個月前，蘇爾德的四月一日備忘錄，但這次是出自一位軍官之手，此一專橫的備忘錄在語氣上更令人吃驚。

「這場戰爭絕不能波及人民，」麥克萊倫宣稱，而且必須竭盡全力保護「私有財產和非武裝人員」。實際上，奴隸資產必須予以尊重，假如對蓄奴制度採取激進的做法，「當前的軍隊」將會「迅速解體」。為了實行這項保守政策，總統將需要一位「陸軍總司令——此人應獲得您的信賴」。儘管麥克萊倫並未特別為自己爭取那個職位，但他已清楚表明，自己很願意重新取得中央指揮權。

令麥克萊倫失望和憎惡的是，林肯「(對這封信)不置可否，當他看完之後，只說他很感激我寫了這封信」。㊸很明顯，總統保持沉默，是因為不認同這位將軍所提的主張具有政治意義。在接下來的日子裡，他用行動證明拒絕麥克萊倫的政治建議。不管怎樣，在那個時刻，林肯是去慰勞將士，而不是去和他的將軍進行政策辯論。

總統檢閱一個又一個師團，騎著馬緩緩前進，沿路受到官兵熱烈歡呼，全程三個小時走完。經過一個星期的浴血鏖戰，部隊士氣還能如此高昂，令他甚感欣慰。這場戰役使他們的軍力嚴重受創，總共折損一千七百三十四人，八千零六十六人受傷。㊹「林肯先生在麥克萊倫將軍的右方騎著馬，」一位隨軍記者報導：「他一手拉住韁繩，控制活潑好動的馬兒，另一手則拿著大禮帽」，㊺一再向歡呼的部隊答禮。林肯試圖同時做好控制韁繩與脫下禮帽兩件事，但不怎麼成功。他的雙腿幾乎「與他所騎那匹馬的腿糾纏在一起……他的雙臂顯然也可能出現同樣的災難。」一名士兵在給家裡的信中表示，因為見到眼前「滑稽的景象」，他不得不壓低帽子蓋住自己的臉，「以遮掩忍俊不住的表情」。不過，他補充道，部隊官兵都很喜歡林肯。「他經過時所露出的親切笑容，真實反映了他的誠實和仁慈；而在那帶著疤痕且不怎麼美觀的面容底下，深藏著關切和擔憂……事實上，他在軍隊裡一直備受大家愛戴。」㊻

林肯每到一個師團，「接連響起的禮砲聲，讓人們得以知道他到了哪裡」，最後「他高大的身影，如同掃羅般」㊼出現時，引發一陣瘋狂的掌聲。總統出人意料地造訪欲振乏力的軍隊，猶如給官兵打了一劑強心針。《紐約時報》提到，當林肯視察一些「人數銳減的師團」，看到「幾乎被敵人砲彈炸成碎片的團旗」，他「不止一次顯露出激動的情緒」，他向這些疲憊的士兵們保證，「國家深刻體會到他們所做的奮鬥」。[48]

回到汽船上，林肯再次和麥克萊倫交換意見，卻絕口不提仍在他口袋裡那封麥克萊倫所寫的信，第二天早晨，他便啓程返回華盛頓。「沿著波多馬克河上行時，」《紐約前鋒報》報導稱：「船在水壺灘（Kettle Shoals）擱淺了數小時，所有的人，包括總統，趁機在河裡洗澡和游泳。」[49]

這次訪問令陪同林肯前往的每個人都受到鼓舞。法蘭克・布萊爾的姊姊伊莉莎白留意到，「法蘭克離家到部隊時，和其他人一樣愁眉不展，但他和總統回來時，神采奕奕。」[50]然而，林肯熱愛士兵們的勇氣，他對麥克萊倫將軍的觀感卻沒有改善。林肯回來後不到四十八小時，便傳召亨利・哈勒克將軍至華盛頓，任命他擔任總司令一職，[51]這是麥克萊倫渴望得到的職位。哈勒克在西線的幾次勝利，使他成爲出任此職位的合理人選。那些勝利，大都要歸功於格蘭特。哈勒克以「老學究」爲人所熟知，曾寫過幾本廣受推崇的軍事策略書籍。[52]

麥克萊倫在聽說這項消息之前，就已懷疑事情不妙。「我不曉得當局下一步會玩什麼花樣，」他在林肯到訪後第二天寫信給妻子：「我不喜歡總統的態度——感覺好像一個人準備去做一件令他非常羞愧的事。幾天之後答案就會揭曉，我不在乎結果如何。我覺得我所做的已經足夠了，歷史會證明我是一位名副其實的將軍。」[53]

任命哈勒克得到外界廣泛的肯定，可是要求進一步改革的聲浪並沒有減少。激進派人士大聲疾呼革除麥克萊倫的職務，保守派則繼續狠批史坦頓。雙方針鋒相對，互不相讓。在一家飯店大廳裡，來自密西根州的參議員錢德勒痛罵麥克萊倫是「騙子和懦夫」，一位麥克萊倫的友人憤怒回罵：「你才是騙子和懦夫。」[54]對史坦頓的攻擊也同樣刻薄，他被描繪成一個粗暴無禮、作威作福和令人難以共事的人。然而，林肯聽從布朗寧的忠告，打定主意「要沉著和審慎地做出決定」，「要堅持自己的意見，不受脅迫和哄騙」。[55]

事實上，這位戰爭部長遭受惡意攻訐的期間，林肯對史坦頓的支持，從未動搖過。林肯每天在電報室等候前線消息的數小時內，就已自行評斷過這位神經緊繃、充滿熱情的戰爭部長。他斷定史坦頓精力充沛、吹毛求疵的作風，正是目前這個重要關鍵時刻所需要的行爲特質。戰爭部一位員工提到史坦頓時，說：「他看起來嚴厲苛刻，不管別人感受」，可能是因爲「他一心一意想要敉平叛亂，眼中只有這一個目標」。[56]

況且，總統向來拒絕讓部屬爲他所做的決定承擔責任。他向布朗寧強調「史坦頓所有與軍隊有關的決定，都得到總統本人批准」。[57]三個星期之後，林肯在國會大廈外一場大型聯邦集會活動上，出面爲遭到圍剿的史坦頓辯護。當天所有政府部門都在一點關閉，[58]以便每個人都能參加。法蘭奇專員相信，「除了總統就職典禮，他從未見過這麼多人聚集在國會前面，當天的場面也像極了就職典禮」。[59]林肯和他的內閣成員，包括蔡斯、布萊爾和貝茲，一起坐在掛滿國旗的講台上。「在鐘聲、禮砲聲和陸戰隊樂隊奏樂」[60]過後，演講者陸續發言。當財政部書記官路西爾斯・齊坦敦說完，林肯對坐在身邊的蔡斯說道：「呃，我該不該講幾句話，好讓自己脫身？」不等對方回答，林肯立刻走上台。[61]

「我相信，我在這種情況下與諸位見面，是史無前例的，」他以殷切的語氣開始說道：「但你們會在這裡，也是史無前例的。」林肯提醒在場民眾，他實在不願講話，除非這麼做「能帶來一些好處」。他宣稱，有些話必須講，而且這些話「最好不要由別人來說」，**「這件事是聽說有些人，因為我本人所做的事而被責怪。」**在提到史坦頓被指控沒有派兵增援麥克萊倫時，他解釋說，他們已調派每一個可用之兵，全力支援這位將軍。「戰爭部長**不應為他沒有派遣援軍而受到指責，因為他根本沒有兵力可以提供。**」台下響起掌聲，他繼續說道：「**我相信他是個勇敢而能幹的人**，我站在這裡，**戰爭部長所受到的指責，讓我自己承擔**，因爲這麼做，才符合正義。」[62]

林肯的一席話，使法蘭奇深受感動。他說：「他是上帝所創造最好的人當中的一個。」[63]蔡斯也被這篇演講的「創意和睿智」所打動。「他那眞誠、親切和寬宏大度的面容，和直率的舉止，征服了每個人的心。」[64]這場盛大集會在〈北方傻小子〉（Yankee Doodle Dandy）的音樂聲，以及六十八響、每兩響代表聯邦一個州的禮砲聲中結束。[65]林肯挺身爲遭到圍剿的部長辯護，每家報紙皆大篇幅完整報導，撻伐史坦頓的行動因此偃旗息鼓。

* * *

隨著夏天過去，林肯及其家人在那個悲慘的春季，所受到的無情壓力和悲痛，總算得到一些紓解。瑪麗嚴重的憂鬱症終於開始好轉。一些記者注意到，她又開始在黃昏時分和丈夫一起騎馬。[66]每到星期天，她會回到葛萊博士（Dr. Phineas Gurley）的教堂做禮拜，一位曾坐她後方的教區居民觀察到，「她戴著大大的黑面紗，這面紗有著深黑色的荷葉邊，人們很難發現她在場。」[67]

法蘭奇專員報告稱，「她看似精神很好」，那時她正準備在夏天住進位在城北三英里處丘陵地帶、佔地近三百英畝的「士兵之家」（Soldiers' Home）。[68]「士兵之家」[69]是一八五〇年代專爲殘障士兵建造的一個社區，內有一棟能容納一百五十人寄宿的主建築，一間診療室、一間餐廳以及幾間行政辦公室。此外還有一些寬敞的小型別墅，包括一棟可供林肯一家居住的兩層樓磚造房子。這棟「安德森小屋」（Anderson Cottage），在被聯邦政府買下之前，曾是里格斯銀行（Riggs Bank）創辦人喬治・里格斯（George Riggs）的鄉村別墅。

布坎南是第一位在「士兵之家」度過夏天的總統，那裡涼爽的微風，能緩解城裡令人難耐的暑氣。一位訪客回憶說，當地花木扶疏，宛如「人間天堂」。[70]美麗的碎石小徑和蜿蜒的馬車專用車道，全部對外開放，成爲華盛頓民眾在週末遠離塵囂的首選景點。[71]一八六二年夏天的另一位訪客宣稱，他在首都找不到比「這個靜謐優美的處所」更迷人的地方，在這裡「我們俯瞰全城，整個城市的風光盡收眼底」——國會大廈的圓頂「巨大、宏偉、陰沉、粗糙且尚未完工，彷彿目前這場戰爭是爲了保存它而戰」，波多馬克河「綿延十二英里，清晰可見，還有亞歷山大、阿靈頓、喬治城，以及一長串沿著山巒矗立的要塞。」[72]

在瑪麗催促下，[73]林肯同意和家人一起前往那裡度過夏天，然後每天早上騎馬前往白宮，晚間再回來。「我們真高興有這樣一個休憩的處所，」瑪麗在給友人芬妮・伊姆斯（Fanny Eames）的信中寫道：「這兒周遭的車道和步道令人心曠神怡，每天都有人造訪。我們的兒子羅伯特（已從哈佛返家），你或許還記得他，也跟我們住在一起。他在這兒度假，對我們而言是『快樂時光』，他很好相處，當他必須返回劍橋時，我會很擔心。」[74]對泰德來說，哥哥病逝和塔夫特家兄弟不再踏入白宮，他的玩伴和日常活動也跟著消失，「士兵之家」就成了天賜的禮物。爲他父親站崗的士兵，很喜歡泰德活潑、開朗的個性。他們幫泰德取了一個「准尉」的綽號，讓他在白天參加他們的操練，晚上圍著營火一起用餐。[75]

夜幕低垂，林肯一家人在坐擁美景的寬敞陽台上，或在使用煤氣燈照明、布置雅致的客廳招待客人。穿著拖鞋輕鬆自在的林肯，喜歡吟誦詩歌或朗讀他喜愛的作家作品。儘管偶爾還是會聽見遠方傳來的砲聲，但這種田園般清幽恬靜的環境，已經爲林肯家人與友人聊天談心，提供不受干擾的寶貴空間。[76]歷史學家馬修・平斯克（Matthew Pinsker）提到，對林肯來說，那些奉派保護他人身安全的士兵，「讓他重溫年輕時，在伊利諾州從政和擔任巡迴律師期間的那種兄弟情誼。」[77]

就在這個療傷的夏天，瑪麗養成了某家報紙所稱「每天探訪華府地區醫院的習慣」。[78]醫院成了她的避難所，讓她有幾小時暫時忘卻個人的傷心事。「若不是這些人道工作，」她告訴一位經常陪她去醫院的友人說：「她的心早在她遭逢喪子之痛時，就已經破碎。」[79]曾在醫院擔任護理人員的華特・惠特曼記憶猶新。他寫道，那種悲慘的經驗，會讓個人遭遇的「小小的煩惱和困境」，消失於「無形」。[80]數以百計歷經可怕創傷的年輕人，在沒有麻醉的情況下慘遭截肢，而且經常有人在得不到親人和朋友的安慰下死去，每天照顧這些傷患之後，「一般的不幸，就顯得微不足道」。[81]

《紐約每日論壇報》(*New York Daily Tribune*）報導，半島戰役後的那些日子，湧入市區的傷病官兵，足以「組建一支龐大的軍隊」。[82]每天早晨，汽船抵達第六街碼頭，帶來數以百計的傷兵，許多人的「傷勢令人怵目驚心」。人群逐漸聚攏過來，傷兵開始登岸，有些被擔架抬著，其他則拄著粗製濫造的拐杖蹣跚地走著。救護車輛在一旁待命，[83]準備將他們送往首都各個地區倉促搭建起來的十多家醫院。

醫院的空間需求急遽增加，於是聯邦政府著手進行一項大規模計畫，把飯店、教堂、俱樂部、學校校舍以及私人住宅，改造成軍醫院。[84]過去幾任政府時期，供參、眾議員下榻的舊聯邦飯店（Union Hotel），搖身一變成爲聯邦飯店醫院。一位訪客記載，「老一派政治家們過去把酒言歡的房間」，[85]如今擠滿了躺在帆布床上的傷患。在那裡擔任護士的路易莎・梅伊・艾爾考特（Louisa May Alcott）評述說，「許多房間的門上，仍掛著以前的名稱，有些並沒有想像中那麼不妥，例如我工作的病房門牌爲**舞廳**（ball-room），若以槍傷來命名，倒也是事實（譯註：ball 有子彈的意思）」。[86]據說「喬治・華盛頓將軍曾經召開作戰會議」的布瑞達克大宅（Braddock House），也被徵用，其中一些舊桌椅也派上用場。[87]

在內政部長凱勒・史密斯的夫人伊莉莎白（Elizabeth）指導下，專利局二樓也變成一間醫院病房，[88]容納數百名傷患。那裡出現「一種奇特的景象」，惠特曼寫道：「一排排生病、重傷和垂死的士兵，躺在高大笨重的玻璃櫃之間，櫃子裡堆滿各式各樣器皿、機器或發明的迷你模型。」此外，「一長串雙排的帆布床，排滿大廳的中央」，額外的床鋪則放在走廊上。尤其「到了晚上點燈後」，這間臨時病房更展現一種怪異的光景，「上面是玻璃櫃、病床、傷患和走廊，腳下則是大理石地面」。[89]

六月中旬，位於第二十大街的美以美會教堂（Methodist Episcopal Church）[90]提供其禮拜堂，改建爲醫院。五天後，政府派去的木匠和技工，開始忙著將禮拜堂內的長凳鋪上木材，以支撐起新的地板，上頭將擺放數百張床鋪。與其他教堂醫院一樣，講壇和各種器具安置在地板底下，地下室則被改裝成實驗室和廚房。[91]這些臨時搭建的政府醫院，總共可容納超過三千名傷患，[92]但仍只佔未來幾個月和幾年所需床位的一小部分。

在準備前往醫院時，瑪麗會在她的馬車上擺滿一籃籃的水果、食物和鮮花，還把白宮花園裡的草莓全摘了下來。一位富商被她「低調而不誇耀的態度」所感動，捐贈總值三百美元的檸檬和柳橙，這正是預防壞血病所需要的水果。她常花好幾個小時，分送水果和美味食物，將鮮花放在傷兵的枕頭上，[93]以遮蓋空氣中瀰漫的消毒水和腐敗的臭味。

她坐在孤單的士兵身邊，聊他們的遭遇，念書給他們聽，幫他們寫信給家人。她寫信告訴一位傷兵的母親說，她兒子「身體很不舒服」，但正在康復中，瑪麗的信寄達他家，上頭並有第一夫人的簽名，這位士兵才知道這位仁慈婦人的真實身分。[94]

對士兵們來說，與家人取得聯繫，跟能否生存下去同等重要。艾爾考特提到一位英勇士兵的故事，這位名叫約翰的年輕人擁有「高大的身材」、俊秀的臉龐，以及她所見過「最清澈的雙眼」。他的左肺被子彈貫穿，使他幾乎無法呼吸。儘管醫生認爲他已沒有活命的希望，他仍然硬撐了幾天，期盼聽到家裡的消息。「他未被疼痛打倒，也從未說過一句抱怨的話，平靜地（看待）自己遇到的事。」當他去世時，「許多人前來看他」，向他致敬，他那冷靜沉著的勇氣，讓醫療人員和同袍都爲之動容。路易莎・梅伊・艾爾考特站在他的床邊時，病房主管遞給她一封約翰的母親寫的信，信是在前一天晚上寄到，「只差一個小時，就能讓那雙渴望看到這封信的眼睛感到喜悅」。[95]

惠特曼和艾爾考特這些令人動容的敘述，說明醫護工作需要極堅韌的意志。惠特曼告訴他母親，他在白天保持「異乎尋常的冷靜」，到了晚上，回想起那些「死亡、手術、令人作嘔的傷口（可能長滿了蛆）」，[96]以及「在醫院庭院樹下，成堆的斷臂和斷腿」，[97]他就會感到「噁心並渾身顫抖」。艾爾考特坦承，她只要「看到擔架上那些缺胳臂、斷腿，或傷得太重多半沒救的人」，被送進她的病房，就會忍不住哭泣。[98]工作人員和訪客也暴露在傳染病之中，因爲罹患傷寒的士兵和患有肺炎或白喉的病人，全躺在一起。三十歲的艾爾考特只待了兩個月，就因爲感染嚴重的傷寒，被迫回到她在麻薩諸塞州康考德（Concord）的老家。

看見無數年輕人在自己身邊受苦和死去，瑪麗必定發現她很難再獨自沉湎於喪子之痛。「死亡本身已不再恐怖，」惠特曼寫道：「我看過太多的案例，死亡在這些案例中備受歡迎，那是一大解脫。」[99]然而在醫院悲慘的環境中，有時仍可見到生命、幽默和愛的喜悅。一位士兵的身體「因火藥爆炸而燒得焦黑，有人說『把他送來沒多大用處』，」可是他強烈的求生意志，讓他得以復原。[100]另一位已失去一條腿的青年，即將再失去一隻手臂，他卻拿自己的狀況開玩笑：「想像一下在末日審判的時候，我們這些老傢伙從墳墓裡爬出來，忙著搶奪斷肢殘臂的情形。」[101]他的自嘲令旁人頗感不可思議。在一間間的病房內，正在康復的傷患甚至組成臨時樂隊，以音樂和歌曲娛樂其他傷友。

威廉・史托達德察覺到瑪麗經常走訪醫院，很納悶她爲何不把自己的善行義舉公開。「假如她精於世故，每次帶著二到五名男女報社記者隨行，並讓他們記下她對傷兵們講的話，以及傷患的回答。」他推測，要讓經常嘲諷第一夫人大宴賓客和重新裝潢官邸的諸多報刊寫一些好話，這比什麼都來得有用。[102]《紐約獨立報》對瑪麗的抨擊，尤其不假辭色。「當其他婦女姊妹們採集棉絨、縫製繃帶，並戴上護士帽時，」瑪莉・克蕾茉・艾米絲寫道：「總統夫人卻把時間花在往返於華盛頓和紐約之間，忙著爲自己和白宮添購奢侈品。」[103]

然而瑪麗持續走訪醫院，行程完全沒有對外公開。有些醫生拒絕在已經很混亂的情況下，受到進一步的干擾，有人則認爲，那些傷兵有著不同程度的身體裸露，婦女不適合在場。儘管如此，瑪麗決定繼續低調關懷傷兵。[104]

就因爲她毫不張揚，報紙經常稱讚其他社交名媛，像是推崇凱勒・史密斯是「極爲樂善好施的女善人和我們的友人」，[105]嘉許史帝芬・道格拉斯夫人將自己的豪宅改建爲醫院，是「仁慈的天使」，[106]卻鮮少提及腳踏實地慰訪聯邦部隊傷兵的瑪麗．林肯。不過她倒是找到了比獲得衆人的肯定，更令她滿足的東西。在和這些士兵相處的時間裡，她一定感受到他們對她丈夫，以及他們爲聯邦拚死奮戰的那種堅定不移的信心。無論是內閣、國會、新聞界、社交圈裡或其他地方，這樣的信念都難以輕易找到。

＊＊＊

漫長而炎熱的夏季來臨，華盛頓整季都很悶熱。這段期間，林肯對解放奴隸一事做出重大決定，也爲他的總統職位以及內戰路線定調。

如何處理奴隸制度這個重大問題，已在國會辯論了好幾個月，論戰也越來越激烈。早在三月間，林肯在給國會的訊息中就已預示，他要求國會⑰通過一項聯合決議，任何願意採行一項逐步廢除奴隸制度計畫的州，都可獲得聯邦的援助。該決議要求各州明令在其州界內的所有奴隸，在達到一定年紀之後即可獲得自由，或訂定一個期限，過了期限就不准再蓄奴。林肯已計算過，「用這場戰爭不到半天的花費，就足以依每人四百美元的代價，贖回德拉瓦州所有的奴隸」，而八十七天的軍事支出，就能買下其他邊界州的所有奴隸。⑱他相信，要結束叛亂，最快的方式就是邊界蓄奴州承諾，「在公正的條件下，放棄它們自己在奴隸制度得到的利益，而不是坐視聯邦瓦解」。⑲這些州加入南方聯盟的希望一旦破滅，叛亂分子將喪失信心。⑳

這項方案有賴邊界州諸位代表的認可，他們還必須在各自的州議會推動此一計畫。然而，除了長期鼓吹有償解放奴隸，並附帶移民計畫的法蘭克．布萊爾外，其他人齊聲反對這項方案。即便林肯於七月十二日親自重提這個訴求，他們仍辯稱「任何形式的奴隸解放措施」，只會延長而非縮短戰爭；它將「進一步鞏固已經脫離聯邦的那些州的反叛鬥志，並煽動邊界州內奴隸主的分離情緒。」㉑他們堅稱這一措施，是在懲罰那些依然效忠聯邦的人，逼迫他們放棄奴隸，叛亂的那些州卻可以繼續保有奴隸，這種做法並不公平。他們將要面對自己州群衆的怒吼，這項方案要付出的代價，將遠超過聯邦政府所能承擔。

與此同時，國會中多數共和黨自從脫離南方集團的掌控之後，開始推動他們自己的廢奴計畫。四月間，國會通過一項法案，爲哥倫比亞特區解放黑奴提供補償。該法案得到林肯的全力支持，因爲在聯邦政府管轄的區域內，他「從不懷疑國會擁有廢除奴隸制度的憲法權威」。[112]事實上，十四年前林肯還在國會時，他就曾自己草擬法案，提案釋放特區內的奴隸。費德里克・道格拉斯欣喜若狂。「我相信我不是在做夢，」他在給查爾斯・桑納的信中寫道：「但事情的發展彷彿做夢一樣。」[113]隨著特區內的奴隸得到自由，周圍馬里蘭州和維吉尼亞州北部的奴隸主，擔心自家的奴隸會變得難以控制，開始將他們賣給更南方的奴隸主。

老法蘭西斯・布萊爾已向他的奴隸保證，他們「只要想走，隨時可以離開」。[114]他自豪地宣布，除了一人以外，所有奴隸都謝絕了這個優惠待遇，選擇留在銀泉繼續當僕役，這些人一起住在他們的「營房」，[115]跟南方農場的奴隸一樣。一名僕人亨利（Henry）宣稱，他「已習慣了自己的身分」，希望下半輩子也能和布萊爾一家在一起。[116]另一名僕役南妮（Nanny）也持同樣看法。她認爲自己「過得很好」，不打算改變，但「很高興自己的小孩能得到自由」。[117]

當國會裡的激進派開始關心南方分離州的奴隸問題，情勢變得更加複雜。那裡早已存在的奴隸制度，受到憲法保障。七月間，激進派不顧民主黨及保守派共和黨人的強烈抗議，通過一項新的充公法案，[118]內容較前一年通過的法案範圍更廣。先前的法案規定，聯邦政府只能沒收和釋放戰場上叛軍所用的逃亡奴隸，新法案則釋放所有參與叛亂者的奴隸，無論他們是否涉及戰事。這項法案並未考慮周詳，既沒有說明可行的實施辦法，也沒有制定程序，以資確認聯邦境外的奴隸主確實參與叛亂。歷史學家馬克・尼利（Mark Neely）寫道：「這項法案從一開始就是一紙空文。」[119]但查爾斯・桑納這些人卻爲此感到振奮，他們認爲奴隸制度有其「令人不安的影響力，只要它存在，就會讓這片土地像一座火山，隨時準備爆發」。[120]

在華盛頓，有傳言指出林肯將否決這一爭議性的法案。事實上，法案剛通過，布朗寧便拿著一份副本前往白宮，要求林肯予以否決。他警告，法案若獲得批准，「我們在邊界州的友人可能就再也撐不下去了。」這項法案將「使民主黨重整旗鼓，提供他們重新整合、對抗政府的基礎」。布朗寧堅稱，林肯的決斷，「將決定他是否能控制廢奴派和激進派人士，或由他們來控制他。」關鍵時刻已經降臨，「他的人生大潮已到來，他應把握機會乘風破浪。」[121]

蔡斯則提出全然相反的預測，認爲林肯若否決這項法案，「他就玩完了。」國會中的多數共和黨將與行政當局決裂，而林肯將在國會議事殿堂受到公開批判。蔡斯擔心自己可能因總統行使否決權，而惹來一身腥，於是告訴友人對外放話，說他並未被徵詢意見，「且就他所知，內閣閣員也沒有一人」參與此事。身爲財政部長，他願意爲自己的行爲負責，但他拒絕爲「其他人的政策錯誤」[122]背黑鍋。

林肯將否決該項法案的傳聞，後來證實並不正確。第二天早上，布朗寧發現總統在他的圖書室裡工作。他「看起來很疲憊、操勞且苦惱」，布朗寧寫道：「他說話時的語調，有一種深沉的憂傷。」[123]總統已做出決定，他知道這將令他的朋友感到懊惱。不過，在簽署這項後來人們所知悉的「第二充公法案」（Second Confiscation Act）之前，林肯寫下他的若干反對意見，並獲致一份修正案，使其更有可能通過憲法的檢驗。

國會會期最後一天，總統按慣例前往國會大廈，在副總統辦公室裡，簽署會期最後幾天倉促通過的一堆法案。[124]這次會期成果特別豐碩，[125]少了南方的阻撓，居多數的共和黨議員得以通過三項延宕多年的歷史性法案：「公地放領法」，承諾在西部提供一百六十英畝免費公有土地給每一位開拓者，條件是他們得同意居住在這塊土地五年（含）以上；土地撥贈法（Morrill Act，亦稱「摩利爾法」），提供公有地給各州，以興辦「贈地學院」（land- grant colleges）；「太平洋鐵路法」（Pacific Railroad Act），促成橫跨大陸的鐵路建設。第三十七屆國會還通過「法定貨幣法案」（Legal Tender bill），創造了美鈔紙幣，爲聯邦投入戰事奠定了經濟基礎。一項全面的賦稅法案也頒布實施，財政部據此建立了國內稅務局（Internal Revenue Bureau），在美國歷史上首次開徵聯邦所得稅。

當時，大後方審議劃時代影響深遠的立法，卻因奴隸制度的爭議持續延燒而蒙上陰影，此一爭議是國會兩派人馬專注的焦點。蘇爾德與外國外交官員共進晚餐時，提到共和黨忠貞人士花費無數時間，重複炒作這個話題，他開玩笑說，「他最近開始領悟到克倫威爾（英國清教徒革命領袖）的價值」，有時他眞想「對我們的國會發動一場政變」。[126]隨著夏天過去，他對國會的不滿情緒日益高漲。「我要求國會批准一項草案，」他向法蘭西絲抱怨道：「結果他們陷入是否讓奴隸作戰和工作的爭吵。每一天就這樣浪費掉，而每浪費一天，對整個國家都是一種危險。如果我說，我願意對他們就黑人所要的一切做出讓步，會怎樣呢？……一個政黨得到了一個同夥；國家則失去了一個支持者。」[127]

內閣內部和國會山莊一樣，奴隸問題的積怨影響了每一次討論。按照蘇爾德的講法，爭論已變得「非常尖銳」，成員之間的私交甚至工作關係因此破裂，導致「內閣會議陷入長時間中斷」。雖然週二和週五仍被訂爲開會日，每位首長卻一直待在自己的部會裡，除非信差前去通知他們會議照常舉行。蘇爾德回憶這些一般性討論進行時，林肯很專心傾聽，卻從未「積極參與」。[128]對林肯來說，奴隸問題不是個抽象的議題。他雖與最狂熱的廢奴派人士意見一致，認爲奴隸制度是「道德、社會和政治上的錯誤」，[129]但身爲總統，他不能忽視憲法對於現存制度的保障。

半島之役遭遇重大挫敗，顯而易見有必要採取非常手段來拯救聯邦，這給了林肯更直接處理奴隸制度問題的機會。每天來自戰場的報告說明，南方聯盟大量使用奴隸，[130]要他們爲軍隊挖戰壕和構築防禦工事。他們被帶到軍營擔任馬夫、伙夫和醫院服務人員，以便讓士兵專心在戰場上作戰。他們也在後方辛勤工作，耕耘田地、種植農作物和採收棉花，他們的主人才能安心去打仗，不必擔心家人挨餓。叛亂分子若被剝奪了奴隸，這些奴隸獲得自由之後改而加入聯邦部隊，北方將獲得決定性的優勢。從這個角度來看，解放黑奴可被視爲有軍事上的需要，[131]也是總統合法行使其憲法賦予的戰爭權力。林肯曾向邊界州提議以有償方式解放奴隸，作爲它們主動邁出的第一步，邊界州則拒絕他的構想，堅稱任何這類行動應該由蓄奴州率先實施。一項歷史性的決定開始在林肯心中逐漸成形。

七月十三日週日早晨，林肯與蘇爾德、威爾斯一起乘坐總統的馬車，前去參加史坦頓幼子的葬禮，[132]這時林肯向兩人透露他的初步想法。驅車前往史坦頓小孩安葬的橡樹丘公墓的路上，必定勾起林肯對兒子威利的痛苦回憶，威利的遺體仍停放在一個私人墓室，最後將長眠在春田市。儘管個人內心飽受煎熬，國家的危險處境卻需要林肯全神貫注。威爾斯在日記裡寫道，在途中總統告訴他們，他正在考慮「如果叛亂分子不停止戰鬥，將逕自宣告解放奴隸」。他說他已「認眞思索過」這件事的「嚴重性、重要意義以及敏感性」，並且「得出結論，即爲了拯救聯邦，我們必須釋放奴隸，這在軍事上絕對必要，否則我們會被擊敗」。因此，憲法對奴隸制度的保障，可以而且將被憲法賦予總統的戰爭權力所推翻。

威爾斯明瞭，這是「總統一項全新的政策，在此之前我們所有的會面裡……政府只要介入這件事，他會迅速強力抨擊」。向來滔滔不絕的蘇爾德只表示，「這件事引發的後果廣泛而重大，他希望深思熟慮之後，再給予明確的答覆」，雖然他傾向認爲這樣做「理由正當」。⑬³

就這樣，這件事被擱置到七月二十一日上午，信差被派赴華盛頓各處，通知上午十點將召開內閣特別會議。蔡斯在日記裡寫道：「已經很久未召開任何諮詢會議，這令我覺得新奇。」當天稍早，蔡斯在家裡和古羅斯基伯爵共進早餐。好幾個月來，古羅斯基對林肯在解放奴隸問題上的猶豫態度，明顯感到失望，他認爲，蘇爾德是前進的主要障礙，蔡斯則是最有可能驅策林肯往前走的人。古羅斯基在一次閒聊中，向蔡斯提到蘇爾德對於克倫威爾和國會的一番評論，他聲稱，在場外交人士對此頗不以爲然。⑬⁴

內閣聚集開會時，除了郵政部長⑬⁵外，全員到齊。蒙哥馬利・布萊爾那時正在馬里蘭州，他最近才在靠近雙親田產的銀泉，建造了一幢雅緻的鄉村別墅，名爲福克蘭（Falkland）。爲了召開這次內閣特別會議，閣員被召集到白宮二樓的圖書室，而不是總統辦公室。圖書室四周書架上，擺滿了瑪麗新近添購的精裝本莎士比亞著作，以及沃特・史考特爵士的小說。⑬⁶會議一開始，林肯承認他「對目前局勢深感憂慮，並已決定就軍事行動和奴隸制度，採行若干明確措施」。⑬⁷林肯念出他所打算頒布的幾道命令，閣員們仔細聆聽。其中一道是授權聯邦軍將領在南方聯盟領域內，徵用維持戰場作戰所需要的一切財產；另一項則批准發放薪水給聯邦軍隊雇用的黑人。總而言之，這些命令透露出政府將積極投入戰爭的訊息。當討論轉移到是否可能將軍隊所用的黑人武裝起來時，史坦頓和蔡斯持贊成態度。至於林肯，蔡斯寫下，「尚未準備就這一問題做出決定。」⑬⁸

這次初步討論費時甚久，總統排定第二天，即七月二十二日，召開另一次內閣會議，宣布他召開會議的主要目的。第二次會議可能是在林肯的辦公室舉行，就像法蘭西斯・卡本特（Francis Carpenter）著名的畫作⑬⁹《首次宣讀解放黑奴宣言》（*First Reading of the Emancipation Proclamation*）描繪的場景。到處都是戰場地圖，由此可見戰爭已經進一步擴大——有些捲起來放在直立的架子上，有些對摺放在地板上，有些斜靠在牆壁上——他們在這裡繼續前一天的討論。

當林肯開始發言，宣布他召集他們開會，是爲了宣讀解放黑奴宣言的初步草案時，漫無邊際的談話戛然而止。他了解「內閣在奴隸制度的問題上意見分歧」，⑭⁰並歡迎他們在聽完他所必須講的話之後，提供建議；但他要他們知道他「已決心跨出這一步，召集他們不是要徵詢他們的意見」。⑭接著，他從口袋拿出兩張大頁書寫紙，調整鼻梁上的眼鏡，開始宣讀那份相當於解放黑奴的法律摘要，那是身爲武裝部隊總司令的最高行政長官行使職權制定的。

林肯草擬的宣言訂定在五個多月後的一八六三年一月一日，屆時仍然反叛聯邦的各州，州內所有奴隸將宣告「即日起永遠獲得自由」。⑭這件事不需要繁瑣的執法程序。儘管其中並未涵蓋效忠聯邦的邊界州內大約四十二萬五千名奴隸⑭（在這些地方林肯並沒有使用其戰爭權力，憲法未授權他採取這種行動），這項宣言的適用範圍仍令人震驚。它一舉取代了十一個州沿用了四分之三個世紀的奴隸和產權法律。三百五十萬被奴役了好幾世代的黑人可望從此得到自由。威爾斯後來表示，這是大膽的一步棋，「所伴隨的影響，無論立即或長遠，皆非人們的遠見所能洞察。」⑭

內閣成員靜靜聽著。總統已在前一星期將其打算告知蘇爾德和威爾斯。除了他們兩人之外，其他人對林肯這項宣布的大膽內容，都感到震驚。只有史坦頓和貝茲贊成「立即頒布」，⑭貝茲的態度尤其讓人跌破眼鏡。史坦頓馬上領悟這項宣告的軍事價值。他比其他同僚花了更多時間思考軍隊所面對的後勤問題，他了解到，若能把南方聯盟龐大的奴隸人力，轉移到聯邦手裡，聯邦將取得巨大優勢。同樣重要的是，他堅信解放黑奴是正義之舉。

貝茲爲內閣成員中屬於較保守的，他熱烈支持這項宣言，令同僚感到訝異。過去他對軍方有意採取的有限度解放做法，都不表贊同，且對充公法深表疑慮。他突然支持這項更激進的措施，部分原因是奴隸制度和戰爭已造成他的家庭陷於分裂。

邊界州的許多家庭因效忠對象不同而破裂，同樣地，貝茲家的兄弟們也分別加入戰爭敵對的兩方。二十八歲的佛雷明・貝茲已加入南方聯盟的軍隊，在史特靈・普萊斯（Sterling Price）少將手下服役。佛雷明有可能在戰場上和四個兄弟中的任何一人交鋒。他的哥哥朱利安是外科醫生，已在密蘇里民兵部隊官拜上校。他的弟弟寇特是波多馬克軍團成員，後來投身安提耶坦（Antietam）、費雷德里克斯堡、錢瑟羅斯維爾（Chancellorsville）以及蓋茨堡（Gettysburg）等地的戰鬥。另一個弟弟李察（Richard）正在替父親工作，但很快就會加入聯邦海軍；

而家族最年輕的男丁查爾斯・伍德森（Charles Woodson），是西點軍校的學生。[146]對重視家庭勝過一切的貝茲來說，沒有一件事比自家小孩可能在戰場上兵戎相見，更令他痛心了。他長期支持漸進式解放奴隸，但假如總統的宣告能加速戰爭落幕，他「絕對舉雙手贊成」。

不過，貝茲的支持是有條件的，他的前提是獲釋的奴隸必須被送至中美洲或非洲某處。林肯堅持任何移民海外的做法，都必須出於自願，但他認爲應該強制執行。威爾斯後來回憶道，貝茲「深信兩個不同的種族，不可能在一個緊鄰的社會中共存共榮。」他相信沒有融合，就不可能同化，而融合將無可避免地帶來「白種人的墮落和道德敗壞。」[147]雖然他承認「在我們之間那些長期享有自由的有色人種裡，許多人很聰明，在藝術和知識上成就甚高」，他無法想像「南方農場裡那些長期被剝奪家庭關係，生活在人爲黑幕之下，被刻意忽視的」奴隸，能與白人平等生活在一起。他認爲，政府若能與願意接納並安置獲釋奴隸的外國政府締結條約，提供它們經濟援助，這對大家都好。他希望這類條約能「爲移居國外的人，提供公正和人道的待遇，例如，確保他們可以靠自己的努力好好過日子……並保障他們的『自由、財產以及宗教信仰』」。[148]

基迪恩・威爾斯在林肯宣讀其宣言後一語不發。他事後承認說，解放奴隸牽涉一些無法預測的結果，「會爲所有蓄奴州的社會、民事和產業習慣，以及社會狀況，帶來一場革命」，這項決定「非同小可」，令他倍感煩惱。他擔心解放黑奴不僅無法縮短戰爭，還會「讓奴隸主產生豁出去的能量」，使「鬥爭加劇」。[149]然而，儘管威爾斯私下質疑這種「極端行使戰爭權力」[150]的做法，他還是忍住沒說出來，後來他忠誠地支持林肯。

凱勒・史密斯同樣默不作聲，他也持保留態度。內政部助理部長約翰・亞瑟事後想起史密斯曾告訴他，假如林肯發表這項宣言，他將「辭職回家，並抨擊政府」。[151]

布萊爾、蔡斯和蘇爾德發言時，內閣內部明顯分裂。布萊爾遲到了，在林肯宣布已下定決心要發布這項宣言之後，他表示強烈反對，要求林肯允許他提出書面反對意見。雖然他贊成支付補償金，以及與移民有關、逐步解放奴隸的構想，但他擔心總統的激進宣言，會引發保守派和民主黨人士強烈反彈，導致共和黨輸掉秋季舉行的大選。更重要的是，這份宣言將使「邊界州已經備受考驗的愛國人士陷入險境。一旦宣言傳達到這些州，可能促使它們投入分離主義者的懷抱」。林肯回答說，他已經考慮過這些風險，這幾個月來他一直試圖說服邊界州「在這件事情上改變立場，而他自己深信，這麼做符合它們的眞正利益，可是他的努力都白費了」。[152]到了繼續討論下去的時候，他還是願意讓布萊爾提交書面反對理由。

也許塞蒙・蔡斯的反應最令人驚愕。內閣閣員當中，沒有人比他更熱烈提倡解放黑奴，也沒有人像他那樣終生致力於廢奴。可是面對總統這項「完全超過了我的建議」的提案，他卻退縮了。根據史坦頓的筆記，蔡斯表示，這是「一個極爲危險的措施，會導致全面的奴隸解放」。[153]他擔心，脫序的亂象會席捲南方，「導致劫掠和屠殺，從另一方面來說，助長了叛亂」。蔡斯建議採取一種比較和緩、漸進的方式，「讓諸位將軍組織並武裝奴隸」，同時「指示指揮部司令，盡快在各自的軍區內，宣布解放奴隸」。[154]不過，他認爲頒布這項宣言，總比什麼都不做來得好，所以他仍表示贊同。

軍隊比較能掌控解放奴隸的進度，蔡斯提出的這個論點言之成理，不過他沒有全力支持總統發表宣言，很難不懷疑另有私人因素。蔡斯在一八五六年和一八六〇年總統夢碎之後，又看到了一線希望。自從安德魯・傑克遜之後，沒有一位總統連任成功，而當時距離下一屆總統大選僅剩兩年時間。蔡斯要在一八六四年擊敗林肯，獲得黨內提名，勢必得贏得勢力日漸強大的共和黨激進派的堅定支持。林肯處理奴隸問題的動作慢吞吞，這些激進人士失望之餘，已經力挺蔡斯。可是此一大膽的宣言一公布，可能危及蔡斯角逐總統大位的選情，因爲就像威爾斯敏銳意識到的那樣，這件事「讓總統在蔡斯擅長的跑道上，取得領先優勢」。[155]

史坦頓擔心蔡斯的論點會使林肯打消發表宣言的念頭，讓這「大好時機」悄悄溜走。史坦頓的妹夫克里斯多福・沃考特寫道，假如這種情況發生，那麼「蔡斯一定要爲這項四千年來最富有正義、政治才能和最文明的偉大法案的延宕或失敗，負起責任」。[156]後來林肯堅稱，在蘇爾德國務卿發言之前，沒有任何一個意見，「是他完全沒有料到的，當時（他）自己心中已有定見」。[157]

威廉・亨利・蘇爾德的深入分析，讓與會成員對宣言產生非常複雜的反應。別人都說完之後，他表示擔心，這項宣言可能在南方掀起一場種族戰爭，對棉花產業造成重創，屆時英國和法國政府勢必出面干預，以保護他們的經濟利益。[158]身爲國務卿，蘇爾德對歐洲勢力可能介入，特別敏感。奇怪的是，儘管蘇爾德看過的國外情資更多，但他仍然沒有把握林肯的直覺判斷是對的。根據林肯的理解，歐洲社會把奴隸制度視爲必須連根拔除的惡魔，一旦聯邦政府確實致力解放奴隸，歐洲就不容易受到操弄去支持南方。

除了擔心外國勢力插手，蘇爾德也對宣言的效力沒什麼信心，他認爲沒有勢如破竹的聯邦軍隊強制執行，根本形同具文。他直截了當地對法蘭西絲說：「民衆很快會理解這只是應急的理論性架構，而採取必要的實際手段，使之發揮效果，還得耗上一段時間。」[159]法蘭西絲一直渴望總統發表反奴隸制度宣言。事實上，蘇爾德的立場，幾乎與蔡斯相同。他說，他傾向支持「將叛軍所有資產充公，包括奴隸，同時盡快征服領土」。[160]唯有立刻進行軍事部署，才能確保逃亡奴隸的安全。蘇爾德關注的問題很實際，只是低估了這份宣言在釋放北方民衆道德良知，以及藉由宣告解放奴隸作爲戰爭目標，來維護共和黨團結，這兩方面所產生的力量。

儘管對於宣言的效力存有疑慮，但蘇爾德沒有反對的意思。林肯一旦做出決定，蘇爾德就會全力相挺。他只對發布的時間點有異議。他說：「總統先生，我支持這份宣言，但我懷疑在這節骨眼拋出這個問題是否適宜。戰事屢嘗敗績，群衆情緒已非常低落，我擔心……這可能讓外界以爲政府已經山窮水盡，只好使出最後的救命絕招……就是在撤退時發出的最後一聲尖叫。」[161]他強烈建議，最好等到「勝利的老鷹展翅高飛」，戰事勝利振奮人心時，「再把您的宣言掛在老鷹的脖子上」。[162]當天晚上梭羅・魏德來到華盛頓拜會林肯，[163]也附和蘇爾德的論點。

「國務卿的高見，如同醍醐灌頂」，他後來告訴畫家法蘭西斯・卡本特說：「我對這個問題考慮很多，可是這方面我完全忽略了。結果草擬的宣言暫時擱置，就像您爲一幅畫繪製的草圖一樣，我在等候勝利來臨。」

＊＊＊

時序進入八月，林肯的心思一直沒有離開過這份宣言。他一再修改草稿，「加以潤飾，焦急地注意時勢發展」。[164]既然已經決定在前線首度傳來捷報之時頒布宣言，林肯開始著手引導輿論，奠定民衆接受宣言的基礎。正如我們所看到的，林肯一直深信「得民心者得天下，失民心者失天下」[165]的道理。他心知肚明，解放奴隸的道路上最主要的絆腳石之一，就是北方和南方的白人心中普遍存在的恐懼，他們擔心黑白兩個種族，絕對無法在一個自由的社會裡和平共存。他認為，安排恢復自由之身的奴隸，以自願的方式移居海外，可以減輕這樣的恐懼，進而使他的宣言廣被接受。

八月十四日，林肯邀集一個由獲得解放的奴隸組成的代表團，參加在白宮召開的會議，希望爭取他們合作，向黑人同伴灌輸移民的好處。「你們和我們是不同的種族，」林肯開始說道：「我們之間存在的差異，幾乎大於其他任何兩個人種。」林肯承認，因為奴隸制度，黑人已經承受「所有民族當中最大的不公平」。他繼續說，「當你們不再當奴隸時，想要與白人平起平坐，還有很長的路要走。別的種族享有的許多好處，你們都享受不到。人類的抱負就是與最頂尖的人享有一樣的自由平等，但在這個遼闊的大陸上，你們種族中卻沒有一個人，和我們種族中任何一個人一樣平等。」在此同時，白人已經嘗到奴隸制度的惡果，他們在一場悲慘的內戰中「自相殘殺」。林肯分析說：「因此，對我們雙方都好的做法，就是彼此分開」。他告訴這些與會代表，「國會已經撥出一筆款項，交給他處理」，作為在中美洲某處建立移居地的補助金。他需要一批聰明、受過教育的黑人，好比在座諸位，回去對自己的同胞鼓吹此一機會。[166]

接下來進行一番討論，會議就宣告結束。「我們原本對這個移民海外運動完全排斥，直到聽聞您精闢闡述所有的優點，才改變想法，」代表團團長在兩天後寫信給林肯這麼說。他承諾會徵求費城、紐約和波士頓的黑人著名人士的意見，期盼他們「熱烈響應此一運動」。他的希望落空了。黑人領袖迅速回應，普遍對這項提議表示反感。[167]《解放者報》(*Liberator*)振振有詞地說：全國四百萬名黑奴，「與他們的壓迫者，同樣都在這個國家土生土長。這裡是他們出生的地方；從公平正義和人道考量，他們都有權利在這裡生活；這裡也是他們壽終正寢的地方」。任何人「想要驅趕或誘騙他們離開這個國家，無異於企圖讓尼加拉河倒流回源頭，或把亞利加尼山脈變成大海」。《解放者報》報導，一個「幅員遼闊到足以容納目前全世界人口」的國家，一個「驕傲自誇是全世界所有被壓迫者避難所」的國家，它的總統竟然考慮把「整個有色人種放逐到……遙遠的海岸」，[168]真是可悲。

林肯與黑人代表團對話的報導，引發費德里克・道格拉斯[169]對林肯前所未見的尖銳批評。雖然承認這是黑人首度獲邀赴白宮參加聽證會，但他指控林肯一席話「荒謬可笑」，顯現出「種族和血統的傲慢」和「對黑人的輕蔑」。道格拉斯認為，總統「應當知道，對黑人的仇恨與對膚色的偏見，並非與生俱來，也不是難以克服的惡習，而僅只是所有罪惡的根源——奴隸制度——的副產物。如果有色人種沒有被低價販賣，被強行帶至美國，而是像德國人和愛爾蘭人那樣自由移民入境，也從未被當成合適的財產標的物，他們就永遠不會被人嫌惡，也不會受到殘酷迫害」。[170]

林肯向來擅長運用同理心解決問題，但他研擬的解放黑奴配套措施，卻罕見地未博得好評。儘管他已經設法站在黑人的立場思考，並提出他認為對他們最好的建議，可是他缺乏與黑人社會溝通，不了解黑人對於這個國家有著難以割捨的情感，聽到要離鄉背井，他們就憤憤不平。後來因為林肯與費德里克・道格拉斯之間的交情，加上他私下和數以百計、願意為爭取自己的自由而犧牲生命的黑人士兵接觸，才使他永遠放棄讓黑奴移居國外的想法。

甚至在八月對黑人代表團循循善誘之時，林肯可能也不確定移民是可行的方案。只是他意識到，把這項方案當成建議，也許能發揮添加「一滴蜜糖」[171]的效果，使解放奴隸的前景變得更美好。至於蔡斯，則絕不接受這樣的讓步。在看過林肯希望黑奴移居外國的談話記錄之後，蔡斯在日記中寫下：「要是能果斷抗議對膚色的偏見，並以睿智的努力讓自由人能在美國擁有家園，該有多好！」[172]古羅斯基伯爵的措辭更嚴厲，他痛斥林肯講種族不能和諧共存，是低級「譁眾取寵的空話」，暴露自己的「無知或是哄騙的伎倆，也許兩者皆是」，[173]堂堂一國之尊居然說出這種與其總統身分不相稱的話。

然而最聳動的批評來自霍利斯・格里利。他於八月二十日在《紐約論壇報》發表一封致總統公開信。在這封名為「兩千萬人的禱告」[174]的信中，他宣稱代表廣大的讀者發聲，強烈反對林肯「似乎正在推行的奴隸相關政策」，這項政策受到「邊界蓄奴州某些頑固守舊政客……左右」，沒有意識到「企圖剿滅叛亂，同時又支持引起叛亂的根由（奴隸制度），這樣的做法荒謬又徒勞無功」。

林肯決定回覆格里利的公開信，並利用這次機會開始向民眾宣導，[175]解放奴隸與軍事需要兩者之間關係重大。「至於您所說的『我似乎在推行的政策』，我本來就無意讓任何人有所懷疑，」他一開始就寫道：「在這場戰爭中，我的首要目標**是**拯救聯邦，**不是**為了挽救或摧毀奴隸制度。如果我不解放**任何**一個奴隸，就可以拯救聯邦，我願意這麼做；如果解放**所有**的奴隸，就能拯救聯邦，我願意這麼做；如果解放一部分奴隸，保留一部分奴隸，能夠拯救聯邦，我也願意這麼做。我對奴隸問題和有色人種做了一些事情，我做是因為那些事情有助於拯救聯邦；而一些事情我克制不做，是因為我不認為那有助於拯救聯邦。只要我相信，我做的事情會傷害此一大業，我會盡量少做，只要我相信所做的事情，有助於完成此一大業，我會盡量多做。」⑰⑥

林肯深思過後，對解放奴隸問題已經做出決定。他很清楚那份宣言會引發爭議，遂希望這封信能夠緩和宣言內容可能帶來的衝擊。主張廢奴的人士並不知道，林肯已經專心致力於往「多做」的道路走，做的程度甚至超出他們的期望。他們看到他的答覆，一肚子火。「我對總統給格里利的回信內容，感到難過，」法蘭西絲・蘇爾德向她丈夫抱怨，「他的信幾乎沒有說公道話……他給人的印象是，只要能把一些州維繫在一起就好，那比人類自由更重要。」⑰⑦

蘇爾德已經和熱中此一議題的妻子，爭論了好幾個月。六月間在家的時候，他曾明確提到，要維護共和體制，就不能立刻廢除奴隸制度。雖然反對奴隸制度是他一生的職志，但廢奴的行動太過躁進，可能摧毀共和國本身，以及它在世界歷史舞台所代表的一切，面對這樣的風險，蘇爾德猶豫不決。他毫不懷疑奴隸制度最終會廢止。事實上，他相信奴隸制度的未來，「在幾年前」就已經被文明的進步所「扼殺」。蘇爾德後來解釋說：「但是，請想像一下這個共和國毀滅的狀況。與它唇齒相依的不是只有一個種族的命運，還有全人類最美好的希望。隨著它的覆亡，自由的太陽就像希伯來人的日晷，會無限期向後退。這麼大的災難是我們無法估算的。既然如此，拯救這個國家的意義，遠比毀掉奴隸制度重大。」⑰⑧

法蘭西絲對於這個平衡方程式十分不以為然。她堅持，只要奴隸制度維持原狀，就沒有「真正的共和」體制，「它們根本是水火不容」。在那個漫長又焦慮不安的夏天，她曾寫下對丈夫的勸戒。「不管總統秉持什麼原則處理這件事情，你對你自己、你的小孩、你的國家以及上帝負有責任，你應該保持一生清白。」如果總統拒絕採取行動廢止奴隸制度，「你最好明天就辭職，戀棧這個職位給人感覺像是助紂為虐。」⑰⑨

法蘭西絲渾然不覺，林肯對於解放奴隸與共和體制兩者關係的見解已經進化，甚至比她丈夫的觀點更上一層樓。因為儘管林肯遲遲未採取行動解決奴隸問題引發的罵聲不斷，他的解放黑奴宣言依舊祕而不宣，直到戰事勝利提供有利的時機，他才對外頒布。這一切都取決於他的軍隊是否能傳來捷報。

18 「絕不食言」

林肯寄望新組的維吉尼亞軍團，能在約翰・波普將軍（General John Pope）的率領之下傳來捷報，如此一來，他就能乘勢發表「解放宣言」。波普在西線戰場戰功卓著，麥克萊倫相形遜色。一八六二年八月初，哈勒克（Halleck）下令麥克萊倫結束半島戰役，率領全軍搭乘汽船，從哈里森斯灘頭撤退至阿奎亞河和亞歷山大，①在此與波普會合。波普率軍沿著林肯最初屬意的內陸路線，從馬納薩斯南下里奇蒙。兩師會合之後，人數將遠遠超過李將軍的軍隊。

但是麥克萊倫卻遲遲不肯行動，擔心兩軍會師後，波普的指揮地位將凌駕在他之上，所以他激烈抗爭，並警告哈勒克這項行動「終將導致嚴重傷亡」。②麥克萊倫向妻子吐露，他唯一的希望，是在抵達華府被解除軍權前，「誘敵攻擊」。③他藉口運輸船不足，一再拖延撤兵，最後才在八月十四日，經過十天的策略性抗議之後，勉強開始行動，直至八月二十四日才抵達阿奎亞河。④

李將軍深知北軍會師後，兵力將超越南軍，於是決定搶在麥克萊倫的軍隊趕到之前，從里奇蒙北上，

進攻波普軍團。八月十八日，南軍在石牆傑克森將軍和詹姆士・郎斯屈（James Longstreet）將軍的指揮下，進逼波普軍隊，兩軍隔著拉帕漢諾克河對峙，此河恰巧是華盛頓與里奇蒙的中界線。波普在北側河堤的防禦工事下，苦等不到增援，衆人都在期待麥克萊倫的大軍到位，好讓北軍發動一波強攻。

李將軍巧妙利用麥克萊倫遲來的空檔，命郎斯屈正面牽制波普軍團，而傑克森則繞至波普軍團背後，奪取北軍位於馬納薩斯交會站（Manassas Junction）的補給基地，接著再集結於第一次牛奔河戰場附近的一處森林。波普帶著滿腹疑惑離開拉帕漢諾克河北上，途中便遭遇李將軍、傑克森和郎斯屈會師的軍隊。⑤「那有什麼關係？」蘇爾德在寫給法蘭西絲的信中這樣問道。「他們說，輪掉的不只是這座首都，還有許多人認爲，連這場偉業也賠上了。」⑥正當雙方等待開戰之際，北方天空突然劃過一顆彗星。⑦熟悉莎士比亞作品的林肯，肯定想起《凱撒大帝》中卡普妮亞（Calpurnia）對凱撒的不祥警告：「乞丐死時，天上不會出現彗星／只有帝王凋殞，才會上感天象。」⑧

雖然麥克萊倫同意派遣兩支軍隊支援波普，但他還是施展拖字訣，繼續等待長官確認他聯軍總司令的命令。八月二十四日他跟妻子說要「爭取休假！」⑨畢竟，世事難料，如果「波普戰敗了，或許他們會要我再度出馬，拯救華府」。⑩

第二次牛奔河戰役於八月二十九日週五震撼開戰，《明星晚報》報導，當時西風吹過，「火藥味濃重可聞」，⑪整個華府也都能清楚聽到大砲「在遠方隆隆作響」。⑫四處可見群衆聚集在街角，各大旅館擠滿了恐慌的人潮。前線遲遲未傳回可靠的情報，一時間流言四起。⑬一會兒，報僮嚷道「我們虜獲石牆傑克森和一萬六千個士兵」，幾分鐘後，又有消息說傑克森擊潰波普，現正揮軍北上，準備攻佔華府。雙方的勝負消息「呈現五五波拉鋸」。⑭

對林肯而言，這是段相當不平靜的日子。戰爭部電報室主任回憶，當時林肯經常待在二樓擁擠的電報室裡，等待前線傳回的戰報，有時甚至打算徹夜不睡。⑮他拍電報給不同將軍，包括指揮部暫駐亞歷山大的麥克萊倫在內，要求回報馬納薩斯的戰況。⑯麥克萊倫很快就回應了，但提供的是建議而非消息，他認爲林肯現在只有兩個選擇，一是「盡全力聯絡上波普」，二是「讓波普自己想辦法脫困，現即調用所有資源，確保首都萬無一失」。⑰

週六上午，約翰．海伊前往士兵之家會見總統，兩人一起乘車返回白宮。一路上，林肯「毫不掩飾地批評麥克萊倫這次的離譜行徑」，直說「在他看來，麥克萊倫顯然希望波普吃敗仗」。林肯告訴約翰．海伊，最令他氣憤難平的是，麥克萊倫竟然建議「讓波普自己想辦法脫困」。⑱

不過，相較於史坦頓的滿腔怒火，林肯的批評尚屬溫和。此刻，麥克萊倫在這位戰爭部長的眼中，簡直就是個叛國賊。麥克萊倫拖延增援波普，氣得史坦頓去找哈勒克將軍要求正式報告。他要哈勒克交代，麥克萊倫在哪天接到撤離詹姆士河（the James）的命令，接到命令後，他是否依照命令的國安緊急程度，立即遵令行事。哈勒克回答，撤兵命令在八月三日發出，但是「撤兵速度不符合我的期待，且依我之見，也不符合這道命令的國安緊急程度」。⑲

取得哈勒克的報告之後，史坦頓去找蔡斯共商大計，最後這兩個老友認定麥克萊倫必須立刻走人，他們一定得想辦法促使林肯下令。不過，他們一致認爲，跟林肯做口頭上的爭辯「有如潑水於鴨背」，因此決計「必須採取更有力的表態，而且要做成書面表達」。⑳史坦頓自薦起草罷退麥克萊倫的諫書，以便其他閣員連署，最好大多數的閣員都能加入連署。他們打算呈書林肯，表明如果麥克萊倫將軍繼續帶兵，內閣成員將不惜請辭，甚至解散內閣。在此同時，史坦頓和蔡斯又聯袂拜訪貝茲位於F街的宅邸，希望爭取他的連署支持，但貝茲恰巧不在，於是兩人就留了口信，請他明早來訪蔡斯。

週六一早，貝茲就到了財政部，一聽到他舉雙手贊成麥克萊倫的事，蔡斯相當高興。㉑「以前從沒有過這麼精良的軍隊，裡面個個都是菁英，可惜，」貝茲抱怨道，「指揮官差勁透了。」在他心目中，麥克萊倫「只有年輕這點，符合羅馬人所說的將才三要件，至於勇氣，恐怕從缺，運氣呢，肯定沒有」。此外，貝茲也同意蔡斯和史坦頓的看法，「除非情勢短時間內好轉，不然我們（政府）一定遭人民唾棄」。㉒確認貝茲篤定支持罷退麥克萊倫的計畫後，蔡斯前往戰爭部，而史坦頓這時已經完成諫書的初稿。

史坦頓以他獨樹一幟的後斜體寫成㉓這份措辭嚴厲的信函，草稿上還留有增刪的痕跡。文中表示連署者「不願再當幫兇，坐視自然資源浪費、戰事延宕、軍隊瓦解、聯邦傾覆。如果喬治．B．麥克萊倫繼續帶領軍隊，這一切終將成眞」。諫書指控麥克萊倫故意「違背上級指令」，「陷波普將軍的軍隊於危境」。[24]蔡斯提出幾點修改建議後，就在史坦頓的簽名上方，簽下自己的名字，並且允諾把諫書帶給貝茲、史密斯和威爾斯過目。

史密斯早對麥克萊倫喪失信心，因此馬上就被說服，加入連署。接近傍晚時分，蔡斯又爬上狹窄的樓梯，來到海軍部長位於二樓的辦公室，當時威爾斯正準備下班。看完諫書後，威爾斯向蔡斯保證，他自己也認爲麥克萊倫「一定得解除指揮權」，但他「不願指責麥克萊倫無能，或指控他叛國」，如同諫書宣稱的那樣。儘管蔡斯不斷重複麥克萊倫如何可惡、如何拖延增援波普，但威爾斯仍然有所遲疑。他點名問道，布萊爾是否看過這份文件，蔡斯回答：「還沒輪到他。」就在這時候，威爾斯手裡還拿著諫書，布萊爾竟然就走了進來。威爾斯感覺蔡斯緊張了起來，所以他把文件往胸前一收，幸好布萊爾待了幾分鐘就離開了。待這位郵政部長走遠之後，蔡斯請求威爾斯不要將諫書的事告訴布萊爾或其他人。[25]

正當蔡斯四處奔走之際，史坦頓邀請林肯和約翰・海伊到他位於K街的寓所吃個便飯。當時前線雖然初步回報波普戰事得利，但詳細過程仍然不甚清楚。「這是頓簡單卻愉快的晚餐，」約翰・海伊如此記載著：「女主人白皙美麗，冷淡靜默，活像尊大理石像，偶爾幾個微笑，彷彿要她的命似的。」在與林肯的交談中，史坦頓「異常嚴厲地批評麥克萊倫」，罵道：「盡搞些小動作，會害我們輸掉這場戰爭，如果最後眞是這樣，全要怪麥克萊倫和他的那群朋黨。」反觀波普將軍，史坦頓和林肯對他倒是信心堅定。

晚餐過後，總統和約翰・海伊前往總司令部，哈勒克將軍表現出「相當的信心」，保證北軍在這場「世紀戰爭」中指揮得宜。接著兩人又到史坦頓的辦公室，得知他剛派遣了「一大批志願護士趕往前線」，協助照料傷兵。「一切似乎都很順利，」約翰・海伊記道：「當晚我們輕鬆就寢，期待天一亮就能聽到好消息。」[26]

然而，對於史坦頓而言，那晚許多事情都在醞釀之中。如果波普打算不靠麥克萊倫，自己打贏這場仗，那他們就別無選擇，只有加把勁趕走那位年輕的拿破崙。威爾斯順道來訪，想找史坦頓打聽前線最新消息，卻發現史密斯也在。史坦頓對麥克萊倫又是連番臭罵，連冬季憂鬱症、貴格砲事件和半島戰役戰略錯誤，統統都搬出來指責一番。威爾斯回憶，在史密斯離開之後，史坦頓將聲量壓低成耳語，說他從蔡斯那裡得知威爾斯拒絕簽署諫書。威爾斯解釋，雖然他基本上贊成麥克萊倫必須下台，但他「不喜歡用這種手段來進行」，這似乎「對

總統失禮又失敬」。㉗他表示，總統「待我們有如朋友，有事幾乎都會跟我們商量……不要聯合起來反對他」。㉘

史坦頓一聽勃然大怒，放聲說道：「他不知道自己對總統有何義務，他只知道總統要他擔任一個艱難的職務，給了他無人可以承擔的苦工和責任，最糟糕的是，還丟給他一個老出紕漏的指揮官……他沒辦法也不願意再忍受下去了。」威爾斯雖然深表同情，但還是堅拒參加這場貌似政治陰謀的行動。㉙

翌日清晨，一反昨日的樂觀報告，前線傳來噩耗：波普的軍隊慘遭擊潰。約翰・海伊在日記寫道：「八點左右，我在房間著裝，總統進房把我叫出去，說道：『約翰，我們又輸了，我很擔心。』」㉚第一次牛奔河戰役失敗後，華府四面受敵的夢魘又再度重演。外面謠傳傑克森將軍正在橫渡波多馬克河進攻喬治城，數以千計的居民驚慌不已，開始逃往華府，前線歸來的士兵也傳出流言，說部隊軍心渙散，不願聽從波普的指揮。北軍這次損失慘重，六萬五千人陣亡了一萬六千人。㉛此時，南軍明顯佔了上風。六月底，《紐約時報》才報導：「傑佛森・戴維斯在里奇蒙的辦公室裡，聽到南方聯盟首都門前兩軍交戰，砲聲隆隆。」八月底，就變成「林肯在白宮聽到砲聲震響，兩軍交戰，爭奪國家首都的控制權，只不過這次換了個首都」。㉜

第二次牛奔河之役慘敗，林肯陷入風雨飄搖之境。麥克萊倫遲遲不肯增援波普一事，讓他越想越氣，㉝可是現在已經沒有時間生氣了，華府情勢危急，他手上亟需精良的防衛部隊。林肯依舊認爲麥克萊倫是重振軍心的最佳人選，門羅堡和哈里森斯灘頭兩次閱兵之行，他親眼見證士兵對麥克萊倫的愛戴。「他極懂得部署防禦，組織部隊，軍隊裡沒有人有他一半的才能，」林肯告訴約翰・海伊：「不可否認，他對待波普的行徑十分惡劣！他希望波普吃敗仗，實在不可原諒，但現在他對我們太重要了，沒辦法捨棄他。」㉞所以當哈勒克建議恢復麥克萊倫在維吉尼亞軍團和波多馬克軍團（Army of Potomac）的指揮權時，林肯答應了。㉟

內閣閣員對林肯的顧慮一無所悉，現在正如火如荼地進行罷退麥克萊倫的計畫。貝茲重擬諫書，讓整份信函語氣和緩些。史坦頓、蔡斯、史密斯和貝茲在新擬的諫書上重新簽名。九月一日週一，蔡斯又帶著諫書找上了威爾斯。威爾斯同意新擬的諫書的確「有所改善」，但他還是不贊成「聯合起來影響或控制總統」。蔡斯承認這次的行動「非比尋常，可是這次的事件也非比尋常」。他們必須讓林肯了解，麥克萊倫不去職，內閣勢必分崩離析。此外，蔡斯還告訴威爾斯：「麥克萊倫應該槍斃，如果他當總統，肯定即時處決。」威爾斯承認，麥克萊倫的確「不會打仗」，而且「最近的某些作爲也犯了嚴重的錯誤」，可是他還是不願意簽署諫書，不過他告訴「失望的」蔡斯，明天內閣會議他會「毫不遲疑」大聲地告訴林肯，他贊成麥克萊倫應該走人。㊱有了威爾斯的保證，史坦頓和蔡斯決定暫時將諫書按下不表，靜待明日情勢演變。

九月二日週二正午時分，除了國務卿蘇爾德以外，閣員全員到齊。蘇爾德上週已經前往奧本，享受期待已久的假期了。威爾斯一向對蘇爾德有所猜忌，認爲這次度假是他「精心安排的缺席」，好讓他可以離開華府，躲過這場因麥克萊倫而起的論爭。㊲其實，蘇爾德的度假時機應該跟個人因素比較有關。珍妮臨盆在即，隨時可能誕下他的第一個金孫，威爾已經準備好，等孩子一出世，馬上離營回家探視。此外，法蘭西絲最敬愛的長輩克萊拉（Clara）正在彌留之際，㊳可是一聽到牛奔河大敗，他馬上提早結束假期，㊴內閣會議召開之際，他正在趕回華府的路上。

會議才剛剛開始，總統就被叫喚出去，㊵在這短暫的空檔中，史坦頓趁隙發言，說話時他「壓低嗓子，聲音顫抖中帶著興奮」，他告訴在場同僚：「麥克萊倫已經被任命爲華府防衛軍司令。」現場一片錯愕。林肯很快就返回會議，宣布他的決定。他已經在當天上午七點聯絡麥克萊倫，林肯表示：「麥克萊倫熟悉華府整個地形，是可以信賴的防守將領。」他對麥克萊倫的「緩慢」知之甚詳，但仍堅持「沒有人比他更會組織軍隊」，林肯相信，事實將證明他的判斷正確。

根據威爾斯的日記記載，接下來內閣討論的氣氛，「一片不安與消沉」，這是前所未見的景況。林肯顯得「極度沮喪」，史坦頓和蔡斯也是。蔡斯預言「這將是國家的災難」，㊶而史坦頓在體認到諫書已無用武之地後，頹喪地返回戰爭部，「像是片垂頭喪氣的葉子」。㊷這段插曲讓史坦頓和林肯之間冷淡了好幾個禮拜。

閣員在如此重大的問題上反對他的決策，讓林肯深感煩惱。貝茲記載，他「似乎爲最深沉的痛苦所折磨，竟然說他幾乎想要上吊自殺」。㊸內閣因爲麥克萊倫而離心離德，波普慘敗，再加上無止境拖延的慘烈戰爭，重重壓力壓著林肯，讓他不禁陷入沉思，他在一張小紙片上寫道：「每場偉大的戰爭，兩方都宣稱自己遵照上帝的旨意行事。兩方**可能**都錯了，至少其中一方**一定**如此，因爲上帝不可能同時**贊成**和**反對**同一件事。就現在這場內戰來說，上帝的旨意很可能跟我們兩方的意圖都不一樣。」而且上帝可能認爲戰爭「還沒到結束的時

候」。㊹

蘇爾德終於返回華府，這或多或少減輕了林肯的沮喪情緒。林肯可以跟他的國務卿暢所欲言，比在其他閣員面前自在多了，蘇爾德於九月三日晚間返抵首都，隨即驅車趕往士兵之家，但很不巧，「總統正好有訪客，我們沒辦法私下談話，」費德・蘇爾德寫道。

「州長，」林肯提議，「我會盡快結束，然後跟你出去兜兜風。」接下來幾個小時，這兩個朋友在蜿蜒的車道上邊兜風邊聊天，「蘇爾德細數他在北方的見聞，而林肯則講述他休假的這段期間，軍隊發生的大事和內閣會議的情況。」㊺

蘇爾德在兩天後向約翰・海伊吐露了一些悲觀世故的想法，這些想法很可能早在這段兜風路程上，就跟林肯透露過。「人變老有什麼用呢？」蘇爾德問道：「懂得一點人情世故，但真正派上用場時，卻往往爲時已晚。」這段話暗指麥克萊倫和波普之間的矛盾，導致牛奔河大敗一事。蘇爾德承認他「這一刻才了解什麼叫做軍人相嫉……（他）以前從來不知道，嫉妒會使將領寧願踐踏自己的名譽，犧牲國家的福祉」。他自忖從政經驗豐富，也許「早該明白這點」。㊻

儘管蘇爾德因爲牛奔河一連串事件，而消沉一時，但他還是相信北方終會獲勝，這股信心一定也感染了林肯，抖擻了他的精神。每當遭遇困頓，蘇爾德總是藉由讀史獲得指引與慰藉。他曾經說過，回顧獨立戰爭（Revolutionary War）那段艱苦的歲月，「使我懂得珍惜和永懷希望」。㊼另一點跟其他內閣成員很不一樣的是，蘇爾德堅定相信林肯的謹慎、智慧和度量，足以帶領國家「安然度過內戰的動盪」。㊽蘇爾德對林肯的處境總能感同身受，這一定給了林肯不少真切的慰藉。蘇爾德不像史坦頓和蔡斯，他深知一個國家領導人必須善用㊾手上握有的工具，此時此刻，麥克萊倫正是林肯手上的可用工具。

在此同時，麥克萊倫志得意滿地回到昔日的司令部，㊿隔個街角就是蘇爾德的宅邸。「我又再次被召喚回來拯救國家了，」麥克萊倫在寫給妻子的信裡說道：「看到我雄壯威武的波多馬克軍團被打得七零八落，又看見他們現在還是這麼愛戴我，我的心不禁開始淌血，我可憐的弟兄們！騎馬行經他們身邊時，他們大聲喊著我的名字，說：『喬治，不要再離開我們了！』『他們不可以再把你帶走了。』」(51)

麥克萊倫恢復指揮權才短短兩天，受到半島戰役和牛奔河戰役接連大捷激勵的李將軍，大膽橫渡波多馬克河，進犯馬里蘭州。這位南軍指揮官誤判情勢，以爲馬里蘭州蓄奴，當地人一定群起擁護他的軍隊。但事實上，馬里蘭居民蔑視南方叛軍，反倒熱烈歡迎麥克萊倫的藍衫軍，當他們行經鄉間準備迎戰李將軍時，衆人沿途鼓掌搖旗。52兩軍相遇之後，麥克萊倫又佔了另一個優勢：李將軍的作戰計畫意外曝光，有個信使漫不經心，竟拿將軍諭令來包三根雪茄煙，後來還忘記帶走。53

九月十七日，安提耶坦之役開戰，麥克萊倫在戰況最激烈的午後三時寫信給瑪莉‧艾倫說道：「我們正在經歷當代最慘烈的戰爭。」54當天戰事結束，雙方陣亡六千人，傷兵一萬七千人，死亡人數足足是二次大戰時，諾曼地登陸美國陣亡士兵的四倍，相當驚人。55最後，北軍佔得優勢，迫使李將軍退回南方。「我軍大獲全勝，」麥克萊倫歡喜回報道：「一支精神頹廢、士氣低落的軍隊，竟然能夠這樣徹底地擊敗李將軍，這樣完全地拯救北方，讓我不禁有點小小的驕傲。」56

林肯接獲頭幾封戰報，得知李將軍的軍隊可能已經被殲滅，心情非常激動。但後來的幾封電報卻顯示，麥克萊倫被勝利沖昏頭，並未乘勝追擊，讓李將軍得以渡過57波多馬克河，回到維吉尼亞州重整旗鼓，補充兵員和物資。

儘管如此，安提耶坦戰役仍爲人心低迷的北方，帶來迫切需要的勝利。「看來我們前線的將領終於奮起共赴國難了，」58《紐約時報》評論道：「我們預言，一八六二年九月十七日，將會是叛亂州歷史上無可磨滅的日子，因爲這一天象徵著他們敗亡的開始。」59

後來證實這段預言確有先見之明，但箇中原因卻是《紐約時報》無法想見的。安提耶坦之捷雖有缺憾，但卻爲林肯提供一個等待已久的機會，讓他宣布隔年一月實施解放宣言的計畫。九月二十二日，林肯召集內閣會議，宣布他的決定。當天，蔡斯和史坦頓坐在林肯右手邊，其他人坐在左手邊，爲了放鬆大夥的心情，林肯先念一段緬因州作家查理斯‧法勒‧布朗（Charles Farrar Browne）的幽默小品，不過只有蘇爾德有興致欣賞亞特曼‧華德（Artemus Ward；譯註，布朗的筆名）的幽默，跟著林肯一起哈哈大笑。蔡斯只勉強擠出一絲微笑，史坦頓則是一臉不耐與不悅。

幽默故事講完後，林肯換了「比較嚴肅的語氣」，[60]重提他先前擬好並向在座諸位宣讀過的解放令，他表示，在李將軍進犯馬里蘭州的時候，他就決定「只要一把南軍逐出」馬里蘭州，他便頒布這道命令。「我從未向任何人提起這件事，但我對自己和（停頓一會兒）上帝這樣承諾。」[61]林肯極少坦承宗教信仰對他的影響，但基迪恩・威爾斯觀察道：「偶爾遇到難以抉擇的時刻，他就會像這樣，把決定權交給上帝，然後遵照上帝的旨意行事。」[62]林肯表明他今天召開會議，並不是要「徵詢意見」，因爲早在決定之前，他就考慮過大家的意見；但是如果有任何關於文字上的建議，倒是歡迎提出。[63]接著，林肯便開始宣讀草稿。這幾週來，他一直不斷針對草稿的內容小幅修改，希望強化開戰之必要的論述。

史坦頓「發表鏗鏘有力的談話，支持這項政策」，[64]而布萊爾則重申他對邊境州和秋季大選的憂慮，[65]不過最後他也表示無異議，只有蘇爾德認爲草稿應該做個重大修改，他問道：「如果政府承諾不只承認，而且還『維護』奴隸解放後的自由地位，不限定只在現任總統任內實施解放，這份宣言會不會更有力呢？」[66]林肯回答，他曾思考過這個問題，但「承諾自己沒有十足把握的事，不是他的作風」。不過，蘇爾德「仍堅持我們應該提出這點」，[67]林肯最後同意，在草稿中刪去提及現任政府的部分。

初步宣言在翌日公布，隨後便有大批群眾聚集白宮前歡欣獻唱。爲了給叛亂州回歸聯邦的最後機會，解放令要等到一八六三年一月一日，總統頒布最終宣言後，才算眞正生效，雖然如此，初步宣言已經改變了戰事的發展。「我只能相信上帝，我沒有做錯。」林肯從白宮樓上的窗戶告訴獻唱的群眾：「現在，一切要交由這個國家和這個世界來審判。」然後他談到戰場上奮力拚搏的英勇士兵，表示他這個總統雖然「面臨重重困難」，但這些「跟士兵在戰場遭遇的困難相比，實在太微不足道了，這些人用熱血和生命換取我們國家未來的安樂與繁榮，我們絕對不能忘記。」[68]

獻唱群眾接著轉往蔡斯位於第六街和E街交會處的宅邸，當時已經有大批人群聚集，聆聽蔡斯「精彩幽默的談話。後來，包括貝茲和「幾個老頑固」在內的一夥人，因爲心情太好，所以一直留在蔡斯家中飲酒。「他們似乎多少感受到一種嶄新振奮的生活，」約翰・海伊觀察道：「他們歡樂愉快地互稱和自稱是廢奴主義者，看起來很喜歡這個曾經令人避之惟恐不及的稱號，覺得叫起來非常新鮮。」[69]

古羅斯基伯爵和威廉・費森登（William Fessenden）等諸多激進人士，都對林肯懷有戒心。古羅斯基抱怨解放宣言是「最平庸、最枯燥的公文體」，沒有一個字能打動人心，[70]而費森登則說這份宣言「不會也不可能改變任何一個黑奴的處境」。[71]縱然如此，曾經批評林肯執拗的費德里克・道格拉斯卻深知這份宣言的劃時代影響力，他在自己的《月刊》（*Monthy*）上寫道：「我們欣喜歡呼，自己竟然能夠活著記錄這道正義的法令。」[72]道格拉斯預料解放宣言將遭遇強大的反對勢力，他問：「林肯總統會因此猶豫而收回成命嗎？」「不會，」他肯定地說道，「亞伯拉罕・林肯，絕不會退縮。」雖然兩人此時尚未熟識，但道格拉斯卻憑直覺洞悉了林肯的性格，他說：「亞伯拉罕・林肯可能動作慢了點……但只要亞伯拉罕・林肯正式簽了名，他就不會猶豫、收回或違背自己莊嚴承諾過的話語和決心……如果他曾經說過不要相信任何事情，這就等於告訴我們，要相信他說的話。」林肯後來對麻薩諸塞州議員喬治・包韋爾（George Boutwell）的談話，證實了道格拉斯的這段評論，林肯說道：「已經對人民說出口的事，我絕不食言。」[73]

反對解放宣言的聲浪，來自幾個意料之中的陣營，像是保守派害怕這份宣言將使「南北雙方的仇恨永遠無法化解」，[74]而民主黨人則預言，解放宣言將嚴重打擊軍隊士氣，南方就更不必說了，一片撻伐之聲。《里奇蒙詢問報》譴責林肯挑起動亂，一如奈德・透納（Nat Turner）帶頭的黑奴暴動，最後將無可避免，使奴隸「跟野生動物一樣」遭到追捕與殺害。這家報紙指控道：「現在可好了，林肯準備送他們去死。」[75]對於各方的批評，林肯毫不訝異。在看過各家報紙的社論之後，他「說這個議題他已經研究了很久，了解得比他們所有人都透徹。」[76]因此，看到副總統漢尼拔・韓姆林的信裡寫道，解放宣言將會受到「熱烈的贊許與支持」，勢必「成爲這時代的偉大功績」[77]時，林肯回信說道：「虛浮的人滿腦子都是報紙和名流的讚揚，看不到股票下跌，軍隊怠惰。這份宣言表面看似審慎，但其實不怎麼令人滿意。」[78]

＊＊＊

麥克萊倫將軍隊駐紮在安提耶坦近郊後，開始思考自己的處境。安提耶坦大捷全面重振了他的軍事聲譽，因此麥克萊倫認爲他有權利要求「史坦頓下台，而哈勒克也得恢復他的舊職」。[79]他告訴妻子，如果這兩項要求沒辦法做到，他就要辭去現職。此外，像解放宣言這樣「可惡的政策」，簡直是鼓勵「奴隸造反」的「邪惡」召喚，他實在無法爲之奮鬥。[80]憤慨的麥克萊倫於是寫了一封抗議信，準備向林肯說明自己的立場，但布萊爾父子等老友都提醒他，不服從總統的政策，後果可能很嚴重，這才使他打消寄出抗議信的念頭。[81]

麥克萊倫高估了自己的影響力。他現在的地位雖然看似無可動搖，讓原本堅持將他撤職的史坦頓和蔡斯一時氣短，[82]但其實林肯心裡另有打算，如果時序進入十月之後，麥克萊倫還是沒有出兵追擊李將軍的跡象，他就要解除麥克萊倫的兵權。[83]

十月初林肯安排一趟火車之旅，探訪麥可里倫的軍隊駐地，希望藉由這趟行程，激勵麥克萊倫出兵。[84]哈勒克擔心總統安危，反對這項計畫，但是林肯卻堅持「暫離白宮……去探望我的士兵」。[85]一如往常，林肯在與士兵的互動過程中，獲得無比信心。軍隊配合鼓聲展示堅強的軍備，林肯在麥可萊倫的伴隨下，騎馬緩慢行經行伍並舉帽示意。「這次閱兵精彩極了，」一名戰地記者記載道：「經過漫長行軍和艱困戰鬥後，我們的軍隊依舊展現壯盛的軍容，博得在場人士的熱烈讚賞。總統致詞時，說了許多幽默的小故事，逗得大家非常開心。」[86]

勞軍期間，林肯在麥克萊倫的營區用餐，晚上就睡在隔壁營帳。[87]他沒說什麼，卻以行動明白提醒麥克萊倫別再「過度小心」，[88]應該準備下一步行動了。麥克萊倫在寫給妻子的信件中坦承，林肯本人「非常和藹」、「非常親切」[89]，但他合理懷疑「總統此行眞正的目的是催促我，要我不待時機成熟就進軍維吉尼亞」。[90]

眼見軍隊狀況良好，林肯在週六下午興高采烈地返回華府，總統列車途中暫停斐德烈鎭（Frederick），大批民衆歡欣鼓舞地迎接總統蒞臨，熱烈展現馬里蘭州對聯邦政府的效忠。群衆簇擁總統發言，林肯愉快回應道：「以前的我也許會說上半個鐘頭，讓大家開心一下」，但是當上總統之後，「我所說的每一句話都會被放在放大鏡下檢視」，所以得避免一切「無謂的」[91]發言。儘管如此，顧及平民和士兵一樣忠於聯邦政府的偉業，林肯還是趁列車開動之前，在列車看台上發表一段簡短精彩的談話，他最後說道：「願國家統一的德澤，被及下代子孫和千千萬萬代子孫，使他們在華盛頓及諸位開國元老創立的偉大制度下，得享永世福樂。」[92]

爲了確保麥克萊倫不誤讀兩人的談話，林肯在週一命令哈勒克電告麥克萊倫：「總統下令橫渡波多馬克河，進擊敵軍或迫其南移。待路況好轉，閣下所部必須立即開拔。」[93]然而，好幾個星期過去了，麥克萊倫用遍所有藉口：[94]補給不足、軍靴不夠、馬兒疲憊，來搪塞總統的命令。聽到最後一個藉口時，林肯終於抑制不住怒火，問道：「恕我冒昧，請問自從安提耶坦之役，貴軍的馬兒到底做了些什麼，弄得如此疲憊？」[95]

「我們對叛亂州的作戰鬆懈下來了，」喬治・坦普頓・史壯在十月二十三日的日記裡沮喪寫道：「麥克萊倫停戰當然是有他的理由，但是獅子如果蹲伏太久，遲遲不肯一躍，大家會開始懷疑這獅子到底是不是標本。」[96]軍隊遲不開戰，再加上不滿解放宣言的保守勢力抬頭，終於在選民心中釀成蘇爾德所謂的「怨氣」，[97]宣泄在十一月的期中選舉上。選舉結果，執政的共和黨慘敗。雖然執政黨在國會仍保有些微的多數優勢，但主張包容奴隸制度的「和平派民主黨人」，卻贏得伊利諾州、紐約州、賓州、俄亥俄州及印地安納州等關鍵州的席次。有人問及共和黨大敗，林肯做何感想時，他答道：「有點像肯塔基州那個趕著去見心上人，卻不小心碰傷腳趾的年輕小夥子。他說他年紀不小了，不好意思放聲大哭，但這傷實在痛得不得了，讓他一點也笑不出來。」[98]

期中選舉結束翌日，林肯解除麥克萊倫波多馬克軍團司令的頭銜。這位年輕的拿破崙雖然最後終於渡過波多馬克河，但渡河之後卻再度停滯不前。林肯告訴約翰・海伊：「我開始擔心他是玩假的，其實他根本不想傷害敵軍。我知道他可以成功攔截前往里奇蒙路上的敵軍，我決定以此作為測試，如果他讓敵軍脫逃，我就解他的職。結果他真的讓敵軍逃了，我當然就摘了他的指揮官頭銜。」[99]

麥克萊倫在深夜十一點的帳篷裡接到撤職電報，當時在場的還有林肯挑來接替他職位的安布洛斯・柏恩賽（Ambrose Burnside）將軍。安布洛斯・柏恩賽將軍以驍勇善戰聞名，在半島戰役和安提耶坦戰役期間，負責帶領麥克萊倫麾下的一個兵團。麥克萊倫告訴妻子：「可憐的柏恩感覺糟透了，簡直快瘋了。」他坦承：「我自己當然更加驚訝，」但他「身體並未顫抖，臉上也未顯露出半點情緒波動」。[100]

《國家通訊報》戰地記者報導，麥克萊倫將軍向部屬及士兵道別，「十萬多名士兵整晚都籠罩在極度悲傷的氣氛之中。」[101]所有部屬都圍繞在他營帳前的巨大火堆邊，麥克萊倫舉起斟了酒的酒杯說：「敬波多馬克軍團。」一名部屬接道：「也敬它的老長官。」最後一次敬酒和麥克萊倫騎馬行經行伍時，「眾人淚如雨下。」他對大家說道：「在這個離別的時刻，我訴不盡對你們的感情與感激，這個軍團在我的照護之下成長茁壯……大夥的光榮戰績、你我的患難與共、因戰因病隕落的同志之墳、因傷因病殘廢的同志身影——這些男性間最堅強的連結，把我們緊緊聯繫在一起。」[102]

林肯選擇柏恩賽接替麥克萊倫，後來證明是個悲慘的錯誤。[103]雖然柏恩賽具有領袖魅力，爲人正直刻苦，但是他卻缺乏帶領龐大軍隊的聰明和信心，有人形容他「腦不及心十倍之多」。[104]十二月十三日，這位新任司令不聽林肯的忠告，率領十二萬兩千人的大軍橫渡拉帕漢諾克河，進攻費德里克斯堡，但李將軍卻已經在制高點部署重兵，嚴陣以待，北軍誤入陷阱，陣亡一萬三千人，超過南軍陣亡人數的兩倍，最後只得被迫含恨撤退。[105]

爲了緩和費德里克斯堡大敗的衝擊，林肯發了一封公開信嘉許軍隊：「各位在曠野之中力戰頑抗的敵人……（顯示）各位具備偉大軍隊的一切特質，這將會爲國家和全民政府帶來再一次的勝利。」[106]即使傷亡數字「慘不忍睹」，林肯深知，如同他對威廉・史托達德所說的：「如果同樣的戰爭再來一次，一星期七天，天天如此，結果同樣慘烈，我還是相信，李將軍的軍隊將被全軍殲滅，波多馬克軍團仍是一支偉大的軍隊，戰爭將會結束，南方聯盟政府將不復存在。」[107]

＊＊＊

費德里克斯堡大敗引發內閣一連串的交互指責，使執政團隊陷入危機，林肯爲此「更形憂鬱」，根據他自己的說法是：「有生以來沒這麼糟糕過。」[108]國會山莊裡的激進派共和黨人，開始要求政府採取更積極的戰爭行動，否則主張妥協和平的保守呼聲將更加強烈，聯邦勢必回到昔日允許奴隸存在的狀態。他們指出，期中選舉結果說明人民越來越不滿當前的政策——凶兆一清二楚，就顯現在眼前。

十二月十六日週二下午，共和黨參議員全員密會於挑高氣派的參議院會客廳，希望想出辦法，因應當前的惡劣局勢。他們一致認爲，內閣不大幅換血，「國家勢必滅亡，偉業肯定失敗」。[109]但在戰爭期間公開攻擊林肯，有所不妥，因此他們將怒氣發洩在總統背後的邪惡勢力：威廉・亨利・蘇爾德身上。過去幾個月，蔡斯不斷放話：「有隻黑手控制了總統，推翻內閣的所有決策」，⑩隱約暗指蘇爾德。在私人信函內，他也緊咬林肯未諮詢內閣，就擅自決定「國家奴隸制度存廢」⑪一事，反覆批評，直言如果是他組閣，一定會全力避免這種禍事，可是現在卻發生在這個國家和這個政黨裡。熟人之間的耳語，很快就成了人盡皆知的小道消息。

共和黨人的圈子開始謠傳蘇爾德「影響力足以左右軍隊和總統」，⑫總統未能迅速將麥克萊倫撤職，導致戰事停滯和重大損失，都是蘇爾德這個「地下總統」的責任。林肯原本希望這場內戰會是場解放奴隸的聖戰，但蘇爾德卻阻撓這個願望的實現，就連期中選舉保守勢力抬頭，他也應該負責。總之，蘇爾德是個陰險的角色，「拿塊沾了氯仿的海綿，蒙住亞伯大叔的鼻子。」⑬

十二月午後，群聚在參議院會客廳的這群共和黨人，大都相信這些謠言是有根有據的事實。他們一個接一個，議論著蘇爾德「控制總統意志」⑭的行徑，班・魏德提議，他們「應該組個團體，合力要求總統將蘇爾德先生撤職」。⑮就如威廉・費森登所言，職責驅使他們行使憲法權利，要求政府「拿出辦法，促使內閣團結，凡是無法眞心認同我們戰爭主張的人，都應該逐出內閣」。⑯這類言論越演越烈，最後愛荷華州參議員詹姆士・W・葛萊姆（James W. Grimes）提起一項決議案，指稱「國務卿不獲信任」，建議「應該將他趕出內閣」。⑰

費森登請求大家投票表示意見，結果非常明顯，贊成的有三十一位，佔現場大多數，但蘇爾德友人紐約州參議員普萊斯頓・金反對，認爲這項決議案不僅「魯莽輕率」，而且也「對蘇爾德先生不盡公平，因爲它所根據的，全都是謠言」。⑱多位參議員紛表贊同，歐維爾・布朗寧表示：「沒有證據可以證明這些指控屬實」，所以他無法投下贊成票，再者，這投票「並非正當行事程序」，很容易挑起「總統與國會之間的戰爭」，「府會對抗的消息如果傳出去，將會嚴重傷害我們的偉業」。⑲費森登了解「我們的行動如果不能取得全體同意，不但力量盡失，還會帶來不幸後果」，⑳所以他同意明日午後再議，好讓大家「多點時間考慮」。㉑

儘管串連行動應該保密，但普萊斯頓・金仍覺得有必要告知蘇爾德，當晚，他就前往蘇爾德家中，那時他的老同事正在書房裡，兩人於是並肩而坐，金將下午發生的事情全盤告訴蘇爾德。蘇爾德靜靜聽完後，說道：「他們要怎麼對付我，隨他們高興，可是不應該因爲我而誤會總統。」語畢，立刻要來紙筆，寫下辭呈，辭去國務卿一職，並吩咐兒子費德和金，幫他把辭呈送到白宮。

林肯看到蘇爾德的辭呈，「滿臉痛苦與驚訝，直說：『這是什麼意思？』」金參議員將衆人情緒不滿而「亟欲找尋替罪羔羊」一事細說分明，林肯聽完後，便走路到蘇爾德的宅邸拜訪。此次會面，雙方心情都相當煎熬。蘇爾德故作瀟灑地對林肯說：「卸下公職可就輕鬆多了。」林肯回道：「是呀，州長，你可好了，但我就像（勞倫斯・）史坦恩（Laurence Sterne）筆下的白頭翁，『我飛不走』。」⑫

林肯心知肚明，他才是激進派洩忿的眞正目標，這從兩天後，他對布朗寧的談話可以看出端倪：「他們想趕我下台，有時我眞想讓他們稱心如意。」傳言指稱蘇爾德操控林肯，林肯斥之爲「謊言，荒謬的謊言」，「連小孩都不相信」。⑬蘇爾德是林肯最信任的閣員，內閣裡面只有他，懂得欣賞林肯非凡的領導能力，也只有他，可稱得上是林肯的摯友，但共和黨參議員是非常重要的政治盟友，林肯得罪不起，他必須仔細思考如何取捨，並觀察局勢的進一步演變。

威爾斯感受到蘇爾德非常「失落」，因爲「總統並沒有馬上退回他的辭呈」。總統的猶豫，再加上昔日國會同僚暗箭傷人的痛苦，讓蘇爾德感覺極度「受傷、痛心和懊惱」。⑭所幸，法蘭西絲已於上週抵達華府，看顧兩人的兒子威爾，他在首都六哩外的軍營裡感染了傷寒，而剛滿十八歲的范妮則留在奧本，陪伴珍妮和寶寶。兩名女眷預定數日後離開奧本，前往華府與其他家人團聚，共度聖誕佳節。⑮

正當范妮和珍妮忙著整理行李之際，費德發了封緊急電報給范妮道：「暫勿前來。」費德此時也隨父親提出辭呈，辭去助理國務卿一職。法蘭西絲緊接著來信告知范妮，她的父親「目前正考慮辭職，以盡愛國之心」，不久他們就會動身回到奧本。父親突然辭職，讓范妮相當惶恐，憂心忡忡，她在日記中寫道：「我猜他如果眞的離職，紛擾的國事一定更加折磨他的心靈。我有預感他會生病回家，眞想快點親眼看到他，平平安安的。昨晚翻來覆去，久久不能成眠。」⑯

在某些方面，是蘇爾德使自己的處境更形險惡。他無端批評激進派，在國會山莊樹了不少敵。有次，蘇爾德在給林肯的報告中不小心說道，國會那幫人的心態，其實跟南軍沒有兩樣，這番言論尤其得罪查爾斯・桑納。⑰此外，也可能是蘇爾德的高傲性格使然，他偶爾會誇耀自己在內閣的影響力。儘管言行失之輕率，但蘇爾德對待總統卻是相當死忠，他放棄自己的雄心大志，戮力輔佐長官，服務他所熱愛的國家。

週三下午共和黨參議員再度集會，紐約州參議員艾拉・哈里斯（Ira Harris）提出一個替代方案，獲得全體無異議通過。這項決議案並不直接點名蘇爾德負責，僅是簡單交代「內閣重組有助提振民眾對現任政府的信心」。因爲擔心波及蔡斯的官位，所以決議案後來又修改成要求「內閣局部改組」。俄亥俄州參議員約翰・謝爾曼（John Sherman）質疑，內閣任何變動都會有所影響，因爲林肯「既無威嚴，也無紀律，更無原則」。但無論如何，他們都必須有所行動，所以黨團選出九人小組，代表謁見總統並遞交決議案，時間就敲定在十二月十八日週四晚間七點。[128]

謁見前一刻，歐維爾・布朗寧來到白宮看望林肯，「我一眼就看出他心情不好，」布朗寧在日記中留下這段記錄：「他心裡正在煩惱的事非比尋常。」林肯問他：「這些人圖的是什麼？」布朗寧坦白回答，他們「對付現任政府的做法太過粗暴」，最後通過的決議案，還是「所有提議裡面最溫和的版本」。而且，蘇爾德雖是「他們的頭號攻擊目標」，但其實他們對待總統也是「十分惡毒」。林肯坦承，獲知黨團的決議之後，他極度不悅。「我幾乎看不到半點希望，」他向布朗寧道出心聲。[129]

儘管如此，林肯還是將情緒隱藏起來，保持平日的彬彬有禮，讓參議員在謁見的三個小時內[130]暢所欲言。佛蒙特州參議員雅各・柯拉莫（Jacob Collamer）首先發言，宣告他們此行最重要的主張是，總統的內閣應該爲國家目標與政策共同背書，「所有重要的公共政策和任命，都應該來自閣員的集體智慧與共同意志」。但目前情況顯然並非如此，所以內閣應該重組，以「確保國家意見與行動一致」。[131]在接下來的談話中，參議員又批評，戰爭在麥克萊倫和哈勒克等「惡毒民主黨人的主導下」，[132]已經拖得太久，反觀主張廢奴的傅瑞蒙將軍和杭特將軍「卻遭貶謫」。[133]

參議員提出嚴厲的指責，並將此歸咎於蘇爾德獨攬大權，而且「對戰事發展漠不關心」。雖然共和黨參議員表示信任總統的誠信，但林肯日後提及此事時卻說道：「他們似乎認爲，只要他腦袋裡出現任何好的構想，蘇爾德都會**不知不覺地把它們吸走**。」[134]林肯努力和緩怒火與緊繃的氣氛。他坦承大家對蘇爾德的舉動，「令他震驚又難過」，內閣雖然偶有齟齬，但「從未出現嚴重不和」。外面謠傳蘇爾德會運用邪惡勢力，推翻大多數閣員的意見，這絕非事實。相反地，內閣在大多數事務上的作爲都相當一致。甚至，在他最艱難的日子裡，「閣員相互無私的信任與熱情」，[135]讓他「倍感支持與安慰」。[136]隨著對話持續，林肯似乎感受到九人代表「認眞與難過的心情，而非惡意與憤怒」。最後他「表示很滿意這次會談的品質和氣氛」，並保證仔細檢視參議員遞交的文件，讓他們感覺他「滿意這次的會面」。[137]

林肯意識到「這件事他必須自己解決」，沒人可以商量，他開始「深思如何解決」，[138]最後終於在清晨擬出行動計畫。他通知蘇爾德以外的所有閣員，於上午十點半開會。待閣員都坐定在熟悉的橡木會議桌前，林肯要求大家不要洩漏他今天談話的內容，接著便報告蘇爾德提出辭呈及九人小組來會之事，並且宣讀小組成員遞交的文件。他將昨天向九人小組表達過的意見又重述一次，強調他的跨黨派內閣運作「和諧，大家都放下了先前的黨派之見」，在「國事如麻，忙得他心力交瘁」之際，他所倚靠的就是閣員的忠誠與「善意」，[139]他「無法承受失去」[140]他們其中任何一個，「要他完全拋棄老朋友繼續做下去」，絕無可能。

林肯當面詢問在座閣員，得知大家都認爲合作愉快，於是他提議內閣當晚與九人小組進行聯合會談，目的應該就是讓參議員了解內閣並未失和。聯合會談的提議令蔡斯相當驚慌，因爲內閣失靈的消息，多半是他向參議員所透露的。蔡斯極力反對聯合會談，但其他閣員一致同意，他只得被迫勉強同意。[141]

十二月十九日晚間，九人小組抵達白宮，林肯宣讀衆議員的決議，並邀請大家開誠布公地討論相關議題，一場非比尋常的會談於焉展開。林肯承認內閣會議並非他所期待的那樣正式，實在是施政時間緊迫所致。儘管如此，他還是認爲「重要問題大都經過合理的考量」，[142]而且「政策都經全體同意才會定案」。[143]他接著爲蘇爾德說話，反駁九人小組指控他的「不當干預」決策，以及不「關切戰爭進展」，林肯還特地提及蘇爾德極力贊成解放宣言。[144]

參議員於是改而要求「全體內閣」必須共同「進行重大問題的討論與決策」，不能由個人主導「整個施政行動」。他們稱許約翰・昆西・亞當斯總統即使意見不同，仍然尊重內閣的多數決結果。同樣地，「他們希望內閣和睦，集思廣益，並且積極行動」。[145]

布萊爾接著也發表長篇大論「支持總統，堅決反對集體領導的構想」。[146]儘管「他與蘇爾德先生很多意見相左」，但他「相信蘇爾德跟所有參戰人士一樣關心戰事；認爲如果逼他離開內閣，將對公部門有所傷害，而且，參議員也不應該干預這種事」。[147]貝茲對布萊爾的說法表示極度贊同，威爾斯也是，[148]他在會後思索會談內容，並於翌日寫道，自己跟蘇爾德也是經常意見不同，但他犯的錯都是「可以寬恕的」，再者，「任何黨派都不應該對總統下指導棋，指示他如何對待自己的內閣」。[149]

這場會談重創蔡斯的形勢。費森登回憶，當時蔡斯惱怒說道：「早知道會當著參議員九人小組的面被責難，他就不來了」，他覺得自己是不得不同意林肯和其他同僚的意見。接著蔡斯語帶含糊地表示，他希望內閣能夠更全面地考量每項政策，同時也證實總統的說法，內閣在大多數政策上的確意見一致，他不情願地承認：「政策一旦定案，就不會有閣員再反對了。」至於解放宣言，蔡斯坦言蘇爾德提出的幾點修改建議，大大增強了整份宣言的力量。[150]整場會談，史坦頓和史密斯均未發一語。[151]

歷經將近五小時的坦懷對談後，林肯感覺雙方漸有共識，於是逐一詢問在場參議員，是否還希望蘇爾德下台。雖然李曼．川布爾等四人還是堅持原來立場，但其他參議員都已改弦易轍。會議於凌晨一點結束，參議員都猜想內閣應該不會有所變動。[152]

失望之餘，參議員把怒氣轉往蔡斯身上，他的雙面人行徑惹惱了眾人。有人問柯拉莫，蔡斯怎能在會議上裝出完全不同的嘴臉，這位來自佛蒙特州的參議員給了一個簡單扼要的回答：「他說謊。」[153]林肯同意蔡斯說話不老實，但可不是在開會那天晚上，相反地，蔡斯在過去幾個月不斷散播有關蘇爾德和內閣的謠言，只有在開會那天晚上，才終於被迫說了實話！[154]林肯運用高明的政治手腕，成功平息這次危機，而且戳破了財政部長蔡斯的兩面手法。

隔天，威爾斯一早就來面見總統，表示昨晚會後他「沉思良久」，認爲林肯如果接受蘇爾德的辭呈，將是大錯特錯，參議員批評蘇爾德的理由「無論眞實或編造」，都是「不宜而錯誤的」，爲了「維護行政權的權利與獨立」，林肯必須拒絕參議員干預內閣內部事務的舉措。威爾斯希望蘇爾德不要逼迫林肯接受他的辭呈。威爾斯的一席話讓林肯相當開心，於是他請威爾斯去勸說蘇爾德。

威爾斯受命後立即往訪蘇爾德的寓所，恰巧史坦頓也在，[155]正和國務卿聊著天。史坦頓可能曾經幫助蔡斯散播蘇爾德的不是，尤其是在麥克萊倫復職的那段期間，所以他過來看看有何可以彌補。他說，內閣就像一扇窗子，「說得更明白些，路人可能打破玻璃，一次一片就夠了，你想窗上玻璃一片不剩需要多久時間？」[156]

史坦頓告辭後，威爾斯告訴蘇爾德，他已經建議總統不要接受他的辭呈，這消息讓近來心煩意亂的蘇爾德「心情大好」。[157]就在這個時候，又有一位訪客敲門求訪，接著蒙哥馬利・布萊爾走了進來，同樣也是要來勸蘇爾德打消辭職念頭。[158]就這樣，林肯巧妙地讓閣員自己開了一次會。這就像家人之間常因家事而相互挑剔，但面對外來批評卻砲口一致。蘇爾德與林肯的好交情招致其他閣員眼紅，但此時大家都放下對蘇爾德的種種不滿，同心抵抗外人的干預。

不過，林肯的麻煩還沒結束。蘇爾德提出辭呈的消息引發各界議論，激進派人士尤其熱烈，他們希望蘇爾德下台是內閣重組清除保守派勢力的第一步。蘇爾德辭職已經人盡皆知，如果退回他的辭呈，一定會被解讀成摑了激進派一個耳光，屆時，林肯長期在內閣費心維持的巧妙平衡，勢必遭到破壞。

諷刺的是，就在這個時候，塞蒙・蔡斯在毫不知情的情況下，為林肯的困境提供了一個完美的解決方案。威爾斯結束與蘇爾德的談話後，返回林肯的辦公室，卻發現蔡斯和史坦頓等著要見總統。昨晚飽受屈辱後，蔡斯決定遞出他自己的辭呈。[159]外面已經開始傳言，蔡斯主導這次行動來除掉蘇爾德，「為的是奪取內閣控制權」，蔡斯向友人透露，如果蘇爾德下台而他留下來，蘇爾德的諸多友人肯定要敵視他；但如果跟著蘇爾德提出辭呈，那麼他留下來繼續服務的責任，就會轉到林肯身上，這樣一來，他就可以「免於蘇爾德友人的責難，同時也清除未來路上的絆腳石」。[160]

林肯看到蔡斯、史坦頓和威爾斯都在他的辦公室，於是邀請三人一起坐在火爐前。坐定後，蔡斯表示「昨晚的會議讓他大受打擊」，整件事「完全出乎他的意料」。他告訴總統他已經寫好辭呈。「在哪裡？」林肯問道，「雙眼頓時之間亮了起來」。聽到蔡斯說辭呈已經帶來，林肯興奮地跳了起來，大喊：「趕快給我。」林肯伸出手，將辭呈從蔡斯那裡搶了過來，蔡斯這時反而「不太情願」交出辭呈了。「一抹得意的神色在他臉上蕩開」，林肯說道：「有了這個……一切都可以迎刃而解。」他打開蔡斯的辭呈，邊看邊說：「現在問題再也不棘手了。」

蔡斯給了威爾斯一個「茫然」的眼神，想必在這個難堪的場合，他不希望有同僚在場。此時，史坦頓也遞出了辭呈，「我不要你的，」林肯馬上回道，然後指著蔡斯的辭呈說：「這個……我只要這個，我得救了，路上的石頭搬開了，麻煩解決了。我不耽擱三位的時間了。」⑯

三人一離開，林肯立刻寫信給蘇爾德和蔡斯，說他已經收到兩人的辭呈，但「經過極度煎熬的考慮後」，他認爲爲了「公衆利益」，兩位需要留在內閣，最後說道：「因此我必須請求兩位繼續帶領國務院和財政部。」⑯林肯不管這兩個政敵之間的嫌隙，堅持要他們留下，威爾斯馬上明瞭他的用意：「蘇爾德給他安慰，而蔡斯，他認爲也有其存在的必要。」⑯留下他們兩人，林肯就可以維持內閣的平衡。收到蔡斯的辭呈不久，參議員艾拉・哈里斯來訪，林肯的心情顯然非常愉快。「是啊，法官，」他用童年的鄉村生活經驗打了個比方說道，「現在可以上馬啦，左右各一顆南瓜入袋！」⑯

蘇爾德欣然回信給林肯，說道：「遵照您的命令，我已經開開心心地回到國務院的工作崗位。」⑯當天下午，終於放心父親的范妮收到電報，是費德要她和珍妮「盡快趕來」⑯華府。反觀蔡斯，如何回信對他而言，遠較蘇爾德困難得多。看到林肯的來信，他的第一個反應是提筆回絕他的請求，「請容我直說，」他寫道：「今天上午我遞交辭呈給您時，您說的話和顯現出來的態度讓我有個感覺：您認爲收到蘇爾德州長和我的辭呈，眼前的麻煩便可迎刃而解，只要退回我們其中一個人的辭呈就行了。」他接著繼續說道，他和蘇爾德「此時此刻當個平民，比留在內閣更能襄佐總統，服務國家」。⑯然而，蔡斯在收到蘇爾德決定復職的短箋後，卻覺得不得不比照辦理，他向林肯表示，自己辭職的初衷仍未改變，但仍答應爲林肯效勞，回到財政部。⑯

危機落幕後內閣首次開會，根據威爾斯的記載，「蘇爾德心情非常愉快」，而「蔡斯一臉蒼白，說他已經病了好幾個禮拜」。⑯蘇爾德大方邀請蔡斯聖誕夜與他們一家共進晚餐。⑰既然已經如尼可萊所說的「打敗想除掉他的人」，⑰蘇爾德希望他倆現在可以和平共處。蔡斯沒有答應這項邀請，不過他回了封親切的短箋，懇請蘇爾德原諒他的「被迫缺席」，原因是他「實在病得太厲害了……無福消受他的盛情」。⑰

而就林肯而言，任內最重大的一次政府危機終於勝利落幕。對於企圖干預內閣的參議員，他始終以禮相待，但在過程中仍維護了內閣的完整與自主；他捍衛了行政權，不使立法權干涉誰應該待在總統的行政團隊；他拯救了好友蘇爾德免於不公義的政治攻擊，由於這些攻擊的眞正目標其實是林肯，所以在此同時，他也成功穩固自己的政治地位，牢牢掌控內閣中的兩大派系。

林肯相當滿意這次的結果，但他的妻子卻一點也不高興。瑪麗・林肯告訴伊莉莎白・布萊爾，「內閣和好讓她遺憾得很，那裡面除了蒙哥馬利・布萊爾，沒有人哪天不扯她丈夫和這國家的後腿」。[173]她護夫心切的懷疑，在新年除夕往訪喬治城的靈媒羅力夫人（Mrs. Laury）時，再度得到證實。羅力夫人的揭示除了威利亡靈透露的訊息外，還有對於該次政治危機的評論，她特別警告：「內閣裡面全都是總統的政敵，只為自己打算，他們統統得走人，改叫別人來幫忙，總統才能成功。」[174]

對於瑪麗的擔憂，林肯耐心傾聽，但他深知他現在已經平衡了他的政敵團隊，穩固了自己的領導地位。「現在的情況好到不能再好了，」他對約翰・海伊說道：「我確信這麼做是對的。如果那場政治風暴我屈服了，讓蘇爾德離開，情勢肯定一面倒，最後支持我們的人應該就所剩無幾了。蔡斯遞上辭呈的那一刻，我知道主導權又回到我手上，剩下的就只是順水推舟了。」[175]

這場政治危機圓滿落幕，給這異常艱辛的一年，畫下振奮人心的句點。

南北戰爭戰場圖
愛荷華州
伊利諾州
印地安納州
印地安納波里斯
俄亥俄州
哥倫布
辛辛那提
賓夕法尼亞州
川頓
費城
哈里斯堡
匹茲堡
惠凌
巴爾的摩
安納波利斯
華盛頓特區
費德里克斯堡
紐澤西州
多佛
德拉瓦州
馬里蘭州
申南多河
西維吉尼亞州
(1863)
亞利加尼山脈
藍嶺山脈
里奇蒙
契沙比克灣
阿波馬托克斯郡府
彼得斯堡
諾福克
維吉尼亞州
右下詳圖區域
密蘇里河
聖路易
傑佛遜城
堪薩斯州
密蘇里州
路易斯維爾
法蘭克福
肯塔基州
俄亥俄河
春田
威爾遜溪
唐納爾遜堡
納許維爾
田納西州
勞利
北卡羅萊納州
大西洋
阿肯色河
阿肯色州
孟斐斯
夕洛
查塔努加
威明頓
印地安領地
小岩城
密西西比河
哥倫比亞
南卡羅萊納州
亞特蘭大
查斯頓
桑特堡
密西西比州
阿拉巴馬州
喬治亞州
維克斯堡
傑克森
蒙哥馬利
沙凡那
路易斯安那州
納奇茲
德克薩斯州
0 英里 100 200
0 公里 200
巴頓魯治
莫比爾
皮肯斯堡
塔拉赫西
佛羅里達州
紐奧爾良
莫比爾灣
墨西哥灣
© 2005 Jeffrey L. Ward
賓夕法尼亞州
費城
哈里斯堡
紐澤西州
蓋茨堡
巴爾的摩
安提耶坦
多佛
安納波利斯
德拉瓦州
華盛頓特區
牛奔河
錢瑟羅斯維爾
波多馬克河
馬里蘭州
荒原戰場
費德里克斯堡
斯巴薩維利亞
冷港
里奇蒙
約克河
七日戰役
門羅堡
漢普頓錨地
詹姆士河
阿波馬
托克斯郡府
彼得斯堡
維吉尼亞州
諾福克

19 「後方失火」

林肯在九月份承諾將於新年元旦正式頒布解放宣言，但隨著一八六三年一月一月的逐步逼近，群衆之間開始產生「普遍的懷疑情緒」。①「林肯的背脊挺得過這關嗎？」喬治・坦普頓・司壯懷疑地問道。「沒人知道。」②

那些不看好的人都錯了。儘管不斷有人警告，頒布宣言將危害聯邦偉業，但林肯從沒想過收回承諾。正如費德里克・道格拉斯所洞悉的，總統一旦親上火線，就絕對不會有半點退讓。③相較於九月的初步宣言，定案宣言有個重大差異，雖然依舊宣示在叛亂州及地區內「所有爲人佔有而爲奴隸者，即時暨此後，永獲自由」，但林肯卻首次在宣言中，正式授權招募黑人入伍。早在好幾個月前，史坦頓和蔡斯就有此提議，但林肯顧慮此舉勢必引起政治盟友的強烈反彈，因而遲遲未見動靜。如今，民衆已經開始了解到國家需要更多人力投入這場持久戰，林肯認爲時機已經成熟。

閣員對解放宣言提出的幾點建議，林肯都欣然採納，其中最爲人津津樂道的是，蔡斯建議爲這份法律文件加上一個漂亮的結尾，祈求「此行動……人類能寄予同情的理解，而萬能的上帝能賜予神聖的恩典」。④

簽署這份歷史性宣言當天，林肯在一夜飽眠後早早就起床。⑤他走到辦公室進行最後的修改，然後將文件交給信使送往國務院，製成正式文書。之後，他又會見柏恩賽將軍。當時波多馬克軍團準備「再次長征拉帕漢諾克河沿岸的叛軍」，萬事俱備，卻遭總統擋下，林肯解釋，這是因爲柏恩賽麾下幾個師團的指揮官，強力反對長征計畫。柏恩賽得知自己失去部屬的信任，深受打擊，於是向林肯請辭。⑥林肯設法暫時平息了將領間的不和，但三週後，他把柏恩賽換下，改由人稱「好戰喬」的胡克（Joseph Hooker）接任。⑦胡克畢業自西點軍校，曾參與墨西哥戰役，在半島會戰及安提耶坦戰役期間，隸屬麥克萊倫麾下。⑧

上午將近十一點，蘇爾德從國務院帶回製成正式文書的解放宣言。林肯又從頭讀過一遍，正當準備下筆簽署時，卻發現文件格式有誤，於是又送回國務院更正。⑨由於傳統的新年接待會即將開始，因此簽署作業必須延後到下午三點。

新年接待會共計三個鐘頭，第一個鐘頭專屬於華府要員，包括外交官、參眾議員、法官及高階將領。除凱勒・史密斯外，內閣成員及其眷屬全部出席；史密斯日前已經辭去內政部長一職，現任印地安納州地方法官。年輕的范妮・蘇爾德殷切期盼新年接待會的到來，因為她剛滿十八歲，這是她的社交「處女秀」。范妮一身藍色絲質禮服，頭戴白色女帽，手拿象牙扇，當總統和第一夫人認出她時，范妮驚喜萬分。接待會上，外交使節團穿戴全套宮廷服，女士盛裝光彩奪目，「那場面，」置身其中的范妮回憶道，「璀璨華麗極了。」她在日記裡記載，瑪麗「穿著黑色絲絨禮服，腰間採菱形飾邊設計」，⑩不過最吸引她注意的是凱特・蔡斯，一襲蕾絲禮服，「看起來有如仙后下凡」，⑪「喔，她真是美極了。」⑫

正午時分，閣員紛紛回去準備自己的接待會，接下來兩個鐘頭，白宮開放一般民眾參訪，大批人群蜂擁而入，現場一片混亂，許多男士的燕尾服下襬都被扯裂，女士的帽子也不翼而飛。記者諾亞・布魯克斯好不容易才擠進藍廳，大大鬆了一口氣；在這裡，大家都乖乖排成一列，等著與總統握手。⑬布魯克斯近來注意到「總統的樣貌改變許多」，跟他一八五六年初識，「在春田當律師的樂天模樣，相去甚遠。」「他的頭髮灰白，步態明顯佝僂，臉色蠟黃，兩個巨大眼窩深陷，看起來死氣沉沉。」⑭儘管如此，總統還是帶著微笑，親切問候每位訪客，「他那上帝賜福的老胳膊穩定地搖動著」，好讓這場「民眾接見會」⑮順利完成。公開接待會開始一個鐘頭，班傑明・法蘭奇站在瑪麗身旁，注意到她一臉悲戚。「喔，法蘭奇，」她說，「自從上次接待會以後，發生了好多事。」這是威利死後的首次接待會，瑪麗「一時情緒湧上心頭，沒能撐到接待會結束，就提早告退了」。⑯

諾亞・布魯克斯帶著加州來的朋友混在人群裡面，「走訪」不同高官的宅邸。那天天氣晴朗，陽光普照，街上車水馬龍。蔡斯的寓所前，有個「深膚色的年輕紳士，禮服兩排銀扣從領口一直扣到腳踝」，站在門口招呼訪客。他們把「門票」交給那位守在門口的年輕人後，就被帶進滿滿是人的接待室裡，與部長和他「美貌出眾」的女兒握手。蔡斯「一派紳士風範」，布魯克斯表示，「但他很難把脖子挺直，讓人不禁以為他的衣領要把他的耳朵給割了」。下一站到蘇爾德位於拉法葉廣場的寓所。布魯克斯的目光，先是被樓上接待廳風格典雅的陳設所吸引，後來又落在國務卿「大到不可思議的鼻子上」，這鼻子的主人「傾力施展他無與倫比的溫文儒雅」，招呼每位賓客。

當日所有接待會中，就屬史坦頓的排場最爲豪華，豐盛的「生蠔、沙拉、野味餡餅、水果、蛋糕、美酒……排放在晶瑩華麗的瓷器、酒杯和銀器當中」，⑰布魯克斯應接不暇。談到史坦頓「身材嬌小、打扮貴氣的妻子」艾倫，布魯克斯不禁狐疑，她那身豪奢的裝扮，是否耗盡史坦頓當律師那幾年來的積蓄。⑱他的觀察相當敏銳，史坦頓自從不當律師後，收入大爲縮水，但艾倫花錢的方式，卻好像仍有大筆律師聘金自動送上門似的。即使財富迅速消失，隨時可能重演破產噩夢，史坦頓仍然不忍戳破艾倫的美夢。⑲

下午兩點，林肯結束了自己的接待會，一身疲憊地回到辦公室。蘇爾德和費德不久之後也跟著進來，⑳手上拎了個大公事包，裡面放著更正好的宣言。林肯不想再耽擱，於是馬上開始簽署作業。羊皮紙卷在眼前展開，他「拿起筆，蘸了蘸墨水，將手移到要簽名的地方」，但就在這個時候，林肯的手竟然顫抖不止，於是他停下手來，把筆放下。㉑

「在我這一生中，沒有一件事做得比簽署這份文件更正確，」㉒他說道。「如果我會名留青史，肯定是因爲簽署這份文件，我一生的心血都在上面了。」㉓然而，他的手臂因爲握了三小時的手而「僵硬痠麻」，㉔林肯說道：「如果簽署解放宣言時我的手顫抖了，後世看見這份文件的人會說：『他有所遲疑。』」㉕於是，總統歇息片刻，然後再次提筆，「緩慢而謹慎地」簽下自己的名字。「結果證明，這個簽名罕見地遒勁、清晰、堅定，即使和他歷來的簽名相比，也是如此，」費德．蘇爾德回憶道，「簽完名後，笑容立即浮現在他的臉上。」國務卿蘇爾德接著簽上自己的名字，隨後將文件帶回國務院，蓋上美國國璽，最後發送副本給各家報社。㉖

北方各個城鎮都在焦急等待林肯簽署宣言的消息。許久未能確認宣言完成簽署，古羅斯基伯爵陷入絕望，「林肯在玩弄我們的感情嗎？」㉗他問道。在覆雪滿地的波士頓，特里蒙神殿一早就聚集了三千名群眾，引頸期盼「電線那端的第一道閃光」，費德里克．道格拉斯也在其中，身旁還有兩位廢奴領袖：約翰．S．洛克（John S. Rock）和安娜．狄金森（Anna Dickinson）。㉘附近的波士頓音樂廳，同樣也聚集了大批望眼欲穿的民眾，其中包括亨利・華茲沃斯・朗費羅、約翰・格林利夫・惠蒂爾、哈莉耶・碧綺兒・史托和奧利佛・溫德爾・霍姆斯（Oliver Wendell Holmes）等，多位赫赫有名的作家。[29]「每一秒的等待，都在澆熄我們的希望，加深我們的恐懼，」道格拉斯回憶道。「一列信使」守候在電報室通往特里蒙神殿講台的路上，台上不斷有人演講消磨時間，但時間來到九點，再到十點，仍無半點音訊，群眾的情緒「明顯蒙上陰影」。

道格拉斯回憶：「看衰的那方說，林肯先生（對南方）的善意，可能使他在最後一秒態度軟化。」有人謠傳，「出身老式蓄奴家庭的」瑪麗・林肯可能擋下他簽字的手，勸他「再給蓄奴主一次機會」。[30]這些臆測「毫無根據」，瑪麗外甥女凱塞琳（Katherine）表示，而且顯然「深深傷害了」瑪麗。[31]事實上，瑪麗前不久才急著將丈夫的相片寄給桑納一個支持廢奴的朋友——哈佛大學校長喬賽亞・昆西（Josiah Quincy），希望相片能在「元旦之前寄到他手上」，好紀念這個欣喜的日子。[32]

終於，在晚間十點左右，當特里蒙神殿群眾的情緒從焦急「開始轉為激憤」之際，有人從人群衝了出來。「來了！收到電報啦！」道格拉斯永遠都記得那晚大家「激動熱烈」的反應、「歡欣鼓舞」的呼喊、[33]清楚可聞的啜泣聲和粒粒晶瑩的淚珠。群眾興高采烈，以音樂和歌聲慶祝這歷史性的一刻，直到黎明才逐漸散去。音樂廳這邊也傾瀉出同樣的歡樂情緒，「這是一個偉大的時刻，」昆西的女兒伊莉莎（Eliza）在寫給瑪麗的信中這樣說道：「林肯總統的宣言，讓數以千萬計的人得享幸福與自由，念及至此，我的心情就激動難抑。真希望您和總統也能在這裡，與我們一起分享這份感動。」[34]

場景轉至華府，一群民眾聚集在白宮前獻唱，歌頌林肯的作為。總統來到窗前，默默向群眾鞠了個躬。在宣言完成簽署的此刻，話語實屬多餘。儘管解放宣言只適用於叛亂州，尚受奴役的黑人，立即效果有限，但它卻已改變了美國政府對奴隸制度的態度。昔日奴隸制度受到政府保護，如今卻「明文禁止」；過去專門搜捕逃亡奴隸的武裝人員，現在負責維護他們的自由。[35]《波士頓晚報》預言道：「儘管在過程中可能遭遇局部反抗，但從這一刻起，奴隸制度在我們國家不再具有政治正當性……如此正義的革命一旦開始，就不可能再回頭了。」[36]俄亥俄州議員當選人詹姆士・嘉菲德（James Garfield）對林肯的評價一向很差，無疑是受到好友蔡斯的影響，但連他也同意《波士頓晚報》的評論。「這真是有史以來舉世少見的情況，」他寫道，「從一個伊利諾州二流律

師的口中，竟然講出後世萬代永誌不忘的宣言。」㊲

然而，林肯不需要任何這樣的肯定，來證明解放宣言的歷史價值。他在十二月的年度國會咨文中指出：「各位同胞，**我們**誰都無法逃避歷史。不管各位願意與否，世人都會記住我們這一屆國會和這一任政府。無論個人成就是高是低，我們任何一個人都無法免於歷史的審判。這烈火般的試煉，將爲背負榮耀或罵名的我們照亮通往未來千秋萬世的道路。」㊳

約書亞・史匹德隨後來訪，林肯跟這位老友聊起過去二十年深受憂鬱之苦，多次想要自我了結，他曾經說過自己願意欣然赴死，唯一放不下的是「還沒任何成就，能讓世人記住他曾經存在這世上」。現在，他指著他的解放宣言，說道：「我相信就憑這個……我最深切的願望將得以實現。」㊴

＊＊＊

我們還有幾個重要的問題有待解答：林肯頒布解放宣言的時機是否恰當？這對聯邦偉業而言是有益或有害？其實就連共和黨報紙也擔心，這道命令會使「北方分裂，南方團結」，激勵「叛亂州的鬥志」，而貶損「整個國家的士氣」。㊵林肯最親密的顧問蘇爾德不斷提醒，目前最需要的是「團結和諧，否則國家將分崩離析」。㊶終其一生，林肯在輿論趨勢的掌握上，一直展現過人的敏銳。身爲政治人物，他直覺知道何時該堅守立場，何時該耐心等待，何時該起而領導。林肯後來說道：「我敢說，即使提早六個月頒布宣言，輿論也一定不會支持。」㊷華特・惠特曼也認爲，如果在桑特堡戰役當時，以「蓄奴與安定」或廢奴與戰爭爲題，讓美國人民投票選擇，前者「應該會在北方大部分地區，尤其是以紐約和費城爲首的大城市，贏得壓倒性的勝利」。㊸換言之，北方不會爲終結奴隸制度而戰，但會爲維繫聯邦統一而戰，後來也眞是如此。林肯早就認清了這點，並且深知任何動搖奴隸制度的舉措，都必須等待大衆態度的轉變。

招募黑人入伍的提議，同樣也歷經了一段醞釀期。林肯解釋：「某人日復一日看護他的梨子樹，如果讓他催熟梨子，果實和樹木都可能受到戕害；但如果讓他耐心等待，梨子成熟終會掉到他的膝上！」他觀察到「這場偉大的輿論革命正緩慢而堅定地進行著」，從報紙社論、他與北方各地人士的談話，以及訪視前線徵得的官兵意見，都看得出這個逐步改變，就連內閣同僚的意見也開始出現細微的轉變，甚至是立場保守的閣員也是。雖然知道反對聲浪仍會非常激烈，但林肯相信那已不再「強大到足以阻撓目標的實現」。[44]

不過，接踵而至的一連串事件旋即考驗林肯的信念。解放宣言頒布後短短幾週，民主、共和兩黨因支持戰爭而組成的脆弱聯盟，開始出現崩解跡象。在紐約州，新當選的民主黨籍州長霍瑞修・西摩爾（Horatio Seymour），於就職演說公開譴責解放黑奴一事；[45]在肯塔基州，州長詹姆士・羅賓森（James Robinson）建議[46]州議會否決解放宣言；在伊利諾州和印地安納州，民主黨議員佔絕大多數的州議會威脅要切割主張廢奴的新英格蘭，另與下密西西比州結盟，以結束戰爭，保持奴隸制度完整。「印地安納每家民主黨報紙都在罵新英格蘭，」印地安納州長奧利佛・莫頓（Oliver Morton）提醒史坦頓。「他們指控新英格蘭狂熱的反蓄奴運動，給我們帶來戰爭。」[47]隨著報導慢慢傳入白宮，約翰・尼可萊開始擔心，有些民主黨人會「打著反解放宣言的旗號」，「實際從事反戰的行動」。[48]

林肯所謂「後方失火」[49]的情況，因爲軍事行動阻滯而越演越烈。一月大雨，二、三月又接連多場暴風雪，下得波多馬克軍團士氣低落，不得不進駐拉帕漢諾克河北岸的冬季營地。一連串惡劣的天候同樣也令格蘭特的田納西軍團受挫，二至三月間，四次攻取維克斯堡（Vicksburg）的行動全都失利，導致北軍遲遲無法拿下密西西比河。「今年冬天，簡直就是華盛頓困守鍛爐谷（Valley Forge）的翻版，」[50]一名軍官寫道。

在國會，人稱「銅頭」（Copperheads；譯註：指北方同情南方主張者）[51]的和平派民主黨人認爲，戰爭的原先目標是平息叛亂，恢復聯邦統一，但現在已經走偏太多，因此積極反對多項相關法案，包括銀行改革、解放黑奴及削減公民自由。他們尤其譴責徵兵法（conscription law），這項法令授權各國會選區的憲兵司令部，徵召年滿二十歲至四十五歲間的男子從軍三年。隨著三月四日休會日逐漸逼近，他們忙著運用各種手段，抵制所有重要戰時政策的投票，像是在法定人數點名時躲到參議院大廳和議員休息室，針對每項相關法案提出離譜的修正案，藉由冗長發言日夜癱瘓參議院議事進行等等。

在衆議院，銅頭領袖是任期即將屆滿的俄亥俄州議員克萊門・范蘭迪根（Clement Vallandigham），他發表一連串激進的反戰言論，引起全國矚目。諾亞·布魯克斯觀察到，每當范蘭迪根就反戰議題越講越起勁時，他的神情就會「全然改變」，原本和藹的微笑變成「充滿仇恨的可怕笑容」，原本平穩的語調「越拉越高」，最後變成刺耳的尖叫，迴盪在整個議事廳。[52]「這場戰爭應該再繼續嗎？」范蘭迪根怒聲問道，一場號稱是爲捍衛聯邦而發動的戰爭，而今竟然變成「爲黑奴而戰」。「不，不管是一天或一個鐘頭，都不應該再繼續下去，」他自答道。兩邊的士兵應該回家了，讓西北州和老南方和解，如果新英格蘭不願意留在蓄奴的聯邦，那就讓它走吧。[53][54]

在參議院，輪到德拉瓦州參議員威拉德·薩斯博雷（Willard Saulsbury）上場，抵制准許政府暫停人身保護令的投票。儘管醉醺醺，在質詢台上連站都站不太穩，他還是有力氣使出「潑婦罵街才用的語言」，痛罵林肯，叫他「蠢蛋」，說他是「有史以來最軟弱的總統」。副總統韓姆林請他遵守議場秩序，但他拒絕就座。就在糾儀長進場準備逮人之際，薩斯博雷竟然掏出左輪手槍，指著糾儀長的腦袋說：「去你的，誰敢碰我，我就讓他沒命。」這場鬧劇持續了好一會兒，薩斯博雷才被架離議場。[55]

對於林肯而言，國會山莊吵鬧事小，比較令他心煩的是，坊間不斷報導軍方不滿的情緒高漲。海軍上將傅特聲稱解放宣言對軍隊產生「不良」影響，「一想到這場戰爭竟是爲了黑奴而打，他們的熱情與熱血就爲之熄滅，不滿之情油然而生」。[56] 歐維爾·布朗寧以爲解放宣言是個致命錯誤，他警告林肯，日後肯定很難招募到新兵，「如果強行徵召，可能釀出反政府事件」。[57] 幾個剛從前線回來的朋友告訴布朗寧，他們在前線「跟許多士兵聊天，他們個個都極度不滿，說自己被騙了，他們自願從軍是爲了捍衛國家，早知道會變成爲黑奴而戰，他們就不入伍了。他們認爲，二十萬名役期將屆的士兵，幾乎沒有人願意再入伍」。[58]

林肯默默承受布朗寧和其他許多人的批評，在芝加哥黨代表大會幫他最多、爲他操盤成功的大衛·戴維斯也在其中，他最近才被林肯派任到最高法院。戴維斯警告他「事態嚴重」，林肯仔細聆聽，可是戴維斯以「拯救國家唯一辦法」爲由，要求他變更黑奴解放政策時，他只說「木已成舟」。[59] 布朗寧要脅「民主黨很快就會開始嚷著和談」，林肯回答，如果他們選擇妥協，「人民將會背棄他們」。[60] 在這段紛擾不安的黑暗日子裡，林肯從未喪失信心，他堅信自己明瞭人民的意願與想望。

英國工人組織就解放奴隸一事向林肯道賀，他回信寫道：「美國人民擁有豐富資源、衆多優勢和傑出能力，因而他們繼承了同等重大的責任，這些責任似乎要他們來考驗，一個以人類自由爲立國基礎的政府能否永續長存。」[61]

焦急的友人只看到國會山莊的仇恨，而林肯卻注意到三月四日國會休會之前，人民選出的代表通過了政府提出的每一項戰爭相關法案。[62]他們支持重要的銀行和貨幣法案，爲開銷龐大的長期戰爭提供穩當的財政基礎；他們也支持徵兵法案，《紐約時報》稱之爲「最重大的承諾，象徵我們政府的必勝決心」。[63]

此外，在林肯的首肯之下，北方各地城市接連舉辦大型群眾集會，顯示民間支持政府消滅銅頭的失敗主義。在紐約，《紐約時報》報導「本地有史以來最大規模的人潮」聚集在麥迪遜廣場，聆聽史卡特將軍的演講，「每每聽到將軍對這塊自由之土、勇者之鄉的赤膽忠誠，總報以熱烈的歡呼」。[64]在華府，林肯偕同閣員參加聯邦政府於國會大廈舉辦的巨型集會，這場集會被譽爲「華府史上最壯觀的公眾集會」。[65]一名記者描述，林肯衣著樸實，不及台上其他貴賓耀眼，全身上下「看不到錶鏈、白色假前胸或耀眼色彩……他胸前戴了一個巨大珍寶，價值無可估量」。她說的是依偎在父親懷裡的小泰德。演講冗長，泰德坐不住，不時跳下父親的大腿，在台上遊蕩，不過他總是一下子又回到父親安穩的懷抱裡。[66]

四月初，康乃狄克州、羅德島州及新罕布夏州預定舉行國會選舉和地方選舉，這將是測試北方戰時人心歸屬的風向球。林肯發了封電報給人在紐約艾斯特飯店的梭羅・魏德，請他搭首班火車趕到華府。魏德隔天一早就到了，與蘇爾德共進早餐後，進入白宮晉見總統。總統說明請他來的原因：「魏德先生，我們現在處境困頓，急需一筆資金用於正當事務，可是目前無法透過合法管道取得，我不知道如何籌出這筆錢，所以只好找你了。」[67]所需金額共計一萬五千美元。[68]魏德二話不說，立刻搭下班車返回紐約，未及午夜，「紐約霸王」就已經說服十五位在地人士各捐獻一千美元。雖然魏德事後宣稱，不曉得這筆祕密資金的用途，但依他猜測，很可能是爲挹注蘇爾德和林肯的計畫，「影響新罕布夏和康乃狄克兩州的選舉」。[69]

這筆錢沒有白花，新、康兩州的銅頭候選人都以明顯票數差距落敗，這意味著下一任眾議員任內，重要的戰時措施可以延續下去。《紐約時報》指出，「選舉結果沉重打擊銅頭黨人」，[70]這出乎意料的勝利「讓林肯政府安全繞過岬角，此後海面一片晴朗無雲」。[71]約翰・海伊喜不自勝，認爲這場選舉「震懾」了叛亂州，並「動搖」他們的同情者，這些人本來還期待戰爭的困頓會使選民喪失鬥志。⑫史坦頓也在康乃狄克州向政府的支持者說道：「各位的忠誠獲得最終勝利，我爲此感到由衷歡喜。在我看來，這是南北開戰以來，最重要的一場選舉。」⑬

「我覺得國家的氛圍一天比一天有希望、有朝氣，」尼可萊告訴未婚妻，「現在各地都可明顯感受到反銅頭的情緒」。⑭諾亞・布魯克斯也察覺到類似的氣氛轉變，他指出：「聯邦內部奸細在過去這段時間迷惑北方人民的魔力，正在逐漸消退中。」銅頭黨人「發現他們走得太快太遠」，現在根本還不適合討論妥協和平，「他們只會招來各方譴責」，⑮不只共和黨人，就連死忠的「主戰派民主黨人」也是。

此時此刻，正是林肯在一月那段黑暗日子裡所期待的，當時他就跟布朗寧說過，「人民」絕對不會支持銅頭的和平訴求。他讓反對銅頭失敗主義的意見不斷發酵，最後終於重新喚起聯邦人民的旺盛鬥志。

＊＊＊

面對國會喧囂的反對聲浪、國外持續不斷的干預力量以及戰爭的僵局，林肯仍然保持異乎尋常的平靜、溫和與自制。蔡斯承認自己焦慮不休，史坦頓三不五時就覺得疲憊不堪，反觀林肯，卻懂得利用各種方法來提振精神，無論一天工作如何繁忙，他總會在晚間抽空到蘇爾德家一坐，在這裡，他肯定有伴可以開懷暢言，獲得他最需要不過的放鬆。

蘇爾德欣賞林肯的爲人眞誠和過人才智。范妮曾經提過某個溫馨的夜晚，林肯在她家客廳說了一則一八一二年戰爭期間的趣聞，逗得他們一家人非常開心。當時的年輕女孩很流行自製皮帶，刻上金句名言，送給即將出征的情人，其中有個女孩刻的是「不自由毋寧死！」她的士兵抗議這措辭「太強烈了一點」，問她可不可以改成「不自由寧殘廢」？⑯蘇爾德跟林肯一同笑到捧腹，不過蔡斯和嚴肅的史坦頓肯定沒有這般幽默感，如果他們知道有個紳士等了好幾週等不到里奇蒙的通行證，最後林肯竟然輕佻地予以打發，一定也不以爲然。林肯是這樣回應那位先生的：「假如我發的通行證有效，我很樂意如您所願，事實上，過去兩年，我給二十五萬人發了通行證去里奇蒙，但是一直到現在，還沒有半個人抵達目的地。」[77]

蘇爾德跟林肯一樣，自我感覺通常十分良好，正因如此，他才能挺過各界永無休止、砲火猛烈的批評。在諾亞・布魯克斯的眼中，他總是很快活，「永遠叼著雪茄，從沒看過他發怒或激動的樣子，聰明機敏，愛聽笑話，懂得欣賞美好的事物，喜歡『美味的飲食』」。[78]記者都愛聽他說故事，他自己也很愛講，有次晚宴，他從五點半一直滔滔不絕地講到十一點。不過，最令聽眾印象深刻的是，蘇爾德對林肯無條件的愛戴，他「沒有任何保留」，盛讚林肯是「他認識最優秀、最有智慧的人」。[79]

不與蘇爾德共度的夜晚，林肯會到電報室享受另一種盛情款待，[80]在那裡，他可以盡情伸展長腿，隨意將大腳放在桌上，與年輕的電報接線生閒話家常。他發現電報室兩位領班達爾格倫和福克斯（Captain Fox）說話十分風趣，每回聊天總能讓他開懷大笑。達爾格倫曾經描述，有一晚他們在福克斯的辦公室聊得十分愉快，「亞伯心情非常好，臨走前他說：『喔，我要回家了，這兒沒我的事了；不過，就跟律師說的一樣，其他地方也沒我的事。』」[81]

偶爾，在深夜時分，林肯會叫醒約翰・海伊，有時就坐在這位年輕助手的床邊，有時把他叫進辦公室，大聲念起自己喜愛的文學作品，從莎士比亞到幽默作家湯瑪斯・胡德（Thomas Hood），都有涉獵。約翰・海伊記下其中某次的情景：「午夜剛過」，林肯興致勃勃地念起胡德的作品，「完全沒發覺他短袖襯衫的下襬，就掛在他那長腿邊上晃呀晃，看起來真像是大鴕鳥尾巴上的一根羽毛，比起他念的任何文章，都要好笑幾百倍。這人真是妙極了！整天忙著處理國家大事……卻還有這樣單純的善心和真摯的情誼，願意鑽出被窩，套上襯衫，走過大半個屋子來找我們，分享可憐胡德那費解的小譬喻。」[82]

林肯晚上四處找人消遣，應該是威利死後，瑪麗的心情遲遲無法平復，家中氣氛始終輕鬆不起來所致。瑪麗向瑪莉・珍・威爾斯坦言：「只有經歷過這種喪親之痛的人，才能了解心裡淌血的滋味。」[83]儘管憂傷持續折磨，瑪麗還是強忍悲痛回到第一夫人的崗位，她告訴班傑明・法蘭奇，自己必須「接受世事的變化」，她會努力「打起精神」，[84]克制悲傷。法蘭奇讚嘆第一夫人在公開場合總是一副「和藹親切」的模樣，不過他也寫道：「那不欲人知的辛酸，永遠沒人看到。」[85]

威利去世即將屆滿週年之際，羅伯特從哈佛回來陪伴家人幾個禮拜。范妮・蘇爾德在宴會上碰過他幾回，發覺他滿討人喜歡的，「身高比他父親矮上許多」，「臉長得不錯，輪廓分明」，但不是特別好看的那種。「跟他聊了一下，他頗爲健談，我想應該算滿幽默的。」[86]

哀悼期正式結束，林肯夫妻又恢復每週一次的民衆接待會，儘管一個接一個和民衆握手著實累人，但兩人都很享受這樣的氣氛。爲了感謝蕾貝卡・帕姆洛伊在威利死後，盡心照顧泰德，瑪麗安排帕姆洛伊醫院裡的所有護士、軍官和士兵，參加三月初在白宮舉辦的盛大接待會。帕姆洛伊要求士兵「戴上乾淨的白手套，展現自己最好的一面」。[87]那晚，白宮「燈火燦爛，到處裝飾最繽紛亮麗的花朵」。帕姆洛伊深信她的士兵一定忘不了這一晚，直說如果他們有幸活著從戰場回來，「肯定會告訴孩子的孩子」，他們今晚在白宮看到的一切。[88]

主張廢奴的潔恩・葛雷・史威斯罕（Jane Grey Swisshelm），起初非常不願意陪伴友人參加週六的接待會，打從聽說第一夫人同情南方聯盟之後，她就沒興趣會見瑪麗・林肯了。可是，等到眞正認識瑪麗時，她立刻明白，外界的傳言全都是無聊的中傷。「輪到我見林肯夫人時，剛開始她沒有聽清楚我的名字，要求旁人再說一次，接著她自己又重複念了一次，然後一陣喜悅的光芒點亮了她的臉，她伸出手說，見到我實在太開心了。我因爲當天戴了黑色手套，怕弄髒了她的白色手套，所以不願伸出手回握，但她說：『那我可得好好保存這雙手套，當作紀念，我期待見您已經很久了。』」日後，兩位女士逐漸發展出深厚的友誼，史威斯罕開始相信，瑪麗「反對叛亂州及其目的的立場，甚至比她丈夫更爲堅定」。[89]

二月，林肯突然答應前往喬治城，參加知名靈媒奈蒂・柯伯恩（Nettie Colburn）的降靈會，這讓瑪麗又驚又喜。[90]奈蒂是個漂亮的年輕女性，她的降靈會吸引許多社會名流參加，其中包括約書亞・史匹德，他向林肯形容奈蒂和另一位靈媒「本身就是難得一見的靈體。每天應付這麼多求官鬻爵的人，無聊至極，見見這兩位迷人的小姐，保證心情舒暢許多」。[91]當總統和第一夫人抵達會場時，主持人說道：「歡迎蒞臨，林肯先生……我們等您很久了。」林肯驀地停住。「等我很久！怎麼會？我五分鐘前才知道**自己要來**。」[92]等待來賓坐定後，降靈會開始。費城銀行家S・P・凱斯（S. P. Kase）描述，當天有個橋段是一架鋼琴「配合著音樂起伏而開始忽上忽下」。這奇異的現象激起林肯的好奇心，想知道背後有何機關，於是他叫一名隨扈坐上去，用身體的重量把鋼琴壓住。然而，鋼琴依舊動個不停，總統忍不住親自上陣，「大步走到鋼琴邊上，再把自己的重量加上去」。鋼琴繼續上上下下，林肯只好「回到自己寬大舒適的馬鬃安樂椅上」。[93]

就在這時，奈蒂・柯伯恩突然現身了，林肯開心地對她說：「嘿，奈蒂小姐，你覺得你今晚有話要對我說嗎？」[94]沒有證據顯示林肯相信招魂術，相反地，去年夏天，他聽到另一個靈媒身上的神祕卡噠聲後，就請史密森博物館館長喬瑟夫・亨利（Joseph Henry）去研究這聲音到底是怎麼產生的。亨利訪談了那位名叫柯切斯特伯爵（Lord Colchester）的靈媒，對方當然什麼也不會說。不久，亨利坐火車時，鄰座年輕人剛好幫過靈媒製作電報裝置，放在二頭肌四周，只要肌肉一緊繃，機器就會發出電報的卡噠聲。亨利問他是否曾經賣機器給柯切斯特伯爵，年輕人說有。據說，林肯「知道這祕密後相當開心」。[95]

林肯雖然不信招魂術，但這並不妨礙他享受這場晚間餘興節目。奈蒂技藝出眾，可以惟肖惟妙地模仿當時最受歡迎的男中音丹尼爾・韋伯斯特，或是說話聲音細弱的印地安少女。她透過跟不同鬼魂通靈，一個聲音換過一個聲音地，連續說上一個鐘頭，將清教徒渡海而來一直到當前內戰的歷史，全部演過一回。她的演講帶有激昂的廢奴思想，S・P・凱斯認爲這是他聽過「最了不起」的演講。鬼魂離開之後，奈蒂也霍地離去，就跟她來時一樣突然。現場靜默了好一會兒，然後「總統將椅子一轉，把他長長的右腿跨在椅子的把手上」，大聲說道：「剛剛眞精彩，是吧？」[96]奈蒂的表演在他眼裡，似乎跟看戲有著同樣的樂趣，都能讓他擺脫一天憂煩，獲得短暫的喘息。

＊＊＊

蔡斯不像林肯，他永遠無法放下政治人物的身段，單純聊聊天，享受一些輕鬆的消遣。他總是把想法藏在心裡，老是爲別人的輕慢而悶悶不樂，分分秒秒都在算計事情對自己的影響。內閣危機圓滿落幕後幾個禮拜，他開始質疑自己回任財政部長的決定。「我對現在的職位，既不熱愛也無興趣，」他對霍利斯・格里利說道，「它只帶給我兩件最懊悔的事，一是接下了它，二是辭了它之後，又屈服於別人的勸說，繼續做下去。」[97]

銀行改革法案在國會山莊鬧得沸沸揚揚的那段時間，蔡斯身體變得很差，成天擔心政策無法通過，眼前的戰爭將失去經濟基礎。[98]後來法案通過，準備發行新鈔，他的心情因爲國庫自開戰以來首度盈滿，而出現短暫的放晴。此外，他那張英俊的臉，即將出現在每張一美元鈔票的左邊角落，也讓他開心得很。[99]他故意選擇將自己的畫像印在流通量最大的一美元鈔票上，而非其他大面額的鈔票，目的就是要讓最多人看到他的肖像。然而，一想到自己吃緊的財務狀況，蔡斯的心情馬上又陰鬱起來，擔心他跟庫克兄弟的私人投資遭到誤解。三人在民間銷售戰爭債券的業績相當亮眼，但也因爲他們幾乎壟斷政府公債的生意，已經開始招來報紙的負面評論。[100]

脾氣火爆的戰爭部長似乎也沒法放鬆，擺脫公事接踵而至的壓力。史坦頓的部屬查爾斯・班傑明（Charles Benjamin）回憶：「一個字或一個動作，都可能讓史坦頓瞬間發火。他會把架在眼睛前面的眼鏡，猛然一推，推到老遠的額頭上，好像眼鏡弄得他發疼或阻擋他的視線似的；接著臉上的肌肉開始抖動，聲音雖然不會拉高，但也會隨著肌肉顫抖而急促了起來。」儘管「風暴來也匆匆，去也匆匆」，但史坦頓也會迅速爲自己的壞脾氣，向受害者賠罪，[101]但戰爭部同仁對他仍只有崇高的敬畏，而不像林肯的助理那樣喜愛他們的長官。

史坦頓也沒有林肯不計前仇的雅量。有人問他，衛生服務委員會做了那麼多事改善軍營衛生條件，爲何還是惹他討厭，史坦頓回答，委員會曾經不顧他強烈的反對，勸說總統和參議院指派一位軍醫長。他說道：「我不習慣挨打，也不喜歡挨打，所以我討厭那個委員會。」事實上，史坦頓承認，他「憎恨它」。[102]

與史坦頓共事過的人，將他的「神經質暴躁」[103]歸咎於工作過量與健康欠佳。有時，他的氣喘會嚴重到因「嚴重窒息」而休克，儘管如此，他還是不願休息。醫生懇求他多休息、多運動，但他堅持只要活著看到戰爭結束就好，也只有到那個時候，他才願意好好療養。[104]雖然史坦頓喜歡開懷聊天，也特意蓋了棟大房子，好把有趣的人統統邀到家裡來，但他卻沒日沒夜地留在戰爭部工作，鮮少享受歡宴的夜晚，蘇爾德和林肯都是靠這樣的聚會來恢復精神，而凱特也會貼心地替蔡斯安排。雖然史坦頓喜歡看小說，尤其偏愛狄更斯的作品，但他卻鮮有時間翻開書頁。一名部屬回憶，每次他說要「休息一個鐘頭」，都是鎖上門，躺上沙發，仔細研讀同情南方聯盟的英國期刊，想要更了解英國對這場戰爭的態度。[105]

史坦頓不像蘇爾德，一上任就把費德帶進國務院，享受自家兒子在專業事務和私人情感上的支持，他的日常諮詢並不仰賴家人或密友。除了一開始指派妹夫克里斯多福・沃考特擔任戰爭部副部長外，史坦頓拒絕把親戚帶進他的部門。參議員班・魏德曾經建議晉用史坦頓能幹的姪兒威廉（William），但部長卻大爲光火，說道只要他在位的一天，就不會有親戚「因爲他的關係而當官」。[106]約翰・海伊誇張地形容，他「寧可去逛天花醫院」，也不願求史坦頓幫忙。[107]即使是史坦頓自己的兒子小愛德溫（Edwin Junior），從肯尼恩學院畢業後想擔任他的私人祕書，史坦頓也不願讓步。這孩子後來是爲副部長做了好幾個月的不支薪助理後，才獲得父親首肯，獲任公職。[108]

戰爭期間，史坦頓鮮少返回斯托本維爾。一八六二年冬天，克里斯多福・沃考特病重，隔年四月病逝，史坦頓這才偕子搭乘專班列車，與妹妹會合，參加在俄亥俄州舉行的喪禮。[109]潘費拉堅信丈夫是因操勞過度而死，[110]這想必讓史坦頓不知該如何開口安慰。雖然他試著在熟悉的故園土地上稍事休息，重遊懷念的舊地，可是史坦頓返回華府時，仍感覺體力耗費的比恢復的多。

每位政府要員的壓力不斷增加，但工作最辛苦的林肯，脾氣仍是所有人當中最寬厚溫和的。不過，即使是他，有時也得很努力，才能克制住脾氣。林肯推薦戰爭部採用氣象學家法蘭西斯・卡潘（Francis Capen）的氣象預測服務，但卡潘那所謂的科學預測沒有一次準確，徹底激怒了林肯。「在我看來，卡潘先生對天氣一無所知，自始就是。」林肯寫下這段話，因爲卡潘向他保證未來五、六天都不會下雨，但「現在就在下雨，而且一口氣下了十個鐘頭。我不能繼續浪費時間在卡潘先生身上了」。[111]更令他火大的是，密蘇里州兩個派系鬧內訌，而且拒絕和解。他告訴那兩個不聽指揮的派系說，他們一直這樣鬧，讓他「痛苦萬分」。「這幾個月來我飽受折磨，我的忍耐已經超出極限，不管是哪方都一樣。對於我的懇求，你們沒有一方表現出最起碼的尊重。現在，我只好親自出馬，擺平局面。」[112]

不過，林肯絕不會讓怨恨積累惡化。有回他匆匆寫了封短箋給法蘭茲・席格（Franz Sigel）將軍，惹得對方相當不高興，他得知後立即又寫了一封過去，告訴席格：「我之前有些失態，懇請原諒。假如我真的動了一丁點脾氣，現在可沒時間繼續氣下去。」[113]林肯這樣的低姿態，成功修補了雙方關係的裂痕，沒讓這次事件演變成長期的憎恨。

又有一個故事是說，[114]一名妻子死於船難的陸軍上校騎馬去到士兵之家，希望林肯幫助他尋回妻子的屍首。林肯短暫的偷閒時刻硬生生地被打斷，他耐住性子聽完上校的陳述，但不願提供任何協助。「我就該沒得休息嗎？難道就沒有一個鐘頭或一個地方，可以讓我逃離這沒完沒了的請求嗎？你幹嘛要爲了這種事，跟我跟到這裡來？」上校沮喪地返回華府的旅館。隔天一早，林肯竟然出現在他的房門口，說道：「我昨晚太無禮了。」並答應提供任何可能的協助。

另一次同樣著名的遭遇，發生在共和黨死忠支持者卡爾・舒茲身上，起因是兩人有回通信談得不愉快，看似已經嚴重威脅到雙方的友誼。那時戰事遲遲沒有進展，舒茲覺得洩氣，於是責備林肯錯用民主黨人，「他們的心」並沒有全然放在「努力」求勝上面。林肯不耐煩地回了信，說舒茲顯然是希望大家「把心放在那上面」，但問題是「誰來評斷心，或『心在不在那上面』？如果要我拋棄自己的評斷，改用你的，那我勢必也要採用別人的評斷，屆時，我得拒用所有別人要我拒用的人，那我可就沒人可用啦，無論是共和黨人或其他人，甚至是閣下你」。當時舒茲人在維吉尼亞州森特維爾的軍營裡，負責帶領第十一兵團第三師，他從林肯長長的回信裡，感受到「些許不耐和惱氣，不像平常的他」。儘管總統回信直接坦率，令人欣慰，但他還是不免擔心自己的信件有所僭越。

幾天後，一名信使帶著林肯的邀請函來到舒茲的駐紮地，要他「在公務允許的情況下，盡速來見他」。舒茲當天取得離營許可，隔天七點就抵達白宮，林肯當時人在樓上，腳上套著拖鞋，舒服地坐在扶手椅上。「他一如既往地熱情接待我，吩咐我拉張椅子，坐到他旁邊。坐下後，他把大手啪的一聲，放在我的膝蓋上，笑著對我說：『來吧告訴我，年輕人，你是不是真的認爲我跟你信上寫的一樣差勁！』」一時間被問得驚惶失措，舒茲開始吞吞吐吐地解釋他寫那一大篇責難的理由。林肯耐心聽完，仔細說明他現在的處境，並解釋他是因爲遭到一連串猛烈的批評，才會回那樣直接的信。「說罷，他又拍了一下我的膝蓋，哈哈大笑說：『我在信裡不會很兇，會嗎？你沒生氣，對吧？我不是故意的，所以我才叫你盡快來一趟。』」林肯和舒茲談了一個鐘頭，末了，舒茲問以後兩人可否繼續通信，「他回答：『喲，當然可以，想寫就寫。』臨別時，他倆的友誼更勝從前。」[115]

＊＊＊

四月四日週六是泰德的十歲生日，爲了慶祝，瑪麗・林肯提議來趟全家旅行，搭汽船再換火車，到位於維吉尼亞州法茅斯（Falmouth）的波多馬克軍團總部。⑯終於有機會逃離華府的繁忙公務，開心的林肯組了一個小型旅行團，成員包括他在伊利諾州時代結識的老友安森・亨利醫生、諾亞・布魯克斯以及亨利建議找來的愛德華・貝茲。亨利醫生和貝茲是多年好友，他認爲貝茲是「世界上數一數二的正派優秀」。⑰貝茲答應出遊，希望順道去看看正在胡克部隊服役的兒子寇特；不巧，寇特剛剛才趁春季戰事尚未展開的空檔，離營前往華府，最後一次探望家人。⑱

這一行人在狂風暴雪之中離開華府，傍晚登上嘉利馬丁號（Carrie Martin）時，外頭強風不斷，颳得沙塵風雪八方亂舞。⑲船向南行，途經亞歷山大和喬治・華盛頓的故居維農山莊，他們依照波多馬克河上的不成文規定，鳴鐘向開國之父致敬。⑳原本預定在當晚抵達阿奎亞河的軍事補給站，但因風雪漸強，他們只好停泊在一處山坳過夜。河面大雪直落，大風狂嘯，吹得大家都躲進舒適溫暖的船艙避寒，只有泰德不畏風雪，留在甲板上，手裡抓著釣魚線，說要釣魚給大家加菜。每次釣餌一有動靜，泰德都會跑回船艙跟爸媽報告，後來他終於釣著一條小魚，小魚成了晚餐餐桌上的一道菜，泰德開心極了。㉑布魯克斯看著眼前這淳樸的一幕，心裡非常訝異，「這個強國的最高行政官」竟然如此輕鬆地在跟家人朋友相聚，大夥兒「說說故事」，聊聊天，無拘無束。布魯克斯開玩笑說，假如敵軍知道他們在這兒，不費半顆子彈，「就可以把他們給一口吞了」。㉒

在暴風雪「吹得正猛」的萬聖節早晨，嘉利馬丁號駛入阿奎亞河繁忙的碼頭，總統一行人在這裡改搭專班列車，前往法茅斯車站。㉓沿途「白雪堆積如山」，「疾風狂嘯山頭」，㉔他們在這三十哩的路程上，經過一個又一個軍營，每個營區都有好幾百處營火，營火四周圍繞著帳篷、防禦工事和柵欄。在法茅斯車站下車後，他們又搭乘廂式馬車，顚簸了半哩路才到胡克的總部。總部位於拉帕漢諾克河離岸三哩之處，裡面電報局、印刷廠、麵包店、郵局應有盡有，駐紮士兵超過十三萬三千人，儼然像座小城市。㉕

身材高大、肩膀寬闊的胡克將軍守在營帳前，等候總統一行六人的蒞臨，他的營帳就在大路的盡頭，大路兩旁盡是將軍麾下軍官的營帳。胡克親自迎接，並招手邀請他們入帳參觀。他那舒服的營帳裡，有一個大火爐、兩張床、足夠讓所有來客坐下的椅子，還有一張長桌，上面擺滿文件書籍。[126]

林肯喜愛並敬重胡克。他在十週前提名胡克出任波多馬克軍團司令，並且寫了一封著名的建議信給他。「我相信你是名智勇兼備的軍人，」信一開始是這麼寫的。「你很有自信，這如果不算是不可或缺的特質，也算得上是相當寶貴的。你很有野心，在合理範圍內，有益無害。可是在柏恩賽將軍領軍期間，你放縱自己的野心，想盡辦法阻撓他的指揮。就這件事而言，你嚴重傷害了國家，也傷害了一位極有功勳、值得尊敬的同袍軍官。」林肯接著針對胡克最近的言論，提出一番告誡；胡克以爲「軍隊和國家」都需要一位獨裁的領袖，林肯告訴胡克：「我請你出任軍團司令，並非出於這個原因，而且我也從沒想過這點。只有在戰爭中獲得勝利的將領，才有資格成爲獨裁者。現在，我對你的期望是贏得軍事勝利，而我也將爲此承受獨裁的危險。」信件最後，總統提出睿智的指示：「切莫躁進，但請勇往直前，夙夜匪懈，爭取我們的勝利。」[127]這封信除了展現建議的智慧外，也清楚顯示林肯對於自己的政治權力，越來越有信心。

胡克欣然接受林肯的建議，事實上，信中循循善誘的筆調，令他深受感動，收到信後的好幾天，他到處把信念給別人聽，其中包括諾亞・布魯克斯和亨利醫生，他們一致認爲這封信應該送去燙金印刷。[128]「這簡直就像是父親寫給兒子的信，」胡克熱烈地告訴這位跟他一起坐在帳內火堆前的年輕記者布魯克斯。「這封信真是優美極了，」他繼續說道，「雖然我認爲他對我的批評有點過頭，但我不得不說，我愛極了寫這封信的人。」[129]

記者們發現，瑪麗對軍營生活的大小事充滿好奇；他們討論瑪麗樸實的穿著，並且猜測這是她平生第一次睡在帳篷裡。事實上，總統夫婦睡的營帳，配備遠比一般來得豪華許多，裡面鋪著木板地板，有爐子，床也是特地爲了招待他們而布置的，有真正的床單、被褥和枕頭。隨著日子一天天過去，瑪麗初抵總部時的困倦，已經開始消退，「這改變對她而言似乎很可喜」。[130]布魯克斯有回報導夫妻倆的逗趣對話，緣起於一張南軍軍官的相片，背後寫著「反叛的叛軍」，瑪麗認爲這意指他「是叛軍政府的叛軍」，林肯笑了笑，抬槓說，也許這位軍官「想要大家知道，他不只是叛軍，而且還是叛軍中的叛軍——『堅持背叛到底的叛軍』」。[131]

原訂週日舉行的首次大閱兵，因天候惡劣而延至週一下午，總統和第一夫人有時間跟胡克的幕僚人員深入長談，而泰德就如脫韁野馬一般，興致高昂地跑來跑去，查看營區裡的每一項設施。採訪這場會談的一位記者寫道，「林肯的心情好得不得了」，「他好交際的個性和妙語如珠的談話」，活絡了現場的氣氛。[132]

翌日中午，轟隆的砲聲揭開閱兵典禮的序幕。在胡克將軍的隨侍之下，林肯騎馬校閱部隊，士兵一列列地連綿數哩之遠，越過了好幾個高低起伏的山頭。看見總統經過時，士兵歡呼喝采，看見泰德少爺毫無畏色地努力跟上隊伍時，士兵歡呼得更爲熱烈；泰德「緊緊抓著小馬的馬鞍，比起隊伍中最優秀的騎士，也毫不遜色」，[133]他的灰色斗篷隨風不停飄呀飄，看起來「就像一面小旗」。

布魯克斯注意到，泰德「兩條短短的小腿直挺挺地掛在馬鞍下，如果他的座騎在這高低不停的路上，突然來個轉身，他就可能像彈弓的彈丸一樣，被拋丟出去」。然而，一名年輕的勤務兵亦步亦趨地跟在小少爺旁邊，泰德儘管騎姿危險，但終究還是「平安無事」地騎完全程，使旁人大大鬆了一口氣。[134]「關於這名勤務兵，還有個故事可說，」《紐約先鋒報》的記者寫道。他今年十三歲，名叫古斯塔夫・舒曼（Gustave Shuman），戰爭爆發之後就離家，加入紐澤西旅（New Jersey Brigade）。菲利普・柯尼（Philip Kearny）將軍命他當軍號手，在整個半島會戰期間，他始終騎在軍隊的最前方。一八六二年夏天，柯尼將軍不幸陣亡，繼任指揮官丹尼爾・席寇斯留下男孩，繼續擔任軍號手。因此，古斯塔夫雖然沒比總統的兒子大幾歲，但卻已經是個飽受戰爭洗禮的老兵，非常能夠控制衝動的泰德。記者發現，自從首次大閱兵後，這兩個男孩便形影不離，成天結伴在軍營裡遊蕩，像對親兄弟似的。

接下來幾個鐘頭，成千上萬名士兵列隊行經總統和第一夫人面前，一列接替一列，「好似海面波浪」，從林肯所在的小圓丘向下俯瞰，連綿不盡的人海洪流形成壯觀景象。一名記者觀察到，每當太陽從雲層露臉時，「陽光輕舞於步槍和刺刀之上，流連在獵獵軍旗之間」。[135]畫家一面觀看精彩的閱兵大典，一面描繪六千人閱兵的壯盛場面，「戰士消失在遙遠天際，他們的武器在遠方閃耀，他們的刺刀在地平線那端聳立如森林。」[136]

林肯實在太喜歡與士兵相處了，他們看起來健壯非凡，一身新制服、新武器和新裝備，豪華極了，爲了跟他們多相處幾天，林肯決定延至週五才離開。[137]某次閱兵之後，有人評論正規軍和志願軍的差異相當明顯，「當他騎馬經過時，正規軍站得筆直，頭一動也不動，可是志願軍幾乎都會轉頭偷瞄他」。林肯立刻爲志願軍辯護，說道：「我可不在乎我的士兵頭轉了多少，只要他們不要轉身跑掉就好了。」[138]

在閱兵的空檔，包括諾亞・布魯克斯在內跟隨總統一道而來的幾個人，前往拉帕漢諾克河畔，想要看看河對岸的敵營。光憑肉眼，他們可以看到費德里克斯堡的馬匹和尖塔，連森林密布的山丘和那片赫赫有名的平原，也清晰可見；在去年十二月的戰役中，那片平原是「無數人喪生的屠宰場」。如果用上雙筒望遠鏡，則可看見山脊，山脊上挖了好幾千座無主墳墓。越過山脊，有幾道裊裊白煙從敵營陣地升起，陣地上有蓋得精緻的土方、數不清的白色營帳和南方聯盟的星槓旗。[139]河流沿岸，北軍哨兵依照敵軍布哨的位置，隔著狹窄河道步行巡邏。因爲「心照不宣的共識」，雙方哨兵不會朝對方開火，反而會隔河喊話，互稱「搞分裂的」或「北佬」，彼此閒話家常，「友好得有如同一陣營」。[140]布魯克斯注意到，有個南軍軍官一度「來到河岸邊，爲的當然是要看看亞伯拉罕大叔是否在我們之中。但因沒瞧見人，便禮貌地鞠個躬就走了。」[141]

雙方都知道，天氣一旦放晴，殘酷的戰爭又要展開。布魯克斯在看完一場精彩的閱兵之後，說道：「想來悲哀，這麼多英勇的戰士此刻還是意氣飛揚，但不消幾日，戰爭開打之後，他們一個個都得列入陣亡名單裡了。」儘管明白一場大戰即將到來，「所有人都抱著一種得過且過的頹廢心態，享受眼前歡樂，將憂煩日復一日推遲，直到那個時刻到來，才肯眞正面對。」[142]臨行前，林肯下了最後一道命令給胡克和他的副司令大流士・高屈（Darius Couch）將軍。「兩位先生，下場戰爭，**全員投入**。」[143]

壯盛的軍容、高昂的士氣以及熱情的款待，使林肯大受鼓舞，他懷著激動的心情，在週五傍晚登上嘉利馬丁號，啓程返回華府。根據《先鋒報》報導，他「接受港口所有船隻和岸邊所有火車的致敬，一時間，汽笛齊鳴，鈴聲齊響，旗海飛揚」。[144]

＊＊＊

林肯回到白宮，發現布萊爾在惱怒史坦頓，威爾斯與蘇爾德爭吵不休，而蔡斯則再度威脅要辭職。布萊爾父子不斷爲詹姆士・S・普萊森茲（James S. Pleasants）說情，他是居住在馬里蘭州的聯邦公民，與南方聯盟人士約翰・契依（John Key）有所聯繫。契依向普萊森茲尋求庇護，希望獲得吃住，雖然不怎麼情願，這個忠誠的馬里蘭人還是讓他住了下來。史坦頓堅持，這種通敵行爲理應處以絞刑。「雙方的爭執既尖銳又持久，」伊莉莎白・布萊爾跟她丈夫形容。最後，總統拍板，將刑度減爲有期徒刑，後來林肯得知普萊森茲健康不佳，於是在布萊爾的求情之下，又同意減輕徒刑。這一切令史坦頓「氣憤不已」。[145]

蘇爾德與威爾斯之間的爭吵，源自一艘英國貨船，這艘船因爲走私汽艇而在公海水域遭捕，聯邦海軍懷疑船上的貨物是要運往南方聯盟，所以將這艘彼得霍夫號（Paterhoff）押往紐約，以便軍事法庭進行採證作業。根據以往慣例，法庭有權拆封船上的郵件，以確定船隻和船上貨物的眞正目的地，但英國卻提出強烈抗議，主張英國郵件的不可侵犯性。蘇爾德希望盡一切代價來避免英國介入，所以同意退讓，不拆封郵件。威爾斯爲此大發雷霆，認爲退讓不僅違反國際法，同時也會樹立要不得的先例，再者，蘇爾德亦無權插手此事，管轄權屬於海軍部。[146]

爭端遲遲無法解決，坊間開始謠傳要跟英國開戰了，而兩位閣員也在林肯面前連續吵了好幾天。他們三更半夜帶著一堆文件來找林肯，說明自己的立場；他們在內閣會議上爭吵，還四處尋求盟友。桑納支持威爾斯，認爲英國絕對不會因爲此事而開戰。不過，總統倒是同意蘇爾德的看法，在這個節骨眼上，與英國維持良好關係，必須凌駕於郵件的法律問題之上。桑納得知後相當不高興，認爲林肯對於相關先例「極爲無知」。威爾斯贊同，怪罪蘇爾德「每天，幾乎是每個鐘頭，都在（林肯）耳邊哀號與英國開戰的可怕」，才讓總統看不到「眞正的問題」。[147]蒙哥馬利・布萊爾也站在威爾斯這邊，他在一次內閣會議後告訴威爾斯，蘇爾德「對公法和行政責任的認識，比歷來任何一位閣員都不如」。[148]最後，就如蘇爾德所建議的，總統決定將全部郵件原封不動，送還英國政府。

蔡斯的不滿，同樣也令林肯在那年春天十分不好過。五個月來第三度，蔡斯又威脅要辭去財政部長一職。內閣危機期間，蔡斯首度辭職，三月再度重演，原因是林肯屈服於康乃狄克州參議員的壓力，決定不再按蔡斯的指派，任命哈特佛當地負責國內稅收的某名稅官。蔡斯得知後暴跳如雷，他告訴總統，如果他連自己指派的人都保不住，那他也沒辦法待在內閣了：「我覺得留在現在的位置，對於總統或國家都沒有用處。」[149]林肯再一次設法安撫了蔡斯，可是不久之後又遭到另一次威脅。起因是蔡斯在普捷灣區（Puget Sound）任命的人，因爲被控從事土地投機買賣而遭到林肯免職，蔡斯事前未獲諮詢，因而大爲光火，他說決策「不僅不經我的同意，而且連告知都沒有」，這樣下去，他在財政部根本做不了事。蔡斯寫道：「如果總統不尊重我的職權，我將毫不遲疑地遞上辭呈，解決所有因我而起的爲難。」[150]

了解「蔡斯感覺受傷」，[151]林肯又再一次設法撫慰他遭受打擊的自尊心。當晚，林肯親手拿著蔡斯的辭呈，登門拜訪，他將長長的手臂放在蔡斯的肩膀上，說道：「蔡斯，這裡有份文件，我不知道該拿它怎麼辦；收回去吧，別鬧情緒。」接著解釋他爲何不得不做出那項決策，實在是因蔡斯當時不在華府所致，最後他承諾他那容易受傷的部長，他可以全權指派人選，接替那位遭到免職的官員。「我只好一直不斷地懇求他，最後終於成功了，」[152]林肯後來開心地寫下這段話。

儘管對蔡斯傲慢而又極度缺乏自信的個性很氣惱，林肯心裡明白這位財政部長的表現無人能及。國會休會兩個月以來，蔡斯已經賣出價值四千五百萬美元的債券，而且市場對於債券的需求也穩步走升。《紐約時報》一篇盛讚蔡斯的文章指出：「從沒有一個國家像我們這樣，能在重大戰爭期間維持如此令人歆羨的財政狀況。」[153]然而，林肯表面順從蔡斯，實際仍把這位易怒部屬的第三封辭呈列檔，以供日後參考。[154]

另一方面，蒙哥馬利・布萊爾討厭蔡斯，而且也不把其他同僚放在眼裡。他覺得蘇爾德是個「沒有原則的騙子」，史坦頓是個「大無賴」。事實上，布萊爾認爲內閣應該整個換掉，唯一可以例外的是威爾斯，貝茲或許也行，他喜歡貝茲，但不覺得他是堅定的盟友。在布萊爾眼中，父親是「美國最能幹、最睿智的政治人物」，應該成爲林肯的「專屬顧問」。[155]像現在這樣，一樁接一樁沒完沒了的人事鬥爭，只會加重總統的工作負擔，消耗他的精力。

內閣同僚傾軋縱然令林肯心煩，但跟波多馬克軍團日日迫近的戰事相比較，顯然只是小巫見大巫。一八六三年四月十三日，林肯返回華府後三天，胡克展開第一步行動，後來演變成著名的錢瑟羅斯維爾戰役（Battle of Chancellorsville）。他派遣喬治・史東曼將軍（George Stoneman）率領一萬名騎兵南行，插入李將軍部隊與里奇蒙之間，切斷南軍通往里奇蒙的補給線，胡克接著打算橫渡拉帕漢諾克河，引敵軍遠離費德里克斯堡，展開會戰。不料，豪雨導致道路無法通行，行動只得推遲，直到四月最後一個禮拜，胡克的人馬終於開始渡河。[156]

對於林肯和他的內閣而言，隨之而來的是一連串焦慮難安的日子。「我們現在陷入可怕的懸念之中」，尼可萊在五月四日寫給未婚妻的信裡這樣寫道。戰爭已經開打，但沒有任何「明確的資訊」可以了解戰場的情況。[157]威爾斯陪同林肯[158]在戰爭部等待消息，但卻始終盼不到任何音訊。貝茲尤其緊張，因爲他的兒子約翰・寇特跟隨胡克，「身在戰鬥最激烈、最危險的一支部隊裡」。[159]林肯向老法蘭西斯・布萊爾承認，似乎沒人知道前線發生了什麼事。[160]威爾斯認爲「沒有可靠情報」傳回，十分反常，因此合理地猜測情勢可能不妙，他寫道：「在沒有任何消息的情況下，總統努力保持信心並激勵旁人，雖然他沒表現出來，但我仍可以察覺到他的疑慮與不安。」[161]

會戰開始之初，林肯曾經寫信給胡克，說道：「雖然我感到焦慮，但請不要以爲我失去耐心，或浪費任何一秒鐘在我身上，以免造成你的負擔或不愉快。」[162]即使陸續有些惱人的片段消息傳進他的耳裡，林肯還是不願對胡克施壓。「願上帝保佑你，及所有跟隨你的將士們。我知道你會全力以赴，」他在五月六日上午發電報給他的將軍。「不要爲了滿足我們的好奇心，而浪費不必要的時間發信。」[163]

當日下午三點，多日來的懸念終於結束，胡克的參謀長傳來壞消息：北軍戰敗，全員撤退至拉帕漢諾克河北岸的原點，共計一萬七千名士兵傷亡或失蹤。胡克的副司令大流士・高屈將軍後來表示，胡克純粹就是「才不如人」。好戰喬原本以爲李將軍會「不敢冒險投入戰鬥而率軍撤退」，結果卻被南軍猛烈的攻擊嚇得「銳氣頓挫」。要是他聽從林肯的指示，投入所有兵力，戰況或許可能改觀。攻勢受挫之後，胡克立刻採取守勢，將攻擊先機拱手讓給李將軍，從此以後就再也沒有拿回來過。傷兵數字不斷增加，使胡克的腦袋越加糊塗，儘管部屬希望加強攻勢，但他卻下令撤兵。[164]

敗戰消息傳來時，諾亞・布魯克斯正和林肯在一塊兒，「我永遠忘不了那副絕望的景象，」[165]他寫道。「就算雷直接劈在總統頭上，他也不可能這麼徹底地被擊潰。」他摯愛的士兵，幾個禮拜前還是這麼健壯勇猛，現在卻「被擊退，帶著傷，留著血回到原先的起點；戰事持續拖延，傷亡大半而意氣消沉的軍隊等待整頓，這一切令人厭煩又漫長乏味的事情，又得重新再來一次。」[166]看著總統「死灰般」的臉，布魯克斯「恍恍惚惚意識到」，那臉色跟房間牆上的淺灰色壁紙「幾乎一模一樣」。「他的手緊扣在背後，不斷在房間裡走來走去，嘴裡念著：

『我的天啊！我的天啊！人民會怎麼說！人民會怎麼說！』」[167]

消息一下子就傳開了。總統通知桑納參議員，他馬上跑去告訴威爾斯。「輸了，輸了，輸得一塌糊塗！」一進海軍部長辦公室，桑納就喊道，雙手激動地舉了起來。威爾斯趕往戰爭部，蘇爾德正和史坦頓在一塊兒。「我問史坦頓知不知道胡克人在哪裡。他簡短答說，不知道。我瞪大眼睛盯著他看，一定是一副不相信的樣子，因爲靜默片刻後，他又接著說，他在河的這邊，但我不知道在哪裡。」[168] 隨著午後時光一分一秒流逝，沒完沒了的傷亡名單不斷傳來，史坦頓再也無法隱藏他的絕望了，他悲痛地說道：「這是開戰以來最黑暗的一天。」[169] 在威勒飯店，布魯克斯觀察到，分離主義者突然「又活蹦亂跳了起來，臉上泛著微笑，透露心中竊喜的心情」，而且毫不避諱地穿梭在一片哀戚的群衆之中。

收到消息未及一個鐘頭，林肯就已召來馬車驅往海軍船廠，並在哈勒克將軍的陪伴下，登上汽船，前往胡克的指揮總部，[170] 全程氣氛陰鬱，恰與四月歡樂的探訪之行，形成強烈對比。又再一次地，林肯從將士們的堅定決心中，找到些許救贖，一名記者從指揮總部發出的報導寫道：「衆人同聲表示，拉帕漢諾克河畔的軍隊，已經完完全全走出上一場血腥戰鬥的陰霾。」儘管「戰爭過程受到的驚恐才剛平復，而且人員傷亡慘重，剩下的也因受凍勞累而疲憊不堪」，但他們「仍然堅強不屈，沉著整裝，隨時等著跟將領返回戰場」。[171]

此外，南軍雖然陣亡不到四千人，但傷亡名單有一萬三千人，佔全體的比例較北軍來得高，[172] 再者，他們也折損了一員大將：石牆傑克森。他在巡邏歸來時，被誤認爲敵軍，遭自己人開槍擊傷，在附近的野戰醫院截去左臂，但八天後卻死於肺炎。[173] 他死後，南方陷入一片哀慟，《里奇蒙輝格黨報》宣稱：「自從華盛頓死後，再沒有一件事比得上傑克森之死，帶給維吉尼亞人民如此深沉而又悲痛的打擊。」[174]

林肯在胡克的指揮總部只停留短短幾個鐘頭，臨去前，他交給胡克一封信，表達他對後續會戰的信心。總統寫道：「如果可以，請及早根據已經破解的敵軍通訊，展開下一次行動，爲我們帶來些好消息，屆時我將欣喜萬分，但這並不表示，我會爲了這個或其他原因，而鼓吹任何鋌而走險或輕率魯莽的行動。」林肯明白表示，他準備好協助胡克擬定新的作戰計畫。[175] 就如先前歷經的無數挫敗，林肯不爲無法改變的過去苦惱，而是寄希望於充滿無限可能的未來，挺過這次戰敗的風暴。

20 「大君康泰」

林肯結束五月七日的軍隊探視之行，一回來馬上就面臨空前的政治風暴：前俄亥俄州參議員克萊門．范蘭迪根因叛國罪遭逮捕監禁。

逮捕行動是由柏恩賽將軍下令執行，他在胡克接掌波多馬克軍團後，轉任俄亥俄州軍部指揮官。當時接連發生多場喧囂的和平示威，演講者公開鼓吹聯邦偉業失敗，爲此，柏恩賽頒布第三十八號將軍令，明令「本軍部禁止任何持續公開表示同情敵方之行爲」，凡觸犯「叛國罪，無論明示或默示」，一律予以逮捕，並送交軍事法庭審判。①范蘭迪根蓄意抗令，不斷以激烈言辭譴責戰事失利，把大批群衆的情緒煽動得狂熱起來。這個靠著唱衰國家蠱惑人心的政客大罵，只有士兵集體逃亡，人民起義將「林肯國王轟下寶座」，②這場戰爭才有結束的一天。

柏恩賽在讀過范蘭迪根的演講抄本後，半夜派兵到他家裡逮人。一名地方記者報導：「范家大門緊閉，士兵不得而入，范蘭迪根從窗口揮舞左輪手槍，而且還開了兩三槍。」不過士兵後來從側門進了屋內。③軍事法庭以前所未有的速度完成定罪，判范蘭迪根在戰爭結束之前都得待在牢裡。他試圖聲請人身保護令，但遭駁回。④《芝加哥時報》以加油添醋的手法，聳動報導整起事件，柏恩賽又自作主張，把報社給關了。⑤

林肯讀了早報得知這些消息後，發現自己進退維谷。雖然後來他承認范蘭迪根被捕的消息，著實令他痛苦，但當時的情勢卻讓他覺得不得不支持柏恩賽，⑥儘管他已經可以預見可怕的政治後果。果眞，外界抨擊不斷，不僅來自銅頭和民主黨，更來自忠誠的共和黨人。梭羅．魏德公開譴責這起逮捕事件，⑦川布爾參議員提醒布朗寧，這類專橫的逮捕行動要是繼續下去，「軍事法庭遲早會完全凌駕於民事法庭之上，政府也就等著被推翻吧。」⑧蘇爾德的友人也警告他，「社會上大多數良善公民」都認爲，這次逮捕行動「侵犯了最重要的言論自由原則」，極可能在效忠州引爆內戰。⑨蘇爾德無從反駁。事實上，范蘭迪根被捕事件，讓意見難得一致的內閣，出現齊聲反對的盛況。

爲了尋求和解，林肯檯面上支持逮捕范蘭迪根，但檯面下卻運作將監禁減爲流放南方聯盟境內。⑩有人開玩笑說，這樣一來，范蘭迪根的銅頭身軀，終於可以跟他「早已投奔南方聯盟的心」會合了。⑪根據《紐約時報》報導，民衆對於這樣的結果「普遍感到滿意」，認爲「這宗棘手的事件得到極爲圓滿的解決，不僅讓他沒有機會成爲烈士，而且還有效消滅他的邪惡力量」。⑫最後聯邦騎兵手持免戰旗幟一路押送，將范蘭迪根流放到田納西州，但是他很快就潛逃至加拿大，名聲更加不堪。⑬在此同時，史坦頓撤銷柏恩賽關閉《芝加哥時報》的命令，並論令地方軍官日後不得查封報社。⑭

就這樣，林肯不但能夠堅守支持柏恩賽將軍的立場，同時也最大程度地維護了戰時必要的公民自由。幾個月後，有個激進分子要求他查封聲名狼藉的《芝加哥時報》，林肯告訴她：「恐怕您還不太了解剝奪人民**自由**權的危險吧，只有在絕對必要的情況下，才有理由這麼做。政府最好盡可能包容，不要做出任何舉動，讓人有機會解讀成干涉或損害人民的共同權利。」⑮

處理完范蘭迪根後，林肯接下來得想辦法安撫柏恩賽。一聽說內閣閣員全部反對他的作爲，⑯柏恩賽馬上就提出了辭呈。林肯非但拒絕接受這份辭呈，而且還堅稱「內閣的確認爲沒有必要」採取逮捕行動，可是事情既然發生了，「大家都願意支持你挺過這次風波」。⑰

歷經這一連串風波後，林肯了解到政府在大後方的作爲，民衆才是最終裁判，於是他開始起草文件，希望複雜的軍事逮捕議題獲得正確看待。其實，這個問題他已經思考了好幾個月，只是范蘭迪根被捕事件引發公憤，將這些思考形諸文字便成了當務之急。「關於這個問題我經常有些想法，覺得可以完美回應外界對我的一些批評，」他後來跟一名訪客這樣說道。「那些想法，全都不曾離開過我的腦袋，除非我已經提筆記在紙上。」現在要做的事，就是將這些隻字片語，整理成強而有力的論述，說服美國人民。

此外，林肯也需要一個陳述想法的適當時機，這個機會在五月底出現了。紐約州民主黨人集會，通過一系列決議，譴責他的軍事逮捕違憲。林肯立即針對民主黨人的決議做出完整回應，「所花時間要比其他同等大事都要來得短」，因爲他已經「從各個層面通盤研究過這個議題」。[18]六月初，總統在內閣會議上宣讀他草擬的文件。「聽起來既有氣勢又有說服力，」[19]威爾斯欣喜地表示。布萊爾建議總統強調，「我們所欲打擊的是意在顚覆民選政府的陰謀詭計」，他認爲林肯雖然不時重申這點，但正如湯姆斯・哈特・班頓常說的，「老調重彈」到頭來還是「最精彩的修辭」。[20]

最後脫稿的信件是寄給紐約州民主黨人伊拉斯塔斯・康寧（Erastus Corning），全文刊登在六月十二日的《紐約論壇報》上。林肯在信中承認，在平常日子，軍事逮捕確實違憲，可是批評他的人要知道，針對「內亂外患期間」，憲法也特別制定了取消人身保護令的規定。他接著說道，范蘭迪根被捕並不是因爲他批評政府，而是因爲「他千方百計阻撓軍隊招募新兵，煽動士兵逃亡，使國家沒有足夠兵力鎮壓叛亂分子，而且眞的有人受到影響」。

林肯指出，「長久以來的經驗顯示，逃兵必須處以最嚴厲的死刑，軍隊才有辦法維繫下去」，接著他提出一個問題，立即獲得全國熱烈的回響：「我得槍斃一個心智單純的年輕逃兵，而對慫恿他逃兵的騙子，卻一根寒毛也不能動？他招來別人的父兄朋友公開集會，把自己的想法灌輸到他們的腦袋裡，這樣帶來的傷害，並不亞於讓他寫信給那年輕士兵，說他爲著一樁錯誤的事業在拚命，爲著一個可鄙政府的邪惡政權在拚命，這個政府軟弱到無法逮捕他，並給他應有逃兵的懲罰。」[21]

總統的信函在北方各州贏得超乎想像的熱烈嘉許。《紐約時報》肯定這封信「言之有物、坦率明白、擲地有聲」。[22]即使民主黨人也大爲佩服，儘管愛德華・艾佛瑞特告訴林肯，他不認同范蘭迪根的逮捕行動，但他認爲總統的「辯護無懈可擊」。[23]支持者更是激動不已，史托達德德熱烈地表示：「這是一份偉大的文件，鏗鏘有力、淺顯易懂，沒有任何金箔裝飾般的亮點，但卻熠熠生輝，襯托出一個偉大民族的領袖，全國上下都在聆聽他說些什麼。北方所有報紙都應該刊出他所說的這些話，所有公民都應該詳加閱讀。」[24]事實上，林肯也用盡各種方法，要使他的話語形成輿論，這封信後來以各種不同形式印行，最終共計有一千萬人[25]在家中或在工作場合讀到，無論是偏遠的農地或繁華的都市都可見到它的蹤影，影響範圍超乎想像。及至美國人民了解了林肯的論述邏輯後，民意趨勢開始轉向。

＊＊＊

隨著夏天的腳步日日逼近，內閣成員的脾氣也越來越火爆。威爾斯不以爲然地表示，史坦頓只出席半數的內閣會議，即使出席，話也不多，但卻「三不五時跟總統在房間角落，或跟蘇爾德在圖書室裡，開起祕密會議」，威爾斯抱怨道。蘇爾德也是，老在會議開始後才露面，還把總統拉到一邊講悄悄話，留下他的兒子費德・蘇爾德，代表國務院開會。史坦頓有次火大，宣布「只要有副手在場」，他就不會提「任何重要問題」。㉖布萊爾眼見蘇爾德和史坦頓都有特殊待遇，感覺有點鬱鬱寡歡，經常在內閣會議結束後還流連不去，想找機會跟林肯私下講幾句話。㉗

「現在這種時機，大家似乎應該沒有顧慮、毫無保留、持續地交換意見，」㉘威爾斯憤憤不平地表示。同樣不滿的貝茲同意威爾斯的看法。「政府閣員現在缺乏互信，內閣會議這東西根本不存在，」他發牢騷道。「比較有野心的閣員老想掌權，蘇爾德、蔡斯、史坦頓都是，他們心裡有任何計畫，從不在內閣會議提出，而是先探詢總統的態度，然後再視情況爭取其他閣員的明示同意。」㉙政策不經集體審議，讓蔡斯感覺不受重視。「在我看來思索軍務實在無聊得很！」他向大衛・杜德利・菲爾德抱怨道。「軍事安排方面，總統只諮詢史坦頓和哈勒克，我則只能在外旁觀，但只要可以，我也會貢獻一些辦法。」㉚蔡斯跟國會議員嘉菲德保證，如果他當總統，絕對會「設置一個資訊流通系統，至少讓我的財政部長隨時獲悉國家的每一項重大決策」。㉛

相較於蔡斯，布萊爾的反應更加強烈，他痛批內閣會議失其鄭重，並把內閣的失敗歸咎於蘇爾德和史坦頓的奸謀，㉜就連林肯不肯撤換他所鄙視的哈勒克，讓麥克萊倫復職，布萊爾認爲這兩個人也得負上一點責任。㉝在布萊爾心目中，蘇爾德和蔡斯都在「密謀總統寶座，而史坦頓一逮到機會，肯定會割斷總統的喉嚨。」㉞布萊爾恨極了史坦頓，即使戰爭部是最主要的軍事情報來源，他也不願踏進一步。㉟有天傍晚他和威爾斯在船廠聊天，布萊爾坦承自己實在搞不懂林肯。「奇怪，眞是奇怪，」他喊道，「總統的能力明明很好，竟然甘願任由

史坦頓和蘇爾德擺布。」㊱

可以確定的是，林肯並未察覺同僚之間的內訌，他一直堅信，只要大家持續做好分內的工作，內閣並不需要任何改變。再者，策略事務上，他也習慣諮詢蘇爾德和史坦頓這兩位值得信賴的顧問，從沒寄望在吵吵鬧鬧的內閣討論中獲得任何結論。不過，林肯心裡明白，如此一來會使受冷落的閣員產生怨懟之心；所以他試著藉由各種慷慨的小動作，緩和不滿情緒，維繫同僚對他的敬重與情感。

林肯知道布萊爾想要提升自己的影響力，所以他的大門永遠爲蒙哥馬利和他父親敞開。蒙哥馬利・布萊爾雖然有所怨言，但基本上還算忠誠，而且他在郵政部長的位置上，幹得有聲有色，成功地使美國郵政體系從沒有郵差、街道信箱和免費遞送服務的原始狀態，徹底脫胎換骨。郵政服務現代化對於前線士兵而言，尤其重要，爲了維繫他們的士氣，全得靠故鄉寄來的信件和報章雜誌。爲此，布萊爾將軍隊郵局系統獨立出來，設置軍隊郵政局長和郵票代銷機構。因爲他的創新之舉，士兵寄信無需郵資，只要對方收信時支付每封三毛錢的代價即可。即使天候惡劣，路面泥濘，很難把信送進軍營，郵局也會想盡各種辦法，達成使命。㊲

此外，林肯也會特意騰出時間，私下找威爾斯聊幾句。他常在白宮前往戰爭部和海軍部的路上，追上他的「海神拿普頓」(Neptune)，在電報室等候消息時，也常召他隨侍一旁。㊳與他書信往來，總統同樣心思縝密。有次他覺得不得不給威爾斯下道命令，指示海軍將士在中立港的行動，他向威爾斯保證「這並非暗示你有任何失職之處，事實上，我可以很榮幸地說，海軍部長這項責任重大的艱巨職務交到你手裡以後，已經獲致值得讚賞的成就」。㊴

因爲如此，內閣成員雖然爭吵不斷，但最終除了蔡斯以外，其他人都對總統忠心耿耿，他總是以寬容化解對立和憤怒，以幽默和緩閣員之間的緊張氣氛。有次蔡斯和蒙哥馬利・布萊爾爆發異常激烈的爭執，布萊爾宣稱逃奴法仍舊適用於效忠州，所以理應遵照這項法律，將逃奴送還給原來的主人；然而蔡斯卻要求逃奴加入軍隊。林肯居中調解，他讓兩人知道這道難題他已經苦惱很久，「這讓他想起，」威爾斯在日記中寫道，「伊利諾州有個人欠債，債主緊迫盯人，把他煩得要死，最後只要債主一提到還錢的事，他就裝瘋。總統說道，我啊，在這房間裡，不只一次被激進派追問這個問題，逼得我最後不得不假裝大發怒火。」㊵

另一個緊繃的場合，林肯引幽默作家奧菲斯・克爾（Orpheus Kerr）的語句來和緩氣氛，這位作家老愛嘲諷他和其他閣員，不過林肯卻格外欣賞他。「現在他的矛頭可要指向你了，威爾斯先生，也可能是蔡斯，我得好好欣賞，我敢說，他寫的東西可能讓你恨得牙癢癢的，而我看了卻會哈哈大笑。要是換作是我被寫，情況就**顛倒過來啦**。」㊶

＊＊＊

林肯在努力穩定內閣情緒的同時，也得分神平息將領之間沒完沒了的爭吵，有時甚至還要想辦法化解宿怨。有回，駐紮在納許維爾的威廉・羅斯克蘭斯（William Rosecrans）讀了他的短箋後，感覺受辱，林肯得知立即回信。「我絕對無意譴責你，或質疑你的能力，」他寫道。「許多事都被迫匆忙進行，所以我自己也常犯錯。」㊷他只是想對羅斯克蘭斯處置某名上校的做法，表達關切而已。又有一次，林肯認爲不得不摘除山謬・柯提斯將軍在密蘇里州的兵權，他向柯提斯保證這次的調動，只是爲了「要打破密蘇里州的現況」，當時州長甘伯與柯提斯各別領導的派系，正陷入激烈的爭執當中。「我並沒有指責你的意思，也不是同意別人對你的指控。在我心目中，你仍是誠實能幹又忠貞愛國的。」㊸

儘管林肯努力折衝樽俎，但密蘇里內部依然爭執不休，引得甘伯州長送來一張短箋，抱怨林肯發表的書信有一封文字「極度冒犯」他。㊹約翰・海伊把便條呈給林肯，可是卻聽到「把它拿走」的指示。㊺林肯向甘伯解釋，他一直「很努力克制自己的脾氣，不看刺激情緒的東西，這個方法到目前爲止都很有效，所以他才決定，不去看那封祕書形容爲「**怒氣沖天**」的信。表明完立場後，林肯向受傷的甘伯保證：「我絲毫沒有意識到任何針對你的惡意或不敬，也完全不知道自己用了任何冒犯你的措辭。」㊻

然而，林肯的耐性也是有極限的，少將羅伯特・H・米洛伊（Robert H. Milroy）痛罵哈勒克「盲目無端地仇恨」，㊼說他早該免去總司令頭銜時，林肯的態度就很強硬。「在我看來，你幾乎無時無刻都在攻擊你的長官，」林肯回信道。「你一直在申訴，因爲自己不是出身西點軍校所以遭人陷害，你寫來的這幾封信，反反覆覆都是

在講這件事。我親愛的將軍，這，恐怕才是害你磕傷的石頭吧！」㊽

羅斯克蘭斯抱怨想要提早晉升可是卻遭拒絕，林肯同樣不假辭色：「坦白說，書面軍階這回事，我不像你們軍官那樣看重。世人永遠記得你在『石河』之役浴血奮戰，可卻一點也不在乎是你的軍階高於格蘭特將軍，還是他高於你。」㊾

幾乎每個前線戰區都有將領不和的問題，林肯疲於調解，這也難怪他會對尤里西斯・S・格蘭特產生如此崇高的敬意與欽佩。格蘭特不發牢騷，穩健地朝著維克斯堡（Vicksburg）推進，這是南軍的要塞，只要拿下，北軍就可以掌控整個密西西比河流域，將南方聯盟一分爲二。五月中，格蘭特在連續五場勝仗後，終於來到維克斯堡近郊，但在五月十九日和二十二日，兩次直襲約翰・潘伯頓（John Pemberton）部隊的行動，均以失敗告終，於是他決定以逸待勞，圍困維克斯堡，㊿讓南軍餓到受不了，自己投降。

林肯在五月二十六日寫給友人的信裡提道：「無論格蘭特將軍攻下維克斯堡與否，他從本月初到二十二日的行動，都會是世界上最出色的戰役之一。」51胡克部隊在東線戰場慘敗的那幾週裡，是格蘭特部隊從西線戰場傳回的消息，幫林肯撐了過來。史坦頓在三月派查爾斯・戴納（Charles Dana）到前線觀察格蘭特將軍，並回報他的行動；戴納當時還是報社記者，後來當上戰爭部副部長。戴納傳回巨細靡遺的長篇快報，從中可以明顯看出，他逐漸對格蘭特產生強烈的敬意，52而林肯自己也從歷次快報中發現將軍寡言實幹的性格，對他的評價與日俱增。在打通密西西比河的最後一次圍剿行動中，格蘭特請求班克斯將軍出兵增援，他向班克斯保證，「如果他同意這場行動，無論是在他麾下聽從指揮，或只是單純合作，只要大局需要，全都非常樂意配合。」53

儘管林肯越益敬重格蘭特，但在某些情況下，他也不得不出面干涉他手下最出色的將領。在北軍佔領區內，有商販透過棉花交易牟取不法暴利，格蘭特爲了遏止此現象，竟下令驅逐「整個猶太族群」。這道命令歧視意味相當濃厚，沒有任何個別聽證或審判程序，就強迫所有猶太人在二十四小時內離開，而且不得帶走任何馬匹、馬車和其他貴重物品。54

猶太領袖派遣代表求見總統，顯然他那時並不太清楚整件事的來龍去脈。在了解事態始末後，林肯引聖經典故對猶太人的處境做出回應：「就這樣，以色列子民被逐離了迦南樂土？」首席代表回答：「是的，因爲如此我們來近亞伯拉罕之懷，尋求庇護。」林肯立即回道：「這庇護他們應當即刻獲得。」㊺說畢，便提起筆寫了封短箋給哈勒克，㊻指示他馬上撤銷格蘭特的驅逐令。哈勒克雖然不太情願，但還是遵命照辦，不過他跟格蘭特保證，「總統並非反對你驅逐叛徒和猶太商販，雖然我相信你是針對這些人而下令，可是在命令的措辭上卻是要趕盡整個猶太族群，我們軍隊裡也有猶太子弟參戰，所以總統才認爲有必要撤銷這道命令。」㊼

除此之外，林肯也不斷耳聞格蘭特酒癮復發。其實有關酗酒的傳言不只格蘭特才有，伊莉莎白・布萊爾就曾聽說，錢瑟羅斯維爾戰役期間，胡克「無時不醉」，㊽而貝茲也從別人口中得知「哈（勒克）將軍鴉片成癮」，所以才「兩眼淚汪汪」，外表「浮腫」。㊾格蘭特酗酒的小道消息，林肯是從道德極度拘謹的蔡斯那裡聽來的，而蔡斯則是從穆拉・霍斯泰的來信獲悉此事。這位備受尊敬的記者提醒蔡斯，格蘭特「大部分時間是七八分醉，許多時候根本就醉傻了」。㊿

事實上，類似的抱怨，林肯和史坦頓早有耳聞，可是在派人調查格蘭特將軍的表現後，(61)他們認爲飲酒並不影響格蘭特無可匹敵的規劃、執行及勝戰能力。坊間流傳一則著名的故事，有個代表團向總統反映格蘭特貪杯的傳言，林肯表示，要是他知道格蘭特喝的是哪個牌子的威士忌，他會馬上買來分送給所有其他將領！(62)

＊＊＊

西線加緊圍困維克斯堡，而拉帕漢諾克河卻是一片平靜，靜到有點不太眞實。魏德和錢德勒兩位參議員在五月中探訪胡克的總部，回來後告訴林肯，兩岸的哨兵已經恢復「他們昔日相互挖苦和應答的消遣了……有個叛軍從對岸喊道：『我說北佬，好戰喬胡克現在怎麼不見蹤影啦？』這廂『北佬』回答：『喔，他去參加石牆傑克森的葬禮了！』」(63)

趁著東線戰火稍歇的空檔，蘇爾德陪法蘭西絲和范妮回奧本避暑，在這幾天寶貴的假期中，他忙著宴請老友，趕上閱讀進度和照料花園，(64)唯一一件傷心事，是決定砍掉一棵長壞的老楊樹。砍樹當時，法蘭西絲難過到不忍看上一眼，她說她「可以感受到斧頭每一下的砍擊」。(65)不過樹一砍完，她又可以在花園裡愜意徜徉，留滯華府期間，她可是對這座美麗花園思念不已。六月一日，蘇爾德搭火車返回首都，范妮寫道，家裡少了他，感覺「非常冷清」。[66]

蘇爾德一離開奧本，令人擔憂的流言就開始傳進法蘭西絲和范妮的耳裡，說是李將軍準備進攻華府、馬里蘭州及賓州。「我們又開始擔心華盛頓了，」范妮告訴父親。「雖然我不認爲自己有什麼庇護能力，但總覺得有我在，華盛頓會比較安全些。」[67]蘇爾德安慰女兒說，在奧本那段時間，他自己也聽到各式各樣的傳言，「心裡一直惶惶不安」，可是一回到首都，馬上就證明這些都是沒有根據的謠言。「現在，這裡的人最不會擔心的事，就是華盛頓遭到攻擊。」[68]

六月八日星期一，瑪麗帶著泰德離開首都，前往費城，展開爲期兩週的度假行程，他們已經在洲際飯店訂了間套房。[69]母子倆走後，威爾斯找林肯談有關瑪麗的一個「棘手的」問題。自從去年威利死後，瑪麗就取消每週在白宮草坪演出的海軍陸戰隊樂隊夏日音樂會。威爾斯提醒，倘若今年再不恢復往常的夏季娛樂活動，去年民眾的「抱怨和不滿」只會有增無減。林肯起初有所猶豫。以前威利愛極了每週一次的音樂演奏會，很有野餐的歡慶氣氛，但林肯太太不會同意復辦，至少七月四日之前是肯定不可能了。然而，威爾斯十分堅持，林肯最後同意讓他按照他「認爲最恰當的方式」去辦。[70]當晚，很可能因爲白天談到威利，心情受到影響，林肯竟然做了個噩夢，夢見泰德最近才有的左輪手槍闖禍了。隔天一早，林肯發了封電報給瑪麗，說道：「我想你最好把『泰德』的手槍收好，我昨晚夢見他發生不好的事。」[71]

隨後幾天，報紙紛紛報導李將軍正在率軍北上，穿過申南多河谷，準備進犯馬里蘭州和賓州。六月十五日，蘇爾德發了封電報給兒子威爾，建議他最好提前結束休假，返回駐紮華府的部隊，惹得范妮不禁悲嘆：「喔！實在太令人失望了！」威爾才剛回到奧本，打算短暫停留二十天，好好陪陪自己家人和珍妮的家人，如果威爾提前回營，許多計畫都得被迫取消，包括「兩家人的湖邊野餐」。[72]同日，蘇爾德也寫了封信給法蘭西絲，要她心情放輕鬆，雖然目前看來，李將軍肯定已經渡過拉帕漢諾克河，但她絕對「不要就此推斷，我們其中任何一個人會因爲這個改變而身陷更多危險」。相反地，「戰場越接近我們，對敵人越不利，我們反而比較佔優勢。」[73]

同樣的說法，林肯也用來安慰瑪麗，當時有家北方報紙的頭條就用斗大的字寫著：**「敵軍來犯！馬里蘭及**

賓州警戒。」[74]「回不回來全看你自己，」他告訴她。「我認爲南軍這次對賓州的突襲，根本不算回事。」[75]不過，看著報紙每天更新南軍的進度，瑪麗還是決定回華府與夫婿會合。

「此刻，全國一片騷動，」班傑明・法蘭奇在六月十八日寫道。「部分叛軍已經進入賓州北部，北方全面戒備。」[76]儘管威爾斯擔心「有股恐慌氣氛瀰漫整座城市」，[77]但林肯仍然相當有信心，認爲聯邦軍隊在家鄉的地盤上作戰，應該可以帶來一次久違的勝利，他並利用南軍進犯激起的強烈愛國心，從賓州、馬里蘭州、俄亥俄州和西維吉尼亞州的民兵團，號召到十萬人軍隊。[78]

法蘭奇覺得不可思議，「我以爲這樣持續的勞碌會送掉他的性命，」但總統調適得很好，看起來「精神奕奕」。林肯沉穩的性格使他受到感召，說道：「我越看他，越相信他的善良、眞誠、仁慈和愛國心無人能及。」[79]

華府籠罩在緊張氣氛之下，負責籌備七月四日國慶盛典的委員會考慮暫停作業。「不可以停下來！」瑪麗・林肯指示白宮祕書威廉・史托達德，並允諾提供一臂之力，好使這場年度慶典圓滿完成。受到夫婿信心不動如山的影響，她要史托達德放心，因爲她的夫婿確信「轉折時刻已經來臨，而所有轉變都站在我們這邊。李將軍這次的行動，正中他的下懷」。[80]

林肯此刻最擔心的是，胡克這回遇上李將軍，會不會又「將才不如人」。[81]六月後面幾個禮拜，他的憂慮與日俱增，因爲他「從胡克身上察覺到，麥克萊倫在安提耶坦戰役後顯露的種種失敗前兆：希望別人對他的指揮不要有意見，以及貪婪地要求不可能也不應該從他處移撥的軍隊」。[82]因此，當胡克發電報，憤怒地要求解除指揮職時，[83]林肯和史坦頓便同意換上曾參與半島會戰、第二次牛奔河戰役以及錢瑟羅斯維爾戰役的喬治・米德（George Meade）將軍。[84]這個出人意表的決定讓蔡斯難過極了，他一直以來都非常支持胡克，而且最近才從前線探完胡克回來，所以林肯告知閣員這項人事異動已經完成時，威爾斯表示，「蔡斯甚是錯愕，且超過他應該表現出來的的程度。」[85]隔日，蔡斯寫信給人在紐約的凱特。「胡克將軍解職的消息一定讓你大吃一驚，不過你再怎麼吃驚，也不可能超過我。」[86]

＊＊＊

三天後，在賓州，歷時三日的蓋茨堡戰役（Battle of Gettysburg）揭開序幕。「整場戰爭的轉捩點似乎正催促著自己來到當前，」約翰・尼可萊寫道。「要坐待結果，看來幾乎不可能。在如此煎熬的等待中，度時如度日，度日如度月。」[87]假如李將軍贏了蓋茨堡這一仗，他就可以直驅費城、巴爾的摩和華盛頓，最後他那攻無不克的威名，恐怕會使英法兩國承認南方聯盟的獨立地位，這場戰爭會就此結束。

前線電報「送達不多而且零零星星」，接線生大衛・貝茲（David Bates）表示。即便如此，林肯依舊常駐電報室，[88]累了就躺在沙發上休息。史坦頓、蘇爾德、威爾斯以及桑納和錢德勒兩位參議員，三不五時進進出出。錢德勒參議員「永遠忘不了那幾天的痛苦煎熬，國家的命運似乎就懸在天平上；也永遠忘不了林肯先生不停關切戰況的神態，他在房裡走來走去，一會兒看看戰報，一會兒喃喃自語，不時還停下來在牆壁的地圖上畫來畫去」。[89]那些被畫在地圖上的將領姓名和位置，後來全成了歷史無可磨滅的一部分：詹姆士・郎斯屈和喬治・皮克特（George Pickett）、溫菲德・漢考克（Winfield Hancock）和約書亞・張伯倫（Joshua Chamberlain）、小圓頂（Little Round Top）和小墳嶺（Cemetery Ridge）。

第一天戰事結束，戰況不甚明朗，七月二日週四晚間，米德傳回一封快信，報告「經過本次戰役最激烈的一場戰鬥之後」，叛軍已經「退出所有據點」。[90]儘管近期情勢有所轉變，但目前勝負尚在未定之天，所有人依然屏息以待。隔天晚間九點，《紐約時報》報導：「賓州戰場尚未傳回任何可靠的消息。一般咸信這是整場戰爭的轉折關鍵，因此四處瀰漫著強烈的不安氣息。」[91]午夜時分，信使將康乃狄克州報社編輯白英頓（Byington）發來的電報交給威爾斯，白英頓剛在幾個小時前離開戰場，他在信中報告「各方面看起來相當有希望」。儘管威爾斯向林肯保證白英頓「靠得住」，[92]但接下來幾個小時依舊情況不明，直到七月四日凌晨，米德才傳來電報，報告戰事已取得最終勝利，叛軍傷亡慘重，已經開始撤退。[93]後來統計，[94]李將軍所部死傷人數達兩萬八千人，將近全軍的三分之一。

這場戰役雙方打得難分軒輊，北軍犧牲了兩萬三千人，安伯納・達博岱將軍形容這是「全世界最慘烈的一場戰役」。他告訴記者「蓋茨堡一片殘破，周圍戰場景況之駭人，筆墨難以形容。每間房子、教堂、茅舍和倉庫都擠滿雙方的受傷士兵，地上滿滿的全是死屍」。[95]

七月四日早晨，林肯的賀稿透過電報傳送到全國各地。[96]年輕的范妮・蘇爾德在奧本焦急等待，那天是她有生以來感覺「最黯淡的國慶日」。「這裡沒有任何公開遊行活動，也聽不到半點鐘響。」然而，就在傍晚的「號外」帶來勝利的消息之後，一切都改變了，開始有人施放煙火，[97]不僅祝賀國家獨立，更慶祝北方久違的勝利。

在紐約市，報紙以全版彩色報導李將軍撤退的消息，喬治・坦普頓・史壯狂喜不已，「這場勝利價值連城，」他寫道。「政府在國內外的聲勢壯大四倍。今天金價是一百三十八美元，政府債券也升值了。銅頭起碼會認分安靜一會兒。」[98]

緊接在蓋茨堡大捷之後，維克斯堡也傳來勝利的消息。格蘭特圍城四十六天，[99]終於迫使潘伯頓交出他那飢餓不堪的軍隊。威爾斯最初從海軍大衛・波特上將的戰報，得知維克斯堡向格蘭特投降的消息。戴著眼鏡而且「肢體略微僵硬」的威爾斯，抓著戰報就立即趕往白宮，[100]當時林肯正在房裡跟蔡斯還有其他幾個人談話，據說威爾斯一進去「先來兩個滑步，再把帽子一丟，昭告衆人他帶著好消息來了」。林肯也說：「不管是過去還是以後，他從沒看過威爾斯像當時那樣，激動到如此忘情。」[101]

欣喜莫名的總統「抓住我的手」，威爾斯寫道，「然後一把摟住我，嘴裡喊道：『這眞是天大的好消息，我們該怎麼謝謝海軍部長吶，他總是給我們帶來好消息。看到這樣的結果，我實在沒有辦法用言語來表達我的喜悅。眞是太好了，威爾斯先生，眞是太好啦！』」[102]維克斯堡攻陷之後，密西西比河就如林肯所說的，「衆水之父又再度靜悠悠地流向大海。」[103]

戴納翌日在電報中向史坦頓詳述投降經過。「叛軍列隊出城，將武器堆在他們搭建的工事前，而潘伯頓將軍則跟著幕僚短暫現身在中央哨所的胸牆上……外面已經看不到任何軍隊，一切歸於寂靜。格蘭特在十一點鐘入城，潘伯頓出面相迎，格蘭特始終以『厚禮』待之。」戴納根據需要配發的口糧，估計俘虜人數約三萬人。[104]

林肯寫了一封出色的信，表達對格蘭特的激賞，開頭是這樣寫的：「我現在寫這封信，是爲了表達我由衷的感謝，感謝你對國家無可言喻的貢獻。」他承認在這漫長的戰爭期間，將領的作戰策略他雖然大都批准，但是當格蘭特決定「北進大黑河（Big Black）東岸」，而不與班克斯將軍會合時，他心裡其實有點擔心。「但現在我得承認，你對了，我錯了。」[105]

維克斯堡投降的消息傳來，北方各地都出現熱烈的慶祝活動。在華府，大批群眾集結於國際飯店（National Hotel）前，在麻州第三十四軍團樂隊的帶領之下，前往白宮恭賀總統。林肯在群眾熱情的歡呼聲中現身，發表談話，後來著名的蓋茨堡演說，就是從此次談話內容再加以延伸而成。「那是多久以前的事了？整整八十個年頭，人類史上頭一遭，人民的代表在七月四日那天聚首，共同宣告『人生而平等』。」他接著細數國家歷年生日發生過的大事，從湯姆斯・傑佛遜總統和約翰・亞當斯（John Adams）總統雙雙離世，一直到聯邦軍隊在蓋茨堡和維克斯堡兩地同日傳來捷報。「各位先生，」總統說道，「這是個榮耀的時刻，應該來場精彩的演講，以資輝映，可是我並不打算如此。」他反倒「讚揚那許許多多為聯邦偉業浴血奮戰的英勇將士」。

樂隊奏起愛國歌曲，群眾在悠揚的音樂聲中又湧往戰爭部，史坦頓此刻正大力盛讚格蘭特將軍的功績。儘管接下來又聽了好幾場演講，奏了好幾首樂曲，群眾仍舊意猶未盡，繼續轉往拉法葉廣場，加入聚集在蘇爾德家門口前的人潮，跟著起鬨要國務卿現身說幾句話，蘇爾德樂意從命，一點也不嫌累。他發表了一段長長的演說，內容十分生動，把這次軍事行動從一開始的膠著到近日的勝利，細說從頭，他向群眾保證，接連大捷預示「戰爭的結束指日可待」。[106]

翌日，政府部門幾乎沒人在辦正事，根據諾亞・布魯克斯的報導，在公家機關，勝戰公報被人「讀了又讀」，「官員和職員的歡呼聲此起彼落」。在街頭，「聯邦人民一見面就熱情握手，像是老友久別重逢般」，反觀銅頭卻「有如惡獸見著旭日般，一個個都躲回巢穴去了」。[107]

然而，這個歡樂的時刻卻因一件意外，而留下美中不足的遺憾。蓋茨堡戰役展開隔天，林肯夫婦發生嚴重的馬車意外。[108]根據蕾貝卡・帕姆洛伊的說法，事發當時，林肯夫婦正從士兵之家返回白宮，林肯騎馬，而瑪麗則坐馬車跟在後頭。馬車原本有螺絲將駕駛座和車體鎖在一起，但不知名的歹徒卻在前晚偷偷將螺絲移去，此舉顯然是針對總統而來。就在馬車開始走下坡路的當兒，駕駛座竟然鬆脫，當場把駕駛拋到地上，馬兒失去駕馭，逕自狂奔了起來，瑪麗無法控制，情急之下就從車廂往外一跳，結果背部著地，頭部碰著了尖銳的石頭，雖然很快就送往鄰近醫院包紮傷口，但仍然引發嚴重的感染，讓她躺了好幾個禮拜。爾後，蓋茨堡戰役如火如荼進行，林肯無暇顧及瑪麗的需求，只好請帕姆洛伊夫人到士兵之家，全天候照護妻子。羅伯特・林肯認爲母親「始終沒有從那回車禍意外中完全康復」，[109]而原本就已經令她困擾不已的頭疼毛病，也因此更加惡化。

＊＊＊

蓋茨堡和維克斯堡接連大捷之後，林肯希望盡快結束亂事，他告訴哈勒克，米德將軍只要「按照目前這樣出色的表現，繼續殲滅李將軍全部或大部分的軍隊，就可以漂亮地完成他的工作」。[110]接下來幾天，哈勒克和林肯都不斷敦促米德[111]趁勝追擊，狠狠打擊李將軍，在他轉進維吉尼亞州之前，就把他的部隊一網打盡。羅伯特・林肯後來表示，父親曾經下過一道明確的命令給米德，「指示他即刻全力攻擊李將軍的部隊；如果行動成功，他可能就銷毀命令，但如果行動失敗，他應該會保留命令，作爲抗辯的證據。」[112]但那道命令現在已經下落不明，如果米德確實收到命令，他追擊李將軍的行動終究還是失敗了。日子一天天過去，林肯開始「越來越焦躁，漸漸失去了耐性」。[113]

林肯最擔心的事情終於在七月十四日那天發生了，米德傳來戰報，[114]表示李將軍的部隊已經脫離他的掌控，成功渡過波多馬克河，抵達馬里蘭州威廉斯港（Williamsport），現正朝維吉尼亞州逃去。當天內閣會議上，史坦頓不願透露消息，但他臉上卻明顯流露「不安與難堪」的神情。威爾斯記載，當面被問到李將軍是否已經脫逃時，「史坦頓魯莽簡短地回答，他不曉得李將軍渡河的事。『**我曉得**』，總統嘴裡重重地吐出這幾個字，雙眼盯著史坦頓，眼神帶著不愉快的指責。」林肯把他知道的告訴大家，然後就提議散會。「或許大家都沒有心情繼續討論其他事情了，」威爾斯寫道，末了又補上一句，總統當然「更是如此」。[115]

威爾斯離開時，林肯從後頭追上，跟他一起走過草坪。李將軍又再度成功脫逃，林肯的悲痛顯而易見。「總統那麼憂慮，那麼沮喪灰心的模樣，我印象中只見過一兩次，」[116]威爾斯寫道。「戰爭明明就在我軍掌握之中，可是他們卻無法讓它結束，」林肯後來說道，「我們花了這麼多力氣在犁田耕作，最後作物終於成熟，我們卻不去收割。」[117]

當天傍晚，林肯寫了封坦率的信給米德將軍，先是對他在蓋茨堡戰役獲致的「不凡成功」表達誠摯感謝，但也坦承「李將軍脫逃的天大噩耗」，讓他感到「痛苦無比」。「他明明就在股掌之間，只要擒住他，加上我們最近幾次的勝利，整場戰爭就可以結束了。但現在看來，又得無限期打下去了。」林肯知道這封信肯定會讓米德極度沮喪，所以就先把信收起來，沒有馬上寄出，這是他在情緒不穩或盛怒之際，等待情緒平復下來經常祭出的對策。最後，他把信放進信封裡，並在信封上頭寫著：「致米德將軍，未寄出或署名」。[118]

林肯後來告訴康乃狄克州國會議員亨利・C・戴明（Henry C. Deming），有三次機會，只要聯邦「將領謀略得宜，戰爭也許早就結束了」，其中一次，就是米德在蓋茨堡大捷後未能趁勝追擊李將軍，另外兩次失敗的指揮是：半島會戰的麥克萊倫和錢瑟羅斯維爾戰役的胡克。不過他也承認，「如果換作是我自己帶兵，我實在不知道自己有沒有能耐做出不一樣的決策。戰場上子彈呼嘯而過，一顆顆沉重的砲彈在耳邊轟隆作響，在這種情況下，我可能連手腳該怎麼擺都不知道了。我猜我也許會嚇到轉身就逃吧。」[119]

不久，紐約市爆發一連串的滋擾事件，旋即轉移全國輿論焦點。其實過去幾個禮拜，當局早就在擔心七月十一日可能發生暴力事件，因爲當天要辦理美國史上頭一回的徵兵作業，[120]所有合格役男的姓名都寫在一個大轉盤上頭，隨機抽選，直到預定名額額滿爲止。強迫人民當兵的政策招惹民怨，正好給了銅頭政客興風作浪的機會。紐約州長西摩爾在七月四日的演說中當眾宣稱，聯邦政府強迫人民加入一場「違逆上帝旨意的鬥爭」，要他們爲黑人而戰，已經明顯逾越憲法賦予的權力。[121]以愛爾蘭勞工爲主要讀者群的《每日新聞報》（*Daily News*）也站在反政府的立場，指控這次徵兵的目的是要「殺光民主黨員」。[122]

接著，徵兵法條文[123]允許受徵召役男以捐獻三百美元或提出替代人選的方式，免除兵役，這又引發進一步民怨。史坦頓和林肯都反對這項條文，但國會卻堅持保留，反對徵兵的陣營因此獲得有力的攻擊藉口，直指這是「富人戰爭，窮人拚命」。[124]儘管如此，徵兵輪盤開轉的頭一天[125]卻風平浪靜，相關當局因而鬆懈防備，導致隔天發生武裝暴動時，應變能力嚴重不足。當時《紐約時報》報導：「才剛喊了二十幾個名字，一群爲數大概五百人的群眾，拿著棍棒、石頭、磚塊和其他丟擲物，突然開始攻擊這棟建築物。」他們破窗而入，用石頭砸傷作業官員，搗毀大轉盤，撕爛所有的名單和記錄，然後一把火燒了整棟房子。

這群暴民主要是由貧窮的愛爾蘭移民組成，他們放完火回到街上後，把報復的怒氣發洩在路上遇到的每一個人身上。《紐約時報》記者寫道：「他們似乎早有共識，專門攻擊黑人，不管對方身在何處或是否主動挑釁。凡是黑人不幸被發現，無論是在馬車上、火車上或大街上，馬上就會被一群男人和男孩圍攻。」暴民將受害者毆打至死，然後把屍體串掛在樹上，恐怖氣氛頓時瀰漫全城。一所收容黑人兒童的孤兒院被燒個精光，數百家店鋪慘遭洗劫，十多名警察喪命，傷亡超過千人。

暴動持續肆虐五天，[126]已經成爲華府「眾所關注的話題」。[127]相關當局無力恢復治安，激得蔡斯脫口說出，希望「掌權一個星期」。[128]最後，暴動終於在賓州歸來的一支部隊進城後，平息下來。儘管有人勸告林肯無限期延緩徵兵，但他卻堅持繼續辦理下去。[129]

北方其他城市才在準備開辦自己的徵兵作業，紐約就發生暴動，成了不祥之兆。奧本預定在七月二十三日辦理徵兵，開辦前幾天，法蘭西絲・蘇爾德就開始「提心吊膽，擔心暴動」，[130]她密集寫信給夫婿，提及銅頭不斷散布「惡毒的消息」，譴責蘇爾德對紐約暴動採取的「高壓手段」。[131]爾後，又有幾個愛爾蘭人與黑人鬥毆，他們不僅拒捕，而且還威脅要破壞蘇爾德的住家，使得奧本的緊張情勢升高。[132]有天早上，法蘭西絲醒來，發現她平常讀書的房間竟然被丟進一個大石塊，她趕忙囑咐媳婦收好所有貴重的物品。「所以當天下午，」珍妮回憶道，「我就把我先生的相片收起來，放到娘家去。在我心目中，這就是我擁有的最貴重的東西。」[133]

遠在華府的蘇爾德想辦法安撫妻子的情緒。「別老是掛念著房子，不太可能有人膽大到要去傷害你，而且如果鄉下眞的亂到把我們家給毀了，總比整個奧本都毀掉來得好，也不是說一點好處也沒有。」[134]法蘭西絲並沒有受到任何傷害，而且在這段困難的日子裡，她始終冷靜自持，一如多年前，她在威廉・費里曼受審期間所表現的那樣。她告訴夫婿：「說到受傷害，我最擔心的是那些可憐的黑人，他們沒有辦法保護自己，其他人也很少願意伸出援手。」[135]

奧本辦理徵兵的當天早上，法蘭西絲寫信告訴兒子費德，大家「多少都有點不安」，但她卻感覺「放心許多」，因爲當地民眾組織了一支維安自願隊。[136]《紐約時報》報導，奧本徵兵作業一切順利，現場兩千名民眾見證整個過程，「不僅秩序良好，也顯現了高昂士氣。」當地官員對群眾發表愛國演說，而受徵召者也爲「聯邦」、「老亞伯」、「徵兵」和「我們近日來的勝利」，高聲歡呼。[137]

其實早在還沒聽說這樣令人寬慰的消息之前，蘇爾德就已經預言，紐約的騷動將如一場「雷陣雨」，洗淨政壇的天空，驅散銅頭「長期聚積的烏雲」。[138]後來事實證明，這段話確有先見之明。紐約暴動過後，生命財產損失結果一公布，輿論馬上轉而抨擊州長西摩爾，許多人認爲他在七月四日發表的演說煽惑人心，直接「挑起民衆反政府的情緒」。[139]約翰．海伊從一名來自紐約的訪客口中得知，西摩爾現在「膽戰心驚到了極點」，不但市民將「暴動的恐怖回憶」歸罪於他，就連媒體也狠批他處理不當。[140]西摩爾「流失大量菁英階層支持」[141]的報導，也拖累了林肯政府出色的施政滿意度。及至紐約市的徵兵作業終於重新恢復，一切便進行順利。

「這是個偉大、美好且寬容的國家，」蘇爾德信心滿滿地告訴法蘭西絲。「所有一切都會順順利利地走下去，雖然每個階段都免不了有些內部雜音，但這些阻礙終會克服，阻止不了我們往公平仁義的那端走去。看看一八五〇到一八六〇年間的情況，再看看這次的危機，我們國家表現得多麼不同！」[142]

在短短二十四小時內，林肯接連得知李將軍脫逃以及紐約發生不光彩的暴動事件，雖然當下痛苦萬分，但他還是有辦法在幾天內就甩脫陰霾。七月十九日週日早晨，約翰．海伊記載「總統心情極好」，他寫了一首幽默詩，嘲笑李將軍先前出兵打算「洗劫費城」的「壯盛排場和大隊人馬」。[143]儘管總統心裡非常清楚李將軍脫逃的後果，不過他還是竭力勉強自己，重新思考米德將軍的去留和蓋茨堡戰役的貢獻。「幾天過後，」他向米德麾下的一名指揮官保證，「現在的我衷心感激已經完成的事，不去批評沒有完成的事。我相信米德將軍是個驍勇善戰的將官，也是個不折不扣的大丈夫。」[144]

說也奇怪，林肯週日早晨的好心情，部分是來自前一天耗掉了整整六個鐘頭，跟約翰．海伊一同覆核了一百件軍事審判案。結束漫長的審酌工作後，年輕的祕書累到「全身癱軟」，但林肯卻藉由特赦權的行使，獲得喘息，重振精神。[145]在他們一件接一件檢視案情的過程中，約翰．海伊讚嘆「林肯以無比的熱忱尋找任何可能的事證，好讓他有理由拯救受審士兵的寶貴性命」。

每每看到士兵因爲怯戰而被判死刑時，林肯總是將刑度減輕爲監禁或勞役。「槍斃，可是會把這些可憐的傢伙給嚇壞的，」他說。有個二等兵逃兵被判槍斃，他逃走後雖然又重新入伍，但仍無濟於事。林肯直截了當建議：「派他上戰場，別槍斃。」[146]林肯向約翰．伊頓（John Eaton）將軍坦承，有些軍官認爲他特赦權行使得「過於浮濫，打擊軍人士氣，破壞軍隊紀律」，但他解釋：「軍官只看到軍隊紀律的影響，他卻試著從士兵角度來理解：哨兵値勤過於疲憊，所以『睡意不知不覺襲來』；[147]士兵不捨家中妻小，因此耽誤歸營時間；年輕人畏戰，實在是『身體的恐懼戰勝意志的力量』。」他很喜歡引用某個士兵的說法，別人問士兵爲何逃跑，他說：「長官吶，這不是我的錯。我的勇氣其實不輸凱撒，可是每次一開打，我這兩條腿就不聽使喚，我要往東，它們偏偏往西哩。」[148]

林肯並不擔心濫用特赦權，反倒害怕自己用得太少，他實在不忍聽到逃兵處決當天的槍響。[149]只有碰到「眞正的罪大惡極」，[150]他才會不留任何情面。

然而，即使在逐件爬梳軍事審判案的過程中，林肯仍不失幽默。有回，約翰．海伊遞來一件案子，是一名上尉「被控在女士換衣時偷窺鑰匙孔和氣窗」。林肯大笑，建議這位上尉「應該晉升爲貴族」，這樣他就可以變成名副其實的「窺族伯爵」（Count Peeper）。[151]

＊＊＊

一八六三年夏季，華府遭受歷年來最炎熱的酷暑考驗，「街上每天都有猝死的路人和馬匹，」[152]約翰．海伊跟人在落磯山避暑的尼可萊如此描述。「衣服黏在皮膚上，」一個華府居民說道，「襯衫衣領也被拉開通風；所有東西都滲出水氣，停滯在鐵、大理石、木頭和人肉上，一切都變得黏呼呼的；空氣中瀰漫著異味，像是花束枯萎和薄荷酒餿臭的味道，每次一到家庭洗衣日，大街小巷都籠罩在暖烘烘的水蒸氣底下。」[153]

史坦頓覺得「天氣又乾又熱」，是他有生以來「最不舒服」的一個夏天。「白天烈日烤曬，晚上悶熱難耐。」艾倫・史坦頓已經帶著孩子避暑去，獨留丈夫在華府。寫信給人在賓州貝德福（Bedford）山間避暑勝地的艾倫時，史坦頓坦承：「家裡一點人聲也沒有，很是寂寞，但只要想到你跟孩子不用忍受華盛頓的逼人酷暑和百般不適，我的心情就寬慰許多。」[154]

「除了那幾個沒法逃離首都的可憐官員外，幾乎大家都去海邊或鄉下避暑了，」諾亞・布魯克斯報導。「今年夏天實在令人倦怠疲乏，無精打采」，甚至「連記者也學起上流階級，幾乎都跟著逃離這難熬的溽暑」。[155]

瑪麗的身體一恢復到可堪旅行的狀態時，她也一樣，攜著泰德和羅伯特逃離首都，到紐約、費城、白山和綠山山區（White and Green Mountains）住上兩個月。新罕布夏和佛蒙特州的涼爽微風對小泰德的健康有益，現在他的身體還是孱弱得很，而山間度假旅館的優美景致，也把羅伯特留在瑪麗身邊度過大半個八月。[156]有個通訊記者在華盛頓山（Mount Washington）的山頂飯店（Tiptop）採訪到瑪麗，她態度「非常親切隨和」，「氣色不錯，心情開朗，滿臉笑容」，讓記者留下非常愉快的印象。[157]

那年夏天，林肯夫婦經常透過簡短的電報互訴近況，但至今只剩下十幾封還保存完好。在這些簡短的通訊裡面，林肯談及炎熱的天氣，分享肯塔基州選舉的消息，有一次還要瑪麗轉告「泰德小乖乖」，他的母山羊跑掉了，害他爸爸「傷心極了」。[158]一直要到九月中，接近瑪麗歸期的時刻，林肯才終於承認思念妻子，並在兩封不同的電報中熱切表示，期待與她和泰德團聚的日子。[159]瑪麗了解他「不愛寫信」，[160]只要確定他身體健康，也就心滿意足了。

相較於林肯含蓄的家書，蘇爾德夫婦整個夏天往來的書信卻是情感洋溢，毫無隱瞞地分享彼此對家庭、戰爭和國家的想法。「但願我能從別處獲得信心，就像與你同在時，你所給予我的那般堅定，」法蘭西絲告訴夫婿。「在這動盪不安的時局裡，我需要這種信心……人的忠誠現在都面臨考驗。」[161]蘇爾德勸妻子沉著並懷抱信心：「戰爭爆發至今，我們每天招募上千人，現在他們都已經上了戰場。」[162]在夫婿面前，法蘭西絲坦承，全國上下在爲蓋茨堡和維克斯堡的勝利歡欣鼓舞之時，她卻「看著傷亡名單」，心中湧現無比絕望。[163]也只有在法蘭西絲面前，堅強的蘇爾德才會流露出自己的憂傷、困惑和疲憊。[164]

林肯忙著寫信給將領和政治人物，以確保國家局勢穩定，顯然從未感受到蘇爾德和蔡斯從大量書信中得到的那種慰藉。他的妻兒也沒有經常寫信給他。泰德學習遲緩，可能還無法輕鬆地完成一封信；而羅伯特當時已經是哈佛大學的大三學生，肯定能夠提筆描述他在山間的生活，但是林肯與長子的性格南轅北轍，似乎一直沒能培養出親密的父子關係。羅伯特小時候，林肯爲了他的政治和律師事業巡迴各地，經常一離家就是好幾個月。十六歲那年，羅伯特到新罕布夏州念寄宿學校，父親當上總統時，他已經是哈佛大學的學生了。「從那時候起，」羅伯特哀傷地表示，「我們之間就再也不可能發展任何美好的親密關係。在他總統任內，我幾乎不曾安安靜靜地跟他說上十分鐘的話，他總是不停地忙著公務。」[165]

對於林肯而言，知道妻兒在佛蒙特州，開開心心地待在曼徹斯特（Manchester）的春分酒店（Equinox House），這樣就夠了，再說那也是「一個遠近馳名的避暑勝地」，釣魚、散步、花園、泳池、音樂會、槌球、射箭、豪華餐廳，樣樣不缺。[166]度假期間，瑪麗爬山，與達博岱將軍夫婦交遊，盡情享受乾淨、新鮮的空氣。[167]

＊＊＊

凱特·蔡斯一輩子也忘不了一八六三年的夏天，倒不是因爲那破記錄的炎熱天氣，而是她與威廉·史普拉格重燃舊情。這位年輕的百萬富翁年初剛當選美國參議員，來到華府就職時，順道拜訪凱特，兩人久別重逢，很快就忘記過去種種的不愉快。「我們倆的手果眞又牽在一起了，命運再度交會，」[168]史普拉格後來說道。五月初，史普拉格邀請凱特到他位於羅德島普洛維登斯（Providence）的家中作客，這樣一來，他就可以介紹凱特給家人認識，並且帶她參觀他那規模宏大的製造公司。史普拉格的公司雇了一萬名員工，工廠裝設二十八萬支紡錘和二十八部印花機，如果產能全開，一週可以生產三萬五千匹印花布。[169]「我想讓你看看棉花如何變成印花布，」他告訴凱特。「你是政治人物的女兒，將來無疑也是政治人物的妻子，你比誰都應該知道事物如何完成，而非只知道事物如何完蛋或毀掉。」[170]

兩人返回華府不久，史普拉格便開口請求蔡斯將女兒嫁給他。「州長與凱特小姐已經答應接納我成爲一家人了，」[171]史普拉格得意地告訴紐約的友人。史普拉格對凱特的傾慕，明白流露在兩人訂婚頭幾個月他所寫的大批信件中，他寫道：「工作佔去我的時間，但我的心、我的情、我的一切，全都屬於某位年輕女士，她的身影縈繞在我的每次心跳，我已完全迷失自我。」[172]他招認，沒有她，他的生命簡直是「一片荒蕪，一片空白」。[173]他把她的小畫像隨時擺在身邊，每天等待著她的回信，「有如溺水的人拚命抓住任何可以救命的東西」。才五天不見，他便感覺像是過了「一輩子」，她是如此「深刻地盤據」他的心。[174]即使同在華府，他也要從威勒飯店的客房為她送上愛的短箋。某天早晨他寫道：「親愛的，我起床了，心情像窗外陽光一樣燦爛。」[175]另一天早晨又寫道：「親愛的，希望你一早起床就神清氣爽，知道你如此，我便會快樂。獻上一吻，祝你早安並道聲再見。」[176]

凱特雖然情定史普拉格，但並不代表她已經準備好離開父親，蔡斯也還沒準備好要把女兒完全交給另一個男人，儘管他表面上是如此宣稱。隨著婚禮日期漸漸逼近，一連串非比尋常的盤算，開始圍繞著這對年輕夫婦婚後的住處問題展開。蔡斯仍舊幻想著離林肯近些可以發揮較大的影響力，於是建議凱特和威廉「就在這房子住下來，然後留個角落給我，好讓我可以離總統近一些」。他向史普拉格保證，他不像有些父親「想霸佔女兒的愛與關懷，女婿想要多分一點兒都不行」。相反地，他寫道：「我希望凱特以超越對我的敬愛，來敬你、愛你。」[177]

不過，凱特自己可沒被這樣冠冕堂皇的說辭給打動。她認為沒有她的每日噓寒問暖，沒有她的完美手腕為他打理社交生活，父親肯定茫然無措。在她督陣下，蔡斯大宅舉辦過的宴會全都成了華府社交圈的傳奇。「美國歷史上，可能沒有任何女性擁有過這樣出色的社交事業，」一名觀察凱特的記者如此說道。「即使是前第一夫人朵莉・麥迪遜（Dolly Madison）的傑出成就，跟她的成功相比，也黯然失色，無足輕重。」[178]范妮・蘇爾德獲邀參加凱特舉辦的宴會時，覺得自己幸運極了。「那裡出現的每個人幾乎都大有來頭，」她興奮地寫道。「不知道是不是蔡斯小姐自己太迷人了，所以才讓宴會進行得如此愉快，不過我想，有這麼可人的身影穿梭其中，整場宴會肯定更添光彩。」[179]

凱特不願在蔡斯追逐總統大夢的過程中缺席，因此說服史普拉格，[180]他們三個應該同住一個屋簷下，然後她又在父親面前，堅決表示她和威廉都希望一家人住在一起。儘管蔡斯心裡一定非常期盼這樣的安排，但他表面上還是裝出被迫順應晚輩的希望，放棄自己「在總統身邊就近租間房子或公寓的想法」。「生命短暫而無常，我不想做出任何會讓孩子傷心的事，」他寫道。「所以我決定讓步。」[181]他們達成協議，蔡斯繼續支付房租和傭人的薪水，而史普拉格負責[182]伙食和交際費用，負擔一半的固定支出，並且出錢翻修房子，好讓它能夠同時滿足國會議員和政府閣員的需求。

體認到「父女之間如此長久以來的微妙牽繫」，[183]史普拉格明智地決定「尊重」他們的感情。「我並不擔心女兒對父親難以割捨的親情，會影響她對未來終身伴侶的感情，」他寫信告訴凱特。「我沒有傻到不明白，這樣更能保障我們的愛情恆久不滅。」[184]儘管史普拉格發現蔡斯看過他寫給凱特的所有情書後，大為光火，但蔡斯這麼嚴格的人竟也肯定他的寫作技巧，讓他不禁志得意滿。「凱特昨天把你寫給她的信拿給我看，」蔡斯告訴史普拉格，「我忍不住要告訴你，你的信寫得好極了。」蔡斯不像平常對凱特和奈蒂那樣，挑剔信裡的拼字和文法錯誤，反而大讚史普拉格「信中流露的男性柔情令我大為寬心，我沒把女兒交給不懂她或不值得她全心去愛的男人」。[185]

對於蔡斯而言，威廉想要「最大程度擔下經濟責任」[186]的期盼，來得正是時候。女兒訂婚，讓他得以擺脫[187]對庫克兄弟的財務依賴，多年來，他一直靠著兩人的私人借貸和饋贈，維持家庭經濟。庫克兄弟幾乎壟斷利潤豐厚的政府公債生意，最近幾個月已經招致越來越多的批評，但蔡斯遲遲不敢終止這樣的安排。不過，在六月一日那天他卻通知傑伊・庫克，即日起他為政府銷售公債的報酬將有所削減。「我對國家有責任，」他道貌岸然地寫道，「因此無法支付你正直之士所不容的高額費用。」[188]隔天，他又退還一張面額四千兩百美元的支票，這是庫克兄弟銷售股票分給他的紅利，儘管他一毛錢也沒付過。「為了提供國家最有效率的服務，我必須**做**對的事也**說**對的話，**說**對的話也**做**對的事。」[189]

七月底，蔡斯跟著凱特和奈蒂到羅德島度假數天，史普拉格在南碼頭（South Pier）為他們訂了濱海的房間。史普拉格貼心提供的馬車，以及納拉干瑟灣（Narragansett Bay）度假飯店精心準備的美味佳肴，讓這位勞累了好幾個月的財政部長頭一次感到輕鬆。別了海灘上的一雙女兒，蔡斯在八月七日返回華府。[190]偌大的屋子裡只剩他孤單一人，蔡斯跟奈蒂抱怨，他唯一的陪伴是家裡養的小狗納莉，她「每晚吃過飯後都會來看我，用鼻子碰碰我的臉，好像了解我的心情似的」。[191]那年夏天，他寫給兩個女兒的信，明顯流露鬱鬱不快之情，他責備奈蒂「信寫得亂七八糟」，粗心大意的錯誤多到令他頭痛；[192]他又訓斥凱特沒事先知會他，就借錢支應度假的費用。[193]

因為寂寞，蔡斯又開始跟夏洛・伊士曼（Charlotte Eastman）熱絡地通起信來了。夏洛是前國會議員的遺孀，才貌兼備，多年來與蔡斯維持著斷斷續續的友誼。兩人一度有希望從朋友發展成情人，但凱特不贊成，甚至「過分到攔截她寫來的信」，[194]而蔡斯自己也不願違逆女兒的意思。現在，既然凱特不在，他倆又開始寫信給對方。有一回，伊士曼夫人提出作客邀請，並且描述起她位於麻州海濱的房子，但她知道蔡斯不太可能眞的來訪。她猜想她的信並沒有帶給他「太多滿足，因爲它們一點也不能幫助你達成目標，這個目標在我看來，似乎是你賴以生存的意義。我說話會不會太直接了？也許有點冒犯，但跟你說，我好嫉妒！嫉妒誰？嫉妒什麼？我嫉妒你的野心還有你這個人；野心難道不會使敬拜上帝者變得盲目自大嗎？」[195]

「你寫來的信著實令人溫暖，」蔡斯在財政部的辦公桌上回信道。「我讀了又讀，你筆下描述的老房子著實令人嚮往……讓我幾乎以爲自己正跟你一起，眞希望如此……你跟凱特，一個是我最親愛的朋友，一個是我最親愛的女兒，很遺憾你倆無法好好和平共處。」談到他的野心，他坦承自己的確受到某些驅使，有時令他忽略了「友誼與慈善的責任」。然而她應該明瞭，他始終「努力讓自己的野心往公益和榮譽的方向發展」。末了，他自以爲有趣地告訴她，寫這封信時被打斷了多少次，最後不得不就此擱筆，好去照料總統。[196]

酷夏使大部分的華府官員無精打采，但林肯卻以這漫漫長日爲樂，求官的人少了，也沒有家人在身邊干擾工作。「大君康泰，」約翰・海伊在八月七日寫道，「很少看到他這麼平靜、這麼忙碌，他處理戰爭、徵兵、外交事務，規劃聯邦未來的重建，同時一起進行。我以前都不知道他是以怎樣的魄力在領導內閣，如今終於明白。最重要的事他說了算，而且無從挑剔。我越來越堅信，爲了國家前途，絕對需要他留在現在的位子上，直到戰爭局勢結束爲止。全國上下，沒人像他這麼明智、這麼溫文、這麼堅定。我相信是上帝之手，將他放在現在的位子上。」[197]

瑪麗不在華府，林肯發現約翰・海伊是個現成的好伴侶。二十五歲的約翰・海伊聰明、活潑、風趣，與總統的相處相當融洽，親密程度遠勝過總統自己的大兒子。他倆可以輕鬆自在地從語言學聊到重建計畫，從莎士比亞聊到亞特曼・華德。約翰・海伊相當幽默，威廉・史托達德說，「他說故事的技巧比同年紀大多數的年輕人都要來得好」。史托達德回想起很久以前，有一次他和尼可萊因爲約翰・海伊講的一則幽默故事，笑得前仰後合。林肯聽到喧鬧聲，悄悄來到我們門前。「他從自己的房間走過來時，一點腳步聲也沒有，也可能是我們自己太吵，把腳步聲給蓋過去，無論如何，總統就是突然出現了。」這群年輕的祕書可能一度嚇到，害怕總統會斥責他們打擾他辦公，不過林肯的反應很快就驅散三人的疑慮。他一屁股坐在椅子上，要約翰‧海伊再把故事從頭到尾說一遍。故事說完，「總統把蹺在膝上的腳往下一放，重重地跺在地板上，走了出去，接著走廊便傳來一陣狂笑聲。」[198]

八月九日週日，約翰‧海伊陪伴總統[199]到亞歷山大‧嘉納（Alexander Gardner）位於第七街和D街交叉口的相館。在那天拍攝的相片裡，林肯並未顯露出約翰‧海伊形容的「絕佳氣色」。[200]他姿勢僵硬，一手擺在書上，一手放在腰際，漫長的照相過程，使所有人都無可避免地照出表情嚴肅、沒有一絲笑容的相片。[201]攝影師取下鏡頭蓋子讓影像曝光時，照相者必須一動也不動地坐好，而且攝影師還會要求「肌肉不要抽動！」[202]因爲即使是最輕微的抽搐，也會造成影像模糊。此外，由於「照相要面帶笑容此時尚未約定俗成」，[203]所以包括林肯在內的許多人，照相時都是一副憂鬱的模樣。

那年夏天，林肯多半過得很開心，每次只要想到「叛軍勢力終於開始瓦解」，[204]心情就不禁飛揚起來。約翰‧海伊的日記有多次愉快出遊的記錄，其中包括某天晚上到天文台參觀，他們透過新裝的望遠鏡觀看月亮和大角星，行程結束之後，驅車至郊外的士兵之家，林肯朗讀莎士比亞的作品給約翰‧海伊聽，念的是「《亨利六世》結尾和《理查三世》開頭的部分，一直念到我眼皮不斷往下掉被他發現，他才體貼地送我上床睡覺」。[205]

往返士兵之家的途中，林肯一定會經過華特‧惠特曼在佛蒙特大道上寄居的寓所。「我幾乎每天都會看到總統，」惠特曼寫道。「沒有一個畫家，也沒有一張相片，捕捉得到這個人臉上深刻但卻細微隱約的神情。有些東西沒有表現出來，大概只有兩三百年前最偉大的畫像家，才有辦法呈現。」惠特曼得意地提到：「我們甚至會相互點頭，是非常誠懇的那種點法。有時總統還會坐著敞篷大馬車來來去去。他身邊一定會有騎兵跟著，每個都荷著軍刀。我經常在他傍晚出門時——有時是早上，如果他很早回來的話——看見他的馬車在K街拐彎，停在戰爭部長的豪華大宅前。」[206]

整個夏天，史坦頓都寄望跟林肯一起出逃到賓州山間，他告訴艾倫：「總統和我一直在計畫去趟貝德福，但總是有事情把他或我留在華盛頓。他非常期待這趟旅程，我希望夏天結束前我們可以成行。」[207]後來，史坦頓終於在九月頭一個禮拜與妻子會合，但林肯一整個夏天去到最遠的地方，就是士兵之家了。[208]

儘管如此，總統卻很少落單，除了約翰・海伊和史坦頓之外，他還有蘇爾德這個好友爲伴。八月十三日，爲了欣賞最近安座在國會大廈北翼東面山形牆的雕刻作品《文明的進程》（The Progress of Civilization），林肯和蘇爾德驅車前往國會大廈，途中隨侍在側的約翰・海伊親眼見識到兩人天南地北的聊天方式。話題從奴隸制度開始，又扯回共濟會和反共濟黨對抗的時期，接著又轉到墨西哥戰爭。蘇爾德和林肯都同意「政治學一項永遠不變的法則是，打仗時永遠站在你的國家那邊，這樣就可以毀掉任何反對戰爭的黨派」。正如林肯自己從反墨西哥戰爭學到的教訓。[209]

翌日，蘇爾德離開華府，帶著一群來自英國、法國、西班牙、德國和俄國的使節，前往紐約上州參訪。蘇爾德精心規劃這趟行程，爲的是要打破國外的錯誤印象，以爲長期戰爭已經開始竭盡北方聯邦的資源。在蘇爾德的親自嚮導下，使節團沿著哈德遜河（the Hudson）北上，途中停留奧爾巴尼、斯克內塔迪、庫伯鎮（Cooperstown）。他們坐船遊歷手指湖區，參觀尼加拉瀑布，當晚就在奧本過夜，蘇爾德的鄰居和友人都到湖邊跟他們一塊野餐。[210]

「他們看來都玩得很愉快，」[211]法蘭西絲表示。蘇爾德一如往常般活躍，不停地提供妙趣橫生的解說、美味的佳肴、豐盛的美酒和歡樂的氣氛。過去幾個月，雙方因爲南方聯盟的地位問題而激烈爭論，但這趟旅程下來，歐洲各國公使都見識到蘇爾德不同的一面，而且非常喜歡他隨和好相處的個性。萊昂思爵士回報羅素勳爵：「你只要眞正認識他這個人，就會驚訝地發現，他竟然有這麼多値得尊敬，甚至是讓人喜歡的地方。」[212]

更重要的是，這趟旅程讓原本心存懷疑的歐洲使節，親眼見證北方聯邦用之不盡的資源。費德・蘇爾德寫道：「幾百家工廠機輪不停地咻咻轉動，幾千畝黃澄澄的豐收田地，綿延數哩長的火車載滿貨物，河流、湖泊和運河上滿是繁忙的船隻」，[213]在在都顯示北方聯邦終將贏得最後勝利。對北方的實力有了清楚的認識後，聯邦與大不列顛和法蘭西之間遲遲未能落幕的爭端，便跟著有了圓滿的解決。去年秋天，林肯政府得知南方聯盟已經與多家歐洲造船廠簽訂合約，購買武裝軍艦，每艘都比北方聯邦的所有船艦強上許多。消息傳來，北方人心惶惶。蘇爾德花了好幾個月的時間，不斷透過外交管道向歐洲表達強烈抗議，警告這批裝甲艦一旦離開歐洲就要全面開戰。一直要到九月，使節團旅程結束後數週，林肯政府才得到英法兩國政府的可靠承諾，保證這批船艦不會出貨。[214]

正當蘇爾德人在紐約上州時，史坦頓到了賓州山間，尼可萊去了西部，約翰．海伊則在紐澤西州的隆布蘭赤（Long Branch），享受爲期一週的假期，林肯則相對孤單地留在首都。史托達德寫道：「除了我們這位忠誠不渝、孜孜不倦的最高行政長官外，白宮空無一人，所有公僕裡只有他，始終堅守在自己的崗位上。」儘管如此，史托達德也觀察到，「跟春天那陣子相對照，他看起來比較不那麼憔悴消瘦了，他好像只爲他的國家而活似的，隨著國家元氣的恢復，慢慢找回自己的活力。」[215]

21 「我嗅到了麻煩」

北方聯邦的戰爭準備，在一八六三年的夏天出現了非常重要的轉變——北軍開始組織與部署黑人兵團。最後北方一共徵召了十八萬名黑人士兵，以當時適合當兵的黑人男性人口來說，這個數字相當龐大。①是否應該讓黑人參加軍隊的爭議，在林肯發表解放宣言後，終於告一段落。該宣言明白指出「美國的軍隊將接受」黑人入伍。②三個禮拜之後，史坦頓授權麻州州長約翰・安卓（John Andrew）募集兩支黑人兵團。由於麻州的黑人人口稀少，安卓指示約翰・L・史登少校（Major George L. Stearns）率領募兵人員，前往紐約等北方各州募兵，③而史登少校則向黑人廢奴主義者費德里克・道格拉斯尋求協助。

道格拉斯非常興奮。他一直認爲，如果北方堅持拒絕「利用黑人軍隊來平定叛軍」，他們就不可能打贏這場戰爭。④道格拉斯在自己的《月刊》上發表激勵人心的文章，並且走遍北方各地協助政府募兵。⑤

他在奧爾巴尼、雪城、水牛城、費城，以及許許多多的城市裡舉辦大型的演講，當人們問他：「為什麼有色人種應該入伍？」他提供許多答案。他向群眾保證，沒有任何東西會比加入軍隊更能宣示平等的公民權：「你們將可以比從前站得更直，走得更挺，感覺更自在，人們也更不能侮辱你。為美國戰鬥的人，可以大聲宣布美國是他的祖國，而且人們會尊重這個宣言。」⑥

受到道格拉斯的號召而成為軍人的首批黑人士兵，最後組成了歷史上著名的「麻州第五十四兵團」。該兵團由羅勃・古德・蕭（Robert Gould Shaw）指揮，蕭出生於波士頓一個富裕家庭，家中主張廢奴。此外，這支北軍的黑人兵團成員，還包括了道格拉斯自己的兩個兒子查理（Charles）跟路易斯（Lewis）。五月二十八日那一天，這支兵團齊步走過波士頓的州議會大廈跟波士頓公園（the Common）時，數以千計的波士頓人湧到街上為他們歡呼，接著在閱兵場上，州長跟數位高階軍事將領進行了閱兵。⑦《波士頓晚報》報導：「從來沒有一支兵團吸引過這麼多的群眾。」銅管樂隊領著這支雄赳赳、氣昂昂的兵團抵達閱兵場的時候，「淑女站在家中的陽台跟窗戶旁歡迎他們」，不停地揮舞著手帕。

耗費了許多心力募集這批士兵的道格拉斯也參加了典禮。他驕傲地讚揚這群士兵「具有男子氣概」，而且「行軍的樣子非常好看」。⑧道格拉斯跟兒子道別後，再次帶著巨大的熱誠，繼續鼓勵黑人投身行伍。

林肯完全支持這股成立黑人兵團的熱潮。一開始，他否決了成立黑人軍隊的提議，但他現在則全力支持。他要求班克斯、杭特、格蘭特加快募兵的速度，⑨並要求田納西州的州長安德魯・詹森也募集黑人部隊。林肯在信上寫著：「有色人種可以為聯邦注入強大的新血，但我們卻不加以利用。」「光是五萬名訓練有素的武裝黑人士兵站在密西西比河畔的景象，就足以讓叛亂立即結束。」⑩蔡斯比內閣裡的任何一個成員都還要支持讓黑人加入軍隊，他非常滿意林肯變得如此投入。他在一封給友人的信上提到：「總統現在完完全全地投入到這件事情上。我在將近兩年之前，就已經看到這件事的重要性，而他現在的重視程度就跟我當時一樣。」⑪

道格拉斯在鼓勵黑人加入軍隊的時候，由於白人的歧視問題，他遇到了一連串的阻礙：黑人士兵的薪餉比白人士兵少，而且也沒有入伍獎金。此外，黑人也不能晉升為將領。⑫儘管如此，道格拉斯還是大聲疾呼：「沒有時間猶豫了……馬上讓黑人的身上戴上黃銅字母，讓他的鈕扣上能有老鷹的記號，讓他的肩上扛著火槍，讓他的口袋裡裝著子彈。」道格拉斯在費城的時候，告訴大批的群衆：「不論是在這個世界或是任何地方，都不能否認黑人贏得了成爲美國公民的權利。讓我再說一次，這是我們的機會，如果我們不擁抱這個機會的話，我們將承受苦果。」⑬

新組織起來的黑人部隊進入了哈德遜港（Port Hudson）、密立根河灣（Milliken's Bend）與華格納堡（Fort Wagner）等戰場。由於黑人部隊的「勇氣與努力不懈」⑭，黑人部隊贏得了白人士兵與一般民衆的敬重。然而，如果一旦被俘虜，他們很可能會失去自由與喪失性命，因爲南軍的國會通過了一項法令：「所有加入軍隊的黑人，以及所有指揮黑人部隊的白人軍官，皆一律處以死刑或充作奴隸。」⑮

黑人從軍將會面臨危險的消息傳入黑人社群之後，道格拉斯發現自己的聽衆人數馬上迅速減少，而且就算他們來了，他們聽演說時的熱情也大爲消退。⑯此外，黑人實際入伍的人數也面臨同樣的情形。道格拉斯認爲這件事是林肯的錯，他認爲是因爲林肯沒有針對這項南方法令站出來講話，才會造成這種現象。「林肯先生對於這種奴役與謀殺表達了什麼看法？他說了什麼？他什麼都沒說。他在國政聽證會的時候，對於這整件事表現得就跟牡蠣一樣安靜。」道格拉斯表示，人民已經對總統失去耐性了，除非總統「運用他的權力，阻止這種殺害黑人士兵的兇殘行爲，否則文明世界將會認爲他跟傑佛森・戴維斯（譯註：南方聯盟內戰期間的總統）必須負起相同的責任。」⑰

林肯沒有站出來爲聯邦的黑人士兵說話，也沒有保護他們。這點讓道格拉斯覺得，他再也無法秉持著良心說服更多人從軍。他跟史登少校解釋：「我懇請衆人加入軍隊的時候，我希望我是百分之百誠心誠意的，但現在我再也做不到了。我感覺到黑人過分高估了華盛頓領導者的啓蒙程度，以及他們所秉持的公理正義與仁慈程度。」⑱

事實上，林肯已經在思考如何回應。在一八六三年七月的最後一個禮拜，他要哈勒克將軍準備執行七月三十日下達的「報復令」（Order of Retaliation）。這項命令明白指出：「文明政權的國家法律與戰爭慣例在對待戰犯時，不會有膚色上的區別」，南方聯盟的命令顯示南方「再次陷入野蠻之中」，因此北方聯邦需要採取行動。「叛軍士兵若違反戰爭法殺害任何美國士兵，將遭到處決。敵軍若奴役或販賣奴隸，將判處重度勞役。」⑲

一向不欣賞林肯的古羅斯基伯爵不太情願地承認，這項命令的內容「訂得很好」，「但就跟林肯先生採取過的所有行動一樣，都太遲了，以至於他無法脫身，可憐的總統太專注於事件本身了。」⑳道格拉斯也認同古羅斯基的看法，但他認爲總統「是個行動派」，他可能是在「伺機行動」。㉑

報復令減輕了人民的一項重大疑慮，但道格拉斯仍然擔心缺乏「機會均等」的制度，將會讓黑人的募兵行動無法順利進行。史登少校建議道格拉斯到華盛頓向總統解釋目前的情況。㉒道格拉斯從來沒有造訪過首都，他在進入白宮的時候，經歷了一場無法用言語形容的「情緒波動」。㉓「我不知道他們會怎麼接待我。他們可能會叫我滾回家，不要多管閒事……也或者我根本連面都見不到。」㉔

道格拉斯抵達白宮的時候，發現走廊上聚集著一大群的人，他以爲自己大概要等上好幾個小時才能見到總統，但他才遞出名片幾分鐘，就被請進辦公室。㉕道格拉斯事後回憶：「在見大人物的時候，我從來沒有這麼快就感覺到完全賓至如歸，只有亞伯拉罕・林肯有這種魅力。」㉖他進入總統辦公室的時候，林肯正坐在椅子上，「到處都是書跟文件，他的腳跟腿伸在椅子的前方。我走向他的時候，他的兩隻腳從房間的不同方位慢慢收了回來，然後站了起來。」㉗林肯伸出手跟道格拉斯握手的時候，道格拉斯有些遲疑地準備自我介紹。林肯說：「道格拉斯先生，我知道你是誰。你的事蘇爾德先生都跟我提過了。坐吧，很高興見到你。」㉘林肯溫暖的魅力，馬上就讓道格拉斯放下心中的大石頭。道格拉斯一輩子都認爲，自己從來「沒有見過那麼眞誠、坦率的面容」，「就那麼一眼」，他就知道「人們在稱呼總統的時候都叫他『**誠實的**』亞伯拉罕・林肯是有原因的」。㉙

道格拉斯告訴總統有哪些歧視條款讓他無法順利號召黑人從軍。他回憶：「林肯先生非常眞誠地聽我說話，而且顯然很同情我們所遭遇到的難題。」㉚「我說完之後，（他）馬上就回應我。他的回答是如此眞誠而且滔滔不絕，我相信他的話。」㉛林肯首先表示，黑人跟白人士兵絕對應該同工同酬，但他解釋國會在通過黑人士兵的法案時：「這似乎是必要的讓步，否則可能根本連讓黑人從軍這點都無法通過」。㉜不過林肯也保證：「最終黑人會跟白人士兵拿到一樣的薪餉」。㉝至於缺乏黑人將領的問題，林肯則跟道格拉斯保證，「如果他的戰爭部長向他推薦任何有色士兵，他絕對會簽署任命狀。」㉞

道格拉斯對於林肯爲什麼那麼遲才下達報復令的解釋，感到特別信服。林肯解釋，他必須等到大眾都能接受之後才能下達命令。林肯告訴他，要是他在「黑人在戰場上展露出勇氣與擁有優良表現」之前就採取行動，他確信「心中存有偏見的民眾對於這項措施會有激烈的反彈。人們會說：啊！我們就知道事情會變成這樣，白人要爲黑人犧牲生命」。㉟事實上，林肯也坦承自己很擔心「事情一旦起了一個頭，就不知道什麼時候才會結束。如果能抓住有罪的（殺害黑人戰俘的）南方士兵，他很容易就能以牙還牙，但那些士兵只是在執行別人的命令而已，一想到要吊死他們，他心中就覺得無法接受。」道格拉斯不同意林肯的看法，他認爲報復令是必要的，但他也尊重讓林肯心中有這些顧慮的「人道關懷」。㊱

道格拉斯離去之前，林肯告訴他，自己讀到了最近某場演說的內容。那場演說用強烈的口吻譴責「美國總統延宕、遲疑、猶豫不決的政策」。林肯承認在重大決策方面，他有時是故意放慢腳步，可能會讓人感到洩氣，但他否認「猶豫不決」的指控。「我認爲人們沒有看到，一旦我採取了一個立場之後，就不會改變。」㊲道格拉斯永遠記得這場他跟林肯的第一次會面，他覺得「我似乎快要……把手放在他的肩膀上安慰他」。㊳

當天跟林肯見完面之後，道格拉斯也去見了史坦頓。道格拉斯評論：「這兩個人給人的感覺完全是南轅北轍。第一眼看到史坦頓的時候，你會感覺到他的神情是在告訴你：『你到底想要幹什麼？我沒空把時間浪費在你這種人身上，也沒空把時間浪費在任何人身上。』」㊴儘管如此，當道格拉斯開始述說他跟總統提過的問題時，「他臉上輕視、懷疑與無禮的表情全都消失了」，史坦頓也跟道格拉斯保證：「正義終將來臨」。史坦頓的確是眞心的，當時他已經向國會要求，拿掉那些不公平的薪餉和獎金規定，而且那些要求最終也實現了。道格拉斯讓史坦頓印象深刻，史坦頓還提出要讓他成爲羅倫佐・湯瑪斯的協從副官，專門負責募集密西西比河谷的黑人士兵。戰爭部接著還提供每個月一百美元的薪水，另外還提供生活費跟交通費，但不包括佣金。㊵道格拉斯拒絕了：「我很了解軍營的生活，也很了解肩上的橫槓在軍隊的重要性，我不會在沒有顯著軍階的情況下從軍。」㊶

道格拉斯與林肯建立了友好的關係，而這層關係在幾個禮拜數月之內，便對兩人起了重大的影響。道格拉斯在自己接下來的演說中，常常提到他在白宮裡所得到的禮遇。他會告訴聽眾：「也許你們會想知道，美國的總統是如何在白宮裡接見一個黑人。我告訴你們他是如何接見我的——就像紳士接待另一名紳士一樣。」群眾

報以「熱烈的掌聲」之後，他會繼續說道：「告訴你們，我覺得我在那邊就像個大人物一樣！」㊷

＊＊＊

在接下來還算平靜的日子裡，林肯專注於草擬另一封公開信。這封信的收信人是詹姆士・康克林，也就是林肯在伊利諾州春田市的老朋友。共和黨召開提名大會的時候，林肯就是在康克林的辦公室裡，焦急地等待芝加哥方面的消息。康克林也是伊利諾州的共和黨領袖，他邀請林肯參加九月三日春田市的一場大型集會。當時北方的銅頭勢力仍然很大，那場集會的目的就是要召集忠貞的聯邦支持者（Unionist），並向西北方的反對人士顯示他們的力量。㊸北軍在蓋茨堡與維克斯堡所取得的勝利誤導了大衆，讓人們以爲和平很快就會來臨。不實的謠言開始散播，說南軍已經提出過好幾次可行的和平提議，但林肯都加以拒絕。㊹林肯必須遏止這些極具殺傷力的傳聞，挫一挫銅頭的氣勢。雖然伊利諾州是林肯的故鄉，一定會熱烈歡迎林肯，但林肯最後還是決定留在華盛頓。他準備寫一封信交給康克林，讓康克林可以在大會上宣讀，然後再交給新聞界公布，讓更多民衆了解總統的回應。

林肯擬完初步的草稿後，開始找人聽他朗讀那封信。那是個禮拜天的晚上，官邸裡空蕩蕩的。總統走進書房的時候，發現助手威廉・史托達德還在那裡。林肯很高興，他告訴他：「啊！太好了，你在這裡。過來我辦公室一下。」史托達德跟著林肯進入總統辦公室，接著林肯要他「坐下，我需要一名聽衆。沒有聽衆找碴的話，講稿聽起來就是不對勁」。史托達德告訴林肯，自己不太可能會去批評總統的演說，林肯帶著笑意說：「喔，你會的。其他所有的人都會。我就是需要你的批評。」接著，林肯從先前埋首寫作的書桌旁拿起幾張紙，然後開始讀出上面的內容。

一陣暖身之後，林肯開始讓自己的聲音更加抑揚頓挫，就好像他眞的是在跟幾千人演講一樣。林肯朗誦完畢之後詢問史托達德的意見。史托達德對於這篇講稿只有一個不滿意的地方，那就是林肯用了「山姆大叔的蹼足」（Uncle Sam’s web-feet）這個詞彙來指海軍部署在河流與河口的砲艇。史托達德說：「我這輩子從來沒見過有蹼的砲艇，那是一種很怪的鴨子。」林肯大笑：「不過牠們有些也會上岸。那我就不用這個詞了，現在我知道這聽起來會給人什麼感覺了。」林肯感謝史托達德，然後跟他道了晚安。㊺

林肯寫這封公開信的目的，是要遏止「不實且毫無根據」的謠言，說明他並沒有暗中拒絕和平提議。林肯保證，如果政府有收到任何正式的終戰提議，絕對不會不讓選他出來的民眾知道。接著他說：「不過我們就直說吧，在黑人的議題上，你們對我不太滿意……你們不喜歡我的解放宣言，而且也許還可能想要取消那份宣言。」但林肯不會妥協：「解放宣言不可能撤銷，撤銷的可能性比人死可以復生還要低」，因為「一旦做出承諾，就必須遵守」。此外，黑人士兵已經是戰爭準備中不可或缺的一部分，「我們戰場上的部分將領，那些帶來最重要勝利的將領，都相信黑奴解放政策以及有色部隊，已經對於叛軍造成了到目前為止最為重大的打擊……」

在信件的結尾，林肯寫著：「和平沒有之前看起來的那麼遙遠了」，「將來有的黑人會記得自己是如何咬緊牙關，用著堅毅的眼神以及準備就緒的刺刀，默默地幫助人類完成這項壯闊的創舉。然而在此同時，很不幸的，恐怕有些白人將會無法忘掉，自己是如何用著惡毒的心思以及欺騙的言詞，一心想要妨礙和平的來臨。」㊻

在接下來的十天，林肯繼續努力讓這封信變得更完美。他在繁忙的公務之餘，盡量抽出時間推敲內容。㊼最後他終於把這封信寄了出去，並加上一張紙條告訴康克林：「你是最棒的公眾宣讀人。我只有一個建議：用非常緩慢的速度讀出這封信。」㊽地方的報社預測：「將有龐大的群眾從農場、工廠、辦公室還有帳房裡走出來，參與這次的聚會。他們會告訴那些躲在戰場上士兵後頭的銅頭，只要國家有需要，就會有數以萬計的人們願意貢獻出自己的心力。」㊾

林肯對於自己最後完成的講稿很有信心，他預計這封信在九月三日朗讀給群眾聽之後，將會得到正面的評價，然後這封信會在隔天交給各報社發布。然而，在集會當天早上林肯醒來的時候，卻看到華盛頓《每日紀事報》（*Daily Chronicle*）已經搶先登出信件經過刪減的版本。林肯非常憤怒，他馬上跟報社編輯約翰・福奈（John Forney）抱怨。福奈跟林肯解釋：不要把事情怪到我們頭上，我們也是跟美聯社拿到這封信的，而且全國的日報都登了。㊿林肯聽完後怒不可遏，他發了一封電報給康克林質問他：「今天早上我尷尬地發現，我交給你的信被東刪西減後登上了東岸的報紙，而且是從芝加哥發出去的。怎麼會發生這種事？」51

那一天林肯並沒有收到康克林的回覆，他一整天的情緒都很暴躁。一位請願者向他求助，希望能夠讓孟斐斯市一位丈夫加入了南軍的女人保住財產，結果林肯表現得很不像林肯。他告訴那位請願者，自己「沒有辦法也沒有時間」來考慮這項請求，而且「誰都知道，找我來處理這種事是非常不恰當的」。52

隔天早上康克林的電報抵達了。顯然他事先把那封信發了出去，並「嚴格要求各報社絕對不能在大會結束之前公布那封信，而且也不可以有任何不恰當的運用」。對於竟然有人違背了約定，他感到「非常的羞辱」，但他確信「隔天完整的信件內容刊載之後，並沒有出現任何有害的結果」。53

事實上，報社刊登了完整全文之後，那封信得到了很高的評價。《紐約每日論壇報》讚美道：「他沒有利用外交官的手腕、政治人物的圓滑或是修辭學的美化，而是一針見血地討論他想提出的重點。」54《紐約時報》則說：「沒有修辭學家能夠如此完美地運用語言來討論這個議題，但在此同時，這封信的每一個字也都是最樸實的農夫所能夠了解的。」《紐約時報》並說，「巧妙的言語」一般都跟「上層文化」有關，但林肯「用他自己的方式，也可以說是非常獨特的方式」，給了大家「遠勝過」字句雕琢的「巧妙言語」。林肯擁有「巧妙的思維」，而這比言詞巧妙更為珍貴，他「永遠都能夠抓住重要的事實」，能夠「正中所有必需的要害。」55《費城詢問報》向來都用質疑的態度，來看待林肯這個喜歡寫公開信的不符合慣例的習慣，但也認為他最近的信件（包括這次的信）「已經讓疑慮消散。假使他在未來也能如此妙語如珠，我們希望他會持續寫作」。56

約翰・海伊在幾天後告訴尼可萊：「他最近的那封信實在是了不起」，「用了一些糟糕的修辭，一些蹩腳粗俗的言語，但整封信會在歷史上留名。那是一位偉人所留下來的重要發言。就算集合整個內閣的力量，都沒有辦法寫出一封可以相提並論的信。他可以把詭辯騙出洞，任何學派所訓練出來的邏輯學家都比不上他。」57

《紐約時報》除了對於這封寫給康克林的信讚不絕口之外，還讚美了林肯一長串的講稿，包括林肯的就職演說、國會作戰委員會所公開的林肯寫給麥克萊倫的信件，以及林肯寫給格里利與康寧的公開信。《紐約時報》說這些講稿「切合實際、方向得宜」。總體來說，這些卓越的講稿與信件讓林肯成為「全共和國裡最受歡迎的人。無論是什麼樣的言詞譴責或是任何煽動者的詭計，都完全無法改變人們對他的信任。」58

約翰・海伊已經想到了下一次的選舉，他在信上告訴尼可萊：「我知道人民要他，這是無可置疑的。但政客的勢力還是很強大，而他不是他們『那種人』。我希望上帝不會決定透過地上最出名的二或三個候選人來懲罰我們的罪。」[59]

* * *

一八六三年九月中旬的時候，林肯所有的閣員都從暑期之旅回來了。蘇爾德跟著外交使節團遊歷了湖區，回來的時候精神充沛。[60]貝茲即時從密蘇里回來，趕上了自己的七十歲慶生會，他很感激在他長長的一生裡，「接受過許多的祝福，以及相對來說較少的苦難。」他自豪地說，身爲公衆人物的自己，「因爲學識淵博與廉潔自重」，已經建立了「名實相副」的聲譽。[61]史坦頓也跟家人在賓州的山區一起享受了久違的假期。蔡斯則一如往常地讓自己在工作之餘只能享受極少的休息，他把女兒留在海邊，然後急躁地等著要回家。威爾斯開心地從十天的海軍造船廠拜訪之旅歸來。他在日記上寫著，他的同僚似乎「很高興見到我，尤其是總統先生，他用非常熱誠的態度來迎接我。比起其他閣員，我平日幾乎都在，可能就是因爲這樣，人們也比較想念我。」[62]林肯本人則一如往常，仍然在士兵之家度過悠閒的夜晚，並等著瑪麗從佛蒙特州的綠山回來。

從田納西傳回來的無情消息，讓總統跟閣員舒服、放鬆的心情頓時消失。蓋茨堡與維克斯堡的勝利，讓林肯跟史坦頓開始希望羅斯克蘭斯將軍跟康伯蘭軍團，能夠「給予叛軍致命的一擊」。[63]羅斯克蘭斯將軍已就定位，準備將敵人逐出田納西州的查塔努加（Chattanooga）與諾克斯維爾（Knoxville），並預備將軍隊推進到喬治亞州。然而，羅斯克蘭斯在「查塔努加打了一場不流血的美好勝仗」，[64]敵人在來勢洶洶的部隊抵達前就逃竄了，但在那之後，南軍就重新集結，「他們出乎意料地大量出現在奇卡牟加（Chicamauga）南岸」。[65]九月十九日星期六，一場激烈的戰役開始了，戰場傳回來的電報顯示南軍大獲全勝。[66]戴納打電報給史坦頓，告訴他：「奇卡牟加跟牛奔河戰役一樣，在我們的戰役過程中是一個慘痛的名詞。」[67]北軍的傷亡總數高達一萬六千人。[68]羅斯克蘭斯坦承，「我們遭遇了一場慘敗。敵人戰勝了我們，驅逐了我們，他們突破了我們的核心部隊，讓部隊四處潰散。」[69]

林肯告訴威爾斯，戰況的急電「在他剛就寢的時候便抵達士兵之家，令他心煩意亂，沒有辦法入睡。於是他馬上起身進城，一夜無法成眠，保持著警戒狀態。」⑩黎明的時候，總統失神地走進約翰・海伊的房間，他坐在他的床邊，把消息告訴這位年輕的助手：「就跟我所擔心的一樣，羅斯克蘭斯大敗。過去幾天我就害怕會這樣，我在危機實際來臨之前，就嗅到了麻煩。」⑪

那天夜更深的時候，林肯可能是覺得如果有家人在身邊的話，或許可以提振他的精神，他打了一封電報給瑪麗：「這裡的空氣乾淨又涼爽，顯然有益健康，如果你們能過來的話，我會很開心。沒什麼事，但我就是想見你跟泰德。」⑫瑪麗馬上回覆，說他們正「急著要回家」，而且已經在準備出發了。⑬

越來越多的消息傳來之後，蔡斯鬆了一口氣，他說這場戰役的餘波「沒有我們擔心的那麼嚴重」。⑭喬治・湯瑪斯將軍（General George Thomas）的部隊堅守陣地，叛軍的傷亡損失甚至比北軍還要大。⑮查爾斯・戴納發電報給史坦頓，告訴史坦頓查塔努加「還在我們手上」，如果再增援兩萬到三萬的軍隊，「可以再撐十五到二十天」。⑯然而，如果沒有增援部隊的話，寡不敵眾的北軍可能必須放棄查塔努加，否則便又要再次遭遇傷亡慘重的戰役。一切的一切，都要看大批的增援部隊是否能夠及時趕到田納西州。禮拜三的夜晚快要來臨之前，史坦頓想出了一個大膽的計畫，但他需要總統的批准。

史坦頓不想浪費整個晚上，他讓信差去請林肯、哈勒克、蘇爾德還有蔡斯到他的辦公室開祕密會議。⑰信差按門鈴的時候，蔡斯剛剛就寢。信差通報：「戰爭部長希望您馬上到戰爭部，他派了一輛馬車來接您。」蔡斯「馬上起身穿衣服」，他害怕敵軍已經俘虜了羅斯克蘭斯將軍還有整支軍隊。⑱約翰・海伊負責到士兵之家找林肯。林肯跟蔡司一樣已經就寢了。換衣服的時候，「他心亂如麻」，並說：「這還是史坦頓第一次派人來找他。」林肯跟約翰・海伊在月光的指引下，回到了戰爭部。⑲

五個人圍在桌邊的時候，神情肅穆的史坦頓告訴他們：「我之所以請各位過來，是因為我百分之百確信我們得做一件事，而且我們的動作要快。」接著史坦頓宣布了他大膽的計畫：他預備要把米德將軍的波多馬克軍團的兩萬人，移師到田納西的納許維爾跟查塔努加，並交由胡克將軍領導。哈勒克跟林肯覺得這個計畫很冒險而且不可行。哈勒克說軍團至少要四十天才能抵達田納西州，軍隊會來不及到達，而駐守在維吉尼亞州拉帕漢克河的米德就危險了。總統也認同這個看法。他諷刺：「依我看，你準備抵達納許維爾的時間，便足以讓軍隊跑進華盛頓。」林肯講了一件趣事來說明他的論點，結果史坦頓「怒不可遏」。史坦頓回應：「危機就迫在眼前，這不是說笑的時候。」[80] 在計畫是否可行的問題方面，史坦頓說：「自己已經通盤考量過可行性，要不是他已經完全通過自己這關，他是不會提出來的。」

眾人又討論了一陣子之後，蔡斯建議先吃點史坦頓準備好的點心休息一下。蔡斯回憶：「大家回來之後，蘇爾德先生針對這個議題，提出絕佳的論點支持史坦頓的計畫。」[81] 蔡斯認爲蘇爾德的支持起了重要的作用。史坦頓發現自己站在有利的一方之後，馬上派傳令兵去請軍鐵部的麥克萊倫上校過去。其實那天晚上，史坦頓已經事先告訴麥克萊倫他的計畫，並且要他評估，如果由他負責調度所需的火車，用鐵路運送軍隊一共需要多少時間。麥克萊倫進入辦公室的時候，林肯跟他說明計畫內容，並要他估算如果要達成計畫目標的話，需要多久時間。麥克萊倫不動聲色，沒有說出他已經事先得到要他評估計畫的通知。他要求給他一點時間「算幾個數字」，[82] 然後他坐在一張擺滿火車時刻表的桌子前，整個房間靜悄悄地等著他計算。最後他站了起來，宣布：「我可以在七天之內完成。」[83]

史坦頓大喊：「太好了！」然後他轉身用不屑的神情對哈勒克說：「我就跟你說了！我知道這是可以辦得到的！四十天！是啊，四十天，整個國家正處於危難關頭！」接著他對麥克萊倫說：「去吧，現在就開始行動。」這時林肯開口了。他提醒史坦頓這位戰爭部長：「我還沒同意呢。」然後他問：「麥克萊倫上校，你確定嗎？」麥克萊倫回答說，他可以「用（自己的）性命做擔保，一定可以在七日內達成使命。」林肯很滿意他的答覆：「部長先生，你是統帥，去下達必要的命令吧，我會批准的。」[84]

接著史坦頓鞭策自己夜以繼日地工作了四十八小時，他忙著替軍方徵調火車，打電報給鐵路沿線的負責人，並找出不同的鐵軌尺寸。他取得了士兵還有馬匹所需的全部糧草，讓軍隊在穿越亞利加尼山脈、抵達田納西東部的時候，不需要停下來補給。[85]

第一列火車在九月二十五日的下午五點鐘離開華盛頓，接著每個小時都發車，直到兩萬三千名士兵、一千一百匹馬、九組砲台，以及數百輛的馬車、帳篷與補給，全部運到田納西州。[86] 所有的人馬跟物資將加入羅斯克蘭斯將軍的軍隊，一同保衛查塔努加。沿線各站的情況報告陸續傳來，史坦頓拒絕回家。累到受不了的時候，他就把沾了古龍水的手帕綁在自己的額頭上，在沙發上躺個幾小時。最後軍隊顯然可以順利在預定的七天內全數抵達之後，他才同意離開崗位。⑧⑦美國歷史學家詹姆士・麥佛森寫道：「這眞是了不起的後勤事蹟。這是二十世紀之前，路程最長、最迅速的一次移師行動。」⑧⑧

眼下最迫切的危機已經過去了，但戴納接下來幾個禮拜的報告，顯示叛軍切斷了運至查塔努加的補給路線，而且部隊已經對羅斯克蘭斯失去信心。⑧⑨林肯跟史坦頓決定換將領的時候到了。史坦頓打電報給格蘭特，要他離開伊利諾州的開羅（Cairo），並前往肯塔基州的路易斯維爾市，然後他會在那裡「見到一位戰爭部的官員」，並準備接受最新指示。格蘭特抵達印地安納波里斯的時候，發現那個所謂的戰爭部官員就是史坦頓本人。這是這兩個人第一次見面。

史坦頓給了格蘭特兩個選擇。兩個選擇都讓他可以統領新成立的「密西西比軍部」（Military Division of the Mississippi），統轄範圍包括康伯蘭部（Departments of the Cumberland）、俄亥俄州以及田納西州。唯一的不同點，在於第一個選項保留了部門原本的指揮官，而格蘭特選擇了第二個，把羅斯克蘭斯換成了湯瑪斯。史坦頓用了一整天的時間，在格蘭特將軍前往查塔努加之前，跟他討論了整體的軍事現況。⑨⓪然後在格蘭特的領導之下，北軍最後在瞭望山（Lookout Mountain）取得驚人的勝利，把叛軍從田納西州驅逐出境。⑨①

格蘭特在回憶錄中，提到史坦頓在查塔努加的解危上，扮演了重要的角色。這項史無前例的軍隊大移師，阻止了一場可能的撤退。格蘭特認爲，當時如果眞的撤退「將會是可怕的災難」。⑨②蔡斯也讚美史坦頓：「美國不知道自己欠了愛德溫・M・史坦頓那幾個辛勤的夜晚多少恩情。」⑨③

幾年前林肯在辛辛那提市遭受到史坦頓的羞辱，但他把個人的憎恨放到一旁，因爲他要的正是史坦頓那種不屈不撓的精神。史坦頓第一次碰到林肯時的那種唐突的不屑一顧，潛藏著直率、一心一意的精神。林肯看重他的戰爭部長這些特質，他親暱地叫他「戰神」。⑨④

林肯跟史坦頓這組看似不可能的搭檔，一起待在連著電報室的小房間裡。他們身旁的人觀察，他們兩人之間的關係充滿著對彼此的「尊重與情感」。書記查爾斯・班傑明事後回憶：「林肯先生坐在那裡，他交叉著兩條長腿，頭有一點聳起。他在說話或是聽人說話的時候，臉會亮起來。史坦頓先生會站在林肯先生身旁，不停擦著自己的眼鏡。他偶爾停下來的時候，一隻手會輕輕地放在椅背上。」史坦頓幫林肯安排了一張寫字檯，林肯起身的時候，「這幅生動的景象」就會變成笑聲，因爲「他們兩個人的身高跟腰圍實在差太多了，就好像是法國喜歌劇裡的憲兵一樣」。[95]

史坦頓的私人祕書A・E・強森（A. E. Johnson）則提到：「不會有另外兩個人如此的不一樣，完全是南轅北轍。」「史坦頓是個深藏不露的人，而林肯則完全缺乏那種氣質。你在史坦頓身上找不到慈愛，但林肯的每個毛孔都散發著那種感覺。林肯會給任性的屬下七十乘以七次的機會彌補自己的錯誤，史坦頓則會直接強迫下屬服從，或直接乾淨利落地砍掉他的頭。」林肯即使是在最危險的時刻也非常鎮定，就像是夏天的海洋一樣。遇到一樣的情況時，史坦頓則會暴跳如雷。史坦頓會在發出一聲呻吟後，就接受艱困的情況，而林肯則會找到一個可以搭配情況的好笑故事。史坦頓全身散發著尊貴、嚴肅的傲氣，林肯則是一個簡單又自然的人……然而，兩人在公事上合作無間，他們的天性彼此互補，而且他們兩個也完全了解他們需要彼此。」[96]

強森認爲：「在處理公眾事務的時候，林肯的心比頭腦強，而史坦頓則是頭腦強過心。」[97]有一則故事很能說明兩人相反的風格：一名眾議員得到林肯的授權要戰爭部協助執行一項計畫，結果史坦頓不願意執行命令。受挫的議員回去找林肯，告訴他史坦頓不但取消了他的命令，而且還說總統會下達這種命令，根本是個該死的蠢蛋。林肯問他：「史坦頓說我是個該——的蠢蛋嗎？」議員回答：「是的，總統先生，而且他還說了不止一次。」總統露出微笑，告訴他：「如果史坦頓說我是個該——的蠢蛋，那我一定是，因爲他幾乎每次都是對的，而且他是有什麼就說什麼。我會過去見見他。」[98]

史坦頓開始認識林肯這個人之後，他最初的輕蔑變成了敬佩。史坦頓在收割機案裡的老搭檔喬治・哈定，認定林肯某段「出類拔萃」的文字是出自史坦頓的手筆。史坦頓更正他：「那是林肯寫的，每個字都是，而且他的能力不只如此。哈定，我們在辛辛那提的時候，實在是錯得太離譜了。」[99]

當時有人觀察：「很少有戰爭部長會對自己的國王或是總統，像史坦頓先生對林肯先生那樣，有著那麼眞摯的情感。」[100]史坦頓跟林肯兩個人都失去過摯愛的親友，而且也終身爲人終將死亡的念頭所擾。史坦頓十八歲的時候，美國的中西部一帶正在流行霍亂。病人一旦死亡就會被馬上掩埋，以防堵疫情的擴散。史坦頓得知一個年輕的友人在發病後幾小時就被掩埋時，他非常驚慌，害怕「她在昏迷的時候被活埋」，於是他衝到墓地，在一位醫學院朋友的協助下把屍體挖出來，確認友人是否眞的已經去世了。接觸到屍體的結果是史坦頓自己也被感染了，而且差點就死於霍亂。[101]十年後，史坦頓摯愛的妻子瑪麗去世時，他堅持要把瑪麗的結婚戒指、貴重首飾，還有一些他寫給瑪麗的信放進棺材裡。他每天花好幾個小時待在她的墓地，如果他自己沒有辦法過去的話，他就會派職員過去站崗。[102]

從林肯喜愛的詩來看，林肯也同樣爲死亡的念頭所擾，那些詩的主題許多都在詠嘆生命的短暫，而且也吻合林肯跟死神打交道的經歷。林肯特別喜歡蘇格蘭詩人威廉·諾克斯（William Knox）的作品〈必死之人〉（Mortality），而且還親手抄過一份副本給史坦頓。

噢！必死之人何必心高氣傲？
就像一顆快閃的流星，一片匆匆而過的雲，
一道一閃而過的電光，一波瞬間破碎的海浪，
人從生命進入他安息的墳墓。[103]

林肯可以背誦美國詩人奧利佛·溫德爾·霍姆斯的〈最後一片葉子〉（The Last Leaf），他曾經告訴肖像畫家法蘭西斯·卡本特，「若是要以感人的力量來說」，則沒有任何「英語文學作品」可以比得上這六行詩：[104]

長著苔蘚的大理石
壓著他當年親吻的雙唇
在那風華正茂的時節
他愛聽的名字

多年前已經鑿刻
在墳墓上[105]

不過，史坦頓跟林肯兩人除了都有著浪漫的情懷，而且也常常思考死亡這件事之外，還有另一件事啃食著總統跟戰爭部長的心：他們知道，自己所做的決定讓成千上萬的年輕人被送進墳墓。史坦頓的貴格會信仰讓這股精神壓力變得特別無法承受。他在年輕的時候，寫過一篇慷慨激昂的文章批評社會讚揚戰爭的態度。他在文章裡頭問：「爲什麼」軍事將領「被讚揚與榮耀，而不是被當作罪人來懲罰？」畢竟，戰爭「帶來了寡婦跟孤兒，城鎮跟鄉村被掠奪，一切事物都被摧毀破壞，讓整個人間變成了一個屠宰場」。雖然政府可能會辯駁，告訴民眾爲了完成某些目的，戰爭是必要的，但「如果政府能用其他方法來達到目標，那會有多好？而如果將領是有用處的，那麼屠夫也是，但誰會說就因爲屠夫是有用的，人們就應該榮耀屠夫？」[106]

史坦頓在寫完這篇文章的三十年後，自己卻必須爲一個超過兩百萬人的軍隊負責，[107]他說：「如果有任何人經歷我所做的事，但卻沒有躍過時間，望著永生的高貴動機，將是再瘋狂也不過了。」[108]林肯也是一樣，他感覺到身上的責任實在是巨大到無法想像。「你不覺得太奇怪了嗎？我連雞頭都不敢剁，而且看到血就會不舒服，但卻被扔進一場大戰之中，看著身邊血流成河？」[109]

林肯總統跟史坦頓一樣，他試著安慰自己，這場內戰雖然是場浩劫，但背後卻有著神聖的精神，代表著人類的高尚情操。一年前他曾與伊麗莎・葛尼（Eliza Gurney）等貴格會信徒會面。[110]據傳林肯告訴聽眾：「如果事情能照我的意志發展，根本不會發生這場戰爭；如果我能夠照我的意志行事，這場戰爭會在這之前就結束，但這場戰爭卻仍然在進行；我們必須相信，雖然我們並不明瞭，但上帝之所以讓這場戰爭發生，自有祂充滿智慧的旨意；雖然我們的智慧有限，可能無法明瞭，但我們只能相信，創造了這個世界的神仍然在支配著這個世界。」[111]

林肯了解貴格教徒所承受的強大心理衝突，他寫信給葛尼夫人：「他們在原則跟信念上都反對戰爭與壓迫，但在現實中卻只能用戰爭來對抗壓迫。」雖然他們承受了自身「非常大的考驗」，但他們的支持與禱告永遠不會被忘卻。「在此同時，我們必須在祂給我們的最大指引下，繼續努力下去，相信我們的努力會如同祂的安排一樣，帶來最好的結果。祂一定是要讓巨大的善在這場巨大的動亂之後發生，因為這樣的善沒有任何凡人能夠做到，也沒有任何凡人能夠阻止。」⑫

＊＊＊

蔡斯曾經是史坦頓最親密的友人，但在史坦頓跟林肯的友誼越來越加深的同時，蔡斯也越來越被冷落。不過，蔡斯跟戰爭部長史坦頓仍然維持著溫暖的友誼。史坦頓仍會寫充滿真摯情誼的小紙條給他。前一個冬天，史坦頓寫給蔡斯：「我把小刀還你，那把刀不曉得為什麼跑進了我的口袋。還有容我加上一句：『如果你愛我就像我愛你一樣，那麼沒有任何刀能切斷我們之間的愛。』」⑬一年之後，史坦頓請蔡斯來當新生兒的教父。⑭然而，兩人之間的依賴關係卻改變了。史坦頓現在婚姻幸福，而且還有四個孩子。這位工作過度的戰爭部長對於蔡斯少有時間能陪他，已不再介意。蔡斯則正好相反，現在蔡斯得努力取得史坦頓的注意力，他無法參與重大的軍事決定，必須要倚賴戰爭部長才能取得最新情報。史坦頓曾經很渴望在蔡斯的書房裡待上一整個晚上，但如今在一天的工作結束時，大家都會擠在電報室裡，而蔡斯如果能夠跟他的老友單獨說上幾句話，就已經算是幸運的了。

蔡斯向一位熟人坦承：「這讓人痛苦，我是如此靠近行動的泉源，但卻無法碰觸。」「這幾乎就像是排山倒海而來的噩夢，但比噩夢還要糟，因為這並不是幻象。我只能提出意見，但卻不確定人們是否能了解，又或者就算人們了解了，也不一定能達成一致的意見，又或者甚至達成了一致的意見，他們也不一定會行動。」⑮

蔡斯對於自己的處境感到沮喪，而唯一能減輕他的沮喪的事物，只有他對於燦爛未來所懷抱的美夢。他一直殷切地期望，共和黨一八六四年的總統提名人會是他而不是林肯。在當時總統通常只會做滿一個任期，而戰後的重建又是那個時候激進派民主黨員最重視的議題，所以蔡斯相信，如果他能夠在這個議題上勝過林肯，他就能夠獲得提名。北方最近在蓋茨堡還有維克斯堡所取得的勝利，讓人們誤以為戰爭馬上就要結束了。如何讓

亞伯拉罕・林肯總統，十九世紀著名內戰攝影家馬修・布雷迪拍攝，一八六二年。

38

林肯白宮辦公室兼內閣會議室（上圖）。深夜的時候，林肯喜歡在這裡放鬆心情，與祕書約翰·尼可萊（左下圖）以及約翰·海伊（右下圖）分享故事。兩位祕書後來幾乎與林肯情同父子。

39

40

41

七十五歲的老將溫菲爾德・史考特（下圖）曾參與一八一二年戰爭與墨西哥戰爭，也是林肯宣示就職時的美國陸軍統帥。圖中爲史考特與內閣成員（上圖）。史考特受到各種病痛的折磨，無法積極參與作戰計畫的擬定。

42

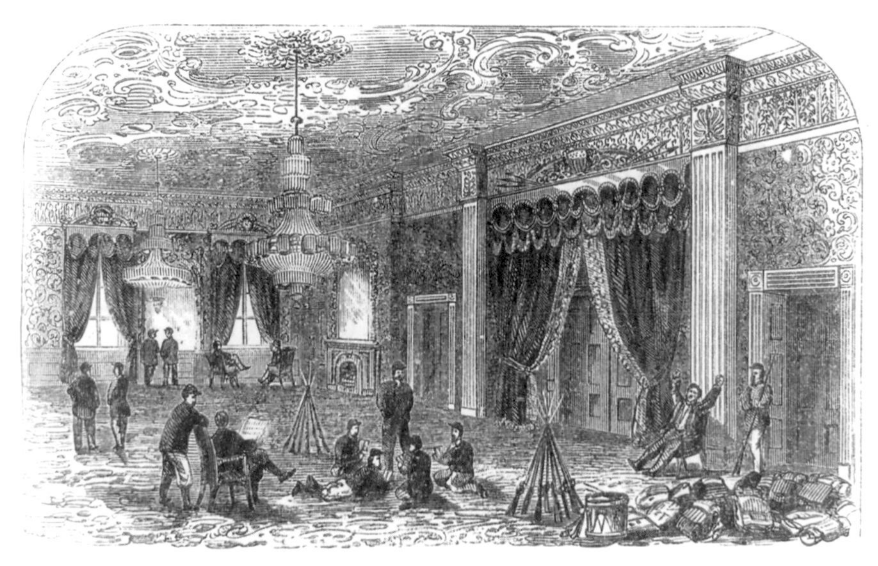

43

即使是在內戰期間，一般大眾幾乎仍然可以自由進出白宮。此圖描繪一八六一年五月自願軍於白宮東廳紮營的情景(上圖)。同一時間，一場大型的公共宴會(下圖)則吸引了「大批的人潮」。人們湧入現場跟總統與第一夫人握手。

44

45

46

一八六二年的二月，總統夫人瑪麗・林肯（左圖）於樓下舉辦了一場慶祝戰事順利的宴會，但此時她躺在樓上的十二歲兒子威利正處於性命垂危的關頭。瑪麗陷入憂鬱之後（右圖），林肯獨自照顧他們的小兒子泰德（下圖）。威利的死同樣也讓泰德的心靈受到了很大的打擊。

47

48 

 49

蘇爾德擔任國務卿的時候（左圖），他任命兒子費德為副手（右上圖站立者），並把彼此之間感情深厚的家人奧古斯塔（下圖站立者）、費德（下圖左一）、范妮（下圖右一）以及費德的妻子安娜（下圖左二）安置在白宮北方拉法葉廣場一棟典雅的宅邸裡。

 50

51

財政部長塞蒙・蔡斯（上圖）全身的細胞都渴望著成爲總統。他美麗的女兒凱特（左下圖以及右下圖坐者）也全力協助父親。凱特於一八六三年嫁給威廉・史普拉格（右下圖），坊間盛傳這場婚姻「是一個經過冷酷計算的計畫，目的是要得到史普拉格的百萬財產」，以資助凱特父親一八六四年的選舉活動。

52

53

54

55

林肯的第一任戰爭部長西蒙・卡麥隆（左圖）在輿論壓力下辭職後，林肯力請愛德溫・M・史坦頓（右圖）接任。史坦頓一開始對於總統的蔑視，最後變成了深厚的友誼。林肯跟史坦頓兩家每年在士兵之家（下圖）一同共度夏天。

56

法蘭西斯·P·布萊爾與妻子伊萊莎（中圖）率領著政治世家，成員包括他們的兒子郵政部長蒙哥馬利·布萊爾（右下圖）、聯邦將軍法蘭克（左下圖）。女兒伊莉莎白（右上圖）寫給丈夫塞米爾·P·李上尉（左上圖）的大量信件，為南北戰爭時期的華盛頓留下了生動的記錄。

62

除了履行內閣的職責外，海軍部長基迪恩・威爾斯（上圖）與司法部長愛德華・貝茲（下圖）還留下了詳實的日記，記錄林肯政府的核心工作。

63

64

喬治・B・麥克萊倫將軍（上圖左）在寫給妻子瑪莉・艾倫（上圖右）的信上，時常嘲弄林肯、林肯的內閣，以及聯邦軍上上下下大部分的成員，並把每一場勝利都歸功於自己的努力。仰慕者推崇他為年輕的拿破崙（下圖）。

65

66

67

林肯在找到尤里西斯・S・格蘭特（左上圖）與威廉・T・薛曼（右上圖）這個勝利組合之前，曾經起用過一連串的將領，包括安布洛斯・E・柏賽（左下圖）與約瑟夫・胡克（右下圖）。

68

69

70

71

奴隸制度反對者的領袖費德里克・道格拉斯（左圖）與查爾斯・桑納（右圖）參議員，敦促林肯讓黑人加入聯邦軍。最後約有二十萬黑人從軍，包括下圖這位年輕的士兵。

72

73

林肯曾經親抵前線十多次，與將領討論戰況、鼓舞軍隊的士氣（上圖）。戰場上屍橫遍野的景象（下圖）讓林肯不忍卒睹。

74

75 林肯與兒子泰德於一八六五年四月四日走在南方聯盟首都里奇蒙的街上。重獲自由的黑奴擠滿街道，他們見到林肯時，歡呼著：「榮耀上帝！哈利路亞！」

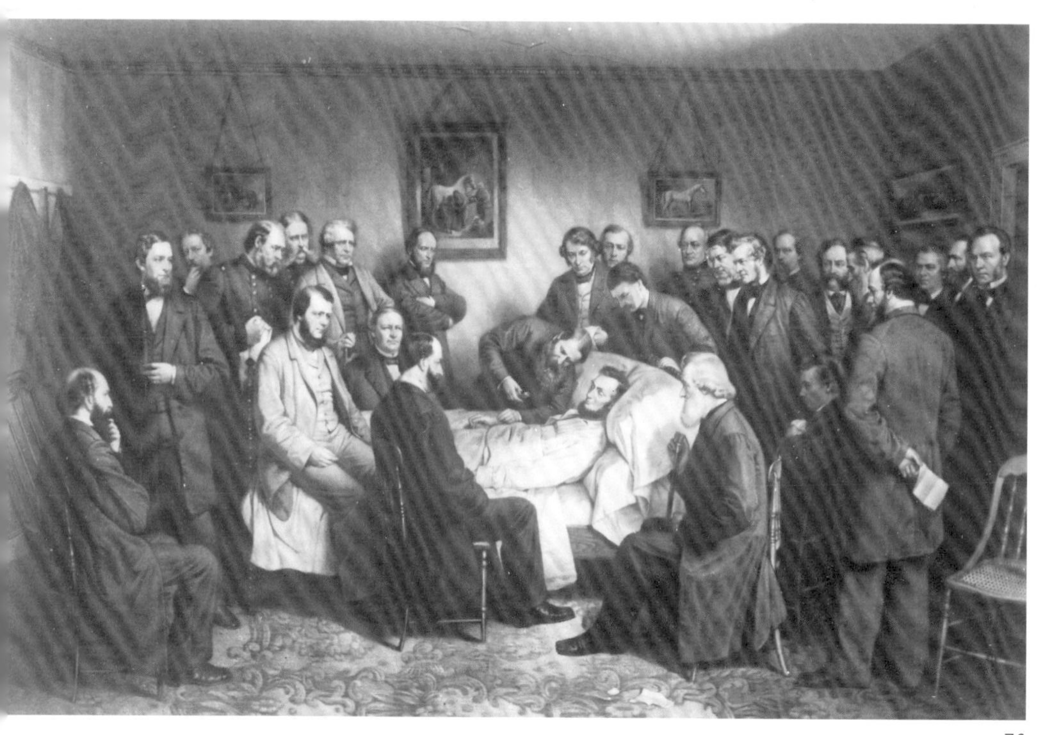

林肯遇刺後奄奄一息地躺在彼得森宅，身旁圍繞著家人、內閣成員、眾議員、參議員與軍事將 76
領。林肯於一八六五年四月十五日上午七點二十二分去世時，史坦頓宣布：「他現在屬於千古
了。」

反叛的各州重新回到聯邦的懷抱，成為當時國會殿堂、晚宴、報紙社論，以及白宮旁威勒飯店煙霧繚繞的吧台邊最熱門的議題。

這個議題讓民主黨產生分裂。激進派堅持，只有從未支持過南方聯盟的人民（間接支持也不行），才能在收復的各州擁有投票權。未能堅定支持聯邦主義的律師跟教師都不能繼續執業。此外，奴隸制度應該馬上廢除，而且不需給予補償。在一定的條件下，新獲得自由的黑人將可投票。保守派的民主黨員則認為應該要發放解放黑奴的補償金。此外，保守派對於誰能夠擁有投票權採取了寬大的態度。他們的論點是在所有的南方州裡，都有一大群靜默的人，這些人都不是奴隸主，是有錢的大農場主人強迫他們一起脫離聯邦。如果要在建立新秩序的時候把他們排除在外，那是不公平的。只要他們發誓會支持聯邦跟奴隸解放，就應該接納他們。⑯

政治圈普遍認為，林肯會是「保守者的支持人」，而蔡斯則會是「激進者的擁護者」。⑰各州即將於秋天舉行的選舉，被視為總統選戰的第一回合。大家預估蔡斯會大力支持黨內的激進候選人，而隔年這些候選人就會欠他一份人情。根據報人諾亞・布魯克斯的觀察，蔡斯渴望參加總統競選的程度不亞於林肯，但他卻決定留在內閣，而不是辭去職位，公開聲明自己要參選。他的這種做法讓許多人覺得他不夠真誠。⑱

蔡斯的策略是聯絡潛在的支持者，但不明確表態自己會參選。他每天在書房裡待到很晚，寫上百封的信件給地方首長、議會領袖、將領還有記者，並在信裡指出林肯政府有哪些做得不好的地方，⑲例如他寫信給《辛辛那提公報》的編輯：「如果我們的政府跟一個政府應有的樣子一樣，是由英勇、果敢、擁有先見之明、積極的頭腦來領導，並且是由一顆誠實又真摯的心引領，我將無所畏懼，但我們卻沒有這樣的領導者。喔！戰爭時期需要有力與有效的領導。」⑳

蔡斯所有的信件都是類似的風格。他會在細數林肯的領導有哪些問題之後，表明要是由他來當總統的話，事情會如何如何不同。他否認他非常想要總統這個職位，但他說如果國人希望他出馬的話，他會願意承擔這個重責大任。蔡斯解釋：「如果我自己只被個人的情感所支配的話，我會支持林肯先生的連任」，然而「我認為在接下來的四年，國家將會需要一位擁有跟林肯先生不同特質的人。我並不渴望被當作那個人，但如果有人認為我們的確需要這樣的一個人，我願意把這個問題交給這些人士決定。」㉑

一八六〇年，蔡斯費盡苦心結交新聞界的人士，但他沒有意識到，在那個時間點就要得到肯定的支持還太早。九月底，霍利斯·格里利的來信讓他非常興奮。格里利在信中告訴他，在自己所認識的人之中，沒有任何人「比你更有資格當總統，我對你的支持超越我對他人的支持」。蔡斯顯然完全忽視了格里利在信尾的警告：在未來的六個月裡，有可能會發生別的事件，讓風向轉向其他候選人。[122]同樣的，蔡斯在確認紐約海關部長希蘭·巴尼是否會支持他，並把他當作「總統一職的第一選擇」時，巴尼堅持自己要等到時機成熟，「看是你、總統先生，或其他人應該獲得提名的時候」，才會做決定。[123]

林肯完全知道蔡斯的小動作。州長丹尼森提醒林肯，蔡斯正「忙得像一隻水獺一樣」，[124]蘇爾德也警告林肯，有好幾個團體「已經決定要爲蔡斯先生控制代表名單」。[125]俄亥俄州的國會議員山繆·考克斯（Samuel Cox）也警告白宮，說蔡斯「幾乎已經跟所有新英格蘭州的力量」都達成了合作關係。[126]一位賓州的政界人士告知白宮，蔡斯非常積極地爭取他的支持，他甚至可以看見「他的雙眼冒出了對於總統職位的渴求光芒」。[127]約翰·海伊還得知，蔡斯跟紐約的報人席爾多·提爾頓（Theodore Tilton）聯絡，「整個夏天」都在忙著要把深具輿論影響力的《獨立報》拉到他那邊。[128]

林肯忠實的年輕祕書對於「蔡斯瘋狂地追逐總統大位」[129]感到很不舒服，但林肯卻覺得很有趣。蔡斯一直棄而不捨地追逐著總統這個位置，讓林肯想到當年他在「肯搭基州的農場上用一匹懶惰的馬種玉米」的時候。那匹馬有一天突然用盡全身的力量衝到「犁溝的盡頭」，他跑到馬的身邊時，發現有一隻「碩大的馬蠅叮了那匹馬一下，他把那隻馬蠅趕跑」，因爲他不想要「讓那匹老馬被咬成那樣」，結果他的同伴覺得把馬蠅趕跑是錯誤的決定，因爲「那匹馬要不是這樣的話，根本就不會動」。

林肯的結論是：「是這樣的，如果說，要讓這位（蔡斯）先生的部門動起來的唯一辦法，就是讓一隻總統蒼蠅叮他的話，那我不會趕跑那隻蒼蠅。」[130]林肯同意他這位部長的手法實在是「品味極差」，[131]而且「他也爲這件事感到遺憾，因爲雖然他個人覺得沒關係，但他的朋友都堅持他應該要覺得不舒服」。[132]林肯的友人不能理解，爲什麼總統繼續同意任命蔡斯的熱中支持者，大家都知道那些人「對總統不利」。[133]林肯唯一的回應是，自己寧願「讓蔡斯進行這些鬼鬼祟祟的小手段，也不願意對他咆哮跟拒絕他的要求」。[134]此外，林肯也不想把蔡斯踢出去，因爲蔡斯非常努力地募集物力與財力，並支援人數龐大的聯邦軍隊。

對於蔡斯的事，林肯的反應並非天眞或不諳世故。林肯的老友李奧納德・史威特認爲，如果有人以爲林肯是個「坦率、毫無心機、純眞的人」，那他就是犯了天大的錯誤。事實上，「他就像是我們在移動棋盤上的棋子一樣，遠遠地操縱著人們。」此外，林肯對於蔡斯所擺出的姿態，並不表示他對於連任的事不熱中。史威特的推測是對的，林肯「對於第二任任期的渴望，甚至超過了第一任。」[135]不論是聯邦、黑奴解放、林肯個人的聲望、他的榮譽，或是他會留下的政績，一切都要看這場正在進行的戰爭結果如何，不過林肯覺得把蔡斯留在他的政府裡，繼續讓他當一個立場曖昧不明的盟友，會比把他開除、讓他可以全力打選戰好。在此同時，只要蔡斯還留在內閣裡，林肯就堅持用尊重的態度對待他。

從蔡斯寫給詹姆士・華森・韋伯的一封信，可以看出林肯溫暖的態度讓蔡斯感到很困窘。韋伯從前是報社編輯，現在則是美國派任巴西的外交使節。蔡斯批評林肯「治國的方式支離破碎」，他坦承自己「常常想要辭職」，然而「總統永遠都對我那麼和善，而且態度是那麼的公平與公正，我沒辦法拋棄我對於他的信任……所以我繼續工作下去」。[136]

林肯跟憂心忡忡的約翰・海伊說，他「一直都很清楚（蔡斯）正在增加自己的實力。每次他（知道）有重大的事情在困擾我的時候，像是我必須決定是否要得罪一些重要人士的時候，他就會站在跟我相反的立場，讓對方相信事情沒有被好好處理，而如果是他（蔡斯）來處理的話，事情一定會有所不同。傅瑞蒙將軍的事是這樣——杭特將軍的事是這樣，當時我取消了他輕率的宣告——巴特勒將軍從紐奧爾良被召回來的時候也是這樣」。[137]約翰・海伊知道林肯說的是實話，雖然林肯會解除羅斯克蘭斯將軍在田納西軍部的職務，完全是出於格蘭特將軍的要求，約翰・海伊推測「蔡斯可能會想要利用羅斯克蘭斯的事並從中得利」。林肯用了幽默的方式回應，他說：「我猜他會跟大頭麗蠅一樣，只要能找到腐爛的地方就會下蛋。」[138]

九月底，密蘇里共和黨內部的不和，幾乎已經要演變成公開的衝突。蔡斯繼續採用激發分裂的手段。林肯希望能讓激進派跟保守派一起合作對抗叛軍，而蔡斯則站在激進的那一方。當時的紛爭集中在戰後重建的議題上。由於解放宣言的適用範圍不包括效忠北方的邊界州，密蘇里州可以自己決定要如何處理境內的黑奴。保守黨員的領袖是法蘭克・布萊爾與貝茲的連襟兄弟漢彌爾頓・甘伯州長。他們支持漸進式的解放，主張在過渡時期提供奴隸主保護。激進派的領導者則包括B・葛瑞茲・布朗（B. Gratz Brown）、查理・德瑞克（Charles Drake）、亨利・布羅（Henry Blow）等人，他們認爲應該訂定州憲法（state constitution），立即廢除奴隸制度。⑬⑨

爭執一觸即發，甘伯州長甚至擔心激進者想要推翻民選的州政府。約翰・M・修菲德將軍（John M. Schofield）是密蘇里州的軍事指揮官，林肯把他安排在當地的目的，是要當作中立的人事布局，但激進派開始認爲修菲德已經變成保守派強硬的支持者。⑭⓪修菲德被控濫用職權逮捕激進黨員的領袖，而且還以軍事需求爲藉口，查禁採取激進立場的報紙。⑭①

九月三十日，查理・德瑞克率領著激進派的請願團到達華府，要求把修菲德解職。雙方預定會面的前一天晚上，林肯跟約翰・海伊討論了這個緊張的情勢。他同意約翰・海伊的論點，認爲「激進派會支持政府，最好不要疏遠他們」。⑭②此外，他也相信「這些激進人士的本質會保護密蘇里州，我們必須仰賴他們」。這些人絕對不會拋棄奴隸解放的理想，而「保守人士則會爲了自己的利益盤算票要怎麼投，他們有可能會跟記錄不佳的人士合作」。林肯告訴他的助手，如果要他選擇，「如果**一定**要打擊一方，看重另一方的話」，他會「選擇激進派這一方」。⑭③林肯在其他場合曾經更強烈地表示過這種偏向，他對外表示「雖然以性格來說，他們充滿了不友善的敵意，但不論是在主張或情感上，激進派對我來說，比另一方還要親近」。雖然他們可能是「全世界最棘手的傢伙……但他們的臉永遠朝向聖城錫安」。⑭④

雖然如此，林肯還是拒絕被迫在兩派之中選擇一方，他對於激進派的主張感到厭惡。激進派要求他對甘伯、法蘭克・布萊爾以及其他保守人士，不僅要當成政治上意見不同的人而已，而是要當成「支持南方的銅頭及政府的敵人」。林肯告訴他們，雖然支持聯邦不僅會影響到這些人士的政治前途，還可能威脅到他們的性命，但他們在早期的時候就勇敢地支持聯邦政府，也因此要求譴責他們「實在是太荒謬了」。代表團聲音宏亮的領袖查理・德瑞克原本是傾向於南方的民主黨人，他對於挑剔黑人共和黨一直有高度的興趣。相較於林肯的態度，「他並不反對悔悟的叛黨成爲激進黨員，他樂觀其成，但要公平，不要五十步笑百步。他支持篇幅簡短的限制法令。」⑭⑤威爾斯了解林肯的困境，他在日記裡寫著：這些激進派的「態度非常強硬」，他們有可能「讓那些共和黨員遭受到更大的傷害……那些跟他們不一樣、對於叛軍不像他們抱持著那麼激進與狂熱的態度的人。」威爾斯感嘆，這種充滿敵意的心態「是這個年代最令人憂傷的時代特色」。[146]

林肯跟約翰・海伊保證，如果激進派能夠「證明修菲德做錯了任何事，而且介入了該州的政治，讓他們處於不利的一方」，他會考慮他們的請求。但如果修菲德將軍是因爲拒絕站在他們那一方，而「招致了他們的敵意」，那麼這就是完全不一樣的事。更確切地說：「我不會違反自己的信念來取悅這些人，雖然他們態度強硬而且勢力龐大」。[147]

代表團一住進威勒飯店之後，蔡斯馬上就邀請他們晚上到家中作客。[148]貝茲得知這件事後，告訴甘伯他「又驚又怒」，蔡斯居然會向這些不共戴天的敵人伸出友誼之手，而「更讓他驚訝的是」，蔡斯居然也邀請了他。貝茲馬上就拒絕了，「我明白地拒絕，告訴他，我不會跟這些人進行友好的社交來往。這些人攻擊我跟我所有的朋友，每天都在說我們是叛徒。」[149]甘伯告訴貝茲，蔡斯會願意款待「這些狗人」，根本就不讓人驚訝，因爲「蔡斯先生就是我們眼前麻煩的始作俑者」。他對於當總統的「可恥野心」，讓他煽動這些對抗，而且如果他決定要跟林肯競爭提名的話，他一定會得到州裡每一家激進報紙的支持。[150]

總統跟這團密蘇里人談了兩個多小時。約翰・海伊評論，德瑞克在宣讀他一連串的要求時，「態度慷慨激昂，好像那些東西眞的很重要，不只是一些空話而已。」[151]林肯專心地聆聽，他讓他的批評者說出他們種種的不滿。他很了解這些人對於接下來的總統選戰很重要，但他覺得他們要求撤換修菲德將軍是因爲其中有誤會。林肯在當天的會面以及在幾天後的一封信上，清楚、冷靜，而且強而有力地解釋自己的立場。雖然他了解他們對於密蘇里州騷動的看法，他並不認爲修菲德「要爲那些不幸的錯誤負責」。林肯告訴他們事情並非如此，其實他們所提出的所有問題，都可以用內戰時期的種種混亂來解釋：「欺騙在戰爭中滋生並茁壯，信心已死，無所不在的猜疑主宰了人們的態度。」林肯告訴他們，除非他拿到證據，證實修菲德將軍眞的利用自己的職權，隨心所欲地支持或反對任何一派，否則他無法秉著良心解除他的職務。[152]沒有人提供他這樣的證據。

約翰・海伊爲林肯感到驕傲，他在日記裡寫著：「雖然總統先生知道，那群人不理智的憤怒會爲他帶來多大的危險，但他沒有任何畏縮的瞬間。他採取了他認爲是正確的立場，並且用他公平公正的邏輯擊退他們。」[153]

貝茲形容，林肯在會面結束之後，「心情很好」，「他說那群人之中，有幾個並不如他所想像的那麼糟」。⑭不過他也明白指出，「不管是誰在掌管密蘇里或任何地方」，那些人都是要向他報告的，「而不是向激進派或保守派負責。」⑮林肯再次解決了危機，沒有讓重要的選民離心離德。激進派離開的那一天，他寫信給修菲德，提醒他「他逮捕他人、查禁集會與報紙的職權」，只限於那些「明顯在傷害軍方的人」。⑯

的確，在幾個月之後，林肯確認了修菲德的確是傾向保守派，未能利用「他的影響力來讓爭執的雙方達成和諧的局面」後，⑰林肯才決定撤換修菲德，讓激進派一向支持的羅斯克蘭斯替補他的位置。⑱但即使如此，林肯在進行職務撤換的時候，仍然下了很大的工夫保護了修菲德的名聲，而在此同時，他也保護了總統的職權，由自己決定在什麼時候才應該更動將領的安排。

在這個緊要關頭，法蘭克．布萊爾讓事態更加惡化。布萊爾在維克斯堡，與格蘭特及薛曼一起創下英雄事蹟之後，在那年十月回到密蘇里。這位軍人兼政治人物爆炸性的言論，讓紛爭更加白熱化。布萊爾在密蘇里州聖路易擠得水泄不通的商人圖書館（Mercantile Library Hall）前，公開表示他反對所有激進派的南方重建計畫。他譴責激進派立即解放密蘇里州黑奴的主張，堅持應該等到贏得戰爭之後再採取行動。他認爲密蘇里人應該專心支持聯邦，所有跟奴隸制度有關的事應該等以後再說。他警告如果激進派取得主控權，整個國家將會「陷入折磨法國的那種革命」，他們會讓自己擔任「法官、證人跟劊子手」，把那些「從戰場上回來，全身沾滿火藥」、但卻不同意他們重建看法的人，送上斷頭台。

布萊爾把他的怒氣發洩在蔡斯身上，他很清楚這位財政部長正希望能夠利用激進派的支持進入白宮。布萊爾對於林肯的忠誠，再加上他對於蔡斯的憎恨，讓他發出了刻薄的辱罵。他指控蔡斯操縱財政部的南北棉花貿易法規，而且還圖利自己的激進派友人，不讓保守派商人取得迫切需要的棉花，然而保守派商人卻是「第一個站出來提供軍隊衣服與武器的人」。支持群衆大聲附和布萊爾的言論時，布萊爾指控蔡斯利用自己在內閣的位置，建造了一部政治機器，企圖讓林肯在下次的選舉中落馬。總而言之，蔡斯這個財政部長是個叛徒加惡棍，跟南方的傑佛森．戴維斯沒什麼不同。⑲

布萊爾的言論激怒了激進派，他們馬上叫他是銅頭跟叛徒。《解放報》批評布萊爾惡意的言論：「他的說話風格並未爲他帶來榮譽，而且不會讓他所擁護的公共政策有所進展」。[160]即使是布萊爾的姊姊伊莉莎白也說他「如果有個人放了一隻小狗來咬他，他一定會踢那隻狗，並且把自己身上的恨意轉移到狗主人身上」。[161]

林肯對於整件事感到很懊惱。他很喜歡法蘭克・布萊爾，但這件事對於他的未來有很嚴重的負面影響。林肯寫了一封信給法蘭克的哥哥蒙哥馬利，「把脾氣暴躁的法蘭克當作我的兄弟而非你的」並提供建議。林肯警告，由於「一場誤會」，法蘭克「可能會跟那些眞正同情他的人永遠分離——那些眞心反對奴隸制的人」。法蘭克讓自己被激怒，而且對他人進行人身攻擊，這樣的行爲可能會讓他最後被驅除出「自己的家。他還年輕，而且才華洋溢，可以做很多事。他應該善用他所有的時間，而不需要把任何一丁點的時間，浪費在自己的脾氣上頭」。國會新會期開始的時候，如果法蘭克還想保留他在議院的席次，就應該把這點銘記在心，否則他將可能必須「用更有益的方式來報效他的國家還有他自己」，回到軍隊。法蘭克最近剛被升爲軍隊指揮官，證明了他「在軍事技能與軍事貢獻上均有進步」。[162]

林肯除了對法蘭克提出忠告外，還有另一位年輕人也因爲過激的言詞，讓自己成爲攻擊目標，而林肯也在訓斥他的溫和信件上，提出了類似的建議。小詹姆士・卡斯上尉（Captain James Cutts, Jr.）由於使用了「不得當的語言」對長官說話，並且公開詆毀長官的功績，差點導致了一場決鬥，並遭到軍法審判。小卡斯是史帝芬・道格拉斯第二任妻子阿黛爾・卡斯（Adele Cutts）的兄弟。林肯赦免了他，告訴他：「眼前你還有美好的未來，你很有潛力成爲將領，不能隨便放棄你的未來。」林肯針對他的未來提供了極爲適切的教訓：「任何一個決心要成就自己的人，不能把時間浪費在私人恩怨上。這樣做的後果令人承擔不起，不但會讓人失去冷靜，也會讓人喪失自制的能力。如果只是要爭相同的權利，大事可以屈服，小事則可以忍讓，就算是跟自己切身相關的事一樣。最好的做法是讓路給一條狗，而不是跟牠爭奪行路權然後被咬。就算是把那條狗給殺了，你還是被咬了。」[163]

法蘭克・布萊爾在密蘇里州對於蔡斯的猛烈攻擊，由蒙哥馬利・布萊爾在馬里蘭州接續下去。馬里蘭州對於戰後重建的問題，也有類似的爭執。蔡斯再次涉入，支持激進派的亨利・溫特・戴維斯成爲國會候選人。戴維斯支持立即解放黑奴，不需要發給補償，並且嚴格規定投票權的限制。[164]十月初，蒙哥馬利在馬里蘭的洛克維爾（Rockville）公開提出反對，[165]他譴責激進派的方案，認爲那些「過激的廢奴主義者」就跟過時的奴隸主集團一樣專橫。蒙哥馬利警告，如果這些人成功地讓反叛的各州執行他們嚴苛的方案，「共和制度將會遭受致命的打擊。」麻州的激進共和黨員桑納主張，反叛的各州退出聯邦，原本就是自毀前程，他們已經喪失了平等參與聯邦事務的權利，而蒙哥馬利則譴責桑納的主張。蒙哥馬利的言論獲得了同派系的支持，但卻在國會裡引發了強烈的反彈聲浪。五十位議員簽署了請願書，要求林肯撤換他在內閣的職務。[166]

林肯再度被迫調和各派之間的利益。很多人以爲蒙哥馬利是在代表白宮發言，但其實不然。事實上，在蒙哥馬利跟溫特・戴維斯之間，林肯在國會席次的問題上拒絕支持蒙哥馬利。他堅持聯邦大會已經提名戴維斯，「不應該有任何反對他的舉動」。[167]最後林肯總統在馬里蘭州最重要的目標透過選舉實現了——共和黨大勝銅頭，讓這個前奴隸州堅定地支持聯邦的理想。諾亞・布魯克斯參加了巴爾的摩的一場大型集會，那場活動的目的是慶祝溫特・戴維斯以及共和黨整體選舉的勝利。布魯克斯看著歡欣鼓舞的布條寫著「奴隸制度已死」時，心中感到非常驚奇，因爲就在不久之前，這個州「差一點就因爲維護奴隸制的問題，被哄騙而公開反對政府」。熱情的群衆顯示了人民的理智與情感已經發生了「一場重大的革命」。布魯克斯讚嘆：「是我們在做夢，還是我們眞的親耳聽到，忠誠的馬里蘭人發表言論支持立即解放黑奴，而忠誠的巴爾的摩群衆則鼓掌喝采，認同最激進的發言。」[168]

蔡斯是慶祝大會特別邀來的講者。根據布魯克斯的描述：「他用了簡單的言語表示同情，並且爲馬里蘭州掙扎的自由之子歡呼，而群衆也熱烈回應他。」支持解放者大獲全勝的結果，被解讀爲民衆對蒙哥馬利・布萊爾還有他「化石般的守舊看法」[169]大大打了一個耳光。蔡斯既興奮又得意，他告訴格里利，他認爲這場活動有著「非常大的重要性」，因爲這場活動顯示了「時機已經成熟」，是該成立「**把奴隸解放當作基本原則**、沒有附加條件的聯合黨（Union Party）了」：[170]一個塞蒙・蔡斯認定會以他爲首的政黨。

李奧納德・史威特擔心林肯的敵手已經討好了「激進的那群人」，成功地讓林肯黯然失色，所以他建議總統應該提出修憲，廢止奴隸制度。史威特回想：「我告訴他，如果他採取了那個立場，那會是最終極的主張，沒有人能夠提出更激進的做法。」「如果他不提出這個主張，他的敵手會。」林肯也認識到「是時候」該修憲了，任何人「要是阻擋修憲，就會被踩過」。然而，整個國家還沒有準備好。爲了求得戰爭的勝利，仍然必須維繫著整個大聯盟裡「不和諧的部分」。此外，林肯反對的理由是：「在國政上，我從來都不會爲了要壯大自己的勢力而做一件事，而我現在也不想開始這樣做。」

史威特認爲林肯優秀的領導能力祕密就在這裡：「他不管人，也不管所有的小事。他仔細推算事件的走向，以及自然會導致某些結果的重大推力。」⑰華盛頓《每日紀事報》的約翰．福奈也注意到，林肯能夠準確地利用直覺判斷，他很會抓時機。福奈認爲林肯「眞的是這個時代裡走在最前面的人，因爲他永遠都跟著最有利的情勢一起前進，而不會等在原地被事件拖走，也不會浪費力氣倉促地跟事件搏鬥」。⑰

22 「仍然在湍急的水流裡」

一八六三年俄亥俄州跟賓州關鍵性的秋天大選來臨時，林肯整個人明顯心神不寧。十月的時候，他跟威爾斯吐露心中的憂慮。他想起了上次慘敗的秋天期中選舉，所以比起他自己在一八六〇零年選總統的時候，這次的選舉更讓他緊張。①

如果反戰的民主黨選得比前一年更好，那代表著北方對於戰爭的支持正在瓦解，而這樣的選舉結果會對軍隊造成很大的打擊，而且還會鼓舞叛軍的士氣。最近北方在戰場上連續取得的勝利，對共和黨很有利，但各方對於公民自由權、奴隸制以及戰後重建的分歧看法，則讓各地對於政府的支持有了動搖。公民自由權的議題在南方聯盟也引起論戰，南方暫時取消了人身保護令，並開始執行戒嚴令，而且立下了徵兵制。②前任的聯盟國務卿羅伯特·圖姆斯譴責南方總統「傑佛森·戴維斯那個惡棍」，採取了「不合法、不合憲的做法」，「違反了司法正義」，爲南方帶來了「專制政治的浪潮」。③北方跟南方的人民都對自己的政府越來越不滿。

林肯特別關心俄亥俄州的選情。④俄亥俄州的民主黨選擇銅頭的克萊門·范蘭迪根作爲州長人選，對上支持聯盟的約翰·布羅（John Brough）。范蘭迪根當時流亡到加拿大，競選主軸爲戰爭是錯誤的，呼籲要「不計一切代價取得和平」——就算奴隸制繼續存在、聯邦分裂也一樣。林肯對於歷史悠久的民主黨選了「像范蘭迪根這樣的人」來當「他們的代表」，感到相當失望。他得到的任何一張票都會是「國家的恥辱」。⑤

在賓州方面，民主黨推出死忠的保守黨法官喬治·伍德握德（George Woodward）作爲候選人，共和黨派出的對手則是當時的州長安德魯·科汀。伍德握德不像范蘭狄根那樣會煽動人心，但他的言論也相當出名。他曾經說過：「奴隸是上天特別賜予美國人民的恩惠。」⑥喬治·麥克萊倫從自己位於紐澤西的官邸，寄了一封表示歡迎的支持信給伍德握德，造成選情更加緊綳。麥克萊倫在信上寫著，如果他是在賓州投票的話，他會「幫伍德握德法官站台並投給他」。⑦

然而，林肯已經從前一年痛苦的選戰中學到教訓，這次他採取了一些辦法來改善得票率：所有來自俄亥俄州跟賓州的政府人員如果想回家投票，都可以得到十五天的假期以及一張免費的鐵路券。林肯總統發現一八六二年的時候，缺少軍人的選票支持，造成了共和黨重大的打擊，所以這次他讓戰場上的軍人也能休假並返鄉投票。⑧

大選前的一個禮拜蔡斯去見林肯，建議如果總統可以讓他暫離財政部的崗位，他就可以跟他的職員一樣，回家投給支持聯邦的候選人。⑨林肯很確定蔡斯會利用這次的選戰之旅，來爲自己的總統大位鋪路，但讓蔡斯在俄亥俄州露臉，可能可以大大幫助聯邦的候選人。

爲了宣傳這次的助選之旅，蔡斯找了記者懷德駱・李德（Whitelaw Reid）同行。⑩他們一起搭火車到俄亥俄州的哥倫布市，一路上並定期發新聞稿給《辛辛那提公報》與美聯社。蔡斯即將搭火車抵達的消息傳了開來，大批群衆在清晨兩點鐘等著迎接他。開心的蔡斯接受了「源源不絕的歡呼聲，群衆大喊著：『我們的老州長萬歲！』『老財政部長，你好嗎？』『很高興看到您回來了。』」蔡斯說自己很感激，「他沒想到會受到這麼大的歡迎」，然後他進行了一場表面上是在讚美總統的演講。蔡斯說雖然戰爭未能「如同應該的那樣盡快」結束，但總統「正非常誠心誠意地盡著自己的全力」。蔡斯暗示，要是換了一個領導人的話，「有些錯誤可能當初就可以避免掉，而有些災難則不會發生。」⑪

蔡斯在俄亥俄州每到一個地方，都會遇到大批的支持群衆。他堅持自己「不是來演講，而是來投票的」，然後進行了一系列推銷自己的演講，並在演講當中巧妙地詆毀林肯。軍樂隊跟著他穿越大街小巷，製造出節慶的氣氛。在辛辛那提的時候，蔡斯的身旁有長長的隊伍，還有軍人隨扈保護著他，他坐在馬車上，由六匹白馬拉著抵達步涅特屋，也就是林肯當年在收割機案中，跟史坦頓發生不愉快的地方。蔡斯在那棟典雅飯店的陽台上簡短說了幾句話，當天晚上，又在塞滿群衆的莫札特廳（Mozart Hall）發表了一場冗長的演講。他在那場主題是「奴隸制」與「戰後重建」的演說中，再次暗批總統。他讚美解放宣言是「這場戰爭的重要里程碑」，要是沒有這個宣言，「我們就無法成功」，但他馬上又加了一句：「要是解放宣言能出來得更早、而且更沒有例外的話，那這個宣言就會更好」。⑫

讓蔡斯踏上這場競選之旅的林肯「算」對了。蔡斯這次出去，吸引了破記錄的聯邦支持者出來投票。在營火跟火炬照耀的公共廣場上，蔡斯這位前州長要他的俄亥俄州州民把這次的選舉看作是「我們國家的審判日，所有的人都在看俄亥俄州」。⑬在投票的前一天早上，他懇求他的群衆「要記得明天是一年三百六十五天中最重要的一天」。⑭

在投票當天，林肯跟往常一樣待在擁擠的電報室裡辦公。⑮半夜的時候，一切跡象都顯示俄亥俄州跟賓州都有好結果，不過總統在結果確定之前仍然拒絕就寢。午夜一點二十分，蔡斯的電報帶來了好消息：「超乎所有的預期，勝利就在眼前」。蔡斯預測布羅跟范蘭迪根的差距會超過五萬票，而且軍人的票開出來之後，差距會更大。⑯早上五點，差距拉大了，布羅落後十萬票。⑰林肯發電報給獲勝的州長當選人：「**至高無上的主啊，俄亥俄州拯救了美國**。」⑱賓州傳來的選舉結果，引起了電報室裡另一陣的歡呼，科汀州長打敗了反對戰爭的對手。史坦頓發了一封電報給約翰．福奈：「所有的榮耀都歸於磐石之州（Keystone State；譯註：即賓州）。」他寫道，賓州在七月的時候，「把反叛的入侵者從她的土地上驅逐出去，現在，十月的時候，她再一次地爲了聯邦團結起來，在投票箱旁打敗了敵人」。⑲

威爾斯跟總統賀喜的時候，發現總統「心情很好」。⑳共和黨在兩個具有指標意義的州打敗了銅頭，這對下個月的國會選舉來說是個好兆頭。蔡斯在這場勝利中發揮了作用，如果他回到家鄉俄亥俄州，會讓他的總統之夢又往前踏了一步，那就這樣吧。林肯了解蔡斯對於總統這個職位的渴望，他說：「一個人要身歷其境，才會了解**那種痛苦**」。㉑他告訴約翰．海伊，如果蔡斯變成總統的話，「好吧，我希望我們永遠都不會有更糟的總統。」

只要蔡斯做好自己財政部長分內的事，㉒林肯就會對蔡斯私底下的動作睜一隻眼、閉一隻眼，但其他內閣成員就沒那麼寬容了。貝茲在日記裡寫著：「恐怕蔡斯已經轉向狂熱地追逐總統之位。」㉓「一般認爲那趟西部之旅是他競選之旅的序幕。」司法部長貝茲在細讀完報上蔡斯的演講後，他嘲諷地評論他這位同僚，「把拯救國家的功勞，都歸功於他個人令人讚賞的金融體系」，讓人想起了歷史上羅馬政治家西塞羅說的：「不死的神啊，我拯救了我的國家。」㉔貝茲認爲蔡斯應該只專心在自己的內閣職務上，但「野心的本質就是會不斷延伸，俘虜住它的被害者」。㉕威爾斯和貝茲一樣，認爲蔡斯對於當總統的渴望已經「扭曲」了他的判斷，讓他利用戰後重建的議題挑撥分裂。蔡斯趁隙整合黨內的激進派，讓激進派支持他。㉖不過，和布萊爾兄弟每天跟友人通信時所提出的嚴厲指控相比較，這些批評都算是溫和的。㉗

蔡斯對於同僚的憤怒不以爲意，他對於這次的旅程滿意至極。他自豪地告訴一位友人：「我沒想到他們會這麼熱烈地歡迎我。」「他們是如此的喜歡我，他們如此的溫暖，如此的尊敬我，讓我非常感動。」㉘蔡斯顯然從來沒有想到，之所以會有如此盛大的歡迎場面迎接他，很重要的原因之一是因爲他代表著總統。另外，聯邦軍隊在蓋茨堡與維克斯堡取得的多場勝利，也是重要因素。所有他收到的讚揚之詞跟恭維信件，他都當作是自己應得的。駐紮在聖路易的詹姆士・貝克（James Baker）告訴蔡斯：「現在我覺得您很有可能會在六四年的競爭中勝出」。又再多說了一些奉承的話之後，貝克希望蔡斯能幫他得到收稅員的工作。他解釋「在馬鞍上」待了好幾個月之後，他得了嚴重的痔瘡，讓他不適合當現役軍人。㉙

蔡斯也從激進派報紙極度的讚頌中得到溫暖。《解放報》寫著：「總統的宣言以及其他打擊殘忍奴隸制度的行政措施，都要歸功給蔡斯，他的功勞比其他內閣成員都要來得大。」㉚《解放報》以爲是蔡斯的影響力勝過了蘇爾德的影響力的緣故，最終讓總統發布了解放宣言。該報認爲：「如果當時在蘇爾德執政的月份裡，他選擇了不屈不撓地催促亞伯拉罕・林肯廢止全國的奴隸制度，告訴他衝突是避免不了的」，那麼「戰爭老早就在六個月之內，以我方取得獲勝的情形下結束。」民眾應該仔細考慮，「若再投老亞伯一票，是否會讓蘇爾德再次成爲代理總統」。㉛

* * *

沒有人會比蘇爾德更清楚他是代理總統的這項宣稱有多荒謬。在一八六三年的秋天，他已經接受而且也敬重林肯對於內閣的完全掌控，而且根據蘇爾德的兒子費德的說法，這兩個人之間的關係「變得非常親密而且毫不保留」。「他們兩個人每天一起工作，他們發現在大部分的事情上，他們擁有相同的政治主張，而且他們還擁有一個並非當時所有人都擁有的特點：他們都認爲人性本善，而且對於國家的未來也有樂觀的看法。」蘇爾德與林肯之間的合作無間，不但讓他們兩個人彼此受益，對於國家整體來說也有好處。

費德・蘇爾德觀察到：「他們一起坐在火爐旁，一起坐在馬車上，他們兩個之間的對話，不管一開始是怎麼起頭的，最後都會歸結到同一件事——國家正在經歷的重大掙扎。他們兩個人都熱愛幽默，不管主題有多麼老生常談，林肯都有辦法用他在西部生活的經歷，找出一些奇特有趣的例子，而蘇爾德則會利用他長期的公職生涯經歷帶來新鮮的看法。」[32]

費德・蘇爾德講了一則軼事。一八六三年十月的一個早晨，他的父親去見林肯。「總統先生，他們說我們正在竊取國家大權，所以我今天是來建議你，我認爲我們應該竊取另一項國家大權。」林肯從成堆的文件中抬起頭來，問蘇爾德：「那麼，州長先生，你現在想要偷什麼？」蘇爾德回答：「指定感恩節的權利！」他解釋，當時感恩節的日期是由各州的州長自行決定，每一州都不一樣，爲什麼不讓感恩節成爲全國性的節日呢？林肯馬上回答他，他認爲總統「有權像個州長一樣感謝上帝」。[33]

蘇爾德接著建議林肯，宣布邀請「全美各地」的人民，不論他們人是在海上或海外，「都挪出時間，遵守一起在十一月的最後一個週四」感謝「我們慈愛的天父」。這份公告也請上帝眷顧「所有成爲寡婦、孤兒、送葬者以及受難者的人們」，請上帝「治癒國家的傷痛」，讓美國能夠重新回到「和平、和諧、安寧與統一的狀態。」[34]林肯第二任的就職典禮會再度出現同樣的情感訴求。如同蘇爾德爲第一次的就職演說所建議的「神祕和弦」，林肯會把蘇爾德的語言轉換爲強而有力的宏亮詩篇。

林肯跟蘇爾德彼此之間的信任，讓他們兩人在遭受激進派與保守派永不停歇的攻擊時，都能夠撐下去。在政治砲火的攻擊下，這兩個人都保持了令人敬佩的冷靜。林肯告訴祕書尼可萊他在接見密蘇里的激進派人士之前，蘇爾德曾要求他在準備回覆的方式時，「一個字都不要跟他說」，以免有人會說他在這件引人爭議的事情上影響了總統。然而林肯說，雖然他們兩個人小心翼翼，溫德爾・菲利普仍然發表了一場慷慨激昂的演說，並指

責白宮的回應，說「那整封信都是蘇爾德寫的」。㉟

十一月的國會大選來臨時，林肯跟蘇爾德都希望北方會全力支持政府、聯邦以及戰爭。他們知道這次的選舉會是明年總統選舉的前哨戰。一次兩人在火爐邊談天的時候，蘇爾德跟林肯保證，他對於總統職位的嚮往「都是過去的事了，已經沒有了」，他強烈希望林肯會成爲林肯「自己的繼任人」，林肯是他唯一支持的人選，因爲等叛軍「發現人民再次重申他們希望由您當總統的選擇時，我認爲叛軍就會瓦解。」㊱

十一月三日選舉日的前兩天，蘇爾德前往奧本。好幾個禮拜以來，他都在擔心兒子威爾的病情。威爾在軍隊裡感染了傷寒，正在家中休養。他發著高燒並出現嚴重腹痛，病情越來越惡化，他每天只能短暫坐著一段時間，而且必須有人幫忙把他從床上抬到椅子上。㊲選舉讓蘇爾德有機會照顧兒子，並順便在紐約拉票。

林肯也很關心年輕的威爾，他很喜歡也很看重這個年輕人。在上個春天，林肯要駐守在維吉尼亞的威爾向白宮報到，說有個特別的任務要交給他。威爾後來回憶，那天通往首都的道路「極度泥濘」，他「渾身是泥」地出現在總統的門前，看起來「比較像是個流浪漢而非軍人」。不過，「老門房認得他」，他很快就被叫進總統的書房。林肯溫暖地迎接他，並把一封祕密電報交給他，要他送到路易斯安那州班克斯將軍的手中。林肯警告，他將會路經「具有敵意」的地區，所以他「必須冒險獨自上路」。這封電報「非常重要，絕對不能落入敵人之手」，所以他應該把內容記在腦海裡。威爾在那天晚上出發，並安全地把情報送達。㊳

蘇爾德回家的時候，發現威爾的情況穩定。選舉日的前一天晚上，他對奧本的群眾發表了一場演說。首先他樂觀預期叛軍「將會被消滅……而奴隸制也會跟著消失」。㊴蘇爾德樂觀的言論可能會在某些地區引起批評的聲浪，但他解釋：「政治就跟宗教一樣，是信仰，而非意志消沉，能讓人翻越高山，往天國邁進。」蘇爾德預測，在接下來的選舉中，聯邦支持者的勝利將會再次強化他的信念。他說：「選舉的目標就是戰爭的目標，也就是要讓亞伯拉罕・林肯總統」在南方「也成爲實質的領導者」，就跟他在北方一樣。「要到亞伯拉罕・林肯總統成爲全美國的總統之後，我們才能享有和平安詳的生活。」㊵接著蘇爾德觸怒激進派，向南方伸出友誼之手：「我願意讓浪蕩子回家。就我而言，大門永遠會向他開啟。」㊶

選民在週二前往投票所的時候，林肯發了一封電報給蘇爾德。他問：「你的兒子情況如何？」㊷蘇爾德回覆：「謝謝，威廉（William；譯註：即威爾）好多了。」「我們的朋友預估我們在紐約州會贏（兩萬五千票）。」㊸結果紐約開票結果比這個預估更好，逆轉了前一年的失敗，政府贏了三萬票。㊹蘇爾德回報除了紐澤西州之外，「銅頭的精神被壓垮，只能俯首稱臣。」㊺

＊＊＊

選舉過後，一股節慶般的氣氛籠罩著美國的首都。華盛頓的官員正在準備十年來最大的社交盛事：凱特・蔡斯跟威廉・史普拉格的婚禮。總統、整個內閣，以及名單經過篩選的眾議員、參議員和將軍等五十位貴賓，都受邀參加十一月十二日週四晚上的結婚典禮，地點在蔡斯宅邸的大廳。新人交換過誓言之後，另有五百名貴賓受邀參加晚宴。㊻

好幾個禮拜以來，報紙都在討論這場婚禮的八卦。小道消息指出，史普拉格送給凱特一頂價值五萬美元的鑽石頭冠。㊼婦女讀者津津有味地讀著「新娘的嫁妝——禮服、珍珠、鑽石、蕾絲、銀器，以及所有跟這場百萬富豪婚禮有關的珍貴禮物」，所有細節都不放過。㊽好奇的探聽者討論著有哪些達官貴人抵達了威勒飯店。豪華的婚禮讓大眾有機會喘一口氣，暫時逃離戰爭所帶來的無止境的傷痛——傷亡報導、醫院裡哀嚎的情景，以及軍隊將要交戰的傳言。

對於塞蒙・蔡斯來說，即將來臨的婚禮讓他五味雜陳。他在婚禮前十三天寫了一封信給史普拉格，他說出心裡話，告訴對方，他開始「了解一旦她離開了之後，一切將會有多麼不同」。蔡斯心愛的女兒長期以來「無微不至地照顧著」他生活中的大小事。「一直以來，她都是那個比較體貼的人，也是顯露出更多愛意與關懷的人，而現在的她更是比任何時候都要顯得戀家。」雖然之後他們還是都會住在華盛頓，但蔡斯了解他再也不能享有凱特全部的愛。㊾史普拉格在回信中向蔡斯保證，他完全能明白他們之間「崇高與神聖的關係」，他「絕對會很高興讓他們父女間，繼續維持著迄今以來同樣的關係」。史普拉格承認，他過去「忽略了自己的身心」（這裡很可能是指他的酗酒問題），但他保證從今以後會照顧自己，而且「我會用上帝賜給我的良好健康，好好運用自己的天賦。我希望能爲我這個時代以及這一代的人做一些有益的事」。[50]

凱特周遭的人注意到，隨著婚禮越來越近，她的情緒開始強烈起伏。約翰・海伊描述，就在婚禮的幾個禮拜前，他帶凱特去看瑪姬・米契兒（Maggie Mitchell）主演的《薩伏依之珠》（*The Pearl of Savoy*），結果她「哭得跟個嬰兒一樣」。[51]那齣戲的主要劇情圍繞著女主角瑪莉一場痛苦的戀愛。瑪莉出生農家，單純的她愛上了一位年輕的農夫，但有一個好色的貴族阻撓兩人的戀情。那個貴族決意要將這個美麗的年輕女孩佔爲己有。在富有追求者的設計之下，除非瑪莉自願獻身，否則他們一家人將失去自己的農場。瑪莉左右爲難，一邊是她所敬愛的父親，一邊是她對於年輕農夫的愛，最後瑪莉瘋狂了。[52]也許凱特會爲了這種通俗劇而流下那麼多的眼淚，是因爲她覺得自己很像那個忠於父親且深受折磨的女主角。

這場灰姑娘式的婚姻最終會以悲劇收場，凱特會陷入貧窮。歷年來記者跟歷史學家都做了探討，深入分析凱特對於史普拉格的感情。許多人都推測，凱特決定嫁給史普拉格是出於「一個經過冷酷計算的計畫，目的是要得到史普拉格的百萬財產」，以協助「她生命中的兩大熱情——她的父親以及政治」。[53]據說「在她的眼裡，所有的男人跟她的父親相比，都顯得無足輕重」，沒有任何人曾經「得到過她任何一絲的情感」。[54]凱特如果嫁給史普拉格，她的父親就再也不用擔心錢的問題，這場婚姻將可以爲一八六四年鋪天蓋地的總統大選，提供充足的資源。

即使是那個時代的記者，也留意到史普拉格除了家財萬貫之外，實在不太具備迷人的人格特質。史普拉格很早就離開學校到棉花廠工作，他「甚至對於最粗淺的人文知識、科學知識、風雅或大眾文學，都沒有最基本的認識」。此外，他的「外表又矮、又瘦，實在不討人喜歡」。話雖如此，《布魯克林每日鷹報》（*Brooklyn Daily Eagle*）留意到，雖然史普拉格的外表並不吸引人，但「在金錢方面，他的身家有好幾百萬美元」。[55]海軍部長基迪恩・威爾斯在日記裡寫著：「凱特小姐的才能與抱負足夠夫婦兩個人用」。[56]

亨利・亞當斯這一派則認爲，凱特的婚姻是在爲她的父親犧牲。亞當斯把凱特比擬爲耶弗他（Jephthah）的女兒。[57]耶弗他是聖經中的一個戰士，他答應上帝，如果自己在戰場上得勝，他會把第一個迎接他凱旋歸來的人奉獻給上帝作爲燔祭，「無論那是誰」。耶弗他帶著勝利回到家的時候，在門口迎接的是他唯一的孩子——他的女兒。這個痛苦的父親準備著火祭的柴堆時，他的女兒安慰他，告訴他她接受自己的命運，因為對上帝做出的承諾是不能反悔的。

這個故事描述了一幅犧牲奉獻的圖像，但凱特自己的話證明了實情有所出入。她在五週年結婚紀念日即將來臨的前夕，在日記上寫下自己的心情。她回想自己結婚的前一晚：「記得那是五年前一個安靜的月夜，那個女子的心中充滿著希望與美夢，她的事業獨立又成功，活躍於社交場合，具有影響力，周圍除了和善的朋友之外，許多人準備好恭維她，向她獻上敬意。她習慣於支配，人們臣服於她，她隨心所欲，一切超乎她所期盼與應得的成功，但她準備好了，她沒有發出任何一絲後悔的嘆息，她要把這一切還有更多更多的一切放在愛的聖壇上，交換一個更為誠摯與真實的人生：一個充滿著幸福與愛的長長的一生。」

凱特憶起那天晚上她祈禱著自己將會扮演好自己的角色，成為「十全十美」的好妻子。她「將會成為他的伴侶、朋友與支持者，簡單來說——他會成為一個心滿意足的丈夫。這個美夢是由愛與美、崇高與尊貴編織而成。我們的生命將結合在一起，我們將展開一個無與倫比的美好未來。」凱特繼續寫著，她在威廉「幸福的懷抱裡」時，「喔，那難以形容的安詳、令人喜悅與心滿意足的情景」。她感覺到自己像個「孩子一樣，心中滿是安全感與信任。她贏得了一個情人，找到了一個保護者，一個值得珍惜的丈夫……我的心中毫無保留，他不會看到任何隱祕的角落，他是第一個與唯一一個住在我心中的男人」。

婚禮即將開始的幾小時前，「大批的群眾，不分男女老幼」聚集在蔡斯的宅邸前，觀看賓客的隊伍。[59]根據華盛頓《每日紀事報》的報導，興奮的群眾「非常和善」，馬車排成一長排，裡頭的賓客下車並走進官邸的時候，群眾會友善地交頭接耳。[58]內閣閣員陸陸續續抵達，所有的人都到了，只有蒙哥馬利・布萊爾拒絕參加婚禮，不過他八十歲的老父非常享受這個場合，而且「還是典禮上很閃耀的一顆星」。[60]萊昂思爵士跟法國部長亨利・梅西爾伯爵（Count Henri Mercier）抵達的時候，引起了騷動。哈勒克將軍、麥克道威爾以及羅伯・C・宣克（Robert C. Schenck）進場的時候也是一樣。[61]

《紀事報》報導，「大家都焦急地等著林肯總統的出現」。在晚上八點半、距離典禮預計開始時間只剩幾分鐘前，林肯的馬車抵達了。他沒有帶護衛，林肯夫人也不在他身邊。[62]根據瑪麗事後的說法，她拒絕向這對

「自以爲是神的蔡斯父女二人組」「行禮致意」。[63]毫不意外的，報紙注意到瑪麗沒有出席婚禮。根據諾亞・布魯克斯後來的報導，林肯「在婚禮上待了兩個半小時，讓自己可以『擺脫』平常總統宴會的窮酸感」。[64]

不過，當凱特「穿著光彩奪目的白色天鵝絨禮服，拖著長長的裙襬，臉上罩著華麗的蕾絲面紗」，頭上還戴著由珍珠跟鑽石做成的嶄新頭冠，從階梯上走下來的時候，所有的注意力都在她的身上。羅德島的英國國教主教蒞臨典禮現場的時候，海軍樂隊演奏了專爲這場婚禮所譜寫的進行曲。[65]新人交換完誓言後，「蔡斯是第一個親吻新娘的人」。[66]婚禮提供了豪華的晚宴，接著是賓客在晚宴廳裡翩翩起舞直到午夜。[67]

約翰・海伊覺得這場婚禮「非常光彩奪目」，他注意到凱特「原本死板、有禮的生硬禮節全都消失了，她似乎覺得自己成功了」。[68]隔天早上這對年輕的新婚夫婦出發前往紐約，[69]他們抵達第五大道飯店（Fifth Avenue Hotel）的時候，吸引了大批想要親眼見到這位年輕新娘的女性群衆。她們在報紙上讀了她所有的婚禮細節。

婚姻並沒有讓蔡斯父女間固定的通信減少。婚禮結束後還不到一個禮拜，蔡斯寫信給凱特：「你的信，那封充滿了甜美話語與美好思想的信，在昨天抵達了。」「我不需要告訴你那封信有多受到歡迎。」[70]蔡斯的新女婿也是一個很會寫信的人，這點讓蔡斯十分驚喜。他回信給史普拉格：「我的心充滿著對於你們兩個的愛。」「一想到等在你們面前的幸福未來，我就欣喜萬分，我從來沒有預料到事情會如此美好。我擔心你們兩個的心性有些不同——太愛這個世界，愛這個世界的事物與外貌——我對這些幾乎一無所知，但我發現你們彼此全心全意地信任對方……而且最重要的是，你們都仰望著上帝，祈求著祂的祝福與指引。」

在蔡斯的信裡，唯一讓他感到不安的一件事就是：「我擔心小凱特可能有點太擔心我的政治前途。她不能這樣。」蔡斯告訴史普拉格，「不管是誰」，世界上沒有任何東西會比「一個人的政治前途還要不確定：特別是政治前途是由大衆的喜好所決定的。這種喜好受到情緒影響的程度跟理智一樣大」。蔡斯告訴他的新女婿，這個國家需要林肯以外的領導者，但他也明白地堅持，絕對不會讓自己「被牽扯到任何會跟林肯先生敵對或撕破臉的位置上。他一直都對我非常的公平與友善；他在奴隸制這個大問題上，漸漸地跟我的意見完全一致。雖然速度比我希望的還要慢上許多，但他一直朝著我的方向前進；而且他寬厚的個性中，有許多特質都贏得人們的尊重與敬愛；任何他可能會認爲無法與全然的榮譽與誠懇共存的事物，我永遠都無法表示贊同」。[71]

* * *

凱特的婚禮結束之後不久，在禮拜二的一場內閣會議中，林肯告訴他的閣員，他會在那個禮拜四前往蓋茨堡。那一天是歷史上的一八六三年十一月十九日。林肯受邀致詞爲蓋茨堡公墓揭幕，讓去年七月埋在戰場與醫院附近的聯邦士兵，能夠「被適當的掩埋」。著名的演說家與哈佛前校長愛德華・艾佛瑞特受邀擔任主要演講人，而林肯總統會接在他後面。[72]林肯告訴內閣，希望大家能跟他一起參加這場儀式。蘇爾德、布萊爾與約翰・亞瑟馬上同意，但其他人則擔心公務太多走不開，[73]特別是在幾個禮拜之後，他們就要向國會提出年度報告了。

林肯對於這趟旅程感到焦慮，他告訴友人沃德・雷蒙，他那一陣子「極度忙碌」，沒有辦法找出時間靜下來好好寫講稿。他「非常害怕他沒有辦法好好表現，更不要說符合民眾的期待了」。[74]史坦頓原本爲總統一行人特別安排了一輛火車，他們會在儀式的當天早上出發，當天晚上就回華府，但林肯把出發時間改到禮拜三。他解釋：「我不希望因爲任何一絲的小意外，讓我們一敗塗地。一切順利的話，這次只會是一場讓人喘不過氣的夾道酷刑（running of the gauntlet）而已。」[75]或許除了這個理由之外，林肯也想早點從白宮出發，讓自己有更多時間準備講稿。

在出發的前一天，林肯告訴友人，他已經「找到時間寫了一半的演講」。[76]許多記載都說，林肯是在四個小時的緊迫車程裡，完成了他的講稿。火車中途在漢諾威交會口（Hanover Junction）停下來的時候，一個年輕人從窗戶外偷看，年輕人清楚地回憶總統正在忙著處理某個文件，「他把他的高帽子當作是臨時的桌子。」[77]其他人則宣稱，火車開動的時候，林肯在一個信封上寫下了一些東西。[78]人也在火車上的尼可萊則堅持，林肯全程都沒有寫任何東西，總統放鬆心情跟同行的人開心交談，分享幽默的故事。[79]

林肯抵達蓋茨堡之後，被護送到儀式主辦人大衛・威爾斯（David Wills）的家。當天晚上，林肯與安德魯・科汀州長以及愛德華・艾佛瑞特，[80]一起在威爾斯家過夜。《紐約時報》報導：「所有的旅館還有民宅都擠滿了人。」「人們從全國各地趕來參觀戰地，從今以後，蓋茨堡的名字將永垂不朽。」[81]晚餐過後，林肯回到房間內完成講稿，此時一群民眾聚集在房子前面對他唱小夜曲。林肯走到門前跟大家道謝，但沒有跟群眾說幾句話。林肯的理由很簡單：「我沒有話要說。在我這個位置的人，不要說任何蠢話是很重要的。」見到林肯不願意發言，群衆中冒出了一句嘲諷：「好像你有辦法做到一樣」。林肯馬上回應：「這種情況下，通常唯一的一個辦法，就是什麼話都不要說。」林肯的機智逗樂了群衆。[82]

林肯回到房間後，派僕人到樓下多拿幾張紙。[83]史坦頓的電報傳來了好消息。當天早上林肯離開的時候，泰德身體不舒服嚇到了瑪麗。泰德情況好轉的消息，[84]讓林肯鬆了一口氣，現在他有辦法專心準備講稿了。他一行一行的檢視講稿，修改他還不滿意的結尾。

在此同時，群衆湧到公共廣場上羅伯・哈普（Robert Harper）的家，當天在那裡過夜的是蘇爾德。蘇爾德對於民衆的小夜曲發表了一篇眞誠的演說，結尾並感謝全能的上帝，「希望這是這個國家最後一場自相殘殺的戰爭——人類曾被賜予過的土地中，這個國家是最富饒、最廣大、最美麗的，而且有能力完成偉大的使命。」[85]演講過後，這位心情愉悅的國務卿進到屋內，但接下來的幾個小時內，他都表現出非常沉著穩重的樣子。他的內斂，讓同樣也借住在哈普家的班傑明・法蘭奇堅持自己「很少（如果眞的有的話）碰到能夠像威廉・H・蘇爾德國務卿如此完美自制的人。他提出了許多原創、令人印象深刻的議題。他的談話，不論主題是什麼，都值得寫下來並予以保存。如果蘇爾德也有一個包斯威爾（J. Boswell）幫他記錄，就像包斯威爾幫英國文學家約翰生（S. Johnson）記錄言行並作傳一樣，那麼他的談話與言論集合起來，將可成爲這個時代最有趣也最實用的一本書。他是這個世代裡最偉大的人物之一。」[86]

晚上十一點過後，林肯走下樓梯，手上拿著講稿，想跟蘇爾德談一談。他最尊敬與信任的就是蘇爾德的判斷，或許他是想要讓他看一看他的講稿。林肯徒步走到哈普的家，並跟蘇爾德會晤了大約一個小時，然後準備回房就寢，但廣場上興奮的大批群衆不會那麼輕易就散去。[87]法蘭奇回憶：「他們唱歌、吶喊、歡呼。」法蘭奇的窗口，傳來了一首流行歌曲的副歌大合唱；「我們來了，亞伯拉罕父親，又有三十萬人來了。」[88]

隔天早上用過早餐之後，林肯爲講稿做了最後的修改，[89]然後小心翼翼地摺起來放進大衣的口袋。他騎上一匹栗色的馬，跟著隊伍朝著公墓前進。跟他一道的還有九位州長、國會議員、外交部長、軍隊將領，以及三位內閣成員。[90]海軍上尉亨利・克萊・科克倫（Henry Clay Cochrane）回憶當時蘇爾德騎在林肯的右邊，「完全沒有注意到」他的褲子拉到了鞋子上，露出了不適合這個場合的「灰色手工襪子」。[91]

大約有九千名的民眾成半圓形圍在講台前方，林肯坐在第一排，左右兩旁是艾佛瑞特跟蘇爾德。[92]艾佛瑞特用兩個小時發表了記在腦中的講稿。他莊重肅穆地描述在戲劇性的三天之中發生過的各場戰役。據說林肯的身體「從一邊換到另一邊，他交叉著雙腿，眼睛直視著講者。過了一陣子之後，他又變換姿勢，把下巴撐在他的右手掌上」。[93]另一名在場的人士，則記得林肯拿出了自己的講稿看了一眼，然後又放回口袋。[94]

法蘭奇大力稱讚艾佛瑞特的演講，認爲這場演說「不可能被凡人超越」。[95]不過幾名通訊記者的反應則沒那麼熱烈，《費城年代報》（*Philadelphia Age*）的編輯在報上寫著：「很少有人能夠話講得這麼長，但卻又幾乎什麼都沒說」。「他給了我們長篇大論，但沒有發自內心的情感……他講話的樣子，就好像他是一個歷史學家，也好像他是個編百科全書的人，或是隨筆作家，但就是不像一個演說家。」[96]

艾佛瑞特走回自己的座位時，林肯站了起來，緊緊握住他的手，誠摯地恭喜他完成了一場精彩的演說。十五歲的喬治・吉特（George Gitt）當時站在講台下方，他後來回憶：「總統站起來的時候，躁動的群眾全都靜了下來。我記得非常清楚，四周是如此的安靜，他的腳步聲帶來了回音，我還聽到木板發出了嘎吱嘎吱的聲音，好像有人走在一棟空房子的走廊上一樣。」[97]

林肯戴上鋼邊的眼鏡，然後看了一眼講稿。[98]雖然他只有很短的時間可以準備這次的演說，但對於他所選擇的主題，他已經認眞思考了將近十年的時間。美國近代作家蓋瑞・威爾斯（Garry Wills）爲這場演講做過絕佳的分析：「他在一八五〇年代的時候，一直不斷地把當時最敏感的議題，跟獨立宣言最重要的精神連結在一起。」[99]林肯跟政治敵手史帝芬・道格拉斯辯論的時候，重複提醒聽眾獨立宣言做了多麼深遠的保證。林肯說總有一天「這個種族、那個種族、還是另一個種族比較低下……這些所有無關緊要的爭吵」，都會消失，取而代之的是「人人生而平等」的眞理。[100]

解放宣言發表的二十個月之前，林肯總統就曾經告訴過約翰・海伊，「這場戰爭的主要意義，在於我們必須證明全民政府並不是一件荒謬的事。」林肯預測，「如果我們失敗了，這甚至證明了人民沒有辦法治理自己。」[101]爲了那一個理想，已經有成千上萬的人犧牲了自己的性命。這次在蓋茨堡，林肯再次發表了同樣的信念，但這次他所使用的語言更爲精鍊、更爲有力。

林肯的第一句話是「八十七年前……」

> 我們的祖先在這個大陸上建立起一個新的國家。這個國家以自由為立國的精神，致力於實現人人生而平等的主張。
>
> 目前我們正在進行一場重要的國內戰爭。這次戰爭考驗著我們的國家，也考驗著任何一個擁有同樣理想與目標的國家，是否能夠長久存在。今日我們聚集在一場偉大戰役的發生地。我們來到這裡表示敬意，將戰場上的一小塊土地奉獻給那些為了國家的生存英勇捐軀的人們，作為他們的最後安息之地。這完全是我們應當做的。
>
> 然而，從深一層的意義上來說，我們沒有能力奉獻這塊土地，也沒有能力使這塊土地變得更為神聖。因為在這裡奮鬥過的那些活著的和已經死去的勇士們，已經使這塊土地變成一片聖地，微小的我們無力增減此處半分的神聖。我們今天在這裡所說的話，世人不會留意，也不會記住，但是這些英雄的功績，人們將永誌不忘。我們還活著的人應該做的，是完成他們未竟的事業，那些他們曾在此為之奮鬥、努力推進而未完的偉大工作。我們應該獻身於他們留給我們的偉大任務。先烈已經奉獻了性命，我們應從他們的榜樣中汲取更多的精神力量，絕對不使他們的鮮血白流。我們應努力使國家在上帝的庇佑之下，獲得新生的自由，使我們這個民有、民治、民享的政府永存於世。[102]

喬治・吉特感到一陣敬畏。根據吉特的回憶，林肯發表完演說之後，「所有在場的人都站著不動，現場鴉雀無聲」。「這場簡潔的演說突然間就結束了，讓聽衆都愣住了。他們呆站在原地，要不是林肯已經轉身走向他的椅子，現場可能會繼續保持靜默好一陣子。最後人們終於開始鼓掌。」[103]一開始，林肯可能以爲群衆鴉雀無聲是因爲他們不認同演說的內容。他一發表完之後，馬上轉身對沃德・雷蒙說：「雷蒙，這場演講不行！完全失敗了，民衆很失望。」[104]愛德華・艾佛瑞特比他了解「眞相」，隔天他對林肯表達了他的驚嘆之情，寫信告訴他：「如果我能說自己在兩個小時的時間內，已經盡量闡揚了這個儀式的主要精神，就像您在兩分鐘之內就能做到的一樣，我當十分慶幸。」[105]

林肯把國家的建國歷史以及戰爭的意義，用每個美國人都能懂的語言與概念說出來。這個放棄睡眠、將父親的奇談重新講述成小男孩也能懂的故事的孩子，他把他的國家過去、現在以及未來的理念，鍛鍊成精簡的篇章，世世代代的學子，都將把這個篇章背誦與銘記在心。

＊＊＊

林肯從蓋茨堡回到華府後，看到了札查里亞・錢德勒令人心情不悅的一封信。錢德勒是密西根激進派的參議員，踏入政壇之前，以紡織跟不動產致富。他一直是林肯身邊的一根刺，不斷地批評林肯對於戰爭所採取的做法。他批評他信任小心翼翼、保守的將領，還批評林肯不願意解放黑奴。[106]錢德勒在之前九月警告川布爾：「看在上帝還有這個國家的分上，派個人跟著（他），好好看緊他，不要讓他亂來。」[107]

國會報告即將來臨，錢德勒尚未看到林肯的隻字片語，就預測這次的報告會是一場大災難，事實上林肯才剛開始草擬內容。錢德勒在報紙上讀到政治顧問梭羅・魏德與紐約州長愛德溫・摩根造訪了白宮，而且還強力主張林肯應該在國情咨文中，採取「大膽的保守主義」立場。錢德勒警告總統，如果他默許了這個建議的話，他就會危害到這次秋天選舉所有的勝選成果。總統必須了解，在所有勝選的各州，激進派的政見都佔了優勢。錢德勒以上對下的鼓勵口吻說，只要林肯能夠「**堅定地**」抗拒魏德、蘇爾德與布萊爾那班人的影響，他就能夠當「情勢的主人」。「他們是你脖子上的重擔」。如果林肯能夠拋掉那些人的話，「他們的政治生命就會永遠結束」，激進派所吸引的選票證明了那點。「保守派跟賣國賊被埋在一起了，看在老天爺的分上，不要再把他們的屍體挖出來放在你的咨文上，他們會臭不可聞，比已經埋了三天的拉撒路（Lazarus；譯註：聖經中的人物，耶穌曾使其死而復活）還要可怕。」[108]

要是在平常，林肯會把錢德勒傲慢的信件放到一旁，等到自己的怒氣消退後再來處理。但這次林肯並沒有壓抑自己的憤怒，顯然錢德勒刺到了他的痛處——錢德勒是在暗諷林肯不了解自己在做什麼。雖然總統會聽取衆人的意見，但他很自豪自己向來都是用自己的方式做出最後的判斷。此外，錢德勒毀謗魏德、蘇爾德與布萊爾，說他們這一群人都應該埋到叛徒不名譽的墓穴裡，林肯不能認同這個說法。

他冷冷的回應：「我親愛的閣下，在過去的十天裡，我的確是見過（愛德溫・D・）摩根跟梭羅・魏德，但是是單獨會面，不是一起，而且他們兩個人都沒有提到即將來臨的國情咨文報告。此外，就我記憶所及，他們兩個也沒有提到半句會讓我想起國情咨文的話。我很高興今年秋天的選舉進行得很順利，而且我也沒有受到邪惡的天性或邪惡的力量影響，並因此做了什麼不會帶來好結果的事。我希望能夠『堅定地』不要後退，但也希望不要因為衝得太快而毀掉了國家的目標。」⑩⑨

林肯無法容忍錢德勒的原因，可能也跟他得了輕度天花、身體不適有關。⑪⓪林肯病了好幾個禮拜，疾病損耗了他的自制力，不過他的幽默感沒有受到影響。他告訴探病的人：「是的，這種病很嚴重，但也有好處。這還是我就任以來，第一次叫得動所有的人。」⑪①為了病情著想，林肯被迫臥床休息，這下子他終於有空完成他的國情咨文。林肯得以從原本忙翻天的生活，得到短暫的休息機會，而這次的休息很有助益。對於戰後重建的複雜問題，他得以寫下自己的看法。林肯把戰後重建的問題，看作是「實際的治國能力所面臨的最大挑戰」。⑪②

諾亞・布魯克斯提到，大部分的人都以為總統會跟保守派的建議一樣，「完全不提重建的問題」，或是總統也可能遵從激進派的建議，「提出詳盡、果斷的計畫」。沒有人料到最後林肯提出了「如此原創的國情咨文」，聰明地讓黨內分裂的兩方勢力都安靜下來。⑪③宣讀咨文的時候，約翰・海伊也在場。當天晚上他在日記上寫著：「我從來沒有見過一份公告能有那麼大的效果。」「錢德勒很開心，桑納眉開眼笑。在此同時，政治上站在另一邊的（詹姆士・）迪克遜（James Dixon）跟雷瓦帝・強森，也都說這次的報告十分令人滿意。」⑪④

激進派對於林肯提出的辦法很興奮：在總統特赦所有的反叛者或恢復其財產權之前，反叛者都必須宣示效忠聯邦，而且也必須接受黑奴解放。林肯表示：拋棄承諾讓奴隸得到自由的法律與宣言，將會是「對於信念的殘酷與驚人破壞」。林肯並說：「我保持著我目前的立場，但我不會試圖撤回或修改解放宣言。已經依據宣言的規定或國會的法令而得到解放的所有人士，我也不會再次讓他們成為奴隸。」⑪⑤這個聲明讓桑納情緒激昂：「他讓解放成爲重建的基石」。[116]密蘇里的激進派亨利・布羅也認可這次的咨文。他近日雖然曾經嚴厲批評過林肯，這次卻讚美他：「上帝保佑老亞伯，在激進派之中，我一直是相信總統的那個人。」[117]

激進派質疑林肯對於奴隸制的立場不夠堅定，但這些猜疑再一次證明了是空穴來風。八月初，林肯寫信給納撒尼爾・班克斯，陳述了他對於戰後重建以及解放問題的看法。班克斯是負責統帥路易斯安那州佔領區的將軍。林肯不願意在克里奧爾州（the Creole state；譯註：即路易斯安那州）採取獨裁的治理方式，他「願意讓路易斯安那州制定新的州憲，讓州憲納入解放宣言的精神，並讓宣言不適用的地區也接受奴隸解放。在此同時，我認爲路易斯安那州也會願意採取某些能配合現況的社會體制，讓兩個種族能夠擺脫舊有的關係，逐漸融合在一起，而且讓兩個種族都準備好面對新的生活方式。計畫的內容應該包括教育年輕的黑人」。[118]

林肯同意所有的反叛州都必須解放黑奴才能接受重建，但他仍然拒絕容忍激進派想要懲罰南方的慾望。他提出除了在南方聯盟政府擔任高階職位的人之外，願意發誓效忠者全部可以得到赦免。只要有一〇％的一八六〇年的選舉投票人宣示效忠，這些州就可以「重新建立」由美國認可的「州政府」，而且可以保留原本的州名跟邊界。[119]

保守派爲這個「一〇％」的方案喝采，認爲這個辦法可以有效打敗桑納的方案。桑納認爲國會應該有權重新命名戰敗州的州名，而且可以重新劃分行政區。[120]雖然如此，桑納告訴另一位激進黨員，林肯的「理論跟我們的是一樣的」，因爲桑納也認爲，「雖然他採取了不一樣的說法」，但在「被推翻的」反叛州能夠重新加入聯邦之前，也需要先重建。[121]

林肯在提出他的一〇％方案的時候，向國會議員表示這件事還沒定案，他會隨時聽取他們的意見。他只是希望能夠讓南方各州有「重整的起點」（a rallying point），讓他們「能夠快點開始行動」。[122]林肯意識到，如果南方公民宣示他們對於聯邦的效忠，以及對於奴隸解放的支持，這對南方聯盟政府的士氣將會是一大打擊。[123]

雖然這樣快樂的和諧局面並不會維持太久，至少目前林肯成功地整合了共和黨。布魯克斯評論，布萊爾、桑納還有密蘇里州的激進派「全都同意接受」總統的國情咨文，「我們可以說，政治的千禧年幾乎已經來到，或者也可以說，這篇國情咨文的作者是近代最睿智的人之一。」[124]密西根的國會議員法蘭西斯・克洛格（Francis

Kellogg）宣稱：林肯總統是「是本世紀最偉大的人。全世界沒有人比得上他，他比任何人都還要看得更廣、更清楚」。[125]

在林肯發表年度國情咨文的那個晚上，林肯的老友諾曼・賈德跑去見他。賈德猜咨文中的激進口吻，一定讓布萊爾跟貝茲「被迫走下木板掉下海」，但林肯跟他保證實情剛好相反，他們兩個人都在「沒有反對的情況下默默贊同了。內閣裡唯一一個反對的人是蔡斯先生」。[126]

蔡斯非常堅持各州必須修改各州的憲法，讓解放永久生效，以證明自己的「誠意」。[127]這個正當的理由讓蔡斯可以順理成章地在重建的議題上，繼續跑在林肯的前面，加強他在激進派裡的聲望。各方的共和黨全都異口同聲地讚美這次的國情咨文，但蔡斯表達了他的失望。蔡斯寫信給廢奴主義者亨利・沃德（Henry Ward），告訴他自己努力過但失敗了，他沒有辦法促使林肯將咨文變得「更爲積極、更無保留……但我猜我必須採取人生的基本哲理，如果沒有奶油的話，有脫脂牛奶就很感謝了。」[128]

＊＊＊

林肯帶著高昂的情緒迎接聖誕假期。如同他在國情咨文裡所提到的一樣，他感覺到全國在解放宣言宣布之後，度過了一段「黑暗與疑慮不安的日子」，但現在則散發著比較帶有希望的氣氛。秋天的選舉「非常具有激勵效果」；在最近一連串的戰役裡，叛軍被擊敗了；而且第一回合的戰後重建論戰也進行得出乎意料的順利。[129]

十二月初，林肯將自己對於原諒與寬恕的探討，化成了實際的行動。林肯邀請他的小姨子艾蜜麗・賀姆（Emilie Helm）到白宮住一段時間。林肯在戰爭初期邀請艾蜜麗的丈夫班恩擔任軍隊的主計官，但班恩讓他失望了。他拒絕了林肯的職位，接受了南方聯盟軍隊的任命。班恩在田納西的奇卡牟加戰役中，負責指揮「肯塔基第一旅」，並在戰役中受了重傷。戴維斯法官在林肯收到班恩的死訊不久後見過他，「林肯聽到了他年輕的連襟班恩・哈丁・賀姆去世的消息，他還不到三十二歲，我從來沒有見過林肯先生如此的難過。」戴維斯說：「我看得出來他有多哀傷……所以我帶上了門，讓他一個人靜一靜」。[130]

艾蜜麗跟年幼的女兒住在阿拉巴馬州的塞爾馬（Selma），人在塞爾馬的她得知受傷的丈夫被帶到亞特蘭大，但趕到醫院的時候已經太遲了，班恩已經在幾分鐘之前去世了。艾蜜麗獨自留在亞特蘭大，沒有回塞爾馬的意願。她搬到塞爾馬，原本就只是爲了要離丈夫駐紮的地方近一點，而現在的她則很想見到人在肯塔基州的母親。南軍的將軍布雷斯頓・布瑞格（Braxton Bragg）曾經請格蘭特想辦法，讓艾蜜麗可以取得通過聯邦界線的通行證，但沒有成功，[131]於是賀姆的父親寫信給瑪麗住在肯塔基州萊辛頓市的繼母：「我完全不知道要如何啓齒才好，可不可以請您或是您的任何一個女兒寫信給林肯夫人，請林肯夫人發一張通行證？」[132]

四天之後，林肯親自發了一張通行證，讓陶德夫人能夠「到南方把女兒……還有她的孩子帶回北方的肯塔基州」。[133]然而，艾蜜麗抵達門羅堡的時候，當地的駐軍要求她發誓效忠美國聯邦。艾蜜麗的丈夫才剛爲了南方聯盟而失去性命，艾蜜麗沒有辦法在這麼短的時間內，考慮跨出這麼重大的一步，因此她拒絕了。軍方打了一封電報給總統解釋這個窘境，[134]結果立即收到指令：「帶她來見我。」[135]

經過幾個禮拜心神不寧的日子後，這位年輕的寡婦在白宮受到總統跟第一夫人「最溫暖的熱情」招待。艾蜜麗在日記裡寫著，他們三個「一開始都太過哀傷以至於無法言語」。林肯失去了威利，艾蜜麗失去了丈夫，兩個姊妹還失去了三個效忠南方聯盟軍的兄弟[136]——山姆・陶德（Sam Todd）在塞羅（Shiloh）過世，大衛・陶德（David Todd）在維克斯堡傷重不治去世，還有瑪麗最疼愛的小弟亞歷山大（Alexander）也在路易斯安那州首府巴頓魯治（Baton Rouge）失去性命。

肯塔基州是陶德一家人的老家。在密蘇里與肯塔基等邊界州，到處都是因爲南北戰爭而四分五裂的家族。在一個分裂的國家裡，「兄弟互相殘殺」，爲人們帶來了切身的恐怖經歷。歷史學者約翰・夏夫（John Shaffer）寫道：「把人們分裂成不同陣營的界線，常常只是兩個農場間的土地分界線，或只是同一家人發生爭執後選邊站的一張桌子而已。」[137]

當天晚上，瑪麗跟艾蜜麗兩人獨自用餐。艾蜜麗感覺到兩個人都小心翼翼地避免戰爭這個話題。戰爭「分隔了我們兩個人」，「像一道花崗岩一樣，讓我們緊閉我們的雙唇」。姊妹倆改聊舊日時光還有老朋友。艾蜜麗爲瑪麗的「機智圓滑」感到驚奇，「碰到危險的話題時，她馬上就轉到其他的話題上」。[138]在接下來的幾天，瑪麗盡量讓艾蜜麗轉換心情，[139]不讓她沉浸在憂傷裡。她讓艾蜜麗住在威爾斯王子（Prince of Wales）客房，帶她乘馬車到遠處遊玩，而且也讓她年幼的女兒玩得很開心。晚上的時候，瑪麗則陪她坐在客廳明亮溫暖的火紅壁爐前。

艾蜜麗的造訪讓姊妹兩個人都得到安慰。一天晚上艾蜜麗回房之後，瑪麗敲了她的門，跟她分享自己無法跟別人討論的經歷。瑪麗告訴艾蜜麗，她在痛失威利的時候，欣喜地發現威利的靈魂仍然在身邊。瑪麗告訴她：「他每天晚上都會來看我，他的臉上仍然帶著那個讓人喜愛的可愛笑容，就跟以前一樣。他有時候不是一個人來，有時候小艾迪（Eddie）也會跟他一起來，而且他有兩次是跟著我們的弟弟小亞歷山大一起過來。他告訴我，他很愛他的舅舅小亞歷山大，他們現在大部分的時間都在一起。」[140]

威利跟亞歷山大的靈魂團聚的幻象，似乎保證了有一天陶德一家人會再度相聚，時間總有一天會解決南方與北方毀滅性的分裂，然後瑪麗就再也不會是兩方的「代罪羔羊」。艾蜜麗一直記得，當時瑪麗「用著興奮的聲音」告訴她：「你無法想像那帶給我多大的安慰」。[141]

可惜的是，這場各自代表南北的姊妹大和解，爲瑪麗帶來了一些麻煩的後果。艾蜜麗來訪的事，林肯原本想保密。當時北方的人民如果跟敵人親善的話，仍然會受到處罰，林肯知道艾蜜麗的事會招來嚴厲的批評。十二月十四號的時候，林肯讓布朗寧知道艾蜜麗在白宮，但也告誡布朗寧「他不想讓人知道」。[142]然而，一天晚上瑪麗的兩個朋友丹尼爾・席寇斯將軍跟參議員艾拉・哈里斯來拜訪瑪麗，瑪麗卸下了心防，邀請艾蜜麗加入他們。[143]席寇斯跟哈里斯兩個人都忠於林肯，而且也是瑪麗客廳沙龍的常客。席寇斯在蓋茨堡失去一條腿並回到華盛頓的時候，林肯曾經親自照料過他。席寇斯度過了一段痛苦的時期，但林肯興高采烈出現在他的床邊時，總是可以讓他的心情好起來。[144]另外，瑪麗也把哈里斯當作是一個特別的朋友。許多年後，瑪麗仍然憶起只要他出現在客廳裡，客廳就會充滿歡笑。[145]

然而，不管是席寇斯或哈里斯，都無法容忍統帥的家裡住著一個叛徒。艾蜜麗在日記裡記下了當天的情形。她一進到客廳之後，哈里斯議員就轉頭看她，用著勝利的聲音說：「啊，我們在查塔努加徹底擊敗了叛徒，而且夫人啊，我聽說那些可惡的傢伙就像被嚇到的兔子一樣逃走了。」艾蜜麗回他：「哈里斯議員，那是你們在大敗的牛奔河還有馬納薩斯戰役，爲他們立下的榜樣。」[146]

對話馬上充滿了火藥味。哈里斯議員問爲什麼羅伯特・林肯還沒加入軍隊的時候，瑪麗的臉一下子「蒼白得跟死亡一樣」。她回答：「如果這件事有錯的話，是我的錯。」「是我堅持他應該再留在大學裡久一點」。瑪麗沒有說出她心底的恐懼：她害怕她會再失去一個兒子。哈里斯反駁：「我只有一個兒子，而他正在爲他的國家而戰。」然後他轉向艾蜜麗：「還有啊夫人，如果我有二十個兒子的話，他們現在全都會跟叛徒戰鬥。」

艾蜜麗冷冷地回答：「如果我有二十個兒子的話，他們全都會跟您的兒子戰鬥。」這句話讓晚上的這場聚會瞬間結束。艾蜜麗飛奔到房裡，瑪麗緊跟在後。姊妹兩個人抱頭痛哭。性格火爆的席寇斯將軍堅持要直接向林肯報告剛才發生的事。當時也在場的約翰・史都華回憶，林肯在聽完整件事之後，他的「眼睛閃了一下」，他告訴將軍：「這孩子的嘴就跟陶德家其他的人一樣利。」

林肯的回答明顯激怒了席寇斯。他拍了一下桌子，用著傲慢的宏亮音量說：「你不該讓那個叛徒待在家裡。」林肯回答：「不好意思，席寇斯將軍，我跟我太太都習慣自己選擇哪些人可以當我們的客人。在這件事情上，我們不需要我們的朋友提供建議或協助。」[147]

林肯跟瑪麗一直挽留艾蜜麗，但白宮紅廳這場不愉快的衝突，讓艾蜜麗決定馬上離開。[148]瑪麗慟哭：「喔，艾蜜麗，我們會有從這場可怕的噩夢裡醒來的一天嗎？」[149]

＊＊＊

林肯拒絕讓這個不愉快的事件破壞他的好心情。艾蜜麗跟瑪麗告別之後，林肯帶著尼可萊跟約翰・海伊到福特戲院（Ford's Theatre）欣賞詹姆士・海克特（James Hackett）演出《亨利四世》（*Henry IV*）中的法斯塔夫（Falstaff）一角。表演結束之後，他跟兩位助手熱烈地討論這齣戲。[150]到了隔天，林肯參加了內閣每個禮拜二固定舉行的會議，威爾斯說他「心情很好」。[151]林肯渴望能讓自己分神，兩天之後他又回到福特戲院觀賞《溫莎的風流婦人》（*The Merry Wives of Windsor*）。接下來的晚上，林肯參加了外交官貝雅德・泰勒（Bayard Taylor）以俄羅斯爲主題的演講，他抵達威勒飯店的時候，「受到了熱烈的掌聲歡迎」。[152]

接下來的那個禮拜，林肯提到了一個讓他特別開心的夢。他告訴約翰・海伊，夢中的他參加了一場派對，在派對上他聽到一位客人在談論他：「他是一個長相非常普通的人。」夢中的林肯對於自己的回應感到很得意：「上帝偏好長相普通的人，那就是為什麼祂造了這麼多那樣的人。」林肯隔天轉述這則故事的時候，對於自己夢中的回答仍然感到很得意。[153]

大部分的內閣成員也都度過了愉快的聖誕假期。蘇爾德用他慣有的大手筆招待了來訪的俄羅斯艦隊：四道菜的大餐再加上無限量供應的美酒。淑女們在客廳裡喝茶的時候，男人則轉移陣地到起居室。蘇爾德的兒子費德回憶：「對話通常會在吞雲吐霧中持續兩、三個小時。」[154]

愛德華・貝茲也有理由開心。雖然他對於自己的兒子佛雷明投敵、報效南方聯盟的軍隊仍然感到很沮喪，但他其他的孩子都表現得很出色。寇特參加了北方大勝的錢瑟羅斯維爾以及蓋茨堡戰役，目前仍是米德將軍的參謀人員。伍德森很快就會從西點軍校畢業。巴頓跟朱利安都在密蘇里；巴頓是該州最高法院的法官，朱利安是密蘇里國民軍的外科醫生。貝茲的兩個女兒都跟家人住在家裡。另外，甚至是正在跟酗酒問題搏鬥的第八個孩子迪克（Dick），情況也似乎有好轉的跡象。[155]

假期裡這麼多值得感謝的事情當中，貝茲最感激的就是妻子的中風完全復元了。歷經了四十年的婚姻歲月，他仍然相信「沒有人曾經如此幸運」。他自豪地說出很少人能說的話：茱莉亞「一直以來」對他從來都沒有任何「不溫柔的舉止」，也從來沒有對他說過任何一句惡言。[156]在聖誕節那天，貝茲參加了一場好友妻子的喪禮。這位朋友跟妻子的婚姻維持了近半個世紀。貝茲寫道：「我不知道他怎麼有辦法承受失去這樣的伴侶」，這句話是在說他的朋友，也是在設想自己的情形，「我想他很快就會倒下，跟隨著妻子而去。」[157]

同樣在聖誕節那天，威爾斯很高興地迎接兒子愛德嘉從肯尼恩學院歸來，雖然節慶的活動馬上讓他想起了他失去的其他孩子：「他們開心的臉龐還有悅耳的童音，過去幾年曾經讓家裡充滿了快樂的氣氛，他們說著『聖誕快樂』，但現在在這個世界上再也聽不到了。」[158]不過，國家的情況仍然讓貝茲的心情好了起來，他寫道：「這一年的結束比開始的時候更讓人滿意。」「國家的精神比以前還要健全了，國家的希望也更光明了」。威爾斯預測，雖然林肯總統仍然面臨著「難受的局面」，但他的領導「在未來會比現在得到更多的讚揚」。[159]

在幼子詹姆斯夭折了十一個月之後，史坦頓的家庭生活被剛出生的小女嬰貝希（Bessie）給點亮了。艾倫在準備受洗儀式的時候，史坦頓則利用聖誕假期探訪受傷的士兵。[160]史坦頓的心中充滿了新希望，他告訴他們：「在明年這個同樣慶祝的時節，這場戰爭就會結束了，你們會回到自己的家還有火爐旁邊。你們返鄉的時候，會是全國最受尊敬的貴客」。[161]

林肯邀請史坦頓跟他一起「順流而下」，並造訪聯邦在馬里蘭州眺望峽（Point Lookout）的戰俘營。[162]林肯聽說有很多叛軍戰俘表達了想要發誓效忠的意願：戰俘希望能夠宣誓接受奴隸解放，以交換總統的完全特赦。林肯跟史坦頓抵達的時候，負責看管監獄的將軍證實了這項前景樂觀的情報。史坦頓因而打算讓林肯的「一〇%計畫」深入南方腹地，預期可以引發聯盟的根據地更多的不滿。[163]

一八六三年即將結束的時候，就連吹毛求疵的古羅斯基伯爵，也不得不承認聯邦的情況有進步。「喔！快要結束的一年！你會記錄美國人民的犧牲跟美國所面臨的危險成正比。鮮血、時間跟金錢被歡欣地投入抵抗裡裡外外的反叛，更美好的希望露出了曙光。」[164]傲慢的伯爵仍然不願承認總統在情況好轉上所扮演的角色，但其他曾經批評林肯的人士則表現出對林肯有新的認識。美國派駐英國的公使查爾斯・法蘭西斯・亞當斯在一八六一年初次見到林肯的時候，印象不是太好。他把林肯描述成「一個高大、醜陋的男人，舉止不太優雅，外貌也沒有什麼修飾」。[165]經過幾次令人尷尬的會面之後，高傲的亞當斯判定：林肯跟其他的華盛頓官員不屬於同一個「文明的高度」。[166]林肯執政的最初六個月讓亞當斯維持了他的低評價，他在林肯身上看不到任何「英雄的特質」，[167]他相信林肯「配不上自己那個重要的職位」。[168]但在一八六三年末，亞當斯對於林肯的評價大大地改變。

有一回，亞當斯在倫敦的聖詹姆士音樂廳（St. James's Hall）招待忠誠的美國人士時，他在慶祝晚宴上發表了一場滔滔不絕的演說，來讚美林肯的領導。他提醒聽眾，新總統在抵達華盛頓時面臨了多麼糟糕的局面，當時「政府雄偉的建築物似乎正在他身邊崩塌」。反叛充斥於各個部門。財政部的叛徒破壞了國家的威信，駐外使節中充滿了分離主義者，陸軍跟海軍都必須完全重建。沒有多少人相信這個「比所有人都還要缺乏在政府裡工作的實務經驗」的新手總統，會有辦法承擔這個任務。然而在過去的三年，政府已經驅逐了不忠；歐洲國家敬佩地看著北方政府；國庫湧入了支持軍隊的資金；陸軍已經增長到「五十萬人」，而海軍現在「在全世界的每個海域都受到敬重」。亞當斯仍然帶著點紆尊降貴的語氣承認，這一切的成就不是因為林肯擁有「任何高人一等的才能」，而是因為林肯「從頭到尾都用他誠實、忠誠的態度，讓人民相信一個偉大的目標」。⑯⑨

同時代的詹姆士·羅素·婁維爾（James Russell Lowell）曾經更為犀利地剖析了林肯的特質。婁維爾是哈佛教授，他被視為是「他那個時代第一流的美國文人」。⑰⓪他在《北美評論》（*North American Review*）的一篇長文上（林肯津津有味地讀了這篇文章），回溯了林肯政府的進展。文章的開頭寫著：「從來沒有一位總統在就職的時候，手上掌握的工具那麼少。」「人們只知道他是一個厲害的政治演說家，他會被提名是因為他有可取之處——因為他沒有過去。」婁維爾觀察到，有好幾個月這位缺乏經驗的總統似乎過於猶豫——不論是在軍隊的交戰、奴隸解放，或是徵召黑人軍隊的議題上，都一樣。但漸漸的，亞伯拉罕·林肯顯現出自己「擁有顯著的個人特質與處理事務的能力」。婁維爾接著說，在一個民主的國家裡，「能夠在第一時間理解人民的心聲，才能掌控最終情勢，但對於人民有深入的了解，才是最佳的治國才幹」。林肯完美展現了他抓住民意的能力，而且他採取新措施的時間點無懈可擊。有些人認為林肯的解放決定拖得太久，但不可否認的是，他做到了「穩健地理解」美國民眾。同樣的，第一個黑人軍團成立的時候，很多人都擔心「可怕的事」將會發生，「但世界還是好好的。」

婁維爾最後總結：「為了完成這個充滿危險的任務，林肯先生必須駕著一艘相當簡陋的木筏穿越激流，並抓住每一個空隙緊緊抓牢難以駕馭的木頭。整個國家將會慶幸，他不認為他的責任就是直直地朝著所有的危險衝去，而是小心翼翼地撐著竿，找出主要的水流，並且穩健地跟隨。」

雖然先前的三年出現了重大的轉變，婁維爾知道這艘木筏「仍然在湍急的水流裡」。⑰①當然，林肯也知道。總統推薦海軍部長基迪恩·威爾斯看婁維爾這篇文章，他告訴他，這篇文章針對政府的政策做出了「非常優秀」的討論，但「對他太過譽了」。⑰②

23 「有人躲在裡頭操控！」

根據諾亞·布魯克斯的記錄，一八六四年一月一日的清晨「非常寒冷，一直颳著風」，「送早報跟牛奶的人，都被刺骨的寒霜給凍壞了」，但最後明亮的陽光驅散了雲層，①整個城市都被好心情籠罩著。《國家共和黨人報》的頭條新聞，是一長串過去一年來聯邦所取得的勝利，報導列出了「莫非斯堡（Murfreesboro）、維克斯堡、摩里斯島（Morris Island）、蓋茨堡、哈德遜港、查塔努加與諾克斯維爾」等地的戰役。

《國家共和黨人報》自豪地報導著：「在過去的一年裡，我們的軍隊取得了多次的勝利，歷史上沒有任何的軍隊有這樣的戰果，也沒有任何一場戰爭能夠跟這場戰爭相比擬。」②「我們有權在這個國家的首都裡小小慶祝一番。沒有人能否認叛軍的風暴就在身邊，政治的地平線也仍然有些悶熱，但我們英勇的國家之艦有亞伯拉罕·林肯掌舵，我們平安度過了強風的攻擊。」③威廉·史托達德也在一份通訊裡表達過類

似的感想：「我們以及全國其他人不是靠理性，而是靠著直覺知道，這一次所有的危險都已經過去了。」④

早上十點的時候，華府官員開始陸續抵達白宮，準備參加每年都會舉辦的新年活動。⑤中午的時候，白宮開放讓民眾進入，結果有八千人湧入——「現場是各式各樣的人所組成的萬花筒，讓人眼花撩亂」，「裡頭有外交官也有騎兵；有來自大西洋各城市服裝講究的男子，也有偏遠地區吃苦耐勞的鄉下人；有心情愉悅的承包商，也有不入流的騙子；有聰明的專利權所有人，也有不屈不撓的請願者。」⑥

林肯把跟民眾見面看作是一場「公共意見的沐浴」(public opinion baths)。他告訴一位訪客：來訪的民眾「讓我重新好好看清楚我所來自的廣大民眾。雖然整體來說，他們並非所有的特質都很可愛，但他們鼓舞了我，讓我重新體認到我的職責。」⑦

史托達德評論：當「歐洲的貴族、公使館隨員、旅人以及其他人看到美國人每個人都一樣，他們有些鄙夷地揚起他們的鼻子」，但「歐洲的民主人士則看到我們顯然人人平等，他們感到十分振奮」。⑧當天造訪的人士評論，林肯「顯然健康狀況跟精神都非常良好。他擁有讓自己保持心情愉悅的能力，不論他的將軍給他帶來了什麼麻煩，他下樓問候民眾的時候，都有辦法把那些麻煩事留在樓上的辦公室。他清澈的眼睛裡閃耀著好脾氣，他不但熱誠地跟每個人握手，而且還會簡短地問候一兩句話」。⑨諾亞・布魯克斯則注意到，瑪麗・林肯脫下了她黑色的「喪服」，換上了深紫色的天鵝絨禮服，她「從來沒看起來這麼好過」。⑩

蘇爾德的兒子費德寫信回家：「我們似乎進入了戰爭的新階段，上一個冬天，華盛頓流行沮喪，但這個冬天則流行快樂。政治的討論暫時停歇，人們想要吃喝玩樂。新聞報紙就像許許多多的宮廷紀事報一樣，除了宴會、舞會和劇院的報導之外，沒有什麼有趣的東西可以提供給他們的讀者。人們正經八百地爭論著禮節的問題，他們討論著『上流社會』的事，雖然他們以前從來不知道也不關心那些東西。」⑪

冬天的社交行事曆有固定的行程。總統的接見會是每個禮拜二的晚上，第一夫人的聚會是禮拜六的下午，眾議院議長的晚會則是在禮拜五的晚上。這類的活動不需要邀請函就可以參加，因為總統跟議長是人民的公僕，他們的住處都對大眾開放。內閣成員官邸所舉辦的高雅宴會則不同，都需要邀請函才能參加，而且這類的邀請十分搶手，其中又以蘇爾德跟蔡斯家的宴會最為熱門。⑫

國務卿蘇爾德所舉辦的宴會遠近馳名，社交專欄作家認爲，這一切都要歸功於國務卿本人讓人如沐春風的風趣特質，以及他媳婦安娜「優雅高貴」的氣質。⑬安娜「善於把擁有相同興趣的人牽在一起，使所有的人都眞心感覺到『賓至如歸』」。對於年輕漂亮的小姐來說，外交使節團更是讓這類的宴會增添了誘人的神祕氣息，說不定自己就是下一個外國貴族夫人。對於著迷於流行時尙與禮儀的人來說，沒有什麼會比外交官無懈可擊的舉止，以及他們裝飾著各種不同騎士勳章的華服，還要來得更吸引人。一位專欄作家說：「那些喜愛造訪蘇爾德州長住處，以及那些享受他殷勤招待的人士，不希望他一直擔任國務卿的職務，因爲這樣一來，他每個禮拜只能『待在家裡』一天而已。」⑭

在蔡斯的官邸，已經冠上夫姓的凱特．史普拉格仍然「吸引著所有人的目光」。⑮不管是穿著寶藍、銀灰，或只是簡單的黑色錦布，凱特對於政治的興趣以及對於軍事的熟悉度，都讓衆議員、參議員還有各個將軍印象深刻。凱特會在門口親自迎接賓客，而且不管是誰，都能一一問候他們的生活。班傑明．法蘭奇認爲凱特是他見過的人之中，「最可愛的女性之一」，⑯而諾亞．布魯克斯在發現迷人的凱特跟她「冷冰冰」的父親完全不同之後，也馬上被擄獲。布魯克斯評論，蔡斯在面對社交活動的時候，樣子「很不自在，整個人看起來很焦躁」，而且蔡斯的近視問題已經嚴重到如果不「非常仔細地近看」，他就沒辦法認出任何人。⑰雖然如此，他仍然拒絕配戴眼鏡。

相較於白宮所有人都能參加的接待會，華盛頓的重要人士比較喜歡蘇爾德跟蔡斯家所舉辦的豪華晚宴。白宮所舉辦的親民宴會滿滿都是推來擠去的民衆，不但帽子會被壓壞，有時混亂之中斗篷還會被偷走。在這個冬天，瑪麗發現有必要在她精緻的法國地毯上，鋪上一層堅固耐用的棕色罩子，因爲想跟總統握手的「人潮」⑱不斷湧入，他們用著沾滿爛泥巴的鞋子在她的地毯上踩來踩去，瑪麗想保護她的地毯。此外，很多訪客都穿得破破爛爛又髒兮兮的，好像經過長途跋涉一樣，有些人的手上甚至拿著大型的旅行手提包。⑲瑪麗很不捨花了很多錢添購的漂亮家具跟裝飾品被弄得一塌糊塗。布魯克斯注意到：「蕾絲窗簾、拉繩、流蘇以及錦緞做成的帳幔在本季飽受摧殘，很多想要蒐集紀念品的破壞者伸出了他們的手。我沒有誇大，他們眞的把那些貴重的東西剪下一小塊一小塊，然後帶回家做紀念。」有些民衆非常想要爲自己的造訪留下寶貴的記憶，他們甚至把棕色的地毯罩掀開，然後剪下幾塊「跟男人的手一樣大」的法國地毯。[20]

對於很享受當第一夫人的瑪麗來說，報紙上的消息讓人不悅，因爲上頭刊載著將由蘇爾德來揭幕本年度「上流社會的『社交季』」[21]，而不是她這個第一夫人。蘇爾德將主持一場高級晚宴，招待國家科學院（National Academy of Science）的參訪成員，以及「外國公使館的高階人士、內閣、最高法院的大法官、參衆兩院的議長、外交關係委員會的委員，以及他們的家人。」[22]根據《紐約前鋒報》的報導，那個禮拜白宮的接待活動，「就沒有之前那麼多人參加了」。[23]通常都是由班傑明・法蘭奇陪伴瑪麗出席社交場合，而法蘭奇留意到瑪麗「很失望」。[24]此外，蘇爾德在一八六四年的一月又主持了三場宴會，而且這幾場宴會被譽爲是當季「最盛大」、「最講究」、「最出色」的社交活動，[25]出席人士包括了多位的男爵、伯爵、貴族與貴族夫人，甚至還包括了林肯回家過節的兒子羅伯特。

瑪麗受傷的自尊讓她越來越痛恨蘇爾德。她一直嫉妒蘇爾德跟她丈夫之間的親密友誼——許多夜晚，林肯都選擇跟蘇爾德一起共度而非跟她。蘇爾德的兒子費德記下了一月某一個愉快的夜晚，那天林肯跟約翰・海伊一起走到蘇爾德家，跟大家分享一本叫做《正確英語指南》（*English as She is Spoke*）的幽默語言指南。「約翰・海伊大聲朗讀出顛三倒四的奇怪句子時，林肯跟蘇爾德放聲大笑，他們暫時拋開了煩惱，開開心心地輕鬆了一下。」[26]雖然蘇爾德早已不再是瑪麗丈夫的政敵，瑪麗還是無法停止自己的猜忌。她向家庭友人安森・亨利抱怨蘇爾德跟他的友人偷偷在她背後散布各種「跟她有關的謠言」。亨利醫生說她的恐懼毫無根據，而且那些下流的謠言大概是從「財政部」流出來的，因爲他「追蹤過很多的謠言」，結果發現都是從蔡斯的友人及支持者那裡傳出去的。[27]

的確，在一八六四年年初的時候，很多人都知道蔡斯想選總統，政治圈也常討論這件事。瑪麗的密友伊莉莎白・凱克雷回憶，當時瑪麗對於蔡斯的不滿情緒「越來越強烈」，還「警告林肯先生不要相信他」，但林肯仍然堅持蔡斯是「一個愛國人士」。[28]傳統上，國宴都會邀請內閣成員、最高法院的大法官，以及相關人士的家人參加，但瑪麗在籌備那年的第一場國宴時，決定要親自打理一切細節。她看了約翰・海伊擬出的賓客名單之後，把凱特・蔡斯還有她的丈夫威廉・史普拉格的名字畫掉。毫無疑問的，所有的人都會發現這樣的「冷落」，而這會對林肯的名聲造成不好的影響。尼可萊跟他的老闆報告了這件事，並建議把史普拉格夫婦的名字加回去。林肯馬上就同意了，瑪麗知道後暴跳如雷。

尼可萊私下告訴那天人不在白宮的約翰・海伊：「白宮馬上面臨了一年來都沒看到的火山大爆發，而我再一次成爲衆人不能提起的人。這件事到底要怎麼解決仍然無解，就跟什列斯威—豪斯敦（Schleswig- Holstein）的歸屬問題一樣棘手。」[29]瑪麗把怒氣發洩在尼可萊身上，不但不讓他出席晚宴，也不讓他跟平常一樣幫忙處理大小事情。尼可萊說：「事情就像那個樣子，一直持續到晚宴當天的下午」，後來瑪麗「讓步了，她要我出席也要我幫忙。她跟我道歉，說晚宴讓她心情煩躁，她有一兩個晚上沒睡了」。[30]

威爾斯在日記裡寫著：當天的晚宴「氣氛很愉快」，「有些賓客的舉止有一點生硬跟奇怪（他可能是在說蔡斯），但整個宴會進行得非常順利。」[31]不過，威爾斯無法像華府的其他人一樣，可以再度享受宴會、招待會以及各種社交活動。他寫信告訴兒子愛德嘉，他覺得舉辦這些活動不太恰當，「就好像是在喪禮上狂歡一樣」。[32]

並不是每一個活動都只是打發時間的消遣而已。主人跟派對的賓客並沒有忘記軍隊裡出生入死的士兵。曾經有一度「那群『分離分子』以及『半南軍分子』」成群結隊地出現於華盛頓的社交圈，然而現在北軍受傷的陸海軍將士則成爲所有社交場合上的明星。[33]上將達爾格倫二十一歲的兒子烏爾里克（Ulric）在蓋茨堡失去了一條腿，但他出席華盛頓的派對時，卻被漂亮的女孩子包圍著。英俊的烏爾里克上校曾經是跳華爾滋的好手，[34]女孩們爲了表示對他的敬意，整個晚上都待在他身邊，並謝絕了跳舞的邀約。

紐約的銅頭衆議員費南多・伍德（Fernando Wood）時常猛烈批評執政的共和黨政府跟戰爭，但一月下旬的時候，伍德舉辦了一場盛大的派對，不但邀請了自己民主黨的人，也邀請了共和黨的人士。人們預料共和黨會迴避參加這場派對，但出乎意料的，許多共和黨的人士都參加了，而且連「最極端的廢奴主義者」也一樣。史托達德覺得這是「華盛頓生活裡最富魅力的特色之一」——「政治上的仇恨」不會被帶進「社交生活」，在公開場合猛烈抨擊彼此的人士，「在所有人與人的交際上，仍然可以展現出令人讚賞的友好風度。」[35]

瑪麗・林肯按照一般的社交禮儀送了一束花給伍德夫人，但伍德夫婦誇大了瑪麗的好意，他們在所有花瓶的旁邊，全部擺上寫著「林肯夫人敬贈」的卡片，弄成好像整排的花統統都是瑪麗送的一樣。報紙放大了相關報導，把表面上是瑪麗送的壯觀花束，當作是瑪麗同情南方的證據。瑪麗被批評的聲浪圍剿，她寫信給深具影響力的友人席寇斯將軍：「我可以告訴您，我完全是無辜的……除了兩次公開的政治招待會之外，他們（伍德夫婦）從來沒有踏進過白宮半步——所有的朋友都知道我有多厭惡不忠的人，他們不會相信這個謠言的。您太了解我這個人了，您不會相信這件事的。」㊱

瑪麗努力彌補，但敵對報紙的專欄裡，仍然充斥對於總統與第一夫人的抨擊。十二月的時候，瑪麗的妹妹艾蜜麗在丈夫去世之後，由陶德家的另一個姊妹瑪莎·陶德·懷特（Martha Todd White）陪同北上，㊲兩人一起穿越聯邦的界線。艾蜜麗離開白宮的時候，林肯發了一張通行證給瑪莎，㊳讓她可以回到南方聯盟。當時這樣的通行證並不罕見，但有謠言指出林肯在妻子的要求之下，發了一張特殊的通行證，讓瑪莎可以不用接受行李檢查。有些敵對的報紙宣稱其實瑪莎是南方的間諜，而且她利用了林肯這項特權進行走私，把違禁品帶到聯邦之外。根據謠言，瑪莎在抵達門羅堡的時候，被要求打開行李，但她拿著總統的許可證在巴特勒將軍的面前揮舞，傲慢地說：「拿去吧（把許可證貼到衆將士的鼻子下），這就是你們主人下的許可令。」㊴

一般的情況下，林肯很少會留意這種不入流的謠言，但這次他要尼可萊跟巴特勒將軍查證。㊵巴特勒的回覆是沒有走私這回事，懷特夫人（瑪莎）的袋子跟一般人一樣都要經過檢查，而且裡頭沒有什麼不該攜帶的東西。㊶尼可萊用巴特勒的回覆作爲證據，寫了一封公開信反駁該則假報導。㊷巴特勒將軍很訝異，白宮居然會花心力回應這麼「愚蠢」㊸的事，但伍德的花束事件，已經讓人們懷疑林肯夫人的忠誠度，林肯可能是想要直接拔掉新一波謠言的芽。此外，他也不想讓他的士兵覺得，他居然會給人方便，讓人帶著違禁品到南方聯盟助長叛軍的軍情。㊹

也難怪林肯的老友布朗寧來拜託林肯的時候，林肯表現出沒有什麼耐心的樣子。瑪莎的事件發生不久之後，布朗寧受到一個忠實聯邦支持者的請託前來說情：那位支持者在密西西比擁有一片棉花田，聯邦軍隊經過她家的時候，把她的奴隸帶走了，結果她陷入了貧窮。她想問政府能不能提供相同數量的黑人，她願意付錢請他們在她的農場上工作。根據布朗寧的描述，林肯「變得非常激動」，「他用非常強烈的語氣說，他寧願拿條繩子吊死自己，也不願意做這件事」。布朗寧想爲請願者失去的財產爭取「某種賠償」的時候，林肯回答：「她根本沒有損失任何財產——當初她的奴隸被抓走的時候，他們是自由人。」布朗寧不了解爲什麼林肯的反應這麼激烈，他「離開，留下一個心情不是很好的林肯」。㊺

這次的事就跟林肯往常發脾氣的時候一樣：他很少生氣，每次他生氣的時候，通常是有其他令人精神緊繃的事加在一起，才會讓他說出尖銳的話。其實那天稍早，林肯探視了躺在病床上的伊利諾州衆議員歐文・洛夫喬伊。㊻林肯把洛夫喬伊視爲是「（自己）在國會裡最好的朋友」，㊼但五十三歲的洛夫喬伊患有肝病與腎臟疾病，㊽奄奄一息，很快就會被疾病奪去性命。當時林肯正爲了洛夫喬伊的病情感到心煩意亂，他似乎把這位朋友所面對的無情未來，也當作自己即將發生的事。他告訴垂死的洛夫喬伊：「這場戰爭正在腐蝕我的性命，我深深覺得我看不到這場戰爭的尾聲。」㊾

二月十號的晚上，白宮響起了火災警鈴，濃煙從總統的私人馬廄冒了出來。林肯狂奔到位於白宮跟財政部中間的馬廄。林肯的貼身侍衛羅伯・麥克布萊德（Robert McBride）回憶：「他跑到馬廄的黃楊木籬笆時，像一隻鹿一樣跳了過去。」林肯得知馬匹都還在馬廄裡的時候，他「親自撞開了馬廄的門」。衆人很快就發現這場縱火犯所造成的大火蔓延得太迅速，不可能救出任何一匹馬。麥克布萊德說：「即使如此，他還是試著要衝進正在燃燒的建築物裡，不過旁邊的人抓住了他。」

那天晚上有六匹馬被燒死，麥克布萊德回到白宮的時候，發現林肯在流淚。十歲的泰德「解釋了他的父親爲什麼會這個樣子」：馬廄裡有一匹小馬是他死去的哥哥威利的馬。㊿調查結果發現，縱火的人是那天早上被瑪麗開除的馬車夫。(51)林肯隔天就收拾情緒，繼續過新的一天。他把公共工程部部長法蘭奇請到他的辦公室，要他找承包商估價：「如果有可能的話，請今天就把這件事告訴國會，告訴他們馬廄可能必須重建。」(52)

＊＊＊

蔡斯的總統選舉準備在一八六四年的冬天達到了高潮，而此時林肯的人事管理天賦完全顯露了出來。賓州的政界人士亞歷山大・麥克路爾回憶：當蔡斯的支持者過早攤牌的時候，林肯「小心翼翼地掩飾他對於蔡斯的強烈情緒反應（有時候甚至是激烈的憎恨），並等待時機成熟。他等著有一天可以利用某些偶發的事件，讓蔡斯再也無法與他競爭，利用巧妙的政治操作讓他不可能勝出」。[53]

一月初，競賽正式開始了。蔡斯的友人（包括傑伊跟亨利・庫克〔Henry Cooke〕兩兄弟）捐了數千美元給費城一家小雜誌社《美國論壇評論》（*American Exchange and Review*），他們要這家雜誌社寫一篇介紹財政部長蔡斯的讚美文章。[54]蔡斯的朋友威廉・歐騰（William Orton）警告蔡斯：《美國論壇評論》的名聲不好，不論是什麼人，只要錢付得夠多，就可以買到版面。「不管最後出來的文章有多好或多麼『眞實』」，登在一個「下流的」雜誌，只會讓人覺得這是一個「不入流的政治把戲」。[55]歐騰的勸告沒有得到直接的回應，但顯然林肯總統曾經懷疑這件事跟庫克兄弟有關，而當時他們仍然負責代理政府公債的出售事宜。總統的質疑讓蔡斯寫了一封激動的長信。

蔡斯在信的開頭聲稱，他從以前到現在都是一樣的，他的行爲永遠都出自於最純正的動機。他宣稱自己「從來不曾有意或故意傷害身邊的人」。他僅僅被告知那家雜誌社準備推出一系列的名人速寫，而他是那一系列中打頭陣的人：「我怎麼能拒絕呢？」蔡斯聲稱他的腦子裡都是財政部的事，他沒有留意這件事後來怎麼樣了。他堅持自己的說法：「這個令人遺憾的名人小傳事件，都是亨利・D・庫克先生個人的行爲，我並沒有指示他那樣做」，而且如果庫克或是他的哥哥曾經徵求過他的同意，他一定會阻止他們。「大家其實沒有惡意，也沒有眞正做錯什麼事，但的確是因爲這件事造成了一些誤解……如果我這封信的筆調有一些激動，請您原諒我。這個事件讓我厭惡起公衆人物的生活，我發現即使是忠貞的辛勤工作與最正直的行爲，仍然無法保護一個人免於嫉妒的攻擊以及惡意的指責。」[56]

《美國論壇評論》的事件引發許多令人尷尬的後果，但蔡斯在那個冬天仍然寫了二十五封長信，給波士頓的作家約翰・特洛布立吉（John Trowbridge），提供特洛布立吉資料，寫一本介紹他生平的勵志小書《渡輪男孩與財政官》（*Ferry-Boy and the Financier*）。[57]春天的時候，《大西洋月刊》（*Atlantic Monthly*）刊出了那本書的摘要。[58]其實這一類的信件只是一小部分的例子而已，有一個龐大的競選運動正在努力讚頌蔡斯的美德，並藉機攻擊林肯。蔡斯每天從早到晚不斷地寫信給友人與支持者，他告訴一位辛辛那提的友人：「我想我幾乎沒有犯過錯誤。的確，我很努力地回頭看著一切，想要找出錯誤並修正，但我看不出如果要重來一遍的話，我會有什麼辦法做得跟之前很不一樣。」[59]

凱特結婚了，奈蒂又在學校，蔡斯恢復了跟夏洛・伊士曼之間並不頻繁的通信。他向夏洛保證：「我時常想起你，我用著我最眞誠的愛戀……如果你對我還有任何感覺的話……眞希望你現在就在我們的屋子裡，就在這個小小的書房裡，那我們就可以聊天，而不是像現在這樣我自己一個人獨自在寫信，而你卻在……你在哪裡？」[60]蔡斯的滿腔愛意可能最後並沒有開花結果。另外一個類似的情況是蘇珊・沃克（Susan Walker）。蔡斯喜歡辛辛那提這位受過教育的「女學者」[61]蘇珊的陪伴，但他們兩人的關係似乎從來沒有更進一步。蔡斯在一月底寫信給沃克小姐：「我希望你能來華盛頓，但我大概也沒什麼時間能夠見你，所以很難說哪一個感覺會比較強烈：是見到你的喜悅，還是不能常常見到你的思念。」[62]雖然顯然伊士曼跟沃克都是蔡斯仰慕的對象，但蔡斯一心一意爲競選總統做準備，他甚至抽不出時間來放鬆一下，享受她們在身邊的時光。

「蔡斯總統後援會」公開成立之後，蔡斯競爭總統提名的第二波攻勢就此展開。這個後援會由堪薩斯州的參議員山繆・龐洛伊（Samuel Pomeroy）跟成功的鐵路仲介詹姆士・溫徹爾（James Winchell）主持。傑伊・庫克贊助了許多支持蔡斯的組織，不過這個後援會的主要金主，是蔡斯的女婿史普拉格。龐洛伊跟溫徹爾都是忠貞的廢奴主義者，他們相信蔡斯會是最能保障黑人權益的人。然而，他們表現出來的利他主義精神受到了質疑，因爲如果蔡斯撥款建造堪薩斯—太平洋鐵路（Kansas- Pacific Railroad），將對兩個人非常有「利」，他們兩個人都對這條鐵路抱有極大的興趣。[63]

林肯的老友大衛・戴維斯法官感到非常憤慨，他認爲蔡斯「吃著一個人的麵包，但同時又用刀刺向對方」。[64]毫不意外的，蔡斯有不同的看法；當時連續好幾屆的總統都只做了一任，所以蔡斯覺得讓選民有機會選擇自己沒有什麼不對。後援會成立的時候，蔡斯正在努力整合俄亥俄州的支持者，[65]他下定決心一定要避免一八六○年的時候所遭受的恥辱——當時他是俄亥俄的州長，但他自己的州卻不支持自己。

蔡斯很樂觀，他覺得自己有可能打敗林肯。他告訴他的律師老夥伴弗來曼・包爾（Flamen Ball），對於不管是新成立的後援會，或是那些支持他爭取提名的人士，他都感到非常「滿意」，因爲相關人士都是「具有重大影響力的人」。七葉樹州（Buckeye State；譯註：俄亥俄州的暱稱）對蔡斯來說扮演著關鍵的角色，因爲「如果俄亥俄州支持別人的話，我不會讓人推舉我的名字」。蔡斯相信，如果一切順利的話，他可以好好跟現任總統打一場選戰，因爲很遺憾的，這個來自草原的律師就是缺乏做這份工作的能力：「如果他在自己的溫和天性與良好判斷力之外，能夠再加上堅定的意志跟強而有力的行動，那麼他就很完美了。然而依照現實的情況來看，如果他只做一任而不做第二任（如果他能夠連任的話）的話，將會留下更好的名聲。」[66]

蔡斯不只是在跟自己信任的友人聊天與通信時會批評林肯，他二月初跟威爾斯談話時，也曾「哀嘆總統缺乏精力跟支配力。根據他的說法，總統的性格問題讓一切停擺」。蔡斯沒發現威爾斯一直默不作聲，仍然繼續高談闊論，說總統的「弱點正在摧毀」這個國家。威爾斯仍然「不回應這個明顯的試探」時，[67]蔡斯才終於不再說下去。蔡斯在面對貝茲的時候，說話也一樣不小心，他似乎不知道，雖然這位司法部長偶爾也會批評總統，但他「完完全全」支持林肯成爲下一屆的總統候選人。[68]

這一切爲了爭取提名的小動作，似乎沒有對林肯造成什麼影響。威爾斯敘述了一件趣事，某天內閣正要開會之前，他在走廊上遇到了一個「相當豐滿的女士」，對方說她住在愛荷華州，是來這裡看總統一眼的。林肯知道後，邀請那位女士到他的辦公室。總統先是淺淺地微笑，然後大笑了起來，他告訴威爾斯：「嗯，在對看這方面，我有完全的優勢。」[69]

二月時，龐洛伊的後援會向北方各地的一百位共和黨領袖，散發了一份祕密傳單，希望動員眾人支持蔡斯。傳單在一開始便猛烈批評總統，說由於各地的反對，「就算林肯先生連任是一件好事，這件事實際上也是不可能發生的。」此外，「就算他連任了，他容易妥協的個性，以及喜歡採取不能長久、權宜性政策的傾向，在到了第二任之後，將會變得比第一任的時候更嚴重。」戰爭會「持續拖下去」，國家會破產，「國家的尊嚴」將會受損。因此，爲了要贏得戰爭，取得和平，以及「維護共和國的榮譽」，共和黨必須團結起來，提名一個擁有「更多總統一職所需的特質的人。爲了接下來的四年，這個人所擁有的總統特質，必須比所有其他候選人加起來還多」——這個人就是塞蒙・P・蔡斯。[70]

龐洛伊的政治傳單被洩漏給報社的時候，[71]引發了一場政治風暴。林肯的友人氣急敗壞，民主黨則拍手叫好，慶祝共和黨公開分裂。大衛・戴維斯法官告訴一位友人：「沒有一個有理智的人會認爲蔡斯事先不知情。他們沒料到那張傳單會那麼快就曝光……就算要殺掉我，我也要把他驅逐（出）內閣。」[72]

蔡斯驚惶失措，他寫了一封信給林肯，宣稱自己「毫不知情」，他是到了傳單被刊載在二月二十日的《憲政聯盟》（*Constitutional Union*）之後，才知道有這件事。雖然曾經有友人找過他，希望在接下來的選舉中推舉他，但沒有人跟他商量過龐洛伊後援會的事，而且他也不熟悉該組織的成員。蔡斯提醒林肯：「人無須對不是自己的行爲負責，而您也不該要我負責，除非那是我自己做過的事或說過的話。」然而，蔡斯也告訴林肯：「如果您認爲我的行爲或是我的立場，有任何部分可能危害我所管轄的公共利益，我請求您告訴我。只要我掌管財政部的一天，我就必須擁有您完全的信任。」[73]

林肯不太可能會相信蔡斯的無辜宣言。事實上，在十年之後，當初撰寫這份傳單的溫徹爾證實了，他們完整告知過蔡斯所有的細節，而且蔡斯本人還聲明過：「傳單中對於政府的指責，他都完全贊同，承認確有其事。」[74]即使如此，林肯還是壓抑住心中的怒火，他冷靜地檢視局面，並仔細思考該如何回應。林肯要貝茲放心，他完全了解這件事的政治含義，他也知道黨內有不滿的情緒，「如果有勇氣的話，他們會馬上攻擊他，然而他們害怕自己的攻擊將徒勞無功，反而會讓自己像是**被打垮的敵人**一樣，倒在他的腳下。」[75]只要林肯仍然有信心自己擁有民眾的支持，他就可以讓這場遊戲再持續一段時間。最後林肯決定讓蔡斯繼續坐立難安，只告訴他信收到了，「等我有時間的時候，我會再給你比較完整的回覆」，[76]然後他好整以暇，等著看大眾對於這份政治傳單的反應。

林肯並沒有等太久。傳單登出來的那一天，威爾斯就正確地預言：「我認爲這東西彈回來的時候，會比丟出去的時候危險，也就是說，這東西對蔡斯造成的傷害，將會高過對林肯的傷害。」[77]即使是對蔡斯抱持著友善態度的報紙，也都對這份傳單的曝光感到惋惜。《紐約時報》說：「這種手法並不高明」，「我們反對這種政治運作」。[78]四天之後，尼可萊開心地告訴未婚妻瑟蓮娜，傳單造成的效果跟始作俑者的預期正好相反，反而「讓林肯先生所有的友人都積極運作起來」，嚴重打擊蔡斯的政治前途。[79]各州的共和黨員紛紛集會，無異議通過支持林肯連任，[80]就連在龐洛伊的家鄉堪薩斯州，共和黨員中也流傳著另一份「反傳單」，內容是譴責州內對於蔡斯的支持，呼籲大家團結起來支持林肯。[81]

各州的議會紛紛站出來支持林肯，《時報》評論這份「很長的支持名單」，代表著「民衆全面支持林肯先生的連任，這個結果眞是太驚人了……人民信任林肯先生，認爲他擁有良好的判斷力，而且擁有誠實高尚的目標。人民完全用直覺信任他，沒有任何東西能夠超越或嚴重打擊人民對於他的信任。林肯憑著罕見的人格特質，讓大衆能夠信任他而且不會動搖。在美國的歷史上，沒有幾位公衆人物跟亞伯拉罕・林肯一樣。」[82]《哈潑週刊》（*Harper's Weekly*）也同意這樣的看法。《哈潑週刊》除了用社論支持總統的連任之外，還宣稱：「自我們開國以來，歷史上的重要人物沒有人跟林肯先生一樣高超，能夠如此精準地掌握民意。」《哈潑週刊》的編輯注意到林肯採取了循序漸進的方式來處理黑奴解放的問題。林肯了解在一個民主的國家，「他所踏出的每一步，在公衆的眼中都必須是明智的」，也因此他明智地廢止了傅瑞蒙跟杭特過早發布的黑奴解放公告，一直等到「兒子、兄弟與朋友的血洗清了千百雙被蒙蔽的眼睛之後」，[83]才採取行動。林肯這種漸進式的方法，就連批評者古羅斯基伯爵都承認他抓住了人民的心：「人們被林肯表面上的純樸與敦厚所騙，被他的手足無措所騙，被他粗俗的笑話所騙，他們相信這個偉大的時代改革者是個眞摯、誠實的人。」[84]

俄亥俄州跟四年前一樣，再次給了蔡斯的參選夢致命的一擊。[85]雖然蔡斯在州議會聯合黨委員會的友人，先前阻擋了黨內公開支持林肯連任，但蔡斯的盟友也坦承，龐洛伊傳單被公開的事件「使得事情陷入危機……立刻讓一直是政黨朋友的人團結在一起，並且最後在黨內製造了完美的震動」。最後衆人一致通過支持林肯。李查・帕森司（Richard Parsons）是俄亥俄州克利夫蘭的一位律師，也是蔡斯的朋友，他警告蔡斯：「目前許多州都已經宣布支持林肯，如果競賽延續下去，最後會讓『同一間屋子裡的人反目成仇』，不會爲我們的黨帶來什麼好處，而這對我來說，似乎是最嚴重的一件事。」[86]

林肯感覺到風向改變了，他決定該是時候回應蔡斯的信了。他告訴蔡斯，傳單的事並不讓他感到訝異，因爲「他已經事先得知龐洛伊先生組織了後援會」，也知道這個後援會有哪些「祕密刊物」跟「祕密人士」，而且他已經知道好幾個禮拜了。然而，他並不會要蔡斯負責。「我完全同意你的看法，如果我們不曾鼓動或同意的話，我們各自的友人可能會做些什麼，責任都不在我們身上；我向你保證，就像你跟我保證過的一樣，我並沒有發起過對你的任何攻擊，也不同意任何對你的攻擊。」至於蔡斯是否應該繼續擔任財政部長，他的決定會完全只依據「我對於公職的判斷」。林肯在信上寫著，「目前我沒有感覺到變動的必要」。87

幾天之後，蔡斯停止了他對於總統大位的努力。他公開寫信給俄亥俄州一位深具影響力的參議員，提醒俄亥俄州的朋友，他先前已經決定如果不能得到家鄉的支持，他將會退出選舉。如今州議會已經決定支持林肯，「因此這是我的義務——而且我把這當作是榮幸多過義務——請求大家不要再考慮我的名字。」88

就跟一直以來一樣，蔡斯試著要把自己的行爲解釋成無私的舉動。蔡斯告訴他的女兒奈蒂，雖然「國內許多最優秀與最誠心的人士希望讓我成爲候選人」，但他已經退出選舉，因爲「隨著時間一天一天的過去，事情變得越來越清楚，繼續提名我將會造黨內一連串的不和諧，而且某些信念的建立與推動也可能受到影響，爲了國家的福祉著想，我決定退出」。89 司法部長貝茲的解釋則沒那麼充滿愛國情操：「這只證明了目前林肯先生的情勢大好，無法正面對決。」90

林肯的修養跟犀利的洞察力再次有效地派上用場。一開始知道傳單的事時，他控制住自己的情緒，不讓自己一時衝動地攻擊蔡斯，他讓友人有時間動員大批的潛在支持者，爲自己的連任出力。林肯沒有直接出手，蔡斯的美夢就破碎了。林肯一直以來都知道自己的財政部長並不「冤枉」，但他仍然表現出相信他的樣子，讓他能夠保持某種程度的尊嚴，並能夠繼續留在內閣裡爲國家服務。林肯會自己決定該讓蔡斯離開的適當時機。

＊＊＊

林肯之所以能在政事紛擾的情況下，還能夠保持心情的平靜，原因是因爲他很敏銳，能夠察覺自己的情緒，而且能夠以有效的方式排遣自己的焦慮。林肯在擔任總統期間，每次遇到最困難的時刻，最大的休閒娛樂就是讓自己沉浸在戲劇之中。他會造訪格羅弗（Grove's）或福特戲院，讓自己能夠暫時放鬆一下。李奧納德・格羅弗（Leonard Grover）推測，林肯在四年的總統任期當中，大約造訪過他的戲院「超過一百次」。91 最常陪林肯到戲院的人是蘇爾德，蘇爾德也是一個戲劇狂，而且還是格羅弗先生的老朋友。林肯三位年輕的助手尼可萊、約翰・海伊跟史托達德有時也會一同前往，諾亞・布魯克斯、瑪麗跟泰德有時也會跟去。不過，在許許多多的夜晚，林肯都是獨自一人前往，在煤氣燈變暗、舞台上的表演開始的時候，他會開開心心並舒舒服服地坐在椅子裡。

布魯克斯評論：「這讓他有一兩個小時的時間，可以暫時忘掉自己的煩惱與憂愁。更好的是，在那段時間，他可以躲開想求一官半職的人士跟政治人物。他跟兩家戲院的經理都很熟，可以從舞台的出入口進場，然後偷偷溜進包廂，不會被觀眾看到。」[92] 史托達德認爲，最重要的是「戲劇可以讓他把心思轉移到別的地方，讓他可以完全放鬆」。[93] 某次去看《亨利四世：上篇》（*Henry IV: Part One*）的時候，史托達德注意到林肯完全沉浸在戲劇之中，「他忘掉了戰爭，也忘掉了國會，他脫離了政治的世界，活在劇中人哈樂王子（Prince Hal）的世界裡。」[94]

對於一個經常利用說故事來舒緩緊張氣氛的人來說，戲院會成爲他理想的娛樂並不讓人意外。戲院提供了種種可以讓人完全逃脫現實世界的元素。林肯對現場演出、戲服、布景、舞台效果及戲劇豐富的語言感到著迷，這些東西帶著他進入一個不一樣的世界，讓他遠離清醒時人世間的一切喧擾。

十九世紀中葉，煤氣燈的技術越來越進步，大大改進了看戲的體驗。負責操作煤氣燈的工作人員，學會控制煤氣進入噴口的煤氣閥，因此可以「調暗或放亮照明」。如果在燈上置上「彩色的玻璃罩」，就可以製造出夕陽西下、滿月或朦朧傍晚時分的效果。此外，包廂上方的技師在演員進場的時候，還可以把燈光個別打在他們的身上。[95]

文化歷史學家勞倫斯・勒文（Lawrence Levine）認爲：「如果要想像十九世紀戲院觀眾的眞實感受，可以參觀今日的運動賽事。觀眾不但來自四面八方，而且……他們都不僅僅是一名觀眾而已；他們都是可以加入現場互動的參與者，他們可以感受到即時感，有的時候甚至還有操控感。他們可以用口頭的方式，明確表達自己的意見與感受。」雖然不同社會階層的人士，佔據了劇場不同的角落：富人坐在第一排的包廂，勞動階級坐在樓下的座位，窮人坐在側邊的包廂——所有的觀眾還是一起分享了一個十分私密的空間。[96] 英國小說家法蘭西斯・特洛洛普就曾抱怨過，她在造訪美國的戲院時，竟然看到沒穿西裝外套的男人，而且那些人還把袖子捲到手肘上，嘴裡散發著「洋蔥跟威士忌」[97]的臭味。雖然林肯坐在他的總統包廂裡，他還是可以享受這種跟大衆在一起的感覺，讓他可以感受到人民心裡的想法，就跟他早年當律師時在全國巡迴一樣。

美國的內戰時期被稱爲美國戲劇的黃金時代。一位歷史學家認爲，在那些年間「美國的戲院很幸運，擁有一群從未被超越的演員」。這批優秀的演員包括艾德溫・福萊斯特（Edwin Forrest）、約翰・麥克洛夫（John McCullough）、艾德溫・布斯（Edwin Booth）、蘿拉・肯恩（Laura Keene）與夏洛特・卡希曼（Charlotte Cushman）。[98]其中卡希曼小姐因爲飾演馬克白夫人一角，在歐美走紅，據說她「不僅是個出色的演員，還是個卓越的女性」。她極富魅力，「一站上台的時候，就讓舞台充滿了……她全身散發的耀眼光芒」。[99]卡希曼還是一個自由解放的女人，遠遠超前於自己的時代。她有許多情人，但從來沒有結過婚，工作是她主要的熱情寄託。

蘇爾德跟卡希曼小姐在一八五○年代相識，最後變成好友。卡希曼只要人在華盛頓，都會住在蘇爾德家。[100]這位著名的女演員跟蘇爾德年輕的女兒范妮感情很好，[101]范妮非常崇拜她，她讓她窺見一個充滿活力且獨立自主的生活。范妮希望如果自己眞的有一天達成夢想並成爲一位作家的話，也可以像她那樣。一次卡希曼小姐造訪過後，范妮寫信給自己的母親：「有一天，我會充滿著我一直以來對於文學的熱情，而且我等不及要動筆了，我要奮力一試——而在此同時，我也要『學習如何勤奮工作並等待機會』，我的意思是，我要精進自己的寫作，我註定就是要走一行……我充滿著希望，我可以讓我的一生變成値得活的一生，我可以讓自己對這個世界有所貢獻。」[102]

蘇爾德爲了卡希曼小姐這位耀眼的明星貴客，一連舉行了好幾場的晚宴，外國使節跟他自己的內閣同僚都是座上嘉賓。卡希曼小姐認爲蘇爾德是「這個國家出現過的最偉大的人」，范妮則認爲除了她的家人以外，卡希曼是最了解她高貴父親的人。[103]

蘇爾德的兒子費德回憶，只要是卡希曼小姐造訪期間，林肯幾乎每個晚上都會到他們家拜訪。蘇爾德在一八六一年的夏天把卡希曼介紹給林肯，原本卡希曼想認識林肯，是想幫助自己一個想在西點軍校任職的年輕友人，但兩人一見如故，你來我往的機智對話，讓卡希曼忘了自己原本的拜訪目的，[104]而毫無疑問的，十分熱愛莎士比亞的林肯，也深深被這位著名的莎劇女演員吸引。

林肯跟蘇爾德不同，蘇爾德從年輕的時候就喜歡觀賞戲劇，而林肯在抵達華盛頓之前，只看過屈指可數的舞台演出。林肯第一次看到《亨利四世》裡的法斯塔夫時，他非常興奮，還寫信給演出該角色的演員詹姆士・海克特：「或許我能獻上的最大敬意就是……這是眞的，我迫不及待想再看一次。」林肯告訴海克特，雖然他沒有讀過莎士比亞全部的戲劇作品，但他有研究過其中的幾部，「頻率也許就跟普通讀者一樣。我讀過的作品包括《李爾王》（*Lear*）、《理查三世》（*Richard Third*）、《亨利八世》（*Henry Eighth*）、《哈姆雷特》（*Hamlet*），以及尤其是《馬克白》(*Macbeth*)。我認爲沒有任何一齣戲比得上《馬克白》，《馬克白》太美了。我跟您的同行不一樣，我認爲哈姆雷特的『啊，我的罪惡的穢氣上通於天了』（'O, my offence is rank.' 譯註：此處引用梁實秋著《哈姆雷特》之譯文），超過了『活著好，還是死了好』（"To be, or not to be."）這一句。不好意思，我小小的評論了一下。」[105]海克特把總統的這封信拿給朋友看，結果信最後落到了敵對報社的手中。林肯試著評論戲劇的舉動，馬上被大大嘲諷了一番。尷尬的海克特跟林肯道歉，但林肯要他「對這件事不要感到任何的不安」，他對於「報紙的評論並不驚訝」，因爲他這一生「忍受過許許多多的嘲弄，並不會耿耿於懷」。[106]

莎士比亞的歷史劇跟悲劇之中，林肯最喜愛的主題，大都是會讓一個處於內戰的總統引起共鳴的主題：政治陰謀、權力的重擔、野心的本質、領袖與被統領的臣民之間的關係。戲劇用藝術的方式呈現了國內衝突的可怕後果，也呈現了嫉妒與不忠帶來的邪惡作爲，以及兒女早夭、家族關係被硬生生切斷，還有愛國心所引發的各種情緒。

賓州的衆議員威廉・D・凱利（William D. Kelley）回憶自己在一個風雨交加的晚上，帶著演員約翰・麥可唐納（John McDonough）造訪白宮。林肯很喜歡麥可唐納在《李爾王》中所扮演的艾德加（Edgar），所以對於能夠見到這位演員感到很開心。原本麥可唐納是一個「非常堅定的民主黨支持者，而且接受了林肯先生只不過是個丑角的理論」，但他跟總統討論了好幾個小時的莎士比亞之後，他改變了自己的看法。林肯熱切地想知道爲什麼上演的時候有幾幕戲被刪掉，他著迷於經典台詞可以用哪些不同的方式呈現，還從書架上拿出一本「已經翻爛」的莎士比亞，大聲朗讀出其中的幾段，而且有些還是用背誦的方式。時間接近午夜的時候，凱利站了起來，表示不好意思佔用總統那麼久的時間。林肯馬上告訴他的客人沒有這回事，他已經好幾個月「沒有享受過這樣的文學饗宴」，這個晚上提供了非常「愉快的休閒時光」，讓他可以暫時遠離工作。⑩⑦

在這個黃金時代所有卓越的舞台演員之中，沒有人能超越艾德溫・布斯。布斯是著名悲劇演員朱尼爾斯・布斯（Junius Booth）的兒子，也是林肯未來的暗殺者約翰・威爾克斯・布斯（John Wilkes Booth）的哥哥。一位戲劇批評家在一八六〇年代表示：「艾德溫・布斯在美國舞台上的成就超越了其他人。」⑩⑧這位充滿靈性的年輕演員每到一個地方，就用他自然的演出以及對話式的表演方式俘虜了觀眾，他的表演方式跟舊世代誇張、制式的表演方式形成了完全的對比。⑩⑨

一八六四年二月下旬到三月上旬，艾德溫・布斯到格羅弗戲院進行爲期三個禮拜的演出，帶來一場又一場精彩的表演。林肯跟蘇爾德每天晚上都到戲院捧場，他們觀賞布斯演出《哈姆雷特》跟《理查三世》中的主角哈姆雷特及理查三世，並爲他在《凱撒大帝》（*Julius Caesar*）中扮演的布魯特斯以及《威尼斯商人》（*The Merchant of Venice*）中的夏洛克（Shylock）鼓掌。⑪⓪

三月十一日星期五的晚上，布斯到蘇爾德家晚餐。二十一歲的范妮・蘇爾德幾乎無法隱藏自己的興奮。她看過布斯的每一場演出，而且被他「英俊的深色雙眸」深深吸引。晚餐的時候，蘇爾德冒昧地問布斯自己是否能指點他一下，他想告訴這位悲劇演員，如何能「讓自己的演技變得更好」。根據范妮的說法，布斯「非常優雅地接受了父親的批評——一直說他自己也感覺到這些缺點」。蘇爾德特別專注於布斯在劇作家布爾沃—力頓（Bulwer-Lytton）的作品《黎塞留》（*Richelieu*）中的演出，他認爲布斯把這位圓滑老練的樞機主教演得「過於老態龍鍾」。蘇爾德本人長期以來一直被當作是王位後面的那隻手，或許他想要看到黎塞留被詮釋成比較年輕又具有活力的樣子。蘇爾德告訴布斯，他認爲他演出的夏洛克非常完美，布斯則不同意，他說自己「強烈感覺到自己的演出缺少了點什麼——那種感覺沒辦法用言語描述，只能說就像是酒缺少了濃度」。⑪①

一時走不開必須待在白宮的林肯，想念自己跟布斯之間的愉快對話。幾天後，林肯跟肖像畫家法蘭西斯・卡本特聊到《哈姆雷特》。卡本特是一位年輕的藝術家，當時正在繪製林肯一讀解放宣言的情景。林肯很期待看到布斯演出《哈姆雷特》，在聊天的過程中，他背誦出《哈姆雷特》中自己最喜歡的段落，也就是哈姆雷特的父王被謀殺後國王的獨白，而「他所展現出的情感，以及他對於那齣戲的掌握，不會輸給任何我曾在舞台上看到的表演」。[112]

最讓卡本特驚訝的是林肯對於悲劇與喜劇同樣喜愛。他可以表演出一段扣人心弦的《理查三世》，讓訪客的眼眶裡一下子充滿淚水，然後又馬上講一個荒誕不經的喜劇故事，讓客人狂笑不已。卡本特認爲林肯的「笑」是「發自內心的。即使是一匹待在家鄉草原的野馬，牠的『嘶鳴聲』也無法比他的笑還要來得眞心與痛快」。在卡本特的眼中，林肯能夠同時與「開心」及「憂傷」兩種情緒共處，這種特質就跟林肯本人所喜歡的劇作家一樣。卡本特評論：「如果沒有《溫莎的風流婦人》的幽默以及《仲夏夜之夢》的歡樂，一個擁有《李爾王》的哀痛以及《哈姆雷特》悲劇的靈魂，將會無法支撐下去。」[113]

其他內閣成員不像林肯跟蘇爾德那麼常上戲院。蔡斯跟貝茲認爲看戲是一種愚蠢跟浪費時間的行爲，甚至是一種「撒旦般的消遣」。[114]史坦頓只去過格羅弗戲院一次，而且那次是爲了要找林肯商量一件急事。當時格羅弗跟林肯坐在包廂裡，表演開始半小時後，史坦頓突然出現，嚇了格羅弗一跳。史坦頓悄悄走向林肯，並跟他說了很長的一段話。林肯認眞地聽史坦頓說話，但眼睛卻一直盯著舞台。史坦頓感到洩氣，他「抓住林肯先生大衣的衣領，慢慢地把總統轉過來看著他，然後又繼續說下去。對於這個唐突的行爲，林肯先生報以一個全然親切友好的微笑，就像人們會對他們疼愛的孩子所做的那樣，但馬上又把視線移到舞台上」。最後沮喪的史坦頓完全放棄了，他「起身道晚安，然後離去」。

根據格羅弗的說法，泰德也跟父親一樣熱愛戲劇。[115]約翰・海伊注意到，每次泰德「只要看到父親的眼睛亮了起來，雖然他不是很清楚原因，他也會陪著一起大笑」。[116]泰德常在家庭教師的陪同下造訪格羅弗戲院，「他常常一個人全神貫注地看著排練的情形，感覺戲院就像自己的家一樣。他認識舞台的工作人員，工作人員也喜歡他，讓他可以到處自由走動。」泰德會幫助他們移動布景，有時候甚至還會登台演出。[117]茱莉雅・塔夫特參加白宮的宴會時，泰德淚眼汪汪，因爲他想起了以前跟威利還有塔夫特家的孩子一起玩耍的快樂時光。[118]對於這個寂寞的孩子來說，劇場友好的氣氛一定給了他很大的安慰。

* * *

維克斯堡跟查塔努加之役的英雄尤里西斯・S・格蘭特將軍，在一八六四年三月八日抵達首都，⑲準備接下統率全聯邦軍隊的責任。感激的國會授予他三星將軍的頭銜，這個職位在開國的華盛頓總統之後就沒有人擔任過，林肯提名格蘭特接受這個榮譽軍銜。格蘭特升為三星將軍後，哈勒克成為參謀長，薛曼則接手格蘭特的西部軍隊。⑳

格蘭特抵達華盛頓的風格就跟他個人的形象一樣——儉樸謙遜，跟麥克萊倫正好相反。格蘭特在傍晚的時候走進威勒飯店，身旁沒有隨從，只有十幾歲的兒子費德（Fred）陪著他。櫃台人員不認得格蘭特，告訴他飯店已經客滿，只剩頂樓的一間小房間。一直要到尷尬的飯店人員看到登記簿上寫著「尤里西斯・S・格蘭特父子，伊利諾州加利納市」之後，才馬上幫他們換房間，這個問題才獲得解決。㉑稍做休息之後，格蘭特帶著兒子到飯店大廳的餐廳。他消瘦的身材、「微彎的肩膀、淡藍色的眼睛，以及淡棕色的頭髮跟小鬍子」，一開始沒有引起人們太大的注意，但突然一個人指著他的桌子，然後一時之間，「所有的人都大喊著歡迎他來到華盛頓，大家不停地熱烈歡呼」，他們用拳頭敲著桌子，最後格蘭特站了起來跟大家鞠了一個躬。㉒

格蘭特讓兒子上床睡覺之後，便徒步前往白宮。白宮當時正在舉辦總統每週的固定招待會，裡頭擠滿了群眾。後來成為格蘭特副官的年輕上校霍勒斯・波特（Horace Porter）那時站在林肯附近。眾人都在藍廳裡，「突然間大廳口出現一陣喧譁聲，大家的注意力都被吸引過去」，很顯然是格蘭特將軍的出現引起了騷動，「他跟其他群眾一起謙遜地走向林肯先生」。這是林肯跟格蘭特第一次見面，林肯的眼睛亮了起來，臉上帶著一個大大的微笑。總統不想讓他的貴客走過來，他「急忙跨了兩三步迎向」格蘭特，然後握住他的手：「格蘭特將軍你來了！非常高興見到你。」

波特驚訝地注意到格蘭特跟林肯的外貌有多麼不同。總統過人的身高，讓他「散發著光芒的臉往下看著」比他矮二十公分的格蘭特，林肯禮服的衣領「太大了」，領結「繫得彎彎扭扭的」，讓波特感覺到「他比較像是希臘神話中的大力士赫克力士，而不是美男子阿多尼斯（Adonis）」。但波特注意到林肯灰色眼睛裡所散發的「快樂光芒」以及他「親切的語調」，㉓可以讓人馬上放鬆心情。威爾斯也在現場看著兩人的互動，他對於格蘭特的舉止則感到有些困窘，覺得他沒有軍人的樣子，「有一點手足無措」。㉔

林肯跟格蘭特說了幾句話之後，就把他帶到蘇爾德那裡。[125]林肯知道他這位喜愛社交的國務卿是最適合的救難人選，他可以幫助格蘭特穿越一直在呼喊他名字並湧向他的仰慕群眾。群眾瘋狂地歡呼，他們擠向這位擊退敵人的英雄，造成「蕾絲被扯下來，撐起女人大蓬裙的骨架被壓壞，現場一片混亂」。[126]蘇爾德馬上把格蘭特帶到東廳，他說服格蘭特將軍站在沙發上，讓所有的人都能夠同時看到他的臉。[127]《紐約前鋒報》的通訊記者報導：「他像一個女孩子一樣羞紅了臉」，「跟群眾握手讓他的額頭湧出了汗水，他整個臉上都是汗。」[128]格蘭特後來回憶，這次的宴會是「戰爭期間他經歷過最激烈的一場戰役」。[129]

總統很高興群眾如此熱情地擁抱格蘭特，他很願意把他平常所享有的榮譽地位讓給這位謙遜的將軍。用波特的話來說，就是林肯充分意識到勝利之路夠寬敞，可以讓他們兩個人「並肩而行」。[130]如果林肯認為這位將軍想角逐總統大位的話，他迎接他的方式會更深思熟慮一點，但他已經從可以信賴的來源那裡，了解到格蘭特什麼都不想要，只想完成任務並順利終止戰爭。密使J・羅素・瓊司（J. Russell Jones）曾帶來格蘭特的信函，格蘭特在信上說自己不但不想當總統，而且還完全支持「林肯先生留在總統的寶座上」。林肯告訴瓊司：「年輕人，你永遠不會知道這個消息讓我有多開心。」[131]

跟興奮的群眾相處了一個小時之後，精神奕奕的蘇爾德以及精疲力竭的格蘭特將軍回到林肯身邊，林肯跟史坦頓正在會客廳裡等著他們。在隔天的典禮上，格蘭特將會接受新的軍階。他們四個人討論了一下典禮的細節，在典禮上林肯會先發表談話，接著由格蘭特回應。林肯把自己的講稿交給格蘭特，讓他能夠準備自己的演講內容。格蘭特回到威勒飯店之後，用鉛筆在半張紙上寫下自己的聲明。[132]尼可萊回憶，隔天下午輪到格蘭特將軍發言的時候，他似乎「對於這個場合感到很侷促不安，萬分困難地辨認著自己的字跡」，[133]並在整個演講的過程中不斷結巴。

儀式結束後，林肯跟格蘭特到樓上私下談話。林肯解釋在過去由於「指揮官的延宕」，讓他不得不從白宮下達軍令，但「他一直都希望，能有一個人可以站出來負起責任並採取行動」，讓他只需要負責動員「政府裡所有的資源」，來提供所有所需的協助就可以了。[134]

星期四的時候，格蘭特搭乘火車到波多馬克軍團的總部，跟米德將軍商量軍情。回程的時候，林肯告訴他林肯夫人準備要在禮拜六為他舉辦一場晚宴，但他婉拒了這項邀約，他說自己希望能夠盡快回到戰場。林肯笑著說：「可是我們不能讓你說不，這就好像是一齣《哈姆雷特》裡沒有哈姆雷特一樣。」但格蘭特仍然堅持：「我萬分的感謝，但現在時間非常寶貴，而且，真的，總統先生，我相信我已經過夠了出現在眾人面前的『演藝』生涯！」⑬⑤

那年三月，格蘭特的白宮之旅強化了他「平民百姓」的形象。之前人們已經聽說過格蘭特的故事：他厭惡眾議員伊力胡・瓦希本（Elihu Washburne）所說的「許多軍人身上都有的裝飾品跟配件」。根據瓦希本的描述，華盛頓正在爭論要不要設立三星將軍這個新的軍階時，他跟格蘭特一路上一起相處了六天，在那期間，格蘭特「沒有帶馬，也沒有帶勤務兵，沒有帶僕人，沒有帶箱子，沒有帶大衣，沒有帶毛毯，甚至連乾淨的襯衫都沒帶」，他只帶了一把牙刷，「吃東西就像他所統領的最普通的士兵一樣，他吃完他的口糧，睡覺就睡在地板上，除了蒼穹之外，什麼東西都沒蓋。」⑬⑥《紐約時報》注意到格蘭特喜歡吃豬肉跟豆子，並猜測他會讓先前都在服務軍官「靈敏味蕾」的宴席人員「頭痛不已」。⑬⑦歷史學家威廉・麥可菲力（William McFeely）下了評論：格蘭特在華盛頓待了四天，而在這四天裡，從他悄悄進入華盛頓一直到最後的提早離開，他所做的每一件事「都做對了」。「他的一舉一動都非常謙恭，展現出低調的自信；他在後來的政治生涯，以及後來在歷史上，一直都保持著同樣的形象」。⑬⑧

＊＊＊

貝茲在日記裡記錄一八六四年的春天「不尋常地遲來」，一般會在四月初開花的樹木一直到了月底才「伸出葉子」⑬⑨。天氣「惡劣又糟糕」，每天都下著「傾盆大雨」，對於焦急地等著軍隊展開春天作戰的人們來說，這似乎是大自然趕在不可避免的血流成河之前先發制人。史托達德猜測格蘭特將軍也被相同的「老敵人」給耽擱了：「老自治領（譯註：即維吉尼亞州）的紅泥。」⑭⓪這個老敵人先前困住了麥克萊倫將軍，還讓柏恩賽將軍無法前進，造成南方的李將軍在蓋茨堡之役後得以逃脫。

林肯仍然確信，有了格蘭特之後，他終於找到了他需要的將領。三月下旬，白宮在當年「最可怕的暴風雪」之中舉辦了一場宴會。班傑明・法蘭奇描述總統「就跟我每次看到他的時候一樣，活力十足，談笑風生，一直說著故事」。[141]三個禮拜之後，在另一個暴風雪之中，林肯仍然「心情非常愉悅，很愛開玩笑」，在禮拜六接見民眾的活動中，款待了一群又一群的訪客。[142]接下的那個禮拜日，他悠閒地走到約翰・海伊的房間，「拿起了一張報紙，讀著《里奇蒙觀察家報》(*Richmond Examiners*)最近對傑佛森・戴維斯的抨擊。他會心一笑：『看來《觀察家》對於傑佛遜的興趣，就跟《世界報》(*World*)對我的興趣一樣大。』」[143]

傑佛森・戴維斯被自家人抨擊並不讓人意外。依據美國歷史學家詹姆士・藍道爾的研究，南方聯盟在一八六四年的春天是「一個內外交困的國家；財政搖搖欲墜，貨幣不健全，而且外交展望從來不曾好過」。[144]叛軍的信念仍然很堅定，但「人民已經感受到切身的折磨」。《紐約時報》的通訊記者拿到了一封原本要寄往海外的信，寄信人是一個維吉尼亞州人，他在信上提到，封鎖以及兇猛的通貨膨脹對日常生活所造成的可怕影響：「優雅高尚的淑女從前都喝法國的香貝丹（Chambertin）葡萄酒，享用著肥美的牛肉跟羊肉……現在她們可憐到連茶跟咖啡都喝不到，每天只要能吃到一兩片劣質的培根，就很高興了。」此外，「民眾的痛苦」也以指數方式上升，「人們淪落到社會階級的底層」。[145]里奇蒙跟亞特蘭大發生食物暴動，衣物也十分短缺，人們到處破壞商店。[146]

戴維斯的健康狀況逐漸屈服於龐大的壓力，他天生的憂鬱性格變得更加嚴重，友人注意到他從人群中抽離，傍晚騎馬的時候常常獨自一人。[147]所有人之中，只有他的妻子瓦麗娜還有家人，能讓他真正放鬆並再度充滿活力。戴維斯跟林肯很像，都很寵孩子，他會放任他們打斷重大的內閣會議，讓他們開心地嬉戲。

一八六四年四月的最後一天，悲劇降臨在戴維斯的家中。瓦麗娜送午餐給人在二樓辦公室的丈夫時，讓五歲的約瑟夫（Joseph）還有約瑟夫七歲的哥哥小傑夫（Jeff Junior）單獨玩了一下。小約瑟夫爬到陽台的欄杆上，結果失去平衡，他的頭撞到了磚頭人行道並當場死亡。戴維斯夫婦悲痛欲絕，據說瓦麗娜尖叫了好幾個小時，而戴維斯則把自己關在頂樓。瑪麗・切斯納（Mary Chesnut）是南方聯盟將軍詹姆士・切斯納（James Chesnut）的妻子，也是著名的內戰日記作家。瑪麗回憶，戴維斯走來走去，雙腳不停地「用力踱步」，讓樓下的客廳發出令人心神不寧的回聲。[148]然而戴維斯也了解，戰爭無情的腳步不容人有哀悼的時間，他跟林肯都知道，幾天之內春天的戰役就要開始了。

威廉・史托達德注意到在五月的第一個禮拜，華盛頓充滿了「令人窒息的氣氛，好像有什麼事情要發生了」，那種感覺幾乎就像是「暴風雨前的寧靜」。雖然樹木終於「長滿芽與開滿花」，「幾隻大膽的鳥兒」已經開始歌唱，但人們的「日子裡沒有春天的陽光，也沒有高歌的慾望」，因爲每個人都知道不幸的事即將發生。[149]尼可萊坦承，雖然許多人對於格蘭特將軍仍然深具信心，但他們對於未來的戰況「開始感覺到迷信」，因爲北軍前一個春天的戰役「絕大部分都是敗仗」。[150]

林肯知道，一旦三星將軍格蘭特開始攻擊南方的李將軍，通訊將會變得很困難，所以他先寫了一封信給格蘭特。約翰・海伊描述那封信「既親切又尊重」。[151]林肯告訴格蘭特：「我對於你的表現完全滿意」，並且保證「不管你需要什麼，只要是我的能力所及」，統統都會提供。[152]格蘭特感激地回了一封信，說自己「感到萬分訝異，因爲自己所要求過的每一件事，馬上都會得到應允」。格蘭特回信的最後一行，顯示出他的性格跟麥克萊倫有多麼的不同：「如果我不如我所希望與預期的那樣成功，至少我能說責任完全不在於您。」[153]

林肯完全贊同格蘭特同一時間兵分三路的計畫：波多馬克軍團會給李將軍來一個迎頭痛擊，迫使他退往南方聯盟的首都里奇蒙；薛曼會由西向東穿越喬治亞州並佔領亞特蘭大；在此同時，巴特勒將軍會從維吉尼亞州的詹姆士河往東北朝里奇蒙移動。[154]林肯告訴約翰・海伊：「這個協同作戰」，一直是他想要做的，「好讓我們極佔優勢的人數能夠發揮功效」。[155]話雖如此，在戰役即將展開的前夕，林肯對於他的三星將軍仍然感到極大的「憂慮」，他告訴布朗寧，雖然他對格蘭特擁有完全的信心，但他擔憂「李將軍會選擇自己的戰場，並等待攻擊的時機，這樣一來他就佔了極大的優勢」。[156]

林肯的擔憂的確有道理。格蘭特往南移動的時候，李將軍正在費德里克斯堡的西邊等著他。那片地方被稱爲「荒原」（the Wilderness），[157]充滿著錯綜複雜的無情深谷以及滑溜的沼澤，四處都是藤蔓跟荊棘。那片陰鬱的地帶爲李將軍的防禦工事帶來絕佳的掩護，而且讓格蘭特先進的大砲失去用武之地。換句話說，該處的地形讓聯邦的人數優勢完全失效。即使如此，格蘭特還是不屈不撓地往南推進，前進到里奇蒙東北方的斯巴薩維利亞（Spotsylvania）與冷港（Cold Harbor），讓李將軍經歷了慘烈的戰役。雙方人馬在作戰的時候，都得爬過滿地的死屍與傷兵，「有的倒在地上的人下面堆著三四具的屍體」。[158]格蘭特的傳記作家把這場戰役稱作是「一場殘忍的夢魘」，[159]七個禮拜內造成了北方聯邦跟南方聯盟軍八萬六千人的死傷人數。[160]格蘭特在第一個九天結束的時候告訴妻子：「在這個世界上，從來沒有如此血腥與拖得如此長的一場戰役，我希望這種事永遠都不要再發生。」[161]格蘭特後來在回憶錄裡也坦承，自己「一輩子都後悔在冷港進行了最後一次的攻擊」。[162]

格蘭特埋葬死者，把傷者送往華盛頓。數千名的受傷士兵抵達華盛頓時，諾亞・布魯克斯記下了當時令人心碎的情景：汽船載著勇敢士兵「受傷的軀體」抵達了城市的各碼頭，「救護馬車的長龍等在原地，受苦的英雄被輕輕抬上擔架，不過即使是最輕微的碰觸，都可能讓他們痛苦不已。」[163]相同的可怕情景每天都在發生，讓華盛頓人的心裡無法承受。一天早上三千名受傷的士兵上岸的時候，塔夫特法官在碼頭邊目睹了當時的情景：「他們有的人頭上包紮著繃帶，有的手臂掛在吊帶裡」，有的則一路跛行。[164]每有一艘汽船靠岸，大家就會圍上去，希望能在「一群曾經雄赳赳氣昂昂、但現在因爲戰爭而受傷或殘廢的人之中」，[165]認出自己的丈夫、兒子或兄弟。伊莉莎白・布萊爾逃離了這座城市，因爲「成排的救護馬車以及痛苦人們的可憐哀嚎聲，讓我的神經無法負荷」。[166]

心情沉重的貝茲在日記裡感嘆：「這是史無前例的大屠殺」。[167]就連一向樂觀的蘇爾德也感覺自己周旋在歐洲圈子裡的時候，「好像在誇大一樣。在將士浴血奮戰的同時，我每描述一次的戰役，都必須說這次比上一次還要慘烈，每次都必須說這一次是這場戰爭中最激烈的一場戰役。」[168]戰爭部所承受的龐大壓力，讓其他的一般性事務都無法進行，內閣成員每天晚上都聚集在戰爭部等候最新的消息。威爾斯坦承，「強大的焦慮感太過沉重，大腦幾乎沒有辦法思考任何問題。」[169]約翰・尼可萊寫信給未婚妻瑟蓮娜，告訴她在這幾個禮拜之中，他「緊張與焦慮的程度超過了」「前一年」。即使如此，他也說：「如果連我都已經這麼焦慮了，那（總統）會有多焦急更是讓人難以想像。在過去漫長的三年之中，他都在不安與充滿災難的歲月中度過。」[170]

林肯的確有無法成眠的夜晚。[171]有一次在這樣的晚上，法蘭西斯・卡本特「碰到他穿著長長的睡袍到處走來走去……他的手擺在背後，眼睛下方有灰黑色的眼袋，頭垂在胸前」。[172]有時候生命的消逝太過可怕，使得林肯被憂傷淹沒。然而，身爲內閣領袖與國家領導人的他，知道自己必須保持鎮定，而且要讓同僚與人民感受到希望與信心。林肯在戰爭部焦急地等著前線傳回消息的時候，他在空檔之中去了一趟戲院、參加了一場蓋茨堡的公開演講活動，並看了一場歌劇。[173]林肯解釋：「人們可能會覺得這有點奇怪，但我**必須**在這恐怖的焦慮之中有一些調劑，否則我會瘋掉。」[174]

荒原之戰（Battle of the Wilderness）陷入膠著狀態的時候，衆議院議長斯凱勒・寇法克斯曾經在一個禮拜天造訪過白宮。「我看見（林肯）在行政廳裡到處走來走去，他長長的手臂放在背後，我想他的臉是我這輩子看過最悲傷的一張臉。」不過寇法克斯也說：「他很快就恢復正常的樣子」，然後突然信心滿滿地提到格蘭特，而且「臉上散發出希望的光芒」。一個小時過後，一批國會的代表團來見林肯，而林肯講了「一個又一個的故事」，「在焦慮的人們敏銳的檢視下，隱藏住他悲傷的心」。[175]

林肯從來沒有失去過對格蘭特的信心，他知道要是換了「任何其他的將軍」，在死傷這麼慘重的情形下，早就撤退了，但格蘭特卻有辦法「頑強的堅持下去……他擁有打勝仗的人格特質」。[176]一位年輕的信差抵達白宮，帶來將軍的口信：「沒有後退的餘地」，林肯聽完後，擁抱那名信差並親吻他的額頭。[177]林肯在五月十一日收到了歷史上格蘭特著名的急電：「我建議在這條戰線上打到底，就算要花上整個夏天也在所不惜。」[178]林肯的情緒更高昂了，有一天，一位訪客問起格蘭特將軍所率領的軍隊，林肯的臉亮了起來，「他每次要說精彩的故事時，臉上就會露出那個特別的微笑。」林肯說這個問題「讓我想起了一則自動下棋裝置的故事（automation chessplayer；譯註：十八世紀晚期出現的自動下棋機械，棋台旁有一個土耳其假人可以跟玩家下棋，後來證實爲騙局，棋台內其實躲有眞人）。許多年前那個機械人下棋的技術震驚了世界，過了一段時間之後，有一位知名的棋手跟那台機械挑戰，但氣急敗壞的他連續被打敗兩次。第二場比賽結束的時候，那個著名的棋手指著棋台，用著非常堅定的語氣說：『**有人躲在裡頭操控！**』」接著林肯解釋，格蘭特就是軍隊成功的「祕密」。[179]

＊＊＊

六月初，共和黨預計在巴爾的摩召開大會。塞蒙・蔡斯變得焦躁不安，雖然他已經在三月時宣布不會參選，但他仍然希望事情會有轉機。⑱魏德不斷警告總統，蔡斯的退選只是「狡猾的閃躲」而已，眞正的目的是要讓自己能夠「捲土重來，而且比之前都還要蓄勢待發」。這位消息靈通的政治領袖已經收集了一份長長的名單，⑱上面列著財政部投注了所有精力幫蔡斯輔選的人員。更麻煩的是，魏德已經從各式各樣的管道那裡，探聽到腐敗的財政部代表違反國會所制定的法律，私自用軍隊的補給跟南方聯盟交換棉花。法律規定，除非擁有財政部的特許證，否則自由州跟奴隸州之間不准進行任何形式的貿易。魏德認為蔡斯的女婿史普拉格透過了這些不法行為從中牟利，他無法了解，為什麼林肯拒絕開除蔡斯。魏德預測，如果總統「扛著這個重擔進行競選活動的話，他不可避免地會沉下去」。⑱

在同一時間，蔡斯跟布萊爾一家暗地裡的恩怨，正式搬上了檯面。在之前一月的寒冬裡，法蘭克・布萊爾辭去了軍隊裡的職務，重新擔任國會議員，但現在他計畫要重新跟隨薛曼將軍，加入亞特蘭大的長征。不過在那之前，他要先解決他們一家跟蔡斯的恩怨。一名蔡斯的支持者公開指控布萊爾訛詐金錢，說他利用一趟私人的煙酒運送行程，向政府收取了八千美元。布萊爾知道相關文件是偽造的，並懷疑這件事是財政部做的，他要求國會的委員會調查這件事，結果報告證明布萊爾完全是無辜的，而那份指控文件的確是由財政部的人員所假造的。⑱雖然沒有證據顯示蔡斯本人跟這件事有關，但布萊爾等候委員會的報告出爐，並站上了國會的發言台。

布萊爾在預備要出發向薛曼將軍報到的前一天，對著滿滿的聽眾報告這次的事件。一開始，他冷靜地摘要說明報告裡的調查結果，然而他的自制力很快就消失得無影無蹤。布萊爾把滿腔的憤怒指向蔡斯：「那群狗被主人放出來。我已經把牠們打回狗舍裡，該為這種惡形惡狀負責的人，不是那些被放出來咬我的野狗，而是牠們的主人。」議長寇法克斯警告布萊爾，只要報告委員會的調查結果就好，但布萊爾的支持者堅持讓他說下去。布萊爾指控蔡斯不但貪污、背叛林肯、不愛國，而且還無恥下流地想要選總統。⑱

布萊爾的姊姊伊莉莎白當時也在議會的旁聽席，她認為他的這番話以短期來看是「大獲全勝」，但也擔心這種發洩式的語言會有不好的影響。伊莉莎白說：「憤怒是最糟的顧問，而報復則是自殺。」⑱伊莉莎白的擔心的確有道理，布萊爾這次的發言，讓他跟蔡斯之間的戰爭火上加油，最後兩敗俱傷。蔡斯的友人很快就做出反應，說這些對於財政部長的指控是「滿口謊言的毀謗」。⑱

基迪恩・威爾斯認爲，布萊爾這次的發言「魯莽又不明智」，擔心最後反而會傷到總統。這位充滿智慧的海軍部長，對於蔡斯跟布萊爾家持續發生的恩怨感到懊惱，他認爲雙方都有錯：「蔡斯缺乏雅量跟氣度，而布萊爾家兩者都有，但他們心中所懷的怨恨過於強烈。他們挑起的戰爭是公開的，他們毫不隱瞞也絕不原諒對方，而蔡斯這方則是隱忍、不會放過，但小心翼翼。」[187]

蔡斯在那天晚上聽說了布萊爾的發言，當時他正搭火車前往巴爾的摩，預備參加衛生園遊會（Sanitary Fair；譯註：南北戰爭時北方的「衛生委員會」所發起的活動，活動目的是爲了募集支援前線的資源與義工）。蔡斯的朋友衆議員艾伯特・李鐸回憶，他走進蔡斯的私人車廂時，「他獨自一人處於盛怒之中，他在解釋原因的時候，幾乎無法控制自己。他用沙啞、克制的聲音重新講了一次事件的始末，而提起這件事似乎讓他的怒氣重新冒了出來。他的情緒變得更惡劣，空蕩蕩的車廂在他的腳下猛烈震動。」蔡斯堅信：「這所有的一切，包括那場發言，背後都有總統強力的支持。」[188]俄亥俄州的衆議員詹姆士・嘉菲德也同意蔡斯的猜測。他認爲法蘭克・布萊爾是林肯的「工具」，他之所以會被送進國會，是因爲他擔負著摧毀蔡斯名譽的「特殊任務」。嘉菲德指控，在任務達成之後，林肯就會恢復布萊爾在軍中的職位，然後把他送回前線，並且「認可一切他在這裡所說跟所做的事」。[189]蔡斯告訴李鐸，除非林肯聲明布萊爾的事與他無關，否則爲了他的名譽，他必須再次提出辭呈。

李鐸跟蔡斯的另一位友人駱福斯・司伯丁（Rufus Spalding）去找總統，他們警告他「蔡斯的突然離職，將等同於對格蘭特軍隊的一次重大打擊」。他們向林肯解釋，布萊爾突然說出那番話，接著總統又剛好讓他重返軍隊，這兩件事「看起來像是事先安排好的，故意要引起衆人的注意，這似乎是一個針對重要內閣成員而來的陰謀」。李鐸跟司伯丁要求林肯親口說明，他是否事先知道布萊爾的發言性質。

林肯對於這次的對質早有準備。他最不想要的，就是讓蔡斯因爲個人的名譽問題而辭職，因爲共和黨黨內激進派跟保守派之間的裂縫，可能會因此無法修補。林肯一如往常地專心聽著眼前的訪客陳述自己的意見。李鐸回憶，他們說完之後，「他站了起來，走過來誠摯地握著我們的手，對於我們的到來表示了最大的歡迎」，然後林肯從桌上拿出一疊文件，問他們兩位是否看過兩個月前他寫給蔡斯的信。當時發生龐洛伊的傳單醜聞時，蔡斯曾自願請辭。林肯確認李鐸沒有看過之後，便大聲念出那封信的內容，並說自己跟蔡斯的意見一致，「如果我們不會鼓動或同意的話，我們各自的友人可能會做些什麼，責任都不在我們身上」。

林肯向兩人解釋自己非常推崇法蘭克・布萊爾，但他「對於他這次的發言也感到氣惱」，事實上，他警告過布萊爾不要「進行個人的戰爭」。他一聽說布萊爾充滿敵意的言論後，就知道「又有一個馬蜂窩被踢翻了」。他考慮過要撤回「讓他重新回到軍隊並要他指揮軍隊的命令」，然而在評估過薛曼將軍有多重視法蘭克的效命之後，他決定不取消原本的任命。

李鐸回憶林肯在解釋的時候，「態度坦率、眞誠，令人印象深刻」。李鐸跟司伯丁「非常滿意」，[190]他們向林肯保證，蔡斯對於他的回應也會非常滿意。林肯再一次縫合了政府與黨內潛在的危險傷口。

＊＊＊

一八六四年六月七日是個暖洋洋的一天。共和黨的黨員聚集在巴爾的摩，準備選出黨內的總統與副總統候選人。諾亞・布魯克斯被眼前的景象感動了：人民的代表「在內戰與白熱化的戰役之中」，[191]居然還聚在一起進行民主制度最重要的一件事。民主黨也會在那個夏天舉行集會，但他們把提名大會推遲到八月底，以爭取更多的時間來回應戰場上的最新發展。

二十五個州的代表聚集在共和黨的大會上，他們把黨代表大會重新命名爲「全國聯合黨大會」（National Union Convention），[192]而林肯已經篤定可以再次獲得提名。四年前，大衛・戴維斯法官是林肯獲得提名的重要推手，但這次他太確定提名的結果，所以決定不出席。戴維斯告訴林肯他原本計畫參加這次的提名大會，「但在紐約跟俄亥俄州的大會舉辦過後，就沒有必要了——我已經計算過所有已經表態的州，你的提名一定會被鼓掌通過。如果曾經有任何一丁點反對的聲音的話，我一定會去巴爾的摩——但反對的聲音完全被擊退了，這場戰爭一點意思都沒有，也不需要任何人的效勞。」[193]最後林肯派約翰・尼可萊擔任他的特使，代表戴維斯法官出席黨代表大會。

就連堅持應該要有其他競爭者的霍利斯・格里利也承認，在美國人民的心中，林肯已經贏得了一席之地。

「人民日日夜夜都想到他，並為他祈禱。他們的心都放在他的身上。」[194]早在大會還沒推開大門之前，正式提名委員會已經表示：「人民直覺希望（林肯）成為候選人」，而大會的任務只是要正式提出「公眾的意願」而已。[195]布魯克斯觀察，雖然華盛頓的政治人物心中可能另有屬意的人選，但「大部分的人民除了林肯之外，想不到其他的名字」。[196]

當然，還是會有一些零星的反對聲浪。五月底，數百位不滿意林肯的人士聚集在俄亥俄州克利夫蘭的夏賓大會堂（Chapin Hall），[197]他們提名約翰・傅瑞蒙成為第三方總統候選人。傅瑞蒙一直都沒有原諒林肯在一八六一年的時候將他解職，雖然他最終仍被提供另一個位子，但他還是拒絕了，因為如此一來，他就必須聽令於另一位將軍。傅瑞蒙的支持者包括了激進派、廢奴主義者、失意政客以及銅頭。這群人希望能夠分裂共和黨，他們的政見是透過修憲來終止奴隸制度，並要求應該由國會而不是總統來決定戰後的重建問題。另外，他們還堅持應該「把叛徒的土地充公並分配給眾將士」。[198]

傅瑞蒙的集會電報傳過來的時候，林肯人在電報室。他得知與會群眾只有四百人而不是預估的幾千人之後，他想起了聖經上的一段話。林肯把聖經翻到《舊約・撒母耳記上》第二十二章第二節：「凡受窘迫的、欠債的、心裡苦惱的都聚集到大衛那裡；大衛就做他們的頭目，跟隨他的約有四百人。」[199]（譯註：此處引自和合本聖經。）

巴爾的摩提名大會開始的前一天晚上，林肯跟諾亞・布魯克斯聊了一下。布魯克斯提到林肯「再次獲得提名已經是完全確定的事」，當時林肯「開心地承認，沒有任何裝出來的謙虛」。林肯知道副總統人選有好幾個，包括現任的副總統漢尼拔・韓姆林、紐約的丹尼爾・迪金森（Daniel Dickinson），以及田納西州的軍事州長安德魯・約翰生（Andrew Johnson），林肯不願意表態自己支持誰，但他的確說了「他希望大會將選出贊成修憲並廢止奴隸制」的人選，並要求布魯克斯向他回報所有一名好記者會留意到的「大小傳言」。[200]

大會開始的時候，密蘇里的兩大敵對代表團一如所料地起了爭執：反對布萊爾的激進派代表團誓言要把票投給格蘭特，以表達他們對於林肯的不滿。支持布萊爾的保守派代表團則發誓投給林肯。在總統的認可下，激進派就座了。如同一位代表所說的，林肯了解必須整合「共和黨內所有人」的重要性，包括「難以對付的人、僞善者、宣稱我比你好的人、長頭髮的男人，還有短頭髮的女人」。[201]此外，激進派已經私下同意在第一輪投票過後，他們會改投給林肯，讓總統的提名無異議通過。[202]

大會全體熱烈鼓掌同意通過第三條競選黨綱：「**決議通過**。奴隸制是這場叛亂的起因，而現在則成爲叛軍力量的來源……（我們）要求奴隸制在這個共和國的土壤裡完全被根絕。」自四年前的芝加哥大會之後，這個國家的改變完全可以從這條競選黨綱裡看出來。這項黨綱支持總統的宣言，「致力於給這個巨大的邪惡致命的一擊」，而且「我們更進一步支持」修憲，讓美國「永遠禁止奴隸制度的存在」。

響亮的鼓掌與喝采聲，在大會感謝海陸軍將士的時候也響了起來：「他們冒著生命的危險保衛自己的家園」，[203]但群衆最大的歡呼聲，則留給了支持林肯繼續領導國家的大會決議。布魯克斯描述：「群衆十分熱情，大家熱愛的『林肯』這個名字一被提出之後，大會的歡呼與喝采聲就不絕於耳。」[204]大會中唯一一件氣氛不佳的事，就是通過了一條激進派針對保守派的蒙哥馬利．布萊爾所訂出的條款，他們要求「清理」所有未能全力支持競選黨綱的「內閣閣員」。[205]《國家共和黨人報》指出，提名林肯的唱名完成之後，「現場再度恢復和諧，群衆全體一致地站起來，如此激情的表現幾乎是前所未聞。男士揮舞著手跟帽子，旁聽席的淑女則揮舞著自己的手帕」，[206]同一時間樂隊開始演奏美國國歌「星條旗之歌」。

接下來是副總統的提名。魏德不是投票代表，但深具影響力的他也出席了大會，並扮演了重要的角色，最後讓約翰生出線。魏德一直都很關心老友蘇爾德的利益，他很快就了解到，如果紐約的迪金森被提名爲副總統，蘇爾德將無法繼續擔任國務卿，因爲傳統上，來自同一個州的人不能同時擔任兩項重要的職務。[207]魏德一開始支持的人選是韓姆林，但他馬上看出民衆對於戰爭民主黨（War Democrat；譯註：戰爭民主黨是民主黨的一個派系，戰爭民主黨不認同當時掌控黨內的銅頭的主張，並在南北戰爭爆發後支持林肯的政策）逐漸增加的同情，會導致迪金森或約翰生的提名，因此他讓魏德—蘇爾德的選戰機器支持約翰生的勝出。[208]

大會做出的決議被傳到戰爭部的電報室。史坦頓的祕書解釋這是「史坦頓的理論」，他認爲「**所有的事**都跟他的部門有關」，因此他在辦公室裡把「全合衆國所有的電報系統」都集中在一起。[209]接近傍晚的時候，一位辦事員把約翰生的提名電報交給林肯。林肯很驚訝，因爲他還沒聽說自己的提名已經確定了。「什麼！他們在提名總統之前先提名了副總統？」⑳那不是跟「把推車放在馬之前」㉑一樣嗎？尷尬的電報員解釋，好幾個小時前總統提名的電報就已經傳過來了，只是那個時候林肯在吃午餐，電報已經直接送到白宮了。林肯說：「沒關係，我回去的時候大概就會看到了。」㉒

隔天代表團指定的委員會抵達白宮，正式通知林肯他已經獲得提名，㉓委員會傳達了黨內對於林肯的讚美之詞，林肯說他不認爲大會覺得他是「全國最好的人選，但這讓我想起一則老荷蘭農夫的故事，那個農夫有一次對同伴說：『過河的時候最好不要中途換馬』」。㉔當天稍晚，俄亥俄州的代表團到白宮對林肯唱小夜曲，林肯謙遜地要大家把注意力放在戰場上的士兵，他說：「除了巴爾的摩提名大會跟總統選舉之外，我們更想要的是，在格蘭特將軍領導之下所取得的勝利……最後請大家一起熱烈地爲格蘭特將軍以及他的將士歡呼三聲，結束這個夜晚。」㉕

當時一位白宮的訪客告訴林肯：「沒有人能打敗他，除非是格蘭特將軍攻佔了南方聯盟的首都里奇蒙，並且接著獲得了芝加哥的提名（民主黨預計將於夏天的時候在芝加哥舉辦提名大會）」。林肯的回答是：「曾經有一個人說過，他沒有特別想離開這個世界，但如果一定得死的話，那就讓自己死於那種病吧。我的感覺就像那樣。」㉖

24 「亞特蘭大是我們的了」

聯邦原本以爲勝利就在眼前，但隨著一八六四年從春天進入了夏天，戰爭馬上就會結束的可能性消失了。基迪恩・威爾斯在六月二十日的日記上寫著：「我們的部隊傷亡慘重但進展不大」，①「我們勇敢的士兵慘遭大量屠殺，讓人心情沉重，無法接受那個情景。」②如同白宮祕書威廉・史托達德所說的，南軍展現了「不屈不撓的驚人意志」。③格蘭特無法擊退李將軍的部隊，不得不改採包圍維吉尼亞彼得斯堡（Petersburg）的策略。薛曼將軍的部隊緩慢推進喬治亞州的時候，也遭遇頑強的抵抗。

維吉尼亞跟喬治亞州每天不停傳來激烈的戰況報導，讓蘇爾德家、布萊爾家、貝茲家還有威爾斯家提心吊膽，他們都有親愛的家人在前線。蘇爾德最小的兒子威廉差一點在冷港丟掉性命，④讓蘇爾德一家度過了許多無法成眠的夜晚。蘇爾德的妻子法蘭西絲認爲威廉正處於一場「正義」的戰役，正在「爲神聖的

目的而戰」，⑤跟她大力反對另一名兒子奧古斯塔參加的墨西哥戰爭不同，但她也告訴威廉：「我還沒有辦法讓自己想像有一天你會爲國捐軀，也無法想像你跟其他人所共同經歷過的苦難。」⑥

伊莉莎白・布萊爾「非常擔心」她在海軍任職的丈夫，也擔心跟隨薛曼將軍前往亞特蘭大的弟弟法蘭克，她「每天晚上都害怕到發抖」。⑦就連伊莉莎白平日笑口常開的父親都沒有一刻「不嚴肅與焦慮」。⑧老布萊爾確信如果法蘭克被俘虜的話，南方「會很高興在肉體上殺害他，就像激進派會在政治上殺掉他一樣」。⑨貝茲擔憂著自己追隨米德將軍加入波多馬克軍團的二十一歲兒子寇特，威爾斯則是在十八歲的兒子湯馬士（Thomas）「帶著孩子氣的驕傲與熱忱」，離開家前往跟隨格蘭特將軍的時候，感到「無法言喻」的痛苦。威爾斯在日記上寫著：「我不知道我們會不會有再見面的一天。如果我們真的能夠再相見，他也可能已經四肢不全，或是已經變成一個廢人。」焦慮讓威爾斯「憂傷到不適合處理任何事情」，⑩而全國有成千上萬的家庭也同樣飽嘗內閣閣員正在經歷的恐懼。

林肯知道這場史無前例的血腥戰爭所帶來的破壞，已經影響到美國所有的鄉鎮以及每一個家庭，現在該是提振人民士氣的時候了。六月中，林肯抵達衛生委員會在費城舉辦的「大中央園遊會」（Great Central Fair），⑪並在那裡找到了發表公開演說的絕佳時機。數以千計的市民從鄰近的地區湧到長達兩哩的廣場上，一同欣賞藝術品、雕塑品以及花卉，並造訪動物園、餐廳。另外，廣場上還有各式各樣的抽獎活動跟遊戲。這場園遊會號稱會提供「無限驚奇，跟浮士德在遊歷大千世界時看到的一樣多」。⑫

六月十六日早上七點，林肯、瑪麗跟泰德搭火車前往費城。⑬總統一家將造訪園遊會的消息早已傳開，沿途的每一個火車站都聚集了歡呼的群眾，大家都想目睹第一家庭的風采。林肯一家人在中午之前抵達，他們乘著敞篷馬車，一路從寬街（Broad Street）、切斯特納街被護送到大陸飯店（Continental Hotel）。⑭街道上「站滿了群眾」，窗子後面「擠滿了揮著手帕的淑女」。一名記者評論，「費城已經許久」沒有過如此熱烈的場面以及自動自發的鼓掌聲。林肯在下榻飯店以及下午抵達遊樂場的時候，都謝絕發表演說，他希望一切等到當天舉行晚宴的時候再說，或許這是因爲他知道，自己精心準備的講稿在那樣的場合下會被記錄得比較精確。

林肯告訴聽眾：「在最好的情況下，戰爭僅僅是可怕的，而以強度和長度來說，我們的這場戰爭是最最可怕的一場戰爭。這場戰爭摧毀了人民的身家財產，讓家庭破碎，還帶來了國債跟史無前例的稅額……這場戰爭幾乎讓每個家庭都陷入哀痛之中，連可以說『連天空都是黑色的』。」即使如此，林肯提醒他的聽衆：「我們之所以接受打這場戰爭，是因爲我們想達到一個目標，一個值得努力的目標，達成目標後，這場戰爭就會結束。上帝保佑，我希望戰爭會在我們達到目標後才結束。」⑮林肯強而有力的演說展現出不可動搖的決心，他的演講鼓舞了他的聽衆，也爲他們帶來勇氣。

幾天之後，林肯爲了要止住自己對於維吉尼亞州僵局的「強烈焦慮」，他決定要造訪格蘭特將軍位於城市峽（City Point）的總部。威爾斯強烈反對這個決定，認爲「他去了也不能做什麼」，「就算沒發生意外的話，幾乎也只會造成麻煩而已。爲了他好，爲了國家好，他應該繼續待在這裡，待在自己的崗位上」。⑯這位海軍部長無法理解這趟旅程對林肯的重要性：林肯需要見到軍隊來提振自己的精神，然後才能以更大的熱情來鼓舞他身邊的人。

六月二十日傍晚，林肯在泰德以及海軍副部長福克斯的陪同下，⑰從華盛頓的海軍造船廠出發，搭上汽船「巴爾的摩號」。城市峽位於阿奎亞溪往南約一百八十哩的地方，如果透過水路的話，需要十六個小時以上才能抵達，格蘭特的副官霍勒斯・波特回憶，汽船底達碼頭的時候，林肯「從上甲板走下來……他伸出瘦長的手臂，神采奕奕地用力握住格蘭特將軍的手，久久不放」。林肯對自從上次兩人在華盛頓碰面後格蘭特所歷經的一切戰役，表達極大的感激之情。接著，總統被介紹給格蘭特的部將，他「一一親切地問候他們，語氣和藹，態度眞誠，擄獲了每一個見到他的人」。⑱

《前鋒報》的戰地通訊記者報導，林肯在吃著「維克斯堡的英雄」⑲通常會吃的「儉樸、實在的」午餐時，談笑風生，並說了「三個首都的笑話」，⑳讓大家大笑不已。吃完飯後，格蘭特建議林肯騎馬到十哩以外的前線進行視察。波特留意到林肯騎在馬上的樣子有些奇怪，他的「褲子慢慢縮到他的腳踝之上，讓他看起來好像是一個穿著禮拜天的衣服要進城的鄉下農夫」。這個景象「近乎怪異」，但一路上林肯穿越部隊的時候，衆將士「太仰慕這個偉人，他們似乎沒有察覺到眼前景象的幽默之處……歡呼聲從四面八方傳了過來，軍隊熱情地呼喊著他，甚至跟他打起招呼」。㉑

總統抵達前線的時候，他看著前方的彼得斯堡，「久久沒有回神」。[22]李將軍的軍隊就聚集在令人生畏的防禦工事後面。回程的時候，總統一行人經過一旅黑人士兵身邊，士兵衝向前去迎接總統，「不停大聲呼喊著：『解放者萬歲，總統萬歲』。」他們「發自內心的情感流露」[23]讓林肯熱淚盈眶，「他的聲音因感動而顫抖」，幾乎沒有辦法回應。

波特回憶，當天晚上林肯跟格蘭特及參謀人員一起相處了好幾個小時，「讓我們有機會目睹他的談話風采，聽他說他那些出名的故事。」這位年輕的副官跟之前許多人一樣，都觀察到林肯「在說故事的時候，不只是爲了要描述一則趣聞而已，而是要傳達一個道德教訓，或是讓大家了解一個事實」。他坐在「低矮的營地椅上」，兩條長長的腿疊在一起，「好像努力想要把它們收起來一樣」。林肯說話的時候會配合手勢，並且「真心地跟著聽眾一起笑」。談到新型火藥的時候，林肯想起了兩名春田市火藥商互相競爭的故事。看見新型大砲所留下的砲痕時，他念了一行詩：「悲傷已經消逝，但在那裡留下了痕跡。」提到選舉人團的時候，林肯則想到了一個有趣的說法：「選舉人團是唯一可以選自己主人的人」。歡樂的夜晚結束之後，總統跟著波特走回他的帳篷，並往裡頭看了一眼，「顯然是好奇軍官住在什麼樣的地方」，然後才回到自己在巴爾的摩號上的艙房。

隔天早上林肯「帶著愉快的心情」，跟著格蘭特將軍朝詹姆士河的上游走，一起去拜訪巴特勒將軍以及伊莉莎白·布萊爾的丈夫塞米爾·菲利普斯·李上將。林肯跟巴特勒將軍談起格蘭特，他評論道：「一旦格蘭特攻下了一個地方之後，他就會努力守住，好像那是他繼承的土地一樣。」[24]午飯過後就是回到華盛頓的時候了。林肯離開時，格蘭特私下向他說出慷慨激昂的保證。在接下來的幾個禮拜，林肯會一直複述他這段話：「接下來一直到我拿下里奇蒙爲止，您都不會聽到我的消息。我對於我們可以攻進里奇蒙，就跟我對於未來所有的事一樣有信心，這可能會花上很長的一個夏天，但我會攻進去的。」[25]

六月二十三日早上，約翰·海伊記錄林肯回到了白宮，「人曬黑了，也累壞了，但神清氣爽而且心情愉快。他看到軍隊的健康跟精神狀況都很良好。」[26]隔天是例行的週五內閣會議，原本反對林肯造訪前線的威爾斯也承認，這趟旅程對「他的身心來說都是一件好事，並增強了他對格蘭特將軍與軍隊的信心」。[27]更重要的是，林肯現在可以把自己重新燃起的希望傳遞給焦慮的大眾，他向一位記者讚美格蘭特「身爲將領的傑出特質」，[28]

並向另一位記者「用著最大的信心說明軍隊目前的情況」。㉙

林肯非常清楚地知道自己需要激勵，他選擇了正確的時間點前去勞軍，並從自己跟格蘭特的對話以及跟士兵的互動中得到鼓舞，讓自己在接下來的艱困日子裡能夠堅持下去。丹尼爾・高曼（Daniel Goleman）的ＥＱ研究指出：「擁有希望意味著一個人在遭遇嚴苛的考驗或挫折時，即使是面對排山倒海而來的壓力、旁人的不看好，或是沮喪的時候，也不會放棄。」㉚林肯比他的閣員明白，在戰爭結束之前，他們將會面臨許多的挫敗，然而他堅信北方最後一定會獲勝。林肯在那年的六月告訴諾亞・布魯克斯：「我們今天已經走得比我一年半前想像的還要遠，但也有許多人士認爲戰爭已經大致快要結束了，但上帝可以作證，如果我們能在一年之內結束維吉尼亞州的戰役，我就心滿意足了。」㉛

＊＊＊

在六月的最後一個禮拜，林肯長久以來對於他野心勃勃的財政部長的忍耐，已經到了盡頭。紐約的財政副局長約翰・思柯（John Cisco）宣布辭職之後，爲一場內閣的大風暴揭開了序幕。思柯在過去三任不同的政府裡，都擔任了重要職務，各派系都很尊敬他。林肯對於思柯的繼任人選感到頭痛不已，他必須讓紐約共和黨的兩個派系都能夠滿意。好幾個月以來，總統已經不斷被紐約友人的抱怨轟炸，梭羅・魏德與參議員愛德溫・摩根向他抱怨，蔡斯在所有的海關裡不斷安插自己的人馬——那些從前是民主黨、現在是激進派共和黨的人，都支持蔡斯繼續抱著他的總統大夢。㉜

林肯感覺到自己必須審慎處理魏德的關切，他要求蔡斯事先跟參議員摩根商量，確認兩派人馬都會同意他所提出的人選，結果蔡斯的確是有跟這位有力的紐約參議員商量過，但在摩根的強力反對下，他仍然正式要求林肯提名莫賽・菲爾德（Maunsell Field）。㉝菲爾德原本是民主黨的記者，他憑藉著自己跟紐約社交圈的交情，當上了第三財政副局長。蔡斯特別設計出這個職位來酬庸他，因爲他讓他打入了紐約的文學圈與核心社交圈。財政登記官路希爾斯・齊坦敦回憶，那是一個令人跌破眼鏡的任命，因爲菲爾德「沒有財政及金融背景，而且

他的天賦是在文學方面而不是行政能力」。㉞

蔡斯不爲所動，顯然他認爲國家的財政情形正處於危急的情況，國家不能沒有他，林肯一定會批准這項具有爭議的任命，而不會冒險挑起麻煩的爭端。蔡斯把菲爾德的提名寄到白宮，隔天一早醒來的時候，他心情愉悅地閱讀著聖經。在那一個夏天的早晨，蔡斯正好讀到聖保羅給以弗所人的書信，㉟要他們「站穩了，用眞理當作帶子束腰，用公義當作護心鏡遮胸」。㊱然而，蔡斯抵達財政部時，卻發現自己的桌上放著總統令人不悅的紙條。林肯告訴他：「情況非常尷尬，但我無法批准這項任命，主要原因是摩根參議員堅決反對。」㊲林肯說，如果蔡斯跟參議員摩根能夠好好商量並提出另一位人選，他將會「十分感激」。

蔡斯仍然確信自己可以改變總統的心意，他馬上就寫信要求跟總統私下見面，㊳但林肯一時沒有回應這個請求，於是蔡斯決定親自解決這個問題。他發電報給人在紐約的思柯，請求他暫時收回他的辭呈，再多留三個月的時間。㊴蔡斯在還沒得到思柯的回應之前，先收到了林肯的回信。林肯告訴蔡斯：「這個問題，基本上不是你我之間談談就可以解決的。」林肯接著解釋，幾個月來，由於紐約財政人士的任命問題，他面臨了哪些批評。如果漠視摩根的意見的話，可能會導致「公開的反抗」。㊵

思柯同意暫時收回辭呈，原本事情就應該告一段落了，但蔡斯對於林肯拒絕跟他見面感到不悅，他想要在任命權方面重新確立自己的權威，所以不肯罷休。蔡斯確信林肯一定會退回他的辭呈，於是他決定第四次提出辭呈，以懲罰一下總統。在辭職信上，他首先附上了思柯收回辭呈的電報，認爲這「解除了目前的難題」，但接下來他又說：「我實在無法不感覺到您不完全滿意我待在這個位子上；我感到萬分尷尬、掙扎、痛苦，實在無法繼續留在這裡，我認爲我應該隨信附上我的辭呈。」㊶

林肯事後回憶，信差把來自財政部的信交給他的時候，當時他坐在辦公室的書桌前：「我把信打開，發現上面是蔡斯的字跡。我讀了第一個句子，並從句子的大意推測事情有了轉圜的餘地。我非常高興，然後就把信封還有裡頭的附件一起放在桌子上，並繼續跟別人交談。下午三點以前，人們一直來來去去，我完全忘掉了蔡斯的信，在那個時候，我想到我應該下樓吃一點午餐。那天我太太剛好不在，也沒有人在平常吃午餐的時候叫我（瑪麗那個時候在麻州參加兒子羅伯特的哈佛畢業典禮）。我獨自一人坐在桌前的時候，想起了蔡斯的信，於是決定回到樓上時，應該要趕快回覆。

「我回到樓上的時候，拿出紙筆準備寫信，但我想到應該要把信讀一遍再回覆，所以我把信從信封裡拿出來，結果一拿，一個附件掉了出來。我把附件撿起來開始讀，然後對自己說：『嘿，這是一匹不同顏色的馬！（譯註：意指這是別件事。）』那是他的辭呈。我把筆放在嘴裡，牙齒緊緊咬住筆，好一陣子都沒有發現自己在做什麼。」㊷

林肯很快就領悟到蔡斯其實是在說：「你最近很不乖，除非你說對不起，並求我留下來，同意我不管做什麼都是對的，而且你什麼權力都沒有，否則不管你怎麼求我，我都要離開。」㊸總統不能也不會贊同這樣的自以爲是，他拿出嘴裡咬著的筆並開始回信。

信的開頭很簡潔：「閣下辭去財政部長一事已經獲准，本人對於您的能力及忠誠依舊敬佩不已，然而閣下與本人在公事方面的關係已經到達讓雙方都尷尬的局面，而且似乎無法克服，使得此一公職的任命再也無法繼續。」㊹

隔天一早，林肯把約翰・海伊叫進辦公室，要他在國會一開始開會的時候，就把蔡斯辭職的消息告訴參議院，並告訴大家，他推薦前俄亥俄州州長大衛・托德（David Tod）作爲繼任人選。林肯說：「他很重要，但我想我再也無法容忍他了。」約翰・海伊擔心總統這樣做會是個錯誤，而且可能必須付出高昂的代價，但忠心耿耿的他還是出發前往國會大廈，並在牧師帶領議員禱告的時候抵達了參議院。㊺

蔡斯還不知道總統已經回信了，他跟往常一樣準備上班，等著林肯悔過，求他繼續擔任部長。他猜想林肯可能會親自造訪他的辦公室，用手抱住他，再一次告訴他國家有多麼需要他。㊻蔡斯用過早餐後進到辦公室，結果收到了緬因州參議員費森登希望馬上在國會見到他的口信。蔡斯坐在馬車上的時候，還以爲這位財政委員會的主席要跟他討論目前的財政法案。他正要跟費森登談的時候，信差抵達並通知費森登，大衛・托德已獲得提名。心煩意亂的費森登問：「你辭職了嗎？我被叫到參議院，他們告訴我，總統已經提名了繼任人選。」蔡斯大驚失色，他解釋自己的確是遞出了辭呈，但不知道辭呈已經被接受了。㊼

蔡斯馬上奔回財政部，找到了林肯寫給他的信。蔡斯讀到林肯說兩人的關係已經到了「讓雙方都尷尬的局面」[48]時，他目瞪口呆。當天晚上他在日記上寫著：「我因爲他面臨了許多尷尬的局面，但我想不出來我有任何讓他尷尬的時候，除了我不願意爲了派系、小團體、黨派還有私人因素，把政府的職位當作酬庸的工具，我是任人唯才。」[49]蔡斯被自以爲是的正義蒙蔽了雙眼，而且身上還穿著尼可萊跟約翰・海伊所說的「高貴情操的全身盔甲」，[50]他看不到自己不聽從總統的建議，選擇了缺乏相關資歷的菲爾德，其實就是一種任人唯親而不是任人唯才的行爲。

這個驚人的消息很快就傳遍國會。諾亞・布魯克斯報導：「參議員驚訝到說不出話」。參議院的財政委員會馬上召開緊急會議，決定一同到白宮提出強烈的抗議。[51]林肯事後告訴約翰・海伊：「費森登嚇壞了，（加州的）康尼斯（Conness）則氣急敗壞。」[52]林肯耐心地聆聽他們述說，在這個危及的時刻失去蔡斯會有什麼樣的後果，以及他們懷疑托德是否有能力可以接任。接著林肯從桌子裡拿出了蔡斯之前的辭職信，大聲念給他們聽，並同時也念出了他自己的回信，讓他們知道，每一次他是如何努力地請蔡斯繼續留在內閣裡。此外，雖然他也認同「蔡斯先生有絕對的權利可以角逐總統」，但蔡斯友人不明智的舉動讓事情變得複雜，使得兩人之間「彼此不喜歡對方」。[53]事實上，在最近的幾個禮拜，蔡斯都拒絕參加大部分的例行內閣會議。[54]林肯最後做出結論：事情已經變得「無法忍受」，而最近的爭議只是「最後一根稻草而已」。[55]雖然委員會仍然不滿地離開，但至少他們在離開時，心中已經了解這最後的決裂其實背後有很長的故事。

當天下午，蔡斯的友人麻州眾議員山繆・胡博（Samuel Hooper）去見總統，說自己對於蔡斯的離去感到「非常焦慮而且大受打擊」。[56]財政登記官齊坦敦也同樣感到心煩意亂，他告訴林肯，失去蔡斯「將比另一次的牛奔河大敗還要糟糕，因爲全國沒有任何一個人可以取代他」。林肯告訴齊坦敦：「讓我告訴你蔡斯的事是怎麼一回事。這個世上的人很容易染上一種壞習慣，而蔡斯則是染上了兩種……他覺得國家已經不能沒有他……他也覺得他應該當總統；這點他毫不懷疑。」林肯解釋，這兩個不幸的傾向，已經讓蔡斯變得「易怒又不安，除非他百分之百悲慘，否則他永遠不會開心」。[57]

齊坦敦回憶，林肯說到這裡之後停了下來，然後又說：「不過，聯邦裡沒有任何人做最高法院的首席大法官會像蔡斯一樣好，如果有機會的話，我會讓他成爲合眾國最高法院的首席大法官。」齊坦敦的結論是，林肯對於一個造成自己這麼多不愉快的人，居然完全不懷恨在心，這證明了相較於他所認識的人，林肯「比起其他所有人，一定是將自己提升到了更高的境界，而且受到更崇高的使命所驅使」。[58]然而雖然林肯的確是有過人的氣度，他同時也是個精明的政治家。林肯之所以向齊坦敦提到首席大法官的事，是因爲他知道蔡斯在得知這這個可能性之後，將會收斂他在公開場合的砲火。林肯也跟衆議員胡博提過類似的話。在一次輕鬆的閒聊時，他解釋自己是如何「尊敬」這位部長，以及他眞的相當「遺憾」，他們兩人在一起的時候，變得如此「尷尬」與「不自在」。胡博把這些話傳給蔡斯，蔡斯很感動，說要是自己在提出辭呈之前，林肯向他提過「任何如此善意的話」，[59]他可能會採取不同的行動。不幸的是，一切已經太遲了。

美國國內對於蔡斯辭職的消息感到沮喪與遺憾。《芝加哥論壇報》說蔡斯是「國庫最偉大的魔術師，他的名字會在歷史上流傳下去，他是本世紀最偉大的財政家」。[60]格里利的《論壇報》甚至說：「蔡斯先生是克雷、韋伯斯特、卡宏幾位先生幾乎在同一時間去世之後（譯註：克雷、韋伯斯特與卡洪三人於一八五〇至一八五二年的兩年間相繼辭世），公衆人物中僅存的少數偉大人士。」[61]

選擇一位能跟蔡斯相比的繼任者十分重要，而托德能否擔下此一重責大任則尙屬未知。林肯原本擔心自己如此匆促地決定人選是否不智，但前州長托德發了一封電報，以健康因素爲由，婉拒了這項任命。[62]如此一來，這項憂慮也就不存在了。肖像畫家法蘭西斯・卡本特回憶，林肯「躺在那邊好幾個小時都無法入睡，他在心中一直評估著幾位政治人物的優點」。[63]早上的時候，林肯找到了理想的解決方法，而且這個人選太完美了，他一開始就該把他列入考慮名單：威廉・皮特・費森登正是合適的人選。[64]隔天早上林肯告訴約翰・海伊：「**首先**，他完全了解一切的相關事務，他是財政委員會的主席，他對於這項特殊事務的了解跟蔡斯先生一樣多。**再來**，他擁有全國性的聲望，國內都很信任他。**第三**，他是激進派的人——但又不像許多激進派人士一樣會任意行事，而且也沒有魯莽衝動的性格。」[65]

林肯的心情好了起來，他把費森登的正式提名交給約翰・海伊，要他送到參議院。約翰・海伊告訴林肯，費森登正在會客室裡等他，林肯告訴他：「要他進來，然後馬上去參議院。」[66]林肯知道費森登可能會不願意接受這個任命，而且可能也還記得三年前，他也是在還沒徵得蔡斯的同意之前，就把提名書送了出去，所以林肯總統希望能夠再次利用「既成事實」，讓費森登馬上上任。

林肯首先誠摯地歡迎費森登，接著費森登參議員針對空出來的財政部長一職，建議了幾個人選，而林肯也禮貌性地聆聽。林肯的臉上帶著微笑，最後終於忍不住打斷費森登，告訴他不需要再說下去了，因爲他已經自行找到人選——費森登的提名已經在送往參議院的途中了。費森登大叫並跳了起來：「您必須撤銷這項提名，我不能接受。」費森登解釋自己的健康狀況不好，這份新工作的壓力一定會要了他的命。[67]林肯回答他：「如果你拒絕的話，那你得要公開拒絕，因爲我是不會撤銷的。」[68]費森登離去時保證他會好好想一想，雖然他不太可能接受這項任命。

費森登回到參議院後，發現自己的同僚一致贊成這項任命。他被溫暖的祝賀包圍，他動搖了。費森登後來回想，當時「電報從四面八方湧來」，他強調他之所以會想接受這個重要的職位，是爲了國家好。在他的一生之中，那天是最受肯定的一天，但同時也是最「痛苦」的一天，[69]因爲他仍然擔心這個位子的重責大任，可能必須用上性命來扛。一向直率的史坦頓告訴他：「這樣非常好，爲了救自己的國家而死，沒有什麼死法會比這更好。」[70]

然而，隔天早上費森登駕車到白宮時，他帶著的是一封婉拒任命的信。林肯費了九牛二虎之力，努力改變他的心意。費森登回憶：「他說這個危機需要有人犧牲，甚至需要付出性命。上帝從來沒有遺棄過他，也沒有遺棄過這個國家。他有選擇我的機會，正是上帝不會遺棄他的明證，然後他又說了更多。」到了最後，費森登覺得自己「不能不顧國家的安危，因此無法拒絕」。[71]

費森登的任命獲得了一致的讚揚。《芝加哥論壇報》說：「他的財政能力無可置疑，清廉與正直程度則無人能比。」[72]衆多北方的報紙都刊載了類似的觀點。激進派人士覺得費森登是自己人，保守派則讚賞費森登的智慧與財政歷練。伊莉莎白・布萊爾告訴丈夫：「他這個人誠實，而且就跟（傑佛森・戴維斯）的太太曾經說過的一樣，是共和黨參議員裡最有能力的。」[73]商業界也鬆了一口氣，費森登擔任過財政委員會主席，他們老早就對他很熟悉。費森登在接受任命後的幾天，自嘲地說：「現在我是全國最受歡迎的人。」[74]

蔡斯在六月的最後一天在日記上寫著：「我的公職生涯就此結束了」。[75]在華盛頓悶熱天氣的夾攻之中，蔡斯的日記裡充滿著哀傷的情緒。貝茲記錄當時的天氣「就連街道上的樹木都枯萎了」。[76]蔡斯相信自己已經「打好了主要的地基」，讓政府不用擔心軍費的事，但他知道這份工作尚未完成，[77]然而從此時起，他再也沒有任何眞正的影響力了。

如果蔡斯曾經希望他的辭職會讓其他內閣同僚錯愕與後悔的話，那他就要失望了。他將離去的消息被公布的那個晚上，布萊爾跟貝茲去找威爾斯談這件令人吃驚的事。雖然他們幾個人都很驚訝，但沒有人感到難過。威爾斯說：「我把這看作是一件好事」。[78]有好幾次威爾斯都在日記上透露，他不是很信任蔡斯的性格。威爾斯認爲蔡斯缺乏「勇氣與坦率的性格來承認自己的錯誤」，[79]而且「他的笑話永遠都很糟糕——他缺乏機智」。[80]貝茲對於蔡斯的退休，「隱隱約約感覺到卸下了重擔，希望事情接下來會更好。」貝茲評論，蔡斯跟其他內閣成員的關係一直都無法達到「友好」的程度。[81]和蔡斯誓不兩立的蒙哥馬利・布萊爾一家人，則興奮不已。老布萊爾開心地告訴兒子法蘭克：蔡斯「就像是一顆爛掉的梨子一樣，出乎他自己跟所有人的意料，終於掉下來了」。[82]蘇爾德跟其他同僚不同，他對於蔡斯的離去，並沒有表現出歡欣鼓舞的樣子，他只告訴法蘭西絲，他鬆了一口氣，因爲這場「內閣危機」並沒有引發國內「嚴重的震盪」。蘇爾德把眼前這場大變動的根源，回溯到「政府組成的第一天」：[83]當時林肯不顧他的建言，組成了這個成員複雜的內閣。

蔡斯準備離開華盛頓的時候，難過地留意到「跟從前一樣溫暖、友好」的史坦頓，是內閣裡唯一來送行的人，「自從我辭職之後，其他部門的部長完全沒有來看過我。」[84]如果蔡斯認爲史坦頓這位具有影響力的戰爭部長，可能會爲了支持自己的老友，而一時感到最些微的衝動並辭去職務的話，那他就錯了。[85]

痛苦的蔡斯不停地試著想要找出原因，他想知道爲什麼林肯會這麼突然就接受他的辭呈，而他得出來的答案，完全跟他個人一點關係都沒有。他在信裡寫著：「我想不到任何可能，只想得到一個原因，那就是我太急切，太反對奴隸制，還有我太激進了，所以他不願意讓我跟政府有聯繫，就跟我認爲他不夠急切、不夠反奴隸制、不夠激進一樣，也難怪他會對我懷有那些敵意。」[86]蔡斯陷入更憂鬱的情緒之後，他又想出了另一個解釋，而這個解釋正好說明了蔡斯的遲鈍，也說明了爲什麼身爲一個政治人物的他老是失敗。蔡斯告訴友人懷德駱・李德：「這件事的根源就在於性格。事實上，我就是永遠都沒有辦法拿這場戰爭來開玩笑。」[87]

那一年的夏天，凱特都待在先生史普拉格位於羅德島納拉干瑟灣的別墅。蔡斯向女兒吐露心聲，說自己被焦慮弄得「心煩意亂」。「你知道我那些朋友一直堅持要我繼續做下去，也知道爲了他們，我忍受了多少事。」蔡斯告訴凱特，他應該在上次法蘭克・布萊爾攻擊他的時候就辭職。如果他當時離開了，那他是在以英雄般的姿態保護激進派，幫激進派擋下保守派的攻擊，但現在「我卻被人指責，說我在國家的危難關頭離開崗位」。雖然「千斤的重擔現在已經離開了我的肩膀」，「我遺憾自己未能完成一開始的使命」。[88]

蔡斯沉浸在憂鬱的情緒時，他的女兒也一樣陷於痛苦之中。凱特跟史普拉格的婚姻觸礁了。在史普拉格追求凱特的過程中，凱特似乎掌握了「權力的平衡」，[89]但現在史普拉格則認爲自己有權掌控他擁有自主靈魂的妻子。雖然史普拉格讓凱特負責重新裝潢他好幾棟價值數百萬美元的房子，但不管是在公開場合或是在私底下，他都會憤怒地斥責她過於揮霍。凱特在日記上感嘆：「難道說，他會一直在我面前提起我必須倚賴他的可憎事實嗎？他會強迫我相信爲了他的房子，他給我的每一分錢，或是我所花的每一分錢，都是不應該的？」凱特擔心自己的丈夫由於「是在痛苦、充滿偏見、狹隘的氣氛中被扶養成人」，他永遠都覺得「錢，那永不滿足的摩洛神（Moloch；譯註：古代近東神祇，要求信衆以孩童作爲獻祭）」一直在眼前逼迫著他，他「把一切精力都放在錢上，但其實錢只是次要的東西……我的父親跟我的丈夫比起來是個窮人，但他不管是在救濟他人，或是讓自己所愛的人開心的時候，都覺得自己很富有。對他來說，在家裡放了一個好東西是值得花的錢」。

凱特對於新婚丈夫「世俗上的成就」感到驕傲，他既是個參議員，又是個企業家，但她也希望自己能夠成爲丈夫所有事業的夥伴，就像她曾經是她父親的夥伴一樣。凱特在日記上寫著：「我很願意鼓勵與支持他所有的事業，但我沒有辦法讓那些東西也變成我的事業，因爲他努力的方向似乎是要告訴我，我跟那些東西都沒有關係。」事實上，每次凱特試著要談論商業或是政治的時候，史普拉格都會要她閉嘴，並在公開場合抱怨凱特的「人生態度跟他不一樣」。

最嚴重的問題在於史普拉格又開始酗酒了。他只要一喝醉，就會不顧一切地攻擊凱特，造成兩人之間嚴重的口角，然後要花上好多天兩人才能和好。面對丈夫的謾罵，凱特沒有辦法阻止自己不要「以刺耳與殘酷的話」回應。史普拉格在清醒的時候會發誓自己會改過，保證會「爲自己建立起來的家……以及他在人世間所有的工作，好好盡自己的責任」，但他每一次的決心都維持不久，凱特開始憂慮丈夫並不想好好地過他的人生，他只想用最少的力氣來「應付人生的義務」。凱特說出自己的心聲：「上帝請原諒我，我常常希望能夠在自己的丈夫身上找到多一點的聰明才智，就算物質上的財富少很多也沒關係。」[90]

凱特偶爾會厭惡自己的丈夫，但她認爲以她愛他的程度來說，「很少有人如此被人深愛著」，而或許她自己也有錯，她坦承「我的期望太高了」，「我高傲、性格強烈、對人毫不寬容，我從來沒有學會讓步。」[91] 蔡斯在納拉干瑟灣看過這對年輕的夫婦吵架，但他誤以爲那只是一場「小誤會」，很快就會沒事了，而幾個禮拜過後，蔡斯的看法似乎是對的，因爲凱特懷了第一個孩子。[92]

* * *

林肯任命費森登之後，在國會的激進派中營造出友好的氣氛，但這樣的氣氛馬上就被破壞了，因爲林肯拒絕簽署懲罰性的戰後南方重建法案。國會在夏天休會之前，在一八六四年七月二日的最後幾小時，通過了該項法案。在班・魏德以及亨利・溫特・戴維斯的支持下，該法案針對南方各州回歸聯邦的事項，立下了嚴格的規定。法案裡所規定的程序，跟林肯在去年十二月所提出的寬大辦法十分不同。林肯主張要讓各州盡快恢復原狀，他希望各州的回歸可以打擊南方的士氣，讓戰爭能早一點結束。相較之下，魏德—戴維斯法案（Wade-Davis Bill）則要等戰事全部結束之後，才會開始進行重建事宜。[93] 此外，該法案還要求必須各州多數的選民都發誓效忠憲法之後，才能開始重建，而不只是林肯所提出的百分之十。另外，凡是在南方政府裡擔任過公職或軍職的人，都不得投票，而且如果不能證明自己是因爲非自願的因素而擁有過武器，也不能參與投票。最後，該法案規定應該由國會來發放解放黑奴的許可，而林肯則認爲這樣的步驟違憲，他認爲應該要透過修憲的方式，確保奴隸制永遠不會死灰復燃。

林肯沒有直接動用總統的法案否決權，而是行使了較少人知道的「擱置否決權」（pocket veto；譯註：別稱「口袋否決」、「袋中否決」）。總統如果行使「擱置否決權」，在國會的休會期間，尚未簽署的法案會被留在總統的桌上，不會生效成爲法律。林肯在一份書面的公告上解釋，如果有任何一州願意採用此一法案的計畫，他不會有異議，但他不認爲應該要求每一州都採取單一、沒有彈性的方式。[94]林肯跟布魯克斯談話的時候，把魏德—戴維斯法案比喻爲殘暴的普羅克拉斯提（Procrustes）那張惡名昭彰的床：「如果被困的人太矮，不能塞滿床架，他就會用蠻力拉扯那個人，直到那個人夠長爲止；如果那個人太高的話，身體就會被砍斷以配合床架。」[95]（譯註：普羅克拉斯提是希臘神話裡的故事。普羅克拉斯提會讓投宿的旅客睡在一張床上，如果身高超過床的長度就把那個人的腳砍斷，如果身高不夠就把人拉長。）

林肯知道，如果激進派「選擇要大做文章的話」，他的政途會受到影響，但他告訴約翰・海伊：「我必須保有某種程度的堅持，在某種程度上做『對』的事：我必須讓自己的內心保有某種不變的信念跟準則。」[96]後來魏德跟戴維斯發表反對林肯的激烈宣言時，[97]林肯必須靠著這股信念挺過去。林肯對於激進派因爲他壓制了他們的法案而憤怒並不感到驚訝，但他們刻薄的語調，以及他們暗示他是因爲某種粗糙的選舉考量而行使否決權，則讓他感到相當受傷。林肯告訴布魯克斯：「在朋友的家中受到傷害，可能是一個人所能面臨最令人悲傷的痛苦。」[98]林肯一八五五年參選參議員失利的時候，也表達過類似的心情，而現在的情形更複雜了。林肯在總統任期的動盪歲月之中，一直努力要讓黨內能夠團結，而這一次的事件除了林肯個人情感受傷之外，激進派的反對還可能會讓共和黨分裂。

謠言在七月的第一個禮拜傳了開來，據傳南方數量不明的叛軍正在北上，他們將從維吉尼亞一帶的申南多河谷朝華盛頓進攻。這個消息讓伊莉莎白・布萊爾感到擔憂，她害怕南軍可能會經過馬里蘭州的銀泉。如果謠言是眞的，她父母以及哥哥蒙哥馬利的房子就會暴露在直接的危險之下。伊莉莎白試著要警告父親這件事，但老布萊爾沒有心思顧及這件事，他跟蒙哥馬利計畫要到賓州的山裡進行打獵與釣魚之旅，他們已經準備了好幾個禮拜，而且急於成行。[99]七十三歲的老布萊爾在七月四日寫了一封信給兒子法蘭克，信裡提到他非常期待這個爲期兩週的假期。老布萊爾的兩個孫子也會一起去，這位祖父希望「能夠讓他們體驗一下森林裡的生活，並且能夠讓他們開開心心的」。在此同時，布萊爾家裡的女眷則會前往紐澤西的濱海小鎮五月岬（Cape May）。布萊爾告訴兒子：「我跟你的母親把兒孫的快樂看作是自己的快樂，並把那視爲是我們在人世間快樂的延長，那會一直通到遙遠的未來。」[100]

一開始，伊莉莎白的警告引起了蒙哥馬利的注意，但戰爭部告訴他錯誤的消息，讓他誤以為南軍已經被阻擋在哈柏斯渡口，於是他跟父親放心地前往賓州的鄉間。[101]伊莉莎白試著說服母親在前往五月岬之前，先把銀具還有其他貴重物品移到他們在城區的房子，但母親伊萊莎拒絕了，她告訴女兒「她不想把房子搞得亂七八糟」。[102]

伊莉莎白・布萊爾的憂慮成眞了。北軍的格蘭特將軍決定移師到里奇蒙的南邊，並從後方襲擊彼得斯堡。此舉讓南軍的李將軍派出具伯・爾利（Jubal Early）將軍以及一萬五千名的軍隊北上，希望能趁其不意攻佔華盛頓。如果能夠再製造一次牛奔河戰役所造成的民眾大恐慌，格蘭特可能會將部分部隊撤離維吉尼亞。有好幾個禮拜的時間，北軍都沒有察覺到爾利的動靜，七月五日，爾利穿越波多馬克河進入馬里蘭州，此時屏障著首都的軍隊，只有路・華萊士（Lew Wallace）將軍手下的雜牌軍（華萊士後來以小說《賓漢》〔*Ben Hur*〕聞名於世）。[103]華萊士知道自己手下的兵力只有爾利的一半，不可能讓敵軍撤退，但他希望能夠拖住爾利，讓華盛頓有時間可以抵擋攻擊。[104]

兩軍在七月九日於莫諾凱西河（Monocacy River）對陣，蘇爾德那時已升爲上校的兒子威爾也參與了這場激烈的戰役。多年之後，他驕傲地回憶：「戰役幾乎持續了一整天，每一吋的土地都歷經過一場激烈的保衛戰，最後我們的人敗在對方壓倒性的人數下。」[105]在廝殺的過程中，威爾的馬被射中，年輕的上校被拋到地面上，摔斷了一條腿。威爾倒在地上時立刻被敵軍包圍，他以爲自己會被俘虜。[106]

威爾的父親國務卿蘇爾德晚上一直待在戰爭部，神經緊繃地等待著兒子的消息。蘇爾德在午夜時離去，他剛回到家，史坦頓就帶來了不好的消息。根據華萊士將軍的回報，威爾在戰役中受傷而且被俘虜了。費德・蘇爾德回憶：「那天晚上我們幾乎無法成眠」，到了早上，「我們決定讓奧古斯塔搭上開往巴爾的摩的第一班火車，由他負責探聽消息。」下午三點，奧古斯塔的電報帶來了比較令人振奮的消息：威爾的確是受傷了，但沒有被俘虜。[107]法蘭西絲驚呼：「感謝上帝保佑我們的兒子。」[108]「在同伴的幫助下」，威爾設法「找到了一片木板，騎上了一匹騾子，並用手帕當作轡頭，在夜裡痛苦地騎了許多哩路之後，找到了自己的部隊」。[109]

聯邦軍的潰敗爲爾利開啓了一條直達華盛頓的道路。叛軍自由穿越鄉間的時候，摧毀了鐵軌、商店、工廠與房舍，就像大衛・杭特手下的北軍在維吉尼亞州所做的事一樣。南軍抵達銀泉的時候，他們進入了蒙哥馬利的福克蘭莊園。根據布萊爾家木匠的回報，軍隊一進到屋子後，馬上「進行大規模的破壞，他們搗毀了門，弄倒所有書櫃，打破所有的瓷器，並把整棟屋子從頭到尾掠奪了一遍」。⑩隔天晚上，南軍放火燒屋，最後只留下一棟「焦黑的廢墟」。⑪

蒙哥馬利父親的房子也在附近。士兵進入這位大家長的房子時，讓紙張、文件跟書籍散落得到處都是，他們仔細翻找酒窖跟臥室，把家具跟衣服扔到草坪上。伊莉莎白得知「一個士兵穿上了貝蒂（Betty）的騎馬裝，他把褲子還有全套的衣服都穿了上去。另外一個士兵則穿上了父親的天鵝絨紅袍」，其他士兵也穿上了各式各樣的大衣跟制服，並在草坪上「非常歡樂地」跳著舞。⑫

伊莉莎白所描述的「狂歡作樂」⑬在爾利以及約翰・布列欽芮吉將軍抵達之後，馬上就停止了。布列欽芮吉痛斥士兵任意劫掠的行爲，並要他們把偷來的東西都放回去。他把散落各處的紙張跟文件撿起來，並送到其他地方妥善保管，他甚至還要求爾利派人守著布萊爾家的地產，保護他們的樹木、葡萄園、灌木、馬匹及農作物。

爾利質問布列欽芮吉：「我們一路打過來的時候，損失了那麼多的東西，爲什麼你要爲了這棟房子如此費心？」布列欽芮吉回答：因爲「這個地方是山的這一頭我唯一覺得像家的地方」。⑭他解釋自己在幾年前時運不濟的時候，老先生曾經把他帶到家裡，給了他一個「容身之處」。⑮一個鄰居告訴老布萊爾，布列欽芮吉爲了保護那棟房子以及房子裡的物品，跟爾利「大大爭論了一番」，「就算那些財產屬於南方的總統戴維斯，他也不會那麼激動。」

老布萊爾夫婦終於回到家的時候，他們在壁爐架上找到了一張紙條：「聯盟軍官謹代表他本人以及他的軍隊，對於這間屋子所受到的破壞及失竊的物品……特別是女士們的物品受到了侵擾……在此致上無上的歉意。」伊莉莎白感到驚奇：「沒想到丟到水裡的麵包還能回來」。⑯

南軍在莫諾凱西之役所損失的時間，以及他們在銀泉的嬉鬧，讓華盛頓有機會準備防禦措施。史坦頓一開始在驚慌之際，曾經派祕書到戰爭部取回他放在保險櫃的債券跟黃金，並把東西藏在家中的床墊下。然而，在看到林肯冷靜的表現之後，他恢復了他的勇氣，而且在那之後，他們兩個人就同心協力一起度過危機。[117]他們發電報給格蘭特，格蘭特將備受尊崇的第六兵團迅速送往首都。林肯跟史坦頓還召集民兵，讓政府人員都配上火槍，並命令「所有正在療養的士兵，如果能夠保衛堡壘跟步槍壕溝的話」，[118]都要回到軍中報到。

約翰·海伊觀察到，在那些緊張的日子裡，林肯仍然保持著「愉快及自信的心情」，[119]似乎「完全不擔心華盛頓的安危，他看起來只在意我們能否打敗與摧毀眼前的軍隊」。[120]威爾斯也讚賞史坦頓的表現，他注意到他這次「完全沒有我以前看過他所流露的驚慌不安」。[121]南軍所經之處，緊張的農民紛紛湧入華盛頓。就在同一時間，總統跟戰爭部長一起搭乘敞篷馬車行經各處的道路。一個華盛頓居民指出，這個舉動是要「**讓人民看到他們並不害怕**」。[122]政府官員所表現出的鎮定，造成了良好的示範作用。曾為了牛奔河戰役而驚嚇不已的華盛頓居民，心中的恐懼和緩了一些。蘇爾德的兒子費德注意到，有些民眾「甚至可以感受到這個危險處境的黑色幽默之處：北方把軍隊都派到南方去了，結果自己卻在北方遭到突襲」。[123]

國會大廈的圓頂就在眼前的時候，叛軍成功突襲的機會卻消失了。爾利將軍後來回憶，「就連先頭部隊的第一旅都還來不及抵達戰線，華盛頓的方向就傳來了一陣塵土飛揚」，[124]原來是格蘭特的援軍到達了。此外，爾利在看過了北方的防禦工事後，發現它們「十分堅固……大砲的前面還有一層低矮的防禦工事，上頭有著小洞，洞裡則部署著數不清的槍枝。」北軍的防禦工事「一眼望不盡」，到處都是，而且是「攻不破的」。[125]

然而爾利仍然拒絕撤退。他下定決心要讓北方瞧瞧他有多靠近，並把一小批部隊派到離白宮大約只有八公里遠的史第文斯堡壘（Fort Stevens）。[126]這場小規模的戰鬥持續了好幾天，期間林肯曾在堡壘的護牆裡親眼目睹戰況，一次是由瑪麗陪同，一次則是由蘇爾德與威爾斯陪同。身高高人一等的林肯親臨火線的時候，讓在場的人印象深刻。何瑞修·G·萊特將軍（Horatio G. Wright）將軍回憶：「總統展現出非凡的冷靜與視危險為無物的態度。」即使是當時站在他身邊的軍醫被射傷之後，「他仍然待在原地，直到我告訴他我必須強迫他離開。要派人護送總統離開的荒謬主意似乎讓林肯感到有趣，但他考量了我真誠的態度之後，他同意妥協，決定坐到護牆的後面，而不是站在上面。」[127]

然而，林肯還是每隔一段時間就站起來，這讓一位焦急的年輕上尉脫口而出：「蹲下來，你這個蠢蛋！」

事隔多年之後，這位上尉仍然會回想起這段不尋常的往事。[128]這個年輕人是小奧利佛・溫德爾・霍姆斯，他是林肯非常喜愛的詩人的兒子，後來成爲最高法院的著名法官。平時都很沉穩的威爾斯在目睹戰況後「也興奮了起來」，但他見到喪命的士兵被擔架抬走之後，立刻清醒過來。「過去我經過這些道路的時候，沒有想到今天會發生這樣的情景。在幾年之後，人們也會難以相信這樣的事曾經發生過。」[129]

爾利將軍示威完畢之後，便迅速又神祕地撤退了，就跟他來的時候一樣。爾利將軍留下了北方一陣的交相指責。史坦頓的副手戴納坦承，是因爲華盛頓的軍隊指揮無方，才讓爾利逃脫，造成了「一個極大的錯誤」。[130]輿論一般認爲責任應該歸咎給哈勒克將軍，但威爾斯知道，在大衆的眼中整個政府都「很可鄙」。[131]瑪麗・林肯察覺到丈夫對於叛軍的脫逃感到極爲失望，有一回在士兵之家，她在聊天時攻擊史坦頓，而史坦頓則用罕見的輕佻語氣評論：「我想爲您繪製一幅全身的肖像，畫裡的您會站在史第文斯堡壘上往下俯看著戰役！」

瑪麗回答：「非常好，部長先生，我可以向你保證一件事，如果我身邊帶著幾位女士的話，那叛軍就不會像那樣逃脫了！」[132]

瑪麗並不是唯一一個感到憤怒的人。蒙哥馬利・布萊爾看到自己殘破的家園後也當衆咆哮，表達出他對於哈勒克將軍所統領的華盛頓指揮系統的不滿。蒙哥馬利的咆哮被呈報給哈勒克，哈勒克馬上寫了一封表達憤怒的信給史坦頓。信的開頭寫著：「一位軍官告訴我，受人尊敬的郵政部長布萊爾先生因爲馬里蘭州的房子被燒毀，今天早上他是這樣說的：『華盛頓的指揮將領是膽小鬼，銀泉的叛軍不超過五百人，而我們有一百萬武裝的士兵，眞是丟臉。』」哈勒克說：「我代表夜以繼日投注著時間與精力並冒著生命風險的」將士，要求知道是否「一位內閣成員這樣全面的指責與控訴，背後有著合衆國總統的鼓勵與許可。如果是這樣，那麼被指控的將領就該從軍隊的名冊中剔除。如果不是的話，爲了被指控的將領的名譽，中傷者應該從內閣名單中排除」。[133]

史坦頓把這封信寄給林肯，林肯在當天就回信了：「我不知道是不是眞的有這些話，而且我也覺得並不需要回應。如果眞的有人說了這些話，我並不贊同；然而就算如此，在這種情況下，我也不會就因此開除一位閣員。我不認爲爲了一個人在損失慘重的情況下一時說出的情緒話，就應該採取這麼重大的步驟。」林肯的結論是：「我希望能夠繼續由我自己來決定什麼時候應該開除閣員。」[134]接著，林肯又進一步強調他在這件事上的權力，他寫了一份聲明給內閣，明確指出，只有他可以決定什麼時候應該讓他們其中任何一個人離開。「如果我發現你們有任何一個人想要讓誰離開，或是在公眾面前用任何方式批評另一個人，那將會讓我感到痛苦萬分。這樣的居心是錯的，而且更糟的是這會對國家不利。我希望在這件事情上面，不管是在這裡或是任何地方，現在或是以後，大家不要再有任何的評論，也不要再有任何的爭吵。」[135]

林肯的包容有了回報。蒙哥馬利看到殘破家園時的震驚退去之後，他的言行回到了應有的樣子。巴特勒將軍爲了報復福克蘭莊園被燒的事，也燒了一棟南軍將領的房子。蒙哥馬利得知這件事情之後，請求巴特勒將軍以後不要再有類似的舉動。蒙哥馬利勸他：「如果我們讓軍隊出於各種理由侵犯私人財產，採取不文明的戰爭行爲，那麼兩方人民的權利就再也沒有保障了。」[136]蒙哥馬利的朋友提議要募款幫他重建房子，但蒙哥馬利謝絕了他們的協助：「的確，我損失重大」，但比不上「全國數百萬人民在這場大戰中爲了國家的存亡所做出的犧牲。我怎麼能在隔壁又老又窮的鐵匠沒有得到任何救濟的時候，同意讓朋友幫我重建房子？」[137]蒙哥馬利證明了他不負林肯的期盼，不管是身爲一個人，或是身爲一個負責任的公眾人物，他都値得信任。這位郵政部長會繼續在他的位置上做下去，直到林肯親自決定該是他離開的時候。

***

諾亞・布魯克斯報導：「八月的開頭並不讓人振奮」。壞消息一件接著一件：彼得斯堡令人震驚的大慘敗、華盛頓被襲擊、未能抓到爾利的軍隊……這些事件全都讓北方士氣低落。[138]此外，總統在七月中，再度號召要募集五十萬的自願軍，[139]此舉讓許多的共和黨員焦躁不已，怕對秋天的選舉有負面的影響。林肯自己也坦承此次的募兵帶來了「不滿的情緒」，但強調「我們需要這些兵力，而且一定要有。如果他因此倒下的話，至少他走的時候會有國旗飄揚」。[140]

在此同時，格蘭特的電報也帶來了不好的消息。彼得斯堡的圍攻行動持續陷入僵局。軍團裡一位煤礦工程師想出一個巧妙的辦法，[141]他們在南軍的防禦工事下挖了一個地道，把敵人的戰線炸出一個缺口，但結果卻造成了一場大悲劇。北軍的士兵在爆破之後弄不清楚狀況，原本應該包圍洞口，但卻直直衝向那個深近十公尺的大坑洞，最後全被困住。所有的士兵「疊在彼此的上方，像是一群嚇壞的羊」，[142]敵人不費吹灰之力就解決了他們的性命。這一天結束時，格蘭特將軍損失將近四千人。格蘭特發電報給哈勒克：「我在戰爭之中沒有見過如此悲哀的事。」然後又說：「我從沒見過這種攻陷防禦工事的機會，而我想以後也不會有。」[143]

這個可怕的事件讓威爾斯陷入了憂鬱，「不過原因比較不是因爲這個悲慘的結果，雖然的確是很慘烈，而是因爲我越來越覺得格蘭特無法擔起他被賦予的責任……我想著這件事的時候，我變得頹喪又哀傷，好像有黑色的陰影籠罩在身上，過去令人感到憂鬱，而未來則讓人有不祥的預感。」[144]貝茲也跟他的同僚有著同樣的絕望感。他在日記上坦承，每當他想起「我們的將領老是出錯，一直在出紕漏」，[145]他就感到苦惱。

林肯跟威爾斯還有貝茲不同，他拒絕讓這次的事件動搖他對於格蘭特的信心。坑道之役（Battle of the Crater）的隔天，他跟格蘭特在門羅堡會面，[146]兩個人對於未來有著堅決的意志。格蘭特收到情報，強悍的爾利將軍已經騎著馬再次穿越波多馬克河，讓賓州的錢伯斯堡（Chambersburg）一帶驚慌不已並慘遭蹂躪。格蘭特派菲利普・舍利丹（Philip Sheridan）將軍前往申南多河谷，舍利丹是格蘭特手下最能幹的將領之一，他得到的命令是找到爾利，「並且緊咬著不放。敵軍去到哪裡，我們的部隊就要跟到哪裡。」[147]林肯跟格蘭特一樣堅決，認爲應該對敵軍採取窮追不捨的攻勢。林肯說：「我認爲這樣的做法實在是太對了。」[148]

幾天之後，法蘭奇部長跟林肯「愉快地聊了很久」，「他說我們必須要有耐性，一切都會水到渠成。他不期待薛曼會在一天之內拿下亞特蘭大，也不期待格蘭特會直接走進里奇蒙，不過時間到的時候，我們兩個城市都會拿下來。」[149]民眾則沒有林肯那麼有信心。憂傷的威爾斯說接二連三的災難與慘事，「讓這片土地充滿了不幸以及極大的羞辱」。[150]梭羅・魏德警告蘇爾德：「人們瘋狂地渴望和平」。[151]

即使是在這一連串不幸的事件發生之前，霍利斯・格里利也勸過林肯。格里利接獲消息，有**「兩名使者」**奉南方總統傑佛森・戴維斯的命令，抵達了加拿大的尼加拉大瀑布，並**「全權代表商議和平事宜」**。[152]格里利要林肯立即與他們見面，提醒他「我們流血、破產又奄奄一息的國家渴望和平。一想到又有新一輪的徵兵，想到又有大片土地要被蹂躪，想到又要血流成河，我們的國家在顫抖。大批的民眾開始相信政府……並不急於取得和平，而且也沒有想出更好的對策來讓和平降臨，而這樣的看法會造成很大的傷害。」[153]

雖然林肯相當確定傑佛森・戴維斯並沒有授權這兩個所謂的「使者」前來進行和談，他還是跟蘇爾德商量了這件事，並委任霍利斯・格里利前往尼加拉瀑布。如果南方的使者真的帶來了正式的和平協議，那麼格里利就會透過「安全的安排」，護送他們到華盛頓。[154]此外，林肯還派了約翰・海伊到尼加拉瀑布跟格里利會合，[155]由海伊負責向兩位使者轉交一封手寫的機密照會。照會上寫著：「敬啓者：所有希望恢復和平、擁護國家完整，以及揚棄奴隸制的提議……都需要其他重要相關解放事項的配合。」[156]

如同林肯所懷疑的一樣，這兩名使者「完全沒有任何證明身分的文件」，也無法證明傑佛森・戴維斯預備要終止戰爭。[157]林肯希望這趟失敗的任務，會讓格里利以及其他人看清，所謂的「他在妨礙和平」的論調有多荒謬。但很不幸的，林肯的用意造成了反效果。南方的使者把林肯的密信寄給報社，並謊稱這次的協議之所以失敗，是因爲林肯提出了讓人無法接受的廢奴條款。民主黨的報紙把這件事加油添醋了一番，譴責林肯之所以讓戰爭持續下去，只是爲了要讓奴隸得到自由。[158]

共和黨的重要人士也對於林肯的「敬啓者」照會感到氣急敗壞。希望國家能再度統一的梭羅・魏德抱怨，民眾聽說「總統只有在奴隸制會被『廢止』的前提下，他才會考慮和平談判」。沮喪的魏德以及其他共和黨人士開始認爲，自己的黨會輪掉十一月的大選。魏德在八月的第一個禮拜抵達華盛頓，告訴林肯「他要連任是不可能了」。[159]林肯的老友李奧納德・史威特感覺到有必要告訴林肯：「有一股越來越大的勢力正在運作，他們計畫要召開黨代表大會，並找其他的人選來取代他」，新的黨代表大會預計會在九月二十二日於辛辛那提舉行，也就是民主黨開完黨代表大會的三個禮拜之後。史威特也警告林肯，他從前的支持者現在陷入「非常值得警覺的憂慮」之中，如果不採取行動來「制止這個局勢」的話，情勢將會完全無望。[160]

內閣中也充斥著不滿的情緒。基迪恩・威爾斯跟蒙哥馬利・布萊爾都不明白，爲什麼林肯決定要「採取令人無法接受的條件」。威爾斯在得知林肯的計畫只有蘇爾德跟費森登知情之後，他質問總統是否有權力「採取這種令人遺憾的態度，竟然不事先跟自己的內閣商量」。[161]

亨利・雷蒙是《紐約時報》的編輯以及共和國民黨（Republican National Party）的主席，他讓林肯的煩惱又多添一樁。雷蒙在八月底寫信給林肯：「我跟您在各州的友人時常通信，從他們那邊，我聽到局勢對我們很不利。」雷蒙接著預測，如果馬上進行選舉的話，林肯在伊利諾州、賓州還有印地安納州都會落敗。雷蒙歸納出兩個原因，解釋爲什麼「民眾的反應會這麼激烈：除了軍隊沒有打勝仗之外，部分民眾有錯誤的印象，而部分民眾則充滿疑懼」。民眾以爲南方已經準備好要回歸聯邦政府並希望雙方取得和平，但不能接受奴隸制一定得廢除的要求。雷蒙指出他知道這種認知是不正確的，但也說：「只能由某種官方的行動來告訴民眾事情並非如此，而且要馬上大膽採取行動讓民眾了解。」他建議派人跟傑佛森・戴維斯會談，「**提出明確的和平提議……只要求承認憲法是最高的法律**」，[162]剩下的議題則等以後再解決。

林肯在面對這些龐大的壓力時，他的反應凸顯出他的性格。八月，林肯告訴黨內重要人士塞德斯・史蒂芬斯以及第一任戰爭部長西蒙・卡麥隆：「我承認我希望自己能夠連任。我有著普通人的自尊，希望我過去四年的執政能夠獲得肯定。除此之外，我眞的認爲比起其他的新手，我能夠在國家有需要以及危難的時候，更能爲這個國家做事。我想要完成平定叛亂的任務，讓國家重獲和平並再次興盛起來。」[163]

然而，林肯也坦然面對他可能會敗選的可能性，他下定決心要在剩下幾個月的任期之內，盡可能讓北方贏得戰爭，並努力在新的民主黨總統上任並永遠關上大門之前，盡量讓更多的奴隸能夠逃到聯邦的管轄範圍。在八月的第三個禮拜，林肯在沒有事先知會的情況下，要求所有的閣員簽署一份政府內部的備忘錄，讓政府致力於盡所有的精神與力量，讓戰爭能以北方戰勝作爲結束。[164]這份備忘錄假定，沒有任何民主黨的人士能夠承受要求立即妥協以求取和平的龐大壓力，而奴隸制會被允許在南方繼續存在，甚至是獨立的要求也會獲得同意。

這個大家事先不知道內容的備忘錄是這樣開頭的：「今天早晨的情勢如同過去的幾天一樣，看起來這個政府團隊很可能不會連任。那麼我的責任將會是與新總統合作，並在選舉以及新總統上任的這段期間之內拯救聯邦，因爲新總統將爲了保住自己的選舉結果，不可能拯救聯邦。」[165]

約翰・伊頓上校回憶，林肯在那些禮拜「想盡了所有可能的辦法，讓黑人能夠保住自由」。林肯知道在聯邦軍隊的所到之處，有幾千名的奴隸逃脫了，而伊頓跟他們接觸過。林肯問伊頓「是否能勸」黑人領袖費德里克・道格拉斯「來見他」，一起討論如何讓成千上萬仍然留在南方的奴隸能夠被帶到自由的地方。伊頓知道道格拉斯最近猛烈地批評過總統，他譴責政府對於南方公然拒絕把被俘虜的黑人士兵當作戰犯來對待，未能採取足夠的報復行動。但伊頓也知道道格拉斯其實很尊敬林肯，而且也確定他一定會幫他。[166]

道格拉斯在八月十九日的時候跟總統會面。道格拉斯事後回憶，在一場公開的談話中，林肯直率地坦承，自己很憂慮要求和平的「瘋狂聲浪」可能會讓戰爭提早結束，「讓所有尚未來到我們這一邊的人依舊陷於奴隸制之中」。林肯感嘆，他原本以爲在發表了解放宣言之後，南方的黑人會大量出走，但沒想到「黑奴離開的情形沒有我所期望的迅速與大量」。道格拉斯告訴林肯，「奴隸主很知道如何隱瞞住這一類的事情，他們會想辦法不讓他們的奴隸知道，很可能只有極少數的奴隸知道他發表了宣言這件事。」聽到這點之後，林肯提出聯邦政府可以支持組織「由黑人所組成的偵察員（scout），進行類似於約翰・布朗當初的計畫，負責進入叛變的各州，到我們軍隊的掌控範圍之外，把奴隸解放的消息傳出去，催促奴隸馬上來到我們所管轄的領土」。[167]道格拉斯承諾會跟黑人領袖商量這個計畫是否可行。[168]

林肯還想跟道格拉斯討論另一件事。三天前，威斯康辛的前州長亞歷山大・藍道（Alexander Randall）親手轉交了查理・羅賓森（Charles Robinson）一封真誠的信件。羅賓森是威斯康辛州一家民主黨報紙的編輯，他在信上寫著：「我是戰爭民主黨人，我一向支持您的政府……據說由於我跟我的朋友支持黑奴解放的措施，我們變成了贊成廢除黑奴制的人。對此我們的回應是，我們認爲讓黑人得到自由是理想的戰爭方針，因爲這樣一來，南方就會失去勞動力，叛亂的力量就會減弱。這個說法很能令人信服，也讓很多人能聽得進去。有了這點作爲解釋，我們就能穩固地繼續站在我們民主黨的立場上」，但現在尼加拉瀑布的會談宣布「除非廢止奴隸制，否則我們絕不會踏出任何邁向和平的步伐」，這讓他再也「沒有立場說話」。他寫這封信的「目的不是要指責您的錯誤……而是希望您能提供一些解釋，讓我們戰爭民主黨人能夠站得住腳」。[169]

林肯讓道格拉斯看他預備回覆給羅賓森的信，[170]並尋求他的意見，看是否應該寄出這封信。林肯的回信上寫著：「對我來說事情很清楚。如果有機會的話，南方重回聯邦跟奴隸制的廢除會被納入考量，而這並不是說其他或多或少的事宜就不會被考慮。」然而，在說完這些模糊的句子之後，林肯又強調基於「道德考量」與「政策考量」，[171]如果眞的要取消他在宣言中保證讓奴隸得到自由的承諾，「就像似乎是您希望我所做的一樣……要做這樣的事必須找別人。」即使如此，林肯也提到如果叛變的各州只要能夠保住自己的奴隸，就會同意「終止戰爭並回歸聯邦」，他將無力只爲了奴隸制的廢止而讓這場戰爭持續下去，因爲人民不會支持這樣的戰爭；他們的國會代表將會不再支持軍隊。然而這樣的假設都是沒有意義的，因爲「沒有任何能掌控叛軍的人士提出了這樣的提議」。[172]

道格拉斯清楚地看出，林肯正試圖要解釋「他的敵人跟假裝是他朋友的人，宣稱自己害怕他會做出某些事，但其實他沒有能力做到那些事」。林肯似乎是在說，不管他個人的信念是什麼，他「都沒有辦法爲了廢止奴隸制而讓戰爭繼續打下去，因爲國家不會支持這樣的一場戰爭，而如果沒有國會的支持，〔他〕就什麼都不能做」。道格拉斯馬上判定林肯不能寄出這封信：「人們會擴大解釋你想傳達的訊息；這封信會被當作是你完全放棄你反奴隸制的政策，而且會對你本身帶來極爲嚴重的傷害。」[173]

林肯仔細聽完道格拉斯慷慨激昂的建議之後，他把這場對談轉到其他話題。他們兩人在談話的時候，有人進來通報康乃狄克州的州長希望能見總統，但林肯告訴他：「要柏金漢（W. A. Buckingham）州長等一下。我要跟我的朋友道格拉斯好好聊一聊。」[174]當天兩人談完之後，道格拉斯遇到伊頓上校，而且幾乎無法「抑制他的興奮之情」：「他把我當成一個人來看待；他沒有一秒鐘讓我感覺到我們兩個的膚色有任何的不同！總統是個了不起的人，我現在知道他已經在情況允許之下，盡了他的全力在做事。」伊頓相信這是道格拉斯「第一次用林肯總統的眼睛來看事情」。林肯這邊則告訴伊頓：「以道格拉斯崛起的環境以及他所達到的高度來看，他實在是……美國最令人敬佩的人士之一。」[175]

或許是因爲受到了跟道格拉斯對話的激勵，當天晚上林肯邀請了藍道州長以及約瑟夫・米爾斯（Joseph Mills）法官一起到士兵之家，進一步討論羅賓森的來信。米爾斯的日記裡寫著：「總統在對話之中眉飛色舞，他能夠轉換心情的能力讓我感到驚奇。」林肯坦承，一開始，自己不得不「覺得這個偉大的國家的幸或不幸，將會由接下來的選舉決定」，但這個看法不「代表個人的虛榮心或野心」。民主黨用來安撫南方的策略，是以放棄廢止奴隸制來作爲和平的條件，而林肯深信這將會「導致聯邦的解體」。他指出現在有「十萬到二十萬的黑人士兵正在爲聯邦效勞」，如果取消讓黑奴得到自由的保證，那麼這些人自然會放下他們的武器。「如果我們現在放棄所有由黑人士兵控制的地點，把所有的優勢拱手讓給敵軍，我們將不得不在三個禮拜內中止這場戰爭。」

林肯的語氣越來越激動，好像他是在跟自己爭論要不要回羅賓森的信。「有人跟我提過，可以把哈德遜港跟歐露斯提（Olustee）的黑人戰士送還給他們的主人當奴隸，好安撫南方。如果我眞的這麼做的話，不管是在現世或來世，都會受到永恆的詛咒。」那些說他「不肯停止這場戰爭，只爲了要廢止奴隸制」的人，應該要了解「除非用上解放黑奴的方法，否則沒有人類的力量可以制止這場叛亂……就讓這場戰爭的歷史來證明，不解放黑奴的話，我們就無法讓聯邦回到原本的樣子。」

米爾斯法官原本對於林肯抱持著懷疑的態度，現在則被「他坦率誠實的態度」以及「信念的強度」所深深說服。「我聽著他親口說出他對於政策的辯護時，讓我感覺到，他靈魂的高度變得跟他的身材一樣高聳。站在我面前的人，是當代最偉大的精神導師。」林肯深深相信聯邦所代表的理想性與正義性，「讓我的心中不由得生出了希望，深深受到鼓舞。」訪客起身準備離去，但林肯請他們留下來，讓自己能夠以各種故事、笑話以及「對於過往的回憶」來款待他們。[176]

林肯對於是否應該爲了求取和平而採取妥協手段，曾經短暫猶豫過，但後來又被自己的邏輯說服。他把寫給羅賓森的回信束之高閣，永遠沒有再拿出來。[177]此外，他也沒有同意雷蒙的提議，沒有派使者到里奇蒙試探傑佛森·戴維斯的和平條件。林肯思考了好幾天，甚至還起草過一封信，授權雷蒙到里奇蒙告訴南方：「爲了聯邦的統一以及國家的威信，戰爭應立即停止，所有尚未解決的事宜（包括奴隸制的問題），應該留到和平時期再加以解決。」[178]但林肯馬上拋開了這個念頭。他寫給雷蒙的這封信，如同他寫給羅賓森的回信，都被放進信封裡，然後「不受干擾地長眠了」二十多年，直到尼可萊跟海伊在爲林肯做傳的時候，才被他們挖出來。[179]

尼可萊把這一段難熬的日子形容爲「某種政治上的『牛奔河之役』」。[180]在這段日子裡，林肯主要是靠他「永遠在身邊以及永遠熱情的」[181]國務卿來鼓舞自己。瑪麗跟泰德在八月到九月初的時候，再次到佛蒙特州的曼徹斯特避暑。[182]蘇爾德也希望能暫時離開一下，但又覺得「一個麻煩好不容易才走，立刻又有另一個麻煩出現」，[183]自己不應該在這個時候讓林肯獨撐大局。有蘇爾德在身邊，可以讓林肯的精神感到振奮，因爲蘇爾德是一個永遠不會喪失信心的人，他永遠都覺得事情最終都會獲得解決。蘇爾德承認，「有種種令人痛苦的跡象顯示人民感到不滿，派系正在內訌」，但他拒絕讓自己恐慌，他相信「只要戰事一有捷報，這些事就會全部消失」。[184]蘇爾德堅信林肯將可帶領國家渡過難關，只要新自願加入軍隊的人數證明了人民仍然相信這場戰爭的目的，他就能繼續擁有「堅定不移的信念並且充滿希望」。[185]

史坦頓也為被麻煩事包圍的總統帶來了安慰。林肯、蘇爾德與史坦頓之間的情誼，在過去幾年變得越來越深厚。威爾斯認為「『蘇』跟『史』之間」已經培養出「互信互諒的關係」，[186]兩人同心協力一起支持著總統。雖然史坦頓缺乏待人親切友好的氣質，不像林肯以及蘇爾德那樣擁有無數的友人，他對於聯邦以及冒著生命危險支持著聯邦的士兵，都有著熱情的信念。雖然他時常與林肯爭論小事，而且常斷然把上門說情的人趕出辦公室，殘疾的士兵卻會馬上得到他的注意力。[187]對才智出眾、性格暴躁的史坦頓來說，除非是南方投降，否則不可能會有和平。

八月二十五日，林肯邀請雷蒙造訪白宮，他向他解釋為什麼在經過一番仔細的考慮後，他判定派使者到里奇蒙「將會是一場完完全全的災難」。[188]雷蒙當時人已經在華盛頓，正準備召開一場共和黨全國委員會的會議。原本委員會的成員應該負責組織輔選工作，幫助林肯投入即將來臨的選戰，但當時他們對於林肯能否勝選感到懷疑，甚至完全沒有進行黨內動員。[189]

約翰·尼可萊相信林肯跟雷蒙以及其他相關人士的這場會面，「將可能是危機的轉捩點」。那天早上眾人聚集在一起的時候，尼可萊寫信給當時正在伊利諾州探望家人的約翰·海伊：「如果總統能讓雷蒙以及其他委員感染到他的一些耐心與勇氣，那我們就得救了。」[190]不過，如果委員會的成員在跟林肯談過話之後仍然不為所動，那選舉就無望了。

尼可萊發現林肯也邀請了「內閣裡比較強的那一半」的蘇爾德、史坦頓與費森登出席會面後，他鬆了一口氣。此次會面的成效甚至超出尼可萊最殷切的期盼。那天他開心地記下總統跟內閣成員成功地說服雷蒙，讓他相信，「如果照他的計畫派使者到里奇蒙的話，結果將會比輸掉總統大選還慘——他們將會先行不名譽地投降。」尼可萊相信這次的會面「效果非常好」，林肯總統鋼鐵般的意志讓委員會的成員印象深刻，他們離開的時候「受到了鼓舞跟激勵」，[191] 相信一定有辦法挽救這次的選舉。

兩天之後，雷蒙的《紐約時報》刊出了一則吐露出端倪的新聞。《紐約時報》注意到全國委員會的成員將在華盛頓多留一天以完成他們的輔選計畫。該報宣稱：「每位成員都深深相信林肯先生會成功連任，他們認爲目前的政治情勢對於聯合黨相當有利（譯註：共和黨於一八六四年的選舉曾將黨名改爲「聯合黨」，以吸引民主黨的選票）。」[192]

北軍即將成功拿下亞特蘭大，此一軍事勝利將大大改變民衆的態度，但在那之前，林肯就已經扭轉了令人沮喪的情勢。他讓自己重新專注在兩個遠大的目標：聯邦以及奴隸的自由。林肯在八月底時，對著一支返鄉的俄亥俄州軍團發表了一場動人的演說，向他們陳述自己的理念：「我恰巧暫時擔任起大白宮的任務。我是個見證，以後你們的孩子將會希望來到白宮，就跟我父親的孩子一樣。爲了讓所有人都能享有我們享有過的自由政府，爲了讓所有人都能擁有開放的管道以及公平的機會，發揮勤勉與冒險進取的精神並運用天生的才智，爲了讓所有的人將可以在一生之中擁有平等的基本權利，發揮人生的抱負，我們就是爲了這些目的而奮鬥下去，我們不能失去我們生來就擁有的權利……這個國家值得你們爲它奮鬥下去，我們要保住這個無價的珍寶。」[193]

＊＊＊

延宕已久的民主黨大會終於在一八六四年八月二十九日召開之後，林肯尋求連任的聲勢突然重振。尼可萊回憶，當時正值民主黨推派候選人以及提出競選政綱之際。在此之前，共和黨一直覺得「敵方陣營有一個巨人站在朦朧的陰影之中」。[194] 當時正在芝加哥報導民主黨大會的布魯克斯，也跟尼可萊有著同樣的看法。他認爲共和黨七八月間所經歷的低迷氣氛，是因爲「我們沒有東西可以拿來讓自己團結起來；從現在起，我們的政見以及候選人將會大大改變這一切」。[195]

整個夏天，民主黨都幸災樂禍地利用共和黨陣營內部的不和，但民主黨自己也因爲戰爭民主黨與和平民主黨（Peace Democrats）的紛爭而面臨分裂的局面。戰爭民主黨員認爲除非南北統一有望（而不是奴隸制遭到廢止），否則他們會繼續支持戰爭。和平民主黨員則要求不管要付出什麼代價，都應該立即停止戰爭。《紐約前鋒報》的編輯詹姆士・戈登・班奈特（James Gordon Bennett）評論：「他們一隻腳要和平，一隻腳要戰爭，但他們就像青蛙池邊的鸛鳥一樣，還沒決定要站在哪隻腳上。」⑲⁶大會召開的時候，諾亞・布魯克斯報導，和平派似乎佔了上風：「很明顯的，贊成和平的人以及支持和平的意見，獲得了不絕於耳的掌聲，三三兩兩的愛國發言則沒有得到群眾任何的回應。」南方州的議題獲得了喝采，而聯邦曲調則引起了完全的靜默。⑲⁷

雖然和平派帶動了大會的情緒，但一般都認為戰爭派的喬治・麥克萊倫會獲得提名。布魯克斯評論：「他的支持者很團結，而且也很有錢。他的對手則各有支持者。」⑲⁸由紐約州長霍瑞修・西摩爾、眾議員費南多・伍德，以及已經從加拿大返國的前眾議員范蘭迪根所領導的和平派，提出了好幾個可能的候選人，但都未能達到共識，投票表決的時候，麥克萊倫輕易獲勝。

律師喬治・坦普頓・史壯在日記上寫著：如果說麥克萊倫的勝出是「如同預期」，那麼「他卑劣的競選主軸」則是「令人跌破眼鏡，如果說那是傑佛森・戴維斯寫的也不令人意外。『叛徒』這個詞從頭到尾都沒有出現，他們打算要壓低姿態投降」。⑲⁹由於和平派施加壓力，這份競選政綱宣稱，「我們經過了四年的戰爭，但卻仍然無法恢復聯邦原本的樣子」，該是「要求立即中止戰爭的時候了」。⑳⁰史壯預測，如果麥克萊倫同意採用這份不名譽的競選政綱，「他將會為自己留下惡名」。的確，當時謠傳著麥克萊倫可能會「拒絕在這樣的情況下被提名」。⑳¹對於民主黨黨員來說，這份競選政綱的終戰訴求時間點相當不理想。

三天後，南方傳來了令人意想不到的消息：北軍拿下了亞特蘭大。薛曼在九月三日發出電報，告訴華盛頓：「亞特蘭大是我們的了，而且贏得漂亮。」⑳²大衛・法拉格（David Farragut）上將才剛通報北軍佔領了阿拉巴馬州莫比爾灣（Mobile Bay）的捷報，緊接著又傳來了這個令人振奮的消息。林肯馬上下令讓華盛頓鳴砲百發，⑳³並要其他十幾個城市也跟進慶祝最近的捷報。北方的報紙全是歡欣鼓舞的頭條。《紐約時報》引述了薛曼的話：「亞特蘭大是我們的了」，並說「鑄鐵廠、煉鐵爐、軋鐵廠、機器工廠、化工廠、鐵路修檢廠、大砲及小型武器工廠、火藥工廠、子彈工廠、雷管工廠、砲架工廠、運貨馬車、救護馬車、馬具、鞋子、衣物，所有亞特蘭大囤積的物資，現在統統都是我們的了。」⑳⁴《紐約時報》並不知道南軍在離去時，幾乎把「所有具備軍事價值」

[205]的東西都燒光了。不管如何，史壯馬上就理解亞特蘭大被攻佔的重要性。他欣喜若狂地說：「（剛好在這場政治危機之中，）今天早上傳來了非常好的消息，這是這場戰爭中最重大的事件。」[206]

蘇爾德收到戰爭部傳來的消息時，人正在奧本家中的書房裡，當時他暫時離開華盛頓幾天回家探望家人。蘇爾德還來不及讀完史坦頓的電報，已經有群眾跑到他的屋前慶祝。[207]捷報傳開之後，群眾不斷湧入，最後連蘇爾德住家附近的公園都站滿了群眾。當地的通訊記者報導：「整個城市裡都飄揚著旗海，所有大鐘噹噹作響，鳴砲慶祝聲四起」。群眾興致高昂，在他們的要求下（裡頭還包括了「數百名正在等候入伍的志願軍」），蘇爾德發表了一場一個多小時的即興演說。

一名在場的記者認爲，蘇爾德這次的即興演講是「他最令人印象深刻與最動人的一場演講」。[208]蘇爾德表示，這兩場勝利應該能鼓舞三十萬的民衆入伍：「你可以稱他們爲自願軍。一定要的話，我們也可以說他們是被徵召的軍人」，而這三十萬的新血對於「戰爭的中止」來說，將是必要的。蘇爾德不只向海軍跟陸軍致敬，還向「戰爭政府的智慧與行動力」致敬。他指出：「不是法拉格上將所率領的艦隊獨力完成了任務，也不是法拉格本人獨力完成了任務，後面還有海軍部長的努力。此外，以後任何公正記錄這場戰爭的史學家，都會說自從卡諾（Carnot；譯註：法國大革命的軍隊組織者）之後，沒有人的戰爭組織能力能與史坦頓匹敵。最後，蘇爾德令人動容地讚頌了他的朋友林肯總統，他告訴群衆，沒有任何事會比林肯的連任還要重要：「如果我們讓總統連任，這場叛亂就會消失無蹤。」[209]群衆大聲歡呼附和蘇爾德的話。

基迪恩・威爾斯在報上讀到蘇爾德的演說內容。他承認自己在看到蘇爾德對於海軍部的大力讚揚時，心中感到十分欣慰。威爾斯認爲，「對於一個心思不是很縝密的人來說……一個思想表達常常很鬆散的人來說……」蘇爾德提出的論點，將會是接下來的選戰的「主軸思想」，[210]他知道亞特蘭大的攻陷，會對他老東家民主黨的選戰造成很大的衝擊：「對於剛剛才提出和平政綱，而且宣稱這場戰爭是個大失敗的熱情黨員來說……這個消息不是很悅耳。在戰爭時期提名一個將軍兼戰士當候選人，而同一時間又提出要求和平的競選政綱，是一件愚蠢的事。」[211]

在此同時，麥克萊倫則把自己關在紐澤西州橘郡（Orange）的家中。黨內的分裂讓他在草擬提名接受信的時候，同時承受了來自兩派的極大壓力。戰爭派警告他，他必須拒絕接受和平競選政綱，否則他代表民主黨參選一事將會「胎死腹中」。和平派則威脅，如果他對於停戰態度猶豫不決，則他們可能會「撤銷他們的支持」。[212]麥克萊倫最後終於在九月八日的午夜，把信交給民主黨提名委員會，而在那之前，他一共擬過六份草稿。[213]

麥克萊倫在信的開頭表示，自己同意和平派的意見：如果戰爭的目的只是爲了要保護聯邦的話，那麼「調和歧異就很容易了，我們在陸上及海上取得了多場勝利，我們可以享受勝利的果實。」他上台之後，將會「窮盡一切的行政資源」讓國家得到和平。立下了這個前提之後，麥克萊倫接著拒絕接受不惜一切代價只爲求取和平的吵嚷要求，他堅持聯邦必須回復原狀，否則戰爭不會結束。「有那麼多的兄弟在戰場上受了傷，甚至犧牲了性命，我們勇敢的陸軍與海軍兄弟已經經歷過那麼多場血腥的戰爭，我無法直視他們，告訴他們一切的努力，還有一切的犧牲，全都是白費的。」[214]和平派氣急敗壞，但也提不出別的候選人。秋天的選舉就這樣定調了。

亞特蘭大被攻下之後，共和黨的氣氛有了極大的轉變。長期批評林肯的席爾多・提爾頓寫信給尼可萊：「我們會贏得這場總統選舉。所有的歧見都會消失。我們最近在亞特蘭大取得的勝利，讓民衆突然興奮了起來，我從來沒有見過這種情形。民主黨提出的芝加哥競選政綱，那個美國史上最可恥的政治宣言，讓所有的人突然一致支持林肯先生」。雖然他本人「從來都不支持林肯先生連任，而且是正好相反」，他現在想要勸每個他認識的人，「團結在一起支持林肯先生」。[215]

李奧納德・史威特在幾個禮拜前，才警告過林肯他不太可能會連任，但現在則認爲上帝之所以賜予聯邦此次光榮的勝利，就是爲了要讓這艘正在掙扎的國家艦隊，能夠「像一艘在暴風雨中被大浪打到、差點翻覆的船隻一樣，重新安穩地航行」。[216]梭羅・魏德也鬆了一口氣，他告訴蘇爾德，最近的軍事勝利讓「希望打擊林肯先生的陰謀失敗了」。[217]

民衆情緒的轉變讓蔡斯嚇了一跳。整個夏天，他到新英格蘭各地跟支持廢奴的友人見面，其中包括哲學家拉爾夫・華多・愛默生、麻州州長約翰・安卓、作家小理查・亨利・戴納（Jr. Richard Henry Dana），以及衆議員山繆・胡博。蔡斯一直都跟各地的發起人保持聯絡，他們私下會面，希望能夠重新召開提名大會並提出林肯以外的人選。根據基迪恩・威爾斯的說法，蔡斯盡其所能地「削弱總統的力量，讓人們對總統失去信心……他陳述自己的不滿，但地點不是在公開的演說，而是在東部的社交場合」。威爾斯觀察，現在人們又開始重新支持林肯，讓蔡斯「了解到這件事已經定了下來，不會再有新的領導者被推舉出來，因此從現在起他會轉爲支持林肯。」[218]

蔡斯中途在紐約停了下來，決定要回華盛頓爲林肯效命。他在紐約的時候，跟一位紳士進行了一場沒有結論的對話：「那位紳士覺得林肯十分有智慧，如果他再激進一點的話，會冒犯保守派，如果再保守一點的話，則會冒犯激進派」。蔡斯聽了對方的話之後，自問這是否就是「歷史最後的評價」？[219]

蔡斯抵達首都華盛頓後首先拜訪了費森登，費森登告訴他林肯在找他。蔡斯與林肯會面的消息很快就傳了開來。伊莉莎白・布萊爾告訴丈夫：「蔡斯先生不管去到北方的哪裡都在毀謗總統，但昨天卻跟總統聊了很長的一段時間。」[220]兩天之後，蔡斯陪史坦頓造訪士兵之家，然後再度跟林肯談話。[221]蔡斯告訴女兒凱特：「這兩次的會面都有其他人在，並不是什麼私下的談話。他的舉止顯然是要表現出友好的態度，還有他所說的話也是一樣：從他的口中，我只聽得到一團和氣。」

然而，蔡斯要的不只是親切和藹的話，他希望總統能夠在他離開兩個月之後，對他有更「眞情流露」[222]的表現。蔡斯仍然認爲兩人關係的中斷，自己完全沒有任何責任，反倒是辭職的相關事件讓他「受到了誤解與傷害」。蔡斯強調：「我永遠都希望勝利能完整屬於他（林肯），我從來都沒有放縱過個人的情感，我完全忠實於他的政府。」[223]

蔡斯對於自己的度量感到自豪，他宣稱：「我堅信如果要推動我所支持的目標，並增進公衆的利益，就要讓林肯當選。我決定要跟幾乎所有的友人一樣，努力確保他會當上總統。」[224]

接下來的幾個禮拜，蔡斯的確是說到做到。他搭乘火車、船隻，以及騎馬到達俄亥俄州、肯塔基州、賓州、密西根州、伊利諾州與密蘇里州的各個地方，並在擠得水泄不通的群衆面前，發表了數十場支持林肯連任的演說。[225]在同一時間，佛蒙特跟緬因州內的選舉結果都顯示，「聯合黨」得到比前一年更多的支持。[226]佛蒙特州的投票結束之後，尼可萊寫了一封歡欣鼓舞的信給未婚妻瑟蓮娜：「三個禮拜之前，我們各地的友人士氣低落，幾乎絕望到要放棄這場競賽了，但現在則充滿希望而且士氣高昂，他們不斷努力拉票，有自信我們一定會贏。」[227]

九月十九日，共和黨有更多的好消息。北方的菲利普・舍利丹將軍終於在申南多河谷追上了南軍的具伯・爾利，[228]北軍經歷了一場硬戰，但最終獲得勝利，摧毀了爾利四分之一以上的軍力。威爾斯的日記裡寫著，消息傳開的時候，各部會辦公室都充滿著「職員的歡呼聲」，[229]「沒有什麼比這更能鼓舞與激勵所有聯邦裡可愛的人們」。[230]

* * *

軍事上的勝利或許大大清除了林肯連任的障礙，但傅瑞蒙的參選仍然是個大問題。第三方政黨候選人跳出來左右選情時，一個分裂的政黨將可能輸掉選舉。這樣的例子一再發生，爲了確保黨內的團結，林肯需要激進派的支持，然而魏德跟戴維斯等人都對林肯安撫性的重建政策不滿，加深了林肯團結黨內的困難度。此外，激進派也不滿林肯在允許蔡斯辭職的同時，卻又讓蒙哥馬利・布萊爾繼續留在內閣裡。

蒙哥馬利知道自己已經成爲激進派攻擊的目標。今年夏天巴爾的摩大會所通過的決議，其實就是在要求蒙哥馬利下台，而當時他也的確遞出了辭呈。[231]後來蒙哥馬利的父親老布萊爾在士兵之家見到林肯時，又替他遞了一次辭呈。老布萊爾跟林肯保證，蒙哥馬利的離去將可修補黨內的裂痕，而且「爲了平息激進派的怒氣與妒意，蒙哥馬利將會非常願意成爲烈士。如果蒙哥馬利的離開能夠幫得上林肯，布萊爾一家都會欣然接受這樣的結果」。但林肯拒絕採取行動，他告訴老布萊爾：「他不覺得爲了假朋友或是公開的敵人而犧牲一位眞朋友，會是一個正確的做法。」[232]然而，要蒙哥馬利下台的壓力不斷升高。共和黨黨內人士亨利・威爾遜在九月初警告林肯：「因爲布萊爾一家的事，成千上萬的人將不會投你一票，就算投了也是十分勉強。」[233]

布萊爾一家與激進派之間的恩怨讓內閣越來越不穩定。蒙哥馬利憎恨史坦頓，他認爲史坦頓跟魏德、戴維斯是一夥的，他們聯手起來對付布萊爾家族以及林肯總統。蒙哥馬利曾公開批評史坦頓，而根據約翰・海伊的說法，蒙哥馬利的話「相當不得體」。他辱罵史坦頓是個「騙子」，而且還是個「小偷」。[234]這些口無遮攔的話傳到史坦頓的耳中後，只要蒙哥馬利在，史坦頓就拒絕參加內閣會議。八月中，威爾斯注意到，這兩位互相憎恨的閣員「已經好幾個禮拜沒跟對方說過半句話」。㉟

林肯沒有耐性容忍這種私人恩怨。七月時他就告誡過內閣不要在公開的場合互相批評。林肯決定一有機會出現，就批准蒙哥馬利的辭呈。時機的確出現了，密西根的激進派參議員札查里亞·錢德勒告訴林肯，布萊爾的辭職會讓魏德跟戴維斯願意支持林肯的連任。根據錢德勒事後的說法，激進派參、眾議員的支持，只是一場大交易的一小部分而已。如果能讓布萊爾走人，傅瑞蒙甚至將同意退出選舉，不過對於錢德勒是否對傅瑞蒙有那麼大的影響力，後來的歷史學家則爭論不休。到了九月，被尊稱為開拓先鋒（Pathfinder）的傅瑞蒙知道勝選無望，如果堅持繼續參選的話，只會破壞自己從前建立起的聲名。㊱

有兩件事是確定的：九月二十二日，傅瑞蒙宣布退選，㊲而接著在九月二十三日的早上，林肯寄了一封信到蒙哥馬利的辦公室，要求他辭職。林肯的信是這樣開頭的：「你曾經大方地對我說過不止一次，只要你的辭職能減少我的壓力，你就會讓我處理你的辭呈！時候已經到了。你非常清楚地知道，我這樣做，不是因為我對於你個人或你的工作表現有任何不滿，從來沒有任何朋友能夠超越你始終不變的支持。」此外，「在過去你執掌郵政部的三年半以來，我不記得有任何人抱怨過你的行政表現。」㊳

蒙哥馬利提出過辭呈，但他看到桌上的免職信時還是很驚訝。那天早上，他遇到威爾斯跟貝茲從白宮走出來的時候，他告訴他們：「我想你們早就知道我被踢出去了，我再也不是內閣的一員。」威爾斯驚訝到當場愣住，他要蒙哥馬利重複一遍他剛才說了什麼。蒙哥馬利從口袋裡拿出林肯的信，並大聲地念給兩位閣員聽。蒙哥馬利說：「他確定自己顯然成為了向傅瑞蒙以及傅瑞蒙的友人謝罪的禮物」。威爾斯無法百分之百同意蒙哥馬利的話，他告訴蒙哥馬利，「總統的確是有可能想要安撫黨內傅瑞蒙的支持者……但他絕對不可能讓步到這種程度」。㊴威爾斯認為蒙哥馬利之所以被犧牲，比較可能的原因是要在蔡斯辭職之後，恢復內閣的平衡。蔡斯的黨內支持者對於他們的人走了，但攻擊者卻還留下來，顯然「感覺到受傷」。讓蒙哥馬利走，可以讓林肯「化解各派系之間的糾紛，並且讓內閣不會每天繼續吵吵鬧鬧」。㊵林肯最後選擇了俄亥俄州的前州長威廉·丹尼森來接替布萊爾的職位。

威爾斯對於蒙哥馬利的離去感到難過。他在日記裡寫著：「總統捨棄布萊爾（蒙哥馬利），等於是捨棄一個眞正的朋友，現在他的身邊再也沒有那麼睿智的策士。布萊爾誠實、坦率又眞誠，他一直都很有智慧、明辨是非，而且都是對的。」㉔幾天之後，威爾斯開始認爲「把蒙哥馬利從我們的決策小組裡剔除，實在是內閣所遭遇過最大的不幸」。㉔貝茲同樣感到沮喪，他不認爲自己跟蒙哥馬利有那麼親近，但他尊敬這位心直口快的同僚，㉔並且認爲林肯跟魏德還有戴維斯談條件實在是不智：「我認爲總統先生就算沒有他們，以及就算有他們在搞鬼，也能夠勝選，而且如此一來的話，在國家的治理上就可以擺脫他們的惡勢力。」㉔

蒙哥馬利對於自己被迫離開感到受傷，他「不必要地感到失了面子」，但他仍然告訴妻子，他很確定林肯之所以會這麼做，「一定是出自最好的動機」，而且「對大家來說都會是最好的」。㉔蒙哥馬利的父親完全同意這樣的看法，他告訴另一個兒子法蘭克，「依我來看這是最好的」，他擔心這個性情剛烈的兒子會在公開場合說出事後會後悔的話，並說這件事蒙哥馬利自己也有責任，因爲他暗示過傅瑞蒙的友人，如果傅瑞蒙退選的話，他就會辭職。最後老布萊爾的結論是：「如果這件事是爲了要讓總統在對上麥克萊倫的時候，能有更大的贏面，也就是能夠拯救共和黨的話，那非常好……我希望你也能跟我用一樣的角度來看事情。必須讓林肯連任才能帶給國家眞正的福祉。」㉔

法蘭克最後同意了父親的看法，雖然一開始他跟哥哥蒙哥馬利的反應一樣：「一想到我們讓總統還有布萊爾家共同的敵人獲勝，就讓人覺得有點羞愧。」但另一方面法蘭克也覺得：「如果林肯總統連任失敗的話，那將會是國家最可怕的災難。如果（蒙哥馬利的）犧牲能夠換來林肯總統的連任，那蒙哥馬利的損失實在是微不足道。」㉔

伊莉莎白聽見兄弟跟父親如此爲大局著想的時候，她跟蒙哥馬利的妻子米娜（Minna）「心比誰都還要痛」。身爲蒙哥馬利忠實的妹妹，她認爲林肯應該「堅持自己一開始的看法——爲了敵人而犧牲朋友實在不是一個明智之舉」。然而，對於哥哥「具有男子氣概的表現」，㉔她深受感動。在接下來的日子裡，蒙哥馬利仍然會表現出同樣的風度，並代表林肯到全國各地發表演說。在大型的保守派集會上講話時，蒙哥馬利指出，林肯要求他辭職並不是出自任何不友善的動機。相反的，「不管全世界其他人如何，我身邊的親朋好友一定都會支持總統。我會辭職是因爲我聽從了父親的建議，那是我父親向總統提議的。」[249]

約翰・海伊從伊利諾州回到華府時，恰巧碰到蒙哥馬利辭職。海伊認爲蒙哥馬利表現得「非常識大體，而且盡一切的努力」幫助林肯連任。[250]蒙哥馬利永遠不會忘掉三年前，他曾私下寫了一封詆毀總統的信給傅瑞蒙，後來信件被公開，弄得他非常狼狽，但林肯卻站在他那裡挺他。蒙哥馬利知道自己的父親要求私下見總統的時候，總統從來沒有拒絕過，而且白宮的大門也永遠向妹妹伊莉莎白開啓。此外，法蘭克在跟國會的激進派爭鬥時，林肯也一直支持著法蘭克，布萊爾一家會永遠感謝這點。的確，林肯數不清的寬宏大量的表現與仁慈的心胸，讓關係緊密的布萊爾一家人跟總統建立起深厚的友誼，而這次蒙哥馬利被迫辭職也不會改變他們之間的情誼。最後的結果是林肯讓傅瑞蒙退出選戰，還讓自己獲得了激進派的支持，而且在此同時，林肯也沒有失去布萊爾這個勢力強大的保守派家族的友誼與支持。

* * *

共和黨跟民主黨都把俄亥俄州、賓州跟印地安納州十月十一日的選舉結果，視爲是十一月總統大選的指標。這次的投票不但會透露民心的向背，而且在那些州贏得州長選舉的政黨，還會讓該黨的黨員「大大地凝聚在一起」。[251]那天晚上，林肯一如往常地前往戰爭部的電報室了解各地傳來的消息。當時史坦頓在電報室，史坦頓的副手查爾斯・戴納以及電報局局長湯瑪斯・艾克特也在。[252]俄亥俄州辛辛那提跟賓州費城傳來的初步預估看起來很樂觀，但可靠的實際得票結果卻遲遲沒有出現。

戴納回憶，當時林肯爲了舒緩緊張的氣氛，便從口袋裡掏出一本薄薄的黃色小冊子。那本小冊子集結了幽默作家佩托里恩・V・奈司比（Petroleum V. Nasby）最新的作品：「他會讀個一頁或是一則故事，然後停下來思考一下新傳進來的選情，然後又把書打開念出一個新的段落。」[253]當時陪在林肯身邊的約翰・海伊覺得，林肯選的那些故事「非常有趣」，[254]並誤以爲史坦頓也這麼覺得。在林肯停止分享的一個空檔，嚴肅的史坦頓要戴納跟他到隔壁的辦公室。戴納事後回憶：「我永遠都忘不了他身上冒出的憤怒火焰，他覺得那都是一些胡說八道的東西。」史坦頓無法理解，爲什麼「整個共和國的安危都繫在這次的選舉上，而且整個帝國的掌控將由電報傳來的幾個數字決定，但我們的領導者，那個跟這一切關係最密切的人，而且這一切不只是跟他個人有關，還關係著他的國家，但他卻可以在那邊念一些愚蠢的東西，而且還爲那些無聊的笑話在那邊大笑。」㉕⑤史坦頓永遠無法理解「笑」是如何在艱困的時刻支撐著林肯的精神。

時間一分一秒過去，俄亥俄州跟印地安納州傳來的好消息超乎先前所有人的預期。㉕⑥俄亥俄州的共和黨贏得了十二席的國會席次，而且贏了對手五萬票。此外，共和黨在印地安納州除了州長候選人奧利弗・莫頓（Oliver Morton）大獲全勝之外，十一個國會席次中，共和黨就囊括了八席。㉕⑦

賓州的開票結果則呈現拉鋸戰。午夜過後，林肯發了一封電報給西蒙・卡麥隆：「我要離開辦公室回家了，現在情形如何？」㉕⑧結果卡麥隆沒有回覆，海伊覺得這似乎是個「不祥之兆」。㉕⑨最後的票數很接近，兩黨都沒有辦法宣布自己贏了，要等到未來幾天軍人的「缺席投票」（absentee vote）也納入計算之後，才會知道最後的結果是共和黨以些微的差距險勝。㉖⓪

威爾斯在日記裡寫著：「蘇爾德對於選舉結果欣喜若狂，他整個人歡天喜地，他說現在的政府擁有智慧，而且充滿活力，忠心可靠，優秀的程度超越了先前所有的政府，這個政府度過了歷史上前所未見的難關。」㉖①相較於樂不可支的蘇爾德，林肯則一如往常地表現出小心謹慎的態度。他雖然對於俄亥俄州跟印地安納州的選舉結果感到高興，賓州如此接近的票數也讓他神經緊繃。

各州選舉結束的兩天後，㉖②林肯回到戰爭部的電報室，整個人看起來「非常疲憊」。林肯推算著十一月的總統選舉結果，他拿了一張空白的電報紙，把紙分作兩欄，然後在上面寫下他的預估，左邊那欄是麥克萊倫可能會贏得的選舉人團，右邊那欄則是他覺得自己會拿下的州。電報解碼員大衛・荷馬・貝茲回憶，林肯的筆「動得很慢，有時候他會抬起頭來對著窗外沉思一陣子，然後又繼續動筆。」林肯總統猜測自己可能會輸掉紐約跟賓州，也就是說在最好的情況下，選舉人團的結果會是一一七票對一一四票，他會以三票之差險勝。林肯感嘆，如果他的計算是對的，那麼「他的勝利將不具有道德指標，他堅持戰爭的威信以及取得和平的努力，也會大大受到傷害」。㉖③

各州選舉與總統大選隔了四個禮拜。在這令人焦慮的四個禮拜之中，林肯收到了一個令人振奮的好消息：馬里蘭州通過了新的州憲，正式中止該州的奴隸制。投票結果非常接近，最後是由軍人的「缺席投票」決定了勝負。[264]林肯對著支持群眾說：「我對於投票結果用最誠摯的心恭喜你們，我恭喜馬里蘭州，恭喜我們的國家，也恭喜這個世界。」[265]林肯在同一天也跟諾亞・布魯克斯談過話：「如果要我選的話，一個是在馬里蘭通過這樣的新州憲，一個是總統選舉時有馬里蘭州兩倍大的州投我，我會選擇前者。馬里蘭州清理出一塊乾淨地。」布魯克斯相當欣賞林肯這番「誠實又坦率」的話：「任何人如果曾經需要『清理』出一塊地，必須挖除不好的根並清掉老舊的殘株，那麼那個人就會知道，總統對於馬里蘭的這個整地比喻有多麼貼切。馬里蘭的奴隸制已經被有效清理掉了。」[266]

兩黨都很清楚地知道，缺席投票將會在總統大選中扮演關鍵的角色。民主黨還記得麥克萊倫是如何鼓舞了自己的士兵，讓他們爲國家浴血奮戰，因此他們相信，自己的候選人將會在軍人之中取得壓倒性的票數。民主黨的報紙發行人曼頓・馬伯爾（Manton Marble）信心滿滿：「麥克萊倫將軍一定會贏得三分之二以上的票數，這件事就跟太陽每天會升起是一樣的確定。」[267]

林肯可不這麼認爲。林肯深信他多次造訪前線的經歷，已經讓他跟士兵建立起情感。每一次打敗仗，他都會親上前線，慢慢騎著馬到各個地方提振士兵的士氣。他會和善地在營地裡逗留，而且軍中不論大小事他都極感興趣。他會待在醫院帳篷裡陪著受傷的士兵，握住他們的手並祝他們好運。另外，他告訴一小群一小群士兵的幽默故事，被轉述給更多更多的士兵。歷史學家威廉・戴維斯（William Davis）曾經推估：「二十五萬或更多的人曾經親眼看過他」。站崗時睡著的士兵，以及在戰場中表現出恐懼的士兵，林肯全都體諒他們，而這些故事也在軍隊裡傳了開來。此外最重要的是，林肯強而有力的演講以及公開信，讓士兵冒著生命危險上戰場的犧牲有了重要的意義。

一共有十三個州最近通過了讓戰場上的士兵能夠缺席投票的規定，其他四個州則允許士兵能夠用「代理」（by proxy）的方式投票，也就是他們可以把選票放進密封的信封裡，然後寄回或是由他人送回他們的家鄉。然而，扮演著關鍵角色的幾個州之中，有好幾州仍然規定軍人必須在投票當天親自在家鄉投票。[268]爲了在十月各州開始選舉之前解決這個問題，林肯發電報給薛曼將軍：「在安全的前提下，請盡一切的努力，讓在前線不能投票的印地安納州士兵，能夠讓全部或部分返鄉投票。」林肯並強調：「這絕對不是個命令，只是個請求。」[269]

史坦頓也跟進，盡量允許軍人請假回家投票。查爾斯・戴納事後回憶：「戰爭部投注了所有的精神，動員了所有的力量……確保林肯總統能夠連任。」[270] 梭羅・魏德提醒白宮，在「密西西比河沿岸的砲艇中也有許多士兵」，如果政府能提供一艘汽船前往運送他們的選票，「有好幾千名的」紐約海軍將士準備好要投票了。[271] 林肯知道這件事之後，要威爾斯準備好一艘軍艦，「聽候紐約選舉委員會的差遣，前往遞送選票。」[272]

選舉日越來越接近，林肯告訴一位訪客：「我寧願是因爲士兵沒投我而輸，也不要在沒有士兵的支持下勝選。」[273] 麥克萊倫很可能也跟林肯有著同樣的感覺。目前有八十五萬的士兵正在爲聯邦而戰，而這場選舉將會揭曉，究竟是誰贏得了他們全部的支持。

***

一八六四年十一月八日選舉日當天，《紐約時報》的社論寫著：「在今早的太陽落下之前，這個共和國的命運將就此定下，人民的智慧將會決定這個國家將邁向光明或黑暗的前程。」如果人民選擇了林肯，那他們就是選擇了「大型的可怕戰爭，但最後卻會確保國家永享安康，開創光明的未來。」如果選擇了麥克萊倫的話，就是選擇了「和平的幻象……我們與生俱來的權利將被剝奪……並留給子孫一個分裂的聯邦以及永無止境的衝突」。[274]

華盛頓那天的天氣「昏暗多雨」，諾亞・布魯克斯在中午的時候抵達白宮，但卻發現總統「身邊居然沒有半個人」。[275] 閣員蘇爾德、亞瑟，還有接替布萊爾郵政部長一職的威廉・丹尼森都回家投票了。這次將會是蘇爾德第十次在家鄉奧本投下總統選票。[276] 美國自開國以來，已經舉辦過十九次的總統選舉，而蘇爾德參與了其中一半以上的投票。此外，費森登正在紐約處理新的政府借款事宜，而史坦頓則發燒在家休養。[277] 林肯那天沒有辦法投票，因爲伊利諾州要求該州選民必須返鄉投票。

林肯覺得沒有必要向布魯克斯隱瞞他的焦慮：「身爲政治人物的我知道，巴爾的摩大會最後的結果會沒問題，但對於這件事我自己個人則完全沒有把握，我眞希望我有把握。」那天下午大部分的時候，布魯克斯幾乎都陪著林肯。依據他的觀察，「林肯那天沒有辦法把心思專注在辦公室的日常事務上」，他唯一放鬆一下的時刻，是在他說了一則泰德的趣事時：顯然泰德平常會讓他的烏龜寵物在白宮賓州士兵駐紮的地方到處亂爬，而這群賓州士兵要在選舉委員會前投下缺席投票的那一天，泰德興奮地衝進了父親的辦公室，父子兩人一起從窗內觀看外頭投票的情形。林肯逗他的兒子，問烏龜是不是也想去投票，結果泰德聰明的回答逗樂了父親：「不行，牠還未達法定投票年齡」。布魯克斯說林肯「非常愛那個孩子」，「接下來的幾天，他一直驕傲地重複講泰德這個機智的小故事。」[278]

時鐘指向七點，總統在約翰・海伊的陪同下走進電報室，準備一整個晚上守在那裡。林肯對海伊說：「這件事有點奇怪，我不是個充滿仇恨的人，但我卻永遠因爲選舉的緣故，讓許多人對我充滿敵意。」戰爭部燈火通明，擠滿了十幾位傳令兵跟職員，跟這個陰鬱的夜晚形成了令人歡迎的對比。

海伊回憶，泥濘的地面讓電報局局長湯瑪斯・艾克特摔了一大跤，整個臉貼在地上，而「這一跤當然讓大老闆想起了一則故事」。林肯告訴大家：「對於我這麼一個笨手笨腳的人來說，我算是站得滿穩的，通常要一個動作很敏捷的人才能讓我摔出去。我記得在一八五八年的那個晚上，我跟道格拉斯先生的參議員競選結果即將揭曉。那天的天氣就跟今天一樣，又昏暗、又多雨、又陰沉。我看著票數的回報，確定我們已經輸了，於是準備要回家。回家的那條路被踩得很不平而且很滑。我的一隻腳滑了一下，撞到另一隻腳，但我還是想辦法讓自己站穩，最後沒有跌下去。我對自己說：『**還好只是滑了一下，不是眞的跌倒。**』」在那個時候，林肯就已經領悟到，沒有選上參議員「只是滑了一下，不是眞的跌倒」。不過，林肯那個時候大概難以想像，在六年後另一個陰鬱的夜晚，他竟然在等著知道他是否會再度被選爲總統。

一開始的選情回報很樂觀，共和黨贏得了大部分的票數，表現甚至比之前的各州選舉結果還好。林肯派人把好消息告訴待在白宮的瑪麗：「她比我還要緊張」。不久之後，海軍正副部長威爾斯跟福克斯都來了，福克斯對於激進派的溫特・戴維斯在馬里蘭州輸掉選舉感到十分興奮。林肯說：「你私底下對他的憎恨比我還強，人沒有時間把一半的人生都用在爭吵。不管是什麼人，如果一個人不再攻擊我，我永遠都不會再記恨過往的事。」

賓州以及各地傳回來的消息都很樂觀，但紐約則戰況膠著。紐約有許多愛爾蘭移民，而他們傳統上大都是民主黨的支持者。然而，在午夜時分，就在晚餐炸牡蠣送上來的時候，林肯的勝利已經確定了，[279]雖然他仍然持保留態度，因爲選舉人團的投票結果要好幾天後才會眞正揭曉。最後林肯除了紐澤西、德拉瓦與肯塔基三個州之外，一舉拿下了所有的州，他跟麥克萊倫選舉人團的票數比是兩百一十二比二十一票。代表選民選出選舉人團的普選票數則較爲接近，兩個候選人只差了四十萬票。[280]但無論如何，這樣的結果還是遠遠超出了林肯的預期。共和黨（聯合黨）贏得了三十七席的國會席次以及十二州的州長選舉。此外，共和黨也取得了大部分州議會的控制權，而州議會可以提名下一屆的參議員。[281]

林肯在凌晨兩點之後才離開電報室，那時雨已經停了，民衆不約而同地聚集在賓州大道旁，「用著最宏量的聲音唱著〈追求自由的吶喊〉（The Battle Cry of Freedom）」。[282]布魯克斯說，那天夜裡林肯上床睡覺的時候，心裡知道「人民已經做出了完整、清楚、明確的裁決，不會有錯的」，[283]人民支持他繼續打完戰爭，直到「自由」跟「聯邦」都能獲得保障。

軍人的投票結果更是一面倒地支持林肯。西部的軍隊中，十個人有八個人投給林肯，即使是麥克萊倫的波多馬克軍團，十個士兵中也有七個人投給林肯。[284]這些投給林肯的士兵仍然景仰麥克萊倫，但他們不能支持民主黨失敗主義的競選黨綱，而且南方聯盟軍顯然希望被推崇爲「年輕拿破崙」的麥克萊倫會贏得這場選舉。[285]不過，除了這些因素之外，還有一些事是民主黨未能了解的。在過去幾年，林肯用不可思議的方式贏得了軍隊死忠的支持。一名伊利諾州的下士說：「兄弟們對林肯總統充滿了敬意與愛意。在他們的心裡，總統是他們的『父親亞伯拉罕』（Father Abraham），你可以想像這代表著什麼意思。」[286]士兵知道，支持林肯意味著支持讓戰爭繼續下去，但他們仍然眞心投給他們所敬愛的總統，並擁抱他所代表的理想。

25 「一場神聖的演講」

一八六四年十一月十日週四的晚上，大批民眾「開心地拿著布條，提燈照亮了他們的臉」。他們聚集在白宮的草坪上恭喜總統順利連任，「軍樂、民眾的歡呼聲、大砲的聲響，讓天空震動了起來。」歡欣鼓舞的群眾要林肯總統露面，林肯站在二樓的窗台告訴群眾，①雖然「令人不愉快的爭執」讓最近的選舉活動有了瑕疵，但他還是感覺到，選舉「證明了即使是在一場大型內戰之中，由人民組成的政府仍然能夠舉行全國性的選舉。在此之前，全世界並不知道這是有可能的」。②

林肯結束他簡短的演講之後，興奮的群眾又前往蘇爾德位於拉法葉廣場的家。國務卿蘇爾德剛從奧本回來，「他的心情非常輕鬆愉快」，③他預測時機已經快到了，「我們全部的人將會再次團聚……星條旗將會在里奇蒙的上空飄揚」，而「到時候，如果你要找分離主義者或是幫助叛軍的人，你可得睜大了眼睛非

常努力才找得到」。蘇爾德回憶在一八〇〇年代初期他還是個小男孩的時候，他的父母曾經說過，在美國獨立戰爭的時候，「曾有大批」反抗政府的「托利黨人」（tory；譯註：美國親英保守派），但在三十年後，「全美找不到一個托利黨人」。④

蘇爾德的幽默感染了現場的群衆，他們放聲大笑，不停歡呼。最後蘇爾德結束演講的時候，他說現在時間還早，「我建議你們去看看費森登，因爲如果他沮喪的話，我們全都該陷入哀傷。還有，你們也應該去激一下史坦頓先生，他需要被激一激，因爲我聽說在過去幾天他病得很重。此外，你們最好去拜訪一下我的好朋友基迪恩・威爾斯，你們去問一問他，能不能讓威明頓（譯註：此地爲南方聯盟的經濟重鎮）的封鎖更嚴密一點，這樣我在外交上就不會有那麼多的麻煩了。」⑤

蘇爾德拿自己的同僚來開玩笑，顯示了在蔡斯跟布萊爾離開之後，內閣的氣氛已經有了改善。蔡斯跟布萊爾兩個人，正好象徵了整個國家激進派跟保守派相互之間的敵意；一直以來，他們兩個人所造成的衝突在內閣裡迴盪不已。⑥另外，蘇爾德與史坦頓跟總統關係特別密切這點，也時常讓威爾斯感到嫉妒，而布萊爾在一旁搧風點火的時候，更是會讓威爾斯的感受增強百倍。同樣的，每次史坦頓不高興林肯過度使用赦免權跟任命權的時候，蔡斯就會很高興地聽他抱怨。相較之下，新來的費森登跟丹尼森從來不曾挑起爭端，他們爲內閣帶來了和諧的合作氣氛，不但衝突減少了，威爾斯甚至認爲自己跟蘇爾德的關係變得更「友好」⑦了，而史坦頓在戰後重建的議題上，聽起來也更爲理智，不再那麼向激進派靠攏了。⑧

造謠者猜測，現在林肯既然已經連任成功，他將讓內閣全面改組，據說蘇爾德百分之百會走人，改由駐英公使查爾斯・法蘭西斯・亞當斯接任，另外巴特勒將軍會取代史坦頓，還有威爾斯跟貝茲也已經沒有用處了。⑨造謠者猜想林肯現在會想起用比較好控制的人，然而那些忙著擬內閣名單的人，並不了解林肯根本不想破壞他跟內閣之間已經建立起來的節奏，他認爲那樣的互動模式十分良好。

林肯跟蘇爾德之間的友誼一年一年加深，那年的秋天威爾斯觀察到：「他對蘇爾德非常信任」。⑩蘇爾德「幾乎每天都跟總統在一起」。⑪發生「最重大」的事情時，蘇爾德是總統「唯一會吐露心聲與商量的對象」。⑫每次林肯把一個念頭或想法告訴蘇爾德的時候，他就會從蘇爾德那邊得到直言不諱的建言。曾經有人向林肯提議，政府應該針對南方幾家搖搖欲墜的報紙，祕密買下足以掌控它們的股份，以加強南方向聯邦親善的情緒。林肯問蘇爾德對於這件事的意見，蘇爾德回答：「我覺得這件事聽起來滿有道理的」，這樣一來，聯邦就有一個平台可以左右南方同胞的意見。蘇爾德並建議，如果政府沒有辦法馬上取得足夠的資金的話，梭羅・魏德「可能可以透過捐獻找到錢」。⑬

雖然有些人還是認爲，蘇爾德這個健談的紐約人是「君王後面的力量」，蘇爾德很早就了解林肯才是掌控一切的人，他認爲「內閣總共就只有一票，而那一票是總統投的」。⑭選舉過後兩天，蘇爾德告訴一群支持者：「從今以後，所有的人將把他視爲是……就如同你們跟我把他視爲是……亞伯拉罕・林肯的名字將會跟華盛頓、富蘭克林、傑佛遜、亞當斯、傑克遜並列在一起，他們是這個國家以及全人類的恩人。」⑮

林肯跟他性格剛直的戰爭部長之間的關係，雖然沒有像他跟蘇爾德之間那樣親密自然，但也同樣合作無間。史坦頓在一八六四年的秋天雖然只有五十歲，但他的書記班傑明回憶他「看起來比實際年齡老上許多」，「因爲他原本棕色的頭髮跟鬍子，現在攙雜著大片的鐵灰色」。史坦頓原本就一直有氣喘的問題，定期會「呼吸困難」，而戰爭更是讓他的健康情形雪上加霜。這次的病讓史坦頓在選舉的前一天晚上必須臥床休息，而且一躺就是三個星期，情況還一度不樂觀。史坦頓的醫生懇請他請假休養，但他的回答是：「伯恩斯（Barnes），想辦法讓我撐到叛亂結束，然後我就會休息……也許是長長的休息」。⑯林肯順利連任後不久，史坦頓寫信給蔡斯，告訴他除非自己「完全的休息靜養，完全沒有公務纏身」，⑰否則是不可能恢復健康的，然而在他把士兵都平安送回家之前，他是不可能離開崗位的。

十一月底，史坦頓又開始在他的高腳桌旁一天工作十五個小時，他用著鋼鐵般的意志指揮他的下屬。總統跟這位戰爭部長之間複雜的關係，不是旁人能夠輕易理解的。有時候看起來史坦頓似乎控制了總統，有時候林肯又顯然才是發號施令的人。事實上，這兩個強人之間有著私底下的默契：「兩個人都可以否決對方做的事，但如果林肯覺得有必要，最後的決定權在林肯的手上。」⑱

林肯兩個國會的友人，有一次沮喪地發現林肯很少對史坦頓動用否決權。這兩名友人取得了總統的首肯，讓一個拜託他們的人得到軍中一個職位。他們把得到總統同意的申請書交給史坦頓，但史坦頓直截了當地拒絕兩人。史坦頓解釋：「這個職位非常重要，我心中已經有屬意的人選，他的經歷跟能力都很適合。」兩位友人告訴史坦頓，林肯想要讓他們的人當的時候，史坦頓開始咆哮：「我不管總統想要誰當；這個國家想要讓最好的人當。我效忠的是國家……個人的意見與我無關。」

兩位衆議員走回白宮，以爲總統會管一管他的部長，但林肯拒絕插手：「先生們，我必須要服從，我不能增添史坦頓先生的麻煩。他的位子是這個世界上最難坐的位子。軍隊裡有成千上萬的人埋怨他，因爲他們不能升官。軍隊之外也有成千上萬的人埋怨他，因爲他們沒有得到想要的職位。他身上所承受的巨大壓力無邊無界，他是一塊巨石，屹立在國家的海濱，爲我們阻擋了海浪的攻擊。海浪一直打上來、一直咆哮，始終不停歇，他對抗著洶湧的海水，不讓海水侵蝕與淹沒我們的土地。先生們，我不知道他是怎麼撐過來的，我不知道他是如何沒有變成千百塊碎片。沒有他的話，我早就完蛋了，他用超人的意志力執行了他的職務。不要把這件事放在心上，因爲史坦頓先生是對的，而我是錯的，我不應該干涉他的職務。」[19]

在此同時，林肯也希望史坦頓能夠留意到，身爲總統的他，也面臨著一個特殊的壓力。林肯寫信給史坦頓，告訴他在過去的好幾個禮拜，「那些被我們俘虜的士兵，那些家鄉在我們境內的人，還有那些……希望能夠宣誓效忠並得到釋放的人」，他們的親屬一直催促著林肯。林肯認爲「宣誓」是一種榮譽的表現，「他們不會再叛亂了」。雖然林肯也承認，「要是叛軍再度接觸他們，有很大比例的人，雖然大概不是絕大多數的人，會重新加入叛軍」，然而只要「小心一點的話」，「被釋放的人數並不會多到可以作多大的亂」。此外，有一天南北將會再次團聚，因此政府「應該避免在社會的心中種下太多的荊棘」。他已經仔細考量過這些事，所以要是史坦頓能夠「欣然同意釋放我所列出的名字，而且列名單的時候，我一定會小心謹慎」，那麼他「就能卸下身上令人無法忍受的壓力」。[20]史坦頓在隔天回信給林肯：「您所下的戰俘釋放令將被立即欣然執行」。[21]

林肯大量使用特赦權的事，造成他跟史坦頓兩人之間的關係十分緊張。史坦頓覺得必須維持軍隊的紀律，如果有擅離或怠忽職守的人，就應該接受適當的懲處，但林肯卻會找出「好理由來拯救一個人的性命」。林肯說，每次找到好理由的時候，「只要一想到簽上我的名字後，那個人還有他的親朋好友會有多麼興奮，我就能開心地上床睡覺。」[22]

史坦頓則不會讓自己如此寬大為懷。一名職員回憶，自己某天晚上看到史坦頓在辦公室，當時「有一名士兵因為逃兵將被槍決，他的母親、妻子跟孩子在史坦頓的面前跪了下來，求他饒他一命。史坦頓先生站在那邊聽他們哀求，態度冷酷又嚴厲，完全不發一語。他們發出令人心碎的哭聲並不斷求情，但最後史坦頓先生只冷冷地告訴他們，他們心愛的家人必須死。那一家老小絕望地離開之後，史坦頓先生轉過身來，看起來完全不受影響，然後就走進了他的私人辦公室。」這個職員原本覺得史坦頓是個無情的暴君，但卻發現不久之後，史坦頓「靠在桌上，臉埋在手裡，強壯的身軀因為哭泣而顫抖個不停。他痛苦地低聲說著：『主啊請幫我完成我的任務；主啊請幫我完成我的任務！』」[23]史坦頓在遇到這樣的情況，又覺得他不能開先例的時候，他一定因為總統有最後的決定權而偷偷感到欣慰。

不過，如果史坦頓覺得自己是對的，他就一定會堅持到底。曾經有一批賓州的政界人士得到總統的許可，要讓他們選區裡的幾個戰俘得到釋放。那些戰俘表示願意效忠與加入聯邦的軍隊，並到西部與印地安人作戰。史坦頓斷然拒絕執行這項命令，因為命令上明確指出，那些被釋放的戰俘將可拿到獎金，而且還要佔去賓州的徵兵員額，讓賓州無法取得所需的兵力。史坦頓堅持：「總統先生，我不能這樣做。這個命令並不適當，我不能執行。」林肯的回答一樣也很堅持：「部長先生，你必須完成這件事。」[24]最後命令被執行了。

這個命令被公開之後，史坦頓被瘋狂的批評聲浪包圍。給已經被政府關進牢裡的士兵發獎金，似乎是件浪費又錯誤的事，而把被釋放的戰俘算進賓州的徵兵員額裡也是一樣，因為賓州就如同其他各州，都需要更多的增援兵力。林肯後來得知格蘭特將軍也不高興，並把這件事怪到史坦頓頭上。林肯馬上寫信給格蘭特：「我在此證明戰爭部長的清白」，並接著解釋自己是在「急迫的壓力之下」，答應了這個請求，「在戰爭部長不知情的情況下，事情變得越來越難以收拾，不得已之下，我判定只能讓事情繼續進行，否則結果會更糟。我那個時候並不知道你不贊成這一類的事，而我現在宣布，雖然這一次的事已難以遏阻，但以後如果沒有你的認可，我不會再授權這樣的事。戰爭部長在這個錯誤上完全不需負任何的責任。」[25]

以這次的事件來說，錯誤顯然完全不在史坦頓身上，但「有時候他的堅持會變成一意孤行，熱情會變成褊狹，堅定的意志會變成傲慢」[26]但就算是在這種時候，林肯還是會保護他這位性格剛烈的部長。即使是立場中立的日記作者喬治・坦普頓・史壯也覺得：「眞的很難投票支持成員有史坦頓的政府，他是個流氓。」[27]

史坦頓的性格毫不寬容而且讓人惱火，但對林肯來說，他坦率的性格、充沛的精力以及毅力，都是無價之寶。有一次一個人去見林肯總統，並且尖酸地抱怨史坦頓粗魯的風格，林肯冷冷地要那個人不要再說下去：「回家吧，我的朋友，仔細讀一讀聖經《箴言》第三十章第十節。經文是這樣說的：『你不要向主人讒謗僕人，恐怕他咒詛你，你便算爲有罪。』」[28]人們猜測林肯在連任後會變動內閣成員，但林肯清楚地告訴大家史坦頓不會離開：「人們一直跑來我這裡，告訴我這個國家裡還有其他非常優秀的人才，這些人擁有史坦頓良好的特質，但卻沒有他的缺點。我只有一句話要說：我沒遇過這種人！我不認識這種人！」[29]

林肯也沒有想過要讓他的「海神」基迪恩・威爾斯離開。威爾斯天生性格含蓄，他不像蘇爾德那樣跟林肯有著輕鬆自在的兄弟情誼。林肯跟蘇爾德在跟「那些饒舌的小人」談話，以及聽到「那一堆的政治八卦時」，享受著奇怪的樂趣，讓威爾斯這個保守的新英格蘭人感到很不以爲然。[30]此外，林肯跟史坦頓奇怪的親密友誼，也常讓威爾斯感到不悅。不過威爾斯跟蔡斯不同，他只會把抱怨寫在日記裡，而且他對總統完全忠實，他非常仰慕他天生的睿智。

此外，林肯也知道威爾斯完成了非常費力的任務——威爾斯打造了一支海軍，而且幾乎是從零開始。海軍部門原本政令窒礙難行，內部充滿著人事傾軋，但威爾斯大大整頓了一番。即使是一般沒有好話的倫敦《泰晤士報》，也不得不承認，美國海軍在威爾斯的帶領之下，有了驚人的成長。威爾斯上任的時候，美國只有七十六艘船艦，四年之後則有六百七十一艘，水兵的數目也從七千六百人增加到五萬一千人。在短短的四年之間，美國海軍已經成爲「一流的軍事力量」。[31]

威爾斯善於識人，他組成了一個優秀的團隊，成員包括了精力十足的副部長古司塔夫・福克斯，以及工作毫不懈怠的海軍造船廠指揮官約翰・達爾格倫。威爾斯反對封鎖政策，但意見被駁回之後，就不屈不撓地用著智慧執行命令。林肯讓西維吉尼亞成爲一州，以及暫停執行人身保護令的時候，威爾斯曾經跟林肯爭論過，但他從來不會公開反對林肯。

蘇爾德、史坦頓跟威爾斯都確定會留任，選舉過後唯一可能的人事變動，只剩下貝茲的職務。貝茲遞出了辭呈，高齡七十一歲的他在冬天的時候飽受慢性疾病的折磨，之前春天時已經動過辭職的念頭。五月時，他的兒子巴頓請求他告老還鄉回到聖路易：「現在的情況已經不需要您犧牲自己的健康，您可以過一過安逸的生活了」，「至於金錢方面，我非常清楚您的手頭並不寬裕……至少目前的話，請把我跟朱利安的家當作您的家，看怎麼樣方便，可以輪流住……您已經奉獻了自己的一生，現在該是讓孩子奉養您的時候了。如果您一無所有，我跟朱利安會繼續好好照顧您，也會照顧媽媽跟其他女眷。您知道的，我們會非常樂意奉養你們，就像您曾經照顧過我們一樣。您的年紀已經大了，我們不希望看到您過度辛勞而使健康受損，我們眞的很希望能夠好好奉養您。」㉜

回到家鄉並享受孫兒繞膝的生活，聽起來很誘人，貝茲的妻子茱莉亞尤其喜歡這個主意，但最後要由她共度了四十一年婚姻歲月的丈夫決定。五月底他們慶祝結婚紀念日的時候，貝茲開心地說：「我們互信互愛，我們彼此信任的程度，甚至比結婚的第一個禮拜還要強，這是上帝的恩典。」㉝

然而，在北軍攻克亞特蘭大之前的那段黑暗時期，貝茲覺得「這個國家的命運懸宕在不確定的黑暗之中」，他覺得自己不能離開。此外，在確定林肯連任之前，他也不希望離開。貝茲在一八六四年的十一月二十四日寫信給林肯：「相較之下，現在政府的情況有了好轉，而您，政府的領導者，所有我們希望您能得到的榮耀跟好運都已經來臨。情勢已經轉變了，我感覺到是時候了，現在我可以安心地離開我的崗位，請您讓我退休回歸家庭生活。」

貝茲在信上還表達了他對於林肯深深的感激：「由於您的推薦讓我得到任命。我們一起爲國家服務的時候，您對我永遠都是那麼的和善有禮。我回歸家庭生活之後，仍將記住您的仁慈與您的情誼，而且我將一輩子銘記在心。」㉞

一直以來，貝茲都忠誠地爲總統跟國家效勞。他在擔任司法部長的前幾個月，雖然因爲任意拘捕的議題，必須跟泰尼法官對立而感到不太自在，他還是寫了一封詳盡的意見書，爲林肯暫停執行人身保護令的政策辯護。麥克萊倫拒絕在一八六二年初吐露他的計畫時，貝茲催促林肯要控制自己的將領，告訴他總統的位階高於將軍，即使是軍事方面也是一樣。㉟總統在一八六二年七月向內閣宣讀解放宣言最初的草稿時，貝茲是第一個表示支持的人。雖然貝茲從來沒有跳脫他在早年形成的種族偏見，他直到去世之前，都認爲應該透過殖民來解決奴隸解放的問題，但他的觀念一直在進步，並支持了一些非常革新的做法。一八六四年的時候，他從法律的觀點回答了黑人士兵同工不同酬的爭議，「毫不猶豫地」表示，那些在戰場上跟白人士兵執行相同任務的「有色人種」，應該領到「相同的酬勞、獎金跟制服」。㊱

廢奴主義者對於這個主張拍手叫好。㊲此外，他們也對先前貝茲將黑人視爲美國公民的意見歡呼。黑人公民權的爭議起自一樁船隻扣留事件。一艘從事沿岸貿易的商船因爲船長是黑人的緣故被扣留，因爲「卓雷德‧史考特判決」曾經宣判黑人不是公民，但船隻法又規定懸掛美國國旗的船隻必須由公民來駕駛。這個問題被交到貝茲手上的時候，他仔細找出希臘羅馬時代對於公民權的定義，經過反覆思辨之後，他的結論是公民權應該由出生地來決定，而不是膚色，也就是「卓雷德‧史考特判決」是錯的，自由黑人是美國的公民。㊳

貝茲的判決並不適用於奴隸身分的解釋，而所謂的「公民」也不包括投票權跟擔任陪審員的權利。但無論如何，華盛頓一家地方報在貝茲辭職的時候評論：「雖然貝茲先生在今日被許多人視爲比大部分的國人保守，但他在意見書中提出的有色人種權利，則相當與時俱進，而且從今以後，將會成爲憲法解釋的重要里程碑。」㊴

貝茲跟林肯兩個人從第一次見面開始，就建立起溫暖、和善的友誼。有時候貝茲的日記會透露他對於林肯的管理風格感到沮喪，他覺得那種鬆散的方式會讓政府「沒有系統、不統一、責任歸屬不清、上下不分」。㊵貝茲覺得林肯太依賴蘇爾德跟史坦頓，他無法理解爲什麼不忠的蔡斯會一直留任，也不能理解爲什麼巴特勒將軍被指控在諾福克隨意抓人的時候沒有被解除職位。㊶貝茲在日記裡坦承，事實上他「心中最大的恐懼」，就是「總統的脾氣太和善、太寬容了」。㊷

即使如此，貝茲在司法部長任期快要結束的時候，他對於林肯獨特的領導風格有了更深的認識。一開始，貝茲對於林肯「源源不絕的小故事」感到不能接受，但他逐漸了解，說故事正是總統跟民眾溝通很重要的一個方式。貝茲說：「總統習慣用這種方式來解釋事情。透過這種方式，他能夠清楚、有力地闡釋他所希望強調的重點，而這是好幾個小時的抽象討論所做不到的。」

貝茲告訴林肯的肖像畫家法蘭西斯‧卡本特：「林肯總統非常接近完人，他符合我心目中的理想典型，他只缺少一個東西……意志力。例如有時候我會告訴他，他不適合執行赦免的權力。爲什麼這麼說呢？只要有人去找他並且告訴他一個感人的故事，他的判斷力幾乎一定就會受到影響。如果去說情的人是女人、妻子、母親，或是姊妹——那些人十之八九幾乎一定都會帶著眼淚——結果就是她們一定會戰勝他的意志力。」[43]

貝茲準備離開華盛頓的時候，一起合作的同事都來向他道別，跟蔡斯孤孤單單離開的情景十分不同。貝茲說，史坦頓那天「特別客氣。他要我寫信給我在軍隊的兒子，跟他們說他會盡一切力量照顧他們，就像我會照顧他們一樣」。貝茲參加了蘇爾德、威爾斯、亞瑟在總統辦公室舉辦的一場「愉快」的歡送會。這位即將離去的司法部長對「和藹又親切」的總統再度感動不已。[44]

貝茲「帶著遺憾」[45]跟內閣與同仁道別，但他知道自己的一生將會永遠跟美國歷史連在一起。由於林肯選擇了愛德華・貝茲擔任司法部長，「我在離開人世的時候，可以留下也許會被人知道的痕跡，證明我曾經活過。」[46]

貝茲留下的位置，林肯覺得應該從邊界州中找出接替的人選。他向一位官員解釋：「我的內閣偏向北方人，我必須找一個南方人。我想如果我們今天要選十二使徒的話，必須留意地域均衡的呼聲。」[47]林肯心目中的第一人選是軍法署長約瑟夫・霍爾特，來自肯塔基州的霍爾特曾是內閣「三人小組」的成員，他跟史坦頓、傑洛麥亞・布雷克堅定了布坎南總統抗拒聯邦分離主義的決心。林肯曾經在軍事法庭的案件上跟霍爾特密切合作過，他喜歡也敬重這位軍法署長。然而霍爾特拒絕了這項任命，並推薦同樣是肯塔基人的詹姆士・史匹德（James Speed），也就是林肯最好的朋友約書亞的哥哥。霍爾特告訴林肯：「我想不出全國有哪個公衆人物的忠誠度會比他還要絕對，也想不出誰的相關資歷與成就，以及誰對於聯邦以及您的政府的熱烈支持，以及在毫無缺點的性格方面，能與他相比。」[48]

林肯在當天就接受了霍爾特的建議，他發了一封電報給史匹德：「我任命你爲司法部長，請馬上過來。」[49]史匹德對於這項任命感到驚訝，但他欣然接受：「明日即前往華盛頓」。[50]

時間將會證明詹姆士・史匹德是個非常好的人選。過去幾年，他對於奴隸制抱持著激進的看法。之前春天時，保守的肯塔基州成立了一個名爲「絕對聯合黨」（Unconditional Union Party）的自由派政黨，這個政黨支持林肯的連任與奴隸的解放。在創黨的過程中，詹姆士跟弟弟約書亞起了很大的作用。詹姆士在秋天的選戰中表示：「我是絕對的『憲法廢奴主義者』(Constitutional Abolitionist)」，意思是他跟林肯一樣，「都贊成透過國家憲法下的戰爭權來廢止奴隸制，並最後透過修憲永遠禁止各地蓄奴。」㊿這個政黨沒有能讓肯塔基州轉而支持林肯，但「絕對聯合黨」的黨員仍然抱持著信心，相信自己最終將可引導肯塔基州的未來。詹姆士在選舉過後寫信給林肯：「我們現在人數比較少，但我們代表著正道。」㊾

林肯向不熟悉這位路易斯維爾律師的人介紹：史匹德是「我很熟的人，雖然不如跟他弟弟約書亞熟。不過這並不奇怪，我跟約書亞一起睡了四年，我想我應該要跟他很熟」。㊽林肯如此輕鬆地提及他跟約書亞・史匹德同睡一張床的事，進一步證明了他們兩個之間並沒有性方面的關係。歷史學家大衛・唐納德認爲，要是有的話，總統就不會「在公開場合如此隨意地」提到這件事。㊼

史匹德出發前往華盛頓的時候，林肯預言：「你們將會發現他是一個好相處的人，這種人在這裡並不多見，他還沒被大辦公室寵壞。」㊻

* * *

林肯輕鬆地找到了司法部長的繼任人選，但羅傑・泰尼在十月中去世並留下最高法院首席大法官的空缺時，事情就沒有那麼簡單了。一開始，林肯打算讓蔡斯擔任這個職位，但後來卻發現他三位忠貞的內閣成員，包括愛德溫・史坦頓、愛德華・貝茲跟蒙哥馬利・布萊爾，也都希望擔任此一榮譽的職位。林肯決定把這件事延到選後再決定。

應該讓史坦頓出線的理由似乎最順理成章。根據一位老朋友的觀察，首席大法官是「唯一一個史坦頓表示過自己想」擔任的職位。㊺史坦頓在擔任律師期間表現十分優異，他曾經在最高法院辯論過無數的案例。此外，史坦頓的財產在戰爭中嚴重縮水，如果他能擔任此一終身職，就能夠保障家人的生活無虞，而且沒有了戰爭部的龐大壓力，他不穩定的健康狀況或許就能夠康復。史坦頓的朋友兼最高法院大法官羅伯特・格里爾

（Robert Grier）曾經寫信給他：「你爲了效忠你的國家犧牲了你的健康，你已經用你無人能及的能力，完成了你吃重的責任。」如果讓格里爾接下泰尼的位置其實也是順理成章，但格里爾卻認爲這份榮耀應該屬於史坦頓。他在信上寫著：「如果由你來主持我們的法庭，我將感到無比的喜悅與滿足……我想這是總統欠你的。」[57]

一個星期天晚上，史坦頓在城市峽的時候，他的妻子艾倫正好邀請了林肯的老友歐維爾・布朗寧到家中作客，這顯然是史坦頓授意的。布朗寧在日記上寫著：「她告訴我，她有多想讓她的丈夫擔任首席大法官，並希望我能夠跟總統提一下這件事。我正在害怕蔡斯先生可能會得到這個職位，我焦急地想要阻止這種事。而史坦頓先生是位能幹的律師，在這一行裡是佼佼者，而且他充滿熱忱，工作勤奮，又能勝任這個辛苦的重擔。我認爲他是一個正直的人，他誠實、公正，絕不會貪污腐敗，因此我認爲應該讓他成爲首席大法官，我明天就去見總統跟他談這件事。」[58]

衛理公會主教馬太・辛普森（Matthew Simpson）也跟林肯見面，大力推薦由史坦頓來擔任首席大法官，理由是「他適合這份工作，而且可以作爲他辛勤服務的獎賞」。林肯「聚精會神地聆聽」，然後「把一隻腳跨到椅子上，用手抓了抓頭髮」，眞心誠意地問：「主教，我相信你說的每一個字，但我要到哪裡找可以替代史坦頓戰爭部長位子的人呢？請告訴我，我會照辦。」[59]

格蘭特將軍跟林肯一樣，擔心戰爭部可能會失去無人能取代的史坦頓。在城市峽的時候，他極力希望史坦頓能夠留任。[60]那年秋天緊張的情勢，可能加深了史坦頓一直未能復元的病，最後史坦頓透過一名友人告訴林肯，不應該再把他視爲「人選之一」。[61]史坦頓的妹妹潘費拉回憶：「他覺得完成手上的工作更貼近他的心願，那是他更爲崇高的理想。」[62]

著名的亨利・沃得・彼契牧師誠摯的評論，讓放棄角逐首席大法官一職的史坦頓不再沮喪：「這個國家不能沒有你，國家需要你待在目前的位置上，要不然的話，我會希望是你來接任泰尼的位置，並讓法院能回到馬歇爾（Marshall）首席大法官時期那個令人尊敬與信任的年代……我認爲你所領導的戰爭部，不管從哪個角度來看，都是這個大時代風景裡最令人敬佩的一角。你擁有旺盛的精力，你勤奮工作，你非常忠誠，而且最重要的是，**你的道德願景**……也一定會爲你的名字帶來榮耀與聲譽……如果你明天就離開這個人世，你也已經是流芳百世了。」[63]

史坦頓也以一番情意眞摯的話作爲回應，他告訴彼契，他如此的誇讚他，讓他十分感動：「常常在黑暗的時刻，您來到我的面前，我渴望聽到您的聲音。沒有人像您一樣在這場大戰之中這樣鼓舞著我，讓我獲得力量，並引導我，支持著我。上帝要我擔任這項職務，並且要我承擔超出我力量的任務。身爲一個陌生人，我沒有資格得到您的信任，也沒有資格請求您的協助……但我親愛的牧師，現在您的聲音傳到我的耳裡，您伸出了您的友誼之手……我的心現在充滿了新的力量，而且也湧出了新的希望。」[64]

蒙哥馬利・布萊爾對於首席大法官的渴望，甚至比史坦頓還要強烈。蒙哥馬利非常大氣地接受林肯要他辭職的要求，但如果能夠得到此一崇高的職位的話，一定可以撫平他心中的傷口。「卓雷德・史考特」奴隸案讓泰尼大法官的聲譽永遠沾上污點，但蒙哥馬利在該案中所展露的口才，則讓他成爲著名的律師。蒙哥馬利有很多有力的支持者，蘇爾德、魏德、威爾斯都大力支持他，而不願意支持蔡斯。威爾斯告訴林肯，在所有的人選之中，布萊爾「最符合要求。總統認識他，知道他的能力，知道他的眞誠、直率與勇氣」。林肯「表示自己同意他的看法……而且也大力讚美布萊爾先生，但他沒有做出任何承諾，我原本也就沒有期待並以爲他會立刻答應」。[65]

林肯知道不管是對蒙哥馬利或他的父親來說，這個任命都非常重要。老布萊爾把兒子的被迫辭職當成是個人的打擊。[66]泰尼去世後一個禮拜，老布萊爾就寫信給林肯，熱烈地請求：「我懇求您讓我在紙上跟您商量。這件事太自私了，我羞於跟您面對面談。」老布萊爾接著描述了布萊爾一家對於聯邦與總統是如何的忠貞，以及他們一直以來都是如此：「接下來我要說的事，希望您能視爲是另一個更好的機會，讓我們能夠效忠於您及共和國。希望您能讓我們在最高法院執行您的政治理念，並在聯邦重建的議題上支持您所公布的政策，並支持您的自由民宣言。於公而言，蒙哥馬利對於您的一切施政，永遠都堅定不渝地支持。於私而言，他對於您的仰慕從來沒有中斷過。有了這兩個條件，我想他會很適合代表您坐在法院的首位。」[67]

瑪麗提點老布萊爾之後，老布萊爾拋掉了他的不好意思。瑪麗告訴他：「蔡斯跟他的友人正在爲首席大法官的事煩我的丈夫」。[68]蒙哥馬利的父親告訴林肯，他的兒子「擁有法庭的歷練而且表現優異，他在西部的經驗讓他對土地法、西班牙法都非常熟悉，而且他在大學的時候，普通法、民法也有基礎。此外，他在最高法院的時候，也接觸過商業法跟憲法的領域。他除了擁有豐富的學經歷之外，不論是哪件事，他在政治的議題上都完全支持他（總統）」。此外，「當蔡斯還有內閣裡的其他人都反對在桑特開戰的時候，蒙哥馬利是唯一一個支持他的人。」[69]

林肯同意老布萊爾的看法，他認爲蒙哥馬利如果擔任首席大法官的話，一定會表現出色，但同時他也知道蒙哥馬利在國會裡有衆多的敵人，如果提名蒙哥馬利的話，將會招來嚴厲的批評聲浪。林肯不想無端挑起激進派的仇恨，而且激進派大概有足夠的力量否決這項任命。此外，林肯也不認爲蒙哥馬利保守的見解，有辦法處理重建的問題以及讓國家能夠接納新的黑人公民。

同樣的反對理由可能也適用於貝茲。貝茲把首席大法官的職位視爲是「最高的退休榮譽」，[70]他「個人親自懇求過」[71]林肯把他納爲考量人選。林肯告訴貝茲：「如果沒有來自其他人的壓力的話，他會很樂意考慮他」，但是「蔡斯連一顆石頭都不會放過，他想盡了一切辦法要得到這個位子，另外還有各方的人馬也都希望我考量他們的人選」。貝茲聽到林肯這樣說後，告訴他自己「不能得到這個位子也沒關係，我並沒有過於失望，因爲我已經決定要回歸家庭生活了」。[72]

最後林肯回到他在聽到泰尼患病的時候，心中第一個想到的人選——塞蒙・蔡斯。他告訴蔡斯的友人亨利・威爾遜：「蔡斯先生的能力，以及他對於戰爭整體的掌握，當然是沒有問題。我對於任命他爲首席大法官只有一項疑慮：他的政治野心不受控制，而且他一輩子都在努力想要當上總統，而他一直都沒有成功。我擔心，如果讓他當上首席大法官的話，他只會變得更蠢蠢欲動，挑起更多的紛爭，不停地策劃希望能夠當上總統，並且疏忽自己的職務。如果我能確定他進了法院之後，將會放棄自己的野心，什麼都不做，只專心當一個好法官的話，我一秒鐘都不會猶豫。」[73]衆議院議長斯凱勒・寇法克斯告訴林肯，蔡斯「將會把接下來的生命奉獻給法院」的時候，林肯也做了類似的答覆。[74]

其他候選人的支持者提醒林肯，蔡斯搞過無數的把戲來扯他的後腿，對此林肯的回應是：「對於蔡斯州長所做過的不厚道的事，我比誰都還要清楚」，[75]但「在艱困的時刻，我們應該同心協力。我不會讓我個人的恩怨，影響我判斷他是否適合這個位子。」[76]

整件事鬧得沸沸揚揚的時候，蔡斯都待在俄亥俄州，他有自信總統一定會提名他。他不知道史坦頓的心願，他在泰尼去世兩天後，曾告訴史坦頓：「在過去的三、四個月我得到保證，在有空缺的時候，總統會給我這個位子。我想如果總統提出來的話，我應該要接受，因爲我對於從政的生活以及事務已經感到疲倦。」[77]然而，好幾個禮拜過去了，蔡斯還是沒有從總統那邊得到隻字片語，他變得很焦慮，最後決定親自到華盛頓走一趟。費森登還有桑納向他保證，等選舉一過，總統就會提出任命，但林肯一直到了十二月六日才宣布他的決定。

那天早上，蔡斯的麻州友人約翰・艾力（John Alley）去見總統的時候，林肯宣布：「我有一件事要告訴你，這件事會讓你很開心。我已經派人通知蔡斯先生，他將被任命爲首席大法官，而你是第一個知道這件事的人。」艾力興奮地回答：「總統先生，您的寬宏大量與愛國情操，幾乎不可能在別人的身上看到。他對於您的施政說過的那些話，而想必那些話都有人向您報告過，很難想像您居然還會在能力範圍之內，把這個最重要的職務交給這樣的一個人。」

林肯回答他：「我如果不這樣做，就是不忠於我對共和黨以及這個國家的責任。至於他說過的關於我的話，我並不在意。整體來說，蔡斯是個相當好又非常能幹的人，他唯一的問題就是他的『白宮熱』病得太嚴重了，但我希望這項任命會治好他，希望他會滿足。」[78]

林肯後來告訴參議員錢德勒，自己「寧願吞下他的鹿角椅，也不想提名蔡斯」，[79]但這個決定對於國家來說是對的。尼可萊寫信給未婚妻瑟蓮娜：「這個敵人一直在暗地裡跟他作對，而在這個時代，這個世界上大概只有林肯會有如此的雅量，他不但原諒這個敵人，而且還抬高他的地位。然而，這只是說明了總統有多偉大的最明顯的另一個例證而已。」[80]

蔡斯當天晚上回家時，從凱特手上接過正式的通知。他馬上坐下來寫信給總統：「您如此地信任我，我必須謝過（您）之後才能入睡……您的信任以及友誼對我來說，比得到提名與任命還要重要。」[81]

十二月十五日，最高法院「擠滿了大批的達官顯要、淑女、衆議員、外交使節，以及其他想要觀禮的人。大家都想看這個共和國簡單但隆重的首席大法官宣誓大典」。蔡斯的女兒凱特跟奈蒂也在現場，諾亞・布魯克斯說她們「盛裝出席」。國務卿蘇爾德也在現場，其他出席的人還包括了納撒尼爾・班克斯、班・魏德、雷瓦帝・強森，以及「容光煥發的英俊面孔透露出內心喜悅」的查爾斯・桑納。在司儀莊嚴的聲音中，所有人都起立，等著身著法袍的大法官們進入儀式現場。資深法官詹姆士・W・韋恩（James W. Wayne）負責主持儀式，蔡斯用「清楚但顫抖的聲音宣讀誓詞」。蔡斯宣誓完畢之後，他「舉起了右手，向上看著法庭美麗的圓頂，帶著深深的情感說：『上帝請幫助我』。」[82]

基迪恩・威爾斯在日記裡吐露：「我希望總統不會有機會後悔他的選擇」。威爾斯跟林肯一樣，擔憂蔡斯會「利用這個職位，讓自己在政治上更進一步，損及法院的威信」。[83]雖然如此，林肯仍然認爲值得冒這個險，他相信蔡斯會如同他一生都在努力的一樣，保護黑人的權利。雖然林肯也擔憂蔡斯永不滿足的性格，但他對於蔡斯的信念壓過了相關的憂慮。

就這一點而言，蔡斯馬上就證明他值得林肯信賴。蔡斯在法院就職後的幾個小時，麻州的黑人律師約翰・洛克寫了一封請願信給桑納。洛克在過去的一年多來，一直希望能在最高法院執業，但由於種族的關係，一直未能如願。他在信上寫著：「我們現在有一個偉大的好人來當我們的首席大法官，我想他不會因爲我的膚色而阻止我進入。」桑納立刻聯絡蔡斯，蔡斯對於能讓最高法院向第一位黑人律師敞開大門，感到十分高興。[84]

六個禮拜之後，桑納以洛克的推薦人身分，站在最高法院大法官面前：「如果庭上允許，我提議讓麻薩諸塞州最高法院的約翰・洛克能在本庭執業（譯註：美國各州亦有『最高法院』，不同於聯邦層級的『最高法院』）。」[85]接著在蔡斯的同意之下，洛克向前站了一步，念出讓他可以在這個國家的最高法院執業的誓詞。《哈潑週刊》評論，這「完全扭轉了」卓雷德・史考特判決。《哈潑》預測，「未來的歷史學家」將會把洛克進入最高法院「視爲一個里程碑，這件事標誌了偉大人民的意見革命性的變化」。[86]

＊＊＊

瑪麗・林肯對於丈夫的連任特別感到心滿意足。她寫信告訴朋友瑪西・康克林（Mercy Conkling）：「最近」

白宮「跟朝聖地麥加一樣，我們每一分每一秒都被一大群人包圍」。「這眞是令人開心，我們收到了各地溫馨的道賀信，裡頭充滿了祝福。」[87]

瑪麗對於丈夫的勝選如此開心，不只是因爲她高傲的自尊心使然。秋天選舉期間，瑪麗十分擔心，萬一林肯敗選，將會讓紐約跟費城的商人上門追債——瑪麗欠了他們大筆的錢。她告訴好朋友伊莉莎白・凱克雷：「我一共欠了大約兩萬七千美元，林肯先生弄不清楚女人的衣櫥究竟需要花多少錢。他看了一眼我華麗的衣服，然後就快樂地相信我從他那邊拿到的幾百塊錢，就足夠買所有我需要的東西。我必須穿著價格昂貴的衣物，人們以批判的眼光，帶著好奇心，用放大鏡檢視我身上的每一件東西。由於我是西部人，人們更是會仔細地檢視我。要有外表，我就得有錢——比林肯先生能給我的還要多的錢。他這個人太老實了，薪水之外就沒有別的收入，讓我過去跟現在都不得不舉債度日。」[88]

越堆越高的帳單跟走夫人路線的各個事件，讓瑪麗陷入了嚴重的醜聞，但她還是沒有辦法克制自己花錢如流水的習慣。[89] 塔夫特法官在選後的四個禮拜剛好看到：「林肯夫人的馬車停在布店前面，她的男僕走進店裡，接著店員就走了出來，進入（林肯夫人正在等著的）馬車，手上還拿著準備要給她挑選的布料。我想如果她到店裡去買的話，挑到東西的機會會比較大，但這樣一來，她就可能得跟其他人一起擠來擠去，而且還會被盯著看，就跟一般人的待遇一樣。僕人把車門打開，車夫坐在駕駛座上讓馬停在原地。林肯夫人翻著布料，問了許許多多的問題。」[90]

一個禮拜之後，瑪麗到費城進行了另一趟的購物之旅。不久之前她才造訪過紐約，買了禮服、昂貴的毛皮，以及「三百雙小山羊手套」。[91] 要是買來的東西不合意，她狂熱的購買慾馬上就會化爲沮喪與憤怒。她威脅過紐約一家女帽店：「我不能戴我的帽子，也沒有辦法付錢，上頭的飾花我要不一樣的……這樣的帽子我沒辦法要，也沒辦法戴——你們這種服務眞是讓我學到了教訓。」[92]

瑪麗對於帽子細部的執著，不能完全說是「師出無名」。報紙在報導她舉辦的晚宴時，總是會一一批評她身上的每一件東西。《國家共和黨人報》評論該年冬天在白宮的第一場接待會，總統夫人「的穿著高雅迷人……她穿了一件純白的絲質禮服，裙襬是大量的黑色蕾絲荷葉邊，另外還搭配上黑色的蕾絲披巾。夫人的頭上頂著以白色與紫色花朵裝飾的帽子，品味非常高雅」。⑨³幾個禮拜後，瑪麗在國宴上的穿著也同樣得到讚賞：「林肯夫人品味出衆，她穿著黑白點狀圖案的高級絲綢禮服，上頭還綴著優雅的黑色蕾絲。另外她的頭飾以及成套的華麗珠寶，也跟她一身的打扮十分相稱。」⑨⁴

白宮新一季的民衆接待會規定了新的禮儀規則：「大衣、紳士帽、軟帽、女士帽、披巾、斗篷等，一律必須存放在專爲衣物準備的幾個前廳，那裡會有專人負責保管。」⑨⁵新的規定讓華盛頓的上流社交圈很滿意，他們開始回到先前迴避參加的公開接待會。《國家共和黨人報》的記者評論，就這點來說，所有參與接待會的人都變得「更爲遵守服裝與社交禮儀」，而這似乎顯示出「人們對於總統、總統的家人以及他們自己，都變得更爲尊重」。⑨⁶

瑪麗對於自己在藍廳舉辦的非正式宴會，也感到相當自豪。貴客持續臨門，而查爾斯．桑納定期的大駕光臨更是讓瑪麗高興。桑納這位英俊的參議員已經五十多歲，但仍然被視爲是華盛頓排名第一的黃金單身漢。瑪麗後來回憶：「我知道他從不參加其他夫人舉辦的宴會，我眞是得意極了。他平時都沉浸於自己的公務，這個對世人來說外表冷酷高傲的男人，居然會纏著我，要我告訴他所有的新鮮事，我們常常愉快地聊天，而且經常聊到很晚。我親愛的丈夫也會加入我們，然後他們會一起大笑，就像兩個學校裡的小男孩一樣。」⑨⁷

雖然如此，瑪麗繼續擔任第一夫人所帶來的榮耀與快樂，並不能撫平她失去威利的傷痛。威利去世兩年之後，瑪麗仍然沒有辦法進入書房，因爲那裡曾是威利最喜歡的房間。⑨⁸她「親愛的兒子！」，那個「家中寵愛的孩子」，永遠都縈繞在她的心頭。瑪麗告訴過一位友人：「雖然我們已經渡過那片深水，但有的時候我仍會害怕會被淹過。」沒有了她可愛的兒子，「這個世界對我來說，失去了許多吸引力，我的身分讓我必須出現在世人面前，但我的心則飄蕩在遠處。」⑨⁹

威利去世之後，瑪麗堅決不讓長子羅伯特冒著生命危險從軍，但羅伯特從哈佛畢業之後，瑪麗就攔不住他了。一八六五年一月，林肯寫信給格蘭特將軍：「請你在讀跟回覆這封信的時候，不要把我當作總統，把我當作一個朋友就好。我的兒子今年二十二歲，已經從哈佛畢業，他希望在戰爭結束之前，能夠看到一些戰場上的東西。我不希望給他軍階，也還不會給他任何頭銜，那些已經服役很久的人才有資格也才有能力得到。如果不會對你造成困擾，以及不會妨礙軍隊的話，是不是能讓我的兒子加入你的軍隊大家庭，給他某個名義上的軍階？一切必要的支出將由我而不是國家來支付。如果不行的話，請直說無妨，我非常擔心，而且也很希望這件事不會造成你的困擾。」[100]

格蘭特在兩天後回了信：「我絕對歡迎他加入我的軍隊大家庭」。[101]他建議讓羅伯特當上尉是最合適的。就這樣，羅伯特如願以償加入了軍隊，待在格蘭特的司令部。格蘭特的副官霍勒斯・波特回憶：他「馬上大受歡迎……該他做的苦差事，他從來都不逃避，而且從來都不會因爲自己是總統的兒子，就希望從別的軍官那裡得到不一樣的待遇」。[102]

＊＊＊

一八六五年年初，基迪恩・威爾斯一直回想起「過往時光以及過去的幾年」。[103]塞蒙・蔡斯跟威爾斯一樣，也陷入了對於過往的追思。一月一日那天，海倫（Helen）的喪禮在俄亥俄州舉行，從此之後，首席大法官蔡斯再也沒有還活在世上的姊妹了。[104]蔡斯家的十個兄弟姊妹之中，現在只剩下蔡斯跟艾德華（Edward）還活著，兩個人目前都是五十多歲。蔡斯寫信給林肯，告訴他，海倫的去世讓他沒有辦法參加每年都會舉辦的新年宴會。[105]林肯馬上回信：「今天沒有收到你的字條，我就知道一定是有什麼特別的原因耽擱了你。對於你失去的親人，謹在此表達我的哀悼之意。」[106]

參加白宮接待會的賓客評論：「今年的『新年』跟之前三年很不一樣。四年前的氣氛肅穆安靜，每個人的心上都有千斤重擔，大家都感受到嚇人的不祥預感以及對於未來的恐懼。大概在三年前還是兩年前情況好了一點……但即使是在一年之前，我們也還幾乎看不到什麼亮光，今天則全部的人心情都很好。」[107]

華盛頓之所以四處都喜氣洋洋，跟薛曼將軍取得了驚人的勝利有關。薛曼進行了「望海長征」（March to the Sea），在聖誕節那天拿下了喬治亞州的沙凡那（Savannah）。副財政部長休・麥卡洛克（Hugh McCulloch）回憶：「我們歡欣鼓舞，因爲這代表著南方聯盟時日無多了。」[108]一開始，總統對於薛曼的計畫「感到焦慮甚至是害怕」，薛曼決定放棄補給線，讓士兵沿途自己想辦法找到必要的糧食補給。攻下沙凡那的隔天，林肯寫了一封親切的短信給薛曼，信中提到了自己當初的懷疑：「榮耀完全屬於你；我們頂多只做到默許而已。」[109]

薛曼的「望海長征」採取焦土政策，沿途破壞南方的重要建設與鄉村。法蘭克・布萊爾所率領的部隊在這場歷史意義重大的長征中，扮演著重要的角色，他在一封寫給友人的信上，爲他們的焦土政策辯護：「我們幾乎摧毀了近四百英里的鐵路，切斷了聯盟東西之間的交通，另外我們還燒了價值幾百萬美元的棉花，現在棉花是南方唯一能跟外國借款以及購買軍火的擔保品，另外我們還『狼吞虎嚥地吞下』了足夠讓李將軍的部隊吃上六個月的糧食。」[110] 軍事上的勝利，讓聯邦的士兵釋懷爲什麼要進行這場長征，但人民的生活受到了嚴重的破壞，直到今天，當時恐怖的情景仍在南方的記憶裡揮之不去。

林肯在恭喜薛曼的信上，也對喬治・湯瑪斯將軍獻上了敬意。十天之前，湯瑪斯在納許維爾打敗了胡德的軍隊。林肯說這兩場勝利的消息傳來之後，讓「坐在黑暗之中的人見到了耀眼的亮光」。[111] 湯瑪斯戰勝的電報在半夜被交給史坦頓，史坦頓大喊：「太好了！」然後他急急忙忙地穿上衣服，帶著電報局長湯瑪斯・艾克特衝到白宮。艾克特永遠都記得，林肯聽到這個消息的時候臉上開心的表情：高大的林肯總統「穿著睡衣」站在階梯上，「手上拿著點亮的蠟燭」，在艾克特面前形成了一幅令人印象深刻的圖畫。[112]

北軍緊接在一月中攻下漁人堡（Fort Fisher），此地保護著北卡羅萊納州經濟重鎮威明頓的港口。報紙頭條同聲慶賀：「陸軍跟海軍合作無間！」北軍拿下了漁人堡的同時，也接收了七十二門大口徑的大砲。《國家共和黨人報》大聲喝采：「這場精彩的勝利封住了威明頓的港口，讓叛軍無法得到海外的補給。」[113] 基迪恩・威爾斯欣喜若狂，他記錄下那天早上內閣開會的時候，「空氣裡洋溢著一股喜悅的氣氛，蘇爾德認爲海軍的任務差不多都完成了……總統十分開心。」[114] 這場勝仗摧毀了南方的後勤補給與士氣，南方聯盟的副總統亞歷山大・史帝芬把漁人堡的陷落視爲「開戰以來，我們的理想所遭受過最重大的打擊——另外還有維克斯堡跟亞特蘭大也是」。[115] 現在幾乎所有的港口都被北方的海軍封鎖，而威明頓的封鎖意味著「南方聯盟完全沒有辦法與外國往來」，南方再也不會有棉花貿易，無法取得極爲缺乏的軍火與補給。[116]

「漁人堡叛軍的旗幟被交給（史坦頓）的時候」，史坦頓正在喬治亞州的沙凡那跟薛曼開會。[117] 史坦頓急著要視察戰地，他馬上前往北卡羅萊納州，並在魯福斯・薩克斯頓（Rufus Saxton）將軍夫婦的家中住了一夜。史坦頓抵達的時候，事先告訴接待他的主人，「疲憊迫使他必須早點休息」，但他在火爐前放鬆了下來。在被薩克斯頓家的藏書包圍之後，他的精神又恢復了。「啊，我看到老朋友了」，史坦頓從桌上拿起一卷麥考利的詩集，並請薩克斯頓夫人朗誦〈橋邊的賀拉斯〉（Horatius at the Bridge），接著他自己也大聲念起〈伊夫里之役〉（The Battle of Ivry）。午夜的時候，史坦頓仍然坐在火爐旁「念著詩」。薩克斯頓夫人評論史坦頓造訪他們家的時候：「這位泰坦（Titan；譯註：希臘神話裡的巨神）戰爭部長變成了一個親切的朋友、一個愛好文藝的人，以及一個愛好大自然的人——這才是**真正**的史坦頓。」[118]史坦頓讓自己放鬆了幾個小時，享受了一下他時常指責林肯所享受的娛樂。

史坦頓南下跟薛曼將軍會面。數千名的黑人難民逃向薛曼的軍營，但報告指出，這位將軍對待他們的方式十分不友善，據說薛曼反對讓他們成為士兵，他把飢餓的難民從軍營裡趕出去，而且幾乎把他們「當作罪犯般看待與厭惡」。[119]薛曼則抱怨軍隊的行進受到阻礙，「成群的無助黑人跟著軍隊……擋住了我的路，還把我們的軍糧全部吃光。」[120]薛曼認為取得軍事勝利的重要性，應該高於黑人的處置問題。

然而，在跟史坦頓談過之後，薛曼同意下達「十五號特別戰地令」，臨時撥出「一塊不大於四十英畝的耕地」，[121]來安置喬治亞沿海一帶與鄰近島嶼大批獲得自由的黑奴。史坦頓返回華盛頓的時候，對局勢稍微安心了一點。在接下來的幾個禮拜，國會通過成立「自由人局」（Freedmen's Bureau），這個新成立的機構有權分配土地並協助安置南方各地流離失所的難民。[122]

＊＊＊

一月時，林肯在大後方最急迫的任務，就是讓憲法第十三條修正案能夠通過，正式廢止奴隸制。林肯一直擔心戰爭一旦結束之後，解放宣言就會被拋到一旁：「宣言是否具有法律效用的問題將會浮現，而且宣言可能只能幫助來到我們這一方的人……後來出生的奴隸之子，可能無法適用。」透過憲法修正案永久根除奴隸制，將會是「所有罪惡的帝王萬靈藥」。[123]

之前春天時，第十三條修正案在參議院通過了三分之二的門檻，但在眾議院則沒有取得所需的三分之二票數。當時共和黨投下了贊成票，民主黨則幾乎全部依據黨內政策投下反對票。[124]林肯在十二月的年度國情咨文報告中，催促國會重新考慮這個提案。林肯知道，這是在要同一群人就同一個問題再度展開討論，但他希望先前的選舉已經改變了情勢。共和黨在十一月所取得的選舉勝利，讓林肯如果在三月四日之後要求召開特別臨時會，修正案應可順利通過，但既然這只是「時間問題」，如果能在這一屆的國會就完成這個工作，也就是如果民主黨跟共和黨能夠展現出團結的氣氛，一起支持這個修正案的通過，那事情將會更為美好。[125]

俄亥俄州的眾議員詹姆斯・M・艾胥里，在一八六五年一月六日，再度於眾議院提出議案，而林肯馬上開始遊說溫和的民主黨以及邊界州的聯合黨議員，希望能把他們拉到自己這邊。他邀請眾議員個別到他的辦公室，一個一個用溫情攻勢有效擊破。他告訴密蘇里州的詹姆士・羅林斯（James Rollins）：「我是以輝格黨老友的身分請你過來，請你能夠投票支持這次的修正案。票數將會非常接近，哪一邊多個幾票都將會影響最後的結果」。林肯並強調，必須把「邊界州再也不會支持蓄奴」的訊息送到南方，而林肯也預測這將會「讓戰爭馬上結束」。羅林斯同意支持修正案的時候，林肯從椅子上跳了起來。他抓住這位眾議員的手，告訴他自己有多麼感激。這兩個輝格黨的舊黨員，接著討論起幾位密蘇里議員的態度，討論哪一個議員可能可以被說服。林肯催促羅林斯：「讓他們知道我焦急地想讓這個議案通過，也請讓我知道邊界州的投票意向。」[126]

林肯要兩位國會中的盟友去見兩個搖擺不定的議員，請他們支持修正案的通過。兩人詢問要如何進行這件事的時候，林肯說：「我是美國的總統，我手中握有很大的權力。透過憲法廢止奴隸制，會在將來決定黑奴的命運：這不只是將決定目前數百萬處於奴隸身分的人，還包括了數百萬將會出生的孩子。這個議案太重要了，一定要拿到那兩票。我讓你們全權處理要如何進行這件事；但不要忘了我是美國的總統，我手中握有巨大的權力，我期待著你們取得那些票。」[127]林肯的密使很清楚他的「權力」範圍，包括了提供人人垂涎的肥缺、特赦、政治獻金，以及幫助忠實支持者的親朋好友在政府裡謀得一官半職。布魯克林的民主黨議員摩西・F・歐戴爾（Moses F. Odell）同意跑票，會期結束的時候，歐戴爾成為紐約油水豐厚的海軍代理人（navy agent）。[128]伊莉莎白・布萊爾留意到自己的父親也加入了遊說團，成功說服了好幾位議員。[129]

此外，艾胥里打探到，如果能夠說服桑納參議員，讓他暫緩提出中止鐵路獨佔權的議案，那麼就有可能用「崁登—安布依鐵路」（Camden & Amboy Railroad）交換紐澤西民主黨議員的兩票。艾胥理無法說服桑納，因此他請林肯介入。林肯惋惜地說：「在這種事情上」，他「沒有辦法影響桑納先生」。林肯擔心，如果他試圖說服桑納的話，桑納反而「可能會變得更爲堅決」。[130]

投票時間快到的時候，壓力也變大了。帶頭反對修正案的議員是麥克萊倫的競選搭檔，也就是民主黨的俄亥俄州議員喬治・彭德爾頓（George Pendleton）。參議員詹姆士・布蘭（James Blaine）評論：「他是輸掉了選舉沒錯，但他在回到衆議院的時候，在政治夥伴中的地位更崇高了。」[131]考慮要改投贊成票的民主黨議員，都被告知在這樣一個威脅國家權力崇高性、讓憲法有基本更動的議題上，要是違反黨的政策的話，將會導致可怕的後果。[132]

雙方都知道最後的結果將由最些微的差距來決定。林肯評論：「我們就像是捕鯨船一樣，我們辛苦地追蹤了很久：現在我們終於把魚叉插進鯨魚的身體，但我們現在必須要小心掌舵，因爲只要鯨魚的尾巴隨便『啪』的一下，我們全都會葬身海底。」[133]議會即將投票的那個早上，艾胥理擔心所有的努力將會功虧一簣，因爲謠言盛傳，南方聯盟的和平使節團正朝著華盛頓前進，而且已經抵達首都了。艾胥理緊張地寫信給總統：「如果這是眞的，我怕我們會（輸掉）這個法案。」民主黨的領袖會說服那些動搖的黨員，告訴他們要是通過修正案的話，和平使節團將會中止進行和平會談。艾胥理懇求總統：「如果這件事不是眞的，請授權讓我反駁這件事的眞實性。」

林肯立刻回覆：「據我所知，華盛頓境內並沒有和平使節團，而且也不太可能會有。」事後艾胥理得知，其實當時林肯已經知道有三位和平使者正在前往門羅堡的路上，但他的確可以說，華盛頓「境內」沒有和平使節團，雖然這個答覆並不眞誠，但的確是「說了實話」。艾胥理相信，要是林肯沒有聰明迴避這個問題的話，「修正案可能不會通過」。[134]

參議院開始討論修正案的時候，艾胥理說自己「以前從來沒有這樣，而且我確定以後也不會再像今天一樣，有一股強大的力量驅使著我，我一定要說出一直盤旋在我腦中跟心中的想法與感受。」修正案的通過將標示著「一個理念的完全勝利，我踏上政治這條路的時候，並沒有想到我會活到夠久看到它的實現」。

艾胥理回憶：「眾議院所有可以站人的地方，不管是旁聽席還是議員席，全都在很早的時候就擠滿了人，另外門外還有幾百個沒有辦法進來旁聽的人。」[135]首席大法官蔡斯跟最高法院的成員也在場，蘇爾德、費森登、丹尼森也代表內閣出席，此外還有十幾位參議員以及大部分外交部的成員，也前來見證這歷史性的國會辯論。[136]

艾胥理明智地把自己的時間讓給幾位民主黨議員，那幾位議員願意支持修正案，但必須說明自己爲什麼改變立場支持修憲。艾胥理首先請亞基柏・麥可艾力思特（Archibald McAllister）發言。這位賓州的眾議員解釋他之所以改變心意的原因，是因爲他發現如果要讓和平能夠來臨，唯一的辦法就是摧毀「南方聯盟的根基」。[137]麥可艾力思特的話讓旁聽席的聽眾拍起手來，接著亞歷山大・科佛洛斯（Alexander Coffroth）也讓聽眾席中響起如雷的掌聲。這位來自賓州索麥塞郡（Somerset County）的眾議員說：「如果我今天所做的事是在自掘政治前途的墳墓，我也會吭都不吭一聲自己走進去。」[138]

每位希望開口的民主黨議員都發言完畢之後，投票就開始了。艾胥理記錄下當時的情況：「議員席跟旁聽席擺著好幾百張用來記錄票數的紙張。」一開始，修正案似乎還少兩三張票，無法通過必要的三分之二門檻。[139]寇法克斯議長起身宣布最後的票數時，議院鬧烘烘的。寇法克斯用著顫抖的聲音公布：「美國憲法修正聯合決議案（Joint Resolution）贊成的票數是一百一十九票，反對的票數是五十六票。憲法規定的三分之二多數投下了贊成票，此一聯合決議案獲得通過。」[140]要是沒有五名民主黨的議員改變心意，修正案就不會通過了。[141]

根據諾亞・布魯克斯的報導：「有那麼一瞬間全場安靜無聲，好像全部人的聲音都被強烈的情緒給掐住了一樣，然後接下來歡呼聲突然爆了開來，全場歡聲雷動，美國的國會大概從來沒有聽過這麼響亮的歡呼聲。」[142]

眾議員阿諾德（I. Arnold）回憶：「議員還沒起身，國會響徹雲霄的大砲聲已經告訴華盛頓的民眾，修正案通過了。」[143]艾胥理把贊成票的完整名單交給戰爭部。史坦頓要三個砲台「用最強的炸藥追加一百發砲響」。在此同時，他緩緩地大聲念出名單上的每一個名字，宣布「歷史將會讓他們永垂不朽」。[144]

林肯的友人衝進白宮告訴他這個消息。阿諾德回憶：「議案的通過讓他心中充滿了喜悅，修正案讓他的偉大事業，也就是解放宣言，完完全全地實現了。」[145]當天晚上，林肯告訴前往白宮道賀的人士：「今天我們要向我們的國家跟全世界祝賀，但我們眼前還有一項任務——我們必須讓各州接棒，接續國會揭幕的神聖投票。」在場人士大聲歡呼，很有信心地大喊：「它們會的。」[146]的確，接下來二十二州的州議會幾乎馬上行動。在一八六五年結束之前，四分之三的州議會批准了此一憲法修正案。[147]就這樣，自美國建國以來便使國內動盪不安的奴隸議題，有了戲劇性的收尾。

沒有任何人的讚美會比威廉·勞伊德·蓋里森的讚美更讓林肯高興。蓋里森是激烈的廢奴主義者，長期以來一直批評林肯，而這次蓋里森卻在波士頓音樂廳（Boston Music Hall）對著歡呼的群眾說：「關於這個重要而且消弭罪惡的憲法修正案，國家直接受惠於誰，可能誰都比不上？……我相信我可以自信地回答：這個人就是伊利諾州的劈柴築籬人！這個人就是讓數百萬受壓迫的人民能夠掙脫枷鎖的總統先生！這個人就是亞伯拉罕·林肯！」[148]

＊＊＊

和平使節團的傳聞差一點讓新的修正案翻車，其實這件事始於法蘭西斯·普萊斯頓·布萊爾。林肯的連任讓這位前報社主編認爲，如果再次進行和談的話，有可能會成功。林肯依舊懷疑，在這個時候進行和談會有任何結果，但老布萊爾一心一意想試一試，所以林肯發給他到南方首都里奇蒙的通行證，[149]但前提是這是老布萊爾個人的行程，他並不代表總統發言。

取得林肯的首肯後，老布萊爾寫了兩封信給南方總統傑佛森·戴維斯。第一封信是給大眾看的，表明他「希望能夠獲准拜訪里奇蒙」，而他此行的目的，只是爲了要了解爾利將軍的部隊上次劫掠過他在銀泉的房子後，失蹤文件的下落。第二封信則吐露了他想造訪里奇蒙的「主要目的」，其實是要討論「我們國家的情勢」。老布萊爾保證，他會「直截了當、毫無保留地說出（他的）心底話」，[150]也希望這次的造訪能帶來一些好結果。

一八六五年一月十一日，七十三歲的老布萊爾抵達了里奇蒙。幾位老朋友熱情地迎接他。戴維斯的夫人瓦麗娜「雙手一把抱住他」，[151]高呼：「喔，你這個老傢伙，見到你眞是太開心了。」[152]老布萊爾跟戴維斯一起坐在南方聯盟白宮的書房裡，老布萊爾首先坦承，他的提案「可能只是一個老人的希望」，但他對戴維斯有信心，戴維斯「知道怎樣做才是最好的」，而且「爲人光明磊落」。老布萊爾提醒戴維斯，他對於南方抱持著深厚的情感，他跟他孩子身上所流的「每一滴」血都「來自南方」。戴維斯的回答也同樣充滿溫情，他告訴老布萊爾，自己「永遠不會忘記」布萊爾一家是如何「和善」地對待戴維斯一家人，「即使是面臨死神的時候，他也不會忘了爲他們祈禱」。[153]

老布萊爾提出他的計畫。計畫的基本架構是南北雙方暫時停戰，一起同心協力對抗法國。[154]當時法國入侵墨西哥並建立了一個傀儡政權，違反了門羅主義。戴維斯同意，如果要修補兩方最眞實的情感，最好的辦法將會是「讓北方跟南方的同胞一起聯合抵擋外國勢力」。[155]這個不太可能實行而且未經授權的計畫，其實源自蘇爾德四年前的提議，但細節部分則未經討論，不過戴維斯同意派遣和平使者到華盛頓，「看看怎麼樣能讓兩『國』得到和平」。[156]

老布萊爾換搭馬車、火車跟輪船，一路風塵僕僕地回到華盛頓，一抵達華盛頓後，就馬上奔往白宮，把戴維斯的信交給總統。林肯跟史坦頓商量這件事，史坦頓直接指出：「沒有兩國這種事……永遠不會有。告訴戴維斯，如果要和平的話，那將會是『這個』國家的和平；任何其他前提的協商都是不可能的。」林肯當下便同意史坦頓的看法，[157]他告訴老布萊爾：「我過去、現在、未來都準備好迎接任何使者……我們要爲了我們共同擁有的一個國家取得和平。」[158]

老布萊爾帶著林肯的回應直接回到里奇蒙。戴維斯在家中召開了一場內閣會議，商量下一步要怎麼做。戴維斯的顧問了解「兩國」與「一個共有的國家」兩個概念之間，有著不可化解的歧異，但要求和平的強大呼聲，讓戴維斯同意派三名使者前往門羅堡——副總統亞歷山大・史帝芬、前合衆國參議員杭特（R. M. T. Hunter），以及前最高法院大法官約翰・A・坎貝爾。[159]

一月二十九日星期日那天，彼得斯堡飄揚著休戰的旗幟，宣布使者的來臨。[160]《紐約前鋒報》報導：「雙方同意全面暫時停火，兩方的軍隊呈現了節日般的氣氛。」[161]三名使者被視爲是「和平的通報人」，兩邊的陣營響起了「如雷的掌聲，久久不散」，顯示出士兵多麼渴望能夠結束戰爭並回到親人的身邊。一名記者注意到南北兩方的樂隊演奏出對方的歌曲時（一首是〈南方佬〉〔Dixie〕，一首是〈北方傻小子〉〔Yankee Doodle Dandy〕），兩邊都只對於自己的愛國歌曲有反應，「但當樂隊奏起〈家，可愛的家〉（Home Sweet Home）的時候，雙方陣營忘記了自己的敵意，一同大聲唱起彼此共同的感傷。」[162]

一名聯邦上校護送幾位使者前往格蘭特將軍位於城市峽的總部。亞歷山大・史帝芬回憶：「我們在晚上的時候抵達，格蘭特的外表完全看不出他的軍階，他身邊沒有侍衛也沒有副官……他給我的第一印象很深刻，他的舉止非常簡單、自然，完全不裝模作樣，他甚至沒有軍人的神態，也沒有他那個地位的人的樣子。他的穿著很樸素，他坐在一間木屋裡頭，忙著在一張小桌子上寫東西，旁邊有一盞煤油燈……他的話簡潔流暢，有什麼說什麼，毫無保留。」談了一陣子之後，格蘭特護送他們到「瑪麗・馬丁號」（Mary Martin）上，他在那裡為三位貴賓準備了「舒服的地方」。總統並沒有授權格蘭特談論和平事宜，但史帝芬感覺到，他非常急著想要「讓全國都回到和平與和諧的狀態」。[163]

在此同時，蘇爾德在林肯的要求下，南下跟幾位使者見面。林肯在信上寫著：「你必須讓他們了解有三件事是沒得商量的……國家的威信必須恢復……合眾國政府在奴隸的議題上不會退讓……除非戰爭完全結束，否則戰鬥不會停止。」如果他們接受這三個條件，蘇爾德可以告訴他們，他們會以「眞誠、開闊的心胸」[164]來考慮他們所有的提議。蘇爾德搭乘火車到達馬里蘭州的安納波利斯，然後登上了格蘭特的主艦「大河女王號」（River Queen），朝門羅堡前進。

蘇爾德還沒來得及跟和平使者談話，林肯就得知戴維斯總統下令，必須在兩個國家的前提上進行和談，讓他感覺不得不召回蘇爾德，但格蘭特的緊急電報改變了他的心意。格蘭特寫信給史坦頓，告訴他自己跟三位使者談過了，他「相信」「他們動機良善」，而且「如果他們就這樣回去了，政府沒有任何人有任何表示，那麼將會有不好的影響」。由於情勢很複雜，格蘭特希望總統能親自跟這些和平使者見面。[165]「看到格蘭特的電報之後」，[166]林肯馬上回電給蘇爾德跟格蘭特：「告訴幾位先生，我一趕到門羅堡之後，就會馬上跟他們會面。」[167]兩個小時之後，總統帶著一個僕人跟過夜的隨身行李搭上火車，朝安納波利斯前進，[168]「據稱是世界上最快的」汽船「湯瑪斯・柯利爾號」(Thomas Collyer)，正等著把林肯接到門羅堡。《前鋒報》的一位通訊記者在總統抵達之前，已經登上汽船。他報導：「船才剛駛出去，我們就遇到了大塊的冰層，我們小心翼翼地通過。」汽船最後終於在當天晚上十點多的時候抵達門羅堡，[169] 接著林肯登上了蘇爾德的大河女王號。[170]

晚上時，大河女王號跟瑪麗・馬丁號被固定在一起，並被「歡樂地裝飾上大大小小的旗幟」。[171] 隔天在大河女王號的交誼廳裡，林肯等人進行了一場長達四個小時的漢普頓錨地會議（Hampton Roads Conference）。一一介紹過身分之後，史帝芬首先談起近二十年前，他跟林肯在國會共事的溫馨回憶。他回憶，當時林肯總統「興高采烈又和善地回應我的話，似乎那些日子的記憶……讓他想起了一連串開心的事」。他們敘舊敘了幾分鐘後，史帝芬問：「總統先生，難道沒有辦法結束眼前的問題，讓國家各州跟各區能夠重新回到從前的和諧與寧靜？」[172]

依據蘇爾德事後的記錄，接下來的談話「全都是非正式的，在場沒有祕書、書記官或其他的見證人，他們沒有寫下或宣讀任何東西」，[173] 其他唯一進去過房間的人，是一個「服務生，他偶爾會進去看看大家有什麼需要，並提供茶水、雪茄還有點心」。

林肯在回應史帝芬的問題時表示，「他只知道一種辦法，那就是拒絕服從聯邦法律的人必須停止拒絕服從。」對此，史帝芬則表示希望能有暫時的解決辦法，讓雙方各自的軍隊能夠一起合作對抗法國，「直到雙方的激情冷卻下來」。

林肯回答：「我想你是在說布萊爾先生提過的事。我想我必須在這裡先聲明，不管他說了什麼，那都是他個人的行爲。對我來說，南方重返聯邦是必要的條件。」除非「他們停止抵抗，國家的威信獲得承認」，否則不會有什麼具體的停戰或休戰協議。使者之一的杭特試圖要迴避林肯這個前提，他提出英國的查理一世在跟敵對方武裝對抗的時候，也一面不停地進行協商。林肯回答：「我不敢自稱是歷史方面的專家，這方面我就交給蘇爾德。我唯一記得很清楚的部分，就是查理一世最後被送上斷頭台。」

大法官坎貝爾接著讓對話回到「如果聯盟國同意的話，如何讓南方回歸聯邦」的問題，接著雙方開始討論奴隸制，此時蘇爾德逐字逐句地引用了林肯的年度國情咨文，也就是林肯不會「撤回或修正解放宣言，也不會……讓任何因解放宣言而得到自由的人再度成爲奴隸」，蘇爾德並說他覺得必須告知幾位使者，國會剛剛通過了憲法修正案，廢止了全合衆國的奴隸制。

雙方顯然陷入了僵局，但會談仍然在友好的氣氛下進行。林肯讓使者知道，「他願意爲南方人失去的奴隸支付賠償」，他有信心「北方的人民」一定會支持他，「撥款四億美元來進行這件事」。至於在戰爭完全結束之前，是否要有某種形式的休戰方面，林肯則完全不爲所動。會議結束的時候，雙方沒有達成任何共識。[174]

會議的結果尚未公開之前，激進派就已經陷入了「極端的憤怒」，他們確定總統「將放棄自耗費國力的冗長軍事戰爭中所取得的政治成果」。塞德斯・史蒂芬斯擔心林肯會背棄解放宣言，他在衆議院痛罵總統。[175]參議院方面，「國會作戰委員會的重要成員」嚴詞批評林肯居然舉行了這場會議，議員預測「我們全會被出賣，如果我們會因此得到和平的話，如果我們眞的得到任何和平的話，將會是不榮譽的和平」。[176]兩黨一致決議通過，要求林肯就這場會議進行完整的報告，[177]就連史坦頓都擔心總統的心腸過於仁慈，「他可能會做出一些表示，而狡猾的南方人將會爲了達到自己的目的，故意歪曲他的意思。」[178]

林肯帶了電報跟文件佐證自己的報告。「宣讀的時候，所有的議員坐在自己的位置上屏息以待，全場安靜無聲。念到給布萊爾的信中的『共同擁有的一個國家』時，全場發出了滿意的聲音，接著讀到給蘇爾德的和平三前提時，全場更是不由自主地拍起手來。」[179]諾亞・布魯克斯報導：「各封電報跟文件被逐一念出，衆議院氣氛的轉變極爲明顯。議員嚴肅專注的表情消失了，他們露出微笑轉頭看著彼此，開始讚賞林肯睿智的手法。林肯撕下了叛軍首領狡猾的面具。」報告結束的時候，「全場馬上熱烈鼓起掌來……就好像是在久旱之後突然下了一場甘霖一樣。」議員爭先恐後地上前讚美總統，連塞德斯・史蒂芬斯都「對於林肯總統的聰明睿智與愛國精神給予了高度的讚揚」。[180]

《哈潑週刊》評論，之前所有人會如此荒謬地預測林肯會在接見南方代表時「畏縮與動搖」，只能用衆人「四年前愚蠢的假設」來解釋，「當時人們認爲林肯先生沒有坐上那個位置的能力」。「如果說整個國家裡有人比總統還了解戰爭的情勢，那個人是誰？……我們敢說，在整個美國歷史上，在掌控國家的混亂情勢時，沒有人會比亞伯拉罕・林肯做得還要好，他的性格、他的信念，還有他的能力，全都完美的結合在一起。」[181]

傑佛森・戴維斯趁機利用這次失敗的會議鼓舞士氣，誓言「就算放棄自己在這個世界上的所有東西」，也不可能會同意北方的要求。他預言再過不到一年，南方就可以依據自己要求的條件得到和平，南方會保持獨立，奴隸制也不會受到破壞。[182]戴維斯宣布：我跟北方佬沒有什麼「共同的國家」，「我的生命跟南方聯盟緊密結合在一起。不管是什麼樣的情況，如果有人認爲我會爲聯邦的重建效勞，那他就是完全不了解我的性格！」[183]

即使如此，林肯還是不肯放棄希望。在數以萬計更多的年輕人犧牲生命之前，他覺得自己也許能夠採取某種方式，讓戰爭光榮結束。林肯先是在漢普頓錨地提議補償解放奴隸所帶來的損失，之後又擬了一個計畫，希望國會能授權他依據「南方各州的奴隸人口」，「發放四億美元」給南方各州。如果在四月一日之前，「所有抵抗國家威信的行爲」能夠停止的話，會先發放一半的補償。如果七月一日之前南方批准了第十三條修正案，會再發放另一半。等武裝叛變結束，南方重歸聯邦，奴隸制也被消滅了，「所有政治罪都會被原諒」，「除了奴隸之外，所有應該充公或沒收的財產都會還給原本的主人。」此外，「政府監管範圍外的解放議題將交由國會解決。」[184]

林肯向內閣提出他的計畫。除了蘇爾德之外，所有的閣員都在，而所有人全體一致反對這個計畫。威爾斯記錄當時的情況：「總統想安撫並求取和平的眞誠意圖十分明顯，但有時候事情如果做過了頭，反而會導致不信任或敵對的情緒。」[185]內政部長亞瑟認爲，國會裡的激進派「一定會抓住這個機會激烈地攻擊總統」。[186]史坦頓則一直認爲，已經因爲解放宣言得到自由的奴隸，沒有必要再談什麼補償，這樣是浪費公帑。[187]費森登表示：「如果要有效地終結戰爭，唯一的辦法就是依靠武力，而在戰爭結束之前，我們不會提出付錢的提議。」[188]

林肯指出，他所提出的總補償金額，只不過是再打一兩百天仗的軍事支出而已，「更不要說人員的傷亡跟財產的破壞」，但內閣仍然堅持自己的看法。林肯說：「你們全都反對我」，他的聲音裡充滿了憂傷。亞瑟覺得：「他（林肯）眞心眞意地覺得這樣的計畫是對的，而且當時只要有一個內閣成員支持他的話，他就會進行這個計畫」，而亞瑟認爲，要是當時蘇爾德在的話，「他大概會贊同這個計畫」。[189]由於圍繞在桌邊的閣員，沒有人展現出半點支持，林肯覺得不得不放棄這個提議，不過傑佛森・戴維斯也說得很清楚了，南方聯盟是不會接受這樣的條件的，所以戰爭將會一直持續下去，直到南方投降爲止。

＊＊＊

在此同時，前線一直傳回捷報。薛曼在攻佔沙凡那之後繼續往北前進，並於二月十七日抵達南卡羅萊納州的首府哥倫比亞市。⑲哥倫比亞失守之後，查斯頓全城淨空。史坦頓下令「全國展開慶祝活動」，「全合衆國所有的軍械庫跟軍事據點，爲了慶祝聯邦的旗幟重回桑特堡」，都要鳴砲慶祝。華盛頓的《國家共和黨人報》報導：「大街上每棟建築物的上方都是亮光跟煙霧，城市的每個角落都聽得到轟隆隆的砲聲。」⑲那天晚上，林肯「興高采烈地」跟蘇爾德、威爾斯、胡克將軍在辦公室裡放鬆一下心情，威爾斯在日記裡寫著：「胡克將軍認爲今天是過去四年來最開心的一天。」⑲

然而，隔天，布朗寧卻發現林肯「異常沮喪」，在林肯四年的總統任期之中，他從來沒有見過他那樣。⑲林肯的心情會如此低落，可能是因爲約翰・葉慈・比歐（John Yates Beall）懸而未決的死刑判決。比歐是南方聯盟的前上尉，當時因間諜罪被判處死刑。在一八六四年的秋天，南方聯盟基地在加拿大的間諜試圖要擾亂北方的選舉，當時比歐率領一支突襲兵團執行了一個精心策劃的大膽計畫，他們拿下了聯邦在五大湖區的船隻，並摧毀沿線鐵路，釋放被關在俄亥俄州的聯盟戰俘。紐約州的海軍指揮官約翰・A・迪克斯將軍（John A. Dix）不肯讓步，他認爲一定要處決比歐才能殺雞警猴。

然而比歐來自維吉尼亞州一個顯赫的家族，各方的請願者不斷懇請林肯寬恕比歐，這些人之中包括了林肯的老友歐維爾・布朗寧、蒙哥馬利・布萊爾、九十六位衆議員，以及六位合衆國參議員。他們爲比歐辯護，認爲比歐只是在執行他身爲南方聯盟軍官的義務，不應被當成是「強盜、土匪與海盜」。⑲這個案子讓林肯十分困擾，但他覺得自己必須支持迪克斯將軍。幾個禮拜之後，林肯告訴一位熟人：「我必須採取堅定的立場，他可憐的姊姊向我哭求，希望能保住他的性命，但我還是必須拒絕她，執行他的處決令，而他就這樣被處決了，我到現在還是沒有辦法擺脫心中的憂傷。」⑲

林肯的第二任就職典禮將於三月四日舉行，他在之前的那個禮拜宣布：「在下午三點到七點之間，不管有什麼事，他將不見任何的訪客（除了內閣成員以外）」⑲，因爲他需要寧靜的時間好好思考他的就職演說。《國家共和黨人報》報導：「聯邦光明的前景」[197]讓成千上萬的人造訪華府。這些人除了想參與就職典禮之外，也想感染首都裡興高采烈的氣氛。整個城市裡人滿爲患，所有高級旅館的休息區「都擠滿了紳士跟淑女，他們整夜坐在那裡，因爲已沒有任何的空床」。[198]

費德里克・道格拉斯也決定要加入「來自全國各地的公民」。在過去的就職慶祝活動，黑人都不能參加，然而現在黑白兩個種族的士兵「的血已經混合在一起」，道格拉斯覺得，「假定有色人士也能跟其他公民一樣向總統道賀，應該不是太過分的假設」。[199]就職典禮的前一天晚上，道格拉斯造訪了蔡斯位於第六街的住處。道格拉斯回憶，當時他跟凱特一起，「幫助她令人崇敬的父親穿上新做的法袍，他將穿著那件衣服主持林肯的連任宣誓大典」。道格拉斯看著新任的首席大法官，想起了他們剛認識時「早期那段對抗奴隸制的日子」。蔡斯「歡迎（他）來到他的家，並邀他一起坐下來，而當時這麼做是很奇怪的一件事」。[200]

三月四日那天早上雨持續下個不停，但並沒有破壞民眾的好心情。根據估計，那天有五萬名的民眾聚集在國會大廈附近，想要親眼目睹就職大典。在儀式的第一階段，受邀的貴賓湧進參議員開會的地方，即將離職的副總統韓姆林將在那裡發表告別演說，接著新任副總統約翰生會宣誓就職。中午過後，旁聽席出現了一陣騷動，因爲「重要人士」出現了——將軍、州長、最高法院大法官、由蘇爾德帶領的內閣成員，以及總統本人全都到了。總統的位置被安排在前排的正中間，瑪麗坐在外交旁聽席，身邊被外國使節圍繞。[201]諾亞・布魯克斯留意到：「有一位大使全身被金色的蕾絲捆得緊緊的，他費了很大一番工夫才坐了下來，最後必須解開扣子才有辦法站起來。」[202]

韓姆林發表完得體的離別演說後，約翰生起身準備宣誓。他的臉「整個脹紅」，[203]腳步搖搖晃晃的，在場的人發現他似乎「明顯處於一種『醺醺然』的狀態」。[204]約翰生前言不接後語地發表了長達二十分鐘的冗長演說，不斷重複自己來自庶民階級，以及他感到非常榮耀，因爲像他這樣一個身分低微的人，居然能夠「在憲法的規定下出人頭地，由於人民的賜予坐上尊貴的第二把交椅」。約翰生接著把臉轉向最高法院的大法官，提醒大法官不要忘了，他們也是因爲「人民給予的權力」才能變成大法官，接著他又教訓內閣，強調他們也是「人民的公僕」，然後依序一一叫出每個部長的名字——蘇爾德先生、史坦頓先生……點到基迪恩・威爾斯的時候，約翰生想不起他的名字，他露出了困惑的表情，大聲問旁邊的人：「海軍部長叫什麼名字？」然後又繼續發表他的長篇大論，無視於韓姆林一直暗示他：「就職典禮的時間已經結束了」。

在場觀禮的群衆坐立難安，坐在台上的人士也試著要掩飾自己沮喪的情緒，但成功的程度不一。諾亞・布魯克斯注意到：「史坦頓看起來目瞪口呆」。新任司法部長史匹德低聲對威爾斯說：「這一切眞是糟糕透頂」，「這個人一定是神經錯亂了」。威爾斯輕聲對史坦頓說：「約翰生要不是喝醉了，就是瘋了」。[205] 新任的郵政部長丹尼森「臉上一陣紅、一陣白」，大法官山繆・尼爾森（Samuel Nelson）的下巴「因爲過度驚嚇掉了下來」。蘇爾德跟林肯是現場唯一兩個表現得非常鎭靜的人，蘇爾德仍然「像夏日一般寧靜」，[206] 他優雅地告訴威爾斯，約翰生的表現，只不過是「因爲重返參議院有太多情緒湧上心頭」的結果而已。[207] 林肯安靜地聽著約翰生發表演說，「耐心等候」這場高談闊論進入尾聲。[208] 他閉上眼睛，[209] 不讓任何人看出他的頭疼。幾天之後林肯說：「你們不需要擔心」，約翰生只是「出了一場糗」而已，他不是個「酒鬼」。[210]

約翰生終於說完之後，衆人走到國會東側參加林肯的就職典禮。諾亞・布魯克斯記錄：「總統一站上講台，整天沒有露臉的太陽突然綻放光芒，光亮無比，現場被耀眼的榮光籠罩著」。[211] 包括相信命運之說的林肯在內，在場許多人都覺得這是個吉兆。另外，加裝了「自由女神像」（Statue of Freedom；譯註：不同於紐約的自由女神像〔Statue of Liberty〕）的國會塔頂，似乎也預示著好兆頭。[212]

如果興高采烈的民衆等著聽到林肯讚揚聯邦最近取得的勝利，那麼他們要失望了。林肯一生在思考危機的形勢時，都會考量到各方的情況。林肯在就職演說中，呼籲民衆要多加同情南方疏離的同胞，兩方並沒有不可跨越的鴻溝：「兩方都讀同樣的聖經，也對著同一個上帝祈禱；兩方都祈求祂幫助自己對抗另一方。人們竟敢要求公正的上帝來幫助他們奪取他人以血汗換來的麵包，這看來似乎很奇怪，但我們還是不要批判他人，以免他人評判我們。雙方的祈禱都不會得到應允，兩方都沒有完全如願以償。全能的上帝自有旨意。」

林肯十年前在春田市演講時，曾經說過他不會因爲南方無力中止奴隸制而譴責南方，因爲他知道這並沒有簡單的解決方案。當上總統的他說，上帝「同時給了南方跟北方這場可怕的戰爭」，[213] 以懲罰兩方都擁有奴隸的罪惡。林肯用著「先知般的滔滔不絕」[214] 繼續告訴在場聽衆：「我們殷切地盼望，我們熱烈地祈禱，但願上帝降下的戰禍很快就會過去，但假使上帝要讓這場戰爭持續下去，直到二百五十年來奴隸無償勞動所積聚的財富化爲烏有，並像三千年前人們所說的那樣，直到鞭子下所滲出的每一滴血，都由刀劍下流出的血償還爲止，那也只能說：『主的裁判是完全公平正義的。』」

林肯擁有人間少見的智慧與性格，對於反對他的人，他永遠都對他們展現出寬大的氣度。他在演說的最後，向他的同胞說出了歷史上著名的請求：「我們對任何人都不懷惡意，我們對所有人都抱持仁愛的心。上帝讓我們看到正義，我們就堅信正義。就讓我們繼續奮鬥，完成我們正在進行的工作；我們要治療國家的創傷，我們要照顧艱苦作戰的戰士以及他們留下來的妻兒。不論是國內或是跟其他所有的國家，我們都要盡一切的努力來實現並維護公平、持久的和平。」[215]

總統的第二任就職演說融合了濃厚的精神信仰與政治議題，這是他其他的演說很少見的。林肯的友人李奧納德・史威特評論：「他被捲入人世間最嚴肅的事時」，也許曾經質疑過決定人類命運的更高力量，「但他感受到一股對於宗教的崇敬，他對於上帝的信仰——上帝的公義以及至高無上的力量——越來越深」。史威特並說，要是以林肯「不相信外在儀式」來評判他虔誠的程度，那麼「他遠遠不符合標準」，但如果評判的依據「是更高的標準，是看純潔的品行、誠實的動機、永遠堅持做正確的事」，或是對於「眞理的偉大定律、嚴格做好本分、對上帝負責」的偉大信念，那麼毫無疑問的，林肯是一個「天生充滿信仰」的人，因爲「他信仰上帝的程度，就跟最受推崇的教會人士一樣」。[216]

林肯總統發表完演說之後，轉身面向首席大法官蔡斯，蔡斯開始主持宣誓儀式。群眾大聲歡呼，禮砲開始鳴放，在樂聲中，祥和的典禮完整落幕。[217]

尼可萊記錄，當天晚上白宮對外開放，「前所未見的大批群眾」[218]湧入白宮舉辦的宴會。根據報導，總統那天「精神絕佳」，他跟五千名前來致意的群眾握手，毫無倦態。[219]公共工程部部長法蘭奇評論：「這是人民在表達他們對於總統的熱烈支持」。瑪麗堅持「要撐到早上，不能讓任何人被拒於門外」。法蘭奇估計林肯「每四分鐘要握完一百個人的手」。[220]

那天晚上的情形，讓費德里克・道格拉斯永生難忘：「我一靠近大門，兩個守在那邊的警察就粗魯地抓住我的手臂，要我往後退。他們接到了指令，不可以讓我這種膚色的人進入。」道格拉斯跟兩位警察保證：「一定是有地方弄錯了，因爲林肯總統不可能下達這種命令；如果他知道我在這裡，他一定會要我進去。」道格拉斯後來得知自己是對的：「林肯先生沒有下達任何的命令，也沒有任何人下達任何的命令，他們只不過是遵照從前的做法而已。」僵局持續了一段時間，後來道格拉斯看到一位正要進去的熟人，於是他請那位紳士帶話給總統，轉告他被擋在門外。幾分鐘之後就傳來了讓道格拉斯進入的指示。「我走進寬敞的東廳，我從來沒有在這個國家看過這麼典雅的地方。」

道格拉斯回憶他一下子就看到林肯。林肯「帶著他簡單質樸的美德，像一棵山上的松樹一樣」站在那裡，「比所有人都高」。「我還沒來得及朝他走過去，他一看到我，就馬上用旁邊所有人都能聽到的音量高喊：『我的朋友道格拉斯來了。』他握住我的手，告訴我：『眞高興見到你，我今天在人群中看到你，你有來聽我的就職演說。你覺得那場演說怎麼樣？』」道格拉斯覺得很尷尬，因爲「還有好幾千個人等著跟總統握手」，他不好意思耽擱總統，但林肯堅持要聽他的意見：「道格拉斯，不要急著走，全國之中我最重視的就是你的意見。我想知道你怎麼看這次的演講。」

有那麼幾秒鐘，這兩個偉大的人一起站在人山人海之中。林肯知道道格拉斯一定會有什麼說什麼，他一直以來都是這樣。最後道格拉斯終於開口：「那是一場神聖的演講」。林肯的臉亮了起來，他開心地告訴道格拉斯：「我很高興你喜歡這場演講！」[221]

幾天之後，林肯告訴梭羅・魏德自己的評估，他預測雖然他不覺得這次的演講會「馬上被衆人所接受，因爲人們喜歡恭維，不喜歡被人指出全能上帝的旨意跟他們的想法有所不同」，[222]但這次的演講「將會禁得起時間的考驗，就像是……不，可能會比其他所有」他的講稿「都還要歷久不衰」。林肯猜的沒錯，這次的演講招來了一些批評。民主黨的《紐約世界報》（*New York World*）批評林肯「用宗教代替治國才能」，[223]《論壇報》也指責講詞中嚴苛的聖經色彩將會妨礙和平的到來。[224]

然而，卻有更多的人體認到這場演說在歷史上的重要性。小查爾斯・法蘭西斯・亞當斯寫信給人在倫敦的父親：「那個劈柴築籬人律師在今天創造了奇蹟。這場莊嚴的就職演說簡單、直接，爲這場戰爭的歷史意義定調。」[225]先前曾批評林肯的倫敦《觀察家報》（*Spectator*）也同意小亞當斯的看法，認爲這場演說是「目前爲止，美國總統在國會發表過的演說中，最高貴的一次演說」。

對於這場演說的讚美，也包含了對於林肯本人的讚美。《觀察家報》評論，「是神的啓示與天意」讓共和黨在一八六〇年的提名大會上，選擇了林肯這個「鄉下律師」[226]而沒有選擇蘇爾德。衆議員伊薩克・阿諾德曾無意間聽到兩個人的對話，其中一位是「知名度相當高的部長」，另一位則是一個「身分不明的紐約政治人物」（一位歷史學家認爲可能是蘇爾德本人）。[227]那位部長判定：「總統的就職演說是有史以來最好的文告」，而那個紐約政治人物則回答：「你說的沒錯。此外，華盛頓總統的名字會隨著時間的過去而更爲閃亮，林肯的名字也是一樣。一百年之後，那場演說將會被視爲是人類有史以來發表過的最出色的言論。華盛頓是美國獨立戰爭時期的偉人，林肯則會是這場戰爭的偉人，但林肯的歷史地位將更爲崇高。」[228]

在同一時間，主張極端分離主義的《查斯頓水星報》也刊載了相關評論。《水星報》對於林肯領導能力的評價或許是最令人吃驚的：「他把他國家裡最能幹跟最眞誠的人都集合起來幫助他。他個人的能力、知識、經驗、治國能力有不足的時候，他會去尋求協助，找到協助……他讓每個部門都聚集了一批有能力、有精力、有腦袋、性格眞誠的人。」《水星報》的結論是，要不是他是個「惡棍」跟「擁有無恥目的的無賴」，「他一定會是個讓我們尊敬的領導者……我們轉頭看著里奇蒙的時候，兩方的對比實在是太驚人了，讓人心生厭惡。」[229]

《水星報》的編輯要是知道一丁點林肯身邊的人所知道的事，他們一定會更驚訝：林肯的政治才能，不只侷限於他能夠把全國最好的人才都集合到身邊，更重要的是，他在每一個關鍵時刻，都展現出他的毅力、遠見跟決斷力，讓這些人才心悅誠服。對林肯的內閣充滿敬意的查爾斯・戴納評論：「事情一向很清楚，他是領導人，他們是下屬。他們永遠都會服從他的意志，如果他竟然反過來服從他們的意志，那是因爲他們能夠說服他，他們所建議的做法才是明智而且恰當的。」[230]

26 時間最後倒數

約翰·海伊觀察到林肯在展開第二任的任期時，「他在身心靈各方面都很不一樣，他不再是一八六一年宣誓就職時的那個人。他仍然是當初那個親切、和藹、友善的人，但隨著光陰一年一年的過去，他大笑的時候越來越少，永遠在思考重大的事情，他的眼神蒙上了一層陰影，他變得沉默寡言，越來越沉浸在自己的世界裡。」

四年的緊繃生活影響了林肯的精神跟容貌。一八六五年的春天，克拉克·米爾斯（Clark Mills）所取下的林肯臉部模型是一張憔悴的面孔，跟李奧納德·沃克（Leonard Volk）五年前取下的模型，幾乎是兩張不同的臉。約翰·海伊形容，在一八六〇年的時候，林肯「一張靈活的大嘴隨時準備說話、大呼與大笑，他引人注目的彎曲鼻子又寬又大，鼻孔開得大大的；那是一張充滿生命力的臉，活力充沛，而且抱著遠大的希望」。第二個臉部模型則有著皺紋橫生的前額、凹陷的臉頰，這張臉的主人看起來，「好像經歷過最悲慘的傷痛跟憂愁……整個表情充滿了無法用

言語形容的哀傷以及堅毅的力量」。①

林肯的一生都是靠著精神力量在支撐自己，不過四年的總統生活也大大增強了他的自信。他從上任的第一天起就面臨了龐大的壓力，但他從來沒有失去過對自己的信心。事實上，常常都是他在支撐身邊的人的士氣，他會用他的幽默、精力以及堅定的目標輕柔地引導同仁。林肯從早先的錯誤中學到教訓，讓敵手的嫉妒昇華，而且每過一年，他對於人跟事情的判斷力也越加精準。雖然他的心中有一個「疲累的地方」，②就算是休息或放鬆一下也沒有辦法治癒，但他準備好要面對下一個四年的嚴苛挑戰了。

就職大典過後，林肯回到了日常工作，這次他下定決心，要避開數以千計「跟埃及蝗蟲一樣」③降臨在華盛頓的求職者。林肯坦承：「光是想到又要重來一次我第一年在這裡的時候所經歷過的事，我就已經受不了了。」④林肯在剛開始當總統的前幾個月受到鄙視，因爲他讓求官求職者一天二十四小時都抓著他不放，耗費了自己所有的精力，讓自己無法專心。尼可萊跟海伊試著幫助過林肯，讓他處理公務的時候能更有條理。他們讓他的大門能關上比較長的時間，但每次林肯都堅持「他們要的不多，他們的願望很卑微，我必須見他們」。⑤經驗最後教會林肯，他必須定下優先順序，專心在重要的戰爭問題與政府所面臨的重建問題。他告訴新罕布夏州的參議員克拉克（Clark）：「我想除非是有人怠忽職守，否則我不會輕易變動任何一個人的職務」。他同時也告訴另一個訪客：「要拿掉一個人非常簡單，但我要補那個位子的時候，會有二十個應徵者，這樣一來，我就會有十九個敵人。」⑥

不過，林肯對於兩種求職者則來者不拒——藝術家跟傷殘的退伍軍人。林肯跟蘇爾德表示過可以提供領事的位子，讓「藝術家的生活容易一點」，並特別點名希望能夠幫助詩人跟雕刻家。⑦此外，林肯也要任職於衛生委員會的史考特將軍幫助傷殘的退伍軍人找到公家的工作。林肯強調衛生委員會應該要「爲公衆服務，隨時準備好傾聽國家士兵的重要請求」。⑧

林肯對於自己的內閣很滿意，他在就職之後只變動過一位成員，讓銀行家休・麥卡洛克接任財政部長費森登的位子。費森登去年夏天接下財政部長的位子時，林肯跟他保證，只要國家的財政狀況良好，他隨時可以離開。一八六五年春天，國庫的狀況很穩定，所以緬因州再次選擇費森登爲任期在三月四日開始的參議員時，費森登覺得可以放手辭職了。

林肯不願意失去這位傑出又認眞的部長，費森登也「很遺憾要離開總統」。[9]費森登原本對於林肯的批評態度，在擔任財政部長的期間化作了溫暖的友誼。他寫信給總統：「我想在此表達我的謝意，您對我永遠都是那麼和善、那麼關心。對於您的個人特質以及施政能力，我現在要帶著更高的敬意離開了。」費森登說，「這場爲了讓國家永存的冗長戰爭」，現在終於要接近完美的尾聲了，「沒有人的貢獻會比這位國家偉大人民所選出的執政者還要大」。[10]

休・麥卡洛克曾經擔任過財政部金融管理局的官員，他對於財政部的事務完全熟悉，然而林肯一開始找他接下這個位子的時候，他卻覺得緊張。他告訴林肯：「我會很高興服從您的希望，但我不認爲我有這個能力可以當財政部長」。林肯爽朗地告訴他：「那件事由我來負責，所以我就當這件事已經決定了」。麥卡洛克後來當了四年的財政部長，而且「從未後悔」自己同意了林肯的任命。[11]除此之外，林肯只準備變動另一個閣員，他預計在幾個月之後，讓愛荷華州的參議員詹姆斯・哈倫（James Harlan）接替內政部長亞瑟的位子。[12]

約翰・尼可萊跟約翰・海伊邁向人生另一個階段的時候也到了。林肯這兩位祕書的工作表現超群，他們讓總統數量龐大的書信往來井井有條，還幫林肯收到的大量信件草擬回信。他們在白宮二樓的小辦公室裡擔任看門人，巧妙拉住大批想衝進去見總統的參眾議員、將軍、外交官，以及求一官半職的人。約翰・海伊非常善於招待大批的人群，他的大學室友回憶：「只要他出現，就算是只有幾分鐘，也沒有人能夠抗拒得了他的魅力。人們會不自覺地受到他所說的話影響，變成他的朋友。」[13]

林肯每一年都再加重一點尼可萊跟海伊的任務。一八六四年，尼可萊是「林肯連任選戰的非正式總幹事」。此外，林肯也會派尼可萊以個人特使的身分，處理密蘇里跟紐約緊張的政治議題。[14]在加拿大的「和平會談」事件中，林肯讓海伊跟著格里利，另外他也來往於國會之間，負責傳遞機密訊息。此外，在佛羅里達的重建議題上，海伊也負責讓南方投票者能夠支持林肯的計畫。[15]

對於林肯來說，這兩位年輕助理全力以赴所執行的任務之中，最重要的，就是他們提供了親情跟友誼。尼可萊跟海伊是林肯的家人，他們在林肯日日夜夜麻煩事不斷的任期之中，就像是他的兒子一樣。林肯在背誦莎士比亞，或是講述另一個源源不絕的故事時，他們會入神地聆聽。他們在白宮的那幾年，提供了林肯說話的對象，他們對林肯完全忠誠並且提供了愛。林肯無法成眠的時候，他們會很晚才睡，早上一大早又告訴他最新的新聞，不分晝夜地陪伴著孤單的總統。

海伊幫林肯取了綽號，叫他「古人」（the Ancient）或「大君」（the Tycoon）。一開始，總統隨性的施政風格讓海伊嚇了一跳。那個時候的他是個大學剛畢業的年輕人，態度帶著知識分子的高傲，對於這個自學出身的老闆，不免透露出看不起的意思。然而待在總統身邊一段時間後，他很快就改變了自己的看法。一八六三年，海伊開始相信是「上帝的手」把這個鄉下律師帶到白宮。⑯如果「戴著亮面山羊皮手套的那群人」還沒體悟到總統的偉大，那是因爲「他們認識他的程度，就像是貓頭鷹看見閃耀的彗星時，牠們了解彗星的程度」。⑰

一八六五年春天，即將跟瑟蓮娜・貝茲共結連理的尼可萊打算在華盛頓或巴爾的摩買下一家報社，⑱而海伊則想要有更多的時間來鑽研學問跟享受活躍的社交生活，他已經被綁在一天工作十四小時的日子裡太久了。尼可萊跟海伊都會想念林肯，但他們也很高興可以逃離瑪麗永不止息的糾纏，他們在背後都偷偷叫她「悍婦」。瑪麗仍然怨恨這兩個人佔據了她丈夫所有的注意力，在林肯順利連任之後，瑪麗馬上就尋求家庭友人安森・亨利的幫忙，想把尼可萊換成記者諾亞・布魯克斯。⑲尼可萊試著跟林肯討論他跟瑪麗之間的問題，但總統拒絕跟他談這件事。⑳

蘇爾德幫尼可萊還有海伊找到了其他理想的工作。巴黎的領事職位在三月開缺的時候，他推薦尼可萊接替那份工作。總統同意了，他知道這個機會對於他忠誠的助手來說有多麼重要。參議院也同意了尼可萊的這項任命，沒有人投下任何反對票。㉑《國家共和黨人報》評論：「這麼重要的職務很少會交給這麼年輕的人」。尼可萊非常興奮，這個職位的薪水一年高達五千美元，讓他可以穩健地展開婚姻生活。㉒

尼可萊的任命確定了之後，蘇爾德把注意力放到海伊身上。在過去幾年，他們兩人建立了深厚的情誼。許多個晚上，海伊都會跑到蘇爾德的住處，他知道自己一定可以在那裡飽餐一頓，還可以快樂地聊天，受到誠摯的歡迎。此外，海伊在觀察過蘇爾德跟林肯相處的情形後，他發現這位國務卿是內閣之中第一個了解到林肯「個人有多傑出」的人。㉓

三月中旬，蘇爾德爲海伊安排了一項任命，指派他爲巴黎公使館的全權公使。海伊告訴弟弟查理（Charles）：「我完全沒有請求過擔任這個職位，也沒有料到這件事」，「我本來很快就要離開我目前的工作了，能夠這樣離開，眞是一種令人開心又榮譽的方式。」海伊想過要回伊利諾州的華沙（Warsaw），但法國巴黎遠遠更讓人興奮。海伊準備在白宮多待一個月左右，㉔等到諾亞・布魯克斯的交接完成之後再離開。到時候他跟尼可萊就可以航行到歐洲，展開他們的新冒險。尼可萊說：「眞是太好的安排了，我們兩個有伴了。」㉕

春天似乎讓瑪麗・林肯的心情好了起來。每年二月，瑪麗都會陷入憂鬱的狀態，因爲那時正是威利的忌日。瑪麗在三月二十日寫信給友人雅布蘭・威克曼（Abram Wakeman）：「禮拜六的晚上我們去聽歌劇；桑納先生也在，我們度過了非常愉快的短暫時光。桑納先生在拋開繁文縟節的時候（他常常這樣做），就會變成一個讓人非常非常愉快的伴侶。昨天晚上，他又加入了我們的小團體，還有明天晚上也會。我們全都會去聽阿泊曼（Habelmann）唱〈白衣女郎〉（La Dame Blanche）中的〈羅賓・阿戴爾〉（Robin Adair）。對我來說，這是華盛頓的春天最令人愉快的時候，一些最好相處的參議員家庭會待到六月，所有的客套都會被擺到一旁。」㉖幾天之後，瑪麗寫了一封短信給桑納，告訴他，她會寄拿破崙三世的《凱撒大帝》手稿給他。她剛剛才從國務院那邊拿到，她知道他一定會有興趣。瑪麗保證：「在接下來的夏天，我一定會自己好好細讀。對於熟悉的可愛法文，我居然荒廢了這麼久。」㉗

林肯的兒子泰德跟他的母親一樣，擁有「四月天一樣多變的性格，前一秒鐘還在陽光般地放聲大笑，下一秒鐘就會哭到好像（他的）心快碎了一樣」。㉘畫家法蘭西斯・卡本特描述過一件插曲。內戰攝影師馬修・布雷迪的團隊曾經把他們的器材放在一間泰德當作小劇院的空房間裡。泰德「非常生氣，他們居然沒有經過他的允許就用了他的房間」，他把門鎖上，然後把鑰匙藏起來，讓攝影師沒有辦法拿他們的化學藥劑跟裝備。卡本特拜託泰德把門打開，但泰德拒絕，最後總統必須親自出面。總統離開辦公室，幾分鐘之後拿著鑰匙回來。林肯告訴卡本特：「雖然我去找他（泰德）的時候，他的情緒很激動，但我告訴他：『泰德，你知不知道你爲你的父親帶來了很多的麻煩？』他哭了出來，馬上把鑰匙交給我。」㉙

不過，約翰・海伊回憶，大部分的時候泰德都「精力充沛」，「他健康又活潑，不是在惡作劇，就是在進行冒險旅程，讓整個房子裡生氣勃勃」。「總統住宅陰鬱的走廊裡」，從早到晚「都能聽到他響亮的笛聲……總統在半夜疲憊地放下筆時，通常會發現他的小搗蛋鬼不是睡在他的桌子底下，就是在壁爐邊烤著他鬈鬈的頭髮。這時高大的頭兒會把孩子抱起來，把想睡覺的甜蜜負擔扛在他的肩膀上，然後緩緩地往床邊走去。他走過門的時候必須彎身，經過吊燈的時候也必須躲開。」

雖然泰德從來不曾愛上書本，而且「覺得學拼字是在浪費時間」，但他頭腦聰明，擁有敏銳的直覺，很會看人。海伊讚嘆：「他看不起諂媚跟求官的人，但他常常在看到等在前廳的貧窮寡婦跟衣衫破爛的士兵時，卻會同情他們。」泰德喜愛冒險的天性以及天生的聰明才智，讓他一旦完成學業之後，將會有光明的前景。林肯全心全意地愛著他這個「小搗蛋」。[30]

* * *

三月底，林肯、瑪麗跟泰德一家三口前往城市峽拜訪格蘭特將軍。對於林肯來說，這趟爲期十八天的旅程是四年以來他離開華盛頓最久的一次。格蘭特是在妻子茱莉雅（Julia）的建議下發出了邀請。茱莉雅時常爲報上「總統憔悴的面容」感到心驚。一開始，格蘭特有點擔心發邀請函給總統是否妥當，因爲總統「不需要邀請」就可以造訪，[31]但三月二十日的時候，他還是寫了一封短信給林肯：「您是否能造訪城市峽一兩天？我非常希望能夠見到您，而且我想，休息一下對您會有好處。」[32]

林肯很喜歡這個主意，他要海軍部安排一艘船載他南下。副部長福克斯接到這個任務後不是很開心，因爲他認爲「總統如果進行這趟旅程的話，會是很危險的一件事」。[33]爲了把危險降到最低，福克斯命令快速砲艇蝙蝠號（Bat）的指揮官約翰・伯恩斯（John Barnes）馬上到華盛頓向他報到。海軍馬上動員改裝這艘武裝船的內部，「讓總統把蝙蝠號當作自己家的時候，能夠感覺到舒適。」福克斯把伯恩斯帶到白宮，了解林肯可能會需要什麼樣的餐點跟設備。林肯告訴伯恩斯，「他不需要豪華的東西，只要簡簡單單的食物跟一般的擺設就可以了——對我來說夠好的東西，對他來說就已經夠好了。」於是伯恩斯回到海軍造船廠監督蝙蝠號的改裝。

隔天早上，林肯又把伯恩斯召回白宮。林肯感到不好意思，船工前天晚上已經爲了改裝船隻連夜趕工，但現在可能又要追加更多的工作。林肯帶著歉意解釋：「林肯夫人決定陪他到城市峽，不知道蝙蝠號是不是有辦法讓林肯夫人還有她的女僕也能搭乘。」這個消息「以水手的話來說」，就像是「強風一下子『迎面打來』」，讓伯恩斯措手不及。伯恩斯知道那艘簡單的船「完全不適合婦女在裡頭起居，而且就算改裝也沒有辦法」。他回到造船廠，「蝙蝠號所有的改裝都被下令停止，改由大河女王號接手。」計畫的改變讓福克斯特別心煩意亂，他「認爲這件事令人遺憾，由於林肯夫人執意要陪伴總統」，結果不得不讓交通工具換成「沒有武裝、脆弱的江輪，這樣一來，總統很容易就會淪爲攻擊的目標，整個暴露在危險之中」。福克斯要伯恩斯駛著蝙蝠號跟著林肯的汽船，但做了這個安排之後，他仍然非常擔心。林肯知道風險，但他仍然保持著輕鬆愉快的心情，「用非常風趣的話」評論讓女士搭船的問題。[34]

總統一行人包括陸軍上尉查理・B・潘諾斯（Charles B. Penrose）、泰德、瑪麗、瑪麗的女僕，還有林肯的侍衛克魯克（W. H. Crook），他們在三月二十三日禮拜四下午一點的時候，從第六街的軍械碼頭（Arsenal Wharf）出發。[35]史坦頓已經病了好幾天，但他不顧妻子艾倫的勸阻，還是搭了馬車去幫林肯送行。他遲到了幾分鐘，到達碼頭的時候，大河女王號已經出發了。[36]史坦頓擔心著總統的安危，一個小時後他開始驚慌，因爲有「一陣颶風掃過全城」。[37]《前鋒報》的華盛頓通訊記者報導：「可怕的暴風加上閃電造了很大的破壞」，「第六街上一間工廠的屋頂被吹到街上，砸到一輛出租馬車，幾匹馬跟車夫都被壓在底下。」[38]部分街區的樹木被吹得東倒西歪，房子也被摧毀，「河上的汽船跟帆船都不停地劇烈搖晃」。[39]晚上八點四十五分，史坦頓下床衝到戰爭部發電報給林肯：「雖然您一啟程之後就狂風大作，希望您已經安全抵達眺望峽了……請您在抵達城市峽後通知我一聲。」[40]

在此同時，林肯正在好好享受他的旅程。泰德在船上跑來跑去，探索著船上的每一個角落，並跟船員做朋友。林肯一直待在甲板上，他「凝視著城市，直到看不見爲止」。離開甲板後，他興致高昂地聽大河女王號的船長述說冒險故事，聽他是如何在戰爭開始時追逐逃脫封鎖的船隻。克魯克回憶：「他上床睡覺的時候，幾乎已經是半夜了。」

克魯克跟泰德睡在同一間房間，「他在熟睡中」被瑪麗「驚醒」。瑪麗解釋：「晚上變冷了，我過來看看我的小寶貝蓋的被子夠不夠」。深夜時，克魯克再度被劇烈搖晃的汽船弄醒，感覺好像船「正在慢慢爬上一座小山的一面，然後從另外一面俯衝下去」。隔天清晨，克魯克仍然在暈船，但他發現這趟顛簸的旅程顯然完全沒有影響到林肯，而且總統看起來得到了充分的休息，還說自己「感覺好極了」，「充分享用了」早餐提供的「美味的魚」。㊶

瑪麗回想起她的丈夫這最後一次的城市峽之旅時，總是充滿著懷念：「他精神抖擻」，因為戰爭「已經接近尾聲了」。他卸下了每日沉重的工作，「充分表現出個性爽朗的一面」，而且到了「近乎孩子氣的程度，充滿了歡樂。這樣的他讓我想起了他原本的個性，我永遠都懷念那樣的他，就像在我們自己的家一樣——無憂無慮，身邊被摯愛的人包圍著。」㊷

克魯克回憶大河女王號抵達城市峽的時候，「那時是二十四日的晚上」。他永遠都記得眼前遼闊的景象：「停靠在港灣裡的船隻散發著五彩的光芒，峭壁上城鎮的燈光也四處散射，格蘭特將軍的總部位於制高點，如同王冠一般閃閃發亮。」㊸

林肯剛成為上尉的兒子羅伯特在林肯一行人抵達之後，陪同格蘭特將軍夫婦一起去見林肯。將軍夫人茱莉雅回憶：「我們親切的總統站在梯板上跟大家打招呼，他讓我挽著他的手臂，帶我們去見林肯夫人。」㊹男人們讓兩個女人互相作伴，然後一起進到總統的房間簡短地商量了一下事情。克魯克記錄，「後來林肯夫人顯得心情特別好」，她感到放心，因為格蘭特將軍預估戰爭就快要結束了。格蘭特夫婦離開之後，林肯跟瑪麗「興致非常高昂」，一直聊天聊到很晚。㊺

林肯夫婦隔天在下甲板吃早餐的時候，羅伯特過來通知早上的閱兵計畫可能必須延期，因為叛軍在距離只有八哩遠的斯迭曼堡（Fort Stedman）發動了攻擊。李將軍在格蘭特跟薛曼將軍的夾攻下，決定放棄彼得斯堡，把軍隊往南移到北卡羅萊納州，希望能跟約翰斯頓將軍會合，並讓薛曼跟格蘭特的軍隊無法集結。放棄彼得斯堡也代表著里奇蒙會陷落，但這是李將軍拯救部隊的唯一方法。南軍攻擊斯迭曼堡是想要殺開一條血路，讓聯邦軍措手不及。雖然如此，在幾個小時之內，格蘭特的手下又成功地奪回斯迭曼堡，維持了原來的戰線。㊻

用過早餐之後，林肯走上格蘭特位於峭壁上的總部，一同擬定拜訪前線的計畫。總統一行人行經戰役的發生地時，發現雙方的交戰顯然比一開始想像的還要慘烈。伯恩斯回憶：「我們前方的地面仍然橫躺著屍體與受傷的士兵」。南軍的死傷人數接近五千人，北軍則超過兩千。負責掩埋屍體的士兵已經出動，救護馬車也忙著運送傷患到醫院，軍醫則正在照顧那些仍然躺在戰場上的人。一條被擄獲的南軍士兵長龍走過去的時候，「林肯注意到他們憂傷的神情與不幸的境遇……他的整張臉顯露出對於身邊苦難的同情」。回程的路上，林肯說：「自己已經看夠了戰爭的恐怖，他希望戰爭已經進入尾聲，不會再流血，也不會再有破碎的家園。」[47]

林肯在米德將軍的總部發電報給史坦頓：「我的所在地離今天早上的事件發生地距離不到五英里」，「我親眼見到戰俘，數量看起來跟米德的報告差不多，共一千六百人」。[48]史坦頓對於林肯離前線那麼近感到心神不寧，他回電：「希望您不會忘了哈里森將軍（Harrison）在蒂珀卡努戰役（Tippecanoe）中建議士兵的話：你們『可以離遠一點看』。」[49]但對於戰場上熱烈歡迎林肯的將士來說，林肯親赴前線可以展現出「他不害怕跟他們同在，只要有機會，他願意一起共赴危險，就如同平時，即使他人在遠方，他也分享了他們勝利的喜悅」。[50]

那天晚上林肯坐在營火旁，霍勒斯．波特覺得他整個人的神色似乎變得「嚴肅」許多，「連講話也比平常嚴肅」。毫無疑問的，戰場上士兵的可怕景況無法被輕易拋到腦後。夜越來越深的時候，總統重振自己的精神，用最有趣的方式向統率的將軍以及幾位幕僚講述公眾事務，並用他無人能及的小故事來說明他想談論的主題。[51]眾人準備散去的時候，格蘭特問：「總統先生，您是否曾經懷疑過我們眞的能達成我們所追求的理想嗎？」林肯回答：「一秒鐘都沒有」。

格蘭特接著又把話題轉向特倫特號事件。格蘭特表示，蘇爾德在去年夏天造訪的時候，曾經就這個複雜的事件給過「一個非常有趣的說法」。總統回答：「是的，蘇爾德把所有的國際法都給翻遍了，就這個主題全副武裝地進行內閣會議，我們全盤考量過這個案件，但當時的戰況太緊急了，最後很快決定要釋放人犯。那是一個難以吞嚥的苦藥，但我願意相信，英國在這件事情上的勝利只是短暫的，我們成功中止內部的戰爭後，我們就會變得很強大，英國必須爲強加在我們身上的羞辱負起責任。」

林肯又說：「我覺得這件事就很像是伊利諾州的那個故事一樣，有一個人病得很重，醫生告訴他他大概沒有幾天好活了，如果他這一生有什麼仇人的話，應該趕快跟對方和好。病人說他最痛恨的一個人就是隔壁村的布朗……所以大家找來了布朗。病人看到布朗之後，用跟摩西一樣和順的語氣告訴他，自己在死之前想跟所有的人和好，他希望他們兩個人可以握手言和，忘掉所有的仇恨。布朗看到這樣的景象覺得很難過，他拿出手帕開始擦拭眼中快要滿出來的眼淚……他們開始告別，即使是最鐵石心腸的人都會軟化。告別完之後，布朗向門口走去準備離開，此時病人用手肘把自己撐起來並叫住他：『布朗，但你注意了，萬一我好起來的話，我們之間的恩怨同樣算數。』所以我想，如果我們的國家恢復了健康，我們可能會希望我們跟英國之間的恩怨仍然算數。」52 在場所有人開始大笑，愉快的夜晚就這樣結束了。

星期天的早上，大河女王號載著總統一行人順流而下，波特上將的小型艦隊正在等著他們，「裝飾著旗幟的船隻排成兩排，甲板上的人員熱烈歡迎他們。」伯恩斯回憶，每艘船經過的時候，林肯都「揮舞著手上的高帽，好像在跟同鄉的老朋友打招呼一樣，而且看起來開心地像個小男孩似的」。林肯在波特的主艦上用午餐，接著大河女王號又往維吉尼亞的艾肯灘頭（Aiken's Landing）駛去。依據行程的安排，林肯一行人將在那裡換乘交通工具。林肯將跟格蘭特將軍一起騎馬到四哩以外奧德（E. Ord）將軍的營地，瑪麗還有格蘭特夫人茱莉雅則會搭乘救護馬車跟在後頭。伯恩斯記下當時的情況：「他們騎著馬一路穿越了樹林跟沼澤，總統興致高昂，先是跟格蘭特將軍說笑，接著是跟奧德將軍聊天。」幾位男士先行抵達閱兵場，然後決定不等女士們到達就開始閱兵，因爲部隊已經等了好幾個小時，連午飯都還沒吃。奧德將軍的太太瑪麗（Mary）問：「林肯夫人跟格蘭特夫人都還沒到，她如果跟著參加閱兵是否合適？」結果得到的答案是：「當然沒問題，一起來吧！」53

在此同時，載著女士們的救護馬車則一路顛簸不已。馬車行經的路面是用一根根的木頭鋪成的，每次遇到木頭比較凸出來的時候，車內的乘客就會被彈到空中。瑪麗擔心以這種令人痛苦的緩慢速度前進，會讓他們無法及時趕上閱兵，所以下令要車夫加快速度，但這只是讓情況變得更糟，因爲「馬車接下來的一個大震動又讓乘客從座位上彈了起來」，這次所有人的頭一下子撞上馬車頂。負責護送女士的波特回憶，當時瑪麗「堅持要下車用走的，但地面太泥濘了，爛泥巴幾乎高到車軸的中心點，我跟格蘭特夫人勸她，我們最好還是待在馬車上，這輛車是我們唯一的避難方舟」。54

瑪麗終於抵達閱兵場的時候，她看到美麗的奧德夫人騎著馬跟在林肯的身邊，那個榮耀的位子應該是屬於她的。瑪麗衝上前去，「在所有將士面前，用下流的話」辱罵奧德夫人。一位目擊者說，奧德夫人「當場哭了出來，問自己做錯了什麼，但林肯夫人不肯罷休，繼續罵個不停，直到她累了爲止。格蘭特夫人試著要幫助朋友，所有人都被嚇壞了」。㊺

那天晚上吃飯的時候，瑪麗仍然怒氣未消，她的丈夫顯然十分痛苦。伯恩斯上校感到十分驚奇，林肯對於瑪麗的態度「永遠都那麼柔情，非常親切，又非常體貼，眞心眞意，看過他們兩個在一起的樣子的人，都會印象深刻」。㊻林肯知道自己的太太在明天早上醒來的時候，就會對自己當衆發飆而感到羞愧不已，所以他不想再刺激瑪麗。也許事情就像瑪麗的傳記作者所說的一樣，瑪麗在車上撞到頭的時候，引發了偏頭痛，所以才會有這次不理性的暴怒事件。㊼不知道是因爲身體不舒服，還是因爲太丟臉了，接下來的幾天，瑪麗都待在自己的艙房裡。

此時薛曼將軍正在前往城市峽的路上。他的軍隊在北卡羅萊納州的戈爾德斯波洛（Goldsboro）停下來補給，所以他有幾天的時間可以拜訪格蘭特將軍，一起討論最後的攻擊行動。㊽薛曼抵達的時候，他跟格蘭特都急著問候對方，「他們兩個像兄弟一樣手緊緊握在一起」。霍勒斯・波特覺得，「他們兩個人碰面的時候，比較像是兩個小學生在放假完之後再度見面的情景，不像是在一場壯烈的戰爭悲劇中，兩個主要演員遇見對方的時候。」兩人談了一小時之後，便走到碼頭邊登上大河女王號去見總統。㊾林肯「用溫暖的態度跟言語」問候薛曼，讓薛曼將軍永生難忘，接著林肯展開了一場「熱烈的對話」，一直詢問薛曼是如何從沙凡那跋涉到戈爾德斯波洛。

他們一路談到天黑，最後薛曼跟格蘭特都同意，「戰爭在結束之前，可能會再發生一場血腥的戰役」。他們認爲李將軍現在唯一的選擇，就是撤到南北卡羅萊納州一帶。李將軍把自己的部隊跟約翰斯頓的部隊集合起來之後，可能會孤注一擲，對薛曼或格蘭特展開攻擊。林肯問：「一定還要流更多的血嗎？不能避免最後一場血腥的戰役嗎？」兩位將軍解釋，這不是他們能決定的，一切都要看李將軍要採取什麼行動。㊿

隔天三月二十八日的早上，薛曼跟格蘭特在波特上將的陪同下，回到了大河女王號，這次他們在船上的交誼廳裡談了很久。戰爭即將進入尾聲，薛曼問林肯：「打敗叛軍後，該怎麼處理他們？另外，又要怎麼處理政治領袖，像是戴維斯等人？」薛曼得到的答案是：「他只要我們打敗敵軍，讓南方聯盟的士兵能夠回家，讓他們能夠在自己的農場上工作，或是在自己的小工廠裡工作。」[61] 他不要報復，也不要懲罰，「讓他們有自己的馬可以耕田，甚至讓他們有自己的槍可以射烏鴉。我不要任何人受到懲罰，要寬宏大量地對待他們。我們要這些人重新對聯邦效忠並服從律法。」[62]

至於傑佛森・戴維斯跟其他南方的高層政治領袖，林肯不能公開表示自己的想法，但他私底下其實希望他們能夠用某種方式「逃離這個國家」。薛曼回憶：「他跟平常一樣，用故事來表達他內心的想法：『有一次有一個人發誓自己以後會滴酒不沾。他去拜訪朋友的時候，朋友邀他一起喝一杯，他拒絕了，說自己發過誓了。朋友說那就來杯檸檬水吧，（那個人）同意了。朋友在準備檸檬水的時候，指著白蘭地的瓶子說，如果加一點點的酒的話，檸檬水會更好喝。結果那個發誓戒酒的人說：如果這個朋友可以在不知不覺中偷偷加，『不要讓他知道』的話，那他不會反對。」薛曼馬上就了解了林肯的意思：「林肯先生想讓戴維斯逃跑，但『不要讓他知道』。」

下午，薛曼離開城市峽回到部隊，爲可能即將來臨的戰役做準備。薛曼跟總統告別，他「對於總統仁慈的天性感到更敬佩了，總統對於所有人民的苦難，都發自內心感到深深的同情」。總統「完全相信戰場上的士兵，相信他們的勇氣，相信他們的男子氣概，以及他們的氣節」。的確，「總統的臉疲倦又憔悴，但他開口的時候，他的臉就會亮起來，他高大的身軀好像伸展開來，他是幽默跟友誼的化身。」十年之後，薛曼仍然堅信林肯的領導能力是沒有任何人能比得上的，「在所有我遇過的人之中，他的性格似乎比所有人都還要崇高，而且非常仁慈。」[63]

隔天一大早，林肯就走進火車站跟格蘭特將軍道別。格蘭特將軍預備前往前線督戰，他們希望那會是李將軍最後的一次進攻。霍勒斯・波特回憶，當時林肯心情沉重，因爲想到又要發生戰役了，「自從他抵達軍事總部後，從來沒有看起來這麼嚴肅過。」「他臉上的皺紋似乎加深了，黑眼圈也更嚴重了。」火車駛離月台的時候，格蘭特跟他的部下脫帽向總統致敬。林肯「無法隱藏自己的情緒，他用沙啞的聲音」對眾將士說：「再見了，各位，上帝保佑你們每一個人！」[64]

格蘭特離開城市峽的時候，蘇爾德正準備南下去見林肯。威爾斯猜想：「我想一定是總統發了電報給他，如果真的是這樣子的話，我想總統又再為和平做努力了。我不確定這樣不合常規的做法，以及執政者這樣的一意孤行，是否會是最明智的做法。」[65]《論壇報》也有同樣的看法：「就算是只有平常智商的人，都不會認為合衆國的總統居然會在這種時候還決定南下到前線，而且只是為了要去玩跟休個假，就算說是要去調養身體也不太可能。」《論壇報》的社論認為，「這很明顯，不可能有誤」，林肯一定是希望「能夠在回程的時候把和平帶回來」。[66]

如果能夠「在回程的時候把和平帶回來」，林肯一定樂於這麼做，但他去城市峽的時候，並沒有準備要舉行更多的和平協商。事實上，林肯的確是去「轉換一下空氣，休息一下」。[67]此外，林肯此行也是為了「躲避窮追不捨的訪客」，[68]而最重要的目的，其實是要強調他的方針：格蘭特只能針對投降協定或純軍事的問題跟李將軍展開對談，「不能決定、討論或協商任何政治問題。此類的問題總統會親自處理。」[69]林肯希望確保他對於叛軍的寬大政策，不會被希望懲罰南方的主張所破壞。

林肯離開華盛頓一個禮拜了，他知道桌上的公文一定堆積如山，但他還沒準備好要回去。三月三十日，林肯發電報給史坦頓：「我希望完整了解格蘭特將軍目前的動向，而在那之前我不希望離開。他昨天早上就出發了……昨天晚上十點十五分的時候，天很黑又下著雨，沒有任何的月光。彼得斯堡的附近出現了猛烈的砲火攻擊聲，接著是一陣槍響，攻擊持續了兩個小時，從這裡也聽得很清楚，雲層上是槍砲的火花，感覺起來是一場大型的戰役，但這裡身經百戰的士兵幾乎沒有什麼感覺。而的確，今天早上就發現幾乎沒有發生什麼事。」[70]史坦頓馬上回覆：「我希望您能夠在那裡待到最後，或至少多待個幾天。相信您在那裡會讓官兵士氣大振，我們將會拿下里奇蒙；跟拿下里奇蒙相比，其他事的重要性輕如鴻毛……軍隊如果現在停下來的話會有麻煩。如果您在那的話，軍隊就不會停歇。這裡一切都正常。」[71]

非常可能是去陪林肯的蘇爾德只待了兩天。四月一日，他陪瑪麗回到華盛頓。林肯夫婦顯然決定在瑪麗當衆發飆之後，她最好回到白宮，遠離愛打探的記者。此外，林肯告訴瑪麗，他夢見白宮失火了，瑪麗想要回去親自確認是否一切都沒事。[72]瑪麗一搭上北上的汽船之後，心情馬上就好了起來。乘客之一的卡爾・舒茲在這趟旅程中跟瑪麗聊過天，他寫信給妻子：「她怪我怎麼沒去拜訪她，堅持要我去她府上，最後還用她的禮車載我到我住的旅館。我在幾個小時內所聽到的國家祕聞，比我一整年聽到的還要多……她真是個讓人驚奇的人。」[73]

那天林肯一直跑到城市峽的電報室，焦急地等待著格蘭特的消息。他回到大河女王號的時候，看到遠方「大砲發出閃爍的光」，知道彼得斯堡戰役開始了。克魯克回憶：「他幾乎整個晚上都在甲板上走來走去，有時候會停下來往黑暗中聽一聽或望一望，看自己能不能看到什麼東西。我從來沒有看過任何人的臉上，有他那天晚上那麼痛苦難熬的樣子。」[74]

這場戰役戰況激烈，但到了早上的時候，聯邦軍已經突破彼得斯堡外圍的防禦線，幾乎已經要攻進李將軍設於特布爾之家（Turnbull House）的軍事總部。李將軍知道已經撐不住了，他命令手下的軍隊撤出彼得斯堡跟里奇蒙。[75]林肯接到消息，格蘭特已經「從河的下游到上游完全包圍了彼得斯堡」，並且俘虜了「大約一萬兩千名士兵」。[76]格蘭特邀請總統隔天到彼得斯堡拜訪他。

隔天一大早，林肯從豪華的大河女王號換到波特上將小巧的主艦馬爾文號（Malvern）。波特回憶，當時他擔心船內的空間太小了，想把自己的床讓給林肯，「但他堅定地拒絕了」，最後「選擇了只有六呎長、四點五呎寬（約一百八十二公分乘一百三十七公分）的最小間的房間。」隔天早上，林肯堅稱自己「睡得很好」，但又開玩笑地說，「你不能把一把長刀放進一個短鞘裡」。波特知道以總統六呎四吋的身高（約一百九十二公分）來說，睡覺時身體一定有很長的一部分必須懸在床外。波特要木匠把牆打掉，讓房間跟床都可以加大。林肯隔天早上醒來的時候，高興地宣布，「昨天晚上發生了前所未有的奇蹟：我的身高縮水了六吋（約十五公分），身體的寬度也縮了大約一呎（約三十公分）。」[77]

格蘭特正在彼得斯堡市集街（Market Street）上一棟「前面有庭院、看起來很舒服的磚造房子」裡，等候著林肯。[78]林肯去見格蘭特的時候，必須騎馬穿越滿是屍體跟傷兵的戰場。多年後，他的侍衛克魯克仍然可以清楚回憶：「有一個人的額頭被子彈射出一個洞，另一個則是雙臂都被炸掉了。」克魯克描述，當時林肯看著四周讓人悲痛的景象，「他臉上憂傷的皺紋又出現了」，[79]但林肯見到格蘭特的時候，已經再度重振精神。格蘭特的副官霍勒斯・波特看著林肯「從街上下馬，邁著大步伐快速地從前門走進來，臉上神采飛揚。格蘭特將軍向前迎接他的時候，他一把緊緊握住將軍的手，他們握手握了好一陣子」。林肯的神情是如此的興高采烈，波特猜想林肯「這輩子是否有經歷過更快樂的時刻」。

林肯跟他的三星將軍在房子的前廊上，談了將近一個半小時，好奇的民眾不停路過。⑧⓪里奇蒙還沒有消息，但格蘭特預測現在彼得斯堡已經失守，李將軍只能從首都撤退，並沿著丹維爾道（Danville Road）往西走，最後逃到北卡羅萊納州。如果是這樣子的話，那麼聯邦軍會「趕在他前面並阻止他前進」。⑧①格蘭特希望能夠在總統在的時候，就接到他們已經拿下里奇蒙的消息，但一直沒有消息傳來，而格蘭特感覺他必須回戰場了。

林肯回到城市峽後得到消息，由魏特澤爾（G. Weitzel）將軍所率領的聯邦軍隊已經拿下了里奇蒙。林肯對波特上將說：「感謝上帝，我居然活著看到了這一天！我覺得我好像在一場可怕的夢裡活了四年，現在這個噩夢終於消失了。」⑧②

但對於傑佛森・戴維斯跟南方政府來說，噩夢才正要開始。二十四小時之前，震驚的聯盟總統接到了李將軍預計撤退的消息。當時戴維斯正在聖保羅教堂（St. Paul's Church）做禮拜，他坐在他習慣的位子上，然後收到了「一封電報，上頭說李將軍頂多只能撐到晚上，將軍警告（他）我們必須離開里奇蒙，軍隊會在那天晚上開始撤退」。⑧③

當時一位也在做禮拜的人士回憶，戴維斯「馬上站了起來，在眾人的目光下匆促地從教堂走道離開」。⑧④戴維斯召開內閣緊急會議，準備用火車把高層官員以及重要的政府文件載往西南的丹維爾（Danville），並在那裡成立了新首都。⑧⑤軍隊預備撤離的消息傳了開來，民眾開始驚慌，大批的逃難開始了。混亂之中有人放了一把火，原本的用意只是要在聯邦軍隊到達之前把煙草倉庫燒掉，但火勢一發不可收拾，「幾乎把主街（Main street）跟河之間零點七五英里的東西全部燒光」。⑧⑥沿路所有的公共建築物都被燒毀，⑧⑦里奇蒙的《觀察家報》跟《詢問報》也未幸免於難，最後只有海關跟司柏司伍德飯店（Spotswood Hotel）逃過一劫。⑧⑧

里奇蒙在一八六五年四月三日被攻克的消息，在接近中午的時候傳到華盛頓的戰爭部。當電報傳來「這是四年來你們第一次從里奇蒙收到電文」，電報員從椅子上跳了起來，對著窗戶大喊：「我們拿下里奇蒙了」。⑧⑨消息馬上「一傳十、十傳百」，⑨⓪「好像變魔術一樣，街道上一下子擠滿了人群，他們用著最興奮的心情交談與大喊大叫。」[91]《前鋒報》記者報導，許多人「像孩子一樣哭了起來」，「人們在街上互相擁抱、親吻，多年沒說話的朋友也握手言歡，重拾友誼。」[92]

群眾聚集在戰爭部前大喊史坦頓的名字。史坦頓已經有好幾個晚上沒有離開崗位了，助手A・E・強森回憶：「他像一片葉子一樣搖搖晃晃的，他的聲音哽咽。」[93]史坦頓首先「向全能的上帝表達了感激之情，感謝祂解救了這個國家」，接著他「感謝總統，感謝陸軍跟海軍，感謝陸上跟海上優秀的指揮官，他也感謝勇敢的將士，他們在戰場上冒著生命危險浴血奮戰，血染紅了地面」。[94]史坦頓「情緒非常激動，他哽咽到話不成話」，[95]但他說完之後，群眾報以熱烈的歡呼。

當時蘇爾德也在戰爭部等著北軍拿下里奇蒙的消息，史坦頓發表完感言之後，群眾接著要蘇爾德出來講話。蘇爾德知道這個光榮的時刻是屬於史坦頓的，所以他只發表了簡短的幽默感言。他首先表示，他認為內閣應該要換部長了：「前幾天我出發前往『前線』，但我抵達城市峽的時候，他們告訴我前線在哈企司道(Hatcher's Run)。等我趕到那裡去的時候，他們又說不在那裡，在別的地方。等我回來的時候，部長又告訴我前線現在彼得斯堡，但我還沒搞清楚狀況的時候，他們又告訴我是在里奇蒙，然後是里奇蒙的西方。現在我交由大家來公斷，究竟這樣的戰爭部長是個什麼樣的戰爭部長。」[96]群眾發出「熱烈的歡呼」，[97]「容光煥發」的史坦頓讓大家合唱〈星條旗之歌〉。[98]

各家報紙搶著發出特刊。《星報》報導：「想買報紙的人一直冒出來，我們的印刷機怎麼樣趕都來不及」。[99]《前鋒報》二百名送報員把報紙送到全城裡的每一個角落，[100]他們「如同一支艦隊用飛快的速度前進，連呼吸的時間都沒有，而且全神貫注，就好像是**憤怒的化身**帶著它宣誓開戰的血十字一樣。」報紙的頭條寫著**獨家！光榮的一刻！里奇蒙完蛋了**！並告訴讀者黑人軍隊是第一個進城的軍隊。[101]如果還有人沒聽到送報童的呼聲，那麼聽到史坦頓下令發射的八百聲砲響也會知道他們贏了。[102]

那天晚上樂隊行經大街小巷，政府部門的窗戶旁點滿了光亮的蠟燭，家家戶戶的屋頂旗海飛揚。蘇爾德在史坦頓家跟一群賓客共進晚餐，[103]那天晚上唯一美中不足的地方，是史坦頓跟蘇爾德仍然在擔心林肯的安危。[104]參加晚宴之前，蘇爾德告訴詹姆士・史匹德他正在擔心：「如果有人進行暗殺行動的話，現在可能就是時機點。」蘇爾德告訴史匹德，現在他們已經拿下里奇蒙了，「南方人可能會覺得世界末日降臨了」。從歷史經驗可以知道，在這種時候，絕望的人可能會採取孤注一擲的行動，而「總統是聯邦最明顯的目標，他是最可能被攻擊的人」。蘇爾德知道史匹德邀請瑪麗在兩天後跟他一起回到城市峽，所以蘇爾德拜託他「警告總統這個危險」。

史坦頓一直在擔心總統的安危，他不需要提醒就知道，現在的情況比之前所有時候都還要危險。他試著阻止林肯前往彼得斯堡，請他「想一想萬一您出了任何事的話，國家將會陷入多大的危險」。史坦頓指出，軍事將領「因為職責所在的緣故」，必須冒這種風險，但政治領袖的「情況不一樣」。[105]林肯接到史坦頓的電報時，已經從彼得斯堡回來了，他感謝他這麼關心他，並保證「他會照顧（自己）」，然後同時也告訴史坦頓他隔天要前往里奇蒙。[106]

四月四日禮拜二早上八點的時候，林肯踏上歷史上著名的里奇蒙之旅。[107]馬爾文號接近城市附近的航道時，水面被「各種殘骸」堵住，包括「死掉的馬匹、毀壞的砲台、碎成千百片的船隻」，以及漂浮的魚雷。林肯等人不得不換到艦上沒有動力的接駁船，由海軍所駕駛的一艘小拖船拖著。拖船靠岸之後，再由十二位海軍士兵划船載總統上岸。水上的情況讓克魯克感到焦慮：「我們前進的時候，魚雷就在我們的兩側，只要伸出手就摸得到。」[108]

波特上將回憶：「我們已經派出好幾艘船，而且讓所有的船桅上都掛著旗幟，希望能夠用適合合眾國總統身分的方式，進入那座被攻克的首都，而我們現在正乘著孤立的一艘船。」眼前的緊張情形完全沒有影響到林肯，他開心地說了一個故事：曾經有一個人想跟他要很高的領事館館長位子，「那個人發現他無法如願之後，他的要求降低了，要求比較小的位子，到最後他只要求當海關稽查員而已。當他發現他也沒有辦法當海關稽查員之後，他問我能不能給他一條舊褲子。人還是謙卑一點的好。」[109]

總統一行人登陸之後，林肯被一小群黑人勞動者圍繞，他們呼喊著：「感謝主！……偉大的彌賽亞降臨了！……榮耀主，哈利路亞！」一個人首先跪了下來，接著好幾個人也跪了下來。林肯說：「不要跪我，那是不對的，你們只應跪在上帝面前，並感謝祂給了你們將會享有的自由。」[110]所有人站了起來，手牽著手開始唱讚美歌。原本「空無一人」的街道，「突然間活了起來」，一群群的黑人「從山坡跟水邊衝了出來大聲歡呼」。[111]

林肯走過街道的時候，越來越多的民衆跟在他的後面。波特上將回憶，「那天天氣暖和」，高大的林肯「身高超過現場的每一個人」，很容易就能看到他。⑫兩哩多的路上，幾百張白色臉孔從房屋的窗戶內好奇地看著這個瘦高的人，而「林肯則是跨著平日隨意的大步伐，帶著興味看著身旁的一切」。⑬

一行人安全抵達魏特澤爾將軍的總部後，林肯的侍衛終於鬆了一口氣，剛才經過街道的時候，他瞥見一扇窗內有個穿著南軍制服的人拿著槍對準林肯。⑭魏特澤爾跟手下的軍官進駐傑佛森・戴維斯兩天前剛拋下的灰泥官邸。伯恩斯上校回憶，林肯走進南方聯盟總統「裝潢舒適」的辦公室後，他走向「房間裡的安樂椅並坐了下去」。對於在場所有的人來說，那感覺是個「最至高無上的一瞬間」，但林肯沒有露出欣喜或勝利的樣子，他輕柔的第一句話只是請人給他一杯水。⑮水馬上就送來了，旁邊還有一瓶威士忌。一個黑人老僕人沒有離開，他告訴在場的人，「戴維斯夫人要他留下來替北方佬顧好房子」。⑯

南軍的副戰爭部長約翰・坎貝爾前來見林肯的時候，林肯已經在戴維斯的官邸裡繞了一圈，似乎「對每一樣東西都有興趣」，⑰並跟魏特澤爾將軍的幕僚見了面。林肯歡迎兩個月前曾在漢普頓錨地會議見過面的坎貝爾，後世仍在爭論當時他們兩個人談了什麼，一般猜測，林肯當時仍在擔心李將軍可能會發起最後的戰役，所以他同意讓維吉尼亞州的州議會召開會議。因爲根據了解，州議會將取消脫離聯邦，並從戰場上撤回軍隊。⑱

那天下午總統乘著一輛敞篷馬車穿越里奇蒙這座城市，他跟他的隨員發現州議會大廈凌亂不堪，顯然所有人是在匆忙之中撤離的，桌子東倒西歪，一袋一袋的聯盟臨時貨幣被丟棄在地上，許多的重要政府文件散落得到處都是。他們終於回到主艦的時候，波特上將跟克魯克都大大鬆了一口氣⑲，他們一整天都在擔心林肯的安危，克魯克後來說：「居然沒有人試著取（林肯的）性命，眞是奇蹟。南方不朽的榮光讓他可以平安地來去自如。」⑳

當天晚上林肯在馬爾文號上過夜。在此同時，在國務卿的命令下，美國首都所有的公共建築燈火通明。諾亞・布魯克斯記錄：「整座城市放著煙火，每個角落都掛著不同的燈飾，街道閃閃發亮，壯觀極了」，㉑好像「全華盛頓的人」都湧到了街道上慶祝勝利，觀賞著由「千萬根蠟燭」所構成的壯觀景象。㉒

蘇爾德也加入了慶祝的行列，但他仍然憂心忡忡，隔天他告訴威爾斯他找了一艘緝私艇載他到里奇蒙，他手上有重要的文件需要總統馬上批閱。威爾斯在日記上寫著：「他急著想見總統，那些都只是他想出來的藉口而已。」[123]

蘇爾德離開威爾斯後沒多久，就因爲一場馬車意外差點送命。蘇爾德的女兒范妮跟朋友瑪麗・提多（Mary Titus）來到海軍部前面，準備跟父親還有哥哥費德「跟平日一樣」在下午乘車出遊。馬車走到佛蒙特大道的時候，馬車夫停下來關車門，因爲之前沒有關好，但馬車夫還沒坐回駕駛座，馬就突然暴衝，[124]「拉扯著韁繩把駕駛甩了出去，好像一個人提著尾巴把一隻貓甩出去一樣。」[125]費德跟蘇爾德一起跳出馬車，希望能夠阻止發狂的馬兒，費德安全著地，但蘇爾德在往外跳的時候腳跟勾到馬車，結果他「重重摔在人行道上」，當場不省人事。[126]

范妮在日記上寫著：「幾匹馬一路狂奔，我們一陣天旋地轉，似乎要撞上什麼東西了。」馬車被拉到一條小巷子的時候，幾匹馬「轉了一個彎，我們擦過一棵樹」，然後直直衝向一棟房子的角落。范妮害怕自己「會被撞死」。幸運的是，一個路過的軍人幫忙拉住韁繩，結束了這段恐怖的馬車之旅。范妮衝回父親跌落的地方，驚恐地發現奄奄一息的父親躺在地上，[127]「血從他的嘴角流出來」。[128]一開始范妮害怕父親已經死了。

蘇爾德被帶回家之後兩個小時依舊昏迷不醒。等他終於醒來的時候卻開始胡言亂語，身上承受著劇烈的疼痛，下巴碎了，肩膀也嚴重脫臼。醫生來了之後，范妮聽見臥房裡傳來父親痛苦的叫聲。范妮終於可以見父親的時候，「他滿臉都是淤青，我認不出他的臉……幾乎看不出那個人是他。」

史坦頓接到消息後，飛奔到蘇爾德的床邊。范妮回憶史坦頓「像是一個守在病房的女人一樣」，小心照料著他的朋友，或許史坦頓想起了小時候自己都會陪父親去探訪病患。他「清理著他嘴邊」的血塊，「輕柔地對他說話」，並且在他的床邊待了好幾個小時。[129]史坦頓回到戰爭部後發了一封電報到城市峽，告訴林肯：「蘇爾德先生被摔出馬車，他的肩關節脫臼，頭跟臉上都是淤青，我研判他的情況很糟，我認爲我們需要您在這裡。」[130]

林肯在快要半夜的時候接到這個消息，他通知格蘭特，蘇爾德發生意外，他必須趕回華盛頓，[131]然而在此同時，瑪麗跟她邀請的貴客（包括詹姆士・史匹德、伊莉莎白・凱克雷、查爾斯・桑納、參議員哈倫、尚布崙侯爵〔Marquis de Chambrun〕）正在前往城市峽的途中。隔天天亮，瑪麗發了一封電報給史坦頓：「如果蘇爾德先生傷得不是太重的話，能不能讓總統等到我們抵達城市峽後再離開？」[132]那時軍醫署長已經判定蘇爾德沒有內傷，所以史坦頓通知瑪麗，他「不反對總統留在城市峽」。⑬ 幾個小時之後，史坦頓發電報告訴林肯，蘇爾德的情況正在好轉：「我去看過他，告訴他所有的消息……他神智清醒而且精神很好。」⑭

瑪麗一行人在四月六日中午抵達，林肯帶著他們到大河女王號的會客室，並告訴他們格蘭特最新通報的消息，全都是好消息。⑮ 參議員哈倫描述：「眞是不可思議，他整個人的神態跟樣子都變了，可以說他變成了一個不一樣的人。先前他讓人感到一股難以言喻的哀傷，似乎他就是一個哀傷的人，但一下子他又讓人感到一股難以言喻的安詳與快樂，好像感覺到自己已經完成了人生的重大使命。」⑯ 儘管如此，侯爵不得不讚嘆：「在他身上找不出一絲驕傲之氣，更不要說是自負的態度了。」⑰

訪客前往里奇蒙的時候，林肯留在城市峽等候格蘭特進一步的消息。好消息很快就傳來了：舍利丹將軍的電報上寫著，北軍成功與李將軍撤退的軍隊交戰，他們擄獲了「數千名的戰俘」，其中包括六位將軍。舍利丹預測：「如果我們繼續追擊，我想李會投降。」⑱ 林肯回電報：「那就繼續追擊吧」。⑲

那天晚上，格蘭特夫人茱莉雅陪同林肯的老朋友伊力胡・瓦希本一同參加林肯在大河女王號上舉辦的宴會。衆人說到了如果抓到傑佛森・戴維斯該如何處理。其中一個人說：「不能讓他逃過法律的制裁，一定要吊死他」，但林肯馬上打斷對方：「我們不要批判他人，以免他人評判我們。」⑳

禮拜六的早上，林肯跟他的客人造訪了彼得斯堡。侯爵回憶：馬車駛到一個地方的時候，「林肯要車子停下來」，因爲上次他到彼得斯堡的時候，他發現一棵「又高又漂亮」的橡樹，這次他想要看仔細一點。「他稱讚了那棵樹結實的樹幹以及茂密的枝葉」，那棵樹讓他想起了西部森林的「大橡樹」。㉑ 一行人經過「一座古老的鄉間墓園」時，林肯再度讓馬車停了下來，樹蔭之下開滿了一整片春天的花朵。林肯轉頭對妻子說：「瑪麗，你比我年輕，你會活得比我久。我死了之後，把我的骨骸埋在像這樣寧靜的地方。」㉒ 他們搭火車回城市峽的時候，林肯看到一隻烏龜「沐浴在路旁溫暖的陽光之中」。他要火車停下來，把烏龜帶到車上。凱克雷回憶：「那隻笨拙的小動物在動的樣子似乎讓他很開心」。他們回碼頭的時候，一路上林肯都跟泰德一起「開心地大笑」。㉓

這樣的散心之旅只給了林肯短暫的快樂，因爲下午時，他有個令人心情沉重的拜訪行程。林肯前往探望城市峽受傷的士兵，侯爵回憶：「他從一張病床走到另一張病床，對著每個受傷的將士友善地問候幾句話，或至少跟他們握個手」。在一張病床邊，林肯握住一位剛得到表揚的二十四歲英勇上尉的手，「那位垂死的上尉勉強睜開眼睛，嘴角露出一個虛弱的微笑，然後他的脈搏就停止了跳動。」林肯在受傷的士兵之中待了五個小時，然後筋疲力盡地回到汽船上。侯爵提起法國跟墨西哥的戰爭時，林肯回答：「戰爭已經夠多了，在我的第二任任期中不會再有戰爭。」[144]

那天傍晚大河女王號將返抵華盛頓，格蘭特手下的將士跟幕僚都來送行。林肯原本希望能夠在城市峽待到李將軍投降，但他覺得他應該回去探視蘇爾德。凱克雷回憶：「黃昏的時候，天色暗了下來，燈被點亮，整艘船燈火通明，看起來好像一座漂浮的魔法宮殿」。[145]樂隊上船的時候，林肯要他們演奏法國的國歌〈馬賽曲〉（La Marseillaise），向來自法國的尙布崙侯爵致敬。

尙布崙侯爵回憶，大河女王號在禮拜天駛向華盛頓的時候，「話題轉向了文學」。[146]林肯「拿著一本漂亮的四開本莎士比亞」，[147]然後念出幾個《馬克白》的段落，[148]其中一個段落是新國王在對被自己謀殺的鄧肯國王（Duncan）獻上哀痛的致意：

> 鄧肯躺在墳墓裡：
> 人生陣陣的熱病後他已安歇。
> 叛逆已下了重手：刀劍、毒藥、
> 內憂、外患，沒有任何事物，
> 再能傷害他。

林肯緩緩地念出這個段落的每一行，並讚嘆「這段眞是描寫出了謀殺者的心聲；邪惡的作爲成功後，加害者反而被自己的作爲折磨，甚至開始羨慕死者可以安眠」。[149]林肯朗讀完一遍之後，又朗讀了一次同樣的片段。林肯選擇了這個不祥的段落，讓史匹德馬上告訴林肯，蘇爾德警告過總統現在面臨著更大的生命危險。史匹德回憶：「他馬上阻止我說下去，說他寧願死也不要活在永恆的恐懼之中。」[150]此外，林肯認爲必須「讓人民知道我無所畏懼」。[151]

那天傍晚時間還早的時候，汽船經過維農山莊，尙布崙告訴林肯：「維農山莊跟春田，華盛頓的回憶跟您的回憶，革命與內戰，有一天美國人將會同樣尊敬這些地點跟這些名字。」這段話讓林肯的臉上露出一個如夢的微笑。「春田！眞是令人開心，四年之後，我就可以安詳地回到那裡。」

多年之後，尙布崙仍然對林肯的性格感到深深地著迷：他給人第一眼的印象，「會讓你感到某種隱隱約約深沉的哀傷」，但他又「很幽默」，常常告訴你有趣的故事，並自己大笑起來。「然而突然之間，他又會退回自己的世界，然後他會閉上眼睛，他的整張臉立刻散發出悲傷，那種悲傷無法用文字形容，因爲太深了。過了一會兒之後，他好像用意志甩掉了身上神祕的壓力，甩掉了那個似乎已經讓他彎下腰的重擔，然後他開朗的性格又會再度出現。」[152]

尙布崙這個法國貴族對於林肯不斷變換的情緒感到不解，但林肯的侍衛克魯克認爲自己能夠理解背後部分的原因。他觀察到林肯似乎把戰爭的慘況都深深刻在自己的心裡。在這趟爲期兩週的旅程中，克魯克看到「每次大砲響起的時候，總統就知道又有士兵像割草一樣被砍落在地」，他親眼目睹了林肯所感受到的「痛苦」。每次林肯靠近「彼得斯堡屍橫遍野的戰地」，他都會看到他臉上的哀痛之情。此外，他也察覺到林肯「對於境況悽慘的叛軍俘虜，也同樣帶有不忍的同情」，「看到里奇蒙廢墟裡崇高居民的慘況」，[153]他感到深沉的憂傷。每見到一次受傷的士兵、被俘虜的敵軍，或是被打敗的南方，林肯就會把身邊人的苦痛內化，也難怪有的時候他會被深沉的憂傷給擊倒。即使是他可以迅速恢復好心情的性格，也無法驅散這些陰霾。

＊＊＊

林肯一回到華盛頓就直奔蘇爾德的床邊。蘇爾德的兒子費德回憶：「煤氣燈被調暗，整棟房子靜默無聲，每個人都輕手輕腳地走路並低聲說話」。蘇爾德的情況惡化了，他開始發高燒，醫生也「心情沉重」，擔心他的身體可能無法撐過那些外傷跟休克。[154]法蘭西絲急忙從奧本趕過來，發現丈夫的情況比她想像的還要嚴重：他的臉「傷得很重，又黑又腫，旁人看到他的時候，很難說服自己那就是他；他的聲音完全變了，他下巴斷了，舌頭腫了，幾乎沒有辦法說話。看到他這個樣子讓我心很痛」。不過，蘇爾德的神智「完全清醒」，他跟平常一樣「有耐心，沒有怨言」。[155]

費德回憶：「父親受傷的那隻手極度敏感，就連碰到床單都會讓他痛到受不了。爲了不讓手碰到床單，他躺在床的邊緣，也就是離門最遠的地方。」[156] 林肯進到蘇爾德的房間時，他走到遠處的床邊，坐在纏著繃帶的病患旁邊。蘇爾德有氣無力地用著幾乎聽不到的聲音問總統：「您從里奇蒙回來了？」林肯回答：「是的，而且我想我們已經接近戰爭的尾聲了，我們終於等到了。」[157] 爲了讓兩人間的對話能夠更近一些，林肯躺在床上，用手撐著自己的頭，躺在蘇爾德的旁邊，就好像許多年前他們第一次在麻州見面的時候一樣。范妮進到房內坐下，林肯想辦法伸出他長長的手臂，「讓手可以伸到床尾，並用他一貫和善的方式跟范妮握了手」。林肯告訴他們這次里奇蒙之旅的種種細節，包括他「辛苦工作」握了七千雙的手，就好像他從前在鋸木頭一樣。范妮認爲：「他似乎很滿意這樣的勞動」。[158]

最後林肯看到蘇爾德陷入了他非常需要的睡眠，於是他安靜地起身並離開房間。[159] 蘇爾德嚴重的受傷情形讓林肯心情沉重，但史坦頓衝進白宮帶來格蘭特將軍的電報時，林肯又恢復了精神：「今天下午，李將軍就我提出的條件，率領北維吉尼亞軍團（譯註：南北戰爭時南方的主要兵力）投降了。」[160] 據說總統聽見這個消息後，「開心地抱住了」史坦頓，[161] 然後馬上跑去把這個消息告訴瑪麗。

雖然那個時候已經接近晚上十點了，史坦頓知道蘇爾德會想要被這個消息吵醒。史坦頓把電報念給蘇爾德聽，蘇爾德說：「上帝保佑你」。這已經是那個禮拜天史坦頓第三度來探望蘇爾德。史坦頓說：「不要試著說話」，蘇爾德回答：「你讓我這輩子第一次哭了出來」。[162]

* * *

那天下午在阿波馬托克斯法院（Appomattox Court House）莊嚴肅穆的受降典禮上，格蘭特跟李將軍都風度十足。歷史學家威尼克（Jay Winik）形容：「勝利的將軍氣度寬大，失敗的將軍也同樣優雅且不失尊嚴。」[163]兩天之前，格蘭特曾寫信勸李將軍投降。格蘭特在信上寫著：依「上禮拜的結果來看」，他希望李將軍了解「繼續抵抗是沒有用的」，並希望李將軍能選擇「不要繼續流血」。[164]一開始，李將軍拒絕接受失敗，考慮做最後的困獸之鬥，但禮拜天早上，他的軍隊幾乎完全被包圍，李將軍派人帶信給格蘭特，他準備好要投降了。[165]

威名遠播的銀髮李將軍開始著裝，準備參加接下來歷史性的會面。傳記作家說：他「佩上了他最好的劍以及深紅色的絲綢肩帶」。[166]李將軍以爲自己在一天結束之前將會成爲階下囚，所以他告訴威廉・彭德爾頓（William Pendleton）：「我必須拿出最好的儀態」。[167]李將軍不需要擔心，因爲格蘭特決定要執行林肯寬大的政策。投降條件允許南方軍官在交出武器跟大砲之後，「可以回到自己的家，不受合眾國當局的侵擾」，前提是他們必須永遠「不再拿起武器」對抗聯邦，「直到雙方完成投降宣誓」。[168]

格蘭特後來回憶，他在擬定投降條件的時候，「想到軍官還有他們私人的馬匹跟財物，那些東西對他們來說很重要，但對我們來說卻沒有用處；此外，如果要他們交出隨身武器，那也會是不必要的羞辱。」因此，格蘭特加上了一個條款，允許軍官可以攜帶隨身武器，也可以帶走他們的馬跟行李。李將軍評論這個做法「將會在他的軍隊中產生良好的效果」。李將軍在離開之前，告訴格蘭特，「他的軍隊缺糧的情況很嚴重」，格蘭特馬上答應送去兩萬五千人份的糧食。[169]

李將軍騎馬回總部的時候，投降的消息已經在南軍之中傳了開來。李將軍試著要對部眾說話，但「他熱淚盈眶」，[170]什麼話都說不出口，他只說了：「兄弟們，我們一起打了這場仗，我已經爲你們盡了我的全力了。」[171]如果說，李將軍無法表達出他的痛苦與傲氣，他的士兵則毫無保留地表現出他們的心聲。他們自動自發地「在所有李將軍會經過的路上排成兩排，整齊的人牆延伸到遠方，李將軍走過的時候」，他們紛紛表達他們對他的敬意與熱愛。士兵們的歡呼聲讓李將軍眼睛一熱的時候，士兵自己也開始哭泣，「整個通往總部的路上都是這樣，一群一群的士兵一開始都在歡呼，最後的時候都在哭泣。」一位士兵說出了所有人的心聲：「李將軍，我一輩子都會敬愛您！」[172]

隔天的黎明時分，諾亞・布魯克斯聽見「轟隆隆的聲響」。五百發慶祝大砲的回聲「驚動了華盛頓充滿霧氣的天空，地面在搖晃，位於拉法葉廣場附近的房屋窗戶被震碎」。當天的早報將會刊出細節，但「這是史坦頓部長在用他的方式告訴民眾，北維吉尼亞軍團終於放下武器了」。[173]

威爾斯記錄：「整個國家一片欣喜若狂，禮砲在發射，鐘聲在響，到處旗海飛揚，大人歡笑，小孩歡呼——所有的人，所有的人都開心不已。叛軍厲害的將領投降了，分裂主義者最可怕的主力軍隊投降了，幾乎可以說叛亂已經完全終結。」[174]各行各業自動放假一天，所有的雇員湧到街上。

數千位歡天喜地的民眾聚集在白宮前。《國家通訊報》報導：「樂隊在演奏，榴彈砲發出震耳欲聾的聲響，民眾不停歡呼。」[175]群眾呼喚著總統出來說話，但林肯遲疑了。他正在爲明天晚上的一場演說做準備，他在完全想好講稿之前，不想「把細節都洩漏了出來」。[176]如果他說了什麼意思被誤解的話，馬上就會見報，而他說在他這個位置的人，「應該要至少試著不要犯下錯誤」，[177]然而民眾仍然堅持要見到他，最後總統出現在二樓的窗台，「民眾用最熱烈的方式歡迎他，他們揮舞著帽子跟雨傘，女士們也不停地揮著手帕。」[178]

群眾終於安靜下來後，林肯給大家一個微笑，他感受到他們的心情有多興奮：「發生了一件非常令人高興的事，看到各位無法抑制的歡騰情緒，我感到十分快樂。」這些話讓群眾熱烈的喝采更大聲了，林肯接著特別請樂隊演奏一首歌：「我一直都覺得〈南方佬〉是我這輩子聽過的最棒的旋律，我們的敵手試著要獨佔這首歌，但我昨天堅持我們得到了這首歌。」這幾句話引起了如雷的掌聲。「我拿這個問題去問司法部長，他的法律見解告訴我，這是我們的合法獎賞。我現在希望樂隊能讓我聽到這首歌。」[179]林肯請樂隊演奏南方的愛國歌曲，他認爲「這是一件好事，可以讓叛軍知道我們會讓他們以後仍然能夠再聽到這首歌」。[180]樂隊演奏完〈南方佬〉之後，接著又演奏〈北方傻小子〉，「民眾的情緒十分亢奮」。[181]

瑪麗在信上寫著：「如果這有可能的話，今天比上個禮拜一還要歡樂（上個禮拜一的時候，里奇蒙被攻克的消息傳到華盛頓）」。[182]瑪麗興奮的心情，在她隔天早上寫給查爾斯・桑納的便條上展露無遺。她邀請桑納跟侯爵和她乘車出遊，一同觀賞晚上華盛頓壯觀的燈飾，然後參加總統的演說。瑪麗在紙上寫著：「我不認爲這種**女人的**好奇心會顯得不莊重或不檢點，**你覺得呢**？」[183]瑪麗最後用法文問了這一句話。

華盛頓再次張燈結綵，整個城市呈現了壯觀的景象。每一棟政府部門的建築都擺滿了蠟燭跟掛燈，從幾哩遠的地方，就可以看到國會新蓋好的圓頂。[184]「城市的各個角落都被營火照亮，煙火往天空飛去」，[185]慶祝活動延續不斷。史坦頓知道總統要公開發表演說後，派人把戰爭部的正面「用旗幟、軍團軍徽跟萬年青」裝飾起來。[186]

林肯出現在白宮北側二樓的窗戶時，「手上拿著一卷手稿」。林肯跟諾亞・布魯克斯解釋：「這是爲了要預防」自己說出太口語的話，以免冒犯查爾斯・桑納等人士。他們反對過林肯在演說裡提到「叛軍夾著尾巴逃走」或「包著糖衣的苦藥」等比喻。人山人海的熱情群眾見到總統的時候，馬上「響起了一陣又一陣的掌聲」，總統不得不站在原地好一陣子，等著群眾的歡呼平靜下來。

諾亞・布魯克斯評論：「這次的演說比大部分的人預期的長，而且屬性不太一樣。」[187]林肯不想僅僅簡單慶祝這個時刻，他在演說中提到了國內正在爭論讓南方各州重新回歸聯邦政府的問題，他仍然認爲那是「國家遇過的最實際、最重大的問題」。[188]林肯提到路易斯安那州已經開始採取行動，但部分人士感到失望，因爲新的州憲「並沒有賦予有色人種選舉公民權」。林肯覺得投票權應該適用於黑人——識字的黑人以及「爲國家效勞的士兵」也應該享有投票權。不過從另一方面來說，路易斯安那的新州憲也訂下了跨時代的新條文，解放了全州所有的奴隸，「並且讓黑人跟白人都同樣享有入公立學校的權利」。路易斯安那的新州憲已經表現出誠意，承認了憲法第十三條修正案，並將有權「授與有色人種選舉權」。林肯問民眾，是否要拋下已經完成的艱苦工作，還是這只是開始而已，他們還要繼續努力，最後會得到「完全的勝利」？林肯用了一個簡單的農村比喻來解釋這個複雜的問題，他在想：「我們是否要這樣處理家禽，先是孵蛋，然後又把蛋打碎？」[189]

那天晚上同情南方聯盟的約翰・威爾克斯・布斯也混在人群之中。他是林肯欣賞的著名莎劇演員艾德溫・布斯的弟弟，本身也是有名的演員，但他跟支持聯邦的哥哥不一樣，他「成長的歲月大部分都在南方度過」，而且一直堅定地支持南方。過去幾個月來，他對於南方的同情，轉變成對於北方執著的怨恨。[190]他跟一個小型的祕密謀反組織自去年夏天起，就開始計畫把林肯綁架到里奇蒙交換戰俘，但里奇蒙失陷，李將軍也投降了，這個計畫化爲泡影，不過布斯仍不死心，[191]他在日記上寫著：「我們已經幾乎快要失敗了，必須做出一些關鍵的大事。」[192]

除了布斯之外，其他兩個謀反者也混在人群裡，一個是藥房店員大衛・赫若德（David Herold），一個是前南方聯盟士兵路易斯・包威爾（Lewis Powell，別名路易斯・潘恩〔Lewis Payne〕）。林肯說到希望讓黑人也能擁有投票權的時候，布斯轉頭跟包威爾說：「那個意思就是說黑鬼也能行使公民權，這會是他這輩子最後一場演講」。布斯要包威爾當場射殺林肯，包威爾不肯，布斯說：「走著瞧，我自己來。」[193]

說來也奇怪，林肯最近夢到了一個帶有不祥預兆的夢。據傳林肯曾經向友人沃德・雷蒙描述這個夢：「我的身旁有一股死亡的氛圍，然後我聽到了低低的啜泣聲，好像有一群人正在淚流不止……我從一間房間走到另一間房間，沒有看到半個人，但卻一直聽到有人在傷心哭泣……我決心一定要找出發生了什麼事，到底是什麼奇怪的事這麼神祕，我一直找一直找，然後我走到了白宮的東廳。我進入東廳之後，被眼前不舒服的景象嚇了一跳，前面是一個放棺材的檯子，上頭有一具穿著壽衣的屍體，旁邊有負責看守的士兵。在場的一群人之中，有些人哀傷地看著那具臉被蓋住的屍體，有些人則在傷心地哭泣。我問其中一個士兵：『誰死在白宮？』士兵回答我：『是總統，他被刺客暗殺了。』」

根據雷蒙的說法，總統試著要否認這個夢代表著凶兆，還安慰他：「你猜不出來這個夢的結尾嗎？在這個夢裡不是我被殺掉，那是別的人……好了，我們走吧，我想慈悲的上帝會讓一切都沒事。神已經替我們安排好了。」[194]歷史學家唐・法倫巴赫爾曾提出有力的說法，認為雷蒙弄錯了這件事發生的時間，[195]因此這整個故事的真實性有待商榷，不過林肯身旁的親密友人都回憶過，林肯很相信夢的預兆，而且他也會跟朋友說他做過哪些夢。

桑納跟蔡斯等激進派認為，應該要透過法律明訂讓所有人都享有投票權，而且還應該懲罰叛軍首領。另外，聯邦政府應該要接管脫離聯邦的南方各州。[196]不過「大部分的民眾」[197]都認可林肯的演說。根據諾亞・布魯克斯的說法：「南北能夠再度團圓是人民心中最重要的事」。[198]

林肯支持路易斯安那州及各地快速成立不完美的州政府，加深了激進派的不滿。林肯認為，「一定要有法院跟法律來維持秩序，否則的話社會將會瓦解，解散的軍隊會變成強盜跟游擊隊。」[199]林肯這樣的看法也表現在他跟坎貝爾大法官在里奇蒙的對話，以及他允許原本的維吉尼亞州議會可以在一定的情況下重新集會。林肯跟坎貝爾在李將軍投降的五天前會面，林肯希望維吉尼亞州的人能夠投票回到脫離聯邦之前的狀態，從戰爭中撤出該州的軍隊。此外，林肯也覺得應該讓「各郡的重要人士……能夠聚集在一起，取消他們之前的決定」。[200]

林肯的內閣強烈反對依據任何理由讓叛軍的議會能夠重新召開會議。現在蘇爾德不在，史坦頓主導了內閣的發言，他告訴林肯：「如果給維吉尼亞州的議會這樣的權力，等於是拱手讓出勝利者的統治權；這是在把我們的軍隊在戰場上贏得的勝利果實，交給四年前說過『那就開戰吧』的同樣的議會，這是在把政府交到敵人的手上，這樣做一定會給國會帶來麻煩。」[201]史坦頓堅持「所有重組政府的行動，都應該完全交由聯邦政府來執行，並將叛軍成立的組織跟政府皆視為不具任何法律效力」。[202]

司法部長史匹德在會議上同意史坦頓的看法，而且在私底下也跟林肯談過這件事。[203]總統向威爾斯坦承，史匹德跟史坦頓的反對讓他感到非常困擾。威爾斯沒有辦法安慰總統，因為他也「懷疑讓叛軍的議會重新集會的政策」，[204]並預測「他們一旦重新集會後，可能會把他們的敵意化成推翻我們的密謀」。林肯依舊不同意這種看法，他認為「高尚的維吉尼亞人」一旦集合起來之後，「他們就會讓他們自己還有他們的鄰居，都變成良好的聯邦公民。」不過威爾斯也說：「我們全都採取了不同的意見，認為他可能犯了錯，而如果他真的錯了的話，他也準備好要更正了」。[205]

坎貝爾發給魏特澤爾將軍的電報，進一步影響了林肯的看法。電報顯示坎貝爾賦予州議會的權力，的確多於他與林肯討論出的結論。[206]四月十二日接近傍晚的時候，林肯走到戰爭部跟史坦頓商議此事。史坦頓的祕書A・E・強森回憶：那天林肯坐在沙發上，全神貫注地聆聽史坦頓「充滿憤慨」的意見。史坦頓仍然激烈反對讓州議會重新集會，他警告「數百萬被解放的奴隸，他們的命運」將會被交給不可信賴的人，「一旦召開會議之後，就沒有任何東西可以規範他們。」[207]

最後林肯站起來走到史坦頓的桌邊，寫下以他的名字在戰爭部發出的最後一通電報，命令魏特澤爾將軍撤回原本答應讓議會集會的許可：「不要讓他們召集會議；如果有人去的話，讓他們平安到家。」[208]史坦頓很高興，認為「**那樣做**……就對了」。[209]

四月十三日禮拜四，格蘭特抵達華盛頓。史坦頓計畫了一場表揚他的慶祝活動。格蘭特的妻子茱莉雅回憶：「華盛頓以及華盛頓附近的每一座大砲都在隆隆作響，多壯觀的景象啊！所有的銅鐘都在傳達著喜悅的歡迎聲，而且這不是誇飾法，是眞的整個城市都被五彩的旗幟給包了起來。」格蘭特去見總統的時候，茱莉雅待在威勒飯店，「一整天都在接受道賀」。下午時，茱莉雅跟史坦頓的妻子艾倫一起到戰爭部找她們的丈夫，她回憶：「史坦頓處於最高興的情緒之中，他跟我介紹武器、旗幟還有很多展示品，其中一樣是一棵大樹的樹幹，上頭的每一面都是密密麻麻的彈孔，那是從塞羅的戰場上拿來的。」史坦頓興奮地描述，他那天晚上準備要如何用燈飾來布置他的部門，「而且還幽默地說：『我知道海軍部也會把他們的門面妝點起來，因爲他們派人跟我的部門借了兩三箱的蠟燭』。」[210]

自從兒子威利死了之後，這似乎是瑪麗・林肯第一次完全感到開心自在。她在前一天接到丈夫愉快的字條，「上面只有幾行字」，但「內容幽默又溫柔，他告訴我今天什麼時候他會載我出去！」[211]瑪麗寫了好幾封興致高昂的信，她告訴詹姆士・班奈特：「我們取得了光榮的巨大勝利，我們的喜悅之情無法用言語表示。」[212]她寫給友人雅布蘭・威克曼的信上，則詳細描述了她在城市峽度過了「多麼美好的時光」。「我眞希望你也在這裡，就連一向嚴肅的桑納先生也承認自己變了，變成一個十六歲的小夥子。」[213]瑪麗告訴桑納，她新一冊的《凱撒大帝》已經送到了，她邀請他那天晚上一起到白宮跟格蘭特將軍見面。[214]

＊＊＊

毫無疑問的，一八六五年四月十四日復活節前的那個禮拜五，是林肯一生中最開心的一天。早上的時候，他先是跟剛回到華盛頓的兒子羅伯特悠閒地吃了一頓早餐。林肯告訴他：「兒子，你以經安全地從前線回來了，戰爭已經結束了，我們會跟曾經拿起武器對抗我們的勇敢士兵一起和平共處。」林肯要羅伯特把軍隊制服「擺到一旁」並完成他的學業，他建議羅伯特可以朝著準備當律師前進。伊莉莎白・凱克雷回憶，這位父親在提出他的建議時，「他看起來興高采烈，（她）已經很久沒有看到他這個樣子了。」[215]

上午十一點，格蘭特抵達白宮，準備參加每個禮拜五的內閣會議。格蘭特希望能夠接獲消息，聽到約翰斯頓的軍隊（叛軍剩下的最後一支主力部隊）已經跟薛曼將軍投降，但一直沒有消息。林肯要格蘭特不要擔心，他預測消息很快就會送到了，「因爲他昨天晚上夢到了那個一直出現的夢。幾乎每次有重大的戰役發生時，他都會夢到那個夢。」威爾斯問林肯那是什麼夢，林肯轉頭告訴他，那個夢跟海軍部長的「元素有關，也就是風火水土中的『水』——在夢裡他似乎搭乘著一艘奇怪、難以形容的船，非常快速地朝向一片未知的海岸前進。他在桑特、牛奔河、安提耶坦、蓋茨堡、石河、維克斯堡、威明頓發生戰役之前，都夢見過那個夢。」格蘭特提醒他在那些大型的戰役之中，北軍並非都是勝利的一方，但林肯充滿信心，認爲這次好運一定會站在他們這邊。[216]

如何重建南方各州的秩序是個複雜的問題，而這個問題也主導了這次的會議內容。幾天前史坦頓擬定了一個方案，讓維吉尼亞州跟北卡羅萊納州在回歸民主常軌之前，先成立臨時軍政府。史坦頓後來回憶：「林肯提到這份文件，他走進他的房間拿出那份文件，然後要我念出來。」[217]所有人一起討論的時候，雖然威爾斯跟丹尼森都反對重劃各州的疆界，覺得不應該把兩個不同的州合併成一個軍事單位，但大部分的閣員都贊成史坦頓的計畫。林肯覺得反對意見有道理，所以他要史坦頓修正他的計畫，讓計畫可以配合這兩個州的情況。[218]

林肯表示，「他覺得剛好在國會休會的時候平息了這麼大的叛亂，這都是上帝的旨意」，因爲他跟他的內閣「在沒有國會議員的情況下，比較可能完成更多的事」。林肯指出，「國會裡有些人就算他們的動機是良善的，他們的看法也是不可行的，另外還有些人則心中懷著仇恨，而他不能支持也不能加入這些人的行列。現在戰爭已經結束了，他希望不會有迫害，也不會有血腥。」

至於叛軍首領的部分，林肯重申他不想採取任何暴力的手段：「不要期待他會吊死或處決這些人，就算是這些人之中最壞的人也一樣。」這些人如果繼續待在美國本土，可能會帶來麻煩，林肯希望的解決方法是，「讓他們嚇到逃出這個國家，開門，放下柵欄，把他們嚇走」。爲了說明他的話，林肯搖晃著「他的手，做出嚇膽小鬼的樣子」，並說「已經犧牲了夠多的人命了，如果我們想要國家能團結起來，恢復以往的安寧，我們就必須放棄我們的仇恨」。[219]

內閣開完會議之後，史坦頓跟史匹德一起下樓。史坦頓問：「我們老大今天看起來容光煥發對不對？」數年之後，史匹德仍然牢牢「記著林肯那一天的樣子」，「他的臉刮得很乾淨，衣服很整齊，頭髮跟鬍子也都梳得好好的」，[220]跟他平常不修邊幅的樣子很不一樣。史坦頓記下林肯那天「雀躍又開心」，他從來沒有在內閣會議上如此愉悅，他「對於國內外將享有長久的和平」感到很興奮。[221]史坦頓回憶，在討論的時候，林肯「提到李將軍跟其他南方聯盟的人時，語氣非常溫和」，[222]展現出「他性格中過人的仁慈。他爲人慈善，具有寬恕的性格，這點讓他與衆不同，超乎常人」。[223]

林肯預備對叛軍首領採取寬大的做法，而開完會後，他也實際執行了這樣的方針。史坦頓從戰爭部那裡得到情報，「活躍的分離主義分子」雅各・湯普森（Jacob Thompson）正在前往緬因州波特蘭的路上，那裡將有一艘汽船把他載往英國。湯普森在加拿大策劃了一系列的事件，不斷穿越邊境騷擾聯邦，因此史坦頓對於這個南方聯盟的襲擊分子沒有什麼同情之意。他看到電報後，毫不遲疑地下令要副部長戴納「逮捕他！」然而戴納離開辦公室的時候，史坦頓又叫住了他：「不，等一下，最好先去見見總統。」

戴納在林肯的辦公室找到林肯，林肯跟他打招呼：「哈囉，戴納！怎麼了？」戴納向總統解釋史坦頓想要逮捕湯普森，但又覺得應該先「請示」林肯「這個問題」。林肯說：「嗯，不，我想不要。一個人抓住大象後腿的時候，如果大象試著要逃跑，最好讓牠逃。」[224]

林肯身邊的人都回憶那一天林肯心情很好，瑪麗也記得她丈夫那天的快樂會感染人。她告訴法蘭西斯・卡本特，她從來沒有見過林肯那麼「開心」過，「他的舉止甚至可以稱得上是活潑。下午三點，他跟我一起乘著敞篷馬車出遊。出發時，我問他有沒有人會跟我們一起同行，他馬上回答：『沒有，今天我想要我們兩個人獨處。』一路上他都很開心，我笑著跟他說：『親愛的丈夫，你今天這麼開心差點嚇到我。』他回我：『瑪麗，我真的感覺很開心，我覺得**這一天**，這場戰爭已經來到了尾聲』，然後他又說：『我們**兩個人**都必須這樣，我們兩個在未來都必須開心一點，在這場戰爭中，還有在我們失去我們親愛的威利之後，我們兩個人都一直過著非常不幸的生活。』」[225]

瑪麗回憶，馬車駛向海軍造船廠的時候，「他談起了他在春田的老家，還有他年輕時的事，他棕色的小屋，他的法律事務所，法庭，他裝著訟案跟法律文件的綠色提袋，還有他跟著法院巡迴時經歷過哪些事。」[226]自從他們在二十五年前在春田跳了第一支舞後，他們一起走過了一趟意想不到的遙遠旅程。在這些年裡，他們一起共度喜怒哀樂，他們成立了一個家庭，分享了彼此對於政治、詩歌跟戲劇的喜好。威利死後，瑪麗陷入了憂鬱，讓林肯身上的重擔又加重了一些。此外，戰爭帶來的龐大壓力也讓兩人漸行漸遠。林肯專注於自己身爲總統的責任，讓瑪麗覺得被遺棄且充滿怨恨，現在戰爭已經要結束了，時間也帶走了他們的悲傷，林肯夫婦準備要迎向更快樂的未來。他們希望有一天可以去旅行，他們想去歐洲跟聖地巴勒斯坦，想穿越落磯山脈到加州，然後回到伊利諾州的家，在那裡，他們可以再度展開兩人生活。[227]

馬車快要抵達白宮的時候，林肯看見一群老朋友正要離開，其中一個人是伊利諾州州長李查・奧格爾斯比（Richard Oglesby）。林肯呼喚他們：「回來，男士們，回來」，然後林肯愜意地享受了跟朋友在一起的時光。奧格爾斯比回憶，他們在白宮待了一陣子，「林肯被一本詼諧的書迷住了，我想是『約翰・風尼克斯』（John Phoenix）寫的吧。他們一直派人來請他去吃晚餐，他一直說好，但又繼續讀那本書。最後他接到強制令，一定得立刻過去吃晚餐。」[228]

林肯夫婦必須提早吃晚餐，因爲他們計畫當天晚上要到福特戲院看蘿拉・肯恩演出的《我們的美國親戚》（*Our American Cousin*）。吃完晚餐之後，總統跟諾亞・布魯克斯、麻州衆議員喬治・艾許蒙以及衆議院議長寇法克斯見面。林肯告訴即將前往加州的寇法克斯：「如果我也能去那有多好！但我被公務綁在這裡，我只能在這裡羨慕你會享受到的樂趣。」[229]總統邀請寇法克斯那天晚上跟他一起去看戲，但寇法克斯有太多事要做了。[230]

諾亞・布魯克斯覺得，那一天林肯「對於國家的景況」，似乎從來沒有「那麼看好跟心情愉快過……他不停地說說笑笑跟講故事，對於等在我們前方的未來感到特別開心」。布魯克斯回憶，林肯在最後提到了國家未來的經濟問題：「格蘭特認爲我們可以削減至少一天五十萬美元的軍費。海軍的支出減少之後，國債馬上可以降到較爲正常的比率，讓紙幣的價値可以回升到應有的水準，跟黃金價格差不多。」[231]

寇法克斯議長是那天晚上婉拒跟林肯一起去看戲的人士之一。《國家共和黨人報》的早報報導，格蘭特夫婦那天晚上將會跟林肯夫婦一起到總統包廂看戲，[232]但格蘭特夫人一心想見他們在紐澤西的孩子，所以格蘭特告假沒去。[233]史坦頓夫婦也婉拒了邀請。[234]史坦頓跟蔡斯一樣，覺得看戲是無聊的消遣，而且更重要的是看戲很危險。他費了幾個月的工夫，想說服總統不要到那樣的公共場合去，但徒勞無功。史坦頓覺得他的出席只會增加更多不必要的風險。那天稍早，史坦頓因爲「不願意鼓勵看戲的活動」，不准他的電報局局長湯瑪斯・艾克特接受林肯的邀請，雖然總統曾經跟艾克特開過玩笑，說他力大無窮，「用手就可以拗斷一根火鉗」，正好可以當他的保鑣。[235]

八點過後，林肯夫婦乘車前往戲院。林肯告訴寇法克斯：「我猜該是離開的時候了，雖然我不想走。」[236]在林肯總統任期內無數個形勢嚴峻的夜晚，只有戲院能夠讓他快樂，讓他轉移自己的注意力。林肯不想要錯過今天這個愉快的夜晚。此外，他也已經承諾要去。林肯告訴那天晚上不用值班的侍衛克魯克：「他們已經登了廣告說我們會去，我不能讓大家失望」。[237]最後跟林肯夫婦一起搭馬車前往戲院的，是克拉拉・哈里斯（Clara Harris）跟她的未婚夫亨利・拉司朋少校（Henry Rathbone）。克拉拉的父親是瑪麗的朋友艾拉・哈里斯參議員。

＊＊＊

林肯夫婦乘車前往位於第十街的福特戲院時，約翰・威爾克斯・布斯跟三個同黨正等在一個街區以外的荷登之家（Herndon House）。布斯擬定了同時暗殺林肯總統、國務卿蘇爾德與副總統約翰生的計畫。[238]他在早上得知林肯會去看戲之後，決定當天晚上會是最好的下手時機。身材壯碩的路易斯・包威爾跟大衛・赫若德，負責到蘇爾德位於拉法葉廣場的家中暗殺蘇爾德。另外，在同一時間馬車製造商喬治・阿澤羅德特（George Atzerodt）的任務是到柯克伍德飯店（Kirkwood Hotel）約翰生的套房裡刺殺約翰生。布斯跟舞台的工作人員很熟，他可以輕易混進劇場，所以由他負責暗殺總統。

布斯認爲，就像布魯特斯殺掉了暴君凱撒後被讚揚一樣，他將會被世人所歌頌，因爲他將殺掉「更殘暴的暴君」。[239]布斯的傳記作家評論，布斯認爲殺掉林肯還不夠，因爲「他知道最後布魯特斯的計謀被安東尼破壞。安東尼著名的演說讓暗殺者成爲叛徒，凱撒則成爲烈士」。[240]蘇爾德就是林肯的安東尼，不能讓他活下去。最後，爲了讓整個北方都陷入混亂，副總統也必須要死。這個三重的刺殺計畫預定在晚上十點十五分開始。

＊＊＊

九天前從馬車上摔下來差點送命的蘇爾德，仍然躺在床上，但今天是幾天以來他感覺最舒服的一天。蘇爾德的女兒范妮在日記上記錄，前一天晚上他睡得很好，而且「第一次吃了固體食物」。[241]下午的時候，蘇爾德「帶著開心的樣子，聽內閣會議討論了什麼事情」，[242]那天身爲副部長的費德代替父親出席會議。接下來蘇爾德還聽了范妮念敘事詩〈伊諾克・雅頓〉（Enoch Arden）給他聽，並說他有多喜歡這首詩。[243]

那天蘇爾德三層樓的官邸很熱鬧，除了威爾跟珍妮之外，法蘭西絲、奧古斯塔、費德、安娜還有范妮等家人統統都在，另外屋子裡還有六個僕人、住在三樓的國務院信差，以及兩個史坦頓派駐在蘇爾德家的士兵。傍晚時分，史坦頓來探訪他的朋友兼同事，他待了一下子，跟其他的訪客聊了聊天，然後他聽到軍樂的聲音時，想起來戰爭部的職員已經計畫好，那天晚上要到六個街區以外他的官邸向他道賀。[244]

所有的客人都離開後，「安靜的夜晚照護時間」開始了。蘇爾德的家人爲了確保蘇爾德隨時都有人陪著，決定輪流坐在他的床邊。那天晚上范妮會陪他到晚上十一點，然後大哥奧古斯塔會來接她的班。喬治・羅賓森（George Robinson）是當天史坦頓下令看守蘇爾德家的士兵，他也在一旁待命。十點剛過，范妮發現她的父親睡著了，所以她闔上《查理曼大帝傳奇》（*Legends of Charlemagne*），關掉煤氣燈，然後坐在病床對面的一張椅子上。[245]

費德事後回想：「就在我們感覺沒有什麼不對勁的時候，一個高大、穿著得體但不認識的人」出現在家門口。[246]刺客包威爾告訴來應門的僕人，他有藥要轉交給蘇爾德先生，而且醫生吩咐一定要由他親自轉交。僕人事後作證：「我告訴他他不能上去，他可以把藥交給我，我會告訴蘇爾德先生如何服用。」但包威爾十分堅持，所以男僕讓他進門。包威爾走到樓梯上的時候，費德把他攔了下來，告訴他：「我父親已經睡了，把藥跟醫師指示交給我，我會拿給他。」包威爾堅持他一定要親自把藥送達，但費德還是不讓他上去。[247]

費德回憶，就在這個時候，這個不速之客「站在原地，顯然不知道要怎麼辦才好」，他轉身下樓，但「突然又再度轉身，一個箭步往前衝，然後拿出一把海軍左輪手槍瞄準我的頭，嘴裡不知道在咒罵些什麼，然後他扣下了扳機」。[248]那天晚上的事，費德只記到這裡。手槍射不出子彈，但包威爾用蠻力敲打費德的頭，費德頭骨碎成兩半，腦部外露，當場昏迷。[249]

士兵羅賓森聽到爭執的聲音後，從蘇爾德的床邊衝到門邊，門一打開，包威爾就衝了進去，一隻手揮舞著壞掉的手槍，一隻手揮舞著一把長刀。包威爾拿刀砍向羅賓森的額頭，讓他「一時無法起身」，然後就衝向蘇爾德。[250]范妮衝到包威爾身邊，求他不要殺自己的父親。[251]蘇爾德聽到「殺」這個字的時候醒了過來，就那麼一眼，他看到了「刺客的臉朝他逼近」，接著那把波伊獵刀就刺進了蘇爾德的脖子跟臉部。傷口非常大，蘇爾德「下巴皮肉分離，垂在脖子上」。[252]奇怪的是，蘇爾德事後回想的時候，只記得包威爾長得很英俊，還有「他身上穿的大衣材質非常好」。[253]

范妮的尖叫聲讓哥哥奧古斯塔衝進房間，此時包威爾再度撲向剛剛被擊倒在地的蘇爾德。[254]奧古斯塔跟受傷的羅賓森合力把包威爾拉開，但包威爾又砍了羅賓森一刀，並劃開了奧古斯塔的額頭還有右手。[255]奧古斯塔衝去拿手槍的時候，包威爾逃到樓下，途中又刺了年輕的國務院信差艾莫里克・漢塞爾（Emerick Hansell）背部一刀，然後衝出門口，逃到街上去。[256]

打鬥的聲音驚動了全家。安娜要僕人去找威爾第醫生（Dr. Verdi）。羅賓森雖然自己的頭部跟肩膀不停地流血，他還是把蘇爾德抬到床上，並要范妮「用布跟水幫忙止血」。法蘭西絲跟安娜害怕屋子裡還躲著別的刺客，她們到閣樓查看，范妮則負責搜索一樓的房間。[257]

威爾第醫生永遠忘不了那天晚上他第一眼看到蘇爾德的景象。「他看起來好像一具被放過血的屍體一樣。我走到他身邊的時候，腳上沾滿了血，鮮血從他腫脹的臉頰上又長又深的傷口裡不停地流出來，兩頰的肉是掀開來的。」傷口是如此的「嚇人」，「血又流得這麼多」，威爾第醫生以為蘇爾德的頸靜脈一定被割開了，但奇蹟似的並沒有。經過進一步的檢查後，威爾第醫生發現蘇爾德的下巴金屬固定器讓刀子沒有刺中要害，蘇爾德先前的車禍意外以一種奇怪的方式救了他的性命。

威爾第醫生回憶：「我還沒怎麼來得及清理他臉上的血並把傷口蓋回去，蘇爾德夫人就直直盯著我要我過去。她告訴我：『請過來看一下費德』。」威爾第醫生搞不清楚這是怎麼一回事，他跟著法蘭西絲走到隔壁的房間，發現「費德的頭部流下了大量的鮮血」。費德的樣子看起來非常「蒼白」，傷口非常大，威爾第醫生擔心他會撐不過去，但用了「沾了冷水的脫脂棉」後，他暫時止住了血。

費德的情況穩定了之後，法蘭西絲又要威爾第醫生到同一樓的另一間房間。大惑不解的醫生大喊：「天啊，蘇爾德夫人，這一切到底是怎麼一回事？」威爾第醫生發現奧古斯塔躺在床上，手上跟額頭都有刀傷，但他跟法蘭西絲保證他會沒事的。法蘭西絲還來不及把那些安慰的話聽進去，就要威爾第醫生去看羅賓森士兵。醫生回憶：「我停止猜想究竟發生了什麼事，我的腦子就好像麻痺了一樣，我只是機械性地跟著她去查看羅賓森先生的傷，羅賓森先生的肩膀上有四、五處的刀傷。」

威爾第醫生問：「還有嗎？」他以為這場瘋狂的攻擊不可能還有其他受害者，但法蘭西絲告訴他：「有的，還有一個」。法蘭西絲把醫生帶到漢塞爾先生的房間，漢塞爾「痛苦地躺在床上呻吟」。威爾第醫生脫掉這位年輕人的上衣時，「發現他的下背部有一處非常深的刀傷，就在臀部上方靠近脊椎的地方。」

威爾第醫生的心中吃驚不已：「這些居然是一個人所做出來的事，是的，是一個人！」㉘

***

阿澤羅德特住進副總統下榻的柯克伍德飯店預備行兇。按照計畫，他應該在十點十五分，按下六十八號套房的門鈴，強行進入房間，找到他要暗殺的目標，然後解決對方。阿澤羅德特剛開始以為只是要綁架總統，沒想到如今卻變成要同時殺掉三個人，這讓他卻步了。他堅持：「我不幹。我贊成綁架合眾國總統，但我沒說要殺他。」㉙阿澤羅德特最後同意幫忙，但在預備執行暗殺計畫的十五分鐘前，他坐在柯克伍德飯店的吧台並改變了主意。他離開飯店，再也沒有回來過。㉚

***

約翰·威爾克斯·布斯刺殺總統的計畫都準備好了，一切萬無一失。雖然福特戲院他裡裡外外都很熟，但他前一天還是參加了戲院的總彩排，[261]並預演一次他要如何進入包廂槍殺總統，然後逃到戲院外的巷子裡。當天早上，他再次進入戲院取他的信件，還友善地在大廳跟戲院老闆的弟弟亨利・福特（Harry Ford）聊天。林肯抵達戲院時，布斯已經就定位了。

總統一行人進入用國旗裝飾的包廂特別座時，當天的表演已經開始了。〈向統帥致敬〉的音樂響起時，觀眾紛紛起立鼓掌並伸長了脖子想要看到總統。林肯「用微笑跟鞠躬」回應觀眾，[262]然後坐在包廂中間舒服的扶手椅上，瑪麗也在他旁邊坐下。同行的克拉拉・哈里斯坐在包廂的另一頭，未婚夫拉司朋少校則坐在她左邊的一張小沙發上。[263]當天有一位觀眾看到總統跟第一夫人互動的樣子，第一夫人「大部分時間都把手放在總統的膝蓋上，舞台上有什麼好笑的劇情時，她就會要總統注意看」。[264]瑪麗本人事後回憶，她那個時候其實是貼靠著丈夫，依偎在他身旁，在他耳邊說：「如果哈里斯小姐看到我黏在你身上，你覺得她會怎麼想？」總統微笑著看著瑪麗：「她什麼都不會想」。[265]

表演進行當中，白宮的僕人向總統通報有人要見他。大約十點十二分的時候，打扮帥氣的布斯把名片交給僕人，然後進入了包廂。他一進入包廂，就直接把手槍對準總統的後腦然後開了槍。[266]

林肯倒下的時候，拉司朋試著要抓住刺客。布斯舉起刀刺向拉司朋的胸部，然後從十五英尺高（約四點五七公尺）的包廂跳向舞台。一位目擊者回憶：「他跳下去的時候，馬靴上一個突出來的地方鉤到了掛在包廂前面的國旗，所以他跳到舞台上的時候重心有點不穩，雙手雙腳著地。」[267]另一個目擊者看到：「他痛得不得了」，但「他還是咬著牙站了起來」，[268]「他把他的短劍舉了起來，刀鋒被舞台上的燈光照得閃閃發光，好像鑽石一樣」[269]，然後大喊著：「這就是暴君的下場」（Sic semper tyrannis；譯註：歷史上維吉尼亞州州徽上著名的拉丁銘言），[270]然後逃離舞台。

總統的包廂發出尖叫聲之前，許多觀眾還以為這戲劇性的一刻也是表演的一部分，然後他們看到瑪麗瘋狂地揮著手，大叫：「他們射殺了總統！」[271]坐在總統包廂附近的一位年輕醫師查理・里爾禮（Charles Leale）是第一個反應過來的人，他回憶：「我衝到總統身邊的時候，他幾乎已經沒有呼吸了，他的眼睛是閉著的。」一開始，里爾禮找不到傷口，他脫掉了林肯的西裝外套跟衣領。檢查頭部的時候，才發現「上頭有一個子彈造成的平滑開口」。里爾禮用手指當作「手術器材」，把「緊緊黏在頭髮上的血塊弄開」，放出一些血，讓林肯的腦壓能夠下降一些。[272]另一位醫師查理・沙賓・塔夫特（Charles Sabin Taft；茱莉雅・塔夫特同父異母的哥哥）也很快趕到，他們決定把總統從擁擠的包廂移到對街的彼得森宅。[273]

此時人們已經擠到街上，消息開始傳開，刺客不但攻擊了林肯，也攻擊了蘇爾德。戰爭部一個年輕的職員約瑟夫・史德林（Joseph Sterling）衝去跟史坦頓報告這個不幸的消息。史德林在路上碰到室友J・G・強森（J. G. Johnson），兩個人一起去通報這個可怕的消息。史德林回憶：「我上氣不接下氣」，所以史坦頓的兒子小愛德溫開門的時候，是強森告訴他這個消息。強森說：「我們是來這裡告訴你的父親，林肯總統被暗殺了」。史坦頓的兒子連忙衝向他已經換下衣服準備就寢的父親。史德林回憶，戰爭部長走到門邊的時候，「他用他大砲般的聲音轟向我：『史德林先生，你帶來了什麼消息?』」史德林告訴他林肯跟蘇爾德都被暗殺了，五雷轟頂的史坦頓希望這個消息只是謠言，他保持冷靜，用著懷疑的口氣說：「那是不可能的，那是不可能的！」但另外一名職員也衝來報告蘇爾德被攻擊的過程。史坦頓的妻子害怕史坦頓也是刺客的目標，她求他不要出門，但史坦頓立刻前往蘇爾德位於拉法葉廣場的家。[274]

基迪恩・威爾斯幾乎在同一時間也接獲消息。他的妻子告訴他門口有人找他的時候，他已經準備就寢了。威爾斯在日記裡寫著：「我馬上起身打開窗戶，我的傳令兵詹姆士（James）對我大喊，總統先生被暗殺」，還有蘇爾德跟他的兒子也被刺殺了。威爾斯覺得這件事「缺乏邏輯，是不可能發生的」，但傳令兵告訴他自己在過來報告上司之前，已經去過蘇爾德的宅邸確認過這件事的眞實性。威爾斯跟史坦頓一樣，不顧妻子的阻止，馬上穿上衣服踏進多霧的夜晚，往蘇爾德位於廣場另一頭的宅邸奔去。[275]

威爾斯跟史坦頓抵達蘇爾德的家時，眼前的景象讓他們驚呆了。「白色的木頭玄關上、女眷的衣服上、房間的地板上」，到處血跡斑斑。[276]威爾斯回憶，蘇爾德房間的地板上「統統都是血，國務卿躺在床上，臉的上半部蓋著一塊布，遮住了他的眼睛」。威爾斯壓低聲音問威爾第醫生情況如何，但史坦頓壓不住自己宏亮的聲音，直到醫生要他安靜。兩個人接著探視完昏迷不醒的費德後，他們走下樓，在樓下走廊討論林肯的消息。威爾斯認爲他們應該去白宮，但史坦頓認爲林肯應該還在戲院。陸軍軍需司令梅格思出現在門口，懇請他們不要前往已經聚集了數百名群衆的第十街，但威爾斯跟史坦頓堅持要過去的時候，梅格思也跟了過去。[277]

首席大法官蔡斯當時人在十二個街區之外的第六街跟E街交叉口的家中，那時他已經就寢。下午時，他跟女兒奈蒂曾經駕車出去，他原本想順道到白宮一趟，告誡林肯他的戰後重建政策過於寬大，他要質問爲什麼未能讓所有人都享有投票權。但蔡斯在最後一分鐘「想到不確定（林肯）會有什麼反應」，所以他決定等到明天再說。

僕人敲蔡斯的房門時，他已經熟睡了。僕人告訴他，樓下有一位紳士宣稱「總統被槍殺了」。那個人是財政部的一位職員，林肯被暗殺的時候，他剛好人在現場目睹了一切：「有一個人從包廂跳到舞台上，然後從後台逃走了。」蔡斯希望「是他搞錯了」，但很快地又有更多人跑來報告這件事。每個人「都證實了我剛剛聽到的話，還告訴我蘇爾德國務卿也被暗殺了，所有重要官員的家現在都派駐著衛兵，他們擔心這個暗殺計畫涉及更多的人士。我的第一個反應是馬上衝去見總統……但我又想到我去那邊大概也不能做什麼，反而會妨礙其他人做事，所以我決定等到早上，等到有更多消息進來後，再決定怎麼做。不久之後衛兵就來了，他們認爲刺客也準備要暗殺我。他們一整個晚上都在我的窗戶下用力踏步巡邏……那是個恐怖的夜晚。」[278]

史坦頓跟威爾斯抵達擁擠的彼得森宅時，他們看到林肯被斜斜地擺在床上，他的身材非常高大，床不夠長。威爾斯回憶，林肯的襯衫被脫下，露出「跟他瘦長外型很不搭的結實手臂」。[279]醫生帶著敬意說，要是換了其他人，那麼嚴重的傷口「一定會在當下或幾分鐘之內就要了他們的命，但林肯先生充滿著**生存的意志**」，[280]他將一直撐到最後不可避免的一刻。

在這個漫漫長夜，瑪麗大部分的時間都待在隔壁的客廳，幾位女性友人徒勞無功地安慰著她。威爾斯回憶，「大約每隔一個小時」，瑪麗「就會跑到垂死的丈夫身邊，在一旁痛哭流涕，直到她情緒激動到無法支撐下去」。[281]瑪麗機械性地一直重複問：「爲什麼他殺的不是我？爲什麼他殺的不是我？」[282]雖然房間裡的每個人都知道總統已經進入彌留狀態，但沒有人告訴瑪麗，因爲他們擔心她會支持不住。塔夫特醫生回憶：瑪麗進到房間時，「大家就用乾淨的毛巾蓋住枕頭上深紅色的血漬」。[283]

稍早之前，瑪麗派人喚來兒子羅伯特。那天晚上羅伯特留在家裡沒去看戲，約翰‧海伊在陪他。白宮門禁官湯馬士・貝德爾（Thomas Pendel）進到他的房間時，他已經睡了。門禁官告訴羅伯特：「您最好到戲院了解一下情況」。羅伯特要貝德爾去找海伊。貝德爾走到海伊的房間，告訴他：「林肯上尉想要馬上見你，總統先生被暗殺了。」貝德爾回憶，海伊一聽到這個消息後，「臉一下子變得慘白，雙頰毫無血色。」[284]兩個年輕人跳上馬車，中途也把桑納接上車。

瑪麗不知道該不該派人把泰德也帶過來，但顯然其他人勸她泰德容易激動，如果這個孩子看到父親的情況，他可能會無法承受。[285]泰德跟他的家庭教師那天晚上去了格羅弗戲院看《阿拉丁》（*Aladdin*），[286]戲院到處都裝飾著愛國標誌，幕與幕之間，還大聲朗誦了一首紀念桑特重歸聯邦的詩。一個目擊者回憶，觀眾「正在享受《阿拉丁》壯觀的劇場效果時」，戲院經理走到舞台前面，「面色蒼白如鬼」，「極度的痛苦」扭曲了他的臉，他向愣住的觀眾宣布總統在福特戲院遭人暗殺了。一陣混亂之中，泰德「像一隻痛苦的小鹿一樣不停地尖叫」並跑了出去。[287]

門禁官貝德爾回憶：「可憐的小泰德」一邊哭一邊回到白宮，不停地哭喊：「喔，湯貝！湯貝！」（譯註：「湯貝」〔Tom Pen〕是泰德對門禁官湯馬士・貝德爾的暱稱，他在白宮的時期時常照顧泰德。）「他們殺死了爸爸，他們殺死了爸爸！」貝德爾把小男孩抱進林肯的房間，他把床罩掀開，幫小男孩脫下衣服，最後終於讓他躺下。「我幫他蓋上被子，躺在他的身邊，一隻手抱著他，然後跟他說話，直到他熟睡爲止。」[288]

午夜時分，整個內閣除了蘇爾德之外，都聚集在彼得森宅的小房間裡。一名在場人士回憶，當時羅伯特「表現得非常堅強，他一直試著要安慰他的母親，要她把一切交給上帝」。雖然羅伯特拿出男子氣概，還試著要安慰其他人，但他偶爾也會「承受不住」，「躲到走廊上痛哭失聲，令人心碎。」[289]那天晚上，幾乎沒有人能夠控制住自己哀傷的情緒，因爲正如一位在場的人士所說的一樣：「這裡沒有一個人不敬愛總統」。[290]

史坦頓一肩扛下後續所有沉重的工作，他通知各將軍這個緊急的事態，蒐集戲院目擊者的證詞，並安排刺客的搜捕行動。A・F・洛克威爾（A. F. Rockwell）上校回憶：「顯然每個人都被嚇呆了，沒有辦法思考，但他不只馬上恢復過來控制自己，並且毫無疑問的，他是所有人的支柱。內閣閣員直覺性地聽從他所有的指令，就像孩子依賴父親一樣。」[291]

史坦頓整個晚上不停地口述不同急電，戰爭部安排了一組隨時在旁邊待命的信差，用接力的方式把史坦頓的口訊送到電報室。史坦頓的祕書回憶：「每個信差在把急電傳給下一個人之後，就會跑回他的位置等待下一個。」[292]第一封電報的收電人是格蘭特將軍，史坦頓要他立刻回華盛頓：「總統於今日晚間十時三十分於福特戲院遭暗殺，無法搶救……蘇爾德國務卿及其子費德也於住宅遇襲，情況危急。」[293]格蘭特將軍在布拉德古飯店（Bloodgood Hotel）接到這封電報，當時他正在吃晚餐。霍勒斯・波特回憶：「他垂下頭，不發一語地坐在那裡。」[294]格蘭特夫人發現丈夫「臉色非常蒼白」，[295]猜到是有壞消息，她要丈夫念出電報的內容。格蘭特告訴太太茱莉雅：「你先做好心理準備，接下來我要告訴你，一個最令人痛苦與震驚的消息。」[296]格蘭特在安排如何回華盛頓的時候，他告訴茱莉雅這個消息讓他「憂心忡忡。總統預備要對南方採取寬大的政策，他在這個時候去世，將會是南方無法挽回的損失，南方目前亟需仰賴他寬宏大量的性格」。[297]

凌晨一點，史坦頓發電報給紐約的警察局長，要他「馬上派三到四名最能幹的警探過來」。[298]半個小時過後，史坦頓通知迪克斯將軍：「傷勢沒有辦法搶救，總統被射擊後立即陷入昏迷，危在旦夕。」[299]三個小時後，他告訴迪克斯將軍最新情況：「總統仍然昏迷不醒，生命跡象越來越微弱。」史坦頓透露，根據目擊者先前的證詞，「有兩名暗殺者參與了這起恐怖的犯罪，射殺總統的人是威爾克斯・布斯。」[300]

天亮後不久，瑪麗最後一次進入房間。威爾斯回憶：「總統跟死神最後的抗爭開始了。」[301]瑪麗走進房間，看到她最愛的那張臉扭曲了，她昏倒在地。」眾人給瑪麗聞了興奮劑，扶她到客廳的沙發上，[302]瑪麗再也沒看過活著的丈夫。

一位在場人士回憶，「華盛頓的大鐘剛敲了七下，總統的呼吸改變了，變得又淺又微弱，然後完全停了下來，我們都以爲他被死神接走了，但他又開始呼吸。」[303]林肯九個小時的掙扎已經到了尾聲。菲紐斯・D・葛萊牧師宣布：「讓我們一起祈禱」，所有人跪了下來。[304]

一八六五年四月十五日早上七點二十二分，亞伯拉罕・林肯被宣布死亡。史坦頓在林肯的床邊做了最後的致意：「現在他已屬於千古」。[305]這句話在歷史上留了下來。

瑪麗得知丈夫去世後，開始進行令人心碎的質問：「喔，爲什麼你們沒告訴我他快死了。」[306]瑪麗的哀嚎聲在整棟房子裡迴盪著，最後在羅伯特的幫助下，瑪麗被帶到馬車上。[307]在整個漫長的夜晚，瑪麗的馬車一直在房子前面待命。

一直到林肯去世的那一刻之前，史坦頓「冷靜跟沉著的外表」讓身旁的人「印象深刻」，但此時的他再也無法止住不停滑過臉上的淚水。[308]霍勒斯・波特回憶在接下來的幾天，史坦頓雖然忙著在華盛頓布下警衛，並派人追捕刺殺者，但「他無法控制悲痛，一聽見林肯先生的名字，他就會痛哭失聲」。[309]

史坦頓展露出的悲痛，讓只看過板著面孔的他的人嚇了一跳，但約翰・海伊明白他的痛。他寫信給史坦頓：「不是每個人都像我一樣，知道您跟我們死去的領袖有多接近。他們不知道他有多喜愛、多尊敬您，也不知道那些想要動搖你們之間的信任的行徑，全都是白費工夫。他對您的信任從來沒有一絲的動搖。當然，歲月過去之後，人們就會知道了，人們會對他以及對您產生敬意。」[310]

蔡斯在黎明時候起身。士兵保護著他度過「恐怖的夜晚」，他預備要過去跟同僚一起守在林肯身邊。然而，等他抵達第十街的時候，他碰到財政副局長莫賽・菲爾德。蔡斯問：「他死了嗎？」菲爾德回答：「是的」。菲爾德注意到蔡斯的「眼睛裡都是血絲，整張臉皺在一起」。[311]首席大法官來得太遲了，總統已經過世了，他的同僚也已經散去了。蔡斯不知道接下來要做什麼，他走到了蘇爾德的家。警衛駐守在蘇爾德的宅邸，不讓任何人進出，但他們認出蔡斯，於是蔡斯進入了一樓的大廳，醫生告訴他蘇爾德「有好一點了」，雖然情況仍然很不樂觀，但「他也許會活下來，而他的兒子費德則無望了」。

蔡斯前往柯克伍德飯店拜訪代表著未來的那個人：即將成爲總統的約翰生。蔡斯在約翰生的房間裡遇到宿敵蒙哥馬利・布萊爾跟他的父親。[312]蔡斯握住老布萊爾的手，「含著眼淚說：『布萊爾先生，我希望從今天起，我們之間的恩怨一筆勾消。』」[313]老布萊爾也以同樣的溫暖與善意回應了蔡斯。

或許在林肯的團隊之中，沒有人比南方出身的布萊爾一家人更了解，林肯遇刺是南方的一場大禍。伊莉莎白・布萊爾那天稍晚寫了一封信給丈夫：「那些效忠與支持南方的人知道，他們失去了一位願意而且有力量保護他們、爲他們做事的朋友，他們再也找不到這樣的人了。他們是眞心感到哀傷，就跟我們這邊的人一樣眞心誠意。」《里奇蒙輝格黨報》的一篇社論也有同樣的看法，認爲林肯的死是「南方人承受過最大的打擊」。[314]

千里之外的貝茲正在享受退休生活。他的兒子巴頓幫父親在聖路易找到了一棟新房子，房子有一座大花園，還有一間舒適的書房。315接到「令人震驚」的電報時，貝茲大受打擊。他在日記裡寫著，除了這代表著「大災禍降臨在國家身上之外，我的總統突然被殺，讓我的內心受到很大的震動。我在他的領導之下，一起為這個國家服務，雖然有時候我們互相對峙，但我們彼此都互相尊敬，充滿著友情。我哀悼他的離去，我為國家難過，也為自己難過」。316

眾人不讓蘇爾德知道林肯去世的消息，因為醫生擔心他可能會無法承受這個打擊。然而，在復活節那一天，蘇爾德看著窗外的拉法葉廣場時，發現戰爭部降著半旗。諾亞・布魯克斯描述：「他呆呆地凝視了一會，然後他轉身看著他的看護，對他說：『總統死了。』」看護試著要否認，但蘇爾德完全確定這件事。「如果他還活著的話，他會是第一個來看我的人，但他沒有來，也沒有派人來問我怎麼樣了，然後外面還降著半旗」。蘇爾德躺回床上，「大滴大滴的眼淚流過他被劃傷的臉頰，他的心裡知道了這個可怕的事實。」317他知道他的好朋友，他的領袖，他的統帥，已經死了。

約翰・海伊後來評論：「歷史上的政府很少有這種例子，他們這兩個政治人物的關係非常神聖，這兩個寬大的靈魂之間存在著全然真摯的友誼。蘇爾德努力了一輩子，似乎就快要可以收割成果了，但卻在芝加哥被林肯奪走一切。然而，蘇爾德卻是林肯第一個提名的內閣成員，也是第一個了解到林肯有多偉大的人……從林肯政府剛成立，一直到他們兩個都被叛國刺客擊倒的黑暗恐怖時刻，他們兩個人永遠都互相信任，互相尊重，從未有一絲的嫉妒或懷疑。」318

＊＊＊

直到五月的最後一個禮拜，美國的首都華盛頓都降著半旗。319全國的民眾紛紛湧到華盛頓，預備觀看由近二十萬的聯邦士兵所組成的「歡送遊行慶祝活動」。320軍隊很快就會被解散，士兵將會回到自己的家。史坦頓策劃了這場為期兩天的遊行，為聯邦士兵獻上最後的敬意。他們在安提耶坦、費德里克斯堡、蓋茨堡、維克斯堡、亞特蘭大的戰場上以及大海上英勇作戰。諾亞・布魯克斯記錄：「華盛頓從來沒有這麼多的訪客一次湧入。好幾個禮拜以來，大量的民眾想要住進旅館或民宿，但所有的角落統統都被佔滿了，沒有任何空位。」[321]

為了這個活動，學校跟政府機構都放假一天。賓州大道上架起了長長的閱兵台，「一路從國會大廈通到白宮」。一個有頂的台子也架了起來，安德魯・約翰生總統、格蘭特將軍以及各個重要人士將會坐在上面。在兩天的遊行慶祝活動中，天氣都很好，「晴朗無雲，沒有一絲陰霾，陽光普照。」

第一天的遊行隊伍是波多馬克軍團。軍隊一排又一排地成縱隊前進，騎兵、砲兵、步兵、工兵，每一個兵種都有自己的制服跟軍徽。此外，遊行隊伍中「馬蹄喀嗒向前，軍刀噹啷作響，小喇叭發出嘹亮的聲音」，基迪恩・威爾斯讚嘆這真是「壯觀又宏偉的景象」。[322]

史坦頓預測：「在這些軍隊裡，將會出現這個國家的棟梁——未來的鐵路人才、眾議員、銀行總裁、參議員、製造業者、法官、州長以及外交官都在這裡，而且至少還會出六個總統。」（史坦頓的預測幾乎完全準確，因為美國接下來的七個總統之中，有五位曾經參與南北戰爭的戰役：格蘭特總統、海斯〔Rutherford B. Hayes〕總統、嘉菲德總統、哈里森〔Benjamin Harrison〕總統，以及麥金萊〔William McKinley〕總統。）[323]

在超過四分之一個世紀以前，一八三八年的時候，年輕的林肯曾經充滿著熱情，對著同袍大都已經去世的獨立戰爭退伍軍人演講，他描述他們是如何奮鬥好讓美國獲得獨立。他說，「不論是以丈夫的身分，父親的身分，兒子或是兄弟的身分，幾乎每個成年男子都經歷過」的那場戰爭，「每個家庭都是**一部活歷史**」，但「隨著時間的過去，那些記憶也越來越消退」。[324]當時林肯所說的話，到了他那一代的時候已不再是如此了。

現在近三百萬聯邦士兵的家中，也開始述說一段新的「活歷史」。這些士兵浴血奮戰，帶來他們成熟領袖所稱的「自由的新生」，他們讓「民有、民治、民享的人民政府不會從世界上消失」。[325]在那個溫暖的春日遊行，賓州大道上的士兵知道，他們已經完成了一件會永遠改變自己的一生以及改變國家的事。

第二天登場的遊行隊伍是西部軍團，將士們莊嚴地跟在薛曼將軍後面。薛曼回憶：「街上滿滿都是來觀看慶典的民眾，經過財政部的時候我往後看，那個場面真是壯觀。士兵的隊伍整整齊齊，他們的火槍閃閃發亮，就像是一塊跟鐘擺一樣規律擺動的結實鋼鐵一樣。」

薛曼走過拉法葉廣場的時候，有人指著一棟磚造房子樓上的窗戶，告訴大家蘇爾德在那裡。還太虛弱而無法走路的蘇爾德，被抬到窗邊觀看這次的遊行。薛曼回憶：「我往那個方向走去，並脫帽向蘇爾德先生致意。他看到我的舉動，也跟我回禮，然後我們繼續走向總統，用我們的劍向他致意。」[326]

基迪恩・威爾斯感傷地指出，全華盛頓都到齊了——眾議員、參議員、法官、外交官、州長、軍官、內閣成員、父與子、母與女，「但林肯不在這裡。所有人的心中都在想這件事。」[327]林肯把優秀的政敵團隊帶到政府的大家庭裡，沒有人會比威爾斯的內閣同僚，還要更深刻地感覺到林肯已經不在了。這個團隊曾激烈地彼此對抗，而且常常就重要的事務跟他們的領導人爭論，但就像蘇爾德後來說過的一樣：「一個內閣要是馬上就同意每一件事的話，那麼這個內閣比一個顧問好不到哪裡去，也不值得依賴到哪裡去。」[328]林肯把這些人召集到自己的身邊，讓他們有機會百分之百施展自己的長才。他們一起努力，一起分享榮耀，他們讓他們的國家再度合而爲一，他們改變了這個國家，而且會永遠活在後代子孫的記憶中。

＊＊＊

尤里西斯・S・格蘭特預測：「毫無疑問，林肯將會是這場戰爭中最出名的人物。他絕對是我見過最偉大的人。」[329]

詩人華特・惠特曼也有同樣的感覺。惠特曼在一八八八年寫道：「我不止一次想過，眼前這個世紀結束、新的世紀開始的時候，那場戰爭的那些人與那些事會變得有點模糊、有點像是神話一樣。」惠特曼冥思，有一天在紀念那些早期的日子時，一個「老兵」將會坐在一群年輕人的中間，而年輕人熱烈的眼神跟「不停的追問」將會透露出他們的好奇。「什麼!你曾經見過林肯，而且還聽過他說話，還握過他的手?」雖然惠特曼承認，未來的人對於這位草原總統可能會有不同的評價，但他絕對可以代表他那一代的人說：「對我來說，在人才輩出的十九世紀，林肯是最偉大的人，至今還沒有人能超越他。」[330]

新世紀降臨時，林肯所留下的豐富遺產仍一直流傳下去，即使是惠特曼也會感到吃驚。一九〇八年的時候，在北高加索的一個蠻荒地帶，偉大的當代作家托爾斯泰（Leo Tolstoy）曾經拜訪過一個「遠離文明生活的山區」部落族長。族長把家人跟鄰居集合起來，並要求托爾斯泰跟他們講一講歷史上名人的故事。托爾斯泰描述他是如何跟興致勃勃的聽衆講了好幾個小時的故事，他告訴他們亞歷山大（Alexander）大帝、凱撒大帝、腓特烈大帝（Frederick the Great）還有拿破崙的事蹟，而他正準備要收尾的時候，族長站了起來，他說：「可是你還沒有告訴我們任何有關於這個世界上最偉大的將軍與最偉大的領袖的事。我們想要知道一些他的事。他是個英雄，他說話的聲音宏亮如閃電，他笑起來像日出，他的行動如岩石般剛強……他的名字是林肯，他住的地方叫美國，那是一個非常遙遠的地方，如果一個年輕人要旅行到那裡去的話，他抵達的時候會是一個老人。告訴我們那個人的故事。」

托爾斯泰回憶：「我看著他們，我看到他們的臉都亮了起來，我看到這些未開化的野蠻人眞的對一個名字跟事蹟都已經成爲傳說的人感興趣。」於是他把自己所知道的林肯的事，統統告訴他們，包括林肯的「成長背景跟青年時代……他的性格、他對於人們的影響，以及他的力氣」。托爾斯泰說完之後，聽衆很感激他，送給他「一匹阿拉伯駿馬」。隔天早上，托爾斯泰準備離開時，部落問他可不可能幫他們找到一幅林肯的照片。托爾斯泰想到他住在附近城鎮的友人可能會有，所以他要一個人騎馬跟著他。托爾斯泰回憶：「我成功地從我朋友那邊取得一張大照片」。他把照片交給跟著他過去的那個人，並發現那個人在接過去的時候手在顫抖。「他安靜地凝視著照片幾分鐘，就像一個虔誠的祈禱者一樣，眼眶充滿著淚水。」

托爾斯泰接著評論：「這個小插曲證明了林肯的名字是如何被世人所崇拜著，他的人格已經成爲傳奇故事。爲什麼林肯是如此的崇高，讓其他的民族英雄都黯然失色？他不像拿破崙或華盛頓一樣是個偉大的將軍，也不像格萊斯頓（Gladstone；譯註：十九世紀政治家，曾任英國首相）或腓特烈大帝那樣，是個手腕靈活的政治家；然而，他罕見的道德力量以及崇高的人格特質，都說明了他至高無上的偉大。」

他又說：「華盛頓是典型的美國人，拿破崙是典型的法國人，但林肯是世界性的人道主義者，他超越了他的國家，歷代所有總統加起來都比他遜色。」

托爾斯泰總結道：「我們離他的時代還太近，我們還不能完全了解他的偉大，但再過幾個世紀之後，我們的子孫會比我們清楚。他的精神力量太強大，以至於一般人無法理解，就像是太陽直接照著我們的時候，熱度太有威力一樣。」[331]

＊＊＊

二十三歲的林肯在第一次競選伊利諾州議員的時候，寫了一封公開信給桑加蒙郡（Sangamon County）的民眾：「據說每個人都有自己獨特的抱負。不管這是不是眞的，以我個人來說，我最大的（抱負）就是要眞正做到尊敬我的同胞，而我尊敬的方式，就是讓自己值得讓同胞尊敬。至於我做到了多少，還要看以後的努力。」[332]

林肯的抱負是要建立起值得同胞尊敬的名聲，讓自己在死後，事蹟還能流傳下去。這樣的抱負，讓他撐過了苦難的童年，也讓他努力教育自己。他經歷過一連串的政治挫折，還曾經陷入極度的沮喪。他說要不是自己「還沒做過什麼會讓任何人記得他曾經活在這個世上的事」，[333]他早就寧願離開這個世界，是他的人生目標一直支撐著他。他不屈不撓的意志力，讓他度過了聯邦的瓦解以及內戰最黑暗的歲月。他一次又一次地鼓舞灰心喪志的同胞，化解手下將軍的敵意，還不時居中協調劍拔弩張的政府官員。

林肯的信念是，美國是不可分裂的一個國家，「這個國家以自由爲立國的精神，致力於實現人人生而平等的主張」，[334]因此美國必須重生，成爲一個沒有奴隸的國家。林肯用了簡潔優美的語言表達出這個信念，他的文學天才跟他的政治天才不相上下。

亞伯拉罕・林肯去世的時候，他已經做到了自己說過的話：「我們對任何人都不懷惡意，我們對所有人都抱持仁愛的心。」[335]他的第二任就職演說揭示了戰後重建聯邦的途徑與願景。林肯從年輕的時候，就抱持著讓自己的名字永垂不朽的抱負，他這個抱負不只在桑加蒙郡跟伊利諾州做到了，美國所有地方的人們都不會忘了他的名字。如同史坦頓在林肯去世時那一刻的預測是一樣的，他留下的精神不只屬於美國，而是屬於千古——世世代代的人將會敬愛他，永遠歌頌他。

尾聲

身受重傷的蘇爾德跟兒子費德，在所有人都不抱希望的情況下康復了，然而「許許多多個擔心受怕的夜晚」，①最後卻取走了蘇爾德妻子法蘭西絲的性命。六個禮拜之後，她一下子倒了下來並與世長辭，一般認爲她的死因是「代替承受痛苦」，②她用自己的命換親愛丈夫與兒子的命。據說法蘭西絲在奧本的喪禮「冠蓋雲集，美國史上從來沒有這麼多人參加一個女性的喪禮」。③在那之後的幾個月，蘇爾德的女兒范妮都陪在蘇爾德的床邊，試著要替代死去的母親，結果范妮自己也過度勞累，得了嚴重的肺結核，④在剛過完二十二歲生日的兩個月後也去世了，蘇爾德傷心不已。⑤《華盛頓共和報》評論：「可以說他們父子倆所躲過的暗殺攻擊，最後落在母女的身上，奪走了她們的性命。」⑥

蘇爾德在約翰生總統的任內仍然是國務卿。他試著要調停約翰生跟國會內激進派的嚴重紛爭，⑦但沒有成功，不過他買下了阿拉斯加，這件事原本被嘲諷爲「蘇爾德所做的蠢事」（Seward's Folly），⑧最後卻成爲值得自豪的決定。蘇爾德從公職退下之後，晚年都在旅行。⑨他跟兒子費德還有媳婦安娜花了八個月的時間遊歷阿拉斯加、加州跟墨西哥各地，一回到奧本之後，他又馬上訂定了環遊世界的計畫，造訪了日本、中國、印度、埃及、希臘、土耳其跟法國。蘇爾德最後在家人的陪伴下，死於一八七二年，享壽七十一歲。媳婦珍妮問他的臨終遺言時，他只說：「要愛身邊的人」。⑩蘇爾德的扶棺人梭羅・魏德在老友被放進墓穴時，在衆目睽睽下老淚縱橫。⑪

史坦頓在內閣度過了最後一段火爆的日子。他在戰後重建的議題上支持國會中的激進派，公開與總統爲敵。約翰生要求史坦頓辭職，⑫但史坦頓在收到免職令之後，仍然拒絕離職，⑬他在他的辦公室「把自己圍起來」

好幾個禮拜，⑭吃在戰爭部，⑮睡也睡在沙發上。史坦頓認爲他的免職令違反了公職任期法（Tenure of Office Act）。⑯公職任期法是國會激進派剛通過的法令，目的是要限制總統的否決權，如果總統想要換掉任何的內閣閣員，都必須得到參議院的同意。約翰生在一八六八年被彈劾，而不肯遵守公職任期法正是理由之一。最後彈劾案在衆議院以一票之差沒有通過，史坦頓終於提出了辭呈。⑰

雖然史坦頓被這件事弄得精疲力竭，但他沒有多少時間可以休息，他在內閣期間把好運用完了。史坦頓回到法界之後，格蘭特總統在一八六九年的十二月提名他進入最高法院，史坦頓欣喜若狂，因爲那是他曾經唯一想要過的「公職」，⑱但他的高興沒有維持多久，三天後他跟家人一起共度聖誕佳節時，他的氣喘嚴重發作，⑲陷入昏迷後就去世了，那時他才剛過五十五歲的生日。林肯的兒子羅伯特寫信給史坦頓的兒子愛德溫：「我知道現在說什麼都不能安慰你，但我想起我的父親臨死之前躺在床上，我感到完全的絕望，難以接受事實，那時你的父親對我是那麼的慈祥。我跟你的父親一樣，幾乎沒有辦法不讓眼淚不奪眶而出。」⑳

貝茲在親愛的家人身邊享受了晚年。戰爭一結束，貝茲重新接納了加入南軍的兒子佛雷明。㉑貝茲在一八六九年去世，享壽七十六歲，不論是以公領域的成就來說，或是他個人的品德來說，貝茲都備受世人尊崇。一位人士在悼念的文章中說：「他的社交關係跟家庭生活最能顯現出他的人格。身爲一位丈夫、一位父親、一位朋友，身邊的人都愛他，就算是死亡，也不能切斷他們對他的愛。」㉒

蔡斯在處理完約翰生的彈劾案之後，他又燃起了在一八六八年選總統的希望。他永不消失的總統夢要看民主黨怎麼決定，因爲共和黨已經提名了格蘭特將軍。㉓蔡斯向提名代表提出了自己的名字，而女兒凱特是他的競選總幹事，但俄亥俄州宣布支持紐約的西摩爾，他成爲民主黨候選人的希望註定要破滅。讓他崛起的俄亥俄州再一次澆熄了他的雄心壯志。㉔四年之後，蔡斯仍然懷抱著參選總統的希望，這次他投向了自由共和黨（Liberal Republican Party），但還是未獲提名，最後是由霍利斯・格里利出線。㉕蔡斯的健康狀況在一次的心臟病發作跟中風後惡化，他陷入憂鬱的情緒。㉖他跟朋友吐露心聲，說自己「太衰弱，跟個廢人沒兩樣，有時候我寧願自己已經死了」。㉗死神在一八七三年五月七日把蔡斯帶走，那時凱特跟奈蒂都陪在他的身邊。蔡斯享壽六十五歲。

凱特在父親過世後，她跟史巴普拉的婚姻也無法挽回了。她跟紐約參議員羅斯科・康克林（Roscoe Conkling）的婚外情最後變成一場醜聞。史普拉格在納拉干瑟灣的別墅抓到兩個人在一起，他拿著獵槍追殺康克林，並跟凱特發生了激烈的爭吵，試圖要把凱特從臥室的窗戶丟出去。凱特訴請離婚，回到華盛頓，最後五十八歲的時候在貧病交迫中死去。㉘

布萊爾一家人回到了民主黨。法蘭克在一八六八年的時候被提名爲西摩爾的競選搭檔，但他仍然一如過往，口無遮攔地批評對手，㉙葬送了原本充滿希望的政治前途。一八七五年，他不愼在家中跌倒，得年五十四歲。㉚老布萊爾比兒子多活了一年，年紀雖大，「但體力充沛，而且神智跟精神狀況都很好。」㉛老布萊爾活到了八十五歲。蒙哥馬利在一八七六年備受爭議的總統選舉中，擔任民主黨候選人山繆・蒂爾登（Samuel Tilden）的法律顧問，最後是共和黨的海斯成爲總統（譯註：該年選舉人團的票數計算結果引發爭議，後來海斯以一票之差成爲總統）。蒙哥馬利於一八八三年去世的時候，正在爲美國第七任總統安德魯・傑克遜作傳。他享壽七十。㉜

基迪恩・威爾斯在總統彈劾案期間支持約翰生，他在內閣待到了一八六八年。回到康乃狄克州之後，他寫了一系列的歷史文章，並率先把林肯描寫成「一個偉大的人物，他令人激賞地完成了最艱困的任務」。㉝威爾斯在晚年編輯了他充滿眞知灼見的日記，直到現在，如果要研究林肯政府內部的互動情形，威爾斯的日記仍然是最重要的史料。威爾斯在一八七八年死於鏈球菌感染，享壽七十五歲。㉞

約翰・尼可萊跟約翰・海伊一直到去世都是朋友，他們利用林肯當時還沒公開的文件，一起寫了十大冊的林肯研究。尼可萊活到六十九歲，在一九〇一年去世，當時他正在著手編輯那十大冊的濃縮版。㉟海伊後來成爲麥金萊總統跟老羅斯福總統（Theodore Roosevelt）的國務卿，最後在一九〇五年六十六歲的時候死於血栓。他在去世之前，夢到自己回到了「白宮，去向總統報到，結果那個總統是林肯總統。他對於我的病情非常關心，親切和藹地問候我……他交給我一些不重要的信，要我負責回覆，我很高興，因爲這點小事對我來說不成問題」。當時離海伊親愛的大老闆被暗殺已經過了四十年，但海伊醒來的時候，仍然「陷入無法自拔的憂鬱之中」。㊱

瑪麗從未從丈夫的死恢復過來，她回到伊利諾州後，向布萊爾的女兒伊莉莎白吐露：「每天早上，我從斷斷斷續續的睡眠中醒來的時候，覺得自己如同行屍走肉一般，要再多活一天似乎都是件不可能的事。」㊲瑪麗告訴泰德的家庭教師，要不是爲了她「親愛的泰德」，她「會很開心地擁抱死亡」。㊳

瑪麗與泰德母子兩人幾乎無法分離。泰德跟著瑪麗遊歷歐洲，約翰・海伊形容，泰德「非常貼心，他細心照顧母親，不像他那個年紀的孩子」。㊴回到美國不久後，泰德出現醫生說的「心臟壓迫」㊵的問題，兩個月後就去世了，死的時候是十八歲。約翰・海伊在《紐約論壇報》上登了一篇感人的訃文：「這個幾個禮拜前跟母親路經紐約的年輕人謙虛、友善，而現在除了幾位爲他哀悼的友人外，外界再也不會有人認識他，但曾經在那四年活躍於華盛頓的人士，都會永遠記得『小泰德』。那個孩子精力充沛，健康又活潑，不是在惡作劇，就是在進行冒險旅程，讓整個房子裡生氣勃勃。」㊶

瑪麗對於金錢的執著與焦慮，加深了她的不幸。羅伯特向未來會成爲他妻子的瑪麗・哈倫（Mary Harlan）坦承：「要處理除了在一件事情上每方面都很明理的人實在不容易。你可能會覺得這件事不可能，但我的母親眞的向我抱怨她生活於貧困之中。不管我做什麼或說什麼，都沒有辦法讓她相信事情不是這樣的。」㊷瑪麗越來越古怪的行爲，讓羅伯特把她送到州立醫院治療精神問題。瑪麗在醫院待了四個月，最後由姊姊伊莉莎白接到春田市照顧。這件事讓母子失和，瑪麗再也不曾原諒她這個唯一還活著的孩子。㊸瑪麗最後一次造訪歐洲後足不出戶，在姊夫愛德華茲的家過完她的餘生。她的人生曾在愛德華茲家度過了比較愉快的歲月，她在那裡遇到林肯，也是在那裡舉行了婚禮。一八八二年的時候，死神終於應允了她時常掛在嘴邊的願望，以六十三歲的年紀離開人世。㊹

謝辭

任何人如果想要書寫跟亞伯拉罕・林肯有關的主題，都必須站在不可勝數的文獻基礎上，其中包括了美國最優秀的歷史學家所寫的經典作品。在此本人要感謝多位研究林肯的學者，他們歡迎我進入他們的領域，分享他們的資料，花時間跟我討論，還邀請我到他們的家中，閱讀我的草稿，而且讓我借閱他們手中珍貴的林肯文獻。他們是 David Herbert Donald、Douglas L. Wilson、Thomas F. Schwartz、Frank J. Williams、Harold Holzer、John R. Sellers、Virginia Laas、Michael A. Burlingame、Gabor S. Boritt、John O. Hall、Harold M. Hyman、Philip B. Kunhardt III、Peter W. Kuhnhardt 以及 Louise Taper。

在過去的十年當中，三十座圖書館最優秀的館員幫助我找到這本書最主要的資料，我特別要感謝伊利諾州春田市 Abraham Lincoln Presidential Library and Museum 非常樂於助人的 Thomas F. Schwartz、Kim Matthew Bauer、Mary Michals 與 John Marruffo。

我也要感謝以下各州的人士與機構：加州的 John Rhodehamel 以及 Huntington Library 的館員；伊利諾州的 Chicago Historical Society 跟 Newberry Library、University of Chicago's Special Collections Research Center 與 Harper Memorial Library、Daniel Weinberg 與 Abraham Lincoln Book Shop；印地安納州的 Lincoln Museum；愛荷華州的 State Historical Society of Iowa 以及 University of Iowa Library；肯塔基州的 Eastern Kentucky University Archives；路易斯安那州的 Judy Bolton 以及 Louisiana and Lower Mississippi Valley Collections of the Louisiana State University Library 的館員；還有馬里蘭州的 Maryland Historical Society。

我要感謝麻州的 Boston Public Library's Rare Book and Manuscript Collections、Concord Public Library、Harvard University's Government Documents and Microfilm Collection、Houghton Library、Arthur and Elizabeth Schlesinger Library on the History of Women in America 以及 Widener Library、Massachusetts Historical Society；另外還要感謝密蘇里州的 Dennis Northcott 以及 Missouri Historical Society 的工作人員、St. Louis Art Museum、State Historical Society of Missouri。我也要感謝紐澤西州 Princeton University's Department of Rare Books and Special Collections 的 Don C. Skemer 與 Anna Lee Pauls。

我要感謝紐約的 New York State Library、奧本蘇爾德官邸的 Betty Mae Lewis 跟 Peter A. Wisbey、Mary M. Huth 以及 University of Rochester Library's Department of Rare Books and Special Collections 的工作人員；俄亥俄州的 Cincinnati Historical Society、Ohio Historical Society 的 John Haas 和工作人員；俄亥俄州州議會、Western Reserve Historical Society；賓州的 Dauphin County Historical Society 與 Historical Society of Pennsylvania；羅德島 Brown University's John Hay Library 的 Mary-Jo Kline 與 Ann Morgan Dodge；維吉尼亞州的 Virginia Historical Society；華盛頓特區的 John Sellers、Clark Evans，以及 Library of Congress 的工作人員、Michael Musick 以及 National Archives and Records Administration 的工作人員、威勒飯店的 James C. Hewes 以及布萊爾宮的工作人員。最後我要感謝 Michael Burlingame，他本身是所有林肯學者的「活圖書館」，學識無人能及的他慷慨分享林肯的資料。Burlingame 先生目前也在撰寫個人的林肯巨傳。

我要特別感謝我的好朋友兼不屈不撓的助理 Linda Vandegrift，我欠她的實在太多了，她在過去的二十年間陪伴著我，幫助我完成我所有的書。

我要感謝在哈佛大學與「林肯之地」（Land of Lincoln）伊利諾州兩地做研究的 Nora Titone（她目前正在撰寫演員艾德溫・布斯〔林肯暗殺者的哥哥〕的傳記，我相信一定會十分精彩）。在我們多次的討論之中，她提供了深刻的見解，讓我了解了十九世紀美國的社會、知識分子及文藝圈的情況。

我要感謝華盛頓的 Michelle Krowl 博士，她是一位優秀的南北戰爭歷史學家，發表過無數的學術文章，並任教於北維吉尼亞社區大學（Northern Virginia Community College）。她耗費無數的心血，運用過人的直覺與精力，在美國國會圖書館及美國 National Archives 挖掘資料並考證資料來源。

另外還有許多人士閱讀了草稿的不同章節，協助我讓這本書變得更好，他們是 Judith Arnold、Beth Laski、

Erick Owens、Louisa Thomas、Chad Callaghan、Michael Goodwin、Lindsay Hosmer、J. Wayne Lee、Phyllis Grann、John Logan、Paul Webb、Kathleen Krowl、Brad Gernand、Karen Needles 與 John Hill。我還要感謝 Serafina Ristorante 與 Walden Grille 所有的好朋友，這兩家店是我跟先生在麻州康考德最喜歡的兩家酒吧。另外還有 Michael Kushakji，每次電腦故障的時候，不管是白天或晚上，他都會到府服務，我要特別感謝他。

我要再一次感謝我的經紀人 Binky Urban，他永遠支持、鼓勵著我。我還要感謝 Simon & Schuster 出版社，我們已經合作超過二十五年，裡面的每一個人幾乎都像是我的家人一樣，他們的名字是：David Rosenthal、Carolyn Reidy、Irene Kheradi、Jackie Seow、George Turianski、Linda Dingler、Ellen Sasahara、Lisa Healy、Victoria Meyer 跟 Elizabeth Hayes。我要特別感謝負責編輯與校正此書的 Ann Adelman 跟 Emily Beth Thomas。我也要特別感謝 Roger Labrie，他在截稿的壓力下展現了過人的通情達理，在最後的階段護送這本書一路趕上各種的最後期限。

長久以來我都依賴我天下無雙的編輯 Alice E. Mayhew，但從來沒有一本書像這一本一樣，讓她花了這麼巨大的心力。沒有任何編輯對於林肯的知識能夠比得上她，沒有任何編輯能像她一樣，從頭到尾就書的架構、文風、語言給我無人能敵的建議。她絕對是天底下最好的編輯，我永遠都感謝她。

最後，要感謝我的丈夫李查・古德溫（Richard Goodwin），我無法用言語表達我的謝意，我把這本書獻給他。從最初的草稿到最後的定稿，他讀過與編輯過這本書的每一頁。他跟我一樣對林肯充滿熱情。我會跟他爭論、互相辯論，但最後通常還是接受他的意見。他跟所有人一樣敬愛林肯。這本書是我的孩子，也是他的孩子。

二〇〇五年七月，寫於麻州康考德

註釋

註釋中使用的縮寫：

AL　亞伯拉罕・林肯（Abraham Lincoln）
CS　查爾斯・桑納（Charles Sumner）
EB　愛德華・貝茲（Edward Bates）
EBL　伊莉莎白・布萊爾・李（Elizabeth Blair Lee）
EMS　愛德溫・史坦頓（Edwin M. Stanton）
FAS　法蘭西絲・（「米勒」・）蘇爾德（Frances A. [Miller] Seward）
FB　法蘭西斯・普萊斯頓・（「法蘭克」・）布萊爾（Francis Preston ["Frank"] Blair, Jr.）
FPB　老法蘭西斯・普萊斯頓・布萊爾（Francis Preston Blair, Sr.）
FS　法蘭西絲・（「范妮」・）蘇爾德（Frances A. ["Fanny"] Seward）
FWS　費德里克・蘇爾德（Frederick W. Seward）
GBM　喬治・麥克萊倫（George B. McClellan）
GW　基迪恩・威爾斯（Gideon Welles）
JGN　約翰・尼可萊（John G. Nicolay）

CW　*Collected Works of Abraham Lincoln*
HI　*Herndon's Informants*
NR　《國家共和黨人報》（*National Republican*, Washington, D.C.）
NYH　《紐約前鋒報》（*New York Herald*, New York, N.Y.）
NYT　《紐約時報》（*New York Times*, New York, N.Y.）

JH　約翰・海伊（John Hay）
JWW　Jesse W. Weik
KCS　凱特・蔡斯・史普拉格（Kate Chase Sprague）
LW　Lazette M. (Miller) Worden
MB　蒙哥馬利・布萊爾（Montgomery Blair）
MEM　瑪莉・艾倫・麥克萊倫（Mary Ellen McClellan）
MTL　瑪麗・陶德・林肯（Mary Todd Lincoln）
SPC　塞蒙・P・蔡斯（Salmon P. Chase）
SPL　塞米爾・菲利普斯・李（Samuel Phillips Lee）
TB　特雷娜・貝茲（Therena Bates）
TW　梭羅・魏德（Thurlow Weed）
USG　尤里西斯・格蘭特（Ulysses S. Grant）
WHH　威廉・荷登（William H. Herndon）
WHS　威廉・蘇爾德（William H. Seward）

NYTrib 《紐約論壇報》(*New York Tribune*, New York, N.Y.)

OR *The War of the Rebellion: A Compilation of the Official Records of the Union and Confederate Armies* (128 vols., Washington, D.C.: Government Printing Office, 1880–1901)

Star 《明星晚報》(*Evening Star*, Washington, D.C.)

Chase Papers *The Salmon P Chase Papers: Microfilm Edition*, ed. John Niven (Frederick, Md.: University Publications of America, 1987)

Lincoln Papers Papers of Abraham Lincoln, Manuscript Division, Library of Congress. Available at *Abraham Lincoln Papers at the Library of Congress*, Manuscript Division (Washington, D.C.: American Memory Project, [2000–01]), http://memory.loc.gov/ammem/alhtml/alhome.html

Nicolay Papers Papers of John G. Nicolay, Manuscript Division, Library of Congress

Seward Papers *The Papers of William H. Seward* (Woodbridge, Conn.: Research Publications, 1983

Welles Papers Papers of Gideon Welles, Manuscript Division, Library of Congress

說明：本書在引用主要文件時，保留原有的拼字與文法。

前言

①Frederick Douglass, "Oration in Memory of Abraham Lincoln," April 14, 1876, in *Frederick Douglass: Selected Speeches and Writings*, ed. Philip S. Foner, abridged by Yuval Taylor (Chicago: Lawrence Hill Books, 1999), pp. 620–21.

②Ralph Waldo Emerson, "Abraham Lincoln," in *Miscellanies* (Cambridge, Mass.: Riverside Press, 1904), pp. 330–31.

③EB, quoted in F. B. Carpenter, *Six Months at the White House with Abraham Lincoln* (New York: Hurd and Houghton, 1866), p. 68.

④AL, "Address Before the Young Men's Lyceum of Springfield, Illinois," January 27, 1838, in *CW*, I, p. 113.

⑤AL, "Address Delivered at the Dedication of the Cemetery at Gettysburg, November 19, 1863; Edward Everett Copy," in *CW*, VII, p. 21.

1 等待結果揭曉的四名男子

①Henry B. Rankin, *Personal Recollections of Abraham Lincoln* (New York and London: G. P. Putnam's Sons, 1916), p. 187.

②Paul M. Angle," *Here I Have Lived": A History of Lincoln's Springfield, 1821–1865* (Springfield, Ill.: Abraham Lincoln Association, 1935), p. 175.

③See advertisements in *Illinois State Journal*, Springfield, Ill., May 18, 1860.

④*Press and Tribune*, Chicago, May 19,1860; *Star*, May 19,1860.

⑤Christopher C. Brown interview, 1865–1866, in Douglas L. Wilson and Rodney O. Davis, eds., *Herndon's Informants: Letters, Interviews, and Statements About Abraham Lincoln* (Urbana and Chicago: University of Illinois Press, 1998), p. 438 [hereafter *HI*].

⑥William H. Herndon and Jesse W. Weik, *Herndon's Life of Lincoln*, introduction and notes by Paul M. Angle, new introduction by Henry Steele Commager (Cleveland, Ohio: World Publishing Co., 1942; New York: Da Capo Press, 1983), pp. 254–55.

⑦Paul Angle, *Lincoln in Springfield: A Guide to the Places in Springfield which were Associated with the Life of Abraham Lincoln* (Springfield, Ill.: Lincoln Centennial Association, 1927), p. 2.

⑧Entry of May 19, 1860, in Edward Bates, *The Diary of Edward Bates, 1859–1866*, ed. Howard K. Beale. Vol. IV of the Annual Report of the American Historical Association for the Year 1930 (Washington, D.C.: Government Printing Office, 1933), p. 130.

⑨*Illinois State Journal*, Springfield, Ill., January 17, 1860.

⑩Clinton L. Conkling, "How Mr. Lincoln Received the News of His First Nomination," *Transactions of the Illinois State Historical Society* (1909), p. 64.

⑪Herndon and Weik, *Herndon's Life of Lincoln*, p. 471.

⑫William E. Doster, *Lincoln and Episodes of the Civil War* (New York and London: G. P. Putnam's Sons, 1915), p. 15.

⑬*Press and Tribune*, Chicago, May 23, 1860.

⑭Horace White, *Abraham Lincoln in 1854: An Address delivered before the Illinois State Historical Society, at its 9th Annual Meeting at Springfieid, Illinois, Jan. 30, 1908* (Springfield, Ill.: Illinois State Historical Society, 1908), p. 19.

⑮Ibid.

⑯*NYTrib*, November 10, 1860.

⑰*Utica Morning Herald*, reprinted in *NYTrib*, July 9, 1860.

⑱Joshua F. Speed, *Reminiscences of Abraham Lincoln and Notes of a Visit to California* (Louisville, Ky.: John P. Morton & Co., 1884), p. 21.

⑲Harry E. Pratt, *Lincoln's Springfield* (Springfield, Ill.: Abraham Lincoln Association, 1938), p. 2; Octavia Roberts, *Lincoln in Illinois* (Boston: Houghton Mifflin, 1918), p. 94.

⑳C.S. Williams, comp., *Williams' Springfield Directory City Guide, and Business Mirror, for 1860–61. To Which is Appended a List of Post Offices in the United States and Territories, Corrected up to Date* (Springfield, Ill.: Johnson & Bradford, 1860).

㉑"Lincoln and Mary Todd," [c. 1880s], reel 11, Herndon-Weik Collection of Lincolniana, Manuscript Division, Library of Congress [hereafter Herndon-Weik Collection, DLC].

㉒Ruth Painter Randall, *Mary Lincoln: Biography of a Marriage* (Boston: Little, Brown, 1953), pp. 23,25,27,28; Jean H. Baker, *Marry Todd Lincoln: A Biography* (New York and London: W. W. Norton & Co., 1987), pp. 37–42, 44–45.

㉓Katherine Helm, *The True Story of Mary, Wife of Lincoln* (New York and London: Harper & Bros., 1928), p. 74.

㉔AL, "Farewell Address at Springfield, Illinois," February 11, 1861, in *The Collected Works of Lincoln*, Vol. IV, ed. Roy P. Basler (8 vols., New Brunswick, N.J.: Rutgers University Press, 1953), p. 190.

㉕*New York Evening Post*, reprinted in *Albany Evening Journal*, May 24, 1860 (quote); *Utica Morning Herald*, reprinted in *NYTrib*, July 9, 1860; Frances Todd Wallace interview, [1865–1866], in *HI*, p. 486.

㉖*Utica Morning Herald*, reprinted in *NYTrib*, July 9, 1860.

㉗Carl Schurz, *The Reminiscences of Carl Schurz*. Vol. II: 1852–1863 (New York: McClure Co., 1907), p. 188.

㉘*Springfield* [*Mass.*] *Republican*, May 23, 1860.

㉙David Davis and Jesse K. Dubois to AL, May 15, 1860, Lincoln Papers.

㉚Mrs. John A. Logan, quoted by Allan Nevins in foreword to Willard L. King, *Lincoln's Manager: David Davis* (Cambridge, Mass.: Harvard University Press, 1960), p. xi.

㉛Ibid., pp. 128–29.

㉜Leonard Swett, quoted in Osborn H. Oldroyd, *Lincoln's Campaign, or The Political Revolution of 1860* (Chicago: Laird & Lee, 1896), p. 70.

㉝Henry Clay Whitney, *Life on the Circuit with Lincoln*, introduction and notes by Paul M. Angle (Caldwell, Idaho: The Caxon Printers, 1940), pp. 61–88; see "Travelling on the Circuit," chapter 15 in Ida M. Tarbell, *The Life of Abraham Lincoln*, Vol. I (New York: S. S. McClure Co., 1895; New York: The Macmillan Company, 1917), pp. 241–56.

㉞Henry C. Whitney, *Lincoln the Citizen. Vol. I of A Life of Lincoln* (1892; New York: Baker & Taylor Co., 1908), pp. 190–91; William H. Herndon, *A Letter from William H. Herndon to Isaac N. Arnold Relating to Abraham Lincoln, His Wife, and Their Life in Springfield* (privately printed, 1937).

㉟Francis Fisher Browne, *The Every-Day Life of Abraham Lincoln* (New York: N . D. Thompson Publishing Co., 1886; Lincoln, Nebr., and London: University of Nebraska Press, 1995), p. 158.

㊱David Herbert Donald, *Lincoln* (New York: Simon & Schuster, 1995), p. 106.

㊲Robert H. Wiebe, "Lincoln's Fraternal Democracy," in John L. Thomas, ed., *Abraham Lincoln and the American Political Tradition* (Amherst: University of Massachusetts Press, 1986), p. 19.

㊳Theodore Clarke Smith, *The Liberty and Free Soil Parties in the Old Northwest. Harvard Historical Studies*, Vol. VI (New York: Longmans, Green & Co., 1897; New York: Russell & Russell, 1967), p. 1; William Lee Miller, *Lincoln's Virtues: An Ethical Biography* (New York: Alfred A. Knopf, 2002), p. 317.

㊴AL, "A House Divided": Speech at Springfield, Illinois, June 16, 1858, in *CW*, II, p. 468.

㊵Lawrence W: Levine, *Highbrow / Lowbrow: The Emergence of Cultural Hierarchy in America* (Cambridge, Mass.: Harvard University Press, 1988), p. 36.

㊶Christine Ann Fidler, "Young Limbs of the Law: Law Students, Legal Education and the Occupational Culture of Attorneys, 1820–1860." Ph.D. diss., University of California, Berkeley, 1996, p. 165.

㊷Benjamin P. Thomas, *Abraham Lincoln: A Biography* (New York: Alfred A. Knopf, 1952), p. 202.

㊸*NYTrib*, February 28, 1860.

㊹*Press and Tribune*, Chicago, May 11,1860; Don E. Fehrenbacher, *Prelude to Greatness: Lincoln in the 1850s* (Stanford, Calif.: Stanford University Press, 1962), p. 148.

㊺*NYH*, May 24, 1860.

㊻*Press and Tribune*, Chicago, May 15, 1860. The *Press and Tribune* became the *Tribune* on October 25, 1860.

㊼AL to Sam Galloway, March 24, 1860, in *CW*, IV, p. 34.

㊽Ibid.

㊾Nathan. Knapp to AL, May 14, 1860, Lincoln Papers.

㊿David Davis to AL, May 17, 1860, Lincoln Papers.

(51)Conkling, "How Mr. Lincoln Received the News," *Transactions* (1909), pp. 64–65.

(52)Frederick W. Seward, *William H. Seward: An Autobiography from 1801 to 1834, with a Memoir of His Life, and Selections from His Letter, 1831–1846* (New York: D. Appleton & Co., 1877), p. 658 [hereafter Seward, *An Autobiography*]; Frederick W. Seward, *Seward at Washington, as Senator and Secretary of State. A Memoir of His Life, with Selections from His Letters, 1846–1861* (New York: Derby & Miller, 1891), p. 203.

(53)Interview with Betty Mae Lewis, curator of Seward House, Auburn, N.Y., 1999 [hereafter Lewis interview]; *The Seward House* (Auburn, N.Y.: The Foundation Historical Association, 1955); *NYH*, August 27, 1860.

(54)Seward, *An Autobiography*, pp. 368, 657–58.

55 WHS to [TW?]. April 12, 1835, in ibid., p. 257.

56 Ibid., pp. 658, 461, 481; Lewis interview.

57 *Auburn Democrat*, reprinted in the *Atlas and Argus*, Albany, N.Y., May 28, 1860.

58 WHS to FAS, December 17, 1834, reel 112, Seward Papers; Patricia C. Johnson, "Sensitivity and Civil War: The Selected Diaries and Papers, 1858–1866, of Frances Adeline [Fanny] Seward." Ph.D. diss, University of Rochester, 1963, pp. 1–2.

59 Henry B. Stanton, *Random Recollections*, 3rd edn. (New York: Harper & Bros., 1887), p. 215.

60 *NYH*, August 27, 1860; *Auburn Democrat*, reprinted in the *Atlas and Argus*, Albany, N.Y., May 28,1860.

61 See Glyndon G. Van Deusen, *William Henry Seward* (New York: Oxford University Press, 1967), pp. 255–57, 263.

62 NYH, August 27,1860.

63 Henry Adams to Charles Francis Adams, Jr., December 9, 1860, in *Letters of Henry Adams (1858–1891)*, Vol. 1., ed. Worthington Chauncey Ford (Boston and New York: Houghton Mifflin, 1930), p. 63.

64 John M. Taylor, *William Henry Seward: Lincoln's Right Hand* (New York: HarperCollins, 1991), p. 17; Burton J. Hendrick, *Lincoln's War Cabinet* (Boston, Little, Brown, 1946), p. 8; Johnson, "Sensitivity and Civil War," pp. 11, 56–57; Frederic Bancroft, *The Life of William H. Seward*, Vol. I (New York: Harper & Bros., 1899; Gloucester, Mass.: Peter Smith, 1967), p. 184.

65 Murat Halstead, *Three Against Lincoln: Murat Halstead Reports the Caucuses of 1860*, ed. William B. Hesseltine (Baton Rouge: Louisiana State University Press, 1960), p, 120.

66 Lewis interview; *The Seward House*, pp. 5–6, 12, 16,23,26; Seward, *An Autobiography*, pp. 440, 677; Susan Sutton Smith, "Mr. Seward's Home,': *University of Rochester Library Bulletin* 31 (Autumn 1978), pp. 69–93.

67 *National Intelligencer*, Washington, D.C., May 19, 1860.

68 *Atlas and Argus*, Albany, N.Y., May 19, 1860.

69 Bancroft, *The Life of William H. Seward*, Vol. I, p. 522; Van Deusen, *William Henry Seward*, p. 222; entry for May 13, 1860, Diary of Charles Francis Adams, reel 75, *microfilms of The Adams Papers owned by the Adams Manuscript Trust and deposited in the Massachusetts Historical Society*, Part I (Boston: Massachusetts Historical Society, 1954) [hereafter Charles Francis Adams diary].

70 Seward, *An Autobiography*, p. 744.

71 *Auburn Journal*, December 31, 1859, reprinted in *Albany Evening Journal*, Albany, N.Y., January 3, 1860.

72 Johnson, "Sensitivity and Civil War," pp. 2–3.

73 Van Deusen, *William Henry Seward*, pp. 6–7.

74 Ibid., p. 10; Taylor, *William Henry Seward*, pp. 18–19.

75 Van Deusen, *William Henry Seward*, p. 37.

76 Clarence Edward Macartney, *Lincoln and His Cabinet* (New York and London: Charles Scribner's Sons, 1931), pp. 94–95.

77 Henry Adams to Charles Francis Adams, Jr., December 9, 1860, *Letters of Henry Adams* (1858–1891), Vol. I, p. 62.

78 Schurz, *Reminiscences*, Vol. II, pp. 173–74.

79 Hendrick, *Lincoln's War Cabinet*, p. 8; Johnson, "Sensitivity and Civil War," p. 57.

80 Halstead, *Three Against Lincoln*, p. 120.

81 Glyndon G. Van Deusen, "Thurlow Weed: A Character Study," *American Historical Review* XLIX (April 1944), p. 427.

82 Hendrick, *Lincoln's War Cabinet*, p. 17.

83 Richard L. Watson, Jr., "Thurlow Weed, Political Boss," *New York History* 22 (October 1941), p. 415.

84 WHS, quoted in Gideon Welles, *Lincoln and Seward Remarks Upon the Memorial Address of Chas. Francis Adams, on the Late Wm. H. Seward* . . . (New York: Sheldon & Co., 1874), p. 23.

85 Van Deusen, *William Henry Seward*, pp. 216, 222–23.

86 TW to WHS, May 20, 1860, reel 59, Seward Papers.

87 Mary King Clark, "Lincoln's Nomination As Seen By a Young Girl from New York," *Putnam's Magazine* 5 (February 1909), pp. 536–37.

88 James Watson Webb to WHS, May 16, 1860, reel 59, Seward Papers.

89 Elbridge Gerry Spaulding to WHS, May 17, 1860, reel 59, Seward Papers.

90 Telegram from Preston King, William M. Evarts, and Richard M. Blatchford to WHS, May 18, 1860, reel 59, Seward Papers.

(91)"History of the Chase House," article in the Central Ohio Buildings File, Local History Room, Columbus Metropolitan Library, Columbus, Ohio; William Dean Howells, *Years of My Youth* (New York and London: Harper & Bros., 1916; 1917), p. 153.

(92)*Daily Ohio Statesman*, Columbus, Ohio, May 19, 1860.

(93)Albert Bushnell Hart, *Salmon P. Chase*, introduction by G. S. Boritt. *American Statesmen Series* (Boston: Houghton Mifflin, 1899; New York and London: Chelsea House, 1980), p. 415; Hendrick, *Lincoln's War Cabinet*, p. 32.

(94)Schurz, *Reminiscences*, Vol. II, p. 34.

(95)*Troy [N.Y.] Times*, October 18, 1860, quoted in *Columbus Gazette*, November 2, 1860.

(96)Thomas Graham Belden and Marva Robins Belden, *So Fell the Angels* (Boston: Little, Brown, 1956), p. 4.

(97)Hart, *Salmon P. Chase*, p. 415.

(98)John Niven, *Salmon P. Chase: A Biography* (New York and Oxford: Oxford University Press, 1995), pp. 79, 173, 193.

(99)Virginia Tatnall Peacock, *Famous American Belles of the Nineteenth Century* (1900; Freeport, N.Y.: Books for Libraries Press, 1970), p. 211; Demarest Lloyd, "The Home-Life of Salmon Portland Chase," *Atlantic Monthly* 32 (November 1873), pp. 528, 530–31, 536, 538; Niven, *Salmon P. Chase*, pp. 203–05; J. W Schuckers, *The Life and Public Services of Salmon Portland Chase, United States Senator and Governor, of Ohio; Secretary of the Treasury, and Chief-Justice of the United States* (New York: D. Appleton & Co., 1874), p. 595; Schurz, *Reminiscences*, Vol. II, pp. 169–70.

(100)Lloyd, "Home-Life of Salmon Portland Chase," *Atlantic Monthly*, pp. 529 (quote), 531; Peacock, *Famous American Belles of the Nineteenth Century*, pp. 211–12; Ishbel Ross, *Proud Kate: Portrait of an Ambitious Woman* (New York: Harper & Bros., 1953), p. 37.

(101)SPC to KCS, December 3, 4,5, and 6, 1857, reel 11, Chase Papers.

(102)Doster, *Lincoln and Episodes of the Civil War*, p. 173.

(103)Howells, *Years of My Youth*, pp. 134, 169, 181 (quote); Francis Phelps Weisenburger, *Columbus during the Civil War* (n.p.: Ohio State University Press for the Ohio Historical Society, 1963), pp. 3–4.

(104)Henry Howe, *Historical Collections of Ohio*, Vol. I, Ohio Centennial Edition (Norwalk, Ohio: Laning Printing Co., 1896), p. 621 (quote); Writers' Program of the Works Projects Administration, comps., *The Ohio Guide*, sponsored by Ohio State Archaeological and Historical Society (New York: Oxford University Press, 1940; 1948), pp. 251, 254.

(105)Hendrick, *Lincoln's War Cabinet*, p. 36; Johnson, "Sensitivity and Civil War," pp. 58–59.

(106)SPC to KCS, September 15, 1854, reel 10, Chase Papers; Lloyd, "Home-Life of Salmon Portland Chase," *Atlantic Monthly*, pp. 529, 531.

(107)Lloyd, "Home-Life of Salmon Portland Chase," *Atlantic Monthly*, p. 536.

(108)Belden and Belden, *So Fell the Angels*, p. 15; Ross, *Proud Kate*, pp. 19–22, 34.

(109)SPC to KCS, December 20, 1853, reel 9, Chase Papers.

(110)Belden and Belden, *So Fell the Angels*, pp. 16, 18, 21–22; Niven, Salmon P. Chase, pp. 202–03.

(111)Belden and Belden, *So Fell the Angels*, p. 22.

(112)Peacock, *Famous American Belles of the Nineteenth Century*, p. 207.

(113)Hart, *Salmon P. Chase*, pp. 423, 429.

(114)Ibid., p. 434.

(115)William E. Gienapp, *The Origins of the Republican Party, 1852–1856* (New York and Oxford: Oxford University Press, 1987), p. 192.

(116)SPC to Gamaliel Bailey, January 24, 1859, reel 12, Chase Papers.

(117)Schurz, *Reminiscences*, Vol. II, pp. 169–72.

(118)SPC to Robert Hosea, March 18, 1860, reel 13, Chase Papers.

(119)*Ohio State Journal*, Columbus, Ohio, March 12, 1860.

(120)Ibid., May 21, 1860.

(121)Niven, *Salmon P. Chase*, pp. 214–17; Hart, *Salmon P. Chase*, p. 428.

(122)SPC to Edward S. Hamlin, June 12, 1856, reel 11, Chase Papers.

(123)Calvin Ellis Stowe to SPC, March 30, 1858, reel 12, Chase Papers.

(124)SPC to James A. Briggs, from Wheeling, Va., May 8, 1860, reel 13, Chase Papers.

(125)Marvin R. Cain, *Lincoln's Attorney General: Edward Bates of Missouri* (Columbia, Mo.: University of Missouri Press, 1965), p. 115.

(126)Entry of September 28, 1859, Orville H. Browning, *The Diary of Orville Hickman Browning. Vol. I: 1850–1864*, ed. Theodore Calvin Pease and James G. Randall. *Collections of the Illinois State Historical Library*, Volume XX (Springfield, Ill.: Illinois State Historical Library, 1925), p.

380; Cain, Lincoln's Attorney General, p. 59.

127 Introduction, *The Diary of Edward Bates, 1859–1866*, pp. xv-xvi; *Missouri Republican*, St. Louis, Mo., March 26, 1869.

128 EB to Julia Bates, January 1, 1835; January 5,1828; November 7, 1827; Edward Bates Papers, 1778–1872, mss 1 B3184a, Virginia Historical Society, Richmond, Va. [hereafter Bates Papers, ViHi]; entry for April 9, 1860, in *The Diary of Edward Bates, 1859–1866*, p. 120 (quote).

129 "Lecture of Edward Bates," *St. Louis Weekly Reveille*, February 24, 1845, typescript copy, St. Louis History Collection, Missouri Historical Society, St. Louis, Mo. [hereafter MoSHi]; William C. Winter, *The Civil War in St. Louis: A Guided Tour* (St. Louis, Mo.: Missouri Historical Society, 1995), p. 3; James Neal Primm, *Lion of the Valley: St. Louis, Missouri, 1764–1980*, 3rd edn. (St. Louis: Missouri Historical Society Press, 1998), pp. 192, 182 (quote).

130 Alban Jasper Conant, "A Visit to Washington in 1861–62," *Metropolitan Magazine* XXXIII (June 1910), p. 313.

131 Hendrick, *Lincoln's War Cabinet*, pp. 46–47; Cain, *Lincoln's Attorney General*, pp. 1, 64.

132 AL quoted in Hendrick, *Lincoln's War Cabinet*, p. 46.

133 Conant, "A Visit to Washington in 1861–62," *Metropolitan Magazine*, p. 313.

134 Edward Bates diary, November 27, 1851, Edward Bates Papers, Missouri Historical Society, St. Louis, Mo. [hereafter Bates diary].

135 Ibid., May 2, 1852.

136 "Bates, Edward," *Dictionary of American Biography. Vol. I: Abbe-Brazer*, ed. Allen Johnson (New York: Charles Scribner's Sons, 1927; 1957), p. 48; James Shaw, "A Neglected Episode in the Life of Abraham Lincoln," *Transactions of the Illinois State Historical Society*, no. 29 of the Illinois State Historical Library (1922), pp. 52, 54.

137 Cain, *Lincoln's Attorney General*, pp. 95–96.

138 Entry of April 27, 1859, in *The Diary of Edward Bates, 1859–1866*, p. 11; Reinhard H. Luthin, *The First Lincoln Campaign* (Cambridge, Mass.: Harvard University Press, 1944; Gloucester, Mass.: Peter Smith, 1964), pp. 54–55.

139 See Elbert B. Smith, *Francis Preston Blair* (New York: Free Press/Macmillan Publishing Co., 1980), pp. 172–73; William Ernest Smith, The *Francis Preston Blair Family in Politics*, Vol. I (New York: The Macmillan Company, 1933), pp. 185–88, 189–91; Hendrick, *Lincoln's War Cabinet*, pp. 61–69, 388; *Washington Post*, September 14, 1906; *Star*, September 14, 1906; Virginia Jeans Laas, ed., *Wartime Washington: The Civil War Letters of Elizabeth Blair Lee* (Chicago: University of Illinois Press, 1991), pp. 1, 2; William E. Parrish, *Frank Blair: Lincoln's Conservative* (Columbia, Mo., and London: University of Missouri Press, 1998). Francis p. Blair, owner, slave schedule for 5th District, Montgomery County, Maryland, Eighth Census of the United States, 1860 (National Archives Microfilm Publication M653, reel 485), Records of the Bureau of the Census, Record Group [RG] 29, National Archives and Records Administration, Washington, D.C. [hereafter DNA]. Blair owned fifteen slaves in 1860.

140 *Lincoln's Attorney General*, pp. 84–86, 91–92; Primm, *Lion of the Valley*, p. 230; Smith, *Francis Preston Blair*, p. 257; Smith, *The Francis Preston Blair Family in Politics*, Vol. I, pp. 461–62.

141 Entry of July 5, 1859, in *The Diary of Edward Bates, 1859–1866*, pp. 29–30.

142 EB to Julia Coalter Bates, November 7, 1827, Bates Papers, ViHi.

143 FB, quoted in Parrish, *Frank Blair*, p. 81.

144 Entry of January 9, 1860, in *The Diary of Edward Bates, 1859–1866*, pp. 89–90.

145 Cain, *Lincoln's Attorney General* pp. 93, 94, 107.

146 Entry of December 1, 1859, in *The Diary of Edward Bates, 1859–1866*, pp. 71–72.

147 Cain, *Lincoln's Attorney General*, pp. 103, 106.

148 *NYTrib*, May 15, 1860.

149 Cain, *Lincoln's Attorney General*, p. 110.

150 EB, *Letter of Hon. Edward Bates, of Missouri, Indorsing Mr. Lincoln, and Giving His Reasons for Supporting the Chicago Nominees* (Washington, D.C.: Printed at the Congressional Globe Office, 1860).

151 Ibid.

2 出人頭地的欲望

1 AL, "Address Before the Young Men's Lyceum of Springfield, Illinois," January 27, 1838, in *CW*, I, p. 108.

2 Alexis de Tocqueville, *Democracy in America*, ed. J. P. Mayer, trans. George Lawrence (New York: Harper & Row, 1966; 1988), p. 629.

3 Frances M. Trollope, *Domestic Manners of the Americans* (London: Whittaker, Treacher, & Co.,

1832; Barre, Mass.: Imprint Society, 1969), p. 93.

④Joyce Appleby, *Inheriting the Revolution: The First Generation of Americans* (Cambridge, Mass., and London: Belknap Press of Harvard University Press, 2000), p. 88.

⑤See Robert Wiebe, *The Opening of American Society: From the Adoption of the Constitution to the Eve of Disunion* (New York: Alfred A. Knopf, 1984), pp. 131–32; "Louisiana Purchase," in *The Reader's Companion to American History*, ed. Eric Foner and John A. Garraty (Boston: Houghton Mifflin, 1991), p. 682.

⑥Stephen Vincent Benét, *Western Star* (New York: Farrar & Rinehart, 1943), pp. 3, 7–8.

⑦Thomas Dublin, "Internal Migration," in *The Reader's Companion to American History*, ed. Foner and Garraty, pp. 564–65.

⑧de Tocqueville, *Democracy in America*, ed. Mayer, p. 627.

⑨Van Deusen, *William Henry Seward*, p. 3.

⑩Seward, *An Autobiography*, pp. 19–20; Bancroft, *The Life of William H. Seward*, Vol. I, pp. 1–2; Taylor, *William Henry Seward*, p. 12.

⑪Seward, *An Autobiography*, pp. 20, 21.

⑫Ibid., pp. 20, 22; "Biographical Memoir of William H. Seward," *The Works of William H. Seward*, Vol. I, ed. George E. Baker (5 vols., New York: J. S. Redfield, 1853; New York: AMS Press, 1972), pp. XVI-XVII.

⑬Seward, *An Autobiography*, pp. 21, 22.

⑭Ibid., p. 27. The Sewards still owned seven slaves in 1820. See entry for Samuel S. Seward, Warwick, Orange County, N.Y., Fourth Census of the United States, 1820 (National Archives Microfilm Publication M33, reel 64), RG 29, DNA.

⑮Seward, *An Autobiography*, pp. 27–28.

⑯Winthrop D. Jordan, *White Over Black: American Attitudes Toward the Negro, 1550–1812* (New York: W. W. Norton & Co., 1977), p. 345; Leon F. Litwack, *North of Slavery: The Negro in the Free States, 1790–1860* (Chicago and London: University of Chicago Press, 1961), pp. 3, 6.

⑰Taylor, *William Henry Seward*, p. 14.

⑱Van Deusen, *William Henry Seward*, p. 4.

⑲Seward, *An Autobiography*, p. 29.

⑳Ibid., p. 31.

㉑Ibid., p. 35.

㉒Ibid., pp. 35, 36–43.

㉓WHS to Daniel Jessup, Jr., January 24, 1820, reel 1, Seward Papers.

㉔Seward, *An Autobiography*, pp. 47–48.

㉕"David Berdan," Eulogy read before the Adelphic Society of Union College, July 21, 1828, and published in *The Knickerbocker Magazine* (December 1839), in *The Works of William H. Seward*, Vol. III, pp. 117–27; WHS to the President of the Adelphic Society, Union College, draft copy, September 3, 1827, reel 1, Seward Papers; Taylor, *William Henry Seward*, p. 18.

㉖WHS to the President of the Adelphic Society, Union College, draft copy, September 3, 1827, reel 1, Seward Papers.

㉗FAS to WHS, February 15, 1831, reel 113, Seward Papers.

㉘E. Anthony Rotundo, *American Manhood: Transformations in Masculinity from the Revolution to the Modern Era* (New York: Basic Books/HarperCollins, 1993), pp. 3, 76 (quote), 86.

㉙"Biographical Memoir of William H. Seward," *Works of William H. Seward*, Vol. I, p. xxi.

㉚Seward, *An Autobiography*, p. 62.

㉛Niven, *Salmon P. Chase*, pp. 5–7, 21; Schuckers, *The Life and Public Services of Salmon Portland Chase*, p. 3; Robert B. Warden, *An Account of the Private Life and Public Services of Salmon Portland Chase* (Cincinnati: Wilstach, Baldwin & Co., 1874), pp. 22–27.

㉜SPC to John T. Trowbridge, December 27, 1863, reel 30, Chase Papers.

㉝SPC to Trowbridge, January 19, 1864, reel 31, Chase Papers.

㉞SPC to Trowbridge, December 27, 1863, reel 30, Chase Papers.

㉟SPC to Trowbridge, January 19, 1864, reel 31, Chase Papers.

㊱SPC to Trowbridge, December 27, 1863, reel 30, Chase Papers.

㊲Warden, *Private Life and Public Services*, p. 36.

㊳SPC to Trowbridge, January 19, 1864, reel 31, Chase Papers.

㊴Biographical sketch of Salmon P. Chase, quoted in Warden, *Private Life and Public Services*, p. 39.

㊵Warden, *Private Life and Public Services*, p. 38.

㊶SPC to Trowbridge, January 21, 1864, reel 31, Chase Papers.

㊷SPC to Trowbridge, December 27, 1863, reel 30, Chase Papers.

㊸Warden, *Private Life and Public Services*, p. 63.

㊹SPC to Trowbridge, January 21, 1864, reel 31, Chase Papers.

㊺SPC to Trowbridge, January 19, 1864, reel 31, Chase Papers; Niven, *Salmon P. Chase*, pp. 7–8.

㊻Niven, *Salmon P. Chase*, p. 8.

㊼SPC to Trowbridge, January 19, 1864, reel 31, Chase Papers.

㊽SPC to Trowbridge, February 1, 1864, reel'31, Chase Papers.

㊾Janette Ralston Chase to SPC, August 14, 1824, [filed as 1824–1825 correspondencel, reel 4, Chase Papers.

㊿SPC to Trowbridge, January 21 and 31, 1864, reel 31, Chase Papers; Arthur Meier Schlesinger, "Salmon Portland Chase: Undergraduate and Pedagogue," *Ohio Archaeological and Historical Quarterly* [hereafter *OAHQ*] 28 (April 1919), pp. 120–21.

(51)SPC to Trowbridge, January 23, 1864, reel 31, Chase Papers; Niven, *Salmon P. Chase*, pp. 9–11.

(52)SPC to Trowbridge, January 25, 1864, reel 31, Chase Papers.

(53)SPC to Trowbridge, January 27, 1864, reel 31, Chase Papers.

(54)SPC to Trowbridge, January 31, 1864, typescript copy, reel 31, Chase Papers.

(55)Warden, *Private Life and Public Services*, p. 94.

(56)Niven, *Salmon P. Chase*, p. 17.

(57)Ibid., pp. 18–19; Frederick J. Blue, *Salmon P. Chase: A Life in Politics* (Kent, Ohio, and London: Kent State University Press, 1987), pp. 6–7.

(58)Niven, *Salmon P. Chase*, p. 97.

(59)SPC to Thomas Spathawk, July 8, 1827, reel 4, Chase Papers.

(60)Entry for September 22, 1829, SPC diary, reel 40, Chase Papers. The editors of the published edition of the Salmon P. Chase Papers identify the author ofthe novel as Edward Bulwer-Lytton. See note 65 for entry of September 22, 1829, *The Salmon P. Chase Papers*. Vol. I: *Journals, 1829–1872*, ed. John Niven (Kent, Ohio, and London: Kent State University Press, 1993), p. 24 [hereafter *Chase Papers*, Vol. I].

(61)SPC to Trowbridge, February 10, 1864, reel 31, Chase Papers; Schlesinger, "Salmon Portland Chase," *OAHQ* (1919), pp. 132–33, 143.

(62)SPC to Hamilton Smith, May 31, 1827, reel 4, Chase Papers.

(63)SPC to Hamilton Smith, April 7, 1829, reel 4, Chase Papers.

(64)Appleby, *Inheriting the Revolution*, p. 7.

(65)Alexander R. Chase to SPC, November 4, 1825, reel 4, Chase Papers.

(66)Warden, *Private Life and Public Services*, pp. 124–25, 175; Fidler, "Young Limbs of the Law," pp. 245, 276. See also Michael L. Oberg, "Wirt, William," *American National Biography*, Vol. XXIII, ed. John A. Garraty and Mark C. Carnes, American Council of Learned Societies (New York and Oxford: Oxford University Press, 1999), pp. 675–76.

(67)Entries of January 10, 29, 30, 1829; February 9, 1829; April 8, 20, 1829; *Chase Papers*, Vol. I, pp. 5–9, 13–14; Schuckers, *The Life and Public Services of Salmon Portland Chase*, p. 29.

(68)SPC to Trowbridge, February 13, 1864, reel 31, Chase Papers.

(69)SPC to Trowbridge, February 10, 1864, in *The Salmon P. Chase Papers*. Vol. IV: *Correspondence, April 1863–1864*, ed. John Niven (Kent, Ohio, and London: Kent State University Press, 1997), p. 283.

(70)Elizabeth Goldsborough to Robert Warden, quoted in Warden, *Private Life and Public Services*, p. 126; Niven, *Salmon P. Chase*, pp. 23, 40.

(71)Alexander R. Chase to SPC, November 4, 1825, reel 4, Chase Papers.

(72)Entry for March 1, 1830, *Chase Papers*, Vol. I, p. 45.

(73)Entry for January 13, 1829, ibid., p. 6.

(74)William Wirt to SPC, May 4, 1829, reel 4, Chase Papers.

(75)SPC to William Wirt, June 16, 1829, reel 4, Chase Papers.

(76)Niven, *Salmon P. Chase*, pp. 23, 26.

(77)Entry for February 14, 1829, diary, reel 1, Papers of Salmon P. Chase, Manuscript Division, Library of Congress [hereafter Chase Papers, DLC].

(78)Entry for December 31, 1829, diary, reel 1, Chase Papers, LC.

(79)William Cranch, quoted in Niven, *Salmon P. Chase*, p. 27.

(80)SPC, "Admission to the Bat," June 30, 1853, reel 32, Chase Papers, DLC.

(81)SPC to Charles D. Cleveland, February 8, 1830, reel 4, Chase Papers.

(82)Hart, *Salmon P. Chase*, pp. 13–16.

(83)SPC, "On the Dedication of a New State House, January 6, 1857," reel 41, Chase Papers.

(84)Entry for September 1, 1830, *Chase Papers*, Vol. I, p. 53.

(85)Niven, *Salmon P. Chase*, p. 31.

(86)William Wirt to SPC, May 4, 1829, reel 4, Chase Papers.

(87)SPC to Charles D. Cleveland, February 8, 1830, reel 4, Chase Papers.

(88)Entry for April 29, 1831, *Chase Papers*, Vol. I, p. 57.

(89)Entry for March 1, 1830, ibid., p. 45.

(90)Entry for February 8, 1834, diary, reel 40, Chase Papers; Niven, *Salmon P. Chase*, pp. 32, 34–38; Mary Merwin Phelps, *Kate Chase, Dominant Daughter: The Life Story of a Brilliant Woman and Her Famous Father* (New York: Thomas Y. Crowell, 1935), pp. 12, 35.

(91)Abigail Chase Colby to SPC, April 21, 1832, reel 4, Chase Papers.

(92)Entries for November 21 and December 1, 1835, *Chase Papers*, Vol. I, pp. 87, 92–93.

(93)SPC to Charles D. Cleveland, April 6, 1836, reel 5, Chase Papers.

(94)Entry for December 25, 1835, *Chase Papers*, Vol. I, p. 94.

(95)Entry for December 1, 1835, ibid., pp. 93–94.

(96)SPC to Charles D. Cleveland, April 6, 1836, reel 5, Chase Papers.

(97)Entry for December 26, 1835, *Chase Papers*, Vol. I, p. 96.

(98)Entry for December 28, 1835, ibid., p. 99.

(99)Entry for December 27, 1835, ibid., pp. 97–98.

(100)Entry for December 28, 1835, ibid., p. 99.

(101)Stephen E. Maizlish, "Salmon P. Chase: The Roots of Ambition and the Origins of Reform," *Journal of the Early Republic* 18 (Spring 1998), p. 62.

(102)Blue, *Salmon P. Cbase*, p. 35; Warden, *Private Life and Public Services*, p. 286; Niven, *Salmon P. Chase*, p. 72.

(103)SPC to Charles D, Cleveland, February 7, 1840, reel 5, Chase Papers.

(104)Blue, *Salmon P. Chase*, pp. 25–26; Warden, *Private Life and Public Services*, pp. 290–91, 295, 296, 301, 302.

(105)SPC to Charles D. Cleveland, October 1, 1845, reel 6, Chase Papers.

(106)Blue, *Salmon P. Chase*, p. 74; Warden, *Private Life and Public Services*, pp. 311–12.

(107)SPC to CS, January 28, 1850, reel 8, Chase Papers (quote); Niven, *Salmon P. Chase*, p. 135.

(108)William F. Switzler, "Lincoln's Attorney General: Edward Bates, One of Missouri's Greatest Citizens—His Career as a Lawyer, Farmer and Statesman," reprinted in Onward Bates, *Bates, et al., of Virginia and Missouri* (Chicago: P. F. Pettibone, 1914), p. 26.

(109)For general information on Bates's family and early years, see Cain, *Lincoln's Attorney General*, pp. 1–3, 5; "Bates, Edward," *DAB*, Vol. I, p. 48; James M. McPherson, "Bates, Edward," *American National Biography*, Vol. II, ed. John A. Garraty and Mark C. Carnes, American Council of Learned Societies (New York and Oxford: Oxford University Press, 1999), p. 329; Introduction, *The Diary of Edward Bates, 1859–1866*, p. xi; Bates, *Bates, et al., of Virginia and Missouri*, p. 22; "Death of Edward Bates," *Missouri Republican*, St. Louis, Mo., March 26, 1869; Elie Weeks, "Belmont," *Goochland County Historical Society Magazine* 12 (1980), pp. 36–49; EB to C. I. Walker, February 10, 1859, reprinted in *Collections of the Pioneer Society of the State of Michigan Together With Reports of County Pioneer Societies*, Vol. VIII, 2nd edn. (1886; Lansing, Mich.: Wynkoop Hallenbeck Crawford Co., 1907), pp. 563–64.

(110)Charles Gibson, *The Autobiography of Charles Gibson*, ed. E. R. Gibson, 1899, Charles Gibson Papers, Missouri Historical Society, St. Louis, Mo. [hereafter Gibson Papers, MoSHi].

(111)James Truslow Adams, *America's Tragedy* (New York and London: Charles Scribner's Sons, 1934), pp. 87–88.

(112)Bates, *Bates, et al., of Virginia and Missouri*, p. 20.

(113)Ibid., p. 22.

(114)Wiebe, *The Opening of American Society*, pp. 131–32.

(115)James M. McPherson, *Battle Cry of Freedom: The Civil War Era* (New York: Oxford University Press, 1988; New York: Ballantine Books, 1989), p. 42.

(116)"Lecture by Edward Bates," St. Louis *Weekly Reveille*, February 24, 1845, St. Louis History Collection, MoSHi.

(117)Cain, *Lincoln's Attorney General*, p. 5.

(118)EB to Frederick Bates, September 29, 1817; October 13, 1817; June 15, 1818; July 19, 1818; Bates Papers, MoSHi; Cain, *Lincoln's Attorney General*, p. 7.

(119)EB to Frederick Bates, September 21, 1817, Bates Papers, MoSHi.

(120)EB to Frederick Bates, September 29, 1817, Bates Papers, MoSHi.

(121)Cain, *Lincoln's Attorney General*, p. 6; EB to Frederick Bates, June 15, 1818, Bates Papers, MoSHi (quote).

(122)Samuel T. Glover, "Addresses by the Members of the St. Louis Bar on the Death of Edward Bates," *Minutes of the St. Louis Bar Association* (1869), Bates Papers, MoSHi.

(123)EB to Frederick Bates, July 19, 1818, Bates Papers, MoSHi.

(124) EB to Frederick Bates, September 29, 1817, Bates Papers, MoSHi.
(125) EB to Frederick Bates, June 15, 1818, Bates Papers, MoSHi.
(126) EB to Frederick Bates, July 19, 1818, Bates Papers, MoSHi.
(127) EB to Frederick Bates, October 13, 1817, Bates Papers, MoSHi.
(128) Cain, *Lincoln's Attorney General*, p. 4.
(129) Ibid., p. 7.
(130) AL, "Autobiography Written for John L. Scripps," [c. June 1860], in *CW*, IV, p. 61 [hereafter "Scripps autobiography"].
(131) A. H. Chapman statement, ante September 8, 1865, in *HI*, p. 95; Donald, *Lincoln*, p. 21.
(132) AL, "Scripps autobiography," in *CW*, IV, p. 61.
(133) Dennis F. Hanks to WHH, June 13, 1865, and John Hanks interview, May25, 1865, in *HI*, pp. 5, 37; Benjamin P. Thomas, *Abraham Lincoln: A Biography* (New York: Alfred A. Knopf, 1952), p. 6. On Nancy Hanks's ancestry, see Paul H. Verduin, "New Evidence Suggest Lincoln's Mother Born in Richmond County, Virginia, Giving Credibility to Planter-Grandfather Legend," *Northern Neck of Virginia Historical Magazine* XXXVIII (December 1988), pp. 4, 354–89.
(134) Thomas, *Abraham Lincoln*, p. 5; Kenneth J. Winkle, *The Young Eagle: The Rise of Abraham Lincoln* (Dallas: Taylor Trade Publishing, 2001), p. 13.
(135) John L. Scripps to WHH, June 24, 1865, in *HI*, p. 57.
(136) Nathaniel Grigsby interview, September 12, 1865, in ibid., p. 113.
(137) Dennis F. Hanks to WHH (interview), June 13, 1865, in ibid., p. 40.
(138) John Hanks interview, [1865–1866], in ibid., p. 454.
(139) Dennis F. Hanks to WHH, [December 1865?], in ibid., p. 149.
(140) William Wood interview, September 15, 1865, in ibid., p. 124.
(141) AL, comment to WHH, quoted in Michael Burlingame, *The Inner World of Abraham Lincoln* (Urbana and Chicago: University of Illinois Press, 1994), p. 42.
(142) Philip D. Jordan, "The Death of Nancy Hanks Lincoln," *Indiana Magazine of History* XL (June 1944), pp. 103–10.
(143) Thomas, *Abraham Lincoln*, pp. 10–11.
(144) Nancy Lincoln, quoted in Robert Bruce, "The Riddle of Death," in Gabor Boritt, ed., *The Lincoln Enigma: The Changing Faces of an American Icon* (Oxford and New York: Oxford University Press, 2001), p. 132.
(145) Appleby, *Inheriting the Revolution*, p. 63.
(146) Schurz, *Reminiscences*, Vol. II, p. 187.
(147) Bruce, "The Riddle of Death," in *The Lincoln Enigma*, p. 132.
(148) AL, "Autobiography written for Jesse W Fell," December 20, 1859, in *CW*, III, p. 511.
(149) "The Bear Hunt," [September 6, 1846?], in *CW*, I, p. 386.
(150) Dennis F. Hanks to WHH (interview), June 13, 1865, in *HI*, p. 40.
(151) Nathaniel Grigsby interview, September 12, 1865, in ibid., p. 113.
(152) Dennis F. Hanks to WHH, June 13, 1865, in ibid., p. 41.
(153) Sarah Bush Lincoln interview, September 8, 1865, in ibid., p. 106.
(154) Redmond Grigsby, quoted in Burlingame, *The Inner World of Abraham Lincoln*, p. 95.
(155) John W. Lamar, quoted in ibid.
(156) AL to Fanny McCullough, December 23, 1862, in *CW*, VI, pp. 16–17.
(157) Douglas L. Wilson, "Young Man Lincoln," in *The Lincoln Enigma*, p. 35.
(158) Donald, *Lincoln*, p. 32.
(159) Nathaniel Grigsby interview, September 12, 1865, in *HI*, p. 114.
(160) A. H. Chapman statement, ante September 8, 1865, in ibid., p. 99.
(161) Sarah Bush Lincoln interview, September 8, 1865, in ibid., pp. 108, 107.
(162) Leonard Swett, "Lincoln's Story of His Own Life," in *Reminiscences of Abraham Lincoln by Distinguished Men of His Time*, ed. Allen Thorndike Rice (1885; New York and London: Harper & Bros., 1909), p. 71.
(163) Sarah Bush Lincoln interview, September 8, 1865, in *HI*, p. 107; John Hanks interview, [1865–1866], in ibid., p. 454.
(164) Thomas, *Abraham Lincoln*, p. 7.
(165) Dennis F. Hanks to WHH, June 13 , 1865, in *HI*, p. 37.
(166) Sarah Bush Lincoln interview, September 8, 1865, in ibid., p. 107.
(167) Rev. J. P. Gulliver article in *New York Independent*, September 1, 1864, quoted in F. B. Carpenter, *Six Months at the White House with Abraham Lincoln* (New York: Hurd & Houghton, 1866), p. 312.
(168) AL, quoted in ibid., pp. 312–13.

(169)Dennis F. Hanks to WHH, June 13, 1865, and Dennis F. Hanks interview, September 8, 1865, in *HI*, pp. 42, 104; Sarah Bush Lincoln interview, September 8, 1865, in ibid., p. 107.

(170)Donald, *Lincoln*, p. 29.

(171)AL, "Autobiography written for Jesse W. Fell," December 20, 1859, in *CW*, III, p. 511.

(172)AL, "Scripps autobiography," in *CW*, IV, p. 62.

(173)Dennis F. Hanks to WHH, June 13, 1865, in *HI*, p. 41; Sarah Bush Lincoln interview, September 8, 1865, in ibid., p. 107; John S. Houghland interview, September 17, 1865, in ibid., p. 130.

(174)Fidler, "Young Limbs of the Law," p. 249.

(175)Thomas, *Abraham Lincoln*, p. 15; Nathaniel Grigsby interview, September 12, 1865, in *HI*, p. 112; Charles B. Strozier, *Lincoln's Quest for Union: Public and Private Meanings* (New York: Basic Books, 1982), p. 231.

(176)David Herbert Donald, *Lincoln Reconsidered: Essays on the Civil War Era*, 3rd edn. (New York: Alfred A. Knopf, 1956; New York: Vintage Books, 2001), pp. 67–68.

(177)AL, "Second Lecture on Discoveries and Inventions," [February 11, 1859], in *CW*, III, pp. 362–63.

(178)AL to Andrew Johnston, April 18, 1846, in *CW*, I, p. 378.

(179)Emily Dickinson, "There is no Frigate like a Book," *The Complete Poems of Emily Dickinson*, ed. Thomas H. Johnson (Boston: Little, Brown, 1960), p. 553.

(180)Helen Nicolay, *Personal Traits of Abraham Lincoln* (New York: Century Co., 1912), pp. 66–68.

(181)Nathaniel Grigsby interview, September 12, 1865, in *HI*, p. 113.

(182)Sarah Bush Lincoln interview, September 8, 1865, in ibid., p. 107.

(183)Oliver C. Terry to JWW; July 1888, in ibid., p. 662.

(184)AL, "Chronicles of Reuben," as paraphrased in Herndon and Weik, *Herndon's Life of Lincoln*, p. 47.

(185)Dennis F. Hanks to WHH, June 13, 1865, in ibid., p. 41; A. H. Chapman statement, ante September 8, 1865, in ibid., p. 101.

(186)Seward, *An Autobiography*, pp. 19–22, 31–35.

(187)Herndon and Weik, *Herndon's Life of Lincoln*, p. 38; Dennis Hanks interview, September 8, 1865, in *HI*, p. 104.

(188)Sarah Bush Lincoln interview, September 8, 1865, in ibid., p. 108.

(189)Matilda Johnston Moore interview, September 8, 1865, in ibid., p. 110.

(190)Burlingame, *The Inner World of Abraham Lincoln*, pp. 38–39.

(191)Swett, "Lincoln's Story of His Own Life," in *Reminiscences of Abraham Lincoln*, ed. Rice, p. 70.

(192)Appleby, *Inheriting the Revolution*, p. 231; Wiebe, *The Opening of American Society*, p. 271.

(193)de Tocqueville, *Democracy in America*, p. 627.

(194)Swett, "Lincoln's Story of His Own Life," in *Reminiscences of Abraham Lincoln*, ed. Rice, pp. 71–72.

(195)Benjamin P. Thomas, *Lincoln's New Salem* (Springfield, Ill.: Abraham Lincoln Association, 1934; 1947), p. 15.

(196)AL, "Scripps autobiography," in *CW*, IV, p. 65.

(197)Thomas, *Lincoln's New Salem*, pp. 41–77; Mentor Graham to WHH, May 29, 1865, in *HI*, pp. 9–10; Wilson, *Honor's Voice*, pp. 59–67.

(198)AL, "Scripps autobiography," in *CW*, IV, p. 65.

(199)Donald, *Lincoln*, p. 55; Thomas, *Abraham Lincoln*, p. 43.

(200)AL to Isham Reavis, November 5, 1855, in *CW*, II, p. 327.

(201)Edgar Lee Masters, "Anne Rutledge," in *Spoon River Anthology* (New York: The Macmillan Company, 1914; 1916), p. 220.

(202)W. D. Howells, "Life of Abraham Lincoln," in *Lives and Speeches of Abraham Lincoln and Hannibal Hamlin* (New York: W. A. Townsend & Co., and Columbus, Ohio: Follett, Foster & Co., 1860), p. 31.

(203)Isaac Cogdal interview, 1865–1866, in *HI*, p. 440.

(204)Mentor Graham interview, April 2, 1866, in ibid., p. 242.

(205)Ibid., p. 243.

(206)William G. Greene to WHH (interview), May 30, 1865, in ibid., p. 21.

(207)Thomas, *Lincoln's New Salem*, p. 82; Tarbell, *The Life of Abraham Lincoln*, Vol. I, p. 119.

(208)Rankin, *Personal Recollections of Abraham Lincoln*, pp. 73–74.

(209)Henry McHenry to WHH, January 8, 1866, in *HI*, p. 155.

(210)Elizabeth Abell to WHH, February 15, 1867, in ibid., p. 557.

(211)William G. Greene interview, May 30, 1865, in ibid., p. 21.

(212)Robert B. Rutledge to WHH, ca. November 1, 1866, in ibid., p. 383.

(213)Isaac Cogdal interview, [1865–1866], in ibid., p. 440.

(214)AL to Andrew Johnston, April 18, 1846, in *CW*, I, p. 379.

(215)Elizabeth Abell to WHH, February 15, 1867, in *HI*, p. 557.

(216)Leo Tolstoy, *Childhood, Boyhood, Youth*, quoted in George E. Vaillant, *The Wisdom of the Ego* (Cambridge, Mass., and London: Harvard University Press, 1993), p. 358.

(217)AL to Mrs. Samuel Hill, quoted in Wilson, *Honor's Voice*, p. 83.

(218)Bruce, "The Riddle of Death," in *The Lincoln Enigma*, pp. 137–39. Lincoln wrote to his stepbrother that were his father to die soon, Thomas Lincoln would have a "joyous [meeting] with many loved ones gone before; and where [the rest] of us, through the help of God, hope ere-long [to join] them." AL to John D. Johnston, January 12, 1851, in *CW*, II, p. 97.

(219)SPC to Charles D. Cleveland, October 1, 1845, reel 6, Chase Papers.

(220)Bates diary, November 15, 1846.

(221)WHS to Charlotte S. Cushman, January 7, 1867, Vol. 13, The Papers of Charlotte S. Cushman, Manuscript Division, Library of Congress.

(222)Speed, *Reminiscences of Abraham Lincoln*, p. 21.

(223)Ibid., pp. 17–18; Joshua F. Speed statement, 1865–1866, in *HI*, p. 477.

(224)Speed, *Reminiscences of Abraham Lincoln*, pp. 21–22.

(225)See ibid., pp. 3–14; Robert L. Kincaid, *Joshua Fry Speed: Lincoln's Most Intimate Friend*, reprinted from *The Filson Club History Quarterly* 17 (Louisville, Ky.: Filson Club, 1943; Harrogate, Tenn.: Department of Lincolniana, Lincoln Memorial University, 1943), pp. 10–11.

(226)For the relationship between Lincoln and Speed, see Speed, *Reminiscences of Abraham Lincoln*; Kincaid, *Joshua Fry Speed*, pp. 13–14.

(227)Kincaid, *Joshua Fry Speed*, pp. 10, 33 n2.

(228)AL to Joshua F. Speed, February 13, 1842, in *CW*, I, p. 269.

(229)C. A. Tripp, *The Intimate World of Abraham Lincoln*, ed. Lewis Gannett (New York: Free Press, 2005), pp. 126–29.

(230)Rotundo, *American Manhood*, pp. 84–85; Strozier, *Lincoln's Quest for Union*, p. 43.

(231)Michael Burlingame, "A Respectful Dissent," Afterword I, in Tripp, *The Intimate World of Abraham Lincoln*, p. 228.

(232)Whitney, *Life on the Circuit with Lincoln*, pp. 63, 72.

(233)Donald Yacovone, "Abolitionists and the 'Language of Fraternal Love,'" in *Meanings for Manhood: Constructions of Masculinity in Victorian America*, ed. Mark C. Carnes and Clyde Griffen (Chicago: University of Chicago Press, 1990), p. 94.

3 政治的誘惑

①Alexis de Tocqueville, *Democracy in America*, ed. and trans. Harvey C. Mansfield and Delba Winthrop (Chicago and London: University of Chicago Press, 2000), p. 232.

②Fidler, "Young Limbs of the Law," pp. 175–76.

③Ralph Waldo Emerson, "Eloquence," in *The Works of Ralph Waldo Emerson: Society and Solitude*, Vol. VI, Fireside Edition (Boston and New York: n.p., 1870; 1898), p. 65.

④Cain, *Lincoln's Attorney General*, pp. 8–9, 11 (quotes pp. 9, 11); Appleby, *Inheriting the Revolution*, p. 247.

⑤Thomas Jefferson to John Holmes, April 22, 1820, *The Works of Thomas Jefferson*, Vol. XII, Federal Edition, ed. Paul Leicester Ford (New York and London: G. P. Putnam's Sons/The Knickerbocker Press, 1905), p. 158.

⑥"Missouri Compromise," in *The Reader's Companion to American History*, ed. Foner and Garraty, p. 737.

⑦Stephen Douglas, quoted by AL, "Speech at Peoria, Illinois," October 16, 1854, in *CW*, II, p. 251.

⑧Cain, *Lincoln's Attorney General*, pp. 14–15 (quote p. 14).

⑨Cain, *Lincoln's Attorney General*, pp. 19–22.

⑩See Michael F. Holt, *The Rise and Fall of the American Whig Party: Jacksonian Politics and the Onset of the Civil War* (New York: Oxford University Press, 1999), pp. 27, 64, 66–70.

⑪John F. Darby, "Mrs. Julia Bates, Widow of the Late Ed. Bates, Esq. For the Republican," reprinted in Bates, *Bates, et al., of Virginia and Missouri*, p. 31.

⑫Ibid., pp. 31–32.

⑬Julia Davenport Bates to Caroline Hatcher Bates, April 10, 1850; Julia Davenport Bates to Onward Bates, July 24, 1855, February 14, 1861, Bates Papers, MoSHi.

⑭Darby, "Mrs. Julia Bates," reprinted in *Bates, Bates, et al., of Virginia and Missouri*, p. 31.

⑮Cain, *Lincoln's Attorney General*, pp. 26–27.

⑯EB to Julia Bates, April 11, 1825, Bates Papers, ViHi.

⑰EB to Julia Bates, November 7, 1827, Bates Papers, ViHi.

⑱EB to Julia Bates, November 7,1827, Bates Papers, ViHi.

⑲EB to Julia Bates, November 7, 1827, Bates Papers, ViHi.

⑳EB to Julia Bates, January 5 and 22, February 25, March 17, 1828, December 4, 1829, Bates Papers, ViHi.

㉑EB to Julia Bates, February 25, 1828, Bates Papers, ViHi.

㉒EB to Julia Bates, March 17, 1828, Bates Papers, ViHi; Cain, *Lincoln's Attorney General*, pp. 28–32.

㉓Cain, *Lincoln's Attorney General*, pp. 28–29.

㉔EB, *Edward Bates Against Thomas H. Benton* (St. Louis: Charless & Paschall, 1828).

㉕EB to Julia Bates, December 4, 1829, Bates Papers, ViHi.

㉖EB to Julia Bates, February 23, 1829, Bates Papers, ViHi.

㉗EB to Julia Bates, January 5, 1828, Bates Papers, ViHi.

㉘EB to Julia Bates, February 25,1828, Bates Papers, ViHi.

㉙EB to Julia Bates, December 4, 1829, Bates Papers, ViHi.

㉚Cain, *Lincoln's Attorney General*, pp. 38–39.

㉛Charles Gibson, *The Autobiography of Charles Gibson*, ed. E. R. Gibson, 1899, Gibson Papers, MoSHi.

㉜EB to Julia Bates, December 4, 1829, Bates Papers, ViHi.

㉝"Bates, Edward," *DAB*, Vol. I, p. 48.

㉞Switzler, "Lincoln's Attorney General," reprinted in Bates, *Bates, et al., of Virginia and Missouri*, p. 27.

㉟Cain, *Lincoln's Attorney General*, pp. 53, 55, 58.

㊱Bates diary, September 17, 1847.

㊲Bates diary, December 15, 1849.

㊳Bates diary, July 10, 1851.

㊴Bates diary, April 23, 1848.

㊵Bates diary, November 15, 1851.

㊶See, for example, entry for April 29, 1859, in *The Diary of Edward Bates*, 1859–1866, p. 13.

㊷Entry for April 29, 1859, in ibid.

㊸Bates diary, November 7, 1847; December 20, 1847; December 9, 1852.

㊹Bates diary, May 18; June 14–28; July 1–11, 1849.

㊺Bates diary, July 19, 1849.

㊻Bates diary, June 21, 1849.

㊼EB to R. B. Frayser, June 1849, Bates Papers, MoSHi.

㊽Bates diary, May 21, 1847; May 22, 1847; November 22, 1847; December 10,1847; March 13, 1848; May 6, 1848; March 11, 1849; March 29,1851 (quote).

㊾Floyd A. McNeil, "Lincoln's Attorney General; Edward Bates," Ph.D. diss., State University of Iowa, 1934, p. 155.

㊿Shaw, "A Neglected Episode in the Life of Abraham Lincoln," *Transactions* (1922), p. 54; Albert J. Beveridge, *Abraham Lincoln, 1809–1858*, Vol. II (Boston and New York: Houghton Mifflin/Riverside Press, 1928), pp. 89–90.

(51)*NYTrib*, July 14, 1847.

(52)E. B. Washburne, "Political Life in Illinois," in *Reminiscences of Abraham Lincoln*, ed. Rice, p. 92.

(53)Bates diary, July 5, 1847.

(54)Switzler, "Lincoln's Attorney General," reprinted in Bates, *Bates, et al., of Virginia and Missouri*, p. 28.

(55)Beveridge, *Abraham Lincoln, 1809–1859*, Vol. II, p. 91.

(56)*Albany Evening Journal*, July 23, 1847.

(57)*NYTrib*, July 15, 1847.

(58)Cain, *Lincoln's Attorney General*, p. 63.

(59)TW, quoted in Bates, *Bates, et al., of Virginia and Missouri*, p. 30.

(60)Bates diary, July 5, 1847.

(61)*Albany Evening Journal*, July 23, 1847.

(62)Entry for February 28, 1860, *The Diary of Edward Bates, 1859–1866*, p. 106.

(63)EB to TW, August 9, 1847, reprinted in *Albany Evening Journal*, January 11,1861.

(64)Seward, *An Autobiography*, pp. 52, 53.

(65)蘇爾德與魏德相識過程，見 ibid., pp. 55–56; Thurlow Weed, *Autobiography of Thurlow Weed*, ed. Harriet A. Weed (Boston: Houghton Mifflin, 1883), p. 139.

(66)Seward, *An Autobiography*, p. 56.

(67)*Autobiography of Thurlow Weed*, ed. Weed; Thurlow Weed Barnes, *Memoir of Thurlow Weed* (Boston: Houghton Mifflin, 1884).

(68)*Autobiography of Thurlow Weed*, ed. Weed, pp. 1.2–13.

⑥⑨Barnes, *Memoir of Thurlow Weed*, pp. 26–27.

⑦⓪Seward, *An Autobiography*, p. 54.

⑦①*Autobiography of Thurlow Weed*, ed. Weed, pp. 360–62.

⑦②Seward, *An Autobiography*, p. 80.

⑦③Taylor, *William Henry Seward*, p. 24.

⑦④John J. McEneny, *Albany: Capital City on the Hudson* (Sun Valley, Calif.: American Historical Press, 1998), p. 76.

⑦⑤奧爾巴尼市容描述，見 "Albany Fifty Years Ago," *Harper's New Monthly Magazine* 14 (March 1857), pp. 451–63.

⑦⑥McEneny, *Albany*, pp. 16 (quote), 98.

⑦⑦Seward, *An Autobiography*, pp. 80–81; Frederick W Seward, *Reminiscences of a War-Time Statesman and Diplomat, 1830–1915* (New York and London: G . P. Putnam's Sons, 1916), p. 2; Taylor, *William Henry Seward*, p . 24.

⑦⑧Seward, *An Autobiography*, p. 80.

⑦⑨WHS to FAS, January 12, 1831, in ibid., p. 166.

⑧⓪WHS to FAS, February 6, 1831, in ibid., pp. 179–80.

⑧①Van Deusen, *William Henry Seward*, p. 17; Taylor, *William Henry Seward*, p. 25.

⑧②WHS to FAS, February 16, 1831, in Seward, *An Autobiography*, p. 182.

⑧③Van Deusen, *William Henry Seward*, p. 17; "Tracy, Albert Haller, 1793–1859," *Biographical Directory of the United States Congress*, http://bioguide.congress.gov (accessed December 2003).

⑧④FAS to LW, March 12, 1832, reel 118, Seward Papers.

⑧⑤FAS to LW, March 4, 1832, reel 118, Seward Papers.

⑧⑥Albert H. Tracy to WHS, February 7, 1831, reel 1, Seward Papers.

⑧⑦FAS to LW, March 12, 1832, reel 118, Seward Papers.

⑧⑧WHS to Albert H. Tracy, February 11, 1831, typescript copy, Albert Haller Tracy Papers, New York State Library, Albany, New York [hereafter Tracy Papers].

⑧⑨Albert H. Tracy to WHS, June 12, 1832, reel 1, Seward Papers.

⑨⓪FAS to LW, March [?] 1832, reel 118, Seward Papers (quote); FAS to LW, April 5, 1832, reel 118, Seward Papers.

⑨①Albert H. Tracy to WHS, September 24, 1832, reel 1, Seward Papers.

⑨②FAS to LW, March [?] and September 27, 1832, reel 118, Seward Papers; WHS to FAS, November 28, 1834, reel 112, Seward Papers.

⑨③FAS to WHS, December 5, 1834, reel 113, Seward Papers.

⑨④崔西與蘇爾德兩家關係，見： FAS to LW, March 12, 24, and undated March, April 9, 1832, reel 118, Seward Papers.

⑨⑤FAS to LW, March 12, 1832, reel 118, Seward Papers.

⑨⑥FAS to LW, March [?] 1832, reel 118, Seward Papers.

⑨⑦FAS to LW, November 17, 1833, reel 118, Seward Papers.

⑨⑧See Karen Lystra, *Searching the Heart: Women, Men and Romantic Love in Victorian America* (New York: Oxford University Press, 1989), pp. 31–33.

⑨⑨Seward, *An Autobiography*, pp. 104–41.

①⓪⓪Ibid., pp. 116, 128.

①⓪①Ibid., pp. 134–40.

①⓪②FAS to LW, September 27, 1833, reel 118, Seward Papers.

①⓪③WHS to Albert Tracy, quoted in WHS to FAS, December 29, 1834, reel 112, Seward Papers.

①⓪④Glyndon G. Van Deusen, *Thurlow Weed: Wizard of the Lobby* (Boston: Little, Brown, 1947), pp. 87–89; Taylor, William Henry Seward, pp. 35–36.

①⓪⑤Seward, *An Autobiography*, p. 238. This same campaign tactic was adopted by the youthful John F. Kennedy in his campaign for the presidency in 1960.

①⓪⑥WHS to FAS, November 24 and 28, 1834, reel 112, Seward Papers; Van Deusen, *William Henry Seward*, pp. 28, 33–34.

①⓪⑦WHS to FAS, November 28, 1834, reel 112, Seward Papers.

①⓪⑧WHS to FAS, December 5, 1834, reel 112, Seward Papers.

①⓪⑨FAS to WHS, December 5, 1834, reel 113, Seward Papers.

①①⓪WHS to FAS, December 15 and 29, 1834, reel 112, Seward Papers.

①①①WHS to FAS, December 29, 1834, reel 112, Seward Papers.

①①②WHS to FAS, December 1, 1834, reel 112, Seward Papers.

①①③WHS to FAS, December 29, 1834, reel 112, Seward Papers.

①①④Albert Tracy to WHS, December 29, 1834, reel 3, Seward Papers.

(115) WHS to Albert Tracy, quoted in Seward to FAS, December 29, 1834, reel 112, Seward Papers.

(116) WHS to TW, January 18, 1835, in Seward, *An Autobiography*, p. 249; WHS to unknown recipient, June 1, 1836, in ibid., p. 300.

(117) WHS to Alvah Hunt, January 25, 1843, quoted in Van Deusen, *William Henry Seward*, p. 99.

(118) WHS to TW, January 1835, in Seward, *An Autobiography*, p. 249.

(119) Taylor, *William Henry Seward*, p. 37; Seward, *Reminiscences of a War-Time Statesman and Diplomat*, p. 9.

(120) WHS to Albert H. Tracy, June 23, 1831, Tracy Papers.

(121) Seward, *An Autobiography*, pp. 272–73; Seward, *Reminiscences of a War-Time Statesman and Diplomat*, pp. 12–13.

(122) Introduction to "The Conflict of Cultures," in *The Causes of the Civil War*, 3rd edn., ed. Kenneth M. Stampp (Englewood Cliffs, N.J.: Prentice-Hall, 1959; New York: Touchstone Books, 1991), p. 201.

(123) James M. McPherson, "Modernization and Sectionalism," in ibid., p. 104.

(124) Entry for June 12, 1835, WHS journal, quoted in Seward, *An Autobiography*, p. 267.

(125) Entry for June 12, 1835, WHS journal, in ibid., p. 267.

(126) WHS to Albert H. Tracy, June 25, 1835, Tracy Papers.

(127) McPherson, "Modernization and Sectionalism," in *The Causes of the Civil War*, ed. Stampp, pp. 104–05.

(128) FAS to LW, quoted in Seward, *An Autobiography*, p. 272.

(129) Seward, *Reminiscences of a War-Time Statesman and Diplomat*, pp. 14–15.

(130) Seward, *An Autobiography*, p. 271.

(131) Entry for June 13, 1835, FAS, "Diary of Trip through Pennsylvania, Virginia, and Maryland, 1835," reel 197, Seward Papers.

(132) Entry of June 17, 1835, FAS, "Diary of Trip through Pennsylvania, Virginia, and Maryland, 1835," reel 197, Seward Papers.

(133) Seward, *An Autobiography*, p. 272.

(134) Entry for June 15, 1835, WHS journal in Seward, *An Autobiography*, p. 268; FAS to LW, January 15, 1853, reel 119, Seward Papers; WHS, "Speech in Cleveland, Ohio on the Election of 1848," *Works of William H. Seward*, Vol. III, pp. 295–96.

(135) Van Deusen, *William Henry Seward*, pp. 38–39.

(136) WHS to Harriet Weed, September 8,1836, Thurlow Weed Papers, Department of Rare Books & Special Collections, University of Rochester Library, Rochester, N.Y. [hereafter Weed Papers].

(137) WHS to FAS, December 21, 1836, in Seward, *An Autobiography*, p. 321.

(138) Seward, *An Autobiography*, p. 162.

(139) Seward, *An Autobiography*, p. 323.

(140) FAS to Harriet Weed, February 9, 1837, Weed Papers.

(141) WHS to FAS, February 12, 1837, in Seward, *An Autobiography*, p. 325.

(142) Seward, *An Autobiography*, pp. 334–35.

(143) WHS to TW, July 10, 1837, in ibid., p. 336.

(144) FAS to Harriet Weed, September 6, 1837, Weed Papers.

(145) WHS to [FAS], December 17, 1837, in Seward, *An Autobiography*, p. 354.

(146) WHS to [TW], undated, in ibid., p. 344.

(147) TW to WHS, November 11, 1837, quoted in Van Deusen, *Thurlow Weed*, p. 95.

(148) *Autobiography of Thurlow Weed*, ed. Weed, pp. 466–67; Seward, *Reminiscences of a War-Time Statesman and Diplomat*, pp. 45, 88.

(149) Van Deusen, *William Henry Seward*, pp. 49–52.

(150) Seward, *An Autobiography*, p. 373; Van Deusen, *Thurlow Weed*, p. 100.

(151) TW to WHS, September 15, 1838, reel 5, Seward Papers.

(152) Seward, *An Autobiography*, p. 378.

(153) WHS, quoted in J. C. Derby, *Fifty Years Among Authors, Books and Publishers* (New York: G.W. Carleton & Co., 1884), p. 58.

(154) WHS to TW, November 11, 1838, hereafter Weed Papers.

(155) WHS to TW, November 28, 1838, Weed Papers; Seward, *An Autobiography*, pp. 381–82 (quote p. 382); Van Deusen, *Thurlow Weed*, p. 102.

(156) WHS to Hiram Ketchum, February 15, 1839, reel 8, Seward Papers.

(157) WHS to [TW], November 23, 1837, in Seward, *An Autobiography*, p. 345.

(158) WHS to TW, December 14, 1838, in ibid., p. 381.

(159) Barnes, *Memoir of Thurlow Weed*, p. 262.

(160) Seward, *An Autobiography*, p. 395.

(161) WHS, "Annual Message to the Legislature, January 1, 1839," *The Works of William H. Seward*,

Vol. II, pp. 183–211; Seward, *An Autobiography*, pp. 386–87.

⑯② WHS, "Annual Message, 1839," *Works of William H. Seward*, Vol. II, pp. 197–99.

⑯③ Ibid., p. 199; WHS, "Annual Message to the Legislature, January 7, 1840," p.215.

⑯④ Seward, *An Autobiography*, p. 462.

⑯⑤ WHS, "Biographical Memoir of William H. Seward," *Works of William H. Seward*, Vol. I, pp. lxiii-lxvi.

⑯⑥ George E. Baker, ed., *Life of William H. Seward, with Selections from His Works* (New York:]. S. Redfield, 1855), p. 85.

⑯⑦ Seward, *An Autobiography*, pp. 463, 464.

⑯⑧ Ibid., pp. 463–64, 510–11.

⑯⑨ Thomas Jefferson to John Holmes, April 22, 1820, in *The Works of Thomas Jefferson*, Vol. XII, ed. Ford, p. 158.

⑰⓪ Don E. Fehrenbacher, "The Wilmot Proviso and the Mid-Century Crisis," in Fehrenbacher, *The South and Three Sectional Crises* (Baton Rouge: Louisiana State University Press, 1980), p. 33.

⑰① Henry Mayer, *All on Fire: William Lloyd Garrison and the Abolition of Slavery* (New York: St. Martin's Press, 1998), p. 188.

⑰② William H. Pease and Jane H. Pease, ed. *The Antislavery Argument* (Indianapolis: Bobbs-Merrill, 1965), p. xxx.

⑰③ John C. Calhoun, *Remarks of Mr. Calhoun of South Carolina, on the Reception of Abolition Petitions, delivered in the Senate of the United States, February 1837*, reprinted in Robert C. Byrd, *The Senate, 1789–1989*. Vol. III: *Classic Speeches, 1830–1993*, Bicentennial Edition, ed. Wendy Wolff (Washington, D .C.: Government Printing Office, 1994), p. 177.

⑰④ Niven, *Salmon P. Chase*, pp. 47–48.

⑰⑤ Seward, *An Autobiography*, p. 506.

⑰⑥ Horace Greeley article, *Log Cabin*, in ibid., p. 510.

⑰⑦ WHS to Christopher Morgan, [June?] 1841, in ibid., p. 547.

⑰⑧ WHS to TW, December 31, 1842, quoted in Barnes, *Memoir of Thurlow Weed*, p. 98.

⑰⑨ "Liberty Party," in *The Reader's Companion to American History*, ed: Foner and Garraty, p. 657; Taylor, *William Henry Seward*, p. 59.

⑱⓪ Baker, ed., *Life of William H. Seward*, pp. 99–113; "Defence of William Freeman," *Works of William H. Seward*, Vol. I, pp. 409–75.

⑱① FAS to WHS, March 1846, in Seward, *An Autobiography*, pp. 787, 786.

⑱② Seward, *An Autobiography*, p. 812.

⑱③ Baker, ed., *Life of William H. Seward*, pp. 104, 106.

⑱④ WHS to TW, May 29, 1846, quoted in Seward, *An Autobiography*, p. 810.

⑱⑤ Van Deusen, *William Henry Seward*, p. 97.

⑱⑥ FAS to LW, July 1, 1846, reel 119, Seward Papers.

⑱⑦ FAS to Augustus Seward, July 19, 1846, reel 114, Seward Papers.

⑱⑧ FAS to LW, January-February 1850, reel 119, Seward Papers.

⑱⑨ Seward, *An Autobiography*, pp. 811, 813.

⑲⓪ "Defence of William Freeman," *Works of William H. Seward*, Vol. I, p. 417.

⑲① Ibid., pp. 414–15.

⑲② WHS to TIN; May 29, 1846, in Seward, *An Autobiography*, p. 810.

⑲③ "Defence of William Freeman," *Works of William H. Seward*, Vol. I, p. 419.

⑲④ WHS, quoted in Seward, *An Autobiography*, p. 822.

⑲⑤ Seward, *Seward at Washington . . . 1846–1861*, pp. 29, 32, 46.

⑲⑥ SPC to Lewis Tappan, March 18, 1847, reel 6, Chase Papers.

⑲⑦ Thomas, *Abraham Lincoln*, pp. 28–29, 34–35.

⑲⑧ AL, "Communication to the People of Sangamo County," March 9, 1832, in *CW*, I, pp. 8–9.

⑲⑨ J. Rowan Herndon to WHH, May 28, 1865, in *HI*, p. 7.

⑳⓪ AL, "Communication to the People of Sangamo County," March 9, 1832, in *CW*, I, p. 5n.

⑳① "Conversation with Hon. J. T. Stuart June 23 1875," quoted in John G. Nicolay, *An Oral History of Abraham Lincoln: John G. Nicolay's Interviews and Essays*, ed. Michael Burlingame (Carbondale and Edwardsville: Southern Illinois University Press, 1996), p. 10.

⑳② AL, "Scripps autobiography," in *CW*, IV; p. 64.

⑳③ Thomas, *Abraham Lincoln*, p. 41.

⑳④ Robert L. Wilson to WHH, February 10, 1866, in *HI*, pp. 201–02.

⑳⑤ Andrew S. Kirk interview, March 7, 1887, in ibid., pp. 602–03.

⑳⑥ Speed, *Reminiscences of Abraham Lincoln*, p. 23.

⑳⑦ Thomas, *Abraham Lincoln*, pp. 58, 63, 79.

(208)"Lincoln's Plan of Campaign in 1840" [c. January 1840], in *CW*, I, p. 180.

(209)"Campaign Circular from Whig Committee," January [31?], 1840, in ibid., pp. 201–03. See also "Lincoln's Plan of Campaign in 1840" [c. January 1840], in ibid., pp. 180–81.

(210)James A. Herndon to WHH, May 29, 1865, in *HI*, p. 16.

(211)Carpenter, *Six Months at the White House*, pp. 97–98 (quote p. 97).

(212)G. S. Boritt, *Lincoln and the Economics of the American Dream* (Memphis, Tenn.: Memphis State University Press, 1978), p. ix.

(213)AL, "Message to Congress in Special Session," July 4, 1861, in *CW*, IV, p. 438.

(214)Herndon and Weik, *Herndon's Life of Lincoln*, p. 140.

(215)Resolutions by the General Assembly of the State of Illinois, quoted in note 2 of "Protest in Illinois Legislature on Slavery," March 3, 1837, in *CW*, I, p. 75.

(216)"Protest in Illinois Legislature on Slavery," March 3, 1837, in ibid., p. 75. Daniel Stone of Springfield co-authored the protest with Lincoln.

(217)AL to Albert G. Hodges, April 4, 1864, draft copy, Lincoln Papers.

(218)AL, "Scripps autobiography," in *CW*, IV, pp. 61, 65.

(219)For an example of Lincoln stating that he believed slavery would gradually become extinct, see AL, "Speech at Greenville, Illinois," September 13, 1858, in *CW*, III, p. 96.

(220)Donald, *Lincoln*, p. 104.

(221)Burlingame, *The Inner World of Abraham Lincoln*, p. 28.

(222)Donald, *Lincoln*, pp. 61–62; Boritt, *Lincoln and the Economics of the American Dream*, p. 28.

(223)AL, "Remarks in the Illinois Legislature Concerning the Illinois and Michigan Canal," January 22, 23, 1840, in *CW*, I, p. 196.

(224)AL to Joshua F. Speed, February 25, 1842, in ibid., p. 280 (quote); Boritt, *Lincoln and the Economics of the American Dream*, p. 30.

(225)King, *Lincoln's Manager*; p. 40.

(226)Thomas, *Abraham Lincoln*, p. 77; entry for August 3, 1840, *Lincoln Day by Day: A Chronology, 1809–1865*. Vol. I, ed. Earl Schenck Miers (Washington, D.C.: Lincoln Sesquicentennial Commission, 1960; Dayton, Ohio: Morningside, 1991), p. 142.

(227)Sarah Bush Lincoln interview, September 8, 1865, in *HI*, p. 108.

(228)AL, quoted in William H. Herndon, "Analysis of the Character of Abraham Lincoln," *Abraham Lincoln Quarterly* I (September 1941), p. 367.

(229)Whiney, *Life on the Circuit with Lincoln*, p. 59

(230)AL to Mrs. M. J. Green, September 22, 1860, in *CW*, IV, p. 118.

(231)Stephen Vincent Benét, *John Brown's Body* (New York: Henry Holt & Co., 1927; 1990), p. 189.

(232)WHH to JWW, January 23, 1890, reel 10, Herndon-Weik Collection, DLC.

(233)David Davis interview, September 20, 1866, in *HI*, p. 350.

(234)Esther Sumners Bale interview, [1866], in ibid., p. 527 (first quote); Nancy G. Vineyard to JWW, February 4,1887, in ibid., p. 601 (second quote).

(235)Benjamin R. Vineyard to JWW, March 14, 1887, in ibid., p. 610.

(236)AL to Mrs. Orville H. Browning, April 1, 1838, in *CW*, I, pp. 117–19.

(237)AL to Mary S. Owens, May 7, 1837, in ibid., pp. 78–79.

(238)AL to Mrs. Orville H. Browning, April 1, 1838, in ibid., p. 119.

(239)Randall, *Mary Lincoln*, p. 5.

(240)Herndon and Weik, *Herndon's Life of Lincoln*, p. 165.

(241)Rankin, *Personal Recollections of Abraham Lincoln*, p. 160.

(242)Elizabeth Humphreys Norris to Emilie Todd Helm, September 28, 1895, quoted in Randall, *Mary Lincoln*, p. 24.

(243)Elizabeth and Ninian W Edwards interview, July 27, 1887, in *HI*, p. 623; MTL to Josiah G. Holland, December 4, 1865, in Justin G. Turner and Linda Levitt Turner, *Mary Todd Lincoln: Her Life and Letters* (New York: Knopf, 1972; New York: Fromm International, 1987), p. 293.

(244)MTL to Josiah G. Holland, December 4, 1865, in ibid., p. 293.

(245)James C. Conkling to Mercy Ann Levering, September 21, 1840, quoted in ibid., pp. 10–11.

(246)Ninian W Edwards, quoted in Helm, *The True Story of Mary*, p. 81.

(247)Tarbell, *The Life of Abraham Lincoln*, Vol. I (New York: Doubleday & McClure Co., 1900), p. 171.

(248)Helm, *The True Story of Mary*, p. 52.

(249)MTL to Rhoda White, August 30, 1869, in Turner and Turner, Mary Todd Lincoln, p. 516.

(250)See chapters 1–3 in Baker, *Mary Todd Lincoln*.

(251)Helm, *The True Story of Mary*, p. 41.

(252)Elizabeth Todd Edward interview, 1865–1866, in HI, p. 443.

(253)Helm, *The True Story of Mary*, pp. 1–2.

254 MTL to Mercy Ann Levering, December [15?], 1840, in Turner and Turner, *Mary Todd Lincoln*, p. 21.

255 "Campaign Circular from Whig Committee," January [31?], 1840, in *CW*, 1, p. 202.

256 "Communication to the Readers of *The Old Soldier*," February 28, 1840, in ibid., p. 204.

257 瑪麗母親之死與父親再婚，見：Baker, *Mary Todd Lincoln*, pp. 20, 22, 24, 28–30.

258 MTL to Eliza Stuart Steele, May 23, 1871, in Turner and Turner, *Mary Todd Lincoln*, p. 588.

259 MTL to Elizabeth Keckley, October 29,1867, in ibid., p. 447.

260 Mrs. Woodrow, quoted in Helm, *The True Story of Mary*, p. 32.

261 Orville H. Browning, quoted in Nicolay, *An Oral History of Abraham Lincoln*, p. 1.

262 Abner Y. Ellis to WHH, March 24, 1866, in *HI*, p. 238; Stephen B. Oates, With *Malice Toward None: The Life of Abraham Lincoln* (New York: New American Library Penguin Books, 1977; 1978), p. 60.

263 Elizabeth Todd Edwards interview, 1865–1866, in *HI*, pp. 443, 444.

264 MTL to Mercy Ann Levering, July 23 and December [15?], 1840, in Turner and Turner, *Mary Todd Lincoln*, pp. 18, 20; Baker, *Mary Todd Lincoln*, pp. 84–85.

265 MTL to Mercy Ann Levering, July 23, 1840, in Turner and Turner, *Mary Todd Lincoln*, p. 18.

266 Tarbell, *The Life of Abraham Lincoln*, Vol. I, p. 173; Donald, *Lincoln*, pp. 86–87; Paul M. Angle, Appendix, in Carl Sandburg and Paul M. Angle, *Mary Lincoln, Wife and Widow* (New York: Harcourt, Brace & World, 1932; 1960), p. 331.

267 Joshua F. Speed to WHH, November 30, 1866, in *HI*, p. 430.

268 Douglas L. Wilson, "Abraham Lincoln and 'That Fatal First of January,'" in Douglas L. Wilson, *Lincoln before Washington: New Perspectives on the Illinois Years* (Urbana and Chicago: University of Illinois Press, 1997), pp. 99–125.

269 MTL to Mercy Ann Levering, December [15?], 1840, in Turner and Turner, *Mary Todd Lincoln*, p. 20.

270 Browning, quoted in Nicolay, *An Oral History of Abraham Lincoln*, p. 1.

271 Elizabeth Todd and Ninian W Edwards interviews, September 22, 1865, [1865–1866], July 27,1887, in *HI*, pp. 133, 444, 623.

272 Jane Bell quoted in Wilson, "Abraham Lincoln and 'That Fatal First of January,' "in Wilson, *Lincoln before Washington*, p. 110.

273 Elizabeth Todd Edwards interview, 1865–1866, in *HI*, p. 443.

274 Fidler, "Young Limbs of the Law," pp. 266–67.

275 Joseph Story, "The Value and Importance of Legal Studies. A Discourse Pronounced at the Inauguration of the Author as Dane Professor of Law in Harvard University, August 25, 1829," in *The Miscellaneous Writings of Joseph Story*, ed. William W Story. *Da Capo Press Reprints in American Constitutional and Legal History*, gen. ed. Leonard W Levy (Boston, 1852; New York: Da Capo Press, 1972), p. 523.

276 Joshua F. Speed interview, 1865–1866, in *HI*, pp. 475, 477.

277 AL, quoted in Herndon and Weik, *Herndon's Life of Lincoln*, p. 169.

278 Wilson, "Abraham Lincoln and 'That Fatal First of January,'" in Wilson, *Lincoln before Washington*, pp. 103, 112.

279 AL to Joshua F. Speed, July 4, 1842, in *CW*, I, p. 289.

280 William Shakespeare, "Hamlet," act 4, scene 5, *William Shakespeare Tragedies, Volume 1. Everyman's Library* (New York and Toronto: Alfred A. Knopf, 1992), p. 105.

281 Kincaid, *Joshua Fry Speed*, p. 15.

282 James Conkling to Mercy Ann Levering, January 24, 1841, and Levering to Conkling, February 7, 1841, quoted in Wilson, "Abraham Lincoln and 'That Fatal First of January,'" in Wilson, *Lincoln before Washington*, p. 117; Burlingame, *The Inner World of Abraham Lincoln*, p. 100.

283 AL to Joshua F. Speed, February 25, 1842, in *CW*, I, p. 281.

284 James H. Matheny interview, May 3, 1866, in *HI*, p. 251; Speed, *Reminiscences of Abraham Lincoln*, p. 39.

285 Joshua F. Speed interview, [1865–1866], in *HI*, p. 474.

286 Browning, quoted in Nicolay, *An Oral History of Abraham Lincoln*, p. 2.

287 James Conkling to Mercy Ann Levering, January 24, 1841, quoted in Wilson, "Abraham Lincoln and 'That Fatal First of January,'" in Wilson, *Lincoln Before Washington*, p. 117.

288 See J. S. Forsyth, *The New London Medical and Surgical Dictionary* (London: Sherwood, Gilbert & Piper, 1826), p. 379; Robley Dunglison, M .D., *A New Dictionary of Medical Science and Literature, Containing a Concise Account of the Various Subjects and Terms; with the Synonymes in Different Languages; and Formulae for Various Officinal and Empirical Preparations*, Vol. I (Boston: Charles Bowen, 1833), p. 508; German E. Berrios, "Hypochondriasis: History of the Concept," in Vladan Starcevic and Don R. Lipsitt, eds., *Hypochondriasis: Modern Perspectives on an Ancient Malady* (New York: Oxford University Press, 2001), pp. 3–20.

(289)AL to John T. Stuart, January 20, 1841, in *CW* , I, p. 228. Dr. Henry did not receive the postmastership of Springfield.

(290)AL to John T. Stuart, January 23, 1841, in ibid., p. 229.

(291)Joshua F. Speed to WHH, November 30, 1866, in *HI*, p. 431.

(292)Speed, *Reminiscences of Abraham Lincoln*, p. 39.

(293)Joshua F. Speed to WHH, February 7,1866, in *HI*, p. 197.

(294)William G. Thalmann, *The Odyssey: An Epic of Return. Twayne's Masterwork Studies*, No. 100 (New York: Twayne Publishers, 1992), p. 39.

(295)Bruce, "The Riddle of Death," in *The Lincoln Enigma*, p. 141.

(296)AL to Andrew Johnston, April 18, 1846, in *CW*, I, p. 378.

(297)AL to Joshua F. Speed, February 13, 1842, in ibid., p. 269.

(298)AL to Joshua F. Speed, [January 3?, 1842], in ibid., p. 265.

(299)AL, "Temperance Address. An Address, Delivered before the Springfield Washington Temperance Society," February 22, 1842, in ibid., p. 273.

(300)George E. Vaillant, *Adaptation to Life* (Boston: Little, Brown, 1977), p. 27.

(301)AL to Joshua F. Speed, February 3, 1842, in *CW*, I, p. 268.

(302)MTL to Mercy Ann Levering, June 1841, in Turner and Turner, *Mary Todd Lincoln*, pp. 25, 27.

(303)Baker, *Mary Todd Lincoln*, p. 93.

(304)AL to Joshua F. Speed, February 25, 1842, in *CW*, I, p. 280. For correspondence between Lincoln and Speed discussing Speed's doubts during courtship of Fanny Henning, see AL to Speed, [January 3?], February 3, and February 13, 1842, in ibid., pp. 265–70.

(305)AL to Joshua F. Speed, July 4, 1842, in ibid., p. 289.

(306)AL to Joshua F. Speed, October 5, 1842, in ibid., p. 303.

(307)AL to Joshua F. Speed, March 27, 1842, in ibid., p. 282.

(308)Baker, *Mary Todd Lincoln*, pp. 97–98; Helm, *The True Story of Mary*, pp. 93–95.

(309)AL to Samuel D. Marshall, November 11, 1842, in *CW*, I, p. 305.

(310)Thomas Gray, "Elegy Written in a Country Churchyard," in *The Norton Anthology of Poetry*, 3rd edn., ed. Alexander W. Allison, et al. (New York: W. W. Norton, 1983), pp. 249–50.

(311)Herndon, "Analysis of the Character," *ALQ* (1941), p. 359.

(312)Whitney, *Life on the Circuit with Lincoln*, p. 146.

(313)Henry C. Whitney to WHH, June 23, 1887, in *HI*, p. 616.

(314)Joseph Wilson Fifer, quoted in Rufus Rockwell Wilson, *Intimate Memories of Lincoln* (Elmira, N. Y.: Primavera Press, 1945), p. 155.

(315)William Calkins, "The First of the Lincoln and Douglas Debates," quoted in ibid., pp. 169–70.

(316)See Jerome Kagan, *Galen's Prophecy: Temperament in Human Nature*, with the collaboration of Nancy Snidman, Doreen Arcus, and J. Steven Reznick (New York: Basic Books, 1994), pp. 7–8.

(317)AL to Mary Speed, September 27, 1841, in *CW*, I, p. 261.

(318)Thomas Pynchon, introduction to *The Teachings of Don B.: Satires, Parodies, Fables, Illustrated Stories, and Plays of Donald Barthelme*, ed. Kim Herzinger (New York: Turtle Bay Books, Random House, 1992), p. xviii.

(319)James H. Matheny interview, November 1866, in *HI*, p. 432.

(320)Whitney, *Life on the Circuit with Lincoln*, p. 147.

(321)Joshua F. Speed to WHH, December 6, 1866, in *HI*, p. 499.

(322)Whitney, *Life on the Circuit with Lincoln*, p. 148.

(323)AL, quoted in Nicolay, *Personal Traits of Abraham Lincoln*, p. 16.

(324)David Davis interview, September 20, 1866, in *HI*, pp. 348, 350.

(325)George E. Vaillant, *The Wisdom of the Ego*, p. 73.

(326)Unnamed source, quoted in ibid., p. 73.

(327)AL, quoted in Nicolay, *Personal Traits of Abraham Lincoln*, p. 81.

(328)Nathaniel Grigsby interview, September 12, 1865, in *HI*, p. 112.

(329)Miller, *Lincoln's Virtues*, pp. 26–27.

(330)AL to Joshua F. Speed, March 27, 1842, in *CW*, I, p. 282.

(331)Adam Smith, *The Theory of Moral Sentiments* (London: A. Millar, 1759; facsimile, New York: Garland Publishing, 1971), pp. 2–3.

(332)Nicolay, *Personal Traits of Abraham Lincoln*, pp. 213, 77, 78.

(333)*With Malice Toward None*, pp. 69–70; Strozier, *Lincoln's Quest for Union,* p. 119; Baker, *Mary Todd Lincoln*, pp. 105–10.

(334)Burlingame, *The Inner World of Abraham Lincoln*, p. 279.

(335)Darby, "Mrs. Julia Bates" in Bates, *Bates, et al., of Virginia and Missouri*, n.p.; EB to Frederick Bates, June 15 and July 19, 1818, quoted in ibid.

336 Seward, *An Autobiography*, pp. 62, 382, 466; Patricia C. Johnson, "'I Could Not be Well or Happy at Home . . . When Called to the Councils of My Country': Politics and the Seward Family," *University of Rochester Library Bulletin* 31 [hereafter *URLB*] (Autumn 1978), pp. 42, 47, 49.

337 Baker, *Mary Todd Lincoln*, pp. 105–07, 111–12.

338 Ibid., pp. 108–09.

339 Johnson, "I Could Not be Well or Happy at Home," *URLB*, p. 42.

340 Bates, *Bates, et al., of Virginia and Missouri*, n.p.

341 MTL interview, September 1866, in *HI*, p. 357.

342 Herndon and Weik, *Herndon's Life of Lincoln*, p. 344. See also" 'Unrestrained by Parental Tyranny': Lincoln and His Sons," chapter 3 in Burlingame, *The Inner World of Abraham Lincoln*, pp. 57–72.

343 Joseph Gillespie to WHH, January 31, 1866, in *HI*, p. 181.

344 AL, quoted in MTL interview, September 1866, in ibid., p. 357.

345 AL to Richard S. Thomas, February 14, 1843, in *CW*, I, p. 307.

346 "Campaign Circular from Whig Committee," March 4, 1843, in ibid., p. 315.

347 AL to Joshua E Speed, March 24, 1843, in ibid., p. 319.

348 AL to Martin S. Morris, March 26, 1843, in ibid., p. 320.

349 AL, "Resolution Adopted at Whig Convention at Pekin, Illinois," May 1, 1843, in ibid., p. 322.

350 Thomas, *Abraham Lincoln*, p. 105.

351 Beveridge, *Abraham Lincoln, 1809–1858*, Vol. II, pp. 74–75.

352 AL to Benjamin F. James, January 14, 1846, in *CW*, I, p. 354.

353 AL to Robert Boal, January 7, 1846, in ibid., p. 353.

354 AL to John J. Hardin, February 7, 1846, in ibid., p. 364.

355 SPC to Charles D. Cleveland, August 29, 1840, reel 5, Chase Papers.

356 See Betty Fladeland, *James Gillespie Birney: Slaveholder to Abolitionist* (Ithaca, N.Y.: Cornell University Press, 1955), esp. pp. 129–36.

357 Niven, *Salmon P. Chase*, p. 47.

358 Fladeland, *James Gillespie Birney*, pp. 136–37; Blue, *Salmon P. Chase*, p. 29.

359 Fladeland, *James Gillespie Birney*, pp. 140–41.

360 SPC, quoted in Niven, *Salmon P. Chase*, p. 48.

361 Ibid.

362 Hart, *Salmon P. Chase*, p. 435.

363 Maizlish, "Salmon P. Chase," *JER* (1998), p. 62.

364 馬蒂達官司背景，見 Niven, *Salmon P. Chose*, pp. 50–51; Hart, *Salmon P. Chase*, pp. 73–74; Schuckers, *The Life and Public Services of Salmon Portland Chase*, pp. 41–44.

365 SPC, *Speech of Salmon P. Chase in the Case of the Colored Woman, Matilda: Who was Brought Before the Court Of Common Pleas of Hamilton County, Ohio, by Writ of Habeas Corpus, March 11, 1837* (Cincinnati: Pugh & Dodd, 1837), pp. 29, 30, 8.

366 SPC, *Speech of Salmon P. Chase in the Case of the Colored Woman, Matilda*.

367 Hart, *Salmon P. Chase*, pp. 50, 55–56, 65.

368 Quoted in James Brewer Stewart, *William Lloyd Garrison and the Challenge of Emancipation*. American Biographical History Series (Arlington Heights, Ill.: Harlan Davidson, 1992), p. 164.

369 Niven, *Salmon P. Chase*, pp. 57–59.

370 SPC to Charles D. Cleveland, August 29, 1840, reel 5, Chase Papers.

371 Niven, *Salmon P. Chase*, pp. 67–70; Eric Foner, *Free Soil, Free Labor Free Men: The Ideology of the Republican Party before the Civil War* (New York: Oxford University Press, 1970), pp. 78–81. See also "Liberty Party," in *The Reader's Companion to American History*, ed. Foner and Garraty, p. 657.

372 "Proceedings and Resolutions of the Ohio Liberty Convention," *Philanthropist*, December 29, 1841, quoted in Niven, *Salmon P. Chase*, p. 68.

373 SPC to Gerrit Smith, May 14,1842, reel 5, Chase Papers.

374 SPC to Joshua R. Giddings, January 21, 1842, reel 5, Chase Papers.

375 WHS to SPC, August 4, 1845, reel 6, Chase Papers.

376 SPC to Lyman Hall, August 6, 1849, quoted in Warden, *Private Life and Public Services*, p. 331.

377 Gienapp, *The Origins of the Republican Party*, p. 7.

378 Niven, *Salmon P. Chase*, pp. 62 (quote), 67, 88, 90–91.

379 Hendrick, *Lincoln's War Cabinet*, p. 40.

380 de Tocqueville, *Democracy in America*, p. 345.

381 Donnal V. Smith, "Salmon P. Chase and the Election of 1860," *OAHQ* 39 (July 1930), p. 515.

382 See Hart, *Salmon P. Chase*, pp. 75–78; Schuckers, *The Life and Public Services of Salmon Port-

land *Chase*, pp. 53–66; Niven, *Salmon P. Chase*, pp. 76–83.

383 SPC to Trowbridge, March 18, 1864, reel 32, Chase Papers.

384 SPC, *Reclamation of Fugitives from Service: An Argument for the Defendant, Submitted to the Supreme Court of the United States, at the December Term, 1846, in the Case of Wharton Jones vs. John Vanzandt* (Cincinnati: R. P. Donogh & Co., 1847), pp. 82–84.

385 Chase, *Reclamation of Fugitives from Service*, p. 81.

386 Unnamed judge in Van Zandt trial quoted in *Life and Letters of Harriet Beecher Stowe*, ed. Annie Fields (Boston: Houghton Mifflin, 1897; Detroit: Gale Research Co., 1970), p. 145.

387 WHS, *In the Supreme Court of the United States: John Van Zandt, ad sectum Wharton Jones: Argument for the Defendant* (Albany, N .Y.: Weed & Parsons, 1847); Seward, *Seward at Washington . . . 1846–1861*, pp. 39–40; Niven, *Salmon P. Chase*, p. 83.

388 SPC to CS, April 24, 1847, reel 6, Chase Papers (quote); SPC to Trowbridge, March 18, 1864, reel 32, Chase Papers.

389 See SPC, *Reclamation of Fugitives from Service*.

390 CS to SPC, March 12, 1847, reel 6, Chase Papers.

391 Charles Francis Adams to SPC, March 4, 1847, reel 6, Chase Papers; SPC to John P. Hale, May 12, 1847, reel 6, Chase Papers.

392 WHS to SPC, February 18, 1847, reel 6, Chase Papers.

393 SPC to Lewis Tappan, March 18, 1847, reel 6, Chase Papers.

394 For a description of the event, see *The Address and Reply on the Presentation of a Testimonial to S. P. Chase, by the Colored People of Cincinnati* (Cincinnati, Ohio: Henry W. Derby & Co., 1845); Niven, *Salmon P. Chase*, pp. 85–86.

395 "Mr. Gordon's Address," in *The Address and Reply on the Presentation of a Testimonial to S. P. Chase*, pp. 12–13, 18.

396 "Reply of Mr. Chase," in ibid., pp. 19–35.

397 Niven, *Salmon P. Chase*, p. 130.

398 Lloyd, "Home-Life of Salmon Portland Chase," *Atlantic Monthly*, p. 534.

399 Whitelaw Reid, *Ohio in the War*, paraphrased in Warden, *Private Life and Public Services*, p. 244.

400 Frank Abial Flower, *Edwin McMasters Stanton: The Autocrat of Rebellion, Emancipation, and Reconstruction* (Akron, Ohio: Saalfield Publishing Co., 1905), p. 24; Belden and Belden, So Fell the Angels, p. 77; Henry Wilson, "Jeremiah S. Black and Edwin M. Stanton," *Atlantic Monthly* 26 (October 1870), pp. 469–70.

401 William Thaw, quoted in Flower, *Edwin McMasters Stanton*, p. 25.

402 Pamphila Stanton Wolcott, "Edwin M. Stanton: A Biographical Sketch," Ohio Historical Society, Columbus, Ohio; EMS, "Mary Lamson, Wife of Edwin M. Stanton, and their infant daughter Lucy," Edwin M. Stanton Manuscript, Mss. 1648, Louisiana and Lower Mississippi Valley Collections, Louisiana State University Libraries, Baton Rouge, La.

403 EMS to SPC, November 30, 1846, reel 6, Chase Papers.

404 EMS to SPC, August 1846, reel 6, Chase Papers.

405 EMS to SPC, November 30, 1846, reel 6, Chase Papers.

406 EMS to SPC, January 5, 1847, reel 6, Chase Papers.

407 EMS to SPC, March 11, 1847, reel 6, Chase Papers.

408 EMS to SPC, December 2, 1847, reel 6, Chase Papers.

409 SPC to EMS, January 9, 1848, reel 1, Papers of Edwin M. Stanton, Manuscript Division, Library of Congress [hereafter Stanton Papers, DLC].

410 EMS to SPC, May 27, 1849, reel 7, Chase Papers.

411 EMS to SPC, May 27, 1849, reel 7, Chase Papers.

412 EMS to SPC, June 28, 1850, reel 8, Chase Papers.

4 「掠奪和征服」

① Beveridge, *Abraham Lincoln, 1809–1858*, Vol. II, pp. 101–03.

② William Q. Force, "Picture of Washington and its Vicinity for 1850," Washington, D.C, p. 49.

③ Samuel C Busey, M.D., *Personal Reminiscences and Recollections of Forty-Six Years' Membership in the Medical Society of the District of Columbia, and Residence in this City, with Biographical Sketches of Many of the Deceased Members* (Washington, D.C: [Philadelphia: Dornan, Printer], 1895), pp. 64–65.

④ Beveridge, *Abraham Lincoln, 1809–1858*, Vol. II, p. 102.

⑤ "12 October 1861, Saturday," in John Hay, *Inside Lincoln's White House: The Complete Civil War Diary of John Hay*, ed. Michael Burlingame and John R. Turner Ettlinger (Carbondale and Edwardsville: Southern Illinois University Press, 1997), p. 26.

⑥Robert C Byrd, *The Senate, 1789–1989*, Vol. I: *Addresses on the History of the United States Senate*, Bicentennial Edition, ed. Mary Sharon Hall (Washington, D.C: Government Printing Office, 1988), p. 182.

⑦Busey, *Personal Reminiscences*, pp. 25, 27.

⑧Randall, *Mary Lincoln*, pp. 107–08; Baker, *Mary Todd Lincoln*, pp. 136–40.

⑨Robert W. Johannsen, "Mexican War," in *The Reader's Companion to American History*, ed. Foner and Garraty, pp. 722–24: McPherson, *Battle Cry of Freedom*, pp. 47, 49–50.

⑩Johannsen, "Mexican War," in *The Reader's Companion to American History*, ed. Foner and Garraty, p. 723.

⑪Beveridge, *Abraham Lincoln, 1809–1858*, Vol. II, pp. 79–80.

⑫AL to John M. Peck, May 21, 1848, in *CW*, I, p. 473.

⑬Johannsen, "Mexican War," in *The Reader's Companion to American History*, ed. Foner and Garraty, p. 723.

⑭AL to Usher F. Linder, March 22, 1848, in *CW*, I, p. 457.

⑮AL, "Speech in United States House of Representatives: The War with Mexico," January 12, 1848, in ibid., p. 432.

⑯AL to WHH, December 13, 1847, in ibid., p. 420.

⑰AL, "'Spot' Resolutions in the United States House of Representatives," December 22, 1847, in ibid., p. 421.

⑱Beveridge, *Abraham Lincoln, 1809–1858*, Vol. II, p. 135.

⑲AL, "Speech in United States House of Representatives: The War with Mexico," January 12, 1848, in *CW*, I, pp. 432, 433, 439–41.

⑳*Illinois State Register*; March 10, 1848, quoted in Beveridge, *Abraham Lincoln, 1809–1858*, Vol. II, p. 135.

㉑AL to WHH, February 15, 1848, in *CW*, I, p. 451.

㉒WHH to JWW, February 11, 1887, reel 10, Herndon-Weik Collection, DLC.

㉓Donald, *Lincoln*, pp. 124–25.

㉔AL, quoting Justin Butterfield in entry for August 13, 1863, in Hay, *Inside Lincoln's White House*, p. 73.

㉕WHS, 1846, quoted in Seward, *An Autobiography*, p. 791.

㉖WHS to unknown recipient, May 28, 1846, in ibid., p. 809.

㉗SPC to Gerrit Smith, September 1, 1846, reel 6, Chase Papers.

㉘Bates diary, March 13, 1848.

㉙Bates diary, March 14, 1848.

㉚*Delaware State Journal*, June 13, 1848, quoted as "Speech at Wilmington, Delaware, June 10, 1848," in *CW*, I, p. 476.

㉛"Wilmot Proviso," in *The Reader's Companion to American History*, ed. Foner and Garraty, p. 1155; David M. Potter, *The Impending Crisis, 1848–1861*, completed and ed. Don E. Fehrenbacher. New American Nation Series (New York: Harper & Row, 1976), pp. 21–23 (quote p. 21).

㉜AL to Williamson Durley, October 3, 1845, in *CW*, I, p. 348.

㉝Cain, *Lincoln's Attorney General*, pp. 59–60, 66.

㉞John C. Calhoun, February 19, 1847, *Congressional Globe*, 29th Cong., 2nd sess., pp. 453–55 (quote p. 455).

㉟*Richmond [Va.] Enquirer*, February 18, 1847.

㊱AL to MTL, April 16, 1848, in *CW*, I, pp. 465–66.

㊲MTL to AL, May 1848, in Turner and Turner, *Mary Todd Lincoln*, pp. 36–38.

㊳AL to MTL, June 12, 1848, in *CW*, I, p. 477.

㊴AL to Thomas S. Flournoy, February 17, 1848, in ibid., p. 452.

㊵AL to WHH, June 12, 1848, in ibid., p. 477.

㊶WHS to SPC, June 12, 1848, reel 6, Chase Papers.

㊷Anonymous, *A Bake-Pan for Dough-Faces* (Burlington, Vt.: Chauncey Goodrich, 1854), p. 1; Byrd, *The Senate, 1789–1989*, Vol. I, pp. 206–07.

㊸See Foner, *Free Soil. Free Labor, Free Men*, p. 125; Blue, *Salmon P. Chase*, pp. 61–66.

㊹Bates diary, August 5, 1848.

㊺Entry for Edward Bates, Dardenne, St. Charles County, Missouri, Sixth Census of the United States, 1840 (National Archives Microfilm Publication M704, reel 230), RG 29, DNA. According to Bates's entry in the 1840s federal census, there were nine slaves in the Bates household. By 1860, the servants and farmhands employed by Bates seem to have been exclusively Irish. Entry for Edward Bates, Carondelet, St. Louis Township, St. Louis County, Missouri, Eighth Census of the United States, 1860 (National Archives Microfilm Publication M653, reel 656),

RG 29, DNA.

(46) Hendrick, *Lincoln's War Cabinet*, p. 46.

(47) Bates diary, April 15, 1848.

(48) Bates diary, August 5, 1848.

(49) SPC to Thomas Bolton, December 1, 1848, reel 7, Chase Papers.

(50) Smith, *The Liberty and Free Soil Parties in the Old Northwest*, p. 140.

(51) Beveridge, *Abraham Lincoln, 1809–1858*, Vol. II, pp. 171–72.

(52) Boston *Daily Advertiser*, September 14, 1848, reprinted as "Speech at Worcester, Massachusetts," September 12, 1848, in *CW*, II, pp. I–2, 5.

(53) James Schouler, "Abraham Lincoln at Tremont Temple in 1848," *Massachusetts Historical Society Proceedings, October, 1908-June, 1909* XLII (1909), pp. 70–83.

(54) AL, quoted in Seward, *Seward at Washington . . . 1846–1861*, p. 80.

(55) WHS, "Whig Mass Meeting, Boston, October 15, 1848," *Works of William H. Seward*, Vol. III, pp. 289, 288.

(56) *Boston Courier*, September 23, 1848.

(57) F. B. Carpenter, "A Day with Governor Seward at Auburn," July 1870, reel 196, Seward Papers.

(58) Seward, *Seward at Washington . . . 1846–1861*, p. 80.

(59) AL, quoted in ibid., p. 80.

(60) Thomas, *Abraham Lincoln*, pp. 126–27.

(61) Edward L. Pierce to JWW, February 12, 1890, in *HI*, p. 697.

(62) Governor Henry J. Gardner statement, [February-May 1890], enclosure in Edward L. Pierce to WHH, May 27, 1890, in *HI*, p. 699.

(63) Congressional Quarterly, *Presidential Elections Since 1789* (Washington, D.C.: Congressional Quarterly, 1991), p. 106.

(64) Allan Nevins, *Ordeal of the Union*. Vol. II: *A House Dividing, 1852–1857* (New York and London: Charles Scribner's Sons, 1947), p. 36.

(65) AL, "Remarks and Resolution Introduced in United States House of Representatives Concerning Abolition of Slavery in the District of Columbia," January 10, 1849, in *CW*, II, pp. 20–22 (quote p. 21).

(66) Wendell Phillips, quoted in Beveridge, *Abraham Lincoln, 1809–1858*, Vol. II, p. 185.

(67) Donald, *Lincoln*, pp. 136–37.

(68) AL, quoted in James Q. Howard, Biographical Notes, May 1860, Lincoln Papers.

(69) Thomas, *Abraham Lincoln*, p. 129. See also Lincoln's correspondence from May to July 1849 in *CW*, II, pp. 51–55, 57–58.

(70) AL, quoted in Egbert L. Viele, "A Trip with Lincoln, Chase, and Stanton," *Scribners Monthly* 16 (October 1878), p. 818.

(71) AL, "Application for Patent on an Improved Method of Lifting Vessels over Shoals," March 10, 1849, in *CW*, II, p. 32.

(72) John G. Nicolay, *A Short Life of Abraham Lincoln. Condensed from Nicolay & Hay's Abraham Lincoln: A History* (New York: Century Co., 1902), p. 77.

(73) John P. Usher, *President Lincoln's Cabinet, with a Foreword and a Sketch of the Life of the Author by Nelson H. Loomis* (Omaha, Nebr.: n.p., 1925); Louis J. Bailey, "Caleb Blood Smith," *Indiana Magazine of History* 29 (September 1933), pp. 213–39; *Indianapolis Daily Journal*, January 9, 1864.

(74) C. P. Ferguson, quoted in Bailey, "Caleb Blood Smith," *Indiana Magazine of History* (1933), p. 237.

(75) John Coburn, quoted in ibid., p. 236.

(76) Usher, *President Lincoln's Cabinet*, p. 17.

(77) Macartney, *Lincoln and His Cabinet*, p. 49; Bailey, "Caleb Blood Smith," *Indiana Magazine of History* (1933), pp. 237–39.

(78) James Brewer Stewart, *Joshua R. Giddings and the Tactics of Radical Politics* (Cleveland: Case Western Reserve University Press, 1970); George W Julian, *The Life of Joshua R. Giddings* (Chicago: A. C. McClurg & Co., 1892).

(79) Julian, *The Life of Joshua R. Giddings*, p. 21.

(80) Elihu B. Wasburne to AL, December 26, 1854, Lincoln Papers.

(81) AL to WHH, February 2, 1848, in *CW*, I, p. 448.

(82) Alexander Stephens recollection, in Osborn H. Oldroyd, comp., *The Lincoln Memorial: Album-Immortelles* (New York: G. W Carleton & Co., 1882), p. 241.

(83) AL, "Autobiography Written for Jesse W. Fell," December 20, 1859, in *CW*, III, p. 512.

(84) AL, "Eulogy on Zachary Taylor," July 25, 1850, in *CW*, II, p. 89.

(85) AL, "Scripps autobiography," in *CW*, IV; p. 67.

(86) 瑪麗父親、外婆、兒子之死，見 Randall, *Mary Lincoln*, pp. 139–41; Baker, *Mary Todd Lincoln*, pp. 125–28; Donald, *Lincoln*, p. 153.

(87) Baker, *Mary Todd Lincoln*, p. 128.

(88) Ibid., p. 126.

(89) AL, quoted in Randall, *Mary Lincoln*, p. 141.

(90) Ibid., pp. 143–44.

(91) See Baker, *Mary Todd Lincoln*, pp. 125–29.

(92) Burlingame, *The Inner World of Abraham Lincoln*, p. 296.

(93) Stephen Whitehurst interview, 1885–1889, in *HI*, p. 722; WHH to JWW, January 23, 1886, reel 9, Herndon-Weik Collection, DLC.

(94) Mrs. Hillary Gobin to Alfred J. Beveridge, May 17, 1923, container 288, Papers of Alfred J. Beveridge, Manuscript Division, Library of Congress [hereafter Beveridge Papers, DLC].

(95) Margaret Ryan interview, October 27, 1886, in *HI*, p. 597; WHH to JWW, January 23, 1886, reel 9, Herndon-Weik Collection, DLC.

(96) J. P. McEvoy, quoted in Randall, *Mary Lincoln*, p. 121.

(97) James Gourley interview, 1865–1866, in *HI*, p. 453.

(98) Thomas, *Abraham Lincoln*, p. 91.

(99) Milton Hay interview, c. 1883–1888, in *HI*, p. 729.

(100) AL, "Communication to the People of Sangamo County," March 9, 1832, in *CW*, I, p. 8.

(101) Van Deusen, *William Henry Seward*, pp. 110–11; Van Deusen, *Thurlow Weed*, pp. 165–66.

(102) WHS, "The Election of l848, Cleveland, Ohio, October 26, 1848," *Works of William H. Seward*, Vol. III, pp. 291–302.

(103) AL's speech, "Fourth Debate with Stephen A. Douglas at Charleston, Illinois," September 18, 1858, in *CW*, III, p. 145.

(104) Smith, *The Liberty and Free Soil Parties in the Old Northwest*, pp. 13–14, 31–32, 128.

(105) *Cleveland Plain Dealer*, October 27, 1848.

(106) WHS, "The Election of 1848," *Works of William H. Seward*, Vol. III, p. 301.

(107) TW, quoted in Van Deusen, *Thurlow Weed*, p. 90.

(108) TW, *Albany Evening Journal*, 1836, in Seward, *An Autobiography*, p. 319.

(109) WHS to TW, March 31, 1850, Weed Papers; Holman Hamilton, *Zachary Taylor: Soldier in the White House*, Vol. II (New York: Bobbs-Merrill, 1951), pp. 321–22.

(110) WHS to unknown recipient, May 28, 1846, in Seward, *An Autobiography*, p. 809.

(111) Van Deusen, *Thurlow Weed*, p. 166.

(112) *NYTrib*, quoted in Van Deusen, *William Henry Seward*, p. 113.

(113) Seward, *Seward at Washington . . . 1846–1861*, p. 119.

(114) "Georgia Savannah" to WHS, January 22, 1850, in ibid., p. 130.

(115) [Albert G. Riddle], "The Election of Salmon P. Chase to the Senate, February 22, 1849," *The Republic* 4 (March 1875), p. 180; Schuckers, *The Life and Public Services of Salmon Portland Chase*, p. 91.

(116) See Niven, *Salmon P. Chase*, p. 118; Schuckers, *The Life and Public Services of Salmon Portland Chase*, pp. 91–92.

(117) SPC to Sarah Bella D. L. Chase, December 20,1848, reel 7, Chase Papers; Hart, *Salmon P. Chase*, pp. 104–09, 112.

(118) Niven, *Salmon P. Chase*, pp. 117–19, 121.

(119) SPC to Edward S. Hamlin, January 17, 1849 (erroneously dated 1848), reel 7, Chase Papers.

(120) SPC to Stanley Matthews (copybook version), February 26, 1849, reel 7, Chase Papers.

(121) SPC to Edward S. Hamlin, January 17, 1849 (erroneously dated 1848), reel 7, Chase Papers.

(122) SPC to John F. Morse, January 19, [1849], reel 7, Chase Papers. The recipient's name does not appear on the letter itself, but he has been identified as John F. Morse. See Vol. II of Niven, ed., the *Salmon P. Chase papers*, pp. 216–19.

(123) *Ohio State Journal*, quoted in Blue, *Salmon P. Chase*, p. 72.

(124) Noah Brooks, *Statesmen* (New York: Charles Scribner's Sons, 1904), p. 158.

(125) Horace Greeley to SPC, April 16, 1852, reel 9, Chase Papers.

(126) Riddle, "The Election of Salmon. P. Chase," *Republic* (1875), p. 183.

(127) Ibid., p. 183; Blue, *Salmon P. Chase*, p. 90; Niven, *Salmon P. Chase*, pp. 146–47.

(128) CS to SPC, February 27, 1849, reel 7, Chase Papers.

(129) SPC to Charles D. Cleveland, February 8, 1830, reel 4, Chase Papers.

5 飄搖動盪的一八五〇年代

①"Area and Population of the United States: 1790–1970," series A 1–5, in U.S. Bureau of the Census, *Historical Statistics of the United States, Colonial Times to 1970*, Bicentennial Edition, Part 1 (Washington, D.C.: Government Printing Office, 1975), p. 8.

②"Voter Participation in Presidential Elections, 1824–1928," available at infoplease website, www.infoplease.com/ipa/A0877659.html (accessed July 2005).

③Charles Ingersoll, quoted in Appleby, *Inheriting the Revolution*, p.l02.

④Ralph Waldo Emerson, "The Fugitive Slave Law," reprinted in *The Portable Emerson*, new ed., ed. Carl Bode, with Malcolm Cowley (New York: Penguin Books, 1981), p. 542.

⑤Ludwig Gall, quoted in Appleby, *Inheriting the Revolution*, pp. 102–3.

⑥Andrew Jackson, quoted in Marquis James, *Andrew Jackson: Portrait of a President* (New York: Grosset & Dunlap, 1937), p. 324.

⑦U.S. Constitution, Section I, Article II, and Section IV; Article II.

⑧John Quincy Adams, quoted in Potter, *The Impending Crisis, 1848–1861*, p. 47.

⑨Robert Toombs, debate in the House of Representatives, December 13, 1849, *Congressional Globe*, 31st Cong., 1st sess., p. 28.

⑩Potter, *The Impending Crisis, 1848–1861*, pp. 88, 94, 104.

⑪Thomas Hart Benton, May 31, 1848, *Appendix to the Congressional Globe*, 30th Cong., 1st sess., p. 686.

⑫John Randolph, quoted in Margaret L. Coit, *John C. Calhoun: American Portrait* (Atlanta, Ga.: Cherokee Publishing Co., 1990), p. 166.

⑬WHS, "The Election of 1848, Cleveland, Ohio, October 26, 1848," *Works of William H. Seward*, Vol. III, p. 295.

⑭John C. Calhoun, "The Compromise," March 4, 1850, *Congressional Globe*, 31st Cong., 1st sess., p. 453.

⑮Robert V. Remini, *Henry Clay: Statesman for the Union* (New York and London: W. W. Norton & Co., 1991), pp. 730–38.

⑯AL, "Eulogy on Henry Clay," July 6, 1852, in *CW*, II, p. 129.

⑰James S. Pike, "Mr. Clay's Speech," May 20, 1850, from the *NYTrib*, reprinted in James S. Pike, *First Blows of the Civil War.: The Ten Years of Preliminary Conflict in the United States* (New York: American News Company, 1879), p. 72.

⑱"Compromise Resolutions. Speech of Mr. Clay, of Kentucky, in the Senate of the United States, February 5 and 6, 1850," *Appendix to the Congressional Globe*, 31st Cong., 1st sess., pp. 115–27 (quotes pp. 115, 127).

⑲Potter, *The Impending Crisis, 1848–1861*, pp. 130–31.

⑳"Compromise Resolutions. Speech of Mr. Clay," *Appendix to the Congressional Globe*, p. 127.

㉑FAS to LW, February 10, 1850, reel 119, Seward Papers.

㉒Van Deusen, *William Henry Seward*, p. 118; *Seward, Seward at Washington . . . 1846–1861*, p. 111. The house was located on the north side of F Street, NW, between Sixth and Seventh Streets.

㉓FAS to LW, February 10, 1850, reel 119, Seward Papers.

㉔Pike, "Speeches of Webster and Calhoun," from the *Portland Advertiser*; March 9, 1850, in Pike, *First Blows of the Civil War*, p. 15; Ben: *Perley Poore, Perley's Reminiscences of Sixty Years in the National Metropolis*, Vol. I (Philadelphia, 1886; New York: AMS Press, 1971), p. 365.

㉕John C. Calhoun, "The Compromise," March 4, 1850, *Congressional Globe*, 31st Cong., 1st sess., pp. 451–55.

㉖Richard N. Current, "Webster, Daniel," in *The Reader's Companion to American History*, ed. Foner and Garraty, p. 1139.

㉗*National Intelligencer*, Washington, D.C., March 8, 1850.

㉘FAS to LW, March 10, 1850, reel 119, Seward Papers.

㉙"Compromise Resolutions. Speech of Mr. Webster, of Massachusetts, in the Senate, March 7, 1850," *Appendix to the Congressional Globe*, 31st Cong., 1st sess., pp. 269–76 (quote p. 269).

㉚Journal BO, p. 217, in *The Journals and Miscellaneous Notebooks of Raph Waldo Emerson*, Vol. XI: *1848–1851*, ed. A. W. Plumstead and William H. Gilman (Cambridge, Mass., and London: Belknap Press of Harvard University Press, 1975), pp. 347–48.

㉛FAS to LW, March 10, 1850, reel 119, Seward Papers.

㉜Robert V. Remini, *Daniel Webster: The Man and His Time* (New York and London: W. W. Norton & Co., 1997), pp. 674–75.

㉝FAS to LW, March 10, 1850, reel 119, Seward Papers.

㉞Hendrick, *Lincoln's War Cabinet*, p. 23.

(35) FAS to WHS, July 8, 1850, reel 114, Seward Papers; Seward, *An Autobiography*, p. 703; Van Deusen, *Thurlow Weed*, p. 175.

(36) Van Deusen, *William, Henry Seward*, p. 122; Bancroft, *The Life of William, H. Seward*, Vol. I, pp. 190–91.

(37) Pike, "Governor Seward's Speech," March 12,1850, from the *Boston Courier*, in Pike, *First Blows of the Civil War*, p. 18.

(38) Holman Hamilton, *Zachary Taylor: Soldier in the White House*, Vol. II (Indianapolis: Bobbs-Merrill, 1951; Norwalk, Conn.: Easton Press, 1989), p. 316.

(39) WHS, "California, Union, and Freedom. Speech of William H. Seward, of New York, in the Senate, March 11, 1850," *Appendix to the Congressional Globe*, 31st Cong., 1st sess., pp. 260–69 (quotes pp. 262, 263, and 265).

(40) Van Deusen, *William Henry Seward*, p. 128.

(41) WHS to TW, March 22 and 31, 1850, in *Seward, Seward at Washington . . . 1846–1861*, p. 129.

(42) *NYTrib*, March 19, 1850.

(43) CS to SPC, February 19, March 22 and 23, 1850, reel 8, Chase Papers.

(44) SPC to CS, September 15, 1849, reel 8, Chase Papers.

(45) CS to SPC, February 7, 1849, reel 7, Chase Papers.

(46) CS to SPC, February 7, 1849, reel 7, Chase Papers.

(47) CS to SPC, March 22, 1850, reel 8, Chase Papers.

(48) SPC, "Union and Freedom, Without Compromise. Speech of Mr. Chase, of Ohio, in the Senate, March 26–27, 1850," *Appendix to the Congressional Globe*, 31st Cong., 1st sess., pp. 468–80.

(49) Blue, *Salmon P. Chase*, p. 102; Warden, *Private Life and Public Services*, p. 340.

(50) SPC to Sarah Bella Chase, March 27, 1850, reel 8, Chase Papers.

(51) SPC to Stanley Matthews, May 6, 1850, reel 8, Chase Papers.

(52) William Nisbet Chambers, *Old Bullion Benton, Senator from the New West: Thomas Hart Benton, 1782–1858* (Boston: Little, Brown, 1956), pp. 360–62; Henry S. Foote, *Casket of Reminiscences* (Washington, D.C.: Chronicle Publishing, 1874), pp. 338–39; March 26–27, April 2, and April 17, 1850, in *Congressional Globe*, 31st Cong., 1st sess., pp. 602–04, 609–10, 762–63.

(53) Thomas Hart Benton, quoted in *Congressional Globe*, 31st Cong., 1st sess., p. 762.

(54) CS to SPC, April 10, 1850, reel 8, Chase Papers.

(55) SPC to CS, April 13, 1850, reel 8, Chase Papers.

(56) SPC to CS, December 14, 1850, reel 9, Chase Papers.

(57) WHS to SPC, October 2 and 22, 1843; August 4,1845; reels 5, 6, Chase Papers.

(58) Entry for April 29, 1831, *Chase Papers*, Vol. I, pp. 57–58.

(59) Seward, *Seward at Washington . . . 1846–1861*, pp. 128, 130; FAS to LW, March 19 and March 21, 1850, reel 119, Seward Papers; Van Deusen, *William Henry Seward*, pp. 124–27.

(60) *NYH*, March 13, 1850.

(61) Seward, *Seward at Washington . . . 1846–1861*, pp. 120–21.

(62) WHS to TW, March 31, 1850, in ibid., p. 129.

(63) FAS to LW, undated letter, in ibid., p. 120.

(64) TW to WHS, March 14, 1850, reel 36, Seward Papers.

(65) WHS to TW, March 31,1850, Weed Papers.

(66) Hamilton, *Zachary Taylor*, Vol. II (1951 ed.), pp. 388–94.

(67) Potter, *The Impending Crisis, 1848–1861*, pp. 109–12; Johannsen, *Stephen A. Douglas*, pp. 294–96.

(68) Stephen Douglas, quoted in Potter, *The Impending Crisis, 1848–1861*, p. 121.

(69) *NYH*, September 8, 9, and 10, 1850.

(70) *NYTrib*, September 10, 1850.

(71) Lewis Cass quoted in *NYH*, September 10, 1850.

(72) *Columbus [Ga.] Sentinel*, reprinted in *Charleston [S.C.] Mercury*, January 23, 1851.

(73) AL, "Speech at Peoria, Illinois," October 16, 1854, in *CW*, II, p. 253.

(74) AL, "Endorsement on the Margin of the *Missouri Democrat*," [May 17, 1860], in *CW*, IV, p. 50.

(75) Strozier, *Lincoln's Quest for Union*, p. 144.

(76) Whitney, *Life on the Circuit with Lincoln*, p. 63.

(77) David Davis to Sarah Davis, May 1, 1851, quoted in King, *Lincoln's Manager*, p. 77.

(78) David Davis to Sarah Davis, April 24, 1851, David Davis Papers, Abraham Lincoln Presidential Library and Museum, Springfield, Ill. [hereafter Davis Papers, ALPLM].

(79) Whitney, *Life on the Circuit with Lincoln*, p. 62.

(80) See King, *Lincoln's Manager*, esp. pp. 9–13, 17, 61.

(81) David Davis to Sarah Davis, November 3, 1851, Davis Papers, ALPLM.

(82) David Davis to Sarah Davis, March 23, 1851, Davis Papers, ALPLM.

(83) David Davis, quoted in King, *Lincoln's Manager*, p. 42.
(84) David Davis to Sarah Davis, May 3 and October 20, 1851, Davis Papers, ALPLM.
(85) Unidentified lawyer, quoted in Tarbell, *The Life of Abraham Lincoln*, Vol. I, p. 247.
(86) Whitney, *Life on the Circuit with Lincoln*, pp. 63, 72.
(87) AL, "Temperance Address delivered before the Springfield Washington Temperance Society," February 22, 1842, in *CW*, I, p. 278.
(88) WHH to "Mr. N.," February 4, 1874, *Grandview [Ind.] Monitor*, March 15, 1934, quoted in Burlingame, *The Inner World of Abraham Lincoln*, p. 18 n67.
(89) Jonathan Birch, "A Student Who Was Aided by Mr. Lincoln," in Wilson, *Intimate Memories of Lincoln*, p. 105.
(90) Abner Y. Ellis statement, January 23, 1866, in *HI*, p. 174.
(91) John Usher interview with George Alfred Townsend, December 25, 1878, scrapbook, Papers of George Alfred Townsend, Manuscript Division, Library of Congress.
(92) Walter Benjamin, "The Storyteller," in *Illuminations*, ed. Hannah Arendt, trans. Harry Zohn (New York: Harcourt, Brace & World, 1968; New York: Schocken Books, 1969), p. 91.
(93) Whitney, *Life on the Circuit with Lincoln*, p. 66.
(94) AL on George Washington, quoted in ibid., p. 67.
(95) Jesse W. Weik, *The Real Lincoln: A Portrait* (Boston and New York: Houghton Mifflin, 1923), p. 90.
(96) David Davis, quoted in Herndon and Weik, *Herndon's Life of Lincoln*, p. 249.
(97) David Davis interview, September 20, 1866, in *HI*, p. 349.
(98) WHH, *A Letter from William H. Herndon to Isaac N. Arnold*, n.p.
(99) David Davis to Sarah Davis, November 3, 1851, quoted in King, *Lincoln's Manager*, p. 85.
(100) David Davis to Sarah Davis, May 17, 1852, and September 18, 1853, Davis Papers, ALPLM; King, *Lincoln's Manager*, pp. 74, 84.
(101) Donald, *Lincoln Reconsidered*, p. 71.
(102) AL, "Scripps autobiography," in *CW*, IV, p. 62.
(103) John T. Stuart interview, December 20, 1866, in *HI*, p. 519.
(104) WHH, in Weik, *The Real Lincoln*, p. 240.
(105) Swett, "Lincoln's Story of His Own Life," in *Reminiscences of Abraham Lincoln*, ed. Rice, p. 79.
(106) Randall, *Mary Lincoln*, p. 79.
(107) Thomas, *Abraham Lincoln*, p. 94; White, *Abraham Lincoln in 1854*, p. 20; Strozier, *Lincoln's Quest for Union*, p. 144.
(108) WHS to FAS, July 21, 1850, in *Seward, Seward at Washington . . . 1846–1861*, p. 148.
(109) WHS, "Henry Clay" and "Daniel Webster," in *Works of William H. Seward*, Vol. III, pp. 104–16.
(110) WHS to unidentified recipient [FAS?], 1852, in Seward, *Seward at Washington . . . 1846–1861*, p. 194.
(111) FAS to WHS, June 13, [1852], reel 114, Seward Papers.
(112) FAS to WHS, July 20, 1856, reel 114, Seward Papers.
(113) FAS to CS, September 18, 1852, reel 9, The Papers of Charles Sumner, Chadwyck-Healey microfilm edition [hereafter Sumner Papers].
(114) Seward, *Seward at Washington . . . 1846–1861*, p. 196.
(115) FAS to LW, January 15, 1854, reel 119, Seward Papers.
(116) WHS to FAS, May 16, 1855, quoted in Seward, *Seward at Washington . . . 1846–1861*, p. 251.
(117) Johnson, "I Could Not be Well or Happy at Home," *URLB* (1978), p.48.
(118) FAS to LW, January 2, February 7, 1832; August 31, 1833, reel 118, Seward Papers; FAS, "Diary of Trip through Pennsylvania, Virginia, and Maryland, 1835," reel 197, and FAS, MSS Fragment on Illness, 1865, Seward Papers; entries for December 28, 1858, and March 16, 1859, FS diary, reel 198, Seward Papers; Johnson, "Sensitivity and Civil War," pp. 23–27.
(119) WHS to FAS, February 12, 1837, in Seward, *An Autobiography*, p. 325.
(120) Johnson, "I Could Not be Well or Happy at Home," *URLB* (1978), pp. 46–47.
(121) FAS, "Womans Mission, Westrminster, 1850," reel 197, Seward Papers.
(122) WHS to [FAS], June 13, 1847, in *Seward, Seward at Washington . . . 1846–1861*, p. 51.
(123) Seward, *An Autobiography*, p. 162; Johnson, "I Could Not be Well or Happy at Home," *URLB* (1978), p. 53.
(124) WHS to FAS, August 22, 1834, reel 112, Seward Papers.
(125) WHS to FAS, January 27, 1831, in Seward, *An Autobiography*, p. 173.
(126) WHS to FAS, January 15, 1831, in ibid., p. 168.
(127) SPC to CS, September 8, 1850, reel 7, Sumner Papers.
(128) Niven, *Salmon P. Chase*, pp. 142, 146–47.
(129) Julia Newberry, *Julia Newberry's Diary*, intro. Margaret Ayer Barnes and Janet Ayer Fairbank (New York: W. W. Norton & Co., 1933), pp. 35–36: Phelps, *Kate Chase, Dominant Daughter*, pp.

74–75; Alice Hunt Sokoloff, *Kate Chase for the Defense* (New York: Dodd, Mead, 1971), pp. 28–29.

(130) Newberry, *Julia Newberry's Diary*, p. 36.

(131) Niven, *Salmon P. Chase*, p. 201. Examples of loving but critical letters to KCS: July 22, August 23, September 5, 1850; January 15, March 2, April 19, August 30, September 10, 1851; January 23, 1853; May 27, 1855; April 30, 1859.

(132) SPC to KCS, January 15, 1851, reel 9, Chase Papers.

(133) SPC to KCS, January 22, 1851, reel 9, Chase Papers.

(134) SPC to KCS, June 21, 1855, reel 10, Chase Papers.

(135) SPC to KCS, February 8, 1855, reel 10, Chase Papers.

(136) SPC to KCS, December 5, 1851, reel 9, Chase Papers.

(137) SPC to KCS, June 15, 1852, reel 9, Chase Papers.

(138) SPC to KCS, August 10, 1852, reel 9, Chase Papers.

(139) SPC to KCS, January 23, 1853, reel 9, Chase Papers.

(140) SPC to KCS, March 27, 1855, reel 10, Chase Papers.

(141) "Kate Chase in 1893," undated newspaper clipping from the *Star*, "Sprague, Kate Chase" vertical file, Washingtoniana Division, Martin Luther King, Jr. Memorial Library, Washington, D.C. [hereafter KCS vertical file, DWP].

(142) SPC to KCS, February 21, 1852, reel 9, Chase Papers.

(143) SPC to KCS, January 8, 1855, reel 10, Chase Papers.

(144) SPC to KCS, August 27, 1852, reel 9, Chase Papers.

(145) SPC to KCS, June 15, 1852, reel 9, Chase Papers.

(146) SPC to KCS, April 3, 1852, reel 9, Chase Papers.

(147) Hart, *Salmon P. Chase*, p. 419.

(148) SPC to KCS, August 4, 1853, reel 9, Chase Papers.

(149) Bates diary, January 1, 1850.

(150) Bates diary, January 1, 1850.

(151) Bates diary, May 31, 1851.

(152) Hendrick, *Lincoln's War Cabinet*, p. 46.

(153) Bates diary, July 4, 1851.

(154) Bates diary, March 6, 1850.

(155) Bates diary, November 27, 1850.

(156) Thomas Mann, *The Magic Mountain*, trans. John E. Woods (New York.: Alfred A. Knopf, 1999), p. 31.

(157) AL, "Address Before the Young Men's Lyceum of Springfield, Illinois," January 27, 1838, in *CW*, I, pp. 108–15, esp. 108, 113–14.

(158) Henry V. Jaffa, *Crisis of the House Divided: An Interpretation of the Issues in the Lincoln-Douglas Debates* (Chicago: University of Chicago Press, 1982), pp. 104–05; Fehrenbacher, *The South and Three Sectional Crises*, pp. 49, 56–57.

(159) See "Kansas-Nebraska Act," in *The Reader's Companion to American History*, ed. Foner and Garraty, p. 609.

(160) Allan Nevins, *Ordeal of the Union*. Vol. I: *Fruits of Manifest Destiny, 1847–1852* (New York and London: Charles Scribner's Sons, 1947), pp. 387–88.

(161) Ralph Waldo Emerson, "The Fugitive Slave Law," reprinted in *The Portable Emerson*, pp. 547–48.

(162) See Thomas F. Gossett, *Uncle Tom's Cabin and American Culture* (Dallas: Southern Methodist University Press, 1985), pp" 164, 183–84.

(163) Frederick Douglass, quoted in ibid., p. 172.

(164) Fehrenbacher, *Prelude to Greatness*, p. 23.

(165) Fehrenbacher, "The Wilmot Proviso and the Mid-Century Crisis" in Fehrenbacher, *The South and Three Sectional Crises*, p. 35.

(166) Thomas Bragg, quoted in Avery O. Craven, *The Growth of Southern Nationalism, 1848–1861*. Vol. VI: *A History of the South* (Baton Rouge: Louisiana State University Press, 1953; 1984), p. 204.

(167) WHS to [FAS?], February 12, 1854, in Seward, *Seward at Washington . . . 1846–1861*, p. 219.

(168) Stephen Douglas, quoted in Hart, *Salmon P. Chase*, p. 134.

(169) Blue, *Salmon P. Chase*, p. 93 (quote); Gienapp, *The Origins of the Republican Party*, p. 72.

(170) SPC, et al., *Appeal of the Independent Democrats in Congress, to the People of the United States. Shall Slavery be Permitted in Nebraska?* (Washington, D.C.: Towers' Printers, 1854).

(171) Hart, *Salmon P. Chase*, p. 134.

(172) *NYT*, February 6, 1854.

(173) Pike, "Night Scenes in the Passage of the Nebraska Bill," March 4, 1854, from *NYTrib*, in Pike, *First Blows of the Civil War*, pp. 217–18 (quote p. 217).

(174) *NYTrib*, March 6, 1854.

(175) SPC, "Maintain Llighted Faith. Speech of Hon. S. P. Chase, of Ohio, in the Senate, February 3, 1854," *Appendix to the Congressional Globe*, 33rd Cong., 1st sess., p. 140.

(176) *NYTrib*, March 7, 1854 (first quote); Carl Sandburg, *Abraham Lincoln: The War Years*, Vol. 1(4 vols., New York: Harcourt, Brace & Co., 1939), p. 144 (second quote).

(177) Pike, "Night Scenes in the Passage of the Nebraska Bill," March 4, 1854, from *NYTrib*, in Pike, *First Blows of the Civil War*, p. 216.

(178) Johannsen, *Stephen A. Douglas*, p. 432.

(179) *NYTrib*, March 4, 1854.

(180) Ibid.

(181) Thomas Hart Benton, quoted by Pike, "Night Scenes in the Passage of the Nebraska Bill," March 4, 1854, from *NYTrib*, in Pike, *First Blows of the Civil War*, p. 220.

(182) Niven, *Salmon P. Chase*, p. 152.

(183) Schuckers, *The Life and Public Services of Salmon Portland Chase*, p. 156.

(184) Pike, "A Warning," April 1854, from *NYTrib*, in Pike, *First Blows of the Civil War*, pp. 222–23.

(185) Nevins, *Ordeal of the Union*. Vol. II: *A House Dividing*, p. 125.

(186) *NYTrib*, March 6 and 10, 1854.

(187) *NYTrib*, March 6, 1854.

(188) T. Lyle Dickey, paraphrased in Frederick Trevor Hill, *Lincoln the Lawyer* (New York: Century Co, 1906), p. 264.

(189) AL, "Scripps autobiography," in *CW*, IV, p. 67 (quote); Miller, *Lincoln's Virtues*, pp. 232–34, 238–39.

(190) AL, "Speech at Peoria, Illinois," October 16, 1854, in *CW*, II, p. 282.

(191) *Illinois State Register*, quoted in Donald, *Lincoln*, p. 173.

(192) Herndon and Weik, *Herndon's Life of Lincoln*, p. 478.

(193) Joshua F. Speed to WHH, December 6, 1866, in *HI*, p. 499.

(194) *Illinois State Journal*, October 5, 1854; *Peoria Daily Press*, October 9, 1854; *Illinois State Register*, October 6, 1854.

(195) *Peoria Daily Press*, October 9, 1854.

(196) Ibid.

(197) Thomas, *Abraham Lincoln*, pp. 147–48; Oates, *With Malice Toward None*, p. 124.

(198) Horace White, *The Lincoln and Douglas Debates: An Address Before the Chicago Historical Society, February 17, 1914* (Chicago: University of Chicago Press, 1914), pp. 7–8.

(199) John Quincy Adams diary, quoted in William Gardner, *Life of Stephen A. Douglas* (Boston: Roxburgh Press, 1905), p. 20.

(200) *Peoria Daily Press*, October 7, 1854.

(201) Thomas, *Abraham Lincoln*, p. 148.

(202) White, *Abraham Lincoln in 1854*, p. 12.

(203) Donald, *Lincoln*, p. 174.

(204) White, *Abraham Lincoln in 1854*, p. 10.

(205) White, *The Lincoln and Douglas* Debates, p. 12.

(206) White, *Abraham Lincoln in 1854*, p. 10.

(207) AL, "Speech at Peoria Illinois," October 16, 1854, in *CW*, II, pp. 247–83.

(208) *Illinois Daily Journal*, October 5, 1854.

(209) AL, "Speech at Peoria Illinois," October 16, 1854, in *CW*, II, pp. 248–75. The text of Lincoln's speech in Springfield on October 4, 1854, is no longer extant, but as the editors of *The Collected Works of Abraham Lincoln* have noted, the speech Lincoln delivered in Peoria on October 16, 1854, "is much the same speech." In the absence of a verbatim transcription of the Springfield speech, Lincoln's words from the October 16, 1854, Peoria one have been substituted. See footnote 1 to "Speech at Springfield, Illinois," *CW*, II, p. 240.

(210) AL, "Temperance Address. An Address, Delivered before the Springfield Washington Temperance Society," February 22, 1842, in *CW*, I, pp. 273, 279.

(211) AL, "Speech at Peoria Illinois," October 16, 1854, in *CW*, II, pp. 264–76.

(212) *Peoria Daily Press*, October 7, 1854.

(213) Miller, *Lincoln's Virtues*, p. 14; Donald, *Lincoln*, p. 270.

(214) Robert Frost, "Two Tramps in Mudtime," *The Poetry of Robert Frost: The Collected Poems*, ed. Edward Connery Lathem (New York: Henry Holt & Co., 1969; 1979), p. 277.

6 山雨欲來

①Joseph Gillespie to WHH, January 31, 1866, in *HI*, p. 182.

②Entries for January 20–28, 1855, in *Lincoln Day by Day: A Chronology, 1809–1865*. Vol. II: *1848–1860*, ed. Earl Schenck Miers (Washington, D.C.: Lincoln Sesquicentennial Commission, 1960; Dayton, Ohio: Morningside, 1991), pp. 136–37 [hereafter *Lincoln Day by Day*, Vol. II]; articles in the *Illinois Daily Journal*, Springfield, Ill., January 23–February 8, 1855.

③*Illinois Daily Journal*, January 24, 27, and 30, 1855.

④*Daily Alton Telegraph*, February 12, 1855, quoted in Mark M. Krug, *Lyman Trumbull, Conservative Radical* (New York and London: A. S. Barnes & Co., and Thomas Yoseloff, 1965), p. 98.

⑤Krug, *Lyman Trumbull*, p. 98.

⑥Ibid.; White, *Abraham Lincoln in 1854*, p. 17.

⑦Entry for January 1,1855, *Lincoln Day by Day*, Vol. II, p. 136; "List of Members of the Illinois Legislature in 1855," [January 1, 1855?], in *CW*, II, pp. 296–98.

⑧Miller, *Lincoln's Virtues*, p. 303.

⑨AL to Elihu B. Washburne, February 9, 1855, in *CW*, II, p. 304.

⑩Joseph Gillespie to WHH, September 19, 1866, in *HI*, p. 344.

⑪AL to Elihu B. Washburne, February 9, 1855, in *CW*, II, pp. 304–06; Joseph Gillespie to WHH, January 31,1866, and September 19, 1866, in *HI*, pp. 182–83, 344–45.

⑫Joseph Gillespie to WHH, January 31, 1866, in *HI*, p. 183.

⑬John G. Nicolay and John Hay, *Abraham Lincoln: A History*, Vol. I (New York: Century Co., 1917), p. 390.

⑭Joseph Gillespie to WHH, January 31, 1866, in *HI*, p. 182.

⑮Oates, *With Malice Toward None*, p. 130.

⑯David Davis, quoted in AL to Elihu B. Washburne, February 9, 1855, *CW*, II, p. 306.

⑰Albert J. Beveridge, *Abraham Lincoln, 1809–1858*, Vol. III (Boston and New York: Houghton Mifflin, The Riverside Press, 1928), p. 287; White, *Abraham Lincoln in 1854*, p. 19.

⑱AL to Elihu B. Washburne, February 9, 1855, Lincoln Papers.

⑲Donald, *Lincoln*, p. 185.

⑳MTL to Leonard Swett, January 12, 1867, in Turner and Turner, *Mary Todd Lincoln*, p. 406.

㉑Beveridge, *Abraham Lincoln, 1809–1858*, Vol. III, p. 286; Miller, *Lincoln's Virtues*, p. 312.

㉒Burlingame, *The Inner World of Abraham Lincoln*, p. 310; Strozier, *Lincoln's Quest for Union*, p. 76.

㉓MTL to David Davis, January 17, 1861, in Turner and Turner, *Mary Todd Lincoln*, p. 71; entry for December 3, 1865, *Diary of Gideon Welles: Secretary of the Navy Under Lincoln and Johnson*. Vol. II: *April 1, 1864–December 31, 1866*, ed. Howard K. Beale (New York: W.W. Norton & Company, Inc., 1960), p. 390 [hereafter Welles diary, Vol. II].

㉔AL to Elihu B. Washburne, February 9, 1855, in *CW*, II, p. 304.

㉕Joseph Gillespie, quoted in Donald, *Lincoln*, p. 184.

㉖Unless otherwise noted, information and quotations related to the Reaper case have been derived from Robert H. Parkinson to Albert J. Beveridge, May 28, 1923, container 292, Beveridge Papers, DLC.

㉗Beveridge, *Abraham Lincoln, 1809–1858*, Vol. II, p. 280.

㉘AL to Peter H. Watson, July 23, 1855, in *CW*, II, pp. 314–15.

㉙WHH to JWW, January 6, 1887, reel 10, Herndon-Weik Collection, DLC.

㉚Ralph and Adaline Emerson, *Mr. & Mrs. Ralph Emerson's Personal Recollections of Abraham Lincoln* (Rockford, Ill.: Wilson Brothers Co., 1909), p. 7.

㉛Flower, *Edwin McMasters Stanton*, p. 63.

㉜Emerson, *Emerson's Personal Recollections*, p. 7.

㉝Flower, *Edwin McMasters Stanton*, p. 63.

㉞AL, quoted in W. M. Dickson, "Abraham Lincoln in Cincinnati," *Harper's New Monthly Magazine* 69 (June 1884), p. 62.

㉟Miller, *Lincoln's Virtues*, p. 425.

㊱WHH to JWW, January 6, 1887, reel 10, Herndon-Weik Collection, DLC.

㊲Lewis Hutchison Stanton to unknown correspondent, January 4, 1930, quoted in the appendix to Gideon Townsend Stanton, ed., "Edwin M. Stanton: A Personal Portrait as revealed in letters addressed to his wife Ellen Hutchison during his voyage to and sojourn in San Francisco . . . and including letters covering the period 1854 to 1869," undated, typed manuscript, Edwin M. Stanton Manuscript, Mss. 1648, Louisiana and Lower Mississippi Valley Collections, LSU Libraries, Baton Rouge, La. [hereafter Gideon Stanton, ed., "Edwin M. Stanton"]; Thomas, *Abraham Lincoln*, p. 382.

㊳Wolcott, "Edwin M. Stanton," esp. pp. 20–21, 24, 28, 30, 38, 39, 40, 66–67.
㊴Flower, *Edwin McMasters Stanton*, p. 37.
㊵Mary Lamson Stanton to EMS, December 13, 1843, quoted in Wolcott, "Edwin M. Stanton," p. 108.
㊶EMS, "Mary Lamson, Wife of Edwin M. Stanton"; Flower, *Edwin McMasters Stanton*, pp. 30, 32, 36–37, 38.
㊷Wolcott, "Edwin M. Stanton," p. 63.
㊸EMS to Edwin L. Stanton, quoted in Wolcott, "Edwin M. Stanton," p. 113.
㊹EMS to Mary Lamson Stanton, December 16, 1842, EMS, "Mary Lamson, Wife of Edwin M. Stanton."
㊺EMS, "Mary Lamson, Wife of Edwin M. Stanton"; Wolcott, "Edwin M. Stanton," pp. 72, 99; Flower, *Edwin McMasters Stanton*, pp. 38, 44.
㊻Benjamin P. Thomas and Harold M. Hyman, *Stanton: The Life and Times of Lincoln's Secretary of War* (New York: Alfred A. Knopf, 1962), p. 35.
㊼Flower, *Edwin McMasters Stanton*, p. 39.
㊽Wolcott, "Edwin M. Stanton," p. 100.
㊾Thomas and Hyman, *Stanton*, pp: 35–36.
㊿EMS, "Mary Lamson, Wife of Edwin M. Stanton."
(51)Gideon Stanton, ed., "Edwin M. Stanton."
(52)EMS, "Mary Lamson, Wife of Edwin M. Stanton."
(53)Ibid.
(54)Thomas and Hyman, *Stanton*, p. 40.
(55)Alfred Taylor, quoted in Flower, *Edwin McMasters Stanton*, p. 45.
(56)Ibid.
(57)Thomas and Hyman, *Stanton*, p. 41.
(58)Alfred Taylor, quoted in Flower, *Edwin McMasters Stanton*, p. 45.
(59)Mrs. Davison Filson, quoted in ibid., p. 40.
(60)Ibid., p. 34.
(61)EMS to Ellen Hutchison, September 25, 1855, Stanton Papers, Donated Historical Materials, formerly Record Group 200, National Archives and Records Administration, Washington, D.C. [hereafter Stanton Papers, DNA] (quote); Dickson, "Abraham Lincoln in Cincinnati," *Harper's* (1884), p. 62.
(62)See Flower, *Edwin McMasters Stanton*, p. 66.
(63)EMS to Ellen Hutchison, October 10, 1854, Stanton Papers, DNA.
(64)EMS to Ellen Hutchison, October 28, 1854, Stanton Papers, DNA.
(65)EMS to Ellen Hutchison, October 10, 1854, Stanton Papers, DNA.
(66)EMS to Ellen Hutchison, May 21, 1855, and undated letter, Stanton Papers, DNA.
(67)EMS to Ellen Hutchison, undated, Stanton Papers, DNA.
(68)EMS to Ellen Hutchison, May 21, 1855, Stanton Papers, DNA.
(69)EMS to Ellen Hutchison, undated, Stanton Papers, DNA.
(70)EMS to Ellen Hutchison, June 25, 1856, Stanton Papers, DNA.
(71)Gideon Stanton, ed., "Edwin M. Stanton."
(72)Flower, *Edwin McMasters Stanton*, p. 79.
(73)AL, "Fragment on Stephen A. Douglas," [December 1856?], in *CW*, II, pp. 382–83.
(74)John T. Stuart interview, late June 1865, in *HI*, p. 63.
(75)MTL, quoted in Elizabeth Todd Edwards interview, 1865–1866, in *HI*, p. 444.
(76)Helm, *The True Story of Mary*, p. 140.
(77)MTL, quoted in ibid., p. 144.
(78)MTL to Mercy Ann Levering, December [15?], 1840, in Turner and Turner, *Mary Todd Lincoln*, p. 21.
(79)Schurz, *Reminiscences*, Vol. II, p. 34.
(80)McPherson, *Battle Cry of Freedom*, pp. 142–43; Eugene H. Roseboom, "Salmon P. Chase and the Know Nothings," *Mississippi Valley Historical Review* 25 (December 1938), pp. 335–50.
(81)Potter, *The Impending Crisis, 1848–1861*, pp. 240–52 (quote p. 242); McPherson, *Battle Cry of Freedom*, p. 32.
(82)AL to Joshua F. Speed, August 24, 1855, in *CW*, II, p. 323.
(83)Gienapp, *The Origins of the Republican Party*, pp. 114–17, 123–24, 224–25; Potter, *The Impending Crisis, 1848–1861*, pp. 247, 249; McPherson, *Battle Cry of Freedom*, p. 127.
(84)Riddle, "The Election of Salmon P. Chase," *Republic* (1875), p. 183; Hendrick, *Lincoln's War Cabinet*, p. 33.
(85)Niven, *Salmon P. Chase*, pp. 157–58, 171: Gienapp, *The Origins of the Republican Party*, pp. 192–203.
(86)SPC to James S. Pike, October 18, 1855, and SPC to CS, October 15,1855, reel 10, Chase

Papers; Gienapp, *The Origins of the Republican Party*, pp. 200–01.

(87) SPC to KCS, September 30, 1855, reel 10, Chase Papers.

(88) CS to SPC, October 11, 1855, reel 10, Chase Papers.

(89) Gienapp, *The Origins of the Republican Party*, pp. 223–25.

(90) Hugh Hastings letter, reprinted in Barnes, *Memoir of Thurlow Weed*, pp. 232–33.

(91) Taylor, *William Henry Seward*, p. 96.

(92) WHS to TW, February 7, 1855, quoted in Seward, *Seward at Washington . . . 1846–1861*, p. 245.

(93) FAS to Augustus Seward, February 7, 1855, reel 115, Seward Papers.

(94) Gienapp, *The Origins of the Republican Party*, pp. 224–27.

(95) CS to WHS, October 15, 1855, reel 49, Seward Papers.

(96) WHS, "The Advent of the Republican Party, Albany, October 12, 1855," in *The Works of William H. Seward*, Vol. IV; ed. George E. Baker (Boston: Houghton Mifflin, 1884; New York: AMS Press, 1972), pp. 225–40 (quote p. 237).

(97) Donald, *Lincoln*, pp. 189–91.

(98) Potter, *The Impending Crisis, 1848–1861*, pp. 199–215.

(99) WHS, remarks in "The Nebraska and Kansas Bill," May 25, 1854, *Appendix to the Congressional Globe*, 33rd Cong., 1st sess., p. 769.

(100) *Charleston Mercury*, June 21, 1854, quoted in Craven, *The Growth of Southern Nationalism*, p. 204.

(101) David Donald, *Charles Sumner and the Coming of the Civil War*, collector's edition (New York: Alfred A. Knopf, 1960; Norwalk, Conn.: Easton Press, 1987), pp. 294–-95; William E. Gienapp, "The Crime Against Sumner: The Caning of Charles Sumner and the Rise of the Republican Party," *Civil War History* 25 (September 1979), pp. 218–45.

(102) CS, "Kansas Affairs. Speech of Hon. C. Sumner, of Massachusetts, in the Senate, May 19–20, 1856," *Appendix to the Congressional Globe*, 34th Cong., 1st sess., pp. 529–44.

(103) Donald, *Charles Sumner and the Coming of the Civil War*, pp. 281–82.

(104) CS, "Kansas Affairs," *Appendix to the Congressional Globe*, 34th Cong., 1st sess., pp. 530–31.

(105) William H. Seward, Jr., "Youthful Recollections," p. 13, folder 36, Box 120, William Henry Seward Papers, Department of Rare Books & Special Collections, University of Rochester Library [hereafter Seward Papers, NRU], Rochester, N.Y.

(106) Response by Lewis Cass to CS's speech, May 20, 1856, *Appendix to the Congressional Globe*, 34th Cong., 1st sess., p. 544.

(107) See *Boston Pilot*, May 31, 1856; *NYT*, May 23, 1856; Donald, *Charles Sumner and the Coming of the Civil War*; pp. 294–97.

(108) *Boston Pilot*, May 31, 1856.

(109) *Boston Daily Evening Transcript*, May 29, 1856.

(110) Donald, *Charles Sumner and the Coming of the Civil War*, pp. 300–01.

(111) F. A. Sumner to CS, June 24, 1856, quoted in Gienapp, "The Crime Against Sumner," *CWH* (1979), p. 230.

(112) *NYTrib*, May 24, 1856.

(113) Gienapp, "The Crime Against Sumner," *CWH* (1979), p. 239.

(114) Ibid., pp. 221, 222–23; Donald, *Charles Sumner and the Coming of the Civil War*, pp. 297–99, 304–07.

(115) *Richmond Enquirer*, June 3, 1856, quoted in Gienapp, "The Crime Against Sumner," *CWH* (1979), p. 222.

(116) *Columbia [S.C.] Carolinian*, reprinted in *Charleston Daily Courier*, May 28, 1856.

(117) *Richmond Whig*, quoted in *NYT*, May 26,1856.

(118) *Petersburg [Va.] Intelligencer*, quoted in *NYT*, May 29, 1856.

(119) Donald, *Charles Sumner and the Coming of the Civil War*, p. 309.

(120) Thomas, *Abraham Lincoln*, p. 165.

(121) Herndon and Weik, *Herndon's Life of Lincoln*, p. 313.

(122) Jesse K. Dubois, quoted in Weik, *The Real Lincoln*, p. 257.

(123) Speech at Bloomington, Illinois, May 29, 1856, report in the Alton *Weekly Courier*, June 5, 1856, in *CW*, II, p. 341; Oates, *With Malice Toward None*, pp. 136–37.

(124) Republican National Convention, *One Hundred Years Ago: Proceedings of the First Republican Nominating Convention, Philadelphia, 1856* (n.p.: n.p., 1956); Gienapp, *The Origins of the Republican Party*, pp. 334–45.

(125) Van Deusen, *William Henry Seward*, pp. 174, 176; SPC to Hiram Barney, June 6, 1856, reel 11, Chase Papers.

(126) Reinhard H. Luthin, "Salmon P. Chase's Political Career Before the Civil War," *Mississippi Valley Historical Review* 29 (March 1943), p. 525; SPC to Kinsley S. Bingham, October 19, 1855,

reel 10, Chase Papers.

⑫⑦Smith, *The Francis Preston Blair Family in Politics*, Vol. I, pp. 323–24; Niven, *Salmon P. Chase*, p. 178; Gienapp, *The Origins of the Republican Party*, pp. 250–51.

⑫⑧WHS to TW, December 31, 1855, quoted in Seward, *Seward at Washington . . . 1846–1861*, p. 264.

⑫⑨Niven, *Salmon P. Chase*, pp. 178–79.

⑬⓪SPC to Edward Hamlin, June 12, 1856, reel 11, Chase Papers.

⑬①Hiram Barney to SPC, June 21, 1856, reel 11 , Chase Papers; entry for June 1856, SPC diary, 1845–1859, reel 1, Chase Papers, DLC; Luthin, "Salmon P. Chase's Political Career Before the Civil War," *MVHR* (1943), p. 526.

⑬②Hiram Barney to SPC, June 21, 1856, reel 11, Chase Papers.

⑬③WHS to FAS, June 14 and 17, 1856, quoted in Seward, *Seward at Washington . . . 1846–1861*, pp. 277–78; Van Deusen, *William Henry Seward*, pp. 174, 176–77; Macartney, *Lincoln and His Cabinet*, p. 95; Gienapp, *The Origins of the Republican Party*, pp. 310, 339.

⑬④Whitney, *Life on the Circuit with Lincoln*, pp. 94–95 (quote p. 95).

⑬⑤Republican National Convention, *One Hundred Years Ago*, p. 67.

⑬⑥Whitney, *Life on the Circuit with Lincoln*, p. 96.

⑬⑦Cain, *Lincoln's Attorney General*, pp. 85, 86–88.

⑬⑧Ibid., p. 82.

⑬⑨EB before the Whig National Convention in Baltimore, July 1856, quoted in ibid., p. 88.

⑭⓪Congressional Quarterly, *Presidential Elections Since 1789*, p. 181.

⑭①Paul Finkelman, *Dred Scott v. Sandford: A Brief History with Documents. The Bedford Series in History and Culture* (Boston and New York: Bedford Books, 1997); Don E. Fehrenbacher, *The Dred Scott Case: Its Significance in American Law and Politics* (New York: Oxford University Press, 1978).

⑭②Finkelman, *Dred Scott v. Sandford*, p. 29.

⑭③*Star*, March 4, 1857.

⑭④James Buchanan, "Inaugural Address, March 4, 1857," in *The Works of James Buchanan, Comprising His Speeches, State Papen, and Private Correspondence*. Vol. X: *1856–1860*, ed. John Bassett Moore (Philadelphia and London: J. B. Lippincott Co., 1910), p. 106.

⑭⑤Roger B. Taney, opinion quoted in Finkelman, *Dred Scott v. Sandford*, pp. 35–36.

⑭⑥Potter, *The Impending Crisis, 1848–1861*, pp. 276–79.

⑭⑦Justice Benjamin R. Curtis, quoted in ibid., p. 279 n24.

⑭⑧Opinion of Felix Frankfurter, in conversation with law clerk Richard N. Goodwin, as told to the author.

⑭⑨*Richmond Enquirer*, March 10, 1857.

⑮⓪*Richmond Enquirer*, March 13, 1857.

⑮①Congressman John F. Potter, quoted in Kenneth M. Stampp, *America in 1857: A Nation on the Brink* (New York and Oxford: Oxford University Press, 1990), p. 104.

⑮②*NYTrib*, March 7, 1857.

⑮③Pike, "Decision of the Supreme Court," March 8, 1857, from the *NYTrib*, reprinted in Pike, *First Blows of the Civil War*, pp. 368–69 (quote p. 368).

⑮④Frederick Douglass, "The *Dred Scott* Decision: Speech at New York, on the Occasion of the Anniversary of the American Abolition Society, May 11, 1857," reprinted in Finkelman, *Dred Scott v. Sandford*, p. 174.

⑮⑤FAS to CS, April 23, 1857, reel 15, Sumner Papers.

⑮⑥Potter, *The Impending Crisis, 1848–1861*, p. 290.

⑮⑦AL, "Speech at Springfield, Illinois," June 16, 1857, in *CW*, II, pp. 398–410 (quotes p. 403, 405, 406).

⑮⑧WHS, "Kansas-Lecompton Constitution," March 3, 1858, Senate, *Congressional Globe*, 35th Cong., 1st sess., p. 941.

⑮⑨Van Deusen, *William Henry Seward*, p. 190.

⑯⓪Samuel Tyler, *Memoir of Roger Brooke Taney* (Baltimore, 1872; New York: Da Capo Press, 1970), p. 391.

⑯①WHS, "The Irrepressible Conflict, Rochester, October 25, 1858," in *Works of William H. Seward*, Vol. IV, pp. 289–302 (quotes pp. 291, 292; italics added).

⑯②FAS to CS, January 4, 1859, reel 17, Sumner Papers.

⑯③Kenneth M. Stampp, "The Irrepressible Conflict," in Stampp, *The Imperiled Union: Essays on the Background of the Civil War* (New York: Oxford University Press, 1980; 1981), p. 191.

⑯④*Atlas and Argus*, Albany, N.Y., October 28, 1858.

⑯⑤*NYH*, October 28, 1858.

⑯⑥Gienapp, *The Origins of the Republican Party*, p. 191.

⑯⑦WHS, quoted in Van Deusen, *William Henry Seward*, p. 194.

(168) David M. Potter, *Lincoln and His Party in the Secession Crisis* (New Haven, Conn.: Yale University Press, 1942), pp. 25–26.

(169) WHS to FAS, February 9, 1849, quoted in Seward, *Seward at Washington . . . 1846–1861*, p. 98.

(170) WHS to FAS, February 9, 1849, quoted in ibid., p. 98.

(171) *Albany Evening Journal*, May 19,1890.

(172) *Columbus [Ohio] Gazette*, April 6, 1860 (quotes); Van Densen, *William Henry Seward*, pp. 257–58.

(173) Seward, *Seward at Washington . . . 1846–1861*, pp. 301–22; Van Deusen, *William Henry Seward*, p. 183.

(174) FPB to WHS, October 5, 1857, quoted in Seward, *Seward at Washington . . . 1846–1861*, p. 324.

(175) FPB to WHS, November 1, 1857, quoted in ibid., p. 326.

(176) *Cincinnati Enquirer*, August 6, 1899.

(177) Peacock, *Famous American Belles of the Nineteenth Century*, p. 214.

(178) Sara A. Pryor, *Reminiscences of Peace and War*. Revised and enlarged ed. (New York: The Macmillan Company, 1905), pp. 75–76.

(179) Niven, *Salmon P. Chase*, pp. 200, 201, 204; SPC to KCS, December 3, 4, 5, and 6, 1857, reel 11, Chase Papers.

(180) SPC to KCS, December 5, 1857, reel II, Chase Papers.

(181) SPC to KCS, December 4, 1857, reel II, Chase Papers.

(182) Ross, *Proud Kate*, pp. 32–33, 36–37.

(183) "Kate Chase in 1893," undated newspaper clipping from the *Star*, KCS vertical file, DCPL.

(184) Howells, *Years of My Youth*, pp. 154–55.

(185) *Columbus Special* to the *Chicago Times*, reprinted in *Cincinnati Enquirer*, August 13, 1879.

(186) SPC to Charles D. Cleveland, November 3, 1857, reel II, Chase Papers.

(187) Potter, *The Impending Crisis, 1848–1861*, pp. 300, 306–07, 313–15, 318–20, 322–25.

(188) Potter, *The Impending Crisis, 1848–1861*, pp. 316, 318, 320–21.

(189) Stephen A. Douglas's speech, "Third Debate with Stephen A. Douglas at Jonesboro, Illinois," September 15, 1858, in *CW*, III, p. 115.

(190) AL on Stephen Douglas, in "A House Divided": Speech at Springfield, Illinois, June 16, 1858, in *CW*, II, p. 463.

(191) Stephen A. Douglas's speech, "Third Debate with Stephen A. Douglas at Jonesboro, Illinois," September 15, 1858, in *CW*, III, p. 115.

(192) WHS to [FAS?], December 10, 1857, quoted in Seward, *Seward at Washington . . . 1846–1861*, p. 330.

(193) Fehrenbacher, *Prelude to Greatness*, p. 61.

(194) AL to Elihu B. Washburne, May 27, 1858, in *CW*, II, p. 455; AL to SPC, April 30, 1859, in *CW*, III, p. 378; Donald, *Lincoln*, pp. 204, 208.

(195) AL, "Fragment of a Speech," [c. May 18, 1858], in *CW*, II, p. 448.

(196) AL to Lyman Trumbull, December 28, 1857, in ibid., p. 430.

(197) AL to Charles L. Wilson, June 1, 1858, in ibid., p. 457.

(198) *Illinois Daily Journal*, Springfield, Ill., June 16, 1858; Fehrenbacher, *Prelude to Greatness*, pp. 62–63.

(199) Thomas, *Abraham Lincoln*, p. 179.

(200) Fehrenbacher, *Prelude to Greatness*, pp. 63, 48 (quote p. 48).

(201) AL, "A House Divided": Speech at Springfield, Illinois, June 16, 1858, in *CW*, II, pp. 461, 465–67. "A House Divided" appears in the Bible in Matthew 12:25; Mark 3:24.

(202) James M . McPherson, "How Lincoln Won the War with Metaphors," Eighth Annual R. Gerald McMurtry Lecture, 1985, reprinted in James M. McPherson, *Abraham Lincoln and the Second American Revolution* (New York and Oxford: Oxford University Press, 1991), p. 104.

(203) AL, "A House Divided": Speech at Springfield, Illinois, June 16, 1858, in *CW*, II, pp. 462–63, 467–68.

(204) AL's reply, "First Debate with Stephen A. Douglas at Ottawa, Illinois," August 21, 1858, in *CW*, III, pp. 22, 20 (quote p. 22).

(205) Cain, *Lincoln's Attorney General*, p. 77.

(206) *The Lincoln-Douglas Debates: The First Complete, Unexpurgated Text*, ed. Harold Holzer (New York: HarperCollins, 1993), pp. 2–6.

(207) Ibid., p. 20.

(208) Baringer, *Lincoln's Rise to Power*, pp. 21–22, 24–25, 28, 30–31, 33–34, 37.

(209) Fehrenbacher, *Prelude to Greatness*, p. 15.

(210) Schurz, *Reminiscences*, Vol. II, pp. 92, 88.

(211) AL's speech, "Sixth Debate with Stephen A. Douglas, at Quincy, Illinois," October 13, 1858, in

CW, III, pp. 252–53.

(212) Schurz, *Reminiscences*, Vol. II, p. 92.

(213) *The Lincoln-Douglas Debates*, ed. Holzer, pp. 4, 9.

(214) Schurz, *Reminiscences*, Vol. II, p. 94.

(215) See *The Lincoln-Douglas Debates*, ed. Holzer, pp. 7–8.

(216) *Press and Tribune*, Chicago, following Ottawa debate, quoted in *The Lincoln-Douglas Debates*, ed. Holzer, p. 85.

(217) *Chicago Times*, in ibid.

(218) Stephen Douglas's speech, "First Debate with Stephen A. Douglas at Ottawa, Illinois," August 21, 1858, in *CW*, III, pp. 5–6.

(219) AL, "Speech at Springfield, Illinois," July 17, 1858, in *CW*, II, p. 506.

(220) Stephen Douglas, quoted in *NYTrib*, included in AL's reply, "Third Joint Debate at Jonesboro," September 15, 1858, in *The Lincoln-Douglas Debates*, ed. Holzer, p. 173.

(221) AL's reply, "Third Joint Debate at Jonesboro," September 15, 1858, in ibid., pp. 173, 175.

(222) Ibid., p. 17. Quotation from paragraph two of the Declaration of Independence (1776).

(223) AL, "Speech at Lewistown, Illinois," August 17, 1858, quoted in *Press and Tribune*, Chicago, August 21, 1858, in *CW*, II, p. 546.

(224) Stephen Douglas's reply, "Seventh and Last Debate with Stephen A. Douglas at Alton, Illinois," October 15, 1858, in *CW*, III, p. 322.

(225) AL, "Speech at Peoria, Illinois," October 16, 1854, in *CW*, II, pp. 265–66.

(226) AL, "Speech at Edwardsville, Illinois," September 11, 1858, in *CW*, III, p. 92.

(227) Leon F. Litwack, *North of Slavery: The Negro in the Free States, 1790–1860* (Chicago and London: University of Chicago Press, 1961), pp. 93, 278.

(228) Stephen Douglas's speech, "First Debate with Stephen A. Douglas at Ottawa, Illinois," August 21, 1858, in *CW*, III, p. 9.

(229) Stephen A. Douglas's speech, "Seventh and Last Debate with Stephen A. Douglas at Alton, Illinois," October 15, 1858, in ibid., p. 296.

(230) AL's reply, "First Debate with Stephen A. Douglas at Ottawa, Illinois," August 21, 1858, in ibid., p. 16.

(231) AL's speech, "Fourth Debate with Stephen A. Douglas at Charleston, Illinois," September 18, 1858, in ibid., p. 145.

(232) AL's reply, "First Debate with Stephen A. Douglas at Ottawa, Illinois," August 21, 1858, in ibid., p. 16.

(233) Harry Jaffa, *Crisis of the House Divided*, pp. 382–84.

(234) Koerner, *Memoirs of Gustave Koerner*, Vol. II, p. 30.

(235) Van Deusen, *William Henry Seward*, p. 94.

(236) Blue, *Salmon P. Chase*, pp. 83, 84; SPC, quoted in ibid.

(237) de Tocqueville, *Democracy in America*, ed. Mansfield and Winthrop, pp. 326, 329, 328.

(238) Henry Clay, quoted in Nevins, *Ordeal of the Union*. Vol. I: *Fruits of Manifest Destiny*, p. 515.

(239) AL, "Speech at Peoria, Illinois," October 16, 1854, in *CW*, II, p. 255.

(240) Craven, *The Growth of Southern Nationalism*, p. 12.

(241) AL, quoting his 1854 Peoria speech in his reply, "First Debate with Stephen A. Douglas at Ottawa, Illinois," August 21,1858, in *CW*, III, p. 15.

(242) AL's reply, "First Debate with Stephen A. Douglas at Ottawa, Illinois," August 21, 1858, in ibid., pp. 27, 29.

(243) AL, "Speech at Springfield, Illinois," June 26, 1857, in *CW*, II, p. 406.

(244) AL's reply, "First Debate with Stephen A. Douglas at Ottawa, Illinois," August 21, 1858, in *CW*, III, p. 29.

(245) AL, "Speech at Chicago, Illinois," July 10, 1858, quoted by Stephen Douglas in his reply, "Sixth Debate with Stephen A. Douglas at Quincy, Illinois," October 13, 1858, in ibid., p. 263.

(246) Frederick Douglass, quoted in David W. Blight, *Frederick Douglass' Civil War: Keeping Faith in Jubilee* (Baton Rouge and London: Louisiana State University Press, 1989), p. 16.

(247) Frederick Douglass, "Lincoln and the Colored Troops," in *Reminiscences of Abraham Lincoln*, ed. Rice, p. 323.

(248) AL's reply, "Seventh and Last Debate with Stephen A. Douglas at Alton, Illinois," October 15, 1858, in *CW*, III, p. 300.

(249) Eyewitness at Alton debate, quoted in *The Lincoln-Douglas Debates*, ed. Holzer, p. 322.

(250) Koerner, *Memoirs of Gustave Koerner*, Vol. II, pp. 66–68.

(251) AL's reply, "Seventh and Last Debate with Stephen A. Douglas at Alton, Illinois," October 15, 1858, in *CW*, III, p. 315.

252 AL, "1858 Campaign Strategy," [July? 1858], in *CW*, II, pp. 476–81 (quote p. 479).

253 AL to Gustave P. Koerner, July 25, 1858, in ibid., p. 524.

254 Niven, *Salmon P. Chase*, p. 210; Blue, *Salmon P. Chase*, pp. 118–19.

255 AL to SPC, April 30, 1859, in *CW*, III, p. 378; AL to Samuel Galloway, March 24, 1860, in *CW*, IV, p. 34.

256 *Illinois State Journal*, Springfield, Ill., November 3, 1858.

257 Baringer, *Lincoln's Rise to Power*, p. 43; Oates, *With Malice Toward None*, p. 173.

258 Koerner, *Memoirs of Gustave Koerner*, Vol. II, p. 68.

259 Fehrenbacher, *Prelude to Greatness*, p. 118.

260 WHH to Theodore Parker, November 8, 1858, quoted in Baringer, *Lincoln's Rise to Power*, p. 49.

261 AL to John J. Crittenden, November 4, 1858, in *CW*, III, pp. 335–36.

262 AL to Anson G. Henry, November 19, 1858, in ibid., p. 339.

263 AL to Henry Asbury, November 19, 1858, in ibid., p. 339.

264 AL to Charles H. Ray, November 20, 1858, in ibid., p. 342.

7 提名倒數計時

1 Jesse W. Fell, quoted in Oldroyd, comp., *The Lincoln Memorial*, p. 474.

2 AL, quoted by Jesse VI. Fell, quoted in ibid., pp. 474, 476.

3 Thomas J. Pickett to AL, April 13, 1859, Lincoln Papers.

4 AL to Thomas J. Pickett, April 16, 1859, in *CW*, III, p. 377.

5 Luthin, *First Lincoln Campaign*, p. 31.

6 WHS to George W. Patterson, April 6, 1859, quoted in Van Deusen, *William Henry Seward*, p. 196.

7 April 1859 entries, Frances (Fanny) Adeline Seward diary, reel 198, Seward Papers [hereafter Fanny Seward diary, Seward Papers].

8 有關范妮・蘇爾德對文學的愛好，請見 Johnson, "Sensitivity and Civil War," pp. 27, 76–78, 83–84.

9 Fanny Seward, quoted in ibid., p. 55.

10 關於蘇爾德訪問歐洲，請見 Seward, *Seward at Washington . . . 1846–1861*, pp. 362–436.

11 關於蘇爾德準備發表重大演說，請見 Taylor, *William Henry Seward*, pp. 115–16.

12 Stanton, *Random Recollections*, pp. 212–13.

13 FAS to William H. Seward, Jr., February 29, 1860, reel 115, Seward Papers.

14 Entry for February 29, 1860, Fanny Seward diary, Seward Papers.

15 Entry for February 29, 1860, Fanny Seward diary, Seward Papers.

16 關於蘇爾德的演說主題，請見 WHS, February 29, 1860, *Congressional Globe*, 36th Cong., 1st sess., pp. 910–14.

17 Bancroft, *The Life of William H. Seward*, Vol. I, p. 519.

18 WHS, February 29, 1860, *Congressional Globe*, 36th Cong., 1st sess., pp. 912–14.

19 Entry for February 29, 1860, Fanny Seward diary, Seward Papers; Baringer, *Lincoln's Rise to Power*; pp. 197, 198; Van Deusen, *William Henry Seward*, p. 220.

20 Van Deusen, *William Henry Seward*, p. 219.

21 Cassius Marcellus Clay, *The Life of Cassius Marcellus Clay. Memoirs, Writings, and Speeches, Showing His Conduct in the Overthrow of American Slavery, the Salvation of the Union, and the Restoration of the Autonomy of the United States* (n.p.: J. Fletcher Brennan & Co., 1886; New York: Negro Universities Press/Greenwood Publishing Corp., 1969), pp. 242–43.

22 CS to Duchess Elizabeth Argyll, March 2, 1860, reel 74, Sumner Papers.

23 Frederick Douglass, "Mr. Seward's Great Speech," *Douglass' Monthly* (April 1860).

24 Samuel Bowles to TW, March 5, 1860, quoted in Barnes, *Memoir of Thurlow Weed*, p. 260.

25 Bancroft, *The Life of William H. Seward*, Vol. I, p. 519.

26 TW to WHS, May 2, 6, and 8, 1860, reel 59, Seward Papers.

27 Halstead, *Three Against Lincoln*, p. 162.

28 Glyndon G. Van Deusen, *Horace Greeley: Niheteenth-Century Crusader* (Philadelphia: University of Pennsylvania Press, 1953), pp. 116–17, 185–86; Thurlow Weed, "Recollections of Horace Greeley," *Galaxy* 15 (March 1873), pp. 379–80.

29 關於格里利寫給蘇爾德的抱怨信，請見 Horace Greeley to WHS, November 11, 1854, reel 48, Seward Papers.

30 WHS to TW; November 12, 1854, quoted in Seward, *Seward at Washington . . . 1846–1861*, p. 239.

31 Carpenter, "A Day with Governor Seward," Seward Papers.

32 Henry Raymond, quoted in Barnes, *Memoir of Thurlow Weed*, p. 274.

33 WHS to home, Seward, *Seward at Washington . . . 1846–1861*, p. 395.

㉞WHS to TW, March 15, 1860, quoted in Barnes, *Memoir of Thurlow Weed*, p. 261.

㉟關於蘇爾德前往洛奇爾拜訪卡麥隆，請見 WHS to TW, April 11, 1859, Weed Papers; Lee F. Crippen, *Simon Cameron, Antebellum*, The American Scene: Comments and Commentators series (Oxford, Ohio, 1942; New York: Da Capo Press, 1972), p. 209.

㊱WHS to TW; Apri 11, 1859, Weed Papers.

㊲Simon Cameron, quoted in Macartney, *Lincoln and His Cabinet*, p. 46.

㊳*NYT*, June 3, 1878.

㊴關於卡麥隆的公職，請見 Macartney, *Lincoln and His Cabinet*, p. 26.

㊵Hendrick, *Lincoln's War Cabinet*, p. 53.

㊶關於人民黨的州代表會議，請見 Crippen, *Simon Cameron, Ante-bellum Years*, pp. 201, 205.

㊷關於科汀挑戰卡麥隆，請見 Hendrick, *Lincoln's War Cabinet*, pp. 55–56.

㊸Niven, *Salmon P. Chase*, pp. 61, 123, 140–41 (quote p. 140).

㊹Gamaliel Bailey to SPC, November 27, 1855, reel 10, Chase Papers.

㊺Gamaliel Bailey to SPC, June 26, 1855, reel 10, Chase Papers.

㊻Gamaliel Bailey to SPC, January 16, 1859, reel 12, Chase Papers.

㊼SPC to Gamaliel Bailey, January 24, 1859, reel 12, Chase Papers.

㊽Gamaliel Bailey to SPC, January 30, 1859, reel 12, Chase Papers.

㊾Hiram Barney to SPC, November 10, 1859, reel 13, Chase Papers.

㊿Donnal V. Smith, "Salmon P. Chase and the Election of 1860," *OAHQ* 39 (July 1930), p. 520.

(51)Amos Tuck to SPC, March 14, 1860, reel 13, Chase Papers.

(52)Reinhard H. Luthin, "Pennsylvania and Lincoln's Rise to the Presidency," *Pennsylvania Magazine of History and Biography* 67 (January 1943), p. 66; SPC to Hiram Barney, September 22, 1860, reel 13, Chase Papers; Smith, "Salmon P. Chase and the Election of 1860," OAHQ (1930), pp. 520–21; Luthin, "Salmon P. Chase's Political Career Before the Civil War," *MVHR* (1943), p. 53l.

(53)James M. Ashley to SPC, April 5, 1860, reel 13 , Chase Papers.

(54)SPC to Benjamin Eggleston, May 10, 1860, reel 13, Chase Papers.

(55)Erastus Hopkins to SPC, May 17, 1860, reel 13, Chase Papers.

(56)SPC to Benjamin R. Cowen, May 14, 1860, reel 13, Chase Papers.

(57)Ross, *Proud Kate*, p. 42.

(58)SPC to James A. Briggs, April 27, 1860, reel 13, Chase Papers (quote); WHS to FAS, April 27, 1860, quoted in Seward, *Seward at Washington . . . 1846–1861*, p. 447.

(59)WHS to FAS, April 28, 1860, quoted in Seward, *Seward at Washington . . . 1846–1861*, p. 447.

(60)WHS to FAS, April 29, 1860, quoted in ibid., p. 448.

(61)SPC to Janet Chase Hoyt, May 4, 1860, reel 13, Chase Papers.

(62)SPC to James A. Briggs, April 27, 1860, reel 13, Chase Papers.

(63)SPC to James A. Briggs, May 8, 1860, reel 13, Chase Papers.

(64)Entries from January to May 1860 in *The Diary of Edward Bates, 1859–1866*; Cain, *Lincoln's Attorney General*, p. 95.

(65)Entry for February 22, 1860, in *The Diary of Edward Bates, 1859–1866*, p. 10l.

(66)Introduction, ibid., p. xii.

(67)Entry for April 20, 1859, in ibid., p. 1.

(68)EB to Whig Committee of New York, February 24, 1859, reprinted in entry for April 20, 1859, in ibid., pp. 1–9 (quotes pp. 1–2).

(69)Entry for April 27, 1859, in ibid., p. 12.

(70)Entry for December 17, 1859, in ibid., pp. 78–79.

(71)Note of February 2, 1860, added to entry for January 28, 1860, in ibid., p. 94.

(72)Entries for February 25 and March 1, 1860, in ibid., pp. 102 (quote), 107.

(73)Entry for April 26, 1860, in ibid., p. 122.

(74)AL to Richard M. Corwine, April 6, 1860, in *CW*, IV, p. 36.

(75)關於各項大會擁護貝茲參選總統，請見 Entries for March 1 and March 13, 1860, in *The Diary of Edward Bates, 1859–1866*, pp. 106, 108 (quote p.l06).

(76)Reinhard H. Luthin, "Organizing the Republican Party in the 'Border-Slave' Regions: Edward Bates's Presidential Candidacy in 1860," *Missouri Historical Review* 38 (January 1944), pp. 149–50.

(77)Parrish, *Frank Blair*, p. 82.

(78)Joseph Medill, quoted in O. J. Hollister, *Life of Schuyler Colfax* (New York and London: Funk & Wagnalls, 1886), p. 147.

(79)關於貝茲對問卷的答覆，請見 EB to Committee of the Missouri Republican Convention, March 17, 1860, reprinted in *The Diary of Edward Bates, 1859–1866*, pp. 111–14.

(80)對於貝茲聲明的各項回應，請見 Cain, *Lincoln's Attorney General*, pp. 104–05.

81 *Lexington [Mo.] Express*, reprinted in *Daily Missouri Republican*, St. Louis, Mo., April 5, 1860.

82 *Louisville [Ky.] Journal*, extracted in the *[Indianapolis] Daily Journal*, quoted in Luthin, "Organizing the Republican Party in the 'Border-Slave' Regions," *MHR* (1944), p. 151.

83 *Memphis Bulletin*, reprinted in *Missouri Republican*, St. Louis, Mo., March 31, 1860.

84 Entry of April 7, 1860, in *The Diary of Edward Bates, 1859–1866*, p. 118.

85 Entry of February 28, 1860, in ibid., pp. 105–06.

86 Fehrenbacher, *Prelude to Greatness*, p. 147.

87 AL to John L. Scripps, June 23, 1858, in *CW*, II, p. 471.

88 Baringer, *Lincoln's Rise to Power*, pp. 128, 137, 171; Donald, *Lincoln*, p. 237.

89 Fehrenbacher, *Prelude to Greatness*, pp. 143–44; Baringer, *Lincoln's Rise to Power*; chapter 3.

90 James A. Briggs to AL, November 1, 1859, Lincoln Papers.

91 *Janesville Gazette*, quoted in Baringer, *Lincoln's Rise to Power*; pp. 110–11 (quote p. 110).

92 AL to SPC, September 21, 1859, in *CW*, III, p. 471.

93 Baringer, *Lincoln's Rise to Power*, pp. 103–07.

94 Dickson, "Abraham Lincoln in Cincinnati," *Harper's New Monthly* (1884), p. 65.

95 關於林肯在辛辛那提的演說，請見 AL, "Speech at Cincinnati, Ohio," September 17, 1859, in *CW*, III, p. 454.

96 *Cincinnati Gazette*, reprinted in *Illinois State Journal*, Springfield, Ill., October 7, 1859.

97 Joshua F. Speed to AL, September 22, 1859, Lincoln Papers.

98 Samuel Galloway to AL, October 13, 1859, Lincoln Papers.

99 Samuel Galloway to AL, July 23, 1859, Lincoln Papers.

100 AL to Schuyler Colfax, July 6, 1859, in *CW*, III, pp. 390–91.

101 Schuyler Colfax to AL, July 14, 1859, Lincoln Papers.

102 Stephen Vincent Benét, *John Brown's Body* (New York: Henry Holt & Co., 1927; 1955), p. 52.

103 關於約翰・布朗在哈柏斯渡口舉事經過，請見 chapter 19 of Stephen B. Oates, *To Purge This Land with Blood: A Biography of Johm Brown* (New York: Harper & Row, 1970), pp. 290–306.

104 John Brown to his family, November 30, 1859, quoted in Oswald Garrison Villard, *John Brown, 1800–1859: A Biography Fifty Years After* (Boston and New York: Houghton Mifflin, 1910), p. 551.

105 Villard, *John Brown, 1800–1859*, pp. 538–39.

106 Potter, *The Impending Crisis, 1848–1861*, p. 378.

107 *Press and Tribune*, Chicago, October 22, 1859.

108 *Richmond Enquirer*; November 25, 1859.

109 Craven, *The Growth of Southern Nationalism*, p. 309.

110 Herman Melville, "The Portent," in *Battle-Pieces and Aspects of the War*, reprinted in *The Poems of Herman Melville*, rev. edn., ed. Douglas Robillard (Kent, Ohio, and London: Kent State University Press, 2000), p. 53.

111 Robert Bunch, December 9, 1859, quoted in Laura A. White, "The South in the 1850's as Seen by British Consuls," *Journal of Soutbern History* I (February 1935), p. 44.

112 Editor's description of *St. Lonis News* article of November 23, 1859, pasted in entry of November 23, 1859, in *The Diary of Edward Bates, 1859–1866*, p. 65.

113 *Charleston [S.C.] Mercury*, December 16, 1859.

114 Advertisement by "Richmond," quoted in Seward, *Seward at Washington . . . 1846–1861*, p. 440.

115 *NYH*, October 19, 1859.

116 WHS, "The State of the Country," February 29, 1860, in *Works of William H. Seward*, Vol. IV, p. 637.

117 *Albany Evening Journal*, October 19, 1859.

118 Entry of October 25, 1859, in *The Diary of Edward Bates, 1859–1866*, pp. 50–51.

119 Entry of November 21, 1859, in ibid., p. 63.

120 Janet Chase Hoyt, "A Woman's Memories. Salmon P. Chase's Home Life," *NYTrib*, February 15, 1891.

121 Baringer, *Lincoln's Rise to Power*, p. 124; entry for December 2, 1859, *Lincoln Day by Day*, Vol. II, pp. 266–67.

122 "Second Speech at Leavenworth, Kansas," December 5, 1859, synopsis of speech printed in the *Leavenworth Times*, December 6, 1859, in *CW*, III, p. 503.

123 Ralph Waldo Emerson, "Courage," November 7, 1859, lecture in Boston, as reported by the *NYTrib*, quoted in John McAleer, *Ralph Waldo Emerson: Days of Encounter* (Boston and Toronto: Little, Brown, 1984), p. 532.

124 Elwood *Free Press* on AL, "Speech at Elwood, Kansas," December 1 [November 30?], 1859, in *CW*, III, p. 496.

⑫⑤AL, "Speech at Leavenworth, Kansas," December 3, 1859, in ibid., p. 502.

⑫⑥關於共和黨在艾斯特飯店的全國委員會，請見 Luthin, *The First Lincoln Campaign*, pp. 20–21.

⑫⑦AL to Norman B. Judd, December 14, 1859, in *CW*, III, p. 509.

⑫⑧Archie Jones, "The 1860 Republican Convention," transcript of Chicago station WAAF radio broadcast, May 16, 1960, Chicago Historical Society, Chicago, Ill.

⑫⑨Whitney, *Lincoln tbe Citizen*, Vol. I, p. 285.

⑬⓪*Press and Tribune*, Chicago, December 27, 1859.

⑬①Luthin, *The First Lincoln Campaign*, p. 21.

⑬②Whitney, *Lincoln the Citizen*, Vol. I, p. 285.

⑬③John Bigelow to WHS, January 18, 1860, reel 59, Seward Papers.

⑬④Charles Gibson, "Edward Bates," *Missouri Historical Society Collections* II (January 1900), p. 55.

⑬⑤AL to Jesse W. Fell, December 20, 1859, in *CW*, III, p. 511.

⑬⑥AL, "Autobiography by Abraham Lincoln, enclosed with Lincoln to Jesse W. Fell," December 20, 1859, in ibid., p. 511.

⑬⑦AL to Jesse W. Fell, December 20, 1859, in ibid., p. 511.

⑬⑧James A. Briggs to AL, October 12, 1859, Lincoln Papers; Harold Holzer, *Lincoln at Cooper Union: The Speech That Made Abraham Lincoln President* (New York: Simon & Schuster, 2004), p. 10.

⑬⑨Henry C. Bowen, paraphrased in Henry B. Rankin, *Intimate Character Sketches of Abraham Lincoln* (Philadelphia and London: J. B. Lippincott Co., 1924), pp. 179–80.

⑭⓪"Recollections of Mr. McCormick," in Wilson, *Intimate Memories of Lincoln*, p. 251 (quote); Holzer, *Lincoln at Cooper Union*, p. 86. Holzer identifies "B." as Mayson Brayman.

⑭①AL, quoted in James D. Horan, *Mathew Brady: Historian with a Camera* (New York: Crown Publishers, 1955), p. 31. For portrait, see plate 93 in Horan.

⑭②Thomas, *Abraham Lincoln*, p. 202; Holzer, *Lincoln at Cooper Union*, pp. 103, 303 n55.

⑭③Rankin, *Intimate Character Sketches of Abraham Lincoln*, p. 173.

⑭④關於林肯的外觀，請見 Herndon and Weik, *Herndon's Life of Lincoln*, p. 369.

⑭⑤Russell H. Conwell, "Personal Glimpses of Celebrated Men and Women," quoted in Wayne Whipple, *The Story-Life of Lincoln. A Biography Composed of Five Hundred True Stories Told by Abraham Lincoln and His Friends* (Philadelphia: J. C. Winston Co., 1908), p. 308.

⑭⑥Rankin, *Intimate Character Sketches of Abraham Lincoln*, pp. 174–75; Holzer, *Lincoln at Cooper Union*, pp. 50–53.

⑭⑦AL, "Address at Cooper Institute, New York City," February 27, 1860, in *CW*, III, pp. 522, 535.

⑭⑧AL, "Temperance Address delivered before the Springfield Washington Temperance Society," February 22, 1842, in *CW*, I, p. 273.

⑭⑨AL, "Address at Cooper Institute, New York City," February 27, 1860, in *CW*, III, pp. 522–50, esp. 537, 538, 547, 550.

⑮⓪Baringer, *Lincoln's Rise to Power*, pp. 158–59.

⑮①James Briggs, quoted in Holzer, *Lincoln at Cooper Union*, p. 147.

⑮②Unknown observer, quoted in ibid., p. 146.

⑮③關於林肯不辭辛勞巡迴各地演說，請見 copies of Lincoln's speeches in Rhode Island and New Hampshire, in *CW*, III, pp. 550–54, and speeches in Connecticut, *CW*, IV; pp. 2–30; Holzer, *Lincoln at Cooper Union*, pp. 176–77.

⑮④AL to Isaac Pomeroy, March 3, 1860, in *CW*, III, p. 554.

⑮⑤AL to MTL, March 4, 1860, in ibid., p. 555.

⑮⑥J. Doyle DeWitt, *Lincoln in Hartford* (privately printed: n.d.), p. 5; John Niven, *Gideon Welles: Lincoln's Secretary of the Navy* (New York: Oxford University Press, 1973), pp. 287, 289.

⑮⑦關於威爾斯的外貌和經歷，請見 John T. Morse, Introduction, *Diary of Gideon Welles: Secretary of the Navy Under Lincoln and Johnson*, Vol. I: *1861-March 30, 1864* (Boston and New York: Houghton Mifflin/The Riverside Press, 1911), pp. xvii-xxi; Richard S. West, Jr., *Gideon Welles: Lincoln's Navy Department* (Indianapolis and New York: Bobbs-Merrill, 1943).

⑮⑧Morse, Introduction, *Diary of Gideon Welles* (1911 edn.), p. xix.

⑮⑨West, *Gideon Welles*, pp. 78–79, 81 (quote p. 78).

⑯⓪DeWitt, *Lincoln in Hartford*, p. 5; Niven, *Gideon Welles*, p. 289.

⑯①關於林肯在哈特佛的演說，請見 AL, "Speech at New Haven, Connecticut," March 6, 1860, in *CW*, IV, p. 18.

⑯②James Russell Lowell, "Abraham Lincoln," in *The Writings of James Russell Lowell*, Vol. V; *Political Essays* (Boston: Houghton Mifflin, 1892), p. 208.

⑯③WHS, "Admission of Kansas. Speech of Hon. W. H. Seward, of New York, In the Senate, April 9,

1856," *Appendix to the Congressional Globe*, 34th Cong., 1st sess., p. 405.

⑯④關於林肯與威爾斯再度會談，請見 "The Career of Gideon Welles," typescript manuscript draft, Henry B. Learned Papers, reel 36, Welles Papers; Hendrick, *Lincoln's War, Cabinet*, p. 78.

⑯⑤GW's editorial in *Hartford Evening Press*, quoted in West, *Gideon Welles*, p. 81.

⑯⑥Rev. J. P. Gulliver article in *New York Independent*, September 1, 1864, quoted in Carpenter, *Six Months at the White House*, p. 311.

⑯⑦James A. Briggs, "Narrative of James A. Briggs, Esq.," *New York Evening Post*, August 16, 1867, reprinted in *An Authentic Account of Hon. Abraham Lincoln, Being Invited to give an Address in Cooper Institute, N.Y., February 27, 1860* (Putnam, Conn.: privately printed, 1915), n.p.

⑯⑧AL, quoted in Briggs, "Narrative of James A. Briggs, Esq."

⑯⑨Lyman Trumbull to AL, January 29, 1859, Lincoln Papers.

⑰⓪AL to Lyman Trumbull, February 3, 1859, in *CW*, III, pp. 355–56.

⑰①AL to Lyman Trumbull, April 29, 1860, in *CW*, IV, p. 46.

⑰②Don E. Fehrenbacher, *Chicago Giant: A Biography of "Long John" Wentworth* (Madison, Wisc.: American History Research Center, 1957), pp. 163, 169–74.

⑰③Note 1, accompanying transcript of AL to Norman B. Judd, December 9, 1859, Lincoln Papers (quote); Fehrenbacher, *Chicago Giant*, pp. 169–70.

⑰④AL to Norman B. Judd, December 9, 1859, in *CW*, III, p. 505.

⑰⑤Note 1 provided with John Wentworth to AL, November 28, 1859, Lincoln Papers; Fehrenbacher, *Chicago Giant*, pp. 170–72.

⑰⑥John Wentworth to AL, December 21, 1859, Lincoln Papers.

⑰⑦Don E. Fehrenbacher, "The Judd-Wentworth Feud," *Journal of the Illinois State Historical Society* XLV (Autumn 1952), pp. 203, 204.

⑰⑧AL to Norman B. Judd, February 9, 1860, in *CW*, III, p. 517.

⑰⑨Baringer, *Lincoln's Rise to Power*, pp. 148–50.

⑱⓪Norman B. Judd to AL, February 21, 1860, Lincoln Papers.

⑱①Baringer, *Lincoln's Rise to Power*, p. 186.

⑱②MTL interview, September 1866, in *HI*, p. 360 n4.

8 決戰芝加哥

①Tarbell, *The Life of Abraham Lincoln*, Vol. I, p. 344: *Buffalo Morning Express*, May 16, 1860, David Davis Papers, Chicago Historical Society, Chicago, Ill. [hereafter Davis Papers, ICHi].

②Baringer, *Lincoln's Rise to Power*, p. 212.

③Jones, "The 1860 Republican Convention."

④*Press and Tribune*, Chicago, May 15, 1860.

⑤*Press and Tribune*, Chicago, May 12, 1860.

⑥*Press and Tribune, Chicago*, May 16, 1860.

⑦Clark, "Lincoln's Nomination As Seen By a Young Girl," *Putnam's*, p. 537.

⑧*Buffalo Morning Express*, May 15, 1860, Davis Papers, ICHi.

⑨Anonymous writer, quoted in *As Others See Chicago: Impressions of Visitors, 1673–1933*, ed. Bessie Louise Pierce (Chicago: University of Chicago Press, 1933), p. 151.

⑩James Stirling, quoted in ibid., p. 123.

⑪*A Guide to the City of Chicago* (Chicago: Zell & Co., 1868), pp. 32–33.

⑫Thomas, *Abraham Lincoln*, p. 207.

⑬*A Strangers' and Tourists' Guide to the City of Chicago* (Chicago: Relig. Philo. Pub. Assoc., 1866), p. 24.

⑭Anonymous writer, quoted in *As Others See Chicago*, p. 151.

⑮*A Strangers' and Tourists' Guide to the City of Chicago*, p. 19.

⑯Anonymous writer, quoted in *As Others See Chicago*, pp. 157–58.

⑰*Press and Tribune*, Chicago, May 12, 1860.

⑱*Press and Tribune*, Chicago, May 15, 1860.

⑲關於旅舍與餐館的描述，請見 Baringer, *Lincoln's Rise to Power*, pp. 212–13; *Press and Tribune*, Chicago, May 9, 14, and 17, 1860.

⑳*Chicago Daily Evening Journal*, May 15, 1860, Davis Papers, ICHi.

㉑*Buffalo Morning Express*, May 15, 1860, Davis Papers, ALPLM; Baringer, *Lincoln's Rise to Power*, p. 222.

㉒*Daily* [*Ind.*] *Journal*, May 17, 1860, Davis Papers, ICHi.

㉓*Press and Tribune*, Chicago, May 17, 1860.

㉔*Chicago Daily Evening Journal*, May 15, 1860.

㉕Luthin, *The First Lincoln Campaign*, p. 140.

㉖*Chicago Daily Evening Journal*, May 16, 1860, Davis Papers, ICHi.

㉗Halstead, *Three Against Lincoln*, pp. 147–48; Baringer, *Lincoln's Rise to Power*, pp. 246–47; Jones, "The 1860 Republican Convention"; Clark, "Lincoln's Nomination As Seen By a Young Girl," *Putnam's*, p. 537 (quote).

㉘*Press and Tribune*, Chicago, May 17, 1860.

㉙Governor Morgan, quoted in Oldroyd, *Lincoln's Campaign*, pp. 27–28; *Press and Tribune*, Chicago, May 17, 1860.

㉚Halstead, *Three Against Lincoln*, pp. 156–58, 159.

㉛Pike, "Mr. Seward's Defeat," May 20, 1860, from *NYTrib*, reprinted in Pike, *First Blows of the Civil war*, p. 517.

㉜Halstead, *Three Against Lincoln*, pp. 158, 159, 161; *Press and Tribune*, Chicago, May 18, 1860.

㉝Charles P. Smith, "The Nomination of Lincoln," undated pamphlet from the Collections of the New Jersey State Library, Archives & History Division, Trenton, N. J., copy in Davis Papers, ICHi.

㉞關於格里利拜訪委員會，請見 Van Deusen, *Horace Greeley*, pp. 245–48; Smith, "The Nomination of Lincoln."

㉟May 17 telegram from Horace Greeley, reprinted in *NYTrib*, May 18, 1860.

㊱Halstead, *Three Against Lincoln*, pp. 160–61.

㊲TW, quoted in Addison G. Procter, *Lincoln and the Convention of 1860: An Address Before the Chicago Historical Society, April 4, 1918* (Chicago: Chicago Historical Society, 1918), pp. 6–7.

㊳Horace Greeley, quoted in Procter, *Lincoln and the Convention of 1860*, p. 8.

㊴Ibid.

㊵Henry Lane, quoted in ibid., pp. 12–13.

㊶Henry J. Raymond, quoted in Barnes; *Memoir of Thurlow Weed*, p. 274.

㊷*Auburn [N.Y.] Daily Advertiser*, May 31, 1860.

㊸Koerner, *Memoirs of Gustave Koerner*, Vol. II, pp. 88–89.

㊹*Missouri Republican*, St. Louis, Mo., May 19, 1860; Potter, *The Impending Crisis*, 1848–1861, p. 427.

㊺Halstead, *Three Against Lincoln*, p. 148.

㊻John McLean, quoted in Luthin, *The First Lincoln Campaign*, p. 146.

㊼Statement of Willard Warner, paraphrased in *Columbus [Ohio] Gazette*, May 25, 1860.

㊽Francis M. Wright to SPC, May 21, 1860, reel 13, Chase Papers.

㊾Erastus Hopkins to SPC, May 17, 1860, reel 13, Chase Papers.

㊿Halstead, *Three Against Lincoln*, pp. 143, 163, 149–50.

(51)AL to Richard M. Corwine, May 2, 1860, in *CW*, IV, p. 47.

(52)King, *Lincoln's Manager*, p. 136.

(53)Stampp, "The Republican National Convention of 1860," in Stampp, *The Imperiled Union*, p. 160.

(54)Leonard Swett to Josiah Drummond, May 27, 1860, Davis Papers, ALPLM.

(55)Whitney, *Lincoln the Citizen*, Vol. 1, p. 266.

(56)King, *Lincoln's Manager*, p. 135 (quote); see also p. 136, and chapter 11 generally.

(57)AL, quoted in Luthin, *The First Lincoln Campaign*, p. 145.

(58)Leonard Swett to Josiah H. Drummond, May 27, 1860, quoted in Oldroyd, *Lincoln's Campaign*, p. 71.

(59)AL to Richard M. Corwine, May 2, 1860, in *CW*, IV, p. 47 (quote); AL to Cyrus M. Allen, May 1, 1860, in ibid., p. 46.

(60)Baringer, *Lincoln's Rise to Power*, pp. 214–15.

(61)Donald, *Lincoln*, p. 249.

(62)John D. Defrees to Schuyler Colfax, quoted in Hollister, *Life of Schuyler Colfax*, p. 148.

(63)Smith, "The Nomination of Lincoln," Davis Papers, ICHi.

(64)Whitney, *Lincoln the Citizen*, Vol. I, p. 289.

(65)AL, Endorsement on the Margin of the *Missouri Democrat*, May 17, 1860, in *CW*, IV, p. 50.

(66)Whitney, *Lincoln the Citizen*, Vol. I, p. 289.

(67)Clay, *The Life of Cassius Marcellus Clay*, pp. 244–46; Luthin, *The First Lincoln Campaign*, p. 68.

(68)Halstead, *Three Against Lincoln*, p. 162.

(69)King, *Lincoln's Manager*, p. 140.

(70)Leonard Swett to AL, May 20, 1860, Davis Papers, ALPLM.

(71)Halstead, *Three Against Lincoln* p. 164.

(72)Luthin, *The First Lincoln Campaign*, pp. 160–61.

(73)Swett to Drummond, May 27, 1860, quoted in Oldroyd, *Lincoln's Campaign*, p. 72.

(74)Luthin, *The First Lincoln Campaign*, pp. 160–61.

75 Swett to Drummond, May 27, 1860, quoted in Oldroyd, *Lincoln's Campaign*, p. 72.

76 *Albany Evening Journal*, May 18, 1860.

77 Swett to Drummond, May 27, 1860, quoted in Oldroyd, *Lincoln's Campaign*, p. 72.

78 *NYT*, May 21, 1860.

79 Henry Raymond article, quoted in Barnes, *Memoir of Thurlow Weed*, p. 276.

80 *NYT*, May 21, 1860.

81 *Albany Evening Journal*, May 18, 1860; *NYH*, May 19, 1860; *NYT*, May 19, 1860.

82 Halstead, *Three Against Lincoln*, p. 165.

83 Swett to Drummond, May 27, 1860, quoted in Oldroyd, *Lincoln's Campaign*, p. 72.

84 *NYH*, May 19, 1860; *Buffalo Commercial Advertiser*, May 19, 1860, Davis Papers, ICHi.

85 Swett to Drummond, May 27, 1860, quoted in Oldroyd, *Lincoln's Campaign*, pp. 72–73.

86 關於第一輪投票結果，請見 Halstead, *Three Against Lincoln*, p. 167.

87 Ibid., p. 166.

88 Cain, *Lincoln's Attorney General*, p. 112.

89 關於第二輪投票結果，請見 Halstead, *Three Against Lincoln*, p. 169.

90 Barnes, *Memoir of Thurlow Weed*, p. 264.

91 關於第三輪投票結果，請見 Halstead, *Three Against Lincoln*, p. 170.

92 Ibid., p. 171.

93 Unidentified spectator, quoted in Allan Nevins, *Ordeal of the Union*. Vol. II: *The Emergence of Lincoln, part II, Prologue to Civil War, 1857–1861*, new introduction by James M. McPherson (New York: Collier Books, Macmillan Publishing Co., 1992), p. 260.

94 *Press and Tribune*, Chicago, May 19, 1860.

95 Clark, "Lincoln's Nomination As Seen By a Young Girl," *Putnam's*, p. 538.

96 Taylor, *William Henry Seward*, p. 9.

97 *Chicago Tribune*, July 14, 1878.

98 Austin Blair, quoted in *Albany Evening Journal*, May 23, 1860, in Halstead, *Three Against Lincoln*, p. 173; Baringer, *Lincoln's Rise to Power*, p. 292; Carl Schurz, "Speeches at the Chicago Convention," quoted in *Works of William H. Seward*, Vol. IV, p. 682.

99 Carl Schurz, "Speeches at the Chicago Convention," quoted in *Works of William H. Seward*, Vol. IV, p. 682.

100 *NYT*, May 21, 1860.

101 *Buffalo Commercial Advertiser*, May 19, 1860, Davis Papers, ICHi.

102 *NYT*, May 21, 1860.

103 Halstead, *Three Against Lincoln*, pp. 171–72.

104 *Buffalo Commercial Advertiser*, May 19, 1860, Davis Papers, ICHi.

105 *Press and Tribune*, Chicago, May 19, 1860.

106 Stanton, *Random Recollections*, pp. 215–16 (quote p. 216).

107 Seward, *Seward at Washington . . . 1846–1861*, p. 452.

108 Stanton, *Random Recollections*, p. 216.

109 Seward, *Seward at Washington . . . 1846–1861*, p. 452.

110 Stanton, *Random Recollections*, p. 216.

111 Entry for May 19, 1860, Charles Francis Adams diary, reel 75.

112 Van Deusen, *William Henry Seward*, pp. 228, 229.

113 Entry for May 18, 1860, Fanny Seward diary, Seward Papers.

114 WHS for the *Auburn Daily Advertiser*, in "Biographical Memoir of William H. Seward," *Works of William H. Seward*, Vol. IV, p. 79.

115 WHS to TW, May 18, 1860, quoted in Barnes, *Memoir of Thurlow Weed*, p. 270; WHS to TW, May 18, 1860, quoted in Seward, *Seward at Washington . . . 1846–1861*, p. 453.

116 WHS to the New York Republican Central Committee, quoted in Seward, *Seward at Washington . . . 1846–1861*, p. 454.

117 Van Deusen, *William Henry Seward*, p. 229.

118 SPC to Robert Hosea, June 5, 1860, reel 13, Chase Papers.

119 Blue, *Salmon P. Chase*, p. 126.

120 SPC to AL, misdated as May 17, 1860, Lincoln Papers.

121 AL to SPC, May 26, 1860, in *CW*, IV, p. 53.

122 Schurz, *Reminiscences*, Vol. II, pp. 186–87.

123 *Daily Ohio Statesman*, Columbus, Ohio, May 19, 1860.

124 EB to Horace Greeley, quoted in Hollister, *Life of Schuyler Colfax*, p. 148.

125 Entry of May 19, 1860, in *The Diary of Edward Bates, 1859–1866*, pp. 129, 130–31.

126 See Conkling, "How Mr. Lincoln Received the News," *Transactions* (1909), p. 65; Tarbell, *The*

Life of Abraham Lincoln, Vol. I, p. 358; *Illinois State Register*, February 13, 1903.

(127) quoted in Tarbell, *The Life of Abraham Lincoln*, Vol. I, p. 358.

(128) Charles S. Zane interview, 1865–1866, in *HI*, p. 492; *Press and Tribune*, Chicago, May 22, 1860.

(129) *Chicago Journal* correspondent, quoted in *Cincinnati Daily Commercial*, May 25, 1860.

(130) AL, quoted in Donald, *Lincoln*, p. 250.

(131) quoted in Tarbell, *The Life of Abraham Lincoln*, Vol. I, p. 358.

(132) "Ecarte" [John Hay], *Providence [R.I.] Journal*, May 26, 1860, reprinted in *Lincoln's Jounalist: John Hay's Anonymous Writings for the Press, 1860–1864*, ed. Michael Burlingame (Carbondale and Edwardsville: Southern Illinois University Press, 1998), p. 1.

(133) *Missouri Republican*, May 20, 1860.

(134) Halstead, *Three Against Lincoln*, p. 176.

(135) T. S. Verdi, "The Assassination of the Sewards," *The Republic* 1 (July 1873), pp. 289–90.

(136) See Fehrenbacher, *Prelude to Greatness*, p. 5; Alexander McClure, quoted in Taylor, *William Henry Seward*, p. 10.

(137) Koerner, *Memoirs of Gustave Koerner*, Vol. II, p. 80.

(138) Potter, *The Impending Crisis, 1848–1861*, pp. 427–28; Stampp, "The Republican National Convention of 1860," in Stampp, *The Imperiled Union*, pp. 155, 157–58.

(139) Fehrenbacher, *Prelude to Greatness*, p. 2.

(140) Miller, *Lincoln's Virtues*, pp. 397–401.

(141) *Press and Tribune*, Chicago, May 16, 1860.

(142) Verdi, "The Assassination of the Sewards," *The Republic* (1873), p. 290.

(143) AL to Samuel Galloway, March 24, 1860, in *CW*, IV, p. 34.

(144) *Illinois State Journal*, Springfield, Ill., March 23, 1860.

(145) Fehrenbacher, *Prelude to Greatness*, p. 161.

9「自知之明」

① Entry for May 18, 1860, Charles Francis Adams diary, reel 75.

② *NYT*, May 21, 1860.

③ *NYH*, June 5, 1860.

④ AL to George Ashmun, June 4, 1860, in *CW*, IV, p. 68.

⑤ *NYH*, May 19, 1860.

⑥ *Houston Telegraph*, quoted in *NYTrib*, June 12, 1860.

⑦ *Charleston [S.C.] Mercury*, June 9, 1860, quoted in Emerson David Fite, *The First Presidential Campaign* (New York: The Macmillan Company, 1911), p. 210.

⑧ *Charleston Mercury*, October 15, 1860.

⑨ *Richmond Enquirer*, May 22, 1860.

⑩ 民主黨在查斯頓的全國黨代表大會，請見 "The Charleston Convention," chapter 1 in Halstead, *Three Against Lincoln*, pp. 3–10.

⑪ Ibid., pp. 84, 87.

⑫ 關於民主黨巴爾的摩全代會提名道格拉斯詳情，請見 "The National Democratic Convention at Baltimore," chapter 6 in ibid., pp. 185–264.

⑬ 關於布列欽芮吉與貝爾兩組候選人提名過程，請見 "Institute Hall ('Seceders') Convention" and "The Constitutional Democratic Convention," respectively, chapters 7 and 2, in ibid., pp. 265–77, 111–17.

⑭ Entry for June 23, 1860, Charles Francis Adams diary, reel 75.

⑮ AL to Anson G. Henry, July 4, 1860, in *CW*, IV, p. 82.

⑯ Schurz, *Reminiscences*, Vol. II, pp. 187–88.

⑰ *Autobiography of Tburlow Weed*, ed. Weed, p. 603.

⑱ 賓州是唯一的例外，道格拉斯在此地落後林肯與布列欽芮吉，掉到第三位。

⑲ *Montgomery [Ala.] Daily Mail*, July 6, 1860, quoted in Craven, *The Growth of Southern Nationalism*, p. 342.

⑳ 關於北方選情各面向的分析，請見 Luthin, *The First Lincoln Campaign*, passim; Miller, *Lincoln's Virtues*, pp. 465–67.

㉑ SPC to Lyman Trumbull, November 12, 1860, reel 14, Chase Papers.

㉒ *Journal of Commerce*, reprinted in *NYTrib*, June 27, 1860.

㉓ AL to SPC, May 26, 1860, in *CW*, IV, p. 53.

㉔ *NYTrib*, October 25, 1860.

㉕ Entry for May 31, 1860, in *The Diary of Edward Bates, 1859–1866*, p. 132; Cain, *Lincoln's Attorney General*, p. 115.

㉖Entry for May 31, 1860, in *The Diary of Edward Bates, 1859–1866*, p. 132.

㉗Entry for September 20, 1860, in ibid., p. 145.

㉘EB, *Letter of Hon. Edward Bates, of Missouri, Indorsing Mr. Lincoln, and Giving His Reasons for Supporting the Chicago Nominees* (Washington, D.C.: Congressional Globe Office, 1860); EB to O. H. Browning, June 11, 1860, reprinted in "Political: Letter of Judge Bates, pledging his support to the Republican ticket," *NYT*, supplement, June 23, 1860.

㉙EB to Wyndham Robertson, November 3, 1860, quoted in Cain, *Lincoln's Attorney General*, p. 120.

㉚Procter, *Lincoln and the Convention of 1860*, p. 16.

㉛CS to WHS, May 20, 1860, reel 59, Seward Papers.

㉜George Pomeroy to WHS, May 21, 1860, reel 59, Seward Papers.

㉝William Mellen to FAS, May 21, 1860, reel 59, Seward Papers.

㉞Van Deusen, *William Henry Seward*, p. 229.

㉟Seward, *Seward at Wasbington . . . 1846–1861*, pp. 453–54.

㊱Israel Washburn to WHS, May 19, 1860, reel 59, Seward Papers.

㊲WHS to FAS, May 30, 1860, quoted in Seward, *Seward at Washington . . . 1846–1861*, pp. 454–56.

㊳WHS to home, June 13, 1860, quoted in ibid., p. 458.

㊴FAS to WHS, May 30, 1860, reel 114, Seward Papers.

㊵Charles Francis Adams to WHS, May 22, 1860, reel 59, Seward Papers.

㊶WHS to TW, June 26, 1860, quoted in Seward, *Seward at Washington . . . 1846–1861*, p. 459.

㊷Procter, *Linlcoln and the Convention of 1860*, p. 16.

㊸Helen Nicolay, *Lincoln's Secretary: A Biograpby of John G. Nicolay* (New York: Longmans, Green & Co., 1949; Westport, Conn.: Greenwood Press, 1971), pp. vii (quote), 27, 34, 36.

㊹*Utica Morning Herald*, reprinted in *NYTrib*, July 9, 1860.

㊺*Missouri Democrat*, reprinted in *NYTrib*, September 29, 1860.

㊻*Utica Morning Herald*, reprinted in *NYRrib*, July 9, 1860.

㊼*Press and Tribune*, Chicago, May 23, 1860.

㊽*New York Evening Post*, reprinted in *Albany Evening Journal*, May 24, 1860.

㊾*Ohio State Journal*, Columbus, Ohio, May 29, 1860.

㊿*NYTrib*, May 26, 1860, quoted in Nevins, *Ordeal of the Union*. Vol. II: *The Emergence of Lincoln, part, II, Prologue to Civil War, 1857–1861*, p. 274.

(51)Samuel Eliot Morison and Henry Steele Commager, *The Growth of the American Republic*, 4th edn. (New York: Oxford University Press, 1930; 1950), p. 556.

(52)Ryland Fletcher, quoted in Luthin, *The First Lincoln Campaign*, p. 169.

(53)Quoted in Tarbell, *The Life of Abraham Lincoln*, Vol. I, p. 365.

(54)*NYH*, October 20, 1860.

(55)AL to T. Apolion Cheney, August 14, 1860, in *CW*, IV, p. 93.

(56)AL to Leonard Swett, May 30, 1860, in *CW*, IV, p. 57.

(57)Luthin, *The First Lincoln Campaign*, p. 170.

(58)Ibid., pp. 21–22.

(59)AL to Abraham Jonas, July 21, 1860, in *CW*, IV, p. 86.

(60)Luthin, *The First Lincoln Campaign*, pp. 13 (quote), 148–53.

(61)Seward, *Seward at Washington . . . 1846–1861*, p. 461; Van Deusen, *William Henry Seward*, pp. 232–33.

(62)Seward, *Seward at Washington . . . 1846–1861*, p. 461; Oldroyd, *Lincoln's Campaign*, pp. 104–07.

(63)"Springfield Correspondence, 9 August 1860," in Hay, *Lincoln's Journaist*, p. 6.

(64)Luthin, *The First Lincoln Campaign*, p. 174.

(65)Entry for September 8, 1860, Charles Francis Adams diary, reel 75.

(66)Ibid.

(67)*Press and Tribune*, Chicago, September 24, 1860.

(68)Fite, *The First Presidential Campaign*, p. 213.

(69)Supplement to *NYT*, September 29, 1860.

(70)Charles Francis Adams, Jr., *Charles Francis Adams, 1835–1915: An Autobiography, with a Memorial Address Delivered November, 1915*, by Henry Cabot Lodge (Boston and New York: Houghton Mifflin, 1916), pp. 61–62.

(71)Israel Washburn, Jr., to WHS, November 14, 1860, reel 60, Seward Papers.

(72)Richard Blatchford to FAS, October 3, 1860, reel 60, Seward Papers.

(73)CS to FAS, October 10, 1860, reel 60, Seward Papers.

(74)FAS to CS, September 5, 1860, reel 20, Sumner Papers.

(75)*NYH*, October 2, 1860.

(76) Adams, Jr., *Charles Francis Adams, 1835–1915*, pp. 61, 64 (quote).
(77) *NYH*, October 2, 1860.
(78) King, *Lincoln's Manager*; p. 157.
(79) *NYT*, September 27, 1860; Van Deusen, *William Henry Seward*, p. 233.
(80) Adams, Jr., *Charles Francis Adams, 1835–1915*, pp. 67–68.
(81) AL to Lyman Trumbull, June 5, 1860, in *CW*, IV, p. 71.
(82) AL, "Dialogue between Stephen A. Douglas and John C. Breckinridge," September 29, 1860, in ibid., pp. 123–24.
(83) AL to William D. Kelley, October 13, 1860, in ibid., p. 127.
(84) Grace Bedell to AL, October 15, 1860, in ibid., p. 130.
(85) AL to Grace Bedell, October 19, 1860, in ibid., p. 129.
(86) "Springfield Correspondence, 7 January 1861," in Hay, *Lincoln's Journalist*, p. 17.
(87) AL to John Pettit, September 14, 1860, in *CW*, IV, p. 115.
(88) AL to Henry Wilson, September 1, 1860, in ibid., p. 109.
(89) AL to Carl Schurz, June 18, 1860, in ibid., p. 78.
(90) AL to Caleb Smith, [July 23], 1860, in ibid., pp. 87–88.
(91) AL, "Instructions for John G. Nicolay," [c. July 16, 1860], in ibid., p. 83.
(92) AL to Simon Cameron, August 6, 1860, in ibid., p. 91.
(93) Simon Cameron to AL, August 1, 1860, Lincoln Papers.
(94) AL to John M. Pomeroy, August 31, 1860, in *CW*, IV, p. 103.
(95) AL to Leonard Swett, July 16, 1860, in ibid., p. 84.
(96) John Z. Goodrich, quoted in Luthin, *The First Lincoln Campaign*, p. 205.
(97) AL to Hannibal Hamlin, September 4, 1860, in *CW*, IV, p. 110.
(98) AL to James F. Simmons, August 17, 1860, in ibid., p. 97.
(99) David Davis, quoted in King, *Lincoln's Manager*, p. 158.
(100) Ward Hill Lamon to AL, October 10, 1860, Lincoln Papers.
(101) David Davis to Sarah Davis, October 12, 1860, Davis Papers, ALPLM.
(102) David Davis to Sarah Davis, October 15, 1860, Davis Papers, ALPLM.
(103) MTL to Hannah Shearer, October 20, 1860, in Turner and Turner, *Mary Todd Lincoln*, p. 66.
(104) Johannsen, *Stephen A. Douglas*, pp. 778–81, 786–97 (quote p. 781).
(105) Paul F. Boller, Jr., *Presidential Campaigns* (New York and Oxford: Oxford University Press, 1984), p. 101.
(106) Stephen A. Douglas, quoted in Johannsen, *Stephen A. Douglas*, pp. 797–98.
(107) Nevins, *Ordeal of the Union*. Vol. II: *The Emergence of Lincoln, part II, Prologue to Civil War, 1857–1861*, p. 290.
(108) Stephen A. Douglas, quoted in Johannsen, *Stephen A. Douglas*, p. 800.
(109) Nevins, *Ordeal of the Union*. Vol. II: *The Emergence of Lincoln, part II, Prologue to Civil War, 1857–1861*, p. 305.
(110) Adams, Jr., *Charles Francis Adams, 1835–1915*, p. 69.
(111) Donn Piatt, *Memories of the Men Who Saved the Union* (New York and Chicago: Belford, Clarke & Co., 1887), p. 30.
(112) AL to John B. Fry, August 15, 1860, in *CW*, IV, p. 95.
(113) Nashville *Union and American*, November 11, 1860, quoted and paraphrased in Craven, *The Growth of Southern Nationalism*, pp. 352–53.
(114) *Press and Tribune*, Chicago, October 3, 1860.
(115) WHS, "Political Equality the National Idea, Saint Paul, September 18, 1860," in *Works of William H. Seward*, Vol. IV, p. 344.
(116) FB, et al., to AL, October 31, 1860, Lincoln Papers.
(117) Craven, *The Growth of Southern Nationalism*, p. 341.
(118) AL to John Pettit, September 14, 1860, in *CW*, IV, p. 115.
(119) AL to TW, August 17, 1860, in ibid., pp. 97–98.
(120) TW to WHS, October 25, 1860, reel 60, Seward Papers.
(121) *NYTrib*, November 3, 1860.
(122) *NYTrib*, November 10, 1860.
(123) Samuel R. Weed, "Hearing the Returns with Mr. Lincoln," *New York Times Magazine*, February 14, 1932, p. 8.
(124) William H. Herndon and Jesse W. Weik, *Herndon's Lincoln: The True Story of a Great Life*, Vol. III (Springfield, Ill.: Herndon's Lincoln Publishing Co., 1888), p. 467.
(125) [JGN to TB?], November 6, 1860, container 2, Nicolay Papers.
(126) *NYTrib*, November 10, 1860.

⑫⑦*Missouri Democrat*, reprinted in *Cincinnati Daily Commercial*, November 9, 1860.

⑫⑧Weed, "Hearing the Returns with Mr. Lincoln," *NYT Magazine*, p. 8.

⑫⑨*Missouri Democrat*, reprinted in *Cincinnati Daily Commercial*, November 9, 1860.

⑬⑩Weed, "Hearing the Returns with Mr. Lincoln," *NYT Magazine*, p. 9.

⑬①Simeon Draper, quoted in ibid.

⑬②Lyman Trumbull, quoted in ibid.

⑬③Ibid.

⑬④Oates, *With Malice Toward None*, p. 206.

⑬⑤TW, quoted in Luthin, *The First Lincoln Campaign*, p. 218.

⑬⑥AL, quoted by Henry C. Bowen, *Recollections*, p. 31, reprinted in Whipple, *The Story-Life of Lincoln*, p. 345.

⑬⑦Henry C. Bowen, "Recollections of Abraham Lincoln," *The Independent*, April 4, 1895, p. 4.

10 「強化版的字謎遊戲」(組閣)

①GW to Isaac N. Arnold, November 27, 1872, folder 1, Isaac Newton Arnold Papers, Chicago Historical Society.

②William E. Baringer, *A Home Dividing: Lincoln as President Elect* (Springfield, Ill.: Abraham Lincoln Association, 1945), p. 6.

③Entry for August 15, 1862, *Diary of Gideon Welles: Secretary of the Navy Under Lincoln and Johnson*. Vol. I: *1861-March 30, 1864*, ed. Howard K. Beale (New York: W. W. Norton, 1960), p. 82.

④JGN to TB, November 11, 1860, container 2, Nicolay Papers.

⑤Entry for August 15, 1862, *Welles diary*, VoL I (1960 edn.), p. 82.

⑥Enclosure in Kinsley S. Bingham, Solomon Foot, and Zachariah Chandler to AL, January 21, 1861, Lincoln Papers; Donald, *Lincoln*, pp. 261–62.

⑦Harry J. Carman and Reinhard H. Luthin, *Lincoln and the Patronage* (New York: Columbia University Press, 1943; Gloucester, Mass.: Peter Smith, 1964), p. 3.

⑧Henry Villard, *Lincoln on the Eve of '61: A Journalist's Story*, ed. Harold G. and Oswald Garrison Villard (New York: A. A. Knopf, 1941; Westport, Conn.: Greenwood Press, 1974), pp. 15, 13.

⑨Henry Villard, *Memoirs of Henry Villard, Journalist and Financier, 1835–1900*. Vol. I: *1835–1862* (Boston and New York: Houghton Mifflin, 1904; New York: Da Capo Press, 1969), pp. 142, 143.

⑩*New York Daily News*, reprinted in *Daily Ohio Statesman*, Columbus, Ohio, November 20, 1860.

⑪Villard, *Memoirs of Henry Villard*, Vol. I, p. 147.

⑫Villard, *Lincoln on the Eve of '61*, pp. 39–40.

⑬William Roscoe Thayer, *The Life and Letters of John Hay*, Vol. I (Boston and New York: Houghton Mifflin, 1915), pp. 19, 48–49, 52–53, 68–69, 74, 82, 87; Villard, *Memoirs of Henry Villard*, Vol. I, p. 141.

⑭Baker, *Mary Todd Lincoln*, p. 165.

⑮Villard, *Lincoln on the Eve of '61*, p. 20.

⑯AL to Hannibal Hamlin, November 8, 1860, in *CW*, IV, p. 136.

⑰AL to Joshua F. Speed, November 19, 1860, in ibid., p. 141.

⑱Charles Eugene Hamlin, *The Life and Times of Hannibal Hamlin*. Vol. II. American History and Culture in the Nineteenth Century series (Cambridge, Mass.: Riverside Press, 1899; Port Washington, N.Y., and London: Kennikat Press, 1971), p. 367.

⑲關於韓姆林傳記的資訊，請見 William A. Robinson, "Hamlin, Hannibal," in *Dictionary of American Biography*, Vol. IV, ed. Allen Johnson and Dumas Malone (New York: Charles Scribner's Sons, 1931; 1960), pp. 196–99; H. Draper Hunt, *Hannibal Hamlin of Maine: Lincoln's First Vice-President* (Syracuse, N.Y.: Syracuse University Press, 1969).

⑳Hamlin, *The Life and Times of Hannibal Hamlin*, Vol. II, pp. 368–70 (quotes p. 368).

㉑Joshua F. Speed interview, [1865–1866], in *HI*, p. 475.

㉒*NYH*, November 23 and 24, 1860.

㉓Helen Nicolay, "Lincoln's Cabinet," *Abraham Lincoln Quarterly* 5 (March 1949), p. 258.

㉔JGN memorandum, December 15, 1860, container 2, Nicolay Papers.

㉕Miller, *Lincoln's Virtues*, p. 12.

㉖Charles Francis Adams to WHS, November 11, 1860, reel 60, Seward Papers.

㉗Simon Cameron to WHS, November 13, 1860, reel 60, Seward Papers.

㉘Hendrick, *Lincoln's War Cabinet*, p. 79.

㉙Entry of December 3, 1865, *Welles diary*, Vol. II, pp. 388–89; Hendrick, *Lincoln's War Cabinet*, pp. 93–94.

㉚JGN to [TB?], November 16, 1860, container 2, Nicolay Papers.
㉛Hannibal Hamlin to AL, December 4, 1860, Lincoln Papers.
㉜AL to Hannibal Hamlin, December 8, 1860, in *CW*, IV, p. 147.
㉝Hamlin, *The Life and Times of Hannibal Hamlin*, Vol. II, p. 372 (quote); "Alphabetical List of Senators and Representatives, with Their Residences in Washington," in William H. Boyd, *Boyd's Washington and Georgetown Directory* (Washington, D.C.: Taylor & Maury, 1860), p. 230.
㉞Entry for December 3, 1865, *Welles diary*, Vol. II, p. 389.
㉟AL to WHS, December 8, 1860, in *CW*, IV, p. 148.
㊱Hamlin, *The Life and Times of Hannibal Hamlin*, Vol. II, pp. 372–73.
㊲WHS to AL, December 13, 1860, Lincoln Papers.
㊳Entry for December 15, 1860, in *Lincoln Day by Day*, Vol. II, p. 301; Cain, *Lincoln's Attorney General*, p. 122.
㊴JGN memorandum, December 15, 1860, container 2, Nicolay Papers.
㊵Entry for December 16, 1860, in *The Diary of Edward Bates, 1859–1866*, p. 164 (quote); JGN memorandum, December 15, 1860, container 2, Nicolay Papers.
㊶Entry for December 16, 1860, in *The Diary of Edward Bates, 1859–1866*, p. 164.
㊷JGN memorandum, December 15, 1860, container 2, Nicolay Papers.
㊸Entry for December 16, 1860, in *The Diary of Edward Bates, 1859–1866*, p. 165.
㊹Entry for October 13, 1860, in ibid., p. 153.
㊺JGN memorandum, December 15, 1860, container 2, Nicolay Papers.
㊻EB to AL, December 18, 1860, Lincoln Papers.
㊼AL to EB, December 18, 1860, in *CW*, IV, p. 154.
㊽Leonard Swett to TW, November 26, 1860, reprinted in Barnes, *Memoir of Thurlow Weed*, p. 301.
㊾Swett to TW, December 10, 1860, reprinted in ibid., pp. 301–02.
㊿WHS to AL, December 16, 1860, Lincoln Papers.
(51)Entry for December 20, 1860, *Lincoln Day by Day*, Vol. II, p. 302.
(52)Newspaper clipping, Rochester, N.Y., Weed Papers.
(53)Swett to TW, reprinted in Barnes, *Memoir of Thurlow Weed*, pp. 294–95.
(54)關於魏德與林肯間的對話，請見 *Autobiography of Thurlow Weed*, ed, Weed, pp. 606–11; Swett, quoted in Barnes, *Memoir of Thurlow Weed*, pp. 293–94; see also *Chicago Tribune*, July 14, 1878.
(55)Swett to TW, reprinted in Barnes, *Memoir of Thurlow Weed*, p. 294.
(56)GW to Isaac N. Arnold, November 27, 1872, folder 1, Isaac Newton Arnold Papers, Chicago Historical Society, Chicago, Ill.
(57)Entry for December 27, 1860, Charles Francis Adams diary, reel 76; *NYTrib*, June 25, 1877.
(58)Swett to TW, reprinted in Barnes, *Memoir of Thurlow Weed*, p. 294.
(59)Hamlin, *The Life and Times of Hannibal Hamlin*, Vol. II, p. 375.
(60)Entry for August 15, 1862, *Welles diary*, Vol. I (1960 edn.), p. 82.
(61)*Autobiography of Thurlow Weed*, ed. Weed, p. 611.
(62)Ibid., p. 607.
(63)Swett to TW, reprinted in Barnes, *Memoir of Thurlow Weed*, p. 294.
(64)*Autobiography of Thurlow Weed*, ed. Weed, p. 610.
(65)TW in *Albany Evening Journal*, quoted in Van Deusen, *Thurlow Weed*, p. 261.
(66)TW to WHS, December 25, 1860, reel 60, Seward Papers.
(67)Entry for December 27, 1860, Charles Francis Adams diary, reel 76.
(68)WHS to AL, December 28, 1860, Lincoln Papers.
(69)WHS to FAS, December 1860, quoted in Seward, *Seward at Washington . . . 1846–1861*, p. 487.
(70)AL to SPC, December 31, 1860, in *CW*, IV, p. 168.
(71)Swett to AL, May 20, 1860, Davis Papers, ALPLM.
(72)AL to Hannibal Hamlin, November 27, 1860, in *CW*, IV, p. 145.
(73)Carman and Luthin, *Lincoln and the Patronage*, p. 25.
(74)Villard, *Lincoln on the Eve of '61*, pp. 45–46 (quotes p. 45).
(75)Entry for December 30, 1860, *Lincoln Day by Day*, Vol. II, p. 304.
(76)Simon Cameron to AL, December 30, 1860, Lincoln Papers.
(77)關於林肯與卡麥隆的對話，請見 Carman and Luthin, *Lincoln and the Patronage*, pp. 25–26.
(78)Erwin Stanley Bradley, *Simon Cameron, Lincoln's Secretary of War: A Political Biography* (Philadelphia: University of Pennsylvania Press, 1966), p. 168.
(79)Lyman Trumbull to AL, December 31, 1860, Lincoln Papers.
(80)AL to Simon Cameron, January 3, 1861, in CW, IV, pp. 169–70.

(81)Niven, *Salmon P. Chase*, p. 222 (quote); entry for January 4, 1861, *Lincoln Day by Day*, Vol. II, p. 3.

(82)Schuckers, *The Life and Public Services of Salmon Portland Chase*, p. 201.

(83)SPC to George Opdyke, January 9, 1861, reel 14, Chase Papers.

(84)SPC to George Opdyke, January 9, 1861, reel 14, Chase Papers.

(85)Entry for January 6, 1861, *Lincoln Day by Day: A Chronology, 1809–1865*. Vol. III: *1861–1865*, ed. Earl Schenck Miers (Washington, D.C.: Lincoln Sesquicentennial Commission, 1960; Dayton, Ohio: Morningside, 1991), p. 4.

(86)Entry for January 6, 1861, ibid., pp. 3–4.

(87)Koerner, *Memoirs of Gustave Koerner*, Vol. II, p. 114.

(88)AL to Lyman Trumbull, January 7, 1861, in *CW*, IV, p. 171.

(89)AL to Simon Cameron, January 13, 1861, in ibid., p. 174.

(90)SPC to James S. Pike, January 10, 1861, reel 14, Chase Papers.

(91)SPC to Hiram Barney, January 8, 1861, reel 14, Chase Papers.

(92)Oates, With *Malice Toward None*, p. 220.

(93)SPC to Elizabeth Ellicott Pike, January 27, 1861, reel 14, Chase Papers.

(94)Elbert B. Smith, *The Presidency of James Buchanan* (Lawrence: University Press of Kansas, 1975), p. 138.

(95)*Charleston Courier*, quoted in *Richmond Enquirer*, November 16, 1860.

(96)Smith, *The Presidency of James Buchanan*, pp. 129–32.

(97)Sara Pryor, *Reminiscences of Peace and War*, rev. and enlarged edn. (New York: The Macmillan Company, 1904; New York: Grosset & Dunlap, 1905; 1908), pp. 110–11 (quotes p. 111).

(98)Entry for December 20, 1860, in E. B. Long, *The Civil War Day by Day: An Almanac, 1861–1865* (Garden City, N.Y: Doubleday, 1971), p. 13.

(99)[JGN to TB?], November 15, 1860, container 2, Nicolay Papers.

(100)Villard, *Lincoln on the Eve of '61*, p. 37.

(101)AL, quoted in Helm, *The True Story of Mary*, p. 161.

(102)Koerner, *Memoirs of Gustave Koerner*, Vol. II, p. 105.

(103)Donald, *Lincoln*, p. 260.

(104)AL to Nathaniel P. Paschall, November 16, 1860, in *CW*, IV, pp. 139–40.

(105)AL, "Passage Written for Lyman Trumbull's Speech at Springfield, Illinois," November 20, 1860, in ibid., p. 141.

(106)AL to Henry J. Raymond, November 28, 1860, in ibid., p. 146.

(107)AL, quoted in Oates, *With Malice Toward None*, p. 213.

(108)William Smedes to Henry J. Raymond, December 8, 1860, enclosed in Raymond to AL, December 14, 1860, Lincoln Papers.

(109)AL to Henry J. Raymond, December 18, 1860, in *CW*, IV, p. 156.

(110)Henry Adams, *The Great Secession Winter of 1860–61 and Other Essays*, ed. George Hochfield (New York: Sagamore Press, 1958).

(111)AL to Lyman Trumbull, December 10, 1860, in *CW*, IV, pp. 149–50.

(112)AL to WHS, February 1, 1861, in ibid., p. 183.

(113)Footnote to AL, "Resolutions Drawn up for Republican Members of Senate Committee of Thirteen," [December 20, 1860], in ibid., p. 157n.

(114)WHS to AL, December 26, 1860, Lincoln Papers.

(115)Potter, *The Impending Crisis, 1848–1861*, pp. 531–32.

(116)WHS to AL, December 26, 1860, Lincoln Papers.

(117)Entry for December 22, 1860, in Long, *The Civil War Day by Day*, p. 14.

(118)Thomas and Hyman, *Stanton*, p. 95.

(119)JGN to TB, December 30, 1860, container 2, Nicolay Papers.

(120)JGN to [TB?], December 22, 1860, container 2, Nicolay Papers.

(121)AL to Elihu B. Washburne, December 21, 1860, in *CW*, IV, p. 159.

(122)Thomas and Hyman, *Stanton*, pp. 91, 93 (quote).

(123)Entries for December 26 and 27, 1860, in Long, *The Civil War Day by Day*, pp. 15–16.

(124)Entries for January 2, 5, 8, and 9, 1861, in Long, *The Civil War Day by Day*, pp. 21–24; entries for January 4 and 5, 1860, *Lincoln Day by Day*, Vol. III, p. 3.

(125)WHS to AL, December 28, 1860, Lincoln Papers.

(126)Edwin L. Stanton, quoted in George C. Gorham, *Life and Public Services of Edwin M. Stanton*, Vol. 1 (2 vols., Boston and New York: Houghton Mifflin and The Riverside Press, 1899), p. 168.

(127)Stephen H. Phillips to Horace Gray, January 31, 1861, Papers of Horace Gray, Manuscript Division, Library of Congress.

(128)EMS to SPC, January 23, 1861, reel 14, Chase Papers.

(129) Thomas and Hyman, *Stanton*, pp. 98 (first quote), 99 (second quote), 100.

(130) Henry Wilson, "Jeremiah S. Black and Edwin M. Stanton," *Atlantic Monthly* 26 (October 1870), p. 465.

(131) WHS to AL, December 29, 1860, Lincoln Papers.

(132) WHS to FAS, December 29, 1860, quoted in Seward, *Seward at Washington . . . 1846–1861*, p. 488.

(133) WHS to TW, December 29, 1860, quoted in ibid., p. 487.

(134) Thomas and Hyman, *Stanton*, pp. 108, 110, 111; Henry Wilson, "Edwin M. Stanton," *Atlantic Monthly* 25 (February 1870), p. 237.

(135) Henry L. Dawes, "Washington the Winter Before the War," *Atlantic Monthly* 72 (August 1893), p. 163.

(136) Thomas and Hyman, *Stanton*, p. 111; Wilson, "Jeremiah S. Black and Edwin M. Stanton," *Atlantic Monthly* (1870), p. 466.

(137) Dawes, "Washington the Winter Before the War," *Atlantic Monthly* (1893), p. 163.

(138) "Two Manuscripts of Gideon Welles," ed. Muriel Bernitt, *New England Quarterly* XI (September 1938), p. 589.

(139) Wilson, "Jeremiah S. Black and Edwin M. Stanton," *Atlantic Monthly* (1870), p. 465.

(140) Adams, *The Great Secession Winter*, p. 22.

(141) *Chicago Tribune*, January 17, 1861.

(142) *NYTrib*, January 19, 1861.

(143) *Boston Atlas and Bee*, reprinted *Cincinnati Commercial*, January 20, 1861.

(144) *NYT*, January 14, 1861.

(145) WHS, January 12, 1861, *Congressional Globe*, 36th Cong., 2nd sess., p. 342.

(146) *Boston Atlas and Bee*, reprinted *Cincinnati Commercial*, January 20, 1861.

(147) WHS, January 12, 1861, *Congressional Globe*, 36th Cong., 2nd sess., pp. 343–44.

(148) See farewell remarks of Senators Yulee, Mallory, Clay, Fitzpatrick, and Davis, January 21, 1861, *Congressional Globe*, 36th Cong., 2nd sess., pp. 484–87; entry for January 21, 1861, in Long, *The Civil War Day by Day*, pp. 28–29.

(149) William C. Davis, *Jefferson Davis: The Man and His Hour* (New York: HarperCollins, 1991), pp. 295–96 (quote p. 296).

(150) *NYT*, January 23, 1861.

(151) Farewell remarks of Jefferson Davis, January 21, 1861, *Congressional Globe*, 36th Cong., 2nd sess., p. 487.

(152) Davis, *Jefferson Davis*, p. 261.

(153) Ishbel Ross, *First Lady of the South: The Life of Mrs. Jefferson Davis* (New York: Harper & Bros., 1958), p. 85.

(154) EBL to SPL, December 17, 1860, in ed. Laas, *Wartime Washington*, p. 18.

(155) Margaret Leech, *Reveille in Washington, 1860–1865* (New York: Harper & Row, 1941; New York: Carroll & Graf, 1991), p. 31.

(156) Adams, *The Great Secession Winter*, pp. 13, 14.

(157) *NYT*, January 14, 1861.

(158) *NYT*, January 16, 1861.

(159) Adams, *The Great Secession Winter*, p. 23.

(160) Entry for February 20, 1861, *Diary of George Templeton Strong*. Vol. III: *The Civil War; 1860–1865*, ed. Allan Nevins and Milton Halsey Thomas (New York: Macmillan Publishing Co., 1952), p. 100.

(161) WHS to FAS, January 23, 1861, quoted in Seward, *Seward at Washington . . . 1846–1861*, p. 497.

(162) CS to John Jay, January 17, 1861, reel 74, Sumner Papers.

(163) CS to Samuel Gridley Howe, January 17, 1861, reel 64, Sumner Papers.

(164) Thaddeus Stevens to SPC, February 3, 1861, reel 14, Chase Papers.

(165) Carl Schurz to his wife, February 4, 1861, in Carl Schurz, *Intimate Letters of Carl Schurz, 1841–1869*, trans. and ed. Joseph Schafer, orig. published as Vol. XXX of the *Collections* of the State Historical Society of Wisconsin, 1928 (New York: Da Capo Press, 1970), pp. 242–43.

(166) Adams, *Jr., Charles Francis Adams, 1835–1915*, p. 79.

(167) FAS to WHS, January 19, 1861, reel 14, Seward Papers.

(168) WHS to FAS, quoted in Seward, *Seward at Washington . . . 1846–1861*, pp. 496–97.

(169) TW to WHS, January 19, 1861, reel 61, Seward Papers.

(170) TW to WHS, February 14, 1861, reel 61, Seward Papers.

(171) AL to WHS, January 19, 1861, in *CW*, IV, p. 176.

(172) Entry of February 5, 1861, Charles Francis Adams diary, reel 76.

(173) Carl Schurz to his wife, February 9, 1861, in Schurz, *Intimate Letters of Carl Schurz, 1841–*

1869, p. 247.

11 「現在我是人民的公僕」

①Turner and Turner, *Mary Todd Lincoln*, p. 69; Randall, *Mary Lincoln*, pp. 192–94.
②MTL to Adeline Judd, June 13, 1860, in Turner and Turner, *Mary Todd Lincoln*, p. 64.
③Randall, *Mary Lincoln*, p. 192.
④Elizabeth Todd Grimsley, "Six Months in the White House," *Journal of the Illinois State Historical Society* XIX (October 1926-January 1927), p. 44.
⑤Entries for January 23–25, 1861, *Lincoln Day by Day*, Vol. III, p. 7; Villard, *Lincoln on the Eve of '61*, p. 55 (quote).
⑥Turner and Turner, *Mary Todd Lincoln*, p. 72.
⑦Entry for February 6, 1861, *Lincoln Day by Day*, Vol. III, p. 9; Villard, *Lincoln on the Eve of '61*, p. 63 (quote).
⑧Villard, *Lincoln on the Eve of '61*, pp. 52–53.
⑨WHH, quoted in Miller, *Lincoln's Virtues*, p. 442; Villard, *Lincoln on tbe Eve of, '61*, pp. 57–58.
⑩Villard, *Lincoln on the Eve of '61*, p. 64.
⑪Ibid., pp. 55–56.
⑫AL, quoted in Donald, *Lincoln*, p. 272.
⑬Weik, *The Real Lincoln*, p. 307.
⑭Villard, *Lincoln on the Eve of '61*, p. 71.
⑮AL, "Farewell Address at Springfield, Illinois [A. Version]," February 11, 1861, in *CW*, IV, p. 190.
⑯*NYH*, February 12, 1861.
⑰Randall, *Mary Lincoln*, p. 202.
⑱Villard, *Lincoln on the Eve of '61*, p. 73.
⑲"Indianapolis Correspondence, 11 February 1861," in Hay, *Lincoln's Journalist*, p. 24.
⑳Entries for February 11 and 18, 1861, in Long, *The Civil War Day by Day*, pp. 35–36, 38–39; Davis, *Jefferson Davis*, pp. 304–07; *The Papers of Jefferson Davis*. Vol. VII: *1861*, ed. Lynda Lasswell Crist and Mary Seaton Dix (Baton Rouge and London: Louisiana State University Press, 1992), p. 46.
㉑Villard, *Lincoln on tbe Eve of '61*, pp. 76, 77.
㉒"Indianapolis Correspondence, 11 February 1861," in Hay, *Lincoln's Journalist*, pp. 25 (quote), 27.
㉓AL, "Speech from the Balcony of the Bates House at Indianapolis, Indiana," February 11, 1861, in *CW*, IV, p. 195.
㉔"Cincinnati Correspondence, 12 February 1861," in Hay, *Lincoln's Journalist*, p. 28.
㉕Entry for February 13, 1861, *Lincoln Day by Day*, Vol. III, p. 13.
㉖FWS to Anna (Wharton) Seward, February 14, 1861, reel 116, Seward Papers.
㉗WHS to home, quoted in Seward, *Seward at Washington . . . 1846–1861*, p. 505.
㉘Entry for February 13, 1861, *Lincoln Day by Day*, Vol. III, p. 13.
㉙這是作者一九九八年往訪俄亥俄州哥倫布市時，一名導遊在俄州州政廳告訴作者的故事。
㉚"Kate Chase in 1893," *Star* clipping, KCS vertical file, DWP.
㉛Harold Holzer, "Avoid Saying 'Foolish Things': The Legacy of Lincoin's Impromptu Oratory," in "*We Cannot Escape History": Lincoln and the Last Best Hope of Earth*, ed. James M. McPherson (Urbana: University of Illinois Press, 1995), pp. 105–21.
㉜AL, "Speech at Pittsburgh, Pennsylvania," February 15, 1861, in *CW*, IV, p. 211.
㉝AL, "Remarks at Ashtabula, Ohio," February 16, 1861, in ibid, p. 218.
㉞Entry for February 16, 1861, *Lincoln Day by Day*, Vol. III, p. 14.
㉟"Indianapolis Correspondence, 11 February 1861," in Hay, *Lincoln's Journalist*, p. 23.
㊱Entry for February 19, 1861, *Lincoln Day by Day*, Vol. III, p. 18.
㊲Entries for February 16 and 20, 1861, Charles Francis Adams diary, reel 76.
㊳Nicolay, *A Short Life of Abraham Lincoln*, p. 170.
㊴AL, "Address to the New Jersey General Assembly at Trenton, New Jersey," February 21, 1861, in *CW*, IV, p. 237.
㊵"Philadelphia Correspondence, 21 February 1861," in Hay, *Lincoln's Journalist*, p. 40.
㊶AL, "Reply to Mayor Fernando Wood at New York City," February 20, 1861, in *CW*, IV, p. 233.
㊷AL, "Speech in Independence Hall, Philadelphia, Pennsylvania," February 22, 1861, in ibid., p. 240.
㊸關於巴爾的摩方面的密謀，請見 Isaac H. [sic] Arnold, "Plot to Assassinate Abraham Lincoln," *Harper's New Monthly Magazine* 37 (June 1868), pp. 123–28.
㊹Ward Hill Lamon, *Recollections of Abraham Lincoln, 1847–1865,* ed. Dorothy Lamon Teillard (n.p.: A. C. McClurg & Co., 1895; 1911; Lincoln, Nebr., and London: University of Nebraska

Press, 1994), p. 39.

(45)Seward, *Seward at Washington . . . 1846–1861*, pp. 509–10.

(46)Turner and Turner, *Mary Todd Lincoln*, p. 78.

(47)Lamon, *Recollections of Abraham Lincoln*, pp. 40, 45.

(48)EMS, quoted in Helen Nicolay, *Our Capital on the Potomac* (New York and London: Century Co., 1924), p. 358.

(49)Thomas, *Abraham Lincoln*, p. 244.

(50)Entry for February 23, 1861, *Diary of George Templeton Strong*, Vol. III, p. 102.

(51)MB to AL, December 8, 1860, Lincoln Papers.

(52)Lamon, *Recollections of Abraham Lincoln*, p. 34; Leech, *Reveille in Washington*, p. 36.

(53)TW, quoted in Lamon, *Recollections of Abraham Lincoln*, p. 34.

(54)Ibid., p. 35.

(55)Seward, *Seward at Washington . . . 1846–1861*, p. 511.

(56)"Seward and Lincoln: The Washington Depot Episode," *University of Rochester Library Bulletin* (Spring 1965), p. 33.

(57)Daniel W. Crofts, "Secession Winter: William Henry Seward and the Decision for War," *New York History* 65 (July 1984), p. 248.

(58)Leech, *Reveille in Washington*, p. 8.

(59)Harriet Lane to unknown recipient, February 24, 1861, reel 3, Papers of James Buchanan and Harriet Lane Johnston, Manuscript Division, Library of Congress.

(60)*Star*, February 23 and 25, 1861.

(61)Crofts, "Secession Winter," *New York History* (1984), p. 248.

(62)AL to WHS, January 12, 1861, in *CW*, IV, p. 173.

(63)WHS to AL, January 15, 1861, Lincoln Papers.

(64)Baringer, *A House Dividing*, pp. 289–90 (quote p. 289); James Millikin to Simon Cameron, February 22, 1861, in *Concerning Mr. Lincoln: In Which Abraham Lincoln is Pictured as he Appeared to Letter Writers of His Time*, comp. Harry E. Pratt (Springfield, Ill.: Abraham Lincoln Association, 1944), pp. 57–60; Titian J. Coffey to Simon Cameron, February 22, 1861, in ibid., pp. 60–63.

(65)Entry for February 23, 1861, *Lincoln Day by Day*, Vol. III, p. 21; Sandburg, *Abraham Lincoln: The War Years*, Vol. I, p. 90; *Star*, February 25, 1861.

(66)AL, quoted in "[9 December 1863, Wednesday]," in Hay, *Inside Lincoln's White House*, p. 123.

(67)FPB to AL, January 14, 1861, Lincoln Papers.

(68)MB to Gustavus V. Fox, January 31, 1861, reprinted in *Confidential Correspondence of Gustavus Vasa Fox, Assistant Secretary of the Navy, 1861–1865*, Vol. I, ed. Robert Means Thompson and Richard Wainwright, orig. published as Vols. IX-X of the *Publications* of the Naval History Society, 1920 (Freeport, N.Y.: Books for Libraries Press, 1972), pp. 4–5.

(69)FPB to AL, January 14, 1861, Lincoln Papers.

(70)*Star*, Washington, D.C., February 25, 1861.

(71)Entry for February 23, 1861, *Lincoln Day by Day*, Vol. III, p. 21; Van Deusen, *William Henry Seward*, pp. 265–68.

(72)Entry for February 23, 1861, *Lincoln Day by Day*, Vol. III, p. 21.

(73)Lucius E. Chittenden, *Recollections of Lincoln and His Administration* (New York: Harper & Bros., 1891), pp. 71, 72.

(74)Niven, *Salmon P. Chase*, p. 236.

(75)Chittenden, *Recollections of Lincoln*, p. 72.

(76)William Rives and Thomas Ruffin, both quoted in ibid., p. 77.

(77)Entry for February 24, 1861, Charles Francis Adams diary, reel 76.

(78)Seward, *Reminiscences of a War-Time Statesman and Diplomat*, p. 147.

(79)Entry for February 25, 1861, Lincoln Day by Day, Vol. III, p. 22.

(80)*NYT*, February 27, 1861.

(81)*Star*, February 26, 1861.

(82)*NYT*, February 27, 1861.

(83)AL to Schuyler Colfax, March 8, 1861, in *CW*, IV, p. 278.

(84)King, *Lincoln's Manage*, pp. 170–72.

(85)MTL to David Davis, January 17, 1861, in Turner and Turner, *Mary Todd Lincoln*, p. 71.

(86)Niven, *Gideon Welles*, p. 321.

(87)GW to Edgar T. Welles, February 27, 1861, reel 18, Welles Papers.

(88)Hannibal Hamlin to GW, February 28, 1861, quoted in Niven, *Gideon Welles*, p. 321.

(89)Niven, *Gideon Welles*, pp. 321–21.

(90)*Star*, March 1, 1861.

⑨①關於蘇爾德與蔡斯之間的衝突，請見 Niven, *Salmon P. Chase*, p. 237.

⑨②Entry for March 2, 1861, *Lincoln Day by Day*, Vol. III, p. 23.

⑨③John G. Nicolay and John Hay, *Abraham Lincoln: A History*, Vol. III (New York: Century Co., 1917), p. 371.

⑨④AL to WHS, March 4, 1861, in *CW*, IV, p. 273.

⑨⑤WHS to FAS, March 8, 1861, quoted in Seward, *Seward at Washington . . . 1846–1861*, p. 518.

⑨⑥Entries for March 3, 5, and 6, 1861, *Lincoln Day by Day*, Vol. III, pp. 24, 26; Niven, *Salmon P. Chase*, p. 234.

⑨⑦Niven, *Salmon P. Chase*, p. 238.

⑨⑧SPC to Trowbridge, quoted in Schuckers, *The Life and Public Services of Salmon Portland Chase*, p. 207.

⑨⑨*The States and Union*, Washington, D.C., February 26, 1861.

⑩⓪"Campaign of 1860 & Journey to Washington," container 9, Nicolay Papers.

⑩①Allan Nevins, *Ordeal of the Union. Vol. II: The Emergence of Lincoln, part I: Douglas, Buchanan, and Parry Chaos, 1857–1859*, new introduction by James M. McPherson (New York: 1978; New York: Collier Books, Macmillan Publishing Co., 1992), p. 67.

⑩②"Campaign of 1860 & Journey to Washington," container 9, Nicolay Papers.

⑩③Joseph Medill, quoted in H. I. Cleveland, "Booming the First American President: A Talk with Abraham Lincoln's Friend, the Late Joseph Medill," *Saturday Evening Post* 172, August 5, 1899, p. 85.

⑩④關於組閣的進一步分析，請見 Phillip Shaw Paludan, *The Presidency of Abraham Lincoln* (n.p.: University Press of Kansas, 1994), pp. 21–45.

12 「記憶的神祕和弦」

①Helm, *The True Story of Mary*, p. 168.

②*Star*, March 4, 1861.

③JGN, "Some Incidents in Lincoln's Journey from Springfield to Washington," in Nicolay, *An Oral History of Abraham Lincoln*, p. 107.

④Herndon and Weik, *Herndon's Life of Lincoln*, p. 386.

⑤Orville H. Browning, quoted in Nicolay, *An Oral History of Abraham Lincoln*, p. 6.

⑥WHS to AL, February 24, 1861, quoted in Nicolay and Hay, *Abraham Lincoln*, Vol. III, p. 322.

⑦Orville H. Browning to AL, February 17, 1861, Lincoln Papers.

⑧WHS to AL, February 24, 1861, quoted in Nicolay and Hay, *Abraham Lincoln*, Vol. III, p. 321.

⑨AL, "First Inaugural Address—First Edition and Revisions," January 1861, in *CW*, IV, p. 250.

⑩Entry for May 19, 1860, in *The Diary of Edward Bates, 1859–1866*, p. 129.

⑪WHS to AL, February 24, 1861, quoted in Nicolay and Hay, *Abraham Lincoln*, Vol. III, pp. 320, 321.

⑫AL, "First Inaugural Address—First Edition and Revisions," January 1861, in *CW*, IV, pp. 253 n32, 257 n67, 260, 260 n85.

⑬AL, "First Inaugural Address—Final Text," March 4, 1861, in ibid., p. 270.

⑭AL, "First Inaugural Address—First Edition and Revisions," January 1861, in ibid., p. 261.

⑮WHS to AL, February 24, 1861, quoted in Nicolay and Hay, *Abraham Lincoln*, Vol. III, p. 321.

⑯WHS revision, in AL, "First Inaugural Address—First Edition and Revisions," January 1861, in *CW*, IV, pp. 261–62 n99.

⑰AL, "First Inaugural Address—Final Text," March 4, 1861, in ibid., p. 271.

⑱Randall, *Mary Lincoln*, p. 208.

⑲Seward, *Seward at Washington . . . 1846–1861*, p. 515.

⑳L. A. Gobright, *Recollection of Men and Things at Washington, During the Third of a Century* (Philadelphia: Claxton, Remsen & Haffelfinger, 1869), p. 291.

㉑Schurz, *Reminiscences*, Vol. II, pp. 221–22.

㉒Stanley Kimmel, *Mr. Lincoln's Washington* (New York: Coward-McCann, 1957), p. 23; Browne, *The Every-Day Life of Abraham Lincoln*, pp. 402–03.

㉓Julia Taft Bayne, *Tad Lincoln's Father* (Boston: Little, Brown, 1931), pp. 17–18; "The Diary of a Public Man, part III," *North American Review* 129 (October 1879), p. 382.

㉔*Star*, March 4, 1861.

㉕Edna M. Colman, *Seventy-five Years of White House Gossip: From Washington to Lincoln* (Garden City, N.Y.: Doubleday, Page & Co., 1926), pp. 279–81 (first and third quotes attributed by Colman to foreign observer J. G. Kohl).

㉖*NYT*, March 5, 1861; Grimsley, "Six Months in the White House," *JISHS*, pp. 45–46.

㉗"The Diary of a Public Man, part III," *NAR* (1879), p. 383; Grimsley, "Six Months in the White House," *JISHS*, p. 46.

㉘*NYT*, March 5, 1861; Leech, *Reveille in Washington*, p. 44.

㉙AL, "First Inaugural Address—Final Text," March 4, 1861, in *CW*, IV, pp. 263–66, 269, 271.
㉚Grimsley, "Six Months in the White House," *JISHS*, p. 46.
㉛James Buchana, quoted in Sandburg, *Abraham Lincoln: The War Year*, Vol. I, pp. 137–38.
㉜Randall, *Mary Lincoln*, p. 209.
㉝*NYH*, March 6, 1861; *NYT*, March 6, 1861; Colman, *Seventy-five Years of White House Gossip*, p. 268.
㉞Colman, *Seventy-five Years of White House Gossip*, p. 268.
㉟*NYH*, March 6, 1861.
㊱Leech, *Reveille in Washington*, p. 46.
㊲*Star*, March 5, 1861; Leech, *Reveille in Washington*, p. 46.
㊳Entry for March 4, 1861, Fanny Seward diary, Seward Papers.
㊴Sandburg, *Abraham Lincoln: The War Years*, Vol. I, p. 140.
㊵*NYTrib*, March 7, 1861.
㊶*New York Evening Post*, reprinted in *NYTrib*, March 7, 1861.
㊷*Philadelphia Bulletin*, reprinted in *NYTrib*, March 7, 1861.
㊸*Commercial Advertiser*, N.Y., reprinted in *NYTrib*, March 7, 1861.
㊹*Hartford Times*, reprinted in *NYTrib*, March 7, 1861.
㊺*Atlas and Argus*, Albany, N.Y., quoted in *Albany Evening Journal*, March 5, 1861.
㊻*Richmond Enquirer*, reprinted in *NYTrib*, March 7, 1861.
㊼*Herald*, Wilmington, N.C., quoted in *Star*, March 7, 1861.
㊽Thomas, *Abraham Lincoln*, p. 248.
㊾WHS to FAS, March 8, 1861, quoted in Seward, *Seward at Washington . . . 1846–1861*, p. 518.
㊿Entry for March 4, 1861, Charles Francis Adams diary, reel 76.
(51)T. Harry Williams, *Lincoln and the Radicals* (Madison: University of Wisconsin Press, 1941), p. 22.
(52)Frederick Douglass, *Narrative of the Life of Frederick Douglass, an American Slave*, introduction by Houston A. Baker, Jr. (The Anti-Slavery Office, 1845; New York: Penguin Books, 1986), chapters I-X.
(53)Ibid., pp. 78 (first quote), 84 (second and third quotes).
(54)Blight, *Frederick Douglass' Civil War*, p. 3.
(55)*Douglass' Monthly* (December 1860).
(56)*Douglass' Monthly* (April 1861).
(57)William Seale, *The President's House: A History*, Vol. I (Washington, D.C.: White House Historical Association/National Geographic Society, 1986) pp. 366, 368, 377, 379–80, illustration 41.
(58)WHS to home, March 16, 1861, quoted in Seward, *Seward at Washington . . . 1846–1861*, p. 530.
(59)Seward, *Reminiscences of a War-Time Statesman and Diplomat*, p. 147; William O. Stoddard, *Inside the White House in War Times: Memoirs and Reports of Lincoln's Secretary*, ed. Michael Burlingame (Lincoln and London: University of Nebraska Press, 2000), p. 5.
(60)Grimsley, "Six Months in the White House," *JISHS*, pp. 47, 48.
(61)John Hay, "Life in the White House in the Time of Lincoln," *Century* 41 (November 1890), p. 35.
(62)Grimsley, "Six Months in the White House," *JISHS*, pp. 48–49.
(63)Bayne, *Tad Lincoln's Father*, p. 8; Hay, "Life in the White House in the Time of Lincoln," *Century* (1890), p. 35.
(64)*NYTrib*, July 17, 1871.
(65)Stoddard, *Inside the White House in War Times*, pp. 26–27; *NYTrib*, July 17, 1871; Bayne, *Tad Lincoln's Father*, pp. 102–06.
(66)Bayne, *Tad Lincoln's Father*, p. 107.
(67)Grimsley, "Six Months in the White House," *JISHS*, p. 49.
(68)JGN to TB, March 10, 1861, container 2, Nicolay Papers.
(69)Entry for March 8, 1861, reel 76, Charles Francis Adams diary.
(70)JGN to TB, March 10, 1861, container 2, Nicolay Papers.
(71)MTL to Hannah Shearer, March [28, 1861], in Turner and Turner, *Mary Todd Lincoln*, p. 82.
(72)Hay, "Life in the White House in the Time of Lincoln," *Century* (1890), p. 34.
(73)Browne, *The Every-Day Life of Abraham Lincoln*, p. 416.
(74)Seale, *The President's House*, Vol. I, pp. 364, 367; Isaac Arnold, quoted in Browne, *The Every-Day, Life of Abraham Lincoln*, p. 416.
(75)Entry for July 3, 1861, in Browning, *The Diary of Orville Hickman Browning*, Vol. I, p. 476.
(76)Memorandum, July 3, 1861, quoted in John G. Nicolay, *With Lincoln in the White House: Letters, Memoranda, and Other Writings of John G. Nicolay 1860–1865*, ed. Michael Burlingame (Carbondale and Edwardsville: Southern Illinois University Press, 2000), p. 47.

(77) Joseph Holt and Winfield Scott to AL, March 5, 1861, Lincoln Papers.
(78) AL, "First Inaugural Address—First Edition and Revisions," January 1861, in *CW*, IV, p. 254 (first and second quotes); AL, "First Inaugural Address–Final Text," March 4, 1861, in ibid., p. 271 (third and fourth quotes).
(79) AL, quoted in Villard, *Memoirs of Henry Villard*, Vol. I, p. 156.
(80) Hay, "Life in the White House in the Time of Lincoln," *Century* (1890), pp. 34, 33.
(81) Entry for March 10, 1861, Charles Francis Adams diary, reel 76.
(82) *NYT*, April 4, 1861.
(83) WHS to home, March 16, 1861, quoted in Seward, *Seward at' Washington . . . 1846–1861*, p. 530.
(84) Browne, *The Every-Day, Life of Abraham Lincoln*, p. 418.
(85) Bayne, *Tad Lincoln's Father*, pp. 32–33.
(86) AL to Winfield Scott, March 9, 1861, in *CW*, IV, p. 279.
(87) Winfield Scott to AL, March 11, 1861, Lincoln Papers.
(88) *Welles diary*, Vol. I (1960 edn.), p. 6.
(89) FPB to MB, March 12, 1861, Lincoln Papers.
(90) "Result of G. V. Fox's Plan for Reinforcing Fort Sumpter; In His Own Writing," in *Confidential Correspondence of Gustavus Vasa Fox*, pp. 38–39; West, *Gideon Welles*, p. 98.
(91) Helen Nicolay, "Lincoln's Cabinet," *Abraham Lincoln Quarterly* 5 (March 1949), p. 274.
(92) AL to WHS, March 15, 1861, in *CW*, IV, p. 284.
(93) Charles Lanman, *Bohn's Hand-Book of Washington* (Washington, D.C.: Casimir Bohn, 1856), p. 35; Robert Mills, *Guide to the National Executive Offices and the Capitol of the United States* (Washington, D. C.: Peter Force Printer, 1841), published work 5007, reel 14, *The Papers of Robert Mills, 1781–1855*, ed. Pamela Scott, Scholarly Resources, microfilm edn.
(94) WHS to FAS, March 8, 1861, in Seward, *Seward at Washington . . . 1846–1861*, p. 518.
(95) WHS to AL, March 15, 1861, Lincoln Papers.
(96) SPC to AL, March 16, 1861, Lincoln Papers.
(97) SPC to Alphonso Taft, April 28, 1861, reel 15, Chase Papers.
(98) SPC to AL, March 16, 1861, Lincoln Papers.
(99) Entry for March 16, 1861, in *The Diary of Edward Bates, 1859–1866*, p. 179.
(100) Simon Cameron to AL, March 16, 1861, Lincoln Papers.
(101) GW to AL, March 15, 1861, Lincoln Papers.
(102) Caleb B. Smith to AL, March 16, 1861, Lincoln Papers.
(103) MB to AL, March 15, 1861, Lincoln Papers.
(104) Thomas, *Abraham Lincoln*, pp. 251–52; Van Deusen, *William Henry Seward*, p. 278.
(105) AL, "Message to Congress in Special Session," July 4, 1861, in *CW*, IV, p. 424.
(106) Nicolay and Hay, *Abraham Lincoln*, Vol. III, p. 389.
(107) Ari Hoogenboom, "Gustavus Fox and the Relief of Fort Sumter," *Civil War History* 9 (December 1963), p. 386.
(108) Nicolay and Hay, *Abraham Lincoln*, Vol. III, pp. 390–91 (quote p. 391).
(109) Niven, *Salmon P. Chase*, p. 244.
(110) WHS to AL, March 28, 1861, Lincoln Papers.
(111) SPC to AL, March 28, 1861, Lincoln Papers.
(112) FPB to SPC, March 26, 1861, reel 14, Chase Papers.
(113) Niven, *Salmon P. Chase*, p. 247 (quote); *Welles diary*, Vol. I, (1960 edn.), pp. 7–8.
(114) Leech, *Reveille in Washington*, p. 51.
(115) Entry for March 26, 1861 , in William Howard Russell, *My Diary North and South* (Boston: T. O. H. P. Burnham, 1863), p. 34.
(116) Entry for March 27, 1861, in ibid., p. 39.
(117) Ibid., pp. 41–42.
(118) Belden and Belden, *So Fell the Angels*, pp. 5–6.
(119) Mrs. Charles Walker, quoted in *Cincinnati Enquirer*, August 1, 1899.
(120) *Cincinnati Enquirer*, August 1, 1899; Belden and Belden, *So Fell the Angels*, p. 4 (italics from Belden and Belden).
(121) Entry for March 28, 1861, in Russell, *My Diary North and South*, pp. 43, 44.
(122) Nicolay and Hay, *Abraham Lincoln*, Vol. III, p. 394.
(123) MB to GW, May 17, 1873, reel 25, Welles Papers.
(124) FPB, Sr., to Martin Van Buren, May 1, 1861, reel 34, Papers of Martin Van Buren, Manuscript Division, Library of Congress.
(125) Nicolay and Hay, *Abraham Lincoln*, Vol. III, p. 395.
(126) Memorandum, July 3, 1861, quoted in Nicolay, *With Lincoln in the White House*, p. 46.

(127)Nicolay and Hay, *Abraham Lincoln*, Vol. III, pp. 429–33 (quote p. 433).
(128)JGN to TB, March 31, 1861, container 2, Nicolay Papers.
(129)George Harrington, "President Lincoln and His Cabinet: Inside Glimpses," undated, unpublished manuscript, George R. Harrington Papers, Missouri Historical Society, St. Louis, Mo.
(130)Frederick L. Roberts to WHS, March 18, 1861, reel 62, Seward Papers.
(131)Benjamin Ogle Tayloe to WHS, April 3, 1861, reel 63, Seward Papers.
(132)Entries for March 28 (first quote) and March 31, 1861, Charles Francis Adams diary, reel 76.
(133)Frederic Bancroft, "Seward's Proposition of April 1, 1861, For a Foreign War and a Dictatorship," *Harper's New Monthly Magazine* 99 (October 1899), p. 791.
(134)Thomas, *Abraham Lincoln*, pp. 250–51.
(135)Ellsworth D. Draper and Joshua L. Rosenbloom, "Secession C: Fort Sumter: The Near Fiasco," p. 9, Case Study, Lincoln and Fort Sumter, Kennedy School of Government, Harvard University, 1983, author's collection.
(136)WHS to AL, April 1, 1861, Lincoln Papers.
(137)Seward, *Reminiscences of a War-Time Statesman and Diplomat*, p. 149.
(138)WHS to AL, "Some thoughts for the President's consideration," April 1, 1861, Lincoln Papers.
(139)Draper and Rosenbloom, "Secession C: Fort Sumter," p. 11.
(140)Norman B. Ferris, "Lincoln and Seward in Civil War Diplomacy: Their Relationship at the Outset Reexamined," *Journal of the Abraham Lincoln Association* 12 (1991), pp. 25–26.
(141)WHS, quoted by Rudolf Schleiden, quoted in Richard N. Current, "Comment," *JALA* (1991), p. 45.
(142)WHS to AL, "Some thoughts for the President's consideration," April 1, 1861, Lincoln Papers.
(143)Nicolay, *A Short Life of Abraham Lincoln*, pp. 186, 187.
(144)Donald, *Lincoln*, p. 290.
(145)AL to WHS, April 1, 1861, in *CW*, IV, pp. 316–17.
(146)Entry for March 31, 1861, private journal of Montgomery Meigs (copy), container 13, Nicolay Papers.
(147)AL to Andrew H. Foote, April 1, 1861, in *CW*, IV, p. 314.
(148)Fox to MB, April 17, 1861, in *Confidential Correspondence of Gustavus Vasa Fox*, p. 33; "Result of G.V. Fox's Plan for Reinforcing Fort Sumpter; In His Own Writing," reprinted in ibid., p. 39.
(149)"Result of G.V. Fox's Plan for Reinforcing Fort Sumpter," p. 40; Fox to his wife [Virginia Woodbury Fox], May 2, 1861, ibid., pp. 42–43.
(150)Seward, *Reminiscences of a War-Time Statesman and Diplomat*, p. 148.
(151)*Welles diary*, Vol. I (1960 edn.), pp. 22–23.
(152)Simon Cameron to Robert S. Chew, April 6, 1861, in *CW*, IV, p. 323.
(153)Don E. Fehrenbacher, "Lincoln's Wartime Leadership: The First Hundred Days," *Journal of the Abraham Lincoln Association* 9 (1987), esp. p. 7.
(154)*Welles diary*, Vol. I (1960 edn.), pp. 23–25.
(155)Hoogenboom, "Gustavus Fox and the Relief of Fort Sumter," *CWH* (1963), p. 392.
(156)Fox to MB, April 17, 1861, in *Confidential Correspondence of Gustavus Vasa Fox*, p. 32.
(157)James Chesnut, Jr., and Stephen D. Lee to Robert Anderson, April 12, 1861, enclosure 5 of Robert Anderson to Lorenzo Thomas, April 19, 1861, *OR*, Ser. 1, Vol. I, p. 14.
(158)Fox to MB, April 17, 1861, in *Confidential Correspondence of Gustavus Vasa Fox*, pp. 32–34 (quote p. 33).
(159)Abner Doubleday, *Reminiscences of Forts Sumter and Moultrie in 1860-'61* (New York: Harper & Bros., 1876), p. 157.
(160)Robert Anderson to Simon Cameron, April 18, 1860, *OR*, Ser. 1, Vol. I, p. 12.
(161)Entry of April 14, 1861, *Diary of Edmund Ruffin*, Vol. I, ed. William Kauffmann Scarborough (Baton Rouge: Louisiana State University Press, 1972), p. 599; Robert Anderson to Simon Cameron, April 18, 1860, *OR*, Ser. 1, Vol. I, p. 12.
(162)David S. Heidler and Jeanne T. Heidler, "Fort Sumter, Bombardment of 12–14 April 1861," in *Encyclopedia of the American Civil War: A Political, Social, and Military History*, ed. David S. Heidler and Jeanne T. Heidler (New York and London: W. W. Norton, 2000), p. 760. Another soldier was mortally wounded in the explosion.
(163)Hamilton Basso, *Beauregard: The Great Creole* (New York and London: Charles Scribner's Sons, 1933), p. 84.
(164)"Result of G.V. Fox's Plan for Reinforcing Fort Sumpter," in *Confidential Correspondence of Gustavus Vasa Fox*, p. 41.
(165)AL to Gustavus V. Fox, in *CW*, IV, pp. 350–51.
(166)AL, "First Inaugural Address—Final Text," March 4, 1861, in ibid., p. 266.
(167)"The Price in Blood: Casualties in the Civil War," www.civilwarhome/casualties.htm., accessed

July 2005.

13 「開戰了」

①Walt Whitman, *Specimen Days*, *The Complete Prose Works of Walt Whitman*, Vol. I (New York: G. P. Putnam's Sons, 1902), pp. 28–30.

②*Daily National Intelligencer*, Washington, D.C., April 15, 1861.

③*NYT*, April 13, 1861.

④Seward, *Reminiscences of a War-Time Statesman and Diplom at*, p. 152.

⑤WHS, quoted in entry for March 26, 1861, in Russell, *My Diary North and South*, p. 35.

⑥Seward, *Reminiscences of a War-Time Statesman and Diplomat*, p. 152.

⑦JGN to TB, April 14, 1861, container 2, Nicolay Papers.

⑧Seward, *Reminiscences of a War-Time Statesman and Diplomat*, p. 152.

⑨JGN to TB, April 14, 1861, container 2, Nicolay Papers.

⑩Sandburg, *Abraham Lincoln: The War Years*, Vol. I, p. 213; entry for June, 3, 1861, in Long, *The Civil War Day by Day*, p. 82.

⑪*Daily Morning Chronicle*, Washington, D.C., October 16, 1864.

⑫*New York Leader* (first quote) and *Boston Herald* (second quote), reprinted in *NYTrib*, April 15, 1861.

⑬Seward, *Reminiscences of a War-Time Statesman and Diplomat*, p. 153.

⑭Entry for April 15, 1861, *Diary of George Templeton Strong*, Vol. III, pp. 120–21.

⑮Carpenter, "A Day with Governor Seward," Seward Papers.

⑯"Washington Correspondence, 16 April 1861," in Hay, *Lincoln's Journalist*, p. 58.

⑰Governor of Kentucky (Beriah Magoffin), quoted in Seward, *Reminiscences of a War-Time Statesman and Diplomat*, p. 154.

⑱Long, *The Civil War Day by Day*, p. 60.

⑲J. G. Randall, *Lincoln the President*. Vol. I: *Springfield to Gettysburg, part I* (New York: Dodd, Mead & Co., 1946–55; New York: Da Capo Press, 1997), p. 357.

⑳*Daily Picayune*, New Orleans, April 19, 1861, morning edition (first and second quote), afternoon edition (third quote).

㉑General Winfield Scott, quoted in *The Wartime Papers of R. E. Lee*, ed. Clifford Dowdey and Louis H. Manarin (Boston: Little, Brown, for tbe Virginia Civil War Commission, 1961), p. 3.

㉒Robert E. Lee to Reverdy Johnson, February 25, 1868, in *Wartime Papers of R. E. Lee*, p. 4.

㉓FPB, quoted in William Ernest Smith, *The Francis Preston Blair Family in Politics*, Vol. II (New York: The Macmillan Company, 1933), p. 17.

㉔Lee to Johnson, February 25, 1868, in *Wartime Papers of R. E. Lee*, p. 4.

㉕R. E. Lee, quoted in *National Intelligencer,* Washington, D. C., August 9, 1866.

㉖Lee to Johnson, February 25, 1868, in *Wartime Papers of R. E. Lee*, p. 4.

㉗Lee to Scott, April 20, 1861, in ibid., pp. 8–9 (quotes p. 9).

㉘Lee to Anne Marshall, April 20, 1861, in ibid., pp. 9–10.

㉙Ibid., pp. 3, 4, 5.

㉚"Helm, Benjamin Hardin (1831–1863)," in Stewart Sifakis, *Who Was Who in the Confederacy* (New York: Facts on File, 1988), p. 125.

㉛Helm, *The True Story of Mary*, p. 127.

㉜Ibid., pp. 128, 183.

㉝*Daily Picayune*, New Orleans, March 14, 1897 (quotes); AL to Simon Cameron, April 16, 1861, in *CW*, IV, p. 335.

㉞*Daily Picayune*, New Orleans, March 14, 1897.

㉟"Helm, Benjamin Hardin," in Sifakis, *Who Was Who in the Confederacy*, p. 125.

㊱Ivan Musicant, *Divided Waters: The Naval History of the Civil War* (New York: HarperCollins, 1995), pp. 51–52.

㊲Niven, *Gideon Welles*, p. 356; Musicant, Divided Waters, p. 51.

㊳Niven, *Gideon Welles*, p. 356.

㊴AL, "Proclamation of a Blockade," April 19, 1861, in *CW*, IV, pp. 338–39.

㊵Robert V Bruce, *Lincoln and the Tools of War* (Indianapolis and New York: Bobbs-Merrill, 1956), pp. 6, 16; Musicant, *Divided Waters*, pp. 41–43.

㊶Grimsley, "Six Months in the White House," *JISHS*, p. 51; Bruce, *Lincoln and the Tools of War*, p. 9.

㊷Craig L. Symonds, "Buchanan, Franklin," in *Encyclopedia of the American Civil War*, ed. Heidler and Heidler, p. 303.

㊸Bruce, *Lincoln and the Tools of War*, p. 16 (quote); "Buchanan, Franklin (1800–1874)," in Sifakis, *Who Was Who in the Confederacy*, p. 40.

(44)Musicant, *Divided Waters*, pp. 28–29.

(45)Entry for April 18, 1861, Charles Francis Adams diary, reel 76.

(46)*Sun*, Baltimore, Md., April 20, 1861.

(47)John G. Nicolay and John Hay, *Abraham Lincoln: A History*, Vol. IV (New York: Century Co., 1917), p. 115 (quote); *Sun*, Baltimore, Md., April 20, 1861.

(48)Entry for April 19, 1861, *Diary of George Templeton Strong*, Vol. III, p. 126.

(49)AL to Thomas H. Hicks and George W. Brown, April 20, 1861, in *CW*, IV, p. 340.

(50)Entry for April 22, 1861, in *Lincoln Day by Day*, Vol. III, p. 37.

(51)AL, "Reply to Baltimore Committee," April 22, 1861, in *CW*, IV, pp. 341–42.

(52)Ben: Perley Poore, *Perley's Reminiscences of Sixty Years in the National Metropolis*, Vol. II (Philadelphia, 1886; New York, AMS Press, 1971), pp. 78–79.

(53)Villard, *Memoirs of Henry Villard*, Vol. I, p. 167.

(54)Leech, *Reveille in Washington*, p. 61.

(55)JGN to TB, April 26, 1861, container 2, Nicolay Papers.

(56)Entry for April 20, 1861, *Diary of George Templeton Strong*, Vol. III, p. 127.

(57)Hiram Barney to SPC, April 21, 1861, reel 15, Chase Papers.

(58)Janet Chase Hoyt, "A Woman's Memories," *NYTrib*, April 5, 1891.

(59)Entry for May 19, 1861, Fanny Seward diary, Seward Papers.

(60)FAS to WHS, April [27? 1861], reel 114, Seward Papers.

(61)"24 April 1861, Wednesday," in Hay, *Inside Lincoln's White House*, p. 11.

(62)Nicolay and Hay, *Abraham Lincoln*, Vol. IV, p. 152.

(63)"24 April 1861, Wednesday," in Hay, *Inside Lincoln's White House*, p. 11.

(64)AL to Winfield Scott, April 25, 1861, in *CW*, IV, p. 344.

(65)"I May 1861, Wednesday," in Hay, *Inside Lincoln's White House*, p. 16.

(66)AL to Winfield Scott, April 27, 1861, in *CW*, IV, p. 347.

(67)AL, "Message to Congress in Special Session," July 4, 1861, in ibid., p. 429.

(68)Carpenter, "A Day with Governor Seward," Seward Papers.

(69)Hon. Sherrill Halbert, "The Suspension of the Writ of Habeas Corpus by President Lincoln," *American Journal of Legal History* 2 (April 1958), pp. 97–100.

(70)Cain, *Lincoln's Attorney General*, pp. 145, 147.

(71)EB to AL, July 5, 1861, Lincoln Papers.

(72)AL, "Message to Congress in Special Session," July 4, 1861, in *CW*, IV, p. 430.

(73)Justice Thurgood Marshall, dissenting opinion in *Skinner v. Railway Labor Executives' Association*, 489 U.S. 602 (1989), text available through Legal Information Institute website, Cornell Law School, www.law.cornell.edu (accessed June 2003).

(74)GW to Mary Jane Welles, May 5, 1861 (transcript), reel 19, Welles Papers.

(75)*NYT*, May 1, 1861.

(76)"25 April 1861, Thursday," in Hay, *Inside Lincoln's White House*, p.11.

(77)WHS to FAS, April 26, 1861, quoted in Seward, *Seward at Washington . . . 1846–1861*, p. 559.

(78)FAS to WHS, April [27? 1861], reel 114, Seward Papers.

(79)Anna Wharton Seward to FAS, April 28, 1861, reel 116, Seward Papers.

(80)FAS to WHS, April [28? 1861], reel 114, Seward Papers.

(81)Conversation between WHS and Charles King, reported in entry of May 20, 1861, *Diary of George Templeton Strong*, Vol. III, p. 144.

(82)Entry of April 15, 1861, in *The Diart of Edward Bates, 1859–1866*, p. 183.

(83)MB to AL, May 16, 1861, Lincoln Papers.

(84)"7 May, Tuesday," in Hay, *Inside Lincoln's White House*, p. 20.

(85)John Stuart Mill, quoted in McPherson, *Battle Cry of Freedom*, p. 550.

(86)The Earl of Shrewsbury, quoted in ibid., p. 551.

(87)George Washington, "Farewell Address," September 17, 1796, in *A Compilation of the Messages and Papers of the Presidents*, Vol. I (New York: Bureau of National Literature, Inc., 1897), p. 207.

(88)"19 April 1861, Friday," in Hay, *Inside Lincoln's White House*, pp. 2–3.

(89)MTL to Mrs. Samuel H. Melvin, April 27, 1861, in Turner and Turner, *Mary Todd Lincoln*, p. 86.

(90)Elizabeth Grimsley to Mrs. John T. Stuart, April 29, 1861, quoted in *Concerning Mr. Lincoln*, comp. Pratt, p. 77.

(91)Bayne, *Tad Lincoln's Father*, pp. 68–69 (quotes p. 68).

(92)"20 April 1861, Saturday," in Hay, *Inside Lincoln's White House*, p. 4.

(93)Entry for January 13, 1862, *The Diary of Horatio Nelson Taft, 1861–1865*, available through "Washington During the Civil War: The Diary of Horatio Nelson Taft, 1861–1865," American

Memory, Library of Congress, http://memory.loc.gov [hereafter Taft diary].

(94) Bayne, *Tad Lincoln's Father*, pp. 35, 108.

(95) Ibid., pp. 101, 102–06, 109–10.

(96) Ibid., p. 8.

(97) Turner and Turner, *Mary Todd Lincoln*, p. 120.

(98) Bayne, *Tad Lincoln's Father*, p. 49.

(99) Ibid., pp. 43–48 (quotes p. 45).

(100) Randall, *Mary Lincoln*, p. 294; Ishbel Ross, *The President's Wife: Mary Todd Lincoln, A Biography* (New York: G. P. Putnam's Sons, 1973), p. 144.

(101) Stoddard, *Inside the White House in War Times*, p. 26.

(102) Grimsley, "Six Months in the White House," *JISHS*, p. 47.

(103) See entries for May 10–22, 1861, in *Lincoln Day by Day*, Vol. III, pp. 41–43.

(104) Seale, *The President's House*, Vol. I, p. 382.

(105) Betty C. Monkman, *The White House: Its Historic Furnishings and First Families* (New York: Abbeville Press, 2000), p. 125.

(106) Grimsley, "Six Months in the White House," *JISHS*, pp. 58–59.

(107) Entries for May 13, 21, 24, and 29, 1861, in *Lincoln Day by Day*, Vol. III, pp. 41, 43–45.

(108) Ross, *Proud Kate*, p. 62; SPC to Henry Carrington, April 16, 1861, reel 15, Chase Papers.

(109) Belden and Belden, *So Fell the Angels*, p. 94.

(110) William Perrine, "The Dashing Kate Chase and Her Great Ambition," *Ladies' Home Journal* XVIII (June 1901), p. 11.

(111) Richard Parsons, quoted in *Ohio State Journal*, Columbus, Ohio, August 4, 1899.

(112) William Sprague to KCS, May 27, 1866, William and Catherine Chase Sprague Papers, 1850–1900, MS 79.17, Manuscript Division, Special Collections Department, Brown University Library, Providence, Rhode Island [hereafter Sprague Papers].

(113) Peg A Lamphier, *Kate Chase and William Sprague: Politics and Gender in a Civil War Marriage* (Lincoln: University of Nebraska Press, 2003), pp. 27–28.

(114) William Sprague, quoted in Lamphier, *Kate Chase and William Sprague*, p. 32.

(115) "The Rhode Island Spragues," unknown newspaper clipping, December 5, 1883, in KCS vertical file, DWP.

(116) Belden and Belden, *So Fell the Angels*, p. 42; ninety-six horses, Lamphier, *Kate Chase and William Sprague*, p. 39.

(117) *Star*, April 29, 1861.

(118) Belden and Belden, *So Fell the Angels*, p. 42.

(119) "26 April 1861, Friday," in Hay, *Inside Lincoln's White House*, p. 12.

(120) "30 April 1861, Tuesday," in ibid., p. 14.

(121) Entry for November 11, 1868, KCS diary, Sprague Papers.

(122) William Sprague to KCS, May 27, 1866, Sprague Papers.

(123) Entry for November 11, 1868, KCS diary, Sprague Papers.

(124) KCS to Janet Chase Hoyt, September 29, 1861, reel 17, Chase Papers.

(125) Brian D. McKnight, "Ellsworth, Elmer Ephraim," in *Encyclopedia of the American Civil War*, ed. Heidler and Heidler, p. 647: Turner and Turner, *Mary Todd Lincoln*, p. 92.

(126) AL to Ephrain D. and Phoebe Ellsworth, May 25, 1861, in *CW*, IV, pp. 385–86.

(127) JGN to TB, May 25, 1861, container 2, Nicolay Papers.

(128) Bayne, *Tad Lincoln's Father*, p. 39.

(129) Entry for May 6, 1861, in Long, *The Civil War Day by Day*, pp. 70–71; Norman A Graebner, "Northern Diplomacy and European Neutrality," in *Why the North Won the Civil War*, ed. David Donald (Baton Rouge: Louisiana State University Press, 1960; New York and London: Collier Books, Macmillan Publishing Co., 1962), p. 60.

(130) WHS to FAS, May 17, 1861, quoted in Seward, *Seward at Washington . . . 1846–1861*, pp. 575–76.

(131) Van Deusen, *William Henry Seward*, p. 298.

(132) Jay Monaghan, *Diplomat in Carpet Slippers: Abraham Lincoln Deals with Foreign Affairs* (Indianapolis and New York: Bobbs-Merrill, 1945), p. 114; Allen Thorndike Rice, "A Famous Diplomatic Dispatch," *North American Review* 142 (April 1886), pp. 402–11.

(133) AL, "Revision of William H. Seward to Charles Francis Adams," May 21, 1861, in *CW*, IV, pp. 377–78, 379 n14, 380.

(134) Todd Anthony Rosa, "Diplomacy, U.S.A." in *Encyclopedia of the American Civil War*, ed. Heidler and Heidler, p. 602.

(135) WHS to TW, May 23, 1861, quoted in Seward, *Seward at Washington . . . 1846–1861*, p. 576.

(136) Rice, "A Famous Diplomatic Dispatch," *NAR* 142 (1886), pp. 402–3, 404 (quote).

(137)WHS to FAS, May 17, 1861, quoted in Seward, *Seward at Washington . . . 1846–1861*, p. 575.

(138)WHS to FAS, June 5, 1861, quoted in ibid., p. 590.

(139)Nicolay and Hay, *Abraham Lincoln*, Vol. IV, p. 449.

(140)*NYT*, May 22, 1861.

(141)Blue, *Salmon P. Chase*, pp. 143–46.

(142)Niven, *Salmon P. Chase*, pp. 253–54; Bradley, *Simon Cameron*, pp. 177–78.

(143)SPC to Trowbridge, March 21, 1864, reel 32, Chase Papers.

(144)*NYT*, April 23, 1861, enclosed with SPC to AL, April 25, 1861, Lincoln Papers.

(145)SPC to AL, April 25, 1861, Lincoln Papers.

(146)*NYT*, June 3, 1878.

(147)A. Howard Meneely, *The War Department, 1861: A Study in Mobilization and Administration* (New York: Columbia University Press, 1928), pp. 25–26, 106–11.

(148)*NYT*, June 3, 1878.

(149)AL, "To the Senate and House of Representatives," May 26, 1862, in *CW*, V, p. 242.

(150)Bradley, *Simon Cameron*, pp. 196–97.

(151)*NYT*, June 22, 1861.

(152)*NYT*, July 4, 1861.

(153)Entry for July 3, 1861, in Browning, *The Diary of Orville Hickman Browning*, Vol. I, p. 475.

(154)"From Time to Time: History of the State of the Union," The White House, www.whitehouse.gov/stateoftheunion/histoty.html (accessed July 2003); "History of the State of the Union," National Archives and Records Administration, http://clinton4.nara.gov/WH/SOTUOO/history/address.html (accessed July 2003).

(155)Entry for July 5, 1861, in Russell, *My Diary North and South*, p. 388.

(156)AL, "Message to Congress in Special Session," July 4, 1861, in *CW*, IV, pp. 426, 431–32, 437, 438.

(157)*NYT*, July 7, 1861.

(158)Nicolay and Hay, *Abraham Lincoln*, Vol. IV, pp. 370, 375–76, 382–83.

(159)*Douglass' Monthly* (August 1861).

(160)*NYT*, July 7, 1861.

(161)Benjamin F. Butler to Winfield Scott, May 24, 1861, *OR*, Ser. 1, Vol. II, pp. 649–50; Edward L. Pierce, "The Contrabands at Fortress Monroe," *Atlantic Monthly* 8 (November 1861), pp. 627–28.

(162)Benjamin F. Butler, *Butler's Book: Autobiography and Personal Reminiscences of Major-General Benjamin F. Butler* (Boston: A. M. Thayer & Co., 1892), p. 242.

(163)Endorsements by Winfield Scott and Simon Cameron, in Benjamin F. Butler to Winfield Scott, May 24, 1861, *OR*, Ser. 1, Vol. II, p. 652; Simon Cameron to Benjamin F. Butler, May 30, 1861, container 5, Papers of Benjamin F. Butler, Manuscript Division, Library of Congress [hereafter Butler Papers]; John Syrett, "Confiscation Acts (6 August 1861 and 17 July 1862)," in *Encyclopedia of the American Civil War*, ed. Heidler and Heidler, pp. 477–79.

(164)MB to Benjamin F. Butler, May 29, 1861, container 5, Butler Papers.

(165)Pierce, "The Contrabands at Fortress Monroe," *Atlantic Monthly* (1861), pp. 628, 630.

(166)Entry for July 22, 1861, in Long, *The Civil War Day by Day*, p. l00.

(167)John Lothrop Motley to his wife, June 23, 1861, in *The Correspondence of John Lothrop Motley*, Vol. I, ed. George William Curtis (New York: Harper & Bros., 1889), p. 390.

(168)*NYTrib*, June 26, 1861.

(169)Entry for July 11, 1861, in Browning, *The Diary of Orville Hickman Browning*, Vol. I, p. 479.

(170)James A. Rawley, *Turning Points of the Civil War* (Lincoln: University of Nebraska Press, 1966), pp. 52–53.

(171)John G. Nicolay, *The Outbreak of Rebellion. Campaigns of the Civil War*, new introduction by Mark E. Neeley, Jr. (New York: Charles Scribner's Sons, 1881; New York: Da Capo Press, 1995), p. 173.

(172)Entry for August 1861, in Adam Gurowski, *Diary from March 4, 1861 to November 12, 1862*. Burt Franklin: Research & Source Works #229 (Boston, 1862; New York: Burt Franklin, 1968), pp. 78–79.

(173)EB to James O. Broadhead, July 13, 1861, James Overton Broadhead Papers, Missouri Historical Society, St. Louis, Mo. [hereafter Broadhead Papers, MoSHi].

(174)Rawley, *Turning Points of the Civil War*, p. 54.

(175)Nicolay, *Outbreak of Rebellion*, p. 173.

(176)Many battles of the Civil War came to be known by different names within the Union and the Confederacy. The first battle at Manassas Junction, for example, would be known as the Battle of Bull Run in the North and the Battle of Manassas in the South. As James M. McPherson explains, "In each case but one (Shiloh) the Confederates named the battle after the town that served as their base, while the Union forces chose the landmark nearest to the fighting or to their own lines, usually a river or stream." In the case of Shiloh, the Confederates named the battle for a nearby church, McPherson, *Battle Cry of Freedom*, p. 346 n7.

(177) Grimsley, "Six Months in the White House," *JISHS*, p. 65.

(178) EBL to SPL, July 21, 1861, in *Wartime Washington*, ed. Laas, p. 65.

(179) Entry for July 21, 1861, in Russell, *My Diary North and South*, p. 449.

(180) David Homer Bates, *Lincoln in the Telegraph Office: Recollections of the United States Military Telegraph Corps during the Civil War*, introduction by James A. Rawley (New York: Century Co., 1907; Lincoln and London: University of Nebraska Press, 1995), p. 87.

(181) *NYT*, July 22, 1861 (quote); *NYT*, July 26, 1861.

(182) Poore, *Perley's Reminiscences*, Vol. II, p. 85.

(183) Entry for July 21, 1861, in *Lincoln Day by Day*, Vol. III, p. 55.

(184) Bates, *Lincoln in the Telegraph Office*, p. 88.

(185) Entry for July 19, 1861, in Russell, *My Diary North and South*, p. 431.

(186) JGN to TB, July 21, 1861, container 2, Nicolay Papers.

(187) Seward, *Seward at Washington . . . 1846–1861*, p. 598.

(188) Cain, *Lincoln's Attorney General*, p. 153; entry for July 21, 1861, in *Lincoln Day by Day*, Vol. III, p. 55.

(189) Entry for July 5, 1861, in *The Diary of Edward Bates*, 1859–1866, p. 188.

(190) Cain, *Lincoln's Attorney General*, p. 153.

(191) Edmund C. Stedman, *The Battle of Bull Run* (New York: Rudd & Carleton, 1861), p. 32.

(192) Janet Chase Hoyt, "A Woman's Memories," *NYTrib*, June 7, 1891.

(193) Stedman, *The Battle of Bull Run*, p. 35.

(194) Seward, *Seward at Washington . . . 1846–1861*, p. 598.

(195) JGN to TB, July 21, 1861, container 2, Nicolay Papers.

(196) Nicolay and Hay, *Abraham Lincoln*, Vol. IV, pp. 353–54.

(197) EBL to SPL, July 21, 1861, in *Wartime Washington*, ed. Laas, p. 65.

(198) "Cameron, James (1–1861)," in Stewart Sifakis, *Who Was Who in the Union* (New York: Facts on File, 1988), p. 63; Nicolay, *Outbreak of Rebellion*, p. 214.

(199) Simon Cameron to SPC, July 21, 1861, reel 16, Chase Papers.

(200) WHS to family, July 1861, quoted in Seward, *Seward at Washington . . . 1846–1861*, pp. 598–99.

(201) Grimsley, "Six Months in the White House,". *JISHS*, pp. 66–67 (quotes p. 67).

(202) Nicolay and Hay, *Abraham Lincoln*, Vol. IV, p. 368.

(203) AL, "Memoranda of Military Policy Suggested by the Bull Run Defeat," July 23, 1861, in *CW*, IV, p. 457.

(204) Lorenzo Thomas to George B. McClellan, July 22, 1861, *OR*, Ser. 1, Vol. II, p. 753; entry for July 22, 1861, in *Lincoln Day by Day*, Vol. III, p. 56.

(205) AL, "Memoranda of Military Policy Suggested by the Bull Run Defeat," July 27, 1861, in *CW*, IV, pp. 457–58.

(206) Walt Whitman, *Specimen Days* (Philadelphia: Rees Welch Co., 1882; Philadelphia: David McKay, 1892; Boston: D. R. Godine, 1971), p. 13.

(207) *NYH*, July 27, 1861.

(208) SPC to William P. Mellen, July 23, 1861, reel 16, Chase Papers.

(209) Rawley, *Turning Points of the Civil War*, p. 56.

(210) Whitman, *Specimen Days* (1971 edn.), p. 12.

(211) Entry for July 22, 1861, in Russell, *My Diary North and South*, p. 467.

(212) Janet Chase Hoyt, "A Woman's Memories," *NYTrib*, June 7, 1891.

(213) EMS to James Buchanan, July 26, 1861, reprinted in "A Page of Political Correspondence. Unpublished Letters of Mr. Stanton to Mr. Buchanan," *North American Review* 129 (November 1879), pp. 482–83.

(214) Jefferson Davis, *The Rise and Fall of the Confederate Government*, Vol. I (1881; Richmond, Va.: Garrett & Massie, 1938; New York: Da Capo Press, 1990), p. 330.

(215) Joseph E. Johnson, quoted in Nicolay, *Outbreak of Rebellion*, p. 211.

(216) Nancy Bates to Hester Bates, July 25, 1861, Bates Papers, MoSHi.

(217) Entry of July 28, 1861, in Browning, *The Diary of Orville Hickman Browning*, Vol. I, p. 489.

(218) Horace Greeley to AL, July 29, 1861, Lincoln Papers.

(219) Browne, *The Every-Day Life of Abraham Lincoln*, pp. 448–49.

(220) William Tecumseh Sherman, *Memoirs of General W. T. Sherman*, (New York: D. Appleton and Company, 1875; New York: Penguin Books, 2000), pp. 175–76.

(221) *NYT*, July 23, 1861.

(222) *Chicago Tribune*, July 23, 1861.

(223) *Chicago Tribune*, July 23, 1861; *NYTrib*, reprinted in *Star*, July 27, 1861.

(224) *NYT*, July 26, 1861.

(225) *Philadelphia Inquirer*, July 25, 1861.

14 「我不想淪為犧牲品」

① Entry for July 27, 1861, in Long, *The Civil War Day by Day*, p. 101.

② James Russell Lowell, "General McClellan's Report (1864)," in *The Writings of James Russell Lowell*. Vol. V: *Political Essays* (Cambridge, Mass.: The Riverside Press, 1871; 1890), pp. 94, 99.

③ 請見 chapter 1 of Stephen W. Sears, *George B. McClellan: The Young Napoleon* (New York: Ticknor & Fields, 1988).

④ Sears, *George B. McClellan*, p. 80.

⑤ Entry for July 27, 1861, in Russell, *My Diary North and South*, p. 480.

⑥ Entry for July 1861, in Gurowski, *Diary from March 4, 1861 to November 12, 1862*, p. 76.

⑦ Entry for July 27, 1861, in Russell, *My Diary North and South*, p. 479; *Star*, July 31, 1861.

⑧ GBM to MEM, [September 11, 1861], in *The Civil War Papers of George B. McClellan, Selected Correspondence, 1861–1865*, ed. Stephen W. Sears (New York: Ticknor & Fields, 1989), p. 98.

⑨ GBM to MEM, August 9, 1861, in ibid., 81.

⑩ GBM to Winfield Scott, August 8, 1861, in ibid., p. 80.

⑪ Winfield Scott to Simon Cameron, August 9, 1861, Lincoln Papers.

⑫ Sears, *George B. McClellan*, pp. 103, 109.

⑬ GBM to AL, August 10, 1861, in *Civil War Papers of George B. McClellan*, p. 82; GBM to MEM, September 27, 1861, in ibid., pp. 103–04.

⑭ Sears, *George B. McClellan*, p. 98.

⑮ GBM to MEM, August 2, 1861, in *Civil War Papers of George B. McClellan*, p. 74.

⑯ GBM to MEM, August 9, 1861, in ibid., pp. 81–82.

⑰ GBM to MEM, July 27, 1861, in ibid., p. 70.

⑱ GBM to MEM, August 9, 1861, in ibid., pp. 81–82.

⑲ GBM to MEM, August 8, 1861, in ibid., p. 81.

⑳ GBM to MEM, October 6, 1861, in ibid., p. 106.

㉑ Winfield Scott to Simon Cameron (copy), October 4, 1861, reel 1, Stanton Papers, DLC.

㉒ 關於麥克萊倫的總部，請見 Entry for September 2, 1861, in Russell, *My Diary North and South*, pp. 520–21; Sears, *George B. McClellan*, p. 100.

㉓ Entry for September 2, 1861, in Russell, *My Diary North and South*, p. 520.

㉔ GBM to MEM, October 16, 1861, in *Civil War Papers of George B. McClellan*, p. 107.

㉕ Entry for November 1861, in Gurowski, *Diary from March 4, 1861 to November 12, 1862*, p. 123.

㉖ Brigadier Van Vliet, quoted in entry for October 9, 1861, in Russell, *My Dimy North and South*, p. 552.

㉗ *Frank Leslie's Illustrated Newspaper*, October 5, 1861; JGN to TB, November 21, 1861, container 2, Nicolay Papers.

㉘ GBM to MEM, November 20, 1861, in *Civil War Papers of George B. McCiellan*, p. 137.

㉙ GBM to MEM, October 6, 1861, in ibid., p. 106.

㉚ Entry for September 1861, in Gurowski, *Diary from March 4, 1861 to November 12, 1862*, p. 95.

㉛ GBM to Samuel L. M. Barlow, November 8, 1861, in *Civil War Papers of George B. McClellan*, p. 128.

㉜ GBM to MEM, October 10, 1861, in ibid., p. 106.

㉝ GBM to MEM, October 11, 1861, in ibid., pp. 106–07.

㉞ GBM to MEM, October31, 1861, in ibid., p. 114.

㉟ SPC to GBM, July 7, 1861, quoted in Schuckers, *The Life and Public Services of Salmon Portland Chase*, p. 427.

㊱ 關於博爾斯布拉夫之役，請見 Entry for October 21, 1861, in Long, *The Civil War Day by Day*, p. 129.

㊲ GMB to Charles P. Stone, October 20, 1861, quoted in note 2 of GBM to Stone, October 21, 1861, in *Civil War Papers of George B. McClellan*, p. 109.

㊳ 關於博爾斯布拉夫之役傷亡，請見 "Return of casualties in the Union forces in the engagement at Ball's Bluff, Virginia, October 21, 1861," *OR*, Ser. 1, Vol. V, p. 308.

㊴ SPC to KCS, July 28, 1865, reel 35, Chase Papers.

㊵ Noah Brooks, "Recollections of Abraham Lincoln," *Harper's New Monthly Magazine* 31 (July 1865), p. 228.

㊶ Benjamin Rush Cowen, *Abraham Lincoln: An Appreciation by One Who Knew Him* (Cincinnati,

Ohio: Robert Clarke Co., 1909), pp. 29–30.

㊷Bates, *Lincoln in the Telegraph Office*, pp. 95–96.

㊸Charles Carleton Coffin, “Lincoln’s First Nomination and His Visit to Richmond in 1865,” in *Reminiscences of Abraham Lincoln*, ed. Rice (1909 edn.), p. 176.

㊹Entry for October 22, 1861, in Russell, *My Diary North and South*, p. 558.

㊺Helm, *The True Story of Mary*, p. 191.

㊻*NR*, November 4, 1861.

㊼AL, “Second Inaugural Address,” March 4, 1865, in *CW*, VIII, p. 333.

㊽GBM to Division Commanders, Army of the Potomac, October 24, 1861, in *Civil War Papers of George B. McClellan*, p. 111.

㊾GBM to MEM, October 25, 1861, in ibid., p. 111.

㊿Entry for October 26, 1861, in Hay, *Inside Lincoln’s White House*, p. 28.

51GBM to MEM, October 26, 1861, in *Civil War Papers of George B. McClellan*, p. 112; Sears, *George B. McClellan*, p. 123.

52GBM to MEM, October 30, 1861, in *Civil War Papers of George B. McClellan*, p. 112.

53AL, “Order Retiring Winfield Scott from Command,” November 1, 1861, in *CW*, V, p. 10.

54AL to GBM, November 1, 1861, in ibid., pp. 9–10.

55GBM to MEM, November 3, 1861, in *Civil War Papers of George B. McClellan*, pp. 123–24.

56*Star*, November 2, 1861; Charles Winslow Elliott, *Winfield Scott: The Soldier and the Man*. American Military Experience Series (New York: Arno Press, 1979), p. 743.

57*NYH*, November 4, 1861.

58關於年輕拿破崙，請見 Sears, *George B. McClellan*, p. xi.

59GBM to MEM, October 31, 1861, in *Civil War Papers of George B. McClellan*, p. 113.

60GBM to Simon Cameron, October 31, 1861, in ibid., pp. 114–19; GBM to MEM, August 16, 1861, in ibid., p. 85.

61GBM to MEM, October 31, 1861, in ibid., p. 113.

62GBM to MEM, November 17, 1861, in ibid., pp. 135–36.

63Entry for November 13, 1861, in Hay, *Inside Lincoln’s White House*, p. 32.

64Henry Ketcham, *The Life of Abraham Lincoln* (New York: A. L. Burt, 1901), p. 291.

65Stoddard, *Inside the White House in War Times*, p. 63.

66Grimsley, “Six Months in the White House,” *JISHS*, p. 55.

67Ibid.

68Turner and Turner, *Mary Todd Lincoln*, pp, 96–97, 98; MTL to Hannah Shearer, October 6, 1861, ibid., p. 108; Baker, *Mary Todd Lincoln*, p. 231.

69Thomas and Hyman, *Stanton*, pp. 83–85.

70John W. Forney, *Anecdotes of Public Men*, Vol. I (New York: Harper & Bros., 1873; New York: Da Capo Press, 1970), pp. 366–71 (quote p. 367).

71AL, quoted in Baker, *Mary Todd Lincoln*, p. 196.

72Entry for August 3, 1861, in *Lincoln Day by Day*, Vol. III, p. 58.

73MTL to Hannah Shearer, August 1, 1861, in Turner and Turner, *Mary Todd Lincoln*, p. 96.

74Grimsley, “Six Months in the White House,” *JISHS*, p. 70.

75關於瑪麗申請借閱《雨果作品集》第九冊，請見 Entry for August 5, 1861, in *Lincoln Day by Day*, Vol. III, p. 59.

76關於威廉・史科特：佛蒙特第三步兵團K連二等兵接受軍法審判，請見 case file OO–209, Court-Martial Case Files, 1809–1894, entry 15, Records of the Office of the Judge Advocate General (Army), RG 153, DNA; *NYT*, September 10, 1861.

77關於此事件發生的經過，請見 L. E. Chittenden, *Recollections of President Lincoln and His Administration* (New York and London: Harper & Bros., 1901), p. 267.

78Grimsley, “Six Months in the White House,” *JISHS*, p. 71.

79George B. McClellan, *McClellan’s Own Story* (New York: Charles L. Webster & Co., 1887), p. 91 (quote); entry for September 8, 1861, in *Lincoln Day by Day*, Vol. III, p. 65.

80Chittenden, *Recollections of President Lincoln* (1901 edn.), p. 273.

81MTL to Hannah Shearer, July 11, 1861, Turner and Turner, *Mary Todd Lincoln*, p. 94.

82關於林肯與蘇爾德家人乘車兜風，請見 entries for September 1, 3, and 6, 1861, Fanny Seward diary, Seward Papers, for examples of afternoons spent driving with Sewards; FAS to LW, [August 1861], reel 119, Seward Papers.

83FAS to LW, [July 1861?], reel 119, Seward Papers.

84Entry for September 1, 1861, Fanny Seward diary, Seward Papers.

85*NYT*, June 17, 1861.

86Entry for September 6, 1861, Fanny Seward diary, Seward Papers.

⑧⑦Entry for September 9, 1861, Fanny Seward diary, Seward Papers.

⑧⑧FAS to LW, [July 1861?], reel 119, Seward Papers.

⑧⑨關於她因偏頭痛臥床，請見 FAS to LW, [August 1861], reel 119, Seward Papers; "'I have supped full on horrors,' from Fanny Seward's Diary," ed. Patricia Carley Johnson, *American Heritage X* (October 1959), p. 62.

⑨⓪關於紐約上州和長灘度假，請見 Entry for August 14, 1861 , in *Lincoln Day by Day*, Vol. III, p. 60.

⑨①FAS to LW, [July 1861?], reel 119, Seward Papers.

⑨②Entry for September 9, 1861, Fanny Seward diary, Seward Papers.

⑨③MTL, quoted in George B. Lincoln to GW, April 25, 1874, quoted in "New Light on the Seward-Welles-Lincoln Controversy," *Lincoln Lore* 1718 (April 1981), p. 3.

⑨④MTL, quoted in Elizabeth Keckley, *Behind the Scenes. Or, Thirty Years a Slave, and Four Years in the White House*. The Schomburg Library of Nineteenth-Century Black Women Writers Series (New York: G. W. Carleton & Co., 1868; New York: Oxford University Press, 1988), p. 131.

⑨⑤關於林肯在蘇爾德官邸度過漫長夜晚，請見 Hendrick, *Lincoln's War Cabinet*, p. 186.

⑨⑥Wilson, *Intimate Memories of Lincoln*, p. 422.

⑨⑦Entry for October 12, 1861, in Hay, *Inside Lincoln's White House*, p. 26.

⑨⑧Entry for October 10, 1861, in ibid., p. 25.

⑨⑨Entry for October 17, 1861, in ibid., pp. 26, 27.

⑩⓪Taylor, *William Henry Seward*, p. 188.

⑩①關於密蘇里州戰事，請見 Nicolay and Hay, *Abraham Lincoln*, Vol. IV, chapter 11, esp. pp. 206–11; Thomas L. Snead, "The First Year of the War in Missouri," in *Battles and Leaders of the Civil War*, Vol. I, *Part I*, Grant-Lee edition (New York: Century Co., 1887–88; Harrisburg, Penn.: Archive Society, 1991), pp. 262–65.

⑩②Snead, "The First Year of the War in Missouri," *Battles and Leaders of the Civil War*, Vol. I, Pt. 1, pp. 264–68; Williams, *Lincoln and the Radicals*, p. 39; "Missouri for the Union," in Parrish, *Frank Blair*.

⑩③Snead, "The First Year of the War in Missouri," *Battles and Leaders of the Civil War*, Vol. I, Pt. 1, p. 265 (quote); see also Franklin A. Dick, "Memorandum of Matters in Missouri," Papers of F. A. Dick, Miscellaneous Manuscripts Collection, Manuscript Division, Library of Congress.

⑩④Entry for December 9, 1863, in Hay, *Inside Lincoln's White House*, p. 123.

⑩⑤"Editorial, 3 August 1861," in Hay, *Lincoln's Journalist*, p. 84.

⑩⑥Koerner, *Memoirs of Gustave Koerner*, Vol. II, p. 162.

⑩⑦JGN, memorandum of September 17, 1861, container 2, Nicolay Papers.

⑩⑧Ibid.; FB to Governor Dennison, September 19, 1861, quoted in Smith, *The Francis Preston Blair Family in Politics*, Vol. II, pp. 79–80.

⑩⑨Lorenzo Thomas to Simon Cameron, October 21, 1861 , in *OR*, Ser. 1, Vol. III, p. 543; Parrish, *Frank Blair*, p. 116.

⑪⓪Entries for August 10 and September 20, 1861, in Long, *The Civil War Day by Day*, pp. l07, 120.

⑪①Proclamation of John C. Frémont, August 30, 1861, in *OR*, Ser. 1, Vol. III, pp. 466–67 (quotes p. 467).

⑪②Joseph Holt to AL, September 12, 1861 , Lincoln Papers.

⑪③Benjamin Quarles, *Lincoln and the Negro* (New York: Oxford University Press, 1962; repro New York: Da Capo Press, 1990), p. 71.

⑪④Nicolay and Hay, *Abraham Lincoln*, Vol. IV, pp. 416, 417–18.

⑪⑤AL to John C. Frémont, September 2, 1861, in *CW*, IV, p. 506.

⑪⑥AL to Orville H. Browning, September 22, 1861, in ibid., p. 531.

⑪⑦Carpenter, "A Day with Governor Seward," Seward Papers.

⑪⑧Joshua Speed to AL, September 3, 1861, Lincoln Papers.

⑪⑨FB to MB, September 1, 1861, Lincoln Papers.

⑫⓪Williams, *Lincoln and the Radicals*, pp. 48–49.

⑫①MB to AL, September 4, 1861, Lincoln Papers.

⑫②JGN, memorandum of September 17, 1861, container 2, Nicolay Papers; entry for September 10 to September 18, 1861, extracts from diary of Montgomery C. Meigs, container 13, Nicolay Papers.

⑫③"The Lincoln Interview: Excerpt from 'Great Events,' " in *The Letters of Jessie Benton Frémont*, ed. Pamela Herr and Mary Lee Spence (Urbana and Chicago: University of Illinois Press, 1993), pp. 264–65.

(124) John C. Frémont to AL, September 8, 1861, Lincoln Papers.

(125) "The Lincoln Interview," *Letters of Jessie Benton Frémont*, p. 266.

(126) Entry for December 9, 1863, in Hay, *Inside Lincoln's White House*, p. 123.

(127) "The Lincoln Interview," *Letters of Jessie Benton Frémont*, p. 266.

(128) AL to John C. Frémont, September 11, 1861, in *CW*, IV, pp. 517–18.

(129) Benton Frémont to AL, September 12, 1861, in *Letters of Jessie Benton Frémont*, p. 271 n1.

(130) "The Lincoln Interview," *Letters of Jessie Benton Frémont*, p. 267.

(131) 關於老布萊爾透露的事，請見 Jessie B. Frémont to AL, September 12, 1861, Lincoln Papers.

(132) AL to Jessie B. Frémont, September 12, 1861, draft copy, Lincoln Papers.

(133) MB to W. O. Barlett, September 26, 1861, copy, reel 21, Blair Family Papers, Manuscript Division, Library of Congress [hereafter Blair Family Papers, DLC].

(134) EBL to SPL, October 7, 1861, in *Wartime Washington*, ed. Laas, p. 83.

(135) Entry for September 10 to September 18, 1861, extracts from diary of Montgomery C. Meigs, container 13, Nicolay Papers.

(136) Entry for December 28, 1861, in *The Diary of Edward Bates, 1859–1866*, p. 217; EBL to SPL, October 19, 1861 , in *Wartime Washington*, ed. Laas, pp. 88, 90 n2.

(137) MB to AL, September 14, 1861, Lincoln Papers.

(138) *NYT*, September 17, 1861.

(139) Smith, *The Francis Preston Blair Family in Politics*, Vol. II, p. 78.

(140) 關於蒙哥馬利調解，請見 MB to John C. Frémont, September 20, 1861, copy, reel 21, Blair Family Papers, DLC.

(141) MB to FPB, October 1, 1861, box 7, folder 6, Blair-Lee Papers, Dept. of Rare Books and Special Collections, Princeton University Library [hereafter Blair-Lee Papers, NjP-SC].

(142) FAS to LW, [c. September 4, 1861], quoted in Seward, *Seward at Washington* . . . 1846–1861, p. 612.

(143) Joseph Medill to SPC, September 15, 1861, reel 17, Chase Papers.

(144) Benjamin F. Wade to Zachariah Chandler, September 23, 1861, reel 1, Papers of Zachariah Chandler, Manuscript Division, Library of Congress.

(145) *Douglass' Monthly* (October 1861), pp. 530–31.

(146) 關於布萊爾和梅格思提出的報告，請見 Entry for September 18, 1861, in *Lincoln Day by Day*, Vol. III, p. 67.

(147) MB to FPB, October 1, 1861, box 7, folder 6, Blair-Lee Papers, NjP-SC.

(148) EB to SPC, September 11, 1861, reel 17, Chase Papers.

(149) EB to James O. Broadhead, September 28, 1861, Broadhead Papers, MoSHi.

(150) EB to Hamilton Gamble, October 3, 1861, Hamilton Rowan Gamble Papers, Missouri Historical Society, St. Lonis, Mo. [hereafter Gamble Papers, MoShi].

(151) FB to MB, October 7, 1861, quoted in Smith, *The Francis Preston Blair Family in Politics*, Vol. II, pp. 83–84.

(152) Simon Cameron to AL, October 12, 1861, Lincoln Papers.

(153) Simon Cameron to AL, October 14, 1861, Lincoln Papers.

(154) *NYT*, October 31, 1861. For the report, see Lorenzo Thomas to Simon Cameron, October 21, 1861, in *OR*, Ser. 1, Vol. III, pp. 540–49.

(155) Entry of October 22, 1861, in *The Diary of Edward Bates, 1859–1866*, pp. 198–99.

(156) 關於林肯派遣史威特，請見 Entry for October 24, 1861, in *Lincoln Day by Day*, Vol. Ill, p. 73.

(157) *NYT*, October 31, 1861.

(158) Leonard Swett to AL, November 9, 1861, Lincoln Papers.

(159) General T. I. McKenny, quoted in Ida M. Tarbell, *The Life of Abraham Lincoln*, Vol. III, Sangamon Edition (4 vols., n.p.: S. S. McClure Co., 1895; New York: Lincoln History Society, 1924), pp. 122–25 (quote p. 124).

(160) *NYT*, November 7, 1861.

(161) *Philadelphia Inquirer*, October 31, 1861.

(162) *NYH*, November 7, 1861.

(163) SPC to Richard Smith, November 11, 1861, reel 18, Chase Papers.

(164) 關於南方聯盟派遣梅森和史利德爾，請見 Van Deusen, *William Henry Seward*, p. 308.

(165) *NYT*, November 17 and 19, 1861.

(166) *NYT*, November 17, 1861.

(167) *NYT*, November 26 and 27, 1861.

(168)Smith, *Francis Preston Blair*, p. 315.

(169)Entry for November 16, 1861, in *The Diary of Edward Bates, 1859–1866*, p. 202.

(170)*NYT*, November 19, 1861.

(171)AL to Edward Everett, November 18, 1861 , in *CW*, V, p. 26.

(172)*The Times* (London), quoted in the *NYT*, December 13, 1861.

(173)*Morning Post* (London), quoted in the *NYT*, December 14, 1861.

(174)關於杜撰的細節，請見 Charles Francis Adams to Henry Adams, December 19, 1861, *A Cycle of Adams Letters, 1861–1865*, Vol. I, ed. Worthington Chauncey Ford (Boston and New York: Houghton Mifflin, 1920), p. 86.

(175)WHS to Charles Francis Adams, undated, quoted in Frederick Seward, *Seward at Washington, as Senator and Secretary of State. A Memoir of His Life, with Selections from His Letters, 1861–1872* (New York: Derby & Miller, 1891), p. 21.

(176)WHS to Charles Francis Adams, undated, quoted in ibid., p. 24.

(177)TW to WHS, December 2, 1861, quoted in ibid., pp. 27, 28 (quote).

(178)*NYT*, December 16, 1861.

(179)TW to WHS, December 5, 1861, quoted in Seward, *Seward at Washington . . . 1861–1872*, p. 28.

(180)TW to WHS, December 6, 1861, quoted in ibid., p. 29.

(181)TW to WHS, December 2, 1861, quoted in ibid., p. 27.

(182)TW to WHS, December 6, 1861, quoted in ibid., p. 29.

(183)Entry for December 15, 1861, in Browning, *The Diary of Orville Hickman Browning*, Vol. I, p. 515.

(184)AL, quoted in Monaghan, *Diplomat in Carpet Slippers*, p. 187.

(185)Seward, *Seward at Washington . . . 1861–1872*, p. 187; Lord Thomas Newton, *Lord Lyons: A Record of British Diplomacy*, Vol. I (New York: Longmans, Green, & Co., 1913), p. 55.

(186)Earl Russell to Lord Lyons, November 30, 1861, quoted in John G. Nicolay and John Hay, *Abraham Lincoln: A History*, Vol. V (New York: Century Co., 1917), pp. 29–30. While the letter was dated November 30, it did not arrive in Washington until December 19, 1861.

(187)Ibid., p. 30; Newton, *Lord Lyons*, p. 62.

(188)Seward, *Seward at Washington . . . 1861–1872*, p. 24.

(189)Newton, *Lord Lyons*, p. 69.

(190)Seward, *Seward at Washington . . . 1861–1872*, p. 24.

(191)TW to WHS, December 10, 1861, quoted in ibid., p. 30.

(192)Quoted in ibid., p. 24.

(193)Hendrick, *Lincoln's War Cabinet*, p. 205.

(194)WHS to Lord Lyons, December 26, 1861, in *The Works of William H. Seward*, Vol. V, ed. George E. Baker (Boston: Houghton Mifflin, 1884; New York: AMS Press, 1972), pp. 295–309 (quotes pp. 307–09).

(195)Entry for December. 25, 1861, in *The Diary of Edward Bates, 1859–1866*, p. 216.

(196)Entry for December 25, 1861, in *Chase Papers*, Vol. I, p. 320.

(197)Hendrick, *Lincoln's War Cabinet*, p. 206.

(198)Monaghan, *Diplomat in Carpet Slippers*, p. 191.

(199)Seward, *Seward at Washington . . . 1861–1872*, p. 25.

(200)Monaghan, *Diplomat in Carpet Slippers*, p. 191; entry for December 26, 1861, Fanny Seward diary, Seward Papers.

(201)Entry for December 25, 1861, in *Chase Papers*, Vol. I, p. 320.

(202)Carpenter, "A Day with Governor Seward," Seward Papers.

(203)Seward, *Seward at Washington . . . 1861–1872*, p. 26.

(204)Entry for December 27, 1861, in Browning, *The Diary of Orville Hickman Browning*, Vol. I, p. 519; entry for December 27, 1861, Fanny Seward diary, Seward Papers.

(205)Entry for December 27, 1861, Fanny Seward diary, Seward Papers.

(206)Ibid.

(207)Entry for December 27, 1861, in Browning, *The Diary of Orville Hickman Browning*, Vol. I, p. 519.

(208)Seward, *Seward at Washington . . . 1861–1872*, p. 26.

(209)Entry for December 29, 1861, *Diary of George Templeton Strong*, Vol. III, p. 198.

(210)Seward, *Seward at Washington . . . 1861–1872*, p. 26.

(211)"Miriam," *Iowa State Register*, Des Moines, November 13, 1861.

(212)Randall, *Mary Lincoln*, pp. 258–63, 266; Monkman, *The White House*, pp. 123–33.

(213)Mary Clemmer Ames, *Ten Years in Washington. Life and Scenes in the National Capital, as a*

Woman Sees Them (Hartford, Conn.: A. D. Worthington & Co., 1871), p. 171.

214 *Daily Alta California*, May 12, 1862, quoted in Monkman, *The White House*, p. 132.

215 George Bancroft to his wife, December 12 and 14, 1862, in M. A. DeWolfe Howe, *The Life and Letters of George Bancroft*, Vol. II (New York: Charles Scribner's Sons, 1908), pp. 144–45.

216 Baker, *Mary Todd Lincoln*, pp. 187, 191.

217 Entry for November 3, 1861, in *William Howard Russell's Civil War: Private Diary and Letters, 1861–1862*, ed. Martin Crawford (Athens, Ga., and London: University of Georgia Press, 1992), p. 162.

218 關於林肯夫人財務上瞞天過海的一般討論，請見 Michael Burlingame, "Mary Todd Lincoln's Unethical Conduct as First Lady," appendix 2 in *At Lincoln's Side: John Hay's Civil War Correspondence and Selected Writings*, ed. Michael Burlingame (Carbondale and Edwardsville: Southern Illinois University Press, 2000).

219 JH to JGN, April 4 and 5, 1862, in ibid., pp. 19–20.

220 Entry for December 16, 1861, in Benjamin Brown French, *Witness to the Young Republic: A Yankee's Journal, 1828–1870*, ed. Donald B. Cole and John J. McDonough (Hanover, N.H., and London: University Press of New England, 1989), p. 382.

221 *NR*, December 14, 1861.

222 Entry for December 16, 1861, in French, *Witness to the Young Republic*, p. 382.

223 Entry for December 22, 1861, in ibid., p. 383.

224 Baker, *Mary Todd Lincoln*, p. 190.

225 SPC to KCS, October 25, 1861, reel 17, Chase Papers.

226 Belden and Belden, *So Fell the Angels*, pp. 36–37.

227 Jay Cooke to SPC, quoted in ibid., p. 37.

228 Simon Cameron to AL, December 1, 1861, *OR*, Ser. 3, Vol. I pp. 669, 700.

229 "A Private Paper. Conversation with the President, October 2d, 1861," memorandum, container 2, Nicolay Papers.

230 Albert Gallatin Riddle, *Recollection of War Times: Reminiscences of Men and Events in Washington, 1860–1865* (New York and London: G. P. Putman's Sons, 1895), p. 180.

231 *NYT*, July 3 and 9, and August 28, 1861.

232 Thomas, *Abraham Lincoln*, p. 293; Macartney, *Lincoln and His Cabinet*, pp. 35–36; Hendrick, *Lincoln's War Cabinet*, pp. 222–23.

233 *NYT*, July 7, 1861.

234 Williams, *Lincoln and the Radicals*, p. 59.

235 SPC to Trowbridge, March 31, 1844, quoted in Schuckers, *The Life and Public Services of Salmon Portland Chase*, p. 420.

236 *National Intelligencer*, Washington, D.C., November 14, 1861.

237 Entry for November 20, 1862, in *The Diary of Edward Bates, 1859–1866*, p. 203; Niven, Gideon Welles, p. 392.

238 MB, paraphrased in entry of September 12, 1862, *Welles diary*, Vol. I (1960 edn.), p. 127 (quote); Bradley, *Simon Cameron*, p. 203.

239 Nicolay and Hay, *Abraham Lincoln*, Vol. V, p. 125.

240 Henry Wilson, "Edwin M. Stanton," *Atlantic Monthly* 25 (February 1870), p. 238; Bradley, *Simon Cameron*, p. 203.

241 Simon Cameron, quoted in Henry Wilson, "Jeremiah S. Black and Edwin M. Stanton," *Atlantic Monthly* 26 (October 1870), p. 470.

242 Ibid.

243 Bradley, *Simon Cameron*, p. 203; Thomas and Hyman, *Stanton*, p. 134 n7.

244 "From the Report of the Secretary of War, Dec. 1, 1861," in Edward McPherson, *The Political History of the United States of America, During the Great Rebellion, 1861–1865*, 2nd edn. (Washington, D. C.: Philp & Solomons, 1865; New York: Da Capo Press, 1972), p. 249 (quote). For the official version of the annual report of the secretary of war sent to Congress, see *OR*, Ser. 3, Vol. I, pp. 698–708 (esp. p. 708).

245 Thomas and Hyman, *Stanton*, pp. 134–35; Hendrick, *Lincoln's War Cabinet*, pp. 236–37, 260.

246 Jeremiah S. Black, "Senator Wilson and Edwin M. Stanton," *Galaxy* 9 (June 1870), p. 822.

247 Flower, *Edwin McMasters Stanton*, p. 25.

248 CS to Francis Lieber, December 19, 1861, reel 64, Summer Papers.

249 Thomas and Hyman, *Stanton*, p. 135.

250 Flower, *Edwin McMasters Stanton*, p. 116.

251 AL, quoted in Carpenter, *Six Months at the White House*, p. 136.

252 AL, "Annual Message to Congress," December 3, 1861, in *CW*, V, p. 48.

253 AL to Albert G. Hodges, April 4, 1864, in *CW*, VII, pp. 281–82.

254 Nicolay and Hay, *Abraham Lincoln*, Vol. V, p. 127.

255 Niven, *Gideon Welles*, pp. 394–95 (quote p. 395).

256 *NYT*, December 4, 1861, p. 3.

257 Niven, *Gideon Welles*, p. 395.

258 AL, "Annual Message to Congress," December 3, 1861, in *CW*, V, pp. 48, 49, 52.

259 Worthington G. Snethen to SPC, December 10, 1861, reel 18, Chase Papers.

260 "The Claims of the Negro Ethnologically Considered: An Address Delivered in Hudson, Ohio, on 12 July 1854," *The Frederick Douglass Papers, Series One: Speeches, Debates, and Interviews*. Vol. II: 1847–54, ed. John W. Blassingame (New Haven and London: Yale University Press, 1982), p. 524.

261 *Douglass' Monthly* (January 1862), p. 579.

262 *Douglass' Monthly* (May 1861), p. 451.

263 Frederick Douglass, "The Reasons for Our Troubles," ed. Philip S. Foner, *The Life and Writings of Frederick Douglass*. Vol. III: *The Civil War, 1861–1865* (New York: International Publishers, 1952), p. 204.

264 *NYT Supplement*, December 4, 1861.

265 Ibid.

266 *NYTrib*, December 4, 1861.

15「我的兒子走了」

1 *NYT Supplement*, January 3, 1862.

2 FAS to LW, January 1, 1862, reel 119, Seward Papers.

3 Entry for January 1, 1862, in *The Diary of Edward Bates, 1859–1866*, p. 221.

4 Poore, *Perley's Reminiscences*, Vol. II, pp. 105–06; *NYT Supplement*, January 3, 1862.

5 Entry for January 1, 1862, Fanny Seward diary, Seward Papers.

6 Leech, *Reveille in Washington*, pp. 122–23.

7 AL, quoted in Montgomery C. Meigs, "General M. C. Meigs on the Conduct of the Civil War," *American Historical Review* 26 (January 1921), p. 292.

8 Entry for January 1862, in Gurowski, *Diary from March 4, 1861 to November 12, 1862*, p. 137.

9 Maunsell B. Field, *Memories of Many Men and of Some Women: Being Personal Recollections of Emperors, Kings, Queens, Princes, Presidents, Statesmen, Authors, and Artists, at Home and Abroad, During the Last Thirty Years* (New York: Harper & Bros., 1874), pp. 266–67.

10 Flower, *Edwin McMasters Stanton*, p. 116.

11 Gideon Welles, "Narrative of Events," in "Three Manuscripts of Gideon Welles," comp. A. Howard Meneely, *American Historical Review* 31 (April 1926), p. 491.

12 Wilson, "Jeremiah S. Black and Edwin M. Stanton," *Atlantic Monthly* (1870), p. 465.

13 EMS to SPC, December 2, 1847, reel 6, Chase Papers.

14 *Philadelphia Press*, January 20, 1862.

15 Memorandum of conversation between SPC and J. W. Schuckers, January 22, 1871, Papers of Jacob William Schuckers, Manuscript Division, Library of Congress.

16 AL to Simon Cameron, January 11, 1862, reel 8, Papers of Simon Cameron, Manuscript Division, Library of Congress [hereafter Cameron Papers, DLC].

17 Recollection of Alexander McClure, in Hendrick, *Lincoln's War Cabinet*, p. 234.

18 Entry for January 12, 1862, *Chase Papers*, Vol. I, pp. 325–26.

19 A. K. McClure, *Abraham Lincoln and Men of War-Times: Some Personal Recollections of War and Politics During the Lincoln Administration*, 4th edn. (Philadelphia: Times Publishing Co., 1892; Lincoln and London: University of Nebraska Press, 1996), p. 165.

20 AL to Simon Cameron, January 11, 1862, reel 8, Cameron Papers, DLC. For Cameron's resignation letter, see Simon Cameron to AL, January 11, 1862, Lincoln Papers.

21 Simon Cameron to Frank A. Flower, March 6, 1887, reel 16, Cameron Papers, DLC.

22 Charles F. Benjamin, quoted in Thomas and Hyman, *Stanton*, p. 136.

23 Wolcott, "Edwin M. Stanton," p. 153.

24 Thomas and Hyman, *Stanton*, p. 137.

25 SPC to EMS, January 9, 1848, reel 6, Chase Papers.

26 Wolcott, "Edwin M. Stanton," p. 154.

27 Entry for January 13, 1862, in *The Diary of Edward Bates, 1859–1866*, p. 226.

28 Welles, "Narrative of Events," *AHR* (1926), p. 488; Hendrick, *Lincoln's War Cabinet*, p. 234 (quote).

29 *Welles diary*, Vol. I (1960 edn.), p. 54.

㉚Francis Fessenden, *Life and Public Services of William Pitt Fessenden*, Vol. I (Boston and New York: Houghton Mifflin, 1907), p. 230.

㉛William Pitt Fessenden, quoted in ibid., p. 231.

㉜WHS to home, January 15, 1862, in Seward, *Seward at Washington . . . 1861–1872*, p. 46.

㉝*NYT*, February 6, 1862.

㉞*Frank Leslie's Illustrated Newspaper*; February 1, 1862.

㉟House resolution of April 30, 1862, quoted in AL, "To the Senate and House of Representatives," May 26, 1862, in *CW*, V, p. 243.

㊱AL, "To the Senate and House of Representatives," May 26, 1862, in ibid., p. 243.

㊲Nicolay and Hay, *Abraham Lincoln*, Vol. V, p. 130.

㊳Simon Cameron to AL, June 26, 1862, Lincoln Papers.

㊴*NYT*, January 23, 1862.

㊵EMS, quoted in *Boston Daily Evening Transcript*, January 7, 1870.

㊶Charles F. Benjamin, "Recollections of Secretary Edwin M. Stanton," *Century* 33 (March 1887), p. 761.

㊷Entry for January 29, 1862, *Diary of George Templeton Strong*, Vol. III, p. 203.

㊸*NYT*, January 25, 1862.

㊹Frank Leslie's Illustrated Newspaper, February 22, 1862.

㊺Keckley, *Behind the Scenes*, pp. 95–96; *Frank Leslie's Illustrated Newspaper*, February 22, 1862.

㊻JGN to TB, February 6, 1862, container 2, Nicolay Papers.

㊼Poore, *Perley's Reminiscences*, Vol. II, pp. 116, 119.

㊽Keckley, *Behind the Scenes*, p. 101.

㊾Entry for February 20, 1862, Taft diary.

㊿Entry for January 11, 1862, Taft diary (quote); Bayne, *Tad Lincoln's Father*, p. 177.

(51)Bayne, *Tad Lincoln's Father*, pp. 102, 106.

(52)Keckley, *Behind the Scenes*, p. 98; entries for January 26 and 27, 1862, Taft diary.

(53)關於一月的天氣，請見 January 1862 entries in Taft diary.

(54)Entry for January 8, 1862, Taft diary.

(55)EMS to Oella Wright, March 24, 1862, in Wolcott, "Edwin M. Stanton," p. 155.

(56)FAS to LW, February 2, 1862, reel 119, Seward Papers.

(57)WHS to AL, February 6, 1862, Lincoln Papers.

(58)SPC to KCS, January 10, 1862, reel 18, Chase Papers.

(59)Keckley, *Behind the Scenes*, p. 100.

(60)Baker, *Mary Todd Lincoln*, p. 209.

(61)Keckley, *Behind the Scenes*, p. 100.

(62)Poore, *Perley's Reminiscences*, Vol. II, pp. 115–18; *Frank Leslie's Illustrated Newspaper*, February 22, 1862.

(63)*Frank Leslie's Illustrated Newspaper*, February 22, 1862.

(64)"Lincoln's First Levee," *Journal of the Illinois State Historical Society* 11 (October 1918), p. 389; Poore, *Perley's Reminiscences*, Vol. II, pp. 119–20 (quote).

(65)Keckley, *Behind the Scenes*, p. 102.

(66)JGN to TB, February 6, 1862, container 2, Nicolay Papers.

(67)*Jeffersonian Democrat*, reprinted in *The Liberator*, February 28, 1862.

(68)*Star*, February 6, 1862.

(69)*Frank Leslie's Illustrated Newspaper*, February 22, 1862.

(70)關於尤里西斯・S・格蘭特將軍在南北戰爭前的生涯，請見 chapters 2–5 of William S. McFeely, *Grant: A Biography* (New York and London: W. W. Norton, 1982).

(71)Ibid., pp. 96–97.

(72)H. W. Halleck to USG, January 30, 1862, *OR*, Ser. 1, Vol. VII, p. 121.

(73)McPherson, *Battle Cry of Freedom*, p. 396; Nicolay and Hay, *Abraham Lincoln*, Vol. V, pp. 120–22.

(74)USG to H. W. Halleck, February 6, 1862, *OR*, Ser. 1, Vol. VII, p. 124.

(75)Ulysses S. Grant, *Personal Memoirs of US. Grant* (New York: C. L. Webster, 1885; New York: Modern Library, 1999), p. 152.

(76)USG to Mary Grant, February 9, 1862 , *The Papers of Ulysses S. Grant*. Vol. IV: *January 8-March 31, 1862*, ed. John Y. Simon (Carbondale and Edwardsville: Southern Illinois University Press, 1972), p. 180.

(77)USG to Simon B. Buckner, February 16, 1862, enclosure 3 of USG to G. W. Cullum, February 16, 1862, in *OR*, Ser. 1, Vol. VII, p. 161.

(78)USG to General G. W. Cullum, February 16, 1862, *OR*, Ser. 1, Vol. VII, p. 159.

(79)McPherson, *Battle Cry of Freedom*, p. 401.

(80)Captain L. D. Waddell to William Coventry H. Wadell, quoted in *NYT*, February 26, 1862.

(81)*NYT*, February 18, 1862.

(82)Entry for February 15, 1862, Taft diary.

(83)*NYT*, February 18, 1862.

(84)*NYH*, February 21, 1862.

(85)Entry for February 17, 1862, in *Lincoln, Day by Day*, Vol. III, p. 95.

(86)Sandburg, *Abraham Lincoln: The War Years*, Vol. I, p. 462.

(87)USG, "Proclamation, to the Citizens of Paducah!" September 6, 1861, *The Papers of Ulysses S. Grant*. Vol. II: *April-September 1861*, ed. John Y. Simon (Carbondale and Edwardsville: Southern Illinois University Press, 1969), p. 194.

(88)Isaac N. Arnold, *The Life of Abraham Lincoln* (Chicago: Jansen, McClurg, & Co., 1885), p. 281.

(89)關於拿下唐納爾遜堡到攻佔紐奧爾良之間發生的更多事件，請見 McPherson, *Battle Cry of Freedom*, pp. 402–20.

(90)Baker, *Mary Todd Lincoln*, p. 208; Seale, *The President's House*, Vol. I, p. 379.

(91)MTL to Julia Ann Sprigg, May 29, 1862, in Turner and Turner, *Mary Todd Lincoln*, p. 128; Milton H. Shutes, "Mortality of the Five Lincoln Boys," *Lincoln Herald* 57 (Spring-Summer 1955), p. 4.

(92)關於他生病的症狀，請見 "Typhus, Typhoid, and Relapsing Fevers," *Encyclopaedia Britannica*, Vol. XXIII, ed. Day Otis Kellogg (30 vols., New York and Chicago: The Werner Company, 1898), pp. 678–79.

(93)Keckley, *Behind the Scenes*, p. 98.

(94)Benjamin B. French to Henry F. French, February 27, 1862, reel 5, Papers of Benjamin B. French Family, Manuscript Division, Library of Congress [hereafrer French Family Papers, DLC].

(95)Unknown Washington newspaper, quoted in Helm, The *True Story of Mary*, p. 197.

(96)JGN to TB, February 11, 1862, container 2, Nicolay Papers.

(97)Bayne, *Tad Lincoln's Father*, pp. 199–200.

(98)Entry for February 23, 1862, in French, *Witness to the Young Republic*, p. 388; Benjamin B. French to Henry F. French, February 27, 1862, reel 5, French Family Papers, DLC.

(99)*Star*, February 18, 1862.

(100)Stoddard, *Inside the White House in War Times*, p. 66.

(101)Entry for February 20, 1862, in *Lincoln Day by Day*, Vol. III, p. 96.

(102)Entry for February 20, 1862, notebook, February-March 1862, container 1, Nicolay Papers.

(103)Keckley, *Behind the Scenes*, pp. 103, 104.

(104)Rebecca R. Pomroy to "Mary," March 27, 1862, Rebecca R. Pomroy Letters, Schlesinger Library, Radcliffe College [hereafter Pomroy Letters].

(105)Entries for February 20 and 21, 1862, in Browning, *The Diary of Orville Hickman Browning*, Vol. I, p. 530.

(106)Niven, *Gideon Welles*, pp. 442–43.

(107)Entry for February 22, 1862, in *The Diary of Edward Bates, 1859–1866*, p. 236.

(108)Anna L. Boyden, *Echoes from Hospital and White House: A Record of Mrs. Rebecca R. Pomroy's Experience in War-times* (Boston: D. Lothrop & Co., 1884), p. 52.

(109)Dorothy Clarke Wilson, *Stranger and Traveler: The Story of Dorothea Dix, American Reformer* (Boston: Little, Brown, 1975), p. 256.

(110)Pomroy to "Mary," March 27, 1862, Pomroy Letters.

(111)AL, quoted in Boyden, *Echoes from Hospital and White House*, pp. 54–56 (quotes pp. 54, 56).

(112)Pomroy to "Mary," March 27, 1862, Pomroy Letters.

(113)Entry for February 23, 1862, in Browning, *The Diary of Orville Hickman Browning*, Vol. I, p. 531.

(114)*National Intelligencer*, Washington, D.C., February 25, 1862; *Star*, February 24, 1862.

(115)Bayne, *Tad Lincoln's Father*, p. 200.

(116)Nathaniel Parker Willis, quoted in Keckley, *Behind the Scenes*, p. l08.

(117)Entry for March 2, 1862, in French, *Witness to the Young Republic*, p. 389.

(118)*Star*, February 24, 1862; *National Intelligencer*, Washington, D.C., February 25, 1862; entry for February 24, 1862 , in Browning, *The Diary of Orville Hickman Browning*, Vol. I, p. 531.

(119)Benjamin B. French to Henry F. French, February 27, 1862, reel 5, French Family Papers, DLC; *Star*, February 25, 1862.

(120)William G. Greene interview, May 30, 1865, in *HI*, p. 21.

121 Elizabeth Todd Edwards to Julia Edwards Baker, quoted in Randall, *Mary Lincoln*, p. 287.
122 Bayne, *Tad Lincoln's Father*, p. 200.
123 Boyden, *Echoes from Hospital and White House*, pp. 58–59.
124 Baker, *Mary Todd Lincoln*, p. 214.
125 MTL to Julia Ann Sprigg, May 29, 1862, in Turner and Turner, *Mary Todd Lincoln*, p. 128.
126 MTL to Hannah Shearer, November 20, 1864, in ibid., p. 189.
127 MTL to Mrs. Charles Eames, July 26, 1862, in ibid., p. 131.
128 MTL to Mary Jane Welles, February 21, 1863, in ibid., p. 147.
129 MTL to CS, July4, 1865, in ibid., p. 256.
130 MTL to Mary Jane Welles, July 11, 1865, in ibid., p. 257.
131 Baker, *Mary Todd Lincoln*, p. 219.
132 MTL to CS, July 4, 1865, in Turner and Turner, *Mary Todd Lincoln*, p. 256.
133 Princess Felix Salm-Salm, *Ten Years of My Life* (Detroit: Belford Bros., 1877), pp. 59, 60.
134 Robert S. Cox, *Body and Soul: A Sympathetic History of American Spiritualism* (Charlottesville and London: University of Virginia Press, 2003), p. 85.
135 Keckley, *Behind the Scenes*, p. 116.
136 Ibid., pp. 116–17; Baker, *Mary Todd Lincoln*, pp. 210, 213.
137 Stoddard, *Inside the White Home in War Times*, p. 67.
138 AL, quoted by Rev. Willets, in Carpenter, *Six Months at the White House*, pp. 187–88.
139 AL, quoted in Le Grand B. Cannon, *Personal Reminiscences of the Rebellion, 1861–1866*. Black Heritage Library Collection (1895; Freeport, N.Y.: Books For Libraries Press, 1971), p. 174; the quotation from *King John* is in Act III, scene IV.
140 Randall, *Mary Lincoln*, pp. 291–92.
141 Entry for June 22, 1862, in Browning, *The Diary of Orville Hickman Browning*, Vol. I, p. 553.
142 AL to Fanny McCullough, December 23, 1862, in *CW*, VI, p. 17.

16「他只是統率能力不如人」

1 GBM to AL, February 22, 1862, Lincoln Papers.
2 Williams, *Lincoln and the Radicals*, pp. 77–84; Bruce Tap, "Joint Committee on the Conduct of the War (1861–1865)," in *Encyclopedia of the American Civil War*, ed. Heidler and Heidler, p. 1086.
3 George W. Julian, *Political Recollection, 1840 to 1872* (Chicago: Jansen, McClurg & Co., 1884), p. 201.
4 Entry for January 10, 1862, in *The Diary of Edward Bates, 1859–1866*, pp. 223–24.
5 Entry for January 8, 1862, in *Lincoln Day by Day*, Vol. III, p. 88.
6 Entry for January 12, 1862, in Browning, *The Diary of Orville Hickman* Browning, Vol. I, p. 523.
7 AL, quoted in Meigs, "General M. C. Meigs on the Conduct of the Civil War," *AHR* 26 (1921), p. 292.
8 Ibid.
9 GBM, quoted in ibid., p. 293.
10 AL, "President's General War Order No.1," January 27, 1862, in *CW*, V, p. 111.
11 Entry for January 12, 1862, in Browning, *The Diary of Orville Hickman Browning*, Vol. I, p. 523.
12 關於半島戰役，請見 Stephen W. Sears, *To the Gates of Richmond: The Peninsula Campaign* (New York: Ticknor & Fields, 1992).
13 EMS to Heman Dyer, May 18, 1862, reel 3, Stanton Papers, DLC.
14 AL to GBM, February 3, 1862, Lincoln Papers. On McClellan's plans see GBM to EMS, January 31, 1862, Lincoln Papers.
15 AL, "President's General War Order No.3," March 8, 1862, in *CW*, V, p. 151.
16 EMS to Heman Dyer, May 18, 1862, reel 3, Stanton Papers, DLC.
17 EMS to Charles A. Dana, January 24, 1862, quoted in Charles A. Dana, *Recollection of the Civil War: With the Leaders at Washington and in the Field in the Sixties* (New York: D. Appleton & Co., 1898), p. 5.
18 Flower, *Edwin McMasters Stanton*, pp. 125–26.
19 EMS, quoted in Albert E. H. Johnson, "Reminiscences of the Hon. Edwin M. Stanton, Secretary of War," *Records of the Columbia Historical Society* 13 (1910), p. 73.
20 Flower, *Edwin McMaster Stanton*, p. 216 (quote); Johnson, "Reminiscences of the Hon. Edwin M. Stanton," *RCHS* (1910), pp. 73–74.
21 EMS to Charles A. Dana, February 23, 1862, quoted in Flower, *Edwin McMasters Stanton*, p. 131.
22 Sears, *George B. McClellan*, pp. 163–64; Sears, *To the Gates of Richmond*, pp. 14, 16–17.
23 William P. Fessenden to family, March 15, 1862, quoted in Fessenden, *Life and Public Services*

of William Pitt Fessenden, Vol. I, p. 261.

24 "Conversation with Vice President Wilson, Nov. 16, 1875," container 10, Nicolay Papers.

25 AL, "President's War Order No.3," March 11, 1862, in *CW*, V, p. 155.

26 McClellan, *McClellan's Own Story*, pp. 224–26.

27 EBL to SPL, April 12, 1862, *Wartime Washington*, ed. Laas, p. 127 (quote); FPB to GBM, April 12, 1862, reel 20, Papers of George B. McClellan, Sr., Manuscript Division, Library of Congress [hereafter McClellan Papers, DLC].

28 CS to John Andrew, April 27, 1862, in *The Selected Letters of Charles Sumner*, Vol. II, ed. Beverly Wilson Palmer (Boston: Northeastern University Press, 1990), p. 112.

29 Entry for February 1862, in Gurowski, *Diary from March 4, 1861 to November 12, 1862*, p. 157.

30 MB to FPB, March 12, 1862, box 7, folder 6, Blair-Lee Papers, NjP-SC.

31 EBL to SPL, March 11, [1862], in *Wartime Washington*, ed. Laas, p. 109.

32 Smith, *The Francis Preston Blair Family in Politics*, Vol. II, pp. 87–89; Williams, *Lincoln and the Radicals*, pp. 105–09.

33 MB to John C. Frémont, August 24, 1861, quoted in *NYTrib*, March 4, 1862.

34 EBL to SPL, March 6, 1862, in *Wartime Washington*, ed. Laas, pp. 105–06.

35 MB to FPB, March 12, 1862, box 7, folder 6, Blair-Lee Papers, NjP-SC.

36 *NYT*, March 13, 1862.

37 Seward, *Seward at Washington . . . 1861–1872*, pp. 50–51.

38 WHS to Tw, April 25, 1862, quoted in ibid., p. 88.

39 WHS to TW, April 1, 1862, quoted in ibid., p. 81.

40 Entry for February 1862, in Gurowski, *Diary from March 4, 1861 to November 12, 1862*, pp. 156, 226–27, 171 (quote).

41 Allan Nevins, *The War for the Union*. Vol. II: *War Becomes Revolution, 1862–1863* (1960; New York: Konecky & Konecky, undated reprint), p. 44.

42 WHS, paraphrased in letter from Sam Ward to S. L. M. Barlow, March 27, 1862, in ibid.

43 Carpenter, *Six Months at the White House*, p. 255.

44 Entry for April 2, 1862, in Browning, *The Diary of Orville Hickman Browning*, Vol. I, pp. 537–38.

45 Sears, *To the Gates of Richmond*, p. xi; Sears, *George B. McClellan*, p. 168.

46 Entry for March 16, 1862, in French, *Witness to the Young Republic*, p. 391

47 GBM to the Soldiers of the Army of the Potomac, March 14, 1862, quoted in *NYT*, March 16, 1862.

48 AL to GBM, April 9, 1862, in *CW*, V, p. 184.

49 EMS to Heman Dyer, May 18, 1862, reel 3, Stanton Papers, DLC.

50 EMS to Heman Dyer, May 18, 1862, reel 3, Stanton Papers, DLC.

51 Sears, *To the Gates of Richmond*, pp. 36–62; Todd Anthony Rosa, "Peninsula Campaign," in *Encyclopedia of the American Civil War*, ed. Heidler and Heidler, p. 1483.

52 AL to GBM, April 6, 1862, in *CW*, V, p. 182.

53 GBM to MEM, April 8, [1862], in *Civil War Papers of George B. McClellan*, p. 234.

54 GBM and EMS paraphrased in entry of April 9, 1862, in *The Diary of Edward Bates, 1859–1866*, p. 249.

55 AL to GBM, April 9, 1862, in *CW*, V, p. 185.

56 GBM to AL, April 23, 1862, Lincoln Papers.

57 GBM to MEM, April 19, [1862], in *Civil War Papers of George B. McClellan*, p. 243.

58 GBM to EMS, [c. April 27, 1862], in ibid., pp. 248–49.

59 Sears, *To the Gates of Richmond*, pp. 68, 62; GBM to EMS, May 4, 1862, in *Civil War Papers of George B. McClellan*, p. 254.

60 McPherson, *Battle Cry of Freedom*, p. 455.

61 *NR*, April 4, 1862.

62 Commissioner B. B. French to Colonel John Harris, Commandant U.S. Marine Corps, June 12, 1862, p. 134, Vol. 14, Letters Sent by the Commissioner of Public Buildings, Vols. 12, 14 (July 2, 1855-June 9, 1865), reel 7, Records of the District of Columbia Commissioners and of the Offices Concerned with Public Buildings, 1791–1867 (National Archives Microfilm Publication M371), Records of the Office of Public Buildings and Public Parks of the National Capital, RG 42, DNA.

63 Mrs. Daniel Chester(Mary) French, *Memories of a Sculptor's Wife* (Boston and New York: Houghton Mifflin, 1928), pp. 147–48.

64 Fanny Garrison Villard, quoted in Phelps, *Kate Chase, Dominant Daughter*, p. 279.

65 Ross, *Proud Kate*, p. 78; Phelps, *Kate Chase, Dominant Daughter*, p. 112.

66 KCS to Jay Cooke, quoted in Ross, *Proud Kate*, p. 94.

67 "Miriam," February 19, 1862, *Iowa State Register*, Des Moines, quoted in Mrs. John A. Kasson, "An Iowa Woman in Washington, D.C., 1861–1865," *Iowa Journal of History* 52 (January

1954), pp. 66–67.

⑥⑧Phelps, *Kate Chase, Dominant Daughter*, pp. 111–12.

⑥⑨*Washington Post*, August 1, 1899.

⑦⓪Ross, *Proud Kate*, pp. 78, 93.

⑦①多指華府女性利用宴請賓客，以達到政治目的，請見 Catherine Allgor, *Parlor Politics: In Which the Ladies of Washington Help Build a City and a Government* (Charlottesville and London: University Press of Virginia, 2000).

⑦②Belden and Belden, *So Fell the Angels*, p. 33.

⑦③General Orders No. 11, May 9, 1862, quoted in AL, "Proclamation Revoking General Hunter's Order of Military Emancipation of May 9, 1862," May 19, 1862, in *CW*, V, p. 222.

⑦④SPC to AL, May 16, 1862, Lincoln Papers.

⑦⑤AL to SPC, [May 17, 1862], in *CW*, V, p. 219.

⑦⑥AL, "Appeal to Border State Representatives to Favor Compensated Emancipation," July 12, 1862, in ibid., p. 318.

⑦⑦Carl Schurz to AL, May 19, 1862, Lincoln Papers.

⑦⑧SPC to Horace Greeley, May 21, 1862, reel 20, Chase Papers.

⑦⑨*NYT*, May 20, 1862.

⑧⓪Viele, "A Trip with Lincoln, Chase, and Stanton," *Scribners Monthly* (1878), pp. 813–14.

⑧①Entry for April 19, 1862, in Madeline Vinton Dahlgren, *Memoir of John A. Dahlgren, Rear-Admiral United States Navy* (Boston: James R. Osgood & Co., 1882), p. 364 n2.

⑧②Viele, "A Trip with Lincoln, Chase, and Stanton," *Scribners Monthly* (1878), pp. 815–16.

⑧③Ibid., p. 815; William E. Baringer, "On Enemy Soil: President Lincoln's Norfolk Campaign," *Abraham Lincoln Quarterly* 7 (March 1952), p. 6.

⑧④"Map of Hampton Roads and Adjacent Shore," in John Taylor Wood, "The First Fight of Iron-Clads," in *Battles and Leaders of the Civil War*, Vol. I, Part 2, p. 699. The mouths of the James, Nansemond, and Elizabeth rivers all converge at Hampton Roads.

⑧⑤Gene A. Smith, "Monitor versus Virginia (8 March 1862)," in *Encyclopedia of the American Civil War*, ed. Heidler and Heidler, p. 1348. Although the Confederates had rechristened the ironclad the CSS Virginia, the vessel continued to be known by its previous name, the Merrimac.

⑧⑥Montgomery C. Meigs, quoted in Gorham, *Life and Public Services of Edwin M. Stanton*, Vol. I, p. 371.

⑧⑦Niven, *Gideon Welles*, p. 403.

⑧⑧Entry for October 10, 1862, in French, *Witness to the Young Republic*, p. 412.

⑧⑨*NYT*, March 14, 1862 (quote); *NYT*, March 11, 1862.

⑨⓪*NYT*, March 16, 1862.

⑨①Herman Melville, "A Utilitarian View of the Monitor's Fight," in *The Works of Herman Melville*, Vol. XVI (London: Constable & Co., 1924), pp. 44, 45.

⑨②Baringer, "On Enemy Soil," *ALQ* 7 (1952), p. 8; Shelby Foote, *The Civil War: A Narrative*. Vol. I: *Fort Sumter to Perryville* (New York: Random House, 1958; New York: Vintage Books, 1986), p. 414.

⑨③SPC to Janet Chase Hoyt, May 7, 1862, reel 20, Chase Papers.

⑨④Wolcott, "Edwin M. Stanton," p. 131.

⑨⑤Foote, *The Civil War*, Vol. I, p. 414.

⑨⑥SPC to Janet Chase Hoyt, May 8, 1862, quoted in Warden, *Private Life and Public Services*, p. 428.

⑨⑦SPC to Janet Chase Hoyt, May 11, 1862, reel 20, Chase Papers; Baringer, "On Enemy Soil," *ALQ* (1952), pp. 15–18.

⑨⑧SPC to Janet Chase Hoyt, May 11, 1862, reel 20, Chase Papers.

⑨⑨Carpenter, *Six Months at the White Home*, pp. 104–05.

⑩⓪*Philadelphia Inquirer*, May 13, 1862.

⑩①Foote, *The Civil War*, Vol. I, p. 413.

⑩②SPC to Janet Chase Hoyt, May 11, 1862, reel 20, Chase Papers.

⑩③GBM to MEM, May 10, [1862], in *Civil War Papers of George B. McClellan*, p. 262.

⑩④FWS to FAS, undated letter, quoted in Seward, *Seward at Washington . . . 1861–1872*, p. 89.

⑩⑤Mary Jane Welles to Edgar T. Welles, May 19, 1862, typescript, reel 34, Welles Papers.

⑩⑥Entry for May 19, 1862, in Dahlgren, *Memoir of John A. Dahlgren*, p. 368.

⑩⑦WHS to FAS, May 19, 1862, quoted in Seward, *Seward at Washington . . . 1861–1872*, p. 94.

⑩⑧WHS to FAS, undated letter, quoted in ibid., p. 93.

⑩⑨FWS to FAS, undated letter, quoted in ibid., p. 89.

⑪⓪GBM to MEM, May 15, [1862], in *Civil War Papers of George B. McClellan*, p. 267.

⑪WHS to AL, May 14, 1862, Lincoln Papers.
⑫GBM to MEM, May 22, [1862], in *Civil War Papers of George B. McClellan*, p. 274.
⑬FWS to FAS, undated letter, quoted in Seward, *Seward at Washington . . . 1861–1872*, p. 89.
⑭WHS to AL, May 14, 1862, Lincoln Papers.
⑮AL to Irvin McDowell, [May 17, 1862], in *CW*, V, pp. 219–20.
⑯GBM to MEM, [June 9, 1862], in *Civil War Papers of George B. McClellan*, p. 293.
⑰Entry for May 22, [1862], in Dahlgren, *Memoir of John A. Dahlgren*, pp. 368, 368 n1; John W. M. Hallock, *The American Byron: Homosexuality and the Fall of Fitz-Greene Halleck* (Madison: University of Wisconsin Press, 2000), pp. 96–98; Fitz-Greene Halleck, "Marco Bozzaris," in *Yale Book of American Verse*, ed. Thomas R. Lounsbury (New Haven, Conn.: Yale University Press, 1912), pp. 12–13.
⑱Entry for May 23, 1862, in Dahlgren, *Memoir of John A. Dahlgren*, pp. 369–70.
⑲McPherson, *Battle Cry of Freedom*, pp. 455–57.
⑳AL to GBM, May 24, 1862, in *CW*, V, p. 232.
㉑AL to GBM, May 25, 1862, in ibid., pp. 236–37.
㉒GBM to AL, May 25, 1862, Lincoln Papers.
㉓GBM to MEM, May 25, [1862], in *Civil War Papers of George B. McClellan*, p. 275.
㉔McPherson, *Battle Cry of Freedom*, p. 460.
㉕Sears, *To the Gates of Richmond*, pp. 111–45, 147, 149; Sears, *George B. McClellan*, p. 196.
㉖Christopher Wolcott to Pamphila Stanton Wolcott, June 11, 1862, in Wolcott, "Edwin M. Stanton," p. 156 (first quote); Wolcott to Wolcott, June 22, 1862, ibid., p. 157a (second quote).
㉗Sears, *To the Gates of Richmond*, p. 158.
㉘GBM to EMS, June 16, 1862, reel 3, Stanton Papers, DLC.
㉙GBM to MEM, June 22, [1862], in *Civil War Papers of George B. McClellan*, p. 305.
㉚Sears, *To the Gates of Richmond*, p. 151.
㉛關於七日戰役詳細描述，請見 Sears, *To the Gates of Richmond*, pp. 181–336.
㉜Ibid., pp. 344–45.
㉝GBM to EMS, June 25, [1862], in *Civil War Papers of George B. McClellan*, pp. 309–10.
㉞AL to GBM, June 26, 1862, in *CW*, V, p. 286.
㉟Entry for July 5, 1862, in Dahlgren, *Memoir of John A. Dahlgren*, p. 375; Sears, *George B. McClellan*, p. 209.
㊱Sears, *To the Gates of Richmond*, pp. 213–50; Sears, *George B. McClellan*, p. 212.
㊲GBM to EMS, June 28, 1862, *OR*, Ser. 1, Vol. XI, p. 61.
㊳Bates, *Lincoln in the Telegraph Office*, pp. 109–10.
㊴McPherson, *Battle Cry of Freedom*, p. 468.
㊵Sears, *To the Gates of Richmond*, pp. 308–36.
㊶Christopher Wolcott to Pamphila Stanton Wolcott, July 2, 1862, in Wolcott, "Edwin M. Stanton," p. 157a.
㊷McPherson, *Battle Cry of Freedom*, p. 470; Sears, *To the Gates of Richmond*, p. 338.

17 「我們正處於深淵」

①Entry for July 14, 1862, *Diary of George Templeton Strong*, Vol. III, p. 241.
②*Iowa State Register*, Des Moines, July 16, 1862.
③Entry for July 4, 1862, in Gurowski, *Diary from March 4, 1861 to November 12, 1862*, p. 235.
④JGN to TB, July 13, 1862, container 2, Nicolay Papers.
⑤WHS to FS, August 2, 1862, in Seward, *Seward at Wasbington . . . 1861–1872*, pp. 120–21.
⑥SPC to Richard C. Parsons, July 20, 1862, reel 21, Chase Papers
⑦SPC to KCS, June 24, 25, 29, and 30, July 1, 2 and 4, 1862, reel 21, Chase Papers.
⑧SPC to KCS, June 24, 1862, reel 21, Chase Papers.
⑨SPC to KCS, July 6, 1862, reel 21, Chase Papers.
⑩SPC to KCS, July 4, 1862, reel 21, Chase Papers.
⑪William Sprague to KCS, May 27, 1866, Sprague Papers.
⑫SPC to KCS, July 6, 1862, reel 21, Chase Papers.
⑬Mrs. McDowell, quoted in Phelps, *Kate Chase, Dominant Daughter*, p. 121.
⑭*NYT*, July 7, 1862.
⑮*NYT*, July 10, 1862.
⑯GBM to MEM, [July] 13, [1862], in *Civil War Papers of George B. McClellan*, pp. 354–55.
⑰GBM to MEM, July 22, [1862], in ibid., p. 368.
⑱SPL to EBL, July 6, 1862, box 230, folder 7, Blair-Lee Papers, NjP-SC.
⑲Entry for July 11, 1862, *Diary of George Templeton Strong*, Vol. III, p. 239.

⑳Frederick Law Olmsted to "My Dear Doctor," July 13, 1862, reel 2, Papers of Frederick Law Olmsted, Manuscript Division, Library of Congress.

㉑*NYT*, July 10, 1862.

㉒Mary Ellet Cabell, quoted in Flower, *Edwin McMasters Stanton*, p. 164.

㉓Christopher Wolcott to Pamphila Stanton Wolcott, July 6, 1862, in Wolcott, "Edwin M. Stanton," p. 157b (quote); Gideon Welles, "The History of Emancipation," *Galaxy* 14 (December 1872), p. 842.

㉔Benjamin, "Recollections of Secretary Edwin M. Stanton," *Century* (1887), p. 759.

㉕Whitman, *Specimen Days* (1902 edn.), p. 36.

㉖AL to Quintin Campbell, June 28, 1862, in *CW*, V, p. 288.

㉗Thomas and Hyman, *Stanton*, p. 201; Sears, *George B. McClellan*, p. 180.

㉘AL to WHS, June 28, 1862, in *CW*, V, p. 292.

㉙AL, "Call for Troops," June 30, 1862, in ibid., p. 294 nl.

㉚WHS to EMS, July 1, 1862, *OR*, Ser. 3, Vol. II, p. 186.

㉛EMS to WHS, July 1, 1862, *OR*, Ser. 3, Vol. II, pp. 186–87 (quote p. 186).

㉜*NR*, August 14, 1862.

㉝William H. Seward, Jr., speech before members of the 9th New York Artillery, 1912, box 121, Seward Papers, NRU.

㉞William H. Seward, Jr., to WHS, July 17, 1862, reel 117, Seward Papers.

㉟FAS to FWS, August 10, 1862, reel 115, Seward Papers.

㊱*Sun*, Baltimore, Md., July 11, 1862.

㊲*NYT*, July 12, 1862 (quote); *NYH*, July 11, 1862.

㊳GBM to MEM, July 8, [1862], in *Civil War Papers of George B. McClellan*, p. 346.

㊴*NYT*, July 12, 1862; *NYH*, July 11, 1862.

㊵*NYT*, July 11, 1862.

㊶GBM to MEM, July 8, [1862], in *Civil War Papers of George B. McClellan*, p. 346.

㊷GBM to AL, July 7, 1862, *OR*, Ser. 1, Vol. XI, pp. 73–74.

㊸McClellan, *McClellan's Own Story*, p. 487.

㊹Sears, *To the Gates of Richmond*, pp. 344–45; *NYH*, July II, 1862.

㊺*NYT*, July 11, 1862.

㊻Rev. Joseph H. Twichell, "Army Memories of Lincoln A. Chaplain's Reminiscences," *The Congregationalist and Christian World*, January 30, 1913, p. 154.

㊼*NYH*, July 11, 1862.

㊽*NYT*, July 12, 1862.

㊾*NYH*, July 11, 1862.

㊿EBL to SPL, July 18, 1862, in *Wartime Washington*, ed. Laas, p. 165 n8.

(51)AL, "Order Making Henry W. Halleck General-in-Chief," July 11, 1862, in *CW*, V, pp. 312–13.

(52)"Halleck, Henry Wager (1815–1872)," in Sifakis, *Who Was Who in the Union*, p. 172.

(53)GBM to MEM, [July] 10, [1862], in *Civil War Papers of George B. McClellan*, p. 348.

(54)Entry for June 4, 1862, in *The Diary of Edward Bates, 1859–1866*, p. 260.

(55)Entry for July 24, 1862, in Browning, *The Diary of Orville Hickman Browning*, Vol. I, p. 563

(56)Benjamin, "Recollections of Secretary Edwin M. Stanton," *Century* (1887), p. 765

(57)Entry for July 14, 1862, in Browning, *The Diary of Orville Hickman Browning*, Vol. I, p. 559.

(58)*NR*, August 7, 1862.

(59)Entry for August 10, 1862, in French, *Witness to the Young Republic*, p. 405.

(60)*NYT*, August 7, 1862.

(61)Entry for August 6, 1862, *Chase Papers*, Vol. I, p. 360.

(62)AL, "Address to Union Meeting at Washington," August 6, 1862, in *CW*, V, pp. 358–59.

(63)Entry for August 10, 1862, in French, *Witness to the Young Republic*, p. 405.

(64)Entry for August 6, 1862, *Chase Papers*, Vol. I, p. 360.

(65)*NR*, August 7, 1862.

(66)*NYT*, April 5, 1862.

(67)Mary Hay to Milton Hay, April 13, 1862, in *Concerning Mr. Lincoln*, comp. Pratt, p. 94.

(68)Entry for June 16, 1862, in French, *Witness to the Young Republic*, p. 400.

(69)關於「士兵之家」，請見 Matthew Pinsker, *Lincoln's Sanctuary: Abraham Lincoln and the Soldiers' Home* (Oxford and New York: Oxford University Press, 2003); National Park Service, U.S. Department of the Interior, *President Lincoln and Soldiers' Home National Monument*, Special Resource Draft Study (August 2002).

(70)Julia Wheelock Freeman, *The Boys in White; The Experience of a Hospital Agent in and Around Washington* (New York: Lange & Hillman, 1870), p. 171.

(71) Pinsker, *Lincoln's Sanctuary*, p. 12.
(72) *Iowa State Register*, Des Moines, July 2, 1862.
(73) Pinsker, *Lincoln's Sanctuary*, pp. 4–5.
(74) MTL to Mrs. Charles Eames, July 26, [1862], in Turner and Turner, *Mary Todd Lincoln*, p. 131.
(75) Pinsker, *Lincoln's Sanctuary*, p. 78.
(76) Ibid., pp. 9–10.
(77) Ibid., pp. 15 (quote), 81–82.
(78) *Saturday Evening Post*, June 21, 1862.
(79) Mrs. E. F. Ellet, *The Court Circles of the Republic* (Hartford, Conn.: Hartford Publishing Co., 1869; New York: Arno Press, 1975), p. 526.
(80) Walt Whitman to Louisa Whitman, December 29, 1862, in Walt Whitman, *The Wound Dresser: A Series of Letters Written from the Hospitals in Washington During the War of the Rebellion*, ed. Richard Maurice Bucke (Boston: Small, Maynard & Co., 1898; Folcroft, Penn.: Folcroft Library Editions, 1975), p. 48.
(81) Walt Whitman to Louisa Whitman, August 25, 1863, in ibid., p. 104.
(82) *NYTrib*, July 9, 1862.
(83) *NR*, June 30, 1862.
(84) *NR*, June 17–23, 1862; *Iowa State Register*, Des Moines, July 9, 1862.
(85) *NR*, January 9, 1862.
(86) Louisa May Alcott, *Hospital Sketches* (New York: Sagamore Press, 1957), p. 59.
(87) Freeman, *The Boys in White*, p. 37
(88) *NR*, June 27 and September 2, 1862.
(89) Walt Whitman, quoted in *NYT*, February 26, 1863.
(90) *NR*, June 18, 1862.
(91) *NR*, June 23, 1862.
(92) *NR*, April 11, 1862.
(93) *NYTrid*, August 13 , 1862 (quote); Ellet, *The Court Circles of the Republic*, p. 526; AL to Hiram P. Barney, August 16, 1862, in *CW*, V, pp. 377–78.
(94) MTL to "Mrs. Agen," August 10, 1864, in Turner and Turner, *Mary Todd Lincoln*, p. 179.
(95) Alcott, *Hospital Sketches*, pp. 89–92, 99–100, 103, 104.
(96) Walt Whitman to Louisa Whitman, October 6, 1863, in Whitman, *The Wound Dresser*, pp. 123–24.
(97) Walt Whitman to Louisa Whitman, December 29, 1862, in ibid., p. 48.
(98) Alcott, *Hospital Sketches*, p. 59.
(99) Walt Whitman to Louisa Whitman, August 25, 1863, in Whitman, *The Wound Dresser*, p. 104.
(100) Amanda Stearns to her sister, May 14, 1863, reprinted in Amanda Akin Stearns, *The Lady Nurse of Ward E* (New York: Baker & Taylor Co., 1909), pp. 25–26 (quote p. 25).
(101) Alcott, *Hospital Sketches*, pp. 62–63 (quote p. 63).
(102) Stoddard, *Inside the White House in War Times*, p. 48.
(103) Ames, *Ten Years in Washington*, p. 237.
(104) *Chicago Tribune*, July 4, 1872; Mary Elizabeth Massey, *Bonnet Brigades* (New York: Alfred A. Knopf, 1966), p. 44.
(105) *NR*, December 27, 1861.
(106) *NR*, June 27, 1862.
(107) AL, "Message to Congress," March 6, 1862, in *CW*, V, pp. 144–46.
(108) AL to James A. McDougall, March 14, 1862, in *CW*, V, p. 160.
(109) *NYT*, July 13, 1862.
(110) AL, "Message to Congress," March 6, 1862, in *CW*, V, p. 145.
(111) Editors' note on majority reply to AL, "Appeal to Border State Representatives to Favor Compensated Emancipation," July 12, 1862, in ibid., p. 319 n1.
(112) AL, "Message to Congress," April 16, 1862, in ibid., p. 192.
(113) Frederick Douglass to CS, April 8, 1862, reel 25, Sumner Papers.
(114) Smith, *Francis Preston Blair*, p. 354.
(115) EBL to SPL, April 19, 1862, in *Wartime Washington*, ed. Laas, p. 130.
(116) Henry, quoted in Smith, *Francis Preston Blair*, p. 354.
(117) EBL to SPL, April 19, 1862, in *Wartime Washington*, ed. Laas, p. 130.
(118) "An Act to suppress Insurrection, to punish Treason and Rebellion, to seize and confiscate the Property of Rebels, and for other Purposes," July 17, 1862, in *Statutes at Large, Treaties, and Proclamations of the United States of America*, Vol. 12 (Boston, 1863), pp. 589–92, available through "Chronology of Emancipation During the Civil War," *Freedmen and Southern Society Project*, University of Maryland, College Park, ww.history.umd.edu/Freedmen/conact2.htm

(accessed April 2004).

(119)"Confiscation Act of July 17, 1862," in Mark E. Neely, Jr., *The Abraham Lincoln Encyclopedia* (New York: McGraw-Hill, 1982), p. 68.

(120)CS, quoted in James G. Blaine, *Twenty Years of Congress: From Lincoln to Garfield*, Vol. I (Norwich, Conn.: Henry Bill Publishing Co., 1884), p. 374.

(121)Entry for July 14, 1862, in Browning, *The Diary of Orville Hickman Browning*, Vol. I, p. 558.

(122)Henry Cooke to Jay Cooke, July 16, 1862, in Ellis Paxson Oberholtzer, *Jay Cooke: Financier of the Civil War* (Philadelphia: George W. Jacobs & Co., 1907), p. 199.

(123)Entry for July 15, 1862, in Browning, *The Diary of Orville Hickman Browning*, Vol. I, p. 560.

(124)JGN to TB, July 18, 1862, container 2, Nicolay Papers.

(125)Leonard P. Curry, *Blueprint for Modern America: Nonmilitary Legislation of the First Civil War Congress* (Nashville, Tenn.: Vanderbilt University Press, 1968), pp. 101–36, 147–48, 179–97, 244–52.

(126)Entry for July 21, 1862, *Chase Papers*, Vol. I, p. 348.

(127)WHS to FAS, July 12, 1862, quoted in Seward, *Seward at Washington . . . 1861–1872*, pp. 115–16.

(128)Field, *Memories of Many Men*, pp. 264–65.

(129)AL, "Sixth Debate with Stephen A. Douglas, at Quincy, Illinois," October 13, 1858, in *CW*, III, p. 254.

(130)Welles, "History of Emancipation," *Galaxy* (1872), pp. 843, 844; Hendrick, *Lincoln's War Cabinet*, p. 355.

(131)Welles, "History of Emancipation," *Galaxy* (1872) p. 850.

(132)*Star*, July 11, 1862.

(133)Entry for c. July 1862, *Welles diary*, Vol. I (1960 edn.), pp. 70–71.

(134)Entry for July 21, 1862, *Chase Papers*, Vol. I, p. 348.

(135)Welles, "History of Emancipation," *Galaxy* (1872), p. 844.

(136)MTL to Benjamin B. French, July 26, [1862], in Turner and Turner, *Mary Todd Lincoln*, pp. 129–30; Seale, *The President's House*, Vol. I, pp. 291–92, 380.

(137)Entry for July 21, 1862, *Chase Papers*, Vol. I, p. 348.

(138)Entry for July 21, 1862, ibid., pp. 348–49.

(139)Stoddard, *Inside the White House in War Times*, p. 11; entry for July 22, 1862, *Chase Papers*, Vol. I, p. 351.

(140)Welles, "History of Emancipation," *Galaxy* (1872), p. 844.

(141)Carpenter, *Six Months at the White House*, p. 21.

(142)AL, "Emancipation Proclamation—First Draft," [July 22, 1862], in *CW*, V, p. 337.

(143)關於邊界州和南方聯盟的奴隸統計數字，係根據一八六〇年人口普查資料中所記載，留在聯邦內的邊界蓄奴州，以及組成南方聯盟的十一個蓄奴州的奴隸人數。

(144)Welles, "History of Emancipation," *Galaxy* (1872), p. 841.

(145)EMS memorandum, July 22, 1862, reel 3, Stanton Papers, DLC.

(146)Introduction, and entries for April 14, 1862, and November 30, 1863, in *The Diary of Edward Bates, 1859–1866*, pp. xv-xvi, 250, 319.

(147)Welles, "History of Emancipation," *Galaxy* (1872), pp. 844–45.

(148)Entry for September 25, 1862, in *The Diary of Edward Bates, 1859–1866*, pp. 263–64.

(149)Memorandum from September 22, 1862, quoted in Welles, "History of Emancipation," *Galaxy* (1872), p. 848.

(150)Entry for October 1, 1862, *Welles diary*, Vol. I (1960 edn.), p. 159.

(151)Usher, *President Lincoln's Cabinet*, p. 17.

(152)Welles, "History of Emancipation," *Galaxy* (1872), p. 847.

(153)EMS memorandum, July 22, 1862, reel 3, Stanton Papers, DLC.

(154)Entry for July 22, 1862, *Chase Papers*, Vol. I, p. 351.

(155)Entry for August 22, 1863, *Welles diary*, Vol. I (1960 edn.), p. 415.

(156)Christopher Wolcott to Pamphila Stanton Wolcott, July 27, 1862, in Wolcott, "Edwin M. Stanton," p. 158a.

(157)Carpenter, *Six Months at the White House*, p. 21.

(158)EMS memorandum, July 22, 1862, reel 3, Stanton Papers, DLC.

(159)WHS to FAS, August 7, 1862, in Seward, *Seward at Washington . . . 1861–1872*, p. 121.

(160)Carpenter, "A Day with Governor Seward," Seward Papers.

(161)WHS, quoted in Carpenter, *Six Months at the White House*, pp. 21–22.

(162)Carpenter, "A Day with Governor Seward," Seward Papers.

(163)Francis B. Cutting to EMS, February 20, 1867, reel 11, Stanton Papers, DLC.

(164)AL, quoted in Carpenter, *Six Months at the White House*, p. 22.

(165)AL, "First Debate with Stephen A. Douglas at Ottawa, Illinois," August 21, 1858, in *CW*, III, p. 27.

(166)"Address on Colonization to a Deputation of Negroes," August 14, 1862, in *CW*, V, pp. 371–75.

(167)Edward M. Thomas to AL, August 16, 1862, Lincoln Papers.

(168)*Liberator*, August 22, 1862.

(169)Christopher N. Breiseth, "Lincoln and Frederick Douglass: Another Debate," *Journal of the Illinois State Historical Society* 68, no. 1 (February 1975), pp. 14–15.

(170)*Douglass' Monthly* (September 1862).

(171)AL, "Temperance Address," February 22, 1842, in *CW*, I, p. 273.

(172)Entry for August 15, 1862, *Chase Papers*, Vol. I, p. 362.

(173)Entry for August, 1862, in Gurowski, *Diary from March 4, 1861 to November 12, 1862*, pp. 251–52.

(174)*NYTrib*, August 20, 1862.

(175)*NYT*, August 24, 1862.

(176)AL to Horace Greeley, August 22, 1862, in *CW*, V, pp. 388–89.

(177)FAS to WHS, August 24, 1862, reel 114, Seward Papers.

(178)WHS, quoted in Carpenter, *Six Months at the White House*, pp. 72–73.

(179)FAS, miscellaneous fragment, reel 197, Seward Papers.

18「絕不食言」

①Henry W. Halleck to EMS, August 30, 1862, in *OR*, Ser. 1, Vol. XII, Part III, p. 739; John J. Hennessy, *Return to Bull Run: The Campaign and Battle of Second Manassas* (New York: Simon & Schuster, 1993), p. 10.

②GBM to Henry W. Halleck, August 4, 1862, in *Civil War Papers of George B. McClellan*, pp. 383–84 (quote p. 383).

③GBM to MEM, August 8, [1862], in ibid., p. 388.

④GBM to Henry W. Halleck, August 12, [1862], in ibid., p. 390–93; Henry W. Halleck to EMS, August 30, 1862, in *OR*, Ser. 1, Vol. XII, Part III, p. 739.

⑤Hennessy, *Return to Bull Run*, pp. 50–51, 55, 92–93, 122–23, 136.

⑥WHS to FAS[?], August 21, 1862, quoted in Seward, *Seward at Washington…1861–1872*, p. 124.

⑦*NR*, August 27, 1862.

⑧William Shakespeare, *The Tragedy of Julius Caesar*, Act II, sc. 2.

⑨Sears, *George B. McClellan*, pp. 252–56; GBM to MEM, August 24 [1862], in *Civil War Papers of George B. McClellan*, pp. 404 (quote).

⑩GBM to MEM, August 23 [1862], in *Civil War Papers of George B. McClellan*, pp. 400.

⑪*Star*, August 30, 1862.

⑫*NR*, September 1, 1862.

⑬Leech, *Reveille in Washington*, p. 188; entry for September 3, 1862, *Welles diary*, Vol. I (1960 edn.), p. 106.

⑭*NR*, September 1, 1862.

⑮Bates, *Lincoln in the Telegraph Office*, p. 118.

⑯AL to Ambrose Burnside, August 29, 1862, in *CW*, V, p. 398; Lincoln to Herman Haupt, August 29, 1862, in ibid., p 299: Lincoln to GBM, August 29, 1862, in ibid.; Bates, *Lincoln in the Telegraph Office*, pp. 119–21.

⑰GBM to AL, August 29, 1862, Lincoln Papers.

⑱"[1 September, 1862, Monday]," in Hay, *Inside Lincoln's White House*, pp. 36–37.

⑲EMS to Henry W. Halleck, August 28, 1862, in *OR*, Ser. 1, Vol. XII, Part III, p. 706; Henry W. Halleck to EMS, August 30, 1862, in ibid., p. 739 (quote).

⑳SPC, paraphrased in entry for September 1, 1862, *Welles diary*, Vol. I (1960 edn.), p. 102.

㉑Entries for August 29–30, 1862, in *Chase Papers*, Vol. I, pp. 366–67.

㉒EB to Hamilton Gamble, September 1, 1862, Bates Papers, MoSHi.

㉓Entry for September 1, 1862, *Welles diary*, Vol. I (1960 edn.), p. 100.

㉔Flower, *Edwin McMasters Stanton*, pp. 176–77.

㉕Entry for August 31, 1862, *Welles diary*, Vol. I (1960 edn.), pp. 93–95. Howard Beale 指出一九一一年版的威爾斯出版日記，在最初的日記原稿外添加了若干詞句。請參閱 Beale 針對威爾斯日記後來遭變更之處所做的校訂。

㉖"[1 September, 1862, Monday]," in Hay, *Inside Lincoln's White House*, p. 37.

㉗Entry for August 31, 1862, *Welles diary*, Vol. I (1960 edn.), pp. 95–98 (quotes pp. 97–98).

㉘Entry for September 1, 1862, ibid., pp. 101–02.

㉙Entry for August 31, 1862, ibid., pp. 98.

㉚"[1 September, 1862, Monday]," in Hay, *Inside Lincoln's White House*, pp. 37–38.

㉛"5 September, 1862, Friday," in ibid., p. 38; FWS to WHS, September 1, 1862, quoted in Seward, *Seward at Washington…1861–1872*, p. 126; McPherson, *Battle Cry of Freedom*, pp. 532.

㉜*NYT*, August 31, 1862.

㉝"1 September, 1862, Monday," in Hay, *Inside Lincoln's White House*, pp. 37.

㉞AL, quoted in "5 September, 1862, Friday," in ibid., p. 38–39.

㉟Entry for September 12, 1862, *Welles diary*, Vol. I (1960 edn.), p. 124; Sears, *George B. McClellan*, p. 260.

㊱Entry for September 1, 1862, ibid., pp. 100–03 (quotes); Entry for September 1, 1863, in *Chase Papers*, Vol. I, pp. 367–68.

㊲Entry for September 2, 1862, in *Lincoln Day by Day*, Vol. III, p. 137; entry for September 2, 1862, *Welles diary*, Vol. I (1960 edn.), p. 104 (quote).

㊳Janet W. Seward, "Personal Experience in the Civil War, " box 132, Seward Papers, NRU; FAS to WHS, August 24, September 7, 1862, reel 114, Seward Papers; FAS to WHS, September 10, 1862, reel 116, Seward Papers.

㊴Seward, *Seward at Washington…1861–1872*, p. 127.

㊵Entry for September 2, 1862, *Welles diary*, Vol. I (1960 edn.), p. 104.

㊶Ibid., pp. 104–05 (quotes); entry for September 2 , 1862, in *Lincoln Day by Day*, Vol. III, p. 137.

㊷*Evening Post*, New York, July 13, 1891 (quote); Flower, *Edwin McMasters Stanton*, p. 179.

㊸EB, quoted in footnote to AL, "Meditation on the Divine Will," [September 2, 1862?] in *CW*, V, p. 404 n1.

㊹AL, "Meditation on the Divine Will," [September 2, 1862?], in ibid., pp. 403–04.

㊺Seward, *Seward at Washington…1861–1872*, p. 127.

㊻WHS, quoted in "[Mid-September, 1862?]," in Hay, *Inside Lincoln's White House*, p. 40.

㊼WHS to FS, c. November 1862, quoted in Seward, *Seward at Washington…1861–1872*, p. 144.

㊽WHS to FAS, September 20, 1862, quoted in ibid., p. 132.

㊾"5 September 1862, Friday," in Hay, *Inside Lincoln's White House*, p. 38.

㊿FWS to WHS, September 3, 1862, quoted in Seward, *Seward at Washington…1861–1872*, p. 127.

(51)GBM to MEM, September 5, [1862], in *Civil War Papers of George B. McClellan*, p. 435.

(52)GBM to MEM, September 12 and 14, [1862], and GBM to AL, September 13, [1862], in *Civil War Papers of George B. McClellan*, pp. 450, 458, 453.

(53)James M. McPherson, *Crossroad of Freedom: Antietam*. Pivotal Moments in American History Series (New York: Oxford University Press, 2002), pp. 98, 104–05, 107–08. 有關「遺失論令」的史實，請參閱 "Special Orders, No. 191, Hd Qrs Army of Northern Va, Sept 9th 1862," reel 31, McClellan Papers, DLC.

(54)GBM to MEM, [September] 17, [1862], in ibid., p. 468.

(55)McPherson, *Battle Cry of Freedom*, p. 544.

(56)GBM to MEM, September 20, [1862], in *Civil War Papers of George B. McClellan*, p. 473.

(57)AL to GBM, September 15, 1862, *CW*, V, p. 426; GBM to Henry W. Halleck, September19 and 20, 1862, in *Civil War Papers of George B. McClellan*, pp. 470, 475.

(58)*NYT*, September 18, 1862.

(59)*NYT*, September 20, 1862.

(60)Carpenter, *Six Months at the White House*, p. 24; entry for September 22, 1862, in *Chase Papers*, Vol.1, p. 393 (quote); EMS, quoted by Judge Hamilton Ward in interview in the *Lockport Journal*, May 21, 1893, reprinted in Whipple, *The Story-Life of Lincoln*, p. 421.

(61)AL, quoted in entry for September 22, 1862, in *Chase Papers*, Vol. I, pp. 393–94.

(62)Welles, "History of Emancipation," *Galaxy* (1872), p. 847.

(63)AL, paraphrased in entry for September 22, 1862, in *Chase Papers*, Vol.I, p. 394.

(64)Welles, "History of Emancipation," *Galaxy* (1872), p. 846.

(65)Entry for September 22, 1862, in *Chase Papers*, Vol. I, p. 395.

(66)WHS, quoted in entry for September 22, 1862, in ibid., p. 394.

(67)AL, quoted in Carpenter, *Six Months at the White House*, pp. 23–24.

(68)AL, "Reply to Serenade in Honor of Emancipation Proclamation," September 24, 1862, in *CW*, V, p. 438.

(69)"[24 September 1862, Wednesday]," in Hay, *Inside Lincoln's White House*, p. 41 (quote); entry for September 24, 1862, in *Chase Papers*, Vol.I, p. 399; *NYT*, September 25, 1862.

(70)Entry for September 23, 1862, in Gurowski, *Diary from March 4, 1861 to November12, 1862*, p. 278.

(71)Fessenden, paraphrased in entry for November 28, 1862, in Browning, *The Diary of Orville*

Hickman Browning, Vol.I, p. 587.

72 *Douglass' Monthly* (October 1862).

73 AL, quoted in George S. Boutwell, *Speeches and Papers Relating to the Rebellion and the Overthrow of Slavery* (Boston: Little, Brown, 1867), p. 362.

74 *The Times* (London), quoted in *NYT* September 30, 1862.

75 *Richmond Enquirer,* October 1, 1862, quoted in *Philadelphia Inquirer,* October, 6 1862.

76 "[24 September 1862, Wednesday]," in Hay, *Inside Lincoln's White House,* p. 41.

77 Hannibal Hamlin to AL, September 25, 1862, Lincoln Papers.

78 AL to Hannibal Hamlin, September 28, 1862, in *CW,* V, p. 444.

79 GBM to MEM, September 20, [1862], in *Civil War Papers of George B. McClellan,* p. 476.

80 GBM to MEM, September 25, [1862], in ibid., p. 481.

81 Sears, *George B. McClellan,* pp. 326–27.

82 Entries for September 25 and October 3, 1862, *Welles diary,* Vol. I (1960 edn.), pp. 148–49, 160–61.

83 AL, quoted in "25 September 1863, Sunday," in Hay, *Inside Lincoln's White House,* p. 232.

84 Entry for October 1, 1862, in *Lincoln Day by Day,* Vol. III, p. 143; John G. Nicolay and John Hay, *Abraham Lincoln: A History,* Vol. VI (New York: Century Co., 1917), p. 174.

85 AL, quoted in "Lincoln Visits the Army of the Potomac," *Lincoln Lore,* no. 1277, September 28, 1953.

86 *NYH,* October 5, 1862.

87 關於安提耶坦住宿，請見 "Lincoln Visits the Army of the Potomac," *Lincoln Lore,* no. 1277, September 28, 1953.

88 AL to GBM, October 13, 1862, Lincoln Papers.

89 GBM to MEM, October 5, [1862], in *Civil War Papers of George B. McClellan,* p. 490.

90 GBM to MEM, October 2, [1862], in ibid., p. 488.

91 AL, "Speech at Frederick, Maryland," October 4, 1862, in *CW,* V. p. 450.

92 AL, "Second Speech at Frederick, Maryland," October 4, 1862, in ibid., p. 450.

93 Henry W. Halleck to GBM, October 6, 1862, in *OR,* Ser. 1, Vol. XIX, Part II , p. 10.

94 GBM to Henry W. Halleck, October 7, 9, 11, and 18, 1862, and GBM to AL, October 17 and 30, 1862, in *Civil War Papers of George B. McClellan,* pp. 493, 495, 499, 502, 516.

95 AL to GBM, October [25], 1862, in *CW,* V, p. 474.

96 Entry for October 23, 1862, *Diary of George Templeton Strong,* Vol. III, p. 267.

97 WHS to FS, October 1862, quoted in Seward, *Seward at Washington . . . 1861–1872,* pp. 141, 142 (quote p. 141).

98 Sears, *George B. McClellan,* p. 335; Hendrick, *Lincoln's War Cabinet,* p. 325; AL, quoted in Sandburg, *Abraham Lincoln: The War Years,* Vol. I, p. 611 (quote).

99 AL, quoted in "25 September 1863, Sunday," in Hay, *Inside Lincoln's White House,* p. 232.

100 GBM to MEM, November 7, [1862], in *Civil War Papers of George B. McClellan,* p. 520.

101 *National Intelligencer,* Washington, D.C., November 14, 1862.

102 GBM to the Army of the Potomac, November 7, 1862, in *Civil War Papers of George B. McClellan,* p. 521.

103 Darius N. Couch, "Sumner's 'Right Grand Division,'" in *Battles and Leaders of the Civil War,* Vol. III, Pt. 1, p. 106; Schurz, *Reminiscences,* Vol. II, pp. 397–98.

104 Entry for January 1, 1863, Fanny Seward diary, Seward Papers.

105 關於費德里克斯堡會戰，請見 McPherson, *Battle Cry of Freedom,* pp. 571–72; Spencer C. Tucker, "Fredericksburg, First Battle of," in *Encyclopedia of the American Civil War,* ed. Heidler and Heidler, pp. 774–79.

106 AL, "Congratulations to the Army of the Potomac," December 22, 1862, in *CW,* VI, p. 13.

107 AL, paraphrased in Stoddard, *Inside the White House in War Times,* p. 101.

108 Entry for December 18, 1862, in Browning, *The Diary of Orville Hickman Browning,* Vol. I, p. 601.

109 Fessenden, *Life and Public Services of William Pitt Fessenden,* Vol. I, pp. 231–32 (quote p. 232).

110 Benjamin Wade, paraphrased in entry for December 16, 1862, in Browning, *The Diary of Orville Hickman Browning,* Vol. I, p. 597.

111 SPC to John Sherman, September 20, 1862, reel 22, Chase Papers (quote); SPC to Zachariah Chandler, September 20, 1862, reel 1, Chandler Papers, DLC.

112 Boston *Commonwealth,* December 6, 1862, quoted in David Donald, *Charles Sumner and the Rights of Man* (New York: Alfred A. Knopf, 1970), p. 87.

113 *Chicago Tribune,* quoted in Thomas, *Abraham Lincoln,* p. 352.

114 Fessenden, *Life and Public Services of William Pitt Fessenden,* Vol. I, p. 232.

115 Benjamin Wade, paraphrased in entry for December 16, 1862, in Browning, *The Diary of Orville*

Hickman Browning, Vol. I, p. 597.

(116)Fessenden, *Lift and Public Services of William Pitt Fessenden,* Vol. I, p. 234.

(117)Senator Grimes, paraphrased in ibid., p. 233.

(118)Ibid., p. 235.

(119)Entry for December 16, 1862, in Browning, *The Diary of Orville Hickman Browning,* Vol. I, pp. 597–98.

(120)Fessenden, *Life and Public Services of William Pitt Fessenden,* Vol. I, p. 236.

(121)Entry for December 16, 1862, in Browning, *The Diary of Orville Hickman Browning,* Vol. I, p. 598.

(122)Seward, *Seward at Washington . . . 1861–1872,* pp. 146–47 (quotes); Entry for December 19, 1862, *Welles diary,* Vol. I (1960 edn.), p. 194.

(123)Entry for December 18, 1862, in Browning, *The Diary of Orville Hickman Browning,* Vol. I, p. 600.

(124)Entry for December 20, 1862, *Welles diary,* Vol. I (1960 edn.), p. 201.

(125)Entry for December 22, 1862, Fanny Seward diary, Seward Papers.

(126)Entry for c. December 18 and 20, 1862, Fanny Seward diary, Seward Papers.

(127)Fessenden, *Lift and Public Services of William Pitt Fessenden,* Vol. I, p. 242.

(128)Ibid., pp. 236–38.

(129)Entry for December 18, 1862, in Browning, *The Diary of Orville Hickman Browning,* Vol. I, p. 600.

(130)Fessenden, *Life and Public Services of William Pitt Fessenden,* Vol. I, p. 242.

(131)Committee of Nine paper, quoted in ibid., p. 239.

(132)Benjamin Wade, paraphrased in ibid., p. 240.

(133)Ibid., p. 241.

(134)Entry for December 19, 1862, in *The Diary of Edward Bates,* 1859–1866, p. 269.

(135)Entry for December 19, 1862, *Welles diary,* Vol. I (1960 edn.), p. 195.

(136)Entry for December 19, 1862, in *The Diary of Edward Bates, 1859–1866,* p. 269.

(137)Fessenden, *Life and Public Services of William Pitt Fessenden,* Vol. I, pp. 242–43.

(138)"30 October 1863, Friday," in Hay, *Inside Lincoln's White House,* p. 104.

(139)Entry for December 19, 1862, *Welles diary,* Vol. I (1960 edn.), pp. 194–95.

(140)Entry for December 19, 1862, in *The Diary of Edward Bates, 1859–1866,* p. 269.

(141)Entry for December 19, 1862, *Welles diary,* Vol. I (1960 edn.), pp. 195–96 (quote p. 195).

(142)Entry for December 20, 1862, ibid., p. 196; Fessenden, *Life and Public Services of William Pitt Fessenden,* Vol. I, p. 243 (quote).

(143)Entry for December 20, 1862, *Welles diary,* Vol. I (1960 edn.), p. 196.

(144)Fessenden, *Life and Public Services of William Pitt Fessenden,* Vol. I, pp. 243–44, 245–46.

(145)Entry for December 20, 1862, *Welles diary,* Vol. I (1960 edn.), pp. 196–97.

(146)Ibid., p. 197.

(147)MB, paraphrased in Fessenden, *Life and Public Services of William Pitt Fessenden,* Vol. I, p. 245.

(148)Entry for December 19, 1862, in *The Diary of Edward Bates, 1859–1866,* p. 270.

(149)Entry for December 20, 1862, *Welles diary,* Vol. I(1960 edn.), p. 199.

(150)SPC, paraphrased in Fessenden, *Life and Public Services of William Pitt Fessenden,* Vol. I, pp. 244, 246.

(151)Ibid., p. 249.

(152)Ibid., pp. 246–49; Nicolay and Hay, *Abraham Lincoln,* Vol. VI, p. 266.

(153)Jacob Collamer, quoted in entry for December 22, 1862, in Browning, *The Diary of Orville Hickman Browning,* Vol. I, p. 603.

(154)AL, paraphrased by Robert Todd Lincoln, in Nicolay, *Personal Traits of Abraham Lincoln,* pp. 159–60.

(155)Entry for December 20, 1862, *Welles diary,* Vol. I (1960 edn.), pp. 199–200.

(156)EMS, quoted in Seward, *Seward at Washington . . . 1861–1872,* p. 147.

(157)Entry for December 20, 1862, *Welles diary,* Vol. I (1960 edn.), p. 200.

(158)Seward, *Seward at Washington . . . 1861–1872,* p. 147.

(159)Entry for December 20, 1862, *Welles diary,* Vol. I (1960 edn.), p. 201.

(160)Henry Cooke to Jay Cooke, December 20, 1862, in Oberholtzer, *Jay Cooke,* pp. 224, 226 (quotes p. 226).

(161)Entry for December 20, 1862, *Welles diary,* Vol. I (1960 edn.), pp. 201–02.

(162)AL to WHS and SPC, December 20, 1862, in *CW,* VI, p. 12.

(163)Entry for December 23, 1862, *Welles diary,* Vol. I (1960 edn.), p. 205.

(164)AL, quoted in Seward, *Seward at Washington . . . 1861–1872,* p. 148.

(165)WHS to AL, December 21, 1862, Lincoln Papers.

(166)Entry for December 22, 1862, Fanny Seward diary, Seward Papers.

(167)SPC to AL, December 20, 1862, Lincoln Papers.

⑯SPC to AL, December 22, 1862, Lincoln Papers.

⑯Entry for December 23, 1862, *Welles diary,* Vol. I (1960 edn.), p. 205.

⑰SPC to FWS, December 24, 1862, reel 24, Chase Papers.

⑰JGN to TB, December 23, 1862, container 2, Nicolay Papers.

⑰SPC to FWS, December 24, 1862, reel 24, Chase Papers.

⑰EBL to SPL, January 14, [1863], in *Wartime Washington,* ed. Laas, p. 231.

⑰Entry for January 1, 1863, in Browning, *The Diary of Orville Hickman Browning,* Vol. I, pp. 608–09.

⑰"30 October 1863, Friday," in Hay, *Inside Lincoln's White House,* p. 104.

19「後方失火」

①*NYT*, December 27, 1862.

②Entry for December 30, 1862, *Diary of George Templeton Strong,* Vol. III, p. 284.

③*Douglass' Monthly* (October 1862).

④Allen C. Guelzo, *Lincoln's Emancipation Proclamation: The End of Slavery in America* (New York: Simon & Schuster, 2004), pp. 178–81, 254–60 (quotes p. 260); entry for December 31, 1862, *Welles diary,* Vol. I (1960 edn.), pp. 210–11.

⑤Quarles, *Lincoln and the Negro,* p. 140; Guelzo, *Lincoln's Emancipation Proclamation,* p. 181.

⑥*Conversations wish Lincoln,* ed. Charles M. Segal (1961; New Brunswick, NJ., and London: Transaction Publishers, 2002), pp. 232–34 (quote p. 232); Donald, *Lincoln,* pp. 409–11.

⑦Entry for January 25, 1863, in *Lincoln Day by Day,* Vol. III, p. 165.

⑧"Hooker Joseph (1814–1879)" in Sifakis, *Who Was Who in the Union,* pp. 199–200.

⑨Guelzo, *Lincoln's Emancipation Proclamation,* p. 181.

⑩Entry for January 1, 1863, Fanny Seward diary, Seward Papers.

⑪EBL to SPL, January 1, 1863, in *Wartime Washington,* ed. Laas, p. 224.

⑫Entry for January 1, 1863, Fanny Seward diary, Seward Papers.

⑬Noah Brooks, *Mr. Lincoln's Washington: Selections from the Writings of Noah Brooks, Civil War Correspondent,* ed. P.J. Staudenraus (South Brunswick, NJ.: Thomas Yoseloff, 1967), pp. 58–60.

⑭Ibid., p. 29.

⑮Ibid., p. 60.

⑯Benjamin B. French, quoted in Randall, *Mary Lincoln,* p. 320.

⑰Brooks, *Mr. Lincoln's Washington,* pp. 61–62.

⑱Ibid., p. 176.

⑲Thomas and Hyrnan, *Stanton,* p. 392.

⑳Guelzo, *Lincoln's Emancipation Proclamation,* p. 182.

㉑Carpenter, *Six Months at the White House,* p. 269.

㉒AL quoted in Seward, *Seward at Washington… 1861–1872,* p. 151.

㉓Carpenter, *Six Months at the White House,* p. 269.

㉔Seward, *Seward at Washington . . . 1861–1872,* p. 151.

㉕Carpenter, *Six Months at the White House,* p. 269.

㉖Seward, *Seward at Washington . . . 1861–1872,* p. 151.

㉗Entry for January 1, 1863, in Adam Gurowski, *Diary from November 18, 1862 to October 18, 1863*. Vol. II. Burt Franklin: Research & Source Works #229 (New York, 1864; New York: Burt Franklin, 1968), p. 61.

㉘Frederick Douglass, *Life and Times of Frederick Douglass, Written by Himself (1893* edn.), reprinted in *Frederick Douglass, Autobiographies*. Library of America Series (New York: Literary Classics of the United States, 1994) p. 790 (quote); *Boston Journal,* January 2, 1863; *Boston Transcript*, January 2, 1863.

㉙*Boston Journal,* January 2, 1863; *Boston Post,* January 2, 1863; Quarles, *Lincoln and the Negro,* p. 143.

㉚Douglass, *Life and Times of Frederick Douglass,* p. 791.

㉛Helm, *The True Story of Mary,* pp. 208–09.

㉜MTL to CS, December 30, 1862, in Turner and Turner, *Mary Todd* Lincoln, p. 144.

㉝Douglass, *Life and Times of Frederick Douglass,* p. 791.

㉞Eliza S. Quincy to MTL, January 2, 1863, Lincoln Papers.

㉟Guelzo, *Lincoln's Emancipation Proclamation,* p. 186; *NYT* January 3, 1863 (quote).

㊱*Boston Daily Evening Transcript,* January 2, 1863.

㊲James A. Garfield to Burke Hinsdale, January 6, 1863, quoted in Theodore Clarke Smith, *The Life and Letters of James Abram Garfield*. Vol. 1: *1831–1877* (New Haven: Yale University Press, 1925), p. 266.

㊳AL, "Annual Message to Congress," December 1, 1862, in *CW*, V, p. 537.

㊴AL, paraphrased in Joshua E Speed to WHH, February 7, 1866, in *HI*, p. 197.

㊵*Louisville Journal* quoted in *Boston Post*, January 2, 1863.

㊶WHS to FS, September 1862, quoted in Seward, *Seward at Washington…1861–1872*, p. 135.

㊷AL, quoted in Carpenter, *Six Months at the White House*, p. 77.

㊸Walt Whitman, "Origins of Attempted Secession," *The Complete Prose Works of Walt Whitman*, Vol. II (New York: G. P. Putnam's Sons/The Knickerbocker Press, 1902), p. 155.

㊹AL, quoted in Carpenter, *Six Months at the White House*, p. 77.

㊺Guelzo, *Lincoln's Emancipation Proclamation*, p. 187.

㊻*NYT*, January10, 1863.

㊼Oliver P. Morton to EMS, February 9, 1863, reel 3, Stanton Papers, DLC.

㊽JGN to TB, January 11, 1863, container 2, Nicolay Papers.

㊾AL, quoted in CS to Francis Lieber, January 17, 1863, quoted in Edward L. Pierce, *Memoir and Letters of Charles Sumner*. Vol. IV *1860–1874* (Boston: Roberta Brothers, 1893), p. 114.

㊿McPherson, *Battle Cry of Freedom*, pp. 586–88, 590 (quote).

(51)關於銅頭，請見 McPherson, *Battle Cry of Freedom*, pp. 493, 591, 593, 600; John C. Waugh, *Reelecting Lincoln: The Battle for the 1864 Presidency* (New York: Crown Publishers, 1997), p. 91.

(52)Brooks, *Mr. Lincoln's Washington*, pp. 105–06.

(53)Clement L. Vallandigham, "The Constitution-Peace-Reunion," January 14, 1863, *Appendix to the Congressional Globe*, 37th Cong., 3rd sess. pp. 55, 57–59 (quotes on p. 55).

(54)Brooks, *Mr. Lincoln's Washington*, p. 70.

(55)Ibid., pp. 87–88.

(56)Andrew H. Foote, paraphrased in entry for January 9, 1863, in Browning, *The Diary of Orville Hickman Browning*, Vol. I, p. 611.

(57)Entry for January 26, 1863, in ibid., p. 620.

(58)Entry for January 29, 1863, in ibid., pp. 620–21 (quotes p. 621).

(59)Entry for January 19, 1863, in ibid., p. 616.

(60)Entry for January 26, 1863, in ibid., p. 620.

(61)AL, "To the Workingmen of London," February 2, 1863, in *CW*, VI, pp. 88–89.

(62)See Curry, *Blueprint for Modern America*.

(63)*NYT*, February 20, 1863.

(64)*NYT*, April 21, 1863.

(65)*Daily Morning Chronicle*, Washington, D.C., April 1, 1863.

(66)Jane Grey Swisshelm, quoted in *St. Cloud [Minn.] Democrat*, April 9, 1863, in Frank Klement, "Jane Grey Swisshelm and Lincoln: A Feminist Fusses and Frets," *Abraham Lincoln Quarterly* 6 (December 1950), pp. 235–36.

(67)AL, quoted in Barnes, *Memoir of Thurlow Weed*, pp. 434–35.

(68)Ibid., p. 435; AL to TW, February 19, 1862, in *CW*.VI, pp. 112–13.

(69)Entry for February 10, 1863, *Welles diary*, Vol. I (1960 edn.), p. 235.

(70)*NYT*, April 8, 1863.

(71)*NYT*, April 9, 1863.

(72)JH to Mrs. Charles Hay, April 23, 1863, in Hay, *At Lincoln's Side*, p. 38.

(73)EMS to Isabella Beecher Hooker, May 6, 1863, in Wolcott, "Edwin M. Stanton," p. 160.

(74)JGN to TB, March 22, 1863, container 2, Nicolay Papers.

(75)Brooks, *Mr. Lincoln's Washington*, p. 138.

(76)Entry for January 17, 1863, Fanny Seward diary, Seward Papers.

(77)AL, quoted in "Personal," *Daily Morning Chronicle*, Washington, D.C., May 2, 1863

(78)Brooks, *Mr. Lincoln's Washington*, p. 175.

(79)Entry for January 28, 1863, *Diary of George Templeton Strong*, Vol. III, p. 292.

(80)Bates, *Lincoln in the Telegraph Office*, pp. 41–42, 143, 190.

(81)AL, quoted in entry for April 21, 1863, in Dahlgren, *Memoir of John A. Dahlgren*, p. 390.

(82)Entry for April 30, 1864, in Hay, *Inside Lincoln's White House*, p. 194.

(83)MTL to Mary Janes Welles, February 21, 1863, reel 35, Welles Papers.

(84)MTL to Benjamin B. French, March 10, 1863, in Thomas F. Schwartz and Kim M. Bauer, "Unpublished Mary Todd Lincoln," *Journal of the Abraham Lincoln Association* 17 (Summer 1996), p. 5.

(85)Entry for February 22, 1863, in French, *Witness to the Young Republic*, p. 417.

(86)Entry for February 12, 1863, Fanny Seward diary, Seward Papers.

(87)Boyden, *Echoes from Hospital and White House*, pp. 131–32.

(88)Pomroy, quoted in ibid., pp. 132–33.

(89) Jane Grey Swisshelm, *Half a Century* (Chicago: J. G. Swisshelm, 1880), pp. 236–37 (quotes p. 237).

(90) Nettie Colburn Maynard, *Was Abraham Lincoln a Spiritualist?, or Curious Revelations from the Life of a Trance Medium* (Philadelphia: Rufus C. Hartranft, 1891), p. 83.

(91) Joshua F Speed to AL, October 26, 1863, Lincoln Papers.

(92) Mr. Laurie and AL, quoted in Maynard, *Was Abraham Lincoln a Spiritualist?*, p. 83.

(93) S. P. Kase, quoted in J. J. Fitzgerrell, *Lincoln Was a Spiritualist* (Los Angeles: Austin Publishing Co., 1924), pp. 18–19.

(94) Maynard, *Was Abraham Lincoln a Spiritualist?*, p. 85.

(95) "Lord Colchester-Spirit Medium," *Lincoln Lore*, no. 1497 (November 1962), p. 4.

(96) S. P. Kase, quoted in Fitzgerrell, *Lincoln Was a Spiritualist*, pp. 20–21.

(97) SPC to Horace Greeley, January 28, 1863, reel 24, Chase Papers.

(98) SPC to Richard C. Parsons, February 16, 1863, reel 25, Chase Papers.

(99) SPC, "*Going Home to Vote.*" *Authentic Speeches of S. P Chase, Secretary of the Treasury, During His Visit to Ohio, with His Speeches at Indianapolis, and at the Mast Meeting in Baltimore, October 1863* (Washington, D.C.: W H. Moore, 1863), p. 25; Brooks, *Mr. Lincoln's Washington*, p. 176.

(100) SPC to Jay Cooke, June 2, 1863, reel 27, Chase Papers.

(101) Benjamin, "Recollections of Secretary Edwin M. Stanton," *Century* (1887), p. 759.

(102) Entry for April 25, 1863, *Diary of George Templeton Strong*, Vol. III, p. 314.

(103) E. D. Townsend, *Anecdotes of the Civil War in the United States* (New York: D. Appleton & Co., 1884), p. 136.

(104) Benjamin, "Recollections of Secretary Edwin M. Stanton," *Century* (1887), pp. 759–60.

(105) Ibid., p. 766; Johnson, "Reminiscences of the Hon. Edwin M. Stanton," *RCHS* (1910), p. 80 (quote).

(106) Wolcott, "Edwin M. Stanton," p. 161; Thomas and Hyman, *Stanton*, pp. 165–66.

(107) JH to JGN, November 25, 1863, quoted in Hay, *At Lincoln's Side*, p. 69.

(108) Johnson, "Reminiscences of the Hon. Edwin M. Stanton," *RCHS* (1910), p. 92.

(109) *NYT*, April 14, 1863; Wolcott, "Edwin M. Stanton," p. 130a.

(110) Wolcott, "Edwin M. Stanton," p. 159.

(111) AL, "Memorandum Concerning Francis L. Capen's Weather Forecasts," April 28, 1863, in *CW*, VI, pp. 190–91.

(112) AL to Henry T Blow, Charles D. Drake and Others, May 15, 1863, in ibid., p. 218.

(113) AL to Franz Sigel, February 5, 1863, in ibid., p. 93.

(114) AL, quoted in Pinsker, *Lincoln's Sanctuary*, pp. 52–53.

(115) Schurz, *Reminiscences*, Vol. II, pp. 393–96.

(116) Noah Brooks, "A Boy in the White House," *St. Nicholas: An Illustrated Magazine for Young Folks* 10 (November 1882), p. 62; Brooks, *Mr. Lincoln's Washington*, pp. 147–64.

(117) Anson G. Henry to his wife, April 12, 1863, transcribed in "Another Hooker Letter," *Abraham Lincoln Quarterly* 2 (March 1942), pp. 10–11.

(118) Entry for April 4, 1863, in *The Diary of Edward Bates, 1859–1866*, p. 288.

(119) 有關天氣，請見 *Sun*, Baltimore, Md., April 6, 1863; entry for April 4, 1863, *in The Diary of Edward Bates, 1859–1866*, p. 287; Brooks, *Mr. Lincoln's Washington*, p. 51.

(120) Seward, *Reminiscences of a War-Time Statesman and Diplomat*, p. 185; Noah Brooks, *Washington, D.C., in Lincoln's Time*, ed. Herbert Mitgang (Chicago: Quadrangle Books, 1971; Athens, Ga., and London: University of Georgia Press, 1989), p. 51.

(121) Brooks, "A Boy in the White House," *St. Nicholas* (1882), p. 62.

(122) Brooks, *Mr. Lincoln's Washington*, pp. 148–49.

(123) *Sun*, Baltimore, Md., April 7, 1863 (quote); Brooks, *Mr. Lincoln's Washington*, p. 149.

(124) *NYH*, April 10, 1863 (quotes); Brooks, *Washington, D.C. in Lincoln's Time*, p. 52.

(125) Brooks, *Mr. Lincoln's Washington*, pp. 150–51; Shelby Foote, *The Civil War: A Narrative. Vol. II: Fredericksburg to Meridian* (New York: Random House, 1963: New York: Vintage Books, 1986), p. 235

(126) 關於胡克及其住處，請見 Entry for April 27, 1863, Fanny Seward diary; Seward Papers; *NYH*, April 10, 1863; Brooks, *Mr. Lincoln's Washington*, p. 150.

(127) AL to Joseph Hooker, January 26, 1863, in *CW*, VI, pp. 78–79.

(128) Anson G. Henry to his wife, April 12, 1863, transcribed in "Another Hooker Letter," *ALQ* 2 (1942), p. 11.

(129) Joseph Hooker, quoted *in* Brooks, *Washington, D.C. in Lincoln's Time*, p. 57.

(130) *NYH*, April 10, 1863 (quote); *Star*, April 7, 1863; Brooks, *Mr. Lincoln's Washington*, p. 150.

(131)Brooks, *Washington, D.C. in Lincoln's Time*, p. 59.

(132)Brooks, *Mr. Lincoln's Washington*, p. 150; *NYH*, April 10, 1863 (quote).

(133)Brooks, *Washington, D.C., in Lincoln's Time*, p. 53; *NYH*, April 11, 1863; Brooks, *Mr. Lincoln's Washington*, p. 153 (quote).

(134)Brooks, "A Boy in the White House," *St. Nicholas (1882)*, p. 62.

(135)*NYH*, April 11, 1863.

(136)Brooks, *Mr. Lincoln's Washington*, pp. 154, 158–59 (quote).

(137)Ibid., p. 161.

(138)*NYH*, April 10, 1863.

(139)Brooks, *Mr. Lincoln's Washington*, pp. 155–56.

(140)Seward, *Seward at Washington . . . 1861–1872*, p. 162 (first quote); *NYH*, April 10, 1863 (last quote).

(141)Brooks, *Mr. Lincoln's Washington*, p. 156.

(142)Ibid., pp. 15 3–54.

(143)AL, quoted *in* Couch, "Sumner's Right Grand Division,'" in *Battles and Leaders of the Civil War*, Vol. III, Pt. I, p. 120.

(144)*NYH*, April 12, 1863.

(145)EBL to SPL, April 16, 1863, in *Wartime Washington*, ed. Laas, p. 259 (quotes); Court-martial file of James Snowden Pleasants, file MM–15, entry 15, RG 153, DNA; *Sun*, Baltimore, Md., April 9, 1863.

(146)Van Deusen, *William Henry Seward*, pp. 350–51; Monaghan, *Diplomat in Carpet Slippers*, pp. 303–04.

(147)Entries for April 23–28, 1863, *Welles diary*, Vol.I (1960 edn.), pp. 285–87 (quotes p. 287).

(148)Entry for April 17, 1863, ibid., pp. 274–75 (quote p. 275).

(149)SPC to AL, March 2, 1863, Lincoln Papers.

(150)SPC to AL, May 11, 1863, Lincoln Papers.

(151)AL to Anson G. Henry, May 13, 1863, in *CW*, VI, p. 215.

(152)Field, *Memories of Many Men*, p. 303.

(153)*NYT*, May 3, 1863.

(154)Riddle, *Recollections of War Times*, p. 273.

(155)Entry for May 10, 1863, in *The Diary of Edward Bates, 1859–1866*, pp. 290–91.

(156)關於錢瑟羅斯維爾戰役，請見 Stephen W Sears, *Chancellorsville* (Boston and New York: Houghton Mifflin, 1996); Stanley S. McGowen, "Chancellorsville, Battle of," in *Encyclopedia of the American Civil War*, ed. Heidler and Heidler, pp. 394–98; Foote, *The Civil War*, Vol. II, p. 263.

(157)JGN to TB, May 4, 1863, container 2, Nicolay Papers.

(158)Entry of May 4, 1863, *Welles diary*, Vol. I (1960 edn.), p. 291.

(159)Entry for May 5, 1863, *in The Diary of Edward Bates, 1859–1866*, p. 289.

(160)EBL to SPL, May 4, 1863, *in Wartime Washington*, ed. Lass, p. 264.

(161)Entry for May 5, 1863, *Welles diary*, Vol. I (1960 edn.), pp. 292–93.

(162)AL to Joseph Hooker, April 28, 1863, in *CW*, VI, pp. 189–90.

(163)AL to Joseph Hooker, 9:40 a.m. telegram, May 6, 1863, *in* ibid., p. 199.

(164)Joseph Hooker to AL, May 6, 1863, Lincoln Papers; Sears, *Chancellorsville*, p. 492 Darius N. Couch, "The Chancellorsville Campaign," in *Battles and Leaders of the Civil War,;* Vol. III, Pt. I, pp. 164 (first quote), 167, 169–71 (second and third quotes p. 171).

(165)Brooks, *Washington*, D.C., *in Lincoln's Time*, p. 60.

(166)Brooks, *Mr. Lincoln's Washington*, p. 179.

(167)Brooks, *Washington, D.C., in Lincoln's Time*, p. 61.

(168)Entry for May 6, 1863, *Welles Diary*, Vol. I (1960 edn.), pp. 293–94.

(169)JH paraphrasing EMS, quoted in *Lincoln's Third Secretary: The Memoirs of William O. Stoddard*, ed. William O. Stoddard, Jr. (New York: Exposition Press, 1955), p. 173.

(170)Brooks, *Mr. Lincoln's Washington*, p. 180.

(171)*NYT*, May 12, 1863.

(172)關於錢瑟羅斯維爾戰役的傷亡人數，請見 McPherson, *Battle Cry of Freedom*, p. 645; Sears, *Chancellorsville*, pp. 492, 501.

(173)關於石牆傑克森之死，請見 James I. Robertson, Jr., "Jackson, Thomas Jonathan," in *Encyclopedia of the American Civil War;* ed. Heidler and Heidler, p. 1065.

(174)*Richmond Whig*, May 12, 1863.

(175)AL to Joseph Hooker, May 7, 1863, in *CW*, VI, p. 201.

20 「大君康泰」

①"General Orders, No. 38," Department of the Ohio, April 13, 1863, in *OR*, Ser. 1, Vol. XXIII, Part II, p. 237.

②Clement L. Vallandigham speech, May 1, 1863, quoted in Fletcher Pratt, *Stanton: Lincoln's Secretary of War* (New York: W. W Norton & Co., 1953), p. 289.

③*Cincinnati Commercial*, quoted in *Star* May 9, 1863.

④Trial of Clement L. Vallandigham, enclosure in Ambrose E. Burnside to Henry W Halleck, May 18, 1863, and General Orders, No.68, Headquarters, Department of the Ohio, May16, 1863, *OR*, Ser. 2, Vol. V, pp. 633–46; McPherson, *Battle Coy of Freedom*, p. 597.

⑤Entry for June 3, 1863, in Browning, *The Diary of Orville Hickman Browning*, Vol. I, p. 632.

⑥McPherson, *Battle Cry of Freedom*, p. 597; entry for June 3, 1863, *Welles diary*, Vol. I (1960 edn.), p. 321.

⑦TW to John Bigelow, June 27, 1863, in John Bigelow, *Retrospective of an Active Life*. Vol. II: *1863–1865* (New York: Baker & Taylor Co., 1909), p. 23.

⑧Entry for May 17, 1863, in Browning, *The Diary of Orville Hickman Browning*, Vol. I, P. 630.

⑨Nathaniel P. Tallmadge to WHS, May 24, 1863, Lincoln Papers.

⑩Charles F. Howlett, "Vallandigham, Clement Laird," in *Encyclopedia of the American Civil War*, ed. Heidler and Heidler, p. 2012.

⑪Schuyler Colfax to AL, June 13, 1863, Lincoln Papers.

⑫*NYT*, May 21, 1863.

⑬McPherson, *Battle Cry of Freedom*, p. 597.

⑭EMS to Ambrose F. Burnside, June 1, 1863, in *OR*, Ser. 2, Vol. V, p. 724; General Orders, No. 91, Headquarters, Department of the Ohio, June 4, 1863, *OR*, Ser. 1, Vol. XXIII, Part II, p. 386.

⑮Carpenter, *Six Months at the White House*, pp. 156–57.

⑯Ambrose E. Burnside to AL, May 29, 1863, Lincoln Papers.

⑰AL to Ambrose E. Burnside, May 29, 1863, in *CW*, VI, p. 237.

⑱James F Wilson recollections, quoted in Carl Sandburg, *Abraham Lincoln: The War Years*, Vol. II (New York: Harcourt, Brace & Co., 1936; 1939), p. 308.

⑲Entry of June 5, 1863, *Welles diary*, Vol. I (1960 edn.), p. 323.

⑳MB to AL, June 6, 1863, Lincoln Papers.

㉑AL to Erastus Corning and Others, [June 12,] 1863, in *CW*, VI, pp. 260–69 (quotes pp. 264, 266–67).

㉒*NYT*, June 15, 1863.

㉓Edward Everett to AL, June 16, 1863, Lincoln Papers.

㉔"The President's Letter," June 15, 1863, in William O. Stoddard, *Dispatches from Lincoln's White House: The Anonymous Civil War Journalism of Presidential Secretary William O. Stoddard*, ed. Michael Burlingame (Lincoln and London: University of Nebraska Press, 2002), p. 160.

㉕Donald, *Lincoln*, pp. 443–44.

㉖Entry for June 2, 1863, *Welles diary*, Vol. I (1960 edn.), pp. 319–20 (quote p. 320).

㉗Hendrick, *Lincoln's War Cabinet*, p. 387; entry for May 12, 1863, in *The Diary of Edward Bates, 1859–1866*, p. 292.

㉘Entry for June 30, 1863, *Welles diary*, Vol. I (1960 edn.), p. 351.

㉙Entry for May 16, 1863, in *The Diary of Edward Bates, 1859–1866*, pp. 292–93.

㉚SPC to David Dudley Field, June 30, 1863, reel 27, Chase Papers.

㉛SPC to James A. Garfield, May 31, 1863, reel 12, Papers of James A. Garfield, Manuscript Division, Library of Congress [hereafter Garfield Papers, DLC].

㉜Entry for June 23, 1863, *Welles diary*, Vol. I (1960 edn.), p. 340.

㉝Entry for June 26, 1863, ibid., p. 345.

㉞"19 July 1863, Sunday," in Hay, *Inside Lincoln's White House*, p. 65.

㉟Entry for June 30, 1863, *Welles diary*, Vol. I (1960 edn.), p. 352.

㊱Entry for June 15, 1863, ibid., p. 329.

㊲關於布萊爾在郵政制度上的創新，請見 Chapter 31 of Smith, *The Francis Preston Blair Family in Politics*, Vol. II, pp. 90–111.

㊳Entry for July 14, 1863, *Welles diary*, Vol. I (1960 edn.), p. 370.

㊴AL to GW, July 25, 1863, in *CW*, VI, p. 349.

㊵AL, quoted in entry for May 26, 1863, *Welles diary*, Vol. I (1960 edn.), p. 313.

㊶Entry for June 17, 1863, ibid., p. 333.

㊷AL to William S. Rosecrans, May 20, 1863, in *CW*, VI, p. 224.

㊸AL to Samuel R. Curtis, June 8, 1863, in ibid., p. 253.

㊹Hamilton R. Gamble to AL, July 13, 1863, Lincoln Papers.

45. "23 July 1863, Thursday," in Hay, *Inside Lincoln's White House*, p. 66.
46. AL to Hamilton R. Gamble, July 23, 1863, Lincoln Papers.
47. Robert H. Milroy to AL, June 28, 1863, Lincoln Papers. See also Robert H. Milroy to John P. Usher, June 28, 1863, Lincoln Papers.
48. AL to Robert H. Milroy, June 29, 1863, in *CW*, VI, p. 308.
49. AL to William S. Rosecrans, March 17, 1863, in ibid., p. 139.
50. Stanley S. McGowen, "Vicksburg Campaign (May-July 1863)," in *Encyclopedia of the American Civil War* ed. Heidler and Heidler, pp. 2021–25.
51. AL to Isaac N. Arnold, May 26, 1863, in *CW,* VI, p. 230.
52. Bruce Carton, *Grant Moves South*. Vol. I: *1861–1863* (Boston: Little, Brown, 1960; 1988), pp. 388–89; Thomas and Hyman, *Stanton,* p. 267.
53. Charles A. Dana to EMS, May 26, 1863, reel 5, Stanton Papers, DLC.
54. "General Orders, No. 11," Department of the Tennessee, December 17, 1862, in *OR,* Ser. 1, Vol. XVII, Part II, p. 424. See also USG to Christopher P. Wolcott, December 17, 1862, in ibid., pp. 421–22; D. Wolff & Bros, C. F. Kaskell, and J. W. Kaswell to AL, December 29, 1862, in ibid., p. 506; Bertram Wallace Korn, *American Jewry and the Civil War* (Philadelphia: Jewish Publication Society of America, 1951), pp. 122–23.
55. Leaders quoted in Korn, *American Jewry and the Civil War,* pp. 124–25.
56. Ibid., p. 125.
57. Henry W. Halleck to USG, January 21, 1863, in *OR,* Ser. 1, Vol. XXIV, Part I, p. 9 (quote); Henry W. Halleck to USG, January 4, 1863, in *OR,* Ser. I, Vol. XVII, Part II, p. 530; Circular, 13th Army Corps, Department of the Tennessee, January 7, 1863, in ibid., p. 544.
58. EBL to SPL, May 8, 1863, in *Wartime Washington,* ed. Laas, p. 266.
59. Entry for May 23, 1863, in *The Diary of Edward Bates, 1859–1866,* p. 293.
60. Murat Halstead to SPC, April 1, 1863, Lincoln Papers.
61. Catton, *Grant Moves South,* Vol. I, pp. 388–89; Jean Edward Smith, Grant (New York: Simon & Schuster, 2001), p. 231.
62. John Eaton, *Grant, Lincoln and the Freedmen: Reminiscences of the Civil War* (New York: Longmans, Green & Co., 1907; New York: Negro Universities Press, 1969), p. 90.
63. JGN to TB, May 17, 1863, container 2, Nicolay Papers.
64. See entries for May 1863, in Fanny Seward diary, Seward House, Auburn, New York.
65. FAS to WHS, June *5,* 1863, reel 114, Seward Papers.
66. FS to WHS, June 7, 1863, reel 116, Seward Papers.
67. FAS to WHS, June *5,* 1863, reel 114, Seward Papers; FS to WHS, June 7, 1863, reel 116, Seward Papers (quote).
68. WHS to [FAS], June 11, 1863, in Seward, *Seward at Washington . . . 1861–1872,* p. 169.
69. Entry for June 8, 1863, in *Lincoln Day by Day,* Vol. III, p. 188; MTL to John Meredith Read, June 16, (1863), in Turner and Turner, *Mary Todd Lincoln,* p. 152 n2.
70. Entry for June 8, 1863, *Welles diary,* Vol. I (1960 edn.), p. 325.
71. AL to MTL, June 9, 1863, in *CW,* VI, p. 256.
72. Entry for June *15,* 1863, in Johnson, "Sensitivity and Civil War," p. 813.
73. WHS to [FAS], June 15, 1863, in Seward, *Seward at Washington . . . 1861–1872, pp*. 169–70.
74. *NYT* headline, June 16, 1863.
75. AL to MTL, June 16, 1863, in *CW*, VI, p. 283.
76. Entry for June 18, 1863, in French, *Witness to the Young Republic,* p. 423.
77. Entry for June 15, 1863, *Welles diary,* Vol. I (1960 edn.), p. 329.
78. AL, "Proclamation Calling for 100,000 Militia," June 15, 1863, in *CW*, VI, p. 277.
79. Entry for June 18, 1863, in French, *Witness to the Young Republic,* p. 424.
80. Stoddard, *Inside the White House in War Times,* p. 117.
81. Brooks, *Mr. Lincoln's Washington,* p. 196.
82. Entry for June 28, 1863, *Welles diary,* Vol. 1 (1960 edn.), p. 348.
83. Joseph Hooker to Henry W. Halleck, June 27, 1863 (9:00 am.), in *OR,* Ser. 1, Vol. XXVII, Part I, p. 59; Hooker to Halleck, June 27, 1863 (3:00 p.m.), in ibid., p. 60 Halleck to Hooker, June 27, 1863 (8:00 p.m.), in ibid., p. 60.
84. Henry W. Halleck to George G. Meade, June 27, 1863, in *OR,* Ser. I, Vol. XXV II, Part I, p. 61; Meade to Halleck, June 28, 1863, in ibid., pp. 61–62; "Meade, George Gordon (1815–1872)," in Sifakis, *Who Was Who in the Union,* p. 266.
85. SPC to Joseph Hooker, June 20, 1863, quoted in Schuckers, *The Life and Public Services of Salmon Portland Chase,* p. 468; entry of June 28, 1863, *Welles diary,* Vol. I (1960 edn.), p. 348 (quote).

86 SPC to KCS, June 29, 1863, reel 27, Chase Papers.

87 JGN to TB, July 5, 1863, container 3, Nicolay Papers.

88 Bates, *Lincoln in the Telegraph Office*, p. 155.

89 Zachariah Chandler, quoted in Browne, *The Every-Day Life of Abraham Lincoln*, pp. 597–98.

90 George G. Meade to Henry W. Halleck, July 2, 1863 (8:00 p.m.), in *OR*, Ser. 1, Vol. XXVII, Part 1, p. 72.

91 *NYT*, July 3, 1863.

92 Entry for July 4, 1863, *Welles diary*, Vol. I (1960 edn.), p. 357.

93 George G. Meade to Henry W. Halleck, July 3, 1863, *OR*, Ser. 1, Vol. XXVII, Part I, pp. 74–75.

94 Richard A. Sauers, "Gettysburg, Battle of," in *Encyclopedia of the American Civil War* ed. Heidler and Heidler, p. 836.

95 McPherson, *Battle Cry of Freedom*, p. 664; Brooks, *Mr. Lincoln's Washington*, pp. 202, 203 (quotes).

96 AL, "Announcement of News From Gettysburg," July 4, 1863, in *CW*, VI, p. 314.

97 Entry for July 4, 1863, Fanny Seward diary, Seward Papers.

98 Entry for July 6, 1863, *Diary of George Templeton Strong*, Vol. III, p. 330.

99 關於格蘭特圍城的四十六天，請見 McGowen, "Vicksburg Campaign (May-July 1863)," in *Encyclopedia of the American Civil War*, ed. Heidler and Heidler, p. 2026; Foote, *The Civil War*, Vol. II, p.–607.

100 Entry for July 7, 1863, *Welles diary*, Vol. I (1960 edn.), p. 364; Brooks, Mr. *Lincoln's Washington*, pp. 177 (quote), 201.

101 Brooks, *Washington, D.C., in Lincoln's Time*, p. 82.

102 Entry for July 7, 1863, *Welles diary*, Vol. I (1960 edn.), p. 364.

103 AL to James C. Conkling, August 26, 1863, *CW*, VI, p. 409.

104 Charles A. Dana to EMS, July 5, 1863, reel 5, Stanton Papers, DLC.

105 AL to USG, July 13, 1863, in *CW*, VI, p. 326.

106 *NYH*, July 8, 1863.

107 Brooks, *Mr. Lincoln's Washington*, p. 201.

108 關於瑪麗的車禍意外，請見 *Star*, July 2, 1863; *NYH*, July 11, 1863; Boyden, *Echoes from Hospital and White House*, pp. 143–44; Pinsker, *Lincoln's Sanctuary*, pp. 102–04, 105–06.

109 Robert Todd Lincoln, quoted in Helm, *The True Story of Mary*, p. 250.

110 AL to Henry W. Halleck, [July 7, 1863], in *CW*, VI, p. 319.

111 Henry W. Halleck to George G. Meade, July 8, 1863, *OR*, Ser. 1, Vol. XXVII, Part III, p. 605; note 1 of AL to Henry W. Halleck, [July 7, 1863], in *CW*, VI, p. 319.

112 "[Robert Todd Lincoln's Reminiscences, Given 5 January 1885]," in Nicolay, *An Oral History of Abraham Lincoln*, pp. 88–89.

113 "13 July 1863, Monday," in Hay, *Inside Lincoln's White House*, p. 62.

114 "14 July 1863, Tuesday," in ibid., p. 62; Circular, Army of the Potomac, July14, 1863, in *OR*, Ser. 1, Vol. XXVII, Part III, p. 690; Sauers, "Gettysburg, Battle of," in *Encyclopedia of the American Civil War*, ed. Heidler and Heidler, p. 836.

115 Entry for July 14, 1863, *Welles diary*, Vol. I (1960 edn.), p. 370.

116 Entry for July 14, 1863, ibid., p. 371.

117 AL, quoted in "19 July 1863, Sunday," in Hay, *Inside Lincoln's White House*, pp. 64–65.

118 AL to George G. Meade, July14, 1863, Lincoln Papers.

119 Carpenter, Sex *Months at the White House*, pp. 219–20.

120 關於此次徵兵，請見 Samantha Jane Gaul, "Conscription, U.S.A.," in *Encyclopedia of the American Civil War* ed. Heidler and Heidler, p. 487.

121 Governor Horatio Seymour, quoted in John G. Nicolay and John Hay, *Abraham Lincoln: A History*, Vol. VII (New York: Century Co., 1917), p. 17.

122 *New York Daily News*, quoted in ibid., p. 18.

123 Gaul, "Conscription, U.S.A," in *Encyclopedia of the American Civil War*, ed. Heidler and Heidler, p. 488.

124 Sandburg, *Abraham Lincoln: The War Years*, Vol. II, p. 362.

125 *NYT*, July 14, 1863; Nicolay and Hay, *Abraham Lincoln*, Vol. VII, p. 18.

126 *NYT*, July 14, 1863 (quotes); *NYT*, July 16, 1863; Sandburg, *Abraham Lincoln: The War Years*, Vol. II, P. 360; Gaul, "Conscription, U.S.A." and "New York City Draft Riots (13–17 July 1863)," in *Encyclopedia of the American Civil War*, ed. Heidler and Heidler, pp. 488, 1414–15.

127 Brooks, *Mr. Lincoln's Washington*, p. 219.

128 SPC to William Sprague, July 14, 1863, reel 27, Chase Papers.

129 *NYT*, July 18, 1863.

(130)FAS to Augustus Seward, July 20, 1863, reel 115, Seward Papers.

(131)FAS to WHS, July 18, 1863, reel 114, Seward Papers.

(132)FAS to WHS, June 28, 1863, reel 114, Seward Papers; FAS to WHS, July 12, 1863, reel 114, Seward Papers; FAS to FWS, July 23, 1863, reel 115, Seward Papers.

(133)Janet W. Seward, "Personal Experiences of the Civil War," Seward Papers, NRU.

(134)WHS to FAS, July 21, 1863, in Seward, *Seward at Washington 1861–1872*, p. 177.

(135)FAS to WHS, July 18, 1863, reel 114, Seward Papers.

(136)FAS to FWS, July 23, 1863, reel 115, Seward Papers.

(137)*NYT*, July 24, 1863.

(138)WHS to [FAS], July 17, 1863, quoted in Seward, *Seward at Washington . . . 1861–1872*, p. 176.

(139)FAS to WHS, July 15, 1863, reel 114, Seward Papers.

(140)"25 July 1863, Saturday," in Hay, *Inside Lincoln's White House*, p. 67.

(141)John A. Dix to EMS, July 25, 1863, reel 5, Stanton Papers, DLC.

(142)WHS to [FAS], July 25, 1863, quoted in Seward, *Seward at Washington . . . 1861–1872*, p. 177.

(143)"19 July 1863, Sunday," in Hay, *Inside Lincoln's White House*, pp. 64, 306 n80.

(144)AL to Oliver O. Howard, July 21, 1863, in *CW*, VI, p. 341.

(145)JH to JGN, [July 19, 1863], in Hay, *At Lincoln's Side*, p. 45.

(146)"18 July 1863, Saturday," in Hay, *Inside Lincoln's White House*, p. 64.

(147)Eaton, *Grant, Lincoln and the Freedmen*, p. 180.

(148)"Conversation with Hon. J. Holt, Washington Oct 29 1875," in Nicolay, *An Oral History of Abraham Lincoln*, p. 69.

(149)Eaton, *Grant, Lincoln and the Freedmen*, p. 180.

(150)"18 July 1863, Saturday," in Hay, *Inside Lincoln's White House*, p. 64.

(151)"[July-August 1863]," in ibid., p. 76.

(152)JH to JGN, August 13, 1863, in Hay, *At Lincoln's Side*, p. 50.

(153)Brooks, *Mr. Lincoln's Washington*, p. 223.

(154)EMS to Ellen Stanton, August 25, 1863, quoted in Gideon Stanton, ed., "Edwin M. Stanton" (quotes); Pinsker, *Lincoln's Sanctuary*, pp. 116–17.

(155)Brooks, *Mr. Lincoln's Washington*, p. 223.

(156)AL to MTL, August 8, 1863, Lincoln Papers; Turner and Turner, *Mary Todd Lincoln*, pp. 153–54.

(157)*Boston Journal*, August 10, 1863.

(158)AL to MTL, August 8, 1863, Lincoln Papers.

(159)AL to MTL, September 21 and 22, 1863, in *CW*, VI, pp. 471, 474.

(160)MTL to AL, November 2, [1862], in Turner and Turner, *Mary Todd Lincoln*, p. 139.

(161)FAS to WHS, June 17, 1863, reel 114, Seward Papers.

(162)WHS to [FAS], July 25, 1863, quoted in Seward, *Seward at Washington . . . 1861–1872*, p. 177.

(163)FAS to WHS, July 5, 1863, reel 114, Seward Papers.

(164)WHS to FAS, June 8, 1863, reel 112, Seward Papers.

(165)Robert Todd Lincoln to Dr. J. G. Holland, June 6, 1865, box 6, folder 37, William Barton Collection, Special Collections of the Regenstein Library at the University of Chicago.

(166)"From The Beginning," historical pamphlet, Equinox House, Manchester, Vt.

(167)Randall, *Mary Lincoln*, p. 229; *NYH*, September 1, 1863.

(168)William Sprague to KCS, May 27, 1866, Sprague Papers.

(169)"The Rhode Island Spragues," December 5, 1883, unidentified newspaper, KCS vertical file, DWP.

(170)William Sprague to KCS, May 1, 1863, Sprague Papers.

(171)William Sprague to Hiram Barney, May 18, 1863, Salmon Portland Chase Collection, Historical Society of Pennsylvania, Philadelphia [hereafter Chase Papers, Phi.].

(172)William Sprague to KCS, June 16, 1863, Sprague Papers.

(173)William Sprague to KCS, July 1, 1863, Sprague Papers.

(174)William Sprague to KCS, June 3, 7 and 8, 1863, Sprague Papers (quotes from June 7 letter).

(175)William Sprague to KCS, May 21, 1863, Sprague Papers.

(176)William Sprague to KCS, June 1, 1863, Sprague Papers.

(177)SPC to William Sprague, June 6, 1863, reel 27, Chase Papers.

(178)*Washington Post*, August 1, 1899.

(179)FS to LW, February 1, 1863, reel 116, Seward Papers.

(180)關於凱特說服威廉之事，請見 William Sprague to SPC, May 31, 1863, reel 27, Chase Papers; William Sprague to KCS, June 12, 1863, Sprague Papers; SPC to William Sprague, July 14, 1863, reel 27, Chase Papers.

(181)SPC to William Sprague, July 14, 1863, reel 27, Chase Papers.

(182)SPC to William Sprague, July 14, 1863, reel 27, Chase Papers; William Sprague to KCS, July 22, 1863, Sprague Papers; Niven, *Salmon P Chase*, p. 342.

(183)William Sprague to SPC, November 4, 1863, reel 29, Chase Papers.

(184)William Sprague to KCS, June 12, 1863, Sprague Papers.

(185)SPC to William Sprague, June 6, 1863, reel 27, Chase Papers.

(186)William Sprague to SPC, May 31, 1863, reel 27, Chase Papers.

(187)Belden and Belden, *So Fell the Angels*, pp. 84–85.

(188)SPC to Jay Cooke, June 1, 1863, reel 27, Chase Papers.

(189)SPC to Jay Cooke, June 2, 1863, reel 27, Chase Papers.

(190)Lamphier, *Kate Chase and William Sprague*, p. 54.

(191)SPC to Janet Chase Hoyt, August 19, 1863, reel 28, Chase Papers (quote). See also note 2 to published edition of August 19 letter in *The Salmon P Chase Papers*. Vol. IV *Correspondence, April 1863–1864*, ed. John Niven (Kent, Ohio, and London: Kent State University Press, 1997), p. 106 n2.

(192)SPC to Janet Chase Hoyt, August 19, 1863, reel 28, Chase Papers.

(193)SPC to KCS, August 19, 1863, reel 28, Chase Papers.

(194)Belden and Belden, *So Fell the Angels*, pp. 88–89 (quote p. 89).

(195)Charlotte S. Eastman to SPC, July 19, 1863, reel 27, Chase Papers.

(196)SPC to Charlotte S. Eastman, August 22, 1863, reel 28, Chase Papers.

(197)JH to JGN, August 7, 1863, in *Hay, At Lincoln's Side*, p. 49.

(198)Stoddard, *Inside the White House in War Times*, pp. 93–94.

(199)關於約翰・海伊陪伴總統之事，請見 August 9, 1863, photograph of AL, in Philip B. Kunhardt, Jr., Philip B. Kunhardt III, and Peter W. Kunhardt, *Lincoln: An Illustrated Biography* (New York: Alfred A. Knopf 1992), p. 216.

(200)"9 August 1863, Sunday," in Hay, *Inside Lincoln's White House*, p. 70.

(201)Kunhardt, et al., *Lincoln*, p. 216.

(202)George Sullivan, *Mathew Brady: His Life and Photographs* (New York: Cobblehill Books, 1994), pp. 17–18 (quote p. 18).

(203)James Mellon, ed. *The Face of Lincoln* (New York: Viking Press, 1979), pp. 13–14.

(204)"9 August 1863, Sunday," in Hay, *Inside Lincoln's White House*, p. 70.

(205)"23 August 1863, Sunday," in ibid., pp. 75–76 (quote p. 76); *Washington Post*, August 3, 1924; Pinsker, *Lincoln's Sanctuary*, p. 115.

(206)Whitman, *Specimen Days* (1971 edn.), p. 26.

(207)EMS to Ellen Stanton, August 25, 1863, quoted in Gideon Stanton, ed., "Edwin M. Stanton."

(208)Thomas and Hyman, *Stanton*, p. 284.

(209)"13 August 1863, Thursday," in Hay, *Inside Lincoln's White House*, pp. 72–73 (quote); Pamela Scott and Antoinette J. Lee, *Buildings of the District of Columbia*. Buildings of the United States Series (New York and Oxford: Oxford University Press, 1993), pp. 119, 128; "*Progress of Civilization*,"Architect of the Capitol website, www.aoc.gov/cc/art/pediments/prog...sen_r.htm (accessed November 2004).

(210)Philip Van Doren Stern, *When the Guns Roared: World Aspects of the American Civil War* (Garden City, N.Y.: Doubleday & Co., 1965), p. 230; Seward, *Seward at Washington . . .1861–1872*, pp. 186–87.

(211)FAS to Augustus Seward, August 27, 1863, reel 115, Seward Papers.

(212)Lord Lyons to Lord Russell, quoted in Stern, *When the Guns Roared*, p. 231.

(213)Seward, *Seward at Washington . . . 1861–1872*, p. 186.

(214)Van Deusen, *William Henry Seward*, pp. 352–56, 361; entries for August 12, 29, September 18, 25, 1863, *Welles diary*, Vol. I (1960 edn.), pp. 399, 429, 435–37, 443.

(215)Dispatch of August 31, 1863, in Stoddard, *Dispatches from Lincoln's White House*, p. 166.

21 「我嗅到了麻煩」

①Eric Foner, *Reconstruction: America's Unfinished Revolution, 1863–1877* (New York: Harper & Row, 1988; 1989), p. 8.

② AL, "Emancipation Proclamation," January 1, 1863, in *CW*, VI, p. 30.

③Quarles, *Lincoln and the Negro*, p. 156; Dudley Taylor Cornish, *The Sable Arm: Black Troops in the Union Army, 1861–1865* (Lawrence: University Press of Kansas, 1956; 1987), p. 105.

④*Douglass' Monthly* (August 1862).

⑤Blight, *Frederick Douglass' Civil War*, pp. 157–59.

⑥*Douglass' Monthly* (August 1863).

⑦*Boston Daily Evening Transcript*, May 28, 1863.

⑧Ibid.。

⑨AL to Nathaniel P. Banks, March 29, 1863, in *CW*, VI, p. 154; AL to David Hunter, April 1, 1863, in ibid., p. 158; AL to USG, August 9, 1863, in ibid., p. 374.

⑩AL to Andrew Johnson, March 26, 1863, in ibid., pp. 149–50.

⑪SPC to James A. Garfield, May 31, 1863, reel 12, Garfield Papers, DLC.

⑫Benjamin Quarles, *Frederick Douglass*. Studies in American Negro Life Series (Associated Publishers, 1948; New York: Atheneum, 1970), pp. 209–10; Quarles, *Lincoln and the Negro*, pp. 167, 169, 173–74, 177.

⑬*Douglass' Monthly* (August 1863).

⑭Cornish, *The Sable Arm*, pp. 142–43 (quote p. 143).

⑮*NYTrib*, reprinted in *Liberator*, May 15, 1863.

⑯James M. McPherson, *The Negro's Civil War: How American Blacks Felt and Acted During the War for Union* (New York: Pantheon Books, 1965; New York: Ballantine Books, 1991), pp. 176, 179.

⑰*Douglass' Monthly* (August 1863).

⑱Frederick Douglass to Major G. L. Stearns, August 1, 1863, reprinted in ibid.

⑲AL, "Order of Retaliation," July 30, 1863, in *CW*, VI. p. 357.

⑳Entry for August 4, 1863, in Gurowski, *Diary from November 18, 1862 to October 18, 1863*, pp. 292–93.

㉑Douglass to Stearns, August 1, 1863, in *Douglass' Monthly* (August 1863).

㉒Douglass, *Life and Times of Frederick Douglass*, pp. 784–85.

㉓Frederick Douglass, quoted in the *Washington Post*, February 13, 1888.

㉔Douglass, *Life and Times of Frederick Douglass*, p. 785.

㉕*Liberator*, January 29, 1864; Philip S. Foner, *Frederick Douglass* (New York: Citadel Press, 1950; repr. 1964), p. 216.

㉖Douglass, *Life and Times of Frederick Douglass*, p. 785.

㉗Douglass, "Lincoln and the Colored Troops," in *Reminiscences of Abraham Lincoln*, ed. Rice, p. 316.

㉘Douglass, *Life and Times of Frederick Douglass*, p. 786.

㉙Frederick Douglass to George L. Stearns, August 12, 1863 (photocopy), container 53. Papers of Frederick Douglass, Manuscript Division, Library of Congress [hereafter Douglass Papers, DLC].

㉚Douglass, "Lincoln and the Colored Troops," in *Reminiscences of Abraham Lincoln*, ed. Rice, p. 317.

㉛Douglass to Stearns, August 12, 1863, Douglass Papers, DLC.

㉜Douglass, *Life and Times of Frederick Douglass*, p. 787.

㉝AL quoted in Douglass, "Lincoln and the Colored Troops," in *Reminiscences of Abraham Lincoln*, ed. Rice, p. 318.

㉞Douglass, *Life and Times of Frederick Douglass*, p. 787.

㉟Douglass to Stearns, August 12, 1863, Douglass Papers, DLC.

㊱Douglass, *Life and Times of Frederick Douglass*, p. 787.

㊲*Liberator*, January 29, 1864.

㊳Douglass, "Lincoln and the Colored Troops," in *Reminiscences of Abraham Lincoln*, ed. Rice, p. 325.

㊴Douglass, *Life and Times of Frederick Douglass*, pp. 787–88 (quote); Quarles, *Lincoln and the Negro*, pp. 168, 172.

㊵Quarles, *Lincoln and the Negro*, p. 169.

㊶Douglass, *Life and Times of Frederick Douglass*, p. 788.

㊷*Liberator*, January 29, 1864.

㊸AL to James C. Conkling, August 26, 1863, in *CW*, VI, p. 406.

㊹*NYT*, August 8 and 13, 1863.

㊺Stoddard, *Inside the White House in War Times*, pp. 129–30.

㊻AL to James C. Conkling, August 26, 1863, in *CW*, VI, pp. 407–10.

㊼"23 August 1863, Sunday," in Hay, *Inside Lincoln's White House*, p. 76.

㊽AL to James C. Conkling, August 27, 1863, in *CW*, VI, p. 414.

㊾*Illinois State Journal*, Springfield, Ill., September 2, 1863.

㊿John W. Forney to AL, September 3, 1863, Lincoln Papers.

(51)AL to James C. Conkling, September 3, 1863, in *CW*, VI, p. 430.

(52)AL to D. M. Leatherman, September 3, 1863, in ibid., p. 431.

(53)James C. Conkling to AL, September 4, 1863, Lincoln Papers.

(54)*NYTrib*, September 3, 1863.

55 *NYT*, September 7, 1863.

56 *Philadelphia Inquirer*, September 5, 1863.

57 JH to JGN, September 11, 1863, in Hay, *At Lincoln's Side*, p. 54.

58 *NYT*, September 7, 1863.

59 JH to JGN, September 11, 1863, in Hay, *At Lincoln's Side*, p. 54.

60 WHS to Charles Francis Adams, August 25, 1863, quoted in Seward, *Seward at Washington… 1861–1872*, p.·188.

61 Entry for September 4, 1863, in *The Diary of Edward Bates, 1859–1866*, pp. 305–06.

62 Entry for September 11, 1863, *Welles diary*, Vol. I (1960 edn.), p. 431.

63 EMS to William S. Rosecrans, July 7, 1863, in *OR*, Ser. 1., Vol. XXIII, part II, p. 518.

64 JH to JGN, September 11, 1863, in Hay, *At Lincoln's Side*, p. 54.

65 Charles A. Dana to EMS, September 12, 1863, reel 5, Stanton Papers, DLC.

66 奇卡牟加戰役，請見 Dave Powell, "Chickamauga, Battle of," in *Encyclopedia of the American Civil War*, ed. Heidler and Heidler, pp. 427–31.

67 Charles A. Dana to EMS, September 20, 1863, reel 6, Stanton Papers, DLC.

68 Entry for September 20, 1862, in Long, *The Civil War Day by Day*, p. 412.

69 William S. Rosecrans to Henry W. Halleck, September 20, 1863, in *OR*, Ser. 1, Vol. XXX, Part I, pp. 142–43.

70 Entry for September 21, 1863, *Welles diary*, Vol. I (1960 edn.), p. 438.

71 "[27 September 1863, Sunday]," in Hay, *Inside Lincoln's White House*, p. 85.

72 AL to MTL, September 21, 1863 in *CW*, VI, p. 471.

73 MTL to AL, September 22, 1863, quoted in Helm, *The True Story of Mary*, p. 215.

74 Entry for September 22, 1863, in *Chase Papers*, Vol. I, p. 449 (quote); Charles A. Dana to EMS, September 20, 1863, in *OR*, Ser. 1, Vol. XXX, Part 1, p. 193.

75 Powell, "Chickamauga, Battle of," in *Encyclopedia of the American Civil War*, ed. Heidler and Heidler, p. 430.

76 Charles A. Dana to EMS, September 23, 1863, reel 6, Stanton Papers, DLC.

77 Flower, *Edwin McMasters Stanton*, p. 203.

78 Entry for September 23, 1863, in *Chase Papers*, Vol. I, p. 450.

79 "[27 September 1863, Sunday]," in Hay, *Inside Lincoln's White House*, p. 86 (quotes); John G. Nicolay and John Hay, *Abraham Lincoln: A History*, Vol. VIII (New York: Century Co., 1917), p. 112.

80 Entry for September 23, 1863, in *Chase Papers*, Vol. I, pp. 450–452 (quotes); Flower, *Edwin McMasters Stanton*, p. 203.

81 Entry for September 23, 1863, in *Chase Papers*, Vol. I, p. 452.

82 W. H. Whiton recollections, quoted in Gorham, *Life and Public Services of Edwin M. Stanton*, Vol. I, pp. 123–24.

83 McCallum, EMS, and AL, quoted in Flower, *Edwin McMasters Stanton*, p. 204.

84 AL, quoted in W. H. Whiton recollections, quoted in Gorham, *Life and Public Services of Edwin M. Stanton*, Vol. I, pp. 124–25.

85 EMS to J. T. Boyle, September 23, 1863, in *OR*, Ser. 1, Vol. XXIX, Part I, p. 147; EMS to R. P. Bowler, September 24, 1863, in ibid., p.153; Daniel Butterfield to Oliver O. Howard, September 26, 1863 in ibid., p. 160; W. P. Smith to EMS, September 26, 1863, in ibid., p. 161; Flower, *Edwin McMasters Stanton*, pp. 204–06. 史坦頓將十一與十二軍團移師與康伯蘭軍團會合的詳細過程，請見 *OR*, Ser. 1, Vol. XXIX, Part I, pp. 146–95.

86 W. P. Smith to EMS, September 26, 1863, in *OR*, Ser. 1, Vol. 29, Part 1, p. 161; Flower, *Edwin McMasters Stanton*, pp. 205–06.

87 Flower, *Edwin McMasters Stanton*, p. 205–07; W. P. Smith to EMS, September 26, 1863, in *OR*, Ser. 1, Vol. XXIX, Part I, p. 162.

88 McPherson, *Battle Cry of Freedom*, p. 675.

89 Charles A. Dana to EMS, September 30, 1863, in *OR*, Ser. 1, Vol. XXX, Part I, p. 204.

90 Grant, *Personal Memoirs of U.S. Grant*, pp. 315–16.

91 Ibid., pp. 320–51; James H. Meredith, "Chattanooga Campaign" and "Lookout Mountain, Battle of," in *Encyclopedia of the American Civil War*, ed. Heidler and Heidler, pp. 411–15, 1216–18.

92 Grant, *Personal Memoirs of U.S. Grant*, p. 318.

93 Entry for September 23, 1863, in *Chase Papers*, Vol. I, p. 453.

94 Bates, *Lincoln in the Telegraph Office*, p. 400.

95 Benjamin, "Recollections of Secretary Edwin M. Stanton," *Century* (1887), pp. 768, 760–61.

96 *New York Evening Post*, July 13, 1891.

97 A. E. Johnson, opinion cited in Bates, *Lincoln in the Telegraph Office*, p. 389.

(98)Julian, *Political Recollections, 1840 to 1872*, pp. 211–12.

(99)EMS, quoted in Parkinson to Beveridge, May 28, 1923, container 292, Beveridge Papers, DLC.

(100) "The Late Secretary Stanton," *Army and Navy Journal*, January 1, 1870, p. 309.

(101)Wolcott, "Edwin M. Stanton," p. 36.

(102)Joseph Buchanan and William Stanton Buchanan, quoted in Flower, *Edwin McMasters Stanton*, pp. 39, 40.

(103)William Knox, "Mortality," quoted in Bruce, "The Riddle of Death," in *The Lincoln Enigma*, p. 135.

(104)Carpenter, *Six Months at the White House*, p. 59.

(105)Oliver Wendell Holmes, "The Last Leaf," in *The Poetical Works of Oliver Wendell Holmes*, Vol. I (Boston and New York: Houghton Mifflin, 1892), p. 4.

(106)EMS, "Our Admiration of Military Character Unmerited," 1831, reel 1, Stanton Papers, DLC.

(107)Margaret E. Wagner, Gary W. Gallagher, and Paul Finkelman, eds., *The Library of Congress Civil War Desk Reference* (New York: Grand Central Press/ Simon & Schuster, 2002), p. 376.

(108)EMS, quoted in Gideon Stanton, ed., "Edwin M. Stanton."

(109)AL quoted in Louis A. Warren, *Lincoln's Youth: Indiana Years, Seven to Twenty-one, 1816–1830* (New York: Appleton Century Crofts, 1959), p. 225 n29.

(110)AL to Eliza P. Gurney, September 4, 1864, in *CW*, VII, p. 535.

(111)AL, quoted in Eliza P. Gurney, copy of interview with AL, [October 26, 1862], Lincoln Papers.

(112)AL to Eliza P. Gurney, September 4, 1864, in *CW*, VII, p. 535.

(113)EMS to SPC, March 7, 1863, Chase Papers, Phi.

(114)EMS to SPC, December 30, 1863, reel 30, Chase Papers.

(115)SPC to George Wilkes, August 27, 1863, reel 28, Chase Papers.

(116)Foner, *Reconstruction*, pp. 35–50, 60–62.

(117)Brooks, *Mr. Lincoln's Washington*, p. 236.

(118)Ibid., p. 237.

(119)Hendrick, *Lincoln's War Cabinet*, p. 400.

(120)SPC to Edward D. Mansfield, October 18, 1863, reel 29, Chase Papers.

(121)SPC to William Sprague, November 26, 1863, reel 30, Chase Papers.

(122)Horace Greeley to SPC, September 29, 1863, reel 28, Chase Papers.

(123)Edward Jordan to SPC, October 27, 1863, reel 29, Chase Papers.

(124) "17 October 1863, Saturday, New York," in Hay, *Inside Lincoln's White House*, p. 92.

(125)TW note, quoted in "28 November 1863, Saturday," in ibid., p. 119.

(126) "24 December 1863, Thursday," in ibid., p. 132.

(127) "25 October 1863, Sunday," in ibid., p. 100.

(128) "28 November 1863, Saturday," in ibid., p. 120.

(129) "29 October 1863, Thursday," in ibid., p. 103.

(130) "[July-August 1863]," in ibid., pp. 78, 313 n143.

(131)AL, quoted in "18 October 1863, Sunday," in ibid., p. 93.

(132) "29 October 1863, Thursday," in ibid., p. 103.

(133)Eaton, *Grant, Lincoln and the Freedmen*, p. 176.

(134) "29 October 1863, Thursday," in Hay, *Inside Lincoln's White House*, p. 103.

(135)Leonard Swett to WHH, January 17, 1866, in *HI*, pp.168, 164.

(136)SPC to James Watson Webb, November 7 1863, reel 29, Chase Papers.

(137)AL, quoted in "18 October, Sunday," in Hay, *Inside Lincoln's White House*, p. 93.

(138) "29 October 1863, Thursday," in ibid., p. 103.

(139)AL to Charles D. Drake and Others, October 5, 1863, in *CW*, VI, pp. 499–504; Foner, *Reconstruction*, pp. 41–42.

(140)Hamilton R. Gamble to AL, October 1, 1863, Lincoln Papers.

(141)AL to Charles D. Drake and Others, October 5, 1863, in *CW*, VI, p. 500; "Conversation with Hon. M. S. Wilkinson, May 22 1876," in Nicolay, *An Oral History of Abraham Lincoln*, pp. 59–60; Williams, *Lincoln and the Radicals*, p. 299.

(142) "29 September 1863, Tuesday" in Hay, *Inside Lincoln's White House*, pp. 88–89 (quote); Williams, *Lincoln and Radicals*, p. 299.

(143)AL, paraphrased in "10 December 1863, Thursday" in Hay, *Inside Lincoln's White House*, p. 125.

(144)AL, quoted in "28 October 1863, Wednesday," in ibid., p. 101.

(145) "10 December 1863, Thursday," in ibid., p. 125.

(146)Entry for September 29, 1863, *Welles diary*, Vol. I (1960 edn.) p. 448.

(147)AL, quoted in "29 September 1863, Tuesday," in Hay, *Inside Lincoln's White House*, pp. 88–89.

(148)EB to J. O. Broadhead, October 24, 1863, Broadhead Papers, MoSHi.

(149)EB to Hamilton R. Gamble, October 10, 1863, Bates Papers, MoSHi (quote); entry for September 30, 1863, in *The Diary of Edward Bates, 1859–1866*, p. 308.

⑮⓪Hamilton R. Gamble to EB, October 17, 1863, Bates Papers, MoSHi.

⑮① "30 September 1863, Wednesday," in Hay, *Inside Lincoln's White House*, p. 89.

⑮②AL to Charles D. Drake and Others, October 5, 1863, in *CW*, VI, pp. 500 (quotes), 503.

⑮③ "30 September 1863, Wednesday," in Hay, *Inside Lincoln's White House*, pp. 89–90.

⑮④Entry for September 30, 1863, in *The Diary of Edward Bates, 1859–1866*, p. 308.

⑮⑤AL to Charles D. Drake and Others, October 5, 1863, in *CW*, VI, p. 504.

⑮⑥AL to John M. Schofield, October 1, 1863, in ibid., p. 492.

⑮⑦ "13 December 1863, Sunday," in Hay, *Inside Lincoln's White House*, p. 127.

⑮⑧ "Rosecrans, William Starke (1819–1898)," and "Schofield, John McAllister (1863–1906)," in Sifakis, *Who Was Who in the Union*, pp. 342, 355.

⑮⑨Speech by Frank Blair, reprinted in *Missouri Republican*, St. Louis, September 27, 1863.

⑯⓪*Roxbury Journal*, quoted in *Liberator*, October 16, 1863.

⑯①EBL to SPL, [October 24, 1863], in *Wartime Washington*, ed. Laas, p. 316.

⑯②AL to MB, November 2, 1863, in *CW*, VI, p. 555.

⑯③AL to James M. Cutts, Jr., October 26, 1863, in ibid., p. 538, and note.

⑯④Niven, *Salmon P. Chase*, p. 339.

⑯⑤Speech of Montgomery Blair, reprinted in the *Star*, October 5, 1863.

⑯⑥Smith, *The Francis Preston Blair Family in Politics*, Vol, II, pp. 241–43, 248; Williams, *Lincoln and the Radicals*, pp. 298, 303.

⑯⑦ "22 October 1863, Thursday" in Hay, *Inside Lincoln's White House*, p. 97.

⑯⑧Brooks, *Mr. Lincoln's Washington*, pp. 246–48.

⑯⑨Ibid., pp. 247–49.

⑰⓪SPC to Horace Greeley, October 31, 1863, reel 29, Chase Papers.

⑰①Leonard Swett to WHH, January 17, 1866, in *HI*, pp. 164–65.

⑰②John W. Forney, quoted in "31 December 1863, Thursday," in Hay, *Inside Lincoln's White House*, p. 135.

22「仍然在湍急的水流裡」

①Entry for October 14, 1863, *Welles diary*, Vol. I (1960 edn.), p. 470.

②William C. Davis, *Look Away! A History of the Confederate States of America* (New York: Free Press, 2002), pp. 174–76, 226.

③Burton J. Hendrick, *Statesman of the Lost Cause: Jefferson Davis and His Cabinet* (New York: Literary Guild of America, 1939), p. 417.

④Waugh, *Reelecting Lincoln*, pp. 14–15.

⑤Entry for October 14, 1863, *Welles diary*, Vol. I (1960 edn.), p. 470.

⑥McPherson, *Battle Cry of Freedom*, p. 685.

⑦GBM to Charles J. Biddle, October 12, 1863, in *Civil War Papers of George B. McClellan*, p. 559.

⑧Waugh, *Reelecting Lincoln*, p. 16.

⑨SPC, "*Going Home to Vote*," p. 22; Niven, *Salmon p. Chase*, p. 336.

⑩Niven, *Salmon P. Chase*, p. 336; Hendrick, *Lincoln's War Cabinet*, p. 401.

⑪SPC, "*Going Home to Vote*," p. 4.

⑫Ibid., pp. 5, 13.

⑬*Daily Ohio State Journal*, Columbus, Ohio, October 13, 1863; SPC, "*Going Home to Vote*," p. 8 (quote).

⑭SPC, "*Going Home to Vote*," p. 8.

⑮Waugh, *Reelecting Lincoln*, p. 14.

⑯SPC to AL, October 14, 1863, Lincoln Papers.

⑰Browne, *The Every-Day Life of Abraham Lincoln*, p. 603; Waugh, *Reelecting Lincoln*, p. 14.

⑱Browne, *The Every-Day Life of Abraham Lincoln*, p. 603.

⑲EMS to John W. Forney, *NYT*, October 15, 1863.

⑳Entry for October 14, 1863, *Welles diary*, Vol. I (1960 edn.), p. 470.

㉑AL, quoted in James B. Fry, in *Reminiscences of Abraham Lincoln by Distinguished Men of His Time*, ed. Allen Thorndike Rice (New York: North American Publishing Co., 1886), p. 390.

㉒AL, quoted in "18 October 1863, Sunday," in Hay, *Inside Lincoln's White House*, p. 93.

㉓Entry for October 17, 1863, in *The Diary of Edward Bates, 1859–1866*, p. 310.

㉔Entry for October 20, 1863, in ibid., p. 311.

㉕Edward Bates to James O. Broadhead, October 24, 1863, Broadhead Papers, MoSHi.

㉖Entry for August 22, 1863, in *Welles diary*, Vol. I (1960 edn.), p. 413.

㉗Smith, *The Francis Preston Blair Family in Politics*, Vol. II, pp. 234–37.

㉘SPC to Edward D. Mansfield, October 18, 1863, reel 29, Chase Papers.

㉙James H. Baker to SPC, November 7, 1863, reel 29, Chase Papers.

㉚*Liberator*, November 13, 1863.

㉛*Liberator*, November 13, 1863.

㉜Seward, *Seward at Washington… 1861–1872*, p. 197.

㉝WHS and AL, quoted in ibid., pp. 193–94.

㉞AL, "Proclamation of Thanksgiving," October 3, 1863, in *CW*, VI, p.497 (quote); Seward, *Seward at Washington... 1861-1872*, p.194..

㉟December 8, 1863 memorandum, container 3, Nicolay Papers.

㊱Seward, *Seward at Washington… 1861–1872*, p. 196.

㊲Seward family correspondence in October 1863 on reels 112, 114, and 115 of Seward Papers, and FAS to Anna (Wharton) Seward, November 17, 1863, reel 115, Seward Papers.

㊳William H. Seward, Jr., "Reminiscences of Lincoln," *Magazine of History* 9 (February 1909), pp. 105–106.

㊴WHS, quoted in Williams, *Lincoln and the Radicals*, p. 301.

㊵WHS, quoted in Seward, *Seward at Washington… 1861–1872*, p. 195.

㊶WHS, quoted in Williams, *Lincoln and the Radicals*, p. 301.

㊷AL to WHS, November 3, 1863, in *CW*, VI, p. 562.

㊸WHS to AL, November 3, 1863, Lincoln Papers.

㊹Seward, *Seward at Washington… 1861–1872*, p. 195.

㊺ "8 November 1863, Sunday" in Hay, *Inside Lincoln's White House*, p. 109.

㊻Niven, *Salmon P. Chase*, p. 342.

㊼Ibid., p. 343.

㊽*NYT*, November 18, 1863.

㊾SPC to William Sprague, October 31, 1863, reel 29, Chase Papers.

㊿William Sprague to SPC, November 4, 1863, reel 29, Chase Papers.

(51) "22 October 1863, Thursday" in Hay, *Inside Lincoln's White House*, p. 98.

(52)Gaetano Donizetti, *The Pearl of Savoy: A Domestic Drama in Five Acts*. *French's Standard Drama*. Acting Edition No. 337 (New York: S. French, [1864?]). *The Pearl of Savoy* was an adaptation of Donizetti's *Linda de Chamounix*.

(53)J. P. Cullen, "Kate Chase: Petticoat Politician," *Civil War Times Illustrated* 2 (May 1963), p. 15.

(54)Perrine, "The Dashing Kate Chase," *Ladies' Home Journal* (1901), p. 11.

(55)*Daily Eagle*, Brooklyn, N. Y., November 14, 1863.

(56)Entry for May 19, 1863, *Welles diary*, Vol. I (1960 edn.), p. 306.

(57)Ross, *Proud Kate*, p. 121. 耶弗他女兒的故事請見 Judges 11:30–40.

(58)KCS diary, November 11, 1868, Sprague Papers.

(59)*Daily Morning Chronicle*, Washington, D. C., November 13, 1863.

(60)EBL to SPL, November 12, [1863], in *Wartime Washington*, ed. Laas, p. 319.

(61)*Daily Morning Chronicle*, Washington, D. C., November 13, 1863; Perrine, "The Dashing Kate Chase," *Ladies' Home Journal* (1901), pp. 11–12; "12 November 1863, Thursday," in Hay, *Inside Lincoln's White House*, p. 111.

(62)*Daily Morning Chronicle*, Washington, D. C., November 13, 1863.

(63)MTL to Simon Cameron, June 16, [1866], in Turner and Turner, *Mary Todd Lincoln*, p. 370.

(64)Brooks, *Mr. Lincoln's Washington*, pp. 260–61.

(65)*Daily Morning Chronicle*, Washington, D. C., November 13, 1863 (quote); Brooks, *Mr. Lincoln's Washington*, p. 261; Ross, *Proud Kate*, p. 140.

(66)Brooks, *Mr. Lincoln's Washington*, p. 261.

(67)*Daily Morning Chronicle*, Washington, D. C., November 13, 1863.

(68) "12 November 1863, Thursday," in Hay, *Inside Lincoln's White House*, p. 111.

(69)*NYT*, November 18, 1863.

(70)SPC to KCS, November 18, 1863, reel 29, Chase Papers.

(71)SPC to William Sprague, November 26, 1863, reel 30, Chase Papers.

(72)David Wills to AL, November 2, 1863, Lincoln Papers.

(73)Entry for December, 1863, *Welles diary*, Vol. I (1960 edn.), p. 480; SPC to KCS, November 18, 1863, reel 29, Chase Papers; entry for November 19, 1863, in *The Diary of Edward Bates, 1859–1866*, p. 316.

(74)Lamon, *Recollections of Abraham Lincoln*, p. 173.

(75)AL to EMS, [November 17, 1863], in *CW*, VII, p. 16 and note.

(76)James Speed quoted in John G. Nicolay, "Lincoln's Gettysburg Address," *Century* 47 (February 1894), p. 597.

(77)George D. Gitt, quoted in Wilson, *Intimate Memories of Lincoln*, p. 476.

(78)Garry Wills, *Lincoln at Gettysburg: The Words That Remade America* (New York: Simon & Schuster, 1992), p. 27.

(79)Nicolay, "Lincoln's Gettysburg Address," *Century* (1894), p. 601.

(80)David Wills to AL, November 1, 1863, Lincoln Papers.

(81)*NYT*, November 21, 1863.

(82)AL, "Remarks to Citizens of Gettysburg, Pennsylvania," November 18, 1863, in *CW*, VI, pp. 16–17.

(83)Frank L. Klement, "The Ten Who Sat in the Front Row on the Platform During the Dedication of the Soldiers' Cemetery at Gettysburg," *Lincoln Herald* 88 (Winter 1985), p. 108.

(84)EMS to AL, November 18 and 19, 1863, Lincoln Papers.

(85)WHS, quoted in Seward, *Seward at Washington… 1861–1872*, p. 201 (quote); *NYT*, November 21, 1863.

(86)Entry for November 22, 1863, in French, *Witness to the Young Republic*, p. 434.

(87)Klement, "The Ten Who Sat," *Lincoln Herald* (1985), p. 108; Wills, *Lincoln at Gettysburg*, p. 31; Entry for November 22, 1863, in French, *Witness to the Young Republic*, p. 434.

(88)Entry for November 22, 1863, in French, *Witness to the Young Republic*, p. 434.

(89)Nicolay, "Lincoln's Gettysburg Address," *Century* (1894), pp. 601, 602.

(90)Sandburg, *Abraham Lincoln: The War Years*, Vol. II, p. 466.

(91)Henry Clay Cochrane, quoted in ibid.

(92)Klement, "The Ten Who Sat," *Lincoln Herald* (1985), p. 106.

(93)Gitt, quoted in Wilson, *Intimate Memories of Lincoln*, p. 478.

(94)Monaghan, *Diplomatic in Carpet Slippers*, p. 341.

(95)Entry for November 22, 1863, in French, *Witness to the Young Republic*, p. 435.

(96)Klement, "The Ten Who Sat," *Lincoln Herald* (1985), p. 108.

(97)Gitt, quoted in Wilson, *Intimate Memories of Lincoln*, p. 478.

(98)Sandburg, *Abraham Lincoln: The War Years*, Vol. II., p. 468.

(99)Wills, *Lincoln at Gettysburg*, p. 120

(100)AL, "Speech at Chicago, Illinois," July 10, 1858, in *CW*, II, p. 501.

(101)AL, quoted in "7 May 1861, Tuesday," in Hay, *Inside Lincoln's White House*, p. 20.

(102)AL, "Address Delivered at the Dedication of the Cemetery at Gettysburg, November 19, 1863; Edward Everett Copy," in *CW*, VII, p. 21.

(103)Gitt, quoted in Wilson, *Intimate Memories of Lincoln*, p. 479.

(104)Lamon, *Recollections of Abraham Lincoln*, p. 173.

(105)Edward Everett to AL, November 20, 1863, Lincoln Papers.

(106)Bruce Tap, "Chandler, Zachariah," in *Encyclopedia of the American Civil War*, ed. Heidler and Heidler, pp. 398–99.

(107)Zachariah Chandler to Lyman Trumbull, quoted in Williams, *Lincoln and the Radicals*, p. 179.

(108)Zachariah Chandler to AL, November 15, 1863, Lincoln Papers.

(109)AL to Zachariah Chandler, November 20, 1863, *CW*, VII, pp. 23–24.

(110)Entry for December 2, 1863, in French, *Witness to the Young Republic*, p. 439; entry for December, 1863, *Welles diary*, Vol. I (1960 edn.), p. 480.

(111)*NYT*, December, 18, 1863.

(112)"31 July 1863, Friday," in Hay, *Inside Lincoln's White House*, p. 69.

(113)Brooks, *Mr. Lincoln's Washington*, p. 271.

(114)"[9 December 1863, Wednesday]," in Hay, *Inside Lincoln's White House*, pp. 121–22.

(115)AL, "Annual Message to Congress," December 8, 1863, in *CW*, VII, p. 51.

(116)CS to Orestes A. Brownson, December 27, 1863, in Selected Letters of Charles Sumner, Vol. II., p. 216.

(117) "[9 December 1863, Wednesday]," in Hay, *Inside Lincoln's White House*, p. 122.

(118)AL to Nathaniel P. Banks in *CW*, VI, p. 365.

(119) AL "Proclamation of Amnesty and Reconstruction," December 8, 1863, in *CW*, VII, pp. 54–56.

(120)EBL to SPL, December 8, 1863, in *Wartime Washington*, ed. Laas, p. 325.

(121)CS to Orestes A. Brownson, December 27, 1863, in *Selected Letters of Charles Sumner*, Vol. II, pp. 216–17.

(122)AL, "Annual Message to Congress," December 8, 1863, in *CW*, VII, p. 52.

(123)Foner, *Reconstruction*, pp. 36–37

(124)Brooks, *Mr. Lincoln's Washington*, p. 273.

(125)"[9 December 1863, Wednesday]," in Hay, *Inside Lincoln's White House*, p. 122.

(126)Norman Judd and AL, quoted in "[9 December 1863, Wednesday]," in Hay, *Inside Lincoln's White House*, p. 124.

(127)SPC to AL, November 25, 1863, Lincoln Papers.

(128)SPC to Henry Ward Beecher, December 26, 1863, reel 30, Chase Papers.

(129)AL, "Annual Message to Congress," December 8, 1863, in *CW*, VII, pp. 49–50.

(130)David Davis, quoted in *Daily Picayune*, New Orleans, March 14, 1897.

(131)Helm, *The True Story of Mary*, p. 220.

(132)John L. Helm to Mrs. Robert S. Todd, October 11, 1863, quoted in ibid., p. 219.

(133)AL to Lyman B. Todd, October 15, 1863, in *CW*, VII, p. 517.

(134)Helm, *The True Story of Mary*, pp. 220–21.

(135)AL, quoted in ibid., p. 221.

(136)Emilie Todd Helm diary [hereafter Helm diary], quoted in ibid., pp. 221–22.

(137)John W. Shaffer, *Clash of Loyalties: A Border County in the Civil War* (Morgantown: West Virginia University Press, 2003), p. 2.

(138)Helm diary, quoted in Helm, *The True Story of Mary*, p. 224.

(139)Helm diary, quoted in ibid., pp. 222–23.

(140)MTL, quoted in Helm dairy, in ibid., p. 227.

(141)MTL, quoted in Helm dairy, in ibid., pp. 225, 227.

(142)Entry for December 14, 1863, in Browning, *The Diary of Orville Hickman Browning*, Vol. I, p. 651.

(143)Helm, *The True Story of Mary*, p. 228.

(144)Edgcumb Pinchon, Dan Sickles: *Hero of Gettysburg and "Yankee King of Spain"* (Garden City, N. Y.: Doubleday, Doran & Co., 1945), pp. 203–04.

(145)MTL to Sally Orne, [December 12, 1869], in Turner and Turner, *Mary Todd Lincoln*, pp. 533–34.

(146)Helm diary, quoted in Helm, *The True Story of Mary*, p. 229.

(147)Helm diary, quoted in ibid., pp. 227, 229–31.

(148)Helm diary, quoted in ibid., p. 231.

(149)MTL, quoted in Helm dairy, in ibid., p. 226.

(150) "[18 December 1863]," in Hay, *Inside Lincoln's White House*, p. 128; *Daily Morning Chronicle*, Washington, D. C., December 19, 1863.

(151)Entry for December 15, 1863, *Welles diary*, Vol. I (1960 edn.), p. 485.

(152) "[18 December 1863]," in Hay, *Inside Lincoln's White House*, p. 128; *Daily Morning Chronicle*, Washington, D. C., December 18 and 19, 1863.

(153) "23 December 1863," in Hay, *Inside Lincoln's White House*, p. 132.

(154)Seward, *Seward at Washington… 1861–1872*, p. 206.

(155)有關於貝茲的兒女，請見 introduction, entries for May 28; June 5 and 20; July 1; November 15, 22, 25 and 30; December 16, 19 and 22, 1863, *The Diary of Edward Bates 1859–1866*, pp. xv-xvi, 294, 295, 299, 315, 319, 320–21, 323.

(156)Entry for September 4, 1863, in *The Diary of Edward Bates 1859*–1866, p. 306.

(157)Entry for December 25, 1863, in ibid., p. 324.

(158)Entry for December 25, 1863, *Welles diary*, Vol. I (1960 edn.), p. 494.

(159)Entry for December 31, 1863, ibid., pp. 499–500.

(160)EMS to SPC, December 30, 1863, reel 30, Chase Papers.

(161)*NYT*, December 29, 1863.

(162)AL to EMS, December 26, 1863, in *CW*, VII, p. 95 (quote); *NYTrib*, December 29, 1863.

(163)Thomas and Hyman, *Stanton*, p. 309; "28 December 1863, Monday," in Hay, *Inside Lincoln's White House*, p. 134.

(164)Entry for December 31, 1863, in Adam Gurowski, *Diary: 1863-'64-'65*, Vol, III. Burt Franklin: Research & Source Works #229 (Washington, D. C., 1866; New York: Burt Franklin, 1968), p. 57.

(165)Entry for February 24, 1861, Charles Francis Adams diary, reel 76.

(166)Entry for March 8, 1861, Charles Francis Adams diary, reel 76.

(167)Entry for February, 21, 1861, Charles Francis Adams diary, reel 76.

(168)Entry for August 16, 1861, Charles Francis Adams diary, reel 76.

(169)Charles Francis Adams, quoted in *NR*, February 2, 1864.

(170) "Lowell, James Russell," in *Dictionary of American Biography*, Vol, VI, ed. Dumas Malone (New York: Charles Scribner's Sons, 1933), p. 458.

(171)James Russell Lowell, "The President's Policy," *North American Review* 98 (January 1864), pp. 241–43, 249, 254–55.

(172)Entry for January 5, 1864, *Welles diary*, Vol. I (1960 edn.), p. 504.

23「有人躲在裡頭操控！」

①Brooks, *Mr. Lincoln's Washington*, pp. 273–74 (quote); Star, January 1, 1864; NR, January 2, 1864.

②*NR*, January 1, 1864.

③*NR*, January 13, 1864.

④Dispatch of January 18, 1864, in Stoddard, *Dispatches from Lincoln's White House*, p. 203.

⑤Entry for January 1, 1864, in *Lincoln Day by Day*, Vol. III, p. 231; dispatch of January 4, 1864, in Stoddard, *Dispatches from Lincoln's White House*, p. 199.

⑥*NR*, January 2, 1864.

⑦ Carpenter, *Six Months at the White House*, pp. 281–82.

⑧Dispatch of January 4, 1864, in Stoddard, *Dispatches from Lincoln's White House*, p. 199.

⑨*NR*, January 2, 1864.

⑩Brooks, *Mr. Lincoln's Washington*, pp. 274–75 (quote p. 275).

⑪FWS, quoted in Seward, *Seward at Washington . . . 1861–1872*, p. 207.

⑫*NR*, January 19, 1864.

⑬*NR*, January 26, 1864.

⑭*NR*, January 16, 1864.

⑮*NR*, January 2, 1864.

⑯Entry for January 3, 1864, in French, *Witness to the Young Republic*, p. 443.

⑰Brooks, *Mr. Lincoln's Washington*, p. 275.

⑱Stoddard, *Inside the White House in War Times*, p. 49; *NR*, January 2, 1864.

⑲*NR*, January 13, 1864.

⑳Brooks, *Mr. Lincoln's Washington*, p. 253 (quote); B. B. French to Charles R. Train, January 5, 1863, p. 181, Vol. 14, reel 7; French to John H. Rice, March 7, 1864, p. 313, Vol. 14, reel 7; French to Rice, June 16, 1864, pp. 375–76, Vol. 14, reel 7, M371, RG42, DNA.

㉑*NR*, January 6, 1864.

㉒*NYT*, January 8, 1864.

㉓*NYH*, January 13, 1864.

㉔Entry for January 14, 1864, in French, *Witness to the Young Republic*, p. 443.

㉕*NR*, January 26, 1864 (first quote); *NR*, January 15, 1864 (second quote); *NYT*, January 26, 1864 (third quote); *Star*, January 26, 1864.

㉖Seward, *Seward at Washington . . . 1861–1872*, p. 208.

㉗Anson G. Henry to Isaac Newton, April 21, 1864, Lincoln Papers.

㉘Keckley, *Behind the Scenes*, pp. 127–29 (quotes pp. 128, 129).

㉙JGN to JH, January 18, 1864, in Nicolay, *With Lincoln in the White House*, p. 124.

㉚JGN to JH, January 29, 1864, in ibid., p. 125.

㉛Entry for January 22, 1864, *Welles diary*, Vol. I (1960 edn.), p. 512.

㉜GW to Edgar T. Welles, February 14, 1864, reel 22, Welles Papers.

㉝Dispatch of February 6, 1864, in Stoddard, *Dispatches from Lincoln's White House*, pp. 206–07 (quote p. 206).

㉞Stoddard, *Inside the White House in War Times*, p. 128.

㉟Dispatch of February 1, 1864, in Stoddard, *Dispatches from Lincoln's White House*, p. 205.

㊱MTL to Daniel E. Sickles, February 6, 1864, in Turner and Turner, *Mary Todd Lincoln*, pp. 167–68; see also note 3 of MTL to Sickles.

㊲See note 1 to JGN to Benjamin F. Butler, April 19, 1864, Lincoln Papers.

㊳On the subject of Martha Todd White's dealings with the Lincolns, see JGN to Butler, April 19, 1864; Butler to JGN, April 21, 1864, Lincoln Papers.

㊴Undated newspaper article pasted in JGN to Butler, April 19, 1863, container 28, Butler Papers; newspaper reports of Martha Todd White's statements to General Butler, quoted in Butler to JGN, April 21, 1864, Lincoln Papers.

㊵JGN to Butler, April 19, 1863, container 28, Butler Papers.

㊶Butler to JGN, April 21, 1864, Lincoln Papers.

㊷JGN to Butler, April 28, 1864; JGN to Horace Greeley, April 25, 1864; Greeley to JGN, April 26, 1864, Lincoln Papers. For an example of rebuttal issued, see *NYTrib*, April 27, 1864.

㊸Butler to JGN, April 21, 1864, Lincoln Papers.

㊹O. Stewart to AL, April 27, 1864, Lincoln Papers.

㊺Entry for February 6, 1894, in Browning, *The Diary of Orville Hickman Browning*, Vol. I, p. 659.

㊻Entry for February 6, 1864, in *Lincoln Day by Day*, Vol. III, p. 238.

㊼AL, quoted in Carpenter, *Six Months at the White House*, p. 18.

㊽*NYT*, March 28, 1864; Edward Magdol, *Owen Lovejoy: Abolitionist in Congress* (New Brunswick, N.J.: Rutgers University Press, 1967), pp. 400, 402–03.

㊾AL, quoted in Carpenter, *Six Months at the White House*, p. 17.

㊿Robert W. McBride, *Personal Recollections of Abraham Lincoln* (Indianapolis: Bobbs-Merrill, 1926), pp. 29–30, 44–46 (quotes pp. 44–45); *Star*, February 11, 1864; *Daily Morning Chronicle*,

Washington, D. C., February 11, 1864.

(51) *Star*, February 11, 1864; JGN to JH, February 10, 1864, in Nicolay, *With Lincoln in the White House*, p. 126.

(52) Commissioner B. B. French to John H. Rice, February 11, 1863, pp, 295–96, Vol. 14, reel 7, M371, RG 42, DNA (quote); *Star*, February 11, 1864.

(53) McClure, *Abraham Lincoln and Men of War-Times*, p. 136.

(54) Niven, *Salmon P. Chase*, p. 358.

(55) William Orton to SPC, January 6, 1864, in *Chase Papers*, Vol. IV, p. 247.

(56) SPC to AL, January 13, 1864, reel 30, Chase Papers.

(57) Chase's series of autobiographical letters to John T. Trowbridge began on December 27, 1863, and ended on March 22, 1864, see Chase Papers; [John T. Trowbridge], *The Ferry-Boy and the Financier, by a Contributor to the" Atlantic"* (Boston: Walker, Wise, & Co., 1864).

(58) J. T. Trowbridge, "The First Visit to Washington," *Atlantic Monthly* 13 (April 1864), pp. 448–57.

(59) SPC to J. W. Hartwell, February 2, 1864, reel 31, Chase Papers.

(60) SPC to Charlotte S. Eastman, February 1, 1864, reel 31, Chase Papers.

(61) Niven, *Salmon P. Chase*, pp. 97 (quote), 203–04.

(62) SPC to Susan Walker, January 23, 1864, reel 31, Chase Papers.

(63) Niven, *Salmon P. Chase*, pp. 357, 359–60; Blue, *Salmon P. Chase*, p. 222.

(64) David Davis, quoted in King, *Lincoln's Manager*, p. 213.

(65) Hart, *Salmon P. Chase*, pp. 309–10.

(66) SPC to Flamen Ball, February 2, 1864, reel 31, Chase Papers.

(67) Entry for February 3, 1864, *Welles diary*, Vol. I (1960 edn.), pp. 520–21.

(68) Entry for March 22, 1864, in *The Diary of Edward Bates, 1859–1866*, p. 350.

(69) Entry for February 19, 1864, *Welles diary*, Vol. I (1960 edn,), p. 528.

(70) "The Pomeroy Circular," quoted in Schuckers, *The Life and Public Services of Salmon Portland Chase*, pp. 499–500.

(71) J. M. Winchell, quoted in *NYT*, September 15, 1874.

(72) David Davis, quoted in King, *Lincoln's Manager*, p. 215.

(73) SPC to AL, February 22, 1864, Lincoln Papers.

(74) J. M. Winchell, quoted in *NYT*, September 15, 1874.

(75) Entry for February 13, 1864, in *The Diary of Edward Bates, 1859–1866*, p. 333.

(76) AL to SPC, February 23, 1864, reel 31, Chase Papers.

(77) Entry for February 22, 1864, *Welles diary*, Vo1. I (1960 edn.), p. 529.

(78) *NYT*, February 24, 1864.

(79) JGN to TB, February 28, 1864, container 3, Nicolay Papers.

(80) *NYT*, February 24, 1864; Fitz Henry Warren to TW, March 25, 1864, Lincoln Papers.

(81) W. W. H. Lawrence to Abel C. "Wilder and James H. Lane, February 15, 1864, Lincoln Papers.

(82) *NYT*, February 29, 1864.

(83) *Harper's Weekly*, March 5, 1864, p. 146.

(84) Entry for January 3, 1864, in Gurowski, *Diary: 1863-'64-'65*, p. 60.

(85) Niven, *Salmon P. Chase*, p. 361.

(86) Richard C. Parsons to SPC, March 2, 1864, reel 32, Chase Papers.

(87) AL to SPC, February 29, 1864, reel 31, Chase Papers.

(88) SPC to James C. Hall, March 5, 1864, reel 32, Chase Papers.

(89) SPC to Janet Chase Hoyt, March 15, 1864, reel 32, Chase Papers.

(90) Entry for March 9, 1864, in *The Diary of Edward Bates, 1859–1866*, p. 345.

(91) Leonard Grover, "Lincoln's Interest in the Theater," *Century* 77 (April 1909), p. 944.

(92) Noah Brooks, "Personal Reminiscences of Lincoln," *Scribners Monthly* 15 (March 1878), p. 675.

(93) Stoddard, *Inside the White House in War Times*, p. 191.

(94) Ibid., p. 107.

(95) Mary C. Henderson, "Scenography, Stagecraft, and Architecture in the American Theatre: Beginnings to 1870," in Don Wilmeth and Christopher Bigsby, eds., *The Cambridge History of American Theatre*. Vo1. I: *Beginnings to 1870* (New York: Cambridge University Press, 1998), p. 415.

(96) Levine, *Highbrow / Lowbrow*, pp. 26, 24–25.

(97) Trollope, *Domestic Manners of the Americans*, p. 102.

(98) Garff B. Wilson, *Three Hundred Years of American Drama and Theatre: From Ye Bear and Ye Cubb to Hair* (Englewood Cliffs, N.J.: Prentice-Hall, 1973), p. 144.

(99) *NYTrib*, February 19, 1876.

(100) Van Deusen, *William Henry Seward*, p. 338.

(101) See Fanny Seward diary, Seward Papers; FAS to CS, June 10, 1858, reel 17, Sumner Papers.

(102) FS to FAS, February 11, 1864, reel 116, Seward Papers.

(103) Charlotte Cushman, quoted in entry for October 14, 1864, Fanny Seward diary, Seward Papers.

(104) Charlotte Cushman to [WHS], July 9, 1861, Lincoln Papers.

(105) AL to James H. Hackett, August 17, 1863, in *CW*, VI, p. 392.

(106) 信件流出的始末請見 note 1 to AL to James H. Hackett, August 17, 1863, in ibid., p. 393; James H. Hackett to AL, October 22, 1863, Lincoln Papers; AL to James H. Hackett, November 2, 1863, in *CW*, VI, pp. 558–59 (quote p. 558).

(107) William Kelley, in *Reminiscences of Abraham Lincoln*, ed. Rice (1886 edn.), pp. 264–67, 270.

(108) Lucia Gilbert Calhoun, "Edwin Booth," *Galaxy* 7 (January 1869), p. 85.

(109) Richard Lockridge, *Darling of Misfortune: Edwin Booth, 1833–1893* (New York: Century Co., 1932; New York: Benjamin Blom, 1971), pp. 14, 24, 38–39, 56, 78–79, 81; *Harper's New Monthly Magazine* 22 (April 1861), p. 702; E. C. Stedman, "Edwin Booth," *Atlantic Monthly* 17 (May 1866), p. 589.

(110) Entries for February 19, 25, 26; March 2, 4, and 10, 1864, in *Lincoln Day by Day*, Vol. III, pp. 241–45; *NR*, March 3, 5, and 10, 1864; Grover, "Lincoln's Interest in the Theater," *Century* (1909), p. 946.

(111) Entry for March 1864, Fanny Seward diary, Seward Papers.

(112) Carpenter, *Six Months at the White House*, pp. 49–51 (quote p. 51).

(113) Ibid., p. 150.

(114) Hendrick, *Lincoln's War Cabinet*, p. 10.

(115) Grover, "Lincoln's Interest in the Theater," *Century* (1909), pp. 946, 944–45.

(116) "24 April 1864, Sunday," in Hay, *Inside Lincoln's White House*, p. 188.

(117) Grover, "Lincoln's Interest in the Theater," *Century* (1909), p. 945.

(118) Bayne, *Tad Lincoln's Father*, p. 201.

(119) Brooks, *Mr. Lincoln's Washington*, p. 290.

(120) Smith, *Grant*, pp. 284, 286, 293, 294.

(121) Smith, *Grant*, p. 289; Brooks D. Simpson, *Ulysses S. Grant: Triumph Over Adversity, 1822–1865* (Boston and New York: Houghton Mifflin, 2000), pp. 258–59.

(122) Brooks, *Mr. Lincoln's Washington*, p. 290 (quotes); Smith, *Grant*, p. 289.

(123) Horace Porter, *Campaigning with Grant* (New York: Century Co., 1897; New York: Konecky & Konecky, 1992), pp. 18–19.

(124) Entry for March 9, 1864, *Welles diary*, Vol. I(1960 edn.), p. 538.

(125) Smith, *Grant*, pp. 289–90; entry for March 9, 1864, *Welles diary*, Vol. I (1960 edn.), pp. 538–39.

(126) Brooks, *Mr. Lincoln's Washington*, p. 290.

(127) Carpenter, *Six Months at the White House*, p. 56.

(128) *NYH*, March 12, 1864.

(129) Carpenter, *Six Months at the White House*, p. 56.

(130) Porter, *Campaigning with Grant*, p. 20.

(131) J. Russell Jones recollections, quoted in Tarbell, *Life of Abraham Lincoln*, Vol. II (1917 edn.), pp. 187–88.

(132) Smith, *Grant*, p. 290; Memorandum, March 9, 1864, container 3, Nicolay Papers.

(133) Memorandum, March 9, 1864, container 3, Nicolay Papers.

(134) Grant, *Personal Memoirs of U.S. Grant*, p. 370.

(135) Carpenter, *Six Months at the White House*, p. 57.

(136) Elihu Washburne, quoted in Blaine, *Twenty Years of Congress*, p. 510.

(137) *NYT*, March 31, 1864.

(138) McFeely, *Grant*, p. 152.

(139) Entry for May 1, 1864, in *The Diary of Edward Bates*, 1859–1866, p. 363.

(140) Dispatch of April 11, 1864, in Stoddard, *Dispatches from Lincoln's White House*, p. 219.

(141) Entry for March 23, 1864, in French, *Witness to the Young Republic*, p. 447.

(142) Benjamin B. French to Pamela Prentiss French, April 10, 1864, transcription, reel 10, French Family Papers, DLC.

(143) "24 April 1864, Sunday," in Hay, *Inside Lincoln's White House*, p. 188.

(144) J. G. Randall, *The Civil War and Reconstruction* (1937; Boston: D. C. Heath & Co., 1953), pp. 670, 347.

(145) *NYT*, July 7, 1864.

(146) Randall, *The Civil War and Reconstruction*, p. 670; Emory M. Thomas, *The Confederate Nation, 1861–1865*. New American Nation Series (New York: Harper & Row, 1979), pp. 199–206.

(147) Davis, *Jefferson Davis*, pp. 539–40, 551–53.

(148) Entry for May 8, 1864, in *Mary Chesnut, Mary Chesnut's Civil War*, ed. C. Vann Woodward (New

Haven: Yale University Press, 1981), p. 601.

149 Dispatch of May 2, 1864, in Stoddard, *Dispatches from Lincoln's White House*, p. 223.

150 JGN to TB, May 1, 1864, container 3, Nicolay Papers.

151 "30 April 1864, Saturday," in Hay, *Inside Lincoln's White House*, p. 192.

152 AL to USG, April 30, 1864, in *CW*, VII, p. 324.

153 USG to AL, May 1, 1864, Lincoln Papers.

154 Michael Korda, *Ulysses S. Grant: The Unlikely Hero*. Eminent Lives Series (New York: HarperCollins, 2004), p. 97.

155 "30 April 1864, Saturday," in Hay, *Inside Lincoln's White House*, p. 193.

156 Entry for May 1, 1864, in Browning, *The Diary of Orville Hickman Browning*, Vol. I, p. 668.

157 E. M. Law, "From the Wilderness to Cold Harbor," in *Battles and Leaders of the Civil War*, Vol. IV, Pt. I, p. 122; McFeely, Grant, p. 167; Gordon C. Rhea, *The Battle of the Wilderness, May 5–6, 1864* (Baton Rouge and London: Louisiana State University Press, 1994), pp. 27, 51, 142, 163, 178, 193.

158 *NYT*, May 15, 1864.

159 McFeely, *Grant*, p. 165.

160 Table of casualties, Noah Andre Trudeau, *Bloody Roads South: The Wilderness to Cold Harbor, May-June 1864* (Boston: Little, Brown, 1989), p. 341.

161 USG to Julia Dent Grant, May 13, 1864, in *The Papers of Ulysses S. Grant*. Vol. X: *January 1-May 31, 1864*, ed. John Y. Simon (Carbondale and Edwardsville: Southern Illinois University Press, 1982), p. 444.

162 Grant, *Personal Memoirs of U. S. Grant*, p. 462.

163 Brooks, *Mr. Lincoln's Washington*, pp. 320, 323 (quotes).

164 Entry for May 11, 1864, Taft diary.

165 Brooks, *Mr. Lincoln's Washington*, p. 323.

166 EBL to SPL, May 30, 1864, in *Wartime Washington*, ed. Laas, p. 386.

167 Entry for May 15, 1864, in *The Diary of Edward Bates, 1859–1866*, p. 366.

168 WHS, diplomatic circular of May 16, 1864, quoted in Seward, *Seward at Washington . . . 1861–1872*, p. 219.

169 Entry for May 17, 1864, *Welles diary*, Vol. II, p. 33.

170 JGN to TB, May 15, 1864, container 3, Nicolay Papers.

171 Entry for May 7, 1864, *Welles diary*, Vol. II, p. 25.

172 Carpenter, *Six Months at the White House*, p. 30.

173 Grover, "Lincoln's Interest in the Theater," *Century* (1909), p. 947; entry for May 18, 1864, in *Lincoln Day by Day*, Vol. III, p. 259; Schuyler Colfax, *Life and Principles of Abraham Lincoln* (Philadelphia: Jas. B. Rodgers, 1865), p. 12.

174 AL, quoted in Colfax, *Life and Principles of Abraham Lincoln*, p. 12.

175 Colfax in *Reminiscences of Abraham Lincoln*, ed. Rice (1886 edn.), pp. 337–38.

176 "9 May 1864, Monday," in Hay, *Inside Lincoln's White House*, p. 195.

177 Henry E. Wing, *When Lincoln Kissed Me: A Story of the Wilderness Campaign* (New York: Eaton & Mains, and Cincinnati: Jennings & Graham, 1913), pp. 12–13, 38–39.

178 USG to EMS, May 11, 1864, in *Papers of Ulysses S. Grant*, Vol. X, p. 422.

179 *NYT*, May 18, 1864.

180 Niven, *Salmon P. Chase*, p. 364.

181 JGN to AL, March 30, 1864; TW to AL, March 25, 1864; W. W. Williams to TW, March 25, 1864, Lincoln Papers.

182 TW to FWS, June 2, 1864, reel 84, Seward Papers.

183 Leonard B. Wurthman, Jr., "Frank Blair: Lincoln's Congressional Spokesman," *Missouri Historical Review* LXIV (April 1970), pp. 278–79, 284–86; "Charges Against a Member," April 23, 1864, *Congressional Globe*, 38th Cong., 1st sess., pp. 1827–29; Parrish, *Frank Blair*, p. 192.

184 FB remarks before the House of Representatives, April 23, 1864, *Congressional Globe*, 38th Cong., 1st sess., pp. 1828–32 (quote p. 1829).

185 EBL to SPL, April 23 and June 13, 1864, in *Wartime Washington*, ed. Laas, pp. 369, 392.

186 Thomas Heaton to SPC, April 29, 1864, reel 33, Chase Papers.

187 Entry for April 28, 1864, *Welles diary*, Vol. II, p. 20.

188 Riddle, *Recollection of War Times*, pp. 267, 268.

189 James A. Garfield to J. Harrison Rhodes, April 28, 1864, quoted in Smith, *The Life and Letters of James Abram Garfield*, Vol. I, p. 376.

190 Riddle, *Recollection of War Times*, pp. 268, 270–76.

191 Brooks, *Mr. Lincoln's Washington*, p. 325.

⑲Ibid., pp. 332–33. 根據布魯克斯的報導，有二十三個州「沒有推出候選人」，密蘇里跟田納西州進行投票。南方聯盟各州與地區也派出了非正式的代表，但沒有參與投票。

⑲David Davis to AL, June 2, 1864, Lincoln Papers.

⑲Horace Greeley, quoted in *Conversations with Lincoln*, ed. Segal, pp. 320–21.

⑲William Dennison, et al., to AL, June 14, 1864, Lincoln Papers.

⑲Brooks, *Washington, D.C., in Lincoln's Time*, p. 140.

⑲Waugh, *Reelecting Lincoln*, pp. 177–80.

⑲Resolutions of the "Radical Democracy" party platform, quoted in *NYT*, June 1, 1864.

⑲Bates, *Lincoln in the Telegraph Office*, pp. 194–95 (quote p. 195).

⑳Brooks, *Washington, D.C., in Lincoln's Time*, p. 141.

⑳Clark E. Carr, quoted in Waugh, Reelecting Lincoln, p. 192.

⑳Ibid., pp. 195, 196,

⑳"Platform of the Union National Convention," quoted in note 1 of AL, "Reply to the Committee Notifying Lincoln of His Renomination," June 9, 1864, in *CW*, VII, pp. 381–82.

⑳Brooks, *Mr. Lincoln's Washington*, p. 335.

⑳Sixth plank of Union Convention platform, paraphrased in Waugh, *Reelecting Lincoln*, p. 193.

⑳*NR*, June 9, 1864.

⑳Waugh, *Reelecting Lincoln*, pp. 199–200; Brooks, *Mr. Lincoln's Washington*, p. 326.

⑳Thomas, *Abraham Lincoln*, p. 429.

⑳Albert E. H. Johnson, quoted in *New York Evening Post*, July 13, 1891.

㉑AL, quoted in Carpenter, *Six Months at the White House*, p. 163.

㉑*NR*, June 9, 1864.

㉑AL, quoted in Carpenter, *Six Months at the White House*, p. 163.

㉑Ibid., p. 166; entry for June 9, 1864, in *Lincoln Day by Day*, Vol. III, p. 263.

㉑AL, "Reply to Delegation from the National Union League," June 9, 1864, in *CW*, VII, pp. 383–84 (quote p. 384).

㉑AL, "Response to a Serenade by the Ohio Delegation," June 9, 1864, in ibid., p. 384.

㉑*NYT*, June 13, 1864.

24「亞特蘭大是我們的了」

①Entry for June 20, 1864, *Welles diary*, Vol. II, pp. 54–55.

②Entry for June 2, 1864, ibid., p. 44.

③Dispatch of June 6, 1864, in Stoddard, *Dispatches from Lincoln's White House*, p. 234.

④Janet W. Seward, "Personal Experiences of the Civil War," Seward Papers, NRU.

⑤FAS to William H. Seward, Jr., May 20, 1864, reel 115, Seward Papers.

⑥FAS to Augustus Seward, May 15, 1864, reel 115, Seward Papers.

⑦EBL to SPL, June 19, [1864], in *Wartrime Washington*, ed. Laas, p. 394.

⑧EBL to SPL, June 21, 1864, in ibid., p. 395.

⑨EBL to SPL, June 22, 1864, in note 2 of EBL to SPL, June 21, 1864, in ibid., p. 396.

⑩Entry for July 20, 1864, *Welles diary*, Vol. II, p. 82.

⑪William Thompson, "Sanitary Fairs of the Civil War," *Civil War History* 4 (March 1958), p. 60; *NR*, June 16, 1864.

⑫Unknown observer, quoted in Thompson, "Sanitary Fairs of the Civil War," *CWH*4 (1958), p. 60.

⑬Entry for June 16, 1864, in *Lincoln Day by Day*, Vol. III, p. 265.

⑭*NR*, June 16 and 17, 1864 (quote June 17).

⑮AL, "Speech at Great Central Sanitary Fair, Philadelphia, Pennsylvania," June 16, 1864, in *CW*, VII, pp. 394, 395.

⑯Entry for June 20, 1864, *Welles diary*, Vol. II, p. 55.

⑰Entry for June 20, 1864, in *Lincoln Day by Day*, Vol. III, p. 266.

⑱Porter, *Campaigning with Grant*, pp. 217, 218.

⑲*NYH*, June 25, 1864.

⑳Sylvanus Cadwallader, *Three Years with Grant: As Recalled by War Correspondent Sylvanus Cadwallader*, ed. Benjamin P. Thomas (New York: Alfred A. Knopf, 1956), p. 232.

㉑Porter, *Campaigning with Grant*, p. 218 (quote); *NR*, June 24, 1864.

㉒*NYH*, June 25, 1864.

㉓Cadwallader, *Three Years with Grant*, p. 233.

㉔Porter, *Campaigning with Grant*, pp. 222–23.

㉕USG, quoted in entry for June 26, 1864, in Browning, *The Diary of Orville Hickman Browning*,

Vol. I, p. 673.

(26) "23 June 1864, Thursday," in Hay, *Inside Lincoln's White House*, p. 210.

(27) Entry for June 24, 1864, *Welles diary*, Vol. II, p. 58.

(28) *NYTrib*, June 25, 1864.

(29) *Philadelphia Inquirer*, June 25, 1864.

(30) Daniel Goleman, *Emotional Intelligence* (New York: Bantam Books, 1995), p. 87. Goleman quotes C. R. Snyder in the third quote.

(31) Brooks, *Mr. Lincoln's Washington*, p. 343.

(32) John G. Nicolay and John Hay, *Abraham Lincoln: A History*, Vol. IX (New York: Century Co., 1917), p. 91.

(33) SPC to AL, June 27, 1864, Lincoln Papers.

(34) Chittenden, *Recollections of President Lincoln* (1901 edn.), pp. 371, 374.

(35) Entry for June 28, 1864, in *Chase Papers*, Vol. I, pp. 465–66.

(36) Ephesians 6:14.

(37) AL to SPC, June 28, 1864, in *CW*, VII, pp. 412–13.

(38) SPC to AL, June 28, 1864, Lincoln Papers.

(39) SPC to John J. Cisco, June 28, 1864, reel 34, Chase Papers; entry for June 28, 1864, in *Chase Papers*, Vol. I, p. 467.

(40) AL to SPC, June 28, 1864, in *CW*, VII, pp. 413–14.

(41) John J. Cisco to SPC, June 28, 1864; SPC to AL, June 29, 1864, Lincoln Papers.

(42) AL, quoted in Field, *Memories of Many Men*, pp. 301–02.

(43) "30 June 1864, Thursday," in Hay, *Inside Lincoln's White House*, p. 213.

(44) AL to SPC, June 30, 1864, in *CW*, VII, p. 419.

(45) "30 June 1864, Thursday," in Hay, *Inside Lincoln's White House*, p. 212.

(46) Field, *Memories of Many Men*, p. 303.

(47) *Chase Papers*, Vol. I, pp. 469–70 (quotes p. 470).

(48) AL to SPC, June 30, 1864, in *CW*, VII, p. 419.

(49) Entry for June 30, 1864, in *Chase Papers*, Vol. I, p. 470.

(50) Nicolay and Hay, *Abraham Lincoln*, Vol. IX, p. 84.

(51) Brooks, *Washington, D.C., in Lincoln's Time*, p. 119.

(52) AL, quoted in "30 June 1864, Thursday," in Hay, *Inside Lincoln's White House*, p. 213.

(53) Brooks, *Washington, D.C., in Lincoln's Time*, pp. 119–120 (quotes p. 120).

(54) Entry for June 24, 1864, *Welles diary*, Vol. II, p. 58.

(55) Brooks, *Washington, D.C., in Lincoln's Time*, pp. 120, 121.

(56) "30 June 1864, Thursday," in Hay, *Inside Lincoln's White House*, p. 214.

(57) AL, quoted in Chittenden, *Recollections of President Lincoln* (1901 edn.), pp. 377–79 (quotes pp. 378–79).

(58) Ibid., pp. 379–80.

(59) Entry for June 30, 1864, in *Chase Papers*, Vol. I, p. 471.

(60) *Chicago Tribune*, July 3, 1864.

(61) *NYTrib*, July 1, 1864.

(62) David Tod to AL, June 30, 1864, Lincoln Papers.

(63) Carpenter, *Six Months at the White House*, p. 182.

(64) Chittenden, *Recollections of President Lincoln* (1901 edn.), p. 381.

(65) "1 July 1864, Friday," in Hay, *Inside Lincoln's White House*, p. 216.

(66) AL, quoted in "1 July 1864, Friday," in ibid., p. 215.

(67) William Pitt Fessenden, quoted in Fessenden, *Life and Public Services of William Pitt Fessenden*, Vol. I, pp. 315–16.

(68) AL, quoted in "1 July 1864, Friday," in Hay, *Inside Lincoln's White House*, p. 216.

(69) William Pitt Fessenden to his cousin, quoted in Fessenden, *Life and Public Services of William Pitt Fessenden*, Vol. I, p. 320.

(70) EMS, quoted in ibid., p. 321.

(71) William Pitt Fessenden to Justice Tenney, quoted in ibid., pp. 317–18.

(72) *Chicago Tribune*, July 2, 1864.

(73) EBL to SPL, July 2, 1864, in *Wartime Washington*, ed. Laas, p. 398.

(74) William Pitt Fessenden, quoted in Fessenden, *Life and Public Services of William Pitt Fessenden*, Vol. I, p. 326.

(75) Entry for June 30, 1864, in *Chase Papers*, Vol. I, p. 471.

(76) Entry for July 31, 1864, in *The Diary of Edward Bates, 1859–1866*, p. 392.

(77) Entry for June 30, 1864, in *Chase Papers*, Vol. I, p. 471.

(78)Entry for June 30, 1864, *Welles diary*, Vol. II, pp. 62–63 (quote p. 63).

(79)Entry for March 23, 1864, ibid., p. 545.

(80)Entry for March 22, 1864, ibid., p. 545.

(81)Entry for June 30, 1864, in *The Diary of Edward Bates, 1859–1866*, p. 381.

(82)FPB to FB, July 4, 1864, quoted in Smith, *The Francis Preston Blair Family in Politics*, Vol. II, p. 271.

(83)WHS to FAS, [July] 2, 1864, quoted in Seward, *Seward at Washington . . . 1861–1872*, p. 230.

(84)Entry for July 13, 1864, in *Chase Papen*, Vol. I, p. 479.

(85)SPC to EMS, June 30, 1864, in Warden, *Private Life and Public Services*, p. 618.

(86)Entry for July 4, 1864, in *Chase Papers*, Vol. I, p. 476.

(87)SPC to Whitelaw Reid, quoted in Albert Bushnell Hart, *Salmon P. Chase*. American Statesmen Series (Boston and New York: Houghton Mifflin, 1899), p. 318.

(88)SPC to KCS, July 3, 1864, reel 34, Chase Papers.

(89)Lamphier, *Kate Chase and William Sprague*, p. 78.

(90)Entry for November 4, 1868, KCS diary, Sprague Papers (quotes); Lamphier, *Kate Chase and William Sprague*, pp. 74, 84–85.

(91)Entry for November 11, 1868, KCS diary, Sprague Papers.

(92)Entry for September 9, 1864, in *Chase Papers*, Vol. I, p. 501 (quote); Belden and Belden, *So Fell the Angels*, pp. 135–36, 144.

(93)H. R. 244, 38th Cong., 1st sess. ("Wade-Davis Bill"), in *The Radical Republicans and Reconstruction, 1861–1870*, ed. Harold Hyman. American Heritage Series (Indianapolis and New York: Bobbs-Merrill, 1967), pp. 128–34.

(94)AL, "Proclamation Concerning Reconstruction," July 8, 1864, in *CW*, VII, p. 433.

(95)Brooks, *Washington, D.C., in Lincoln's Time*, pp. 156–57.

(96)"4 July 1864, Monday," in Hay, *Inside Lincoln's White House*, pp. 218–19.

(97)"The Wade-Davis Manifesto, August 5, 1864," in *The Radical Republicans and Reconstruction, 1861–1870*, ed. Hyman, pp. 137–47.

(98)Brooks, *Washington, D.C. in Lincoln's Time*, p. 156.

(99)EBL to SPL, July 6, 1864, in *Wartime Washington*, ed. Laas, p. 400.

(100)FPB to FB, July 4, 1864, quoted in Smith, *The Francis Preston Blair Family in Politics*, Vol. II, p. 272.

(101)EBL to SPL, July 6, 1864, in *Wartime Washington*, ed. Laas, p. 400.

(102)EBL to SPL, July 14, 1864, in ibid., p. 403.

(103)John Henry Cramer, *Lincoln Under Enemy Fire The Complete Account of His Experiences During Early's Attack on Washington* (Baton Rouge: Louisiana State University Press, 1948), pp. 2–8.

(104)Seward, *Seward at Washington . . . 1861–1872*, p. 231.

(105)Seward, 9th N.Y. Artillery speech, 1912, Seward Papers, NRU.

(106)Seward, *Seward at Washington . . . 1861–1872*, pp. 244–45.

(107)Letter to FAS, quoted in Seward, *Seward at Washington . . . 1861–1872*, p. 233 (quote); Lew Wallace to Henry W. Halleck, July 9, 1864, *OR*, Ser. 1, Vol. XXXVII, Part II, p. 145.

(108)FAS to WHS, July 11, 1864, reel 114, Seward Papers.

(109)Seward, *Seward at Washington . . . 1861–1872*, pp. 231–32.

(110)Mr. Turton, quoted in *National Intelligence*, reprinted from the *Daily Morning Chronicle*, Washington, D.C., July 16, 1864.

(111)EBL to SPL, August 5, 1864, quoted in note 2 of EBL to SPL, July 16, 1864, in *Wartime Washington*, ed. Laas, p. 405.

(112)EBL to SPL, July 16 and 31, [1864], in ibid., pp. 404, 413 (quotes).

(113)EBL to SPL, July 31, [1864], in ibid., p. 413.

(114)EBL to SPL, July 16 and 31, [1864], in ibid., pp. 404, 413 (quote).

(115)EBL to SPL, July 16, [1864], in ibid., p. 405.

(116)EBL to SPL, July 16, [1864], in ibid., pp. 404–05.

(117)Thomas and Hyman, *Stanton*, pp. 319–20.

(118)Henry W. Halleck to George Cadwalader, July 9, 1864, *OR*, Ser. 1, Vol. XXXVII, Part II, p. 153.

(119)"12 July 1864, Tuesday," in Hay, *Inside Lincoln's White House*, p. 222.

(120)"11 July 1864, Monday," in ibid., p. 221.

(121)Entry for July 11, 1864, *Welles diary*, Vol. II, p. 72.

(122)Entry for July 11, 1864, Taft diary.

(123)Seward, *Reminiscences of a War-Time Statesman and Diplomat*, p. 246.

(124)Jubal A. Early, "The Advance on Washington in 1864. Letter from General J. A. Early," *Southern*

Historical Society Papers, Vol. IX, January-December 1881 (Richmond, Va.: Southern Historical Society; Wilmington, N.C.: Broadfood Publishing Co., Morningside Bookshop, 1990), p. 306.

(125) Jubal Anderson Early, *War Memoirs: Autobiographical Sketch and Narrative of the War Between the States*, ed. Frank E. Vandiver. Civil War Centennial Series (Bloomington: Indiana University Press, 1960), p. 390.

(126) Benjamin Franklin Cooling, *Jubal Early's Raid on Washington, 1864* (Baltimore: Nautical & Aviation Publishing Co. of America, 1989), pp. 117–55.

(127) Cramer, *Lincoln Under Enemy Fire*, p. 30.

(128) Oliver Wendell Holmes, Jr., quoted in ibid., p. 22.

(129) Entry for July 12, 1864, *Welles diary*, Vol. II, pp. 75–76.

(130) Charles A. Dana, *Recollections of the Civil War* (New York: Collier Books, 1963), p. 205.

(131) Entry for July 13, 1864, *Welles diary*, Vol. II, p. 76.

(132) Carpenter, *Six Months at the White House*, pp. 301–02 (quote p. 302).

(133) Henry W. Halleck to EMS, July 13, 1864, Lincoln Papers.

(134) EMS to AL, July 14, 1864, Lincoln Papers; AL to EMS, July 14, 1864, in *CW*, VII, pp. 439–40 (quote).

(135) AL, "Memorandum Read to Cabinet," [July 14?], 186[4], in *CW*, VII, p. 439.

(136) MB to Benjamin F. Butler, August 10, 1864, in *Private and Official Correspondence of Gen. Benjamin F. Butler During the Period of the Civil War*. Vol. V: *August 1864-March 1868* (Norwood, Mass.: Plimpton Press, 1917), p. 32 (quote); Cooling, *Jubal Early's Raid on Washington, 1864*, pp. 152–53.

(137) MB to R. A. Sloane, July 21, 1864, reel 22, Blair Family Papers, DLC.

(138) Brooks, *Lincoln Observed, Civil War Dispatches of Noah Brooks*, ed. Michael Burlingame (Baltimore, Md., and London: Johns Hopkins University Press, 1998), p. 129.

(139) *NYT*, July 19, 1864.

(140) Ibid.

(141) See Dorothy L. Drinkard, "Crater, Battle of the (30 July 1864)," in *Encyclopedia of the American Civil War*, ed. Heidler and Heidler, p. 517; McPherson, *Battle Cry of Freedom*, pp. 758–60.

(142) Brooks, *Lincoln Observed*, p. 130.

(143) USG to Herny W. Halleck, August 1, 1864, *OR*, Ser. 1, Vol. XL, Part I, p. 17.

(144) Entry for August 2, 1864, *Welles diary*, Vol. II, p. 92.

(145) Entry for August 1, 1864, in *The Diary of Edward Bates, 1859–1866*, p. 392.

(146) *NYH*, August 3, 1864.

(147) USG to Herny W. Halleck, August 1, 1864, *OR*, Ser. 1, Vol. XXXVII, Part II, p. 558.

(148) AL to USG, August 3, 1864, in *CW*, VII, p. 476.

(149) Benjamin B. French to Henry F. French, August 9, 1864, typescript copy, reel 10, French Family Papers, DLC.

(150) Entry for August 4, 1864, *Welles diary*, Vol. II, p. 93.

(151) TW to WHS, August 22, 1864, Lincoln Papers.

(152) William C. Jewett to Horace Greeley, July 5, 1864, Lincoln Papers.

(153) Horace Greeley to AL, July 7, 1864, Lincoln Papers.

(154) AL to Horace Greeley, July 9, 1864, in *CW*, VII, p. 435.

(155) "[ca. 21 July 1864]," in Hay, *Inside Lincoln's White House*, pp. 224–25; "[after 22 July 1864]," in ibid., p. 228; entry for July 18, 1864, in *Lincoln Day by Day*, Vol. III, p. 273.

(156) AL, "To Whom It May Concern," July 18, 1864, in *CW*, VII, p. 451.

(157) "[after 22 July 1864]," in Hay, *Inside Lincoln's White House*, p. 228.

(158) Eaton, *Grant, Lincoln and the Freedmen*, p. 176; Nicolay and Hay, *Abraham Lincoln*, Vol. IX, pp. 193–94.

(159) TW to WHS, August 22, 1864, Lincoln Papers.

(160) Leonard Swett to his wife, September 8, 1864, quoted in Tarbell, *The Life of Abraham Lincoln*, Vol. II (—: S. S. McClure Co., 1895; New York Doubleday & McClure Co., 1900), p. 202.

(161) Entry of August 17, 1864, *Welles diary*, Vol. II, p. 109.

(162) Henry J. Raymond to AL, August 22, 1864, Lincoln Papers.

(163) "The Interview between Thad Stevens & Mr. Lincoln as related by Col R. M. Hoe," compiled by JGN, container 10, Nicolay Papers.

(164) "11 November 1864, Friday," in Hay, *Inside Lincoln's White House*, pp. 247–48.

(165) AL, "Memorandum Concerning His Probable Failure of Re-election," August 23, 1864, in *CW*, VII, p. 514.

(166) Eaton, *Grant, Lincoln and the Freedmen*, pp. 173–75 (quotes pp. 173, 175).

(167) Douglass, *Life and Times of Frederick Douglass*, pp. 796–97.

(168) Frederick Douglass to AL, August 29, 1864, Lincoln Papers.
(169) Charles D. Robinson to AL, August 7, 1864, Lincoln Papers.
(170) Frederick Douglass to Theodore Tilton, October 15, 1864, in *The Life and Writings of Frederick Douglass*, Vol. III, ed. Foner, p. 423.
(171) AL to Charles D. Robinson, [August] 1864, Lincoln Papers.
(172) AL to Charles D. Robinson, August 17, 1864, Lincoln Papers.
(173) Frederick Douglass to Theodore Tilton, October 15, 1864, in *The Life and Writings of Frederick Douglass*, Vol. III, ed. Foner, p. 423.
(174) AL, quoted in Douglass, "Lincoln and the Colored Troops," in *Reminiscences of Abraham Lincoln*, ed. Rice, p. 320.
(175) Eaton, *Grant, Lincoln and the Freedmen*, pp. 175, 176.
(176) "Interview with Alexander W. Randall and Joseph T. Mills," August 19, 1864, quoted from the diary of Joseph T. Mills, State Historical Society of Wisconsin, Madison, in *CW*, VII, pp. 506–08 (quotes); Pinsker, *Lincoln's Sanctuary*, p. 158.
(177) Note 1 of AL to Charles D. Robinson, August 17, 1864, in *CW*, VII, p. 501.
(178) AL to Henry J. Raymond, August 24, 1864, in ibid., p. 517.
(179) Nicolay and Hay, *Abraham Lincoln*, Vol. IX, p. 221.
(180) JGN to TB, August 28, 1864, container 3, Nicolay Papers.
(181) Entry for August 19, 1864, *Welles diary*, Vol. II, p. 112.
(182) AL to MTL, August 31, September 8 and September 11 , 1864, in *CW*, VII, p. 526, 544, 547.
(183) WHS to FAS, August 27, 1864, quoted in Seward, *Seward at Washington . . . 1861–1872*, p. 241.
(184) WHS to home, August 16, 1864, quoted in ibid., p. 240.
(185) WHS to FAS, August 27, 1864, quoted in ibid., p. 241.
(186) Entry for August 19, 1864, *Welles diary*, Vol. II, p. 112.
(187) Benjamin, "Recollections of Secretary Edwin M. Stanton," *Century* (1887), p. 761.
(188) JGN to JH, August 25, 1864, in Nicolay, *With Lincoln in the White House*, p. 152.
(189) Leonard Swett to his wife, September 8, 1864, quoted in Tarbell, *The Life of Abraham Lincoln*, Vol. II (1900 edn.), pp. 202–03.
(190) JGN to JH, August 25, 1864, in Nicolay, *With Lincoln in the White House*, p. 152.
(191) JGN memoranda, quoted in Nicolay and Hay, *Abraham Lincoln*, Vol. IX, p. 221.
(192) *NYT*, August 27, 1864.
(193) AL, "Speech to One Hundred Sixty-sixth Ohio Regiment," August 22, 1864, in CW, VII, p. 512.
(194) JGN to JH, August 25, 1864, in Nicolay, *With Lincoln in the White House*, p. 152.
(195) Noah Brooks to JGN, August 29, 1864, Lincoln Papers.
(196) Waugh, *Reelecting Lincoln*, p. 89.
(197) Noah Brooks to JGN, August 29, 1864, Lincoln Papers.
(198) Brooks, *Mr. Lincoln's Washington*, p. 368.
(199) Entry for September 2, 1864, *Diary of George Templeton Strong*, Vol. III, p. 479.
(200) "The Democratic National Platform of 1864 (August 29 1864)," in *Encyclopedia of the American Civil War*, ed. Heidler and Heidler, p. 2375.
(201) Entry for September 2, 1864, *Diary of George Templeton Strong*, Vol. III, p. 480.
(202) William T. Sherman to Henry W. Halleck, September 3, 1864, *OR*, Ser. 1, Vol. XXXVIII, Part V, p. 777.
(203) AL, "Order for Celebration of Victories at Atlanta, Georgia, and Mobile, Alabama," September 3, 1864, in *CW*, VII, p. 532.
(204) *NYT*, September 5, 1864.
(205) McPherson, *Battle Cry of Freedom*, p. 774.
(206) Entry for September 3, 1864, *Diary of George Templeton Strong*, Vol. III, pp. 480–81.
(207) Seward, *Seward at Washington . . . 1861–1872*, p. 242.
(208) *NYT*, September 6, 1864.
(209) WHS, quoted in Seward, *Seward at Washington . . . 1861–1872*, pp. 242–44.
(210) Entry for September 10, 1864, *Welles diary*, Vol. II, p. 140.
(211) Entry for September 3, 1864, ibid., pp. 135–36.
(212) Clement L. Vallandigham to GBM, September 4, 1864, reel 36, McClellan Papers, DLC.
(213) *Civil War Papers of George B. McClellan*, p. 588; GBM to MEM, [September 9, 1864], ibid., p. 597.
(214) GBM to the Democratic Nomination Committee, September 8, 1864, in *Civil War Papers of George B. McClellan*, pp. 595–96.
(215) Theodore Tilton to JGN, September 6, 1864, Lincoln Papers.
(216) Leonard Swett to his wife, September 8, 1864, quoted in Tarbell, *The Life of Abraham Lincoln*,

Vol. II (1900 edn.), p. 203.

217 TW to WHS, September 10, [1864], Lincoln Papers.

218 Entry for September 10, 1864, *Welles diary*, Vol. II, pp. 140–41.

219 Entry for September 13, 1864, in *Chase Papers*, Vol. I, p. 502.

220 EBL to SPL, September 16, 1864, in *Wartime Washington*, ed. Laas, p. 429.

221 Entry for September 16, 1864, in *Chase Papers*, Vol. I, pp. 503–04.

222 SPC to KCS, September 17, 1864, reel 35, Chase Papers.

223 Entry for September 17, 1864, in *Inside Lincoln's Cabinet: The Civil War Diaries of Salmon P. Chase*, ed. David Donald (New York: Longmans, Green, 1954), p. 255.

224 SPC to KCS, September 17, 1864, reel 35, Chase Papers.

225 Entries for September 24-November 11, 1864, in *Chase Papers*, Vol. I, pp. 507–10.

226 JGN to TB, September 11, 1864, container 3, Nicolay Papers; *NYT*, September 13, 1864.

227 JGN to TB, September 11, 1864, container 3, Nicolay Papers.

228 McPherson, *Battle Cry of Freedom*, p. 777.

229 Entry for September 20, 1864, in *Chase Papers*, Vol. I, p. 506.

230 Entry for September 20, 1864, *Welles diary*, Vol. II, p. 151.

231 MB to Mary Elizabeth Blair, September 23, 1864, quoted in Smith, *The Francis Preston Blair Family in Politics*, Vol. II, p. 288.

232 FPB to FB, quoted in EBL to SPL, September 24, [1864], in *Wartime Washington*, ed. Laas, p. 433.

233 Henry Wilson to AL, September 5, 1864, Lincoln Papers.

234 "26 September 1864, Monday," in Hay, *Inside Lincoln's White House*, p. 233.

235 Entry for August 11, 1864, *Welles diary*, Vol. II, p. 102.

236 William Frank Zornow, *Lincoln & the Party Divided* (Norman: University of Oklahoma Press, 1954), pp. 144–47.

237 *NYT*, September 23, 1864.

238 AL to MB, September 23, 1864, in *CW*, VIII, p. 18. For Blair's resignation letter, see MB to AL, September 23, 1864, Lincoln Papers.

239 Entry for September 23, 1864, *Welles diary*, Vol. II, pp. 156–57.

240 Addition to entry for September 23, 1864, ibid., p. 158 nl.

241 Entry for September 23, 1864, ibid., p. 157.

242 Entry for September 27, 1864, ibid., p. 161.

243 Entry for August 2, 1864, ibid., p. 93.

244 Entry for September 23, 1864, in *The Diary of Edward Bates, 1859–1866*, p. 413.

245 MB to Mary Elizabeth Blair, September 23, 1864, quoted in Smith, *The Francis Preston Blair Family in Politics*, Vol. II, p. 288.

246 FPB to FB, quoted in EBL to SPL, September 24, [1864], in *Wartime Washington*, ed. Laas, p. 433.

247 FB to FPB, September 30, 1864, Lincoln Papers.

248 EBL to SPL, September 24, [1864], in *Wartime Washington*, ed. Laas, p. 434.

249 MB, quoted in *Chicago Tribune*, October 1, 1864.

250 "26 September 1864, Monday," in Hay, *Inside Lincoln's White House*, p. 233.

251 "11 October 1864, Tuesday," in Hay, *Inside Lincoln's White House*, p. 240.

252 Bates, *Lincoln in the Telegraph Office*, pp. 276–77; Charles A. Dana, "Lincoln and the War Department," *Reminiscences of Abraham Lincoln*, ed. Rice, p. 278.

253 Dana, "Lincoln and the War Department," in *Reminiscences of Abraham Lincoln*, ed. Rice (1909 edn.), p. 278. "Petroleum Vesuvius Nasby" was the pseudonym of David Ross Locke.

254 "11 October 1864, Tuesday," in Hay, *Inside Lincoln's White House*, p. 239.

255 Dana, "Lincoln and the War Department," in *Reminiscences of Abraham Lincoln*, ed. Rice (1909 edn.), pp. 278–79. 在戴納的回憶錄中，這件事發生在林肯等待十一月總統選舉結果出爐的時候，但其他資料則指出應該是十月大批民眾在電報局外等候各州選舉結果揭曉的時候。史坦頓在十一月選舉時生病在家休養，所以戴納可能是搞混了兩個日期。

256 Waugh, *Reelecting Lincoln*, p. 335.

257 AL to USG, October 12, 1864, in *CW*, VIII, p. 45.

258 AL to Simon Cameron, October 11, 1864, in ibid., p. 43.

259 "11 October 1864, Tuesday," in Hay, *Inside Lincoln's White House*, p. 240.

260 Waugh, Reelecting Lincoln, p. 336.

261 Entry for October 13, 1864, *Welles diary*, Vol. II, p. 176.

262 Bates, *Lincoln in the Telegraph Office*, pp. 277–79, 282.

263 McClure, *Abraham Lincoln and Men of War-Times*, p. 202.

264 Waugh, *Reelecting Lincoln*, p. 354.

265 AL, "Response to a Serenade," October 19, 1864, in *CW*, VIII, p. 52.
266 AL, quoted in Brooks, *Lincoln Observed*, p. 138.
267 *New York World*, October 14, 1864.
268 William C. Davis, *Lincoln's Men: How President Lincoln became Father to an Army and a Nation* (New York: Free Press, 1999), pp. 214 (quote), 211.
269 AL to William T. Sherman, September 19, 1864, in *CW*, VIII, p. 11.
270 Dana, *Recollections of the Civil War* (1963 edn.), p. 227.
271 TW to FWS, October 10, 1864, reel 85, Seward Papers.
272 Entry for October 11, 1864, *Welles diary*, Vol. II, p. 175.
273 Ida M. Tarbell, *A Report for Lincoln: Story of Henry E. Wing, Soldier and Newspaperman* (New York: The Macmillan Company, 1927), p. 70.
274 *NYT*, November 8, 1864.
275 Brooks, *Washington, D.C., in Lincoln's Time*, p. 195.
276 WHS, "Perseverance in War. Auburn, November 7, 1864," in *Work of William H. Seward*, Vol. V, p. 505.
277 Brooks, *Washington, D.C., in Lincoln's Time*, p. 195; Brooks, *Mr. Lincoln's Washington*, p. 385.
278 Brooks, *Washington, D.C., in Lincoln's Time*, p. 196.
279 "8 November 1864, Tuesday" in *Inside Lincoln's White House*, pp. 243–46.
280 Waugh, *Reelecting Lincoln*, p. 354.
281 Zornow, *Lincoln & the Party Divided*, p. 198.
282 Pratt, *Stanton*, p. 391.
283 Brooks, *Washington, D.C., in Lincoln's Time*, p. 197.
284 Waugh, *Reelecting Lincoln*, p. 354.
285 Davis, *Lincoln's Men*, p. 210.
286 Corporal Leander Stillwell, quoted in ibid., p. 226.

25「一場神聖的演講」

① Brooks, *Washington, D.C., in Lincoln's Time*, p. 200.
② AL, "Response to a Serenade," November 10, 1864, in *CW*, VIII, p. 101.
③ Brooks, *Washington, D.C., in Lincoln's Time*, p. 200.
④ WHS, "The Assurance of Victory," November 10, 1864, *Works of William H. Seward*, Vol. V, pp. 513–14.
⑤ Brooks, *Washington, D.C., in Lincoln's Time*, pp. 200–01.
⑥ William C. Harris, *Lincoln's Last Months* (Cambridge, Mass., and London: Belknap Press of Harvard University Press, 2004), p. 83.
⑦ Entry for November 26, 1864, *Welles diary*, Vol. II, p. 185.
⑧ Entry for November 25, 1864, ibid., p. 179.
⑨ *NYT*, November 29, 1864.
⑩ Entry for September 27, 1864, *Welles diary*, Vol. II, p. 160.
⑪ Entry for October 1, 1864, ibid., p. 166.
⑫ Entry for July 22, 1864, ibid., p. 84.
⑬ H. P. Livingston to AL, November 14, 1864, Lincoln Papers; AL to WHS, November 17, 1864, endorsement on Livingston to AL, ibid.; WHS to AL, November 17, 1864, endorsement on Livingston to AL, ibid. (quote).
⑭ Seward, *Seward at Washington . . . 1846–1861*, p. 528.
⑮ WHS, quoted in Seward, *Seward at Washington . . . 1861–1872*, p. 250.
⑯ Benjamin, "Recollections of Secretary Edwin M. Stanton," *Century* (1887), pp. 758, 759–60.
⑰ EMS to SPC, November 19, 1864, quoted in Thomas and Hyman, *Stanton*, p. 334.
⑱ Thomas and Hyman, *Stanton*, p. 390.
⑲ Flower, *Edwin McMasters Stanton*, pp. 369–70.
⑳ AL to EMS, March 18, 1864, in *CW*, VII, pp. 254–55.
㉑ EMS to AL, March 19, 1864, Lincoln Papers.
㉒ Carpenter, *Six Months at the White Honse*, p. 172.
㉓ William H. Whiton, quoted in Flower, *Edwin McMasters Stanton*, pp. 418–19.
㉔ EMS and AL, quoted in Thomas and Hyman, *Stanton*, p. 387.
㉕ AL to USG, September 22, 1864, in *CW*, VIII, p. 17.
㉖ Alonzo Rothschild, *Lincoln, Master of Men: A Study in Character* (Boston and New York: Houghton Mifflin, 1906), p. 231.
㉗ Entry for September 17, 1864, in *Diary of George Templeton Strong*, Vol. III, p. 489.
㉘ Carpenter, *Six Months at the White House*, p. 246.

㉙AL, quoted in Rothschild, *Lincoln, Master of Men*, p. 285.
㉚Entry for August 31, 1864, *Welles diary*, Vol. II, p. 131.
㉛*NR*, January 7, 1865.
㉜Barton Bates to EB, May 13, 1864, Bates Papers, MoSHi.
㉝Entry for May 29, 1864, *The Diary of Edward Bates, 1859–1866*, p. 371.
㉞EB to AL, November 24, 1864, Lincoln Papers.
㉟Entry for December 31, 1861, *The Diary of Edward Bates, 1859–1866*, pp. 218–19; entry for January 10, 1862, ibid., pp. 223–26.
㊱EB to AL, July 14, 1864, *OR*, Ser. 3, Vol. IV, pp. 490–93 (quote p. 493).
㊲Entry for May 26, 1864, *The Diary of Edward Bates, 1859–1866*, p. 371.
㊳Frank J. Williams, "Attorney General Bates and Attorney President Lincoln," R. Gerald McMurtry Lecture, Lincoln Museum, Fort Wayne, Ind., September 23, 2000, author's collection; Cain, *Lincoln's Attorney General*, pp. 222–23.
㊴*Daily Morning Chronicle*, Washington, D.C., December 4, 1864, quoted in *The Diary of Edward Bates, 1859–1866*, p. 430.
㊵Entry for October 1, 1861, ibid., p. 196.
㊶Entry for August 4, 1864, ibid., pp. 393–94.
㊷Entry for February 13, 1864, ibid., p. 334.
㊸EB, quoted in Carpenter, *Six Months at the White House*, pp. 68–69.
㊹Entry for December 2, 1864, *The Diary of Edward Bates, 1859–1866*, p. 429.
㊺Entry for November 30, 1864, ibid., p. 428.
㊻Poem, quoted in entry for October 13, 1864, ibid., p. 419.
㊼AL, quoted in Titian J. Coffey, "Lincoln and the Cabinet," in *Reminiscences of Abraham Lincoln*, ed. Rice (1909 edn.), p. 197.
㊽Joseph Holt to AL, December 1, 1864, Lincoln Papers.
㊾AL to James Speed, in *CW*, VIII, p. 126.
㊿James Speed to AL, December 1, 1864, Lincoln Papers.
(51)James Speed, quoted in Gary Lee Williams, "James and Joshua Speed: Lincoln's Kentucky Friends" (Ph.D. diss., Duke University, 1971), p. 137.
(52)James Speed to AL, November 25, 1864, quoted in ibid., p. 138.
(53)AL, quoted in Coffey, "Lincoln and the Cabinet," in *Reminiscences of Abraham Lincoln*, ed. Rice (1909 edn.), p. 197.
(54)David Herbert Donald:" *We Are Lincoln Men": Abraham Lincoln and His Friends* (New York: Simon & Schuster, 2003), p. 38.
(55)AL, quoted in Coffey, "Lincoln and the Cabinet," in *Reminiscences of Abraham Lincoln*, ed. Rice (1909 edn.), p. 197.
(56)Wolcott, "Edwin M. Stanton," p. 162.
(57)Robert Grier to EMS, October 13, 1864, Stanton Papers, DLC.
(58)Entry for October 16, 1864, in Browning, *The Diary of Orville Hickman Browning*, Vol. I, p. 687–88.
(59)AL, quoted in Gideon Stanton, ed., "Edwin M. Stanton."
(60)Thomas and Hyman, *Stanton*, p. 337.
(61)Edwards Pierrepont to AL, November 24, 1864, Lincoln Papers.
(62)Wolcott, "Edwin M. Stanton," p. 162.
(63)Henry Ward Beecher to EMS, November 30, 1864, quoted in ibid., p. 163.
(64)EMS to Henry Ward Beecher, December 4, 1864, quoted in ibid., pp. 163–64.
(65)Entry for November 26, 1864, *Welles diary*, Vol. II, p. 182.
(66)Entry for September 27, 1864, ibid., p. 161.
(67)FPB to AL, October 20, 1864, quoted in Smith, *The Francis Preston Blair Family in Politics*, Vol. II, pp. 298–99.
(68)MTL, quoted in "If All the Rest Oppose," in *Conversations with Lincoln*, ed. Segal, p. 360.
(69)FPB to John A. Andrew, quoted in ibid., p. 360.
(70)Entry for November 22, 1864, *The Diary of Edward Bates*, 1859–1866, p. 428.
(71)Entry for October 18, 1864, in Browning, *The Diary of Orville Hickman Browning*, Vol. I, p. 688.
(72)Entry for November 22, 1864, *The Diary of Edward Bates, 1859–1866*, pp. 427–28.
(73)AL, quoted in John G. Nicolay and John Hay, *Abraham Lincoln: A History*, Vol. IX (New York: Century Co., 1890), p. 394.
(74)Schuyler Colfax, quoted in Blue, *Salmon P. Chase*, p. 245.
(75)Noah Brooks, "Personal Reminiscences of Lincoln," *Scribner's Monthly* 15 (March 1878), p. 677.
(76)AL, quoted in Blue, *Salmon P. Chase*, pp. 244–45.

(77) SPC to EMS, October 13, 1864, *Chase Papers*, Vol. IV, p. 434.
(78) AL and John B. Alley, quoted in John B. Alley, in *Reminiscences of Abraham Lincoln*, ed. Rice (1886 edn.), pp. 581–82.
(79) Entry for December 15, 1864, *Welles diary*, Vol. II, p. 196.
(80) JGN to TB, December 8, 1864, container 3, Nicolay Papers.
(81) SPC to AL, December 6, 1864, Lincoln Papers.
(82) Brooks, *Washington, D.C., in Lincoln's Time*, pp. 175–76.
(83) Entry for December 6, 1864, *Welles diary*, Vol. II, p. 193.
(84) John S. Rock to CS, December 17, 1864, enclosed in CS to SPC, December 21, 1864, in *Selected Letters of Charles Sumner*, Vol. II, ed. Palmer, p. 259 n1 (quote); entry for January 21, 1865, *Chase Paper*, Vol. I, p. 519.
(85) CS, quoted in Quarles, *Lincoln and the Negro*, p. 232.
(86) *Harper's Weekly*, February 25, 1865.
(87) MTL to Mercy Levering Conkling, November 19, [1864], in Turner and Turner, *Mary Todd Lincoln*, p. 187.
(88) Keckley, *Behind the Scenes*, pp. 147, 149–50 (quotes).
(89) "Mary Todd Lincoln's Unethical Conduct as First Lady," appendix 2, in Hay, *At Lincoln's Side*, pp. 185–205.
(90) Entry for December 14, 1864, Taft diary.
(91) Entry for July 3, 1873, Browning diary, quoted in appendix 2, in Hay, *At Lincoln's Side*, p. 187.
(92) MTL to Ruth Harris, December 28, [1864], in Turner and Turner, *Mary Todd Lincoln*, p. 196.
(93) *NR*, January 10, 1865.
(94) *NR*, February 17, 1865.
(95) *NR*, January 6, 1865.
(96) *NR*, January 10, 1865.
(97) MTL to Sally Orne, [December 12, 1869], quoted in Turner and Turner, *Mary Todd Lincoln*, p. 534.
(98) Entry for March 31, 1864, Benjamin B. French journal, reel 2, French Family Papers, DLC.
(99) MTL to Hannah Shearer, November 20, 1864, in Turner and Turner, *Mary Todd Lincoln*, p. 189.
(100) AL to USG, January 19, 1865, in *CW*, VIII, p. 223.
(101) USG to AL, January 21, 1865, Lincoln Papers.
(102) Porter, *Campaigning with Grant*, pp. 388–89.
(103) Entry for January 1, 1865, *Welles diary*, Vol. II, p. 218.
(104) Entry for January 1, 1865, *Chase Papers*, Vol. I, p. 511.
(105) SPC to AL, January 2, 1865, Lincoln Papers.
(106) AL to SPC, January 2, 1865, in *CW*, VIII, p. 195.
(107) Entry for January 1, 1865, Taft diary.
(108) Hugh McCullough, quoted in Thomas and Hyman, *Stanton*, p. 342.
(109) AL to William T. Sherman, December 26, 1864, in *CW*, VIII, p. 181.
(110) FB to FPB, December 16, 1864, quoted in Smith, *The Francis Preston Blair Family in Politics*, Vol. II, p. 180.
(111) AL to William T. Sherman, December 26, 1864, in *CW*, VIII, p. 182.
(112) Bates, *Lincoln in the Telegraph Office*, pp. 316–17 (quotes p. 317).
(113) NR, January 17, 1865 (quote); *NR*, January 18, 1865.
(114) Entry for January 17, 1865, *Welles diary*, Vol. II, p. 227.
(115) Alexander H. Stephens, *A Constitutional View of the Late War Between the States*, Vol. II (philadelphia: National Publishing Company, 1870), p. 619.
(116) Ibid., P. 620.
(117) EMS to AL, quoted in *NR*, January 18, 1865.
(118) Mrs. Rufus Saxton, quoted in Flower, *Edwin McMasters Stanton*, p. 420.
(119) Sherman, *Memoirs of General W. T. Sherman*, pp. 604–07; Henry W. Halleck to William Sherman, December 30, 1865, *OR*, Ser. 1, Vol. XLIV, p. 836 (quote).
(120) William T. Sherman to SPC, January 11, 1865, in *The Salmon P. Chase Papers*, Vol. 5: *Correspondence, 1865–1873*, ed. John Niven (Kent, Ohio, and London, England: Kent State University Press, 1998), pp. 6–7.
(121) Sherman, *Memoirs of General W. T. Sherman*, p. 609; Special Field Orders, No. 15, Headquarters, Military Division of the Mississippi, January 16, 1865, *OR*, Ser. I, Vol. XLVII, Part II, pp. 60–62.
(122) Foner, *Reconstruction*, pp. 68–69.
(123) AL, "Response to a Serenade," February 1, 1865, in *CW*, VIII, p. 254.
(124) "Thirteenth Amendment," in Neely, *The Abraham Lincoln Encyclopedia*, p. 308.

(125) AL, "Annual Message to Congress," December 6, 1864, in *CW*, VIII, p. 149.
(126) AL, quoted by James S. Rollins, "The King's Cure-All for All Evils," in *Conversations with Lincoln*, ed. Segal, pp. 363–64.
(127) AL, quoted in John B. Alley, in *Reminiscences of Abraham Lincoln*, ed. Rice (1886 edn.), pp. 585–86.
(128) "Thirteenth Amendment," in Neely, *The Abraham Lincoln Encyclopedia*, p. 308.
(129) EBL to SPL, January 31, 1865, in *Wartime Washington*, ed. Laas, p. 469.
(130) AL, quoted in JGN memorandum, January 18, 1865, in Nicolay, *With Lincoln in the White House*, pp. 171, 257 n11.
(131) Blaine, *Twenty Years of Congress*, p. 537.
(132) Harris, *Lincoln's Last Months*, p. 128.
(133) AL, quoted in John G. Nicolay and John Hay, *Abraham Lincoln: A History*, Vol. X (New York: Century Co., 1890), p. 74.
(134) AL and James M. Ashley correspondence, quoted in James M. Ashley to WHH, November 23 , 1866, in *HI*, pp. 413–14.
(135) *Address of Hon. J. M. Ashley, before the Ohio Society of New York*, February 19, 1899 (privately published), p. 21.
(136) Brooks, *Washington, D.C., in Lincoln's Time*, pp. 185–86; *Address of Hon. J. M. Ashley*, p. 21.
(137) Brooks, *Washington, D.C., in Lincoln's Time*, p. 186.
(138) Alexander Coffroth, quoted in Carl Sandburg, *Abraham Lincoln: The War Years*, Vol. IV (New York: Harcourt, Brace & Company, 1939), p. 10.
(139) *Address of Hon. J. M. Ashley*, pp. 23–24.
(140) Brooks, *Washington, D.C., in Lincoln's Time*, pp. 186–87.
(141) Harris, *Lincoln's Last Months*, p. 132.
(142) Brooks, *Washington, D.C., in Lincoln's Time*, p. 187.
(143) Arnold, *The Life of Abraham Lincoln*, p. 365.
(144) EMS, quoted in Flower, *Edwin McMasters Stanton*, p. 190.
(145) Arnold, *The Life of Abraham Lincoln*, pp. 365–66.
(146) AL, "Response to a Serenade," February 1, 1865, in *CW*, VIII, p. 254.
(147) "Thirteenth Amendment," in Neely, *The Abraham Lincoln Encyclopedia*, p. 308.
(148) William Lloyd Garrison, quoted in Nicolay and Hay, *Abraham Lincoln*, Vol. X, p. 79n.
(149) AL, pass for FPB, December 28, 1864, Lincoln Papers.
(150) FPB to Jefferson Davis, December 30, 1864, Lincoln Papers.
(151) *NR*, January 19, 1865.
(152) EBL to SPL, January 16, 1865, in *Wartime Washington*, ed. Laas, p. 463.
(153) FPB, memorandum of conversation with Jefferson Davis [January 12, 1865], Lincoln Papers.
(154) FPB, address made to Jefferson Davis [January 12, 1865], Lincoln Papers.
(155) FPB, memorandum of conversation with Jefferson Davis [January 12, 1865], Lincoln Papers.
(156) Jefferson Davis to FPB, January 12, 1865, Lincoln Papers.
(157) EMS, quoted in Flower, *Edwin McMasters Stanton*, p. 257.
(158) AL to FPB, January 18, 1865, in *CW*, VIII, pp. 220–21.
(159) Davis, *Jefferson Davis*, p. 590.
(160) *Philadelphia Inquirer*, February 3, 1865.
(161) *NYH*, February 4, 1865.
(162) *NR*, February 3, 1865.
(163) Stephens, *A Constitutional View of the Late War*, pp. 597–98.
(164) AL to WHS, January 31, 1865, in *CW*, VIII, p. 250.
(165) USG to EMS, February 1, 1865, Lincoln Papers.
(166) AL to WHS, February 2, 1865, in *CW*, VIII, p. 256.
(167) AL to USG, February 2, 1865, in ibid.
(168) *NYH*, February 3, 1865.
(169) *NYH*, February 5, 1865.
(170) *NYT*, February 6, 1865.
(171) Stephens, *A Constitutional View of the Late War*; p. 599; *NYT*, February 6, 1865 (quote).
(172) Stephens, *A Constitutional View of the Late War*, p. 599.
(173) Seward, *Seward at Washington . . . 1861–1872*, p. 260.
(174) Stephens, *A Constitutional View of the Late War*, pp. 619, 600–01, 612, 613, 609, 617.
(175) Brooks, *Washington, D.C., in Lincoln's Time*, p. 202.
(176) *NYT*, February 3, 1865.
(177) Brooks, *Washington, D. C., in Lincoln's Time*, pp. 203–04.

(178)Bates, *Lincoln in the Telegraph Office*, p. 338.
(179)Brooks, *Lincoln Observed*, pp. 162–63.
(180)Brooks, *Washington, D.C., in Lincoln's Time*, pp. 207, 208.
(181)*Harper's Weekly*, February 25, 1865.
(182)*Richmond Dispatch*, February 7, 1865, quoted in Nicolay and Hay, *Abraham Lincoln*, Vol. X, p. 130.
(183)Jefferson Davis, quoted in *NR*, February 13, 1865.
(184)AL, "To the Senate and House of Representatives," February 5, 1865, in *CW*, VIII, pp. 260–61.
(185)Entry for February 6, 1865, *Welles diary*, Vol. II, p. 237.
(186)J. P. Usher, quoted in Nicolay, *An Oral History of Abraham Lincoln*, p. 66.
(187)Flower, *Edwin McMasters Stanton*, p. 258.
(188)William Pitt Fessenden, quoted in Francis Fessenden, *Life and Public Services of William Pitt Fessenden*, Vol. II (Boston and New York: Houghton, Mifflin, 1907), p. 8.
(189)J. P. Usher, quoted in Nicolay, *An Oral History of Abraham Lincoln*, p. 66.
(190)Entry for February 17, 1865, in Long, *The Civil War Day by Day*, pp. 639–40.
(191)*NR*, February 22, 1865.
(192)Entry for February 22, 1865, *Welles Diary*, Vol. II, p. 245.
(193)Entry for February 23, 1865, in *The Diary of Orville Hickman Browning*, Vol. II, 1865–1881, ed. Theodore Calvin Pease and James G. Randall; *Collections of the Illinois State Historical Library*, Vol. XXII (Springfield: Illinois State Historical Library, 1933), p. 8.
(194)Jonathan Truman Dorris, *Pardon and Amnesty Under Lincoln and Johnson: The Restoration of the Confederates to Their Rights and Privileges, 1861–1898* (Chapel Hill: University of North Carolina Press, 1953), pp. 76–78 (quote p. 77).
(195)Henry P. H. Bromwell, quoted in *Recollected Words of Abraham Lincoln*, ed. Don E. Fehrenbacher and Virginia Fehrenbacher (Stanford, Calif.: Stanford University Press, 1996), p. 41.
(196)*NR*, March 2, 1865.
(197)*NR*, March 1, 1865.
(198)*NR*, March 3, 1865.
(199)Douglass, *Life and Times of Frederick Douglass*, p. 803.
(200)Ibid., pp. 799–800.
(201)Brooks, *Washington, D.C., in Lincoln's Time*, pp. 210–11; Brooks, *Mr. Lincoln's Washington*, pp. 418, 420 (quote).
(202)Brooks, *Mr. Lincoln's Washington*, p. 421.
(203)Brooks, *Washington, D.C., in Lincoln's Time*, p. 211.
(204)Brooks, *Mr. Lincoln's Washington*, pp. 422, 423.
(205)Entry for March 4, 1865, *Welles diary*, Vol. II, p. 252.
(206)Brooks, *Mr. Lincoln's Washington*, pp. 423–24.
(207)Entry for March 4, 1865, *Welles diary*, Vol. II, p. 252.
(208)Brooks, *Mr. Lincoln's Washington*, p. 423.
(209)Marquis de Chambrun [Charles Adolphe Pineton], "Personal Recollections of Mr. Lincoln," *Scribner's* 13 (January 1893), p. 26.
(210)AL, as quoted by Hugh McCullough in *Recollected Words of Abraham Lincoln*, p. 320.
(211)Brooks, *Mr. Lincolns Washington*, pp. 424, 425 (quote).
(212)Brooks, *Washington, D.C., in Lincolns Time*, pp. 213, 20–21.
(213)AL, "Second Inaugural Address," March 4, 1865, in *CW*, VIII, p. 333. For a thorough discussion of Lincoln's Second Inaugural Address, see Ronald C. White, *Lincoln's Greatest Speech: The Second Inaugural* (New York: Simon & Schuster, 2002).
(214)Chambrun, "Personal Recollections of Mr. Lincoln," *Scribner's*, p. 27.
(215)AL, "Second Inaugural Address," March 4, 1865, in *CW*, VIII, pp. 332–33.
(216)Leonard Swett to WHH, January 17, 1866, in *HI*, pp. 167–68.
(217)*Boston Daily Evening Transcript*, March 4, 1865.
(218)JGN to TB, March 5, 1865, container 3, Nicolay Papers.
(219)*Star*, March 6, 1865.
(220)Entry for March 5, 1865, io French, *Witness to the Young Republic*, p. 466.
(221)Douglass, *Life and Times of Frederick Douglass*, pp. 803–04.
(222)AL to TW, March 15, 1865, *CW*, VIII, p. 356.
(223)*New York World*, March 6, 1865, quoted in Harris, *Lincoln's Last Months*, p. 149.
(224)*NYTrib*, March 6, 1865, quoted io Harris, p. 150.
(225)Charles Francis Adams, Jr., to Charles Francis Adams, Sr., quoted io Harris, *Lincoln's Last Months*, p. 148.

(226)London *Spectator*, March 25, 1865, quoted in *Lincoln As They Saw Him*, ed. Herbert Mitgang (New York and Toronto: Rinehart & Company, Inc., 1956), pp. 447, 446.
(227)Harris, *Lincoln's Last Months*, p. 148.
(228)Arnold, *The Life of Abraham Lincoln*, pp. 404–05.
(229)*Charleston [S.C.] Mercury*, January 10, 1865, reprinted in Liberator, March 3, 1865.
(230)Charles A. Dana, quoted in Hay, "Life in the White House in the Time of Lincoln," *Century* (1890), p. 36.

26 時間最後倒數

①Hay, "Life in the White House in the Time of Lincoln," *Century* (1890), p. 37.
②Brooks, *Mr. Lincoln's Washington*, p. 161.
③JGN to TB, March 5, 1865, in Nicolay, *With Lincoln in the White House*, p. 175.
④AL, quoted in Carpenter, *Six Months at the White House*, p. 276.
⑤AL, quoted in Hay, "Life in the White House in the Time of Lincoln," *Century* (1890), p. 33.
⑥AL, quoted in Carpenter, *Six Months at the White House*, p. 276.
⑦AL to WHS, March 6, 1865, *CW*, VIII, p. 337.
⑧AL to Winfield Scott and others, March 1, 1865, *CW*, VIII, p. 327.
⑨Fessenden, *Life and Public Services of William Pitt Fessenden*, Vol. I, pp. 365, 367 (quote).
⑩William Pitt Fessenden to AL, quoted in Fessenden, *Life and Public Services of William Pitt Fessenden*, Vol. I, p. 366.
⑪Hugh McCulloch, *Men and Measures of Half a Century: Sketches and Comments* (New York: Charles Scribner's Sons, 1888; 1900), pp. 193–94.
⑫"Usher, John Palmer," in Neely, *The Abrahan Lincoln Encyclopedia*, p. 317.
⑬William Leete Stone, quoted by Michael Burlingame, in introduction to Hay, *Inside Lincoln's White House*, p. xiii.
⑭Donald, "*We Are Lincoln Men*," p. 209.
⑮"Hay, John Milton," in Neely, *The Abraham Lincoln Encyclopedia*, p. 149.
⑯JH to JGN, August 7, 1863, in Hay, *At Lincoln's Side*, p. 49 (quote); "Hay, John Milton," in Neely, *The Abraham Lincoln Encyclopedia*, p. 149.
⑰JH to WHH, September 5, 1866, in *HI*, p. 332.
⑱Nicolay, *Lincoln's Secretary*, p. 224.
⑲Anson G. Henry to his wife, March 13, 1865, in *Concerning Mr. Lincoln*, comp. Pratt, p. 117.
⑳JGN to TB, quoted in Nicolay, *Lincoln's Secretary*, p. 223.
㉑*NR*, quoted in ibid., p. 224.
㉒JGN to TB, March 12, 1865, quoted in ibid., p. 225.
㉓"Hay's Reminiscences of the Civil War," in Hay, *At Lincoln's Side*, p. 129.
㉔JH to Charles Hay, March 31, 1865, in Hay, *At Lincoln's Side*, p. 103.
㉕JGN to TB, quoted in Nicolay, *Lincoln's Secretary*, p. 227.
㉖MTL to Abram Wakeman, March 20, [1865], in Turner and Turner, *Mary Todd Lincoln*, pp. 205–06.
㉗MTL to CS, March 23, 1865, in ibid., p. 209.
㉘Helm, *The True Story of Mary*, p. 32.
㉙Carpenter, *Six Months at the White House*, pp. 91–92.
㉚*NYTrib*, July 17, 1871.
㉛*The Personal Memoirs of Julia Dent Grant (Mrs. Ulysses S. Grant)*, ed. John Y. Simon (New York: G. P. Putnam's Sons, 1975), p. 141.
㉜USG to AL, March 20, 1865, Lincoln Papers.
㉝John S. Barnes, "With Lincoln from Washington to Richmond in 1865," Part 1, *Appleton's* 9 (June 1907), p. 519.
㉞Ibid., pp. 517–20.
㉟Entry for March 23, 1865, in *Lincoln Day by Day*, Vol. III, p. 322.
㊱Thomas and Hyman, *Stanton*, p. 350.
㊲*Star*, February 15, 1896.
㊳*NYH*, March 24, 1865.
㊴*Star*, February 15, 1896.
㊵EMS to AL, March 23, 1865, Lincoln Papers.
㊶William H. Crook, "Lincoln as I Knew Him," *Harper's Monthly* 115 (May/June 1907), p. 46.
㊷MTL to Francis B. Carpenter, November 15, [1865], in Turner and Turner, *Mary Todd Lincoln*, p. 284.
㊸Crook, "Lincoln as I Knew Him," *Harper's Monthly* (1907), p. 46.
㊹*Personal Memoirs of Julia Dent Grant*, p. 142.

(45)Crook, "Lincoln as I Knew Him," *Harper's Monthly* (1907), pp. 46, 47.

(46)Shelby Foote, *The Civil War: A Narrative*. Vol. III: *Red River to Appomattox* (New York: Random House, 1958; New York: Vintage Books, 1986), pp. 838, 840–45.

(47)Barnes, "With Lincoln from Washington to Richmond in 1865," Part I, *Appleton's* (1907), pp. 521–22.

(48)AL to EMS, March 25, 1865, *CW*, VIII, p. 374.

(49)EMS to AL, March 25, 1865, Lincoln Papers.

(50)*NYH*, March 28, 1865.

(51)Porter, *Campaigning with Grant*, p. 407.

(52)USG and AL, quoted in Porter, *Campaigning with Grant*, pp. 408–9.

(53)Barnes, "With Lincoln from Washington to Richmond in 1865," Part 1, *Appleton's* (1907), pp. 522–23.

(54)Porter, *Campaigning with Grant*, pp. 413–14 (quotes p. 414).

(55)Adam Badeau, quoted in Foote, *The Civil War*, Vol. III, p. 847.

(56)John S. Barnes, "With Lincoln from Washington to Richmond in 1865," Part II, *Appleton's* (1907), p. 743.

(57)Randall, *Mary Lincoln*, pp. 372–74.

(58)William T. Sherman to Isaac N. Arnold, November 28, 1872, in Arnold, *The Life of Abraham Lincoln*, p. 421.

(59)Porter, *Campaigning with Grant*, pp. 417–18, 419.

(60)William T. Sherman to Isaac N. Arnold, November 28, 1872, in Arnold, *The Life of Abraham Lincoln*, pp. 421–22.

(61)Sherman, *Memoirs of General W. T. Sherman*, p. 682.

(62)AL, quoted in David D. Porter, *Incidents and Anecdotes of the Civil War* (New York: D. Appleton and Company, 1886), p. 314.

(63)Sherman, *Memoirs of General W. T. Sherman*, pp. 682–83.

(64)AL, quoted in Porter, *Campaigning with Grant*, pp. 425–26.

(65)Entry for March 30, 1865, *Welles diary*, Vol. II, p. 269.

(66)*NYTrib*, March 30, 1865.

(67)MTL to CS, March 23, 1865, in Turner and Turner, *Mary Todd Lincoln*, p. 209.

(68)*Philadelphia Inquirer*, March 24, 1865.

(69)EMS to USG, March 3, 1865, *CW*, VIII, pp. 330–31.

(70)AL to EMS, March 30, 1865, ibid., p. 377.

(71)EMS to AL, March 31, 1865, ibid., p. 378 nl.

(72)Entry for April 1, 1865, in *Lincoln Day by Day*, VoL III, p. 324; Randall, *Mary Lincoln*, p. 374.

(73)Carl Schurz to his wife, April 2, 1865, in Schurz, *Intimate Letters of Carl Schurz, 1841–1869*, pp. 326–27.

(74)*Through Five Administrations: Reminiscences of Colonel William H. Crook, Body-Guard to President Lincoln*, ed. Margarita Spalding Gerry (New York and London: Harper & Brothers, 1910), p. 47.

(75)Foote, *The Civil War*, Vol. III, pp. 876–80.

(76)AL to MTL, April 2, 1865, *CW*, VIII, p. 384.

(77)AL, quoted in Porter, *Incidents and Anecdotes of the Civil War*, pp. 284–85.

(78)Porter, *Campaigning with Grant*, p. 449.

(79)*Through Five Administrations*, ed. Gerry, p. 48.

(80)Porter, *Campaigning with Grant*, pp. 450, 451.

(81)Grant, *Personal Memoirs of U. S. Grant*, p. 559.

(82)AL, quoted in Porter, *Incidents and Anecdotes of the Civil War*, p. 294.

(83)Davis, *Jefferson Davis*, p. 603; Jefferson Davis to Varina Davis, quoted in Robert McElroy, *Jefferson Davis: The Unreal and the Real* (New York and London: Harper & Brothers, 1937; New York: Smithmark, 1995), p. 454 (quote).

(84)*NYTrib*, April 8, 1865.

(85)Davis, *Jefferson Davis*, p. 604.

(86)Charles A. Dana to EMS, April 6, 1865, *OR*, Ser. 1, Vol. XLVI, Part III, p. 594.

(87)*NYTrib*, April 8, 1865.

(88)Charles A. Dana to EMS, April 6, 1865, *OR.*, Ser. 1, Vol. XLVI, Part III, p. 594.

(89)Bates, *Lincoln in the Telegraph Office*, pp. 360–61.

(90)*Star*, April 3, 1865.

(91)Brooks, *Washington, D.C., in Lincoln's Time*, p. 219.

(92)*NYH*, April 4, 1865.

(93) *Star*, February 15, 1896.
(94) EMS, quoted in Brooks, *Washington, D.C., in Lincoln's Time*, p. 220.
(95) Ibid.
(96) WHS, quoted in ibid., p. 221.
(97) *NR*, April 3, 1865.
(98) *NYTrib*, April 4, 1865.
(99) *Star*, April 3, 1865.
(100) *NYH*, April 4, 1865.
(101) *NR*, April 3, 1865.
(102) Brooks, *Mr. Lincoln's Washington*, p. 431.
(103) Thomas and Hyman, *Stanton*, p. 353.
(104) James Speed to Joseph H. Barrett, 1885 September 16, Lincoln Collection, Lincoln Miscellaneous Manuscripts, Box 9, Folder 66, Special Collections, Research Center, University of Chicago Library.
(105) EMS to AL, April 3, 1865, Lincoln Papers.
(106) AL to EMS, April 3, 1865, *CW*, VIII, p. 385.
(107) Barnes, "With Lincoln from Washington to Richmond in 1865," Part II, *Appleton's* (1907), p. 746.
(108) *Through Five Administrations*, ed. Gerry, pp. 51–52.
(109) AL, quoted in Porter, *Incidents and Anecdotes of the Civil War*, pp. 294–95.
(110) Ibid., p. 295.
(111) Ibid., pp. 296–97.
(112) Ibid., p. 299.
(113) Thomas Thatcher Graves, "The Occupation," Part II of "The Fall of Richmond," in *Battles and Leaders of the Civil War*, Vol. IV, Pt. II, p. 727 (quote); Porter, *Incidents and Anecdotes of the Civil War*, p. 299; *Through Five Administrations*, ed. Gerry, p. 53.
(114) *Through Five Administrations*, ed. Gerry, p. 54.
(115) Barnes, "With Lincoln from Washington to Richmond in 1865," Part II, *Appleton's* (1907), pp. 748–49.
(116) *Through Five Administrations*, ed. Gerry, p. 55.
(117) Graves, "The Occupation," in *Battles and Leaders of the Civil War*, Vol. IV, Pt. II, p. 728.
(118) J. G. Randall and Richard N. Current, *Lincoln the President: The Last Full Measure*, originally published as Vol. 4 of *Lincoln the President* (New York: Dodd, Mead, 1955; Urbana: University of Illinois Press, 1991), pp. 353–56; AL to Godfrey Weitzel, April 6, 1865, *CW*, VIII, p. 389.
(119) Porter, *Incidents and Anecdotes of the Civil War*, pp. 302–03.
(120) *Through Five Administrations*, ed. Gerry, p. 54.
(121) Brooks, *Mr. Lincoln's Washington*, p. 434.
(122) *NR*, April 5, 1865.
(123) Entry for April 5, 1865, *Welles diary*, Vol. II, p. 275.
(124) Seward, *Seward at Washington . . . 1861–1872*, p. 270 (quote); entry for April 5, 1865, in Johnson, "Sensitivity and Civil War," p. 867; *NR*, April 6, 1865.
(125) *NR*, April 6, 1865.
(126) Seward, *Seward at Washington . . . 1861–1872*, p. 270 (quote); entry for April 5, 1865, in Johnson, "Sensitivity and Civil War," pp. 867–68; Verdi, "The Assassination of the Sewards," *The Republic* (1873), p. 290.
(127) Entry for April 5, 1865, in Johnson, "Sensitivity and Civil War," pp. 867–68.
(128) Verdi, "The Assassination of the Sewards," *The Republic* (1873), p. 290.
(129) Entry for April 5, 1865, in Johnson, "Sensitivity and Civil War," pp. 868, 869.
(130) EMS to AL, April 5, 1865, Lincoln Papers.
(131) AL to USG, April 6, 1865, *CW*, VIII, p. 388.
(132) MTL to EMS, April 6, 1865, in Turner and Turner, Mary Todd Lincoln, p. 214 (quote); Foote, *The Civil War*, Vol. III, p. 903; Keckley, *Behind the Scenes*, p. 163.
(133) EMS to MTL, April 6, 1865, Lincoln Papers.
(134) EMS to AL, April 6, 1865, Lincoln Papers.
(135) Chambrun, "Personal Recollections of Mr. Lincoln," *Scribner's* (1893), p. 27.
(136) James Harlan, quoted in Foote, *The Civil War*, Vol. III, p. 903.
(137) Chambrun, "Personal Recollections of Mr. Lincoln," *Scribner's* (1893), p. 28.
(138) Phil Sheridan to USG, quoted in AL to EMS, April 7, 1865, *CW*, VIII, p. 389.
(139) AL to USG, April 7, 1865, *CW*, VIII, p. 392.
(140) *Personal Memoirs of Julia Dent Grant*, p. 149; Chambrun, "Personal Recollections of Mr. Lincoln," *Scribner's* (1893), p. 33 (quote).

(141)Chambrun, "Personal Recollections of Mr. Lincoln," *Scribner's* (1893), p. 29 (quote); Keckley, *Behind the Scenes*, p. 169.

(142)AL, quoted in Arnold, *The Life of Abraham Lincoln*, p. 435.

(143)Keckley, *Behind the Scenes*, p. 170.

(144)Chambrun, "Personal Recollections of Mr. Lincoln," *Scribner's* (1893), pp. 30, 33–34.

(145)Keckley, *Behind the Scenes*, pp. 171–72.

(146)Chambrun, "Personal Recollections of Mr. Lincoln," *Scribner's* (1893), pp. 34, 35.

(147)Edward L. Pierce, *Memoir and Letters of Charles Sumner*, Vol. IV (London: Sampson Low, Marston and Co., 1893), p. 235.

(148)William Shakespeare, *Macbeth*, Scene II, in *The Riverside Shakespeare*, 2nd edn., Vol. II (Boston and New York: Houghton Mifflin, 1997), p. 1373; Chambrun, "Personal Recollections of Mr. Lincoln," *Scribner's* (1893), p. 35.

(149)Chambrun, "Personal Recollections of Mr. Lincoln," *Scribner's* (1893), p. 35.

(150)Speed to Barrett, September 16, 1885, University of Chicago Library.

(151)AL, quoted in Thomas and Hyman, *Stanton*, p. 395.

(152)Chambrun, "Personal Recollections of Mr. Lincoln," *Scribner's* (1893), pp. 35, 32.

(153)*Through Five Administrations*, ed. Gerry, p. 59.

(154)Seward, *Seward at Washington . . . 1861–1872*, pp. 271, 270

(155)FAS to LW, quoted in ibid., p. 271.

(156)Seward, ibid., p. 271.

(157)WHS and AL, quoted in ibid., p. 271.

(158)Seward, *Seward at Washington . . . 1861–1872*, p. 271; entry for April 9, 1865, in Johnson, "Sensitivity and Civil War," p. 872 (quotes).

(159)Seward, *Seward at Washington . . . 1861–1872*, p. 272.

(160)USG to EMS, April 9, 1865, *OR*, Ser. 1, Vol. XLVI, Part III, p. 663.

(161)*Star*, February 15, 1896.

(162)Entry for April 9, 1865, in Johnson, "Sensitivity and Civil War," p. 871.

(163)Jay Winik, *April 1865: The Month That Saved America* (New York: HarperCollins, 2001), p. 193.

(164)USG to Robert E. Lee, April 7, 1865, *OR*, Ser. 1, Vol. XLVI, Part III, p. 619.

(165)McPherson, *Battle Cry of Freedom*, p. 848.

(166)Douglas Southall Freeman, *R E. Lee: A Biography*, Vol. IV (New York: Charles Scribner's Sons, 1936), p. 118.

(167)Robert E. Lee, quoted in ibid., p. 118.

(168)USG to Robert E. Lee, April 9, 1865, quoted in Grant, *Personal Memoirs of U.S. Grant*, p. 581.

(169)Grant, *Personal Memoirs of U.S. Grant*, pp. 581–83.

(170)Freeman, *R. E. Lee*, Vol. IV, p. 144.

(171)Robert E. Lee, quoted in ibid.

(172)Charles Blackford, quoted in ibid, pp. 146, 147.

(173)Brooks, *Washington, D.C., in Lincoln's Time*, p. 223.

(174)Entry for April 10, 1865, *Welles diary*, Vol. II, p. 278.

(175)*National Intelligencer,* Washington, D.C., April 11, 1865, quoted in *CW*, VIII, p. 393 n1.

(176)AL, "Response to Serenade," *National Intelligencer* version, April 10, 1865, *CW*, VIII, p. 393.

(177)AL, "Response to Serenade," *NR* version, April 10, 1865, *CW*, VIII, p. 394.

(178)*NR*, April 11, 1865.

(179)AL, "Response to Serenade," *National Intelligencer* version, April 10, 1865, CW, VIII, p. 393.

(180)Chambrun, "Personal Recollections of Mr. Lincoln," *Scribner's* (1893), p. 34.

(181)*Through Five Administrations*, ed. Gerry, p. 62 (quote); *National Intelligencer*, April 11, 1865, in *CW*, VIII, pp. 393–94 n1.

(182)MTL to CS, April 10, 1865, in Turner and Turner, *Mary Todd Lincoln*, p. 216.

(183)MTL to CS, April 11, 1865, in ibid., p. 217.

(184)Brooks, *Washington, D.C., in Lincolns Time*, p. 225.

(185)*NYTrib*, April 12, 1865.

(186)*Star*, February 15, 1896.

(187)Brooks, *Washington, D. C., in Lincoln's Time*, pp. 226–27.

(188)"31 July 1863, Friday," in Hay, *Inside Lincoln's White Honse*, p. 69.

(189)AL, "Last Public Address," April 11, 1865, *CW*, VIII, pp. 403–04.

(190)Lockridge, *Darling of Misfortune*, p. 111.

(191)Michael W. Kauffman, *American Brutus: John Wilkes Booth and the Lincoln Conspiracies* (New York: Random House, 2004), pp. 134, 211–12.

(192)約翰・威爾克斯・布斯的日記，請見林肯研究網站：http://members/aol.com/

RVSNortonl/Lincoln52.html (accessed May 2005).

193 John Wilkes Booth, quoted in Donald, *Lincoln*, p. 588.

194 Lamon, *Recollections of Abraham Lincoln*, pp. 116–18.

195 Commentary on Lamon recollection, *Recollected Words of Abraham Lincoln*, ed. Fehrenbacher and Fehrenbacher, p. 293.

196 Pierce, *Memoir and Letters of Charles Sumner*, Vol. IV, p. 236; SPC to AL, April 12, 1865, Lincoln Papers.

197 *NYH*, quoted in Harris, *Lincoln's Last Months*, p. 216.

198 Brooks, *Washington, D.C., in Lincoln's Time*, p. 228.

199 Entry for April 13, 1865, *Welles diary*, Vol. II, p. 279.

200 Ibid.

201 A. E. H. Johnson, quoted in Flower, *Edwin McMasters Stanton*, p. 272.

202 EMS, quoted in ibid., p. 271.

203 Williams, "James and Joshua Speed," p. 148.

204 Gideon Welles, "Lincoln and Johnson," *Galaxy* 13 (April 1872), p. 524.

205 Entry for April 13, 1865, *Welles diary*, Vol. II, pp. 279–80.

206 John A. Campbell to Godfrey Weitzel, April 7, 1865, *CW*, VIII, pp. 407–08 n1.

207 A. E. H. Johnson, quoted in Flower, *Edwin McMasters Stanton*, p. 272.

208 AL to Godfrey Weitzel, April 12, 1865, *CW*, VIII, p. 407 (quote); EMS, in Flower, *Edwin McMasters Stanton*, p. 271.

209 Ibid.

210 *Personal Memoirs of Julia Dent Grant*, pp. 153, 154.

211 MTL to Mary Jane Welles, July 11, 1865, in Turner and Turner, *Mary Todd Lincoln*, p. 257.

212 MTL to James Gordon Bennett, [April 13, 1865], in ibid., p. 219.

213 MTL to Abram Wakeman, April 13, [1865], in ibid., p. 220.

214 MTL to CS, [April] 13, [1865], in ibid., p. 219.

215 Keckley, *Behind tbe Scenes*, pp. 137–38.

216 Entry for April 14, 1865, *Welles diary*, Vol. II, pp. 282–83.

217 EMS, quoted in Flower, *Edwin McMasters Stanton*, p. 301.

218 Entry for April 14, 1865, *Welles diary*, Vol. II, p. 281; Nicolay and Hay, *Abraham Lincoln*, Vol. X (1890 edn.), p. 284.

219 Gideon Welles, "Lincoln and Johnson," *Galaxy* 13 (April 1872), p. 526.

220 Speed to Barrett, September 16, 1885, Lincoln Collection, University of Chicago Library.

221 EMS to Charles Francis Adams, April 15, 1865, Telegrams Sent by the Secretary of War, Vol. 185–186, December 27, 1864-April 20, 1865, Telegrams Collected by the Office of the Secretary of War (Bound) (National Archives Microfilm Publication M–473, reel 88), Records of the Office of the Secretary of War, RG 107, DNA.

222 EMS to John A. Dix, April 15, 1865, *OR*, Ser. 1, Vol. XLVI, Part III, p. 780.

223 EMS to Charles Francis Adams, April 15, 1865 (M–473, reel 88), RG 107, DNA.

224 Dana, *Recollection of the Civil War* (1996 edn.), pp. 273–74.

225 MTL to Francis B. Carpenter, November 15, [1865], in Turner and Turner, *Mary Todd Lincoln*, pp. 284–85.

226 Arnold, *The Life of Abraham Lincoln*, pp. 429–30.

227 MTL interview, [September 1866], in *HI*, p. 359; Randall, *Mary Lincoln*, p. 382.

228 Tarbell, *The Life of Abraham Lincoln*, Vol. II (1900 edn.), p. 235.

229 AL, quoted in Hollister, *Life of Schuyler Colfax*, p. 252.

230 Ibid., p. 253.

231 Brooks, *Mrs. Lincoln's Washington*, p. 443.

232 *NR*, April 14, 1865.

233 Grant, *Personal Memoirs of U. S. Grant*, p. 592; *Personal Memoirs of Julia Dent Grant*, p. 155.

234 Thomas and Hyman, *Stanton*, p. 395.

235 Bates, *Lincoln in the Telegraph Office*, p. 367.

236 AL, quoted in Hollister, *Life of Schuyler Colfax*, p. 253.

237 AL, quoted in *Through Five Administrations*, p. 67.

238 Kauffman, *American Brutus*, pp. 212–15.

239 約翰・威爾克斯・布斯的日記，請見林肯研究網站：http://members/aol.com/RVSNortonl/Lincoln52.html (accessed May 2005).

240 Kauffman, *American Brutus*, p. 212.

241 Entry for April 14, 1865, in Johnson, "Sensitivity and Civil War," p. 876.

242 Seward, *Reminiscences of a War-Time Statesman and Diplomat*, p. 258.

243 Entry for April 14, 1865, in Johnson, "Sensitivity and Civil War," p. 876.

244 Thomas and Hyman, *Stanton*, p. 396.

245 Entry for April 14, 1865, in Johnson, "Sensitivity and Civil War," p. 877.

246 Seward, *Reminiscences of a War-Time Statesman and Diplomat*, p. 258.

247 Verdi, "The Assassination of the Sewards," *The Republic* (1873), p. 293.

248 Seward, *Reminiscences of a War-Time Statesman and Diplomat*, p. 259.

249 *Cincinnati [Ohio] Commercial*, December 8, 1865.

250 Charles F. Cooney, "Seward's Savior: George F. Robinson," *Lincoln Herald* (Fall 1973), p. 93.

251 Entry for April 14, 1865, in Johnson, "Sensitivity and Civil War," pp. 879–80.

252 Verdi, "The Assassination of the Sewards," *The Republic* (1873), p. 291.

253 WHS, quoted in *Cincinnati [Ohio] Commercial*, December 8, 1865.

254 Entry for April 14, 1865, in Johnson, "Sensitivity and Civil War," p. 880.

255 Verdi, "The Assassination of the Sewards," *The Republic* (1873), p. 292.

256 Seward, *Seward at Washington . . . 1861–1872*, p. 279.

257 Entry for April 14, 1865, in Johnson, "Sensitivity and Civil War," pp. 882, 884.

258 Verdi, "The Assassination of the Sewards," *The Republic* (1873), pp. 291–92.

259 Donald, *Lincoln*, p. 596.

260 Winik, *April 1865*, p. 226.

261 Kauffman, *American Brutus*, pp. 214, 217.

262 Charles A Leale, M.D., to Benjamin F. Butler, July 20, 1867, container 43, Butler Papers, DLC.

263 "Major Rathbone's Affidavit," in J. E. Buckingham, Sr., *Reminiscences and Souvenirs of the Assassination of Abraham Lincoln* (Washington, D.C.: Rufus H. Darby, 1894), pp. 73, 75.

264 Charles Sabin Taft, "Abraham Lincoln's Last Hours," *Century* 45 (February 1893), p. 634.

265 Randall, *Mary Lincoln*, p. 382.

266 Winik, *April 1865*, p. 223; Harris, *Lincoln's Last Months*, p. 224.

267 Taft, "Abraham Lincoln's Last Hours," *Century* 45 (1893), p. 634.

268 Annie F. F. Wright, "The Assassination of Abraham Lincoln," *Magazine of History* 9 (February 9, 1909), p. 114.

269 Leale to Butler, July 20, 1867, container 43, Butler Papers, DLC.

270 Wright, "The Assassination of Abraham Lincoln," *Magazine of History* (1909), p. 114.

271 Ibid.

272 Leale to Butler, July 20, 1867, container 43, Butler Papers, DLC.

273 Taft, "Abraham Lincoln's Last Hours," *Century* 45 (1893), p. 635.

274 Joseph A Sterling, quoted in *Star*, April 14, 1918.

275 Entry for April 14, 1865, *Welles diary*, Vol. II, pp. 283–84.

276 Entry for April 14, 1865, in Johnson, "Sensitivity and Civil War," p. 886.

277 Entry for April 14, 1865, *Welles diary*, Vol. II, pp. 285–86 (quote p. 285).

278 Entries for April 14, 1865, *Chase Papers*, Vol. 1, pp. 528–29.

279 Entry for April 14, 1865, *Welles diary*, Vol. II, p. 286.

280 Entry for April 30, 1865, Taft diary.

281 Entry for April 14, 1865, *Welles diary*, Vol. II, p. 287.

282 Field, *Memories of Many Men*, p. 322.

283 Taft, "Abraham Lincoln's Last Hours," *Century* 45 (1893), p. 635.

284 Thomas F. Pendel, *Thirty-Six Years in the White House* (Washington, D.C: Neale Publishing Company, 1902), pp. 42–43.

285 Leale to Butler, July 20, 1867, container 43, Butler Papers, DLC.

286 M. Helen Palmes Moss, "Lincoln and Wilkes Booth as Seen on the Day of the Assassination," *Century* LXXVII (April 1909), p. 951.

287 NR, April 15, 1865.

288 Pendel, *Thirty-Six Years in the White House*, p. 44.

289 *NYH*, April 16, 1865.

290 *Star*, February 15, 1896.

291 A. F. Rockwell, quoted in Flower, *Edwin McMasters Stanton*, p. 283.

292 *Star*, February 15, 1896.

293 Thomas T. Eckert to USG, April 14, 1865, *OR*, Ser. 1, Vol. XLVI, Part III, pp. 744–45.

294 Porter, *Campaigning with Grant*, p. 499.

295 *Personal Memoirs of Julia Dent Grant*, p. 156.

296 Porter, *Campaigning with Grant*, pp. 499–500.

297 *Personal Memoirs of Julia Dent Grant*, p. 156.

298 EMS to John H. Kennedy, April 15, 1865, *OR*, Ser.l, Vol. XLVI, Part III, p. 783.

(299)EMS to John A. Dix, April 15, 1865, 1:30 a.m., *OR*, Ser. 1, Vol. XLVI, Part III, p. 780.

(300)Ibid., 4:10 a.m., p. 781.

(301)Entry for April 14, 1865, *Welles diary*, Vol. II, p. 288.

(302)Taft, "Abraham Lincoln's Last Hours," *Century* 45 (1893), p. 635.

(303)Field, *Memories of Many Men*, p. 325.

(304)Leale to Butler, July 20, 1867, container 43, Butler Papers, DLC.

(305)Donald, *Lincoln*, p. 599. 關於史坦頓當時說了什麼，大衛・唐納德表示在場人士聽到幾種版本，包括「現在他已屬於千古」、「他現在已屬於千古」、「他會流芳百世」等等，見 Donald, Lincoln, p. 686, endnote for p. 599 beginning "to the ages."

(306)*NYH*, April 16, 1865.

(307)Taft, "Abraham Lincoln's Last Hours," *Century* 45 (1893), p. 636; Field, *Memories of Many Men*, p. 326.

(308)*NYH*, April 16, 1865.

(309)Porter, *Campaigning with Grant*, p. 501.

(310)JH to EMS, July 26, 1865, in Hay, *At Lincoln's Side*, p. 106.

(311)Field, *Memories of Many Men*, p. 327.

(312)Entry for April 15, 1865, *Chase Papers*, Vol. I, pp. 529, 530.

(313)EBL to SPL, April 15, 1865, in *Wartime Washington*, ed. Laas, p. 495.

(314)*Richmond Whig*, quoted in Robert S. Harper, *Lincoln and the Press* (New York: McGraw-Hill, 1951), p. 360.

(315)Entry for January 27, 1865, *The Diary of Edward Bates, 1859–1866*, p. 443.

(316)Entry for April 15, 1865, in ibid., p. 473.

(317)Brooks, *Mr. Lincoln's Washington*, pp. 458–59 (quotes p. 459).

(318)"Hay's Reminiscences of the Civil War," in Hay, *At Lincoln's Side*, pp. 128–29.

(319)Brooks, *Washington, D.C., in Lincoln's Time*, pp. 271 (quote), 273.

(320)Smith, *The Francis Preston Blair Family in Politics*, Vol. II, p. 185.

(321)Brooks, *Washington, D.C., in Lincoln's Time*, pp. 272–74.

(322)Entry for May 19, 1865, *Welles diary*, Vol. II, p. 310.

(323)EMS, quoted in Flower, *Edwin McMasters Stanton*, p. 288.

(324)AL, "Address Before the Young Men's Lyceum of Springfield, Illinois," January 27, 1838, in *CW*, I, p. 115.

(325)AL, "Address Delivered at the Dedication of the Cemetery at Gettysburg," final text, November 19, 1863, in *CW*, VII, p. 23.

(326)Sherman, *Memoirs of General W. T. Sherman*, p. 731.

(327)Entry for April 19, 1865, *Welles diary*, Vol. II, p. 310.

(328)WHS, "The President and His Cabinet," October 20, 1865, *Works of William H. Seward*, Vol. V; p. 527.

(329)Tribute by General Grant, in Browne, *The Every-Day Life of Abraham Lincoln*, p. 7.

(330)Walt Whitman, "November Boughs," *The Complete Prose Works of Walt Whitman*, Vol. III (New York: G. P. Putnam's Sons, Knickerbocker Press, 1902), pp. 206–07.

(331)Leo Tolstoy, quoted in *The World*, New York, February 7, 1908.

(332)AL, "Communication to the People of Sangamo County," March 9, 1832, in *CW*, I, p. 8.

(333)AL, paraphrased in Joshua F. Speed to WHH, February 7, 1866, in *HI*, p. 197.

(334)AL, "Address Delivered at the Dedication of the Cemetery at Gettysburg, November 19, 1863; Edward Everett Copy," in *CW*, VII, p. 21.

(335)AL, "Second Inaugural Address," March 4, 1865, *CW*, VIII, p. 333.

尾聲

①Entries for April 14, 1865, *Chase Papers*, Vol. I, p. 529.

②FAS, in "Miscellaneous Fragments in Mrs. Seward's Handwriting," reel 197, Seward Papers.

③*New York Independent*, undated, in Seward family scrapbook, Seward House Foundation Historical Association, Inc., Library, Auburn, N.Y.

④Taylor, *William Henry Seward*, p. 266.

⑤Van Deusen, *William Henry Seward*, p. 417.

⑥*Washington Republican*, undated, in Seward family scrapbook, Seward House.

⑦Van Deusen, *William Henry Seward*, p. 452.

⑧Taylor, *William Henry Seward*, p. 278.

⑨Ibid., pp. 290–91, 292–94; *NYT*, October 11, 1872.

⑩Taylor, *William Henry Seward*, p. 296; Seward, *Seward at Washington . . . 1861–1872*, p. 508 (quote).

⑪Taylor, *William Henry Seward*, p. 296.
⑫Pratt, *Stanton*, p. 452; Thomas and Hyman, Stanton, p. 583.
⑬George C. Gorham, *Life and Public Services of Edwin M. Stanton*, Vol. II (Boston and New York: Houghton, Mifflin, Riverside Press, 1899), p. 444.
⑭Pratt, *Stanton*, p. 452.
⑮Thomas and Hyman, *Stanton*, p. 595.
⑯"Tenure of Office Act," in *The Reader's Companion to American History*, ed. Foner and Garraty, pp. 1063–64.
⑰Thomas and Hyman, *Stanton*, p. 608.
⑱Wolcott, "Edwin M. Stanton," p. 178.
⑲*Dictionary of American Biography*, Vol. IX, ed. Dumas Malone (New York: Charles Scribner's Sons, 1935; 1964), p. 520; Thomas and Hyman, *Stanton*, pp. 637–38; Christopher Bates, "Stanton, Edwin McMasters," in *Encyclopedia of the American Civil War*, ed. Heidler and Heidler, p. 1852.
⑳Robert Todd Lincoln to Edwin L. Stanton, quoted in Thomas and Hyman, *Stanton*, p. 638.
㉑Cain, *Lincoln's Attorney General*, p. 330.
㉒Address by Colonel J. C. Broadhead, in "Addresses by the Members of the St. Louis Bar on the Death of Edward Bates," Bates Papers, MoSHi.
㉓Blue, *Salmon P. Chase*, p. 285.
㉔*Dictionary of American Biography*, Vol. II, ed. Allen Johnson and Dumas Malone (New York: Charles Scribner's Sons, 1929; 1958), p. 33.
㉕Niven, *Salmon P. Chase*, pp. 447–48.
㉖Ibid., pp. 444, 448–49.
㉗SPC to Richard C. Parsons, May 5, 1873, *Chase Papers*, Vol. V, p. 370.
㉘Belden and Belden, *So Fell the Angels*, pp. 297–98, 306–10, 320, 326–27, 348.
㉙*Dictionary of American Biography*, Vol. I, ed. Allen Johnson (New York: Charles Scribner's Sons, 1927; 1964), pp. 333–34.
㉚*NYT*, July 10, 1875.
㉛*Sun*, Baltimore, Md., October 19, 1876.
㉜*Dictionary of American Biography*, Vol. I (1964 edn.), p. 340.
㉝Niven, *Gideon Welles*, pp. 576–77 (quote p. 576).
㉞Ibid., pp. 578, 580.
㉟Nicolay, *Lincoln's Secretary*, pp. 301, 342.
㊱William Roscoe Thayer, *The Life and Letters of John Hay* (Boston and New York: Houghton Mifflin, 1929), pp. 405, 407.
㊲MTL to EBL, August 25, 1865, in Turner and Turner, *Mary Todd Lincoln*, p. 268.
㊳MTL to Alexander Williamson, [May 26, 1867], in ibid., p. 422.
㊴*NYTrib*, July 17, 1871.
㊵Turner and Turner, *Mary Todd Lincoln*, p. 585.
㊶*NYTrib*, July 17, 1871.
㊷Robert Todd Lincoln to Mary Harlan, quoted in Helm, *The True Story of Mary*, p. 267.
㊸Randall, *Mary Lincoln*, pp. 430–34.
㊹Ibid., pp. 442–43.

插圖出處

正體數字表示照片編號，斜體數字表示所在頁數。

Chicago Historical Society: 1, 33, *703*

Abraham Lincoln Presidential Library and Museum: *22*, 2, 3, 4, 5, 13, 19, 22, 23, 26, 29, 31, 32, 35, 36, 39, 44, 46, 47, 48, 49, 51, 55, 62, 63, 72, 73, 74, 76, *189*, *325*, *411*, *447*, *667*

Courtesy of the Department of Rare Books and Special Collections, University of Rochester Library: 6, 7, 9

Seward House, Auburn, New York: 8, 10, 34, 50

From the collection of Louise Taper: 11, 12

Ohio Historical Society: 14, 52

The Saint Louis Art Museum: *83*

Library of Congress: 15, 21, 24, 25, 27, 37, 41, 43, 56, 59, 64, 65, 68, 69, *351*, *381*, *545*

Missouri Historical Society: 16, 17, 18

Picture History: 20, 28, 30, 54, *473*

Western Reserve Historical Society, Cleveland, Ohio: 38

Brown University Library: 40

United States Army Military History Institute: 42

National Archives: 45, 53, 60, 61, 66, 67, 71, 75

Courtesy of J. Wayne Lee: 57, 58

National Portrait Gallery, Smithsonian Institution / Art Resource, New York: 70

Courtesy, American Antiquarian Society: *287*

Civil War Collection, Eastern Kentucky University Archives, Richmond, Kentucky: *327*

White House Historical Association (White House Collection): *595*, *627*

LOCUS

LOCUS